A Gladys

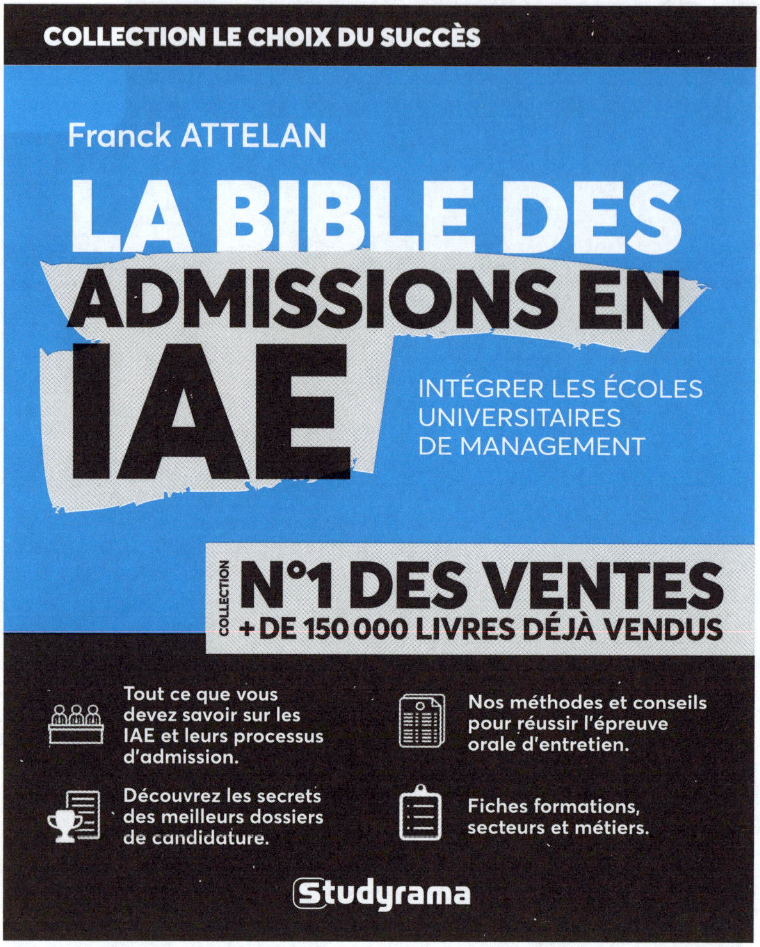

LA BIBLE DES ADMISSIONS EN IAE

Les écoles universitaires de management ont le vent en poupe. Si le nombre de candidatures augmente chaque année de façon substantielle (plus de 150 000 candidats attendus en 2021), le nombre de places offertes – environ 50 000 en 2020 – est, quant à lui, à la traîne et la fameuse loi de l'offre et de la demande convoque irrésistiblement une sélectivité accrue destinée à identifier les meilleurs profils.

Résultats scolaires, CV, projet professionnel, lettres de motivation, lettres de recommandation, Score IAE Message, Test d'anglais, documents complémentaires (distinctions, prix, certificats, résultats sportifs), entretien oral de motivation et de personnalité... L'arsenal déployé par les IAE pour constituer leurs promotions est digne des processus d'admission des meilleures Business Schools américaines. Et pour cause... les IAE s'en sont inspirés dès leur création en 1955 !

Dans un contexte de sélectivité croissante, *La Bible des admissions en IAE* vise donc un seul et unique objectif : vous offrir une somme de fiches, de conseils, de méthodes et d'astuces pour maximiser vos chances d'admission et vous distinguer des autres candidats. Il ne tient désormais qu'à vous d'écrire votre avenir !

LE CHOIX DU SUCCES®

Collection dirigée par Franck ATTELAN

LA BIBLE DU SCORE IAE MESSAGE

11e édition
mise à jour et enrichie

Admissions 2022

Franck ATTELAN

SOMMAIRE

PREMIERE PARTIE

10 FICHES POUR ETRE AU TOP !

FICHE 1 Présentation du test 11
FICHE 2 Infos pratiques 13
FICHE 3 Quel score devez-vous viser ? 17
FICHE 4 Bien gérer son temps le jour J 21
FICHE 5 Planning de révisions 24
FICHE 6 Pourquoi se préparer avec Aurlom ? 26
FICHE 7 Rencontrons-nous ! 28
FICHE 8 Contactez-moi 29
FICHE 9 High-learning.com 30
FICHE 10 Vidéos gratuites 31

DEUXIEME PARTIE

COURS FONDAMENTAUX / APPLICATIONS CLES / METHODES / SAVOIR-FAIRE / ASTUCES

1. CULTURE GENERALE, ECONOMIQUE ET MANAGERIALE 35

I. Présentation de l'épreuve et conseils de préparation 37
II. Applications clés : 1 000 questions pour vous entraîner 87

2. COMPREHENSION ET EXPRESSION ECRITE EN FRANÇAIS 181

I. Présentation de l'épreuve et conseils de préparation 183
II. Mémento de langue française et applications clés 193

3. RAISONNEMENT LOGIQUE ET NUMERIQUE 313

I. Présentation de l'épreuve 315
II. Cours fondamental et applications clés 317
III. Entraînez-vous sur une annale ! 475

4. COMPREHENSION ET EXPRESSION ECRITE EN ANGLAIS **487**

I. Présentation de l'épreuve et conseils de préparation 489
II. Focus sur 50 questions clés 493
III. Vocabulaire indispensable et difficultés de la langue anglaise 523

TROISIEME PARTIE

8 TESTS BLANCS, CORRIGES ET COMMENTES

SCORE BLANC NUMERO 1 565
Sujets 567
Corrigés 602
SCORE BLANC NUMERO 2 621
Sujets 623
Corrigés 659
SCORE BLANC NUMERO 3 683
Sujets 685
Corrigés 722
SCORE BLANC NUMERO 4 743
Sujets 745
Corrigés 783
SCORE BLANC NUMERO 5 803
Sujets 805
Corrigés 841
SCORE BLANC NUMERO 6 861
Sujets 863
Corrigés 902
SCORE BLANC NUMERO 7 923
Sujets 925
Corrigés 963
SCORE BLANC NUMERO 8 989
Sujets 991
Corrigés 1031

AVANT-PROPOS

Il n'y a pas de réussite facile ni d'échecs définitifs.
Marcel Proust

Vous souhaitez rejoindre une formation universitaire sélective et de haut niveau ? Alors vous devrez certainement passer le SCORE IAE MESSAGE et vous devrez le réussir !

Le SCORE IAE MESSAGE fait partie de ces tests d'aptitudes qui permettent de mesurer efficacement votre potentiel de progression dans le cadre d'une formation universitaire exigeante (L3, M1, M2, IAE). Quatre grands champs de connaissance fondamentale y sont évalués : *la culture générale, économique et managériale, l'expression française, l'expression anglaise et bien sûr, le raisonnement logique et numérique.*

***La Bible du SCORE IAE MESSAGE* se propose de poursuivre un objectif ambitieux : celui de vous aider à obtenir un score qui dépasse les 300 sur 400 !**

Mon expérience dans la préparation des étudiants au SCORE IAE MESSAGE m'a montré que ceux qui parvenaient à obtenir de très bons scores étaient ceux qui avaient d'abord fait le choix de passer du temps sur l'apprentissage du cours et de ses applications. L'erreur classique consiste en effet à commencer trop tôt l'entraînement sur des tests blancs et annales alors qu'il y a encore de nombreuses lacunes à combler. Retenez donc qu'il est essentiel de maîtriser le cours avant de commencer à vous entraîner.

Vous ne trouverez pas ici de recette miracle pour réussir le SCORE IAE MESSAGE, mais des centaines de pages de cours et d'applications ainsi que de nombreux tests d'entraînement. Du travail et rien que du travail donc ! Car il n'y a que le travail qui paie pour venir à bout de ce test long et souvent difficile (170 questions pour 3 heures de test !).

Vous trouverez dans cet ouvrage de quoi progresser rapidement sur l'ensemble des sous-épreuves du SCORE IAE MESSAGE :

- **Une présentation complète des quatre sous-épreuves** et des **conseils** avisés pour bien les préparer et les réussir.
- **Des cours complets et richement illustrés**, notamment en expression française et en raisonnement logique et numérique.
- **Des centaines d'applications clés** pour acquérir rapidement de bons réflexes.
- **8 scores blancs complets** pour vous évaluer et surtout pour apprendre à gérer efficacement votre temps.

En choisissant de se préparer avec les précédentes éditions de ce que l'on appelle maintenant « La Bible », des milliers de candidats nous ont témoigné leur confiance.

Nous avons reçu de nombreux mails de félicitations et d'encouragement. Nous avons aussi reçu des commentaires toujours constructifs sur certains passages de l'ouvrage, et, plus rarement des mails – et même quelques appels ! – d'étudiants souhaitant s'entretenir avec nous de quelque notion difficile.

Nous tenons à remercier sincèrement tous ces lecteurs. Leurs questions, leurs remarques, leurs éclairages nous sont précieux. Ce contact privilégié que nous avons tissé avec eux nous pousse à offrir aux futurs lecteurs un contenu qui répond toujours mieux à leurs attentes.

Nous ne pouvons que vous encourager à nous communiquer à votre tour vos remarques, questions et commentaires portant sur cette nouvelle édition de *La Bible du SCORE IAE MESSAGE*.

Je vous souhaite à toutes et à tous une bonne lecture et une excellente réussite !

Franck ATTELAN
Directeur de la Collection ***Le Choix du Succès***
Directeur de la **Prépa Aurlom**
Fondateur d'**High Learning**

PREMIERE PARTIE

10 FICHES POUR ETRE AU TOP !

Fiche 1

Présentation du Test

Le SCORE IAE MESSAGE est un test d'aptitudes aux études universitaires en gestion qui est devenu incontournable dans le paysage éducatif français. Il connaît une très forte expansion depuis plusieurs années qui s'explique notamment par l'attrait croissant des IAE et autres Licences & Masters sélectifs et de qualité proposés par les meilleures universités.

Aujourd'hui, et selon le site officiel de l'association (**www.iae-message.com**) plus de 320 formations universitaires en gestion exigent la présentation du score obtenu au SCORE IAE MESSAGE.

1. Les objectifs du SCORE IAE MESSAGE

- Mesurer les aptitudes des candidats dans quatre domaines clefs pour de futurs managers (culture générale, français, logique mathématique et anglais) et **permettre ainsi aux universités et IAE d'opérer une sélection juste** parmi les milliers de candidatures qu'ils reçoivent chaque année.

- **Mettre tous les candidats sur un même pied d'égalité** : le SCORE IAE MESSAGE ne requiert pas d'expertise spécifique et peut être passé par des candidats aux profils variés.

- **Disposer d'un complément d'évaluation « objectif ».**

  La majorité des IAE demandent de fournir les relevés de notes des années précédentes, un CV et une lettre de motivation. Ces éléments peuvent parfois être évalués de façon subjective. Le score obtenu au Score IAE Message, par nature « objectif », permet de compenser cette subjectivité.

Avec le SCORE IAE MESSAGE, le dossier de candidature comporte désormais des éléments objectifs d'évaluation qui permettent de comparer facilement les performances des uns et des autres et de sélectionner les candidats de façon plus juste et plus fiable.

2. 4 épreuves, 170 questions, 3 heures, 400 points

Le SCORE IAE MESSAGE dure 3 heures.

Il est composé de quatre épreuves distinctes proposées sous forme de QCM :

Epreuve	Nombre de questions	Barème	Total
1. Culture générale, économique et managériale	50	**2 points** par réponse juste	100 points
2. Compréhension et expression écrite en français	50	**2 points** par réponse juste	100 points
3. Raisonnement logique et numérique	20	**5 points** par réponse juste	100 points
4. Compréhension et expression écrite en anglais	50	**2 points** par réponse juste	100 points
TOTAL	**170**		**400 points**

Important !

Il n'y a pas de point négatif si vous répondez faux à une question. N'oubliez donc pas de répondre au hasard en fin d'épreuve aux questions que vous n'aurez pas eu le temps de traiter. Avec un peu de chance, sait-on jamais, vous pourrez grappiller quelques points ici et là.

Le SCORE IAE MESSAGE **n'impose pas un temps limité pour travailler sur les différentes épreuves**. Vous gérez donc les 3 heures imparties comme bon vous semble.

Néanmoins, il est fortement conseillé de se plier au temps indicatif donné pour chaque épreuve et de savoir gérer au mieux son temps.

Fiche 2

Infos Pratiques

1. Qui peut passer le SCORE IAE MESSAGE ?

Il y a tout d'abord les étudiants en Licence 2, DUT, BTS désireux de rejoindre certaines **universités ou IAE au niveau de la troisième année de licence.** Plus de 80 formations exigent ainsi ce test à leur entrée. Par exemple, le SCORE IAE MESSAGE est nécessaire pour intégrer la Licence 3 Sciences de Gestion de l'Université de Marseille, celle de Comptabilité Contrôle de l'IAE d'Amiens ou encore celle de Gestion parcours Finance de l'Université Paris 1.

Il y a aussi les étudiants souhaitant intégrer certaines **universités ou IAE au niveau de la première année de Master.** Par exemple, le SCORE IAE MESSAGE est nécessaire pour intégrer le Master 1 de Gestion de l'Université de Cergy-Pontoise, celui de Finance de l'IAE de Clermont-Ferrand ou celui encore de Management et Administration des Entreprises spécialité Management et Communication de l'IAE de Lyon.

2. Comment passer le SCORE IAE MESSAGE ?

- **Etape 1**

  Vous vous inscrivez à l'une des sessions du *Score* organisée par IAE MESSAGE.

  En 2019, 8 sessions avaient été organisées en France entre le 28 février 2019 (première session) et le 22 août 2019 (dernière session). A cela s'ajoutait 4 sessions qui ont été organisées à l'étranger entre le 19 février 2019 (première session) et le 7 mai 2019 (dernière session).

  L'année 2020 a quant à elle été marquée par le Covid-19 et l'ensemble des sessions qui étaient proposées ont été annulées, les IAE ayant adapté leur procédure de recrutement en fonction de la situation.

Il y a des centres dans toute la France. Attention toutefois, tous les centres ne proposeront pas toutes les dates. Les informations sur les centres seront disponibles courant octobre sur le site officiel de l'association : **www.iae-message.com**

► **Etape 2**

Vous passez l'épreuve dans un des centres de passage pour la session en France ou à l'étranger.

► **Etape 3**

Vous présentez le score que vous avez obtenu aux différentes formations qui l'exigent.

3. A savoir !

1. Aucun matériel n'est autorisé durant les épreuves (pas de dictionnaire, pas de calculatrice !). Aucun brouillon ne vous sera distribué, vous serez toutefois autorisé à écrire sur votre sujet, qui sera obligatoirement à rendre en fin d'épreuve.

2. Pour améliorer ses résultats, **un candidat peut se présenter à plusieurs sessions.** Les résultats du test sont valables pour une durée de deux rentrées universitaires.

3. Le coût du passage du score est de **30 euros par session.** Le paiement s'effectue uniquement en ligne et par carte bancaire. Une fois l'inscription terminée, le candidat reçoit sa convocation par e-mail sous format PDF, à présenter imprimée le jour de l'épreuve.

4. A l'issue du passage du score, **le candidat reçoit ses résultats sous la forme d'une attestation.** Il lui revient de la transmettre aux formations dans lesquelles il souhaite postuler et/ou il a déposé un dossier de candidature.

⚠ **ATTENTION** La participation au Score (inscription, passage du score) et les candidatures aux formations **sont totalement indépendantes**. Il appartient donc aux candidats de faire les démarches de candidature auprès de chaque formation souhaitée (demande de dossier, inscription en ligne…).

CONVOCATION AU SCORE IAE MESSAGE

Nom et Prénom :
Numéro SIM :
Date de naissance :
Session : 07-04-2018 de 09h00 à 12h00 (40 rue des jeuneurs 75002 Paris)
Centre de passage : CNAM-INTEC de Paris

Il appartient au candidat de vérifier l'adresse exacte de la salle d'examen quelques jours avant l'épreuve sur le site internet du Score IAE-Message, l'épreuve pouvant ne pas avoir lieu dans les locaux du centre organisateur.

Le candidat a l'obligation de se présenter à sa salle d'examen 45 minutes avant le début des épreuves, muni(e) de la présente convocation imprimée et d'une pièce d'identité en cours de validité (carte nationale d'identité, permis de conduire, passeport et titre de séjour sont les seules pièces valables).

Il est indispensable que le candidat prenne connaissance des règles et informations données en seconde page de ce document.

Vous venez de vous inscrire au Score IAE-Message. Nous vous prions de trouver ci-dessous quelques principes et règles à respecter.

1. L'inscription au Score IAE-Message

L'annulation et le remboursement aux épreuves du Score IAE-Message est possible dans les 14 jours suivant le paiement en ligne. Pour cela, il vous suffit d'en faire la demande à l'adresse suivante :
http://remboursement.iae-message.fr
Au delà de ce délai, aucun remboursement ne pourra être effectué, quel que soit le motif invoqué (même médical).
Les changements de centre de passage et/ou de session ne sont pas possibles, quel que soit le motif invoqué.
Quelques jours avant l'épreuve, vous êtes prié(e) de prendre connaissance de l'adresse exacte de la salle d'examen retenue par votre centre de passage sur le site internet du Score IAE-Message (Rubrique Centres de passage).
Aucune exonération des droits d'inscription n'est possible. A noter qu'aucun remboursement pour une session ne sera accepté à compter du jour de l'épreuve, et ce, même si le délai des 14 jours n'est pas encore atteint.

2. Le déroulement de l'épreuve

Pour être autorisé(e) à composer, vous devez obligatoirement vous présenter muni(e) de votre convocation imprimée (page 1 de ce document) ainsi que d'une pièce d'identité valide (pièces autorisées : carte nationale d'identité, permis de conduire, passeport et titre de séjour).
Aucun retard n'est autorisé, quel que soit le motif invoqué.
En cas de retard ou d'absence, aucun report de session ou remboursement n'est possible, quel que soit le motif invoqué (même si le motif est médical).
L'épreuve dure 3h00. La sortie est autorisée après 2 heures d'épreuve, toute sortie est définitive.
Les documents, les dictionnaires, les calculatrices et les brouillons ne sont pas autorisés.
Un crayon de bois à bout gomme vous sera distribué en début d'épreuve. Il vous est conseillé de vous munir d'un crayon papier supplémentaire et de blanc correcteur. Passez du blanc correcteur lorsque vous estimez devoir modifier votre réponse.
Aucun téléphone portable ne doit être à votre portée.
En fin d'épreuve, vous avez l'obligation de rendre votre sujet avec votre grille-réponses. Toute grille rendue sans le sujet ne sera pas corrigée.

3. Informations diverses

Il vous appartient de réaliser vous-même les démarches de candidatures auprès des formations souhaitées, indépendamment de l'inscription au Score IAE-Message (prise de renseignements pour les modalités de recrutement des formations, retrait et dépôt des dossiers de candidature...).
Le jour de la publication des résultats, vous aurez la possibilité de les consulter à partir de votre compte candidat sur le site internet du Score IAE-Message. Vous recevrez également par e-mail un lien vous permettant de télécharger une attestation de notes.
Il vous appartient de transmettre cette attestation aux formations dans lesquelles vous postulez et qui demandent le Score IAE-Message dans leur processus de recrutement.
Vous avez la possibilité de vous inscrire à plusieurs sessions pour tenter d'améliorer votre score. Il vous appartient de transmettre le meilleur des scores obtenus.
Ne tentez pas de falsifier vos résultats, chaque formation dans laquelle vous postulez a accès à l'ensemble des résultats. En cas de fraude, l'ensemble des formations participant au Score IAE-Message sera averti et votre dossier sera automatiquement rejeté.
Les organisateurs du Score IAE-Message déclinent toute responsabilité dans le cas où une des formations viendrait à changer ses modalités de recrutement (calendrier de recrutement, modalités générales, etc...).

Fiche 3

Quel score devez-vous viser ?

Il s'agit d'une question récurrente à laquelle il est difficile d'apporter une réponse. Les quelques 320 formations qui demandent le SCORE IAE MESSAGE ne communiquent quasiment pas sur leurs exigences en termes de score minimum ou moyen à atteindre pour être admis.

Vous devez comprendre une chose importante : votre score ne constitue qu'un élément parmi d'autres de votre dossier. Certes, le score que vous allez obtenir va être déterminant pour vous distinguer des autres candidats mais sachez que les notes que vous aurez obtenues au cours / au terme de votre scolarité en Licence, DUT ou BTS, mais encore votre CV ou votre lettre de motivation (qui sont de plus en plus demandés constitueront des éléments qui pèseront aussi beaucoup au moment de la sélection.

180 sur 400

Il s'agit de la moyenne nationale obtenue au Score.

Retenez que le score moyen obtenu par l'ensemble des candidats (toutes sessions confondues) au SCORE IAE MESSAGE est d'environ **180 sur 400**.

Cela nous enseigne que le SCORE IAE MESSAGE est un test difficile. C'est donc loin d'être une formalité et sa préparation exige une préparation sérieuse (mais bon, sérieux vous l'êtes déjà ! Sinon, vous ne seriez pas en train de lire ces lignes n'est-ce pas ?).

⚠ **ATTENTION** Il s'agit d'une moyenne. Et comme vous le savez, une moyenne ne dévoile pas grand chose sur les scores attendus par les différentes formations. Ceci étant, cela vous permet d'avoir un ordre de grandeur en tête qui vous aidera à mieux savourer un score de 230 ou 240 (pas grandiose… tout à fait honorable quand même !)

220-230 sur 400

C'est le score minimum que vous devez viser si vous voulez défendre chèrement vos chances.

Maintenant que vous connaissez la moyenne nationale, vous devez vous demander quel est le score que vous devez obtenir **pour défendre sérieusement vos chances** pour intégrer une bonne formation.

L'expérience de nos étudiants à la Prépa Aurlom montre qu'un score d'environ 230 n'est jamais bloquant pour intégrer des formations réputées sélectives. Cela signifie que si vous avez un bon dossier de candidature, alors un score compris entre 220 et 230 suffira pour faire pencher la balance du bon côté.

250-270 sur 400

C'est le score que vous avez le droit de viser si vous tenez ce livre entre les mains.

Que les choses soient claires. Obtenir un score compris entre 250 et 270 ne sera pas chose facile mais vous pouvez y arriver avec du travail et de la méthode. La majorité de nos étudiants à AURLOM obtiennent un score moyen compris entre 260 et 270 qui les aide à décrocher les formations les plus sélectives. Ils y arrivent grâce à du travail, des révisions régulières mais aussi et surtout avec un peu de stratégie et une bonne mise en confiance.

Comment obtient-on un tel score ? En se fixant de vrais objectifs.

Voici **un exemple** de scores obtenus à chacune des quatre épreuves. Comme vous le voyez, vous pouvez répondre faux à un nombre important de questions et obtenir quand même un très bon score.

Epreuve	Nombre de réponses justes visées	Score	Commentaire
1. Culture générale, économique et managériale	26 sur 50	52 points	Il ne faudra pas espérer obtenir des scores élevés en culture générale. Les questions étant très aléatoires, vous ne pouvez malheureusement pas vous fixer un objectif de 35 ou 40 réponses justes à coup sûr. Mieux vaut rester prudent.
2. Compréhension et expression écrite en français	37 sur 50	74 points	C'est l'épreuve la plus « sûre » du Score IAE Message. Rares sont les surprises lorsque l'on est bien préparé. On peut toujours tomber sur une question de vocabulaire qu'on ne connaît pas mais entre les questions d'application directe en grammaire et les questions de compréhension de textes, il faut clairement viser 40.
3. Raisonnement logique et numérique	13 sur 20	65 points	Avec un entraînement intensif et régulier, 13 réponses justes est évidemment à votre portée. Chaque année, de nombreux candidats obtiennent entre 16 et 18 réponses justes sur les 20 questions posées car la bonne nouvelle en logique et en calcul c'est qu'il n'y a pas d'à-peu-près. Si l'on a bien revu ses bases et que l'on a fait beaucoup d'exercices alors il n'y a aucune raison de s'inquiéter.
4. Compréhension et expression écrite en anglais	36 sur 50	72 points	Le score d'anglais sera très regardé par les jurys des formations auxquelles vous postulerez, alors ne négligez pas cette épreuve. Comme pour l'expression française, vous devrez être en mesure de viser 35 réponses justes au minimum en répondant à un nombre important de questions de grammaire et de questions de compréhension de textes.
TOTAL	**114 sur 170**	**263 sur 400**	Et voilà, vous comprenez maintenant pourquoi il n'est pas facile de dépasser les 250 au Score IAE Message et qu'obtenir un score supérieur à 250 est très honorable. Peu de candidats en sont capables. Comprenez en tous cas que vous devrez « construire » votre score et avoir des objectifs clairs en tête le jour J. Et puis retenez surtout que les 300 points ne sont jamais très loin ! Il vous suffit en effet de scorer 33 réponses justes en culture générale, 16 en raisonnement logique et 40 en anglais pour dépasser les 300. Au travail maintenant :)

Et un score de 300 et plus ?

Bien évidemment, nous ne vous interdirons pas de viser un score de 320 ou de 330 !

Sachez toutefois qu'obtenir de tels scores est rare (seuls 14 % des étudiants à AURLOM dépassent le score de 320 et il y a donc fort à parier qu'au niveau national, seuls 2 à 3 % des candidats obtiennent 320 ou plus).

Ceci étant dit, sachez qu'il est sûr qu'un score supérieur à 300 tapera à l'œil des jurys de sélection et que cela constituera un vrai plus pour votre candidature, surtout si votre dossier est « très juste ». Mais sachez en tous cas que l'on n'a jamais vu de candidat cumulant un bon dossier de candidature et un score autour de 260 se voir interdire l'entrée d'une formation sélective et de haut niveau (à condition bien sûr de ne pas avoir mis tous ses œufs dans le même panier et d'avoir présenté un minimum de 4 ou 5 formations sélectives différentes).

Fiche 4

Bien gérer son temps le jour J

La gestion du temps au SCORE IAE MESSAGE est absolument cruciale.

Le fait de pouvoir gérer à sa guise les 3 heures mis à votre disposition pour résoudre les 170 questions constitue tout à la fois **une chance et un piège**.

Beaucoup d'étudiants se font en effet régulièrement piéger en passant parfois jusqu'à 1 heure et demie sur une seule épreuve !! (Oui, oui, et vous avez deviné, ils passent autant de temps sur la fameuse épreuve de raisonnement logique et numérique) et se mettent alors clairement en danger puisqu'ils n'ont alors plus d'autre choix que de bâcler les autres épreuves en répondant au feeling et à la va-vite dans le court temps qu'il leur reste.

Voici donc nos conseils qui permettront assurément d'optimiser votre score le jour J.

1. Commencez par l'épreuve de compréhension et expression écrite **en français**.
2. Enchaînez ensuite par l'épreuve de compréhension et expression écrite **en anglais**.
3. Continuez avec l'épreuve de **raisonnement logique et numérique**.
4. Terminez enfin par l'épreuve de **culture générale, économique et managériale**.

Bien entendu nous n'avons pas la prétention d'avoir la science infuse. Il s'agit ici de conseils qui sont le fruit d'une longue expérience d'enseignement auprès d'étudiants amenés à passer le Score IAE Message et d'un suivi rigoureux de leurs performances.

Nous nous sommes en particulier appuyés sur l'expérience des candidats qui avaient obtenu les meilleurs résultats au score. **La grande majorité d'entre eux nous avaient confié qu'ils procédaient systématiquement dans un ordre différent de celui auquel l'épreuve les invitait (l'épreuve invite à commencer par exemple par la Culture générale alors que de toute évidence, c'est par cette épreuve qu'il faut terminer !).**

Une chose est sûre : vous devez absolument tester ces conseils lorsque vous vous entraînez sur les sujets que vous trouverez dans cette Bible.

Vous verrez ainsi par exemple qu'il vous sera possible de faire quelques ajustements en inversant les deux premières épreuves (en commençant par l'anglais puis en enchaînant par le français). Vous verrez aussi peut-être que vous préférerez consacrer finalement 60 ou 65 minutes à l'épreuve de raisonnement logique numérique au lieu des 70 minutes conseillées. A vous de tester notre méthode. Une chose est sûre : terminez par la culture générale car rien ne justifie qu'on y consacre un temps trop important. Cette épreuve demande assez peu d'énergie et de concentration… idéal quand on doit terminer une longue épreuve de 3 heures réputée épuisante psychologiquement avec ses 170 questions…

Ordre dans lequel aborder les épreuves	Temps à consacrer	Remarques
1. Compréhension et expression écrite en français	45 min max.	En commençant par cette épreuve, vous vous offrez une chance unique de glaner des points précieux car si vous avez bien travaillé cette épreuve en révisant les règles fondamentales de la grammaire et de la conjugaison françaises, alors nul doute que vous en sortirez vainqueur. Passez 20 à 25 minutes (plutôt 20 si possible) sur les 35 premières questions et consacrez 20 à 25 minutes (plutôt 25 et surtout jamais moins que 20 !) aux questions portant sur la compréhension de texte. Attention à ne pas déborder au niveau du temps passé sur la compréhension de textes. Arrivé à 45 minutes vous arrêtez tout net et passez à l'épreuve suivante. Il sera toujours temps d'y revenir tout à la fin si vous avez le temps sur les questions non traitées.
2. Compréhension et expression écrite en anglais	45 min max.	En enchaînant avec cette épreuve, vous vous offrez une seconde chance de construire votre score de façon solide. En effet, cette épreuve ne contient aucune surprise. Comme pour l'épreuve de français, passez 20 à 25 minutes (plutôt 20 si possible) sur les 35 premières questions et consacrez 20 à 25 minutes (plutôt 25 et surtout jamais moins que 20 !) aux questions portant sur la compréhension de texte. Là encore, arrivé à 45 minutes, arrêtez tout net et passez à l'épreuve suivante.
3. Raisonnement logique et numérique	70 min max.	Cette épreuve ne contient que 20 questions mais c'est assurément celle qui demande qu'on y consacre le plus de temps. Avec 70 minutes en stock, vous disposez d'un temps amplement suffisant pour lire tranquillement vos énoncés, posez vos équations et les résoudre sans faire d'erreurs. Donc pas de panique, mobilisez bien toutes vos formules et souvenez-vous des méthodes apprises pour résoudre les questions posées et tout va bien se passer. Si vous terminez l'épreuve avant les 70 minutes conseillées, passez à l'épreuve suivante ! Cette dernière, vous verrez, n'exige pas que l'on y passe plus de 20 minutes.
4. Culture générale, économique et managériale	20 min max.	Oui ! Vous avez bien lu, 20 minutes suffisent pour cette épreuve. L'avantage avec cette épreuve est que vous saurez en 5 secondes si vous connaissez la réponse ou pas. Certes, quand vous ne saurez pas, vous procéderez sûrement par élimination mais sachez que vous ne disposerez d'aucun joker et ne pourrez ni appeler un ami ni demander l'avis du public. Attention à ne pas tomber dans un piège toutefois : y consacrer moins de 20 minutes. **20 minutes c'est bien, 15 cela devient clairement trop court. Attention…** Bien entendu, si vous terminez l'épreuve avant, reprenez les questions que vous n'aurez pas eu le temps de terminer et surtout, surtout… **N'oubliez jamais de répondre au hasard aux quelques questions qui restent dans les 2 ou 3 dernières minutes de l'épreuve.** **Bon courage !**
TOTAL	**180 min**	

Fiche 5

Planning de révisions

Il importe de garder à l'esprit que cette épreuve se prépare sur un temps assez long. Pour une bonne préparation, il faut compter en moyenne 2 mois. C'est une moyenne bien sûr. Certains y arrivent en 2 ou 3 semaines en travaillant de façon intensive. D'autres prennent leur temps et y consacrent 3 ou 4 mois.

Le planning suivant s'appuie sur une préparation s'étalant sur 2 mois.

Prévoir un minimum de 60 heures de préparation

Dans tous les cas, le test demande à ce que vous prévoyiez environ 60 heures de préparation : **20 heures pour le cours et 40 heures pour l'entraînement.**

⚠ ATTENTION Il s'agit là d'un minimum... Donc ceux dont l'emploi du temps est allégé pourront consacrer plus de temps à leur préparation.

Cours

5 bonnes heures seront nécessaires pour l'épreuve de français, 5 autres pour l'épreuve d'anglais et 10 enfin pour l'épreuve de raisonnement logique qui représente souvent la bête noire des candidats.

Pour ce qui est de la culture générale, il s'agira surtout d'un entraînement régulier, sous perfusion, *via* une lecture assidue et quotidienne de la presse.

Entraînement

40 heures pour l'entraînement ne seront pas de trop. Entre les applications directes du cours de la ***Bible du Score IAE Message*** et les annales, vous verrez que le temps passera très vite.

Voyez donc : il vous faudra déjà 3 heures pour traiter un sujet et bien encore 2 heures pour le corriger. Donc n'espérez pas dans ces conditions faire plus que les 7 tests blancs de cette Bible ! Si vous en faites déjà 5 parfaitement alors vous pouvez crier victoire.

Disons que si vous étalez votre préparation sur un peu moins de 2 mois, disons 7 semaines, alors cela peut donner **pour chacune des 7 semaines** le planning du temps suivant.

NB : bien entendu, si vous ne disposez que de 4 semaines pour vous préparer, et bien il vous suffit de doubler la charge de travail :)

	Matin	Pause déj.	Après-midi	Soirée
Lundi	**Lecture de la presse**	*Vocabulaire anglais (20 min)*		
Mardi	**Lecture de la presse**	Grammaire et conjugaison françaises (20 min)		Cours de mathématiques (45 min)
Mercredi	**Lecture de la presse**	Grammaire et conjugaison françaises (20 min)		
Jeudi	**Lecture de la presse**	*Grammaire anglaise (20 min)*		
Vendredi	**Lecture de la presse**	Grammaire et conjugaison françaises (20 min)		Cours de mathématiques (45 min)
Samedi	**Lecture de la presse**	*Vocabulaire anglais (20 min)*	**Annale / Score blanc (3 heures)**	
Dimanche	**Etude des corrigés de l'annale (2 heures)**		**Lecture de la presse**	

Remarques :

1. La lecture de la presse CHAQUE matin doit devenir **un réflexe.** Abonnez-vous au *Figaro*, au *Monde* ou au *Parisien* et lisez ! En étant étudiant, vous bénéficiez d'offres d'abonnement très peu chères.
2. Bien évidemment, si vous êtes pris le samedi après-midi, faites votre annale ou score blanc un autre jour de la semaine. Ce qui est important c'est de fixer un temps et de s'y tenir et de ne surtout pas le changer au gré d'une invitation à une sortie ou une soirée quelconque entre amis.

Fiche 6

Pourquoi se préparer avec Aurlom ?

Que les choses soient claires : il n'est évidemment pas obligatoire de suivre une prépa à Aurlom pour être admis en IAE ! Ceci étant, si vous envisagez d'intégrer un IAE réputé particulièrement sélectif cela peut constituer un indéniable « plus ».

En rejoignant la Prépa AURLOM, vous pourrez ainsi bénéficier bien sûr d'un stage intensif de préparation et de perfectionnement au SCORE IAE MESSAGE mais aussi d'un accompagnement individualisé pour les constitutions et rédactions de dossiers de candidature ainsi que pour les épreuves orales d'entretien de motivation.

Des résultats exceptionnels

En 2021, 91 % des étudiants qui se sont préparés avec AURLOM sont parvenus à intégrer un des 2 ou 3 meilleurs IAE auxquels ils avaient postulé. Une performance exceptionnelle 4 fois supérieure aux moyennes nationales !

Pour ce qui est du SCORE IAE MESSAGE, la moyenne obtenue par nos étudiants s'élève à 281 points sur 400, soit près de 100 points de plus que la moyenne nationale. Surtout, 18 % de nos étudiants ont réussi l'exploit de dépasser les 300 points.

Des méthodes pédagogiques éprouvées

AURLOM, c'est l'alliance parfaite de méthodes d'enseignement traditionnelles éprouvées par des milliers d'étudiants (cours en classe), avec les techniques d'apprentissage les plus innovantes (Intranet).

- Cours en classe.
- Cours en live et en replay à suivre depuis chez soi.
- Des vidéos pédagogiques de qualité : idéales pour apprendre dès qu'on a 5 ou 10 minutes de libre en journée.

- Un Intranet, espace de préparation en ligne, accessible dès l'inscription. Annales, extraits d'ouvrage, exercices, revues de presse, vidéos… Tout est mis en œuvre pour vous accompagner dans votre préparation.

Une disponibilité totale de l'équipe pédagogique par e-mail, téléphone et même WhatsApp !

AURLOM s'est forgée une réputation exceptionnelle dans son expertise et sa connaissance pointue du SCORE IAE MESSAGE et des candidatures en IAE. Les professeurs qui interviennent à AURLOM sont des auteurs d'ouvrage à succès, concepteurs de sujets, correcteurs ou encore membres de jurys de concours et sont reconnus par leurs pairs comme les meilleurs spécialistes de leur épreuve.

Soucieux de suivre les moindres évolutions des épreuves, ils prodiguent année après année les méthodes, conseils et astuces qui permettent de viser les meilleurs scores. **Surtout, ils sont réputés pour leur disponibilité et leur envie sincère de vous aider à progresser. Alors n'hésitez pas à les solliciter !**

Les prochaines sessions AURLOM

- **Semaines intensives SCORE IAE MESSAGE durant les vacances scolaires** (au choix : vacances de Noël, vacances de février, vacances de Printemps).
- **Weekends intensifs SCORE IAE MESSAGE sur 2 jours** : plusieurs week-ends au choix entre janvier et mai 2022.
- Accompagnement individualisé pour la **constitution et la rédaction des dossiers de candidature** : sur rendez-vous.
- Accompagnement individualisé pour la **préparation des épreuves orales** d'entretien de motivation : sur rendez-vous.

Sessions et tarifs disponibles sur www.aurlom.com

Besoin d'info ?

Pour tout besoin d'information sur nos préparations, vous pouvez nous contacter au **01 40 41 12 38** ou par mail à l'adresse : **info@aurlom.com**

A bientôt !

Fiche 7

Lives Instagram et Groupe Facebook

INSTAGRAM DE L'AUTEUR

Franck Attelan

(lives thématiques et conseils)

GROUPE FACEBOOK

Objectif IAE

(entraide, partages d'expériences, questions à l'auteur, tests d'entrainement)

Abonnez-vous au compte Instagram de l'auteur pour suivre ses lives consacrées aux admissions en IAE.

Au programme :

- IAE : Comment optimiser ses candidatures ?
- Quels débouchés après un IAE ?
- IAE : Les secrets des meilleurs dossiers de candidature.
- Quelle stratégie de préparation au Score IAE Message ?
- SCORE IAE MESSAGE : les secrets des candidats qui obtiennent plus de 300.
- MS, Master Grande Ecole, Master Universitaire, Ecole spécialisée : Quels plans B envisager ?

L'auteur répondra également à toutes vos questions.

Fiche 8

Contactez-moi

Vous avez des questions au sujet du SCORE IAE MESSAGE ou d'une candidature à un IAE ? Un point de cours qui vous résiste ? Une question sur un exercice ? Vous souhaitez me notifier une éventuelle erreur (ne soyez pas trop dur avec moi... l'erreur est humaine :) ? Ou alors vous voulez juste m'envoyer un mot gentil ?

Et bien n'hésitez pas à me contacter ! Je me ferai un plaisir de vous répondre dans les meilleurs délais.

franck.attelan@aurlom.com

Fiche 9

HIGH-LEARNING.COM

Entraînement en ligne sur des milliers de tests

Si vous souhaitez vous entraîner à tout moment de la journée sur des milliers de tests corrigés, comparer vos résultats avec des milliers d'autres candidats et passer des tests blancs dans les conditions du jour J en même temps que d'autres candidats, alors rendez-vous sans plus tarder sur www.high-learning.com… Vous ne serez pas déçus !

Fiche 10

Vidéos gratuites

On est partout avec vous, à la maison, dans le bus, à la bibliothèque… vous n'avez désormais plus d'excuses.

Vous souhaitez vous donner les meilleures chances de réussite ? Alors n'attendez pas pour visionner nos vidéos de conseils, rappels de cours et exercices corrigés.

Scannez le code ci-dessous :

DEUXIEME PARTIE

COURS FONDAMENTAUX / APPLICATIONS CLES / METHODES / SAVOIR-FAIRE / ASTUCES

1. CULTURE GENERALE, ECONOMIQUE ET MANAGERIALE

I. PRESENTATION DE L'EPREUVE ET CONSEILS DE PREPARATION

1. VOCABULAIRE : LES PIEGES A EVITER

CULTURE GENERALE, ECONOMIQUE ET MANAGERIALE

50 QUESTIONS

5 CHOIX DE REPONSES PAR QUESTION

UNE SEULE REPONSE JUSTE

2 POINTS PAR REPONSE JUSTE, SOIT UNE EPREUVE NOTEE SUR **100 POINTS**

PAS DE POINT NEGATIF EN CAS DE NON REPONSE OU DE REPONSE FAUSSE

REPONDEZ AU HASARD QUAND, MALGRE VOS EFFORTS, VOUS NE CONNAISSEZ PAS LA REPONSE A LA QUESTION. **VOUS N'AVEZ RIEN A PERDRE.**

TEMPS CONSEILLE : **ENTRE 20 ET 25 MINUTES**

Une épreuve toujours redoutable

L'épreuve de culture générale est toujours un écueil redoutable pour les étudiants.

La nature de sa difficulté saute aux yeux : quoi de plus vaste que la **« culture générale, économique et managériale »** ? Quelles en sont les limites, si tant est qu'elle en ait ?

Au premier abord, on pourrait être tenté de répondre que tout est culture et arrêter là la remise en question de l'intitulé de l'épreuve. Sauf que si l'on analyse précisément les annales du SCORE IAE MESSAGE de ces dernières années, on se rend vite compte que certains thèmes sont récurrents et qu'il est donc possible de préparer intelligemment cette épreuve. Une chose est sûre : les étudiants qui parviennent à obtenir un score honorable à cette épreuve – i.e. un score supérieur à 32 sur 50 – sont ceux qui en plus d'avoir acquis au fil des ans une culture générale solide suivent rigoureusement l'actualité des 18-24 mois précédant l'épreuve. Mais comme cette actualité est par définition très vaste, vous allez devoir vous habituer dès à présent à l'idée que vous ne pourrez être en mesure de répondre « à tout ». C'est un peu frustrant mais cela ne doit pas vous empêcher de viser les meilleurs scores pour autant.

N'oubliez donc pas qu'hormis quelques cas tout à fait rarissimes, il est impossible de répondre juste à toutes les questions et les meilleurs candidats que nous préparons à Aurlom obtiennent entre 35 et 40 réponses justes – ce qui constitue une performance absolument remarquable quand on sait que la moyenne obtenue par l'ensemble des candidats à cette épreuve du SCORE IAE MESSAGE **ne dépasse jamais – en moyenne – les 18 réponses justes sur 50 !**

Pourquoi des épreuves sous forme de QCM ?

Il y a généralement trois façons reconnues d'évaluer le niveau de culture générale : **la dissertation, les questions courtes et le QCM**. Les deux premières présentent l'avantage de laisser aux candidats plus de marge de manœuvre, mais l'inconvénient d'être très ardues et longues à corriger. Le SCORE IAE MESSAGE a choisi le QCM. Le QCM a certes l'inconvénient d'être un peu réducteur (on sait ou on ne sait pas) ; mais il présente toutefois **deux avantages remarquables** : il est simple à corriger et il permet surtout aux examinateurs de vérifier l'intérêt et les connaissances des candidats sur des points précis plutôt que sur un plan général. Pour vous, candidats, cela a une conséquence directe et avantageuse : aucune des questions auxquelles vous aurez à faire face ne seront volontairement ardues. **Dans un QCM de culture générale, économique et managériale on ne cherchera pas à vous piéger**, mais simplement à vérifier le degré de familiarité que vous avez avec un domaine donné. Autrement dit : une bonne connaissance académique en histoire, en politique, en géographie ou en économie ainsi qu'un suivi régulier de l'actualité sous toutes ses formes devraient assurément vous permettre de répondre à au moins 28-30 questions sur 50.

Les thèmes récurrents de l'épreuve

[En culture générale]

On compte chaque année et selon les sessions du SCORE IAE MESSAGE **entre 30 et 40 questions de culture générale sur les 50 questions posées.**

Voici une liste indicative et non exhaustive de thèmes abordés :

- Politique française et internationale,
- Les faits marquants du web,

- Art, télévision, cinéma, théâtre et littérature,
- Actualité « people »,
- Sport,
- Sciences et techniques,
- Histoire et géographie,
- Institutions internationales.

Retenez simplement que presque tout est possible !

Exemples de questions :

1. En quelle année les Françaises ont-elles pu voter pour la première fois ? (*Session du 20 mars 2021*)

(1) En 1931
(2) En 1936
(3) En 1938
(4) En 1944
(5) En 1945

Réponse 4

2. En France, quelle est la définition de l'acronyme « DGSE » ? *(Session du 14 février 2017)*

(1) Direction Générale des Secrets de l'Etat
(2) Direction Générale des Secrétariats Extérieurs
(3) Direction Générale des Services Emblématiques
(4) Direction Générale des Services Extérieurs
(5) Direction Générale de Sécurité Extérieure

Réponse 5

3. Quel est le pays le plus densément peuplé au monde ? *(Session du 3 mai 2016)*

(1) Monaco
(2) Singapour
(3) Le Vatican
(4) Malte
(5) Bahreïn

Réponse 1

[En culture économique et managériale]

Selon les sessions, il faudra compter **entre 15 et 20 questions (sur 50)** de culture économique et managériale. Les thèmes abordés sont là encore très variés. En voici une liste indicative et non exhaustive.

- Les chiffres économiques de base : chiffres de l'emploi, du chômage, de l'inflation ou de la dette publique (France et Europe)
- Introduction au droit des sociétés
- Introduction au droit du travail
- Economie française et internationale
- Questions sociales (retraites, pauvreté et précarité, etc.)
- Grandes entreprises et grands patrons français et étrangers
- Indices boursiers, changes et monnaies
- Finance internationale
- Les dates et chiffres des grandes crises internationales

Exemples de questions :

1. En France, en mai 2019, lors des élections européennes, qui était la tête de liste soutenue par «La France Insoumise» ? (*Session du 20 mars 2021*)

(1) Manon Aubry
(2) Alexis Corbière
(3) Clémentine Autain
(4) Adrien Quatennens
(5) François Ruffin

Réponse 1

2. L'OCDE a publié, le 11 avril 2017, les chiffres relatifs au développement des Etats membres pour 2016. Ces chiffres établissent que la France demeure le cinquième bailleur de fonds mondial par le volume de son aide publique au développement, laquelle s'élève à : *(Session du 17 mai 2018)*

(1) 4,7 milliards d'euros
(2) 8,6 milliards d'euros
(3) 12,5 milliards d'euros
(4) 14,4 milliards d'euros
(5) 16,3 milliards d'euros

Réponse 2

3. En France, durant l'été 2016, contre quel industriel des producteurs de lait français ont-ils manifesté pendant plusieurs jours ? *(Session du 18 mai 2017)*

(1) Unilever
(2) Lactalis
(3) Danone
(4) Bel
(5) Nestlé

Réponse 2

Le poids des questions dites « d'actualité »

Si l'on admet que les questions d'actualité sont **celles qui portent sur l'actualité des 18-24 derniers mois,** alors on peut affirmer que ces questions pèsent **en moyenne 30 %** de l'épreuve de culture générale, économique et managériale (cette moyenne a été calculée sur les 10 dernières sessions du SCORE IAE MESSAGE).

Notre recommandation : mieux vaut vous concentrer sur ces questions d'actualité plutôt que sur celles de culture générale à proprement parler dont le programme remonte à… la création du monde !

2. CONSEILS DE PREPARATION

Le carnet d'actualité

Au vu du nombre important de questions d'actualité, notre recommandation est sans appel : vous devez tenir régulièrement à jour un **carnet d'actualité** consignant l'ensemble des faits marquants des années 2019, 2020 et 2021. Vous trouverez bien entendu ces informations en lisant la presse, en écoutant la radio ou en allant sur Internet.

Voici l'extrait du carnet d'actualité d'un candidat au Score IAE Message sur la période allant de mai 2019 à mai 2021. Comme vous le verrez, il s'agit des grands moments auxquels personne n'a pu raisonnablement échapper. Essayez donc de tenir ce carnet à jour et portez une attention toute particulière à l'actualité internationale (politique, géopolitique et économique) qui fait régulièrement l'objet de questions au SCORE IAE MESSAGE.

[MAI 2019]

- Intronisation de Naruhito comme empereur du Japon ; fin de l'ère Heisei, début de l'ère Reiwa.
- Europol fait fermer 2 sites du Dark web : Wall Street Market et Valhalla Market.
- Le cyclone Fani frappe l'Est de l'Inde et le Bangladesh.
- Stevo Pendarovski remporte le second tour de l'élection présidentielle en Macédoine du Nord.
- Elections législatives, présidentielle et municipales au Panama, Laurentino Cortizo est élu président.
- Accident du vol 1492 Aeroflot à l'aéroport de Moscou (Russie).
- Au Burkina Faso, le combat de Gorom-Gorom permet de libérer quatre otages.
- L'attaque d'une église à Dablo (Burkina Faso) fait 6 morts.
- Duncan Laurence (Pays-Bas) remporte le Concours Eurovision de la chanson à Tel-Aviv en Israël.
- Un attentat à Gizeh en Egypte, près du futur Grand Musée égyptien, visant un bus de touristes, dont les occupants sont originaires d'Egypte et d'Afrique du Sud, fait 17 blessés.
- La nouvelle méthode permettant le calcul du kilogramme, à l'aide de la constante de Planck et d'une balance de Kibble, entre en vigueur.

– Le parti BJP du Premier ministre Narendra Modi remporte les élections législatives en Inde.
– Elections législatives pour l'Union européenne : le RN arrive en tête avec 25 % des suffrages.
– Un attentat au colis piégé rue Victor-Hugo à Lyon fait 13 blessés.
– Theresa May, première ministre du Royaume-Uni, annonce sa démission de la tête du Parti conservateur, avec effet le 7 juin.
– *Parasite* de Bong Joon-ho obtient la Palme d'or à l'unanimité du jury du Festival de Cannes.

[JUIN 2019]

– L'explosion d'une usine d'explosif à Dzerjinsk en Russie fait 79 blessés.
– Richard Carapaz devient le premier cycliste équatorien à remporter le Tour d'Italie.
– A Khartoum (Soudan), la violente dispersion des manifestants fait au moins 35 morts.
– Amnesty International décerne à la jeune militante suédoise pour le changement climatique Greta Thunberg ainsi qu'au mouvement de collégiens, de lycéens et d'étudiants Fridays for Future, qu'elle a inspiré son prix le plus prestigieux : Ambassadeur de la conscience.
– En Grèce, le président Prokópis Pavlópoulos dissout le Parlement et convoque des élections anticipées pour le 7 juillet.
– Au Botswana, La Haute Cour décriminalise l'homosexualité.
– Au Mali, le massacre de Gangafani et Yoro fait au moins 38 morts.
– L'opposant Ekrem İmamoğlu, vainqueur des élections municipales turques de 2019 en mars à Istanbul mais dont la victoire avait été invalidée sur demande du président turc Recep Tayyip Erdoğan, remporte la nouvelle élection municipale encore plus largement.
– Sommet du G20 à Osaka (Japon).

[JUILLET 2019]

– Début de la présidence finlandaise du Conseil de l'Union européenne.
– Eclipse solaire totale visible au Chili et en Argentine.
– L'eurodéputé du Parti démocrate italien David Sassoli est élu président du Parlement européen.

- Elections législatives en Grèce ; Kyriákos Mitsotákis est nommé Premier ministre.
- Le télescope spatial Spektr-RG est lancé depuis le cosmodrome de Baïkonour.
- L'ouragan Barry touche la côte de la Louisiane et fait d'importants dégâts par inondations.
- Ursula von der Leyen est élue présidente de la Commission européenne par la nouvelle législature du Parlement européen pour entrer en fonction en novembre, elle sera la première femme à ce poste.
- L'incendie criminel de Kyoto Animation (Japon) fait au moins 34 morts.
- Boris Johnson est nommé Premier ministre du Royaume-Uni, au lendemain de son élection comme chef du Parti conservateur.
- Le naufrage d'une embarcation de migrants partie de Libye fait au moins 110 disparus en mer Méditerranée.
- Au Brésil, la mutinerie du Centre de redressement régional d'Altamira fait 57 morts.

[AOÛT 2019]

- Le Japon annonce le retrait de la Corée du Sud de sa liste des partenaires commerciaux les plus fiables, à compter du 28 août 2019.
- Une fusillade terroriste raciste cause 22 morts à El Paso, aux États-Unis.
- Franky Zapata traverse la Manche sur son Flyboard Air, 110 ans après Louis Blériot.
- Un attentat à la bombe à Kaboul (Afghanistan) fait au moins 14 morts.
- Election présidentielle au Guatemala (2e tour), remportée par le conservateur Alejandro Giammattei.
- Début des manifestations féministes de 2019 à Mexico pour exiger l'ouverture d'enquêtes suite à des viols présumés commis par des policiers municipaux de Mexico sur des femmes et des jeunes filles.
- La Corée du Sud annonce le retrait du Japon de sa liste de partenaires commerciaux les plus fiables, à compter du 18 septembre 2019.
- Un attentat lors d'un mariage à Kaboul (Afghanistan) fait au moins 80 morts et 182 blessés.
- En Islande, commémorations des 5 ans de la disparition d'Okjökull, premier glacier à avoir disparu à cause du réchauffement climatique, avec la pose d'une plaque *Lettre pour le futur* sur son ancien emplacement.
- Démission de Giuseppe Conte, président du Conseil des ministres d'Italie.
- 45e sommet du G7 à Biarritz en France.

- Felix Kjellberg plus connu sous le pseudo Pewdiepie est la première chaîne YouTube indépendante à passer 100 millions d'abonnés.
- Le président indonésien, Joko Widodo, annonce que la capitale de l'Indonésie va être transférée dans une autre ville.
- Le premier ministre britannique Boris Johnson annonce une suspension du Parlement de début septembre au 14 octobre.
- L'incendie criminel par des narcotrafiquants d'un club de strip-tease à Coatzacoalcos au Mexique provoque 30 morts.

[SEPTEMBRE 2019]

- L'ouragan Dorian cause au moins 50 morts et d'importants dégâts aux Bahamas.
- Formation du gouvernement Conte II en Italie.
- Des chercheurs de l'université de Hokkaidō, au Japon, publient la description d'une nouvelle espèce de dinosaures, Kamuysaurus japonicus, unique représentant du genre Kamuysaurus.
- Vapeur d'eau détectée par le télescope Hubble sur l'exoplanète K2-18 b.
- Elections législatives en Israël.
- 74e assemblée générale de l'ONU à New York, avec un discours de Greta Thunberg en faveur de l'écologie.
- La marche mondiale pour le climat réunit entre 4 millions et 6,6 millions de manifestants dans le monde.
- Faillite de Thomas Cook, plus ancien voyagiste au monde.
- Un séisme de magnitude 5,2 dont l'épicentre était à une vingtaine de kilomètres de la ville de Jhelum dans l'est du Pakistan – zone déjà touchée par des inondations au moment où le séisme s'est produit – provoque 38 morts et 300.
- A l'unanimité, la Cour suprême du Royaume-Uni déclare illégale, nulle et sans effet la prorogation du Parlement par Boris Johnson.
- Nancy Pelosi, présidente de la Chambre des représentants des États-Unis, annonce le lancement d'une procédure d'impeachment à l'encontre de Donald Trump en réaction au sondage orienté de la Maison Blanche et de l'affaire Trump-Zelensky.
- Eruption du Stromboli en Italie.
- En France, incendie de l'usine Lubrizol à Rouen.

- Autre marche mondiale pour le climat. Des centaines de milliers de personnes manifestent pour le climat à Montréal, Québec et d'autres villes du Québec. À Montréal, où elles sont menées par la jeune militante suédoise Greta Thunberg, entre 450 000 et 500 000 manifestants se réunissent selon les organisateurs (la police ne donne pas de chiffre mais parle d'une « mobilisation historique »), ce qui en fait probablement « la plus importante manifestation de l'histoire du Québec ».
- Disparition de la compagnie aérienne Aigle Azur.
- Le Conseil de l'Europe décerne le prix Václav-Havel à l'intellectuel et économiste ouïghour Ilham Tohti et à l'initiative des jeunes pour les droits de l'homme.
- En France, la journée de deuil national, décrétée après la mort de l'ex-président Jacques Chirac le 26 septembre, est le cadre d'une cérémonie solennelle.

[OCTOBRE 2019]

- La Chine célèbre sa 70e année de la proclamation de la république populaire de Chine, avec des défilés dans tout le pays, y compris un grand défilé militaire dans la capitale Pékin.
- Début des sanglantes manifestations irakiennes de 2019 dont la répression va faire plus de 150 morts.
- L'Organisation mondiale du commerce autorise les États-Unis à imposer chaque année environ 7,5 milliards de dollars américains de droits de douane sur les marchandises de l'Union européenne, en raison des subventions européennes à Airbus causant un dommage à Boeing ; les États-Unis annoncent un tarif douanier de 10 % sur les avions Airbus de fabrication européenne et de 25 % sur toute une gamme de produits, qui doit entrer en vigueur le 18 octobre.
- Un agent administratif de la préfecture de police de Paris tue 4 personnes avec un couteau avant d'être abattu.
- Disparition de la compagnie aérienne XL Airways France.
- William Kaelin, Gregg Semenza et Peter Ratcliffe reçoivent le prix Nobel de physiologie ou médecine pour leurs travaux sur l'oxygénation des cellules.
- Début des gigantesques manifestations chiliennes de 2019, qui vont réunir jusqu'à plus d'un million de manifestants, sur une population totale du Chili de presque 18 millions d'habitants.
- Le Prix Nobel de physique est remis à James Peebles pour avoir prédit l'existence du fond diffus cosmologique et avoir été le premier à comprendre l'importance de la matière noire dans les grandes structures de l'Univers, et à

Michel Mayor et Didier Queloz, pour avoir prouvé l'existence des exoplanètes en découvrant 51 Pegasi b en 1995.

- Les astronomes annoncent la découverte de 20 nouvelles lunes autour de Saturne, s'ajoutant aux 62 déjà connues. Les nouvelles lunes comprennent 17 lunes rétrogrades du groupe nordique et trois lunes progressives, dont deux appartiennent au groupe inuit.
- Le prix Nobel de chimie est attribué à John B. Goodenough, Stanley Whittingham et Akira Yoshino pour avoir inventé la batterie à lithium-ion.
- Attentat antisémite et anti-Turcs à Halle-sur-Saale, en Allemagne, un négationniste d'extrême-droite lance des grenades sur un cimetière juif et sur un restaurant turc, puis ouvre le feu sur une synagogue où se tenait une cérémonie pour le Yom Kippour, provoquant au moins 2 morts et 2 blessés graves, avant d'être lui-même blessé et interpellé par la police plus tard.
- Les révélations d'utilisation d'argent de la drogue dans la campagne pour les élections générales honduriennes de 2017 au cours procès à New York de Juan Antonio Tony Hernández Alvarado, ancien député et frère du président du Honduras Juan Orlando Hernández, accusé de meurtre et de trafic de drogue (déclaré coupable le 18 octobre), provoque des manifestations et des émeutes au Honduras pour demander la démission du président.
- Le prix Nobel de littérature 2018 est remis à l'écrivaine Olga Tokarczuk et celui de 2019 est attribué à l'écrivain Peter Handke (l'Académie suédoise n'ayant pas pu décerner de prix en 2018 car elle était plongée dans un scandale d'agression sexuelle).
- Le prix Nobel de la paix 2019 est remis à l'homme politique éthiopien Abiy Ahmed pour ses actions ayant conduit à la résolution du conflit entre l'Éthiopie et l'Érythrée.
- La Californie devient le premier État américain à interdire la vente de produits en fourrure. La loi entre en vigueur le 1er janvier 2023.
- Le « prix Nobel d'économie » est attribué aux économistes Abhijit Banerjee, Esther Duflo et Michael Kremer pour leurs travaux sur la réduction de la pauvreté et des inégalités économiques.
- Le verdict dans le procès des indépendantistes catalans, où 9 des accusés sont condamnés à des peines allant de 9 à 13 ans de prison (les 3 autres accusés à des amendes), est rendu public et déclenche des émeutes en Catalogne.
- L'épave du navire de guerre japonais Kaga, coulé lors de la bataille de Midway pendant la Seconde Guerre mondiale, est découverte sur les fonds marins de l'océan Pacifique. Ce n'est que le deuxième navire coulé pendant la bataille à avoir été retrouvé.

– Elections générales en Bolivie, des soupçons de fraude électorale envers le président sortant Evo Morales, donné vainqueur au premier tour, déclenchent une crise post-électorale de plusieurs semaines qui entraîneront sa démission.
– L'avortement non-thérapeutique et le mariage homosexuel sont légalisés en Irlande du Nord (Royaume-Uni).
– Après des décennies de controverse, le gouvernement espagnol fait transférer la dépouille du dictateur Francisco Franco de la Valle de los Caídos vers un cimetière de Madrid.
– Elections présidentielles et législatives en Argentine, le candidat d'opposition péroniste de centre-gauche Alberto Fernández est élu président d'Argentine au premier tour.

[NOVEMBRE 2019]

– L'Afrique du Sud remporte la Coupe du monde de rugby à XV 2019 en battant l'Angleterre et devient championne du monde pour la troisième fois.
– Le nouveau gouvernement roumain, dirigé par le libéral Ludovic Orban, est investi par le Parlement.
– Une attaque contre un convoi de la société minière SEMAFO dans la région Est du Burkina Faso fait au moins 37 morts civils et 60 blessés. Il s'agit de l'attaque la plus meurtrière enregistrée dans le pays depuis le début des violences jihadistes en 2014.
– L'ancien président brésilien, Lula da Silva, sort de la prison dans laquelle il est emprisonné depuis plus d'un an. Cette libération provoque des manifestations « anti-libération » de la part de l'extrême droite, notamment à Rio, et des foules de joies à Sao et dans les favelas.
– Commémoration des 30 ans de la chute du mur de Berlin à Berlin.
– Le président bolivien Evo Morales annonce sa démission après trois semaines de crise.
– 200 000 personnes manifestent à Prague contre le premier ministre populiste Andrej Babiš.
– Plusieurs milliers de manifestants gilets jaunes en France : 28 000 officiellement, 39 530 selon les organisateurs. 147 interpellés, 129 gardes à vue. Plusieurs milliers de manifestants à Marseille derrière des slogans rassembleurs.
– L'administration Trump annonce que les États-Unis ne considèrent plus la colonisation israélienne de la Cisjordanie comme illégale en soi par le droit international. Cette annonce a été saluée par le Premier ministre israélien Benjamin Netanyahu et condamnée par l'Union européenne, l'Autorité

nationale palestinienne et le ministre jordanien des Affaires étrangères Ayman Safadi.

- Au Mali, 30 soldats maliens sont morts et 29 sont blessés dans le combat de Tabankort.
- En Israël, le procureur général d'Israël, Avichaï Mandelblit, annonce sa décision d'inculper Benyamin Netanyahu pour corruption, fraude et abus de confiance dans le cadre de l'affaire des 4000 (octroi de faveurs au groupe de télécommunications Bezeq en échange d'une couverture à son avantage par le journal sur Internet *Walla!*) et pour fraude et abus de confiance dans les deux affaires des 1000 (cadeaux dont il a bénéficié avec sa famille) et des 2000 (demande d'une couverture médiatique plus favorable au propriétaire du quotidien *Yediot Aharonot* en échange de l'organisation de la baisse de la diffusion du quotidien gratuit *Israel Hayom*). Benyamin Netanyahu dénonce « une tentative de coup d'État ».
- Elections locales à Hong Kong, les manifestations ont été suspendues par les organisateurs.
- Mort de treize militaires français dans la collision de deux hélicoptères au Mali.
- Elections présidentielles et législatives en Namibie, le président sortant Hage Geingob, est réélu avec un score de 56 % des suffrages.

[DÉCEMBRE 2019]

- La nouvelle Commission européenne présidée par Ursula von der Leyen entre en fonction, celle-ci succède à Jean-Claude Juncker et devient ainsi la première femme à la tête de la Commission.
- Conférence de Madrid sur les changements climatiques (COP 25) en Espagne.
- Sommet de l'OTAN à Londres, à l'occasion du 70e anniversaire de l'Alliance.
- Le naufrage d'une embarcation de migrants au large de la Mauritanie provoque la mort d'au moins 62 migrants.
- Début d'un mouvement social (nombreuses grèves et manifestations) pour protester contre une réforme du régime des retraites, entre 800 000 (selon le Ministère de l'Intérieur) et 1 500 000 de personnes (selon les syndicats Confédération générale du travail et Force ouvrière) manifestent dans toute la France ; si les estimations des syndicats sont exactes, cela en ferait une manifestation comparable à celles de 2010 et 1995.

- Le formateur pour un gouvernement belge, Paul Magnette, annonce que la formation d'un gouvernement reste, pour l'heure, impossible, après plus d'un an sans gouvernement.
- L'Université de Griffith (Australie) publie les résultats d'une datation à l'uranium-thorium sur une peinture préhistorique représentant une scène de chasse découverte en 2017 dans une grotte sur le site de Leang Bulu Sipong sur l'île de Célèbes (Indonésie), selon laquelle cette peinture serait vieille d'au moins 43 900 ans, ce qui en ferait la plus ancienne œuvre d'art figuratif connue.
- Election présidentielle en Algérie ; le scrutin, boycotté par une large partie de la population, enregistre une abstention et un nombre de votes blancs record. Abdelmadjid Tebboune est élu dès le premier tour avec 58,15 % des suffrages exprimés.
- La Chambre des représentants des États-Unis vote pour destituer le président Donald Trump pour abus de pouvoir et obstruction au Congrès.
- Le président Turc Recep Tayyip Erdoğan annonce qu'il enverra des troupes en Libye pour aider le gouvernement d'accord national basé à Tripoli, reconnu internationalement, après avoir demandé un soutien. Il prévoit de soumettre sa motion à la Grande Assemblée nationale le 7 janvier 2020, pour approbation.
- Abdelaziz Djerad est nommé Premier ministre d'Algérie.
- L'Organisation Mondiale de la Santé (OMS) a alerté plusieurs cas de pneumonies dans la ville de Wuhan (Province Hubei de Chine). Mais ce virus ne ressemblait à aucun virus connu. C'est le début du grand virus Covid-19.

[JANVIER 2020]

- Poursuite d'importants incendies de végétation en Australie.
- La Croatie prend la présidence du Conseil de l'Union européenne, succédant à la Finlande.
- Une attaque terroriste à Villejuif fait 1 mort et 2 blessés
- Le député vénézuélien Luis Parra, opposant à la fois au président de la république élu mais très fortement contesté Nicolás Maduro et au président de l'assemblée nationale vénézuélienne élu et président de la république autoproclamé Juan Guaidó (voir Crise présidentielle de 2019-2020 au Venezuela pour les détails), s'autoproclame président de l'Assemblée nationale du Venezuela.
- L'Armée nationale libyenne s'empare de la ville de Syrte, en Libye.

- La force aérospatiale du corps des Gardiens de la révolution islamique lance l'opération Martyr Soleimani, en tirant une quinzaine de missiles balistiques sur les bases militaires américaines d'Al-Asad et d'Erbil en Irak. 110 militaires américains sont blessés (commotions cérébrales et traumatismes crâniens) lors de cette attaque.
- Le vol Ukraine International Airlines 752 est accidentellement abattu par deux missiles sol-air (tirés par les Gardiens de la révolution) juste après son décollage de l'aéroport Imam- Khomeini de Téhéran, provoquant la mort des 176 passagers et membres d'équipage.
- Le Premier ministre de Russie Dmitri Medvedev démissionne, il est remplacé le lendemain par Mikhaïl Michoustine.
- Pour la première fois depuis 2012, le Guide suprême iranien Ali Khamenei préside la prière du vendredi à Téhéran, l'occasion pour lui d'aborder l'actualité particulièrement tendue lors de son sermon.
- 116 personnes (111 militaires et 5 civils) sont tuées par des missiles balistiques et des frappes de drones lors d'une attaque apparemment menée par les Houthis sur la mosquée d'un camp militaire de la ville yéménite de Marib. Le 20 janvier, Mohammed al-Boukhaïti, un porte-parole des Houthis a déclaré à Al Jazeera que l'attaque n'était pas le fruit de son organisation.
- Election présidentielle en Grèce, la magistrate Ekateríni Sakellaropoúlou devient la première femme élue à la présidence de la République.
- A cause de l'épidémie de coronavirus, le gouvernement chinois place en quarantaine toute la métropole de Wuhan (11 millions d'habitants) et les villes de Huanggang (7,5 millions d'habitants) et Ezhou.
- Aux États-Unis, Kobe Bryant, sa fille et sept autres personnes sont tuées dans un accident d'hélicoptère à Calabasas, en Californie.
- L'Allemagne confirme son premier cas de maladie à coronavirus 2019 en Bavière. L'homme infecté a été placé dans une salle d'isolement et le risque de nouvelles contaminations est actuellement considéré comme « faible » par le ministère bavarois de la Santé.
- Le président américain Donald Trump dévoile un plan de paix élaboré par son administration pour 3 ans. Le plan reconnaît la souveraineté israélienne sur les principaux blocs de colonies en Cisjordanie occupée, ainsi que l'annexion de la vallée du Jourdain, en échange d'un gel des nouvelles colonies israéliennes dans certaines zones pendant 4 ans. Le président palestinien Mahmoud Abbas rejette le plan comme un « non-sens », tandis que le Premier ministre israélien Benjamin Netanyahu ainsi que le chef de l'opposition Benny Gantz ont exprimé leur soutien au plan.

– L'Organisation mondiale de la santé classe l'épidémie provoquée par le coronavirus comme urgence de santé publique de portée internationale.
– Sortie le 31 janvier du Royaume-Uni et de Gibraltar de l'Union européenne (Brexit), entamant une période de transition de 11 mois.

[FÉVRIER 2020]

– Les Chiefs de Kansas City remportent leurs 2e Super Bowl 30-21 à Miami contre les 49ers de San Francisco lors du Super Bowl LIV.
– *Parasite* est récompensé des Oscars du meilleur film et du meilleur film international. Son réalisateur Bong Joon-ho obtient l'Oscar du meilleur réalisateur.
– L'Égypte franchit le cap des 100 millions d'habitants.
– En Allemagne, un groupuscule terroriste d'extrême-droite est démantelé, ses 12 membres sont tous arrêtés dans 5 länders différents, de nombreuses armes sont saisies, ils projetaient des attaques contre des mosquées et des étrangers dans le but de « lancer une guerre civile » en Allemagne. Deux fusillades terroristes d'extrême-droite visant des bars à chicha à Hanau, dans la Hesse en Allemagne, font 9 morts et 6 blessés.
– Une équipe de chercheurs de l'Université du Texas à Austin et des National Institutes of Health dirigée par Jason McLellan publie dans Science la carte en 3D de la structure moléculaire de SARS-CoV-2 (le « coronavirus de Wuhan » responsable de l'épidémie de la maladie COVID-19), obtenue par cryo-microscopie électronique, ce qui devrait faciliter l'invention de vaccins et de médicaments antiviraux.
– L'Inde et le Pakistan se sont engagés dans une confrontation militaire à la frontière de facto du Cachemire.
– Le nombre de personnes en Italie atteinte par le SARS-CoV-2 (le coronavirus responsable de l'épidémie de COVID-19) dépasse la centaine – au moins 115 cas dont 89 pour la seule Lombardie et 24 pour la Vénétie – dont 2 en sont décédées, ce qui en fait le principal foyer d'infection de COVID-19 en Europe ; les autorités italiennes placent les 11 communes les plus touchées en quarantaine, dont la ville de Codogno qui est devenu le centre italien de l'épidémie, ce qui confine 52 000 personnes.
– Un accord « historique » entre les États-Unis et les talibans est signé à Doha (Qatar).

[MARS 2020]

- Le Liban annonce le premier défaut de paiement de son histoire.
- Confronté à une flambée épidémique de maladie à coronavirus, le gouvernement italien place l'ensemble du pays en confinement.
- L'Organisation mondiale de la santé reclasse officiellement la flambée de COVID-19 d'épidémie à pandémie.
- À cause de la pandémie de coronavirus, Emmanuel Macron annonce de nouvelles règles strictes, dont la fermeture de tous les établissements scolaires dans le pays, à partir du lundi 16 mars pour une durée indéterminée, ainsi que le renforcement des professionnels de santé pour freiner le plus possible l'épidémie en France.
- Élections municipales en France (1er tour).
- 17 mars : Emmanuel Macron met en confinement tout le pays pour tenter d'enrayer la progression de l'épidémie du COVID-19 sur son territoire.
- Aux États-Unis, l'État de Californie met en confinement tout l'État pour tenter d'enrayer la progression de l'épidémie de maladie à coronavirus sur son territoire.
- Le Jardin du presbytère de Nuenen au printemps, une peinture à l'huile de Vincent van Gogh, est volé au musée de Laren (Pays-Bas).
- Au Sahel, les islamistes de Boko Haram ont tué une centaine de soldats tchadiens dans la région du lac Tchad le 23 mars 2020. Rarement une attaque a été aussi meurtrière pour une armée tchadienne qui a la réputation régionale d'être assez solide. La région du lac Tchad, partagée entre plusieurs pays, est un épicentre de l'activité de Boko Haram, qui s'est affilié à Daech. C'est dans cette région que les autorités nigériennes ont annoncé avoir tué le chef de cette organisation, Ibrahim Fakoura. L'attaque au Tchad est probablement une réponse.
- La Turquie fait en mars 2020 du chantage à la crise migratoire en encourageant les migrants à franchir la frontière grecque qu'Athènes n'entend pas laisser être transgressée. Les autorités turques le savent pertinemment et jouent sur le destin de ces migrants. Erdogan contrevient ainsi aux accords de 2016 dans lequel il s'engage à garder les migrants contre une aide européenne qui s'élève à six milliards d'euros. La Grèce n'est pas en mesure de faire front face à une nouvelle vague migratoire, semblable à celle de 2015. Bruxelles affiche sa solidarité avec Athènes.

[AVRIL 2020]

- Officiellement plus d'un million de personnes détectées sont infectées par la Covid-19, dans plus de 170 pays.
- Selon un comptage de l'Agence France-Presse, la barre des 100 000 morts liés à la Pandémie de Covid-19 dans le monde est dépassée.
- En France, le confinement de la population est prolongé jusqu'au 11 mai.
- La Turquie libérera un tiers de ses prisonniers pour freiner la propagation de la Covid-19. Au moins 45 000 prisonniers seront libérés jusqu'à la fin du mois de mai, à l'exception des personnes accusées d'infractions terroristes, ainsi que des journalistes et des politiciens accusés d'avoir comploté la tentative de coup d'État de 2016.
- Le président américain Donald Trump annonce que les États-Unis suspendent le financement de l'Organisation mondiale de la santé (OMS) dans l'attente d'une enquête.
- Une tuerie en Nouvelle-Écosse (Canada) fait 23 morts.
- Pour la première fois de l'histoire, le cours du baril de pétrole américain est négatif. Au soir du 20 avril, il atteint les -33,75 dollars, soit une baisse de -284 %.
- En Israël, le Premier ministre Benjamin Netanyahu et le leader de l'Alliance bleue et blanche Benny Gantz s'entendent sur un accord pour former un gouvernement d'unité, mettant ainsi fin à plus d'un an d'impasse politique. Dans le cadre de l'accord, Netanyahu conservera son poste pendant 18 mois supplémentaires, Gantz le remplaçant par la suite.
- Le Liban légalise le cannabis médical, devenant le premier pays arabe à prendre cette décision.

[MAI 2020]

- Début de la première phase de déconfinement en Allemagne et en Belgique.
- À cause de la pandémie de Covid-19, l'ouverture de l'Exposition universelle de 2020 est décalée au 1er octobre 2021.
- Le Bundestag vote l'interdiction des thérapies de conversion des homosexuels en Allemagne.
- La mort de George Floyd au cours d'une interpellation policière provoque un scandale aux États-Unis, et des manifestations et émeutes à Minneapolis où le drame s'est produit.

- Le Costa Rica est devenu le premier pays d'Amérique centrale à autoriser le mariage homosexuel (le mariage homosexuel étant légal dans certains États du Mexique mais pas la totalité du pays) au terme d'une bataille judiciaire de plusieurs mois.
- Le secrétaire d'État américain Mike Pompeo déclare au Congrès que Hong Kong « n'est plus autonome vis-à-vis de la Chine » à la suite des plans de Pékin d'imposer une nouvelle loi sur la sécurité sur le territoire, et ne remplit plus sa désignation spéciale pour le commerce en vertu de la loi américaine qui a été établie dans le États-Unis – Hong Kong Policy Act.
- Le vaisseau Crew Dragon de SpaceX, lancé par une fusée Falcon 9, réalise son premier vol habité pour la NASA.
- En Allemagne, le géant ThyssenKrupp s'affaiblit sous le poids de sa dette. Cette grande entreprise en est réduite à se débiter en tranches pour faire face au poids d'une dette qu'il faut restructurer. ThyssenKrupp a déjà vendu son département ascenseur, et s'apprête à céder sa branche construction navale et son aciérie.

[JUIN 2020]

- Un an après l'incendie de la cathédrale Notre-Dame de Paris, c'est le début du démontage de l'échafaudage installé autour de la flèche, avant l'incendie, et qui menace la structure du bâtiment. Cette opération devrait prendre fin en novembre 2020.
- Des manifestations en hommage à Adama Traoré, jeune homme de 24 ans mort lors de son arrestation par des gendarmes, ont lieu dans plusieurs villes de France comme Lille, Marseille et Paris. Elles dénoncent les violences policières, dans la même veine que le mouvement Black Lives Matters, et exigent la « vérité » pour la famille de cette victime. Lors de la dispersion de celles se déroulant à Paris, des échauffourées ont éclaté.
- Dans l'État mexicain de Tabasco a été découvert le plus ancien site de la civilisation maya, datant d'environ 1000 av. J.-C. Ce site a été baptisé « Aguada Fénix ». Cette découverte a été permise grâce à la technologie laser, révélant la présence d'une construction monumentale plus grande que la pyramide de Gizeh en Égypte.
- Défilé de salariés, syndicalistes et élus sur le site Renault de Choisy-le-Roi en contestation de la fermeture de celui-ci qui concerne 260 salariés. Le président du groupe automobile a annoncé un plan de 2 milliards sur 3 ans et la suppression de 15 000 postes, dont 4 500 en France.

- À cause de la crise sanitaire, de la chute des cours qui a provoqué une perte de 4,4 milliards de dollars de perte au premier trimestre 2020, le groupe pétrolier britannique BP (British Petroleum) a annoncé la suppression de 10 000 emplois dans le monde, soit 15 % des effectifs du groupe.
- Six prévenus, liés à l'affaire Karachi, ont été condamnés à la prison ferme par le tribunal correctionnel de Paris. Notamment Renaude Donnedieu de Vabres, collaborateur de ministre de la Défense François Léotard, et Nicolas Bazire, ancien directeur de cabinet du Premier ministre Édouard Balladur. Cette affaire porte sur des commissions occultes de plus d'1 million d'euros qui ont été versées à des intermédiaires, afin de signer des contrats d'armement avec l'Arabie Saoudite et le Pakistan et de financer la campagne présidentielle d'Édouard Balladur en 1995.
- La SNCF (Société nationale des chemins de fer français) a conclu un partenariat avec l'entreprise américaine Uber de VTC. Ainsi les usagers d'Île-de-France peuvent réserver un trajet avec Uber, sans même avoir de compte sur cette plateforme, grâce à l'application d'assistance transport de la SNCF qui propose désormais les services de VTC de l'entreprise américaine. La SNCF touche une commission à chaque course réalisée, grâce à son application, par Uber. Ce genre de partenariat avait déjà été conclu entre la SNCF et des start-up françaises comme SnapCar et Karhoo.
- Une lettre a été adressée à Thierry Breton, commissaire au marché intérieur à Bruxelles, par des réalisateurs européens tels Pedro Almodovar, Costa Gavras ou encore Claude Lelouch. Ceux-ci souhaiteraient qu'une régulation soit imposée par l'Union européenne pour faire face aux géants numériques américains (Google, Apple, Facebook, Amazon et Netflix, aussi appelés GAFAN) et chinois. Ces cinéastes dénoncent l'influence de ces géants qui ont, selon eux, réduit le « citoyen » en « consommateur », soumis au « big data ».
- La Convention citoyenne pour le climat, composée de 150 citoyens tirés au sort, adopte 149 propositions pour lutter contre le réchauffement climatique. Parmi elles, se trouvent la mise en avant des circuits courts et du bio pour l'alimentation, mais aussi la taxation plus importante de la nourriture ultra transformée. Certaines propositions pourraient, dans le cadre de l'action gouvernementale, devenir concrètes et permettre d'agir en faveur de l'environnement et de la transition écologique.
- Wirecard AG, importante entreprise allemande de technologies, dépose le bilan. Elle employait plus de 5 000 salariés dans le monde. Une somme de 1,9 milliard d'euros, figurant dans les comptes de l'entreprise, n'existait pas. Il s'agit d'une des plus grandes fraudes financières en Allemagne.

- La statue de Colbert, présente devant l'Assemblée nationale, a été vandalisée par la Brigade Anti-Négrophobie (BAN). Ministre de Louis XIV, Jean-Baptiste Colbert fut à l'origine du Code noir, rédigé en 1685, réglementant l'esclavage dans les colonies françaises. Richard Ferrand, président de l'Assemblée nationale, a affirmé, en réaction à cette dégradation, que « revisiter l'Histoire » ou « vouloir la censurer dans ce qu'elle a de paradoxal parfois et absurde ».
- Le président du Kosovo, Hashim Thaçi, et le chef du Parti démocratique du Kosovo (PDK), Kadri Veseli, sont accusés de crimes de guerre et crimes contre l'humanité. Ils seraient responsables du meurtre, de la torture, de la persécution et de la disparition de 1 000 civils et militaires, entre 1998 et 2000. Malgré l'intervention des troupes de l'OTAN (Organisation du traité de l'Atlantique nord), le conflit avait engendré plus de 13 000 victimes.
- Marc Fumaroli, académicien et historien de la littérature réputé mondialement, s'est éteint à l'âge de 88 ans. Professeur au Collège de France, il a publié une trentaine d'ouvrages et a été distingue par des titres de docteur honoris caus dans des universités européennes.
- Dans l'affaire du glyphosate (herbicide à base de glyphosate, commercialisé par Monsanto, soupçonné d'être cancérigène), Bayer a trouvé un accord. L'entreprise allemande versera 10 milliards de dollars à des milliers de plaignants en échange de l'abandon des poursuites et des éventuels litiges. Aux États-Unis, plus de 25 000 plaintes avaient été déposées contre le géant allemand.
- Second tour des élections municipales en France. Il est marqué par un fort taux d'abstention ainsi que la montée en puissance du parti Europe Écologie Les Verts (EELV), la consolidation du Parti socialiste (PS) et du Rassemblement national (RN), et aussi un effondrement de la République en marche (LREM).
- François Fillon, ancien Premier ministre de Nicolas Sarkozy, a été condamné à 5 ans de prison, dont deux ferme, à une amende de 375 000 € ainsi qu'à verser des dommages et intérêts à l'Assemblée nationale, dans l'affaire des emplois fictifs. Ce scandale avait discrédité le candidat des Républicains (LR) lors de la campagne de l'élection présidentielle de 2017. Les avocats de François et Pénélope Fillon ont interjeté appel de cette décision.

[JUILLET 2020]

- Référendum en Russie, massivement approuvé, qui permet à Vladimir Poutine d'être éligible pour deux nouveaux mandats.
- Le port du masque est rendu obligatoire en France dans tous les espaces publics clos afin de limiter la propagation de la Covid-19. De nombreuses villes le rendent même obligatoires dans les espaces publics ouverts.

- Ghislaine Maxwell, fille de Robert Maxwell (magnat de médias et homme politique) et ex compagne de Jeffrey Epstein, a été arrêtée par le Federal Bureau of Investigation (FBI). Elle a été inculpée pour trafic de mineures pour le milliardaire américain. Celui-ci, ami des chefs d'État et de la jet set, avait été accusé d'avoir monté un réseau international de prostitution et de pédophilie.
- Novartis, groupe pharmaceutique suisse, a versé plus de 600 millions de dollars pour mettre un terme à des poursuites judiciaires à son encontre. La justice américaine l'avait accusé de corruption. Le groupe suisse avait versé des « pots-de-vin », via des conférences, pour influencer des médecins et patients à prescrire et acheter certains médicaments fournis par Novartis.
- Le président de la République française a nommé Jean Castex comme nouveau Premier ministre. Diplômé de Sciences Po Paris et l'ENA, maire républicain de Prades, il a été, sous le quinquennat de Nicolas Sarkozy, conseiller social et secrétaire général adjoint à l'Élysée. Depuis la crise de Covid-19, il a été délégué interministériel chargé de la stratégie de sortie du confinement.
- Daimler AG, constructeur automobile allemand, a annoncé la vente du site de production à Hambach (Moselle). Dans cette usine, 2 millions de Smart (Swatch Mercedes Art car) ont été fabriqués. 1 500 emplois sont menacés. Ce site industriel avait été inauguré par le président de la République Jacques Chirac et le chancelier Helmut Kohl en 1997.
- Composition du nouveau gouvernement français par Jean Castex. Gérard Darmanin est le nouveau ministre de l'Intérieur, Élisabeth Borne la nouvelle ministre du Travail, Julien Denormandie le nouveau ministre de l'Agriculture ; l'avocat Eric Dupond-Moretti devient le Garde des Sceaux, Barbara Pompili, ministre de la Transition écologique, Roselyne Bachelot, ministre de la Culture. Bruno Le Maire, Jean-Yves Le Drian, Jean-Michel Blanquer, Olivier Véran, Florence Parly, gardent respectivement leurs ministères de l'Économie, des Affaires étrangères, de l'Éducation, de la Santé et de la Défense.
- Décès du célèbre compositeur, musicien et producteur Ennio Morricone à l'âge de 91 ans. Il a oeuvré pour le maître du western-spaghetti Sergio Leone, mais aussi de nombreux réalisateurs italiens comme Pier Paolo Pasolini, Vittorio de Sica, Bernardo Bertolucci, et américains, Brian de Palma, Oliver Stone, Quentin Tarantino. Il est l'auteur de 500 musiques de films, a vendu 70 millions de disques et a reçu un Oscar d'honneur en 2007.
- Les magasins du groupe Tati, dédié à la vente de textile et bazar bon marché, fermeront leurs portes à la fin 2020. La marque avait connu un grand succès depuis l'après-guerre grâce à sa griffe (vichy rose et blanc) et son slogan « Tati, les plus bas prix ».

- La décision de la Commission européenne de 2016 contraignant Apple à rembourser 13 milliards d'euros d'avantages fiscaux à l'Irlande a été annulée par la Cour de justice de l'Union européenne. Le géant américain avait conclu, entre 2003 et 2014, un accord avec les autorités irlandaises pour obtenir un traitement fiscal favorable pour ses bénéfices en Europe, Afrique, Moyen-Orient et Inde.
- Décès de Zizi Jeanmaire à 96 ans. Elle a débuté sa carrière comme « petite rat » de l'Opéra puis est devenue danseuse étoile des Ballets de Paris, sous la supervision du chorégraphe Roland Petit. Elle a joué dans des films hollywoodiens à succès, puis s'est lancé dans le music-hall en France. Elle est restée célèbre pour son air populaire Mon truc en plumes.
- La cathédrale Saint-Pierre-et-Saint-Paul à Nantes a subi un incendie d'origine criminelle, qui a causé de lourds dégâts, notamment l'orgue et le vitrail datant de 1498 représentant la duchesse-reine Anne et sa mère qui ont été détruits. Le responsable de ce feu, un ressortissant d'origine rwandaise de 39 ans, devait être expulsé à cause don titre de séjour non-renouvelé.
- La sonde spatiale Al-Amal (« Espoir ») a été envoyée par les Émirats Arabes Unis en direction de Mars. Elle devrait atteindre la planète rouge en février 2021. Son objectif est d'étudier l'atmosphère martienne ainsi que les variations climatiques de la planète.
- Les 27 pays membres de l'Union européenne ont trouvé un accord pour le budget pluriannuel 2021-2027 qui s'élève à 1 074,3 milliards d'euros. Un plan de relance évalué à 750 milliards d'euros est mis en place en réponse à la crise sanitaire. Ces fonds seront répartis entre les différents membres de l'union, avec des prêts et subventions. La France devrait percevoir, pour sa part, une subvention de 40 milliards d'euros.
- Décès de l'avocate féministe Gisèle Hamili. Militante de la cause des femmes, elle a signé en 1971 le *Manifeste des 343* (comme Marguerite Duras, Simone de Beauvoir, Catherine Deneuve…) qui déclare avoir eu recours à l'avortement. En 1973, à travers le procès de Bobigny, durant lequel une jeune fille mineure est jugée pour avoir avorté suite à son viol, elle prend position en faveur de l'avortement.

[AOÛT 2020]

- Après l'annonce des résultats des élections présidentielles, les manifestations pro-démocratie s'intensifient. Alexandre Loukachenko reste, malgré tout, président de la République de Biélorussie.
- Fuite de l'ancien roi Juan Carlos Ier qui régnait depuis 1975 sur l'Espagne. Il trouve refuge aux Émirats Arabes Unis (EAU). Âgé de 82 ans, dans le cadre

d'une affaire de corruption avec l'Arabie saoudite, le monarque est visé par une enquête par le Tribunal suprême de justice espagnol. Il est soupçonné d'avoir bénéficié de commissions illégales. Juan Carlos, figure populaire jusqu'en 2012, a laissé sa place en 2014 à son fils Felipe VI.

– Des explosions ravagent le port de Beyrouth. Au moins 190 morts et plus de 6 500 blessés sont à déplorer. Les dégâts matériels sont aussi considérables dans la capitale libanaise. La France, comme l'ensemble de la communauté internationale, se mobilise pour venir en aide aux Libanais.
– Bernard Stiegler, philosophe français, meurt à 68 ans. Grande figure intellectuelle et penseur de la modernité, cet auteur a écrit une trentaine d'ouvrages. Il était pionnier de la pensée contemporaine via la technique et le numérique.
– Kamala Harris, sénatrice californienne d'origine indienne et jamaïcaine, est désignée comme colistière de Joe Biden (parti démocrate américain). Cette femme était devenue procureur du district de San Francisco et fut la première femme à occuper le poste de procureur général de Californie en 2010.
– Le président de la République du Mali, Ibrahim Boubacar Keïta, a été renversé par un coup d'État militaire. En pleine insurrection populaire, il fut arrêté par les putschistes comme le Premier ministre, Boubou Cissé. Il dirigeait le pays depuis 2013. Auparavant il avait été Premier ministre entre 2000 et 2014 ainsi que président de l'Assemblée nationale de 2002 et 2007.
– Shinzo Abe, Premier ministre japonais, a démissionné de ses fonctions pour raison de santé. Fils de Shintarō Abe, ancien ministre des Affaires étrangères, il avait déjà occupé ce poste de 2006 à 2007 et était président du Parti démocrate-libéral (LPD) depuis 2012. Il était célèbre pour sa politique économique appelée « Abenomics » qui avait pour objectif de sortir le Japon de la crise par une politique monétaire audacieuse, une relance budgétaire et une stratégie de croissance à long terme.
– Départ du Tour de France, rare événement sportif maintenu malgré la crise sanitaire. Bien que les épreuves soient réduites, les coureurs ont pu participer à cette compétition, suivie par près de 40 millions de téléspectateurs, soit 7 millions de plus qu'en 2019.
– Alexeï Navalany, principal opposant russe à Vladimir Poutine, est hospitalisé après une grave maladie, puis transféré en Allemagne pour y être soigné en urgence. Des tests révèlent qu'il a été empoisonné par une toxine, créée et utilisée par les soviétiques à des fins militaires. Il accuse alors Poutine d'être responsable de son empoisonnement, ce qui est démenti par Moscou. L'Union européenne sanctionne plusieurs proches de Vladimir Poutine, tandis que Moscou adopte des contre-sanctions.

[SEPTEMBRE 2020]

- Ouverture du procès des attentats de janvier 2015 à la cour d'assises de Paris. Quatorze individus sont jugés pour leurs liens avec les terroristes responsables des attentats. En 2015, les frères Chérif et Saïd Kouachi attaquent la rédaction de Charlie Hebdo et assassinent 11 personnes dans les locaux du journal ainsi qu'un policier. Le lendemain une policière est abattue à Montrouge par Amedy Coulibaly. Le lendemain, les frères Kouachi se réfugient dans une imprimer de Dammartin-en-Goële (Seine-et-Marne) tandis qu'Amedy Coulibaly prend en otage les clients d'un magasin Hypercacher. Les trois terroristes sont abattus par les forces de l'ordre. Au total ils auront fait 17 victimes.
- L'ouest des États-Unis est victime d'incendies sans précédent, accentués par une sécheresse importante, des températures record et des vents violents. On compte plusieurs dizaine de personnes décédées, 3 millions d'hectares partis en fumée et plusieurs milliards de dollars de dégâts matériels. San Francisco fait partie des villes touchées et son ciel vire à l'orange à cause des incendies, prenant ainsi des airs apocalyptiques et illustrant les conséquences du réchauffement climatique.
- George Bizos, avocat sud-africain originaire de Grèce, est décédé à 92 ans. Il avait défendu son ami Nelson Mandela, connu comme la figure majeure de la lutte anti-apartheid et leader du Congrès national africain (ANC). Ce juriste avait aussi participé à l'élaboration de la nouvelle Constitution démocratique de l'Afrique du Sud dans les années 1990. Ses concitoyens gardent de lui l'image d'un homme luttant contre l'oppression et pour la justice.
- L'ancien ministre de l'Intérieur et ancien délégué général de La République en marche (LREM), Jean-Christophe Castaner, est élu président du groupe parlementaire LREM à l'Assemblée nationale. Il a gagné cette élection face à la députée Aurore Bergé (Yvelines). Il remplace Gilles Le Gendre, le président démissionnaire de ce groupe. Son objectif est de consolider le parti présidentiel à l'Assemblée.
- Acteur et doubleur français, Roger Carel s'est éteint à 93 ans. Pendant plus de cinquante ans, il a doublé des films, téléfilms, séries télévisées, dessins animés…enchantant de sa voix petits et grands. Il a notamment doublé : Jules César, Mickey Mouse, Astérix, etc. Il a également joué dans des pièces de théâtre et films populaires (ex : Claude Chabrol, Gérard Oury…).
- Bernard Debré, fils de Michel Debré (père de la Constitution de la Ve République et Premier ministre du général de Gaulle, et frère de Jean-Louis Debré, ancien président du Conseil constitutionnel), est mort à 75 ans. Engagé en politique et de profession médicale, il fut tour à tour ministre, député,

maire, conseiller de Paris, comme il fut un temps chef du service d'urologie de l'hôpital Cochin.

- Démission de Pierre Aidenbaum, adjoint au maire de Paris. Ce personnage politique a été mis en examen pour viol et agressions sexuelles par une de ses collaboratrices. Il a été maire du 3e arrondissement de Paris durant 25 ans, et conseiller de Paris pendant 30 ans. Il a également président un temps la Ligue internationale contre le racisme et l'antisémitisme (Licra).
- Des perquisitions sont menées, dans le cadre d'une information judiciaire ouverte par la Cour de justice de la République (CJR), chez plusieurs personnalités politiques : Édouard Philippe, ancien Premier ministre, Sibeth Ndiaye, ancienne porte-parole du gouvernement, Agnès Buzyn, ancienne ministre des Solidarités et de la Santé, Olivier Véran, successeur d'Agnès Buzyn, Jérôme Salomon, directeur général de la Santé. Quatre-vingt-dix plaintes de citoyens avaient été adressées à la Cour de justice concernant la gestion de la pandémie au printemps 2020.
- Moussa Traoré, ancien président de l'État malien depuis 1968, est mort à 83 ans. Il avait été renversé en 1991 par un coup d'État militaire. Sa dictature avait été marquée par la répression des manifestations, les arrestations d'opposants politiques et des accusations de détournements de fonds. Lors de crises africaines, il avait joué un rôle de médiateur. Il fut condamné à mort pour « crimes de sang » mais fut gracié par son successeur, Alpha Oumar Konaré.
- Chanteuse et actrice, Juliette Greco est morte à 93 ans. Elle a interprété des chansons écrites par des poètes tels que Jacques Prévert, Robert Desnos, Boris Vian, et des vedettes comme Léo Ferré, Georges Brassens, Serge Gainsbourg. Elle est restée célèbre pour des chansons comme *Déshabillez-moi* ou encore *Jolie Môme.*
- Julian Alaphilippe est sacré champion du monde de cyclisme sur route, à Imola, au nord de l'Italie. Dans l'histoire du cyclisme, il est le 9e français à porter le maillot aux couleurs de l'arc-en-ciel, après Antonin Magne, Louison Bobet, Bernard Hinault.
- Le cap d'un million de victimes du coronavirus, depuis le premier cas en Chine, est dépassé selon l'Organisation mondiale de la santé (OMS). Les États-Unis comptent 200 000 morts, le Brésil
- 500 000 et l'Inde 100 000. Quant à l'Europe, elle est aussi sévèrement touchée, notamment l'Italie, la Grande-Bretagne et la France, alors que l'Afrique et l'Océanie sont plutôt peu touchées.

[OCTOBRE 2020]

- Gérard Larcher, sénateur Les Républicains (LR), est reconduit à la présidence du Sénat. Il occupe cette fonction depuis 2008.
- Donald Trump, président des États-Unis, et Melania Trump, son épouse, sont positifs à la Covid-19. Suite à de légers symptômes, le président quitte la Maison Blanche pour rejoindre l'hôpital militaire de Walter Reed, en banlieue de Washington. Il a donc dû interrompre sa campagne électorale, alors que Joe Biden, le candidat démocrate, est reparti en campagne.
- Une violente tempête, baptisée Alex, a frappé le sud-est de la France et le nord de l'Italie. Les vallées de la Roya, de la Vésubie et de la Tinée, situées au nord de Nice et Menton dans les Alpes-Maritimes, sont les 3 zones les plus touchées. Les intempéries ont détruit des villages, des ponts et des maisons. Des milliers d'habitants se sont retrouvés sans électricité ni eau potable.
- Emmanuel Macron, président de la République, a présenté, dans les Yvelines, aux Mureaux, un plan contre les séparatismes pour combattre « le séparatisme islamiste » et « les ingérences étrangères ». Il a indiqué regretter que, dans certains cas, les lois républicaines soient bafouées par l'Islam, notamment dans l'éducation.
- Kenzo Takada, grand couturier japonais et francophile, est mort à 81 ans. Ce styliste avait choisi, depuis les années 1960, la France comme pays d'adoption. Avant d'arriver à Paris, il avait étudié à Bunka Fashion College à Tokyo. A Paris, il crée sa première boutique de la galerie Vivienne. Durant sa carrière, il a tout mis en oeuvre pour élever la mode au rang des beaux-arts.
- Le prix Nobel de la paix récompense le Programme alimentaire mondial (PAM) mis en place par les Nations Unies. Le comité Nobel a souligné ainsi les « efforts de lutte contre la faim » et la « malnutrition » menés par ce programme dans des zones de conflit comme le Soudan du Sud, la Syrie, le Yémen et l'Afghanistan. En 2019, le PAM a aidé 100 millions de personnes, collecté 8 milliards de dollars et emploie 8000 salariés partout dans le monde.
- Le professeur d'histoire et géographie Samuel Paty, exerçant au collège du Bois-d'Aulne à Conflans-Sainte-Honorine, est mort par décapitation en pleine rue. Abdoullakh Anzorov, son assassin, a été abattu par la police. Un parent d'élève musulman avait accusé le professeur d'avoir montré des caricatures de Mahomet réalisées et publiées par Charlie Hebdo lors d'un cours d'enseignement moral et civique (EMC). Suite à cet acte terroriste, le gouvernement a rendu un hommage national à l'enseignant.
- Nicolas Sarkozy, dans le cadre de l'enquête sur les soupçons du financement libyen de sa campagne présidentielle de 2007, a été mis en examen par le

Parquet national financier (PNF) pour « association de malfaiteurs ». En retrait de la vie politique depuis sa défaite à la primaire des Républicains en 2016, l'ancien président est déjà sous le coup de « corruption passive », de 'recel de détournement de fonds publics » et de « financement illégal de campagne ».

- Alpha Condé, président de la République de Guinée, est réélu, à 82 ans, à 59,49 % des voix. La 3e candidature de ce président pour son poste avait engendré de nombreuses contestations, provoquant une dizaine de morts. Le président avait modifié la Constitution pour pouvoir briguer un nouveau mandat.
- Saad Hariri, président du parti politique Courant du Futur, a été nommé Premier ministre au Liban. Fils d'un homme d'Etat assassiné en 2005, x, il avait déjà occupé deux fois ce poste et démissionné en janvier 2020. En cette période de contestation populaire, il va devoir entreprendre des réformes économiques et sociales pour redresser la situation du Liban.
- Nouvel album de Lucky Luke : Un cow-boy dans le coton, dessiné par Achdé et scénarisé par Jul. Dans ce volume, le cow-boy devient propriétaire d'une plantation de coton en Louisiane. Les tensions entre Blancs et Noirs sont fortes après la guerre de Sécession. Lucy Luke est alors confronté à la pauvreté, l'injustice et au racisme.
- Emmanuel Macron, président de la République, annonce un reconfinement pour l'ensemble des Français. C'est la seconde vague épidémique en France. Le nombre de nouveaux cas par jour est de 50 000. Pour maintenir l'activité économique grâce au télétravail, les contraintes du confinement sont assouplies : les écoles, collèges et lycées sont ouverts, mais les commerces non-essentiels sont fermés.
- Recep Tayyip Erdoğan, président truc, critique le président français, Emmanuel Macron, qui a défendu la liberté de caricaturer et de blasphémer la religion. Le président turc, lui, appelle au boycottage des produits français en représailles. Charlie Hebdo, en réponse à cela, publie une caricature du chef d'Etat turc. Le parquet d'Ankara ouvre alors une enquête contre le journal satirique qui est, selon le gouvernement truc, hostile aux Turcs et à l'islam.
- Alain Rey, linguiste, lexicographe et lexicologue, est mort à 92 ans. Il a dédié sa vie, depuis 1952, aux dictionnaires Le Robert. Alain Ray était un vulgarisateur capable de passionner les Français pour la langue française.
- Une attaque terroriste au couteau a lieu à Nice, dans la basilique Notre-Dame de l'Assomption. Elle fait 3 morts : deux femmes fidèles et un sacristain. L'islamiste tunisien est blessé par la police niçoise. Il était arrivé par bateau jusqu'à l'île de Lampedusa, avant de se rendre en France par le train.

– Acteur britannique, connu notamment pour son rôle de James Bond, Sean Connery est décédé à l'âge de 90 ans. Anobli par la reine Elisabeth II en 2000, il a joué dans de nombreux films : *Indiana Jones et la dernière croisade, Le nom de la rose, Highlander,* etc., et pour de nombreux réalisateurs : Hitchcock, John Huston, Brian de Palma…
– Alassane Ouattara est élu, pour la troisième fois, président de la République de Côte d'Ivoire. Il a commencé sa carrière au Fonds monétaire international (FMI) et à la Banque centrale des Etats de l'Afrique de l'Ouest (BCEAO) en tant que gouverneur, il est ensuite devenu Premier ministre de 1990 à 1993, puis ministre de la Défense de 2012 à 2017, et président à partir du 6 mais 2011.

[NOVEMBRE 2020]

– Un attentat terroriste cause la mort d'une vingtaine de personnes à l'université de Kaboul, en Afghanistan. Le groupe Etat islamique a revendiqué l'attaque. Des tireurs et un kamikaze ont semé la terreur sur le camp, en visant les étudiants. Ashraf Ghani Ahmadzai, président de la République islamique d'Afghanistan, a assuré « venger cette attaque » et « chaque goutte de sang » des « étudiants innocents ».
– Joseph Robinette Biden Jr, dit Joe Biden, est devenu le 46e président des Etats-Unis. Il fut le vice-président de Barack Obama de 2009 à 2017. Pour la première fois de l'histoire des Etats-Unis, une femme est élue vice-présidente : Kamala Harris, d'origine jamaïcaine et indienne. Joe Biden est le président le plus âgé à la Maison Blanche. Il a également reçu le suffrage le plus important pour les élections présidentielles dans l'histoire politique des Etats-Unis, avec 80 millions de voix.
– Mette Frederiksen, Première ministre danoise, a déclaré qu'une quinzaine de millions de visons sera tuée par mesure de précaution pour éviter la propagation du virus. Des cas de coronavirus en mutation ont été signalés dans le nord du Jutland. Cette maladie récente a pu contaminer des éleveurs. Mogens Jensen, ministre de l'Agriculture, a démissionné. Le Danemark est le premier producteur mondial de peaux de vison, derrière la Chine, les Etats-Unis et le Canada.
– Pfizer, société pharmaceutique américaine, a créé un vaccin contre la Covid-19, dont l'efficacité s'élèverait à 90 % selon les premiers résultats de la phase 3 de l'étude clinique. La société a donc déposé, aux Etats-Unis, une demande d'autorisation de commercialisation pour ensuite permettre les premières vaccinations. Cette découverte scientifique fut accueillie favorablement par

les bouses mondiales. Ainsi, l'action en bourse de Pfizer a bondi. Albert Bourla, président-directeur-général de la société, a vendu plus de 130 000 de ses propres actions.

- Le Premier ministre arménien, Nikol Pashinyan, a signé un cessez-le feu avec Vladimir Poutine, le chef du Kremlin, et Ilham Aliev, le président azerbaïdjanais, dans la guerre du Karabakh. L'Arménie a connu, depuis 2 ans, des conflits violents dans le Nagomy Karabakh, enclave montagneuse peuplée majoritairement d'Arméniens et revendiquée par les Azerbaïdjanais. La Russie a, quant à elle, envoyé des forces pour maintenir la paix dans la région.
- La marque Supreme est achetée par le groupe textile VF Corporation pour une somme de 2,1 milliards de dollars. Cette enseigne est une référence du streetwear pour les amateurs de skateboard. Le groupe VF Corporation, lui, possède de nombreuses marques de mode grand public comme Vans, Timberland, The North Face ou encore Lee et Wrangler.
- Maurice Genevoix, écrivain français né la même année que le général de Gaulle, entre au Panthéon, monument où reposent les grands hommes de la République.
- L'ouragan baptisé Eta frappe les pays d'Amérique centrale et cause plus de 180 morts et des milliers de sinistrés. Parmi les Etats touchés, on compte le Mexique, le Guatemala, le Costa Rica, le Panama, le Nicaragua, le Honduras, le Salvador, Cuba, et aux Etats-Unis, la Floride. Outre des pertes humaines, Eta a engendré des dégâts matériels ainsi que des coupures d'électricité.
- Lewis Hamilton, pilote automobile, devient champion du monde de Formule 1. C'est la septième fois qu'il remporte ce titre, il égale ainsi le record de l'allemand Michael Schumacher. Ayant commencé la Formule 1 en 2007, le Britannique a décroché son premier
- Au Pérou, Francisco Sagata est élu président du Congrès. Le nouveau leader du Pérou succède à Martin Vizcarra, destitué à cause des accusations de corruption portées contre lui. Avant son élection, c'était Manual Merion qui avait temporairement pris la présidence. Francisco Sagata a été cadre de la Banque mondiale avant de rejoindre le Parti violet puis de devenir député centriste.
- Barack Obama, ancien président des États-Unis, publie le premier tome de ses mémoires : *Une Terre promise.* Dans cet ouvrage, il raconte sa campagne présidentielle avant son élection de 2007, également les grands moments de sa présidence (entre 2007 et 2012) ainsi que sa vie personnelle et familiale à la Maison Blanche.

- Aux portes de Paris, les forces de l'ordre démantèlent un camp de migrants. À proximité du stade de France, plus de 2500 exilés, demandeurs d'asile et clandestins, venant d'Afghanistan, du Soudan, d'Éthiopie et de Somalie, s'étaient installés. Ils ont donc été évacués et envoyés dans des centres d'hébergement.
- Daniel Cordier, résistant, est mort à 100 ans. Il avait rejoint la France libre en 1950 et était devenu le bras droit de Jean Moulin. Il était l'un des derniers compagnons de la Libération encore en vie. Avant de se rallier à la France libre, il avait été marchand d'art et galerie. Ce témoin de la Résistance avait écrit ses mémoires : Alias Caracalla, livre paru en 2009.
- Ouverture du G20 virtuel à Ryad, Arabie Saoudite, présidé par le roi saoudien Salmane ben Abdelaziz Al Saoud. Durant ce sommet international la crise sanitaire et économique due au coronavirus et la solidarité pour permettre l'accès aux vaccins des pays les plus pauvres ont été abordées. L'affaire Jamal Khashoggi, journaliste saoudien assassiné, a toutefois plané sur ce sommet officiel.
- Danone, multinationale alimentaire française, a lancé un plan d'économie, suite à la baisse des ventes de ses produits à cause de la pandémie mondiale. Environ 2000 emplois, dont plusieurs centaines en France, seraient supprimés. Le directeur général du groupe, Emmanuel Faber, aurait déclaré son intention de renforcer la digitalisation et la robotisation des usines, ainsi que de réaliser 1 milliard d'euros d'économies dans les prochaines années.
- Décès du célèbre footballeur et entraîneur argentin Diego Maradona. Né dans une famille de paysans, il avait commencé à joué au football dans les rues de Buenos Aires. Il est sélectionné à 16 ans pour rejoindre l'équipe d'Argentine. Grâce à son jeu à la fois créatif et intuitif, il offre la Coupe du monde en 1986 à son pays. Il est considéré, comme le Brésilien Pelé, comme une légende sportive.
- Jean-Louis Servan-Schreiber, journaliste, essayiste et auteur de best-sellers, est mort à 83 ans. Après des études à Sciences-Po, il a enseigné à l'université de Stanford. Il a ensuite créé, avec Jean Boissonnat, un empire dans la presse économique et financière avec L'Expansion. Sous l'impulsion du magnat de la presse, dans les années 2000, Psychologies Magazine est devenu une référence dans la presse dédiée à la santé.

[DÉCEMBRE 2020]

- Valéry Giscard d'Estaing, président de la République, ministre, secrétaire d'État, député, maire, est mort à l'âge de 94 ans. « VGE » était très attaché à la construction européenne, comme son homologue allemand le chancelier Helmut Schmidt. Suite aux Trente Glorieuses, il était devenu le symbole du renouveau politique français par des réformes sociétales et économique. Il avait également été élu à l'Académie française en 2003, et était membre du Conseil constitutionnel en tant qu'ancien président de la République.
- Gaia, le télescope spatial européen, a révélé près de 2 milliards de nouveau objets célestes de la Voie lacté : exoplanètes, astéroïdes, etc. Le satellite avait été mis sur orbite par l'Agence spatiale européenne (ESA). Il stationne actuellement à 1,5 million de kilomètres de la Terre, à l'opposé de la direction du Soleil. Cette nouvelle carte spatiale est une révolution de la connaissance, selon les scientifiques.
- Fusion du réseau de banque du groupe bancaire Société générale et de la banque Crédit du Nord. Leur but est de s'adapter aux enjeux numériques liés aux banques en ligne. Cette fusion permet au groupe de comptabiliser 10 millions de comptes. Elle menace aussi 5000 emplois selon les syndicats et va causer la fermeture de 600 agences bancaires.
- Chuck Yeager, célèbre aviateur américain, est décédé à 97 ans. En 1941, il avait rejoint l'armée de l'air, avant l'entrée en guerre des États-Unis. Il fut le premier pilote à avoir effectué un vol supersonique en 1947. Il était à la fois mécanicien, pilote-instructeur et pilote d'essai. Il était considéré comme « l'homme vivant le plus rapide » et il a joué son propre rôle au cinéma dans le film *L'Étoffe des héros*.
- Première campagne massive pour encourager la population à se faire vacciner lancée par le Royaume-Uni. Cette campagne visait avant tout le personnel soignant et la population âgée. Le Premier ministre britannique, Boris Johnson, l'a qualifiée de « gigantesque pas dans la lutte contre la pandémie ». Le vaccin contre la Covid-19 a été conçu par Pfizer, importante firme américaine, et BioNtech, start-up allemande.
- D'ici 2040, la France, pour remplacer le Charles-de-Gaulle, va acquérir un nouveau porte-avion à propulsion nucléaire. Celui-ci sera construit à Saint-Nazaire, fera 300 m de long et 75 000 tonnes, et coûtera plusieurs milliards d'euros. Il servira à embarquer des armes nucléaires, accueillir 2000 marins et aussi des avions de chasse. Selon la ministre de la Défense, Florence Parly, il représentera un « instrument de puissance et de souveraineté ».

- Harold Budd, pianiste et compositeur américain, est mort à 84 ans. Travaillant sur la musique ambient, il a été influencé par des mélodies de jazz, d'Erik Satie et John Cage, mais aussi par la peinture de Mark Rothko. Dans les années 1980, il a collaboré avec Brian Eno. Son travail a influencé de nombreux artistes de la culture populaire.
- David John Moore Cornwell, connu comme John Le Carré, romancier britannique particulièrement intéressé par l'espionnage, est décédé à 89 ans. Il fut professeur au collège d'Eton, mais aussi ministère des Affaires étrangères, avant d'intégrer les services secrets britanniques, le MI6. Son expérience dans cette organisation l'a grandement influencé pour ses ouvrages littéraires. Son roman le plus vendu, *L'espion qui venait du froid,* est paru pendant la guerre froide. Durant toute sa carrière, cet auteur a vendu 60 millions de livres.
- Le président de la République, Emmanuel Macron, a rencontré les membres de la Convention citoyenne pour le climat lors du Conseil économique, social et environnemental (CESE). Le gouvernement a ensuite pris en compte 145 des 149 propositions faites pas la convention. Le président, pour montrer l'importance de la lutte contre le réchauffement climatique, souhaiterait intégrer celle-ci dans le premier article de la Constitution de 1958. Un référendum pourrait être organisé pour que les Français donnent leur avis sur la question et que cet ajout soit réalisé ou non.
- Le verdict du procès des attentats de janvier 2015 est rendu par la Cour d'assises de Paris. Les peines s'étendent de 4 ans de prison à la réclusion à la perpétuité pour les 14 accusés, reconnus coupables d'association de malfaiteurs. L'intégralité du procès a été filmée pour les archives historiques de la justice.
- La sonde Chang'e-5 lancée par l'Administration spatiale nationale chinoise (CNSA) est arrivée sur la Lune, dans une zone encore inexplorée. Un engin a collecté de la roche et de la poussière lunaires pour ensuite les rapporter sur Terre. La Chine est désormais le 3e pays à avoir récupéré des échantillons lunaires, derrière les Etats-Unis et la Russie.
- Le président français, Emmanuel Macron, est diagnostiqué positif à la Covid-19 par un test RTPCR. Il s'est ensuite isolé durant 7 jours et a travaillé à distance.
- Un blocus sanitaire est imposé au Royaume-Uni par une cinquantaine de pays du monde, aussi bien asiatiques, européens qu'américains. En effet, une nouvelle souche de la Covid-19 aurait été détectée en Grande-Bretagne, étant plus contagieuse que celle d'origine, ainsi qu'en Afrique du Sud, au Danemark et aux Pays-Bas. L'Organisation mondiale de la santé (OMS) a demandé

aux pays concernés qu'ils augmentent leurs capacités de « séquençage » du nouveau virus.

- L'acteur populaire Claude Brasseur, fils du comédien Pierre Brasseur et de la comédienne et écrivaine Odette Joyeux, est décédé à 84 ans. Il avait commencé sa carrière sous l'égide de Claude Renoir, de Marcel Carné et de Marcel Ophuls, et a joué pour des réalisateurs de la Nouvelle Vague. Il a rencontré le succès avec des films comme La Boum, les films Camping, et également au théâtre comme à la télévision.
- Un accord de partenariat commercial et économique entre Boris Johnson, Premier ministre britannique, et l'Union européenne (UE) est signé, et entrera en vigueur le 1er janvier 2021. Ce document fixe le cadre des relations entre le Royaume-Uni et l'UE. Les échanges sont assurés sans droit de douane ni quota. Les connexions aérienne, routière, ferroviaire et maritime sont maintenues. Le Royaume-Uni perd l'accès au marché unique. Pour la pêche, une période de transition est ouverte. En cas de différend, un « Conseil conjoint » sera mis en place.
- Premières vaccinations en France. Elles sont réalisées à l'hôpital René-Muret de Sevran en Seine-Saint-Denis, comme au centre gériatrique de Champmaillot du centre hospitalier de Dijon (Bourgogne-Franche-Comté). Avant de pouvoir être utilisé, le vaccin Pfizer BioNtech doit être stocké et transporté à une température inférieure à 70 °C.
- Pierre Cardin, homme d'affaires, propriétaire de Maxim's, milliardaire français et figure de la haute couture, est mort à 98 ans. Il s'était lancé dans la mode, durant les années 1950, à Paris. Ses défilés ont eu lieu partout dans le monde, par exemple sur la grande muraille de chine, ou sur la place rouge de Moscou. De célèbres personnalités, comme Salvador Dali ou Rita Hayworth, ont porté les créations de Pierre Cardin.
- Robert Hossein, comédien populaire, est mort à 93 ans. Il est devenu célèbre grâce à son rôle dans Angélique, aux côtés de Michèle Mercier. Il a monté plusieurs spectacles, autour de figures historiques telles que Jules César, Charles de Gaulle, etc. Il a aussi mis en scène des pièces classiques, celles de William Shakespeare, d'Edmond Rostand etc.
- Le compositeur et pionnier français de la musique électronique, Jean-Michel Jarre, a donné un concert en réalité virtuelle, Welcome to the other side, pour redonner vie à Notre-Dame de Paris, grâce au son, la lumière et les couleurs.
- Dans le monde, au moins 70 millions de personnes ont été infectées par la Covid-19. Au moins 1,6 millions en sont mortes.

[JANVIER 2021]

- L'ancienne ministre des Solidarités et de la Santé, Agnès Buzin, a été nommée à l'Organisation mondiale de la santé, à Genève.
- En vertu de la loi sur la sécurité nationale, une cinquantaine d'opposants politiques au gouvernement chinois ont été arrêtés par la police de Hong-Kong. De jeunes militants, un avocat américain et d'anciens parlementaires pro-démocratie, James To, Andrew Wan, Lam Cheuk Ting, font partie des interpellés. Ils sont accusés de déstabiliser le pays, suite à l'organisation d'élections primaires non officielles en 2020.
- Michelin, groupe clermontois de produits (notamment les pneus) destinés à des véhicules (voitures, camions…), a annoncé la suppression dans les années à venir de 2300 postes en France. Le groupe subit depuis plusieurs années la concurrence chinoise et ses coûts bas. En réaction à cette concurrence, Michelin s'est lancé dans la transition écologique. Ses projets industriels sont donc axés sur le recyclage, l'hydrogène et les matériaux durables.
- Les partisans de Donald Trump, suite au discours de celui-ci devant la Maison Blanche à Washington, marchent vers le Congrès pour contester le résultat des élections présidentielles. Des centaines de manifestants prennent le Capitole d'assaut, allant jusqu'à pénétrer dans l'hémicycle et le bureau de la présidente de la Chambre des représentants des Etats, Nancy Pelosi. Des agents de sécurité et des militaires de la Garde nationale interviennent. Quatre manifestants et un policier perdent la vie à cause de cet événement.
- Le vaccin Moderna reçoit l'autorisation de mise sur le marché dans l'Union européenne par l'Agence européenne des médicaments (EMA). Ce vaccin a été créé par Moderna Therapeutics, société de biotechnologie américaine, fondée et dirigée par Stéphane Bancel. Ce vaccin peut-être conservé à une température moins basse que son concurrent Pfizer.
- Boeing, constructeur aéronautique américain, a versé 2 milliards € aux Etats-Unis, aux compagnies aériennes et aux victimes, suite au crash d'un avion 737 MAX de Lion Air et d'Ethiopian Air. Après ce drame, l'Agence européenne de la sécurité aérienne (EASA) a fermé l'espace aérien européen aux Boeing 737 MAX. Le groupe américain avait dupé la Federal Aviation Administration lors du processus d'approbation de l'avion.
- Olivier Duhamel, journaliste, politologue et constitutionnaliste ainsi qu'ancien député européen socialiste et le président du Siècle (club élitiste), a été accusé par sa belle-fille, Camille Kouchner, fille de Bernard Kouchner, de viols et d'inceste sur un mineur de moins de quinze ans. Les faits qui lui sont reprochés

sont relatés dans l'ouvrage La familia grande, récit autobiographique de Camille Kouchner.

- Twitter a suspendu le compte de Donald Trump, qui était jusqu'alors suivi par plus de 88 millions d'abonnés.
- Twitter, suite aux violences au Capitole, a bloqué 70 000 comptes affiliés à la mouvance pro-Trump QAnon, mouvance conspirationniste d'extrême droite, fidèle au président américain, née en 2017. Selon ses membres, Donald Trump mènerait une guerre secrète contre l'« Etat profond »,
- le monde de la finance et de médias qui commettraient des crimes sataniques et pédophiles.
- Donald Trump, président républicain américain, est visé par une procédure d'impeachment. Il est accusé d'« incitation à la violence contre le gouvernement des Etats-Unis » suite à l'occupation du Capitole par ses partisans. La mise en accusation a été votée par la Chambre des représentants qui est en majorité démocrate. Pour la première fois de l'histoire des Etats-Unis, un président est visé par une seconde procédure de destitution.
- Première double greffe de bras et épaules réalisée en France sur un patient islandais d'une cinquantaine d'années qui avait été amputé à 26 ans. Cette opération a été faite à l'hôpital Edouard Herriot de Lyon et a duré 15 heures, mobilisant des équipes médicales et des soignants des secteurs publics et privés.
- Accor, groupe hôtelier dirigé par Sébastien Bazin, prévoit de licencier 1900 salariés en Europe, dont plus de 700 en France. Les syndicats dénoncent une « saignée sociale », s'inscrivant dans les pertes d'activités liées à la Covid-19, qui s'élèvent à 70 % du chiffre d'affaires du groupe. Celui-ci exploite par exemple les marques Ibis, Novotel et Mercure.
- Victoire du Français Stéphane Peterhansel au rallye-raid Paris-Dakar. Surnommé « Monsieur Dakar », il a triomphé pour la 14e fois. La course se déroulait, sur plus de 7 000 kilomètres, en Arabie Saoudite.
- Arrestation d'Alexeï Navalny, opposant politique russe, à son arrivée à Moscou. Il a été soigné en Allemagne suite à un empoisonnement, orchestré selon lui par les services spéciaux russes (FSB) sur ordre de Vladimir Poutine.
- Dix nano-satellites ont été lancés par Launcher One, sur une orbite terrestre, pour le compte de la National Aeronautics Space Administration (NASA).
- Jean-Pierre Bacri, auteur, dramaturge et scénariste français, est mort à 69 ans. Il a écrit par exemple la pièce de théâtre *Cuisine et dépendances*, également des scénarii pour Alain Resnais (comme *Smoking/No Smoking*) ou encore des comédies françaises (telle que *Le goût des autres)*.

- Joe Biden, 46e président des États-Unis, a prêté serment sur la Bible au Capitole. Kamala Harris est la première femme à accéder au poste de vice-présidente étatsunienne. Lors de cet événement, étaient présents : Barack Obama, Bill Clinton et Georges W. Bush, prédécesseurs de Donald Trump et Joe Biden, ainsi que Jill Biden, épouse du nouveau président américain. L'hymne américain a été chanté par Lady Gaga. Pour prévenir toute attaque des partisans de Donald Trump, 20 000 militaires étaient déployés à Washington.
- Rémy Julienne, cascadeur iconique du cinéma, est décédé à 86 ans. Il avait oeuvré sur des superproductions internationales, de James Bond à Da Vinci Code, etc. Il a aussi participé à des comédies populaires avec des acteurs comme Jean-Paul Belmondo, Louis de Funès etc.
- Larry King, journaliste américain et animateur de radio et télévision, est mort à 87 ans. Il fut l'un des plus grands interviewers modernes, interrogeant des présidents américains, des célébrités du show-business, etc.
- Décollage de la fusée Falcon 9, de SpaceX, depuis Cap Canaveral, Floride. Ont été déployés :
- 133 nano-satellites commerciaux et gouvernementaux et 10 nano-satellites de SpaceX. Cette mission a établi le record de satellites mis en orbite autour de la Terre, grâce à un engin spatial.

[FÉVRIER 2021]

- Un coup d'État militaire en Birmanie entraîne l'arrestation d'Aung San Suu Kyi, cheffe du gouvernement civil, et de généreux. Cette femme d'État, membre de la Ligue nationale pour la démocratie (LND), avait obtenu le prix Nobel de la paix en 1991. L'état d'urgence est proclamé par l'armée après le coup d'Etat. Antonio Guterres, secrétaire général de l'Organisation des Nations Unies (ONU), a condamné l'arrestation d' Aung San Suu Kyi.
- Le laboratoire AstraZeneca obtient l'accord de la Haute autorité de santé (HAS) pour lancer son vaccin contre la Covid-19. Ce 3e vaccin est autorisé en France. Contrairement aux vaccins à A.R.N. messager, il est conservé à long terme dans des réfrigérateurs et est proposé à des patients ayant moins de 65 ans.
- François Asselineau, ancien candidat à l'élection présidentielle en 2017, a été mis en examen pour harcèlement et agressions sexuelles. Il incarnait, dans le monde politique, le souverainisme, par son parti Union populaire républicaine (U.P.R.). Cet ancien conseiller ministériel, énarque et inspecteur général des finances, prônait notamment le « Frexit » et le retrait de la France de l'Organisation du traité de l'Atlantique Nord (OTAN).

- Elon Musk, patron de Tesla Motors et fondateur de SpaceX, aussi nommé comme « l'homme le plus riche du monde », a investi dans le bitcoin, une somme d'1 milliard et demi de dollars par l'intermédiaire de Tesla. Le cours de la cryptomonnaie a atteint un nouveau record avec 43 000 $ l'unité. Les clients pourront acquérir une voiture Tesla grâce à cette monnaie virtuelle.
- L'ancien président de la Banque centrale européenne (BCE), Mario Draghi, est devenu président du Conseil des ministres d'Italie. Diplômé d'un doctorat en économie au Massachusetts Institute of Technology (MIT), il a poursuivi sa carrière à la Banque mondiale, puis à la banque américaine Goldman Sachs et enfin en tant que gouverneur de la Banque d'Italie en 2005.
- Donald Trump, ancien président des États-Unis, est acquitté de son procès en destitution. Des Américains estiment qu'en tant que responsable de violences il devrait encourir des poursuites pénales. L'ex président n'a pas reçu de peine d'inégibilité, lui permettant de briguer un nouveau mandat en 2024.
- Vingt-huit laboratoires français ont été hackés, provoquant la diffusion en ligne des fichiers médicaux de presque 500 000 Français. C'est la plus grande fuite de données médicales de l'histoire de la médecine française. Des hôpitaux provinciaux ont aussi été victimes d'attaque informatique, les paralysant momentanément.
- Carlos Menem, ancien président de la Nation argentine de 1989 à 1999, est décédé à 91 ans. Sa politique avait causé des inégalités sociales, par des privatisations et une dollarisation. Il avait été condamné en 2013 pour trafic d'armes et en 2015 pour corruption.
- Atterrissage du rover « Perseverance » de la NASA sur Mars, dans le cratère Jezero. La mission « Mars 2020 », dont fait partie ce rover, lancée en 2020, doit rechercher des traces fossiles d'une forme de vie et aussi rapporter des échantillons de roches martiennes sur Terre.
- Daft Punk, célèbre groupe français de musique électronique, annonce sa dissolution. Il a créé des tubes, comme *Around The World, One More Time, Harder, Better, Faster, Stronger,* qui ont fait le tour du monde. Ce groupe avait toujours cultivé le mystère par les casques portés continuellement par ses deux membres, Thomas Bangalter et Guy-Manuel de Homem-Christo.
- Jeff Koons, artiste américain, est condamné par la Cour d'appel de Paris pour contrefaçon. La marque Naf Naf l'accuse d'avoir plagié sa publicité de 1985. La sculpture de Jeff Koons était exposée en 2015 au Centre Georges-Pompidou, à Paris, en 2014. La société Jeff Koons LLC, Jeff Koons lui-même, ainsi que le centre national d'art et de culture ont été condamnés à verser des dommages et intérêts à la marque de prêt-à-porter.

– L'autorisation d'un vaccin à dose unique contre la Covid-19 est donnée par l'Agence américaine des médicaments (Food and Drug Administration). Ce vaccin viral, développé par Johnson & Johnson, cinquième groupe mondial de santé, sera administré aux personnes de plus de 18 ans. Moins cher que ses concurrents, ce vaccin devrait permettre de lutter activement contre la pandémie mondiale.

[MARS 2021]

– Génération identitaire (GI), groupuscule d'extrême-droite, est dissous en Conseil des ministres. Selon le ministre de l'Intérieur, Gérald Darmanin, cette association tenait un discours de haine, de violence et de discrimination. Ses militants étaient responsables de plusieurs opérations coups de poings contre les migrants aux frontières françaises, dans les Alpes et Pyrénées.

– Les syndicats du milieu du spectacle ont occupé l'Odéon-Théâtre de l'Europe. Ce théâtre était un symbole culturel des événements de mai 1968. En l'occupant, ils réclament la réouverture des lieux culture, notamment de spectacle, lourdement impactés par la pandémie mondiale.

– Rencontre en Iraq entre le pape François et l'ayatollah Ali Al-Sistani, haut dignitaire des musulmans chiites. Le pape a aussi visité des villes, comme Mossoul, des églises, comme celle de Notre-Dame de la Délivrance à Bagdad, et Ur, cité sumérienne et terre natale d'Abraham. Le souverain pontife a invité à la « paix » et l'« unité » au Moyen-Orient, surtout en Syrie « martyrisée ».

– Patrick Dupond, célèbre danseur français, est décédé à 61 ans. Il a débuté sa carrière comme jeune danseur étoile à l'Opéra national de Paris, puis est devenue directeur de la danse, succédant à Rudolf Noureev.

– Suspension provisoire de l'administration du vaccin AstraZeneca sur ordre du gouvernement français. D'autres pays, comme l'Allemagne et l'Italie, ont cessé de l'utiliser pour vacciner leur population, par principe de précaution. Des individus vaccinés par ce produit ont été victime d'effets secondaires graves, comme la thrombose ou l'embolie pulmonaire.

– Un nouvel outil de dépistage est autorisé en France par la Haute Autorité de santé (HAS). L'autotest antigénique par prélèvement nasal est assigné aux personnes asymptomatiques de plus de quinze ans. Il permet d'obtenir des résultats en moins d'une heure pour dépister une infection par la Covid-19. Ce dispositif est aussi disponible dans d'autres pays européens, comme l'Allemagne et la Grande-Bretagne.

- Fermeture de la librairie Gibert Jeune, place Saint-Michel à Paris. Elle existait depuis 1888, a aidé de nombreux étudiants dans leurs études et universitaires dans leurs recherches.
- Denis Sassou Nguesso, homme d'Etat et militaire congolais, remporte dès le premier tour les élections présidentielles du Congo. Il est réélu pour un mandat de 5 ans.
- Accusée de blanchiment, fraude fiscale et démarchage illégal, la banque suisse UBS est condamnée à une amende de 3,7 milliards d'euros par la justice française, ce qui est un record historique en France.
- Le porte-conteneur Ever Given s'échoue dans le canal de Suez. Il bloque ainsi la circulation dans ce canal hautement stratégique pour le commerce international entre l'Europe et l'Asie. Plus de 300 navires ont été bloqués à cause de cet incident selon l'Autorité égyptienne du canal de Suez (SCA).
- Bertrand Tavernier, fils du résistant et poète René Tavernier, réalisateur, scénariste, producteur et historique du cinéma, est décédé à 79 ans. Il avait réalisé des films, notamment avec Philippe Noiret, comme *Que la fête commence, Le juge et l'assassin, La vie et rien d'autre.* Il avait même remporté un Oscar en 1986 pour son film *Autour de minuit.*
- La ministre de la Culture, Roselyne Bachelot, a décidé de l'ajout du nom de Valéry Giscard d'Estaing, ancien président de la République de 1974 à 1981, à la dénomination des Musées d'Orsay et de l'Orangerie. Cet ancien président avait oeuvré pour la transformation de la gare d'Orsay en un musée d'art.
- Servier, groupe pharmaceutique français, a été condamné, par le tribunal correctionnel de Paris, à verser une amende de près de 3 millions d'euros, après un procès de 500 heures. Le laboratoire, dans le cadre de l'affaire du Mediator, a été reconnu coupable de « tromperie aggravée » et d'« homicides et blessures involontaires ». Ce médicament, mise sur le marché en 1976, a provoqué des lésions des valves cardiaques et de l'hypertension artérielle pulmonaire chez les patients qui y ont eu recours.
- Ikea France, filiale française du leader suédois de mobilier, est condamné par le parquet de Versailles à une amende de 2 millions d'euros, et son ancien président directeur général à un an de prison ferme. Le système de surveillance illégale des salariés, des candidats à l'embauche et des clients, entre 2009 et 2012, a valu cette condamnation à l'entreprise et son président. La décision de justice rappelle donc que la protection de la vie privée est un enjeu majeur dans la société.
- Laurent Gbagbo, ancien président ivoirien, a été acquitté par la Cour pénale internationale (CPI). Il est donc reconnu non coupable de crimes contre

l'humanité et de crimes de guerre. Cela met un terme à 10 ans de procédures judiciaires. Laurent Gbagbo avait refusé sa défaite politique face à son rival. Les violences qui s'en étaient suivies avaient fait 3000 victimes en Côte d'Ivoire.

[AVRIL 2021]

- Un convoi exceptionnel a eu lieu au Caire pour transférer 22 momies de rois et reines égyptiens du musée du Caire au nouveau Musée national de la civilisation égyptienne (NMEC). Cet événement historique a été suivi par des millions de téléspectateurs, du monde entier, et le président Abdel Fattah al Sissi et le Premier ministre Mostafa Madbouli y ont assisté en direct.
- Un hommage a été rendu au « manifeste des 343 » paru en 1971 dans l'Observateur. Pour le 50e anniversaire de cet événement, une tribune de « 343 salopes » est parue dans le Journal du Dimanche. La tribune a été signée par des femmes artistes, féministes et politiques qui revendiquent ainsi l'allongement du délai légal durant lequel une femme peut se faire avorter (passant de douze à quatorze semaines). Depuis 1975, par la loi Veil, l'avortement est légal est France. Chaque année plus de 200 000 avortements sont pratiques dans le pays.
- Une catastrophe naturelle, au Timor oriental et en Indonésie, a provoqué de lourds dégâts matériels (routes, ponts, logements et hôpitaux endommagés) et humains (des centaines de morts et blessés).
- Michel Houellebecq, intellectuel français, en lien avec une proposition de loi à l'Assemblée nationale, a donné son opinion sur une potentielle légalisation du suicidé assisté dans un article du Figaro. Il s'oppose farouchement à cette « rupture anthropologique » et considère que « personne n'a envie de mourir ». Toujours selon lui, la France perdrait « tout droit au respect » si elle venait à légaliser l'euthanasie.
- La vaccination en France avance. Des stades sportifs (Stade de France à Saint-Denis, Groupama Stadium à Lyon, etc.) sont transformés en vaccinodrome afin de vacciner davantage de citoyens le plus rapidement et efficacement possible. Les hôpitaux d'instruction des armées françaises (à Clamart, Saint-Mandé, etc.) ont également augmenté leurs capacités d'accueil pour vacciner des volontaires.
- Emmanuel Macron, président de la République, annonce la suppression de l'École nationale d'administration (ENA), créée en 1945 par Charles de Gaulle. Cette école sera rebaptisée sous le nom d'Institut du service public (ISP) et sera plus ouverte aux enjeux actuels de la société française. Elle

symbolisera aussi une administration plus efficace et transparente au service du peuple français. L'ENA, quant à elle, avait été critiquée pour sa formation coupée des réalités économiques et sociales du pays.

- L'époux de la reine Elisabeth II et duc d'Edimbourg, Philipp Mountbatten, est décédé à 99 ans. Né en 1921, le prince avait intégré en 1939 la Royal Navy britannique. Il avait accédé au trône en 1952, à la mort du roi George VI, aux côtés de son épouse Elisabeth. Passionné par la nature, il avait également présidé le Fonds Mondial pour la nature (WWF) du Royaume-Uni.
- Alibaba, plateforme chinoise de commerce en ligne fondée par Jack Ma, a été condamnée à une amende de plus de 18 milliards de yuans pour abus de position dominante. En effet, cette entreprise était accusée d'exiger l'exclusivité des commerçants pour éviter que leurs produits ne soient vendus sur des sites concurrents. C'est la plus importante amende antitrust imposée à une multinationale, en Chine.
- Le président de la République du Tchad, Idriss Déby Itno, est réélu à son poste pour un sixième mandant à une grande majorité. Il dirige le pays depuis 1990, après avoir renversé le président Hissène Habré.
- Bernard Madoff, banquier américain, est mort à 82 ans. Il était connu pour avoir commis une des pires escroqueries financières de l'histoire. Il avait été condamné, en 2009, à 150 ans de prison, pour avoir entre autres mis en place une fraude pyramidale dite « à la Ponzi ». Ses victimes étaient à la fois des banques et des stars hollywoodiennes.
- Vote à l'unanimité, à l'Assemblée nationale, du texte dédié aux agressions et atteintes sexuelles sur mineur. L'âge de non-consentement a été validé par les députés à 15 ans et l'ont élevé à 18 ans pour les cas d'inceste. En cas de viol, la peine est établie à 20 ans de réclusion criminelle. Cette loi permet de renforcer la protection des mineurs et révolutionne en partie le Code pénal.
- Une « télégrève », grève virtuelle, a été organisée par les salariés d'IBM France. Une centaine d'entre eux a ainsi perturbé une réunion du comité social et économique (CSE) du groupe, avant d'être exclus de la visioconférence. Cette manoeuvre avait pour objectif de dénoncer le plan de sauvegarde de l'emploi prévu par l'entreprise, qui va engendrer plus de 1000 suppressions d'emplois, c'est-à-dire un quart des effectifs français. Cette restructuration est prévue pour l'ensemble des filiales européennes de la multinationale.
- Départ du pouvoir de Raul Castro, âgé de 89 ans et frère de Fidel Castro, à Cuba. Le poste de Premier secrétaire du Parti communiste de Cuba est désormais occupé par Miguel Díaz-Canel. Cet homme a été ingénieur, ministre de l'Enseignement et vice-président du Conseil des ministres avant de décrocher ce nouveau poste.

– Publication dans le magazine Valeurs Actuelles d’une tribune pour un retour de l’honneur et du devoir sur la scène politique, par d’anciens généraux, des hauts-gardés et plus de 1000 militaires. Cette tribune a divisé la classe politique, touts bords confondus. Jean Castex, Premier ministre, a, pour sa part, condamné les propos tenus par ces militaires à la retraite, qu’il juge contraires à l’esprit républicain. Florence Parly, ministre des Armées, a, quant à elle, rappelé le devoir de réserve des militaires.
– Disparition du sous-marin KRI Nanggala 402 au large de Bali au cours de manoeuvres militaires. Il a finalement été retrouvé à 800 mètres de profondeur, des centaines de militaires et une vingtaine de bateaux ayant été mobilisés dans cette optique. L’accident a causé la mort de 53 membres d’équipage.
– Marc Ferro, historien et universitaire français, est mort à 96 ans. Doctorant et ancien directeur de recherche à l’Ecole des hautes études en sciences sociales (EHESS), il était spécialiste de la Russie et de l’histoire du cinéma. Il avait également assuré la co-direction des Annales. Il fut l’auteur de plus de 60 livres et avait présenté l’émission Histoire parallèle sur Arte.
– Au commissariat de Rambouillet, au Sud de Paris, une policière, de 49 ans, a été tuée au couteau. Son assaillant a crié « Allah Akbar » et est décédé sous les balles d’un policier. Il était arrivé en France sans papier en 2009, régularisé en 2019 avec une carte de séjour d’un an, et il était connu des services de police et de renseignements. Une enquête a été ouverte par le parquet national antiterroriste.
– Décollage de la fusée Falcon 9 depuis Cap Canaveral en Floride. Thomas Pesquet, astronaute français de l’Agence spatiale européenne (ESA), a été désigné comme commandant de la Station spatiale internationale (ISS) de la mission Alpha. Il fut le premier Européen à rejoindre l’ISS grâce à la capsule Crew Dragon de SpaceX.
– En Ariège, dans les Pyrénées, c’est la fin du séjour en immersion totale dans une grotte de quinze hommes et femmes, débuté à la mi-mars et intitulé « mission Deep Time ». Durant ces 40 jours d’isolement total, des recherches médicales et psychologiques ont été réalisées dans un environnement à 10 °C et à 100 % d’humidité, sous l’égide de l’explorateur franco-suisse Christien Clot.
– Deux Oscars ont récompensé le film Th*e Father,* réalisé par le Français Florian Zeller. L’acteur principal, Anthony Hopkins, a été sacré meilleur acteur, et la statuette du meilleur scénario adapté est revenue à Florian Zeller. Ce film, adapté de la comédie dramatique du même nom (ayant connu un franc succès aux Etats-Unis), raconte la triste vie d’un homme atteint de la maladie d’Alzheimer. Florian Zeller a écrit douze pièces de théâtre et cinq romans,

dont l'un d'eux, le livre *La fascination du pire,* avait obtenu le prix Interallié en 2004.

– Michael Collins, astronaute américain, est décédé à 91 ans. Il fut pilote de commande et de service en orbite autour de la Lune pendant la mission Apollo 11, tandis que Neil Armstrong et Buzz Aldrin effectuaient le premier alunissage en 1969. Durant sa carrière il fut aussi secrétaire d'Etat adjoint aux affaires publiques pour Richard Nixon, président des Etats-Unis.
– Au pied du mont Meron, dans le nord d'Israël, a lieu un pèlerinage, rassemblant des dizaines de milliers de juifs orthodoxes pour des célébrations religieuses. Cette fête a célébré la vie du rabbin Shimon bar Yohaï, vivant en Galilée au second siècle de l'ère chrétienne. Une bousculade s'est produite et a provoqué la mort de 44 pèlerins, ainsi qu'une centaine de blessés.

[MAI 2021]

– Au terme des manifestations du 1er mai, les militants de la CGT sont violemment attaqués par des manifestants, certains se revendiquant comme gilets jaunes. Une vingtaine de blessés, dont 4 graves, et d'importants dégâts matériels notamment les voitures des syndicalistes sont à déplorer.
– Des milliers de manifestants, partout dans le monde (Canada, Suède, Belgique…), protestent contre les mesures sanitaires, notamment le port du masque, jugées trop sévères et injustifiées. Cela a donné lieu à de nombreuses interpellations.
– Ouverture du procès de Nordahl Lelandais le 3 mai 2021. Il était, à l'origine, soupçonné du meurtre d'une petite fille, prénommée Maëlys, disparue lors d'une réception de mariage en août 2017. Il a ensuite été établi, au cours d'investigations, qu'il était lié à la disparition du militaire Arthur Noyer. C'est pour ce second cas qu'il est présenté devant la justice. Le 11 mai 2021, il est reconnu coupable du meurtre d'Arthur Noyer et condamné à 20 ans de réclusion criminelle. Une cellule judiciaire a été ouverte pour déterminer si Nordahl Lelandais est lié à d'autres affaires de disparition. Il comparaitra en mai 2022 pour l'affaire Maëlys.
– Blocage de lycées en contestation avec le maintien en présentiel de certaines épreuves (grand oral et philosophie) alors que les autres sont basées sur le contrôle continu. Selon les syndicats lycéens, ce maintien serait désavantageux pour les élèves ne pouvant pas travailler dans un bon environnement de travail. Ce sentiment d'inégalité est également perçu par les élèves de BTS qui, eux, devront, à ce jour, passer toutes leurs épreuves en présentiel afin d'obtenir leur diplôme.

- Olivier Dubois, journaliste pour *Libération* et *Le Point,* est pris en otage par le Groupe de soutien à l'islam et aux musulmans (GSIM), une branche du groupe Al-Qaïda. Il a appelé les autorités françaises à l'aide dans une vidéo de quelques secondes diffusée sur les réseaux sociaux.
- Loi climat adoptée à l'Assemblée nationale. Elle est inspirée de la Convention citoyenne pour le climat, même si certaines propositions faites par cette convention ont été modifiées voire retirées. La loi prévoit des mesures pour réduire les émissions de pollution en France, comme la suppression de certains trajets en avion en France s'il est possible de les réaliser autrement que par ce mode de transport, etc. Cette loi est toutefois jugée insuffisante par de nombreux écologistes et ONG, comme Greenpeace. Ce texte sera étudié en juin par le Sénat.
- Commémoration des 200 ans de la mort de Napoléon Bonaparte par Emmanuel Macron, président de la République. Elle a été saluée par certains, jugeant ce personnage historique essentiel pour la France, mais critiquée par d'autres, rappelant que Napoléon avait rétabli l'esclavage et causé de nombreux morts par ses nombreuses campagnes militaires.
- Facebook envisage de devenir payant, suite aux nouvelles protections mises en place par Apple pour protéger les données personnelles de ses utilisateurs, obligeant Facebook à demander aux propriétaires d'appareils de cette marque leur consentement pour continuer à récolter leurs données. Beaucoup d'individus le refusent donc, considérant que cela nuirait à leur vie privée. Ce changement menace donc le système économique de Facebook, reposant sur les données personnelles d'utilisateurs, et donc la gratuité de l'application.
- Mort d'un policier de 36 ans à Avignon, où il effectuait une opération anti-drogue. L'auteur du coup de feu est en fuite. La mémoire du policier a été saluée par Gérald Darmanin, ministre de l'Intérieur.
- Dès le 12 mai, en France, la vaccination est ouverte à tous les citoyens majeurs, même si les personnes âgées et fragiles restent prioritaires. Tout citoyen peut donc prendre rendez-vous le jour pour le lendemain, s'il reste des doses, pour se faire vacciner. L'objectif, outre de continuer la lutte contre la pandémie, est d'éviter de gâcher des doses de vaccin. Pour réserver un créneau de vaccination, il est possible de passer par ViteMaDose, site mis en place à cet effet.
- En France, le 10 mais a lieu la journée nationale des mémoires de l'esclavage. Journée mise en place en 2001, par la loi Taubira, avec pour but d'affirmer que l'esclavage est un crime contre l'humanité auquel la France a pris part. Le 27 avril 1848 a eu lieu l'abolition définitive de l'esclave en France.

- Des affrontements entre policiers Israéliens et Palestiniens ont lieu à Jérusalem, faisant des centaines de blessés. Des familles Palestiniennes sont menacées d'expulsion par des propriétaires israéliens, qui veulent chasser cette population de « leur » territoire. La Palestine et Israël revendiquent tous les deux Jérusalem comme capitale.
- Manifestations pour le climat en réponse à la loi climat jugée insuffisante par de nombreux Français. *Le Journal du Dimanche* révèle aussi que le président de la République, Emmanuel Macron, enterre l'idée d'un référendum qui devait permettre d'intégrer la lutte contre le réchauffement climatique dans la Constitution. Cela a été démenti par l'Élysée, mais aucune prévision n'a pour autant été donné sur la date éventuelle de ce référendum. Le Sénat examine à son tour la loi climat.
- Début du déconfinement en France. Les déplacements sont désormais libres, sans obligation d'attestation jusqu'au couvre-feu à 19 hh. Les prochaines étapes du déconfinement auront lieu en juin.
- Le 22 mai 2021 l'Italie remporte la finale de l'Eurovision, concours international de chant créé en 1956 (à l'origine entre pays européens et la Suisse, puis s'étant ouvert à d'autres pays avec le temps), à Rotterdam. Les pays qualifiés pour la finale sont : les Pays-Bas (hôtes de la compétition), la France (automatiquement qualifiée car faisant partie des 5 pays contribuant le plus, financièrement, à l'organisation de cette compétition), la Lituanie, la Russie, Chypre, l'Ukraine, la Norvège, Israël, Azerbaïdjan, Malte, la Suède et la Belgique. L'Eurovision avait été annulée en 2020, à cause de la pandémie.

Votre boîte à outils pour progresser

[Les Podcasts]

Le podcast est gratuit. C'est une numérisation radiophonique (ou vidéo) qui comporte l'avantage d'archiver, d'écouter, de réécouter des émissions diffusées, en différé. Une bonne utilisation de cet outil peut permettre d'économiser énormément de temps et d'argent. En effet, il existe par exemple bon nombre de podcasts de revue de presse (Europe 1, France Inter, France Info, RFI, BFM, etc.).

L'avantage réside également dans le fait que ces revues de presse sont classées par thème (la revue de presse économique ; géopolitique ; politique, etc.).

Plus spécifiquement, renseignez-vous sur les émissions directement en prise avec les sujets qui entrent dans le cadre de votre préparation aux concours. Certaines conférences tenues dans les grandes écoles de commerce et autres universités américaines sont également présentes sur l'iTunes Store (Harvard, Collège de France, etc.). Vous pourrez ainsi apprendre sans effort des exemples, des chiffres, des noms, bref, toute l'actualité économique sur laquelle vous serez interrogé au SCORE IAE MESSAGE.

Notre sélection de podcasts spécial SCORE IAE MESSAGE

- Les actus du jour - Hugo Décrypte
- Trait d'Union
- L'Heure du Monde
- 28 minutes
- Podcastine
- Sur le Pouce
- Le Quart d'Heure
- Au lever du Soleil
- Code Source
- Les Experts BFM
- Programme B

[Notre shortlist de « favoris »]

Ici encore nous considérons le temps passé par les candidats à naviguer sur Internet comme trop important pour s'affranchir d'en dire deux mots. Votre page de navigation, véritable tableau de bord, doit concourir à l'optimisation de votre temps.

Les sites incontournables

- lesechos.fr
- lemonde.fr
- courrierinternational.com
- ft.com/home/europe
- nytimes.com
- cnrtl.fr/synonymie/
- larousse.fr/
- attali.com/
- wordreference.com/fr/
- francaisfacile.com/

[Smartphones, Ipods et Ipads]

Les supports numériques sont des « outils de connaissance » qui doivent participer à l'effort de préparation des candidats. Il existe des applications utiles à ne pas négliger, si toutefois vous êtes à l'aise avec ces supports. Notez que les sites listés plus haut sont pour une grande majorité d'entre eux compatibles sur Smartphone et Ipad. L'Ipod doit vous permettre d'écouter vos podcasts n'importe où, n'importe quand. Soyez branché !

Comment réviser les questions qui ne s'appuient pas sur l'actualité ?

Surtout, ne les révisez pas !

Vous avez en effet bien plus à gagner en travaillant les questions d'actualité des 18-24 derniers mois ou en travaillant les épreuves 2, 3 et 4.

Pour ces questions « hors actualité », il vous faudra avoir un brin de chance et espérer tomber sur des thèmes qui vous sont chers. Nous pensons qu'il est **bien peu payant** que de passer du temps sur l'histoire de la Seconde guerre mondiale ou encore sur les grandes œuvres picturales du XIXe siècle… Le programme est bien trop vaste !

Retenez simplement que **les questions qui ne s'appuient pas sur l'actualité ne sont pas les plus difficiles** et que nous sommes sûrs que vous parviendrez à répondre à une bonne moitié d'entre elles après vous être entraîné sur cet ouvrage.

Bon maintenant si vous tenez absolument à vous y entraîner sur ce type de questions, entre deux cours, dans le bus, le métro ou le soir avant de dormir, rendez-vous sur **www.high-learning.com** où plusieurs milliers de questions de culture générale vous attendent.

II. APPLICATIONS CLES : 1 000 QUESTIONS POUR VOUS ENTRAINER

Nous vous proposons ici un entraînement sur pas moins de 1 000 questions ouvertes de culture générale. **De nombreuses questions portent sur l'actualité des années 2019 à 2021.**

Si nous avons privilégié les questions ouvertes aux questions à choix multiples – QCM (qui est le format utilisé au SCORE IAE MESSAGE), c'est parce que nous croyons au dicton : « qui peut le plus, peut le moins. » Si vous parvenez en effet à répondre à ces questions ouvertes, alors il y a fort à parier que vous serez encore plus performant sur des questions fermées à choix multiples.

Un conseil important :

Réfléchissez bien avant de répondre et ne vous précipitez pas sur les corrigés qui suivent. Ainsi, pour la première question, si vous hésitez entre Séoul, Tokyo, Los Angeles et New York, notez-les et espérez que l'une d'entre elles soit la bonne réponse !

Donnez également des réponses approximatives. Ainsi, lorsque l'on vous demande à la question 3 le nombre de pays membres de l'OPEP et que vous n'en savez rien ou que vous hésitez, notez quand même « environ 15 » ou « environ 20 », par exemple. Vous pourrez ainsi vérifier si vous étiez dans le coup ou si au contraire vous étiez vraiment loin du compte… Dans tous les cas, n'oubliez pas que vous serez face à un QCM le jour J et que la bonne réponse sera sous vos yeux. Ce sera quand même plus facile !

Enoncés (corrigés p. 118)

Questions	Votre réponse
1 Quelle est en 2021 la ville la plus peuplée du monde ?	
2 Qui est l'homme d'affaires qui a annoncé avoir acheté début février 2021 pour 1,5 milliard de dollars de bitcoins ?	
3 En 2021, quel est le nombre de pays membres de l'OPEP, l'Organisation des pays exportateurs de pétrole ?	

4 Environ quel pourcentage de la ressource mondiale en eau est constitué par de l'eau douce ?

5 Quelle organisation terroriste basque a annoncé sa dissolution le 2 mai 2018 ?

6 De quel parti politique et citoyen Jean-Luc Mélenchon est-il le porte-parole ?

7 Aux élections européennes du 26 mai 2019, quel parti politique français crée la surprise en remportant environ 13 % des suffrages exprimés derrière le RN et LREM ?

8 Qui est le chinois Xi Jinping ?

9 Que signifie « Covid » dans l'acronyme Covid-19 ?

10 À combien s'élève la population indienne en 2021 ?

11 Quelle est la monnaie du Mexique ?

12 Depuis quelle année le président de la République française est-il élu au suffrage universel direct ?

13 En septembre 2018, qui succède à François de Rugy au poste de président de l'Assemblée nationale ?

14 Le 26 mai 2020, quatre policiers de Minneapolis sont limogés après la mort d'un homme noir à la suite d'une arrestation musclée. Comment s'appelle cet homme ?

15 Quelle est la monnaie du Maroc ?

16 En juin 2021, combien d'anciens présidents américains sont encore en vie ?

17 Quelle est en milliards, la population mondiale estimée en 2021 ?

18 Quelle est l'année de naissance d'Emmanuel Macron ?

19 Par quel acronyme designe-t-on les cinq grandes firmes américaines qui dominent le marché du numérique ?

20 Feux en Australie de 2019 : 24 morts, 100 000 personnes évacuées, et environ combien d'animaux morts ?

21 Quel est le nom du groupe extrémiste responsable du kidnapping de 276 lycéennes au Nigéria le 14 avril 2014 ?

22 Combien de médailles d'or aux Jeux olympiques Teddy Riner a-t-il obtenues ?

23 François Michelin est décédé en 2015. En quelle année a été créée l'entreprise qui porte son nom ?

24 Qui est l'actuel président du Pérou ?

25 Quels sont les deux pays qui entourent le Panama ?

26 Qui présente en 2021 la cérémonie des Césars ?

27 De quel pays Recep Tayyip Erdogan est-il le président ?

28 Quel film obtient la Palme d'Or à Cannes en 2019 ?

29 En France, quelle est la première région agricole ?

30 Le 6 mai 2017, pour quel pays la Cour pénale internationale a été saisie d'accusation de génocide et de persécution envers les homosexuels ?

31 Quelle est l'espérance de vie d'une femme en France en 2021 ?

32 En France, quel ancien Premier ministre sous la présidence de François Mitterrand, ayant fait usage de l'article 49.3 au parlement 28 fois au cours de ses mandats, est décédé le 2 juillet 2016 ?

33 Au 1er janvier 2021, la France compte environ combien d'habitants ?

34 Quel scandale mondial a éclaboussé le monde de la finance en avril 2016 ?

35 Quelle course hippique qui se dispute en mai en Suède est l'une des courses les plus importantes de l'année avec le Grand Prix d'Amérique et l'Hambletonian ?

36 En quelle année eut lieu le massacre de la Saint Barthélémy ?

37 En quelle année a été prononcé lors d'un célèbre discours : « *I have a dream* » ?

38 Quel grand groupe d'électroménager la Fnac a-t-elle racheté en avril 2016 ?

39 Quel footballeur a reçu le Ballon d'or en 2020 ?

40 Quel artiste est connu pour avoir, entre autres choses, tendu de vastes toiles colorées ou emballé des monuments prestigieux ?

41 Pour quelle raison IKEA France est condamnée à 1 million d'euros d'amende en juin 2021 ?

42 A l'occasion des élections régionales de juin 2021, combien de candidats sont en lice pour le fauteuil de président de la région Ile-de-France ?

43 Quel ex-ministre socialiste et ex-commissaire européen le Président de la République Emmanuel Macron décide-t-il de nommer le 3 juin 2020 comme premier président de la Cour des comptes ?

44 Au large de quelle ville française peut-on visiter le Château d'If, rendu célèbre par le roman *Le Comte de Monte-Cristo* ?

45 De quelle nationalité W. A. Mozart était-il ?

46 Où se situe le siège de l'ONU ?

47 En 2016, quel terme est utilisé pour désigner le scénario de la sortie du Royaume-Uni de l'Union européenne ?

48 En quelle année fut abandonnée la convertibilité du dollar en or ?

49 Quelle est la capitale de l'Ethiopie ?

50 Qui reçoit en 2020 le prix Nobel de la paix ?

51 Quelle est la capitale de la Turquie ?

52 Dans quelle ville française a lieu chaque année le Festival international de la BD ?

53 En 2015, quel pays a renoncé officiellement à son adhésion à l'Union européenne ?

54 Qui est en 2021 le premier YouTubeur français ?

55 Après Paris, quelle est la ville de France la plus peuplée ?

56 Quelle grande navigatrice française est décédée lors d'un accident d'hélicoptère alors qu'elle participait à une émission de téléréalité ?

57 Qui a été élue à la Mairie de Paris le 5 avril 2014 ?

58 Qui est l'actuel Président de l'Irlande ?

59 Quel site Internet a rendu public plus de 9 000 documents de la CIA le 7 mars 2017 ?

60 Quel est le prénom du royal baby de Kate et William né le 23 avril 2018 ?

61 Combien de pays forment l'Union européenne aujourd'hui ?

62 Qui est l'homme le plus riche du monde en 2021 avec une fortune estimée à plus de 177 milliards de dollars ?

63 Combien de sièges La République En Marche / Modem obtiennent-ils à l'issue des législatives de juin 2017 ?

64 Quel est le seul pays d'Europe à appliquer librement la peine de mort ?

65 De quelle nationalité est le géant de l'alimentation Nestlé ?

66 Dans quel pays se trouve la ville de Yalta, lieu de la célèbre rencontre de 1945 ?

67 Dans quel pays d'Afrique a eu lieu le génocide organisé par les milices Hutus contre le peuple des Tutsis ?

68 La SNCF et la RFF ont déboursé 50 millions d'euros pour refaire 1 300 quais de gare. Pour quelles raisons ?

69 Qu'est-ce que la BRI ?

70 Quel leader de la réservation de voitures avec chauffeur a concrétisé en 2019 une entrée en Bourse à Wall Street dont les premiers pas se sont très mal passés ?

71 Quelle ville voit le départ du Tour de France le 29 août 2020 ?

72 Qui est l'actuel président du Guatemala ?

73 Quelle est la capitale de la Serbie ?

74 Quelle est la capitale du Pérou ?

75 Quel est le nom du régime français sous Pétain durant la Seconde Guerre mondiale ?

76 En France, en quelle année la majorité civile est-elle passée à 18 ans ?

77 Combien de temps en moyenne met le TGV pour faire le trajet Paris-Marseille ?

78 De quelle ville Édouard Philippe est-il le maire en 2021 ?

79 Quel ministre de la Défense français a impulsé la vente d'avions Mistral à l'Egypte fin 2015 ?

80 Que commémore-t-on tous les 8 mai ?

81 Quelle est la durée du mandat d'un maire ?

82 Le français est parlé par près de 275 millions de personnes. Quel rang occupe-t-il parmi les langues les plus parlées au monde ?

83 Suite à l'annonce du président de la République lundi 16 mars 2020, l'ensemble des réseaux professionnels des banques membres de la Fédération bancaire française lance avec Bpifrance un dispositif inédit permettant à l'Etat de garantir combien de milliards d'euros de prêts ?

84 Combien la France compte-t-elle de fonctionnaires en janvier 2021 ?

85 Maire de Béziers, Robert Ménard a fondé en 1985 une organisation non-gouvernementale. Laquelle ?

86 Quelle chanteuse française, interprète de *Babacar* est décédée le 7 janvier 2018 ?

87 Combien y a-t-il d'Etats aux Etats-Unis ?

88 L'œuvre *Les raboteurs de parquet* est un tableau de :

89 Dans quelle ville se dérouleront les Jeux olympiques de 2021 ?

90 En 2021, quel film remporte l'Oscar ?

91 En quelle année Vladimir Poutine est-il né ?

92 Quel virus, voisin de la dengue et du chikungunya, a émergé en Amérique centrale et en Amérique du Sud début 2016 ?

93 En mai 2021, combien d'euros environ obtient-on en changeant 1 000 livres sterling ?

94 Marc Blondel, décédé en mars 2014 fut pendant 15 ans le secrétaire général de quel grand syndicat ?

95 Comment appelle-t-on le phénomène de création de nouveaux mots ?

96 Que représente *L'origine du monde* de Gustave Courbet ?

97 Quel Chef anime l'émission *Cauchemar en cuisine* sur M6 ?

98 Qui est le « Spider-Man » français, célèbre pour ses ascensions à mains nues des plus hauts gratte-ciel ?

99 Combien de mètres mesure la tour Montparnasse à Paris ?

100 Quels sont les horaires de cotation de la bourse de Paris ?

101 Quel était le métier de Nicolas Sarkozy avant qu'il ne devienne président de la République ?

102 Qui est l'auteur du roman *Des souris et des hommes* ?

103 Comment appelle-t-on l'outil de comptabilisation des émissions de gaz à effet de serre d'un produit ou d'une entreprise ?

104 Quelle nation a été menacée d'exclusion aux Jeux Olympiques de Rio en 2016, sur suspicion de dopage ?

105 Quel est en mai 2021, le cours en euros de l'action LVMH à la Bourse de Paris ?

106 En 2019, combien de visiteurs se sont rendus à la Foire de Paris ?

107 Que change l'article 5 du projet de la loi sur l'égalité hommes-femmes par rapport à l'IVG ?

108 En terme de superficie, les Etats-Unis sont environ … fois plus grands que la France.

109 Qui a écrit *Ubu Roi* ?

110 Quel article de la constitution française permet au premier ministre d'engager la responsabilité du gouvernement devant l'Assemblée Nationale ?

111 Dans quel lieu symbolique s'est déroulé le discours consécutif à la victoire d'Emmanuel Macron le 7 mai 2017 ?

112 Qui a écrit *La Cantatrice chauve* ?

113 Pandémie du Covid-19 : quelle date marque le début du déconfinement en France ?

114 Quelle est la capitale de l'Albanie ?

115 Quel film a fait le plus d'entrées au box-office français en 2019 ?

116 Quel est le surnom de l'équipe de France de handball ?

117 En quelle année l'île de Hong Kong a-t-elle été rétrocédée à la République populaire de Chine par le Royaume-Uni ?

118 A quelle date le Conseil constitutionnel a-t-il donné un avis favorable à la loi dite du « mariage pour tous » ?

119 Dans quelle entreprise japonaise le système de Kanban visant à limiter les stocks d'une chaîne de production et à produire en flux tendu, a-t-il été mis en place pour la première fois dans les années 1950 ?

120 Que signifie le mot nomophobe, nouvel arrivé dans le *Larousse* ?

121 En quelle année le Titanic avait-il fait naufrage ?

122 Le boxeur Mohammed Ali est décédé le 3 juin 2016. Quel était son nom, avant sa conversion à l'Islam ?

123 Par qui est présentée l'émission à succès *Affaire conclue* sur France 2 ?

124 En juin 2017, quel animateur a quitté la chaîne France 2 après avoir présenté l'émission *Télématin* pendant près de trente ans ?

125 En quelle année été créé le groupe LVMH ?

126 Quel est, en 2020, le pays qui exporte le plus d'armes au monde ?

127 Qui a reçu le Fauve d'or lors du Festival de la bande dessinée d'Angoulême en 2019 ?

128 Comment s'appelle la monnaie brésilienne ?

129 Que fête-t-on le 8 mars ?

130 Comment s'appelle l'épouse du Prince Harry d'Angleterre (prince Henry, duc de Sussex) ?

131 Quelle est la capitale du Qatar ?

132 Comment s'appelle le projet d'application mobile de recherche des contacts dans le cadre de la pandémie de Covid-19 ?

133 A quel pays le territoire de Gibraltar appartient-il ?

134 Combien de films français avaient déjà reçu l'Oscar du meilleur film avant *The Artist* ?

135 Qui reçoit l'Oscar du meilleur acteur en 2021 ?

136 Le festival de la BD à Angoulême existe depuis environ combien d'années ?

137 Qui sont les zadistes ?

138 En 2021, qui remporte le tournoi de Roland Garros dans la catégorie Simple dames ?

139 En 2021, qui remporte le tournoi de Roland Garros dans la catégorie Simple messieurs ?

140 Quelle est la capitale du Qatar ?

141 Comment appelle-t-on le fond des océans ?

142 Comment s'appelle l'association qui s'oppose aux expulsions d'enfants sans papiers dans les écoles ?

143 Quel pacte a réuni Benito Mussolini et Adolf Hitler en 1939 ?

144 Combien de personnes sont écrouées en France au 1er avril 2019 ?

145 Qui remporte la course cycliste Paris-Roubaix en 2019 ?

146 Quel est le cours en euros d'un kilo d'or en mai 2021 ?

147 Quelle est la contenance d'un magnum de champagne ?

148 Dans quelle ville décerne-t-on chaque année l'Ours d'or ?

149 Quel film adapté d'un jeu vidéo a vivement été critiqué lors de sa sortie le 21 décembre 2016 ?

150 Dans quelle ville se déroulera l'Exposition universelle de 2021-2022 ?

151 Quel est le nom du projet privé visant à envoyer des êtres humains vivre sur Mars en 2032 ?

152 Qui est l'actuel président du Venezuela ?

153 Que signifie l'acronyme RIC ?

154 Combien de pays y a-t-il en Amérique du Sud ?

155 Quelle ville française a été surnommée « La Jungle » suite à l'arrivée massive de migrants dans son port ?

156 Quel club remporte la coupe de France de football en 2021 ?

157 Quel pays a voté l'euthanasie pour les enfants atteints de maladie incurable en février 2014 ?

158 En 2021, quel âge a le Macintosh ?

159 Quelle série dont la première saison a été diffusée sur Netflix en 2018 se déroule dans la Maison royale de la Monnaie d'Espagne ?

160 Qui a été nommé Premier ministre suite à la démission de Manuel Valls en décembre 2016 ?

161 Qui a reçu l'Oscar du meilleur second rôle en 2021 ?

162 Qui a reçu l'Oscar de la meilleure actrice en 2021 ?

163 Comment s'appelle l'artiste qui représente la France à l'Eurovision 2021 ?

164 Sous quel édifice parisien se trouve la flamme du soldat inconnu ?

165 Quelle est la superficie de l'Afrique du Sud ?

166 Combien de yens environ je reçois en mai 2021 en échange de 100 euros ?

167 Quel parti espagnol remporte le plus de sièges lors des élections législatives du 28 avril 2019 ?

168 Comment se nomme la plus prestigieuse récompense remise au Festival de Berlin ?

169 Quel est le titre du livre écrit par Juan Branco qui critique les élites en France ?

170 Kurt Cobain, mort il y a plus de 20 ans, était le leader de quel groupe ?

171 Où se situe le Conseil Constitutionnel à Paris ?

172 Quel monument parisien fête ses 130 ans en 2019 ?

173 Quelle a été l'issue du procès de Jacqueline Sauvage le 28 décembre 2016 ?

174 Qui devient porte-parole du gouvernement le 6 juillet 2020 ?

175 Quelle région chinoise est en janvier 2020 le point de départ d'une épidémie de la famille du SRAS, un coronavirus ?

176 Quel professeur de microbiologie français, spécialiste des maladies infectieuses tropicales émergentes à la faculté des sciences médicales et paramédicales de Marseille acquiert une notoriété médiatique internationale en 2020 quand, avec son équipe, il affirme avoir trouvé un traitement contre la maladie du Covid-19 ?

177 En 2020, le PIB de la France, 6e puissance mondiale, s'élève en euros à :

178 Le 10 mai 2019, à quel taux passent les droits de douane américains sur 200 milliards de dollars de produits chinois ?

179 Pour être donneur de sang universel, il faut être du groupe sanguin…

180 Comment s'appelle le grand défilé festif organisé en faveur du commerce équitable ?

181 Qui est le réalisateur du film *The Father* ?

182 Qui occupe le poste de Premier ministre en Israël en juin 2021 ?

183 Par quel laboratoire est produit la Dépakine, médicament accusé de provoquer des malformations en février 2017 ?

184 Quelle est la capitale de la Malaisie ?

185 Quel parti remporte le plus de sièges lors des élections législatives israéliennes du 9 avril 2019 ?

186 Dans quel quartier de Bruxelles, le logisticien des attentats de Paris, Salah Abdeslam a été arrêté le 18 mars 2016 ?

187 Comment s'appelle la tête de liste Les Républicains pour l'élection européenne du 26 mai 2019 ?

188 En psychiatrie, que signifie l'acronyme TOC ?

189 Combien de soldats la France a-t-elle perdu au Sahel en novembre 2019 ?

190 Le 21 juillet 2016, une loi a été adoptée par le Parlement au moyen de l'article 49-3 de la Constitution. Laquelle ?

191 Qui est l'entraîneur du Real de Madrid en juin 2021 ?

192 Qui est au premier semestre 2021 le ministre de l'Education nationale ?

193 A quel secteur d'activité appartient le groupe Sanofi ?

194 La NBA, compétition officielle de basket-ball aux États-Unis est divisée en … conférences ?

195 Le livre *Babylone* de Yasmina Reza, récompensé par le prix Renaudot, a été édité par…

196 Quelle loi votée à la suite du mouvement des gilets jaunes est en partie censurée par le Conseil constitutionnel ?

197 Combien de naissances la France a-t-elle enregistrées en 2020 ?

198 Quel pays remporte l'Eurovision en 2021 ?

199 Un système politique dans lequel la vie politique est dominée par deux grands courants politiques correspond à la définition du…

200 Quel est en 2020 le taux de fécondité en France ?

201 Dans quelle ville se déroule le Festival des Francofolies ?

202 Combien coûte une consultation chez le généraliste depuis le lundi 1er mai 2017 ?

203 Quel est le nom de l'architecte qui avait réalisé la flèche de Notre Dame détruite dans l'incendie d'avril 2019 ?

204 Au 1er janvier 2021, quel est le prix du timbre courant (pour un poids de 1 à 20 grammes) envoyé en lettre prioritaire ?

205 Comment s'appelle la tête de liste Rassemblement national pour l'élection européenne du 26 mai 2019 ?

206 Quel pays remporte le titre de rugby des six nations en 2021 ?

207 Quel homme d'affaires crée McDonald's en 1952 ?

208 Comment s'appelle l'actrice américaine décédée en février 2014 à l'âge de 85 ans et qui a commencé sa carrière à l'âge de 3 ans ?

209 Comment s'appelle le professeur qui est un des porte-drapeaux du RIC (référendum d'initiative citoyenne) ?

210 Nollywood est un mot-valise issu du mélange de … et … ?

211 Quelle est la capitale de la Géorgie ?

212 Quelle est la croissance française en 2019 ?

213 Le dimanche 16 avril 2017, à Cleveland dans l'Ohio, un homme a diffusé en direct un meurtre qu'il était en train de commettre. Quelle plateforme de vidéos en direct a-t-il utilisée ?

214 Quelle était la monnaie de la Grèce avant son entrée dans l'euro ?

215 Quelle est la religion la plus représentée en Grèce ?

216 Le 21 avril 2019, dans quel pays un attentat islamiste est-il perpétré notamment contre des églises chrétiennes ?

217 En Colombie une femme a changé de nom pour que personne au monde ne s'appelle comme elle. Comment s'appelle t-elle ?

218 Quel montant en dollars Facebook a-t-il déboursé pour acheter l'application WhatsApp ?

219 Quelle école a été classée « meilleure école de commerce de France » par *Le Figaro* en 2020 ?

220 En quelle année a été envoyé le premier SMS en français ?

221 Combien de pays bordent la Russie ?

222 Quelle est la monnaie des Philippines ?

223 Les Jeux olympiques de Sotchi ont été les plus chers de l'Histoire. Combien ont-ils coûté ?

224 Qu'est-ce que l'achluophobie ?

225 Quel est le nom du président algérien qui démissionne le 2 avril 2019 ?

226 Quel est l'autre nom de l'Assemblée nationale ?

227 Quel musée fut fondé en 1793 ?

228 De quel musée parisien, Georges Pompidou est-il le créateur ?

229 Quelle cité est basée à la Villette ?

230 De quelle franchise cinématographique *Le réveil de la force* est-il issu ?

231 En quelle année est décédé François Mitterrand, ancien président de la République française ?

232 Combien de Ligues des Champions le Real de Madrid a-t-il gagnées ?

233 Quelle grande enseigne française de distribution annonce en mai 2019 un plan social de 3 000 salariés ?

234 Quelle était la date initiale du Brexit ?

235 A Dunkerque, lors du carnaval, quels poissons sont jetés à la foule ?

236 Dans les régions montagneuses, comment appelle-t-on la migration du bétail de la plaine vers les hauteurs et qui donne souvent lieu à des fêtes ?

237 En quelle année est créé l'Etat Islamique (EI) ?

238 Lors des MTV music Awards, pendant l'annonce du « meilleur clip pour une artiste féminine » en 2009, Kanye West a déboulé sur scène pour interrompre le discours de quel artiste ?

239 Qui est l'auteur des best-sellers *Sapiens* et *Homo deus* ?

240 De quelle année date l'invention du Coca-Cola ?

241 Quelle est la capitale du Brésil ?

242 Dans quelle ville se trouve la villa Médicis qui abrite l'Académie de France ?

243 Comment s'appelle l'opération lancée le 1er mai 2019 par Juan Gaido pour renverser le régime vénézuélien ?

244 Dans quel jeu de société un meurtre peut-il être commis par le colonel Moutarde avec un revolver dans la salle à manger ?

245 En poésie, combien y a-t-il de vers dans un distique ?

246 Quelle ville accueille en septembre 2021 la quinzième édition du Foruminternational de Cyber sécurité (FIC), crée par la gendarmerie nationale ?

247 Dans quelle pièce de Jean-Paul Sartre, les personnages découvrent-ils que « l'enfer c'est les autres » ?

248 Quel oiseau figure sur les pièces allemandes de 1 euro ?

249 Sur quel mois de l'année 2021, les États-Unis passent-ils le seuil tragique des 600 000 décès liés au Covid-19 ?

250 Quel appareil enregistre les mesures des séismes et des vibrations de l'écorce terrestre ?

251 Quel adjectif qualifie un roman, dont le mode narratif consiste en un échange de lettres entre les personnages ?

252 Quel général romain a conquis la Gaule en 51 avant notre ère ?

253 Dans quelle ville du sud de la France peut-on admirer la basilique de Notre-Dame-de-la-Garde ?

254 Qui est, dans la Genèse, le père de Jacob ?

255 De quel pays Varsovie est-elle la capitale ?

256 Qui est l'actuelle Directrice Générale du FMI ?

257 Quelle est la première spationaute française ?

258 Quelle ethnologue américaine a été tuée pour avoir protégé les gorilles ?

259 Quel roi européen fut aussi Pharaon d'Egypte ?

260 Qui est le premier homme a avoir dit que la Terre était ronde ?

261 Comment l'Amérique a-t-elle été nommée quand on l'a découverte ?

262 Comment s'appelle la tête de liste LREM pour l'élection européenne du 26 mai 2019 ?

263 Dans le film *La Môme* d'Olivier Dahan, quelle célèbre chanteuse française est incarnée par Marion Cotillard ?

264 Blé, maïs, orge, riz, avoine : quelle est la céréale dont la production en tonnes est la plus grande en 2018 ?

265 Comment s'appelle le pas de danse caractéristique des chorégraphies de Michael Jackson ?

266 De quel montant est le chèque que reçoit le lauréat du Prix Goncourt ?

267 Dans quelle rue se trouve le Palais de l'Elysée ?

268 Comment s'appelle le plus célèbre avare du théâtre français ?

269 En 2021, combien de bougies souffle le célèbre dictionnaire *Le Petit Robert* ?

270 Combien de saisons compte la série à succès *Game of Thrones* dont le tout dernier épisode a été diffusé le dimanche 19 mai 2019 ?

271 Combien de mètres carrés pour un hectare ?

272 Qu'est-ce qui a été découvert aux alentours de Louxor en Egypte le 18 avril 2017 ?

273 Le 1er janvier 2021, quel pays prend la présidence du Conseil de l'Union européenne, succédant à l'Allemagne ?

274 Quelle est la capitale du Koweït ?

275 Dans quel pays se situe la ville la plus au Nord du monde ?

276 Quelle est la langue la plus parlée au Mali (parlée par 80 % de la population) ?

277 Quel pourcentage de la population mondiale fume ?

278 Quel musée parisien est consacré aux Arts Premiers ?

279 Qui remporte l'Open de tennis d'Australie en février 2021 ?

280 Où se trouve le siège de la FIFA ?

281 Lors des élections présidentielles 2017, qui est le directeur de campagne de Marine le Pen ?

282 Comment s'appelle la Société de perception et de répartition des droits d'auteurs musicaux en France ?

283 Dans quelle ville a lieu traditionnellement tous les deux ans le plus grand salon aéronautique de France ?

284 Quel est le nom d'une des figures des gilets jaunes arrêtés début janvier pour « organisation d'une manifestation non déclarée » ?

285 Comment s'appelle la monnaie thaïlandaise ?

286 Quelle entreprise a perdu le marché du Vélib' à Paris en avril 2017 ?

287 De quelle nationalité est le groupe Samsung ?

288 Sous quel nom le Myanmar, pays d'Asie du Sud-Est, est-il plus connu ?

289 Quel organisme est le résultat de la fusion des Assedic et de l'ANPE ?

290 Qui est en 2020 le secrétaire général du Parti Communiste Français ?

291 Patron d'un grand laboratoire pharmaceutique dans la tourmente depuis l'affaire du « Mediator », il est décédé le 16 avril 2014. Qui est-il ?

292 Pendant combien d'années, Yvan Colonna était-il en cavale, caché dans une bergerie ?

293 Quel film remporte le César du meilleur film en 2021 ?

294 Dans quelle ville le siège de l'Organisation mondiale du commerce se trouve-t-il ?

295 Quel pays anciennement connu sous le nom de « Suisse du Moyen-Orient », annonce en mars 2020 qu'il est en cessation de paiement ?

296 Quel monument parisien doit-on au sculpteur Daniel Buren ?

297 Quel modèle présenta Citroën au Salon de l'auto de Paris le 7 octobre 1948 ?

298 Qui est le fondateur de Microsoft ?

299 Dans quelle ville française peut-on découvrir les traboules ?

300 Quel film a remporté l'Ours d'Or en 2021 ?

301 Quel hôpital psychiatrique, patrimoine de la capitale française, a fêté ses 150 ans le 11 mai 2017 ?

302 En quelle année les accords d'Evian ont-ils été signés ?

303 En quelle année le Prix Nobel de la Paix a-t-il été créé ?

304 De quel célèbre enseigne de mobilier design, Ingvar Kamprad est-il le fondateur ?

305 En quelle année le processus de transition démocratique en Espagne a-t-il démarré ?

306 En juillet 2016, Yves Bonnefoy nous a quitté. Qui était-il ?

307 Quelle association française humanitaire est impliquée dans une affaire d'adoption illégale au Tchad ?

308 Dans quelle région la forêt de Brocéliande, célèbre pour ses légendes sur Merlin l'Enchanteur, se situe-t-elle ?

309 Quel est le nombre de candidats au Bac 2018 ?

310 Qui est en 2020 le président du Sénat ?

311 Que veut dire « IP » dans le terme « adresse IP » ?

312 Qui commercialise la liseuse électronique Kindle ?

313 A Paris, qui a été le principal architecte du Centre Pompidou ?

314 Que signifie l'acronyme PACTE - loi adoptée par le Parlement en avril 2019 ?

315 Quel célèbre restaurant sur les Champs-Elysées est incendié lors de la manifestation des gilets jaunes du 16 mars 2019 ?

316 Quel club de football français s'incline face à Manchester United lors des huitièmes de finale de la Ligue des Champions 2019 ?

317 De quel pays était originaire la chanteuse Césaria Evora ?

318 Le 19 mai 2018, qui dit « oui » au Prince Harry ?

319 En mai 2017, plusieurs vidéos-chocs ont sensibilisé le public sur la maltraitance animale dans les abattoirs. Comment s'appelle l'association à l'origine de ces dénonciations ?

320 Quel est le nom du parti de droite nationale qui arrive en deuxième position lors des élections législatives finlandaises de 2019 ?

321 Quel est le titre du dernier Guillaume Musso paru le 2 avril 2019 ?

322 En avril 2019, quel objet céleste est dévoilé en photo pour la première fois ?

323 En 2020, quel pays enregistre le plus grand nombre de décès liés au Covid-19 ?

324 Le 5 mai 2019, dans quelles villes israéliennes des roquettes lancées par des groupes armés palestiniens tuent plusieurs civils ?

325 Quelle proposition de loi a été adoptée par le Sénat le 8 janvier 2014 et concerne indirectement Amazon ?

326 Quel chanteur était surnommé le « fou chantant » ?

327 Combien de pays compte le Maghreb ?

328 Combien y a-t-il de pays dans l'Union européenne en 2017 ?

329 Lee Kwan Yew est décédé en 2015 à l'âge de 91 ans. Qui était-il ?

330 Combien l'Afrique compte-t-elle de pays ?

331 Quel photographe américain a développé une œuvre représentant des personnages hors-norme photographiés dans la rue (transsexuels, travestis, nains, jumeaux, etc.) ?

332 Quel club de football a remporté la « Champions League » en 2019 ?

333 De quel groupe Jean-Louis Aubert était-il le leader ?

334 Qui est le compositeur de l'opéra *Aïda* ?

335 Dans quel pays a été élue la première femme présidente du continent africain ?

336 Quel est le prénom du fondateur du prix Nobel ?

337 Au théâtre, comment appelle-t-on la personne chargée de remédier aux trous de mémoire d'un acteur ?

338 Quelle plante poussant en altitude est surnommée « l'étoile d'argent » ?

339 Quelle est la formule chimique de la molécule de l'eau ?

340 Quelle ville des Alpes maritimes est considérée comme la capitale mondiale des parfums ?

341 Qui était la mère du Prince Albert II de Monaco ?

342 Quel artiste a peint la série des *Nymphéas* à Giverny ?

343 Quel cinéaste américain a réalisé la trilogie baptisée *Le Parrain* ?

344 Quelle ville japonaise fut presque entièrement détruite par la 1re bombe atomique le 6 août 1945 ?

345 A quel grand groupe appartiennent les marques Dove, Magnum, Knorr ou encore Lipton ?

346 Comment nomme-t-on un polygone à 12 côtés ?

347 Dans un cimetière, comment est appelé le bâtiment où sont déposées les cendres des morts ?

348 A quel grand groupe appartiennent les marques Mixa, Dop, Garnier ou encore Gemey Maybelline ?

349 En quelle année a eu lieu en France la première canicule meurtrière du XXIe siècle ?

350 Quel peintre est connu pour ses tableaux représentant des fruits et des légumes composant un portrait ?

351 Dans quelle ville trouve-t-on un quartier appelé « Alphabet City » ?

352 Qui est l'inventeur de l'alphabet tactile à points saillants destiné aux non voyants ?

353 Quel insecte est élevé en Chine pour se produire lors de combats organisés ?

354 Quels accords sont négociés les 25 et 26 mai, pendant la crise de mai 1968 ?

355 Quel monstre de cinéma serait un dinosaure mutant, transformé par les radiations d'un essai nucléaire ?

356 Qui sont les jumeaux qui ont fondé Rome, selon la légende de la ville ?

357 Actuellement, quel est le taux approximatif de syndicalisation en France ?

358 Qu'est-ce qu'un « oligopsone » ?

359 Qui a déclaré (en faisant référence aux indemnités des députés européens qui s'élèvent à plus de 12 000 euros mensuels) « Je vais perdre de l'argent en venant au Parlement européen » ?

360 Quelle est l'autorité française chargée de la diffusion des œuvres et de la protection des droits sur Internet ?

361 Qui a inventé le paratonnerre ?

362 Quel roi de France resta prisonnier en Angleterre de 1356 à 1360 ?

363 Quelle ville d'Espagne arbore une chauve-souris sur son blason ?

364 Quelles sont les deux couleurs présentes sur le drapeau chinois ?

365 Sous quel nom est connue l'épidémie de grippe qui a frappé l'Europe entre 1918 et 1919 ?

366 Quel philosophe grec s'est intéressé à la nature de l'infini dans ses œuvres *Physique* et *Métaphysique* ?

367 En France, en quelle année le Front populaire fit-il voter la mise en place des congés payés ?

368 Quel club de football évolue au Stade Vélodrome ?

369 Les fondateurs de Rome, Romulus et Rémus, furent allaités par…

370 De quelle principauté Jacques Chirac a-t-il été coprince entre 1995 et 2007 ?

371 Quel président figure sur les billets de 1 dollar ?

372 Quel est le seul pays à avoir un drapeau entièrement vert ?

373 De quel Etat américain la ville de Baton Rouge est-elle la capitale ?

374 Combien de parrainages doit obtenir un candidat pour se présenter aux élections présidentielles ?

375 Qui est l'auteur du *Da Vinci Code* ?

376 Quel volcan a connu en 1883 une éruption parmi les plus violentes de l'histoire ?

377 Où se trouve le Piton des Neiges, point culminant d'une île française ?

378 Quels déchets sont concernés par la loi Bataille, promulguée par le gouvernement français en 1991 ?

379 A quel volume correspond un stère de bois ?

380 Sur quelle ligne du métro parisien la statue de la Liberté se trouve-t-elle ?

381 Comment s'appelait l'almanach de référence des familles royales et nobles européennes ?

382 Dans quel Etat des Etats-Unis se trouve le fort Alamo, haut lieu de l'histoire américaine du western ?

383 Qui a réalisé le tout premier spot publicitaire pour le Macintosh, lors de sa sortie en 1984 ?

384 Comment se nomme le quartier général de la police métropolitaine de Londres ?

385 A Toulouse, sous quel autre nom est connu l'Hôtel de ville ?

386 Quelle est la fleur nationale du Japon ?

387 Quelle ville de Belgique est particulièrement connue pour ses diamantaires ?

388 Selon la version officielle, qui est l'assassin présumé de John Fitzgerald Kennedy ?

389 Quels bâtiments le « téléphone rouge » reliait-il pendant la Guerre froide ?

390 Comment nomme-t-on les bulles où figurent les dialogues des personnages dans une bande dessinée ?

391 Qui est l'actuelle présidente de Singapour ?

392 Dans quelle ville se trouve le siège social de la Banque centrale européenne ?

393 Quelle banque a fait faillite le 15 septembre 2008, marquant le début d'une profonde crise financière ?

394 Avec quel autre pays l'Inde entretient-elle un contentieux territorial à propos de la question du Cachemire ?

395 Comment appelle-t-on la créature mythologique dotée d'un seul œil au milieu du front ?

396 Quelle est la plus ancienne des 7 merveilles du monde ?

397 Quel gouverneur de Californie a été élu président des USA ?

398 Quel quartier de New York est connu pour ses théâtres et ses comédies musicales ?

399 Quelle boisson a été inventée en 1886 par un pharmacien d'Atlanta ?

400 Quel est le type du masque filtrant destiné à protéger le porteur contre les risques d'inhalation d'agents infectieux transmissibles par voie aérienne et qui le protège *a fortiori* aussi contre le risque de transmission par gouttelettes ?

401 Comment s'appelle le mont sur lequel est érigé le Mémorial de la France combattante ?

402 Sur une carte mémoire, que signifient les initiales « SD » ?

403 Dans le jargon informatique, comment appelle-t-on un pirate ?

404 Quelle base navale américaine l'armée japonaise a-t-elle attaqué le 7 décembre 1941 ?

405 Quel art martial du Brésil mêle la lutte et la danse ?

406 Dans quel cabaret les danseuses sont-elles traditionnellement habillées de lumière ?

407 Quelle école a pour devise « Pour la Patrie, les sciences et la gloire » ?

408 Sous quel sigle le Fonds des Nations unies pour l'enfance est-il mieux connu ?

409 Quelle boisson gauloise est considérée comme l'ancêtre de la bière ?

410 Quelles sont les deux universités qui s'affrontent chaque année sur la Tamise dans une course d'aviron très ancienne ?

411 Dans quel sport les professionnels portent-ils des chaussures différentes à chaque pied ?

412 Quel médecin recevait ses patients au 19 rue Berggasse, à Vienne ?

413 Dans quel pays est né le serment d'Hippocrate ?

414 Quel est le point culminant de Paris ?

415 Quel mot afrikaans signifie « séparation » ?

416 De quel pays le kung-fu est-il originaire ?

417 Quelle route relie Chicago à Los Angeles ?

418 Quelle monnaie est utilisée en Croatie ?

419 Comment s'appelle un bateau à voile doté de deux coques ?

420 Quel émirat des Emirats Arabes Unis a le même nom que sa capitale, qui signifie littéralement « père de la gazelle » ?

421 De quel corps de métier Saint-Patrick est-il le patron ?

422 Que produit la maison Canard-Duchêne ?

423 Quel est le nom du siège social de Google ?

424 Quel roi de France est à l'origine de la création du Collège de France ?

425 A quels types de relations est destiné le réseau social LinkedIn ?

426 Le samedi 7 avril 2018 quelle ville de Syrie, aurait été attaquée à l'arme chimique par le régime syrien du président Bachar al-Assad ?

427 Quel titre portent les 12 successeurs de Mahomet ?

428 Qui a créé le personnage d'Indiana Jones ?

429 Quel chanteur est le fils du dessinateur Cabu ?

430 Selon la mythologie romaine, à quoi le dieu Mars était-il consacré ?

431 Quel complexe énoncé par Freud s'inspire d'un mythe ancien ?

432 Devant quel monument européen Rostropovitch a-t-il joué du violoncelle en 1989 ?

433 Qui est le compositeur de l'hymne européen ?

434 Quel terroriste a été condamné à la prison à perpétuité le 28 mars 2017 suite à l'attentat du Drugstore Publicis à Paris en 1974 ?

435 Quel est le nom du boxeur arrêté suite à des violences contre des gendarmes lors de la manifestation des gilets jaunes du 5 janvier 2019 ?

436 Quel est le nom du parti de droite nationale espagnol qui fait son entrée au parlement suite aux élections du 28 avril 2019 ?

437 Pour quel motif Oscar Pistorius est jugé en mars 2014 ?

438 Qui est le négociateur en chef pour l'Union européenne sur le sujet du Brexit ?

439 De quel grand groupe français, Liliane Bettencourt est-elle l'héritière ?

440 Comment s'appelle l'application de cartographie de Google ?

441 Dans quelle ville se trouve le fort dans lequel les présidents français passent leurs vacances d'été ?

442 Quelle est la capitale de l'Arménie ?

443 Quel est le dieu hindou représenté avec 6 bras ?

444 Quel est le nom du dernier roman publié par Michel Houellebecq en octobre 2020 ?

445 Quelle disposition contestée de la loi PACTE votée en 2019 donne lieu à un projet de référendum d'initiative partagée ?

446 Quelle ville de Guyane porte le nom d'une épice ?

447 Comment les Londoniens appellent-ils leur métro ?

448 Quelle confiserie est la spécialité de Montélimar ?

449 Quel aéroport est le plus ancien aéroport civil de la région parisienne ?

450 Quel avocat est devenu médiatique en raison de son implication dans des affaires telles que Allègre, Festina ou AZF ?

451 A Marseille, quelle rue va de l'église des Reformés au Vieux Port ?

452 Quelle grande épreuve de voile en solitaire s'élance tous les quatre ans au mois de novembre depuis les Sables d'Olonne ?

453 Quelle grande église parisienne est endommagée par un incendie d'origine criminelle le 17 mars 2019 ?

454 Dans quelle ville la prison d'Alcatraz se trouve-t-elle ?

455 En 2020, environ combien de membres compte l'application de rencontres Tinder ?

456 Quel président a démissionné après le scandale du Watergate ?

457 De quel roi de France, le cardinal de Richelieu fut-il le ministre ?

458 Quel groupe de l'industrie agroalimentaire détient, notamment, les marques Président, Lactel, Bridel ou encore La Laitière ?

459 Dans quelle ville se trouve le siège social de Greenpeace ?

460 De quel pays le tropicalisme est-il originaire ?

461 Comment s'appelle la longue chaîne montagneuse qui traverse l'ouest de l'Argentine ?

462 Dans quel pays des archéologues ont-ils découvert une mégalopole maya en février 2018 ?

463 Ancien président de la République arabe d'Egypte, il est destitué après un coup d'état organisé par l'Armée suite à un mouvement populaire protestataire et a été condamné à mort en mai 2015. Qui est-il ?

464 Dans quelle ville se trouve le musée de l'Ermitage ?

465 Quel est le titre du dernier album de Coldplay ?

466 Qui est l'auteur d'un récit autobiographique sur son séjour à Auschwitz, auquel un poème placé en exergue donne son titre ?

467 Si les « Césars » récompensent le cinéma français, comment appelle-t-on la cérémonie équivalente pour la musique ?

468 Comment appelle-t-on une phrase qui contient toutes les lettres de l'alphabet ?

469 Quel chanteur français interprète *On fait comme si* pendant la période de confinement liée au Covid-19 en mars-mai 2020 ?

470 En quelle année eut lieu la chute de l'Empire romain ?

471 Quel pigment présent dans la peau fonce quand on s'expose au soleil ?

472 En 2020, combien d'années d'existence ont les Restos du Cœur ?

473 Quel est l'indice de la Bourse de Londres ?

474 A quel grand groupe appartiennent les marques Pampers, Ariel, Pringles ou encore Tampax ?

475 A quelle guerre, les accords d'Evian ont-ils mis fin le 18 mars 1962 ?

476 Quelle est la devise de l'Union européenne ?

477 En quelle année la peine de mort a-t-elle été abolie en France ?

478 En cas du décès du président de la République, quelle personnalité assure l'intérim ?

479 Dans quel club mythique le basketteur Magic Johnson a-t-il passé toute sa carrière ?

480 Quel est le slogan des *Restos du Cœur* ?

481 Quelle comédienne est la marraine de l'association « Enfance et Partage » ?

482 Quelle révolution arabe a été qualifiée de « révolte du jasmin » ?

483 Comment se nomme la compétition motocycliste d'endurance qui se déroule à Magny-Cours ?

484 Qui a été réélu président de la Russie le 18 mars 2018 avec la majorité absolue dès le 1er tour ?

485 Quel événement télévisuel est organisé tous les ans pour une collecte de fonds en faveur de la recherche sur la myopathie ?

486 Combien de portes la ville de Paris compte-t-elle ?

487 En 2017, quel pays est appelé aux urnes pour la première fois depuis 20 ans ?

488 Dans quelle ville française se situe le siège de l'organisation internationale « Interpol » ?

489 Quel jeu a créé d'importants mouvements de foule dans le monde entier, durant l'été 2016 ?

490 Comment s'appelle l'arme d'un policier projetant des balles en caoutchouc ?

491 Dans l'acronyme BRICS, à quel pays correspond la lettre « S » ?

492 Comment appelle-t-on les étendues d'herbe rase et de lichen qu'on trouve dans l'hémisphère nord ?

493 Le terme « Magyars » est parfois utilisé pour désigner les ressortissants de quel pays ?

494 Dans quelle ville se déroule la scandale politico-financier de « l'affaire Guérini » ?

495 Dans quel genre musical excellait la chanteuse Amy Winehouse ?

496 Combien y a-t-il de calories dans 100 g d'une baguette de pain ?

497 Quel est le nom du secrétaire général de la CGT, seul candidat à sa succession, assuré d'être réélu lors du 52e congrès du syndicat en mai 2019 ?

498 A quelle date est célébrée la Fête de la musique ?

499 Quelle fiction sur Netflix suit Elisabeth Harmon, une prodige des échecs orpheline, de huit à vingt-deux ans, dans sa quête pour devenir la meilleure joueuse d'échecs du monde ?

500 Où a lieu le Festival Rock en Seine chaque année ?

501 Quel film a récemment battu tous les records et est le plus gros succès de tous les temps au box-office japonais ?

502 Qui présente en 2021 le 20 heures de TF1 le week-end ?

503 Quel mot désigne la notification publique d'un futur mariage ?

504 Qui organise chaque année la fête de l'Humanité ?

505 Quel est le point commun entre les mots « ubériser », « darknet » et « adulescence » ?

506 De quel personnage politique l'hôtel Matignon est-il la résidence officielle ?

507 Quelle toxine peut se trouver dans les boîtes de conserve avariées ?

508 Dans quel Etat des Etats-Unis peut-on voir quatre présidents sculptés sur une falaise ?

509 Quel est le nom du procureur spécial qui rend son rapport en avril 2019 concernant l'enquête sur les éventuelles interférences de la Russie dans la présidentielle américaine de 2016 ?

510 A quel événement historique le slogan « Il est interdit d'interdire » se rapporte-t-il ?

511 Quelle monnaie utilise-t-on en Islande ?

512 Quel pays s'est retrouvé en proie à une crise civile, politique et économique sans précédent en 2019 suite à la chute du cours du pétrole ?

513 Quelle crypto-monnaie a vu son cours explosé fin 2020 et atteindre son maximum/unité le 16/04/2021 ?

514 Quelle ville des Etats-Unis a été le théâtre de l'assassinat de John Fitzgerald Kennedy ?

515 Quel soir de l'année Halloween a-t-elle lieu ?

516 Quelle sculpture d'Auguste Rodin représente un homme nu perdu dans ses méditations ?

517 Quelle marque de voiture se distingue par un logo en forme d'écusson représentant un cheval noir sur fond jaune ?

518 Dans quel parc des Alpes Maritimes le loup a-t-il fait son retour depuis les années 1990 ?

519 Dans quel pays Che Guevara meurt-il, exécuté pour avoir organisé une guérilla ?

520 Quel est le premier chef d'Etat à s'être rendu à Washington pour rencontrer le Président Donald Trump ?

521 Quel terme désigne un ensemble d'espaces de sociabilité sélectifs, dont le recrutement des membres est fait par cooptation, et pratique des rites initiatiques se référant à l'art de bâtir ?

522 Quel ancien ministre socialiste est aussi le père de Martine Aubry ?

523 Comment s'appelle la bibliothèque numérique de la Bibliothèque Nationale de France ?

524 Quel genre littéraire est récompensé chaque année par le prix Hugo ?

525 Quel est l'indice boursier de la Bourse de Tokyo ?

526 Comment s'appelait le cheval d'Alexandre le Grand ?

527 En quelle année la loi Veil sur l'IVG a-t-elle été promulguée ?

528 Quelle ville française est appelée la Venise des Alpes ?

529 Que provoquent les éruptions solaires près du pôle Nord ?

530 Quel fromage typique du Nord de la France est produit dans l'Avesnois ?

531 Dans quel quartier de Paris le premier volet de *La Vérité si je mens* se déroule-t-il principalement ?

532 A quel quartier parisien se rapporte l'adjectif « germanopratin » ?

533 A quelle créatrice doit-on désormais l'indémodable « petite robe noire » ?

534 Quel sport issu des disciplines de combats asiatiques a été le premier à devenir olympique ?

535 Quelle rue de New York traverse tout Manhattan sans respecter le plan de quadrillage de la ville ?

536 Dans quel pays ont eu lieu en 2004 des manifestations appelées « révolution orange » ?

537 En France, quel réalisateur, concepteur et animateur d'émissions de télévision, pionnier de la télévision française et parfois surnommé « Monsieur Cinéma » en référence à l'une de ses anciennes émissions, est décédé en octobre 2016 ?

538 Quel ancien sélectionneur national a été ministre des Sports ?

539 Comment s'appelle la vallée de l'industrie informatique aux Etats-Unis ?

540 Comment appelle-t-on la format d'une feuille de dimension 42 × 29,7 cm ?

541 Quelle chaîne de télévision diffusant dans le monde entier a un nom qui signifie « l'île » en arabe ?

542 Quel territoire annexé en 2014 par la Russie est considéré par l'Ukraine comme faisant partie de son propre espace territorial ?

543 Dans quel sport olympique les compétiteurs n'ont-ils pas le droit de porter la barbe ?

544 Quel Etat est devenu le 50e Etat des Etats-Unis en 1959 ?

545 Comment appelle-t-on habituellement un chat sans pedigree ?

546 Quelles îles du Pacifique ont d'abord été appelées îles Sandwich par leur découvreur, James Cook ?

547 Environ combien d'habitants compte l'Afrique en 2020 ?

548 Quel était le slogan de la campagne d'Emmanuel Macro lors de l'élection présidentielle de 2017 ?

549 Quel Hun était surnommé « le fléau de Dieu » ?

550 Comment s'appelle le moteur de recherche de Microsoft ?

551 Quelle ville des Etats-Unis abrite le siège social d'entreprises comme Ford, Chrysler ou General Motors ?

552 Dans quelle ville du Sud de l'Espagne l'action de *Carmen*, l'opéra de Georges Bizet, se déroule-t-elle ?

553 Quel fleuve omniprésent dans les westerns sert de frontière naturelle entre les Etats-Unis et le Mexique ?

554 Quelle est la longueur maximale, en nombre de caractères, d'un message sur Twitter ?

555 Quelle est la seule espèce d'araignée potentiellement mortelle présente en France ?

556 Où Christophe Colomb pense-t-il être quand il pose le pied sur l'île connue plus tard sous le nom de Cuba ?

557 Quel art martial brésilien trouve son origine dans les danses des esclaves africains ?

558 Quel philosophe et mathématicien grec requérait de ses disciples trois années de probation puis un serment de silence d'au moins cinq ans ?

559 Quel poète a écrit « la femme est l'avenir de l'homme » ?

560 Comment appelle-t-on le résidu de café utilisé pour prédire l'avenir ?

561 Dans quelle ville des Etats-Unis le tout premier Starbucks a-t-il ouvert ?

562 À quelle date le premier confinement de l'histoire de la France a été établi par le gouvernement ?

563 En Allemagne, en 1938, quel événement a déclenché les violences contre les juifs, appelé « La Nuit de Cristal » ?

564 Quel peintre français a créé sa propre nuance de bleu et lui a donné son nom ?

565 Quel volcan sicilien, l'un des plus actifs au monde, est le plus haut d'Europe ?

566 Dans quel département se trouve Cavaillon, petite ville réputée pour ses melons ?

567 De quel côté de la route circule-t-on au Japon ?

568 Quel est le nom de l'île légendaire mentionnée pour la première fois dans les écrits de Platon ?

569 Sur quel événement historique s'ouvre le film *Il faut sauver le soldat Ryan* de Steven Spielberg ?

570 Parmi les personnages d'Astérix, lequel a sa statue au musée Grévin ?

571 Quelle course est surnommée « l'Enfer du Nord » ?

572 En 2021, en France, combien de députés l'Assemblée nationale compte-t-elle ?

573 De quel groupe Mick Jagger est-il le chanteur ?

574 En quelle année l'Inde est-elle devenue indépendante ?

575 En quelle année le régime de l'Apartheid a-t-il été aboli en Afrique du Sud ?

576 Après Disneyland Paris, quel est le parc à thème le plus visité de France ?

577 Qui fut le président de la Russie de 1993 à 1999 ?

578 Quel est l'actuel champion du monde d'échecs ?

579 En architecture, comment appelle-t-on un logement sur 2 étages ?

580 Sur quelle place eurent lieu les tristement célèbres manifestations de 1989 à Pékin ?

581 Quelle est l'année de l'indépendance de l'Algérie ?

582 Comment appelle-t-on un mot construit avec les lettres d'un autre mot ?

583 Quelle est la science qui étudie les phénomènes sociaux humains ?

584 A l'entrée de quel pays scandinave trouve-t-on une sirène ?

585 En 2018, quel film a battu les records en engrangeant près de 200 millions de dollars aux Etats-Unis en trois jours ?

586 Pour quel écrivain académicien a été signée une pétition par une centaine d'écrivains et éditeurs pour qu'il ait une sépulture à Paris ?

587 Qui est le successeur de Karl Lagerfeld à la direction artistique de Chanel après son décès en 2019 ?

588 Quelle est la capitale de l'Uruguay ?

589 Quel pays de l'Union européenne a mis en place des contrats de travail rémunérés à 80 centimes de l'heure pour les migrants ?

590 A quelle date a lieu, tous les ans, la Fête de la bière ?

591 Qui remporte en 2021 la Ligue des Champions ?

592 Comment s'appelle le festival du cinéma qui a lieu à Berlin chaque année ?

593 Dans quel Etat américain peut-on admirer les sculptures du Mont Rushmore ?

594 De quel syndicat François Chérèque est-il le secrétaire général ?

595 Quel artiste s'est présenté aux élections présidentielles des États-Unis en 2020 ?

596 Quel bâtiment le groupe Bouygues a-t-il été chargé de construire pour l'Etat à l'échéance 2014 ?

597 Quel est le premier pays à avoir mis en place son réseau 5G ?

598 De quel pays la République de Mordovie dépend-elle ?

599 Quel pays souhaite développer son propre système d'exploitation pour concurrencer Windows ?

600 Qui a écrit « L'école des Femmes » ?

601 Quel astronaute français a été sélectionné en 2014 pour mener une mission spatiale de six mois en 2016 à bord de la station spatiale internationale (ISS) ?

602 En 2021, combien d'années fête l'entreprise Mercedes-Benz ?

603 Dans quelle partie du monde peut-on rencontrer le peuple Quechua ?

604 A quelle hauteur la Tour Eiffel culmine-t-elle ?

605 Quel pays a pour devise : « La patrie ou la mort, nous vaincrons » ?

606 Qui a écrit *Candide* ?

607 Quelle est la monnaie de l'Argentine ?

608 Quel ex-dictateur irakien a été condamné pour « crime contre l'Humanité » en 2005 ?

609 Comment s'appelle l'agence américaine de notation financière ?

610 Dans quelle ville bretonne peut-on découvrir un alignement de 2 934 menhirs ?

611 Comment s'appelle la société de production de films de Luc Besson ?

612 Combien de pharmacies y a-t-il en France en 2020 ?

613 A quel groupe appartient la radio FIP ?

614 Quel territoire conquis par l'Etat français entre les XVIIe et XVIIIe siècles, passe sous les couleurs du drapeau des Etats-Unis ?

615 Comment appelle-t-on les habitants de la ville de Clermont-Ferrand ?

616 Combien d'océans la planète compte-t-elle ?

617 Sous quelle autre identité d'emprunt l'écrivain Romain Gary a-t-il obtenu une deuxième fois le prix Goncourt ?

618 En France, quel est le surnom des membres du Conseil constitutionnel ?

619 En 2018, quelle réplique d'un célèbre paquebot est mise en service ?

620 Quel homme politique a accumulé les déclarations scandaleuses en parlant de « Monseigneur Ebola » et de « Fournée » ?

621 Quelles sont les radios du groupe NRJ Group ?

622 Qui a écrit *Tartarin de Tarascon* ?

623 Quel est le nom du présentateur qui annonce en mai 2019 son départ de *Motus*, jeu télévisé qu'il présentait depuis 1990 ?

624 Qu'est-ce qu'une plaque tectonique ?

625 Quel est le nom du dernier né de la famille royale britannique ?

626 Quelle grande réforme Barack Obama repousse-t-il d'un an en décembre 2013 à cause de nombreux dysfonctionnements ?

627 De quel pays était originaire le peuple des Aztèques ?

628 Quel est le port européen le plus important en termes de trafic total (en millions de tonnes) ?

629 Quel mathématicien britannique ayant réussi à déchiffrer le code de la machine « Enigma » employée par les nazis durant la Deuxième Guerre mondiale a inspiré le thème du film *Imitation Game* ?

630 Cette année quel est le seul pays d'Amérique du Sud qui accueille un Grand Prix de Formule 1 ?

631 De quel signe est-on lorsque l'on est né un 4 août ?

632 Quel est le nom donné aux actes agressifs menés par des pirates contre des institutions ou des Etats sur Internet ?

633 Quel ancien peuple est au centre de la bande dessinée *Escobar* ?

634 Quel maillot est porté par le meilleur grimpeur du Tour de France ?

635 En 2021, quel est le film qui a reçu l'oscar du meilleur scénario adapté ?

636 Quel est le nom du système informatique dématérialisé mis au point par Apple ?

637 Combien la France compte-t-elle d'artisans bouchers-charcutiers en 2020 ?

638 Dans quel Etat américain la ville de Chicago se trouve-t-elle ?

639 Selon l'ONU, combien serons-nous sur Terre en 2024 ?

640 En 1982, quel ministre de la Culture a créé la Fête de la Musique ?

641 Quel est le titre du film qui retrace le parcours présidentiel de Nicolas Sarkozy ?

642 A quel type d'élasticité fait référence le bien de « Giffen » ?

643 Contre qui a combattu Mohamed Ali lors d'un combat mémorable se déroulant à Kinshasa ?

644 Quelle était la nationalité d'Omar Sharif, acteur décédé en juillet 2015 ?

645 En quelle année a été inaugurée la première ligne de métro souterrain de la ville de New York ?

646 Dans quelles villes le Parlement européen se rassemble-t-il ?

647 Quel est le lien de parenté entre Louis XIV et son successeur direct Louis XV ?

648 Quel est le nom de l'adaptation française de la série télévisée américaine « *This Is Us* » ?

649 Quel artiste est célèbre pour avoir réalisé l'une des œuvres les plus controversées du XXe siècle, Fontaine, consistant en un urinoir renversé en porcelaine ?

650 Quelle île a été largement représentée dans les œuvres de Paul Gauguin ?

651 En 2014, Airbus a déposé un brevet pour une installation qui permettrait de gagner de la place dans ses avions. De quoi s'agit-il ?

652 Quelle société créée par Adi Dassler, Bernard Tapie a-t-il dirigé ?

653 Quelle est équipe qui a remporté L'Europa League en 2021 ?

654 Durant combien d'années Margaret Thatcher fut-elle Premier ministre du Royaume-Uni ?

655 En superficie, quel est le plus grand pays d'Afrique ?

656 Quelle est la monnaie de l'Etat d'Israël ?

657 Quel mythe antique Georges Enesco a-t-il transformé en opéra ?

658 Combien d'os forment le corps humain ?

659 Où se trouve le *Théâtre de la monnaie* dirigé par Peter De Caluwe depuis 2007 ?

660 Quelle est la capitale des Philippines ?

661 Qui a résumé son amitié avec Etienne de la Boétie par ces mots : « parce que c'était lui, parce que c'était moi » ?

662 Sous quel autre nom l'oiseau-mouche est-il connu ?

663 Quelle est la capitale de la Lettonie ?

664 Combien y a-t-il de boulangeries-pâtisseries en France en 2020 ?

665 Quel nom a-t-on donné aux assassinats perpétrés par les SS et la Gestapo dans la nuit du 29 au 30 juin 1934 ?

666 Quel mot désigne à la fois un serpent et un langage informatique ?

667 Comment appelle-t-on l'aversion envers les barbes ?

668 De quelle couleur sont les panneaux portant des indications touristiques ?

669 Quelle est la devise du Brésil figurant sur son drapeau ?

670 Quelle est la capitale de l'Arménie ?

671 Quel est le vrai nom de Stendhal ? Louis Mellestre ou Henri Beyle

672 Qui a composé l'hymne des Restos du Cœur en 1986 ?

673 Quel jeu est au centre de l'intrigue du film *Slumdog Millionnaire* ?

674 Qu'est ce qui est incrusté à plus de deux mille exemplaires dans le trottoir du *Walk of Fame*, à Hollywood ?

675 A quelle espèce appartiennent la citrouille, le melon, la courge et le potiron ?

676 Que signifie « www » ?

677 Quel le prénom du bébé du prince Harry et de Meghan Markle né en mai 2019 ?

678 Qui a été élu président de la République française en 1969 ?

679 En géométrie, comment appelle-t-on la droite qui passe par le sommet d'un triangle et par le milieu du côté opposé à ce sommet ?

680 Combien de cases comptent-on sur un échiquier ?

681 Dans quel pays, le droit à la sieste est-il inscrit dans la constitution ?

682 Quel est le nom du programme d'évaluation coordonné par l'OCDE qui vise à comparer chaque année la performance des systèmes éducatifs à travers le monde ?

683 A quel rappeur français doit-on l'album « Métèque et mat » ?

684 Quelle mer baigne les côtes de la Grèce ?

685 Quelle présidente brésilienne a été destituée de ses fonctions le 12 mai 2016 ?

686 Quelle « Reine de la Pop » fête ses 60 ans en 2018 ?

687 Quelle est la capitale de la Malaisie ?

688 Quel sculpteur a décoré le Parthénon, et réalisé la statue d'Athéna Parthenos qu'il abritait ?

689 Une célèbre série télévisée, devenue un véritable phénomène de société, met en scène les familles Lannister et Stark. Quel est le nom de cette série ?

690 Que signifie le sigle SNCM ?

691 Quelle technique permet d'obtenir les identifiants d'un internaute en imitant un courriel d'un site de confiance ?

692 Quelle était la profession du regretté Roland Petit ?

693 Quelle est approximativement la population du Pérou ?

694 Dans quelle ville est né le général de Gaulle ?

695 Par quel Empereur fut fondé l'Empire romain en –27 av. J.-C. ?

696 A qui doit-on l'opéra-comique en quatre actes « Carmen » ?

697 Quelle est la discipline artistique de Jeff Wall à qui on rend hommage à Bruxelles ?

698 A quel public l'exposition des « Ballons de Kapoor » au Grand Palais est-elle étonnamment interdite ?

699 Quelle institution peut être saisie pour vérifier la constitutionnalité d'un projet de loi ?

700 En mai 2020, quelle compagnie aérienne low cost annonce qu'elle compte supprimer 30 % de ses effectifs ?

701 Quel dictateur est resté à la tête de l'Italie jusqu'en 1945 où il a été fusillé ?

702 De quelle somme d'argent peuvent profiter les jeunes de 18 ans grâce au Pass Culture ?

703 Quelle est la capitale de l'Ukraine ?

704 Qui a écrit *Le Seigneur des anneaux* ?

705 Quel pays a organisé en 2021 l'Eurovision ?

706 Quels accords ont mis fin à la guerre d'Algérie ?

707 Quelle icône du glamour s'appelait en réalité Norma Jean Baker ?

708 Quel salon d'exposition surnommé par les médias « la plus grande ferme de France » se tient chaque année en février / mars ?

709 Quel pays a une frontière commune avec l'Iran, le Koweït et l'Arabie saoudite ?

710 Quel monument parisien porte, en lettres d'or, l'inscription « Académie Nationale de Musique » ?

711 Au judo, combien de « waza-ari » équivalent à un « ippon » ?

712 Quelle est la plus haute station de sports d'hiver d'Europe ?

713 Quel est le cocktail préféré de James Bond ?

714 Quel est le nom de la famille régnante de Monaco ?

715 Quel est le mois où l'on peut danser la samba au Carnaval de Rio ?

716 Quel joueur contemporain de NBA est considéré comme l'un des meilleurs shooters de tous les temps ?

717 Dans quelle ville peut-on visiter le musée Van Gogh ?

718 Quel organisme international a son siège à New York entre la 42e et la 48e rue ?

719 En France, où sont inhumés un grand nombre de rois ?

720 Quel micro-Etat est situé dans les Pyrénées entre l'Espagne et la France ?

721 Quel est l'arbre qui a pratiquement disparu en Europe au cours de ces dernières années ?

722 Quelle œuvre de Picasso illustre la guerre civile espagnole ?

723 Quel auteur dramatique américain s'est inspiré de la vie dans le sud des Etats-Unis ?

724 Qui est l'actuel Premier ministre japonais ?

725 Quel prix hippique est couru à Vincennes le dernier dimanche de janvier ?

726 Qui a inventé le stylo à encre ?

727 D'où le vaudou est-il originaire ?

728 Quel est le nom de la luge munie d'un volant qui dévale les pistes de glace ?

729 Quel pays est entièrement enclavé dans le Sénégal ?

730 Que signifient les initiales C.I.A ?

731 Qu'est-ce qui tourne autour de la Terre en 27 jours, 7 heures et 43 minutes ?

732 Quel est le premier prénom du bébé-éprouvette ?

733 Quelle fut la première société privatisée en France en 1986 ?

734 Quelle est la forme du flacon du parfum K.L. créé par Karl Lagerfeld ?

735 Qui fut le premier roi d'Israël ?

736 Quel drapeau flotte sur Madras ?

737 Quel agent secret français du XVIIIe siècle doit sa célébrité à l'ambiguïté qu'il entretenait sur son sexe ?

738 Que signifie « *Errare humanum est* » ?

739 De quel sport anglo-saxon le base-ball est-il un dérivé ?

740 Quel archipel doit son nom au mot latin signifiant « chien » ?

741 De quelle grande compétition de tennis l'année 1900 a-t-elle marqué la naissance ?

742 Quel pays a le nom de la ligne de latitude qui le traverse ?

743 Quel est le nom de la secte néo manichéenne qui s'est propagée du XIe au XIIIe siècle dans le sud de la France ?

744 Quel écrivain et académicien français est décédé en 2017, à 92 ans ?

745 Quel coureur cycliste français est monté huit fois sur le podium d'arrivée du tour de France sans jamais l'emporter ?

746 Qui interprète le rôle de Rocco dans le film de Visconti *Rocco et ses frères* ?

747 Quelle est la dernière épreuve du décathlon ?

748 Quel monument italien a 296 marches ?

749 Dans quel archipel trouve-t-on les îles Viti Levu et Vanua Levu ?

750 Qui est la partenaire de John Travolta dans *Grease* ?

751 Quel journal parisien a été fondé en 1826 sous la forme d'un hebdomadaire satirique ?

752 Qu'est-ce qui est né muet et a parlé à 45 ans ?

753 En boxe, comment s'appelle un coup porté de bas en haut ?

754 Quel est le pays le plus montagneux d'Europe ?

755 Quel signe du zodiaque est représenté par un porteur d'eau ?

756 Où se situe le siège de la Banque Centrale européenne ?

757 Quel artiste a vu de son vivant, ses œuvres accrochées dans la grande galerie du Louvre ?

758 Quelle société secrète du sud des Etats-Unis s'est rendue célèbre par des crimes racistes ?

759 Quelle est la capitale de la Suisse ?

760 Qui était la mère de Louis XIV ?

761 Quel était le prénom du peintre Renoir ?

762 Quel gaz a été découvert par Joseph Priestley en 1774 ?

763 Quelle héroïne d'opéra se suicide sur le sabre de son père ?

764 Lequel des cinq sens se développe le premier ?

765 Qui fut le dernier tsar de Russie ?

766 Quelle colonie britannique est surnommée « Le rocher » ?

767 Où a été brûlée Jeanne d'Arc ?

768 Quelle célèbre prison se trouve à Ossining, Etat de New York ?

769 Quelle vitamine est aussi appelée acide ascorbique ?

770 Quel est le plus long fleuve de France ?

771 Quel est l'art de combat japonais qui signifie « art de la souplesse » ?

772 Quelle est la ville de Camargue qui accueille le pèlerinage des Gitans ?

773 Quel guitariste de rock noir américain est mort tragiquement en 1970 ?

774 Quel organe peut subir des lésions au cours d'une hépatite ?

775 Quel pays désertique a des frontières avec l'Arabie Saoudite, l'Irak et borde le golfe Persique ?

776 Quel peintre français a souvent représenté des danseuses de l'Opéra ?

777 Quel pays est, par convention internationale, dispensé d'inscrire son nom sur ses timbres ?

778 Qui a écrit le roman intitulé *L'Amant* ?

779 Quel océan entoure les îles Maldives ?

780 Comment appelle-t-on le système de voitures électriques en libre-service qui comprend environ 2 000 véhicules et qui est disponible dans 59 communes françaises ?

781 En 2018, quel industriel et homme d'affaires français a été mis en examen dans le cadre d'une enquête sur des soupçons de corruption pour l'obtention de concessions en Afrique ?

782 Dans quel sport utilise-t-on un putter ?

783 Quelle est la capitale de la Syrie ?

784 Qu'est-ce que le vif argent ?

785 Que signifie le terme « Bouddha » ?

786 En quelle année fut lancé le premier satellite météorologique géostationnaire européen ?

787 Quel est le point commun entre Pierre Brossolette, Geneviève de Gaulle-Anthonioz, Germaine Tillion et Jean Zay ?

788 Combien une cuillère à soupe contient-elle de cuillères à café ?

789 Quel est le nom de l'échelle qui mesure les tremblements de terre ?

790 Qu'est-ce qui a rendu visite à la Terre en 1910 et 1986 et ne reviendra pas avant 2062 ?

791 Quelle résidence ministérielle possède le plus grand espace vert de Paris ?

792 De quoi l'Etat français s'est-il séparé en 1905 ?

793 Que mesure le « classement de Shanghai » ?

794 Quel est le pays le plus grand du monde avec 17 098 242 km^2 ?

795 Quel est le nom de l'association fondée par Danielle Mitterrand ?

796 Quel est le plus haut sommet d'Afrique ?

797 Qui est l'athlète le plus médaillé de l'Histoire des Jeux olympiques avec au total 22 médailles dont 18 en or ?

798 Comment se nomme la dernière mission de Thomas Pesquet à bord de l'ISS ?

799 Dans quel pays européen le premier ministre a été obligé de démissionner suite à l'affaire des Panama Papers en avril 2016 ?

800 Combien de pays appartiennent à la Cédéao (Communauté économique des Etats de l'Afrique de l'Ouest) ?

801 Sous quel nom est plus connu le Salon international de l'aéronautique et de l'espace de Paris qui a lieu tous les ans en juin ?

802 Qui Edouard Philippe rencontre-t-il le lundi 7 mai 2018, pour la première fois depuis le début du conflit ferroviaire ?

803 Quelle est, en euros, la plus grande valeur atteinte par le Bitcoin depuis sa création en 2008 ?

804 En 2017, nous célébrons les 33 ans du décès de cette femme politique, Première ministre de l'Inde de 1966 à 1977. Qui est-elle ?

805 Quelle course cycliste mythique a été remportée par l'australien Mathew Hayman le 10 avril 2016 ?

806 Quel acteur a remporté la Palme d'interprétation masculine en 2019 au festival de Cannes ?

807 Quelles sont les langues officielles de Madagascar ?

808 Où se sont déroulées les Journées Mondiales de la Jeunesse en 2021 ?

809 Quelle est en 2020 est la nationalité de la doyenne du monde ?

810 Quelle est la particularité de la nouvelle poupée Barbie commercialisée par Mattel aux Etats-Unis en soutien aux enfants atteints d'un cancer ?

811 Cet acteur, décédé le 24 juin 2014, est connu pour avoir joué « le truand » dans le film *Le bon, la brute et le truand*. Qui est-il ?

812 A quel âge le Président américain Joe Biden a-t-il commencé son mandat ?

813 Comment appelle-t-on la pâte à malaxer, gluante et élastique dont les enfants raffolent ?

814 Dans quel pays vivent principalement les Rohingya, minorité musulmane ?

815 Quel est le nom actuel du pays qui s'appelait auparavant « Dahomey » ?

816 Le 25 juin 2014, marque l'anniversaire de la mort de ce chanteur, connu pour avoir chanté et produit l'album le plus vendu de tous les temps. Qui est-il ?

817 Quel groupe a vendu le plus d'albums au monde, soit plus d'un milliard ?

818 Qui a remporté le prix Goncourt du premier roman de 2021 ?

819 Que signifie l'acronyme Daech ?

820 En 2013, dans quelle ville américaine un attentat a-t-il été commis durant un marathon ?

821 Que récompense le concours Lépine ?

822 Quelle est la devise de l'organisation terroriste Daech ?

823 Quel célèbre astrophysicien nous a quitté le 14 mars 2018 à l'âge de 74 ans ?

824 Quel est le salaire d'une infirmière débutante (échelon) en janvier 2020, en France, dans le secteur public ?

825 Ce canal reliant les océans Atlantique et Pacifique fête les 100 ans de son ouverture en 2014. Quel est son nom ?

826 Quel est la capitale du Nicaragua ?

827 Quel pays remporte l'Eurovision en 2021 ?

828 Qui fut le colisitier de Barack Obama durant sa campagne présidentielle de 2012 ?

829 Comment s'appelle le Secrétaire général de le Confédération générale du travail (CGT) ?

830 Connu pour avoir joué dans *The Big Lebowski, Mission impossible II* ou encore sous la direction de Spike Lee et Sidney Lumet, il est décédé en février 2014. Qui est-il ?

831 Pour quelle raison la Commission européenne a-t-elle ouvert une enquête sur Google ?

832 Quel romancier français a le plus vendu début 2018 ?

833 Quelle est la capitale du Vénézuela ?

834 Qu'annonce la NASA en février 2014 ?

835 Qu'est-ce que l'amendement Véran ?

836 Qui est le leader du parti travailliste britannique ?

837 Qui est le secrétaire général de l'ONU ?

838 Qui est Hassan Rohani ?

839 En 2018, quel livre pour pré-adolescentes a suscité un tollé sur les réseaux sociaux car jugé sexiste ?

840 Quelle est la ville la plus peuplée des Etats-Unis ?

841 Quelle est la monnaie du Chili ?

842 Comment se nomme l'empereur du Japon ?

843 Où se déroule le tournoi de Wimbledon ?

844 Quel(le) ministre de François Hollande a dû démissionner en mars 2013, suite au scandale des accusations de fraudes fiscales ?

845 Par quels fleuves la ville de Lyon est-elle traversée ?

846 En 2018, quel est le prix du kilowattheure pratiqué par EDF ?

847 C'est un informaticien américain, ancien employé de la CIA et de la NSA qui a rendu public des informations classées top-secrètes de la NSA concernant un système d'écoutes téléphoniques et d'écoutes sur Internet par le gouvernement américain. Il s'appelle…

848 Dans le cadre de la réforme des collectivités territoriales, le gouvernement fait diminuer le nombre de régions de 22 à … ?

849 A quelle date le Conseil constitutionnel a-t-il donné un avis favorable à la loi dite du « mariage pour tous » ?

850 Qui remporte la Victoire de l'artiste féminine aux Victoires de la Musique 2020 ?

851 Quel est le plus gros animal vivant à notre époque et dans l'état actuel des connaissances ?

852 Quel artiste incarne Robin des Bois dans le spectacle musical *Robin des Bois* ?

853 Dans quel local syndical était affiché un « mur des cons » avec de nombreuses personnalités politiques et médiatiques ?

854 Quel est le nom donné à l'intervention militaire française au Mali ?

855 Quelle émission de télévision a été annulée suite à la mort tragique d'un de ses candidats ?

856 De quel personnalité se sont inspirés David Kawena et Olivier Ciappa pour dessiner Marianne sur le nouveau timbre ?

857 A combien s'élève le nouvel accord pétrolier entre la Chine et la Russie ?

858 Quel est le plus grand pays d'Afrique, en superficie ?

859 Sous quel nom était plus connu Vladimir Ilitch Oulianov ?

860 Avant de s'engager en politique, quel était le domaine de prédilection d'Hitler ?

861 Comment s'appelle le salon dédié à la culture japonaise qui a lieu tous les ans au Parc des expositions à Paris ?

862 Quelle est la plus grande île des Antilles ?

863 Comment s'appelle l'interprète du *Métèque* ?

864 Grâce à quelle émission Nabilla Benattia s'est-elle fait connaître ?

865 Quelle émission de télécrochet fait son retour sur D8 après 3 ans d'arrêt ?

866 Qu'est-ce que la médaille Fields ?

867 Quel comédien connu pour son rôle de président de « Groland » sur Canal + est décédé le 30 mars 2018 ?

868 Quel Etat a été proclamé par un groupe indépendantiste dans le Nord du Mali le 6 avril 2012 ?

869 De combien de chiffres est composé un numéro d'immatriculation à la Sécurité Sociale ?

870 Quelle est la nationalité du Pape François ?

871 De quel pays part le Tour d'Italie (*Giro d'Italia*) 2018 ?

872 Quel célèbre jeu animé par Alain Chabat a fait son grand retour sur TMC en 2018 ?

873 Dans quel pays se trouve la ville de Byblos ?

874 Dans quelle affaire Silvio Berlusconi a-t-il été condamné à 7 ans de prison et à une interdiction à vie d'exercer un mandat public ?

875 Comment se nomme la réunion mensuelle des ministres des Finances des Etats de la zone euro, dans le but de coordonner leurs politiques économiques ?

876 Dans quelle ville a eu lieu le déraillement d'un train Paris-Limoges, qui causa la mort de 6 personnes ?

877 Comment se nomme le collectif qui s'oppose au « Mariage pour tous » ?

878 A quelle compagnie aérienne appartient Germanwings ?

879 De quelle nationalité est la chanteuse Angèle qui a remporté en 2020 la Victoire de la musique du concert de l'année ?

880 En 2018, sous quel nom la station Europe du métro parisien est rebaptisée en hommage à la première femme présidente du Parlement européen ?

881 Quel pays a comme indicateur le Bonheur National Brut ?

882 Qui a gagné la première Coupe du monde de football en 1930 ?

883 Quelle est la capitale de la Lituanie ?

884 Qui est le directeur de la rédaction du magazine *Vanity Fair* en France ?

885 En quelle année eut lieu la crise de Suez ?

886 Quelles entreprise française de l'industrie agroalimentaire fait l'objet d'un scandale sanitaire en 2018 ?

887 Dans quel pays peut-on écouter du « fado » ?

888 Désormais citoyen russe, Gérard Depardieu a estimé dans une lettre ouverte que son nouveau pays était :

889 A qui est comparé François Hollande par l'un des porte-parole de la « Manif pour tous » ?

890 A quel grand groupe appartiennent les marques Knorr, Lipton, Magnum ou encore Dove ?

891 Quel tableau, exposé au Louvre-Lens, a été vandalisé en février 2013 ?

892 Comment s'appelle la finale de la ligue nationale de football américain qui a lieu chaque année ?

893 Quel est le prénom du jeune étudiant qui avait été tabassé et laissé pour mort le 11 novembre 2016 à Lyon, pour avoir défendu un couple qui s'embrassait dans la rue et dont le procès a lieu en 2018 ?

894 Pourquoi la Cour de cassation a-t-elle annulé le licenciement de l'employée voilée de la crèche Baby Loup ?

895 En 2019, combien d'habitants compte l'Allemagne ?

896 Qui sont les héros du film d'animation de Dreamworks intitulés *Les Croods* ?

897 Durant quel siècle le Moyen Age a-t-il pris fin ?

898 Quels pays ont signé le pacte de Varsovie en 1955 ?

899 Comment s'appelle cette console très attendue, qui a été lancée en mai 2013 et qui a suscité une série de polémiques ?

900 Quel jeu de société mondialement connu fête ses 80 ans en 2015 ?

901 Comment se nomme la compagnie low-cost d'Air France ?

902 Quelle est la capitale du Nigeria ?

903 Qui appelle-t-on les « blacks blocs » ?

904 Quel mouvement populiste de droite contre l'immigration islamique en Allemagne organise une manifestation en réaction aux agressions sexuelles du Nouvel An 2016 ?

905 En terme de secourisme, que signifie le sigle PLS ?

906 En 2021, qui sont, en France, les quatre jurés de The Voice ?

907 Quelle matière est utilisée dans la fabrication de microprocesseurs ?

908 Que signifie le mot Judo ?

909 Combien l'ONU reconnaît-elle d'Etats dans le monde ?

910 Quelle est la première ville de France a avoir interdit de fumer sur ses plages ?

911 Comment se prénomme le prince de Cambridge, fils du prince William et de la duchesse Catherine Middleton ?

912 Qu'est-ce que le 7e continent ?

913 Quel est le lac le plus profond du monde ?

914 A combien s'élève le pourcentage de la part d'Etihad Airways dans le capital d'Alitalia ?

915 Pour quelle raison l'Union européenne a infligé une amende de 32 millions d'euros à Bonduelle en 2014 ?

916 Dans quel pays s'est effondré un immeuble abritant des ateliers de confection de vêtements tuant 300 personnes ?

917 En 2018, quel acteur américain a annoncé son retour dans Rambo 5 ?

918 Que vaut le SMIC français au 1er janvier 2021 ?

919 Premier ministre de 1981 à 1984 et maire de Lille de 1973 à 2001, il décède le 7 juin 2013. Qui est-il ?

920 Comment s'appelle le parti dont Angela Merkel est membre ?

921 En combien de manches se dispute le Championnat du monde de Formule 1 en 2018 ?

922 Qui a chanté l'hymne américain durant la cérémonie d'investiture de Barack Obama ?

923 Quelle est la capitale de la Bulgarie ?

924 Quelle a été la plus grande ville de l'Empire Inca ?

925 De quelle nationalité est le secrétaire général de l'Organisation des pays exportateurs de pétrole (OPEP) en mai 2018 ?

926 Qui est le meilleur buteur de la ligue 1 de football en France pour la saison 2020-2021 ?

927 Sur Internet, qu'est-ce qu'un troll ?

928 Quel cirque a été placé en liquidation judiciaire en mai 2018 ?

929 Quelle marque de vêtements espagnole rhabille gratuitement les cent premiers clients qui arrivent en sous-vêtements le jour des soldes ?

930 Environ combien d'habitants l'Inde compte-elle en 2019 ?

931 De quelle langue vient le mot « caviar » ?

932 De quel musicien « moderne » français fête-t-on les 150 ans de la naissance en 2016 ?

933 Quel est l'organe le plus transplanté au monde ?

934 En février 2020, qui devient champion du monde du biathlon à titre individuel ?

935 Qui est l'actuel Grand Rabbin de France ?

936 Qui est l'actuel maire de Montréal ?

937 En combien de langues est édité le Monopoly ?

938 Quel avant-centre fait son grand retour en Équipe de France de football en mai 2021 ?

939 Quel est le nom du premier ministre grec en juin 2016 ?

940 Qu'est-ce que la neutralité du net ?

941 Qui est Christos Christou ?

942 Quelle est la capitale de la Mongolie ?

943 Quel martyr de la non violence est assassiné il y a 50 ans ?

944 Comment l'UMP compte éponger sa dette de 54 millions d'euros causée, en partie, par la décision de la Cour constitutionnelle d'annuler le remboursement des comptes de campagne de Nicolas Sarkozy ?

945 De quelle nationalité était l'écrivain Gabriel Garcia Marquez décédé en avril 2014 ?

946 Qui était surnommé « le plus grand escroc de l'histoire » ?

947 En 2018, quel constructeur français a annoncé avoir signé un contrat pour la fourniture de 69 voitures de métro à Singapour ?

948 Quelle est la capitale de l'Indonésie ?

949 Suite à des pressions de la Cour européenne de Justice, qu'a fait Google concernant les données personnelles de ses utilisateurs ?

950 Quel site d'information sur Internet a dévoilé le « mur des cons » affiché dans les locaux du Syndicat de la magistrature ?

951 Quelle est la capitale de l'Uruguay ?

952 Quel est le titre du livre publié par le Cardinal Sarah et Nicolas Diat en mars 2019 ?

953 Quelle est la capitale de la Jamaïque ?

954 Contre quelle organisation terroriste le Nigeria s'est-il engagé dans une guerre ouverte ?

955 En mai 2018, qui est le sportif le mieux payé au monde ?

956 Qui est le directeur de la rédaction du journal *Le Point* ?

957 Le 1er juin 2020, combien de dollars obtenez-vous en échange de 100 euros ?

958 Quelle est la capitale du Bangladesh ?

959 Qui est depuis décembre 2019 la présidente de la Commission européenne ?

960 Dans quel Etat américain se trouve la ville américaine de Boston ?

961 Quel pays est numéro 1 au palmarès de Reporters sans frontières au sujet de la liberté de la presse ?

962 Quelle était la fonction de Salam Fayyad, haut responsable palestinien ayant démissionné de son poste ?

963 Le 23 avril 2017, lors du clasico Real Madrid-FC Barcelone, un joueur marquait son 500e but. Quel est ce joueur ?

964 Quelle est la capitale de la Nouvelle-Zélande ?

965 Pour quelle affaire concernant Nicolas Sarkozy, la justice a-t-elle ouvert une information judiciaire contre X ?

966 A quelle loi française adoptée en 1967 est associé le nom de Lucien Neuwirth, décédé en novembre 2013 ?

967 Combien de mandats Margareth Thatcher a-t-elle occupé à la tête du gouvernement britannique ?

968 Quel pays est dernier au palmarès de Reporters sans frontières au sujet de la liberté de la presse ?

969 Quel musée new-yorkais va bénéficier du don de Leonard Lauder de 78 œuvres cubistes ?

970 Mise à part la Saint-Sylvestre, à l'initiative de l'Eglise catholique, que fête-t-on le 1er janvier de chaque année ?

971 Quelle collection est, en 2018, la « vente aux enchères du siècle » à New York chez Christie's ?

972 Quel proche de François Hollande est mis en cause dans l'affaire « Offshore Leaks » ?

973 Par quelle mesure la taxe à 75 % des hauts revenus est-elle remplacée ?

974 En quelle année est décédé le célèbre joueur de football, Diego Maradona ?

975 Quelle ville accueille le 3 juin 2016 une conférence internationale pour relancer le processus de paix au Moyen-Orient ?

976 En mai 2018, quelle compagnie chute en bourse de 13 % après la démission de son patron Jean-Marc Janaillac ?

977 Qui est en juin 2020 le président de l'Etat d'Israël ?

978 A combien de milliards de dollars s'élève le plafond légal de la dette américaine ?

979 Qui était « L'homme à la tête de chou » ?

980 En quelle année est créée la société Apple ?

981 Quelle est la capitale du Nigéria, théâtre de la tuerie de quinze chrétiens perpétrée par un groupe islamiste ?

982 Quel ministre se retrouve au cœur d'une polémique pour une sortie en boîte de nuit en mars 2019 ?

983 Quel océan borde l'île Maurice ?

984 Pour quelle raison Brigitte Bardot a-t-elle menacé d'acquérir la citoyenneté russe ?

985 Quel pays a un drapeau monochrome de couleur verte ?

986 Comment appelle-t-on l'ensemble des productions collectives d'un peuple et qui se transmettent d'une génération à l'autre ?

987 Quand a lieu la Journée mondiale contre le terrorisme ?

988 Comment s'appelle le port lybien, où se trouvent un terminal pétrolier de premier plan et un important complexe pétrochimique, qui ont fait l'objet d'un âpre combat entre les forces insurgées et l'armée fidèle à Mouammar Kadhafi au cours du printemps 2011 ?

989 Quel est le concept économique désignant une réduction de l'inflation ?

990 Un appel à la désobéissance qui prône notamment le mariage des prêtres et l'ordination des femmes a été lancé en août 2011 par 329 prêtres :

991 Quel film de Pedro Almodovar sort en salle en 2019 ?

992 Quand l'application de la loi sur le non-cumul des mandats a été préconisée par le Conseil d'Etat ?

993 En 1815, malgré une défense héroïque de la garde impériale, cette bataille marque la fin de la période dite des Cent-Jours :

994 Quel est, en 2019, le nom du représentant au commerce américain qui négocie l'accord commercial avec la Chine ?

995 Qu'est ce qui change au 1er janvier 2019 pour chaque foyer fiscal ?

996 125 millions d'euros pour apparaître cinq ans sur le maillot du PSG, c'est la somme déboursée par :

997 En 2020, quel pays est le principal émetteur de gaz à effet de serre dans le monde ?

998 Quelle grande salle française vient de rouvrir au public après d'importantes rénovations ?

999 Elle est décédée à l'âge de 87 ans. Quel était le métier d'Andrée Putman ?

1000 En mai 2020, quel couple politique voit sa peine alourdie en appel pour une « fraude persistante » et un « enrichissement au détriment de la collectivité » ?

REPONSES

1 C'est Tokyo, avec 37 millions d'habitants, suivi de New Delhi avec 29 millions d'habitants et Shanghai avec 26 millions d'habitants.

2 Elon Musk.

3 14 pays membres.
Algérie, Angola, Arabie Saoudite, Émirats arabes unis, Équateur, Gabon, Guinée équatoriale, Irak, Iran, Koweït, Libye, Nigeria, République du Congo, Venezuela.

4 Environ 2,5 %.

5 L'organisation séparatiste basque ETA.

6 France Insoumise.

7 EELV (Europe Ecologie Les Verts).

8 Le président de la République populaire de Chine.

9 **CO**rona**VI**rus **D**isease.

10 1,393 milliard d'habitants. L'Inde devrait être le pays le plus peuplé du monde vers 2027.

11 Le peso mexicain.

12 1962.

13 Richard Ferrand.

14 Il s'agit de George Floyd.

15 Le dirham.

16 Ils sont cinq : Jimmy Carter, George W. Bush, Bill Clinton, Barack Obama, Donald Trump.

17 7,8 milliards.

18 1977.

19 Les GAFAM (Google, Amazon, Facebook, Apple et Microsoft).

20 Environ 500 millions.

21 Boko Haram.

22 2 médailles d'or aux JO. Mais 8 d'or aux championnats du monde.

23 En 1889.

24 Francisco Sagasti.

25 Le Costa Rica et la Colombie.

26 Marina Foïs.

27 Il est le président de la République de Turquie.

28 *Parasite* de Bong Joon-ho.

29 La Nouvelle-Aquitaine.

30 La Tchétchénie.

31 85 ans.

32 Michel Rocard.

33 67 422 000 habitants.

34 Les Panama Papers.

35 L'Elitloppet.

36 En 1572.

37 C'est en 1961, à l'occasion du discours de Martin Luther King, devant le Lincoln Memorial à Washington DC.

38 Darty.

39 Aucun joueur ne s'est vu attribuer le Ballon d'or en 2020 pour cause d'année tronquée du fait de la Covid-19.

40 Christo.

41 Pour espionnage de salariés et pour recel de collecte de données à caractère personnel.

42 11.

43 Pierre Moscovici.

44 Marseille.

45 Autrichienne.

46 A New York.

47 Le Brexit.

48 En 1971.

49 Addis-Abeba.

50 C'est le programme alimentaire mondial.

51 Ankara.

52 Angoulême.

53 L'Islande.

54 Squeezie.

55 Marseille avec 868 277 habitants.

56 Florence Arthaud.

57 Anne Hidalgo.

58 Michael D. Higgins, depuis 2011.

59 WikiLeaks.

60 Louis.

61 27.

62 C'est Jeff Bezos, talonné par Elon Musk (151 milliards de dollars) et Bernard Arnault (150 milliards de dollars).

63 350.

64 La Biélorussie.

65 Suisse.

66 En Ukraine.

67 Le Rwanda.

68 Les nouveaux TER sont trop larges.

69 La Brigade de Recherche et d'Intervention.

70 Uber.

71 Nice.

72 Alejandro Giammattei.

73 Belgrade.

74 Lima.

75 Le Régime de Vichy.

76 En 1974.

77 3 heures et 15 minutes.

78 Le Havre.

79 Jean-Yves Le Drian.

80 L'armistice de la Seconde Guerre mondiale.

81 6 ans.

82 Le cinquième.

83 300 milliards d'euros.

84 5,66 millions.

85 Reporters sans frontière.

86 France Gall.

87 50.

88 Gustave Caillebotte.

89 A Tokyo.

90 *Nomadland*, réalisé par Chloé Zhao.

91 1952.

92 Zika.

93 1 159,99 euros.

94 CGT-Force ouvrière.

95 Le néologisme.

96 Un nu féminin.

97 Philippe Etchebest.

98 Alain Robert.

99 210 mètres.

100 9 h 00 – 17 h 30.

101 Avocat.

102 John Steinbeck.

103 Le bilan carbone.

104 La Russie.

105 Environ 660 euros.

106 Environ 500 000.

107 Il supprime la notion de « détresse » pour une femme demandant une IVG.

108 15.

109 Alfred Jarry.

110 49-3.

111 Sur l'esplanade du Louvre.

112 Eugène Ionesco.

113 11 mai 2020.

114 Tirana.

115 Le film d'animation *Le Roi Lion*.

116 Les experts.

117 En 1997.

118 Le 17 mai 2013 qui est aussi la Journée mondiale de lutte contre l'homophobie.

119 Toyota.

120 Quelqu'un qui est très dépendant de son téléphone portable.

121 En 1912.

122 Cassius Clay.

123 Sophie Davant.

124 William Leymergie.

125 Le groupe a été créé en 1987.

126 Les États-Unis.

127 Emil Ferris pour *Moi ce que j'aime, c'est les monstres*.

128 Le réal.

129 La Journée internationale des droits des femmes.

130 Meghan Markle.

131 Doha.

132 StopCovid.

133 Le Royaume-Uni.

134 Aucun.

135 Anthony Hopkins.

136 47 ans, créée en 1974.

137 Eleveurs et militants ayant constitué un village sur la ZAD de Notre Dame des Landes.

138 Barbora Krejcikova.

139 Novak Djokovic, qui totalise après cette victoire 19 titres du grand chelem.

140 Doha.

141 Les abysses.

142 Réseau éducation sans frontières.

143 Le Pacte d'Acier.

144 71 828. C'est un record avec une densité carcérale qui s'établit désormais à 117,7 %.

145 Philippe Gilbert.

146 50 270 euros.

147 1 litre et demi.

148 A Berlin.

149 *Assassin's Creed*.

150 À Dubaï, aux Émirats arabes unis, du 1er octobre 2021 au 31 mars 2022.

151 Mars One.

152 Nicolas Maduro. Cependant, le pays est en pleine crise politique. Juan Gaido s'est auto-préclamé président par intérim.

153 Référendum d'initiative citoyenne.

154 12 pays.

155 Calais.

156 Paris-Saint-Germain.

157 La Belgique.

158 37 ans.

159 *La Casa de Papel*.

160 Bernard Cazeneuve.

161 Daniel Kaluuya (*Judas and the black messiah*).

162 Frances McDormand (*Nomadland*).

163 Barbara Pravi, arrivée 2e au concours.

164 L'Arc de Triomphe.

165 1,22 millions de kilomètres carrés.

166 13 337 yens.

167 Le Parti Socialiste Ouvrier Espagnol (PSOE).

168 L'Ours d'or.

169 *Crépuscule*.

170 *Nirvana*.

171 Au Palais Royal.

172 La Tour Eiffel.

173 Elle a été graciée.

174 Gabriel Attal.

175 La région de Wuhan.

176 Didier Raoult.

177 2 278 milliards d'euros.

178 25 % (contre 10 % antérieurement).

179 O.

180 La Fairpride.

181 Florian Zeller.

182 Naftali Bennett.

183 Sanofi.

184 Kuala Lumpur.

185 Le Likoud.

186 Molenbeek.

187 François-Xavier Bellamy.

188 Un trouble obsessionnel compulsif.

189 13.

190 La loi Travail.

191 Carlo Ancelloti, qui revient au club, succédant à Zinedine Zidane.

192 Jean-Michel Blanquer.

193 Le secteur pharmaceutique.

194 2, Est et Ouest.

195 Flammarion.

196 La loi anti casseurs.

197 740 000 naissances.

198 L'Italie.

199 Bipartisme.

200 1,84 enfant par femme.

201 La Rochelle.

202 25 euros.

203 Eugène Viollet-le-Duc.

204 1,28 euro.

205 Jordan Bardella.

206 Le XV de France.

207 Ray Kroc.

208 Shirley Temple.

209 Etienne Chouard.

210 Nigeria et Hollywood.

211 Tbilissi.

212 + 1,5 %.

213 Facebook Live.

214 La drachme.

215 La religion chrétienne orthodoxe.

216 Le Sri Lanka.

217 ABCDEFG HIJKLMN OPQRST UVWXYZ.

218 19 milliards de dollars.

219 HEC.

220 En 1992.

221 14 pays.

222 Le peso philippin.

223 36 milliards d'euros.

224 La peur du noir.

225 Abdelaziz Bouteflika.

226 Le Palais Bourbon.

227 Le Louvre.

228 Musée National d'Arts Modernes.

229 La Cité des Sciences et de l'Industrie.

230 Star Wars.

231 1996.

232 13

233 Carrefour.

234 29 mars 2019.

235 Des harengs.

236 La transhumance.

237 2006.

238 Taylor Swift.

239 L'israélien Yuval Noah Harari.

240 1886.

241 Brasilia.

242 Rome.

243 L'opération « Liberté ».

244 Le Cluedo.

245 2.

246 Lille.

247 *Huis clos*.

248 L'aigle.

249 En juin 2021.

250 Un sismographe.

251 Epistolaire.

252 Jules César.

253 Marseille.

254 Isaac.

255 La Pologne.

256 Kristalina Georgieva.

257 Claudie Haigneré.

258 Diane Fossey.

259 Alexandre Le Grand.

260 Platon.

261 Le Nouveau Monde.

262 Nathalie Loiseau.

263 Edith Piaf.

264 Le maïs.

265 Le Moonwalk.

266 10 euros.

267 Rue du Faubourg-Saint-Honoré.

268 Harpagon.

269 55.

270 8 saisons.

271 10 000.

272 8 momies et 10 sarcophages.

273 Le Portugal.

274 Koweït.

275 En Norvège. C'est la ville de Ny-Ålesund.

276 Le bambara.

277 Environ 15 %.

278 Musée du Quai Branly.

279 Novak Djokovic, pour la neuvième fois.

280 A Zurich.

281 David Rachline.

282 La SACEM.

283 Le Bourget.

284 Eric Drouet.

285 Le baht.

286 JCDecaux.

287 Sud-Coréenne.

288 La Birmanie.

289 Le Pôle Emploi.

290 Fabien Roussel.

291 Jacques Servier.

292 4 ans.

293 *Adieu les cons.*

294 A Genève.

295 Le Liban.

296 Les colonnes du Palais Royal.

297 La 2 CV (2 Chevaux).

298 Bill Gates.

299 A Lyon.

300 *Bad Luck Banging or Loony Porn.*

301 L'hôpital psychiatrique Saint-Anne.

302 En 1962.

303 1901.

304 IKEA.

305 En 1975.

306 L'un des géants de la poésie française.

307 L'Arche de Zoé.

308 En Bretagne.

309 718 890.

310 Gérard Larcher.

311 Internet Protocol.

312 Amazon.

313 Renzo Piano.

314 Le plan d'action pour la croissance et la transformation des entreprises (loi PACTE).

315 Le Fouquet's.

316 Le Paris Saint-Germain.

317 Cap-Vert.

318 Meghan Markle.

319 L214.

320 Les Vrais Finlandais.

321 *La vie secrète des écrivains*

322 Un trou noir.

323 Les États-Unis.

324 Ashkelon et Ashdod.

325 L'encadrement des conditions de la vente à distance des livres, notamment l'interdiction des frais de port gratuits pour les livres.

326 Charles Trenet.

327 5.

328 28 pays.

329 Le fondateur de Singapour.

330 54.

331 Diane Arbus.

332 Liverpool FC.

333 Téléphone.

334 Giuseppe Verdi.

335 Le Libéria.

336 Alfred.

337 Souffleur.

338 Edelweiss.

339 H_2O.

340 Grasse.

341 Grace Kelly.

342 Claude Monet.

343 Francis Ford Coppola.

344 Hiroshima.

345 Unilever.

346 Un dodécagone.

347 Un colombarium.

348 L'Oréal.

349 2003.

350 Arcimboldo.

351 New York.

352 Louis Braille.

353 Le grillon.

354 Les accords de Grenelle.

355 Godzilla.

356 Rémus et Romulus.

357 Environ 10 %.

358 C'est un marché sur lequel n'existent que quelques demandeurs.

359 Michèle Alliot-Marie.

360 Hadopi.

361 Benjamin Franklin.

362 Jean II le Bon.

363 Valence.

364 Le rouge et le jaune.

365 La grippe espagnole.

366 Aristote.

367 En 1936.

368 Olympique de Marseille.

369 Une louve.

370 D'Andorre.

371 George Washington.

372 La Libye.

373 La Louisiane.

374 500.

375 Dan Brown.

376 Le Krakatoa.

377 A la Réunion.

378 Les déchets radioactifs.

379 1 m^3.

380 Sur la ligne 8.

381 Le Gotha.

382 Texas.

383 Ridley Scott.

384 A Scotland Yard.

385 Le Capitole.

386 La fleur de cerisier.

387 Anvers.

388 Lee Harvey Oswald.

389 La Maison Blanche et le Kremlin.

390 Les phylactères.

391 Halimah Yacob.

392 Francfort.

393 Lehman Brothers.

394 Le Pakistan.

395 Un cyclope.

396 La pyramide de Khéops.

397 Ronald Reagan.

398 Broadway.

399 Coca-Cola.

400 C'est le masque de type FFP2.

401 Le mont Valérien.

402 Secure Digital.

403 Un hacker.

404 Pearl Harbor.

405 La capoeira.

406 Au Crasy Horse.

407 L'Ecole Polytechnique.

408 Unicef.

409 La cervoise.

410 Oxford et Cambridge.

411 Au bowling.

412 Sigmund Freud.

413 En Grèce.

414 Montmartre.

415 Apartheid.

416 Chine.

417 La Route 66.

418 La kuna.

419 Un catamaran.

420 Abou Dhabi.

421 Des ingénieurs.

422 Du champagne.

423 Le Googleplex, à Mountain View en Californie.

424 François Ier.

425 Relations professionnelles.

426 Douma.

427 Imam.

428 George Lucas.

429 Mano Solo.

430 A la guerre.

431 Le complexe d'Œdipe.

432 Le Mur de Berlin.

433 Beethoven.

434 Carlos.

435 Christophe Dettinger.

436 Vox.

437 Le meurtre de sa compagne.

438 Michel Barnier.

439 L'Oréal.

440 Google Maps.

441 Brégançon.

442 Erevan.

443 Shiva.

444 *Interventions 2020.*

445 La privatisation d'Aéroports de Paris (ADP).

446 Cayenne.

447 « The tube ».

448 Le nougat.

449 L'aéroport du Bourget.

450 Gilbert Collard.

451 La Canebière.

452 Le Vendée Globe.

453 L'église Saint-Sulpice.

454 San Francisco.

455 Environ 60 millions.

456 Richard Nixon.

457 Louis XIII.

458 Lactalis.

459 Amsterdam.

460 Du Brésil.

461 La Cordillère des Andes.

462 Guatemala.

463 Mohamed Morsi.

464 A Saint-Pétersbourg.

465 *Kaleidoscope.*

466 Primo Levi.

467 Les Victoires.

468 Un pangramme.

469 Calogero.

470 En 476 ap. J.-C.

471 La mélanine.

472 35 ans.

473 FTSE 100.

474 Procter & Gamble (P&G).

475 La guerre d'Algérie.

476 « Unie dans la diversité ».

477 1981.

478 Le président du Sénat.

479 Les Los Angeles Lakers.

480 « On compte sur vous ».

481 Carole Bouquet.

482 La révolution tunisienne.

483 Le Bol d'or.

484 Vladimir Poutine.

485 Le Téléthon.

486 38.

487 Le Népal.

488 A Lyon.

489 Pokemon Go.

490 Le flash-ball.

491 L'Afrique du Sud (South Africa).

492 La Toundra.

493 De la Hongrie.

494 Marseille.

495 La Soul.

496 Environ 285 calories.

497 Philippe Martinez.

498 Le 21 juin.

499 *Le Jeu de la dame.*

500 Saint-Cloud.

501 *Demon Slayer, Le train de l'infini.*

502 Anne-Claire Coudray.

503 Les bans.

504 Le Parti communiste français.

505 Ils font leur entrée dans le dictionnaire en 2020.

506 Le Premier ministre.

507 La toxine botulique.

508 Le Dakota du Sud.

509 Robert Mueller.

510 A mai 1968.

511 La couronne.

512 Le Venezuela.

513 Le Bitcoin atteint le 16/04/2021 63 347 € l'unité.

514 Dallas.

515 Le 31 octobre.

516 Le Penseur.

517 Ferrari.

518 Le parc national du Mercantour.

519 En Bolivie.

520 Theresa May.

521 La Franc-maçonnerie.

522 Jacques Delors.

523 Gallica.

524 La science-fiction.

525 Le Nikkei.

526 Bucéphale.

527 En 1975.

528 Annecy.

529 Des aurores boréales.

530 Le Maroilles.

531 Le Sentier.

532 Saint-Germain-des-Prés.

533 Coco Chanel.

534 Le judo.

535 Broadway.

536 En Ukraine.

537 Pierre Tchernia.

538 Bernard Laporte.

539 La Silicon Valley.

540 A3.

541 Al Jazeera.

542 La Crimée.

543 La boxe.

544 Hawaii.

545 Un chat de gouttière.

546 Hawaii.

547 Environ 1,35 milliard d'habitants.

548 « La France doit être une chance pour tous ».

549 Attila.

550 Bing.

551 Détroit.

552 A Séville.

553 Le Rio Grande.

554 280 caractères. Il était de 140 jusqu'en novembre 2017.

555 La veuve noire.

556 Au Japon.

557 La capoeira.

558 Pythagore.

559 Louis Aragon.

560 Le marc.

561 A Seattle.

562 Le 17 mars 2020 est établi le premier confinement, pour éviter la propagation du Covid.

563 L'assassinat d'un conseiller d'ambassade allemand.

564 Yves Klein.

565 L'Etna.

566 Le Vaucluse.

567 On circule à gauche, tout comme en Angleterre, en Australie et en Afrique du Sud.

568 L'Atlantide.

569 Le débarquement de Normandie.

570 Obélix.

571 Paris-Roubaix.

572 577.

573 The Rolling Stones, qui fut créé en 1962 avec comme leader original Brian Jones.

574 En 1947.

575 En 1991.

576 Le Puy du Fou.

577 Boris Eltsine.

578 Magnus Carlsen, est depuis 2013 le champion du monde d'échecs.

579 Un duplex.

580 Sur la Place Tian'anmen.

581 Le 5 juillet 1962.

582 Anagramme.

583 Sociologie.

584 Danemark.

585 *Black Panther*.

586 Michel Déon.

587 Virginie Viard.

588 Montevideo.

589 L'Allemagne.

590 Le 17 octobre.

591 Chelsea, qui battu en finale Manchester City.

592 La Berlinale.

593 Dans le Dakota du Sud.

594 CFDT.

595 Kanye West, qui récolta 60 000 votes.

596 Le site de Balard « Le Pentagone à la française ».

597 La Corée du Sud.

598 La Russie.

599 La Russie, qui depuis 2016 souhaite éliminer les logiciels américains dits espions, comme Microsoft (remplacé par Astra Linux).

600 C'est Molière, en 1662.

601 Thomas Pesquet.

602 95 ans.

603 Dans les Andes.

604 324 mètres, là où la plus haute tour du monde, la Burj Khalifa, culmine à 828 mètres.

605 Prononcé par Thomas Sankara, c'est aujourd'hui la devise de Cuba.

606 Voltaire.

607 Le peso.

608 Saddam Hussein.

609 Moody's.

610 Carnac.

611 EuropaCorp.

612 Environ 21 000.

613 Au Groupe Radio France.

614 La Louisiane.

615 Les Clermontois.

616 L'océan Indien, l'océan Arctique, l'océan Antarctique, le Pacifique et l'Atlantique.

617 Emile Ajar.

618 Les Sages.

619 Titanic II.

620 Jean-Marie Le Pen.

621 NRJ, Rire et Chansons, Chérie FM et Nostalgie.

622 Alphonse Daudet.

623 Thierry Beccaro.

624 Un point de friction géologique entre deux continents.

625 Lilibet Diana.

626 La réforme sur la santé.

627 Le Mexique.

628 Le port de Rotterdam.

629 Alan Turing.

630 Le Brésil.

631 Lion.

632 Cyber attaques.

633 Les Mayas.

634 Le maillot à pois.

635 *The father.*

636 Icloud.

637 Environ 18 000.

638 Illinois.

639 8 milliards.

640 Jack Lang.

641 La conquête.

642 Une élasticité-prix.

643 George Foreman.

644 Egyptienne.

645 1904.

646 Luxembourg, Strasbourg et Bruxelles.

647 Arrière-petit-fils.

648 Je te promets.

649 Marcel Duchamp.

650 Tahiti.

651 De « strapontins ».

652 Adidas.

653 Villeréal.

654 Pendant onze ans.

655 L'Algérie avec 2 381 741 km².

656 Le shekel.

657 Œdipe.

658 206.

659 Bruxelles.

660 Manille.

661 Montaigne.

662 Le colibri.

663 Riga.

664 Un peu plus de 35 000.

665 La nuit des longs couteaux.

666 Python.

667 La pogonophobie.

668 Marron.

669 « Ordre et progrès ».

670 Erevan.

671 Henri Beyle.

672 Jean-Jacques Goldman.

673 *Qui veut gagner des millions ?*

674 Des étoiles.

675 Aux cucurbitacées.

676 World Wide Web.

677 Archie.

678 Georges Pompidou.

679 La médiane.

680 64.

681 La Chine.

682 Pisa.

683 Akhenaton.

684 La mer Egée.

685 Dilma Rousseff.

686 Madonna.

687 Kuala Lumpur.

688 Phidias.

689 *Game of Thrones*.

690 Société nationale maritime Corse Méditerranée.

691 Hameçonnage ou Phishing.

692 Chorégraphe.

693 32 millions.

694 A Lille.

695 Auguste.

696 Georges Bizet.

697 La photographie.

698 Aux femmes enceintes.

699 Le Conseil Constitutionnel.

700 Easy Jet.

701 Benito Mussolini.

702 300 euros.

703 Kiev.

704 J.R.R. Tolkien.

705 Les Pays-Bas, où la France est arrivée deuxième et l'Italie première.

706 Les Accords d'Evian.

707 Marilyn Monroe.

708 Le Salon International de l'Agriculture.

709 L'Irak.

710 L'Opéra (Palais Garnier).

711 2.

712 Val Thorens.

713 Le Martini dry.

714 Grimaldi.

715 Février.

716 Stephen Curry. Il a d'ailleurs réussi 402 tirs à 3 points sur la saison 2015-2016.

717 Amsterdam.

718 Les Nations unies.

719 La basilique de Saint-Denis.

720 Andorre.

721 L'orme.

722 *Guernica.*

723 Tennessee Williams.

724 Yoshihide Suga, depuis 2020.

725 Le Prix d'Amérique.

726 Lewis Waterman.

727 De Haïti.

728 Le bobsleigh.

729 À la manière de Saint-Martin qui est entièrement entouré par l'Italie, c'est la Gambie qui est enclavée dans le Sénégal.

730 Central Intelligence Agency.

731 La lune.

732 C'est Louise, qui fut le premier enfant à être fécondé in vitro, en 1978.

733 Saint-Gobain.

734 Un éventail.

735 Jéroboam.

736 Le drapeau indien.

737 Le chevalier d'Eon.

738 L'erreur est humaine.

739 Du cricket.

740 Les Canaries.

741 La Coupe Davis.

742 L'Equateur.

743 Les Cathares.

744 Jean d'Ormesson.

745 Raymond Poulidor.

746 Alain Delon.

747 Le 1 500 mètres.

748 La Tour de Pise.

749 Les îles Fidji.

750 Olivia Newton-John.

751 *Le Figaro*.

752 Le cinéma.

753 Un uppercut.

754 La Suisse.

755 Le verseau.

756 A Francfort-sur-le-Main.

757 Pablo Picasso.

758 Le Ku Klux Klan.

759 Berne.

760 Anne d'Autriche.

761 Auguste.

762 L'oxygène.

763 Madame Butterfly.

764 L'odorat.

765 C'est Nicolas II qui abdiqua en 1917. S'ensuit une prise du pouvoir par les bolcheviks où Lénine, le leader, créa ensuite l'URSS.

766 Gibraltar.

767 A Rouen.

768 Sing-Sing.

769 La vitamine C.

770 C'est la Loire, avec 1 006 km de long.

771 Jiu-jitsu.

772 Les Saintes-Marie-de-la-Mer.

773 Jimi Hendrix.

774 Le foie.

775 Le Koweït.

776 Degas.

777 Le Royaume-Uni.

778 Marguerite Duras.

779 L'océan Indien.

780 Autolib'.

781 Vincent Bolloré.

782 Le golf.

783 Damas.

784 Du mercure.

785 L'Eveillé.

786 1977.

787 Ils sont entrés au Panthéon en 2015.

788 3.

789 L'échelle de Richter.

790 La comète de Halley.

791 L'Hôtel Matignon.

792 De l'Eglise.

793 Le classement académique mondial des universités.

794 La Russie.

795 France-Libertés.

796 Le mont Kilimandjaro.

797 Michael Phelps.

798 Alpha.

799 L'Islande.

800 15.

801 Le Bourget.

802 Les cheminots.

803 63 347 €.

804 Indira Gandhi.

805 Le Paris-Roubaix.

806 Antonio Banderas dans *Dolor y gloria* de Pedro Almodóvar.

807 Le malgache et le français.

808 A Berne.

809 Japonaise (Kane Tanaka, 117 ans).

810 Elle est chauve.

811 Eli Wallach.

812 A 79 ans. Il est né le 20 novembre 1942 et a commencé son mandat en janvier 2021.

813 Le slime (on la fabrique en mélangeant de la colle avec de la mousse à raser et un colorant).

814 *En Birmanie.*

815 Le Bénin.

816 Michael Jackson.

817 *Les Beatles.*

818 C'est Emilienne Malfatto, pour son roman « Que sur toi se lamente le Tigre ».

819 *l'Etat islamique en Irak et au Levant.*

820 Boston.

821 Il récompense chaque année des inventions lors de la Foire de Paris.

822 *Il n'y a de Dieu que Dieu.*

823 Stephen Hawking. Il a souffert d'une forme rare de sclérose latérale amyotrophique (SLA) ; sa maladie a progressé au fil des ans et l'a laissé presque complètement paralysé.

824 Entre 1827 et 1977 euros bruts par mois.

825 Le canal de Panama.

826 Managua.

827 C'est l'Italie.

828 Joseph Biden.

829 Philippe Martinez.

830 Philip Seymour Hoffman.

831 Pour abus de position dominante.

832 Guillaume Musso.

833 Caracas.

834 La découverte de 715 nouvelles exoplanètes.

835 Le texte vise à interdire l'exercice d'une activité de mannequin à toute personne dont l'indice de masse corporelle est trop faible.

836 Ed Miliband.

837 C'est Antonio Guterres, depuis le 1er janvier 2017.

838 Le président de la République islamique d'Iran.

839 *On a chopé la puberté*. Les Editions Milan ont annoncé qu'elles ne réimprimeront pas ce livre.

840 New York.

841 Le peso.

842 Naruhito, il succède en 2019 à Akihito.

843 A Wimbledon, un quartier de Londres.

844 Jérôme Cahuzac.

845 Le Rhône et la Saône.

846 0,14 euro TTC le kWh.

847 Edward Snowden.

848 13 régions.

849 Le 17 mai 2013 qui est aussi « Journée mondiale de lutte contre l'homophobie ».

850 Clara Luciani.

851 La baleine bleue (> 30 mètres et > 170 tonnes).

852 M. Pokora.

853 Le Syndicat de la magistrature.

854 Opération Serval.

855 Koh-Lanta.

856 D'une des fondatrices des Femen, l'Ukrainienne Inna Shevchenko.

857 270 milliards de dollars.

858 L'Algérie, avec environ 2,38 millions de km^2.

859 Lénine.

860 La peinture.

861 Japan Expo.

862 Cuba.

863 Georges Moustaki.

864 *Les Anges de la téléréalité*.

865 *Nouvelle Star*.

866 C'est une récompense pour la reconnaissance de travaux en mathématiques.

867 Christophe Salengro.

868 L'Azawad.

869 15 chiffres.

870 Argentine.

871 Israël (Jérusalem). Pour se finir à Rome.

872 Burger Quiz.

873 Au Liban.

874 Le scandale sexuel du « Rubygate ».

875 Eurogroup.

876 Brétigny-sur-Orge.

877 « La Manif pour tous ».

878 Lufthansa.

879 Belge.

880 Europe – Simone Veil.

881 Le Bhoutan.

882 L'Uruguay.

883 Vilnius.

884 Michel Denisot.

885 En 1956.

886 Lactalis.

887 Au Portugal.

888 La Russie.

889 Adolf Hitler.

890 Unilever.

891 *La Liberté guidant le peuple* d'Eugène Delacroix.

892 Le Super Bowl.

893 Marin qui a gardé d'importantes séquelles de cette agression et dont le procès se déroule à huis clos car il était encore mineur lors des faits.

894 Car l'interdiction du port du voile prévaut uniquement dans le secteur public.

895 83 millions.

896 Une famille néandertalienne.

897 Au XVe siècle.

898 L'Albanie, la Bulgarie, la Hongrie, la Pologne, la RDA, la Roumanie, l'URSS et la Tchécoslovaquie.

899 Xbox One.

900 Le Monopoly.

901 Hop !

902 Abuja.

903 Le terme de black bloc provient de la Stasi, police politique de l'ex-République démocratique allemande, qui surnommait ainsi les groupes d'anarchistes ou d'autonomes, cagoules et vêtus de noir.

904 Pegida.

905 Position Latérale de Securité.

906 Jenifer, Zazie, Mika, Florent Pagny et Patrick Fiori.

907 Le silicium.

908 Voie de la souplesse.

909 195.

910 Nice.

911 George.

912 Une immense plaque de déchets plastiques située au Nord-Est du Pacifique et qui a une superficie de 3,5 millions de m^2.

913 Le lac Baïkal en Russie.

914 49 %.

915 Bonduelle a participé avec deux autres groupes présents dans le secteur des conserves de champignons à une entente sur les prix pendant plus d'un an.

916 Au Bangladesh.

917 Sylvester Stallone dans le rôle de John Rambo qui s'attaque cette fois-ci à un cartel mexicain.

918 Environ 1 231 euros.

919 1 231 euros.

920 L'Union chrétienne-démocrate.

921 21 manches.

922 Beyoncé Knowles.

923 Sofia.

924 Cuzco.

925 Nigériane.

926 C'est Kylian Mbappé, avec 27 buts pour le compte du PSG.

927 Quelqu'un qui participe à une discussion dans le but de provoquer et alimenter une polémique.

928 Pinder. Son patron dit subir les conséquences de la crise économique et du passage de la semaine d'école à 4,5 jours.

929 Desigual.

930 Environ 1,366 milliard d'habitants. L'Inde dépassera la Chine avant 2030.

931 Du turc Kavyar.

932 Erik Satie.

933 Le rein.

934 Martin Fourcade.

935 Haïm Korsia.

936 Valérie Plante, la première femme maire élue avec plus de 51 % des suffrages.

937 43.

938 Karime Benzema.

939 Aléxis Tsípras.

940 *C'est un principe qui garantit l'égalité de traitement de tous les flux de données sur Internet.*

941 C'est l'actuel président international de MSF (Médecins sans frontières).

942 Oulan-Bator.

943 Gandhi le 30 janvier 1948.

944 En faisant un appel aux dons auprès de ses adhérents.

945 Colombienne.

946 Charles Ponzi, pour sa fameuse pyramide de Ponzi, une escroquerie financière que beaucoup ont utilisé.

947 Alstom pour un montant de 150 millions d'euros.

948 Jakarta.

949 Il a mis en place un formulaire de droit à l'oubli afin que l'internaute puisse effacer certaines informations le concernant.

950 Atlantico.

951 Montevideo.

952 *Le soir approche et déjà le jour baisse.*

953 Kingston.

954 Boko Haram.

955 Floyd Mayweather avec 285 millions de dollars (275 millions en salaires et 10 millions en contrats).

956 Etienne Gernelle.

957 Environ 110 dollars.

958 Dacca.

959 Ursula von der Leyen.

960 Massachusetts.

961 La Finlande.

962 Premier ministre de l'Autorité palestinienne.

963 Lionel Messi.

964 Wellington.

965 L'affaire Kadhafi-Mediapart.

966 La loi autorisant la pilule contraceptive.

967 3.

968 Erythrée.

969 Le Metropolitan Museum.

970 La Journée mondiale de la Paix.

971 La collection Rockefeller estimée à 600 millions de dollars.

972 Jean-Jacques Augier.

973 Par une taxe sur les entreprises qui versent un salaire supérieur à un million d'euros par un an à leurs employés.

974 2020.

975 Paris.

976 Air France – KLM.

977 Reuven Rivlin élu en 2014.

978 Environ 16 400 milliards de dollars.

979 Serge Gainsbourg.

980 1976.

981 Abuja.

982 Christophe Castaner.

983 L'océan Indien.

984 L'euthanasie prochaine de deux éléphantes malades.

985 La Libye.

986 Le folklore.

987 Le 11 septembre de chaque année.

988 Ras Lanouf.

989 La désinflation.

990 Autrichiens.

991 *Douleur et Gloire*.

992 2017.

993 Waterloo.

994 Robert Lighthizer.

995 La mise en place du prélèvement de l'impôt à la source.

996 Emirates.

997 Suivent les Etats-Unis et l'Inde.

998 La Comédie française.

999 Architecte et designer.

1000 Les Balkany. Patrick et Isabelle Balkany, condamnés respectivement à 4 et 5 ans de prison ferme.

2. COMPREHENSION ET EXPRESSION ECRITE EN FRANÇAIS

I. PRESENTATION DE L'EPREUVE ET CONSEILS DE PREPARATION

1. PRESENTATION DE L'EPREUVE

EXPRESSION ET COMPREHENSION ECRITE EN FRANÇAIS

50 QUESTIONS

35 *QUESTIONS D'EXPRESSION ET* ***15*** *QUESTIONS DE COMPREHENSION SUR TEXTE*

5 CHOIX DE REPONSES PAR QUESTION

UNE SEULE REPONSE JUSTE

2 POINTS PAR REPONSE JUSTE, SOIT UNE EPREUVE NOTEE SUR **100 POINTS**

PAS DE POINT NEGATIF EN CAS DE NON REPONSE OU DE REPONSE FAUSSE

REPONDEZ AU HASARD QUAND, MALGRE VOS EFFORTS, VOUS NE CONNAISSEZ PAS LA REPONSE A LA QUESTION. VOUS N'AVEZ RIEN A PERDRE.

TEMPS CONSEILLE : **45 MINUTES**

1. Pourquoi une épreuve de français ?

Tout bon manager qui se respecte est **condamné à manier la langue de Molière de la façon la plus juste et précise qui soit**. En tant que donneur d'ordre, il doit veiller à ne pas galvauder sa pensée, à ne pas la travestir et à ne laisser aucune place à quelque interprétation hasardeuse que ce soit. Les mails qu'il envoie, les contrats qu'il rédige, les partenariats qu'il signe sont autant d'actes qui l'engagent dans sa fonction première de responsable. Un manager doit utiliser le mot juste en toute situation. Il ne peut se permettre de profaner la langue française en l'affublant d'improbables fautes d'usage, de grammaire, d'orthographe ou de conjugaison.

Le responsable de département, le dirigeant d'entreprise, l'entrepreneur (que vous serez peut-être très bientôt !) a toujours pour obsession de **minimiser les risques**. Aussi comprendrez-vous aisément que la relecture pointilleuse et minutieuse des documents et courriers qu'il est amené à signer (promesse d'embauche, projet de partenariat, procédures internes, définition des fonctions d'un employé, mail de mise au point destiné à un collaborateur « distrait », etc.) s'impose en toute circonstance.

2. Le « vrai » piège de l'épreuve : le temps !

L'épreuve d'expression et de compréhension écrite en français n'est pas de tout repos. On a tendance à croire que l'épreuve regorge de pièges en tous genres en grammaire ou en orthographe, mais le vrai piège de l'épreuve, c'est le temps !

Dans cette épreuve, vous devez d'abord travailler sur **35 questions** qui évaluent vos capacités d'expression par la maîtrise écrite du français. Les questions portent sur la grammaire, l'orthographe, la conjugaison, le vocabulaire ainsi que sur la reformulation ou la correction d'une phrase.

Vous devez ensuite vous concentrer sur un texte assez long (3 à 4 pages plutôt denses) ayant trait à la vie économique au sens large du terme ou à une situation de décision en gestion. Cette partie évalue votre aptitude à lire vite tout en comprenant et analysant les concepts et le vocabulaire qui s'y rapporte. Elle comporte **15 questions**.

Nombreux sont les candidats qui perdent un temps fou dans cette épreuve ! (Certains y laissent des plumes en y travaillant pas moins d'une heure).

IMPORTANT

Nous vous conseillons clairement d'y passer **45 minutes et pas une minute de plus,** sinon vous allez le payer cher en *Raisonnement logique et numérique* puis en *Expression et compréhension d'un texte écrit en anglais*.

L'expérience montre en effet que les candidats passent *en moyenne* 50 secondes par question d'expression (soit environ 30 minutes sur les 35 questions). Ils attaquent ensuite la compréhension de textes ; or comme une lecture attentive du texte convoque, au bas mot, 10 à 12 minutes (en étant concentré), ils débordent facilement sur les 45 minutes conseillées et terminent de répondre aux 15 questions au bout des 55 minutes (il faut en effet compter 10 bonnes minutes au moins pour répondre aux questions).

Attention donc à bien vous entraîner pour apprendre à maintenir un haut niveau de concentration tout au long du SCORE IAE MESSAGE. Si vous commencez à perdre 10 minutes sur une épreuve, vous allez le payer cher sur la ou les épreuves suivantes. Votre travail sera forcément bâclé et vous risquerez fort d'obtenir un score tout juste « moyen ».

Exemples de questions

Voici un échantillon de questions relatives à la première partie de l'épreuve (Expression) :

1. Parmi les propositions suivantes, laquelle est correcte ? *(Session du 24 mars 2018)*

1/ Les enfants se faisaient reprimander quand ils couraient partout.
2/ L'oncle Auguste aimait réprimander les enfants de sa sœur.
3/ Alfred réprimendait trop souvent son fils.
4/ Alice ne réppprimendait jamais son chat.
5/ Agathe réppprimandait tous les jours son chat.

Une question plutôt simple, n'est-ce pas ? Réponse 2.

2. « L' entomologie » est l'étude : *(Session du 6 avril 2019)*

1/ Des orchidées.
2/ Des arbres.
3/ Des insectes.
4/ Des crustacés.
5/ Des mammifères marins.

Réponse 3. Une question de vocabulaire assez difficile ! L'entomologie est la branche de la zoologie dont l'objet est l'étude des insectes. La racine est grecque. Entomo : insecte, logie : étude.

3. Dans la phrase : « Je veux que vous compreniez ma question », à quel temps et mode est conjugué « compreniez » ? *(Session du 29 mars 2011)*

1/ Indicatif présent.
2/ Indicatif imparfait.
3/ Subjonctif présent.
4/ Subjonctif imparfait.
5/ Participe présent.

Une question de conjugaison très classique. Réponse 3 bien sûr.

4. Parmi les propositions suivantes, laquelle n'évoque pas un discours inintelligible ? *(Session du 18 mai 2017)*

1/ Un amphigouri.

2/ Une galimacée.

3/ Un charabia.

4/ Un embrouillamini.

5/ Un baragouin.

Réponse 2. Le mot galimacée n'existe pas. A ne pas confondre avec un gallinacé qui est un oiseau terrestre tel que la caille, le coq, le dindon, le faisan, la perdrix, la pintade, la poule.

5. Parmi les propositions suivantes, laquelle est correcte ? *(Session du 31 mai 2011)*

1/ Les tentacules du monstre se sont refermées comme des étaux sur le navire.

2/ Nous avons profité de cette courte entracte pour déguster une tasse de café.

3/ Il avait posé le livre précieux sur une élégante écritoire d'acajou.

4/ Un météorite a détruit le toit de son cabanon de jardin.

5/ Nous avons visité le magnifique acropole à Athènes.

Féminin ou masculin ? Ces questions sont récurrentes au SCORE IAE MESSAGE. Ne les négligez pas. Il fallait procéder par élimination ici. Réponse 3. On dit UN tentacule, UN entracte, UNE météorite, UNE acropole et… UNE écritoire.

Et voici deux exemples de questions relatives à la seconde partie de l'épreuve (Compréhension) :

1. Parmi les propositions suivantes, laquelle est correcte ? *(Session du 12 mars 2016)*

1/ « Durant les Trente Glorieuses », l'auteur évoque une période historique débutant au milieu du XIXe siècle.

2/ « Durant les Trente Glorieuses », l'auteur évoque une période historique débutant au milieu du XXe siècle.

3/ Les paysans ont cessé de travailler durant les Trente Glorieuses, laissant les machines faire leur travail.

4/ Les paysans ont émigré vers les villes, provoquant une famine, durant les Trente Glorieuses.

5/ C'est au XIXe siècle que les ouvriers ont été remplacés par les premières machines.

2. Le financement de la formation des demandeurs d'emploi est reparti entre de multiples organismes. Un des organismes suivants n'apparaît pas : *(Session du 29 mars 2011)*

1/ Pôle emploi

2/ Opca

3/ Unédic

4/ Conseils généraux

5/ Afpa

2. QUELQUES CONSEILS DE PREPARATION PERSONNELLE

[1. Travailler dur sur le mémento de français !]

Nous ne pouvons naturellement que vous conseiller vivement de travailler de façon studieuse et méticuleuse sur le mémento de français qui figure dans le chapitre qui suit.

Ce mémento comporte en effet toutes les règles de grammaire et d'orthographe qui posent problème aux étudiants et que les concepteurs du SCORE IAE MESSAGE ont à cœur de resservir à toutes les sauces au cours des différentes sessions de l'année. Vous trouverez également de quoi réviser votre **conjugaison** avec pas moins de 20 tableaux déclinant les verbes réputés pour vous faire trébucher le Jour J.

Le mémento inclut aussi un chapitre important sur la maîtrise du **vocabulaire**. Ceci étant dit, le « must » pour **progresser en vocabulaire ET en compréhension** est encore de suivre scrupuleusement les conseils qui vont suivre.

[2. Lire, lire, lire !]

Ne vous contentez pas d'apprendre les règles de grammaire ou les listes de mots d'origine grecque ou latine qui figurent dans le Mémento de langue française de cet ouvrage ! LISEZ !

Lisez tout ce qui vous tombe sous la main (*Le Monde*, *Sciences & Vie, Capital, Courrier International*, *Le Canard enchaîné*, *GEO, Challenges,* etc.) et surtout faites l'effort de reporter sur un carnet les mots pour lesquels vous ne seriez pas capables d'apporter rapidement une définition juste et précise.

Nous pensons qu'en période de préparation de concours ou d'examens importants, il est absolument indispensable de lire sérieusement et chaque jour **AU MOINS UN** article de presse quotidienne (nous recommandons *Le Monde)* ou spécialisée (*Historia, Sciences & Vie, Le Monde Diplomatique*). Outre le besoin de renforcer vos aptitudes en expression française, lire au quotidien doit vous aider à développer une culture générale solide pour les épreuves de synthèse, de dissertation et bien sûr, d'entretien de motivation et de personnalité.

[3. Soyez proactifs !]

Lorsque vous lisez un article extrait de la presse quotidienne ou d'un magazine spécialisé, munissez-vous de votre carnet et notez précieusement les mots de vocabulaire dont vous ignorez **totalement ou partiellement** le sens ainsi que des mots de vocabulaire **dont vous connaissez la définition mais que vous n'utilisez pratiquement jamais.**

Ensuite, et c'est là que cela devient intéressant, faites l'effort de **définir au mieux les mots que vous avez listés.** Evidemment, lorsqu'il s'agit de mots que vous ne connaissez pas du tout, aidez-vous d'un bon dictionnaire en ligne – la référence étant selon nous le ***Larousse.fr***. Mais ce n'est pas tout, car en plus de définir vos mots, **vous devrez également faire l'effort d'en donner un ou plusieurs synonymes** ainsi qu'une **expression** dans laquelle ce mot est fréquemment utilisé ou encore une **phrase inventée par vos soins.**

C'est à ce prix que vous accuserez des progrès sensibles en expression française. **Ce travail de prises de notes paie toujours.** Nos étudiants à Aurlom en savent quelque chose. Non seulement ce travail leur est utile pour l'obtention d'un bon score mais il leur permet surtout de renforcer leurs compétences rédactionnelles pour les autres concours ou examens qu'ils ont à passer. Sans parler des épreuves orales d'entretien où l'éloquence passe aussi par une bonne maîtrise de la langue française.

Vous imaginez bien qu'il est illusoire d'apprendre par cœur des listes entières de mots d'orthographe ou de vocabulaire. Cela ne servirait à rien tant la probabilité que vous avez de tomber sur ces mots au SCORE IAE MESSAGE est faible. En revanche, faire l'effort intellectuel de définir ces mots et de leur trouver des synonymes, des antonymes et des expressions dans lesquelles ils sont utilisés vous permettra de vous adapter avec souplesse et sérénité à toute nouvelle situation que vous serez amenés à rencontrer le jour J tant dans la partie expression que compréhension.

Application : imaginons que vous lisiez ce texte, extrait d'une déclaration de M. François Fillon, alors ministre des Affaires sociales, du Travail et de la Solidarité, sur la gestion des conséquences de la canicule et notamment la prise en charge des personnes âgées (Paris, le 15 septembre 2003).

La crise a souligné une évolution de notre société, que tout le monde connaît bien, soit à titre personnel ou familial, soit à la lecture de nombreux travaux d'expertise. Notre société vieillit rapidement et **inéluctablement.** En 2003, 1 million de personnes sont âgées de plus de 85 ans. Elles seront 4,5 millions en 2040.

Cette tendance démographique, déjà préoccupante par elle-même, est accentuée par l'isolement d'une grande partie de ces personnes âgées : l'évolution de l'organisation du travail et la mobilité géographique qui l'accompagne se traduisent par la séparation résidentielle de générations qui vivaient il y a quelques décennies encore sous le même toit. Cette séparation a toutes les chances de s'accentuer avec l'arrivée à l'âge de la vieillesse des familles séparées ou éclatées d'aujourd'hui. C'est un fait de société qu'il n'y a pas lieu de juger, mais qu'il convient de prendre en compte dans une démarche d'anticipation des besoins.

[…]

Des causes organisationnelles contribuent aussi à expliquer l'ampleur de cette crise. J'ai déjà signalé l'absence ou le retard des mécanismes d'alerte. D'autres ont évoqué une moindre continuité de l'encadrement et une **raréfaction** de l'offre de service infirmière ou ménagère au mois d'août en raison de l'insuffisant étalement des congés dans un domaine où la permanence de l'assistance médico-sociale devra de plus en plus s'harmoniser avec la continuité des soins hospitaliers.

De même, les modalités de prise en charge des personnes âgées en amont et en aval des urgences hospitalières me paraissent un axe d'amélioration de la filière **gériatrique**. Les efforts à réaliser dans ce domaine seront analysés conjointement avec mon collègue, Jean-François Mattei, ministre de la Santé, de la Famille et des Personnes handicapées.

Au-delà des besoins financiers et organisationnels, la canicule a révélé aussi la **fragmentation** des compétences administratives et institutionnelles, ainsi que la complexité des modalités de financement et de tarification des établissements et services.

[…]

Cette **balkanisation** des responsabilités et cet **enchevêtrement** de compétences sont contraires aux besoins d'un pilotage de proximité, notamment en cas de crise. C'est pourquoi le projet de loi portant sur la **décentralisation** proposera de confier aux conseils généraux l'élaboration du schéma départemental gérontologique et, à terme, de simplifier les procédures d'autorisation et de tarification.

Sortez vos carnets !
Sur la page « vocabulaire », notez les mots en gras (ceux qui ont besoin d'être définis) :

	Définition	Synonymes	Expression
INELUCTABLE / INELUCTABLEMENT	Inéluctable : contre quoi on ne peut lutter.	nécessairement, inexorablement, fatalement, immanquablement.	La chute du Mur de Berlin était inéluctable.
RAREFACTION	Diminution sensible de la quantité disponible d'une marchandise.	diminution, épuisement, tarissement.	La raréfaction des matières premières est inquiétante.
GERIATRIE	Discipline médicale consacrée aux maladies dues au vieillissement.	gérontologie / la gériatrie est une composante de la gérontologie.	Le nombre de centres gériatriques en France augmentera inéluctablement dans les années à venir.
FRAGMENTATION	Partager, réduire quelque chose, en fragments, en multiples morceaux.	division, morcellement, fractionnement, segmentation.	La fragmentation du bloc communiste.
BALKANISATION	Diviser en Etats autonomes un ensemble territorial ou politique, afin de profiter des divisions ainsi créées / Fractionner une administration et la rendre inefficace.	fragmentation, atomisation.	La balkanisation de l'empire ottoman.
ENCHEVETREMENT	Ensemble confus, incohérent, désordonné.	emmêlement, désordre, fouillis.	« La politique, hélas ! est une jungle, trop souvent une brousse fétide, l'enchevêtrement des intérêts brouille la perspective. » (Charlotte Savary)
DECENTRALISATION	Système d'organisation des structures administratives de l'Etat dans lequel l'autorité publique est fractionnée et le pouvoir de décision remis à des organes autonomes régionaux ou locaux.	autonomie, régionalisme.	Dans la plupart des pays, il faut un équilibre convenable entre centralisation et décentralisation pour assurer un fonctionnement efficace du gouvernement.

NB :
Les définitions qui figurent dans le tableau précédent ainsi que de nombreuses définitions que vous trouverez tout au long de cet ouvrage sont extraites du *Larousse.fr*, qui est selon nous LE site de référence pour toutes vos recherches de définitions, synonymes et autres expressions.

Sur la page « expressions à retenir », notez les morceaux de phrases soulignés :

- *Souligner une évolution*
- *Cette tendance démographique est accentuée par*
- *La séparation résidentielle des générations*
- *Qu'il convient de prendre en compte dans une démarche d'anticipation des besoins*
- *Un pilotage de proximité*

Ce travail quotidien de prises de notes ne vous prend pas plus de 15 minutes et il vous permet d'apprendre énormément de choses tant au niveau de l'orthographe que de la grammaire ou du vocabulaire.

NB : bien entendu, cet exercice est TRES PERSONNEL et chacun trouvera ici et là les mots de vocabulaire, les tournures grammaticales et les expressions qui **lui font défaut**. Ne négligez pas ce travail de lecture et de prises de notes. C'est ce travail qui vous permettra assurément de progresser dans cette épreuve.

[4. Faites des dictées.]

Et oui ! Pour notre dernier conseil, nous vous proposons de vous remettre aux dictées ! On n'a encore rien trouvé de mieux pour tester sa maîtrise de la grammaire et de l'orthographe.

Vous trouverez pléthore de sites Internet dédiés aux dictées mais nous vous conseillons quand même de visiter en priorité ces deux sites de référence en la matière :

1. Les dictées audio du Bescherelle pour ceux qui ont un niveau relativement faible en expression (faible = on vous reproche régulièrement de faire de nombreuses fautes d'orthographe).

   https://bescherelle.com/dictees-audio

2. Les fameuses dictées d'Archibald ! Contemporaines et parfaitement adaptées aux exigences de l'épreuve de compréhension et d'expression écrite en français.

   Nous aimons beaucoup ce site car il est possible de saisir la dictée que l'on entend et de consulter ensuite son score et la correction.

   https://dictee.tv5monde.com/

II. MEMENTO DE LANGUE FRANÇAISE ET APPLICATIONS CLES

1. GRAMMAIRE ET ORTHOGRAPHE : 30 REGLES ESSENTIELLES

1. Affaire / A faire

- S'écrit avec une majuscule pour désigner une administration : *les Affaires étrangères* ; avec une minuscule dans les autres cas : *s'occuper des affaires courantes, des affaires nationales.*
- Est au singulier dans *se tirer d'affaire, être tiré d'affaire* ; et au pluriel dans *toutes affaires cessantes.*

[Affaire ou à faire ?]

- **Avoir affaire à :** *Je n'ai jamais eu affaire à lui. Attention, tu vas avoir affaire à moi !* L'expression est toujours suivie de *à.*
- **Avoir à faire :** *Ne m'importunez pas, j'ai à faire, il me reste beaucoup à faire. Qu'as-tu à faire ? Il n'y a rien à faire.*

2. Aussi

- S'emploie dans les comparatifs d'égalité de l'adjectif ou de l'adverbe.
  Il est aussi élégant que toi. Il conduit aussi vite qu'elle.
- Au sens de « également », **aussi** s'emploie dans des phrases affirmatives. Dans les phrases négatives, on emploie **non plus.**
  Tu l'as vu ? Moi aussi. / Tu ne l'as pas vu ? Moi non plus.
- Quand il indique un très haut degré, **aussi** entraîne le subjonctif avec inversion du sujet. *Aussi petit soit-il…* Sans inversion du sujet, on emploie **aussi… que.** *Aussi petit qu'il soit…*
- Comme conjonction, au sens de « c'est pourquoi », **aussi** entraîne l'inversion du sujet en langue soutenue.
  J'ai oublié mon téléphone chez moi, aussi n'ai-je pas pu travailler aujourd'hui.

[Accord avec *aussi bien que*]

- S'il y a une pause à l'oral ou deux virgules à l'écrit, le verbe reste au singulier.
  Le député, aussi bien que le sénateur, a accepté l'invitation (l'accent est mis sur « le député »).

- S'il n'y a pas de pause à l'oral ou pas de virgule à l'écrit, le verbe se met au pluriel.
  Le député aussi bien que le sénateur ont accepté l'invitation (l'un et l'autre).

3. Demi

- Le préfixe **demi-,** toujours suivi d'un trait d'union, est invariable : *un demi-hectare, une demi-heure, trois demi-hectares, trois demi-journées.*

- Les mots composés avec **demi-** prennent la marque du pluriel sur le second élément : *des demi-livres, des demi-cercles, des demi-mètres, des demi-douzaines, des demi-finales, des demi-frères, des demi-maux, des demi-mesures, des demi-pensions, des demi-teintes, des demi-tours.*

- **Et demi, et demie** indiquent que l'on ajoute la moitié d'une unité. L'accord se fait en genre (masculin et féminin), mais l'expression reste au singulier : *trois mètres et demi, deux bouteilles et demie* (= deux bouteilles plus la moitié d'une bouteille). On écrit *midi et demi, minuit et demi.*

- **A demi** est invariable. L'expression s'emploie sans trait d'union devant un adjectif ou un participe : *des coupes à demi pleines, à demi remplies* ; et avec un trait d'union devant un nom : *parler à demi-mot, une entrée à demi-tarif.*

4. Les noms des jours

- **Les noms des jours** s'écrivent sans majuscule.
  Venise, mercredi 8 mars.

- Ils prennent la marque du pluriel. *Tous les lundis.* Mais on écrit *les mardi et samedi de la semaine* (= il n'y a qu'un mardi et qu'un samedi dans la semaine).

- Les mots **matin, midi, après-midi, soir** restent invariables.
  Tous les dimanches matin (= au matin).

5. Leur / Leurs

- *Je leur indique. Indique-leur.*

Astuce : Remplacer « leur » par « lui ». Si cela fait sens, alors c'est bien « leur » et non « leurs ».

- *Ce sont leur voiture.* Chacun n'a qu'une voiture donc on écrit « leur ».

- « Ce sont leurs enfants » signifie qu'ils en ont plusieurs.

6. Les majuscules

[Les cas où l'on met une majuscule]

- Au début d'une phrase.

La saison froide commence.

- A l'initiale des noms propres : *Jean Firmin, habite en Allemagne, la planète Mars ;* et à certains noms communs employés comme noms propres : *le Créateur, vivre dans le Midi* (= la région), *la Révolution Française, le journal Le Figaro.*

- Aux noms de marque (mots déposés) : *un Frigidaire, un Kleenex.*

- A certains noms employés comme titres : *Votre Altesse, chère Madame, merci Docteur* (mais pas à *une altesse royale, madame votre mère, docteur en médecine*).

- Aux noms d'habitants, de nationalités ou de peuples : *un Marseillais, un Anglais, un Tibétain* ; mais pas s'il s'agit d'une religion : *un chrétien, un juif.*

[Les cas où l'on ne met pas une majuscule]

- Aux noms de mois, sauf s'il s'agit d'une date historique : *le 3 mars,* mais *fêter le 1er Mai.*

- Aux noms de vins, de fromages produits dans la région dont ils prennent le nom : *un bordeaux, un saint-nectaire.*

- Aux noms de langues : *le français, le tchèque.*

- Aux termes génériques de géographie *(océan, mer, mont, golfe…)* : *l'océan Indien, le mont Everest, le lac Victoria, le golfe de Gascogne…* Sauf s'ils font partie intégrante du nom propre : *le massif du Mont-Blanc, Golfe-Juan, l'Ile-de-France…*

7. Pourcentages

- Avec un complément au singulier, l'accord se fait au singulier (avec le complément), en particulier s'il y a des adjectifs ou des participes : *20 % de la population s'est soulevée ;* ou au pluriel (avec l'expression du pourcentage), si c'est la quantité que l'on veut mettre en valeur : *30 % du budget sont dépensés pour…*

- Avec un complément au pluriel, l'accord se fait au pluriel (avec le complément) : *20 % des prestations ont été effectuées ;* même si le complément est sous-entendu : *20 % ont été effectuées.*

- Quand il s'agit d'un taux, l'accord se fait toujours au masculin avec l'expression du pourcentage. *1 % du bilan pourra être contesté ; 13 % du bilan pourront être contestés.*

- Quand il s'agit d'un rendement, l'expression du pourcentage est au masculin singulier.

  Cela fait du 8 % ; 15 % me semble excessif.

8. Sans

- *Il est venu sans son fils. Il est arrivé sans. Ils s'en vont sans rien dire.*

Remarque : on écrit *sens dessus dessous*.

- **Sans que** est suivi du subjonctif.

  Il est venu sans qu'on l'entende, sans que rien le trahisse… (On n'écrit donc jamais « Il est venu sans qu'on ne l'entende… ».)

- Les noms composés avec **sans** prennent un trait d'union et sont invariables : *un/des sans-abri, un/des sans-cœur, un/des sans-le-sou, un/des sans-grade, un/des sans-papiers.*

[Singulier ou pluriel après *sans* ?]

Lorsque *sans* introduit un complément du nom sans déterminant, il faut faire appel à la logique et au bon sens pour savoir si le nom est au singulier ou au pluriel.
Un chemisier sans col et sans manches.

Dans bien des cas, on a le choix.
Un ciel sans nuage (= il n'y a pas un seul nuage dans le ciel).
Un ciel sans nuages (= s'il y en avait, il y en aurait plusieurs).

[Locutions figées]

Il faut retenir certaines locutions figées dans lesquelles le nom précédé de *sans* est toujours au singulier.

sans arrêt	sans crainte	sans exception	sans suite
sans cesse	sans délai	sans fin	
sans conteste	sans encombre	sans pareil	

Lorsque *sans faute* (« absolument »), *sans façon* (« simplement ») et *sans doute* (« peut-être ») sont employés comme adverbes, ils s'écrivent toujours au singulier.
Elle fera ses devoirs ce dimanche sans faute et pourra sans doute t'aider à faire les tiens.

9. Quand plusieurs noms commandent l'accord

- Si les noms sont tous au masculin, l'accord se fait au masculin pluriel.
  Emmanuel, Philippe et Paul sont souriants. Il a un pardessus et un pull neufs.

- Si les noms sont tous au féminin, l'accord se fait au féminin pluriel.
  Salima, Marie et Antoinette sont souriantes.

- Si les noms sont au masculin et au féminin, l'accord se fait au masculin pluriel.
  Salima, Marie et Emmanuel sont souriants.

- Si tous les noms au singulier représentent le même être ou la même chose, l'accord se fait au singulier.
  Un homme, un inconscient, s'est présenté devant nous.

- Si les noms sont synonymes, l'accord se fait avec le dernier.

  Donnez-moi un indice, une piste sérieuse.

- Si les noms sont repris par un mot qui résume, l'accord se fait avec celui-ci.

  Les murs, le mobilier, la décoration, tout était rénové... / La maison entière était rénovée.

10. Un mot avec son complément commande l'accord

- L'accord se fait selon le sens.

  Le ministre de l'Agriculture français. C'est le ministre qui est français. On peut dire : *le ministre français de l'Agriculture.*

  Le ministre de l'Education nationale. Il s'agit de l'Education nationale et non d'un ministre national.

- S'il s'agit d'un nom collectif ou d'un quantitatif, l'accord se fait soit avec le collectif ou le quantitatif, soit avec le complément.

  Une bande d'adolescents nerveux. / Une bande d'adolescents joyeuse et dissipée.
  Une quinzaine de jours ont été moroses. / Cette quinzaine de jours était ennuyeuse.

- Si le mot est un **quantitatif,** l'accord se fait avec le complément au pluriel.

  Beaucoup de familles sont venues. La plupart d'entre elles sont reparties.

- Si le mot est un **collectif,** l'accord se fait avec le collectif ou avec son complément.

  Un convoi de caravanes traversa (ou *traversèrent*) *la ville.*

11. Inversion du sujet

Il y a **inversion du sujet** quand le sujet est placé après le verbe alors que l'ordre habituel est sujet-verbe.

Elle parlera. – Parlera-t-elle ?

- Dans les tournures poétiques.

  Vienne l'automne, souffle le vent.

- Dans des formes de la phrase interrogative.
  Comment vas-tu ? Est-ce vous ?

- Dans l'incise.
  « Il te parle.
  – J'ai entendu », rétorqua Philippe.

- Après certains adverbes ou locutions adverbiales.
  Encore faut-il que… Toujours est-il que… Tout au plus ai-je… A peine avait-elle ouvert les yeux que…

- Dans les subordonnées relatives.
  Ce sont des conditions que connaissaient déjà nos aïeux.

[Trait d'union et liaison dans l'inversion du sujet]

- Lorsqu'il y a inversion du sujet, le pronom sujet est lié au verbe par un trait d'union.
  Viens-tu ?

- Si le verbe se termine par *-e* ou *-a,* on ajoute un *-t* pour permettre la liaison.
  Aime-t-il le caramel ?
  A-t-on besoin de tout ceci ?

- Si le verbe se termine par *-d* ou *-t,* on fait la liaison en prononçant [t].
  Perd-il son temps ?
  Aiment-ils le caramel ?

12. Quelque ou quel que ?

Il ne faut pas confondre **quelque,** déterminant indéfini, qui ne varie pas en genre, et **quel(le)… que,** déterminant interrogatif, qui précède un verbe au subjonctif.

- Déterminant indéfini
  Quelque décision que tu prennes, je ne cèderai pas.
  Quelque choix que tu fasses, je ne cèderai pas.

- Déterminant interrogatif

  Quelle que soit ta décision, je ne cèderai pas.

  Quel que soit ton choix, je ne cèderai pas.

  Quelles que soient mes envies, tu dois les combler.

13. Accord lorsqu'il y a plusieurs adjectifs pour un nom au pluriel

- Plusieurs adjectifs au pluriel se rapportent au mot pluriel dans sa globalité.

  Des enfants joyeux et rieurs jouaient dans la cour.

- Plusieurs adjectifs épithètes au singulier se rapportent à un même nom au pluriel.

  Etudier les civilisations égyptienne et romaine.

14. Accord des adjectifs de couleur

- Seuls s'accordent les adjectifs de couleur constitués d'un seul mot s'ils ne sont pas dérivés d'un nom (comme par exemple : beige, bleu, vert, etc.).

- Les adjectifs de couleur dérivés de noms employés comme adjectifs (comme par exemple : bistre, brique, carmin, crème, garance, grenat, indigo, marron, nacre, noisette, orange, pastel, pervenche, sépia, turquoise, vermillon, etc.) ne s'accordent jamais, sauf dans le cas de quelques exceptions qu'il faut connaître (comme par exemple : châtain, écarlate, rose, vermeille, violet, fauve).

  Notez : « pourpre », « mauve », « rose », « écarlate », « fauve», « incarnat » devenus de véritables adjectifs varient s'ils sont employés seuls (*Il avait les joues écarlates*).

- La couleur châtain est une double exception, car cette couleur peut prendre la marque du pluriel, mais peut aussi ne pas systématiquement prendre la marque du féminin (une chevelure châtain).

- Les adjectifs de couleur dérivés de langues étrangères (comme par exemple : auburn, kaki, etc.) sont invariables.

- Les adjectifs de couleur constitués de plusieurs mots (comme par exemple : bleu-vert, bleu clair, gorge-de-pigeon, etc.) ne s'accordent jamais, sauf éventuellement dans le cas d'une exception : les adjectifs de couleur unis par la conjonction de coordination « et » restent invariables lorsqu'il s'agit d'une seule et même indication (par exemple : des oiseaux vert et bleu), mais s'accordent lorsqu'il s'agit de deux indications distinctes (par exemple : des plumes vertes et bleues, autrement dit des plumes vertes et des plumes bleues). Source : francaisfacile.com

15. Adverbes

● **Les adjectifs employés comme adverbes**

Certains adjectifs s'emploient au masculin singulier comme des adverbes. Ils sont alors invariables.

Ces stylos sont chers (adjectif). / *Ces stylos coûtent cher* (adverbe invariable).

● **La formation des adverbes en *-ment, -amment, -emment***

Les adverbes en *-ment, -amment, -emment* se forment à partir de l'adjectif.

L'adverbe en *-ment* se forme le plus souvent à partir du féminin de l'adjectif.

Fier	Fière	Fièrement
Vif	Vive	Vivement
Grand	Grande	Grandement
Doux	Douce	Doucement
Lent	Lente	Lentement
Fou	Folle	Follement

[Remarques]

● Si l'adjectif masculin se termine déjà par *-e*, on ajoute *-ment* : *logique/logiquement, propre/proprement*. Mais le *-e* peut prendre l'accent aigu : *aveugle/aveuglément, intense/intensément*.

● Si l'adjectif masculin se termine par *-é, -i* ou *-u,* on ajoute *-ment* : *aisé/aisément, poli/poliment, vrai/vraiment* (mais *gai/gaiement*), *absolu/absolument* (mais *assidu/assidûment, cru/crûment*).

● L'adverbe en *-amment* ou en *-emment* (toujours prononcé [a]) se forme à partir du masculin de l'adjectif en *-ant* ou en *-ent.*

Bruyant	Bruyamment	Différent	Différemment
Brillant	Brillamment	Prudent	Prudemment
Courant	Couramment	Violent	Violemment

16. Conjonctions

Une conjonction est un mot invariable qui sert à « joindre » deux mots, deux groupes ou deux propositions.

● **Les conjonctions de coordination *mais, ou, et, donc, or, ni, car***

Elles relient deux mots, deux groupes de mots ou deux propositions qui ont la même fonction dans la phrase.

Robert aime le thé et le café. (« Et » relie deux noms COD.)

Robert et moi sommes de la partie. (« Et » relie un nom et un pronom sujets.)

Robert parle et Jean écoute. (« Et » relie deux propositions.)

⚠ **ATTENTION** N'écrivez pas « mais donc », « et donc », « or donc », etc. Il n'est en effet pas possible d'écrire deux conjonctions de coordination l'une à la suite de l'autre.

Remarque : certains adverbes, ou locutions adverbiales, jouent le même rôle qu'une conjonction de coordination, en particulier pour coordonner deux propositions : *puis, pourtant, en effet, ensuite, par contre, alors, cependant, toutefois, néanmoins,* etc.

A retenir : lorsque vous travaillerez sur des questions de reformulation, vous devrez choisir des phrases qui conservent le meilleur style. Aussi devez-vous savoir qu'il n'est pas bienvenu (bien que cela soit toléré) de débuter un phrase avec une conjonction de coordination.

● **Les conjonctions de subordination**

Elles relient une proposition subordonnée à une autre proposition dont elle dépend.

Les principales conjonctions de subordination sont : *que, quand, parce que, puisque, si, comme,* etc.

On trouvera à leur ordre, dans la partie dictionnaire, toutes ces conjonctions avec l'indication du mode (indicatif ou subjonctif) qu'elles demandent.

17. Accord du participe passé employé avec l'auxiliaire *avoir*

Le participe passé conjugué avec l'auxiliaire *avoir* ne s'accorde jamais avec le sujet. Il s'accorde avec le complément d'objet direct (COD) quand celui-ci est placé devant le verbe. Sinon, il reste invariable.

Sans accord	**Avec accord**
Ils ont couru. (pas de COD)	Quelles belles fleurs tu as dessinées ! (COD avant le verbe)
Ils nous ont menti. (*nous* est COI)	Ces fleurs, je les ai dessinées pour toi.
	Cette lettre, je l'ai rédigée.
	Les fleurs que j'ai dessinées pour toi sont belles.
	Tu nous as vus ? (= des garçons ou des garçons et des filles)
	Tu nous as vues ? (= des filles)

⚠ ATTENTION Le pronom transmet le genre (masculin ou féminin) et le nombre (singulier ou pluriel) de ce qu'il représente.

[Cas particuliers]

- Avec le pronom *en,* le participe passé est le plus souvent invariable.
  As-tu cueilli des cerises ? – Oui, j'en ai cueilli. (= de cela).
  Des romans comme ça, je n'en ai jamais lu !
  Mais il peut s'accorder si c'est l'idée de pluriel qui prédomine.
  Tant de disques ! Combien en as-tu achetés ?

- Avec le pronom *l',* le participe est invariable si le pronom représente une phrase.
  Elle est plus craintive que je l'avais imaginé.

- Avec des verbes comme *dire, donner, devoir, croire, vouloir, permettre,* etc. Il ne faut pas confondre le COD du participe et le COD d'un autre verbe (exprimé ou non). Ainsi, le participe s'accorde logiquement avec son COD dans :
  J'ai compris les choses que tu m'as dit (de faire) *que tu as permis* (que je fasse).
  Les mots *choses* étant COD du deuxième verbe *faire.*

- Suivi d'un infinitif, le participe passé s'accorde logiquement avec son complément d'objet direct, mais pas avec celui de l'infinitif.
  Marie, je l'ai vue danser. (= J'ai vu Marie qui dansait.)

[Remarques]

- Il ne faut pas confondre le complément de mesure d'un verbe intransitif qui répond à la question « combien ? » et le complément d'objet direct d'un verbe transitif qui répond à la question « quoi ? ».

Il a vécu deux ans en Afrique. (mesure)
Les deux ans qu'il a vécu en Afrique... (invariable)
Il a vécu deux divorces. (COD)
Les deux divorces qu'il a vécus... (accord)

- Il ne faut pas confondre le sujet réel d'un verbe impersonnel et un complément d'objet direct.
  Quelle chaleur il a fait ce matin ! (invariable)
  Il a fait une erreur ce matin. (COD)
  L'erreur qu'il a faite ce matin... (accord)

18. Accord du participe passé des verbes pronominaux

Le participe passé des verbes pronominaux s'accorde avec le sujet (comme normalement avec l'auxiliaire *être*) sauf si le pronom réfléchi est complément d'objet indirect (COI). Dans ce cas, il suit les règles d'accord du participe conjugué avec l'auxiliaire *avoir* : il reste invariable ou il s'accorde avec le COD placé avant.

- **Accord avec le sujet (comme avec l'auxiliaire *être*)**

Le pronom réfléchi ne représente rien.

Elles se sont perdues.

Ils se sont emparés du pays.

Elle s'est aperçue de sa méprise.

Ses livres se sont bien vendus.

Le pronom réfléchi est COD. Il représente le sujet.

Elle s'est vue dans la glace. (= elle-même)

Ils se sont aimés. (= l'un l'autre)

Il s'agit de verbes transitifs directs (avec COD) employés à la forme pronominale : *observer, aimer, habiller, laver,* etc.

- **Participe toujours invariable (comme avec l'auxiliaire *avoir*)**

Il n'y a pas de COD et le pronom réfléchi est COI.

Ils se sont parlé. (= l'un à l'autre)

Les employés qui se sont succédé. (= l'un a succédé à l'autre qui a succédé à l'autre, etc.)

Il s'agit de verbes transitifs indirects employés à la forme pronominale : *parler, mentir, nuire, plaire, succéder à quelqu'un,* etc.

Il y a un COD placé après le verbe.

Elles se sont offert des fleurs.
COI COD

Ils se sont écrit des lettres.

Elle s'est permis de partir en avance.

Elle s'est lavé les mains.

Il s'agit de verbes transitifs à deux compléments, l'un direct, l'autre indirect, employés à la forme pronominale : *donner, offrir, dire, écrire, demander quelque chose à quelqu'un,* etc., ou de constructions analogues : *se casser une jambe, se laver les mains.* Le complément d'objet direct suit le verbe, donc il n'y a pas d'accord.

● **Accord avec le COD placé avant le verbe (comme avec l'auxiliaire *avoir*)**

Quelles fleurs elles se sont offertes !
COD verbe

Les lettres qu'ils se sont écrites.

Les privilèges qu'elles se sont arrogés.

Quelle jambe s'est-elle cassée ?

Il s'agit le plus souvent de verbes transitifs à deux compléments employés à la forme pronominale : *donner, offrir, dire, écrire, demander, acheter quelque chose à quelqu'un,* ou de constructions analogues : *la jambe qu'il s'est cassée.* Le complément d'objet direct est placé avant le verbe, donc le participe passé s'accorde.

⚠ ATTENTION Il ne faut pas confondre : *elle s'est lavée* (= elle-même ; *s'est* COD) et *elle s'est lavé les mains* (= les mains à elle, *s'est* COI).

Remarque : le participe passé des locutions verbales est variable ou invariable selon les cas. Seul le recours au dictionnaire permet de lever la difficulté.

Elle s'est rendu compte de son oubli (= invariable).

Elle s'est rendue maître des événements (= variable).

19. Accord du participe passé suivi d'un infinitif

- Avec l'auxiliaire *être,* l'infinitif qui suit le participe ne modifie en rien les règles de l'accord.

  Ils sont partis chercher de l'aide.

- Avec l'auxiliaire *avoir,* il faut faire attention au complément d'objet direct (COD).

  – Si le COD est complément du participe et sujet de l'infinitif, il y accord.

  Sarah, je l'ai entendue chanter (= j'ai entendu Sarah qui chantait).

  – Si le COD est complément de l'infinitif, il n'y a pas d'accord.

  Ces poèmes, je les ai entendu réciter (= j'ai entendu [quelqu'un] réciter ces poèmes).

Remarque : le participe est invariable si on peut ajouter *par* et un complément indiquant qui fait l'action exprimée par l'infinitif.
Ces poèmes, je les ai entendu dire par Christian.

- Avec les verbes pronominaux, les règles sont les mêmes.

  – Avec accord : *Elle s'est vue tomber.*

  – Sans accord : *Elle s'est laissé approcher* (par quelqu'un).

[Cas particuliers]

- Le participe passé *fait* suivi d'un infinitif est toujours invariable.

  La jupe qu'elle a fait coudre. / La jupe qu'elle s'est fait coudre.

- Le participe passé *laissé* suivi d'un infinitif est variable.

  Elle s'est laissée dépérir. / Elle s'est laissé séduire (par quelqu'un).

Mais certaines grammaires, comme le texte des *Recommandations Officielles de 1990*, le donnent invariable sur le modèle de *fait*. Il y a donc très peu de chances que l'on vous demande de choisir le jour J entre une réponse avec « laissé » et une autre avec « laissée ».

20. Participe présent

Le participe présent d'un verbe est toujours terminé par *-ant,* quelle que soit la conjugaison de ce verbe.

- 1er groupe *chantant*
- 2e groupe *finissant*

- 3e groupe *cueillant, concluant, mourant, vivant,* etc.

Le participe présent peut s'employer seul.
Nous recherchons un collaborateur parlant le russe.

Ou après la préposition *en,* on parle alors du **gérondif.**
Ils sont partis en riant.

- **Participe présent et adjectif verbal**

On appelle **adjectif verbal** l'adjectif formé à partir du participe présent.
Le participe présent est toujours invariable, l'adjectif verbal est variable ; il s'accorde en genre (masculin ou féminin) et en nombre (singulier ou pluriel) avec le nom auquel il se rapporte.

Participe présent
Vivant à l'étranger, elle n'était pas au courant de la nouvelle.

Adjectif verbal
C'était une jeune femme très vivante. / Le personnel navigant de cette compagnie aérienne est formidable !

- **Participe présent invariable ou adjectif verbal variable ?**

Le gérondif, participe présent précédé de *en,* est toujours invariable.
Elle est partie en riant et en chantant.

La forme en *-ant* est un participe présent invariable :
– s'il y a un sujet (exprimé ou non) ou un complément (on peut remplacer le participe présent par une forme conjuguée)
Les élèves obéissant à leurs maîtres attendaient sagement (= les élèves qui obéissent à leurs maîtres…).
– si l'on peut l'encadrer avec la négation *ne… pas*
Ne croyant pas pouvoir arriver à l'heure, elle a préféré décommander.

La forme en *-ant* est un adjectif verbal variable :
– si l'on peut l'employer comme attribut (après le verbe *être*)
Ces élèves sont obéissants.

– si l'on peut lui substituer un autre adjectif
Une jeune fille croyante (= dévote).
– si l'on peut l'employer avec des adverbes comme *très*
C'est une chanson très apaisante.

⚠ **ATTENTION** Quelquefois, adjectif verbal et participe présent n'ont pas la même orthographe tout en ayant la même prononciation.

Verbes en *-ger, -guer, -quer* :

Verbe	**Participe présent**	**Adjectif verbal**
Diverger	divergeant	divergent
Négliger	négligeant	négligent
Fatiguer	fatiguant	fatigant
Naviguer	naviguant	navigant
Communiquer	communiquant	communicant
Suffoquer	suffoquant	suffocant

Autres verbes :

Verbe	**Participe présent**	**Adjectif verbal**
Adhérer	adhérant	adhérent
Equivaloir	équivalant	équivalent
Influer	influant	influent
Résider	résidant	résident

⚠ **ATTENTION** Vous retiendrez que pour le verbe trafiquer, le participe présent (en trafiquant) s'écrit de la même façon que l'adjectif verbal (un trafiquant de drogue).

21. Le subjonctif

Le subjonctif permet d'exprimer :

- Un souhait
  Je désire que tu viennes. *J'aimerais que tu viennes.*
  Vive le roi ! (= que le roi vive) *Puisses-tu dire vrai !*

- L'obligation ou l'ordre
  Il faut que tu lui répondes. *Qu'il y aille !*

Dans cet emploi, le subjonctif à la 3e personne remplace l'impératif.
D'une manière plus générale, le subjonctif indique le doute, le virtuel, le possible, alors que l'indicatif indique ce qui est réel, sûr, effectif.
C'est ainsi que l'on dira :
– à l'indicatif : *Je suis certain qu'il changera d'avis.*
– au subjonctif : *Je ne suis pas certain qu'il change d'avis.*

Remarque : le subjonctif s'emploie aussi obligatoirement après des conjonctions de subordination telles que *pour que, avant que, bien que,* etc.

22. Verbes pronominaux

On appelle **verbe pronominal** un verbe qui s'emploie avec un pronom réfléchi *(me, te, se, nous, vous, se).*

Aux temps composés, les verbes pronominaux se conjuguent toujours avec l'auxiliaire *être.*

● **Verbes essentiellement pronominaux**

Ce sont des verbes comme *s'emparer, s'enfuir, se méfier, se souvenir, s'écrier,* etc. Ces verbes n'existent qu'à la forme pronominale et le pronom réfléchi ne représente rien. Il ne s'analyse pas.

Aux temps composés, le participe passé des verbes essentiellement pronominaux s'accorde en genre et en nombre avec le sujet.
Ils se sont enfuis.
Elle s'est souvenue de son adolescence.
Ils se sont abstenus de voter.

Remarques :
Le verbe *s'arroger* se construit avec un complément d'objet direct. L'accord se fait avec le COD s'il est placé avant.
Elle s'est arrogé des subsides. / Les subsides qu'elle s'est arrogés.

Certains verbes sont essentiellement pronominaux uniquement dans un de leurs emplois. C'est le cas par exemple du verbe *s'apercevoir* (= se rendre compte), dont le sens est bien distinct de celui du verbe *apercevoir.*
Elle s'est aperçue de son oubli.
Elle s'est aperçue dans le miroir.

● Construction pronominale

La plupart des verbes transitifs (direct, indirects ou à deux compléments) peuvent s'employer à la forme pronominale. Dans ce cas, le pronom réfléchi qui représente le sujet est complément d'objet direct (COD) ou complément d'objet indirect (COI).

● Verbe transitif direct

A la forme pronominale, le pronom réfléchi est COD.

Marie se regarde dans le miroir (= elle-même). (Marie observe qui ? – Marie.)

Jean et Marie s'aiment (= l'un l'autre). (Jean aime Marie ; Marie aime Jean.)

Aux temps composés, le participe passé des verbes transitifs directs employés à la forme pronominale s'accorde avec le sujet que le pronom réfléchi reprend.

Marie s'est regardée dans le miroir.

Jean et Marie se sont embrassés (= l'un l'autre).

● Verbe transitif indirect

A la forme pronominale, le pronom réfléchi est COI.

Jean se ment (= à lui-même). (Jean ment à qui ? – A Jean.)

Maxime et Sylvie se plaisent (= l'un à l'autre). (Maxime plaît à Sylvie et Sylvie plaît à Maxime.)

Aux temps composés, le participe passé des verbes transitifs indirects employés à la forme pronominale est invariable.

Sylvie s'est menti (= à elle-même).

Maxime et Sylvie se sont plu (= l'un à l'autre).

● Verbe transitif à deux compléments

A la forme pronominale, le pronom réfléchi est COI et il y a un complément d'objet direct.

Marie s'offre une jupe. (Marie offre quoi ? – Une jupe. A qui ? – A elle-même.)

Aux temps composés, le participe passé des verbes transitifs à deux compléments employés à la forme pronominale s'accorde avec le COD si celui-ci est placé avant le verbe.

Marie s'est offert une jupe.
verbe COD

La jupe que Marie s'est offerte.
COD verbe

- **Verbe pronominal réfléchi ou réciproque**

On dit d'un verbe pronominal qu'il a un **sens réfléchi** quand on peut dire *lui-même, elle-même, eux-mêmes, elles-mêmes.* Le sujet peut être au singulier ou au pluriel.

Marie se regarde dans le miroir.

Les comédiens s'habillent.

On dit d'un verbe pronominal qu'il a un **sens réciproque** quand on peut dire *l'un l'autre, l'un à l'autre, les uns les autres,* etc. Le sujet a toujours un sens pluriel même s'il s'agit du pronom *on.*

Pierre et Marie se sont enlacés (= l'un l'autre).

Les enfants se sont bagarrés dans la cour (= les uns contres les autres).

Ils se sont écrit des poèmes (= l'un à l'autre).

23. Règles de ponctuation

- **La virgule**

La virgule indique une pause dans la phrase, moins marquée que celle indiquée par un point.

Sylvie mit son écharpe, ouvrit la porte et partit travailler.

La virgule sépare des éléments semblables (même ponctuation, même registre) dans la phrase.

Maxime acheta des légumes, du thé et le journal.

- **Le point**

Le point se place à la fin de la phrase.

Eric alla en Russie.

Le point signale la fin d'une abréviation.

M. pour Monsieur, Abr. pour abrégé…

N.B. : on ne met pas de point lorsque des lettres sont supprimées à l'intérieur du mot.

Dr pour *Docteur* ou *Mme* pour *Madame.*

- **Le point-virgule**

Le point-virgule s'utilise à l'intérieur d'une phrase.

La valeur de la pause du point-virgule se situe entre celle du point et celle de la virgule. On ne met pas de majuscule après le point-virgule.

Le film était fini ; il était temps de quitter la salle.

- **Le point d'exclamation**

Il s'utilise après une interjection ou une phrase exclamative.

Oh ! (Interjection) / *Je me suis fait avoir !* (Phrase exclamative)

- **Le point d'interrogation**

Le point d'interrogation se place à la fin d'une question.

As-tu entendu ce qu'elle a dit ?

On peut marquer le doute par un point d'interrogation entre parenthèses (?).

Léonard de Vinci est né en 1452 (?) à Vinci.

- **Les points de suspension**

On les appelle aussi « les petits points » ou « trois petits points ». On les utilise pour marquer l'inachèvement dans l'expression d'une idée, d'une énumération.

Il y a retrouvé son père, sa mère, ses frères, ses sœurs...

On peut les utiliser avant ou après un point d'exclamation ou d'interrogation.

Hep !... Toi, là-bas !...

Tu disais... ?

On les emploie aussi après l'initiale d'un nom que l'on veut dissimuler.

Monsieur G. de R... fit son entrée.

Les points de suspension, enfin, marquent une pause, une attente, une surprise dans un texte.

Quand soudain..., il s'aperçut qu'il n'était pas seul.

- **Les deux-points**

Les deux-points annoncent une énumération, une citation, des propos.

Tout l'irritait : ses rires, ses plaisanteries, ses expressions.

Elle s'exclama : « Comme c'est original ! »

Les deux-points annoncent parfois une explication, une justification.

Maxime annula son rendez-vous avec Julie : il n'était pas d'humeur à voir du monde.

● **Les parenthèses et les crochets**

Les parenthèses servent à mettre à part un mot, une remarque ou un passage.

Un horloger suisse (et plus précisément, romand) s'était installé en Auvergne.

Trois points consécutifs placés entre crochets *([...])* indiquent l'omission d'un passage plus ou moins long. Il s'agit souvent d'un extrait de citation.

● **Les guillemets**

Ils ont été imaginés par l'imprimeur Guillaume, dit Guillemet. Les guillemets servent à encadrer une citation.

Baudelaire a écrit : « Homme libre, toujours tu chériras la mer... »

On utilise les guillemets pour mettre en évidence un titre d'article, une expression étrangère, un mot familier.

Il a enfilé ses nouvelles « grolles » pour son premier entretien d'embauche.

On utilise enfin les guillemets pour rapporter des paroles prononcées.

● **Le tiret**

Dans un dialogue, le tiret annonce un nouvel interlocuteur.

« Voulez-vous souper avec moi ?
– Oui, avec plaisir. »

Les tirets peuvent remplacer des parenthèses. Dans le traitement de texte, le tiret est précédé d'un espace. *Nota bene :* le second tiret n'est pas indispensable devant un point ou un point-virgule.

Quand il s'adressa à Shimon Peres – le président de l'Etat d'Israël – Daniel fut submergé par l'émotion.

24. Des terminaisons inattendues

● **Des noms masculins qui se terminent par un *-e***

Des noms masculins terminés par **-ée :** *un athée, un caducée, un camée, un apogée, un hyménée, un lycée, un mausolée, un musée, un pygmée, un scarabée, un trophée...*

Des noms masculins terminés par **-ie :** *un amphibie, un génie, un incendie, un parapluie, un sosie, le foie...*
Des noms masculins terminés par **-oire :** *un accessoire, un auditoire, un conservatoire, un interrogatoire, l'ivoire, un laboratoire, un observatoire, un pourboire, un réfectoire, un territoire...*
Des noms masculins terminés par **-eurre :** *le beurre, un leurre.*
Un nom masculin terminé par **-ette :** *un squelette.*

- **Des adjectifs au masculin qui se terminent par un *-e***

Les adjectifs au masculin terminés par le son **[il]** s'écrivent **-ile :** *habile, débile, futile, sénile, immobile...*
Exceptions : *civil, puéril, subtil, vil, volatil, tranquille.*

- **Des terminaisons inattendues pour des mots au singulier**

Certains noms au singulier se terminent par **-s** : *un croquis, le cambouis, une fois, un héros, un legs, un poids, un puits, un compromis, un remords, un relais, un tiers, un concours, un discours, un parcours, un recours, le velours...*

Certains noms au singulier se terminent par **-x** : *une croix, un crucifix, une faux, le flux, une noix, la paix, une perdrix, le prix, la toux, la voix...*

Tous les adjectifs masculins terminés par le son **[eü]** s'écrivent **-eux,** même au singulier : *ambitieux, mystérieux, précieux, respectueux, chanceux, honteux...*
Exceptions : *un bleu de travail / des bleus de travail ; un pneu de moto / des pneus de moto.*

- **Des terminaisons inattendues pour des mots féminins**

Les noms féminins terminés par le son **[tje]** s'écrivent **-tié.** Ils ne prennent jamais de *-e* final : *la pitié, l'amitié, la moitié...*

Quatre noms féminins terminés par le son **[y]** s'écrivent **-u,** sans *-e* final : *la bru, la glu, la tribu, la vertu.*

Les noms féminins terminés par le son **[te]** s'écrivent **-té,** sans *-e* final : *la beauté, la cité, la gaieté, la fierté, l'humanité, la quantité, la propriété, la satiété, la piété...*
Exceptions : *la butée, la dictée, la jetée, la montée, la nuitée, la pâtée, la portée, la tétée* ; les noms qui expriment un contenu : *une assiettée, une platée, une potée...*

● **Les noms feminins sans *-e***

Les noms de cette liste sont féminins. Ils se terminent par un « son » voyelle, mais s'écrivent sans *-e* final, contrairement à la majorité des noms féminins.

la brebis	la glu	la paroi	la tribu
la bru	la loi	la perdrix	la vertu
la clé	la nuit	la souris	
la foi	la paix	la toux	

25. Quelques mots invariables

Attention aux mots suivants qui sont invariables et qui doivent le rester !

BEAUCOUP, HIER, SELON, SURTOUT, TANT, TROP, HORMIS, PARMI (jamais avec un « s » !), ENTRE, DURANT et CERTES (et jamais sans « s » donc !)

26. Masculin ou féminin ?

Dit-on *un* ou *une astérisque ?* Nous donnons ici une liste de noms sur lesquels les erreurs sont les plus nombreuses.

● **Masculin :** un abaque, un abysse, un accessit, un aconit, un acrostiche, un adultère, un aéronef, un agrume, un ail, un amalgame, un ambre, un amiante, un anathème, un animalcule, un antidote, un antipode, un antre, un apanage, un aparté, un apogée, un appendice, un arcane, un archipel, un argent, un armistice, un arôme, un arpège, un artifice, un astérisque, un asphalte, un astragale, un attique, un augure, un auspice, un autoclave, un avorton, un baffle, un balustre, un bastringue, un camée, un codicille, un colchique, un denticule, un effluve, un edelweiss, un édicule, un elfe, un ellébore, un éloge, un embâcle, un emblème, un emplâtre, un épiderme, un épilogue, un épisode, un équinoxe, un esclandre, un escompte, un exergue, un exorde, un farniente, un haltère, un hémisphère, un hospice, un hyménée, un hymne, un impair, un inceste, un intérim, un intermède, un interstice, un intervalle, un libelle, un nocturne, un obélisque, un onyx, un opercule, un opprobre, un orifice, un ovule, un pétale, un pétoncle, un planisphère, un poulpe, un squale, un socque, un stère, un tentacule, un termite, un testicule, un trille, un tubercule.

● **Féminin :** une abscisse, une abside, une acoustique, une acné, une alcôve, une algèbre, une altesse, une amanite, une amnistie, une anagramme, une anicroche, une anode, une antichambre, une apothéose, une arabesque, une arachide, une arche, une aréole, une argile, une artère, une aspirine, une atmosphère, une autoroute, une aurore, une azalée, une bakélite, une bamboche, une campanule, une caténaire, une cathode, une chromo, une cithare, une congère, une coriandre, une dupe, une diatribe, une ébonite, une ecchymose, une échappatoire, une échauffourée, une écritoire, une écumoire, une égide, une embûche, une émeraude, une emphase, une emprise, une encaustique, une encyclique, une enzyme, une éphéméride, une épigramme, une épitaphe, une épithète, une épître, une équivoque, une escarre, une espèce, une étole, une extase, une foulque, une gemme, une gent, une gestuelle, une hécatombe, une hydre, une icône, une immondice, une impasse, une imposte, une interface, une mandibule, une météorite, une moustiquaire, une oasis, une octave, une ode, une odyssée, une omoplate, une oriflamme, une orque, une panacée, une patère, une primeur, une psyché, une réglisse, une rixe, une scolopendre, une spore, une stalactite, une stalagmite, une stèle, une tique, une topaze, une urticaire, une vésicule, une virago.

- **Et voici enfin quelques noms qui s'emploient indifféremment au masculin et au féminin :** un ou une alvéole, un ou une après-guerre, un ou une après-midi, un ou une arsouille, un ou une ébène, un ou une holding (mot anglais), un ou une palabre, un ou une parka, un ou une phalène.

27. Epicènes

Se dit d'un mot dont la forme ne change pas avec le genre qu'il désigne. Du grec *epikoinos,* « possédé en commun ».

Exemples : *cartouche* (<u>une</u> cartouche = une cartouche d'encre ou de cigarettes / <u>un</u> cartouche = un symbole hiéroglyphique ou encore un ornement de pierre taillée portant une inscription gravée), *critique, garde, greffe, livre, manche, mémoire, mode, moule, mousse, page, pendule, platine, poste, somme, tour, vase, voile.*

Il existe également quelques **prénoms épicènes** comme : *Claude, Maxime, Camille* et *Dominique.*

28. L'écriture des adjectifs numéraux cardinaux et ordinaux

- **Les adjectifs numéraux cardinaux**

On met normalement un trait d'union dans les composés inférieurs à cent sauf s'ils sont coordonnés par *et* : *vingt-deux* mais *vingt et un.*

Les adjectifs numéraux cardinaux sont invariables sauf *un, cent* et *vingt.*

– *Un* s'accorde en genre (masculin ou féminin).

J'ai lu trente et un paragraphes. J'ai lu trente et une pages.

– *Cent* prend un *-s* quand il est multiplié : *deux cents livres,* sauf quand il est suivi d'un autre numéral : *deux cent trois livres,* ou quand il est employé comme ordinal : *page deux cent* (= la deux centième page).

– *Vingt* ne prend un *-s* que dans le nombre *quatre-vingts* : *il a quatre-vingts euros,* sauf quand il est suivi d'un autre numéral : *il a quatre-vingt-cinq ans* ou quand il est employé comme ordinal : *ouvrez vos manuels page quatre-vingt* (= la quatre-vingtième page).

Mille est toujours invariable : *cinq mille hommes.*

⚠ **ATTENTION** *Million* et *milliard* ne sont pas des adjectifs mais des noms. Ils prennent donc la marque du pluriel : *six milliards et cinq cents millions de personnes.*

- **Les adjectifs numéraux ordinaux**

Ces adjectifs indiquent le rang, l'ordre. Ils sont formés d'un numéral cardinal auquel on ajoute la terminaison *-ième* : *deuxième, cinquième, trente et unième.*

Les adjectifs numéraux ordinaux s'accordent en nombre.
Ils sont huitièmes ex-æquo.

Les adjectifs *premier* et *second* s'accordent aussi en genre.
C'est le premier, c'est la première. Ils sont premiers, elles sont premières.

⚠ **ATTENTION** Lorsque deux adjectifs numéraux se rapportent au même nom au pluriel, ils restent au singulier : *les dix-septième* et *dix-neuvième siècles.*

29. Sigles et acronymes

- Un sigle est une abréviation constituée des initiales (ou de certaines lettres) de plusieurs mots.

  EDF : Electricité de France / HLM : Habitation à loyer modéré / CNRS : Centre national de la recherche scientifique.

Aujourd'hui, les sigles s'écrivent de plus en plus souvent sans point entre les lettres et même les majuscules ont tendance à disparaître.

- **Un sigle qui peut se lire et se prononcer comme un mot est un acronyme :** *SICAV, SMIC, ONU, OVNI* : *une Sicav monétaire, un Smic brut.*

- Les sigles et les acronymes prennent le genre du mot principal qui les compose. *CFDT* est du féminin (= Confédération française démocratique du travail). *CNRS* est du masculin (= Centre national de la recherche scientifique).

- Les acronymes peuvent être invariables : *des SICAV,* ou prendre la marque du pluriel quand ils sont devenus de véritables noms communs : *des ovnis* (= objets volants non identifiés), *des radars* (= RAdio Detection And Ranging).

30. Pluriels particuliers

- La plupart des noms qui ont une terminaison en *-ail* ont un pluriel régulier en *-s.* Ils s'écrivent donc *-ails* au pluriel : *un portail/des portails, un caravansérail/des caravansérails.*

Cas particuliers

Certains noms font leur pluriel en *-aux.* Parmi les plus courants, on trouve :

un bail – des baux	un travail – des travaux
un corail – des coraux	un vantail – des vantaux
un émail – des émaux	un vitrail – des vitraux
un soupirail – des soupiraux	

- Seuls sept noms en *-ou* font leur pluriel en *-x.* Il faut les connaître.

des bijoux	des genoux
des choux	des joujoux
des hiboux	des poux
des cailloux	

2. VOCABULAIRE ET STYLE

1. Vocabulaire difficile

Au SCORE IAE MESSAGE, nombreuses sont les questions portant sur du vocabulaire. Il est évident que vous ne pourrez espérer connaître tous les mots du dictionnaire par cœur mais je vous livre quand même ici une liste de mots difficiles que l'on retrouve souvent dans des épreuves de QCM des concours commerciaux ou administratifs. Je vous conseille d'y jeter un œil attentif.

Nota bene : naturellement, dès que vous rencontrerez désormais un mot dont vous ignorez la définition, vous devrez absolument chercher sa définition et la noter dans un carnet que vous aurez à coeur de réviser quelques jours avant l'épreuve.

Mots	Définitions
Abhorrer	Eprouver de l'aversion pour quelque chose ou quelqu'un ; détester, exécrer
Abject	Qui inspire le dégoût, le mépris, par sa bassesse, sa dégradation morale
Admonester	Réprimander sévèrement en avertissant de ne pas recommencer
Annihiler	Anéantir un ensemble abstrait, le détruire, le ruiner complètement
Bougon	Qui a l'habitude de bougonner, de maugréer
Carcéral	Relatif aux prisons : le monde carcéral
Cataclysme	Désastre, bouleversement complet dans la situation d'un Etat, d'un groupe, d'une personne ; catastrophe
Chimère	Animal fabuleux ayant la tête et le poitrail d'un lion, le ventre d'une chèvre et la queue d'un serpent / Projet séduisant, mais irréalisable ; idée vaine qui n'est que le produit de l'imagination ; illusion : poursuivre des chimères
Colloque	Entretien entre deux ou plusieurs personnes / Réunion visant à l'étude d'une question scientifique ou à la discussion de problèmes diplomatiques, économiques, politiques, etc. ; congrès
Commensal	Personne qui mange (habituellement) à la même table qu'une autre
Courroux	Vive colère, emportement
Dextérité	Adresse de la main dans l'exécution de quelque chose, adresse d'esprit, ingéniosité dans l'accomplissement d'une action ; habileté
Diatribe	Critique amère et violente ; pamphlet
Emoluments	Traitement, salaire attaché à un emploi ; rétribution des actes effectués par un officier ministériel (notaire, huissier) ou un avocat, tarifés par l'autorité publique.
Emphase	Exagération pompeuse dans le ton, le geste, dans les termes employés

Entomologie	Partie de la zoologie qui traite des insectes et, par extension, des autres arthropodes terrestres
Equinoxe	Epoque de l'année (20 ou 21 mars, 22 ou 23 septembre) où le Soleil, dans son mouvement propre apparent sur l'écliptique, traverse l'équateur céleste et qui correspond à l'égalité de durée du jour et de la nuit
Esclandre	Manifestation bruyante faite en public contre quelqu'un ou quelque chose ; scandale
Euphémisme	Atténuation dans l'expression de certaines idées ou de certains faits dont la crudité aurait quelque chose de brutal ou de déplaisant
Exsangue	Qui a perdu beaucoup de sang / Qui est d'une grande pâleur, livide
Fallacieux	Qui cherche à tromper, à nuire ; perfide
Gageure	Action, projet peu croyable et ressemblant à un pari hasardeux : c'est une gageure de vouloir raisonner cet entêté
Gallicisme	Idiotisme propre à la langue française comme « se mettre en quatre » ou « être sur les dents »
Geôle	Cachot, prison
Gouailleur	Qui gouaille, dénote un esprit railleur ; narquois
Hâbleur	Qui a l'habitude de parler beaucoup et de se vanter, qui cherche à donner une haute idée de sa personne
Harangue	Littéraire : discours solennel prononcé devant une assemblée, une personnalité importante, des troupes, etc. / Familier : discours quelconque, ou discours pompeux, ennuyeux ou moralisateur
Hécatombe	Massacre, destruction d'un grand nombre de personnes ou d'animaux
Héraldique	Discipline ayant pour objet la connaissance et l'étude des armoiries
Impécunieux	Qui a peu d'argent
Incriminer	Mettre quelqu'un, quelque chose en cause, les dénoncer comme responsable d'une action ou d'une situation blâmable ou dommageable
Incurie	Manque d'application ; négligence extrême : incurie administrative
Indigène	Originaire du pays où il vit
Inextinguible	Qu'il est impossible d'éteindre. Qu'on ne peut apaiser, arrêter
Infléchir	Incliner quelque chose, le plier de façon à produire une courbe / Influer sur l'évolution de quelque chose en en modifiant le cours
Insulaire	Relatif aux îles
Intempestif	Qui est fait à contretemps, se produit mal à propos ou apparaît comme inconvenant
Irascible	Qui est prompt à s'irriter
Irrévérencieux	Qui manque de respect

Lilliputien	Personne très petite
Matrimonial	Relatif au mariage
Morbide	Qui relève de la maladie, la caractérise ou en résulte : état morbide / Qui a un caractère malsain, anormal : curiosité morbide. Une littérature morbide
Morigéner	Réprimander quelqu'un en lui faisant une leçon de morale ; sermonner
Népotisme	Abus de quelqu'un qui use de son autorité pour procurer des avantages à sa famille
Obséquieux	Qui manifeste, qui marque un excès de respect, d'égards
Onirique	Relatif au rêve
Onomatopée	Processus permettant la création de mots dont le signifiant est étroitement lié à la perception acoustique des sons émis par des êtres animés ou des objets
Ostracisme	Action de tenir quelqu'un qui ne plaît pas à l'écart d'un groupe, d'une société, d'une manière discriminatoire et injuste
Parangon	Modèle, type accompli : parangon de vertu / En joaillerie : une pierre sans défaut
Paupérisme	Phénomène social caractérisé par un état de pauvreté endémique d'une partie de la population
Pédant	Personne qui fait étalage d'une science souvent superficielle ; cuistre
Pittoresque	Qui, par sa disposition originale, son aspect séduisant, est digne d'être peint / Qui a du relief, de la couleur, qui fait image
Pléiade	Grand nombre de personnes, généralement remarquables : maître entouré d'une pléiade de disciples
Plagiat	Acte de quelqu'un qui, dans le domaine artistique ou littéraire, donne pour sien ce qu'il a pris à l'œuvre d'un autre
Posthume	Qui ne se produit qu'après la mort de la personne intéressée
Quolibet	Raillerie, moquerie
Rasséréner	Rendre sa sérénité, son calme
Rebut	Ce qu'il y a de plus mauvais dans quelque chose et qui est laissé de côté / Ce qu'il y a de plus vil, de plus méprisable dans un groupe
Renégat	Personne qui a abandonné, trahi ses opinions, sa religion, son parti
Sarcasme	Action de railler avec méchanceté
Sérendipité	Capacité / art de faire une découverte, scientifique notamment, par hasard
Sévices	Mauvais traitements exercés sur quelqu'un qu'on a sous son autorité ou sous sa responsabilité
Solécisme	Construction qui n'est pas conforme aux règles de la syntaxe d'une langue à une époque donnée ou qui n'est pas acceptée dans une norme ou un usage jugé correct
Subterfuge	Moyen habile et détourné pour se tirer d'embarras

Succédané	Produit de remplacement
Surseoir	Différer une action, une décision
Tergiverser	User de détours, de faux-fuyants, pour éviter de dire nettement quelque chose, pour retarder une décision
Torpeur	Etat de quelqu'un chez qui l'activité psychique et physique, la sensibilité sont réduites
Tribulations	Suite d'aventures plus ou moins désagréables, de revers, d'obstacles surmontés
Usurper	S'approprier indûment une dignité, un bien
Velléitaire	Qui est incapable de s'en tenir à une décision prise

2. Mots de sens proche et paronymes

Le jour de l'épreuve, on vous demandera dans certaines questions de choisir entre *officiel* et *officieux*, entre *cohérence* et *cohésion* ou encore entre *transparent* et *translucide*. Tout dépendra du contexte bien sûr mais sachez d'ores et déjà que ces questions sont réputées pour vous tendre quelques pièges auxquels vous pouvez pourtant échapper si vous vous donnez la peine de vous attarder sur la liste qui suit !

Analogue Qui présente quelques similarités, qui est semblable.	**Identique** Qui est en tous points pareil à autre chose.
Assurer Certifier, garantir.	**Promettre** S'engager envers quelqu'un, garantir, certifier (mais ne doit être employé que pour faire référence au futur).
Ceci Se réfère à ce qui va être dit.	**Cela** Se réfère à ce qui a été dit.
Cohérence Union étroite d'idées qui s'accordent entre elles.	**Cohésion** Attribut d'un ensemble dont les parties sont solidaires.
Colorer Donner de la couleur (nom dérivé : coloration)	**Colorier** Appliquer des couleurs sur une surface (nom dérivé : coloriage).

La découverte Elle consiste à faire connaître ce qui existe mais qui était occulté ou ignoré jusque-là.	**L'invention** Elle consiste à concevoir une technique ou un appareil qui n'existait pas jusque-là.
Dédicacer Signer l'exemplaire d'une œuvre dont on est l'auteur.	**Dédier** Mettre une œuvre sous le patronage de quelqu'un.
Affleurer Qui sort légèrement de la surface (de l'eau ou du sol).	**Effleurer** Le fait de toucher légèrement quelque chose.
Affliger Causer une grande douleur morale (mauvaise nouvelle). *La triste nouvelle nous a tous **affligés**.*	**Infliger** Faire subir quelque chose de pénible à quelqu'un. *Le tribunal a infligé une amende de 10 000 € à M. Martin.*
Une collision Un choc provoqué par deux choses qui se rencontrent. *Ce matin, un camion est entré en **collision** avec un train.*	**Une collusion** Entente entre un groupe de personnes pour faire du mal à quelqu'un.
Consommer Accorder, donner	**Consumer** Brûler
Dénudé Mis à nu, dépouillé *Elle est dénudée. Fermez les yeux !*	**Dénué** Qui manque de… *Les explications de Méline étaient totalement **dénuées** de sens.*
Une effraction Le fait de forcer une clôture, une serrure, une porte (casser). *Les voleurs sont entrés dans le magasin par **effraction**.*	**Une infraction** Le fait de ne pas respecter le règlement. *En roulant trop vite, Pierre a fait une **infraction** au code de la route.*
Un émigré Une personne qui quitte son pays.	**Un immigré** Une personne qui arrive dans un pays (un étranger).

Enduire Recouvrir une surface avec une autre matière.	**Induire** Avoir pour conséquence, entraîner.
Esquiver Eviter adroitement.	**Esquisser** Dessiner sans donner de détails.
Infecter Prolonger dans le temps.	**Infester** Envahir en grand nombre.
Subvenir Donner à quelqu'un ce qui est vital.	**Survenir** Arriver brusquement.
Coasser Crier pour la grenouille.	**Croasser** Crier pour le corbeau.
Une affectation Un poste, une fonction, une destination.	**Une affection** Attachement, tendresse.
L'excès Ce qu'il y a en trop.	**L'accès** L'entrée.
Désaffecté Qui ne remplit plus le rôle qui lui était attribué.	**Désinfecté** Au sens de retirer une infection.
Des bribes Des petits morceaux.	**Une bride** Pièce du harnais qui permet de diriger un cheval. *Expressions :* *Lâcher la* ***bride*** *à quelqu'un : laisser plus de liberté.* *Avoir la* ***bride*** *au cou : manquer de liberté.*
Compréhensible Qui peut être compris facilement (se dit d'une chose).	**Compréhensif** Qui peut facilement comprendre (se dit d'une personne). Mon père a été **compréhensif** sur le fait que je ne souhaitais pas venir avec lui.
Décerner Accorder, donner.	**Discerner** Apercevoir, se rendre compte.

Différencier Faire la différence entre plusieurs choses.	**Différer** Reporter à plus tard. Etre différent de…
Elucider Comprendre, clarifier.	**Eluder** Eviter adroitement. Eluder une question : ne pas répondre à une question adroitement.
Eminent Grand, supérieur, remarquable, exceptionnel.	**Imminent** Se dit de quelque chose qui va se produire bientôt.
Une éruption Une apparition soudaine de quelque chose.	**Une irruption** Une entrée brusque dans une pièce.
Evoquer Parler de…	**Invoquer** Appeler à l'aide (une divinité, un saint…).
Prolongation Prolonger dans le temps.	**Prolongement** Prolonger dans l'espace.
Conserver Garder quelque chose en bon état.	**Converser** Parler, discuter.
Une altitude Une hauteur par rapport au niveau de la mer.	**Une attitude** Une manière de se tenir, un comportement.
Affluence Rassemblement d'un grand nombre de gens.	**Influence** Action qu'une personne exerce sur une autre.
Une proposition Action de proposer.	**Une préposition** Mot invariable placé devant un complément.
Un accident Gros évènement ayant des conséquences.	**Un incident** Petit événement ayant peu de conséquence.
Une allocation Une somme attribuée à quelqu'un.	**Une allocution** Un discours.

Inculpé Accusé, suspect.	**Inculqué** Apprendre, enseigner.
Une illusion Une apparence trompeuse, une erreur d'appréciation visuelle.	**Une allusion** Un sous-entendu, un propos qui évoque quelque chose.
Acétique Qui a rapport au vinaigre, à l'acide acétique.	**Ascétique** Austère, rigoriste.
Allogène D'une origine différente de celle de la population autochtone, et installé tardivement dans le pays. Se dit d'un cours d'eau issu d'une région lui imprimant certains caractères.	**Halogène** Chacun des éléments chimiques faisant partie de la colonne VII du tableau de Mendeleïev qui comprend en particulier le chlore. Lampe (à halogène).
Ancrer Retenir (un navire) en jetant l'ancre. Fixer solidement. Fixer avec une ancre, par un procédé d'ancrage.	**Encrer** Enduire d'encre (typographique, lithographique).
Cantique Chant religieux.	**Quantique** Qui est relatif aux quanta, repose sur la théorie des quanta.
Cilice Chemise, ceinture de crin ou d'étoffe rude et piquante, portée par pénitence, par mortification.	**Silice** Oxyde de silicium, corps solide de grande dureté, blanc ou incolore, très abondant dans la nature.
Déférer Porter (une affaire), traduire (un accusé) devant l'autorité judiciaire compétente.	**Déferrer** Dégarnir (qqch.) du fer qui y avait été appliqué.
Placage Application sur une matière d'une plaque de matière plus précieuse ; cette plaque.	**Plaquage** Action de plaquer un adversaire, au rugby.
Taulier Propriétaire ou gérant d'un hôtel.	**Tôlier** Celui qui fabrique, travaille ou vend la tôle.
Tribu Groupe social et politique fondé sur une parenté ethnique réelle ou supposée, chez les peuples à organisation primitive.	**Tribut** Contribution forcée, imposée au vaincu par le vainqueur.

Autres couples à risque : entraînez-vous à les distinguer !

- Délivrer / Libérer
- Démythifier / Démystifier
- Dessécher / Assécher
- L'égalité / L'équité
- Emménager / Aménager
- Enfantin / Infantile
- Ephémère / Provisoire
- Gourmand / Gourmet
- La graduation / La gradation
- Hiberner / Hiverner
- Illettré / Analphabète
- Imminence / Immanence
- Immoral / Amoral
- L'inclination / L'inclinaison
- L'intégration / L'assimilation
- L'intégrité / L'intégralité
- Jadis / Naguère
- Judiciaire / Juridique
- La justesse / La justice
- Légal / Légitime
- Marin / Maritime
- La maturité / La maturation
- Médiéval / Moyenâgeux
- La médisance / La calomnie
- Le mobile / Le motif
- Mutuel / Réciproque
- Neuf / Nouveau
- Notable / Notoire
- Officiel / Officieux
- Oppresser / Opprimer
- Original / Originel
- Partial / Partiel
- Pédestre / Piétonnier
- Possible / Probable
- La prévoyance / Une prévision
- La prolongation / Le prolongement
- Le racisme / La xénophobie
- Raisonnable / Rationnel
- Transparent / Translucide
- Vivable / Viable

3. Attention aux homophones

Homophone : se dit de mots qui ont la même prononciation mais qui ne s'écrivent pas nécessairement de la même façon.

- Un abord / Les abords
  Un abord : façon d'aborder quelqu'un ou de s'introduire auprès de quelqu'un. / Les abords (toujours au pluriel) : ce qui donne accès à un lieu, les alentours.
- Un acquis / Acquit
  Un acquis : qui a été gagné, une conquête, un héritage. / Acquit : qui a été payé (par acquit de conscience).
- Une ballade / Une balade
  Une ballade : un poème (souvent mis en musique). / Une balade : une promenade (les dérivés de balade s'écrivent aussi avec un seul l).
- Ver / Vers / Vert / Verre / Vaire
- Un cahot / Un chaos
- Censé / Sensé
- D'avantage / Davantage
- Détoner / Détonner
- Différent / Différend
- Une session / Une cession
- Subi / Subit

Nota bene : la liste des homophones est longue. Nous vous conseillons de la compléter au fur et à mesure de votre préparation. Vous trouverez un peu plus loin dans cet ouvrage un chapitre cette fois-ci consacré aux homophones grammaticaux. C'est un chapitre important qui fait l'objet de nombreuses questions au SCORE IAE MESSAGE.

4. Des associations à éviter

Il est important de retenir ces associations peu élégantes afin de répondre au mieux aux questions de « reformulation » de l'épreuve d'expression française du SCORE IAE MESSAGE.

- **D'avance, avant…** sont incompatibles avec les verbes composés du préfixe, **pré-** qui expriment déjà une action anticipée : *prédire, prévenir, préparer, prévoir…*
- **Ensemble** est incompatible avec les verbes qui expriment déjà la mise en commun, l'action commune : *collaborer, se concerter, débattre, joindre, mélanger, se réunir…*
- **Encore** est incompatible avec les verbes comportant déjà le préfixe de répétition **re-** : *recommencer, refaire, redemander…*
- **Faire en sorte** est inutile et doit être supprimé après les verbes *tâcher, s'efforcer…*
- **Mutuellement, les uns les autres, réciproquement, ensemble…** sont incompatibles avec les verbes composés du préfixe **entre-** qui expriment déjà une action mutuelle : *s'entre-déchirer, s'entremêler, s'entretuer, s'entretenir…*
- **Ne… que** est incompatible avec **seulement, uniquement, juste…** On ne doit pas employer les deux tournures en même temps.
- **Ne… que** et **seulement** sont incompatibles avec les verbes exprimant déjà la restriction : *se borner à, se résumer à, se limiter à, s'en tenir à, se contenter de…*
- **Pouvoir** est incompatible avec **(im)possible** puisque *(im)possible* signifie déjà « (ne pas) pouvoir ».
- **Ou** est incompatible avec **sinon.** On n'emploiera donc pas les deux mots ensemble.
- **Permettre de…** est à éviter avec **pouvoir.**
- **Le superlatif** *(le plus, le moins)* ainsi que **très, entièrement…** sont incompatibles avec des adjectifs qui ont déjà une valeur de superlatif : *excellent, immense, imminent, omniprésent, maximum, minimum, supérieur…*
- **Préférer** est incompatible avec **plutôt, plus, mieux…**
- **Il suffit de** est à éviter avec **simplement.**
- **Trop** est incompatible avec les mots qui expriment déjà l'abus, la quantité excessive : *abuser, exagérer, excessif, extrême…*

5. Synonymes

On dit de deux mots qu'ils sont **synonymes** lorsqu'ils ont le même sens ou à peu près le même sens, un sens voisin, un sens proche.

Ainsi, des termes comme *gendre* et *beau-fils* / *confondre* et *démasquer* / *naviguer* et *voguer* / *diminuer* et *décroître* sont synonymes.

Toutefois, il n'existe pas vraiment de mots que l'on puisse substituer les uns aux autres dans une synonymie parfaite. Tout dépend du contexte d'emploi du mot.

Manger, se sustenter, se nourrir, bouffer ou *becter* désignent la même action mais ne s'emploient pas dans les mêmes circonstances. On peut *confondre* ou *démasquer* un coupable, mais on ne peut pas *démasquer* le sel avec le sucre.

La plupart des synonymes ne sont synonymes d'un mot que pour l'un de ses emplois et il y a presque toujours une nuance ou un degré d'intensité différent.

Exemples

Un bon musicien : un musicien doué/talentueux/créatif.
De bons amis : des amis chers/loyaux/proches.
Un bon rôti : un rôti excellent/exquis/délicieux.
Un homme bon : un homme altruiste/aimable/charitable, etc.

Si vous souhaitez sincèrement enrichir votre vocabulaire et jouer sur de nombreuses nuances de la langue française, consultez le dictionnaire de synonymes du CNRS… Un véritable bijou !

http://www.atlas-semantiques.eu/

6. Mots de liaison

Ces listes de mots de liaison peuvent s'avérer utiles au Score IAE Message. Vous pouvez en effet tomber sur des questions qui exigent que vous complétiez une phrase de façon à ce qu'elle soit claire et logique.

[1. Comment exprimer…]

- **La conséquence**
  Alors, Ainsi, C'est pourquoi, D'où, Dans ces conditions, De sorte que, Donc, En conséquence, Par conséquent

- **La terminaison**
  Ainsi, Etant donné, Puisque

- **L'introduction**
  D'abord, En premier lieu

- **L'addition**
  Aussi, De même, De plus, Encore, Et, Egalement

- **L'énumération**
  D'abord, Enfin, Ensuite

- **La liaison, la transition**
  Bref, D'ailleurs, Donc, Ensuite, En somme, En outre, Or, Par ailleurs, Puis

- **L'explication**
  Car, C'est-à-dire, En effet, Effectivement, Etant donné que, Puisque

- **L'illustration**
  Entre autres, Notamment, Par exemple

- **L'opposition**
  Au contraire, Néanmoins, Par contre, En revanche, Pourtant, Quoique, Toutefois

[2. Synonymes des mots de liaison]

- **A notre avis**
  En ce qui nous concerne, Pour notre part, Quant à nous

- **Au sujet de**
  A cet égard, A propos de, En ce qui a trait, Pour ce qui est de, Quant à, Relativement à, Sur ce point

- **Car (dans une phrase)**
  En effet, C'est qu'en effet, De fait

- **De plus**
  En outre, De surcroît

- **De toute façon**
  De toute manière, Quoi qu'il en soit

- **D'ailleurs**
  D'un autre côté, Par contre, En revanche, Du reste

- **D'une part… d'autre part**
  A première vue… mais toute réflexion faite, mais à bien considérer les choses, Non seulement… mais encore, mais aussi, mais en outre, Tout d'abord… ensuite

- **En réalité**
  A vrai dire, Effectivement

- **En résumé**
  Au fond, Bref, Dans l'ensemble, En d'autres termes, En définitive, En somme, Essentiellement, Somme toute, Tout compte fait

- **Enfin**
  Finalement, En dernier lieu, En fin de compte

- **Par conséquent**
  Ainsi, Ainsi donc, Aussi, C'est pourquoi, Donc, En conséquence, Partant de ce fait, Pour cette (ces) raison(s)

- **Pourtant**
  Cependant, Néanmoins, Toutefois

7. Figures de style

Les figures de style ont récemment fait leur apparition dans les épreuves d'Expression au SCORE IAE MESSAGE avec des questions mettant en scène des figures telles que la métonymie, la périphrase ou encore la synecdoque. Ce ne sont pas forcément les questions les plus difficiles, mais elles peuvent être déroutantes si l'on n'a pas revu ne serait-ce qu'une fois les figures de style les plus classiques. Soyez donc attentifs aux définitions qui vont suivre.

[Allégorie]

Personnification d'une idée abstraite.

Exemple : un squelette armé d'une faux pour représenter la mort.

[Allitération]

Répétition d'une ou de plusieurs consonnes dans un groupe de mots.

Exemple : « Pour qui sont ces serpents qui sifflent sur vos têtes »

[Anaphore]

Répétition d'une même expression ou d'un même mot en début de phrase ou de vers.

Exemple :

« Rome, l'unique objet de mon ressentiment !
Rome, à qui vient ton bras d'immoler mon amant !
Rome qui t'a vu naître, et que ton cœur adore !
Rome enfin que je hais parce qu'elle t'honore ! »

[Antithèse]

Rapprochement, à l'intérieur d'une structure syntaxique binaire et équilibrée, de deux termes de même nature qui s'opposent sémantiquement.

Exemples : « Paris est le plus <u>délicieux</u> des <u>monstres</u> : là, <u>vieux</u> et <u>pauvre</u> ; ici, tout neuf comme la monnaie d'un nouveau règne. » ; « Es-tu si las de <u>vivre</u> ? As-tu peur de <u>mourir</u> ? »

[Assonance]

Répétition d'une même voyelle dans un groupe de mots.

Exemple : « Tout m'afflige et me nuit et conspire à me nuire »

[Chiasme]

Structure en croix qui associe deux termes deux à deux sans qu'ils aient nécessairement un rapport de sens.

Exemples : « Ayant le feu pour père, et pour mère la cendre. » ; « La neige fait au nord ce qu'au sud fait le sable. » ; « Rester dans le paradis, et y devenir démon, rentrer dans l'enfer, et y devenir ange ! » ; « Il faut manger pour vivre et non pas vivre pour manger. » (Molière)

[Enumération]

Figure de style dans laquelle on trouve une suite de mots ou de propositions qui sont de même nature (noms, verbes) et de même fonction (sujets, compléments). Les éléments de l'énumération sont parfois séparés par d'autres mots.

Exemple : « Tout l'hiver va rentrer dans mon être : <u>colère, haine, frissons, horreur, labeur dur et forcé</u> »

[Euphémisme]

Cette figure de style consiste à adoucir ou atténuer une idée déplaisante en ayant recours principalement à une litote ou une périphrase.

Exemple : les non-voyants (pour les aveugles) ; il nous a quitté (pour il est mort) ; les pays du sud (pour les pays sous-développés) ; le troisième âge (pour les vieux).

[Gradation]

Succession de mots ou d'expressions de sens voisins et dont l'ordre suit une progression croissante ou décroissante.

Exemples : « Va, cours, vole, et nous venge. » ; « C'en est fait ; je n'en puis plus ; je me meurs ; je suis mort ; je suis enterré. »

[Hyperbole]

Consiste à exagérer l'expression d'une idée ou d'une réalité afin de la mettre en exergue.

Exemple : « C'est un géant ! » pour désigner quelqu'un de grande taille.

[Litote]

La litote est une figure de style qui consiste à déguiser sa pensée de façon à la faire deviner dans toute sa force. Autrement dit, caractériser une expression de façon à susciter chez le récepteur un sens beaucoup plus fort que n'aurait fait la même idée exprimée en toute simplicité. La litote « a une orientation de valeur inverse de celle de l'euphémisme, qui cherche à amoindrir l'information. » L'effet de la litote est principalement produit soit par un vocabulaire « neutralisé », soit par la négation d'un contraire ou autre tournure de contournement (source : *Wikipédia*).

Exemple : « Va, je ne te hais point » (pour je t'aime)

[Métaphore]

Figure de style fondée sur l'analogie et/ou la substitution. C'est un type particulier d'image sans outil de comparaison qui associe un terme à un autre appartenant à un champ lexical différent afin de traduire une pensée plus riche et plus complexe que celle qu'exprime un vocabulaire descriptif concret (source : *Wikipédia*).

Exemples : « Je me suis baigné dans le poème de la mer. » ; « La littérature : un coup de hache dans la mer gelée qui est en nous. » ; « Les lois sont des toiles d'araignées, à travers lesquelles passent les grosses mouches et restent les petites. » ; « Vieil Océan, ô grand célibataire ».

[Métonymie]

Phénomène par lequel un concept est désigné par un terme désignant un autre concept qui lui est relié par une relation nécessaire (source : *Larousse*).

Exemples : une bonne plume pour un bon écrivain ; boire un verre ; faire du piano, jouer aux cartes ; lire un bon Balzac.

[Oxymore]

Figure de style qui consiste à rapprocher deux termes (un nom et un adjectif) que leur sens devrait éloigner, dans une formule en apparence contradictoire. L'oxymore permet de décrire une situation ou un personnage de manière inattendue, suscitant ainsi la surprise (source : *Wikipédia*).

Exemples : une obscure clarté ; « A travers la noirceur de l'ombre, qui cache la mer et les cieux, Une clarté blafarde et sombre, fait voir l'une et l'autre à nos yeux » ; aigre-doux ; une réalité virtuelle ; « Le soleil noir de la mélancolie ».

[Périphrase]

Consiste à remplacer un mot par sa définition ou par une expression plus longue, mais équivalente.

Exemples : la capitale de la France (pour dire Paris) ; la langue de Goethe (pour dire l'allemand) ; la langue de Molière (pour dire le français) ; le toit du monde (pour l'Himalaya), le billet vert (pour le dollar) ; le roi des animaux (pour désigner le lion) ; le pays des droits de l'homme (pour dire la France).

[Personnification]

Attribuer des qualités humaines à un objet inanimé.

Exemple : « Berlin, Vienne, étaient ses maîtresses » ; « L'habitude venait me prendre dans ses bras, comme un petit enfant. »

[Pléonasme]

Répétition de termes ou expressions ayant le même sens.

Exemples : monter en haut ; descendre en bas ; une bonne aubaine ; s'avérer vrai ; une petite camionnette ; un campus universitaire...

[Synecdoque]

Remplacer un mot par un autre ayant une relation d'inclusion avec celui-ci (la partie pour le tout ou le tout pour la partie). C'est un cas particulier de la métonymie.

Exemples :

Le tout pour la partie : Lille a gagné la finale (pour « l'équipe de foot de Lille »...)

La partie pour le tout : je quitterai bientôt ces <u>murs</u> / Je quitterai bientôt ce <u>toit</u> (pour dire je quitterai bientôt cette maison).

3. HOMOPHONES GRAMMATICAUX

ATTENTION Chapitre très important ! De nombreuses questions portent sur les homophones grammaticaux au SCORE IAE MESSAGE.

Les homophones grammaticaux représentent une catégorie particulière au sein de la famille des homophones : il s'agit de prépositions, de conjonctions, de verbes conjugués ou d'adverbes qui *se prononcent de la même façon, mais qui ont des sens et des fonctions grammaticales bien différentes*.

Exemples : *Quant* et *Quand*, *Quelque* et *Quel que*.

Puisque de nombreuses questions des QCM auxquels vous serez confrontés portent directement sur les confusions que ces homophones peuvent causer, nous allons tenter de vous fournir dès à présent une liste de ceux qui pourraient vous poser problème. Cette liste s'adjoint d'indications destinées à vous permettre de minimiser les risques de confusions.

Courage, sa longueur est trompeuse : la plupart des éléments qui y sont évoqués ne vous poseront aucun problème !

Homophones	Indications et exemples
à / a / as	*à :* préposition, indiquant un lieu. Exemple : « Il est à Paris ». *a :* verbe « avoir » conjugué à la troisième personne du singulier au présent de l'indicatif (« il a faim »). Vérification : « a » est un verbe conjugué ; il peut donc être remplacé par la troisième personne du singulier du verbe *avoir* à un autre temps sans que la phrase ne devienne incorrecte – ce qui est un bon moyen de le différencier de son homophone « à ». Pour reprendre l'exemple évoqué plus haut, « Il a faim » peut donc être remplacé par « Il avait faim » ; là où « Il est à Paris » ne peut être remplacé par « Il est avait Paris » – la phrase n'ayant alors plus aucun sens. *as :* de même que pour « a », il s'agit de la conjugaison du verbe avoir (mais cette fois-ci, à la seconde personne du singulier).

ce / se / ceux	*ce :* adjectif ou pronom démonstratif, se référant à un objet ou à une personne. Exemple : « Elle regarde ce réacteur ». *ceux :* pronom masculin pluriel, qui désigne des objets ou des personnes dont il a déjà été question précédemment. C'est là le principal élément de différenciation avec « ce ». Attention, donc, à ne pas confondre « ceci » avec « ceux-ci », « cela » avec « ceux-là », « ceux qui » avec « ce qui », etc. *se :* pronom personnel réfléchi, se référant au sujet de la phrase. Exemple : « Elle se remaquille ».
Censé / Sensé	*censé :* il s'agit d'un adjectif qui signifie « supposé » ; et qui est *toujours* suivi d'un infinitif. Exemple : « Ils sont censés arriver dans dix minutes. » *sensé :* cet adjectif est l'antonyme du mot « insensé ». Il dérive donc du mot « sens » et signifie « avoir du bon sens », « être raisonnable ». Exemple : « Si tu étais plus sensé, tu ne sortirais pas faire la fête à la veille de ton examen ».
Est / Ait	*est :* verbe « être » conjugué à la troisième personne du singulier de l'indicatif présent – notez que cette forme est aussi un homographe de l'Est, en tant que point cardinal. *ait :* verbe « avoir » conjugué à la troisième personne du singulier du subjonctif.
Là / La / L'as / L'a	*là :* adverbe de lieu, opposé à « ici » (« Là où tu iras, j'irai ») ; mais aussi démonstratif (« C'est celui-là que je veux »). *la :* article défini féminin (« La table ») ou pronom personnel féminin (« La voilà ! »). *l'a / l'as :* réunion du pronom personnel « le » ou « la » et du verbe avoir conjugué à la seconde ou à la troisième personne du singulier de l'indicatif présent. Exemple : Tu l'as vu, celui-là ?

Ces / c'est / s'est / ses / sais / sait	*ces :* pluriel de « ce » (voir plus haut). *C'est :* réunion d'un pronom démonstratif (*« c' »)*, et du verbe être conjugué à la troisième personne du singulier du présent de l'indicatif. Vérification : comme pour « a » *(voir plus haut)*, le verbe « être » dans cette expression doit pouvoir être conjugué à un autre temps de l'indicatif sans que la phrase ne devienne incohérente. Par exemple, « C'est très élégant » peut être remplacé par « C'était très élégant » ; alors que « Ces oiseaux » ne saurait être remplacé par « C'était oiseaux ». *Ses :* adjectif possessif. Exemple : « Ses livres ». *S'est :* réunion du verbe être et du pronom personnel réfléchi « *s'* ». De même que pour « c'est », le temps du verbe être doit pouvoir être changé sans pour autant que la phrase ne se trouve vidée de sens. *Sais / sait :* verbe « savoir » conjugué, respectivement, à la première ou à la seconde et à la troisième personne du singulier à l'indicatif présent. Puisqu'il s'agit de la forme conjuguée d'un verbe, comme pour « être » et pour « avoir », elle doit pouvoir être remplacée par une forme conjuguée à la même personne, mais à un autre temps de l'indicatif. Exemple : « Tu sais qu'il dit la vérité » peut devenir « Tu savais qu'il disait la vérité » ; tandis que « As-tu vu ses livres ? » ne pourra jamais devenir « Avais-tu vu *savais* livres ? ».
Leur / Leurs	*leur :* pronom personnel invariable. A ce titre, il *désigne* des individus ou des objets déjà évoqués – et ne se greffe pas à un pronom ou à un nom. Exemple : Il faudrait leur demander. *leurs :* adjectif possessif qui s'accorde avec les objets possédés, s'ils sont au pluriel, et qui peut donc prendre un « s ». Il se rattache directement à un nom ou à un pronom. Exemples : « C'est leur droit » ; « Ils ont perdu leurs montres ».

Ma / M'a / M'as	*ma :* adjectif possessif féminin. Comme « leurs », il se greffe à un nom. *m'a / m'as :* réunion du pronom personnel réfléchi « me » et de l'auxiliaire « avoir » conjugué à la deuxième ou à la troisième personne du singulier de l'indicatif présent.
Même / Même(s)	*même :* adverbe invariable induisant l'idée de renforcement ou de gradation ; ou pouvant aussi viser à insister sur l'opposition entre deux propositions contraires. Exemple : « Même si je sais que je devrais, je ne suis pas très inquiet pour les résultats de cet examen ». *mêmes :* adjectif indéfini ou pronom pouvant donc s'accorder au pluriel en fonction du/des objet(s) ou de la/des personne(s) visée(s). Il reflète une idée d'identité, de similitude. Exemple : « Ce sont les mêmes qu'hier ».
Or / Hors / Hors de	*or :* conjonction de coordination, faisant le lien entre deux phrases ou entre deux propositions. Exemple : « Tu m'as dit hier que tu viendrais avec ta guitare. Or, aujourd'hui, je constate que tu ne l'as pas : c'est donc que tu as oubliée. » *hors / hors de :* adverbe (hors) ou préposition (hors de) indiquant une extériorité. « Hors de cette ville, vous ne trouverez pas de station service avant une bonne cinquantaine de kilomètres. »
Où / Ou	*où :* pronom relatif de lieu ou de temps (« C'est l'endroit où je vivais », « A l'époque où je jouais encore au foot ») ; ou adverbe interrogatif (« Où es-tu ? »). *ou :* conjonction de coordination faisant le lien entre deux propositions ou entre deux phrases. Elle exprime l'idée de choix, d'alternative. Exemple : « Tu peux abandonner, ou tu peux prendre sur toi et tenter de continuer ».

Parce que / Par ce que	*parce que :* conjonction de subordination instituant un lien de causalité entre deux propositions. Exemple : « Je suis ébahi parce que je vois ». Ici, on peut supposer que le locuteur a longtemps été aveugle, et qu'il recouvre soudain l'usage de ses yeux. *par ce que :* groupe logique composé d'une préposition (« par »), d'un pronom démonstratif (« ce »), et d'un pronom relatif (« que »). Il induit un lien explicatif, qui peut faire référence à une idée de causalité mais qui a d'abord pour vocation de préciser le propos. Exemple : « Je suis ébahi par ce que je vois ». Ici, ce n'est pas le fait de voir qui surprend le locuteur, mais bien la nature de ce qu'il voit. Le groupe « par ce que » vise donc à *préciser* son propos (il nous explique par quoi il est ébahi) ; mais pas à l'*expliquer*.
Pourquoi / Pour quoi	*pourquoi :* adverbe interrogatif pouvant être remplacé par « *pour quelle raison* », « *dans quelle intention* », ou « *l'intention / la raison pour laquelle…* » Exemples : Pourquoi (*pour quelle raison*) ne vient-il pas ? Je ne comprends pas pourquoi *(dans quelle intention*) il fait tout cela. C'est pourquoi *(la raison pour laquelle)* il a été relâché. *pour quoi :* réunion de « pour » et de « quoi ». S'utilise généralement avec « ce », pour spécifier une cause ou une raison. Sa distinction avec l'usage de « pourquoi » comme « la raison pour laquelle » est assez difficile, retenez donc que le « ce » peut vous servir de repère. Exemple : C'est ce pour quoi je ne suis pas venu.
Quel / Quelle / Qu'elle (et leurs pluriels)	*quel / quels / quelle / quelles :* adjectifs exclamatifs (« Quel spectacle ! ») ou interrogatifs (« Quelle heure est-il ? »). *qu'elle / qu'elles :* réunion du pronom « elle(s) » et d'un « que » qui peut tout aussi bien être un adverbe exclamatif (« Qu'elle accélère ! »), une conjonction de subordination (« Il faut qu'elle nous rejoigne au plus vite »), ou un pronom relatif (« C'est celui qu'elle a acheté »).

Quand / Quant (à / aux) / Qu'en	*quand :* conjonction de temps, qui peut s'apparenter à « lorsque ». Exemple : « Il sortira quand il sera prêt ». *quant (à / aux) :* locution prépositive, qui signifie « en ce qui concerne… » ou « s'agissant de… ». Exemple : « Quant à toi, ne t'avise pas de te débiner ! ». *qu'en… :* Contraction de « que » et de « en » (pronom personnel signifiant dans ce cadre « en cela »). Il peut s'agir d'une forme interrogative se référant à un acte ou une idée ; ou d'une façon d'introduire une proposition restrictive (dans ce cas, il est suivi d'un participe présent). Exemples : « Il propose de t'inviter au cinéma. Qu'en penses-tu ? » (*forme interrogative*) « Ce n'est qu'en travaillant dur que l'on peut obtenir de bons résultats » (*proposition restrictive :* il n'y a qu'une seule façon d'obtenir de bons résultats, et c'est en travaillant).
Quoique / Quoi que	*quoique :* conjonction de subordination, synonyme de « bien que ». Exemple : « Quoiqu'elle soit très belle, cette montre est trop chère pour que je l'achète ». *quoi que :* locution signifiant « quelle que soit la chose que ». Exemple : « Quoi que tu dises, tu auras du mal à le faire changer d'avis ».
Quel(s) que / Quelle(s) que / Quelque / Quelques	*quel(s) que / quelle(s) que :* adjectifs indéfinis, s'accordant donc avec le nom qui les suit. Exemple : « Quels que soient les obstacles, je suis convaincu que nous parviendront à nos fins ». *Quelques :* adjectif indéfini, épithète d'un nom – dont il vient qualifier le nombre. Exemple : « Il n'y en a plus que pour quelques minutes ».

	quelque : adverbe invariable pouvant revêtir deux sens : celui d'un synonyme de l'adverbe « si », et celui d'un synonyme de l'expression « un(e) certain(e)… ». Exemples : « Quelque rapides qu'ils soient, ils n'arriveront jamais avant nous » (Ce qui peut être remplacé par : « Si rapides qu'ils soient, ils n'arriveront jamais avant nous »). « Depuis quelque temps, je me lève une heure plus tôt pour pouvoir faire du sport ». (ce qui peut être remplacé par : « Depuis un certain temps, je me lève une heure plus tôt… »)
S'y / Ci / Si	*s'y :* assemblage du pronom réfléchi « *se* » et du pronom adverbial « *y* » (qui se réfèrent tous deux des éléments déjà évoqués précédemment dans le discours). Exemples : « Bertrand est un amoureux de la forêt. Il s'y promène fréquemment ». (« *se* » se réfère à Bertrand, et « *y* » à la forêt) « Ce livre est souvent utilisé par les professeurs pour initier les élèves aux mathématiques. Il est vrai qu'il s'y prête merveilleusement bien ». (« *se* » se réfère au livre, et « *y* » à l'initiation des élèves aux mathématiques). *ci :* adverbe visant à établir une notion de proximité avec le contexte. Exemples : « Ces jours-ci, j'ai beaucoup de temps pour faire du sport ». (proximité temporelle) « Veuillez trouver ci-jointe l'attestation que vous me demandiez dans votre précédent courrier » (proximité « matérielle »). *si :* deux fonctions possibles : *Conjonction* de subordination, introduisant un complément circonstanciel de *condition*. Exemple : « J'irai avec toi si tu promets de te tenir correctement ». *Adverbe*, pouvant marquer la réponse à une négation ou marquer une insistance (dans ce second cas, il est alors synonyme de « tellement »).

	Exemple : « – Je suis sûr que tu n'as pas fait les courses. Si, je les ai faites ! » (réponse à une négation) « La Tour Eiffel est si grande que son sommet est souvent noyé dans les nuages ». (marque une insistance)
Sitôt / Si tôt	*si tôt :* signifie « tellement tôt ». (un autre moyen de vérification consiste à se demander si la phrase reste cohérente lorsque l'on remplace « si tôt » par « si tard »). Exemple : « Il est arrivé si tôt à la réunion qu'il a dû attendre pendant une demi-heure le temps que les autres arrivent. » *sitôt :* adverbe, synonyme d'« aussitôt » (utilisé surtout dans les proverbes et dans le langage soutenu). Exemples : « Sitôt dit, sitôt fait » « On ne le reverra pas de sitôt » « Sitôt que tu auras débarrassé la table, je pourrai la nettoyer ».
Tant / Temps	*tant :* adverbe, synonyme de « tellement » (et souvent retrouvé dans les proverbes). Exemples : « Tant va la cruche à l'eau qu'à la fin elle se casse » (proverbe, signifiant qu'à force de s'exposer à un danger, on risque de voir survenir un malheur). « Tu m'as tant donné que je serai toujours ton débiteur ». *temps :* nom commun, masculin. Exemples : « Je n'ai pas le temps de te voir aujourd'hui ».
Voir / Voire	*voir :* verbe « voir », qui peut être remplacé par « apercevoir ». Exemple : « Sans mes lunettes, je suis incapable d'y voir quoi que ce soit ». *voire :* conjonction, qui sert à unir deux groupes de mots en introduisant une idée d'accroissement, de gradation. Exemples : « Il y en avait des centaines, voire des milliers ! ». « Le temps sera à la pluie, voire à l'orage ».

ATTENTION

Les QCM que vous allez passer contiendront sûrement des questions relatives à l'homonymie, et en particulier aux homophones grammaticaux. La plupart d'entre eux ne vous poseront aucun problème ; mais certains sont bien plus « piégeux » que la moyenne – et c'est de ceux-là que le SCORE IAE MESSAGE raffole.

Prenez le temps de bien assimiler la liste que nous vous avons fournie. En particulier (et même si ça ne doit pas vous dispenser d'assimiler les autres), veillez à bien vous familiariser avec les couples Quand à / Quant à ; Quelle / Qu'elle ; Leur / Leurs ; Quelque / Quel que ; Censé / Sensé et Quoique / Quoi que.

Pour ce qui est des autres formes d'homonymie, il nous est malheureusement impossible de vous fournir une liste exhaustive des homonymes de la langue française – qui en compte bien trop pour que nous puissions les inventorier ici. Il ne faut pas pour autant estimer qu'il vous est impossible de vous préparer sur ce terrain : pour eux comme pour les synonymes et les paronymes, la recette est la même. Lisez, lisez, lisez (nous vous avions prévenu que c'est un conseil dont nous ne nous lassons pas…). Que ce soit la presse quotidienne ou des ouvrages classiques, c'est en lisant que vous élargirez votre champ lexical et que vous vous donnerez les moyens d'assimiler les subtilités de la langue française.

4. RACINES GRECQUES ET LATINES

Je vous conseille vivement de bien connaître les racines grecques et latines qui suivent. Cela vous sera très utile pour les questions de vocabulaire auxquelles vous devrez faire face et plus généralement pour votre bonne maîtrise de la langue française.

Préfixes et suffixes d'origine grecque	Exemples
A- (sans)	Athée, apolitique, amorphe
Ana- (en arrière)	Analepse, anachronisme
Anti- (contre)	Anticonformisme, antibactérien
Allo- (autre)	Allophone, allogène
Andro- (homme/mâle)	Androgyne, andropause
Anthropo- (homme)	Anthropologue, anthropocentrisme
Auto- (soi-même)	Automate, autocensure
Bio- (vie)	Biologie, biographie
Caco- (mauvais)	Cacophonie, cacographie
Cata- (de haut en bas, complètement)	Cataclysme, catastrophe, catacombe
Chromo- (couleur)	Chromographie, chromosome
Chrono- (temps)	Chronologie, chronomètre
Cyclo- (cercle)	Cyclathlon, cyclothymie
Déca- (dix)	Décamètre, décathlon
Dodéca- (douze)	Dodécasyllabe, dodécagone
Démo- (peuple)	Démocratie, démographie
Dia- (à travers)	Dialogue, diachronie
Dys- (avec difficulté)	Dyslexie, dysgraphie
En- (dans)	Endorphine, endémie
Entomo- (insecte)	Entomologie
Eu- (bien, bon)	Euphorie, euphémisme
Géo- (terre)	Géologie, géographie
Gloss(o)- (langue)	Glossaire, glose
Gyno-, **gynéco-** (femme)	Gynécologue, gynécée
Hecto- (cent)	Hectolitre, hectopascal
Hémi- (demi)	Hémisphère, hémicycle
Hétéro- (différent)	Hétéroclyte, hétérogène

Homo- (semblable)	Homogène, homologue
Hypo- (sous)	Hypoglycémie, hypothèque
Hyper- (au-dessus)	Hypermarché, hypertension
Icon(o)- (image)	Iconographie, icone
Iso- (égal)	Isocèle, isotherme
Méso- (milieu)	Mésophile, mésosome
Méta- (après, changement)	Métamorphose, métastase
Métr(o)- (mesure)	Métronome, métropole
Mis(o)- (haine)	Misogyne, misanthrope
Mném(o)- (mémoire)	Mnémotechnique, mnémophobie
Morpho- (forme)	Morphologie, morphotype
Nécro- (mort)	Nécromancien, nécrologie
Néo- (nouveau)	Néologisme, néophyte
Par(a)- (près, contre)	Paradoxe, paranormal
Path(o)- (souffrance)	Pathétique, pathologie
Péri- (autour)	Périphrase, périphérie
Poly- (nombreux)	Polysémie, polyvalent
Pro- (avant, devant)	Prolepse, prologue, prototype
Psycho- (âme)	Psychologie, psychiatre
Pyro- (feu)	Pyrotechnie, pyrolyse
Séma- (signe)	Sémantique, sémaphore
Sun-, **syl-**, **syn-**, **sym-** (avec, ensemble)	Sympathie, symétrie
Théo- (dieu)	Théologie, théocratie
Top(o)- (lieu)	Topographie, toponymie
Xéno- (étranger)	Xénophobe, xénotype
-agogie, **-agogue** (qui conduit)	Pédagogie, démagogie
-algie (douleur)	Névralgie, lombalgie
-archie, **-arche** (qui commande)	Monarchie, anarchie
-crate, **-cratie** (pouvoir, force)	Démocratie, technocrate
-cycle (qui a une ou des roues)	Bicyclette, tricycle
-dactyle (qui a des doigts)	Ptérodactyle, hétérodactyle
-doxe (opinion)	Paradoxe, orthodoxe
-èdre (face, base)	Tétraèdre, dodécaèdre
-érèse (enlever)	Diérèse, synérèse

-ergie, **-urgie** (travail, force)	Energie, chirurgie
-game (qui engendre)	Cryptogame, phanérogame
-gamie (mariage)	Monogamie, polygamie
-gone (angle)	Polygone, octogone
-gramme (un écrit)	Télégramme, monogramme
-graphe (écrire)	Autographe, biographe
-iatre (qui soigne)	Pédiatre, gériatre
-ite (maladie inflammatoire)	Bronchite, dermatite
-lâtre (adorateur)	Idolâtre, bellâtre
-lithe (pierre)	Monolithe, mégalithe
-logie, **-logue** (discours, science)	Dialogue, ornithologie
-mane (qui a la passion de, l'obsession de)	Mélomane, pyromane
-nome (qui règle)	Econome, métronome
-odie (chant)	Mélodie, parodie
-phage (qui mange)	Chronophage, anthropophage
-phile (qui aime)	Bibliophile, cinéphile
-phobe, **-phobie** (peur)	Hémophobie, agoraphobie
-phone (son)	Téléphone, polyphonie
-phore (qui porte)	Métaphore, sémaphore
-pole (ville)	Mégapole, métropole
-scope (examiner)	Microscope, télescope
-thérapie (soin)	Psychothérapie, hypnothérapie
-therme (chaleur)	Isotherme, hypothermie

Préfixes et suffixes d'origine latine	Exemples
Ab- (loin de)	Abdiquer, abstinence
Ad- (vers)	Adjoindre, addiction
Agri-, **agr(o)-** (champ)	Agriculture, agronome
Ambi-, **ambo-** (les deux)	Ambidextre, ambivalent
Ante- (devant)	Antéposition, antérieur
Aqua- (eau)	Aquatique, aquarelle
Bi- (deux)	Bipède, biathlon
Circon- (autour)	Circonstanciel, circoncision

Co-, col-, con-, com- (avec)	Collaborateur, concitoyen
Dis- (séparation)	Dissoudre, disculper
Equi- (égal)	Equitable, équidistant
Ex- (hors de)	Expatrier, exporter
Extra- (hors de, extrêmement)	Extraordinaire, extraterrestre
Igni- (feu)	Ignifuge, ignition
In- (dans)	Inclure, insinuer
Infra- (inférieur)	Infrarouge, infrason
Inter- (intérieur)	International, intercaler
Intro- (à l'intérieur, vers l'intérieur)	Introspection, introverti
Juxta- (auprès de)	Juxtaposer, juxtalinéaire
Multi- (nombreux)	Multicolore, multiple
Omni- (tout)	Omnipotent, omniprésent
Post- (après)	Postface, post
Pré- (avant)	Préface, prédire, préhistoire
Quinqu- (cinq)	Quinquagénaire, quinquennat
Radio- (rayon)	Radiographie, radiologie
Rétro- (en retour)	Rétroactif, rétrograder
Sub- (sous)	Subalterne, subdiviser
Super-	Supermarché, supersonique
Trans- (au-delà)	Transcrire, transformer
Ultra- (au-dessus)	Ultraviolet, ultrason
-cide (qui tue)	Homicide, génocide, parricide
-cole (qui cultive)	Agricole, vinicole
-fère (porter)	Conifère, mortifère
-forme (qui a la forme de)	Multiforme, protéiforme
-fique (qui fait)	Bénéfique, maléfique
-fuge (qui fuit/ fait fuir)	Centrifuge, vermifuge
-grade (qui marche)	Rétrograde, plantigrade
-pare (qui enfante)	Ovipare, vivipare
-pède (qui a des pieds)	Bipède, quadrupède
-valent (valoir, être fort)	Polyvalent, plurivalent
-vore (dévorer)	Omnivore, carnivore

5. CONJUGAISON : 20 TABLEAUX A CONNAITRE PAR CŒUR

Conjuguer parfaitement les verbes de la langue française est un prérequis nécessaire à tout manager soucieux de **rédiger correctement ses mails** ou de faire mouche **en apportant à ses courriers officiels toute la précision que ces derniers méritent.** L'usage du futur antérieur, du présent ou de l'imparfait du subjonctif, mais encore de l'impératif, est bien plus fréquent que l'on ne peut l'imaginer. On croit souvent savoir conjuguer des verbes couramment utilisés dans la langue française ; mais il n'en est souvent rien. Alors **testez-vous sans plus attendre sur les 20 verbes suivants** que nous avons sélectionnés pour vous avec soin afin que vous passiez au travers des pièges qui vous seront tendus au SCORE IAE MESSAGE. N'oubliez jamais qu'un nombre relativement important de questions portent sur la conjugaison au SCORE IAE MESSAGE.

NB : les verbes entre parenthèses ont une conjugaison similaire aux verbes en gras.

1. **Avoir**
2. **Etre**
3. **Chanter** (souhaiter, penser, rester, demander, aimer, donner, hésiter, trouver, passer, parler, travailler, intéresser, arriver, profiter, continuer, etc.)
4. **Jeter** (appeler, projeter, renouveler, harceler, rejeter, s'atteler, amonceler, etc.)
5. **Finir** (choisir, réfléchir, définir, subir, investir, garantir, fournir, avertir, réunir, réjouir, remplir, aboutir, nourrir, agir, s'agir, etc.)
6. **Aller**
7. **Cueillir**
8. **Devoir**
9. **Faire** (satisfaire, défaire, parfaire, refaire, contrefaire, etc.)
10. **Prendre** (comprendre, apprendre, surprendre, entreprendre, se méprendre, etc.)
11. **Savoir**
12. **Valoir**
13. **Venir** (tenir, prévenir, soutenir, devenir, obtenir, entretenir, appartenir, etc.)
14. **Voir**
15. **Vouloir**
16. **Connaître** (paraître, apparaître, reconnaître, méconnaître, transparaître, etc.)
17. **Acquérir** (requérir, s'enquérir, conquérir, etc.)
18. **Pouvoir**
19. **Mettre** (permettre, soumettre, transmettre, commettre, admettre, compromettre, émettre, remettre, omettre, etc.)
20. **Falloir**

[1. Avoir – Auxiliaire]

INDICATIF

Présent	Imparfait	Passé simple	Futur
J'ai	J'avais	J'eus	J'aurai
Tu as	Tu avais	Tu eus	Tu auras
Il a	Il avait	Il eut	Il aura
Nous avons	Nous avions	Nous eûmes	Nous aurons
Vous avez	Vous aviez	Vous eûtes	Vous aurez
Ils ont	Ils avaient	Ils eurent	Ils auront

Passé composé	Plus-que-parfait	Passé antérieur	Futur antérieur
J'ai eu	J'avais eu	J'eus eu	J'aurai eu
Tu as eu	Tu avais eu	Tu eus eu	Tu auras eu
Il a eu	Il avait eu	Il eut eu	Il aura eu
Nous avons eu	Nous avions eu	Nous eûmes eu	Nous aurons eu
Vous avez eu	Vous aviez eu	Vous eûtes eu	Vous aurez eu
Ils ont eu	Ils avaient eu	Ils eurent eu	Ils auront eu

SUBJONCTIF

Présent	Passé	Imparfait	Plus-que-parfait
Que j'aie	Que j'aie eu	Que j'eusse	Que j'eusse eu
Que tu aies	Que tu aies eu	Que tu eusses	Que tu eusses eu
Qu'il ait	Qu'il ait eu	Qu'il eût	Qu'il eût eu
Que nous ayons	Que nous ayons eu	Que nous eussions	Que nous eussions eu
Que vous ayez	Que vous ayez eu	Que vous eussiez	Que vous eussiez eu
Qu'ils aient	Qu'ils aient eu	Qu'ils eussent	Qu'ils eussent eu

CONDITIONNEL

Présent	Passé
J'aurais	J'aurais eu
Tu aurais	Tu aurais eu
Il aurait	Il aurait eu
Nous aurions	Nous aurions eu
Vous auriez	Vous auriez eu
Ils auraient	Ils auraient eu

IMPERATIF

Présent	Passé
Aie	Aie eu
Ayons	Ayons eu
Ayez	Ayez eu

INFINITIF

Présent	Passé
Avoir	Avoir eu

PARTICIPE

Présent	Passé
Ayant	Eu, ayant eu

[2. Etre – Auxiliaire]

INDICATIF

Présent	Imparfait	Passé simple	Futur
Je suis	J'étais	Je fus	Je serai
Tu es	Tu étais	Tu fus	Tu seras
Il est	Il était	Il fut	Il sera
Nous sommes	Nous étions	Nous fûmes	Nous serons
Vous êtes	Vous étiez	Vous fûtes	Vous serez
Ils sont	Ils étaient	Ils furent	Ils seront

Passé composé	Plus-que-parfait	Passé antérieur	Futur antérieur
J'ai été	J'avais été	J'eus été	J'aurai été
Tu as été	Tu avais été	Tu eus été	Tu auras été
Il a été	Il avait été	Il eut été	Il aura été
Nous avons été	Nous avions été	Nous eûmes été	Nous aurons été
Vous avez été	Vous aviez été	Vous eûtes été	Vous aurez été
Ils ont été	Ils avaient été	Ils eurent été	Ils auront été

SUBJONCTIF

Présent	Passé	Imparfait	Plus-que-parfait
Que je sois	Que j'aie été	Que je fusse	Que j'eusse été
Que tu sois	Que tu aies été	Que tu fusses	Que tu eusses été
Qu'il soit	Qu'il ait été	Qu'il fût	Qu'il eût été
Que nous soyons	Que nous ayons été	Que nous fussions	Que nous eussions été
Que vous soyez	Que vous ayez été	Que vous fussiez	Que vous eussiez été
Qu'ils soient	Qu'ils aient été	Qu'ils fussent	Qu'ils eussent été

CONDITIONNEL

Présent	Passé
Je serais	J'aurais été
Tu serais	Tu aurais été
Il serait	Il aurait été
Nous serions	Nous aurions été
Vous seriez	Vous auriez été
Ils seraient	Ils auraient été

IMPERATIF

Présent	Passé
Sois	Aie été
Soyons	Ayons été
Soyez	Ayez été

INFINITIF

Présent	Passé
Etre	Avoir été

PARTICIPE

Présent	Passé
Etant	Eté, ayant été

[3. Chanter – 1er Groupe]

INDICATIF

Présent	Imparfait	Passé simple	Futur
Je chante	Je chantais	Je chantai	Je chanterai
Tu chantes	Tu chantais	Tu chantas	Tu chanteras
Il chante	Il chantait	Il chanta	Il chantera
Nous chantons	Nous chantions	Nous chantâmes	Nous chanterons
Vous chantez	Vous chantiez	Vous chantâtes	Vous chanterez
Ils chantent	Ils chantaient	Ils chantèrent	Ils chanteront

Passé composé	Plus-que-parfait	Passé antérieur	Futur antérieur
J'ai chanté	J'avais chanté	J'eus chanté	J'aurai chanté
Tu as chanté	Tu avais chanté	Tu eus chanté	Tu auras chanté
Il a chanté	Il avait chanté	Il eut chanté	Il aura chanté
Nous avons chanté	Nous avions chanté	Nous eûmes chanté	Nous aurons chanté
Vous avez chanté	Vous aviez chanté	Vous eûtes chanté	Vous aurez chanté
Ils ont chanté	Ils avaient chanté	Ils eurent chanté	Ils auront chanté

SUBJONCTIF

Présent	Passé	Imparfait	Plus-que-parfait
Que je chante	Que j'aie chanté	Que je chantasse	Que j'eusse chanté
Que tu chantes	Que tu aies chanté	Que tu chantasses	Que tu eusses chanté
Qu'il chante	Qu'il ait chanté	Qu'il chantât	Qu'il eût chanté
Que nous chantions	Que nous ayons chanté	Que nous chantassions	Que nous eussions chanté
Que vous chantiez	Que vous ayez chanté	Que vous chantassiez	Que vous eussiez chanté
Qu'ils chantent	Qu'ils aient chanté	Qu'ils chantassent	Qu'ils eussent chanté

CONDITIONNEL / IMPERATIF

Présent (Conditionnel)	Passé (Conditionnel)	Présent (Impératif)
Je chanterais	J'aurais chanté	Chante
Tu chanterais	Tu aurais chanté	Chantons
Il chanterait	Il aurait chanté	Chantez
Nous chanterions	Nous aurions chanté	
Vous chanteriez	Vous auriez chanté	
Ils chanteraient	Ils auraient chanté	

INFINITIF / PARTICIPE

Présent (Infinitif)	Passé (Infinitif)	Présent (Participe)	Passé (Participe)
Chanter	Avoir chanté	Chantant	Chanté, ayant chanté

[4. Jeter – 1er Groupe]

INDICATIF

Présent	Imparfait	Passé simple	Futur
Je jette	Je jetais	Je jetai	Je jetterai
Tu jettes	Tu jetais	Tu jetas	Tu jetteras
Il jette	Il jetait	Il jeta	Il jettera
Nous jetons	Nous jetions	Nous jetâmes	Nous jetterons
Vous jetez	Vous jetiez	Vous jetâtes	Vous jetterez
Ils jettent	Ils jetaient	Ils jetèrent	Ils jetteront

Passé composé	Plus-que-parfait	Passé antérieur	Futur antérieur
J'ai jeté	J'avais jeté	J'eus jeté	J'aurai jeté

SUBJONCTIF

Présent	Passé	Imparfait	Plus-que-parfait
Que je jette	Que j'aie jeté	Que je jetasse	Que j'eusse jeté
Que nous jetions	Que nous ayons jeté	Qu'il jetât	Qu'il eût jeté
		Que nous jetassions	Que nous eussions jeté

CONDITIONNEL

Présent	Passé
Je jetterais	J'aurais jeté
Nous jetterions	Nous aurions jeté

IMPERATIF

Présent
Jette
Jetons
Jetez

INFINITIF

Présent	Passé
Jeter	Avoir jeté

PARTICIPE

Présent	Passé
Jetant	Jeté, ayant jeté

[5. Finir – 2e Groupe]

INDICATIF

Présent	Imparfait	Passé simple	Futur
Je finis	Je finissais	Je finis	Je finirai
Tu finis	Tu finissais	Tu finis	Tu finiras
Il finit	Il finissait	Il finit	Il finira
Nous finissons	Nous finissions	Nous finîmes	Nous finirons
Vous finissez	Vous finissiez	Vous finîtes	Vous finirez
Ils finissent	Ils finissaient	Ils finirent	Ils finiront

Passé composé	Plus-que-parfait	Passé antérieur	Futur antérieur
J'ai fini	J'avais fini	J'eus fini	J'aurai fini

SUBJONCTIF

Présent	Passé	Imparfait	Plus-que-parfait
Que je finisse	Que j'aie fini	Que je finisse	Que j'eusse fini
Qu'il finisse	Qu'il ait fini	Qu'il finît	Qu'il eût fini
Que nous finissions	Que nous ayons fini	Que nous finissions	Que nous eussions fini

CONDITIONNEL

Présent	Passé
Je finirais	J'aurais fini

IMPERATIF

Présent
Finis
Finissons
Finissez

INFINITIF

Présent	Passé
Finir	Avoir fini

PARTICIPE

Présent	Passé
Finissant	Fini, ayant fini

[6. Aller – 3e Groupe]

INDICATIF

Présent	Imparfait	Passé simple	Futur
Je vais	J'allais	J'allai	J'irai
Tu vas	Tu allais	Tu allas	Tu iras
Il va	Il allait	Il alla	Il ira
Nous allons	Nous allions	Nous allâmes	Nous irons
Vous allez	Vous alliez	Vous allâtes	Vous irez
Ils vont	Ils allaient	Ils allèrent	Ils iront

Passé composé	Plus-que-parfait	Passé antérieur	Futur antérieur
Je suis allé	J'étais allé	Je fus allé	Je serai allé

SUBJONCTIF

Présent	Passé	Imparfait	Plus-que-parfait
Que j'aille	Que je sois allé	Que j'allasse	Que je fusse allé
Qu'il aille	Qu'il soit allé	Qu'il allât	Qu'il fût allé
Que nous allions	Que nous soyons allés	Que nous allassions	Que nous fussions allés

CONDITIONNEL

Présent	Passé
J'irais	Je serais allé

IMPERATIF

Présent
Va
Allons
Allez

INFINITIF

Présent	Passé
Aller	Etre allé

PARTICIPE

Présent	Passé
Allant	Allé, étant allé

[7. Cueillir – 3e Groupe]

INDICATIF

Présent	Imparfait	Passé simple	Futur
Je cueille	Je cueillais	Je cueillis	Je cueillerai
Tu cueilles	Tu cueillais	Tu cueillis	Tu cueilleras
Il cueille	Il cueillait	Il cueillit	Il cueillera
Nous cueillons	Nous cueillions	Nous cueillîmes	Nous cueillerons
Vous cueillez	Vous cueilliez	Vous cueillîtes	Vous cueillerez
Ils cueillent	Ils cueillaient	Ils cueillirent	Ils cueilleront

Passé composé	Plus-que-parfait	Passé antérieur	Futur antérieur
J'ai cueilli	J'avais cueilli	J'eus cueilli	J'aurai cueilli

SUBJONCTIF

Présent	Passé	Imparfait	Plus-que-parfait
Que je cueille	Que j'aie cueilli	Que je cueillisse	Que j'eusse cueilli
Qu'il cueille	Qu'il ait cueilli	Qu'il cueillît	Qu'il eût cueilli
Que nous cueillions	Que nous ayons cueilli	Que nous cueillissions	Que nous eussions cueilli

CONDITIONNEL / IMPERATIF

Présent (Conditionnel)	Passé (Conditionnel)	Présent (Impératif)
Je cueillerais	J'aurais cueilli	Cueille
		Cueillons
		Cueillez

INFINITIF / PARTICIPE

Présent (Infinitif)	Passé (Infinitif)	Présent (Participe)	Passé (Participe)
Cueillir	Avoir cueilli	Cueillant	Cueilli, ayant cueilli

[8. Devoir – 3e Groupe]

INDICATIF

Présent	Imparfait	Passé simple	Futur
Je dois	Je devais	Je dus	Je devrai
Tu dois	Tu devais	Tu dus	Tu devras
Il doit	Il devait	Il dut	Il devra
Nous devons	Nous devions	Nous dûmes	Nous devrons
Vous devez	Vous deviez	Vous dûtes	Vous devrez
Ils doivent	Ils devaient	Ils durent	Ils devront

Passé composé	Plus-que-parfait	Passé antérieur	Futur antérieur
J'ai dû	J'avais dû	J'eus dû	J'aurai dû

SUBJONCTIF

Présent	Passé	Imparfait	Plus-que-parfait
Que je doive	Que j'aie dû	Que je dusse	Que j'eusse dû
Qu'il doive	Qu'il ait dû	Qu'il dût	Qu'il eût dû
Que nous devions	Que nous ayons dû	Que nous dussions	Que nous eussions dû

CONDITIONNEL

Présent	Passé
Je devrais	J'aurais dû

IMPERATIF

Présent
Dois
Devons
Devez

INFINITIF

Présent	Passé
Devoir	Avoir dû

PARTICIPE

Présent	Passé
Devant	Dû, ayant dû

[9. Faire – 3e Groupe]

INDICATIF

Présent	Imparfait	Passé simple	Futur
Je fais	Je faisais	Je fis	Je ferai
Tu fais	Tu faisais	Tu fis	Tu feras
Il fait	Il faisait	Il fit	Il fera
Nous faisons	Nous faisions	Nous fîmes	Nous ferons
Vous faites	Vous faisiez	Vous fîtes	Vous ferez
Ils font	Ils faisaient	Ils firent	Ils feront

Passé composé	Plus-que-parfait	Passé antérieur	Futur antérieur
J'ai fait	J'avais fait	J'eus fait	J'aurai fait

SUBJONCTIF

Présent	Passé	Imparfait	Plus-que-parfait
Que je fasse	Que j'aie fait	Que je fisse	Que j'eusse fait
Qu'il fasse	Qu'il ait fait	Qu'il fît	Qu'il eût fait
Que nous fassions	Que nous ayons fait	Que nous fissions	Que nous eussions fait

CONDITIONNEL

Présent	Passé
Je ferais	J'aurais fait

IMPERATIF

Présent
Fais
Faisons
Faites

INFINITIF

Présent	Passé
Faire	Avoir fait

PARTICIPE

Présent	Passé
Faisant	Fait, ayant fait

[10. Prendre – 3e Groupe]

INDICATIF

Présent	Imparfait	Passé simple	Futur
Je prends	Je prenais	Je pris	Je prendrai
Tu prends	Tu prenais	Tu pris	Tu prendras
Il prend	Il prenait	Il prit	Il prendra
Nous prenons	Nous prenions	Nous prîmes	Nous prendrons
Vous prenez	Vous preniez	Vous prîtes	Vous prendrez
Ils prennent	Ils prenaient	Ils prirent	Ils prendront

Passé composé	Plus-que-parfait	Passé antérieur	Futur antérieur
J'ai pris	J'avais pris	J'eus pris	J'aurai pris

SUBJONCTIF

Présent	Passé	Imparfait	Plus-que-parfait
Que je prenne	Que j'aie pris	Que je prisse	Que j'eusse pris
Qu'il prenne	Qu'il ait pris	Qu'il prît	Qu'il eût pris
Que nous prenions	Que nous ayons pris	Que nous prissions	Que nous eussions pris

CONDITIONNEL

Présent	Passé
Je prendrais	J'aurais pris

IMPERATIF

Présent
Prends
Prenons
Prenez

INFINITIF

Présent	Passé
Prendre	Avoir pris

PARTICIPE

Présent	Passé
Prenant	Pris, ayant pris

[11. Savoir – 3e Groupe]

INDICATIF

Présent	Imparfait	Passé simple	Futur
Je sais	Je savais	Je sus	Je saurai
Tu sais	Tu savais	Tu sus	Tu sauras
Il sait	Il savait	Il sut	Il saura
Nous savons	Nous savions	Nous sûmes	Nous saurons
Vous savez	Vous saviez	Vous sûtes	Vous saurez
Ils savent	Ils savaient	Ils surent	Ils sauront

Passé composé	Plus-que-parfait	Passé antérieur	Futur antérieur
J'ai su	J'avais su	J'eus su	J'aurai su

SUBJONCTIF

Présent	Passé	Imparfait	Plus-que-parfait
Que je sache	Que j'aie su	Que je susse	Que j'eusse su
Qu'il sache	Qu'il ait su	Qu'il sût	Qu'il eût su
Que nous sachions	Que nous ayons su	Que nous sussions	Que nous eussions su

CONDITIONNEL

Présent	Passé
Je saurais	J'aurais su

IMPERATIF

Présent
Sache
Sachons
Sachez

INFINITIF

Présent	Passé
Savoir	Avoir su

PARTICIPE

Présent	Passé
Sachant	Su, ayant su

[12. Valoir – 3e Groupe]

INDICATIF

Présent	Imparfait	Passé simple	Futur
Je vaux	Je valais	Je valus	Je vaudrai
Tu vaux	Tu valais	Tu valus	Tu vaudras
Il vaut	Il valait	Il valut	Il vaudra
Nous valons	Nous valions	Nous valûmes	Nous vaudrons
Vous valez	Vous valiez	Vous valûtes	Vous vaudrez
Ils valent	Ils valaient	Ils valurent	Ils vaudront

Passé composé	Plus-que-parfait	Passé antérieur	Futur antérieur
J'ai valu	J'avais valu	J'eus valu	J'aurai valu

SUBJONCTIF

Présent	Passé	Imparfait	Plus-que-parfait
Que je vaille	Que j'aie valu	Que je valusse	Que j'eusse valu
Qu'il vaille	Qu'il ait valu	Qu'il valût	Qu'il eût valu
Que nous valions	Que nous ayons valu	Que nous valussions	Que nous eussions valu

CONDITIONNEL

Présent	Passé
Je vaudrais	J'aurais valu

IMPERATIF

Présent
Vaux
Valons
Valez

INFINITIF

Présent	Passé
Valoir	Avoir valu

PARTICIPE

Présent	Passé
Valant	Valu, ayant valu

[13. Venir – 3e Groupe]

INDICATIF

Présent	Imparfait	Passé simple	Futur
Je viens	Je venais	Je vins	Je viendrai
Tu viens	Tu venais	Tu vins	Tu viendras
Il vient	Il venait	Il vint	Il viendra
Nous venons	Nous venions	Nous vînmes	Nous viendrons
Vous venez	Vous veniez	Vous vîntes	Vous viendrez
Ils viennent	Ils venaient	Ils vinrent	Ils viendront

Passé composé	Plus-que-parfait	Passé antérieur	Futur antérieur
Je suis venu	J'étais venu	Je fus venu	Je serai venu

SUBJONCTIF

Présent	Passé	Imparfait	Plus-que-parfait
Que je vienne	Que je sois venu	Que je vinsse	Que je fusse venu
Qu'il vienne	Qu'il soit venu	Qu'il vînt	Qu'il fût venu
Que nous venions	Que nous soyons venus	Que nous vinssions	Que nous fussions venus

CONDITIONNEL

Présent	Passé
Je viendrais	Je serais venu

IMPERATIF

Présent
Viens
Venons
Venez

INFINITIF

Présent	Passé
Venir	Etre venu

PARTICIPE

Présent	Passé
Venant	Venu, étant venu

[14. Voir – 3e Groupe]

INDICATIF

Présent	Imparfait	Passé simple	Futur
Je vois	Je voyais	Je vis	Je verrai
Tu vois	Tu voyais	Tu vis	Tu verras
Il voit	Il voyait	Il vit	Il verra
Nous voyons	Nous voyions	Nous vîmes	Nous verrons
Vous voyez	Vous voyiez	Vous vîtes	Vous verrez
Ils voient	Ils voyaient	Ils virent	Ils verront

Passé composé	Plus-que-parfait	Passé antérieur	Futur antérieur
J'ai vu	J'avais vu	J'eus vu	J'aurai vu

SUBJONCTIF

Présent	Passé	Imparfait	Plus-que-parfait
Que je voie	Que j'aie vu	Que je visse	Que j'eusse vu
Qu'il voie	Qu'il ait vu	Qu'il vît	Qu'il eût vu
Que nous voyions	Que nous ayons vu	Que nous vissions	Que nous eussions vu

CONDITIONNEL

Présent	Passé
Je verrais	J'aurais vu

IMPERATIF

Présent
Vois
Voyons
Voyez

INFINITIF

Présent	Passé
Voir	Avoir vu

PARTICIPE

Présent	Passé
Voyant	Vu, ayant vu

[15. Vouloir – 3e Groupe]

INDICATIF

Présent	Imparfait	Passé simple	Futur
Je veux	Je voulais	Je voulus	Je voudrai
Tu veux	Tu voulais	Tu voulus	Tu voudras
Il veut	Il voulait	Il voulut	Il voudra
Nous voulons	Nous voulions	Nous voulûmes	Nous voudrons
Vous voulez	Vous vouliez	Vous voulûtes	Vous voudrez
Ils veulent	Ils voulaient	Ils voulurent	Ils voudront

Passé composé	Plus-que-parfait	Passé antérieur	Futur antérieur
J'ai voulu	J'avais voulu	J'eus voulu	J'aurai voulu

SUBJONCTIF

Présent	Passé	Imparfait	Plus-que-parfait
Que je veuille	Que j'aie voulu	Que je voulusse	Que j'eusse voulu
Qu'il veuille	Qu'il ait voulu	Qu'il voulût	Qu'il eût voulu
Que nous voulions	Que nous ayons voulu	Que nous voulussions	Que nous eussions voulu

CONDITIONNEL

Présent	Passé
Je voudrais	J'aurais voulu

IMPERATIF

Présent
Veux / Veuille
Voulons / Veuillons
Voulez / Veuillez

INFINITIF

Présent	Passé
Vouloir	Avoir voulu

PARTICIPE

Présent	Passé
Voulant	Voulu, ayant voulu

[16. Connaître – 3e Groupe]

INDICATIF

Présent	Imparfait	Passé simple	Futur
Je connais	Je connaissais	Je connus	Je connaîtrai
Tu connais	Tu connaissais	Tu connus	Tu connaîtras
Il connaît	Il connaissait	Il connut	Il connaîtra
Nous connaissons	Nous connaissions	Nous connûmes	Nous connaîtrons
Vous connaissez	Vous connaissiez	Vous connûtes	Vous connaîtrez
Ils connaissent	Ils connaissaient	Ils connurent	Ils connaîtront

Passé composé	Plus-que-parfait	Passé antérieur	Futur antérieur
J'ai connu	J'avais connu	J'eus connu	J'aurai connu

SUBJONCTIF

Présent	Passé	Imparfait	Plus-que-parfait
Que je connaisse	Que j'aie connu	Que je connusse	Que j'eusse connu
Qu'il connaisse	Qu'il ait connu	Qu'il connût	Qu'il eût connu
Que nous connaissions	Que nous ayons connu	Que nous connussions	Que nous eussions connu

CONDITIONNEL

Présent	Passé
Je connaîtrais	J'aurais connu

IMPERATIF

Présent
Connais
Connaissons
Connaissez

INFINITIF

Présent	Passé
Connaître	Avoir connu

PARTICIPE

Présent	Passé
Connaissant	Connu, ayant connu

[17. Acquérir – 3e Groupe]

INDICATIF

Présent	Imparfait	Passé simple	Futur
J'acquiers	J'acquérais	J'acquis	J'acquerrai
Tu acquiers	Tu acquérais	Tu acquis	Tu acquerras
Il acquiert	Il acquérait	Il acquit	Il acquerra
Nous acquérons	Nous acquérions	Nous acquîmes	Nous acquerrons
Vous acquérez	Vous acquériez	Vous acquîtes	Vous acquerrez
Ils acquièrent	Ils acquéraient	Ils acquirent	Ils acquerront

Passé composé	Plus-que-parfait	Passé antérieur	Futur antérieur
J'ai acquis	J'avais acquis	J'eus acquis	J'aurai acquis

SUBJONCTIF

Présent	Passé	Imparfait	Plus-que-parfait
Que j'acquière	Que j'aie acquis	Que j'acquisse	Que j'eusse acquis
Qu'il acquière	Qu'il ait acquis	Qu'il acquît	Qu'il eût acquis
Que nous acquérions	Que nous ayons acquis	Que nous acquissions	Que nous eussions acquis

CONDITIONNEL

Présent	Passé
J'acquerrais	J'aurais acquis

IMPERATIF

Présent
Acquiers
Acquérons
Acquérez

INFINITIF

Présent	Passé
Acquérir	Avoir acquis

PARTICIPE

Présent	Passé
Acquérant	Acquis, ayant acquis

[18. Pouvoir – 3e Groupe]

INDICATIF

Présent	Imparfait	Passé simple	Futur
Je peux	Je pouvais	Je pus	Je pourrai
Tu peux	Tu pouvais	Tu pus	Tu pourras
Il peut	Il pouvait	Il put	Il pourra
Nous pouvons	Nous pouvions	Nous pûmes	Nous pourrons
Vous pouvez	Vous pouviez	Vous pûtes	Vous pourrez
Ils peuvent	Ils pouvaient	Ils purent	Ils pourront

Passé composé	Plus-que-parfait	Passé antérieur	Futur antérieur
J'ai pu	J'avais pu	J'eus pu	J'aurai pu

SUBJONCTIF

Présent	Passé	Imparfait	Plus-que-parfait
Que je puisse	Que j'aie pu	Que je pusse	Que j'eusse pu
Qu'il puisse	Qu'il ait pu	Qu'il pût	Qu'il eût pu
Que nous puissions	Que nous ayons pu	Que nous pussions	Que nous eussions pu

CONDITIONNEL

Présent	Passé
Je pourrais	J'aurais pu

IMPERATIF

Présent
-
-
-

INFINITIF

Présent	Passé
Pouvoir	Avoir pu

PARTICIPE

Présent	Passé
Pouvant	Pu, ayant pu

[19. Mettre – 3e Groupe]

INDICATIF

Présent	Imparfait	Passé simple	Futur
Je mets	Je mettais	Je mis	Je mettrai
Tu mets	Tu mettais	Tu mis	Tu mettras
Il met	Il mettait	Il mit	Il mettra
Nous mettons	Nous mettions	Nous mîmes	Nous mettrons
Vous mettez	Vous mettiez	Vous mîtes	Vous mettrez
Ils mettent	Ils mettaient	Ils mirent	Ils mettront

Passé composé	Plus-que-parfait	Passé antérieur	Futur antérieur
J'ai mis	J'avais mis	J'eus mis	J'aurai mis

SUBJONCTIF

Présent	Passé	Imparfait	Plus-que-parfait
Que je mette	Que j'aie mis	Que je misse	Que j'eusse mis
Qu'il mette	Qu'il ait mis	Qu'il mît	Qu'il eût mis
Que nous mettions	Que nous ayons mis	Que nous missions	Que nous eussions mis

CONDITIONNEL

Présent	Passé
Je mettrais	J'aurais mis

IMPERATIF

Présent
Mets
Mettons
Mettez

INFINITIF

Présent	Passé
Mettre	Avoir mis

PARTICIPE

Présent	Passé
Mettant	Mis, ayant mis

[20. Falloir – Verbe impersonnel]

INDICATIF

Présent	Imparfait	Passé simple	Futur
Il faut	Il fallait	Il fallut	Il faudra

Passé composé	Plus-que-parfait	Passé antérieur	Futur antérieur
Il a fallu	Il avait fallu	Il eut fallu	Il aura fallu

SUBJONCTIF

Présent	Passé	Imparfait	Plus-que-parfait
Qu'il faille	Qu'il ait fallu	Qu'il fallût	Qu'il eût fallu

CONDITIONNEL / IMPERATIF

Présent	Passé	Présent	Passé
Il faudrait	Il aurait fallu	(inusité)	(inusité)

INFINITIF / PARTICIPE

Présent	Passé	Présent	Passé
Falloir	Avoir fallu	(inusité)	Fallu, ayant fallu

6. PROVERBES, DICTONS ET EXPRESSIONS

ATTENTION Les proverbes, dictons et expressions qui suivent n'ont pas été consignés dans cet ouvrage pour faire de la figuration. Il arrive parfois au Score IAE Message que ces derniers nourrissent les énoncés de questions ardues. Ne prenez donc pas ce chapitre à la légère...

160 proverbes et dictons

Les proverbes et dictons font régulièrement l'objet de questions dans l'épreuve de langage. Nous ne doutons pas un instant que vous connaissez la majorité des proverbes et dictons qui suivent ; mais sauriez-vous donner pour chacun d'entre eux une explication précise ? **A vous de jouer** !

1. A bon chat bon rat.
Se dit quand celui qui attaque trouve un adversaire capable de lui résister.

2. A beau mentir qui vient de loin.
Celui qui vient d'une contrée lointaine peut, sans craindre d'être démenti, raconter des mensonges.

3. Abondance de biens ne nuit pas.
On accepte souvent, par mesure de prudence, une chose dont on a déjà une quantité suffisante.

4. A bon vin point d'enseigne.
Ce qui est de qualité se recommande de soi-même.

5. A chaque jour suffit sa peine.
Supportons les difficultés d'aujourd'hui sans penser par avance à celles que peut nous réserver l'avenir.

6. A cœur vaillant rien d'impossible.
Avec du courage, on peut venir à bout de tout.

7. L'air ne fait pas la chanson.
L'aspect n'est pas la réalité.

8. A l'impossible nul n'est tenu.
On ne peut attendre de quiconque ce qu'il lui est impossible de faire.

9. A l'œuvre on connaît l'artisan.
C'est par la valeur de son ouvrage que l'on juge celui qui l'a réalisé.

10. Après la pluie, le beau temps.
La joie fait souvent suite à la tristesse, et le bonheur succède souvent au malheur.

11. A père avare, enfant prodigue.
Les enfants contrebalancent souvent les défauts de leurs parents en développant les qualités qui leurs sont opposées.

12. L'appétit vient en mangeant.
Plus on a, plus on veut avoir.

13. L'argent est un bon serviteur et un mauvais maître.
L'argent participe au bonheur de celui qui sait l'employer mais fait le malheur de celui qui se laisse dominer par l'avarice ou la cupidité.

14. A méchant ouvrier, point de bon outil.
Le mauvais ouvrier fait toujours du mauvais travail et met ses erreurs sur le compte de ses outils.

15. L'argent n'a pas d'odeur.
Certains ne se soucient guère de la façon dont ils gagnent de l'argent pourvu qu'ils en gagnent.

16. A tout seigneur, tout honneur.
Il faut faire honneur à chacun suivant son rang.

17. Au royaume des aveugles, les borgnes sont rois.
Avec un mérite ou un savoir médiocre, on brille parmi les sots et les ignorants.

18. Autant en emporte le vent.
Se dit en parlant de serments auxquels on n'ajoute pas foi, ou qui ne se sont pas réalisés.

19. Autres temps, autres mœurs.
Les mœurs évoluent d'une époque à l'autre.

20. Aux grands maux les grands remèdes.
Il faut prendre des mesures énergiques contre les maux graves et dangereux.

21. Avec des « si », on mettrait Paris en bouteille.
A se limiter à des conjectures, tout semble possible mais on perd le sens du réel.

22. A vieille mule, frein doré.
On décore et embellit une vieille bête pour mieux la vendre ; se dit aussi de femmes âgées qui abusent d'artifices et de parures.

23. Beaucoup de bruit pour rien.
Titre d'une comédie de Shakespeare, devenu un proverbe exprimant que telle affaire a pris des proportions sans rapports avec sa (faible) importance.

24. Les beaux esprits se rencontrent.
Se dit plaisamment lorsqu'une même idée, un même raisonnement, une même vérité, est énoncée simultanément par deux personnes.

25. Bien faire, et laisser dire.
Il faut faire son devoir sans s'inquiéter des critiques.

26. Bien mal acquis ne profite jamais.
On ne peut jouir en paix du bien obtenu par des moyens illégitimes.

27. Bonne renommée vaut mieux que ceinture dorée.
Mieux vaut bénéficier de l'estime publique que d'être riche.

28. Bon sang ne peut mentir.
Qui est d'une noble race ne saurait s'en montrer indigne.

29. Les bons comptes font les bons amis.
Pour rester amis, il ne faut pas laisser subsister de dettes entre l'un et l'autre.

30. La caque sent toujours le hareng.
On porte toujours en soi des traces de son origine, de son passé.

31. Ce que femme veut, Dieu le veut.
Les femmes parviennent toujours à leurs fins.

32. C'est en forgeant qu'on devient forgeron.
A force de s'exercer à une chose, on y devient compétent.

33. C'est le ton qui fait la chanson.
C'est la façon dont il dit les choses qui marque l'intention véritable du locuteur.

34. C'est l'hôpital qui se moque de la Charité.
Se dit de celui qui rit de la misère d'autrui, bien qu'il soit lui-même aussi misérable.

35. Chacun pour soi et Dieu pour tous.
Il faut penser à soi, et laisser à Dieu le soin de s'occuper des autres.

36. Charbonnier est maître chez soi.
Le maître de maison est en droit d'agir comme il le souhaite dans sa propre demeure.

37. Charité bien ordonnée commence par soi-même.
Avant de se préoccuper des autres, il faut songer à soi.

38. Chat échaudé craint l'eau froide.
On craint même l'apparence de ce qui vous a déjà nui.

39. Le chat parti, les souris dansent.
Quand maîtres ou chefs sont absents, écoliers ou subordonnés tirent parti de leur liberté.

40. Les chiens aboient, la caravane passe.
Qui est sûr de ses choix ne s'en laisse pas détourner, même par la désapprobation la plus bruyante.

41. Chose promise, chose due.
On est tenu de faire ce que l'on a promis.

42. Cœur qui soupire n'a pas ce qu'il désire.
Les soupirs que l'on pousse prouvent que l'on n'est pas heureux.

43. Comme on connaît les saints on les honore.
On traite chacun selon sa personnalité.

44. Comme on fait son lit on se couche.
Il faut s'attendre, en bien ou en mal, à vivre ce que l'on s'est préparé à soi-même par sa conduite.

45. Comparaison n'est pas raison.
Une comparaison ne prouve rien.

46. Les conseilleurs ne sont pas les payeurs.
Méfions-nous parfois des conseilleurs ; ni leur personne ni leur bourse ne courent le risque qu'ils recommandent.

47. Contentement passe richesse.
Le bonheur vaut mieux que la fortune.

48. Les cordonniers sont les plus mal chaussés.
On néglige souvent les avantages dont on pourrait disposer de par sa condition.

49. Dans le doute, abstiens-toi.
Maxime qui vaut pour le doute pratique pour le doute purement spéculatif.

50. De deux maux, il faut choisir le moindre.
Adage que l'on attribue à Socrate, qui aurait ainsi expliqué pourquoi il avait épousé une femme de très petite taille.

51. Défiance (ou méfiance) est mère de sûreté.
Il ne faut pas être trop confiant, si l'on ne veut pas être dupé.

52. De la discussion jaillit la lumière.
Des opinions débattues contradictoirement se dégage la vérité.

53. Déshabiller saint Pierre pour habiller saint Paul.
Contracter une dette pour en acquitter une autre ; se tirer d'une difficulté en s'en créant une nouvelle.

54. Deux avis valent mieux qu'un.
On fait bien, avant d'agir, de solliciter plusieurs avis.

55. Donner un œuf pour avoir un bœuf.
Faire un petit présent dans l'espoir d'en recevoir un plus conséquent.

56. L'eau va à la rivière.
L'argent va aux riches.

57. En avril, n'ôte pas un fil ; en mai, fais ce qu'il te plaît.
Il ne faut pas mettre de vêtements légers en avril ; on le peut en mai.

58. L'enfer est pavé de bonnes intentions.
Les bonnes intentions ne suffisent pas si elles ne sont pas réalisées ou ne produisent que des résultats fâcheux.

59. Entre l'arbre et l'écorce, il ne faut pas mettre le doigt.
Il ne faut pas s'immiscer dans une dispute entre proches.

60. Erreur n'est pas compte.
Tant que demeure une erreur, un compte n'est pas définitif.

61. L'exception confirme la règle.
Cela même qui est reconnu en tant qu'exception constate une règle, puisque sans la règle, point d'exception.

62. La faim chasse le loup hors du bois.
La nécessité oblige les hommes à faire des choses qui ne sont pas de leur goût.

63. Faute de grives, on mange des merles.
Faute de mieux, il faut savoir se contenter de ce que l'on a.

64. La fête passée, adieu le saint.
Une fois une satisfaction obtenue, on oublie à qui on la doit.

65. La fin justifie les moyens.
Principe d'après lequel un objectif justifierait les entreprises coupables consenties pour l'atteindre.

66. La fortune vient en dormant.
Le meilleur moyen de s'enrichir est d'attendre passivement un heureux coup du sort.

67. Des goûts et des couleurs, il ne faut pas discuter.
Chacun est libre de ses préférences et affectations.

68. Les grandes douleurs sont muettes.
La profonde souffrance morale ne fait entendre aucune plainte.

69. L'habit ne fait pas le moine.
Il ne faut pas juger les autres sur la base de leur apparence.

70. L'habitude est une seconde nature.
L'habitude dirige nos actions aussi profondément que nos instincts naturels.

71. Heureux au jeu, malheureux en amour.
Qui l'emporte souvent au jeu est rarement heureux en ménage.

72. Il faut battre le fer pendant qu'il est chaud.
Lorsqu'une affaire est en bonne voie, il faut poursuivre et persévérer activement.

73. Il faut que jeunesse se passe.
On doit pardonner les fautes que l'insouciance fait commettre aux jeunes.

74. Il faut qu'une porte soit ouverte ou fermée.
Il faut décider dans un sens ou dans un autre.

75. Il faut rendre à César ce qui appartient à César, et à Dieu ce qui est à Dieu.
Il faut donner ou attribuer à chacun ce qui lui est dû.

76. Il faut tourner sa langue sept fois dans sa bouche avant de parler.
Avant de prendre la parole, il faut bien peser ses propos.

77. Il ne faut jamais jeter le manche après la cognée.
Il ne faut jamais se décourager.

78. Il ne faut jurer de rien.
Il ne faut jamais tenir le futur pour certain.

79. Il ne faut pas dire : « Fontaine, je ne boirai pas de ton eau. »
Nul ne peut garantir qu'il ne recourra jamais à une personne ou à une chose.

80. Il n'est pire eau que l'eau qui dort.
Ce sont des personnes d'apparence calme et inoffensive qu'il faut le plus se méfier.

81. Il n'est point de sot métier.
Toutes les professions méritent d'être respectées.

82. Il n'y a pas de fumée sans feu.
Derrière les rumeurs et les apparences, il y a toujours quelque chose de vrai.

83. Il n'y a que la vérité qui blesse.
Les seuls reproches vraiment douloureux sont ceux que l'on a mérités.

84. Il n'y a que le premier pas qui coûte.
Le plus ardu en toute chose est de commencer.

85. Il vaut mieux aller au moulin qu'au médecin.
Se soigner coûte plus cher encore que s'alimenter.

86. Il vaut mieux avoir affaire à Dieu qu'à ses saints.
Il vaut mieux converser directement avec le maître qu'avec ses subalternes.

87. Il vaut mieux tenir que courir.
La possession est préférable à l'espérance.

88. Il y a loin de la coupe aux lèvres.
Il peut se produire beaucoup entre l'élaboration d'un projet et sa réalisation.

89. Le jeu ne vaut pas la chandelle.
Le but dont on parle ne vaut pas la peine que l'on se donne pour l'obtenir.

90. Les jours se suivent et ne se ressemblent pas.
Les circonstances évoluent avec le temps.

91. Loin des yeux, loin du cœur.
L'absence détruit ou fragilise les affections.

92. Les loups ne se mangent pas entre eux.
Les méchants ne se nuisent pas les uns aux autres.

93. Mains froides, cœur chaud.
La froideur des mains indique un caractère amoureux.

94. Mauvaise herbe croît toujours.
Un enfant de mauvais caractère (« mauvaise graine ») grandit toujours vite.

95. Mettre la charrue avant les bœufs.
Caractérise l'acte de commencer par où l'on devrait finir.

96. Le mieux est l'ennemi du bien.
On court le risque de perdre ce qui est bien en voulant obtenir mieux.

97. Mieux vaut tard que jamais.
Il vaut mieux agir tardivement que ne pas agir du tout.

98. Morte la bête, mort le venin.
Une fois mort, un adversaire ou un méchant, ne peut plus nuire

99. Les murs ont des oreilles.
Lors d'une discussion confidentielle, il faut toujours se méfier de ce qui vous entoure.

100. Nécessité fait loi.
En cas de besoin ou de péril extrême, on peut s'exonérer de toutes les obligations conventionnelles.

101. Ne fais pas à autrui ce que tu ne voudrais pas qu'on te fît.
Règle de conduite qui constitue la base d'une morale élémentaire.

102. N'éveillez pas le chat qui dort.
Il ne faut pas raviver une affaire pénible, une menace assoupie.

103. La nuit porte conseil.
La nuit est propice à nous inspirer de sages considérations.

104. La nuit, tous les chats sont gris.
De nuit, il est malaisé de bien distinguer les personnes et les choses.

105. Nul n'est prophète en son pays.
Personne n'est estimé à sa juste valeur là où il vit habituellement.

106. L'occasion fait le larron.
L'occasion suscite des actions répréhensibles auxquelles on n'aurait pas songé.

107. L'oisiveté est mère de tous les vices.
N'avoir rien à faire, c'est être en butte à toutes les tentations.

108. On ne fait pas d'omelette sans casser d'œufs.
On n'atteint pas un objectif sans difficultés ni sacrifices.

109. On ne prête qu'aux riches.
On n'offre d'aide qu'à ceux qui sont en état de la rétribuer ; on attribue volontiers certains actes à ceux qui ont pour habitude de les faire.

110. On reconnaît l'arbre à ses fruits.
C'est à la hauteur de ses actes que l'on évalue la valeur d'un homme.

111. Paris ne s'est pas fait en un jour.
Les grandes choses, les grands projets mettent longtemps à se réaliser.

112. Pauvreté n'est pas vice.
Il n'y a pas de déshonneur à être pauvre.

113. Petit à petit, l'oiseau fait son nid.
A force de persévérance et d'opiniâtreté, on vient à bout d'une entreprise.

114. Petite pluie abat grand vent.
Souvent, il suffit de peu de choses pour apaiser une grande colère.

115. Les petits ruisseaux font les grandes rivières.
Les petits profits engrangés finissent par produire de grands bénéfices.

116. Pierre qui roule n'amasse pas mousse.
On ne fait pas fortune en changeant souvent d'état ou de pays.

117. La pluie du matin réjouit le pèlerin.
La pluie du matin signifie souvent que la journée sera belle.

118. La plus belle fille du monde ne peut donner que ce qu'elle a.
Nul ne peut donner ce qu'il ne possède pas.

119. Plus on est de fous, plus on rit.
La gaîté et les rires sont d'autant plus vifs que ceux qui les partagent sont nombreux.

120. Point de nouvelles, bonnes nouvelles.
En l'absence de nouvelles de quelqu'un, on peut présumer qu'il ne lui est rien arrivé de grave.

121. Quand on veut noyer son chien, on dit qu'il a la rage (ou la gale).
Quand on veut nuire à quelqu'un, on l'accuse faussement.

122. Qui a bu boira.
On ne se débarrasse jamais complètement d'un défaut devenu une habitude.

123. Qui aime bien châtie bien.
L'amour véritable est celui qui n'a pas peur de recourir à une sage sévérité.

124. Quiconque se sert de l'épée périra par l'épée.
Celui qui use de violence mourra par la violence.

125. Qui donne aux pauvres prête à Dieu.
Celui qui fait la charité en sera récompensé dans l'au-delà.

126. Qui dort dîne.
Dormir permet d'apaiser / de faire passer la faim.

127. Qui ne dit mot consent.
Ne pas formuler d'objection, c'est donner son approbation.

128. Qui ne risque rien n'a rien.
Il n'y a pas de victoires sans risques.

129. Qui paye ses dettes s'enrichit.
En réglant ses dettes, on accroît son crédit et sa réputation.

130. Qui peut le plus peut le moins.
Celui qui a les moyens de faire une chose difficile, coûteuse, etc., dispose *a fortiori* des moyens de faire une chose plus aisée, moins coûteuse.

131. Qui sème le vent récolte la tempête.
Quiconque génère le chaos et le désordre ne peut se plaindre de ce qui en découle.

132. Qui se ressemble s'assemble.
Ceux qui ont les mêmes inclinations se recherchent mutuellement.

133. Qui se sent morveux se mouche.
Que celui qui se sent fautif s'applique à lui-même ce qui vient d'être dit.

134. Qui s'y frotte s'y pique.
Celui qui s'y risque le regrette.

135. Qui trop embrasse mal étreint.
Qui entreprend trop de choses à la fois n'en mène à bien aucune.

136. Qui va à la chasse perd sa place.
Qui abandonne sa place doit se préparer à la voir occupée à son retour.

137. Qui veut aller loin ménage sa monture.
Il faut ménager son énergie, ses moyens, etc., si l'on veut tenir, durer longtemps.

138. Rira bien qui rira le dernier.
Qui rit d'autrui pourrait bien se voir moqué à son tour si les circonstances changeaient.

139. Rome ne s'est pas faite en un jour.
Les grandes choses, les grands projets mettent longtemps à se réaliser.

140. Tant va la cruche à l'eau qu'à la fin elle se casse (ou qu'enfin elle se brise).
Toute chose finit un jour par s'user ; à force de s'exposer au danger, on finit par y succomber ; à force de faire la même erreur, on en subit un jour les conséquences.

141. Si jeunesse savait, si vieillesse pouvait.
Les jeunes manquent d'expérience, et les personnes âgées de force et de santé.

142. Le soleil luit pour tout le monde.
Chacun a également droit à ce que la nature offre à tous.

143. Tel est pris qui croyait prendre.
On est souvent victime du mauvais tour que l'on a voulu faire à autrui.

144. Tel père, tel fils.
Les fils tiennent fréquemment de leurs pères.

145. Tous les goûts sont dans la nature.
Se dit lorsque l'on est confronté à une personne dont les goûts sont singuliers.

146. Tous les chemins mènent à Rome.
Il existe de multiples moyens de parvenir à un même but.

147. Toute peine (ou travail) mérite salaire.
Chacun mérite compensation pour sa peine, aussi minime soit-elle.

148. Tout est bien qui finit bien.
Se dit lorsqu'une entreprise réussit après une phase d'incertitude et de doute.

149. Toute vérité n'est pas bonne à dire.
Il n'est pas toujours bon, ou opportun, de dire ce que l'on tient pour vrai.

150. Tout nouveau tout beau.
Ce qui est nouveau a toujours un attrait.

151. Un clou chasse l'autre.
Se dit au sujet de personnes ou de choses qui font suite à d'autres et qui les font oublier.

152. Un de perdu, dix de retrouvés.
Se dit pour assurer que ce qui a été perdu sera aisément remplacé.

153. Une fois n'est pas coutume.
Un acte isolé n'engage pas ; on peut fermer les yeux sur un acte isolé.

154. Une hirondelle ne fait pas le printemps.
Il ne faut pas tirer de conclusions hâtives d'un seul cas ou d'un seul fait.

155. Un homme averti en vaut deux.
Qui a été informé de ce qu'il doit redouter est de ce fait doublement prêt à y faire face.

156. Un mauvais arrangement vaut mieux qu'un bon procès.
S'entendre, sous quelque modalité que ce soit, vaut mieux que d'aller en justice.

157. Un tiens vaut mieux que deux tu l'auras.
Posséder peu (avec certitude) vaut mieux qu'espérer plus (sans garantie de l'obtenir).

158. Ventre affamé n'a point d'oreilles.
Qui est tiraillé par la faim n'entend rien d'autre que son appétit.

159. Le vin est tiré, il faut le boire.
Lorsqu'une entreprise est engagée, il faut en accepter les suites, même déplaisantes.

160. Vouloir, c'est pouvoir.
La volonté est la seule véritable condition de la réussite.

25 expressions historiques tombées dans le langage courant

161. Après moi le déluge !
Se désintéresser de ce qui arrive après soi (même s'il s'agit d'une catastrophe).

162. Aller à Canossa
Se soumettre de façon complète et humiliante aux conditions émises par un adversaire.

163. Balkanisation
Morcellement politique d'une région ou d'un Etat sur des bases instables.

164. Boycotter, boycott
C'est le refus systématique de consommer les produits ou les services d'une entreprise ou d'une nation. On parle aussi de boycott d'élections.

165. C'est reparti comme en quatorze !
Dans un sens ironique, repartir, soit avec entrain, soit au contraire avec résignation, pour la guerre ou une grosse affaire.

166. Cheval de Troie
Don qui s'avère être fatal à celui qui le reçoit ; une ruse de guerre pour s'introduire secrètement chez l'ennemi.

167. Coup de Jarnac
Un coup de Jarnac est un coup violent, habile et imprévu. Il a pris une connotation de coup déloyal qui n'existait pas à l'origine. Dans son sens premier, il s'agit, en escrime, d'un coup à l'arrière du genou ou de la cuisse, rendu célèbre par Gui Chabot de Jarnac, qui le porta lors d'un duel en 1547.

168. Coup de Trafalgar
Accident imprévu et désastreux ; mauvais coup du sort.

169. Jacquerie
Révolte paysanne caractérisée par une grande violence.

170. Lapalissade
La lapalissade, également appelée vérité de La Palice, est une affirmation ridicule énonçant une évidence perceptible immédiatement.
Exemple : *« Certains hommes sont petits, d'autres pas. »* Cette phrase affirme que certains hommes sont petits, ce qui détermine une différence rapportée à une partie de la population. *« D'autres pas »* n'apporte rien de plus à la phrase et ne fait que répéter cette affirmation.

171. Ligne Maginot
L'expression « Ligne Maginot » est aujourd'hui synonyme d'une défense que l'on croit inviolable mais qui s'avère en fait totalement inutile.

172. Limoger, limogeage
Relever un militaire de son commandement ou un fonctionnaire de son poste à titre de sanction.

173. Lynchage
Lyncher signifie exécuter quelqu'un sans l'avoir préalablement jugé. On parle de lynchage dans le cas d'une condamnation suivie d'une exécution sommaire par la foule, en dehors de tout cadre légal.

174. Nouveau Grenelle
Réunion au sommet suivie d'un accord de premier plan entre le gouvernement et des partenaires sociaux ou autres.

175. Nouveau plan Marshall
Plan de financement à grande échelle destiné à résoudre une crise économique à l'échelle internationale.

176. Nouvelle affaire Dreyfus
Décision politique ou judiciaire scandaleusement injuste, reposant sur des présupposés xénophobes et/ou racistes.

177. Nouvelle Bastille à prendre
Abattre le symbole d'un pouvoir tyrannique.

178. Opium du peuple
Croyance qui procure au peuple un bonheur illusoire.

179. Paris vaut bien une messe
Expression utilisée pour justifier une concession plus ou moins déshonorante mais qui permet d'obtenir un succès majeur.

180. Pasionaria
Militante politique extrêmement active.

181. Stalinien
Adjectif péjoratif qui qualifie un régime fondé systématiquement sur la terreur ou des pratiques autoritaires.

182. Tirer à la grosse Bertha
Utiliser l'artillerie lourde ; employer d'importants moyens pour écraser un adversaire.

183. Travail de bénédictin
Minutieux travail d'érudition.

184. Travailler pour le roi de Prusse
Travailler pour rien, ne pas être payé pour ses peines ou sa participation active.

185. Watergate
Scandale politique majeur susceptible de faire chuter un chef d'Etat ou un gouvernement.

15 expressions désuètes

186. Sus aux victuailles !
A table.

187. Courir la gueuse
Draguer.

188. Ramer des gencives
Parler pour ne rien dire.

189. N'avoir que son cul et ses dents
Manquer de personnalité.

190. Avoir des trous dans les bas
Déprimer.

191. Ecluser un gorgeon
Picoler.

192. Jeter son bonnet par dessus les moulins
Se livrer à la débauche.

193. A cheval donné on ne regarde pas les dents
Avoir la politesse élémentaire de ne pas chier là où on mange.

194. Au diable-vauvert
Trifouillis-les-Oies ou le lieu-dit Ronjou, à Saint-Baldoph (Savoie). Loin, quoi !

195. Branler dans le manche
Manquer de stabilité et/ou être défectueux.

196. Croquer le marmot
Poireauter, attendre longtemps.

197. Peigner la girafe
Glander sans scrupules.

198. Etre coiffé avec le loquet de la porte
Etre coiffé n'importe comment (voire pas du tout).

199. Brûler la chandelle par les deux bouts
Sexe, drogue et rock'n'roll…

200. Crier haro sur le baudet
Manifester (bruyamment) son indignation et/ou jeter quelqu'un en pâture à la vindicte populaire.

60 expressions tirées de la Bible et de la mythologie

Les expressions tirées de la mythologie peuvent faire l'objet de questions difficiles au TAGE 2. Pas simple en effet d'improviser le sens d'une expression comme Une voix de Stentor ou Un supplice de Tantale... Allez courage ! C'est bientôt fini.

201. Passer sous les fourches caudines
Subir une épreuve difficile et humiliante.

202. Être riche comme Crésus
Cette expression désigne le fait d'être très riche, d'avoir à sa disposition une fortune considérable.

203. Toucher le pactole

Dans la mythologie grecque, le Pactole était un fleuve où l'on trouvait beaucoup de paillettes d'or. Dionysos promit au roi Midas d'exaucer le vœu de son choix. Le roi lui demanda le pouvoir de transformer tout ce qu'il toucherait en or. Mais cela fit vite son malheur car il ne pouvait plus ni manger ni boire puisque tout ce qu'il touchait se transformait en métal précieux. Il demanda alors à Dionysos d'annuler ce vœu. Pour cela, il dû se laver les mains dans le Pactole, et fut alors l'origine de ces nombreuses pépites d'or que l'on trouvait dans le fleuve. C'est en référence à cet épisode de la mythologie que l'on parle de « pactole » pour désigner une grande richesse.

204. Tomber de Charybde en Scylla

En tentant d'éviter un mal, tomber dans un autre encore plus grand. Synonyme : aller de mal en pis.

205. Être narcissique

Ce terme est issu de la mythologie grecque. Narcisse tombe amoureux de son propre reflet et meurt de cette passion qu'il ne peut assouvir.

206. De la cuisse de Jupiter

La mythologie grecque dit que Jupiter prit Dionysos en sa cuisse pour le protéger d'Héra. Protégé par les Dieux, Dionysos est donc bien né. Quelqu'un qui se croit sorti de la cuisse de Jupiter est donc quelqu'un de bien né, qui se croit supérieur de par sa naissance dans une famille privilégiée.

207. Un travail d'Hercule

Une tâche très rude.

208. La tunique de Nessus

Cette expression fait référence à des passions destructrices.

Blessé par Hercule, le centaure Nessus se vengea en offrant à Déjanire, sa bien-aimée, mais aussi la femme de son ennemi, une tunique sensée ramener son époux infidèle. Mais au lieu de cela, en la revêtant, Hercule se sentit consumé de l'intérieur ; une douleur telle qu'il préféra se brûler lui-même sur le mont Œta.

209. Être médusé

Expression définissant une personne à l'état d'extrême stupéfaction ou qui a peur.

210. Une furie

Femme très méchante et emportée.

Divinité romaine infernale assimilée aux Érinyes.

211. Le lit de Procuste
Un supplice douloureux, une règle mesquine et tyrannique. Une volonté d'imposer un modèle, une uniformisation à tout prix.
Procuste était un terrifiant brigand de l'Attique qui non seulement détroussait ses victimes, mais les faisait étendre sur un lit de fer avant d'étirer leurs membres au moyen de cordages ou leur coupait les pieds pour les mettre à la mesure du lit.

212. Le rocher de Sisyphe
Un travail pénible, mais inutile.
Cette expression mythologique fait allusion à Sisyphe, roi de Corinthe, fils d'Éole, qui fut envoyé aux Enfers et condamné à pousser éternellement un énorme rocher jusqu'au sommet d'une montagne. Chaque fois qu'il y parvenait, le rocher dévalait à nouveau la pente obligeant Sisyphe à sans cesse recommencer ce pénible travail.

213. Une égérie
Conseillère, inspiratrice (d'un homme politique, d'un artiste).

214. Se lancer dans une entreprise prométhéenne
Il s'agit d'une entreprise caractérisée par le goût de l'action et de la foi en l'homme.

215. Une voix de Stentor
Voix forte, retentissante, en parlant de la voix d'un homme uniquement, en référence à Stentor de la mythologie grecque, qui était le crieur de l'armée.

216. Mener une vie de Spartiate
Mener une vie austère.

217. Prononcer des paroles sibyllines
Propos aux sens cachés relevant du mystère. Les sibylles étaient des grandes prêtresses capables de prédire l'avenir aux hommes et de leur faire savoir ce que les dieux allaient leur réserver.

218. Avoir une épée de Damoclès au-dessus de la tête
Être en danger constant.

219. Une réponse laconique
L'adjectif laconique tire son origine de la Laconie, une région de la péninsule du Péloponnèse où était située Sparte, une des cités les plus puissantes de la Grèce antique. Les habitants de cette région étaient reconnus pour être brefs dans leurs propos.

220. Renvoyer quelque chose aux calendes grecques
Les calendes sont le premier jour de chaque mois. Au fil du temps est née l'expression renvoyer aux calendes grecques pour désigner le fait de remettre quelque chose à une date qui n'existe pas.

221. Une bacchanale (ou des bacchanales)
Fêtes débridées que les Romains célébraient en l'honneur de Bacchus.

222. Le supplice de Tantale
Déception d'un individu qui voit ses projets ne pas se réaliser alors qu'il est près du but.
Employée depuis le milieu du XIXe siècle, cette locution fait référence à la mythologie grecque. Tantale, fils de Zeus, était, suite à une punition de son père, condamné à supporter la faim et la soif pour l'éternité. En effet, lorsqu'il s'approchait d'un fruit ou d'une source, le premier se transformait en pierre, quant à la seconde, elle disparaissait. Cette expression symbolise la déception de quelqu'un qui voit ses projets s'envoler si près du but.

223. Suivre le fil d'Ariane
Savoir se diriger, prendre la bonne voie pour arriver à un résultat ou pouvoir s'orienter au milieu des difficultés.

224. Perdre le fil
Perdre les pédales ; s'empêtrer dans un raisonnement ; s'empêtrer dans ses propos ; arrêter de compter ; ne plus savoir la suite ; ne plus savoir où on en est d'un récit.

225. Remplir le tonneau des Danaïdes
Une tâche sans fin, un travail à recommencer sans cesse.
Dans la mythologie grecque, les Danaïdes sont les cinquante filles du roi Danaos. Elles accompagnent leur père à Argos quand celui-ci fuit ses neveux, les cinquante fils de son frère Egyptos. Après qu'ils ont proposé une réconciliation, elles épousent leurs cousins et les mettent à mort le soir même des noces sous l'ordre de leur père. Les Danaïdes sont condamnées, aux Enfers, à remplir sans fin un tonneau sans fond.

226. Céder ou succomber au chant des sirènes
Céder à la tentation ; se laisser séduire ; succomber à la tentation.

227. Se perdre dans un dédale
Se perdre et ne plus savoir se retrouver.

Dédale était un remarquable architecte. C'est lui que le roi de Crète Minos chargea de préparer les plans du labyrinthe, pour y enfermer le Minotaure, monstre carnivore à la tête de taureau. Dédale fut enfermé dans son propre labyrinthe pour avoir dit à Ariane comment sortir du labyrinthe.

228. Nettoyer les écuries d'Augias
Faire un grand nettoyage en employant des méthodes radicales. Le nettoyage des écuries d'Augias était l'un des douze travaux d'Hercule.

229. Un monument cyclopéen
Qualifie un mode de construction primitif, constitué de grosses pierres non équarries.

230. Etre en tenue d'Adam et Eve
Être tout nu

231. S'attirer les foudres (de quelqu'un)
L'expression apparaît au XVIe siècle. La foudre est un phénomène naturel provoquant une décharge électrique importante lors d'un orage. Mais à l'époque, celle-ci apparaît plutôt comme la manifestation de la colère divine. Les foudres renvoient à des reproches importants ou à une condamnation. « S'attirer les foudres de quelqu'un » signifie s'attirer sa colère.

232. C'est David contre Goliath
Combat entre deux personnes de force inégale.

233. Pomme de discorde
Le sujet d'une dispute, le motif d'un désaccord, la source d'une mésentente.

234. Un jugement de Salomon
Un jugement empreint de sagesse et d'équité ; un jugement qui partage les torts entre deux partis.
Le Premier Livre des Rois (3, 16-28) dit que le différend oppose deux femmes ayant chacune mis au monde un enfant, mais l'un était mort étouffé. Elles se disputèrent alors l'enfant survivant. Pour régler ce désaccord, Salomon réclama une épée et ordonna : « Partagez l'enfant vivant en deux et donnez une moitié à la première et l'autre moitié à la seconde ». L'une des femmes déclara qu'elle préférait renoncer à l'enfant plutôt que de le voir mourir. De ce fait, Salomon reconnut la véritable mère de l'enfant. Il lui donna le nourrisson et sauva ainsi la vie de l'enfant.

235. La pomme d'Adam
Caractérise la saillie à l'avant du cou des hommes.
On raconte que si Eve parvint à avaler son morceau de fruit sans aucun mal, celui d'Adam lui, resta coincé dans sa gorge.

236. Un jardin d'Eden
Le jardin d'Éden est défini comme un endroit merveilleux où vivaient Adam et Eve. Il est souvent comparé au Paradis.

237. Un tohu-bohu
Désordre, confusion de choses mêlées.

238. Vieux comme Mathusalem
Souligne la longévité d'une chose ou d'une personne et marque le caractère très ancien du sujet. Elle trouve son origine dans la Bible : Mathusalem est célèbre pour être la personne la plus âgée mentionnée dans l'ancien testament.

239. Le péché originel
Le péché originel, ou péché ancestral pour les orthodoxes, est une doctrine de la théologie chrétienne qui décrit l'état dégradé de l'humanité depuis la Chute, c'est-à-dire la désobéissance d'Adam et Eve, premiers êtres humains créés par Dieu qui, selon le Livre de la Genèse, mangent le fruit défendu de l'arbre de la connaissance du bien et du mal.

240. Etre pauvre comme Job
Pauvre comme la gale ; fauché comme les blés ; très pauvre ; dans un dénuement extrême ; gueux comme un rat d'église

241. Etre riche comme Hérode
Etre très riche.

242. Une jérémiade
Une jérémiade est une forme péjorative utilisée pour qualifier négativement les gémissements, les soupirs d'une personne. L'utilisation de ce terme implique que l'expression des revendications de cette personne serait incompréhensible et inappropriée.

243. Etre fort comme Samson
Etre très fort. Force surhumaine.

244. Un colosse aux pieds d'argile
Puissance, apparemment invulnérable, mais qui présente une faiblesse fatale. Origine : l'interprétation d'un rêve par le prophète Daniel qui annonçait l'effondrement du royaume de Babylone à Nabuchodonosor II.

245. Qui va à la chasse perd sa place
Formule espiègle souvent lancée à celui qui a quitté sa place et pris le risque de ne pas la retrouver à son retour. Cette expression fait référence à l'épisode biblique de la Genèse entre les frères jumeaux Jacob et Esaü.

246. Toucher du bois
Conjurer le sort pour avoir de la chance.

247. Œil pour œil dent pour dent
Cette expression provient de la Loi du Talion, qui apparaît en 1730 avant J.-C. dans le code d'Hammourabi, alors roi de Babylone. Cette loi incitait à la vengeance individuelle, à condition que la peine soit identique au crime commis.

248. Ne connaître ni d'Eve ni d'Adam
N'avoir jamais entendu parler de quelque chose ou de quelqu'un.

249. Une tour de Babel
Lieu où l'on parle toutes sortes de langues. Origine : le récit biblique explique l'existence de nombreuses langues comme étant la punition divine contre les hommes, qui avaient décidé de construire une tour haute jusqu'au Ciel pour atteindre Dieu.

250. La terre promise
Lieu riche, idéal ou idyllique. Origine : le Pays de Canaan ou Terre d'Israël, que Dieu a promise à Abraham et à sa descendance et où coulent le lait et le miel.

251. Un exode
Départ contraint (d'une foule, d'une population ou d'un peuple). Origine : livre du Pentateuque qui raconte la sortie des Hébreux d'Égypte, sous la conduite de Moïse, et leur marche vers la Terre promise.

252. La manne
Don providentiel. Origine : nourriture miraculeusement envoyée aux Hébreux pendant leur traversée du désert vers la Terre promise.

253. Un bouc émissaire
Personne désignée pour porter la responsabilité d'une faute. Origine : le commandement divin de Dieu aux Israélites, d'envoyer un bouc dans le désert pour expier leurs fautes.

254. Chant du coq
Allusion aux paroles du Christ annonçant à Pierre que celui-ci le reniera trois fois avant le chant du coq.

255. L'Épiphanie
Fête célébrée le 6 janvier. Origine : commémoration de la première révélation de Jésus et de l'adoration des Mages.

256. Vivre un calvaire
Vivre une épreuve interminable et très douloureuse. Origine : le Christ a été mis à mort au lieu-dit Golgotha, ce qui se traduit par « Crâne » ou « Calvaire ».

257. Porter sa croix
La vie est un calvaire et chacun doit endurer des épreuves. Origine : Jésus a porté sa croix, en tombant plusieurs fois, depuis le palais d'Hérode jusqu'au lieu où il sera crucifié.

258. Un chemin de croix
Épreuve particulièrement éprouvante. Origine : parcours du Christ portant la croix de Jérusalem au Golgotha commémoré chaque vendredi saint au cours d'une cérémonie.

259. Le chemin de Damas
Lieu d'un retournement subit de convictions. Origine : au chapitre 9 des Actes des Apôtres, Saül de Tarse, envoyé à Damas pour persécuter les premiers chrétiens, voit le Christ en apparition, change complètement de point de vue, et deviendra saint Paul « apôtre des Nations ».

260. Incrédule comme saint Thomas
Thomas ne croit pas à la résurrection de Jésus-Christ jusqu'à ce qu'il le voie. « Les autres disciples lui dirent donc : Nous avons vu le Seigneur. Mais il leur dit : Si je ne vois dans ses mains la marque des clous, et si je ne mets mon doigt dans la marque des clous, et si je ne mets ma main dans son côté, je ne croirai point. »

7. 300 APPLICATIONS CLES

Les 300 applications clés qui suivent constituent pour vous une bonne opportunité de **tester la bonne assimilation des différentes notions abordées dans le mémento de langue française.**

Comme vous l'aurez remarqué, les applications qui suivent ne sont pas au format du QCM que vous passerez au SCORE IAE MESSAGE (5 choix de réponse, 1 réponse unique). Peu importe ! Le but, vous l'aurez compris, est de vous assurer que vous n'avez pas appris votre cours à moitié !

Bon courage à vous.

QUESTIONS

Souligner la ou les bonnes réponses.

1• Est-ce que les **caribous/cariboux** sont couverts de **pou/poux** ?

2• Il émane de ces **tuyaus/tuyaux** des **gaz/gazs** toxiques.

3• Dans les **landaus/landaux** les **nourissons/nourrissons** ont les **cheveus/cheveux** blonds.

4• Ils déchiffraient les **panneaus/panneaux**.

5• Certains **journals/journaux** ne sont pas réellement des **régals/régaux**.

6• Les **ladys/ladies** manipulaient nerveusement leurs **éventails/éventaux**.

7• En amont de ces **lieu/lieux** on pêche des **lieus/lieux**.

8• Il l'irritait avec ses **pourquoi/pourquois** et ses **comment/comments**.

9• Mardi j'ai invité mes deux **aïeuls/aïeux** à souper.

10• A l'abri des **préaus/préaux** flottaient des **drapeaus/drapeaux**.

11• Je vous accueillerai à mon cabinet les **jeudi/jeudis** et **samedi/samedis**.

12• Je serai indisponible les premiers **lundi/lundis** et **mardi/mardis** de chaque mois.

13• Quelques **Ave/Aves** ou **Pater/Paters** de plus n'arrangeront rien.

14• Le poker palliait aux **déficit/déficits**.

15• On lui a adressé les **duplicata/duplicatas**.

16• A la fin des **scénario/scénarios** se situaient des **addenda/addendas**.

17• L'inquisition tripla les **autodafé/autodafés**.

18• Les **matchs/matches** se concluent sous les **flashs/flashes** des journalistes.

19• Les **errata/erratas** sont souvent judicieux dans les ouvrages.

20• Il est **abbérant/aberrant** de croire que nous serons bientôt autonomes d'un point de **vu/vue** énergétique.

21• A deux **miles/milles** du littoral.

22• **Quelque/quelques** astucieuses qu'elles soient, elles n'aboutiront pas.

23• A ce concert nous étions soixante et **quelque/quelques**.

24• **Quelques/quels que** soient les obstacles, nous réussirons.

25• **Quoiqu'/quoi qu'**il m'en coûte, je m'y rendrai.

26• **Quoique/Quoi que** j'accomplisse, il n'est jamais satisfait.

27• **Tel/tels** sont les préceptes que nous assimilerons.

28• Plusieurs langues, **telles que/tels que** l'allemand et l'espagnol.

29• Je vous restitue vos affaires **tel quel/telles quelles**.

30• **Telles quelles/telles qu'elles** furent acceptées, ses motions étaient convenables.

31• **Désormais/Dorénavant**, tu seras mon assistante particulière. Félicitations !

32• **Tout/tous** ceux qui souffrent, **tous/tout** les forçats, **tout/tous** mes camarades rejoignez-nous !

33• Ecoutez messieurs, ils sont **tout/tous** là !

34• Elle est soulagée de savoir sa mère à **l'abri/l'abris** de tout problème **pécunier/pécunière/pécuniaire**.

35• La vieille dame est **tout/toute** étonnée, **tout/toute** abasourdie.

36• Elles étaient **tout/toutes** accaparées (au sens de tout à fait).

37• Elles étaient **tout/toutes** accaparées (au sens de sans exception).

38• C'est d'une **tout/toute** autre histoire qu'il s'agit.

39• Quel est le montant de sa **rénumération/rémunération** ?

40• Je respire mal. Je suis **opprimé/oppressé**.

41• Amoureuse, elle conclut sa lettre par : **tout/toute** à vous.

42• Je prendrai la route **quand/qu'en/quant** il aura cessé de pleuvoir.

43• **Peut être/peut-être** aura-t-elle de la chance ; **peu/peut** importe.

44• **Quelque fois/quelquefois/quelques fois** elle se rend avec son amie au cinéma.

45• Je l'y ai distinguée **quelque fois/quelquefois/quelques fois.**

46• Il **vaut/faut** mieux prévenir que guérir.

47• Il **n'y/ni** avait **n'y/ni** charme **n'y/ni** bien-être dans cet ancien manoir.

48• Il **nie/n'y** catégoriquement **n'y/ni** rien comprendre, mais **ni/n'y** son frère **ni/n'y** sa sœur ne le croient.

49• C'est un violoniste plein d'**entrain/en train** qui est **entrain/en train** de jouer sur cette scène.

50• Un **traficant/trafiquant** de drogue.

51• **Ci/si** tu séjournes dans cette ville-**s'y/ci**, il **si/s'y** trouvera.

52• **On/ont** a été surpris de l'avoir remporté ; mais ils nous **on/ont** confirmé qu'**on/ont** ne rêvait pas.

53• Il **se/ce** peut que **se/ce** soir, il **se/ce** passe des faits inhabituels.

54• Il **s'/c'** arrêta admiratif devant **se/ce** Monet.

55• **Ma/m'a** cousine **ma/m'a** prévenue de votre départ.

56• **Quelle/qu'elle** beauté ! Non mais **quelle/qu'elle** est belle.

57• Dans ce club **ou/où** que tu ailles, il y a tennis **ou/où** golf.

58• Il n'**a/à** qu'**a/à** réfléchir **a/à** autre chose.

59• D'**or/ores** et déjà il est **hors/or** de portée.

60• Si tu **lies/lis** scrupuleusement ce contrat, tu comprendras que tu te **lies/lis** pour dix ans.

61• **C'en/sans/s'en** est fini de ce sujet.

62• Parmi ces couples d'antonymes, lesquels sont corrects ?
cariatyde-atlante / brachycéphale-dolicocéphale / endogamie-exogamie / senestre-dextre / zénith-nadir / levant-ponant.

63• Je lis le **Français/français courammment/courament.**

64• Elle a laissé l'armoire **sens dessus dessous / sans dessus dessous.**

65• La femme les **suivait/suivaient** des yeux.

66• De l'assemblée **jaillit/jaillirent** les applaudissements.

67• C'**était/étaient** eux qui **dansait/dansaient** si gracieusement.

68• C'est toi qui **dis/dit** cela.

69• C'est un des acteurs qui se **démène/démènent** le plus sur scène.

70• Il **recoud/recout** sa veste.

71• Elle l'**absout/absoud**.

72• Les **Anglais/anglais** aiment les **Français/français**.

73• J'**envie/envis** mes voisins et je **choisie/choisis** de les imiter.

74• Je m'**extasie/extasis** devant sa grâce et **crie/cris** mon bonheur.

75• Elle **abhorre/abhort** son collègue et **savoure/savourt** son malheur.

76• On se **dévoue/dévout** à la tâche et l'on **entrevoie/entrevoit** le triomphe.

77• Je m'**enquière/enquiers** de sa forme. Il **profère/profert** des injures.

78• Cœur qui soupire n'a pas ce qu'il **désire/aspire**.

79• Il faut que tu **abjures/adjures**. Cette croyance n'a pas de bon sens.

80• Tes propos véhéments **martellent/martèlent** à mes oreilles et à l'extérieur il **gelle/gèle**.

81• Le cambrioleur **halette/halète**. Il **crochette/crochète** la serrure.

82• Le vigile s'**effraye/effraie**, tire, mais son arme s'**enraye/enraie**.

83• Le peuple **guerroye/guerroie** pendant que les rois **festoyent/festoient**.

84• Je m'**appuye/appuie** sur son épaule et nous **essuyons/essuions** une larme.

85• Surprise, elle **joind/joint** les mains. Tu **peinds/peins** la chambre.

86• L'orage **poind/point** à l'horizon et je **crainds/crains** d'être trempé.

87• Je me **suspens/suspends** à ses lèvres et l'**étreinds/étreins** délicatement.

88• Tu **interomps/interromps** la discussion et **ceinds/ceins** la couronne.

89• L'enfer est pavé de bonnes **personnes/âmes/intentions**.

90• L'argent n'a pas **de saveur/d'odeur**.

91• Tu **geinds/geins**, mais je **feinds/feins** de ne rien comprendre.

92• Un après-midi que nous **fuyons/fuyions** devant la tempête, le ciel se dégagea.

93• Vous **brillez/brilliez** de mille feux dans votre jeunesse.

94• Vous vous **distrayez/distrayiez** pour oublier vos soucis, et après ?

95• L'ouvrage que je **parcours/parcoure** me **parais/paraît** intéressant.

96• Il est fort souhaitable que cette holding **conquiert/conquière** le marché.

97• Quand nous **nettoyions/nettoyons** les vitres, il pleut toujours le lendemain. Est-ce un hasard ou une **fâcheuse/facheuse coïncidence/coincidence** ?

98• Il va falloir qu'il **résoude/résolve** ce mystère.

99• **Va/vas**, je ne te **haïs/hais** point (Corneille).

100• Tu te **repents/repens** de tes fautes passées.

101• Le personnel **naviguant/navigant** est très serviable.

102• Mon chiffre d'affaire **croit/croît** très rapidement à ce qu'il **parait/paraît**.

103• **Soyez/soyiez** disponibles à dix heures.

104• Il est préférable que tu t'**instruis/instruises.**

105• Bien que tu **as/aies** tout assimilé, **révise/révises** ton cours.

106• **Finis/fini** de déjeuner, bien que tu **es/sois** pressé.

107• Par temps dégagé, il se peut que tu **vois/voies** les côtes anglaises.

108• J'ai peur que vous ne vous **habillez/habilliez** pour rien ce soir.

109• J'exige que vous **éteignez/éteigniez** vos consoles de jeux.

110• Il est nécessaire que tu te **pourvois/pourvoies** en cassation ; je n'**entrevois/entrevoie** aucune autre **échapatoire/échappatoire.**

111• Je veux que vous **soyez/soyiez** polis !

112• Arnold, il est temps que tu t'**interromps/interrompes**. Vu ta réaction, je suis sincèrement désolé que tu le **prends/prennes** mal.

113• Il est triste que nous **ayons/ayions** été battus.

114• Parmi ces verbes, lequel n'est pas conjugué au passé simple ? **Il alla/Il acquit/Il mourut/Il tînt/Aucun**

115• Quelle conjugaison est correcte ? **Tu peigneras/Tu peindras**.

116• Il **essuyera/essuiera** ses larmes et tu ne **larmoyeras/larmoieras** pas.

117• A l'avenir, je **serai/saurai/saurais** bien vous faire chanter.

118• J'**aurai/aurais** de la chance s'il m'accueillait.

119• Nous **reverrons/reverrions** Paul avec plaisir, s'il le désirait.

120• Vu ce qu'il m'a dit, je ne **deviendrai/deviendrais** jamais une star !

121• Je n'**aurai/aurais** jamais cru qu'une telle péripétie pût m'arriver.

122• Je suis si heureuse ! Elle m'a **entouré/entourée** de ses bras avec tant de gentillesse !

123• Mon cher et tendre, je **passerai/passerais** mes journées à te contempler, si je le pouvais !

124• Ne **mens/ments** pas !

125• Je **clorerai/clorai/clorais** la réunion à 18 heures et vous **retrouverai/retrouverais** au club.

126• Je me **trouvai/trouvais** hier rue Lafayette où je vis Marie.

127• Chaque matin je **parlai/parlais** au gardien ; ce jour-là je l'**ignorai/ignorais**.

128• Pendant les premières années de ma vie, je **parcourai/parcourais** les prairies, je me **mêlai/mêlais** aux moissonneurs, j'**accompagnai/accompagnais** mon oncle à la pêche.

129• Je me remémore ce printemps où je **rencontrai/rencontrais** mon futur époux. J'**habitais/habitai** alors Lyon.

130• Je **chantai/chantais** une berceuse quand on frappa à la porte.

131• En avouant, je **réclamerai/réclamerais** votre indulgence.

132• Quand son père fut là, elle **retrouva/retrouvait** confiance en elle.

133• Chaque hiver, il ne **sut/savait** comment lui faire comprendre qu'il **détesta/détestait** les sports de glisse.

134• A sa grande déception, il **fut/fût** appelé le dernier.

135• Sa peau était si fine qu'on **eut/eût** dit du duvet d'oiseau.

136• Mon frère **eut/eût** bien des difficultés à apprendre ses leçons.

137• Quand le blessé **fut/fût** soigné, il **eut/eût** le droit de rentrer chez lui.

138• Quand elle **eut/eût** fini son jogging, elle rentra préparer un festin pour sa famille.

139• Le sans domicile fixe se **fut/fût** contenté d'un peu de soupe et de pain.

140• L'étudiant **eut/eût** l'immense bonheur d'être reçu Major.

141• Cette journée **eut/eût** été morose en son absence.

142• Elle **eut/eût** voulu que la saison ne finît pas.

143• Sa mère voulait qu'il **eut/eût** un peu de monnaie.

144• Bonne (...) vaut mieux que ceinture dorée. (Complétez ce proverbe).

145• Il se réveilla tôt afin qu'il ne **fut/fût** pas en retard.

146• Il **fut/fût** si discret qu'on **eut/eût** pensé qu'il s'ennuyait.

147• Il **eut/eût** été souhaitable qu'il **fut/fût** à l'heure pour cette réunion.

148• L'argent est un bon serviteur et un mauvais (...). (Complétez ce proverbe).

149• On ne **sut/sût** jamais ce qui le **poussa/poussât** à mentir à toute sa famille.

150• Il aurait fallu qu'elle le **connut/connût** avant de l'épouser.

151• Le voilier ne **put/pût** faire les manœuvres pour **s'amarrer/s'amarer.**

152• J'appréhendais qu'elle **réagit/réagît** violemment.

153• J'ai été très flatté qu'il **voulut/voulût** bien me regarder.

154• Elle se reposa dès que la fièvre **tomba/tombât**.

155• Les enfants sortirent après que l'orage **cessa/cessât**.

156• L'enfant dormait quoique l'histoire **sembla/semblât** passionnante.

157• Il mène une vie **dissolu/dissolute/dissolue**.

158• **Sucré/sucrés** et **rafraîchi/rafraîchis**, ces desserts sont délicieux.

159• Quel participe est mal accordé ? Elle adopte une attitude **réservée**/C'est peine **perdue** de la raisonner/J'ai les oreilles **rebattues** de tes reproches/ Elles ont été **créés** pour consommer/Les collaborateurs ont été **remerciés**.

160• Les conseilleurs ne sont pas les (...). (Complétez ce proverbe).

161• Donner un (...) pour avoir un bœuf. (Complétez ce proverbe).

162• La **conjecture/conjoncture** internationale explique notre faible croissance.

163• Ces pêches seront **confies/confites** dans du sirop.

164• Les cheveux **teins/teints** surprennent toujours, surtout quand ils sont **roux/ rous.**

165• Sur l'avant-scène **éclairé/éclairée** par des projecteurs se tenaient deux acteurs.

166• Sans échappatoire **envisagé/envisagée**, les voleurs se sentaient piégés.

167• Nous sommes fiers de **perpétuer/perpétrer** les traditions de Noël en Provence.

168• Les réserves **terminés/terminées**, elles se laissèrent **mourir/mourrir.**

169• La nouvelle de son décès nous a **atterré/atterrés.**

170• Les légumes qu'elle a **acheté/achetés** au marché ne sont pas frais.

171• Ils ont **pensé/pensés** que vous aviez **retenu/retenue** sa proposition.

172• Mes hortensias ont **flétris/flétri.**

173• Cet étourdi a **perdue/perdu** ses clés.

174• Il faut que jeunesse (…). (Complétez ce proverbe).

175• L'escalade nous a **procuré/procurés** beaucoup de sensations.

176• Des obligations familiales nous ont **empêché/empêchés** de partir.

177• C'est exceptionnellement que nous leur avons **consentis/consenti** un échéancier.

178• Un impondérable nous a **obligé/obligés** à reporter notre réunion.

179• Les anciens marathoniens racontent toujours les courses qu'ils ont **réussi/réussies**.

180• Cet excès de zèle les a **conduit/conduits** à la faillite.

181• Après les chaleurs qu'il a **fait/faites**, les orages qu'il y a **eu/eus** ont **radouci/radoucie** les températures.

182• Le soleil luit pour (…). (Complétez ce proverbe).

183• Je les ai **fait/faits** voyager.

184• Les toiles que tu leurs as **fait/faits** peindre sont remarquables.

185• Quels beaux rêves j'ai **fait/faits** la nuit dernière !

186• C'est la villa que j'ai **vu/vue** dans ce reportage.

187• La pile de romans historiques que j'ai **lue/lus**.

188• Les artistes lyriques que nous avons **entendu/entendus** chanter.

189• Les canards se sont **envolé/envolés**.

190• Ces tableaux se sont bien **vendu/vendus**.

191• La nuit arrivée, des lumières se sont **allumé/allumées**.

192• Les cousines se sont **joué/jouées** de lui.

193• Elles se sont **ri/ries** de leur ami.

194• Ils se sont **aperçu/aperçus** de leurs bêtises.

195• Ils se sont **lavé/lavés** les mains avant de manger. Je ne connaissais pas cette **coutume/coutûme.**

196• Elles se sont **blessé/blessées.**

197• Ils se sont **adressé/adressés** des insultes.

198• Nous nous sommes **assuré/assurés** de cet itinéraire avant de partir.

199• Ils se sont **parlé/parlés**. Et ils se sont **plu/plus**.

200• Elle est mélancolique, je l'ai **deviné/devinée**.

201• La somme qu'a **coûté/coûtée** ce voyage.

202• Que d'ennuis cette procédure m'a **couté/coutés**.

203• Ils se sont **vu/vus** clouer au pilori.

204• Elle s'est **laissé/laissée** séduire.

205• C'est son honnêteté plus que son esprit qu'on a **admirée/admirées**.

206• C'est en **étudiant/étudiants** que vous réussirez.

207• L'hirondelle voit tous les animaux comme des êtres **rampant/rampants**.

208• Les hommes **errant/errants**, les vagabonds suscitent la peur.

209• Les eaux **courant/courantes** sont plus propres que les eaux des lacs.

210• Les eaux **courant/courantes** vers la mer vont s'y **jetter/jeter.**

211• Les vents **soufflant/soufflants** avec vigueur et **mugissant/mugissants** dans les voiles s'opposaient à la manœuvre.

212• Ces étudiants, **travaillant/travaillants** sans compter, ont fait de **surprenant/surprenants** progrès.

213• Nous contemplons avec délice les moutons **paissant/paissants** dans cette prairie.

214• La libéralité de Charles XII, **dégénérant/dégénérante** à profusion, a ruiné la Suède (Voltaire).

215• Quand on veut noyer son chien, on dit qu'il a (…). (Complétez ce proverbe).

216• **Violant/Violent** la loi, ils firent des efforts **violant/violents** pour rester stoïques.

217• Il passait son temps en compagnie de deux pigeons **becquetant/becquetants, volant/volants** à ses cotés.

218• Le ministre **précédant/précédent** le président. C'est un événement sans **précédant/précédent**.

219• Ce sont des meubles **flambant neufs/flambants neufs**.

220• **Déléguant/délégant** ses attributions il n'en fut pas plus **compétant/compétent**.

221• Son orgueil n'**équivalent/équivalant** à rien de connu, on le pria de quitter la pièce.

222• Les laits **nourrissant/nourrissants** sont recommandés pour les peaux sèches.

223• C'étaient des collègues **obligeant/obligeants voire/voir complaisant/complaisants**.

224• A la voix **bêlant/bêlante** de l'artiste, les charmes **apaisant/apaisants** de l'animatrice furent d'un grand secours.

225• Tous les goûts sont dans (…). (Complétez ce proverbe).

226• Pièce d'attente située à l'entrée d'un logement : **un antichambre/une antichambre**.

227• L'obélisque **géant/géante** s'élève sur la place.

228• Parmi ces expressions, soulignez celle qui est correcte. **Nul n'est sensé ignorer la loi / Senser s'en rendre compte / Une personne censée / Un plan sensé nous guider / Un homme sensé n'aurait pas agi ainsi**

229• **Un apologue/une apologue** est une fable en prose ou en vers.

230• Sorte de petit pilier façonné : **un balustre/une balustre**.

231• **Un/une** hémistiche, c'est la moitié d'un vers.

232• Convention qui suspend les hostilités sans mettre fin à la guerre : **un armistice/une armistice**.

233• Enfoncement ménagé dans une chambre pour y placer un lit : **un alcôve/une alcôve**.

234• Matière colorante d'un beau rouge : **le pourpre/la pourpre**.

235• Excroissance à l'extrémité des racines de certaines plantes : **un tubercule/une tubercule**.

236• Pâte médicamenteuse qui s'applique sur la peau : **un emplâtre/une emplâtre**.

237• Concrétion pierreuse suspendue à la voûte d'une grotte : **un stalactite/une stalactite**.

238• Emanation qui se dégage des corps de certaines substances : **un effluve/une effluve**.

239• Il s'offrit chez le fleuriste de son quartier **un bel/une belle** azalée.

240• Signe en forme d'étoile qui indique un renvoi : **un astérisque/une astérisque**.

241• Ces entrepreneurs là sont de **vrais/vraies** honnêtes gens.

242• Ah ! Retourner voir le Caire tout **ensoleillé/ensoleillée** et la Russie **dolent/dolente**.

243• Les **fous/folles** délices de nos **nouveaux/nouvelles** amours.

244• Dimanche soir les **Durand/Durands** soupaient chez les **Dupont/Duponts**.

245• L'émir s'est offert deux **Jaguar/Jaguars** et trois **Ferrari/Ferraris**.

246• Le vin est tiré, il faut (…). (Complétez ce proverbe).

247• Quels sont les couples mal associés ? **Bélier-Brebis / Jars-Laie / Sanglier-Truie / Cerf-Biche / Daim-Daine**.

248• Atterrir ou Aterrir ?

249• **Mange/Manges** vite !

250• Quel féminin est incorrect ? **Borgne-Borgnesse / Diacre-Diacresse / Esquimau-Esquimaude**.

251• L'expression des **mille/milles** et des **cent/cents** signifie beaucoup d'argent.

252• Tu auras trois **zéro/zéros** hurla le professeur excédé.

253• Des **millier/milliers**, des **million/millions**, que dis-je, des **milliard/milliards** de pauvres.

254• Les bus **anglo-saxon/anglos-saxons** sont rouges.

255• Il avait la vilaine manie de faire des **croc-en-jambe/crocs-en-jambe**.

256• Alors, arriva dans la salle une dizaine de **sourd-muet/sourds-muets**.

257• Il avait une surprenante collection de **timbres-poste/timbres-postes**.

258• « A bon escient » signifie : **Avec discernement / Sauf erreur / Avec de bonnes raisons / En faisant de l'esbroufe**.

259• Ces **couvre-lit/couvre-lits** sont cousus d'or et d'argent.

260• Avez-vous admiré les célèbres **gratte-ciel/gratte-ciels** de la ville de New York ?

261• « Je suis mort de rire » est une **métaphore/hyperbole/antithèse**.

262• Les invendus sont entassés dans les **arrière-boutique/arrière-boutiques**.

263• Les **réfractères/réfractaires** au projet de loi organisèrent des **contre-manifestation/contre-manifestations**.

264• C'étaient des **garde-malade/garde-malades** très chaleureux.

265• Les **grand-pères/grands-pères** avaient dévalisé les **garde-manger/gardes-manger**.

266• Qui donne aux pauvres prête à (…). (Complétez ce proverbe).

267• Il a réclamé un crédit sans **intérêt/intérêts**.

268• *Ad hoc* signifie **qui convient parfaitement / à volonté, au choix**.

269• C'est un homme sans **préjugé/préjugés** et sans **scrupule/scrupules**.

270• Un bouquet de **brin/brins** de **thym/thyms** parfumera ce plat.

271• Ces amis d'**enfance/enfances** sont des collectionneurs de **tableau/tableaux**.

272• Il peaufine ce rapport avec beaucoup de **calme/calmes** et d'**intelligence/intelligences**.

273• Monsieur Durand est mort au champ d'**honneur/honneurs**.

274• Perclus de **rhumatisme/rhumatismes**, Pierre errait de **rue en rue/rues en rues**.

275• Ecchymose ou Ekymose ?

276• Au goûter, on se régalait avec des **petits-beurres/petits-beurre**.

277• Marie est sans **argent/argents**, sans **beauté/beautés**, son ignorance est sans **limite/limites** ; pourtant elle se marie, mais sans **témoin/témoins**.

278• Dans le Sahara, on passe **de solitude en solitude/solitude en solitudes**, et l'espace se répand sans **borne/bornes**.

279• Elle m'a **amenée/emmenée** à l'**hôpital/hopital**.

280• Relevez l'erreur dans les féminins irréguliers des adjectifs suivants : **Bénigne/Grecque/Oblongue/Maligne/Coite/Turcque.**

281• Son état de santé se **détériore/déterriore**. Il va de mal en **pire/pis**.

282• **Délivrer/Libérer** un prisonnier.

283• **Ci-joint/Ci-joints**, vous trouverez les pièces jointes attendues.

284• Veuillez trouver les notes **ci-inclus/ci-incluses**.

285• **Excepté/Exceptés** pour les moins de 12 ans, il faut vous **acquittez/ acquitter** des entrées.

286• Ma grand-mère a (90) ans. **quatre-vingt-dix/quatre-vingts-dix**.

287• Les accords **francos-italiens/franco-italiens** portent sur la libre circulation des produits.

288• Anna et Sophie échangent des paroles **aigre-douce/aigres-douces**.

289• Elle a tout particulièrement étudié les sciences **micros-économiques/micro-économiques**.

290• Quand **commémores/célèbres**-tu ton anniversaire ?

291• Les opinions **libre-échangistes/libres-échangistes**.

292• Ils participent à des mouvements **socio-démocrates/sociaux-démocrates**.

293• Ils font appel à des agents **contre-révolutionnaires/contres-révolutionnaires**.

294• Nous arrivons **fin/fins** prêts et non **fin/fins** ivres.

295• Les **soi-disant/prétendus** mensonges de Paul.

296• Elle tient des propos **sibyllins/sibillains/sybillins.**

297• Sur les navires **long-courriers/longs courriers** de cette compagnie, tous les passagers étaient **ivre-morts/ivres-morts**.

298• Il est entré dans la catégorie des boxeurs **mi-moyen/mi-moyens**.

299• Ces traitements sont clairement **contres-indiqués/contre-indiqués** si vous vous plaignez de troubles **cardios-vasculaires/cardiovasculaires**.

300• Ces berlines **ultras-rapides/ultra-rapides** sont généralement achetées pour le compte de personnalités **hauts-placées/haut-placées**.

REPONSES

1• Caribous/Poux.

2• Tuyaux/Gaz.

3• Landaus/Nourrissons/Cheveux.

4• Panneaux.

5• Journaux/Régals.

6• Ladies/Eventails.

7• Lieux/Lieus.

8• Pourquoi/Comment.

9• Aïeuls.

10• Préaux/Drapeaux.

11• Jeudis/Samedis.

12• Lundi/Mardi.

13• Ave/Pater.

14• Déficits.

15• Duplicata ou Duplicatas.

16• Scénarios/Addenda.

17• Autodafés.

18• Les deux réponses sont possibles, même si la réponse sans le « e » est recommandée.

19• Errata.

20• Aberrant/Vue.

21• Milles.

22• Quelque.

23• Quelques.

24• Quels que.

25• Quoi qu'.

26• Quoi que.

27• Tels.

28• Telles que.

29• Telles quelles.

30• Telles qu'elles.

31• Dorénavant signifie, comme désormais, « à partir de ce moment ». Contrairement à désormais, on l'emploie surtout pour énoncer une prière, une menace ou un ordre.

32• Tous/Tous/Tous.

33• Tous.

34• L'abri/Pécuniaire.

35• Tout/Tout.

36• Tout.

37• Toutes.

38• Tout.

39• Rémunération.

40• Oppressé.

41• Toute.

42• Quand.

43• Peut-être/Peu.

44• Quelquefois.

45• Quelques fois.

46• Vaut.

47• N'y/Ni/Ni.

48• Nie/N'y/Ni/Ni.

49• Entrain/En train.

50• Trafiquant.

51• Si/Ci/S'y.

52• On/Ont/On.

53• Se/Ce/Se.
54• S'/Ce.
55• Ma/M'a.
56• Quelle/Qu'elle.
57• Où/Ou.
58• A/à/à.
59• Ores/Hors.
60• Lis/Lies.
61• C'en.
62• Tous les couples d'antonymes sont corrects.
63• Le français/Couramment.
64• Sens dessus dessous.
65• Suivait (la femme).
66• Jaillirent (sujet inversé).
67• Etaient / Dansaient (remplacer « c'est eux » par « ce sont eux »).
68• Dis. « qui » a pour antécédent « toi » (2e personne du singulier).
69• Démènent. Accord avec l'antécédent du pronom relatif « acteurs ».
70• Recoud (recoudre).
71• Absout (les verbes en « soudre » perdent le « d » au singulier (j'absous, tu absous, il absout).
72• Les Anglais/Les Français.
73• J'envie/Choisis.
74• M'extasie/Crie.
75• Abhorre/Savoure.
76• Dévoue/Entrevoit.
77• Enquiers/Profère.
78• Désire.
79• Abjures
80• Martèlent/Gèle.
81• Halète/Crochète.
82• Toutes les réponses sont justes.
83• Guerroie/Festoient.
84• Appuie/Essuyons.
85• Joint/Peins.
86• Point/Crains.
87• Suspends/L'étreins.
88• Interromps/Ceins.
89• Intentions.
90• D'odeur.
91• Geins/Feins.
92• Fuyions.
93• Brilliez.
94• Distrayez.
95• Parcours/Paraît
96• Conquière.
97• Nettoyons/Fâcheuse/Coïncidence.
98• Résolve.
99• Va/Hais.
100• Repens.
101• Navigant.
102• Croît/Paraît.
103• Soyez.
104• T'instruises.

105• Aies/Révise.

106• Finis/Sois.

107• Voies.

108• Habilliez.

109• Eteigniez.

110• Pourvoies/N'entrevois/ Echappatoire.

111• Soyez.

112• Interrompes/Prennes

113• Ayons.

114• Il tînt.

115• Les 2.

116• Essuiera/Larmoieras.

117• Saurai.

118• J'aurais.

119• Reverrions.

120• Deviendrai.

121• N'aurais.

122• Entourée.

123• Passerais.

124• Mens

125• Clorai/Retrouverai.

126• Trouvai.

127• Parlais/L'ignorai.

128• Parcourais/Mêlais/ J'accompagnais.

129• Rencontrai/J'habitais.

130• Chantai.

131• Réclamerai.

132• Retrouva.

133• Savait/Détestait.

134• Fut.

135• Eût.

136• Eut.

137• Fut/Eut.

138• Eut.

139• Fut.

140• Eut.

141• Eut.

142• Eut.

143• Eût.

144• Renommée.

145• Fût.

146• Fut/Eût.

147• Eut/Fût.

148• Maître.

149• Sut/Poussa.

150• Connût.

151• Put/S'amarrer.

152• Réagît.

153• Voulût.

154• Tomba.

155• Cessa.

156• Semblât.

157• Dissolue.

158• Sucrés/Rafraîchis.

159• Créés.

160• Payeurs.

161• Œuf.

162• Conjoncture.

163• Confites.

164• Teints/Roux.

165• éclairée.

166• Envisagée.

167• Perpétuer.

168• Terminées/Mourir

169• Atterrés : COD « nous », placé avant le participe passé : accord.

170• Achetés : COD « qu' » mis pour « Les légumes » : accord.

171• Pensé : COD placé après : pas d'accord.
Retenu : COD « Candidature », placé après : pas d'accord.

172• Flétri : Pas de COD : pas d'accord.

173• Perdu : COD « ses clés » placé après : pas d'accord.

174• Se passe.

175• Procuré : COD placé après : pas d'accord (« nous » : COI).

176• Empêchés : COD « nous » : accord.

177• Consenti.

178• Obligés : COD « nous » : accord.

179• Réussies.

180• Conduits.

181• Fait et Eu : Formes impersonnelles invariables.
Radouci : COD « Les températures » placé après : pas d'accord.

182• Tout le monde.

183• Fait : Le participe passé « fait » suivi d'un infinitif est toujours invariable.

184• Fait : Suivi d'un infinitif, est invariable.

185• Faits : COD « Rêves » : accord.

186• Vu : Participe passé suivi d'un infinitif, accord si le COD fait l'action exprimée par l'infinitif.

187• Lus.

188• Entendus.

189• Envolés : Participe passé des verbes qui n'existent qu'à la forme pronominale s'accorde avec le sujet.

190• Vendus : Sens passif à la forme pronominale : accord avec le sujet.

191• Allumées.

192• Jouées : Verbe qui change de sens à la forme pronominale : accord avec le sujet.

193• Ri : Participe passé toujours invariable.

194• Aperçus : Accord avec le sujet « ils » à la forme pronominale.

195• Lavé : Pronominal réfléchis (ils ont lavé quoi « Les mains »)/ coutume.

196• Blessées : Elles ont blessé qui ? « se » (elles-mêmes) : accord.

197• Adressé.

198• Assurés.

199• Parlé et Plu.

200• Deviné : COD pronom neutre « L' » ou « Le » : pas d'accord.

201• Couté : Varie au sens figuré ainsi que « couru », « pesé », « valu », « vécu » sont invariable au sens propre.

202• Coutés : Varie au sens figuré ainsi que « couru », « pesé », « valu », « vécu ».

203• Vu.

204• Laissé : Ce n'est pas elle qui fait l'action de séduire.

205• Admirée.

206• Etudiant.

207• Rampants.

208• Errants.

209• Courantes.

210• Courant/Jeter.

211• Soufflant/Mugissant.

212• Travaillant/Surprenants.

213• Paissant.

214• Dégénérant.

215• La rage.

216• Violant/Violents.

217• Becquetant/Volant

218• Précédant/Précédent.

219• Flambant neufs.

220• Déléguant/Compétent.

221• Equivalant.

222• Nourrissants.

223• Obligeants/Voire/Complaisants.

224• Bêlante/Apaisants.

225• La nature.

226• Une antichambre.

227• Géant.

228• Un homme sensé n'aurait pas agi ainsi.

229• Un apologue.

230• Un balustre.

231• Un hémistiche.

232• Un armistice.

233• Une alcôve.

234• La pourpre.

235• Un tubercule.

236• Un emplâtre.

237• Une stalactite.

238• Un effluve.

239• Une belle azalée.

240• Un astérisque.

241• Vrais.

242• Ensoleillé/Dolente.

243• Folles/Nouvelles.

244• Durand/Dupont.

245• Jaguar/Ferrari.

246• Le boire.

247• Jars-Laie/Sanglier-Truie.

248• Atterrir.

249• Mange.

250• Diacre-Diacresse.

251• Mille/Cents.

252• Zéros.

253• Milliers/Millions/Milliards.

254• Anglo-saxon.

255• Crocs-en-jambe.

256• Sourds-muets.

257• Timbres-poste.

258• Avec discernement/Avec de bonnes raisons.

259• Couvre-lits.

260• Gratte-ciel.

261• Antithèse.

262• Arrière-boutiques.

263• Réfractaires/Contre-manifestations.

264• Garde-malades.

265• Grands-pères/Garde-manger.

266• Dieu.

267• Intérêts.

268• Qui convient parfaitement.

269• Préjugés/Scrupules.

270• Brins/Thym.

271• Enfance/Tableaux.

272• Calme/Intelligence.

273• D'honneur.

274• Rhumatismes/Rue en rue.

275• Ecchymose.

276• Petits-beurre.

277• Argent/Beauté/Limites/Témoins.

278• De solitude en solitude/Bornes.

279• Emmenée/Hôpital.

280• Turcque.

281• Détériore/Pis.

282• Libérer.

283• Ci-joint. L'usage se conforme souvent à une règle plus simple qui fait accorder le participe avec le nom auquel il se rapporte uniquement quand il est placé après ce nom : ci-joint les documents, les documents ci-joints.

284• Ci-incluses.

285• Excepté/Acquitter.

286• Quatre-vingt-dix : Les nombres composés inférieurs à cent s'écrivent avec trait d'union.

287• Franco-italiens.

288• Aigres-douces.

289• Micro-économiques.

290• Célèbres.

291• Libre-échangistes.

292• Sociaux-démocrates.

293• Contre-révolutionnaires.

294• Fin/Fin.

295• Prétendus.

296• Sibyllins.

297• Long-courriers/Ivres-morts.

298• Mi-moyens.

299• Contre-indiqués/Cardiovasculaires.

300• Ultra-rapides/Haut-placées.

3. RAISONNEMENT LOGIQUE ET NUMERIQUE

I. PRESENTATION DE L'EPREUVE

RAISONNEMENT LOGIQUE ET NUMERIQUE

20 QUESTIONS

5 CHOIX DE REPONSES PAR QUESTION

UNE SEULE REPONSE JUSTE

5 POINTS PAR REPONSE JUSTE, SOIT UNE EPREUVE NOTEE SUR **100 POINTS**

PAS DE POINT NEGATIF EN CAS DE NON REPONSE OU DE REPONSE FAUSSE

REPONDEZ AU HASARD QUAND, MALGRE VOS EFFORTS, VOUS NE CONNAISSEZ PAS LA REPONSE A LA QUESTION. VOUS N'AVEZ RIEN A PERDRE.

CALCULATRICE STRICTEMENT **INTERDITE**

TEMPS CONSEILLE : **60 MINUTES**

20 questions seulement mais un poids équivalent aux autres épreuves

L'épreuve de Raisonnement logique et numérique se distingue des 3 autres épreuves du SCORE IAE MESSAGE dans le sens où elle ne contient que **20 questions** (contre 50 pour chacune des 3 autres épreuves). Ceci étant, chaque bonne réponse est créditée de **5 points** (contre 2 pour les autres épreuves) et l'épreuve est donc notée sur 100 (comme les 3 autres).

Nous vous conseillons de **consacrer environ 60 minutes à cette épreuve mais jamais plus de 70 minutes.** Certes, elle ne contient que 20 questions mais ces dernières convoquent souvent un certain temps de réflexion.
Contrairement aux autres épreuves où certaines réponses peuvent être trouvées en moins de 10 secondes, l'épreuve de Raisonnement logique et numérique demande du temps. Sauf que le temps que vous passerez sur les différentes questions sera toujours payant… Si seulement vous êtes bien entraînés !

Une épreuve discriminante par excellence

Le Raisonnement logique et numérique est depuis la création du SCORE IAE MESSAGE l'épreuve qui permet de faire le tri entre les bons candidats et… les moins bons. Cette épreuve a toujours été créditée de l'écart type le plus fort.

Nul doute que cette épreuve fait beaucoup de « dégâts » et pénalise sérieusement les candidats qui se présentent au SCORE IAE MESSAGE « en touristes ».

Vous devez donc travailler cette épreuve très consciencieusement avec pour objectif assumé de **répondre juste à au moins 16 questions !** C'est de cette façon que vous parviendrez à vous distinguer des autres candidats et à prendre le large.

Une épreuve aux contours assez flous…

Les notions abordées dans les questions de l'épreuve de Raisonnement logique et numérique sont très variées : **moyennes, vitesses, variables aléatoires réelles, probabilités, pourcentages, suites logiques, aires et volumes, statistiques, combinatoire, productivité, arithmétique, systèmes d'équations, raisonnement logique, etc.**

Si les contours de cette épreuve sont assez flous, c'est parce qu'il est difficile de prévoir précisément les thèmes qui y seront abordés. Dans certaines sessions, vous ne trouverez aucune question de calcul matriciel ou de variables aléatoires quand dans d'autres, vous devrez affronter une majorité de questions de combinatoire et de probabilités… Ceci étant dit, vous pourrez fort heureusement vous appuyer sur des **questions récurrentes** qui s'appuieront sur des notions classiques de **moyennes, de pourcentages, de mises en équations ou encore de statistiques. Ces questions sont légion au SCORE IAE MESSAGE.**

La clé du succès : le cours, le cours, toujours le cours !

Une chose est sûre : si vous parvenez à apprivoiser le cours fondamental qui suit et que vous vous efforcez de résoudre les nombreuses applications clés qui l'accompagne, **alors vous pourrez espérer viser d'excellents scores** à cette épreuve à laquelle on prend vite goût.

Plus une minute à perdre donc. Découvrez sans plus attendre le cours fondamental de Raisonnement logique et numérique. Surtout, ne soyez pas effrayés par le nombre important de chapitres que ce cours contient (il y en a 20)… Notre ambition, vous l'aurez compris, est de ne jamais rien laisser au hasard et de vous offrir tous les moyens d'atteindre vos objectifs.

II. COURS FONDAMENTAL ET APPLICATIONS CLES

1. ARITHMETIQUE ET MANIPULATION DES NOMBRES

ATTENTION *Ce chapitre constitue un pré-requis indispensable à la réussite de l'épreuve de raisonnement logique et numérique. N'oubliez jamais que l'usage de la calculatrice est strictement interdit au SCORE IAE MESSAGE et que vous devrez vous surpasser en calcul mental.*

1. Rappels sur les nombres

[1. Chiffres ou nombres ?]

Il n'existe que dix chiffres : **0, 1, 2, 3, 4, 5, 6, 7, 8 et 9.**

En revanche, on dit qu'il existe une infinité de nombres (124, 67 615 273 ou encore 17 387 837 929). Les nombres s'écrivent donc avec un ou plusieurs chiffres et vous aurez donc compris que si les chiffres sont considérés comme des nombres (ainsi 3 est un chiffre mais aussi un nombre), les nombres eux, ne sont pas tous des chiffres !

[2. Entiers naturels]

Il s'agit de l'ensemble des nombres entiers positifs, 0 inclus : 0, 1, 2, 3, 4… 100 050, 185 175 719 617, etc. il y en a une infinité ! C'est avec l'ensemble des entiers naturels que nous avons tous appris à compter.

[3. Entiers relatifs]

L'ensemble des nombres entiers relatifs contient l'ensemble des nombres entiers naturels ***plus*** l'ensemble des nombres entiers naturels précédés du signe « – » (ce sont des nombres entiers *négatifs*).

Exemples : 918 ; –12 ; –2 232 ; –11 ; 176 516 ; –10 013 303 ; etc. Là encore, il en existe une infinité.

[4. Nombres décimaux]

Un nombre décimal est un nombre possédant un développement décimal **limité (*i.e.* que le nombre éventuel de chiffres après la virgule est limité)** et pouvant s'écrire sous la forme $a \times 10^p$ (où a et p sont des entiers relatifs).

Ainsi, des nombres comme –12,87 ; 1,783 ; 8,819716517 ou tout simplement 10 003 sont des nombres décimaux.

⚠ **ATTENTION** Le nombre *pi* n'est pas un nombre décimal car il possède un développement décimal illimité. En revanche, il existe des approximations dites décimales de *pi* telles que 3,14 ; 3,14159 ou encore 3,1415926.

[5. Nombres rationnels]

Il s'agit de l'ensemble des nombres qui s'écrivent sous forme fractionnaire p/q avec p et q des entiers relatifs, q étant naturellement toujours différent de 0. Ces nombres admettent un développement décimal **illimité.**

Ainsi : 1/3, 3/4, 2/7, ou encore –12/11 sont des nombres rationnels.

Remarque : les nombres rationnels présentent une particularité qui vous est peut-être déjà familière, à savoir que leur écriture sous la forme de nombres décimaux donne après la virgule une séquence finie de chiffres se répétant continuellement. Ainsi, si vous prenez par exemple la fraction 2/7, vous remarquerez que son écriture décimale donne : 0,285714**285714**28571428… et qu'ici la séquence finie de chiffres qui se répètent continuellement est précisément 285714.

[6. Nombres irrationnels]

Il s'agit de l'ensemble des nombres **que l'on ne peut écrire** sous la forme fractionnaire p/q avec p et q des entiers relatifs (q étant différent de 0).

Les premiers nombres irrationnels découverts sont les racines carrées des entiers qui ne sont pas des carrés parfaits. Vous noterez ainsi que les racines de 2, de 7 ou encore de 11 sont des nombres irrationnels. Mais ce n'est pas tout. D'autres nombres tels que ***pi*** ou ***e*** (nombre exponentiel) sont également des nombres irrationnels puisqu'ils ne peuvent s'écrire, eux non plus, sous formes de fractions.

[7. Nombres réels]

L'ensemble des nombres réels est l'ensemble le plus large sur lequel on peut vous demander de travailler aux concours. Cet ensemble contient notamment l'ensemble des nombres entiers naturels et relatifs, des nombres décimaux mais encore l'ensemble des nombres rationnels et irrationnels.

En résumé :

1. L'ensemble des **nombres rationnels** contient l'ensemble des **nombres décimaux** qui comprend **l'ensemble des nombres entiers.**
2. L'ensemble des **nombres rationnels** et l'ensemble des **nombres irrationnels** ne contiennent aucun élément commun, mais, ensemble, ils forment **l'ensemble des nombres réels.**

[8. Les nombres premiers]

Un nombre premier est un nombre qui n'est divisible **que par lui-même et par 1.**

⚠ ATTENTION 1 n'est pas considéré comme un nombre premier et 2 est le seul nombre premier pair.

Apprenez par cœur les premiers nombres premiers… jusqu'à 101 : **2, 3, 5, 7, 11, 13, 17, 19, 23, 29, 31, 37, 41, 43, 47, 53, 59, 61, 67, 71, 73, 79, 83, 89, 97, 101.**

2. Décomposition unique en un produit de facteurs premiers

Vous venez d'apprendre vos nombres premiers (n'est-ce pas ?) et vous n'allez pas le regretter puisque nous allons aborder ici *le* théorème fondamental de l'arithmétique, à savoir la décomposition de tout nombre entier en un produit unique de facteurs premiers.

Si les nombres premiers sont des nombres entiers incassables, transparents… qui n'ont rien à cacher, les autres nombres entiers ont pour leur part *tous* une histoire à raconter. Et pour connaître leur histoire, il suffit de les décomposer en produits uniques de facteurs premiers.

Tout nombre entier peut se décomposer comme un produit <u>unique</u> de facteurs premiers.

Autrement dit, 91 par exemple, se décompose en 7 × 13 avec 7 et 13 qui sont des nombres premiers.

Si l'on qualifie cette décomposition d'**unique,** c'est parce qu'aucun autre nombre ne peut se décomposer de la même façon. On dit ainsi qu'il existe une **correspondance parfaite** entre [7 × 13] et 91. Pour utiliser une jolie image, on pourrait dire que 7 × 13 représente le noyau, l'ADN… l'oxygène de 91.

3. Divisibles par… et multiples de…

> **Si A est divisible par B alors A est un multiple de B.**

Prenons à présent le nombre 42. Si l'on décompose 42 en un produit unique de facteurs premiers, cela nous donne : **42 = 2 × 3 × 7** avec 2, 3 et 7 des nombres premiers.

Comme vous l'aurez deviné, il y a d'autres façons d'écrire 42 en un produit de nombres entiers, mais *une seule* en un produit de nombres premiers. Voici toutes les façons d'écrire 42 comme un produit de nombres entiers :

(1) 42 = 1 × 42 (3) 42 = 2 × 21 (5) 42 = 3 × 14
(2) 42 = 6 × 7 (4) 42 = 2 × 3 × 7

Si l'on dresse à présent la liste de tous les nombres qui permettent de décomposer 42 en un produit de nombres entiers, cela nous donne : **1, 2, 3, 6, 7, 14, 21 et 42.**

On dira alors que 42 **est divisible par** 1, 2, 3, 6, 7, 14, 21 et 42 puisque la division de 42 par l'un de ces nombres donne un nombre entier.

On dira également que 42 **est un multiple de** 1, 2, 3, 6, 7, 14, 21 et 42 puisqu'il est possible d'écrire 42 comme le produit de l'un des nombres « 1, 2, 3, 6, 7, 21, 42 » par un autre nombre entier.

En règle générale, on dit qu'**un nombre entier A est un multiple d'un nombre entier B s'il existe un entier C tel que A = B × C.**

On dit également qu'**un nombre entier A est divisible par un nombre entier B si le reste de la division de A par B donne un quotient entier et un reste nul.** Cette dernière règle constitue une excellente transition pour notre prochain point : la division euclidienne.

4. Division euclidienne

Si A et B sont deux entiers naturels, B différent de 0, il existe des entiers Q et R déterminés de manière unique par les conditions suivantes :

A = B × Q + R avec R compris entre 0 et B – 1

Q s'appelle le quotient de la division de A par B et R s'appelle le reste de cette division. Si le reste est nul, cela signifie qu'il existe un entier Q tel que $A = B \times Q$. On dit alors que B divise A, ou encore que A est un multiple de B.

5. PPCM

Le Plus Petit Commun Multiple (PPCM) de deux entiers naturels A et B est le plus petit entier naturel qui soit à la fois multiple de A et de B.

[Exemple 1 : quel est le PPCM de 30 et 84 ?]

Prenons les nombres 30 et 84 et décomposons-les en produits de facteurs premiers. Cela nous donne : $30 = \mathbf{2 \times 3 \times 5}$ et $84 = 2 \times 2 \times 3 \times 7 = \mathbf{2^2 \times 3 \times 7}$

Pour calculer le PPCM de ces deux nombres, **nous allons sélectionner les facteurs qui figurent au moins une fois dans l'un des produits. Si ces facteurs figurent avec des exposants, nous leur attribuerons leur plus grand exposant et nous effectuerons alors le produit de tous ces nombres.**
Pour le nombre premier 2, le plus grand exposant est 2. Pour les nombres premiers 3, 5 et 7, le plus grand exposant est 1.

On trouve alors PPCM $[30, 84] = 2^2 \times 3 \times 5 \times 7 = 420$

[Exemple 2 : quel est le PPCM 72 et 132 ?]

Prenons nos deux nombres et décomposons-les en produits de facteurs premiers. Cela nous donne : $72 = 2 \times 2 \times 2 \times 3 \times 3 = \mathbf{2^3 \times 3^2}$ et $132 = 2 \times 2 \times 3 \times 11 = \mathbf{2^2 \times 3^1 \times 11^1}$
Pour le nombre premier 2, le plus grand exposant est 3. Pour le nombre premier 3, le plus grand exposant est 2 ; et pour le nombre premier 11, le plus grand exposant est 1.

On trouve alors : PPCM $[72, 132] = 2^3 \times 3^2 \times 11 = 8 \times 9 \times 11 = 792$

Entraînez-vous à présent à trouver le PPCM des nombres suivants :
[36 et 24] ; [100 et 12] ; [144 et 81] puis [18 et 16]

Réponses : [36 et 24] : 72 ; [100 et 12] : 300 ; [144 et 81] : 1 296 ; [18 et 16] : 144

6. PGCD

Le Plus Grand Commun Diviseur (PGCD) de deux entiers naturels A et B est le plus grand entier naturel qui divise à la fois A **et** B.

[Exemple : quel est le PGCD de 72 et 132 ?]

La décomposition de ces deux nombres en produits de facteurs premiers nous donne : $72 = 2 \times 2 \times 2 \times 3 \times 3 = \mathbf{2^3 \times 3^2}$ et $132 = 2 \times 2 \times 3 \times 11 = \mathbf{2^2 \times 3^1 \times 11^1}$

Pour calculer le PGCD de ces deux nombres, **nous allons sélectionner les facteurs communs (*i.e.* présents dans les deux produits). S'ils figurent avec des exposants, nous leur attribuerons leur plus petit exposant et nous effectuerons alors le produit de tous ces nombres.**

On trouve alors : PGCD [72, 132] $= 2^2 \times 3^1 = 4 \times 3 = 12$

Entraînez-vous à présent à trouver le PGCD des nombres suivants :
[36 et 24] ; [100 et 12] ; [144 et 81] puis [18 et 16]

Réponses : [36 et 24] : 12 ; [100 et 12] : 4 ; [144 et 81] : 9 ; [18 et 16] : 2

7. Critères de divisibilité

[1. Critère de divisibilité par 2]

Un nombre N est divisible par 2 si, et seulement si, il se termine par les chiffres 0, 2, 4, 6 ou bien 8… Autrement dit, si, et seulement si, il est pair.

Exemples de nombres divisibles par 2 : **0 ; 14 ; 898 ; 123456.**

[2. Critère de divisibilité par 3]

Un nombre N est divisible par 3 si, et seulement si, la somme de ses chiffres est divisible par 3.

Exemples de nombres divisibles par 3 : **0 ; 12 ; 45 ; 99 ; 111 ; 189 ; 768 ; 123456.**

[3. Critère de divisibilité par 4]

Un nombre N est divisible par 4 si, et seulement si, il se termine par 2 chiffres AB constituant un nombre divisible par 4.

Exemples de nombres divisibles par 4 : **0 ; 12 ; 96 ; 144 ; 2028 ; 162536 ; 7115308.**

[4. Critère de divisibilité par 5]

Un nombre N est divisible par 5 si, et seulement si, il finit par 0 ou 5.

Exemples de nombres divisibles par 5 : **0 ; 10 ; 125 ; 121175 ; 1971860.**

[5. Critère de divisibilité par 6]

Un nombre N est divisible par 6 si, et seulement si, il est divisible par 2 et par 3.

Exemples de nombres divisibles par 2 : **0 ; 42 ; 54 ; 114 ; 594 ; 612 ; 6172194.**

[6. Critère de divisibilité par 9]

Un nombre N est divisible par 9 si, et seulement si, la somme de ses nombres est divisible par 9.

Exemples de nombres divisibles par 9 : **0 ; 18 ; 54 ; 117 ; 234 ; 504 ; 927 ; 617891751.**

[7. Critère de divisibilité par 10]

Un nombre N est divisible par 10 si, et seulement si, il se termine par 0.

Exemples de nombres divisibles par 10 : **0 ; 10 ; 110 ; 278270.**

[8. Critère de divisibilité par 11]

Critère général : un nombre N est divisible par 11 si, et seulement si, la différence entre la somme de ses chiffres de rang impair et celle de ses chiffres de rang pair est un multiple de 11 (0, 11, 22, etc.). Ainsi, le nombre 1 485 est divisible par 11 puisque que l'on a bien $(1 + 8) – (4 + 5) = 9 – 9 = 0$

Exemples de nombres divisibles par 11 : **0 ; 22 ; 88 ; 99 ; 275 ; 451 ; 704 ; 814 ; 72556.**

Attention ! Erreur fréquente : 111 ou 333 ne sont pas divisibles par 11.

8. Pair ou impair ?

Un nombre pair est un entier positif qui se termine par 0, 2, 4, 6 ou 8.
Un nombre impair est un entier positif qui se termine par 1, 3, 5, 7 ou 9.

[Addition de nombres pairs / impairs]

Soit P un nombre pair et I un nombre impair ; on a :

P + P = P   P + I = I   I + I = P

[Multiplication de nombres pairs / impairs]

Soit P un nombre pair et I un nombre impair ; on a :

P × P = P   P × I = P   I × I = I

9. Nombres consécutifs

On dit que deux nombres entiers sont consécutifs s'ils… se suivent ! Ainsi : 3 et 4 sont consécutifs, de même que 167 et 168.

On dit également que 9, 10, 11 et 12 sont des **nombres entiers consécutifs croissants,** tandis que 19, 18, 17, 16 et 15 sont des **nombres entiers consécutifs décroissants.**

On dit enfin que 22, 24, 26, 28 et 30 sont des **nombres entiers pairs consécutifs croissants** et que 87, 85, 83 et 81 sont des **nombres entiers impairs consécutifs décroissants.**

Concernant les nombres consécutifs, nous vous invitons à connaître les propositions suivantes qui pourront vous être utiles au SCORE IAE MESSAGE :

(1) La somme de deux nombres entiers consécutifs (croissants ou décroissants) est toujours **impaire.** Ainsi, 16 + 17 = 33 et 224 + 223 = 447. **Rappel : P + I = I.**

(2) La somme de quatre nombres entiers consécutifs (croissants ou décroissants) est toujours **paire.** Ainsi, 2 + 3 + 4 + 5 = 14. **Rappel : P + I + P + I = I + I = P.**

(3) La moyenne de trois nombres entiers consécutifs (croissants ou décroissants) est égale au deuxième d'entre eux. Ainsi, la moyenne des nombres 3, 4 et 5 est égale à 4 et la moyenne de 98, 97 et 96 est égale à 97.

(4) Le produit de deux nombres entiers consécutifs (croissants ou décroissants) est toujours **pair. Rappel : P × I = P.**

10. Tables de multiplication, de carrés et de cubes

[Astuce 1 : calculer les carrés de nombres qui se terminent par 5]

Pour calculer le carré d'un nombre qui se termine par **5,** il suffit dans un premier temps d'isoler le chiffre ou le nombre qui se trouve avant le dernier chiffre (5, donc) et de le multiplier par son suivant. Et il suffit ensuite d'associer au résultat obtenu le nombre 25.

Premier exemple : si vous désirez calculer 25^2, il suffit de multiplier le premier chiffre (qui vaut 2) par son suivant (qui vaut 3) : $2 \times 3 = \underline{6}$ puis d'associer **25** à $\underline{6}$ pour obtenir $\underline{6}$**25**. Ainsi, 25 au carré est égal à 625.

Deuxième exemple : calculons 115^2 (pourquoi pas !). Pour cela, on multiplie 11 par son suivant (12) pour obtenir $11 \times 12 = 132$ et on associe ensuite 25 à 132 soit 13 225 et on trouve donc que le carré de 115 est égal à 13 225.

[Astuce 2 : calculer des carrés consécutifs]

Si vous connaissez le carré d'un entier N, il suffit d'**ajouter** $\mathbf{2N + 1}$ à ce carré pour trouver la valeur du carré de l'entier suivant.

Ainsi, si vous connaissez le carré de 20 (soit $N = 20$ et $N^2 = 400$) alors il est très facile de trouver le carré de 21 qui vaut $400 + \mathbf{(2 \times 20 + 1)} = 441$.

Rappel : $\mathbf{(N + 1)^2 = N^2 + 2N + 1.}$

[Astuce 3 : jouer les écarts !]

Cette astuce est absolument géniale !

En fait, lorsque vous connaissez vos carrés par cœur, il devient très facile de calculer certains produits de nombres entiers.

Exemple 1 : si vous connaissez par exemple le carré de 12, alors 12×13 ne doit plus avoir de secret pour vous puisqu'il suffit d'ajouter 12 au carré de 12. En effet : $12 \times 13 = 12 \times (12 + 1) = 12^2 + 12 = 144 + 12 = 156$. Mais ce n'est pas tout.

Exemple 2 : disons que vous souhaitiez calculer à présent 13×17.

Dans ce cas, vous devez constater que 13 comme 17 sont « écartés » de 15 de façon égale ($17 = \mathbf{15} + 2$ et $13 = \mathbf{15} - 2$) pour conclure que $13 \times 17 = 221$. Il suffit en effet de constater simplement que $13 \times 17 = (15 - 2) \times (15 + 2) = 15^2 - 2^2 = 225 - 4 = 221$.

Exemple 3 : Calculons à présent 19×21.

19 et 21 sont « écartés » de 20 de façon égale. On peut donc appliquer l'astuce des écarts puisque $19 \times 21 = (20 - 1) \times (20 + 1) = 20^2 - 1^2 = 400 - 1 = 399$.

Quelques applications pour terminer **(rappel : $A^2 - B^2 = (A - B)(A + B)$)** :

13×14

$13 \times 14 = 13^2 + 13 = 169 + 13 = 182$

12×16

$12 \times 16 = 14^2 - 4 = 196 - 4 = 192$

23×27

$23 \times 27 = 25^2 - 4 = 625 - 4 = 621$

26×34

$26 \times 34 = 30^2 - 16 = 900 - 16 = 884$

97×103

$97 \times 103 = 100^2 - 9 = 10\ 000 - 9 = 9\ 991$

17×19

$17 \times 19 = 18^2 - 1 = 324 - 1 = 323$

Tables de multiplication, carrés et premiers nombres premiers

	1	**2**	**3**	**4**	**5**	**6**	**7**	**8**	**9**	**10**	**11**	**12**	**13**	**14**	**15**	**16**	**17**	**18**	**19**	**20**
1	**1**	**2**	**3**	4	**5**	6	**7**	8	9	10	**11**	12	**13**	14	15	16	**17**	18	**19**	20
2	**2**	**4**	6	8	10	12	14	16	18	20	22	24	26	28	30	32	34	36	38	40
3	**3**	6	**9**	12	15	18	21	24	27	30	33	36	39	42	45	48	51	54	57	60
4	4	8	12	**16**	20	24	28	32	36	40	44	48	52	56	60	64	68	72	76	80
5	**5**	10	15	20	**25**	30	35	40	45	50	55	60	65	70	75	80	85	90	95	100
6	6	12	18	24	30	**36**	42	48	54	60	66	72	78	84	90	96	102	108	114	120
7	**7**	14	21	28	35	42	**49**	56	63	70	77	84	91	98	105	112	119	126	133	140
8	8	16	24	32	40	48	56	**64**	72	80	88	96	104	112	120	128	136	144	152	160
9	9	18	27	36	45	54	63	72	**81**	90	99	108	117	126	135	144	153	162	171	180
10	10	20	30	40	50	60	70	80	90	**100**	110	120	130	140	150	160	170	180	190	200
11	**11**	22	33	44	55	66	77	88	99	110	**121**	132	143	154	165	176	187	198	209	220
12	12	24	36	48	60	72	84	96	108	120	132	**144**	156	168	180	192	204	216	228	240
13	**13**	26	39	52	65	78	91	104	117	130	143	156	**169**	182	195	208	221	234	247	260
14	14	28	42	56	70	84	98	112	126	140	154	168	182	**196**	210	224	238	252	266	280
15	15	30	45	60	75	90	105	120	135	150	165	180	195	210	**225**	240	255	270	285	300
16	16	32	48	64	80	96	112	128	144	160	176	192	208	224	240	**256**	272	288	304	320
17	**17**	34	51	68	85	102	119	136	153	170	187	204	221	238	255	272	**289**	306	323	340
18	18	36	54	72	90	108	126	144	162	180	198	216	234	252	270	288	306	**324**	342	360
19	**19**	38	57	76	95	114	133	152	171	190	209	228	247	266	285	304	323	342	**361**	380
20	20	40	60	80	100	120	140	160	180	200	220	240	260	280	300	320	340	360	380	**400**

Table de carrés

CARRES									
1^2	1	6^2	36	11^2	121	16^2	256	21^2	441
2^2	4	7^2	49	12^2	144	17^2	289	22^2	484
3^2	9	8^2	64	13^2	169	18^2	324	23^2	529
4^2	16	9^2	81	14^2	196	19^2	361	24^2	576
5^2	25	10^2	100	15^2	225	20^2	400	25^2	625

Table de cubes

CUBES			
1^3	1	7^3	343
2^3	8	8^3	512
3^3	27	9^3	729
4^3	64	10^3	1 000
5^3	125	11^3	1 331
6^3	216	12^3	1 728

11. Applications clés

[Enoncés]

1. Parmi les nombres suivants, soulignez ceux qui sont divisibles par 7 :
   1 484 – 786 – 128 – 429 – 567 – 111 – 198 – 81 – 91 – 101 – 113 – 1 897 – 896

2. Parmi les nombres suivants, soulignez ceux qui sont divisibles par 13 :
   716 – 403 – 123 – 373 – 918 – 767 – 818 – 156 – 838 – 119 – 8 163 – 91

3. Que vaut 9 999 + 99 + 9 999 ?

4. Que vaut 654 – 98 ?

5. Que vaut 6 760 – 95 ?

6. Décomposez 716, 123, 365 et 868 en produits uniques de facteurs premiers.

7. Que vaut W sachant que $W + W = W^2$?

8. Que vaut la somme de tous les entiers naturels qui divisent 28 hormis lui-même ? Que remarquez-vous ?

9. Parmi les nombres suivants, lesquels sont divisibles par 11 ?
   222 – 465 – 909 – 671 – 704 – 869 – 99 – 4 404 – 3 212 – 8 107 – 817 – 762

10. Que vaut la somme de tous les diviseurs de 220 ? Et que vaut la somme de tous les diviseurs de 284 ? Que remarquez-vous ?

11. Vous avez 6 minutes pour effectuer les opérations suivantes, et pas une de plus !

25 + 7 =	25 + 8 =	51 + 73 =
42 × 59 =	56 + 13 =	79 + 14 =
58 + 69 =	77 + 9 =	76 + 67 =
41 + 63 =	90 + 77 =	42 + 49 =
22 + 24 =	62 + 19 =	20 + 63 =
66 + 74 =	46 + 16 =	100 + 43 =
62 + 13 =	86 × 88 =	65 × 80 =
47 + 82 =	93 + 45 =	32 + 21 =
55 + 9 =	9 + 12 =	68 + 46 =
98 + 86 =	87 + 67 =	55 + 31 =
100 + 34 =	72 × 5 =	46 × 33 =
20 + 28 =	60 + 58 =	56 + 4 =
78 + 23 =	99 + 56 =	37 + 25 =
32 + 27 =	88 + 40 =	42 + 39 =
70 + 20 =	81 + 66 =	82 + 6 =
44 × 71 =	32 + 9 =	53 + 13 =
13 + 71 =	39 + 39 =	96 + 40 =
27 × 25 =	86 + 59 =	6 × 63 =
38 + 7 =	48 + 16 =	61 + 53 =
28 + 23 =	56 + 60 =	92 + 47 =
65 + 88 =	58 + 44 =	20 + 61 =
6 × 78 =	24 + 77 =	95 + 46 =
79 + 19 =	48 × 73 =	67 × 53 =
18 + 24 =	11 + 15 =	27 + 76 =
80 + 8 =	19 + 34 =	81 + 23 =
86 + 6 =	76 + 19 =	64 + 56 =
9 + 10 =	85 + 54 =	27 + 64 =
73 × 9 =	98 + 30 =	63 + 60 =
103 + 56 =	8 + 23 =	63 + 75 =
56 + 55 =	37 + 70 =	63 + 37 =

12. Le signe « : » signifie « divisé par » et vous avez 8 minutes, et pas une de plus, pour effectuer les opérations suivantes.

100 : 5 =	60 – 3 =	63 : 7 =
144 : 12 =	84 : 12 =	60 : 10 =
36 : 2 =	33 : 11 =	14 : 7 =
36 : 4 =	72 × 6 =	80 × 8 =
84 × 12 =	64 : 8 =	100 : 10 =
88 : 8 =	54 : 9 =	16 × 8 =
16 – 4 =	21 : 7 =	45 : 5 =
99 × 9 =	27 × 3 =	91 : 13 =
60 : 12 =	132 : 12 =	30 : 5 =
38 : 2 =	28 : 7 =	50 × 21 =
77 : 11 =	14 – 2 =	36 : 4 =
120 : 12 =	14 : 1 =	22 × 2 =
35 + 7 =	36 : 9 =	12 : 4 =
132 : 11 =	24 × 8 =	121 : 11 =
96 : 12 =	77 : 11 =	48 : 12 =
40 : 10 =	40 – 8 =	27 : 9 =
42 – 6 =	60 : 10 =	132 : 12 =
28 × 4 =	65 : 13 =	66 : 11 =
36 : 9 =	66 : 11 =	10 : 5 =
10 : 5 =	121 : 11 =	42 : 6 =
110 : 10 =	60 × 19 =	16 : 4 =
72 × 12 =	42 : 7 =	77 : 7 =
143 : 13 =	48 : 12 =	88 : 22 =
60 : 10 =	54 : 6 =	35 : 7 =
56 – 7 =	100 – 10 =	36 : 4 =
81 : 9 =	40 : 4 =	22 : 11 =
108 : 9 =	12 : 2 =	65 : 13 =
34 : 2 =	24 : 3 =	24 × 4 =
20 : 4 =	40 : 8 =	56 : 7 =
50 : 5 =	70 : 10 =	30 : 2 =

13. Que vaut le reste de la division euclidienne de 12 718 par 17 ?

14. Que vaut le quotient de la division euclidienne de 12 345 par 12 ?

15. Que vaut le PPCM de 102 et 124 ?

16. Que vaut le PGCD de 36 et 54 ?

17. Ecrivez trois nombres qui sont à la fois des carrés et des cubes.

18. Que vaut 15 × 17 ?

19. Que vaut 18 × 22 ?

20. Que vaut le carré de 23 sachant que le carré de 22 vaut 484 ?

21. Que vaut la moitié du quart du cube de 8 ?

22. Le carré de 64 est-il plus grand ou plus petit que le cube de 16 ?

23. Parmi les nombres suivants, soulignez ceux qui sont égaux à trois fois la valeur d'un cube entier :
 2 187 – 3 – 91 – 192 – 75 – 648 – 865 – 325 – 24 – 375 – 81 – 1 024 – 1 029
 Ne sortez pas la calculatrice ! Non ! Rangez-la immédiatement.

24. Les **3 C** en action ! Calcul mental / Concentration / Combativité. C'est parti !

51 754 536	+	52 636 239	=
6 536 725 435	+	6 554 541	=
876 352 637	+	626 712 761	=
64 352 435	+	920 893	=
275 324 176	+	716 526	=
63 526 356 827	+	6 152 415 524	=
86 375 263	+	712 767 162	=
8 637 627	+	15 251 652	=
5 623 452	+	162 761	=
7 536 526	+	72 465 785 555	=

[Corrigés]

1. **<u>1 484</u>** – 786 – 128 – 429 – **<u>567</u>** – 111 – 198 – 81 – **<u>91</u>** – 101 – 113 – **<u>1 897</u>** – **<u>896</u>**

   S'il existe bien un critère de divisibilité par 7, nous éviterons bien sûr de l'utiliser ici. L'application de ce critère sur des nombres à trois chiffres prend plus de temps qu'une simple division à la main ou qu'un calcul mental à tâtons (voir la question suivante pour ce qui concerne la technique de calcul mental à tâtons).

2. 716 – **<u>403</u>** – 123 – 373 – 918 – **<u>767</u>** – 818 – **<u>156</u>** – 838 – 119 – 8 163 – **<u>91</u>**

   Pour savoir si un nombre est multiple de 13, nous allons raisonner à tâtons. Autrement dit, pour savoir si 716 est multiple de 13, nous allons commencer par multiplier 13 par 10 (ce qui nous donne 130), multiplier ensuite 130 par 5 pour obtenir 650 et remarquer enfin que pour aller de 650 à 716, il faut ajouter 66, autrement dit un nombre qui n'est pas divisible par 13 (puisque les premiers multiples de 13 sont : 13, 26, 39, 52, 65, 78…). En conclusion 716 ne pouvant s'écrire du début à la fin comme une **composition** de nombres multiples de 13, ce nombre n'est donc pas multiple de 13. En revanche, vous aurez noté que 715 est bien un multiple de 13 puisque 715 = 13 × 10 × 5 + 65 (soit une composition de nombres divisibles par 13).

3. Que vaut **9 999 + 99 + 9 999** ?

   Il suffit ici d'ajouter 1 à chacun des trois nombres et on retranchera 3 du total facilement obtenu. Soit : 10 000 + 100 + 10 000 – 3 = 20 100 – 3 = 20 097

4. Que vaut **654 – 98** ?

   On ajoute 2 à chaque nombre, ce qui ne change rien au résultat.

   Soit 656 – 100 = 556

5. Que vaut **6 760 – 95** ?

   On ajoute 5 à chaque nombre, ce qui ne change rien au résultat. Soit 6 765 – 100 = 6 665

6. Décomposez 716, 123, 365 et 868 en **produits uniques de facteurs premiers.**

   716 = 2 × 358 = 2 × 2 × 179. Stop ! Car 179 est un nombre premier.

   123 = 3 × 41. Stop ! Car 41 est un nombre premier.

   365 = 5 × 73. Stop ! Car 73 est un nombre premier.

   868 = 2 × 434 = 2 × 2 × 217 = 2 × 2 × 7 × 31. Stop ! Car 31 est un nombre premier.

   Toute la question est maintenant de savoir comment on reconnaît un nombre premier autre que ceux que l'on connaît déjà par cœur.

   Et bien il suffit en fait de tester la divisibilité de ce nombre par les nombres premiers inférieurs ou égaux à la racine carrée du premier carré entier supérieur à ce nombre (ouf !).

   Ainsi, pour 179, le premier carré supérieur est 196 et la racine carrée de 196 vaut 14. On teste alors la divisibilité de 179 par les nombres premiers inférieurs à 14, soit 13, 11, 7, 5, 3 et 2. Pour cela, il suffit d'appliquer quand c'est possible les différents critères de divisibilité ou de poser tout simplement une division. Ici, la division de 179 par 13 ne donne pas un nombre entier (179 n'est donc pas divisible par 13) et l'application des critères de divisibilité par 11, 7, 5, 3 et 2 nous permet de conclure que 179 n'est divisible par aucun de ces nombres. 179 est par conséquent un nombre premier !

7. Que vaut W sachant que $W + W = W^2$?

W = 0 ou 2 ! Ecrivez par exemple : $2W = W^2$ soit $W (W - 2) = 0$. Concluez ensuite qu'un produit de facteurs est nul si l'un ou l'autre des facteurs est nul, soit W = 0 ou W = 2.

8. Que vaut la somme de tous les entiers naturels qui divisent 28 (hormis lui-même) ?

Les entiers naturels qui divisent 28 sont (hormis lui-même) sont : 1, 2, 4, 7 et 14.

Vous remarquez alors que 1 + 2 + 4 + 7 + 14 = **28.** Autrement dit, 28 est égal à la somme de ses diviseurs. On dit alors que 28 est un **nombre parfait.**

Autres nombres parfaits : 6 ; 496 ; 8 128 ou encore 33 550 336.

9. Parmi les nombres suivants, lesquels sont divisibles par 11 ?

222 – 465 – 909 – **671** – **704** – **869** – **99** – 4 404 – **3 212** – **8 107** – 817 – 762

10. Que vaut la somme de tous les diviseurs de 220 ? Et que vaut la somme de tous les diviseurs de 284 ? Que remarquez-vous ?

220 a pour diviseurs : 1, 2, 4, 5, 10, 11, 20, 22, 44, 55 et 110. La somme de tous ces nombres est égale à **284.**

284 a quant à lui pour diviseurs : 1, 2, 4, 71 et 142 dont la somme est égale à **220.**

Vous ne remarquez toujours rien ?

11. Si vous avez répondu juste à moins de 75 % des opérations, alors cela signifie que vous avez du mal en calcul ! Entraînez-vous encore et encore, chaque jour, sans cesse en calculant tout de tête.

12. Si vous avez répondu juste à plus de 60 % des opérations, alors vous avez toutes les chances de réussir à conduire de nombreux calculs de tête le jour du test, ce qui est de bonne augure pour vous !

13. Que vaut le **reste** de la division euclidienne de 12 718 par 17 ?

12 718 = 17 × 748 + **2**. Le reste est donc égal à 2.

14. Que vaut le quotient de la division euclidienne de 12 345 par 12 ?

12 345 = **1 028** × 12 + 9. Le quotient est donc égal à 1 028.

15. Que vaut le PPCM de 102 et 124 ? PPCM [102 ; 124] = 6 324

16. Que vaut le PGCD de 36 et 54 ? PPCM [36 ; 54] = 18

17. Ecrivez trois nombres qui sont à la fois des carrés et des cubes : **0, 1 et 64** !

18. Que vaut **15 × 17** ?

$15 \times 17 = (16 - 1) \times (16 + 1) = 16^2 - 1 = 255$

19. Que vaut **18 × 22** ?

$18 \times 22 = (20 - 2) \times (20 + 2) = 20^2 - 2^2 = 400 - 4 = 396$

20. Que vaut le carré de 23 sachant que le carré de 22 vaut 484 ?

Rappel : deux carrés entiers consécutifs N^2 et $(N + 1)^2$ sont distants de 2N + 1 unités. Ici N = 22 et 22^2 et 23^2 sont donc distants de 2 × 22 + 1 soit 45.

En conclusion : $23^2 = 484 + 45 =$ **529**

21. Que vaut la moitié du quart du cube de 8 ?

On cherche le huitième (la moitié du quart signifie 1/2 × 1/4 = 1/8) du cube de 8… Autrement dit le carré de 8, *i.e.* **64.**

22. Le carré de 64 est-il plus grand ou plus petit que le cube de 16 ?

Voici des jeux d'écriture.

$16^3 = (2 \times 8)^3 = 2^3 \times 8^3 = 8 \times 8^3 = 8^4$

$64^2 = (8^2)^2 = 8^{2x2} = 8^4$

En conclusion : le carré de 64 est EGAL au cube de 16 !

23. Parmi les nombres suivants, soulignez ceux qui sont égaux à trois fois la valeur d'un cube entier :

2 187 – **3** – 91 – **192** – 75 – **648** – 865 – 325 – **24** – **375** – **81** – 1 024 – **1 029**

24.

51 754 536	+	52 636 239	=	104 390 775
6 536 725 435	+	6 554 541	=	6 543 279 976
876 352 637	+	626 712 761	=	1 503 065 398
64 352 435	+	920 893	=	65 273 328
275 324 176	+	716 526	=	276 040 702
63 526 356 827	+	6 152 415 524	=	69 678 772 351
86 375 263	+	712 767 162	=	799 142 425
8 637 627	+	15 251 652	=	23 889 279
5 623 452	+	162 761	=	5 786 213
7 536 526	+	72 465 785 555	=	72 473 322 081

2. OPERATIONS USUELLES

1. Fractions

[A retenir !]

Dans la fraction $\frac{a}{b}$, a est appelé **numérateur** et b est appelé **dénominateur.**

Soient a, b, c et d des nombres entiers non nuls, alors :

$$\frac{a}{b} = \frac{c}{d} \Leftrightarrow a \times d = b \times c$$

Soient a, b et x des nombres entiers non nuls, alors :

$$x = a \times b \Leftrightarrow a = \frac{x}{b} \Leftrightarrow b = \frac{x}{a} \Leftrightarrow \frac{a}{x} = \frac{1}{b} \Leftrightarrow \frac{b}{x} = \frac{1}{a}$$

[Manipulations fondamentales]

Soient a, b, x et y des nombres entiers non nuls.

(1) $\frac{a}{b} + \frac{x}{y} = \frac{a \times y + b \times x}{b \times y}$ (2) $a \times \frac{x}{y} = \frac{a \times x}{y}$ (3) $\frac{a}{b} \times \frac{x}{y} = \frac{a \times x}{b \times y}$

(4) $\frac{1}{\frac{1}{a}} = a$ (5) $\frac{\frac{a}{b}}{x} = \frac{a}{b \times x} = \frac{a}{b} \times \frac{1}{x}$ (6) $\frac{\frac{a}{b}}{\frac{x}{y}} = \frac{a}{b} \times \frac{y}{x}$

[Simplifier une fraction]

Simplifier une fraction consiste à transformer une fraction en une autre **avec un numérateur et un dénominateur qui sont les plus petits possibles.**

Si les fractions 2/3 ou 13/7 ne sont pas simplifiables (2 et 3 comme 13 et 7 n'ont pas de facteur commun), des fractions comme **14/4** ou **21/105** en revanche le sont !

Pour simplifier une fraction, on utilise le principe suivant :

> **On ne change pas la valeur d'une fraction si l'on divise ou multiplie le numérateur et le dénominateur par un même nombre non nul.**

$$\frac{14}{4} = \frac{\cancel{2} \times 7}{\cancel{2} \times 2} = \frac{7}{2} \text{ et } \frac{21}{105} = \frac{\cancel{7} \times 3}{\cancel{7} \times 15} = \frac{3}{15} = \frac{\cancel{3} \times 1}{\cancel{3} \times 5} = \frac{1}{5}$$

7/2 et 1/5 sont appelées **fractions irréductibles,** *i.e.* on ne peut simplifier davantage.

2. Puissances

Soit n un entier naturel supérieur ou égal à deux et A un nombre réel.

$$A^n = A \times A \times \ldots \times A \text{ (} n \text{ fois)}$$

A^n est lu « A puissance n » ou « A exposant n ». En particulier, le **carré** et le **cube** sont des puissances d'exposant 2 et 3 respectivement.

[Manipulations fondamentales]

Soit A, B et C des nombres réels non nuls ; soit n et p des entiers naturels.

(1) $A^0 = 1$ (2) $A^{-n} = \frac{1}{A^n}$ (3) $A^n \times A^p = A^{n+p}$ (4) $\frac{A^n}{A^p} = A^{n-p}$

(5) $(A^n)^p = A^{n \times p}$ (6) $\frac{A^n}{B^n} = \left(\frac{A}{B}\right)^n$ (7) $\sqrt{A} = A^{\frac{1}{2}}$ (A positif)

(8) $A^n \times B^n \times C^n = (A \times B \times C)^n$ (9) $A^n \times A^{-n} = 1$ (10) $\sqrt[n]{A^p} = A^{\frac{p}{n}}$

A savoir !

(1) Notez bien que $0^0 = 1$

(2) Si vous tombez sur la notation : $\sqrt[3]{64}$, pas de panique ! Il vous suffit de comprendre que l'on vous demande de trouver la racine cubique de 64. Et comme 64 est le cube de 4, vous répondez donc que $\sqrt[3]{64} = 4$. Profitons-en pour comprendre la formule : $\sqrt[n]{A^p} = A^{\frac{p}{n}}$.

Dans notre cas présent : $\sqrt[3]{64} = \sqrt[3]{4^3} = 4^{\frac{3}{3}} = 4^1 = 4$

(3) Si vous tombez sur l'expression $X^5 \times X^3$, vous savez désormais que vous pouvez la simplifier en écrivant : $X^5 \times X^3 = X^{5+3} = X^8$. Mais si vous tombez disons sur : $X^5 - X^3$ et bien il n'y a malheureusement aucune formule qui permet de simplifier cela. Sachez toutefois qu'il existe un lot de consolation qui peut s'avérer très utile dans certaines questions. En effet, vous devez savoir qu'il vous est possible de factoriser $X^5 - X^3$ de la façon suivante : $X^5 - X^3 = X^3 (X^2 - 1)$. Mais ce n'est pas fini car comme vous le découvrirez juste après : $X^2 - 1 = (X - 1)(X + 1)$. En conclusion, l'expression $X^5 - X^3$ s'écrit aussi : $X^3 (X - 1)(X + 1)$. Pas mal non ?

[Identités remarquables]

Trois petites égalités à connaître par cœur !

Soit A et B des nombres réels.

(1) $(A + B)^2 = A^2 + B^2 + 2AB$ (2) $(A - B)^2 = A^2 + B^2 - 2AB$

(3) $(A - B)(A + B) = A^2 - B^2$

3. Racines carrées

La racine carrée d'un nombre réel positif A est le nombre positif dont le carré vaut A.

[Manipulations fondamentales]

Soit A et B deux nombres réels positifs non nuls et C un nombre réel quelconque.

(1) $\sqrt{C^2} = C$ si C est positif ou $-C$ si C est négatif

(2) $\sqrt{A} = A^{\frac{1}{2}}$ (3) $\sqrt{A} \times \sqrt{B} = \sqrt{A \times B}$ (4) $\frac{\sqrt{A}}{\sqrt{B}} = \sqrt{\frac{A}{B}}$

(5) $\left(\sqrt{A}\right)^n = A^{\frac{n}{2}}$ (6) $\sqrt{A+B} < \sqrt{A} + \sqrt{B}$ (7) $\sqrt[n]{A^p} = A^{\frac{p}{n}}$

Quelques approximations pour terminer :

$\sqrt{2} \approx 1{,}414$ $\sqrt{3} \approx 1{,}732$ $\sqrt{5} \approx 2{,}236$ $\sqrt{7} \approx 2{,}646$ $\sqrt{10} \approx 3{,}162$

3. POURCENTAGES

ATTENTION *Ce chapitre fait partie des incontournables du SCORE IAE MESSAGE. A connaître par cœur donc !*

1. Les trois définitions du pourcentage

[1. Un pourcentage est une fraction]

Un pourcentage permet d'exprimer un nombre comme une fraction de cent, généralement en utilisant le signe « % ». Un pourcentage permet alors de comparer une quantité par rapport à la quantité de référence 100 :

$$X\ \% = \frac{X}{100}$$

Ainsi, n'oubliez jamais qu'un pourcentage est d'abord une fraction. Justement, transformez donc **80 %, 72 %, 36 %, 44 %** en fractions irréductibles (*i.e.* en fractions qui ne peuvent pas être simplifiées davantage).

80 % = 80/100 = (4 × 4 × 5)/(4 × 5 × 5) = 4/5
36 % = 36/100 = (4 × 9)/(4 × 25) = 9/25
72 % = 72/100 = (9 × 2 × 4)/(5 × 5 × 4) = 18/25
44 % = 44/100 = (4 × 11)/(4 × 25) = 11/25

[2. Un pourcentage est une part]

Le pourcentage représente une proportion, une part d'un ensemble.

Le total est en fait ramené à 100 et le pourcentage représente donc le rapport d'un *sous-ensemble* à son ensemble :

$$\text{Pourcentage} = [\frac{\text{Part}}{\text{Total}} \times 100]\ \%$$

Exemple :

Une galette des rois est coupée en 16 parts. Joe prend 2 parts de galette. Quel pourcentage de la galette Joe a-t-il mangé ?

Réponse : 2 parts = (2/16) × 100 % = (1/8) × 100 % = 12,5 %

Dans une classe de 30 élèves, il y a 12 garçons. Quel pourcentage de la classe, les garçons représentent-ils ?

Réponse : part des garçons = 12/30 × 100 % = 40 %

[3. Un pourcentage est un nombre décimal]

Le pourcentage est un **nombre décimal** compris entre 0 et 1 lorsque le pourcentage est inférieur à 100 %, et au-dessus de 1 lorsque le pourcentage est supérieur à 100 %.

Exemple :

> Transformez 25 % ; 112 % ; 72 % ; 0,5 % en nombres décimaux.
>
> Réponse : 25 % = 0,25 ; 112 % = 1,12 ; 72 % = 0,72 ; 0,5 % = 0,005.

2. Tableau fondamental de correspondances

Voici les principales correspondances pourcentages / fractions / nombres décimaux que vous devez absolument connaître sur le bout des doigts et entre lesquelles vous serez amenés à jongler régulièrement en calcul !

N'oubliez jamais qu'un bon candidat est un candidat qui sait en une fraction de seconde que 1/8 est égal à 12,5 % et que 80 % est égal à 4/5 ! C'est à ce prix que l'on devient une « bête » dans les épreuves de calcul des concours.

1 % = 1/100 = 0,01	2 % = 1/50 = 0,02	4 % = 1/25 = 0,04
5 % = 1/20 = 0,05	10 % = 1/10 = 0,1	12,5 % = 1/8 = 0,125
16,66 % ≈ 1/6 ≈ 0,166	20 % = 1/5 = 0,2	25 % = 1/4 = 0,25
33,33 % ≈ 1/3 ≈ 0,333	40 % = 2/5 = 0,4	50 % = 1/2 = 0,5
60 % = 3/5 = 0,6	66,6 %… = 2/3 = 0,66…	70 % = 7/10 = 0,7
75 % = 3/4 = 0,75	80 % = 4/5 = 0,8	100 % = 1
200 % = 2	250 % = 2,5	1 000 % = 10

Doubler revient à multiplier par **2** ou à ajouter **100 %.**
Tripler revient à multiplier par **3** ou à ajouter **200 %.**
Quadrupler revient à multiplier par **4** ou à ajouter **300 %.**
Décupler revient à multiplier par **10** ou à ajouter **900 %.**
Augmenter du **cinquième** revient à ajouter **20 %** ou à multiplier par **1,2.**
Diminuer du **cinquième** revient à baisser de **20 %** ou à multiplier par **0,8.**
Augmenter du **quart** revient à ajouter **25 %** ou à multiplier par **1,25.**
Diminuer du **quart** revient à baisser de **25 %** ou à multiplier par **0,75.**

3. Les grands classiques du SCORE IAE MESSAGE

[1. Appliquer une augmentation ou une baisse en pourcentage]

Si on **augmente** X (ex. : un prix) de *a* %, alors on obtient une valeur X^+ telle que :

$$X^+ = (1 + a/100) \times X$$

X^+ signifie que l'on a fait subir à X une augmentation en pourcentage.

Retenez ainsi par exemple qu'augmenter X de 35 % revient à multiplier X par 1,35 et qu'augmenter X de 12,8 % revient à multiplier X par 1,128.

Si on **diminue** X (ex. : un prix) de *a* %, alors on obtient une valeur X^- telle que :

$$X^- = (1 - a/100) \times X$$

X^- signifie que l'on a fait subir à X une baisse en pourcentage.

Retenez ainsi par exemple que diminuer X de 35 % revient à multiplier X par 0,65 et que diminuer X de 12,8 % revient à multiplier X par 0,872.

Exemple :

L'action d'une entreprise cotée à 42 € en ouverture du marché gagne 5 % lors de la séance. Quelle est la côte de l'action à la clôture ?

Réponse : 42 € + 5 % × 42 € = 42 € × 1,05 = 42 € + 2,1 € = 44,1 €

[2. Appliquer des augmentation(s)/baisse(s) successives en pourcentages]

Lors d'augmentations ou de baisses successives en pourcentages, **les pourcentages se multiplient entre eux, mais ne s'ajoutent pas !**

Augmentations successives :

Si on **augmente** X de *a* % et qu'on **augmente** ensuite la quantité obtenue de *b* %, alors on obtient une valeur X^{++} telle que :

$$X^{++} = (1 + a/100) \times (1 + b/100) \times X$$

Baisses successives :

Si on **diminue** X de a % et qu'on **diminue** ensuite la quantité obtenue de b %, alors on obtient une valeur X^{--} telle que :

$$X^{--} = (1 - a/100) \times (1 - b/100) \times X$$

Augmentation et baisse successives :

Si on **augmente** X de a % et qu'on **diminue** ensuite la quantité obtenue de b %, alors on obtient une valeur X^{+-} telle que :

$$X^{+-} = (1 + a/100) \times (1 - b/100) \times X$$

Si on applique à X une **augmentation** de a % suivie d'une **baisse** de b %, suivie d'une **baisse** de c %, suivie d'une **hausse** de d %, alors on obtient une valeur X^{+--+} telle que :

$$X^{+--+} = (1 + a/100) \times (1 - b/100) \times (1 - c/100) \times (1 + d/100) \times X$$

Remarque : dans des augmentations/baisses successives en pourcentages, l'ordre des variations n'importe pas. Cela revient ainsi strictement au même d'appliquer une hausse de a % suivie d'une hausse de b % que l'inverse (*i.e.* une hausse de b %, puis une hausse de a %). Aussi, cela revient strictement au même d'appliquer une baisse de a % suivie d'une hausse de b % que l'inverse (*i.e.* une hausse de b % suivie d'une baisse de a %).

Par exemple, si vous effectuez une hausse de 10 % suivie d'une baisse de 20 % en partant d'une valeur égale à 100, alors les deux ordres possibles sont :

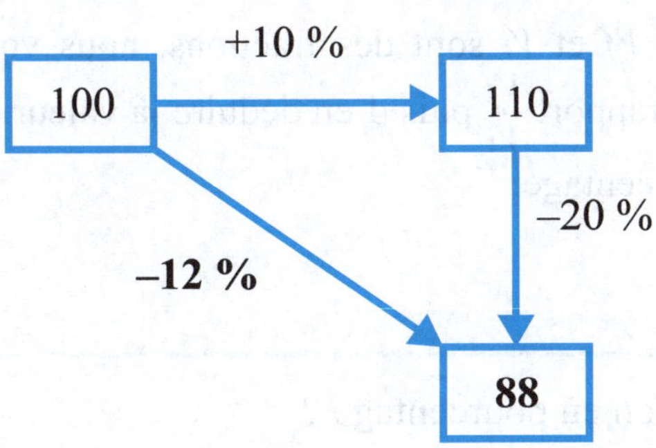

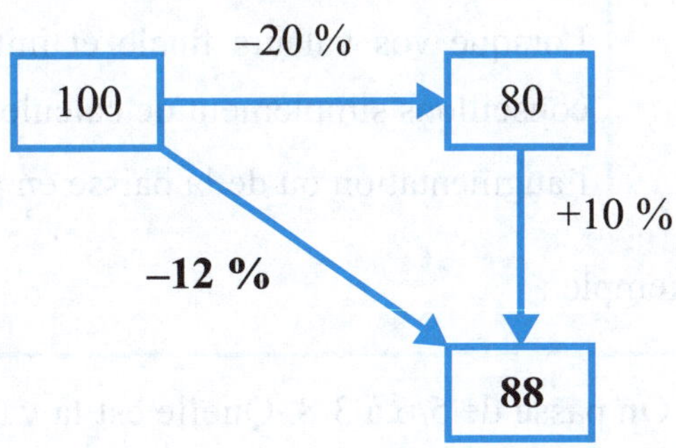

[3. Trouver un pourcentage d'augmentation ou de baisse]

Un problème classique aux concours consiste à vous demander de calculer l'évolution en pourcentage d'une valeur. La variation en pourcentage d'une valeur est égale à :

$$\left[\frac{Vf - Vi}{Vi} \times 100\right] \%$$

Avec ***Vf* la valeur finale** (après la baisse ou l'augmentation en pourcentage) et ***Vi* la valeur initiale** (avant la baisse ou l'augmentation en pourcentage).

Si $Vf > Vi$ alors on trouvera un pourcentage d'augmentation.

Si $Vf < Vi$ alors on trouvera un pourcentage de baisse.

Et si $Vf = Vi$ alors cela signifiera qu'il n'y a eu ni baisse ni hausse et qu'on en est toujours au même point.

Exemple :

Hier, le prix du litre d'essence à la pompe était égal à 1,40 €. Aujourd'hui, il est égal à 1,428 €. Quel est le pourcentage d'augmentation du prix du litre d'essence entre hier et aujourd'hui ?

Réponse : ici, $Vf = 1{,}428$ et $Vi = 1{,}4$.
Le pourcentage d'augmentation est donc égal à :

$$\left[\frac{1{,}428 - 1{,}4}{1{,}4} \times 100\right] \% = \left[\frac{0{,}028}{1{,}4} \times 100\right] \% = \frac{2{,}8}{1{,}4} \% = 2 \%$$

Astuce !
Lorsque vos valeurs finale et initiale Vf et Vi sont des fractions, nous vous conseillons simplement de calculer le rapport $\frac{Vf}{Vi}$ puis d'en déduire la valeur de l'augmentation ou de la baisse en pourcentage.

Exemple :

On passe de 5/6 à 3/8. Quelle est la variation en pourcentage ?

Réponse : –55 %.

En effet : $\dfrac{Vf}{Vi} = \dfrac{\frac{3}{8}}{\frac{5}{6}} = \dfrac{3}{8} \times \dfrac{6}{5} = \dfrac{18}{40} = \dfrac{9}{20} = 1 - \dfrac{11}{20} = 1 - 55\ \% = 100\ \% - 55\ \%.$

On a donc bien perdu 55 %.

Rappel : si 1/20 = 5 %, alors 11/20 = 55 %.

[4. Retrouver une quantité d'origine]

Nous attirons ici votre attention sur une erreur terrible que nous continuons de rencontrer régulièrement en tant que professeurs. Cette erreur consiste à penser curieusement que si l'on diminue X de *a* % et que l'obtient alors une valeur Y, alors il suffit d'augmenter Y de *a* % pour retrouver la valeur X.

Cette erreur n'est pas acceptable ! Imaginez en effet que vous perdiez **50 %** des 100 € que vous possédez, alors il vous reste 50 €, n'est-ce pas ? A présent, augmentez ces 50 € de **50 %,** quelle somme retrouvez-vous ? Vous ne retrouvez certainement pas les 100 € que vous aviez au départ, mais la somme de 75 € puisque 50 € + 50 % × 50 € = 1,5 × 50 € = 75 €. Attention donc à ne pas tomber dans ce vieux piège.

Une jolie astuce :

- Si vous retranchez $\dfrac{1}{N}$ à une valeur, alors vous devez ajouter $\dfrac{1}{N-1}$ pour retrouver la valeur d'origine. (*N* étant ici un entier naturel strictement plus grand que 1)

- Si vous ajoutez $\dfrac{1}{N}$ à une valeur, alors vous devez retrancher $\dfrac{1}{N+1}$ pour retrouver la valeur d'origine. (*N* étant ici un entier naturel strictement plus grand que 1)

Exemple :

Une action perd 25 % à la clôture ce mardi. Combien l'action devra-t-elle gagner mercredi en pourcentage pour effacer ses pertes de la veille ?

Réponse : vous avez appris grâce au tableau fondamental de correspondances que 25 % est égal à 1/4. Autrement dit, l'action a perdu 1/4 de sa valeur. Aussi, pour effacer ses pertes, l'action devra regagner 1/(4 – 1) = 1/3 de sa valeur, autrement dit environ 33,33 %. Vous l'avez compris, dans cet exemple : $N = 4$.

Le problème maintenant c'est lorsqu'une action perd 23,2 % par exemple, il ne nous est plus possible d'appliquer l'astuce vue précédemment. En effet, cette dernière s'applique avec efficacité lorsque l'on est en mesure de transformer un pourcentage en fraction dont le numérateur est 1. (ex. : 20 % = 1/5 ou 10 % = 1/10, etc.)

Voici donc comment nous ferons avec les pourcentages qui ne figurent pas dans le tableau fondamental de correspondances :

Soit X le prix initial et *Y* le prix final (*i.e.* après la baisse ou l'augmentation de *a* %). L'énoncé vous donne les valeurs de *a* et de *Y*. Vous résoudrez alors les équations :

$X = \dfrac{Y}{\left(1 - \dfrac{a}{100}\right)}$ dans le cas où X a subi une baisse en pourcentage.

$X = \dfrac{Y}{\left(1 + \dfrac{a}{100}\right)}$ dans le cas où X a subi une augmentation en pourcentage.

Exemple :

> Après une **baisse** de 15 %, un produit coûte 89,70 €. Quel était son prix initial ?
>
> Réponse : soit X le prix initial, *Y* = 89,70 et *a* % = 15 % = 0,15.
>
> On pose $X = \dfrac{Y}{\left(1 - \dfrac{a}{100}\right)} = \dfrac{89{,}70}{1 - 0{,}15} = \dfrac{89{,}70}{0{,}85} = \dfrac{8\,970}{85} = 105{,}53$

[5. Calculer des pourcentages de pourcentages]

Exemple :

> 15 % de la population française habite en Ile-de-France. Parmi les habitants d'Ile-de-France, 20 % habitent Paris intra-muros. Quel est le pourcentage de la population française qui habite Paris intra-muros ?
>
> Réponse : le pourcentage de Français franciliens est égal à 20 % de 15 %, soit : 20 % × 15 % = 1/5 × 15 % = 15 %/5 = 3 % (facile non, quand on connaît son tableau de correspondances ?).

POURCENTAGES : 30 APPLICATIONS POUR VOUS ENTRAINER

Enoncés

Questions	Votre réponse
1 Complétez : Diviser par 2 revient à baisser de … %.	
2 Des chaussures valaient 120 €, mais aujourd'hui elles sont en promotion à – 20 %. Quel est leur nouveau prix ?	
3 En deux ans, ma taille a augmenté de 10 %. Avant je mesurais 1 m 40. Quelle taille fais-je aujourd'hui ?	
4 Pour calculer des augmentations ou des baisses successives, doit-on additionner les pourcentages entre eux, ou les multiplier ?	
5 Vrai ou faux : si un prix augmente de 10 % puis de 10 % à nouveau, alors il aura augmenté de 20 % au total.	
6 Une chemise vendue 100 € voit son prix augmenter de 10 %, puis baisser de 5 %. Quel est son nouveau prix ?	
7 Le prix du litre d'essence, qui est de 1,50 €, va subir une augmentation de 20 % cette année puis de 10 % l'année suivante. Quel sera alors son prix ?	
8 Quelle hausse est la plus grande : une seule de 30 % ou bien deux hausses successives de 15 % chacune ?	
9 Vrai ou faux : augmenter un prix de 10 % puis le baisser de 20 % revient à commencer par baisser le prix de 20 % puis à l'augmenter de 10 % ?	

10 Si j'augmente le prix d'un produit de 10 % puis le baisse ensuite de 10 %, est-ce que je reviens au prix initial ?

11 Quel prix sera le plus faible : si je baisse deux fois de 10 % ou bien une seule fois de 20 % ?

12 Si un produit est vendu d'abord au prix A puis au prix B, quelle est la formule permettant de connaître la variation en pourcentage ?

13 Hier, une tonne de sucre valait 42 €. Aujourd'hui elle en vaut 49. Quel est le pourcentage d'augmentation du prix de la tonne de sucre ?

14 Il y a 20 ans, un café au restaurant valait 1,50 €. Aujourd'hui, il vaut 2,50 €. Quel est le pourcentage d'augmentation du prix du café ?

15 Après avoir acheté des actions, ma participation dans l'entreprise passe de cinq huitièmes à cinq sixièmes.
Quelle est la variation de ma participation en pourcentage ?

16 J'augmente une quantité de 1/N et j'obtiens donc une nouvelle quantité. Si je veux retrouver ma quantité d'origine, alors quelle fraction de ma nouvelle quantité dois-je retirer ?

17 Je diminue une quantité de 1/N et j'obtiens donc une nouvelle quantité. Si je veux retrouver ma quantité d'origine, alors quelle fraction de ma nouvelle quantité dois-je rajouter ?

18 Quelle est la hausse en pourcentage quand je passe de 2/3 à 3/4 ?

19 Lorsqu'un prix passe de 120 € à 95 €, il subit une baisse de … % ?

20 Si le prix d'un produit baisse de 20 %, de combien faudra-t-il l'augmenter pour revenir au prix initial ?

21 Les revenus d'exportation du Brésil se répartissent en trois catégories principales : le café, la viande et les céréales. Sachant que le café représente cinq huitièmes des revenus et que la viande représente deux fois plus que les céréales.
Quel est le pourcentage des revenus dus aux céréales ?

22 Le prix de l'immobilier à New York a baissé de 5,6 % pour atteindre 10 000 $ par mètre carré.
A combien s'élevait-il avant cette baisse ?

23 Le cours du baril du pétrole qui était à 104 $ subit deux hausses successives de 5 % puis de 7 %.
Quel est le nouveau prix du baril ?

24 A cause de la spéculation, le cours de l'action d'une société, qui était à 91 $, monte d'abord de 7 %, puis baisse de 7 % pour le lendemain. Quelle est la nouvelle cotation ?

25 Classer ces nombres par ordre croissant :
12 % ; 1,5 ; 1/3 ; 1/8 ; 0,46 ; 25 %

26 Si je parviens à économiser ce mois-ci 12 % de mon salaire net, qui vaut les trois quarts de mon salaire brut qui s'élève à 1 500 €, quelle somme aurai-je mis de côté ?

27 Quelle augmentation est la plus forte : deux augmentations successives de 5 % ou bien une de 7 % et une de 3 % ?

28 Quelle est la baisse la plus forte : une de 6 % puis une de 7 % ou bien une de 12 % puis une de 1 % ?

29 Avec sa promotion de 23 % et un bon de réduction de 50 €, un téléviseur vaut 478 €. Quel est son prix initial ?

30 Un objet qui valait 250 € a vu son prix baisser de un huitième.
A quel pourcentage du prix initial correspond le nouveau prix ?

Corrigés

1 Diviser par 2 revient à baisser de 50 %.

2 Baisser de 20 %, c'est multiplier par 0,8. Ainsi, les chaussures coûtent maintenant : $120 \times 0,8 = 96$ €.

3 Augmenter de 10 %, c'est multiplier par 1,1. Ainsi, je mesure maintenant : $140 \times 1,1 = 154$ cm, soit 1 m 54 !

4 On doit les multiplier, et surtout pas les additionner !

5 Faux, on ne peut additionner les pourcentages ! Augmenter de 10 % c'est multiplier par 1,1, donc deux hausses de 10 % successives correspondent à une multiplication par $1,1 \times 1,1 = 1,21$. C'est donc une hausse de 21 % !

6 Son nouveau prix se calcule en effectuant l'opération suivante : $100 \times 1,1 \times 0,95 = 110 \times 0,95 = 104,50$ €.

7 Le nouveau prix sera de : $1,5 \times 1,2 \times 1,1 = 1,8 \times 1,1 = 1,98$ €.

8 Il n'y a pas besoin de faire de calculs, deux hausses de 15 % sont supérieures à une seule hausse de 30 %, car leur effet est supérieur à la simple addition de leurs taux !

9 Vrai, augmenter de 10 % puis baisser de 20 % revient à multiplier par $1,1 \times 0,8$, ce qui est exactement la même chose que multiplier par $0,8 \times 1,1$!

10 Non. Exemple : si le prix est de 100 €, en augmentant de 10 % j'obtiens $100 \times 1,1 = 110$ €, et en baissant de 10 % j'obtiens $110 \times 0,9 = 99$ € !

11 En baissant deux fois de 10 %, j'opère une baisse moins forte que si je baissais une seule fois de 20 %. Le prix sera donc plus faible si je baisse deux fois de 10 %.

12 La formule est : $\frac{B - A}{A} \times 100$ %.

On remarque que si $B < A$, la variation est négative !

13 Le pourcentage d'augmentation est égal à :

$$\frac{49 - 42}{42} \times 100\ \% = \frac{7}{42} \times 100\ \% = \frac{1}{6} \times 100\ \% = 16,6666...\ \%.$$

14 Il faut calculer : 2,5/1,5, soit 5/3, soit 1 + 2/3 soit donc 2/3 = 66,66 % d'augmentation.

15 Pour ces évolutions, nous vous conseillons de calculer le rapport entre la participation finale et la participation initiale puis d'en déduire la variation :

$$\frac{\frac{5}{6}}{\frac{5}{8}} = \frac{5}{6} \times \frac{8}{5} = \frac{8}{6} = \frac{4}{3} = 1{,}333.$$ La variation est donc de 33 % !

16 Il faut retirer 1/(N + 1).

17 Il faut rajouter 1/(N – 1).

18 (3/4)/(2/3) = 3/4 × 3/2 = 9/8 = 1 + 1/8 soit une hausse de 1/8, autrement dit une hausse de 12,5 %.

19 La baisse est de 25 € soit, en pourcentage : $\frac{25}{120} = \frac{5}{24}$ = 21 % environ.

20 Le prix baisse de 20 %, c'est-à-dire d'un cinquième. Aujourd'hui il vaut donc $\frac{4}{5}$ du prix initial, et il va donc devoir reprendre $\frac{1}{5}$ du prix initial,

soit $\frac{\frac{1}{5}}{\frac{4}{5}} = \frac{1}{5} \times \frac{5}{4} = \frac{1}{4}$ de son prix actuel.

21 La café représente cinq huitièmes, soit 62,5 % des ventes. La viande et les céréales représentent donc 37,5 %. Comme la viande compte deux fois plus que les céréales, on en déduit que les céréales représente 37,5/3 = 12,5 % des revenus du pays.

22 On pose : $X = \frac{10\,000}{1 - 5{,}6\,\%} = \frac{10\,000}{0{,}944}$ = 10 593 $ par mètre carré.

23 Le nouveau cours est à : 104 × 1,05 × 1,07 = 116,8 $.

24 La nouvelle cotation est : 91 × 1,07 × 0,93 = 90,55 $.

25 12 % ; 1/8 ; 25 % ; 1/3 ; 0,46 ; 1,5.

26 J'économise : 12 % × 75 % × 1 500 = 135 €.

27 Deux hausses de 5 % reviennent à multiplier par : 1,05 × 1,05 = 1,1025, soit une hausse de 10,25 %. Une hausse de 7 % puis une hausse de 3 % correspondent à : 1,07 × 1,03 = 1,1021, soit une hausse de 10,21 %. L'augmentation la plus forte est donc atteinte avec deux hausses de 5 % !

28 Une baisse de 6 % puis de 7 % revient à multiplier par : 0,94 × 0,93 = 0,8742, soit une baisse de 12,58 %. Une baisse de 12 % puis de 1 % revient à multiplier par : 0,88 × 0,99 = 0,8712, soit une baisse de 12,88 %. La baisse la plus forte a donc lieu en baissant d'abord de 12 % puis de 1 % !

29 Sans le bon de réduction, le téléviseur en promotion vaut 478 + 50 = 528 €. Pour trouver le prix initial hors promotion, on pose :

$$X = \frac{528}{1 - 23\,\%} = \frac{528}{0{,}77} = 685{,}7\text{ €}.$$

30 Baisser de un huitième c'est enlever 12,5 %. Le nouveau prix est donc 87,5 % du prix initial.

4. MOYENNES

ATTENTION *Là encore, ce chapitre est incontournable pour le SCORE IAE MESSAGE. Travaillez-le très consciencieusement.*

1. Moyennes arithmétiques

[Définition]

La **moyenne arithmétique** est la moyenne « ordinaire », c'est-à-dire, par définition, la somme des valeurs numériques divisée par le nombre de ces valeurs numériques :

$$\text{Moyenne arithmétique} = \frac{\text{somme des termes}}{\text{nombre de termes}}$$

Exemple :

Trois amies vont faire du shopping : la première dépense 50 €, la deuxième 70 € et la troisième 120 €. Combien ces trois amies ont-elles dépensé en moyenne ?

Réponse : ici, on vous demande de calculer une moyenne arithmétique. La somme des dépenses est égale à 50 + 70 + 120 = 240. La dépense moyenne (moyenne arithmétique) est donc égale à : (50 + 70 + 120) / 3 = 80 €.

[Deux corollaires de la moyenne arithmétique à connaître par cœur !]

$$\text{Somme des termes} = \text{moyenne arithmétique} \times \text{nombre de termes}$$

$$\text{Nombre de termes} = \frac{\text{somme des termes}}{\text{moyenne arithmétique}}$$

Exemple :

La moyenne des âges des frères de David est 23 ans. David a trois frères. Quelle est la somme des âges des frères de David ?

Réponse : pour trouver la somme des âges des frères de David, il suffit d'appliquer le corollaire de la moyenne arithmétique suivant :
Somme des âges = moyenne × nombre de frères = 23 × 3 = 69

2. Moyennes pondérées

[Définition]

Soient N termes $T_1, T_2, T_3...$,T_N, auxquels on associe des poids respectifs $P_1, P_2, P_3...$ P_N. Alors la moyenne (M) pondérée des N termes est égale à :

$$M = \frac{T_1 \times P_1 + T_2 \times P_2 + T_3 \times P_3 + \ldots + T_N \times P_N}{P_1 + P_2 + P_3 + \ldots + P_N}$$

Exemple :

Au cours du dernier trimestre, Frédéric a obtenu la moyenne de 12 en maths, 11 en français, 11 en histoire et 15 en anglais. Sachant que les coefficients des matières sont respectivement 6, 4, 2 et 2 en maths, français, histoire et anglais, quelle est la moyenne générale de Frédéric au dernier trimestre ?

Réponse :
Moyenne = (12 × 6 + 11 × 4 + 11 × 2 + 15 × 2) / (6 + 4 + 2 + 2) = 168 / 14 = 12

[L'approche par la notion de barycentre]

En géométrie, la moyenne pondérée prend le nom de **barycentre. Le barycentre est le centre de gravité de plusieurs points auxquels des poids différents ont été associés.**

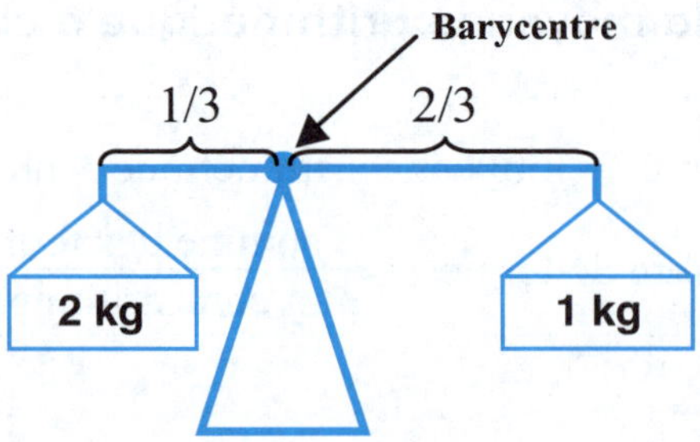

Comme vous le voyez sur ce schéma, le barycentre (appelé aussi point d'équilibre ou point moyen) est situé à 1/3 de la distance du poids de 2 kg et 2/3 de la distance du poids de 1 kg. En d'autres termes, pour atteindre le point d'équilibre, le poids de 1 kg doit compenser le poids de 2 kg par un écart de distance au point d'équilibre deux fois plus grand.

Par une approche analogue, le barycentre permet de trouver une moyenne pondérée grâce aux écarts à la moyenne de chaque terme et en comparant les poids des termes entre eux.

Exemple :

1. Dans une classe de 42 élèves, les garçons ont obtenu 12 de moyenne à un contrôle et les filles ont obtenu 15 de moyenne au même contrôle. La moyenne générale de la classe s'élève à 14. Combien y a-t-il de filles dans la classe ?

Réponse : raisonnons à partir de la notion du barycentre.

Le barycentre est ici égal à 14 (c'est la moyenne générale, **le point d'équilibre** de la classe pour ce qui concerne ce contrôle). La moyenne des filles étant plus proche de la moyenne générale que ne l'est celle des garçons, on en déduit que les filles seront plus nombreuses que les garçons. Plus précisément, elles seront **deux fois plus nombreuses** que les garçons. **En effet, comme elles sont deux fois plus proches de la moyenne générale que ne le sont les garçons, elles sont donc deux fois plus nombreuses** (elles pèsent deux fois plus « lourd » que les garçons !). En d'autres termes, **il faut deux filles pour un garçon,** soit : **28 filles et 14 garçons.** Pour trouver 28 et 14, on a simplement multiplié 2 (filles) et 1 (garçon) par 14… Le but étant d'arriver à un nombre total d'élèves égal à 42 !

2. Dans une classe de 30 élèves, les garçons ont obtenu 9 de moyenne à un contrôle et les filles ont obtenu 14 de moyenne au même contrôle. La moyenne générale de la classe s'élève à 12. Combien y a-t-il de filles dans la classe ?

Réponse : raisonnons à nouveau à partir de la notion du barycentre.

Le barycentre est ici égal à 12. La moyenne des filles étant plus proche de la moyenne générale que ne l'est celle des garçons (ah ! les filles !), on en déduit là encore que **les filles seront plus nombreuses que les garçons.** Etant donné que la moyenne des filles est à 2 points de la moyenne générale (**14** vs 12) et que celle des garçons est à 3 points de la moyenne générale (**9** vs 12), on comprend qu'**il va falloir 3 filles pour 2 garçons** pour que le barycentre soit bien à 12. En conclusion, **la classe est composée de 18 filles et de 12 garçons.** Pour trouver 18 et 12, on a simplement multiplié 3 (filles) et 2 (garçons) par 6… Le but étant d'arriver à un nombre total d'élèves égal à 30 !

MOYENNES : 20 APPLICATIONS POUR VOUS ENTRAINER

Enoncés

Questions	Votre réponse
1 Au mois de mai, j'ai lu en moyenne 67 pages par jour. Combien de pages ai-je lu au total ?	
2 Mes sœurs ont dépensé en moyenne 31,14 € pour mon cadeau d'anniversaire. Elles m'ont fait un cadeau d'une valeur de 155 € et 70 centimes. Combien ai-je de sœurs ?	
3 Au cours de mes 20 premières années, j'ai pris 49 fois l'avion. Combien de fois l'ai-je pris par an en moyenne ?	
4 Quelle est la moyenne de 17 ; 0,2 ; 13 et – 200 ?	
5 Quelle est la moyenne de 1/2, 1/4, 1/3, 1/8 ?	
6 Quelle est la moyenne de 6, 89 et – 13,3 ?	
7 Dans un livre il y a en moyenne environ 32,86 pages par chapitres, et il y a au total 756 pages. Combien y a-t-il de chapitres ?	
8 Dans une classe de 23 élèves, les 12 filles ont 13,5 de moyenne, et les garçons 12,8. Quelle est la moyenne générale de classe ?	
9 Voici mes notes : 13 à un contrôle de coefficient 3, 11 à un contrôle de coefficient 1, et 18 à une interrogation de coefficient 0,5. Quelle est ma moyenne ?	
10 Mes 4 frères me prêtent 53 € chacun, et mes 3 sœurs seulement 35 €. Combien d'argent me prêtent-ils tous en moyenne ?	

11 La moyenne de 8 nombres vaut 11. Si je retire un nombre, la moyenne tombe à 10. Quel nombre ai-je retiré ?

12 Dans le village il y a 254 femmes et 270 hommes. Les femmes pèsent en moyenne 61,2 kg, et les hommes 83,67. Quel est le poids moyen dans le village ?

13 J'ai deux jeans à 76 € et un jean à 134 €.
Quelle est la valeur moyenne de mes jeans ?

14 Les six filles mesurent en moyenne 1 m 65, et le seul garçon mesure 1,88. Quelle est la taille moyenne ?

15 Thomas a eu un 17 coefficient 4, un 12 coefficient 2 et un 8 coefficient 5. Quelle est sa moyenne ?

16 Eleonore a eu un 16 coefficient 1, un 20 coefficient 2, et un 0 coefficient 4 car elle était absente. Quelle est sa moyenne ?

17 Daniel achète trois cravates à 38 euros chacune et deux ceintures à 67 euros chacune. Combien lui coûte un objet en moyenne ?

18 Du lundi au vendredi je cours 7 km par jour, et le week-end je cours 15 km par jour. Quelle est ma distance de course moyenne par jour ?

19 Au lycée, les 65 filles ont une moyenne générale de 14. Les 49 garçons ont quant à eux une moyenne générale de 16. Quelle est la moyenne générale du lycée ?

20 Deux tiers des trains mesurent 100 mètres de long, et un tiers seulement 85 mètres. Quelle est la longueur moyenne d'un train ?

Corrigés

1 Somme des termes = Nombre de termes × Moyenne = 31 × 67 = 2 077 pages au total.

2 Nombre de termes = $\frac{\text{Somme des termes}}{\text{Moyenne}} = \frac{155{,}7}{31{,}14} = 5$ sœurs !

Bien évidemment ici, il n'était pas nécessaire de simplifier consciencieusement votre fraction. Comme nous cherchions un nombre entier et bien rond de sœurs, le bon sens nous engageait à répondre ni 4, ni 6 mais bien 5.

3 $M = \frac{49}{20} = 2{,}45$ fois par an en moyenne.

4 $M = \frac{17 + 0{,}2 + 13 + (-200)}{4} = -42{,}45.$

5 $M = \frac{1/2 + 1/4 + 1/3 + 1/8}{4} = 0{,}30.$

6 $M = \frac{6 + 89 + (-13{,}3)}{3} = 27{,}2333\ldots$

7 Nombre de termes = $\frac{\text{Somme des termes}}{\text{Moyenne}} = \frac{756}{32{,}86} = 23$ chapitres.

8 $M = \frac{12 \times 13{,}5 + 11 \times 12{,}8}{23} = 13{,}16$ de moyenne générale.

9 $M = \frac{13 \times 3 + 11 \times 1 + 18 \times 0{,}5}{3 + 1 + 0{,}5} = 13{,}11$ de moyenne.

10 $M = \frac{4 \times 53 + 3 \times 35}{4 + 3} = 45{,}29$ € chacun en moyenne.

11 Il suffit d'appliquer le corollaire de la moyenne arithmétique :
- La somme des 8 nombres vaut : 11 × 8 = **88**
- La somme des 7 nombres après en avoir enlevé un vaut : 10 × 7 = **70**

On en déduit alors que le nombre que l'on a retiré n'est autre que **18** (i.e. 88 – 70)

12 $M = \frac{254 \times 61{,}2 + 270 \times 83{,}67}{254 + 270} = 72{,}78$ kg en moyenne.

13 $M = \dfrac{2 \times 76 + 1 \times 134}{2 + 1}$ = 95,33 € en moyenne.

14 $M = \dfrac{6 \times 1{,}65 + 1 \times 1{,}88}{6 + 1}$ = 1 m 68.

15 $M = \dfrac{17 \times 4 + 12 \times 2 + 8 \times 5}{4 + 2 + 5}$ = 12 de moyenne.

16 $M = \dfrac{16 \times 1 + 2 \times 2 + 0 \times 4}{1 + 2 + 4}$ = 8 de moyenne.

17 $M = \dfrac{38 \times 3 + 67 \times 2}{3 + 2}$ = 49,6 euros par objet en moyenne.

18 $M = \dfrac{7 \times 5 + 15 \times 2}{5 + 2}$ = 9,28 km en moyenne par jour.

19 $M = \dfrac{65 \times 14 + 49 \times 16}{65 + 49}$ = 14,86 de moyenne générale.

20 $M = \dfrac{100 \times 2/3 + 85 \times 1/3}{2/3 + 1/3}$ = 95 mètres de long en moyenne.

5. PROPORTIONNALITE

Les questions de proportionnalité sont fréquemment posées au SCORE IAE MESSAGE. Soyez donc attentifs aux notions qui vont suivre.

On dit que deux grandeurs sont proportionnelles à partir du moment où l'on peut trouver un *« facteur de proportionnalité »* les liant.
Rien de mieux qu'un exemple pour illustrer cela :

> On dit souvent que la consommation d'essence C tous les 100 km d'une voiture est **proportionnelle** à sa vitesse V. C'est-à-dire que l'on peut trouver un « facteur de proportionnalité » F tel que C = V × F. Imaginons que F soit égal à 0,1. Alors si la voiture roule à 100 km/h, elle consommera C = 0,1 × 100 = 10 L tous les 100 km. Si elle roule à 200 km/h, elle consommera C = 0,1 × 200 = 20 L tous les 100 km, et ainsi de suite.

Ainsi, lorsque deux grandeurs sont proportionnelles, il suffit de connaître la valeur de l'une pour immédiatement connaître la valeur de l'autre, à condition de connaître le facteur de proportionnalité.

La question qui vient alors naturellement est : **que faire si l'on ne connaît pas ce fameux facteur par lequel il faut multiplier une grandeur pour obtenir la valeur de l'autre ?** C'est là qu'intervient la très célèbre *règle de trois*.

1. La règle de trois ou « produit en croix »

Reprenons l'exemple de la consommation d'essence C proportionnelle à la vitesse V. Imaginons que l'on ne vous donne pas la valeur de F mais que l'on vous présente les choses ainsi :

> Une voiture parcourt la distance de Paris à Marseille. Sa consommation d'essence est proportionnelle à sa vitesse. Sachant qu'elle consomme 10 L tous les 100 km lorsqu'elle roule à 100 km/h, quelle sera sa consommation d'essence si elle roule à 125 km/h ?

Vous savez ici que les deux grandeurs sont proportionnelles mais vous ne connaissez pas la valeur du facteur de proportionnalité F. Qu'à cela ne tienne, calculons-le !
Première approche : sachant que V et C sont proportionnelles, il existe un réel F tel

que C = V × F. En remplaçant C et V par leur valeur dans la première ligne du tableau vous trouvez : 10 = 100 × F, soit F = 10 / 100 = 0,1

Ayant la valeur de F, il ne vous reste plus qu'à écrire que :

C = 125 × 0,1 = 12,5 L tous les 100 km.

Seconde approche : heureusement, il existe une méthode beaucoup plus systématique et rapide pour s'en sortir dans ce genre de situations. En effet, la situation peut se représenter ainsi :

Vitesse	Consommation
100	10
125	*C*

La règle de trois nous dit que les produits des cases diagonales doivent être égaux. Soit : 10 × 125 = 100 × C ; soit : C = 125 × 10 / 100 = 12,5 L

2. La proportionnalité « multiple »

Ce que l'on appelle **proportionnalité multiple** est la mise en parallèle de trois grandeurs proportionnelles deux à deux dont il faut trouver la valeur de l'une d'entre elles. Autrement dit, vous allez devoir modifier la valeur de deux grandeurs pour obtenir la troisième, alors que les deux premières varient déjà l'une en fonction de l'autre ! Un vrai casse-tête ? Pas vraiment !

Prenons un exemple :

> Un camion consomme 8 litres aux 100 km quand il roule à 80 km/h. Consommation et vitesse sont proportionnelles. Sachant qu'il a consommé 32 litres en roulant à la vitesse de 40 km/h, quelle distance ce camion a-t-il parcourue ?

En retranscrivant la situation dans un tableau, cela donne :

Vitesse	Consommation	Distance
80 km/h	8 L	100 km
40 km/h	32 L	**?**

Vous commencez à saisir la difficulté de la chose : pour passer de la première à la seconde ligne, il faudrait diviser la vitesse par 2 (de 80 à 40 km/h) et par conséquent la consommation aussi :

Vitesse	Consommation
80 km/h	8 L
40 km/h	4 L

Mais celle-ci passerait alors à 4 L et non pas 32 L. Il suffirait alors de multiplier le tout par 8 pour tomber sur la bonne consommation :

Vitesse	Consommation
80 km/h	8 L
320 km/h	32 L

Mais la vitesse deviendrait alors égale à 320 km/h ! On tourne en rond.

> Pour résoudre ce problème, il faut se dire que pour consommer 8 fois plus, il suffit de rouler 8 fois plus vite… Ou encore rouler sur 8 fois plus de distance (à la même vitesse bien sûr). La clé de la proportionnalité multiple est donc de **toujours changer deux grandeurs en laissant la troisième fixe**.

Dans notre exemple, nous allons d'abord diviser la vitesse du camion par 2 et impacter cela sur la consommation. La distance, elle, ne bouge pas. Si je roule 2 fois moins vite **sur la même distance,** le camion consomme 2 fois moins d'essence.

Vitesse	Consommation	Distance
40 km/h	4 L	100 km

Enfin, **s'il roule à la même vitesse** mais consomme 8 fois plus d'essence, c'est qu'il a alors roulé sur 8 fois plus de distance. Réponse : 800 km.

Vitesse	Consommation	Distance
40 km/h	32 L	800 km

6. EQUATIONS ET SYSTEMES D'EQUATIONS

Ce chapitre est fondamental puisque de nombreuses questions exigent que vous traduisiez des énoncés sous la forme d'équations. Lisez-le donc attentivement.

1. Définitions

[1. Inconnues]

Il est vrai qu'avant de parler d'équations, il vaut mieux introduire la raison d'être de celles-ci : les inconnues. En effet, elles peuvent être multiples, et leur définition commune serait la suivante :

> « Une inconnue est une valeur que l'on ne connaît pas *a priori,* souvent définie par une lettre, mais qu'il ne faut pas forcément trouver. »

Et c'est là toute la subtilité. **Pour trop de personnes, une inconnue doit au bout du compte se transformer en valeur numérique connue, même si on ne leur demande pas de trouver cette valeur.** C'est une erreur à ne pas commettre au SCORE IAE MESSAGE où le temps vaut de l'or : reconnaissez vos inconnues, classez-les, déterminez celles dont vous aurez besoin et celles qui sont purement accessoires. Et, surtout, comme nous allons le voir, résolvez vos systèmes intelligemment, *i.e.* de façon à faire ressortir avant tout la valeur des inconnues que vous cherchez.

[2. Equations]

> « Une équation est une égalité liant une ou plusieurs inconnues. »

Ainsi, toute égalité mettant en jeu des inconnues, quel que soit leur nombre, sera une équation, comme par exemple :

> $X = Y$
>
> $X + Y - Z = 265$
>
> $X^2 - 2ab + 7u = -576 + X - 2z^3$

Cette notation particulière possède également son propre vocabulaire : on parlera, de part et d'autre du signe « = », des deux membres d'une équation : le membre de gauche (situé à gauche du « = ») et le membre de droite (à droite du « = » !). Dans une équation, les deux membres sont totalement interchangeables, autrement dit : $X + 2Y - Z = 7 + 3T$ équivaut à : $7 + 3T = X + 2Y - Z$

[3. Inéquations]

> « Une inéquation est une inégalité liant une ou plusieurs inconnues. »

Voici quelques exemples d'inéquations :

> $X \leq Y$
> $X + Y - Z \geq 265$
> $X^2 - 2ab + 7u < -576 + X - 2z^3$

Comme vous le voyez, les inégalités peuvent être de **quatre types** :

> 1. Supérieur ou égal : $\geq$
> 2. Inférieur ou égal : $\leq$
> 3. Strictement supérieur : $>$
> 4. Strictement inférieur : $<$

Attention à la symétrie rencontrée dans les équations ; **elle n'est pas valable dans les inéquations.** Vous avez ici :

$X + 2Y - Z < 7 + 3T$ équivaut à : $7 + 3T > X + 2Y - Z$. Le signe a changé de sens.

Explication : « **Pierre** a le même âge [=] que **Paul** » est équivalent à « **Paul** a le même âge [=] que **Pierre** ». Mais, « **Pierre** est plus grand [>] que **Paul** » n'est pas équivalent à « **Paul** est plus grand [>] que **Pierre** ». L'équivalent de « **Pierre** est plus grand [>] que **Paul** » est « **Paul** est plus petit [<] que **Pierre** ».

[4. Systèmes]

Les inconnues sont liées par des (in)équations et les (in)équations sont à leur tour liées entre elles par des… Systèmes ! En effet, la définition la plus simple d'un système d'(in)équations est :

> « Un système d'(in)équations est une suite d'(in)équations mettant en jeu les mêmes inconnues. »

Ainsi, en continuant avec les exemples précédents, on peut considérer que :

$\begin{cases} X = Y \\ X + Y - Z = 265 \end{cases}$ est un système d'équations.

L'**accolade** sur la gauche sert à réunir toutes les (in)équations d'un même système.

Les systèmes possèdent également leur propre terminologie et même plus : leur propre classification. **En effet, vous pouvez classer les systèmes *en fonction de leur nombre d'inconnues et de leur nombre d'équations.*** Par exemple, on dira du système présenté plus haut qu'il s'agit d'un système de deux équations à trois inconnues.

[5. Contraintes]

En plus des équations et des inéquations, vous pourrez rencontrer au sein d'un système ce que l'on nomme des contraintes.

> « Une contrainte est une qualité possédée par une ou plusieurs inconnues réduisant le nombre de valeurs que ces dernières peuvent prendre. »

Les plus perspicaces auront déjà compris qu'équations et inéquations étaient elles-mêmes des contraintes. Mais vous pouvez encore en trouver beaucoup, comme par exemple : X est un entier ; X est un multiple de 3 ; X est un carré d'entier ou encore X est pair.

Il est vrai que certaines de ces contraintes peuvent se traduire sous la forme d'équations, mais il sera bien souvent plus pratique de les voir telles qu'elles sont pour diminuer petit à petit le nombre de solutions possibles du système.

[6. Equations liées, incompatibles, indépendantes]

Jalouses, les équations ont également développé leur propre classification les unes par rapport aux autres. En effet, deux équations se rencontrant au sein d'un système peuvent être liées, incompatibles ou indépendantes. Voici les trois classes :

> **Classe 1 :** « Deux équations **liées** sont deux équations donnant exactement la même information. »

Exemple : les équations $X + Y = 2Z$ et $Z = (X + Y) / 2$ sont liées.

> **Classe 2 :** « Deux équations **incompatibles** sont deux équations donnant deux informations contradictoires. »

Exemple : les équations $X + Y = 0$ et $2X + 2Y = 2$ sont incompatibles.

Classe 3 : « Deux équations **indépendantes** sont deux équations qui ne sont ni liées, ni incompatibles ! »

Exemple : les équations $X + 5Y - 3Z = 0$ et $X / Y = 4$ sont indépendantes.

Mais attention, tout cela sera rarement visible du premier coup d'œil. Un petit calcul sera souvent nécessaire pour se rendre compte que des équations sont indépendantes, liées ou incompatibles.

2. Résolution par étapes

Modèle :

> Roland va au marché. Il achète 10 pommes et 7 bananes, et paye un montant total de 24 €. S'il avait acheté 4 pommes et 12 bananes, il aurait payé 28 €. Combien coûte une banane ?

Inconnues à trouver	Inconnues-outils
B = prix d'une banane	P = prix d'une pomme

A vous !

1. La somme des âges de trois frères donne un diviseur de 121. Quelle est la différence d'âge entre les deux plus vieux sachant qu'il n'y a pas de jumeaux et qu'ils ont tous moins de 20 ans et plus de 2 ans ?

Inconnues à trouver	Inconnues-outils

2. Ce matin, on m'a livré un bouquet de 33 fleurs : 12 roses, des tulipes et des marguerites. Sachant que si l'on m'avait livré 7 tulipes de plus, j'aurais eu deux fois plus de tulipes que de roses, combien de marguerites ai-je reçues ?

Inconnues à trouver	Inconnues-outils

3. Sachant que l'équipe des filles est plus nombreuse que celles des garçons mais que si l'on retirait 10 % de leur groupe il y aurait exactement le même nombre de joueurs dans les deux équipes, combien vaut le rapport du nombre de filles sur le nombre de garçons ?

Inconnues à trouver	Inconnues-outils

Réponses :

1.

Inconnues à trouver	Inconnues-outils
$X - Y$ = Différence d'âge entre les deux plus vieux frères	X = âge du frère le plus âgé Y = âge du deuxième frère Z = âge du troisième frère

2.

Inconnues à trouver	Inconnues-outils
M = nombre de marguerites	R = nombre de roses T = nombre de tulipes

3.

Inconnues à trouver	Inconnues-outils
F/G = rapport du nombre de filles sur le nombre de garçons	F = nombre de filles G = nombre de garçons

[L'art de la traduction]

Après l'analyse de vos inconnues vient la fameuse mise en équation. Et là, aucun secret : seul l'entraînement vous apprendra à faire cela plus rapidement. Attention, en plus de traduire les équations et inéquations proposées, nous vous invitons également à mettre en forme toutes les contraintes vérifiées par les inconnues.

Pour bien commencer, nous vous proposons de reprendre les trois questions présentées plus haut et de traduire à présent les énoncés sous la forme de systèmes d'une ou plusieurs équations mettant en jeu toutes ces inconnues.
Pour vous aider, nous avons traité l'exemple :

> Roland va au marché. Il achète 10 pommes et 7 bananes, et paye un montant total de 24 €. S'il avait acheté 4 pommes et 12 bananes, il aurait payé 28 €. Combien coûte une banane ?

Cela nous donne le système d'équations suivant : $\begin{cases} 10P + 7B = 24 \\ 4P + 12B = 28 \end{cases}$

Réponses :

1. $\begin{cases} X + Y + Y \text{ est un diviseur de } 121 \\ X \neq Y \\ Y \neq Z \\ X \neq Z \\ 2 \leq X, Y, Z \leq 20 \\ X, Y \text{ et } Z \text{ sont des entiers} \end{cases}$

2. $\begin{cases} 12 + T + M = 33 \\ T + 7 = 2 \times 12 \\ M \text{ et } T \text{ sont des entiers} \end{cases}$

3. $\begin{cases} F > G \\ F - F \times 10\ \% = G \\ F \text{ et } G \text{ sont entiers} \end{cases}$

[Opérations autorisées sur les équations et inéquations]

Maintenant que vous savez traduire des énoncés sous forme d'équations, il va vous falloir les résoudre. Mais avant cela, un petit rappel sur les opérations « autorisées » dans un système d'équations :

1. Dans une équation, vous avez le droit de :

- **Ajouter** la même quantité aux deux membres : $X + Y = Z \Leftrightarrow X + Y + 2 = Z + 2$
- **Soustraire** la même quantité aux deux membres : $X + Y = Z \Leftrightarrow X + Y - 7 = Z - 7$
- **Multiplier** les deux membres par la même quantité : $X + Y = Z \Leftrightarrow 2 \times (X + Y) = 2 \times Z$
- **Diviser** les deux membres par la même quantité non nulle : $X + Y = Z \Leftrightarrow \frac{X+Y}{21} = \frac{Z}{21}$

En revanche, attention, dans une inéquation, vous devez prendre vos précautions au moment de multiplier ou diviser. En effet, réaliser ce genre d'opérations avec une quantité négative inversera le sens de l'inégalité alors qu'une quantité positive conservera celui-ci. Par exemple :

$X + Y \leq Z \Leftrightarrow 2(X + Y) \leq 2 \times Z$ mais $X + Y \leq Z \Leftrightarrow -2 \times (X + Y) \geq -2 \times Z$

2. Aussi, vous pouvez appliquer des opérations entre les équations elles-mêmes. En effet, dans un système vous avez le droit de :

- **Sommer** deux équations
- **Soustraire** deux équations
- **Multiplier** deux équations
- **Diviser** deux équations à condition que les membres soient non nuls

En revanche, une seule opération est autorisée sur des inéquations : vous ne pouvez que **sommer** deux inéquations, à condition qu'elles soient **dans le même sens.** Par exemple, vous avez :

$$\begin{cases} X + Y \leq Z \\ X - Y \leq 2Z \end{cases} \Leftrightarrow \begin{cases} X + Y + X - Y \leq Z + 2Z \\ X - Y \leq 2Z \end{cases} \Leftrightarrow \begin{cases} 2X \leq 3Z \\ X - Y \leq 2Z \end{cases}$$

Bien évidemment, la dernière opération autorisée dans une équation (et jamais dans une inéquation) est de remplacer une inconnue par sa valeur dans une autre équation. Par exemple :

$$\begin{cases} X + Y = Z \\ Y = 2X \end{cases} \Leftrightarrow \begin{cases} X + 2X = Z \\ Y = 2X \end{cases}$$

Vous voici avec toutes les cartes en main pour résoudre un système : des inconnues intelligemment posées, des mises en équations raisonnées et une liste d'opérations autorisées et maîtrisées. Il ne vous reste plus qu'à appliquer une méthode…

[Résolution d'un système d'équations]

La première des choses que vous devez déterminer est la classification de votre système : combien d'inconnues, combien d'équations, combien de contraintes (à partir de maintenant les inéquations seront considérées comme des contraintes) ?
A partir de là, vous pouvez en tirer quelques règles :

- Si le système a plus d'inconnues que d'équations et aucune contrainte, vous ne pourrez pas trouver une unique valeur pour toutes les inconnues (mais peut-être pour certaines).
- Si le système a autant d'équations que d'inconnues et aucune contrainte, alors vous pourrez trouver une unique valeur pour toutes les inconnues à condition que les équations soient toutes indépendantes.
- Si le système a plus d'équations que d'inconnues, c'est que deux équations au moins sont forcément liées.

Grâce à ces observations, vous pourrez aisément vous débarrasser du superflu si vous avez trop d'informations, ou au contraire vous concentrer sur les inconnues les plus importantes si vous savez que toutes n'auront pas une valeur unique.

Le deuxième point capital est celui des contraintes : elles peuvent être très puissantes. N'oubliez jamais que, par exemple, dire que A × B = 2 signifie qu'il existe une infinité de valeurs possibles pour A comme B, **alors que si l'on précise** que A et B sont des entiers naturels, et bien il ne nous reste plus que deux couples de solutions possibles à savoir : A = 1 et B = 2 ou A = 2 et B = 1. Ainsi, des contraintes apparemment insignifiantes peuvent limiter de façon drastique le nombre de solutions et vous amener à trouver la solution en deux coups de cuillère à pot ! Ne négligez donc jamais ces contraintes.

Enfin, dernier point, et pas des moindres : il va falloir résoudre votre système de façon intelligente, à savoir en faisant en sorte de trouver en priorité la valeur des inconnues que vous recherchez. Reprenons notre exemple :

> Roland va au marché. Il achète 10 pommes et 7 bananes, et paye un montant total de 24 €. S'il avait acheté 4 pommes et 12 bananes, il aurait payé 28 €. Combien coûte une banane ?

Comme nous l'avons vu, le système correspondant à cette question est :

$$\begin{cases} 10P + 7B = 24 \\ 4P + 12B = 28 \end{cases}$$

Méthode de résolution par substitution :

Sachant que nous cherchons la valeur de B, nous allons tenter d'y arriver le plus rapidement possible en exprimant P en fonction de B dans la seconde équation :

$$\begin{cases} 10P + 7B = 24 \\ 4P + 12B = 28 \end{cases} \Leftrightarrow \begin{cases} 10P + 7B = 24 \\ 4P = 28 - 12B \end{cases} \Leftrightarrow \begin{cases} 10P + 7B = 24 \\ P = 7 - 3B \end{cases}$$

Il ne vous reste plus qu'à remplacer P par sa valeur dans la première équation pour obtenir :

$$\begin{cases} 10 \times (7 - 3B) + 7B = 24 \\ P = 7 - 3B \end{cases}$$

Votre première équation ne comporte donc plus qu'une inconnue *(B)*. Etant donné que c'est celle que vous cherchez, vous pouvez à présent faire abstraction de la seconde équation. En faisant l'inverse, c'est-à-dire en exprimant B en fonction de P dans la seconde, le calcul aurait duré deux fois plus longtemps : il aurait fallu trouver la valeur de P (dont on n'a pas besoin) puis la remplacer dans la seconde équation pour obtenir B.

Vous trouvez donc au final : $70 - 30B + 7B = 24 \Leftrightarrow -23B = -46 \Leftrightarrow B = 2$ €

Pour clore ce chapitre somme toute assez dense, nous vous proposons de résoudre, si l'énoncé le permet, les trois questions dont vous avez déjà analysé les inconnues et posé les systèmes. Si vous trouvez plus d'une réponse mais que vous pouvez lister les solutions possibles, faites-le. Non ! Ne regardez pas encore les réponses ! Revenez en arrière, retroussez vos manches et trouvez des réponses à ces trois questions !

On compte sur vous.

Réponses :

1. Ici, la situation est très particulière car vous n'avez que des contraintes. Cela va nous permettre de vous démontrer leur puissance : sachant que $X + Y + Z$ divise 121 et que 121 ne possède que 3 diviseurs, vous savez déjà que :

$X + Y + Z = 1$ ou $X + Y + Z = 11$ ou $X + Y + Z = 121$

De plus, comme chaque frère a entre 2 et 20 ans et qu'il n'y a aucun jumeau, c'est donc que : $2 + 3 + 4 \leq X + Y + Z \leq 18 + 19 + 20$ soit encore : $9 \leq X + Y + Z \leq 57$

Vous en déduisez donc forcément que $X + Y + Z = 11$

Le plus vieux peut, au plus, avoir 6 ans. En effet, s'il avait 7 ans, alors les deux autres frères auraient 4 ans à se partager et :

– soit les deux ont 2 ans, ce qui est impossible car il n'y a pas de jumeaux ;

– soit l'un a 3 ans et l'autre 1 an, ce qui est impossible car $1 < 2$

Si le plus vieux a 6 ans, la répartition est donc forcément la suivante : $X = 2$, $Y = 3$ et $Z = 6$. Mais il peut également avoir 5 ans, auquel cas une seconde répartition est possible : $X = 2$, $Y = 4$ et $Z = 5$

Finalement, vous trouvez deux valeurs possibles pour $Z - Y$, qui peut valoir 2 ou 3. Le système a donc deux solutions distinctes.

2. $\begin{cases} 12 + T + M = 33 \\ T + 7 = 2 \times 12 \end{cases} \Leftrightarrow \begin{cases} T + M = 21 \\ T = 17 \end{cases} \Leftrightarrow \begin{cases} M = 21 - 17 = 4 \\ T = 17 \end{cases}$

3. La première inéquation est contenue dans l'équation. Cette inéquation est donc inutile. Vous avez donc une équation et deux inconnues. Impossible ? Attention à ne pas baisser les bras trop vite ! Nous vous rappelons que l'inconnue cherchée est F/G.

$$F - F \times 10\ \% = G \Leftrightarrow 0{,}9F = G \Leftrightarrow \frac{F}{G} = \frac{1}{0{,}9} = \frac{10}{9}$$

3. Equation du second degré

1. Soit A un nombre réel positif tel que : $X^2 = A$. On a alors : $X = \sqrt{A}$ ou $-\sqrt{A}$.

Exemple : Si $X^2 = 4$, alors $X = \sqrt{4}$ ou $-\sqrt{4}$, soit encore $X = 2$ ou -2.

2. Soit a, b et c, trois nombres réels. L'équation : $aX^2 + bX + c = 0$ est appelée équation du second degré.

Pour résoudre cette équation, vous devez d'abord calculer son discriminant $\boldsymbol{D}$, qui est égal à : $D = b^2 - 4 \times a \times c$

Trois cas se présentent alors à vous :

(1) **:** $\boldsymbol{D < 0}$

Dans ce cas, l'équation $aX^2 + bX + c = 0$ n'admet **aucune solution réelle.**

(2) **:** $\boldsymbol{D = 0}$

Dans ce cas, l'équation $aX^2 + bX + c = 0$ admet une **solution** réelle **unique.**

Cette solution unique vaut : $\dfrac{-b}{2a}$

(3) **:** $\boldsymbol{D > 0}$

Dans ce cas, l'équation $aX^2 + bX + c = 0$ admet **deux solutions réelles distinctes.**

La première solution vaut : $\dfrac{-b + \sqrt{D}}{2a}$

Et la seconde solution vaut : $\dfrac{-b - \sqrt{D}}{2a}$

7. ETUDE DE FONCTIONS

Les questions portant sur les fonctions sont assez courantes au SCORE IAE MESSAGE. J'ai pris soin ici de vous faire des rappels essentiels sur ce que l'on attend de vous.

1. Fonctions affines

Une fonction affine est une fonction qui s'écrit sous la forme : $f(x) = y = \boldsymbol{ax} + \boldsymbol{b}$, où a et b sont deux nombres réels quelconques. $\boldsymbol{a}$ est appelé coefficient directeur et $\boldsymbol{b}$ est appelé ordonnée à l'origine.

- Pour trouver $\boldsymbol{a}$, le coefficient directeur, il suffit de prendre deux points qui appartiennent à la droite $(x_1 ; f(x_1))$ et $(x_2 ; f(x_2))$ et d'écrire que :

$$a = \frac{f(x_2) - f(x_1)}{x_2 - x_1}$$

- Une propriété importante :

$$f(x + 2) - f(x + 1) = f(x + 1) - f(x)$$

Ainsi par exemple : $f(2) - f(1) = f(1) - f(0)$

2. Fonctions du second degré

Une fonction du second degré (ou trinôme) s'écrit sous la forme : $f(x) = y = \boldsymbol{ax^2} + \boldsymbol{bx} + \boldsymbol{c}$ où a, b et c sont des nombres réels quelconques.

Lorsque le trinôme admet deux solutions distinctes $\boldsymbol{x_1}$ et $\boldsymbol{x_2}$, (*i.e.* quand son delta, son discriminant, est strictement positif) alors :

$f(x)$ s'écrit aussi : $f(x) = a(x - x_1)(x - x_2)$

La somme des racines $x_1 + x_2$ est égale à $\dfrac{-b}{a}$

Le produit des racines x_1x_2 est égal à $\frac{c}{a}$

Pour calculer l'extremum d'une fonction du second degré (c'est-à-dire sa valeur minimum ou sa valeur maximum), **il suffit de dériver la fonction et de trouver la valeur x_0 qui annule la dérivée. Une fois cette valeur trouvée, calculez $f(x_0)$ et le tour est joué.**

Application *(Session du 29 avril 2017)* :

Quelle est la valeur minimale pouvant être prise par l'expression $3x^2 - 5x + 4$?

1/ $-\frac{5}{4}$

2/ $-\frac{5}{12}$

3/ $\frac{5}{12}$

4/ $\frac{23}{12}$

5/ $\frac{12}{5}$

Réponse : nous sommes bien sûr face à une fonction trinôme du second degré. Pour trouver la valeur minimale prise par cette fonction, dérivons $3x^2 - 5x + 4$: $(3x^2 - 5x + 4)' = \mathbf{6x - 5.}$ Or $6x - 5$ est égal à 0 lorsque $x = \frac{5}{6}$. On note donc que $x_0 = \frac{5}{6}$ est la valeur qui annule la dérivée de $3x^2 - 5x + 4$.

Calculons à présent : $f(x_0) = f\left(\frac{5}{6}\right) = 3 \times \left(\frac{5}{6}\right)^2 - 5 \times \frac{5}{6} + 4 = 3 \times \frac{25}{36} - \frac{25}{6} + 4$

$= \frac{75}{36} - \frac{150}{36} + \frac{144}{36} = \frac{69}{36} = \mathbf{\frac{23}{12}}$.

La valeur minimale pouvant être prise par $3x^2 - 5x + 4$ est donc $\frac{23}{12}$. **Réponse 4.**

3. Fonctions composées $f \circ g$

Le symbole « o » est le **signe d'une opération appelée composition** effectuée sur les fonctions f et g. Pour trouver l'image d'un nombre par la fonction composée $f \circ g$, on applique successivement les deux fonctions, en commençant par celle de droite : ici, g.

On écrit aussi : $f \circ g(x) = f[g(x)]$.

Exemple : si f et g sont deux fonctions définies sur $\mathbb{R}$, par : $f(x) = 3x - 1$ et $g(x) = -2x + 4$ alors $f \circ g(x) = f[g(x)] = f(-2x + 4)$.

On trouve l'image par f du réel $(-2x + 4)$ en le multipliant par 3, puis en soustrayant 1 au résultat :

$f(-2x + 4) = 3 \times (-2x + 4) - 1$;

$f(-2x + 4) = -6x + 12 - 1$;

$f(-2x + 4) = -6x + 11$.

D'où : $f \circ g(x) = -6x + 11$

⚠ ATTENTION $g \circ f$ n'est généralement pas égale à $f \circ g$: $g \circ f(x) = g[f(x)] = g(3x - 1)$

On trouve l'image par g du réel $(3x - 1)$ en le multipliant par -2, puis en ajoutant 4 au résultat :

$g(3x - 1) = -2 \times (3x - 1) + 4$;

$g(3x - 1) = -6x + 2 + 4$;

$g(3x - 1) = -6x + 6$;

$g \circ f(x) = -6x + 6$

Dérivée d'une fonction composée :

$$(g \circ f)' = (g' \circ f) \times f'$$

4. Fonctions usuelles : fonction logarithme, fonction exponentielle, fonction puissance, fonctions circulaires

[Fonction logarithme]

On définit ln : $]0\,;+\infty[\to \mathbb{R}$ comme **la** primitive de $x \mapsto \dfrac{1}{x}$ qui s'annule en 1.

Propriété 1 :

1. ln est continue et strictement croissante sur $]0\,;+\infty[$.
2. $\forall x, y \in\,]0\,;+\infty[,\ \ln(x \times y) = \ln(x) + \ln(y)$.
3. $\forall x > 0,\ \ln\left(\frac{1}{x}\right) = -\ln(x)$.
4. $\forall x, y \in\,]0\,;+\infty[,\ \ln\left(\frac{x}{y}\right) = \ln(x) - \ln(y)$.
5. $\forall n \in \mathbb{N},\ \forall x > 0,\ \ln(x^n) = n\ln(x)$.
6. $\lim\limits_{x\to 0^+} \ln(x) = -\infty$ et $\lim\limits_{x\to +\infty} \ln(x) = +\infty$

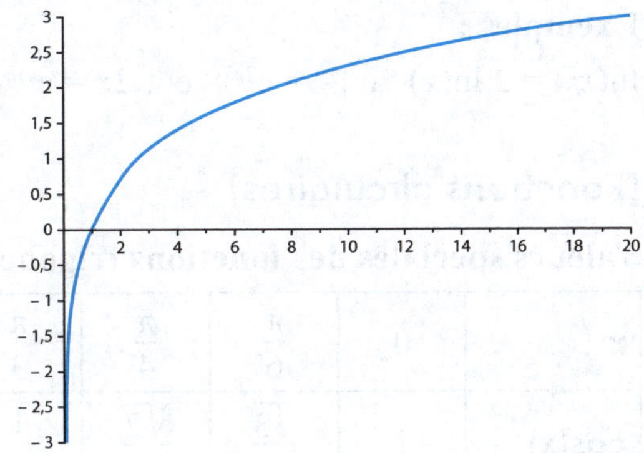

[Fonction exponentielle]

On définit *exp* : $\mathbb{R} \to\,]0\,;+\infty[$ comme **la** solution de l'équation différentielle $y' = y$ de condition initiale $y(0) = 1$.
On note $\exp(x) = e^x$.

Propriété 2 :

1. exp est continue et strictement croissante sur $\mathbb{R}$.
2. $\forall x, y \in \mathbb{R},\ e^{x+y} = e^x \times e^y$.
3. $\forall x \in \mathbb{R},\ e^{-x} = \frac{1}{e^x}$.
4. $\forall x, y \in \mathbb{R},\ e^{x-y} = \frac{e^x}{e^y}$.
5. $\forall n \in \mathbb{N},\ \forall x \in \mathbb{R},\ e^{nx} = (e^x)^n$.
6. $\lim\limits_{x\to -\infty} e^x = 0$ et $\lim\limits_{x\to +\infty} e^x = +\infty$.

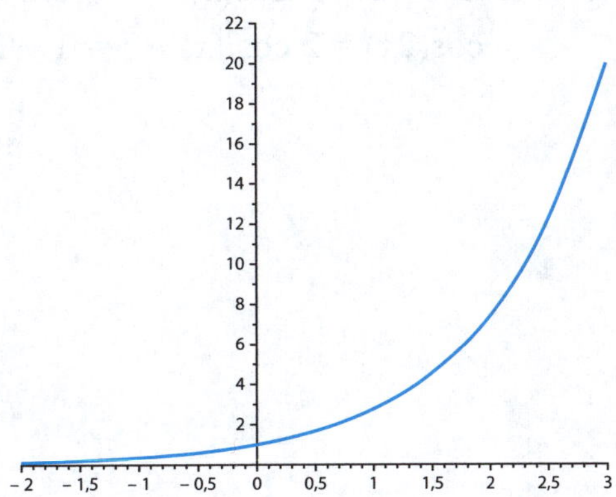

Propriété 3 : on a $\forall x \in \mathbb{R},\ \ln(e^x) = x$ et $\forall x > 0,\ e^{\ln(x)} = x$.

[Fonction puissance]

Soit $a \in \mathbb{R}$. On définit la *fonction puissance* sur $]0\ ;+\infty[$ par $p_a(x) = e^{a\ln(x)}$. On note $x^a = e^{a\ln(x)}$.

Exemples :
$\ln(x^2) = 2\ln(x)$; $e^{2x+y} = e^{2x} \times e^y$; $2x = e^{x\ln(2)}$; $\sqrt{x} = x^{1/2} = e^{1/2\ln(x)}$; $\sqrt[3]{x} = x^{1/3} = e^{1/3\ln(x)}$.

[Fonctions circulaires]

Valeurs spéciales des fonctions trigonométriques

x	0	$\frac{\pi}{6}$	$\frac{\pi}{4}$	$\frac{\pi}{3}$	$\frac{\pi}{2}$	$\frac{2\pi}{3}$	$\frac{3\pi}{4}$	$\frac{5\pi}{6}$	π
cos(x)	1	$\frac{\sqrt{3}}{2}$	$\frac{\sqrt{2}}{2}$	$\frac{1}{2}$	0	$-\frac{1}{2}$	$-\frac{\sqrt{2}}{2}$	$-\frac{\sqrt{3}}{2}$	-1
sin(x)	0	$\frac{1}{2}$	$\frac{\sqrt{2}}{2}$	$\frac{\sqrt{3}}{2}$	1	$\frac{\sqrt{3}}{2}$	$\frac{\sqrt{2}}{2}$	$\frac{1}{2}$	0
tan(x)	0	$\frac{1}{\sqrt{3}}$	1	$\sqrt{3}$	∞	$-\sqrt{3}$	-1	$-\frac{1}{\sqrt{3}}$	0

Formules de trigonométrie

$$\cos^2(x) + \sin^2(x) = 1 \qquad \tan(x) = \frac{\sin(x)}{\cos(x)}$$

$$\cos(x + 2\pi) = \cos(x) \qquad \sin(x + 2\pi) = \sin(x) \qquad \tan(x + \pi) = \tan(x)$$

$$\cos(2x) = 2\cos^2(x) - 1 = 1 - 2\sin^2(x) \qquad \sin(2x) = 2\sin(x)\cos(x)$$

5. Dérivées de fonctions usuelles

Voici les dérivées que vous devez connaître par cœur :

a et b sont des réels quelconques, n est un entier naturel et U est une expression de x (ex. : $U = 2x + 3$ ou $U = x^2 + x + 1$)	
$f(x) = a$	$f'(x) = 0$
$f(x) = ax$	$f'(x) = a$
$f(x) = ax^2 + bx + c$	$f'(x) = 2ax + b$
$f(x) = \frac{1}{x}$	$f'(x) = -\frac{1}{x^2}$
$f(x) = x^n$	$f'(x) = nx^{n-1}$
$f(x) = \sqrt{x}$	$f'(x) = \frac{1}{2\sqrt{x}}$
$f(x) = \ln(x)$	$f'(x) = \frac{1}{x}$
$f(x) = e^x$	$f'(x) = e^x$
$f(x) = \cos(x)$	$f'(x) = -\sin(x)$
$f(x) = \sin(x)$	$f'(x) = \cos(x)$
$f(x) = \frac{1}{U}$	$f'(x) = -\frac{U'}{U^2}$
$f(x) = U^n$	$f'(x) = n \times U' \times U^{n-1}$
$f(x) = \sqrt{U}$	$f'(x) = \frac{U'}{2\sqrt{U}}$
$f(x) = \ln(U)$	$f'(x) = \frac{U'}{U}$
$f(x) = e^U$	$f'(x) = U'e^U$
$f(x) = \cos(U)$	$f'(x) = -U'\sin(U)$
$f(x) = \sin(U)$	$f'(x) = U'\cos(U)$

Application *(Session du 11 mars 2017)* :

Soit la fonction $f(x) = \ln(x^2 + x - 3)$. Quelle est la dérivée de f en $x = 2$ sachant que si $f = \ln(u)$, alors $f' = \frac{u'}{u}$?

1/ $\ln\left(\frac{2}{3}\right)$

2/ $\frac{1}{e}$

3/ $\frac{6}{e}$

4/ $\frac{1}{3}$

5/ $\frac{5}{3}$

Réponse : ici $U = x^2 + x - 3$ et $U' = 2x + 1$.
Aussi : $f'(x) = \frac{2x+1}{x^2+x-3}$ et $f'(2) = \frac{4+1}{4+2-3} = \frac{5}{3}$. **Réponse 5.**

6. Primitives de fonctions usuelles

La primitive de f est la fonction F telle que $F' = f$

Fonction	Intervalle d'intégration	Primitive
$(x-a)^n$, $n \in \mathbb{N}$, $a \in \mathbb{R}$	$\mathbb{R}$	$\frac{1}{n+1}(x-a)^{n+1}$
$\frac{1}{x-a}$, $a \in \mathbb{R}$	$]-\infty\,;a[$ OU $]a\,;+\infty[$	$\ln(\lvert x-a \rvert)$
$\frac{1}{(x-a)^n}$, $a \in \mathbb{R}$, $a \geq 2$	$]-\infty\,;a[$ OU $]a\,;+\infty[$	$-\frac{1}{(n-1)(x-a)^{n-1}}$
$\cos(ax)$, $a \in \mathbb{R}\backslash\{0\}$	$\mathbb{R}$	$\frac{1}{a}\sin(ax)$
$\sin(ax)$, $a \in \mathbb{R}\backslash\{0\}$	$\mathbb{R}$	$-\frac{1}{a}\cos(ax)$

$\tan(x)$	$\left]k\pi - \frac{\pi}{2}\,;\,k\pi + \frac{\pi}{2}\right[$, $k \in \mathbb{Z}$	$-\ln(\lvert\cos(x)\rvert)$
$\ln(x)$	$\mathbb{R}^{+*}$	$x\ln(x) - x$
e^{ax}, $a \in \mathbb{R}\backslash\{0\}$	$\mathbb{R}$	$\frac{1}{a}e^{ax}$
$(x-a)^{\alpha}$, $a \in \mathbb{R}$, $\alpha \in \mathbb{R}\backslash\{-1\}$	$]a\,;+\infty[$	$\frac{1}{\alpha+1}(x-a)^{\alpha+1}$
a^x, $a > 0$	$\mathbb{R}$	$\frac{1}{\ln(a)}a^x$
$\sqrt{x-a}$, $a \in \mathbb{R}$	$]a\,;+\infty[$	$\frac{2}{3}(x-a)^{3/2}$
$\frac{1}{\sqrt{x-a}}$, $a \in \mathbb{R}$	$]a\,;+\infty[$	$2\sqrt{x-a}$

Application :

Quelle est la primitive de $f(x) = 10x^4$?

1/ $2x^5$

2/ $2x^6$

3/ $5x^4$

4/ $5x^5$

5/ $5x^6$

Réponse 1

$f(x)$ est de la forme nx^{n-1} (quand vous cherchez une primitive, n'oubliez pas que f est considérée comme la dérivée de la primitive que vous cherchez !), **qui n'est autre que la dérivée de x^n.**

Donc ici : $n - 1 = 4$, soit $n = 5$.

Nous allons donc écrire $f(x)$ sous une forme approchée dont on connaît exactement la primitive : $f(x) \approx nx^{n-1} = 5x^4 \times \mathbf{2}$.

Et comme on connaît la primitive de $5x^4$, il suffit donc de la multiplier par **2** pour obtenir celle de $10x^4$.

On obtient donc $F(x) = 2 \times x^5 = 2x^5$.

<u>*Nota bene*</u> : bien entendu, la méthode qui était encore la plus facile à appliquer était de tester les réponses. En dérivant la réponse 1/ on obtenait bien $f(x)$!

8. VITESSES, TEMPS ET DISTANCES

1. Trois lettres : V, T et D

On considère les trois variables suivantes :

- **V**, la vitesse d'un objet pendant une durée **T** pour parcourir une distance **D**.
- **T**, le temps/la durée mis par l'objet pour parcourir une distance **D** à la vitesse **V**.
- **D**, la distance parcourue par objet à une vitesse **V** pendent un temps/une durée **T**.

Les problèmes VTD s'appuient sur **les trois formules suivantes** :

(1) V = D/T (2) D = V × T (3) T = D/V

Dans chaque problème, posez-vous d'abord la question suivante : quelle est précisément la variable que je cherche ?

- Si vous cherchez une vitesse, utilisez la formule (1).
- Si vous cherchez une distance, utilisez la formule (2).
- Si vous cherchez un temps, utilisez la formule (3).

Ensuite, **soyez toujours attentifs aux unités** avant d'utiliser ces formules, et assurez-vous toujours que les unités soient bien homogènes (identiques) au sein de la formule. Par exemple, si la vitesse est exprimée en km/h, alors le temps doit être exprimé en heures et la distance en kilomètres.

Exemples :

1. Un avion reliant Paris à New York a parcouru la distance de 5 200 km en 6 heures et 30 minutes. Quelle a été sa vitesse de vol ?

Réponse : ici, vous cherchez une vitesse et vous devez donc bien sûr appliquer la formule : V = D/T = 5 200 km / 6,5 h = 800 km/h. (Attention ! 6 h 30 = 6,5 h… Pas 6,3 h (erreur fréquente).

2. Un marcheur parcourt 13 km à la vitesse de 4 km/h. Combien de temps a-t-il mis pour parcourir cette distance ?

Réponse : on remplace tout simplement la distance et la vitesse dans la formule : T = D/V = 13 km / 4 km/h = 3,25 h = 3 h 15 min.

3. Une voiture roule pendant 2 h 20 min à 90 km/h. Quelle distance a-t-elle parcourue ?

Réponse : vous devez convertir les minutes en heures (ici 2 h 20 = 7/3 h) puis appliquer la formule : D = V × T = 7/3 h × 90 km/h = 210 km.

[Conversion des km/h en m/s]

Voici une astuce très utile :

> Pour passer des m/s aux km/h, on multiplie les m/s par le coefficient 3,6.
> Pour passez des km/h aux m/s, on divise les m/s par le coefficient 3,6.

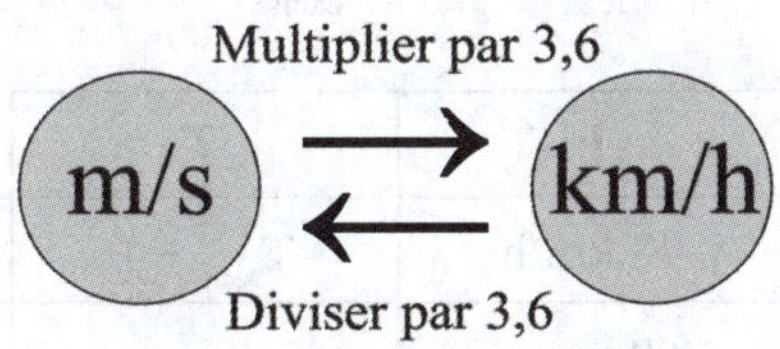

2. Le tableau VTD

Le tableau VTD est un outil très utile pour simplifier la compréhension d'un énoncé. Il n'est pas obligatoire pour résoudre une question, mais il s'avère souvent utile pour celles et ceux qui ont besoin de « tout mettre à plat ». Voici ce tableau :

	V	T	D
Acteur 1	V_1	T_1	D_1
Acteur 2	V_2	T_2	D_2

Ce tableau VTD nous servira dans les parties suivantes.

3. Les grands classiques du SCORE IAE MESSAGE

[1. Le cas de rattrapage]

Deux objets quittent le même lieu à deux moments différents et avec deux vitesses différentes. Ils se dirigent vers le même endroit. L'un des objets est parti en avance et le second rattrape le premier, grâce à une vitesse supérieure. **Dans un cas de rattrapage, vous devez appliquer l'équation clé :**

$$D_1 = D_2$$

Exemple :

> Jeanne part en voiture de la ville A en direction de la ville B à 12 h à la vitesse de 48 km/h. A 13 h, Jean part de la ville A en direction de la ville B à la vitesse de 60 km/h. A quelle heure Jean va-t-il rattraper Jeanne ?

Utilisons dans un premier temps un tableau VTD.

On applique l'égalité $D_1 = D_2$. On sait en outre que comme Jean part avec une heure de retard par rapport à Jeanne : $T_{Jean} + 1 = T_{Jeanne}$.

	V	***T***	***D***
Jeanne	48 km/h	$T_{Jean} + 1$	$D_{rattrapage}$
Jean	60 km/h	T_{Jean}	$D_{rattrapage}$

Pour trouver T_{Jeanne}, on applique l'égalité suivante :

$D_{Jean} = D_{Jeanne} \Leftrightarrow V_{Jean} \times T_{Jeanne} = V_{Jeanne} \times T_{Jeanne} \Leftrightarrow \mathbf{60T_{Jean} = 48(T_{Jean} + 1)}$

Par conséquent, $12T_{Jean} = 48$; $T_{Jean} = 48/12 = 4h$ et $T_{Jeanne} = T_{Jean} + 1 = 4 + 1 = 5h$.

Réponse : Jean rattrape Jeanne à 17h (13h + 4 heures).

Astuce : vous auriez pu également raisonner autour de la vitesse de rattrapage.

Jean va à la vitesse de 60 km/h et Jeanne à la vitesse de 48 km/h. Par conséquent, la vitesse de rattrapage est de 12 km/h (60 – 48 = 12). Cela signifie qu'en 1 heure, Jean rattrape Jeanne de 12 km. Etant donné que Jeanne a 48 km d'avance sur Jean (la distance parcourue par Jeanne à la vitesse de 48 km/h pendant 1 heure), il faut 4 heures (48 / 4 = 12) à Jean pour rattraper Jeanne. Jean rattrape donc bien Jeanne à 17 h.

[2. Le cas croisement]

Deux acteurs partent de deux endroits éloignés d'une distance D_{Total}.
Dans un cas de croisement, vous devez résoudre l'équation clé suivante :

$$D_{Total} = D_1 + D_2$$

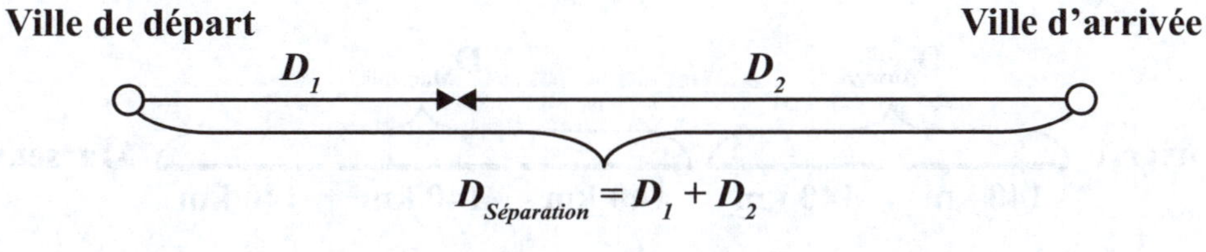

Exemple :

> Un train part d'Auxerre à 10 h et roule à la vitesse de 200 km/h. A la même heure, un train part de Marseille et roule à 300 km/h. A quelle distance de Marseille les trains se croisent-ils, sachant que les deux villes sont éloignées de 700 km ?

Vous cherchez ici la distance entre le point de rencontre des deux trains et la ville de Marseille, soit la distance $D_{Marseille}$. Utilisez là encore un tableau VTD :

	V	*T*	*D*
Auxerre	200 km/h	$T_{Auxerre}$	$700 - D_{Marseille}$
Marseille	300 km/h	$T_{Marseille}$	$D_{Marseille}$

Les deux trains se croisent au même moment, soit $T_{Auxerre} = T_{Marseille}$, ou encore :

$D_{Auxerre} / V_{Auxerre} = D_{Marseille} / V_{Marseille} \Leftrightarrow (700 - D_{Marseille}) / 200 = D_{Marseille} / 300$

Après résolution, vous obtenez $D_{Marseille} = 420$ km.

<u>Astuce : vous pouviez également raisonner à partir du rapport des vitesses (la notion utilisée étant celle du barycentre, étudiée dans le chapitre consacré aux Moyennes).</u>

Le train d'Auxerre roule à 200 km/h et le train de Marseille roule à 300 km/h. Par conséquent, le rapport est de 2 pour 3. Entre autres, quand le train d'Auxerre parcourt 200 km en 1 heure, le train de Marseille parcourt 300 km. Ou encore, quand le train de Marseille parcourt 3 tronçons, le train d'Auxerre parcourt 2 tronçons (voir schéma ci-dessous). Donc, si l'on divise la distance de séparation en 5 tronçons de même distance, alors chaque tronçon est égal à 140 km. Le train de Marseille doit parcourir 3 tronçons de 140 km, soit 420 km.

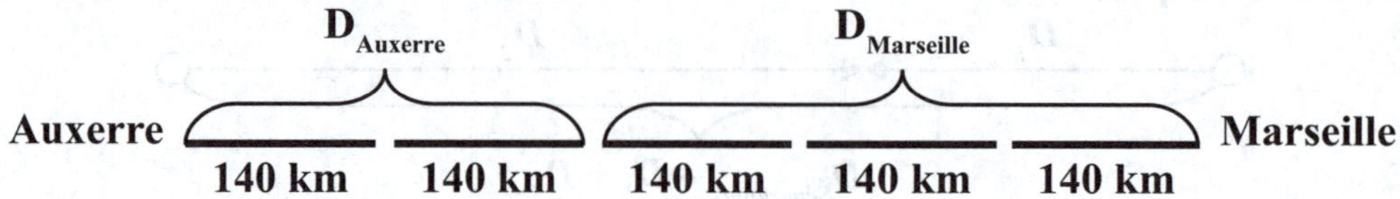

[3. Le cas aller-retour]

On considère un objet effectuant l'aller d'un parcours à une vitesse V_1, puis le retour du même parcours à la vitesse V_2.
Alors la vitesse moyenne de l'objet sur l'aller-retour est donnée par :

$$\textit{Vitesse moyenne} = H = \frac{2 \times V_1 \times V_2}{V_1 + V_2}$$

Cette vitesse moyenne est également appelée **moyenne harmonique.**

Exemple :

Un coureur part de Paris pour aller à Versailles, puis revient par le même chemin. Il effectue l'aller à 8 km/h et le retour à 14 km/h. Quelle est la vitesse moyenne du coureur sur l'ensemble du parcours ?

Réponse : la vitesse moyenne du coureur l'aller-retour Paris Versailles est égale à :

$$\textit{Vitesse moyenne} = \frac{2 \times 8 \times 14}{8 + 14} = 10{,}2\ \textit{km/h}$$

[4. Le cas changement de vitesse]

On considère un objet parcourant une distance D_1 à la vitesse V_1, puis une distance D_2 à une vitesse V_2. On étudie donc l'impact d'une accélération, ou d'une décélération, sur une vitesse moyenne. La vitesse moyenne de l'objet sur la distance $D_1 + D_2$ est égale à la moyenne harmonique des vitesses, donnée par la formule suivante :

$$\textit{Vitesse moyenne} = \frac{D_1 + D_2}{\frac{D_1}{V_1} + \frac{D_2}{V_2}}$$

Application :

Une voiture roule pendant 1 heure à la vitesse de 80 km/h, puis accélère et roule pendant 60 km à la vitesse de 120 km/h. Quelle est la vitesse moyenne de l'automobiliste sur l'ensemble du parcours ?

Réponse : l'automobiliste a effectué dans un premier temps 80 km à la vitesse de 80 km/h, puis dans un second temps 60 km à la vitesse de 120 km/h. Il a roulé au total 1,5 heure pour parcourir une distance totale de 140 km. La vitesse moyenne est donc égale à 140 / 1,5 = 93,33 km/h.
La vitesse moyenne était aussi directement calculable par la formule suivante :

$$\textit{Vitesse moyenne} = \frac{80 + 60}{\frac{80}{80} + \frac{60}{120}} = 93{,}33 \ \textit{km/h}$$

9. UNITES ET CONVERSIONS

1. Unités

[1. Les unités de longueur]

Les unités de longueur sont utilisées pour mesurer une distance entre deux points.

km	Kilomètre	1 000 m
hm	Hectomètre	100 m
dam	Décamètre	10 m
m	Mètre	1 m
dm	Décimètre	0,1 m
cm	Centimètre	0,01 m
mm	Millimètre	0,001 m
nm	Nanomètre	10^{-9} m

Les multiples vont de 10 en 10 car l'unité légale (le mètre) est de dimension 1 (à la puissance 1).

[2. Les unités d'aire]

L'aire est la mesure d'une surface et l'unité légale d'aire est le mètre carré dans le système métrique.

km^2	Kilomètre carré	10^6 m^2
hm^2	Hectomètre carré	10^4 m^2
dam^2	Décamètre carré	10^2 m^2
m^2	Mètre carré	1 m^2
dm^2	Décimètre carré	10^{-2} m^2
cm^2	Centimètre carré	10^{-4} m^2
mm^2	Millimètre carré	10^{-6} m^2

Les multiples vont de 10^2 (100) en 10^2 (100) car l'unité légale (le mètre carré) est de dimension 2 (à la puissance 2). Retenez bien que les mètres carrés sont des mètres multipliés par des mètres.

[3. Les unités agraires]

Vous serez parfois confrontés aux unités agraires pour mesurer des surfaces agricoles. L'unité de base est l'are (a), qui possède comme seul multiple l'hectare (ha), principalement utilisé. Les équivalences avec les mesures d'aire du système métrique sont les suivantes :

1 are = 1 a = 100 m² | 1 hectare = 1 ha = 10 000 m²
1 centiare = 1ca = 1 m² | 1 verge = 0,25 a | 1 préau = 30 a

Exemple :

Rangez par ordre décroissant :
2 m² | 0,00002 km² | 0,02 ha | 2 000 cm²

Convertissez toutes les surfaces en m² pour pouvoir comparer les expressions :
2 m² | 0,00002 km² = **20 m²** | 0,02 ha = **200 m²** | 2 000 cm² = **0,2 m²**
En conclusion : 0,02 ha > 0,00002 km² > 2 m² > 2 000 cm²

[4. Les unités de volume]

Le volume d'un objet est son « extension dans l'espace ». L'unité de base du volume est le mètre cube.

km³	Kilomètre cube	10^9 m³
hm³	Hectomètre cube	10^6 m³
dam³	Décamètre cube	10^3 m³
m³	Mètre cube	1 m³
dm³	Décimètre cube	10^{-3} m³
cm³	Centimètre cube	10^{-6} m³
mm³	Millimètre cube	10^{-9} m³

Les multiples vont de 10^3 (1 000) en 10^3 (1 000) car l'unité légale (le mètre cube) est de dimension 3 (à la puissance 3).

[5. Les unités de capacité]

Le litre est une unité de contenance. Elle est utilisée pour mesurer un volume de liquide ou de gaz contenu dans un récipient.

hL	Hectolitre	100 L
daL	Décalitre	10 L
L	Litre	1 L
dL	Décilitre	0,1 L
cL	Centilitre	0,01 L
mL	Millilitre	0,001 L

Par convention, le litre est défini comme la capacité de contenance d'un cube de 10 cm de côté, soit un volume de 1 dm^3.

Retenez les correspondances litre/mètre cube suivantes :

1 kL = 1 m^3 = 1 000 L   1 L = 1 dm^3 = 1 000 cm^3 1 mL = 1 cm^3

[6. Les unités de masse]

Le tableau ci-dessous résume les principaux multiples et sous-multiples de la masse.

kg	Kilogramme	1 000 g
hg	Hectogramme	100 g
dag	Décagramme	10 g
g	Gramme	1 g
dg	Décigramme	0,1 g
cg	Centigramme	0,01 g
mg	Milligramme	0,001 g

Dans l'industrie et le commerce, il arrive d'utiliser la tonne (T) et le quintal (q) pour exprimer une masse. Les correspondances tonne/quintal/kilogramme sont les suivantes :

1 q = 100 kg   1 T = 1 000 kg   1 T = 10 q

[7. Les unités de temps]

Pour les unités de temps, à la place des multiples et des sous-multiples habituels, on utilise des heures, des minutes et des secondes qui suivent une base 60. Les correspondances sont les suivantes :

1 h = 60 min   1 min = 60 s   1 h = 3 600 s

Dans les conversions heures/minutes/secondes, la méthode essentielle consiste à former des ensembles de 60 minutes et de 60 secondes pour les convertir ensuite respectivement en heures et en minutes.

Le tableau suivant vous rappelle les principales correspondances heures / minutes / secondes / jours **à connaître par cœur** :

1 h = 60 min	1 h = 3 600 s	1 j = 24 h = 1 440 min	**0,1 h = 6 min**
1/6 h = 10 min	1/5 h = 12 min	1/4 h = 15 min	1/3 h = 20 min
1/2 h = 30 min	1 an = 365 jours (366 pour les années bissextiles)		

Application :

Convertissez les données suivantes :

72 min en h	192 s en min	84 s en min	1,4 h en min
1,2 j en min	36 min en h	1 h 06 min en s	4 j 4 h en h

Réponses :

72 min = 1,2 h	192 s = 3,2 min
84 s = 1,4 min	1,4 h = 1 h 24 min
1,2 j = 1 728 min	36 min = 0,6 h
1 h 06 min = 3 960 s	4 j 4 h = 100 h

10. PROGRESSIONS ARITHMETIQUES ET GEOMETRIQUES

1. Progression arithmétique

[Définition]

Soit U_n une suite arithmétique, définie par $\mathbf{U_n = U_0 + \mathit{n} \times \mathit{r}}$

U_0 est le premier terme de la suite U_n, $\mathbf{\mathit{n}}$ le nombre de termes de la suite U_n et $\mathbf{\mathit{r}}$ la raison de la suite U_n.

Exemple : dans la suite $U_n = 4 + 3n$, le premier terme vaut 4, et la raison vaut 3.
Ainsi, la suite progressera de la façon suivante : **4 – 7 – 10 – 13 – 16 – 19 – 22…**

[Somme des termes d'une suite arithmétique]

La somme des termes d'une suite arithmétique vaut :

1/2 × (premier terme + dernier terme) × nombre de termes

Ainsi, si l'on vous demande de calculer par exemple la somme de tous les nombres suivants : 7, 13, 19, 25, 31, 37, 43, 49, 55, 61 et bien c'est très simple puisqu'il vous suffit de remarquer que le premier terme de cette suite de nombre est 7, que le dernier est 61 et qu'il y en a 10.

Ce qui nous donne :

$$\frac{7+61}{2} \times 10 = \frac{68}{2} \times 10 = \frac{680}{2} = 340$$

[Un cas particulier : la somme des *N* premiers entiers naturels]

La somme des N premiers entiers naturels est égale à : $\dfrac{N \times (N+1)}{2}$

2. Progression géométrique

[Définition]

Soit U_n une suite géométrique, définie par $\mathbf{U_n = U_0 \times q^n}$

U_0 est le premier terme de la suite U_n, $\boldsymbol{n}$ le nombre de termes de la suite U_n et $\boldsymbol{q}$ la raison de la suite U_n.

Exemple : dans la suite $U_n = 5 \times 3^n$, le premier terme vaut 5, et la raison vaut 3.
Ainsi, la suite progressera de la façon suivante : **5 – 15 – 45 – 135 – 675 – 3 375 …**

[Somme des termes d'une suite géométrique]

La somme des termes d'une suite géométrique vaut :

$$\text{Premier terme} \times [(q^{\text{nombre de termes}} - 1) / (q - 1)]$$

Ainsi, si l'on vous demande de calculer par exemple la somme de tous les nombres suivants : 8, 40, 200, 1 000, 5 000, 25 000 et bien c'est encore très simple puisqu'il vous suffit de remarquer que le premier terme de cette suite de nombre est 8, que la raison vaut 5 (puisqu'on passe d'un nombre à l'autre en multipliant par 5) et qu'il y a 6 nombres (ou termes) différents.

Ce qui nous donne :

$$8 \times \frac{5^6 - 1}{5 - 1} = \cancel{8} \times \frac{15\,625 - 1}{\cancel{4}} = 2 \times 15\,624 = 31\,248$$

Dans ce cas précis, il est vrai que l'on aurait fait plus vite de calculer de tête la somme 8 + 40 + 200 + 1 000 + 5 000 + 25 000… Mais bon, au moins maintenant, vous savez comment appliquer cette formule !

11. TEMPS DE TRAVAIL

Pour connaître le temps T que vont mettre N personnes **ensemble** pour réaliser un travail, il vous suffit d'appliquer la formule suivante :

$$\frac{1}{T} = \sum_{k=1}^{N} \frac{1}{T_k} = \frac{1}{T_1} + \frac{1}{T_2} + \dots + \frac{1}{T_N}$$

Avec $T_1, T_2, \dots, T_N$ sont les temps respectifs mis par les N personnes pour réaliser ce même travail, **mais** seules.

Voici un exemple pour illustrer tout cela :

Sacha doit ranger sa chambre. Il sait que tout seul, cela lui prendra 3 h. Son ami Ilan, qui vient l'aider, est capable de ranger la chambre en 2 h sans l'aide de personne. S'ils s'y mettent ensemble, la formule vous indique qu'ils mettront un temps total T de :

$$\mathbf{\frac{1}{\mathit{T}}} = \frac{1}{3} + \frac{1}{2} = \frac{2}{6} + \frac{3}{6} = \mathbf{\frac{5}{6}}$$

Soit : $T = 6/5 = 1{,}2$ h = 1 h 12

Attention à ne pas vous dire que si l'un met 2 h et l'autre 3 h, alors ensemble ils mettront 2 h 30, soit plus de temps qu'Ilan tout seul !

Ainsi, si vous connaissez le temps mis indépendamment par chacun des membres du groupe pour réaliser la tâche, vous pouvez en déduire le temps total mis par le groupe s'ils la réalisent tous ensemble. Et réciproquement, vous pouvez déduire le temps mis seul par une personne parmi le groupe à condition de connaître le temps de tous les autres membres, ainsi que le temps total mis par le groupe.

12. GEOMETRIE

Les questions de géométrie <u>*sont assez rares*</u> *au SCORE IAE MESSAGE, mais pour viser un score maximal, mieux vaut être prêt sur tout !*

1. Présentation des figures usuelles et de leurs caractéristiques

[1. Cercle]

Courbe formée de points situés à la même distance *r* (appelée « rayon ») d'un point nommé « centre ». La longueur *2r* est appelée « diamètre du cercle ». Un arc de cercle est la portion d'un cercle, définie par un angle. Dans la figure ci-dessous, *a* représente l'angle relatif à la portion du cercle.

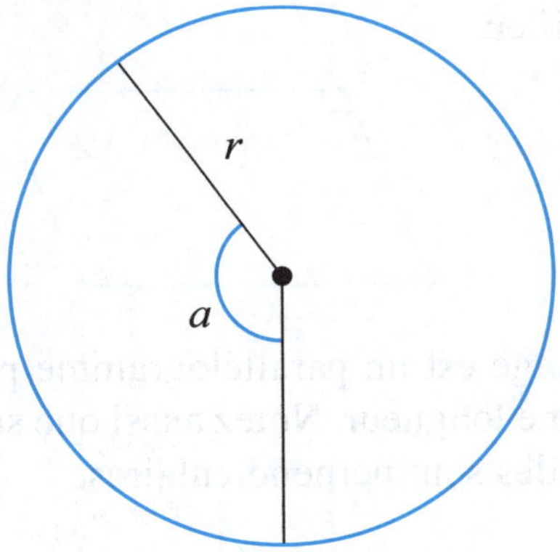

[2. Triangle]

Figure à 3 côtés.

- **Triangle rectangle :** triangle possédant un angle droit.
- **Triangle isocèle :** triangle possédant 2 côtés égaux.
- **Triangle équilatéral :** triangle possédant 3 côtés égaux et 3 angles égaux, chacun égal à 60°.

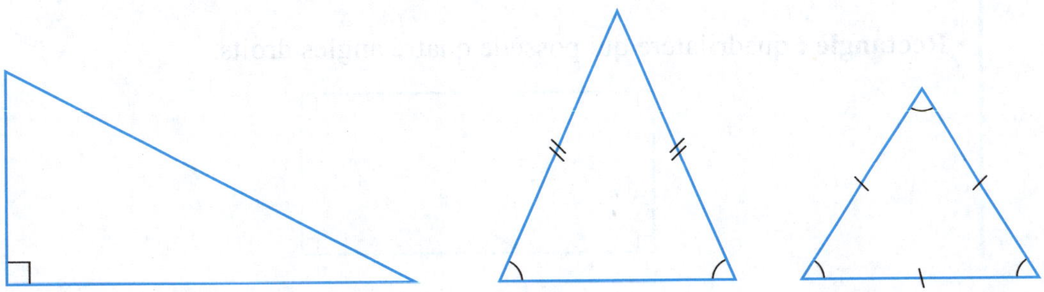

[3. Quadrilatère]

En géométrie plane, un quadrilatère (parfois appelé ou tétragone) est un polygone à quatre côtés. Les trapèzes, parallélogrammes, losanges, rectangles, carrés et cerfs-volants sont des quadrilatères particuliers.

- **Trapèze :** quadrilatère possédant 2 côtés opposés parallèles.

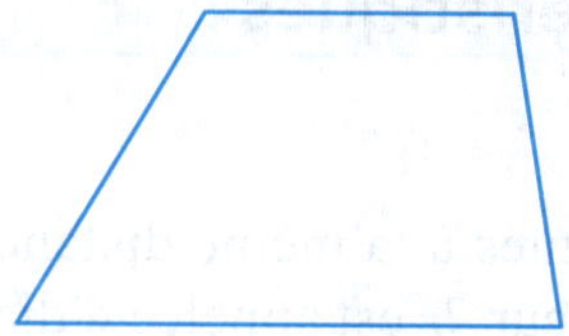

- **Parallélogramme :** un parallélogramme est un quadrilatère dont les côtés opposés sont parallèles deux à deux. Les diagonales du parallélogramme se coupent en leur milieu.

- **Losange :** un losange est un parallélogramme particulier ayant deux côtés consécutifs de même longueur. Notez aussi que ses diagonales se coupent en leur milieu et qu'elles sont perpendiculaires.

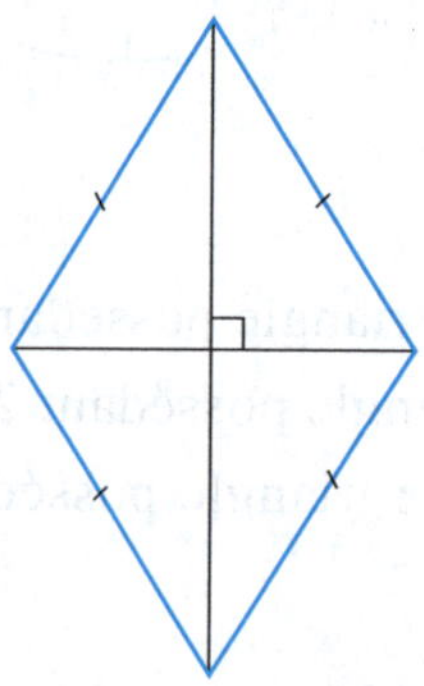

- **Rectangle :** quadrilatère qui possède quatre angles droits.

- **Carré :** rectangle dont les 4 côtés sont égaux, avec 4 angles droits. C'est donc un quadrilatère qui est à la fois un losange, un rectangle, et par conséquent aussi un parallélogramme particulier. Notez que ses diagonales se coupent en leur milieu en formant un angle droit.

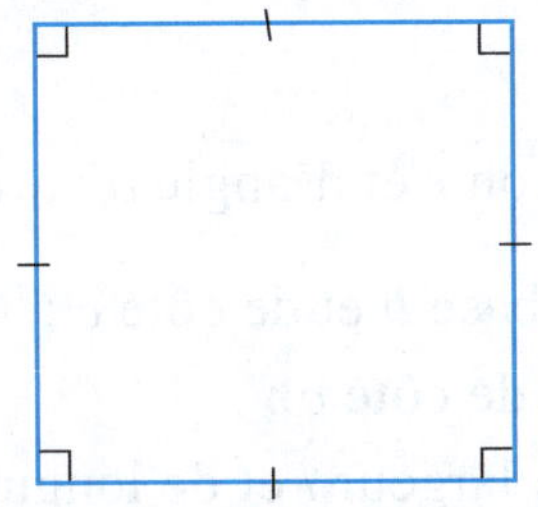

- **Cerf-volant :** le cerf-volant est un quadrilatère dont une des diagonales est un axe de symétrie. La diagonale qui est un axe de symétrie, divise le cerf-volant en deux triangles isométriques (identiques). Cette diagonale est la médiatrice de l'autre diagonale (une médiatrice étant une droite passant par le milieu d'un segment et qui est perpendiculaire à ce même segment). Vous noterez enfin que si tous les côtés du cerf-volant sont de même longueur, le cerf-volant est alors un losange.

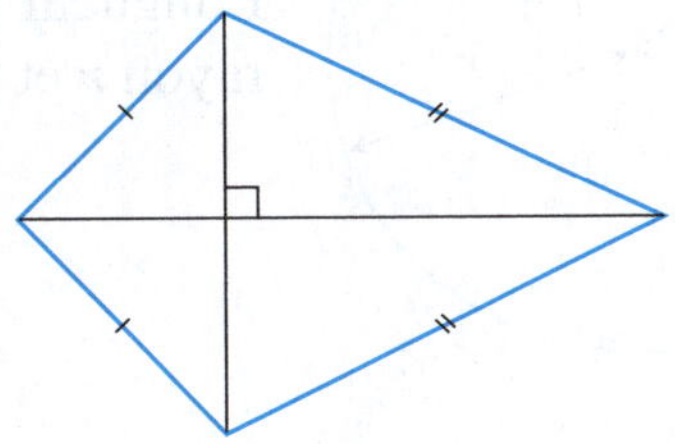

[4. Autres figures]

- **Pentagone :** figure à 5 côtés.
- **Pentagone régulier :** pentagone possédant 5 côtés égaux.
- **Hexagone :** figure à 6 côtés.
- **Hexagone régulier :** hexagone possédant 6 côtés égaux.
- **Heptagone :** figure à 7 côtés.
- **Heptagone régulier :** heptagone possédant 7 côtés égaux.
- **Octogone :** figure à 8 côtés.
- **Octogone régulier :** octogone possédant 8 côtés égaux.

2. Périmètres, aires, volumes : définitions, formules et méthodes

[1. Périmètres]

- Cercle de rayon r : **$2\pi r$**
- Arc de cercle de rayon r et d'angle a : (voir illustration ci-dessous) **$2\pi r \times \dfrac{a}{360}$**
- Triangle isocèle de base b et de côté c : **$b + 2c$**
- Triangle équilatéral de côté c : **$3c$**
- Parallélogramme de largeur l et de longueur L : **$2 \times (l + L)$**
- Losange de côté c : **$4c$**
- Rectangle de largeur l et de longueur L : **$2 \times (l + L)$**
- Carré de côté c : **$4c$**

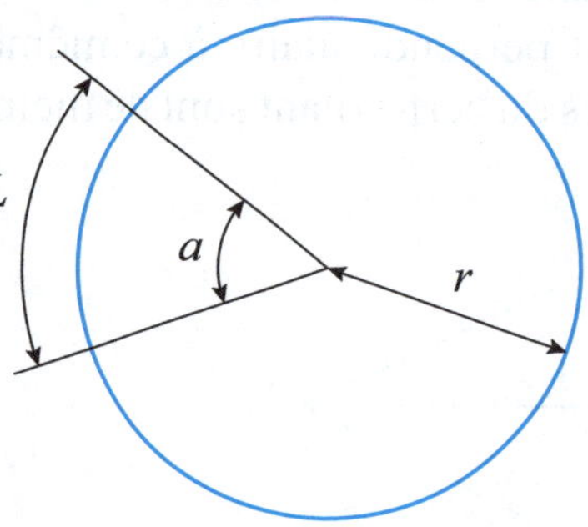

Longueur d'un arc de cercle de rayon r et d'angle a

[2. Aires]

1. Les triangles

La formule à retenir est, en toutes lettres **« Base fois hauteur divisé par 2 ».**
Attention cependant au terme de **base** : dans un triangle quelconque, quel côté doit être considéré comme la base ? La réponse est simple : à vous de choisir en fonction des longueurs dont vous disposez ! Une chose est sûre : **la base est perpendiculaire à la hauteur.** Et selon le sens dans lequel vous aurez orienté votre triangle, l'aire pourra se calculer de deux façons différentes, comme le montrent les deux figures ci-dessous :

Base choisie : c

Aire $= \dfrac{(h_1 \times c)}{2}$

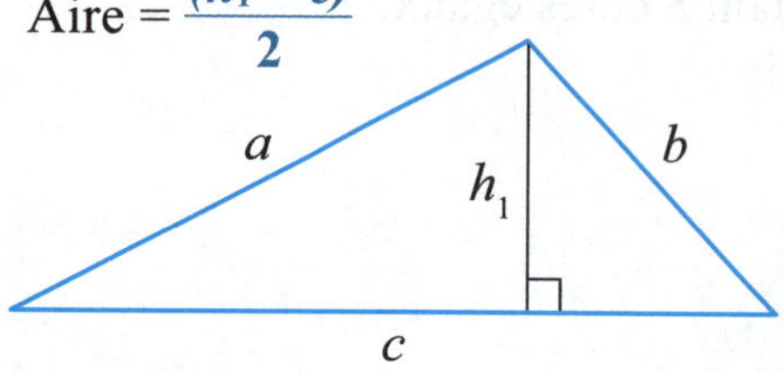

Base choisie : b

Aire $= \dfrac{(h_2 \times b)}{2}$

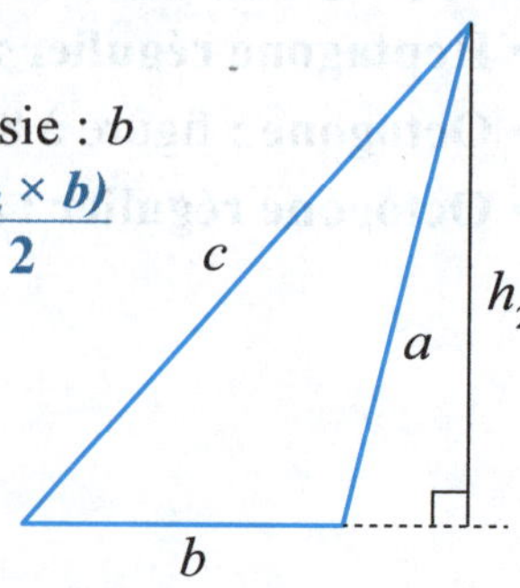

Les cas particuliers des triangles rectangle et isocèle sont remarquables :

• Dans un **triangle rectangle,** la hauteur est confondue avec l'un des deux côtés de l'angle droit, l'autre jouant le rôle de base. Vous pouvez également remarquer qu'un triangle rectangle est la moitié d'un rectangle et retrouver ainsi le résultat.

• Dans un **triangle isocèle,** à condition de choisir la bonne base (aucun des deux côtés égaux), la hauteur sera également la bissectrice, la médiane et la médiatrice de la base. Cela peut servir.

2. Les parallélogrammes

L'aire d'un parallélogramme se calcule de diverses manières : tout dépend une fois de plus des longueurs dont vous disposez. Le plus simple est de remarquer qu'un parallélogramme peut se séparer en deux triangles égaux en coupant le long de la diagonale. Il suffit alors de choisir une base (la diagonale ou l'un des deux côtés) et de calculer la hauteur correspondante.

La formule qui en découle est alors **Base × Hauteur.**

Cette formule vient de [2 × (Base × Hauteur)] / 2 car le parallélogramme est formé de deux triangles égaux comme nous l'avons déjà fait remarquer.

3. Les rectangles

Un rectangle de longueur L et de largeur l est certes un parallélogramme, mais le fait qu'il possède des angles droits permet de calculer encore plus facilement son aire à l'aide de la formule $\boldsymbol{L \times l}$.

On peut bien évidemment la retrouver en considérant qu'un rectangle est formé de deux triangles rectangles de base L et de hauteur l.

4. Les losanges

Pour les losanges, vous aurez remarqué qu'ils sont constitués de quatre triangles rectangles réunis. L'aire d'un losange est égale au produit des diagonales divisé par deux, autrement dit avec d la petite diagonale et D la grande diagonale, l'aire est égale à $\boldsymbol{(d \times D) / 2}$.

5. Les trapèzes

Ici, pas beaucoup de choix en ce qui concerne le sens à donner à votre figure : un trapèze aura toujours une petite base b et une grande base B, qui sont les deux côtés parallèles. La formule de l'aire d'un trapèze est : $\boldsymbol{[h \times (b + B)] / 2}$.

6. Les disques et portions de disques

L'aire d'un disque de rayon r est égale à πr^2 tandis que l'aire d'une portion de disque de même rayon et d'angle a est donnée par la formule $\pi r^2 \times \frac{a}{360}$

[3. Volumes et aires latérales]

Si vous savez ce qu'est un « volume », vous ignorez parfois ce qu'est l'aire latérale d'une figure. L'**aire latérale** d'une figure est égale à la somme des aires de tous les côtés de la figure.

1. Parallélépipède rectangle (pavé droit)

Volume = $L \times l \times h$

Aire latérale = $2 \times (L \times l + l \times h + L \times h)$

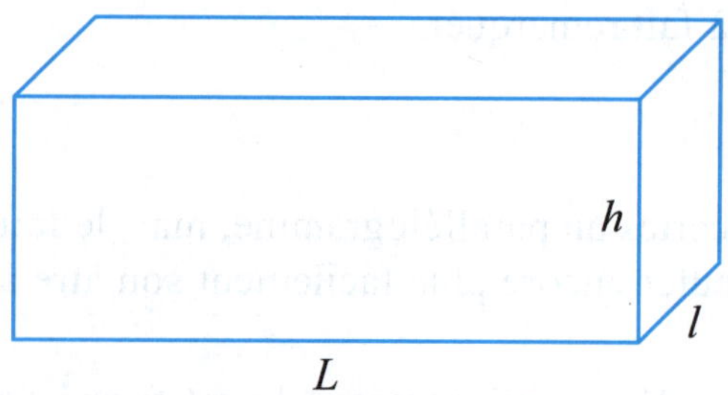

2. Cône

Volume = $\frac{1}{3} \times \pi r^2 h$

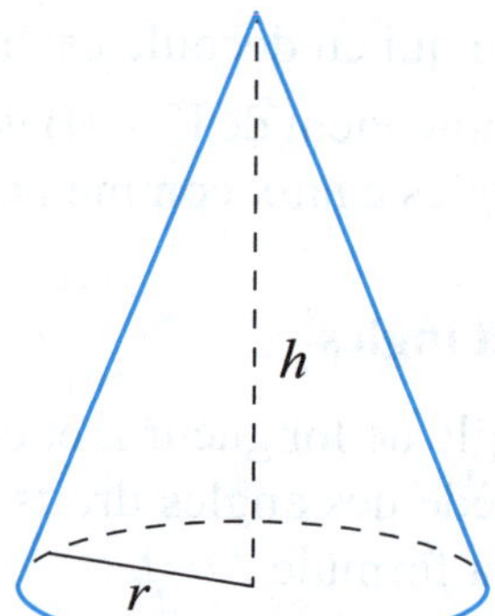

3. Sphère

Volume = $\frac{4}{3} \times \pi r^3$

Aire latérale = $4\pi r^2$

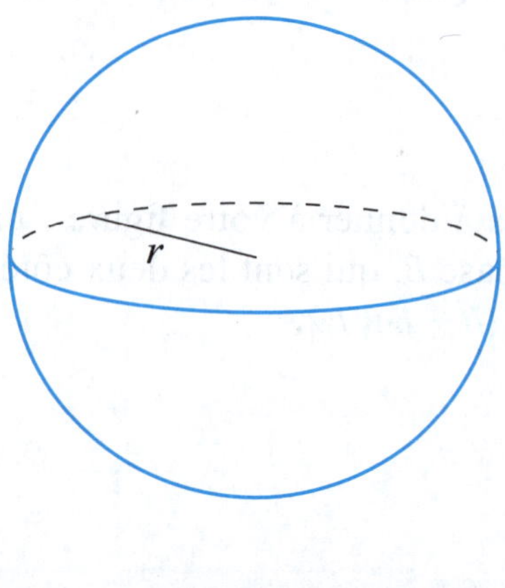

4. Cylindre

Volume = $\pi r^2 h$

Aire latérale = $2\pi r(r + h)$

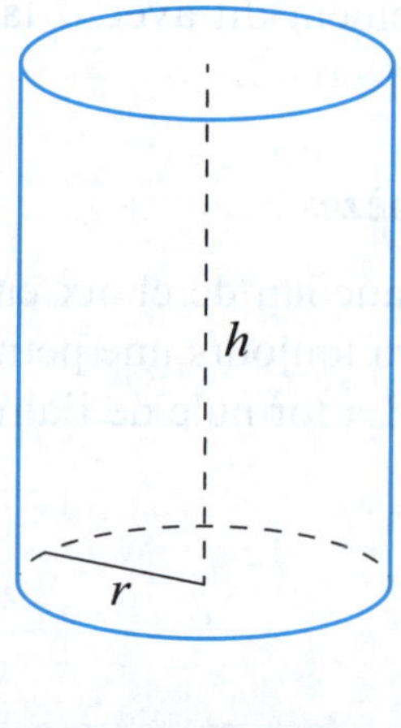

3. Des formules très pratiques…

[1. Théorème de Pythagore et triangles pythagoriciens]

Dans un triangle rectangle, la somme des carrés des côtés de l'angle droit est égale au carré de l'hypoténuse. Autrement dit : $a^2 + b^2 = c^2$

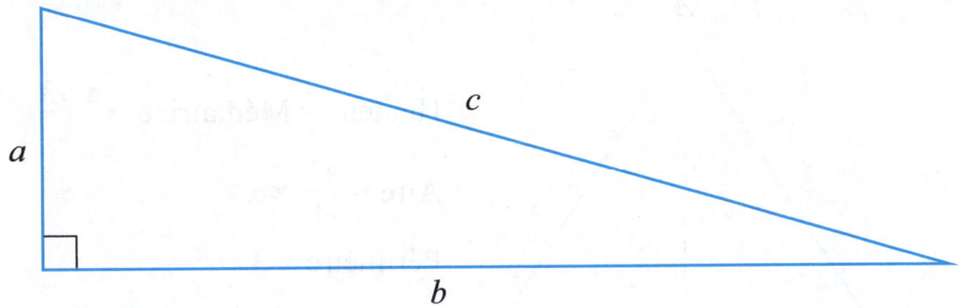

Triangles pythagoriciens

Les triangles pythagoriciens sont des triangles dont les longueurs des côtés sont des entiers naturels.

Les 4 triangles pythagoriciens à connaître par cœur sont les suivants :

1. [$a = 3$, $b = 4$, $c = 5$]
2. [$a = 6$, $b = 8$, $c = 10$]
3. [$a = 5$, $b = 12$, $c = 13$]
4. [$a = 8$, $b = 15$, $c = 17$]

[2. Théorème de Thalès]

Toute droite parallèle au côté d'un triangle sépare ce dernier en un triangle de mêmes proportions.

$$\frac{AD}{AC} = \frac{AE}{AB} = \frac{DE}{CB}$$

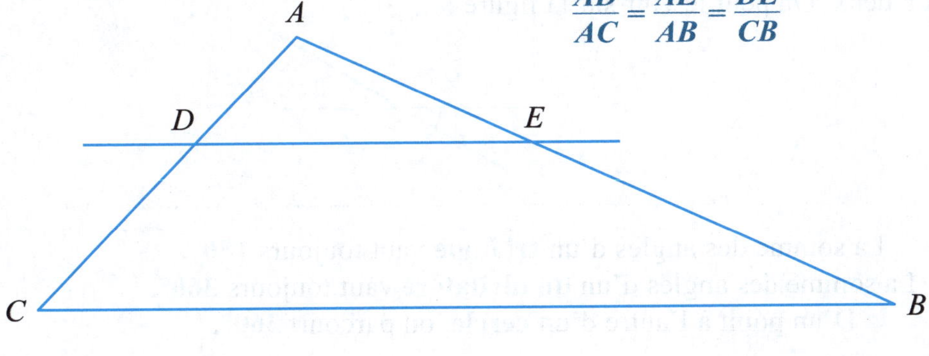

[3. Pythagore et les triangles équilatéraux]

Sachez qu'un triangle équilatéral est totalement défini par la longueur de l'un de ses côtés. Il est alors possible d'en déduire la totalité des informations souhaitées (aire, périmètre, hauteur, médiane, bissectrice, médiatrice…). En effet, comme le montre la formule suivante, on a :

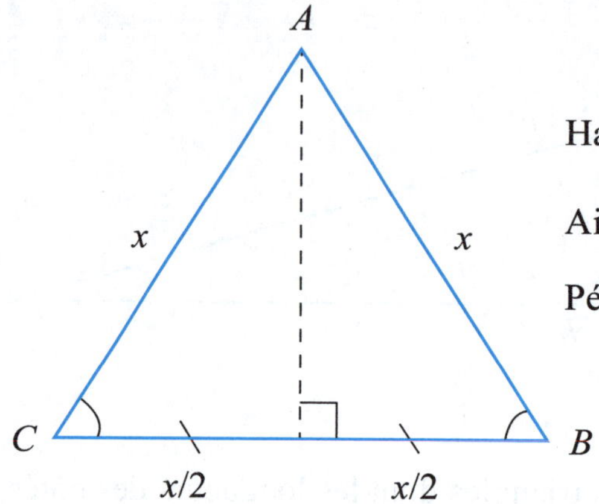

Hauteur = Médiatrice = $\frac{x\sqrt{3}}{2}$

Aire = $\frac{\sqrt{3}}{4} \times x^2$

Périmètre = $3x$

[4. Angles]

Les angles alternes internes

Si deux droites parallèles sont toutes deux coupées par une même autre droite, les angles formés sont égaux deux à deux.

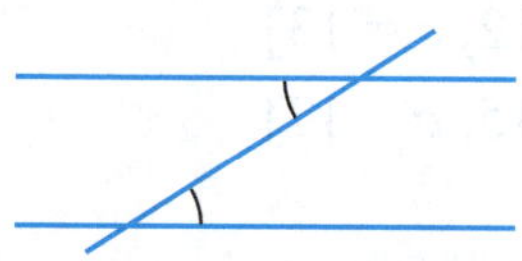

Les angles opposés par le sommet

Lorsque deux droites se croisent, elles forment des angles opposés par le sommet égaux deux à deux. On peut le voir sur la figure :

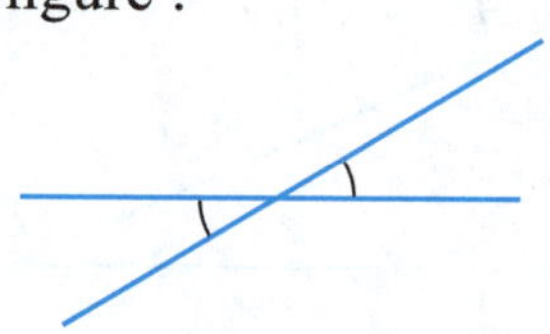

La somme des angles d'un **triangle** vaut toujours **180°**.
La somme des angles d'un **quadrilatère** vaut toujours **360°**.
D'un point à l'autre d'un **cercle**, on parcourt **360°**.

[5. Cosinus, Sinus, Tangente]

Les formules de cosinus, sinus et tangente figurent au programme de la classe de Troisième et peuvent donc faire l'objet de questions au Score IAE Message, notamment dans le cadre de l'épreuve de conditions minimales.

Soit un triangle rectangle ABC rectangle en A.

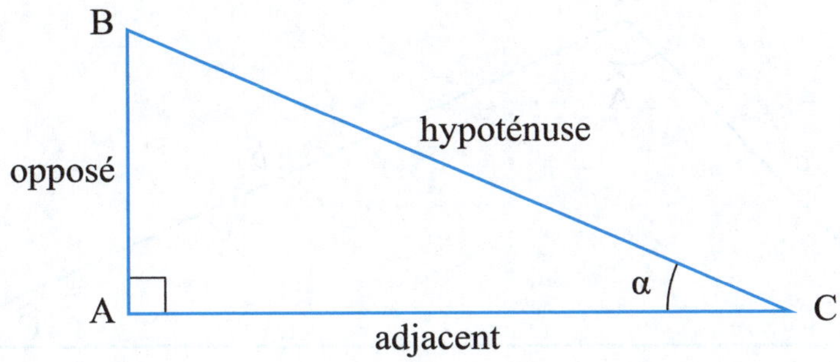

Soit α l'angle $\widehat{ACB}$.

On a :

$$\cos \alpha = \frac{AC}{BC}$$

$$\sin \alpha = \frac{AB}{BC}$$

$$\tan \alpha = \frac{AB}{AC}$$

Retenez bien que ces formules ne s'appliquent que dans le cadre d'un triangle rectangle.

Astuce : SOH – CAH – TOA

avec H : hypoténuse ; O : opposé ; A : adjacent.

SOH : sinus $= \dfrac{\text{opposé}}{\text{hypoténuse}}$

CAH : cosinus $= \dfrac{\text{adjacent}}{\text{hypoténuse}}$

TOA : tangente $= \dfrac{\text{opposé}}{\text{adjacent}}$

[6. Le théorème de Pythagore généralisé]

Dans le cas des triangles non rectangles, les cosinus nous sont encore d'une grande aide pour calculer la longueur d'un triangle.

Le célèbre mathématicien Al-Kashi nous propose en effet de nous appuyer sur son théorème de Pythagore généralisé que voici :

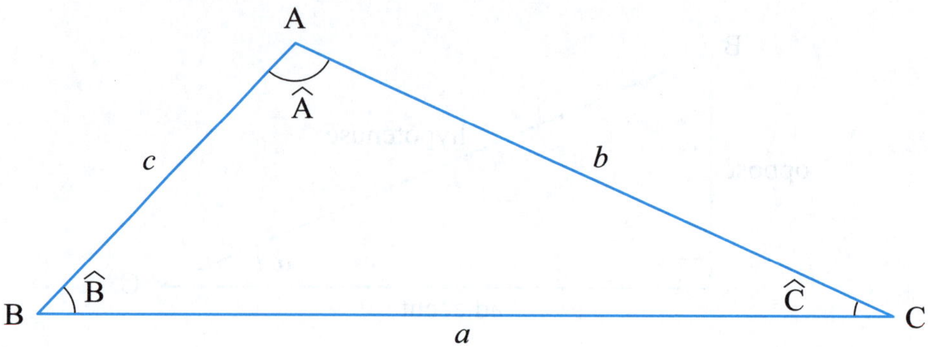

$$a^2 = b^2 + c^2 - 2bc\cos(\widehat{A})$$

13. NOTIONS DE MATHEMATIQUES FINANCIERES

Lorsque vous placez votre argent sur un compte bancaire, quatre variables entrent en jeu dans le calcul du capital final et des intérêts obtenus :

- **Le capital initialement placé,** ou la somme d'argent de départ notée $\mathbf{C_0}$.
- **La durée du placement,** qui correspond au nombre de périodes de capitalisation noté **n.**
- **La valeur acquise par le capital de départ au bout de n périodes** de placement notée $\mathbf{C_n}$.
- **Le taux d'intérêt fixe du placement** noté **r**, souvent exprimé en pourcentage.

1. Les intérêts simples

Un capital est placé à intérêts simples lorsque les intérêts sont calculés en fin de placement proportionnellement au capital, au taux et à la durée du placement. Dans le cas simple, les intérêts ne sont pas capitalisés au cours des périodes suivantes, et par conséquent ils ne rapportent pas d'intérêts supplémentaires. La valeur acquise C_n du capital initial C_0 est définie par :

$$C_n = C_0 \times (1 + n \times r)$$

Les intérêts sont dits « simples » car à chaque période, les intérêts se calculent par la formule :

$$I = r \times C_0$$

Remarquez que <u>les intérêts sont toujours constants</u> d'une période à l'autre, qu'ils soient calculés à la première ou à la $n^{\text{ième}}$ période.

La somme des intérêts reçus au cours de n périodes vaut :

$$I = n \times r \times C_0 = C_n - C_0$$

Comprenez bien que dans le cas des intérêts simples, les intérêts ne sont pas réinvestis aux périodes suivantes et sont en fait « mis sur un compte séparé non rémunéré ». En résumé, comme les intérêts simples ne sont pas placés, **il n'y a pas d'intérêts sur les intérêts.**

Application :

> On place 1 000 € sur un compte rémunéré à 10 % par an pendant 8 ans. Que vaut la somme au bout de 8 ans de placement ?
>
> Réponse :
> $C_8 = C_0 \times (1 + n \times r) = 1\,000\text{ €} \times (1 + 8 \times 10\,\%) = 1\,000\text{ €} \times 1{,}8 = 1\,800\text{ €}$

2. Les intérêts composés

Un placement est dit à intérêts composés **lorsque le montant des intérêts produits à la fin de chaque période de capitalisation s'ajoute au capital placé pour devenir lui-même productif d'intérêts à la période suivante.** La valeur acquise C_n par le capital initial C_0 au bout de n périodes de placement est égale à :

$$C_{n+1} = C_n \times (1 + r) \quad \text{et} \quad C_n = C_0 \times (1 + r)^n$$

Dans le cas des intérêts composés, les intérêts produits à chaque période augmentent la base à partir de laquelle on calcule les intérêts par la suite. Il faut bien comprendre que contrairement au cas des intérêts simples, les intérêts restent sur le compte bancaire, et par conséquent les intérêts obtenus par le placement sont croissants période après période.

Application :

> On place 1 000 € à un taux d'intérêt de 10 % par an pendant 3 ans. Que vaut la somme placée au bout de 3 ans de placement ?
>
> Réponse : $C_3 = C_0 \times (1 + r)^3 = 1\,000\text{ €} \times (1 + 10\,\%)^3 = 1\,000\text{ €} \times 1{,}331 = 1\,331\text{ €}$

14. STATISTIQUES

Les statistiques tombent régulièrement au SCORE IAE MESSAGE. Il est ainsi possible de trouver au sein d'une épreuve de Raisonnement logique et numérique pas moins de 4 questions (sur un total de 20 questions) portant sur des questions de médiane ou d'écart-type !

1. Premières définitions

Un individu ou unité statistique est un élément de l'ensemble sur lequel porte l'étude statistique. L'ensemble des individus constitue la **population-mère** (ou plus simplement population). Si cette population est trop nombreuse, on peut être amené à ne travailler que sur un sous-ensemble de celle-ci que l'on appelle **échantillon** issu de la population-mère.

Le nombre d'éléments constituant la population est appelée **taille**.

La population-mère étant défini, on souhaite étudier une ou plusieurs **caractéristiques** des individus de celle-ci. C'est alors là qu'intervient la notion de **variable(s) aléatoire(s) ou caractère(s)**, généralement désignés par des lettres majuscules (X, Y, Z…)

Dans une population donnée, un caractère peut varier d'un individu à un autre. On appelle alors **modalités** les différentes situations possibles.

On dit de ces modalités qu'elles doivent être incompatibles entre elles et exhaustives : un individu ne présente qu'une et une seule modalité de ce caractère. Si k est le nombre de modalités du caractère X, on note pour tout i variant de 1 à k, x_i la $i^{ème}$ modalité de X.

A chaque modalité x_i (i variant toujours de 1 à k), on peut associer le nombre d'individus de la population présentant cette modalité du caractère X, appelé **effectif** et noté n_i. La taille de la population, N, étant la somme de ces effectifs.

On appelle **série statistique** la liste des modalités successives prises par chacun des individus.

Pour travailler sur une série statistique, on établit un tableau statistique qui contient au moins deux colonnes (ou bien deux lignes) : la première donne la liste des modalités du caractère X et la seconde les effectifs correspondants à chacune de ces modalités :

Modalités x_i	**Effectif n_i correspondant**
x_i	n_i
	$\sum_{i=1}^{k} n_i = N$

NB : s'il existe un ordre dans les modalités, elles sont généralement classées par ordre croissant dans le tableau.

Ce tableau donne ce que l'on appelle **la distribution des individus** selon les modalités de la variable X. Pour comparer et relativiser les résultats obtenus, pour un même caractère X, sur des populations de tailles différentes il faut travailler sur les fréquences et non plus sur les effectifs. La fréquence de la modalité x_i de X, notée f_i se définit, pour tout i variant entre 1 et k, par :

$$f_i = \frac{n_i}{N} \text{ et notons que } \sum_{i=1}^{k} f_i = 1$$

NB : On notera bien sûr l'analogie entre variable statistique et V.A.R., la fréquence jouant le rôle de P (X = x_i).

2. Variables quantitatives discrètes

X est une variable quantitative discrète si elle prend des valeurs réelles $x_1, x_2, \dots, x_k$.

Exemple : on considère la distribution de 40 mères selon le nombre de garçons qu'elles ont.

x_i : nombre de garçons	0	1	2	3	4	7
n_i : nombre de mères	5	10	12	8	4	1

Si l'on trace un **diagramme en bâtons** où la hauteur des bâtons est proportionnelle à l'effectif (où la fréquence des modalités), cela donne :

Distribution des mères selon leur nombre de garçons

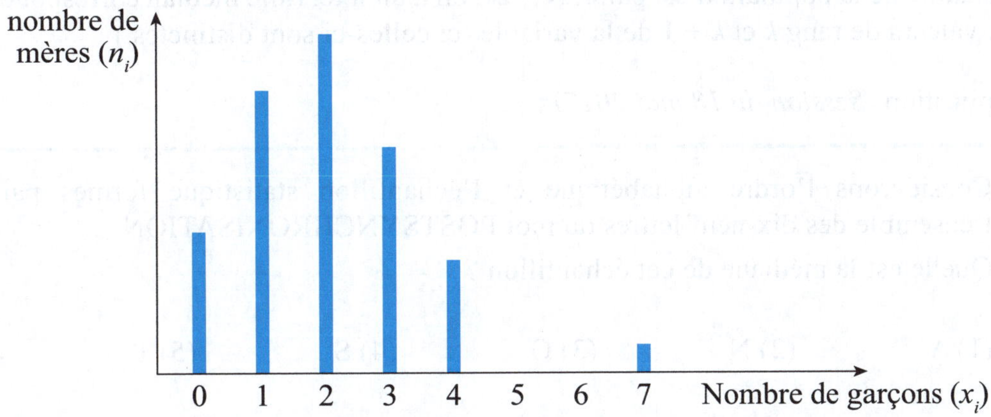

On peut aussi tracer le **diagramme des fréquences (ou effectifs) cumulés**. On obtient alors une courbe en escalier, appelée **fonction de répartition F(*x*)**. Cette fonction est définie sur $\mathfrak{R}$ et est croissante de 0 à 1.

3. Caractéristiques de position

Les caractéristiques de position, qui servent à préciser où se situe l'essentiel des individus de la série.

[Le mode]

Le mode d'une série statistique est défini comme la modalité de la variable qui correspond à l'effectif le plus élevé. Le mode se lit simplement dans le tableau statistique ou sur les graphes de distribution de la variable. Mais il peut ne pas être unique, plusieurs modalités peuvent en effet avoir le même effectif maximum. Si la série a un seul mode, elle est unimodale ; deux modes : bimodale.

La médiane

La médiane d'une série statistique est une valeur de la variable, telle que 50 % des individus de la série présentent une modalité inférieure à la médiane et 50 % une modalité supérieure. Elle se détermine à l'aide de la fonction de répartition puisque par définition F (médiane) = $\frac{1}{2}$.

Si la taille de la population est impaire, $N = 2k + 1$, et le caractère ordinal ou discret, on peut ranger la série statistique par ordre croissant (ou décroissant) des modalités. La médiane est alors la $(k + 1)^{ième}$ valeur de la série.

Si la taille de la population est paire, $N = 2k$, on a un intervalle médian correspondant aux valeurs de rang k et $k + 1$ de la variable (ci celles-ci sont distinctes.)

Application *(Session du 18 mai 2017)* :

Considérons l'ordre alphabétique et l'échantillon statistique formés par l'ensemble des dix-neuf lettres du mot POSTSYNCHRONISATION.
Quelle est la médiane de cet échantillon ?

(1) A (2) N (3) O (4) S (5) T

Si on replace les lettres de ce mot dans l'ordre alphabétique on a : ACHIINNNOOOPRSSSTTY. Comme il y a 19 lettres, la médiane est en dixième position. Il s'agit donc du O. **Réponse 3.**

Moyenne arithmétique

La moyenne arithmétique pour une série quantitative, notée $\overline{X}$ ou $\overline{x}$ pour un échantillon donné, est définie par la somme des valeurs de X divisée par la taille N de la population, ou si l'on ne considère que les modalités différentes, par :

$$\overline{x} = \frac{1}{N}\sum_{i=1}^{k} n_i x_i = \sum_{i=1}^{k} f_i x_i$$

On parle alors de moyenne pondérée. La pondération utilisée dans le calcul étant l'effectif.

Propriétés de la moyenne arithmétique :

- si l'on fait un changement de variable de la forme $u_i = ax_i + b$ où a et b sont deux réels, alors $\overline{u} = a\overline{x} + b$
- si on mélange deux populations de tailles respectives N_1 et N_2, de moyennes respectives $\overline{x}_1$ et $\overline{x}_2$, alors la moyenne respective de l'ensemble est :
$$\overline{x} = \frac{N_1\overline{x}_1 + N_2\overline{x}_2}{N_1 + N_2}$$

Application :

La moyenne arithmétique de 9 nombres est 12. Si l'on retire l'un de ces nombres, la moyenne devient égale à 9,5. Quelle est la valeur du nombre que l'on a retiré ?

(1) –22 (2) 12 (3) 24 (4) 32 (5) 44

Cette application très simple permet de mettre en pratique de façon assez intuitive la notion de moyenne arithmétique (sans pondération, puisque toutes les modalités ne sont comptées qu'une fois ici – autrement dit, les effectifs liés à chacune des modalités sont tous égaux à 1).

Si la moyenne est égale à la somme des termes divisée par le nombre de termes, on conviendra alors du corollaire suivant : la somme des termes est égale à la moyenne multipliée par le nombre de termes.

Ici, la somme des termes, à l'origine est égale à : $9 \times 12 = 108$ et la somme des termes après avoir retiré un nombre est, elle, égale à : $9,5 \times 8 = 76$. On en déduit donc que le nombre que l'on a enlevé n'est autre que l'écart qui existe entre ces deux sommes, à savoir : $108 - 76$ soit 32. **Réponse 4.**

Application :

Le concours d'entrée à l'Université de Columbia comporte la passation de deux tests : un de logique et un de culture générale. Le test de logique, noté sur 20 est affecté d'un coefficient égal à 3 tandis que le test de culture générale, noté sur 20 est affecté d'un coefficient égal à 5. Pour être admis, il est indispensable d'obtenir une note minimale égale à 15. Quelle note minimale sur 20 doit-on obtenir au test de logique pour être admis sachant que l'on a obtenu 13,5 au test de culture générale ?

(1) 16,75
(2) 17,25
(3) 17,5
(4) 17,75
(5) Aucune réponse ne convient

Cette application permet de mettre en pratique la notion de moyenne pondérée (ici, les 2 modalités – note de logique et note de culture générale – sont affectées d'un coefficient, *i.e.* d'un effectif.)
Si l'on appelle y, la note obtenue sur 20 au test de logique, alors on a :
$\frac{13{,}5 \times 5 + 3x}{5+3} \geq 15 \Leftrightarrow 67{,}5 + 3x \geq 15 \times 8 \Leftrightarrow 3x \geq 52{,}5 \Leftrightarrow x \geq 17{,}5$. **Réponse 3.**

Moyenne géométrique

La moyenne géométrique (G) d'une série statistique, dont les modalités sont toutes strictement positives, est définie par :

$$G = \sqrt[N]{x_1^{n_1} x_2^{n_2} \dots x_k^{n_k}} = \left(\prod_{i=1}^{k} x_i^{n_i}\right)^{\frac{1}{N}}$$

4. Caractéristiques de dispersion

Les caractéristiques de dispersion, qui servent à évaluer la plus ou moins forte concentration des individus de la série autour de l'élément central.

[L'étendue]

L'étendue ou **intervalle de variation** d'une série statistique se définit, pour des variables quantitatives uniquement, comme la différence entre la plus grande et la plus petite des valeurs de la série.

> Je peux ainsi avoir une moyenne de 10 à deux tests (chacun affecté d'un coefficient égal 1) avec les deux notes 20 et 0 comme avec les notes 10 et 10… les étendues ne sont alors bien entendu pas les mêmes…

- **la variance** : la variance d'une série statistique, notée var(X), est la moyenne arithmétique des carrés des écarts à la moyenne :

$$\text{var}(X) = \frac{1}{N}\sum_{i=1}^{k} n_i(x_i - \bar{x})^2 = \sum_{i=1}^{k} f_i(x_i - \bar{x})^2$$

Pour les calculs pratiques, il est plus utile d'utiliser la formule suivante :

$$\text{var}(X) = \frac{1}{N}\sum_{i=1}^{k} n_i x_i^2 - \bar{x}^2 = \sum_{i=1}^{k} f_i x_i^2 - \bar{x}^2$$

Application *(Session du 18 mars 2017)* :

Un parc d'attraction a été noté par des visiteurs. Quelle est la variance des notes données à ce parc ?

Note	1	2	3	4	5
Effectif	5	0	0	30	65

(1) 0,35 (2) 0,50 (3) 0,70 (4) 0,85 (5) 1,10

Première étape avant de calculer votre variance : vous devez calculer la moyenne.

Moyenne $= \frac{5 \times 1 + 0 \times 2 + 0 \times 3 + 30 \times 4 + 65 \times 5}{5 + 0 + 0 + 30 + 65} = \frac{5 + 120 + 325}{100} = \frac{450}{100} = 4{,}5.$

Deuxième étape : on calcule la variance. Rappelons-nous que l'effectif total vaut 100 (5 + 0 + 0 + 30 + 65) et que la moyenne vaut 4,5.

Variance $= \frac{1}{100} \times [5 \times (1 - 4{,}5)^2 + 0 \times (2 - 4{,}5)^2 + 0 \times (3 - 4{,}5)^2 + 30 \times (4 - 4{,}5)^2$

$+ 65 \times (5 - 4{,}5)^2] = \frac{1}{100} \times [5 \times (-3{,}5)^2 + 30 \times (-0{,}5)^2 + 65 \times 0{,}5^2]$

$= \frac{1}{100} \times (5 \times 12{,}25 + 30 \times 0{,}25 + 65 \times 0{,}25) = \frac{1}{100} \times (61{,}25 + 7{,}5 + 16{,}25)$

$= \frac{1}{100} \times 85 = \frac{85}{100} = 0{,}85$

Réponse 4.

Propriété de la variance :

– Si l'on fait un changement de variable de la forme $u_i = ax_i + b$ où a et b sont deux réels, alors $\text{var}(U) = a^2\, \text{var}(X)$.

- **l'écart type** : l'écart type d'une série statistique, notée σ, est la racine carrée de la variance.

$$\sigma = \sqrt{\text{var}(X)}$$

- **covariance** : considérons deux variables quantitatives X et Y, définies sur la même population-mère (série double). La covariance de la série double, notée cov(X, Y) est définie par :

$$\text{cov}(X, Y) = \frac{1}{N}\sum_{i=1}^{k}(x_i - \bar{x})(y_i - \bar{y}) = \frac{1}{N}\sum_{i=1}^{k}x_i y_i - \bar{x}\bar{y}$$

NB : si X et Y sont identiques, cov(X, X) = var(X).

Application :

Soit la série statistique double associée aux variables X et Y :

x_i	3	–2	8	11
y_i	2	1	–2	4

Alors la covariance des variables X et Y vaut :

(1) $-\frac{3}{2}$ (2) 0 (3) $\frac{3}{4}$ (4) $\frac{7}{4}$ (5) $\frac{3}{8}$

Avant de commencer à poser votre calcul, identifiez le nombre de modalités (il y en a 4 ici et donc N = 4) puis calculer les moyennes arithmétiques liées à chacune des variables ($\bar{x}$ et $\bar{y}$).

Ici $\bar{x} = \frac{3-2+8+11}{4} = 5$ et $\bar{y} = \frac{2+1-2+4}{4} = \frac{5}{4}$. On peut alors écrire :

$$\text{cov}(X, Y) = \frac{1}{4}\sum_{i=1}^{4}x_i y_i - \bar{x}\bar{y} = \frac{1}{4}(3\times 2 + (-2)\times 1 + 8\times(-2) + 11\times 4) - 5\times\frac{5}{4} = \frac{7}{4}.$$

Réponse 4.

- **Coefficient de corrélation linéaire** : le coefficient de corrélation linéaire des variables X et Y, noté $r(X, Y)$ est la covariance normée par les écarts types de chaque série.

$$r(X, Y) = \frac{\text{cov}(X, Y)}{\sqrt{\text{var}(X)\,\text{var}(Y)}}$$

Propriétés du coefficient de corrélation linéaire :

– d'après l'inégalité de Schwarz, ***r* est compris entre –1 et 1.**

– le coefficient de corrélation linéaire mesure l'intensité d'une relation linéaire entre deux séries statistiques quantitatives et son signe précise le sens de variation d'une variable par rapport à l'autre, mais il ne donne en aucun cas le sens de causalité.

– si $r = 0$, X et Y sont linéairement indépendantes.

15. ANALYSE COMBINATOIRE

Vous aurez toujours des questions de combinatoire en Raisonnement logique et numérique au SCORE IAE MESSAGE (Combien d'anagrammes ? Combien d'arrangements ?). Ne négligez donc pas ce chapitre.

1. Cardinal d'un ensemble

[Définition]

Soit E un ensemble fini de *n* éléments. On appelle cardinal de l'ensemble E, noté Card(E), le nombre d'éléments de E.

[Propriétés]

– Si E et F sont deux ensembles finis, alors :
$\text{Card}(E \cup F) = \text{Card}(E) + \text{Card}(F) - \text{Card}(E \cap F)$

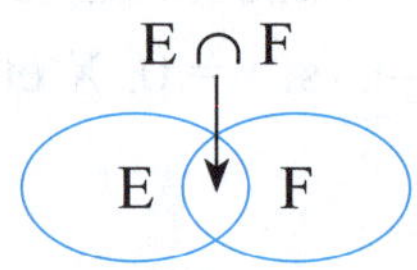

– Si E et F sont des ensembles finis disjoints, alors :
$\text{Card}(E \cup F) = \text{Card}(E) + \text{Card}(F)$
car dans ce cas $(E \cap F) = \varnothing$ donc $\text{Card}(E \cap F) = 0$.

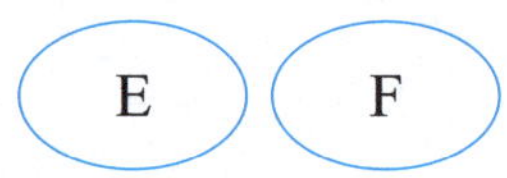

Application :

Dans une classe de 35 étudiants auxquels on a proposé de faire du sport (choix possibles : judo et karaté), 10 ont choisi de pratiquer le judo, 18 du karaté et 6 ont choisi de pratiquer les deux sports.
Combien d'étudiants ont choisi de ne pratiquer aucun sport ?

A. 25 B. 13 C. 19 D. 17

Soit E l'ensemble fini des étudiants ayant choisi de pratiquer le judo et F l'ensemble fini des étudiants ayant choisi de pratiquer le karaté. D'après l'énoncé :

$\text{Card}(E) = 10$, $\text{Card}(F) = 18$ et $\text{Card}(E \cap F) = 6$

Commençons par calculer Card(E ∪ F), c'est-à-dire le nombre d'étudiants qui font du sport. On pourra ainsi en déduire le nombre d'étudiants qui ont choisi de ne rien faire car leur nombre sera égal à : tous les étudiants *moins* ceux qui font du sport.

$\text{Card}(E \cup F) = \text{Card}(E) + \text{Card}(F) - \text{Card}(E \cap F) = 10 + 18 - 6 = 22$

Par conséquent, le nombre d'étudiants qui ont décidé de ne pratiquer **aucun** sport est égal à 35 – 22 c'est-à-dire 13. **Réponse B.**

Dans toute la suite du cours de combinatoire, on désignera par E_n, un ensemble fini de n éléments.

2. *p*-listes

[Définition]

Soit p, un entier naturel non nul.

On appelle p-liste d'éléments de E_n, une liste ordonnée de p éléments de E_n, avec répétition possible (*i.e.* qu'une p-liste peut contenir plusieurs fois le même élément)

[Nombre de *p*-listes]

Soit n et p, des entiers naturels non nuls. Le nombre de p-listes d'éléments de E_n est égal à $\boldsymbol{n^p}$.

Application :

Combien y a-t-il de nombres de 7 chiffres ne comportant aucun 0 ?

A. 4 782 969 B. 4 799 563 C. 4 893 675 D. 4 981 654

Un nombre de 7 chiffres ne comportant aucun zéro est une 7-liste d'éléments de : E = {1, 2, 3, 4, 5, 6, 7, 8, 9}.

Card(E) = 9 et il y a donc 9^7 = 4 782 969 nombres de 7 chiffres ne comportant aucun zéro. **Réponse A.**

Astuce : ne vous amusez surtout pas à calculer précisément la valeur de 9^7, vous perdriez trop de temps ! Ecrivez juste que $9^7 = 9^2 \times 9^2 \times 9^2 \times 9 = 81 \times 81 \times 81 \times 9$ et déduisez-en que le nombre résultat sera un nombre qui terminera nécessairement par 9 ! ($8\underline{1} \times 8\underline{1} \times 8\underline{1} \times \underline{9}$) Et seule la réponse A donne un nombre dont le dernier chiffre est 9 et c'est donc la bonne réponse ! Ne cherchez pas plus loin : **Réponse A.**

3. Permutations

[Définition]

On appelle permutation de E_n tout arrangement de n éléments de E_n.

⚠ ATTENTION On parle aussi d'« anagramme » au SCORE IAE MESSAGE pour désigner une permutation.

Ainsi, les anagrammes ou permutations de AIMER sont : MARIE, ARIME, AREMI, EIMAR, etc.

[Propriété]

Le nombre de permutations de E_n est noté $n!$ et est égal à :

$$n! = n \times (n - 1) \times \ldots \times 2 \times 1$$

Applications :

Combien d'anagrammes au total (ayant un sens ou non) peut-on former avec les lettres du mot CLAMER ?

A. 360 B. 520 C. 640 D. 680 E. 720

CLAMER est un mot de 6 lettres. Une anagramme est une permutation des 6 lettres qui composent ce mot soit : $6! = 6 \times 5 \times 4 \times 3 \times 2 \times 1 = 720$. **Réponse E.**

Combien d'anagrammes qui ont un sens ou non pouvez-vous composer avec le mot PAS ?

Nombre d'anagrammes avec le mot PAS : **3! = 3 × 2 × 1.**

Combien d'anagrammes qui ont un sens ou non pouvez-vous composer avec le mot PASSE ?

Nombre d'anagrammes du mot PASSE : $\mathbf{\frac{5!}{2!} = 5 \times 4 \times 3 \times 2 \times 1 / 2 \times 1 = 60}$

On divise ici par 2! car il y a 2 fois la lettre S dans le mot PASSE.

Combien d'anagrammes qui ont un sens ou non pouvez-vous composer avec le mot PASSEES ?

Nombre d'anagrammes du mot PASSEES : $\mathbf{\frac{7!}{(3! \times 2!)}}$

On divise par 3! et 2! soit par (3! × 2!) car il y a 3 fois la lettre S et 2 fois la lettre E dans le mot PASSEES.

4. Arrangements

[Définition]

Soit p, un entier naturel non nul, tel que p soit inférieur ou égal à n.
On appelle arrangement de p éléments de E_n une p-liste d'éléments de E_n *où les éléments de la* p*-liste sont deux à deux distincts*.

[Nombre d'arrangements]

Le nombre d'arrangements de p éléments de E_n, noté A_n^p, est tel que :

$$A_n^p = \frac{n!}{(n-p)!} = n \times (n-1) \times (n-2) \times \ldots \times (n-p+1)$$

Application :

Combien y a-t-il de nombres de 7 chiffres ne comportant aucun zéro *et* ayant 7 chiffres différents ?

A. 181 444 B. 187 764 C. 167 872 D. 181 440

Un nombre de 7 chiffres ne comportant aucun zéro et ayant 7 chiffres différents est un arrangement de 7 éléments de E = {1, 2, 3, 4, 5, 6, 7, 8, 9}. Il y a donc : $A_9^7 = \frac{9!}{2!} = \frac{9\times8\times7\times6\times5\times4\times3\times2\times1}{2\times1} = 9\times8\times7\times6\times5\times4\times3 = 181\,440$ nombres qui répondent aux contraintes énoncées dans la question. **Réponse D.**

Astuce : il faut remarquer ici que le produit 9 × 8 × 7 × 6 × 5 × 4 × 3 donne un nombre qui finit nécessairement par 0 puisque le sous produit **5 × 4** est égal à 20 et que tout multiple de 20 donne un nombre qui finit par 0.

Application :

De combien de façons peut-on former un comité de direction composé d'un Directeur général, d'un Directeur marketing et d'un Directeur commercial sachant que 14 personnes sont aptes à pourvoir un de ces postes et que l'on ne peut bien entendu pas cumuler les fonctions ?

A. 3 200 B. 2 184 C. 1 960 D. 320

On veut former un comité composé de 3 personnes à choisir parmi 14 personnes. Pour ce faire, il faut compter le nombre d'arrangements possibles, soit : $A_{14}^3 = \frac{14!}{11!} = \frac{14\times13\times12\times11!}{11!} = 14\times13\times12 = 2\,184$ arrangements possibles pour former ce comité de direction. **Réponse B.**

5. Combinaisons

[Définition]

Soit p un entier naturel, tel que p soit inférieur ou égal à n. On appelle combinaison de p éléments de E_n un sous ensemble de p éléments **(2 à 2 distincts)** de E_n.

[Propriété]

Le nombre de combinaisons de p éléments de E_n, noté C_n^p est égal à :

$$C_n^p = \frac{n!}{p!(n-p)!}$$

Application :

On désire constituer un jury composé de 2 experts-comptables et 5 avocats. On peut choisir les membres du jury parmi 6 experts comptables et 7 avocats. De combien de façons peut-on constituer le jury en sachant que n'importe quel expert-comptable et n'importe quel avocat peut être choisi ?

A. 420 B. 380 C. 315 D. 210

Il y a C_6^2 combinaisons de 2 experts-comptables pris parmi 6, puis pour chacune de ces combinaisons, C_7^5 combinaisons de 5 avocats pris parmi 7… soit : $C_6^2 \times C_7^5$ façons de constituer un jury composé de 2 experts-comptables et 5 avocats. Ce qui donne : $\frac{6!}{2!\,4!} \times \frac{7!}{5!\,2!} = \frac{\cancel{6} \times 5}{\cancel{2}} \times \frac{7 \times \cancel{6}}{\cancel{2}} = 3 \times 5 \times 7 \times 3 = 15 \times 21$ = 315 combinaisons. **Réponse C.**

6. Modèles d'urnes

Imaginons une urne contenant n boules numérotées de 1 à n (chacune des boules s'interprète comme un élément de E_n) et supposons que nous tirons p boules dans cette urne. Voici les 3 modèles d'urnes les plus classiques :

[Tirages successifs et avec remise]

On tire au hasard une boule dans l'urne, puis on la remet dans l'urne avant d'opérer le tirage suivant. Si on effectue p tirages avec remise entre chaque tirage, le résultat global s'interprète comme une p-liste et il y a donc n^p tirages avec remise (de p éléments) possibles.

[Tirages successifs et sans remise]

On tire au hasard une boule dans l'urne que l'on conserve : la boule n'est donc pas remise dans l'urne qui contient ainsi après chaque tirage une boule de moins. Si on effectue ainsi p tirages sans remise (p inférieur ou égal à n), le résultat global s'interprète comme une p-liste d'éléments deux à deux distincts ou encore comme un arrangement de p éléments de E_n. Il y a donc A_n^p tirages sans remise (de p éléments) possibles.

[Tirages simultanés]

On tire simultanément p boules de l'urne (l'ordre de tirages des boules est donc sans importance). Un tel tirage s'interprète comme un sous-ensemble de E_n et donc comme une combinaison de p éléments de E_n. Il y a donc C_n^p tirages simultanés (de p éléments) possibles.

16. PROBABILITES

Les probabilités ont toujours fait l'objet de questions au SCORE IAE MESSAGE. Il serait donc hasardeux de ne pas les travailler. N'oubliez jamais que dans ce test, la grande majorité des candidats sauront résoudre les questions « faciles » et que seuls les candidats capables de résoudre les questions les plus délicates obtiendront des scores que les recruteurs sauront apprécier dans le cadre des processus d'admission des filières les plus sélectives.

1. Probabilité

Dans toute la suite, l'univers Ω représente l'ensemble de tous les résultats possibles (ou éventualités) liés à une expérience ; et P(Ω) représente l'ensemble des sous-ensembles de Ω (on dit aussi que P(Ω) représente l'ensemble des événements – ***un événement étant un ensemble de résultats possibles d'une expérience****).*

[Définition]

On appelle probabilité sur Ω, une application P de P(Ω) dans [0 ; 1] qui vérifie :

- $P(\Omega) = 1$
- Si A et B sont deux événements incompatibles (*i.e.* $A \cap B) = \varnothing$, $\varnothing$ étant l'événement impossible) alors : $P(A \cup B) = P(A) + P(B)$

[Propriétés]

- Pour tout événement A, $0 \leq P(A) \leq 1$
- $P(\varnothing) = 0$
- Pour tout événement A, on note $\overline{A}$, l'événement contraire de A et on a : $P(\overline{A}) = 1 - P(A)$
- Si $A \subset B$ alors $P(A) \leq P(B)$
- Si $A_1, A_2, \ldots, A_n$ sont des événements **incompatibles (on dit aussi disjoints) deux à deux**, alors :

$$P(A_1 \cup A_2 \cup \ldots \cup A_n) = \sum_{i=1}^{n} P(A_i)$$

- Si A et B sont deux événements, alors :

$$P(A \cup B) = P(A) + P(B) - P(A \cap B)$$

- Si $A_1, A_2, \ldots, A_n$ forment un système complet d'événements*, alors pour tout événement B :

$$P(B) = P(A_1 \cap B) + P(A_2 \cap B) + \ldots 1\ P(A_n \cap B)$$

* *Un système complet d'événements est une famille d'événements $A_1, A_2, \ldots, A_n$ telle que l'on ait* $\forall i \neq j, A_i \cap A_j = \varnothing$ *et* $\sum_{i=1}^{n} A_k = \Omega$.

2. Probabilité conditionnelle

[Définition]

Considérons deux événements A et B avec $P(B) \neq 0$.
On note P(A/B) la **probabilité conditionnelle de A sachant B**, telle que :

$$P(A/B) = \frac{P(A \cap B)}{P(B)}$$

On dit que les événements A et B sont **indépendants** si : $P(A \cap B) = P(A) \times P(B)$.

[Propriété]

- Si A et B sont deux événements non impossibles (*i.e.* $P(A) \neq 0$ et $P(B) \neq 0$), alors : $P(A \cap B) = P(A/B) \times P(B) = P(B/A) \times P(A)$

[Formule des probabilités totales]

Soit $A_1, A_2, \ldots, A_n$ un système complet d'événements, alors pour tout événement B,

$$P(B) = \sum_{i=1}^{n} P(A_i)\, P(B/A_i)$$

[Formule de Bayes]

Soit $A_1, A_2, \ldots, A_n$ un système complet d'événements, alors pour tout événement B,

$\forall j$ variant de 1 à n, $P(A_j/B) = \dfrac{P(A_j \cap B)}{P(B)} = \dfrac{P(B/A_j)\,P(A_j)}{\sum_{i=1}^{n} P(A_i)\,P(B/A_i)}$

3. Notion d'équiprobabilité

[Définition]

Considérons l'univers $\Omega = \{\omega_1, \omega_2, \ldots, \omega_n\}$

On dira qu'il y a équiprobabilité si pour tout i variant de 1 à n : $P(\{\omega_n\}) = \dfrac{1}{n}$

Ceci signifie que chacun des résultats possibles de l'expérience a la même probabilité/chance de se réaliser.

[Propriété fondamentale]

Dans la cas d'équiprobabilité des événements élémentaires, si A est un événement quelconque, on a :

$$P(A) = \frac{\text{nombre des cas favorables}}{\text{nombre des cas possibles}}$$

Application :

Une urne contient 9 boules numérotées de 1 à 9.

La probabilité de tirer simultanément 2 boules qui portent des numéros de même parité (*i.e.* 2 boules avec numéros pairs, ou 2 boules avec numéros impairs.) est égale à…

(1) $\dfrac{2}{9}$ (2) $\dfrac{3}{4}$ (3) $\dfrac{4}{9}$ (4) $\dfrac{1}{9}$ (5) $\dfrac{5}{6}$

On associe à chaque tirage une combinaison de 2 éléments de E = {1, 2, 3, …, 9}. Toutes ces combinaisons sont équiprobables, donc :

$P = \dfrac{\text{nombre des cas favorables}}{\text{nombre des cas possibles}}$ et il y a $C_9^2 = 36$ cas possibles.

Dénombrons maintenant les cas favorables. Il y a $C_5^2 = 10$ combinaisons de 2 nombres impairs de E et $C_4^2 = 6$ combinaisons de deux nombres pairs possibles. D'où : $P = \dfrac{10 + 6}{36} = \dfrac{4}{9}$. **Réponse 3.**

Application :

Une urne contient 9 boules numérotées de 1 à 9.

La probabilité de tirer 2 boules qui portent des numéros de même parité en remettant dans l'urne la première boule tirée avant de tirer la deuxième est égale à…

(1) $\dfrac{41}{81}$ (2) $\dfrac{1}{2}$ (3) $\dfrac{11}{21}$ (4) $\dfrac{5}{9}$ (5) $\dfrac{13}{27}$

On associe à chaque tirage un couple de 2 éléments de E = {1, 2, 3,…, 9}. Tous ces couples sont équiprobables, donc :

$P = \dfrac{\text{nombre des cas favorables}}{\text{nombre des cas possibles}}$ et il y a $9^2 = 81$ cas possibles.

Dénombrons maintenant les cas favorables :

Il y a 5^2 couples de nombres impairs de E et 4^2 de couples de nombres pairs de E. On a : $P = \dfrac{25 + 16}{81} = \dfrac{41}{81}$. **Réponse 1.**

Application :

Une urne contient deux boules : une noire et une verte.
On tire n fois une boule dans cette boîte en la remettant après avoir noté sa couleur. Quelle est la probabilité que l'on obtienne des boules des 2 couleurs au cours de n tirages ?

(1) $\frac{1}{2^n}$ (2) $\frac{1}{2^{n-1}}$ (3) $1-\frac{1}{2^n}$ (4) $1-\frac{1}{2^{n-1}}$ (5) $\frac{1}{2}$

Notons N_k : « le $k^{ième}$ tirage donne une boule noire » et V_k : « le $k^{ième}$ tirage donne une boule verte.» Les tirages étant opérés avec remise, ils sont donc mutuellement indépendants.

L'événement contraire de « que l'on obtienne des boules des 2 couleurs au cours de n tirages » est « que l'on obtienne à chacun des n tirages une boule noire » ou « que l'on obtienne à chacun des n tirages une boule verte » Notons C cet événement contraire.

$C=\left(\sum_{k=1}^{n} N_k\right)\left(\sum_{k=1}^{n} V_k\right)$. Ces deux événements étant incompatibles, on a donc :

$$P(C)=P\left(\left(\sum_{k=1}^{n} N_k\right)\left(\sum_{k=1}^{n} V_k\right)\right)=P\left(\sum_{k=1}^{n} N_k\right)+P\left(\sum_{k=1}^{n} V_k\right)=\left(\frac{1}{2}\right)^n+\left(\frac{1}{2}\right)^n=\frac{2}{2^n}=\frac{1}{2^{n-1}}$$

La probabilité P que nous cherchons est donc égale à : $1-P(C)=1-\frac{1}{2^{n-1}}$

Réponse 4.

Nota Bene : quel que soit le QCM de calcul de probabilités auquel vous serez soumis, n'oubliez jamais de bien définir vos événements. L'application des différentes propriétés et formules n'en sera alors que plus simple.

COMBINATOIRE ET PROBABILITES : 50 APPLICATIONS POUR VOUS ENTRAINER

Enoncés

Questions	Votre réponse
1 Dans une classe de 15 élèves, 10 pratiquent du football, 7 du tennis, et 6 font les deux sports. Combien ne pratiquent aucun sport ?	
2 Parmi 30 acteurs, 20 ont déjà joué pour Spielberg, 16 pour Cameron et 9 avec les deux. Combien n'ont tourné avec aucun de ces deux réalisateurs ?	
3 Combien d'anagrammes ayant un sens ou non peut-on former avec les lettres du mot POSER ?	
4 Combien de codes différents peut-on composer avec les chiffres 1234 ?	
5 Combien y a-t-il de possibilités pour un code d'immeuble à 5 chiffres, dans lequel aucun chiffre ne se répète ?	
6 Je possède 8 DVD différents, combien ai-je de façons de les empiler ?	
7 Combien existe-t-il de mots de 3 lettres ne comportant aucun Y et ayant 3 lettres différentes ?	
8 Combien existe-t-il de nombres de 5 chiffres ne comprenant ni 0, ni chiffre pair ?	
9 Combien existe-t-il de mots de 2 lettres ?	
10 Combien existe-t-il d'anagrammes ayant un sens ou non du mot APPARAT ?	

11 Combien existe-t-il de nombres à 3 chiffres qui ne contiennent pas le chiffre 0 et dont tous les chiffres sont distincts deux à deux ?

12 Lors d'une réunion, les 15 membres présents se serrent tous la main une fois. Combien de poignées de mains sont échangées ?

13 Pour le tournoi de football du lycée, toutes les équipes se sont affrontées une fois, et il y a eu 45 matchs au total. Combien d'équipes y avait-il ?

14 Combien de groupes de trois élèves peut-on constituer dans une classe de 8 élèves ?

15 Je possède 6 chemises. Pour partir en voyage, je dois en emporter 4. De combien de façons puis-je composer ma valise ?

16 Je possède 6 chemises et 4 polos. Pour mon voyage, je dois prendre 3 chemises et 3 polos. De combien de façons puis-je composer ma valise ?

17 Je tire au hasard une boule dans une urne contenant 10 boules différentes, note son numéro, puis la remets dans l'urne, et ce, cinq fois de suite. Combien de listes différentes de 5 numéros puis-je tirer ?

18 Je plonge ma main dans une urne contenant 12 boules et en sort 7 d'un seul coup. Combien existe-t-il de possibilités de tirages différents ?

19 De combien de façons les élèves d'une classe de 9 élèves peuvent-ils se mettre en file indienne ?

20 Combien d'équipes de pétanque différentes de 4 individus peut-on créer avec les 9 membres de notre club ?

21 Combien y a-t-il de nombres de 5 chiffres ne comprenant ni 0 ni 1 ?

22 Combien d'anagrammes (ayant un sens ou non) peut-on former avec les lettres de mon prénom DANIEL ?

23 Combien de menus peut-on constituer si on a le choix entre 3 entrées, 2 plats et 6 desserts ?

24 J'ai 4 pantalons, 5 chemises, et 2 paires de chaussures. Combien de tenues puis-je composer ?

25 Au début des matchs de football, les 11 joueurs de chaque équipe serrent la main des 11 joueurs de l'équipe adverse. Combien de poignées de mains sont échangées ?

26 Cinq amis pensent chacun à un nombre entier entre 1 et 3. Combien de combinaisons sont possibles ?

27 Nous sommes 25 à participer à une course d'endurance. Combien y a-t-il de façons de distribuer les médailles d'or, d'argent et de bronze ?

28 Dans une classe, il y a 16 garçons et 17 filles. On doit élire un délégué garçon et une déléguée fille. Combien y a-t-il de couples de délégués possibles ?

29 Dans une entreprise comprenant 25 ouvriers et 8 cadres, on doit élire les représentants du personnel. Il faut 3 représentants pour les ouvriers et 2 pour les cadres. Combien de groupes de représentants peut-on constituer ?

30 Sept ordinateurs sont tous reliés les uns avec les autres pour faire un jeu en réseau. De combien de câbles a-t-on besoin ?

31 Je tire simultanément deux boules d'une urne contenant 5 boules vertes et 5 boules bleues. Quelle est la probabilité que les deux boules soient de la même couleur ?

32 Combien de tickets dois-je valider pour être sûr de toucher le tiercé dans l'ordre dans une course de 12 chevaux ?

33 J'ai dans mon placard 5 chaussettes rouges et 4 vertes. Le matin, j'en prends deux au hasard. Quelle est la probabilité qu'elles soient de la même couleur ?

34 Il y a dans une urne 6 boules rouges, 4 vertes et 2 bleues. Combien de boules dois-je tirer au minimum pour être sûr d'en obtenir une de chaque couleur ?

35 Une urne contient 2 jetons verts, 2 jetons roses et 1 jeton jaune. On tire simultanément deux jetons. Quelle est la probabilité de A : « tirer deux jetons de la même couleur » ?

36 Dans un jeu de 32 cartes, on tire une carte. Quelle est la probabilité que cette carte soit ou une dame, ou bien un cœur ?

37 Dans sa boîte, François a 12 pièces françaises, 6 allemandes, 3 italiennes et 4 espagnoles. Combien doit-il en prendre pour être sûr d'en avoir deux différentes ?

38 Dans sa boîte, François a 12 pièces françaises, 6 allemandes, 3 italiennes et 4 espagnoles. Combien doit-il en prendre pour être sûr d'en avoir deux identiques ?

39 Je joue 5 fois à pile ou face avec la même pièce. Quelle est la probabilité d'obtenir 5 fois pile ?

40 Je possède 12 livres, dont 4 de mathématiques et 3 de physique. Quelle est la probabilité qu'en en prenant 2 au hasard simultanément, je n'ai ni livre de physique, ni livre de mathématiques ?

41 La probabilité qu'un tireur à l'arc touche le centre de la cible est de une sur quatre. Sur quatre tirs consécutifs (et indépendants), quelle est la probabilité qu'il n'atteigne jamais le centre ?

42 Ma probabilité de réussite à un tir est de 2/3. Quelle est ma probabilité d'échec ?

43 La probabilité de gagner à un jeu est de un tiers. Quelle est la probabilité de gagner au moins une fois si je joue 5 parties indépendantes ?

44 La probabilité de gagner à un jeu est de un tiers. Quelle est la probabilité de gagner précisément 5 fois si je joue 5 parties indépendantes ?

45 Quand on lance deux fois un dé, quelle est la probabilité que la somme des résultats soit un nombre pair ?

46 Quand on lance deux fois un dé, quelle est la probabilité que le produit des résultats soit un nombre impair ?

47 Quand on lance deux dés simultanément, quelle est la probabilité d'avoir un double ?

48 Je lance deux fois un dé à six faces. Quelle est la probabilité d'avoir obtenu un 5, sachant que la somme des deux lancers vaut 11 ?

49 Je joue 5 fois à pile ou face avec la même pièce. Quelle est la probabilité d'obtenir au moins un pile ?

50 En lançant deux fois un dé à six faces, quelle est la probabilité que la somme des résultats fasse 4 ?

Corrigés

1 10 – 6 = 4 élèves font seulement du foot. 7 – 6 = 1 élève fait seulement du tennis, et 6 font les deux. 4 + 1 + 6 = 11 élèves font du sport. Donc 15 – 11 = 4 élèves ne font aucun sport.

2 20 – 9 = 11 ont juste tourné avec Spielberg, 16 – 9 = 7 ont juste tourné avec Cameron et 9 ont tourné avec les deux. Donc 11 + 7 + 9 = 27 acteurs ont tourné avec au moins l'un des deux. Donc 30 – 27 = 3 n'ont tourné avec aucun des deux.

3 Il y a 5 lettres, donc il y a 5! anagrammes.
$5! = 5 \times 4 \times 3 \times 2 \times 1 = 120$ anagrammes !

4 Comme il y a 4 chiffres, on peut faire $4! = 4 \times 3 \times 2 \times 1 = 24$ codes différents.

5 C'est le nombre d'arrangements de 5 éléments d'un ensemble de 10 éléments. Il y a donc :
$$A^5_{10} = \frac{10!}{5!} = \frac{10 \times 9 \times 8 \times 7 \times 6 \times 5 \times 4 \times 3 \times 2 \times 1}{5 \times 4 \times 3 \times 2 \times 1} = 10 \times 9 \times 8 \times 7 \times 6$$
= 30 240 codes possibles.

6 C'est une permutation d'un ensemble à 8 éléments. J'ai donc 8! façons de les empiler, soit :
$8 \times 7 \times 6 \times 5 \times 4 \times 3 \times 2 \times 1 = 40\,320$ possibilités !

7 C'est un arrangement de 3 éléments de l'ensemble E qui est l'alphabet sans Y, et qui a donc 25 éléments. Il y a donc :
$$A^3_{25} = \frac{25!}{22!} = 25 \times 24 \times 23 = 13\,800 \text{ mots possibles.}$$

8 C'est le nombre de 5-listes d'éléments de {1 ; 3 ; 5 ; 7 ; 9}, qui possède lui-même 5 éléments. Il y a donc : $5^5 = 3\,125$ nombres de 5 chiffres qui ne comprennent aucun chiffre pair !

9 C'est le nombre de 2-listes de lettres de l'alphabet. Comme il y a 26 lettres dans l'alphabet, on en déduit qu'il y a $26^2 = 676$ mots de 2 lettres !

10 APPARAT est composé de 7 lettres dont 3 identiques (le A) et encore 2 identiques (le P). Il existe donc : $\frac{7!}{3! \times 2!} = \frac{7 \times 6 \times 5 \times 4 \times 3 \times 2 \times 1}{3 \times 2 \times 1 \times 2 \times 1} = 420$ anagrammes.

11 C'est le nombre d'arrangements de 3 éléments de l'ensemble {1; 2; 3; 4; 5; 6; 7; 8; 9} qui contient 9 éléments.

Il y a donc : $A^3_9 = \frac{9!}{6!} = 9 \times 8 \times 7 = 504$ nombres à trois chiffres qui ne contiennent pas le chiffre 0 et dont tous les chiffres sont distincts deux à deux.

12 Il y a 15 × 14/2 = 105 poignées de mains !

13 Pour N équipe, il y a N × (N – 1)/2 = 45 rencontres. Donc N × (N – 1) = 90. Donc N = 10 équipes !

14 C'est le nombre de combinaisons de 3 élèves parmi 8. Il y a donc :

$C^3_8 = \frac{8!}{5! \times 3!} = \frac{8 \times 7 \times 6}{3 \times 2 \times 1} = 56$ groupes différents possibles.

15 C'est le nombre de combinaisons de 4 chemises parmi 6. Il y a donc :

$C^4_6 = \frac{6!}{4! \times 2!} = \frac{6 \times 5}{2 \times 1} = 15$ façons de composer ma valise !

16 C'est le produit du nombre de combinaisons de 3 parmi 6 et de 3 parmi 4. Il y a donc :

$C^3_6 \times C^3_4 = \frac{6!}{3! \times 3!} \times \frac{4!}{3! \times 1!} = \frac{6 \times 5 \times 4}{3 \times 2 \times 1} \times \frac{4}{1} = 80$ façons de composer ma valise !

17 Je cherche en fait le nombre de 5-listes d'un ensemble de 10 éléments. Il y en a $10^5 = 100\,000$!

18 On tire en fait 7 éléments d'un ensemble de 12 éléments. Il y a donc :

$C^7_{12} = \frac{12!}{7! \times 5!} = \frac{12 \times 11 \times 10 \times 9 \times 8}{5 \times 4 \times 3 \times 2 \times 1} = 792$ possibilités de tirages différents !

19 Nous cherchons le nombre de permutations qui est donc égal à 9! Il y a ainsi 9 × 8 × 7 × 6 × 5 × 4 × 3 × 2 × 1 = 362 880 façons de mettre ces élèves en file indienne.

20 On cherche le nombre de façons de prendre 4 éléments parmi 9. Il y a donc :

$C^4_9 = \frac{9!}{4! \times 5!} = \frac{9 \times 8 \times 7 \times 6}{4 \times 3 \times 2 \times 1} = 126$ équipes possibles !

21 On cherche le nombre de 5-listes d'éléments de {2; 3; 4; 5; 6; 7; 8; 9}, qui contiennent 8 éléments. Il y a donc $8^5 = 32\,768$ nombres de 5 chiffres ne comprenant ni 0 ni 1.

22 C'est le nombre de permutations des 6 lettres qui composent mon prénom, soit : 6! = 6 × 5 × 4 × 3 × 2 × 1 = 720 permutations ou anagrammes.

23 On peut composer 3 × 2 × 6 = 36 menus différents !

24 Je peux composer 4 × 5 × 2 = 40 tenues différentes.

25 1 joueur serre la main des 11 joueurs de l'équipe adverse. Avec 11 joueurs qui serrent chacun la main des 11 joueurs de l'équipe adverse, cela nous donne : 11 × 11 = 121 poignées de main.

26 On cherche en fait le nombre de 5-listes d'éléments compris entre 1 et 3. Il y en a donc $3^5 = 243$.

27 On cherche le nombre d'arrangements de 3 éléments d'un ensemble à 25 éléments. Il y a donc :

$A^3_{25} = \frac{25!}{22!} = 25 \times 24 \times 23 = 13\,800$ façons de composer le podium.

28 On choisit 1 garçon parmi 16 et une fille parmi 17, il y a donc :
16 × 17 = 272 couples de délégués possibles.

29 On choisit 3 parmi 25 ouvriers et 2 parmi 8 cadres. Il y a donc :

$C^3_{25} \times C^2_8 = \frac{25!}{22! \times 3!} \times \frac{8!}{6! \times 2!} = \frac{25 \times 24 \times 23}{3 \times 2} \times \frac{8 \times 7}{2} = 64\,400$ façons de choisir les représentants du personnel.

30 Il faut appliquer la même formule que celle que l'on utilise pour connaître le nombre de poignées de main échangées dans un groupe de N personnes. Ici les liens qui existent entre deux ordinateurs ressemblent à des poignées de main. Il y a donc (7 × 6)/2 = 21 câbles.

31 $P = \frac{\text{Nombre de cas favorables}}{\text{Nombre de cas possibles}}$. Il y a $C^2_{10} = 45$ cas possibles, et au total il y a $2 \times C^2_5 = 20$ cas favorables ! Ainsi P = 20/45 = 4/9.

32 Il faut valider 12 × 11 × 10 = 1 320 tickets pour être sûr de toucher le tiercé dans l'ordre.

33 $P = \frac{\text{Nombre de cas favorables}}{\text{Nombre de cas possibles}}$. Comme il y a seulement 2 couleurs, il y a $C^2_9 = 36$ cas possibles. Par ailleurs, il y a $C^2_5 = 10$ combinaisons de 2 chaussettes rouges et $C^2_4 = 8$ combinaisons de deux chaussettes vertes. Au total, il y a donc 18 cas qui me sont favorables, ce qui donne une probabilité de 1/2.

34 Dans le pire des cas, je vais tirer toutes les rouges avant de tirer une verte, puis toutes les vertes avant de tirer une bleue. Je dois donc tirer 11 boules pour être sûr d'en avoir une de chaque couleur !

35 $P = \frac{\text{Nombre de cas favorables}}{\text{Nombre de cas possibles}}$, et il y a $C^2_5 = 10$ cas possibles. On a seulement 2 cas favorables : soit on tire les deux verts, soit les deux roses. La probabilité de A est donc $p(A) = 2/10 = 1/5$.

36 Soit A l'événement « la carte est une dame », et B l'événement « la carte est un cœur ».
On cherche $P(A \cup B)$.
On sait que $P(A \cup B) = P(A) + P(B) - P(A \cap B)$.
$P(A) = 4/32 = 1/8$
$P(B) = 1/4$
et $A \cap B$ est l'événement « tirer la dame de cœur », de probabilité 1/32.
Donc $P(A \cup B) = 1/8 + 1/4 - 1/32 = 11/32$.

37 Dans le pire des cas, il prendra d'abord les 12 françaises, et la suivante sera forcément différente. Il a donc besoin de prendre 13 pièces.

38 Dans le pire des cas, il en prendra une de chaque, et la cinquième pièce sera identique à l'une de celles qu'il a déjà ! Il doit donc en prendre 5.

39 $P = \frac{\text{Nombre de cas favorables}}{\text{Nombre de cas possibles}}$, et il y a $2^5 = 32$ cas possibles. En revanche, il n'y a qu'un seul cas favorable. Donc la probabilité d'obtenir 5 fois pile est de 1/32.

40 $P = \frac{\text{Nombre de cas favorables}}{\text{Nombre de cas possibles}}$, et il y a $C^2_{12} = 66$ combinaisons de deux livres possibles. Il y a $C^5_2 = 10$ cas favorables, où je prendrai deux livres qui ne sont ni de physique ni de maths. Ainsi, la probabilité est de $10/66 = 5/33$.

41 Comme les événements sont indépendants, la probabilité qu'il n'atteigne jamais le centre est de $(3/4)^4 = 81/256$, soit environ 0,32.

42 La probabilité d'échec (ou de non réalisation d'un événement) est toujours égale à 1 moins la probabilité de réalisation de l'événement. Donc ma probabilité d'échec est de $1 - 2/3 = 1/3$.

43 L'événement A « gagner au moins une fois » est l'événement contraire de B « toujours perdre ». Donc P(A) = 1 – P(B).
Et la probabilité de perdre une fois étant de 2/3, la probabilité de perdre 5 fois est de $(2/3)^5 = 32/243$.
Donc la probabilité de gagner au moins une fois est de 211/243.

44 $P = (1/3)^5 = 1/243$.

45 Pour que la somme des résultats soit paire, il faut avoir fait soit deux fois un nombre pair, soit deux fois un nombre impair. Pour chacun de ces cas, il y a exactement 1 chance sur 4. Comme les événements sont indépendants, on a 1 chance sur 2 d'avoir une somme paire.

46 Un produit impair est forcément le produit de deux nombres impairs. Et la probabilité d'avoir deux nombres impairs successifs est de 1/4. Donc la probabilité d'avoir un produit impair est de 1/4.

47 $P = \dfrac{\text{Nombre de cas favorables}}{\text{Nombre de cas possibles}}$. Le nombre de résultats possibles sur un lancer de deux dés est de 36. Et le nombre de doubles possibles est de 6. La probabilité de faire un double est donc de 6/36 = 1/6.

48 Soit A l'événement « On a obtenu un 5 », B l'événement « la somme des dés vaut 11 ».
On cherche P(A/B). D'après la formule des probabilités conditionnelles :
$P(A/B) = P(A \cap B)/P(B)$.
Et $P(A \cap B) = 1/18$. P(B) = 1/18. Donc P(A/B) = 1 ! Si on fait 11, alors on a forcément fait un 5.

49 P(au moins un pile) = 1 – P(aucun pile),
et P(aucun pile) = P(que des faces) = $(1/2)^5 = 1/32$.
Donc la probabilité d'obtenir au moins un pile est de 1 – 1/32 soit 31/32.

50 $P = \dfrac{\text{Nombre de cas favorables}}{\text{Nombre de cas possibles}}$, et il y a 36 cas possibles. Parmi eux, seuls trois donnent une somme égale à 4. La probabilité que la somme fasse 4 est donc de 3/36 = 1/12.

17. VARIABLES ALEATOIRES

Les variables aléatoires ont tendance à disparaître au SCORE IAE MESSAGE. Nous n'avons pour autant pas pris le risque de les écarter de notre cours fondamental. Qui sait si elles ne reviendront pas en force dans les sessions à venir...

1. Introduction

[Définition]

On appelle variable aléatoire (v.a.), une application X définie sur l'univers Ω et à valeurs dans *R*.

Si l'ensemble X(Ω) des valeurs prises par X est fini (on dit aussi dénombrable), on parle alors de v.a. discrète. Dans les autres cas (X prend par exemple toutes les valeurs de l'intervalle des nombres réels compris entre 1 et 10) on parle de v.a. continue.

[Fonction de répartition]

A toute v.a. X, on associe une fonction $F_X : R \rightarrow R$ appelée fonction de répartition de la variable X, et qui est définie par :

$$\forall x \in R \, F_X(x) = P(X \leq x)$$

[Propriétés des fonctions de répartition]

- Pour tout réel x, on a : $0 \leq F_X(x) \leq 1$.
- $F_X(x)$ est une fonction croissante.
- $\lim\limits_{x \to -\infty} F_X(x) = 0$
- $\lim\limits_{x \to +\infty} F_X(x)\ 1$
- Pour tous réels a et b, tels que $a < b$: $F_X(b) - F_X(a) = P(a < X \leq b)$

2. Variables aléatoires discrètes

[Nota Bene]

Dans le cas d'une v.a. discrète X, l'ensemble des valeurs que peut prendre X est de la forme $X(\Omega) = \{x_i, i \in I\}$ où I est soit un ensemble fini, soit N, l'ensemble des entiers naturels. On désignera enfin dans toute la suite de ce cours, p_i : la probabilité de l'événement « $X = x_i$ » *i.e.* : $p_i = P(X = x_i)$.

[Loi de probabilité]

On appelle loi de probabilité de la variable discrète X l'ensemble des couples de la forme $(x_i ; p_i)$ où *i* décrit I.

On notera qu'étant donné que les événements « $X = x_i$ » forment un système complet d'événements, on a : $\sum_{i\in I} p_i = 1$.

On notera également que si les (x_i) sont classés dans l'ordre croissant, alors : $P(X = x_i) = F_X(x_i) - F_X(x_{i-1})$. La fonction de répartition F_X est donc constante par morceaux et vaut $F_X(x_i)$ sur l'intervalle $[x_i ; x_{i+1}[$.

[Espérance mathématique]

Si la série $\sum_{i\in I} p_i x_i$ est absolument convergente, alors l'espérance mathématique de la variable X, notée E(X), est définie par :

$$E(X) = \sum_{i\in I} x_i\, P(X = x_i) = \sum_{i\in I} x_i p_i$$

Propriétés de l'espérance mathématique :

- L'espérance mathématique est linéaire. Si X et Y sont deux v.a. et *a*, *b* et *c* trois nombres réels, alors : $E(aX + bY + c) = aE(X) + bE(Y) + c$
- Si *h* est une fonction de R dans R, alors on peut définir l'espérance mathématique de la v.a. *h*(X) qui est égale à $E[h(X)] = \sum_{i\in I} h(x_i)p_i$.
- En particulier, pour une v.a. X dont le carré X^2 admet une espérance, on a : $E(X^2) = \sum_{i\in I} x_i^2 p_i$.

[Variance]

Si la v.a. X admet une espérance et si la série $\sum_{i \in I} x_i^2 p_i$ est convergente, alors la variance de X, notée V(X) est définie par :

$$V(X) = E(X - E(X)^2) \sum_{i \in I} (x_i - E(X))^2 p_i$$

<u>Propriétés de l'espérance mathématique :</u>

- $V(X) \geq 0$
- $V(X) = E(X^2) - (E(X))^2 = \sum_{i \in I} x_i^2 p_i - \left(\sum_{i \in I} x_i p_i\right)^2$
- En général : $V(X + Y) \neq V(X) + V(Y)$ *(la variance n'est pas linéaire)*
- Si a, b des réels quelconques, alors : $V(aX + b) = a^2 V(X)$

[Ecart type]

On suppose que la v.a. X admet une espérance et une variance. On appelle écart type, la racine carrée de la variance :

$$\sigma(X) = \sqrt{V(X)}$$

Et pour tout réel a quelconque, $\sigma(aX) = |a| \sigma(X) = |a| \sqrt{V(X)}$

Application :

Une variable aléatoire X prend les valeurs –1, –2, –3, 3, 4, 6 avec les probabilités respectives 0,15 ; 0,05 ; 0,1 ; 0,3 ; 0,15 ; 0,25.
Alors E(3X + 2) vaut :

(1) 7,15 (2) 8,95 (3) 9,35 (4) 10,75 (5) 10,15

Nous savons que : $E(3X + 2) = 3E(X) + 2$

Or, $E(X) = -1 \times 0{,}15 - 2 \times 0{,}05 - 3 \times 0{,}1 + 3 \times 0{,}3 + 4 \times 0{,}15 + 6 \times 0{,}25 = 2{,}45$

Donc $E(3X) + 2) = 3E(X) + 2 = 3 \times 2{,}45 + 2 = 9{,}35$. **Réponse 3.**

Application :

Une variable aléatoire X prend les valeurs –1 ou 1 avec les probabilités respectives 0,35 et 0,65.
Que vaut V (2X – 4) ? (V représente la variance de la v.a.)

(1) 0,91 (2) 1,56 (3) 2,36 (4) 3,64 (5) 4,16

Nous savons que $V(X) = E(X^2) - \big(E(X)\big)^2$. Calculons donc E(X) et $E(X^2)$:
$E(X) = (-1) \times 0,35 + 1 \times 0,65 = 0,3$
$E(X^2) = (-1)^2 \times 0,35 + 1^2 \times 0,65 = 1$
En conclusion : $V(X) = E(X^2) - \big(E(X)\big)^2 = 1 - 0,09 = 0,91$
et $V(2X - 4) = 2^2V(X) = 3,64$. **Réponse 4.**

3. Couples de variables aléatoires discrètes

[Indépendance de deux v.a. X et Y]

On dit que les v.a. X et Y sont indépendantes si pour tout couple (x_i , y_i), on a la relation :

$$P\big((X = x_i) \cap (Y = y_i)\big) = P(X = x_i) \times P(Y = y_i)$$

Propriétés :
Lorsque les v.a. X et Y sont indépendantes, on a :

- $E(XY) = E(X) \times E(Y)$
- $V(X + Y) = V(X) + V(Y)$

[Covariance]

Si X et Y sont des v.a. qui admettent une espérance et si la v.a. produit XY admet elle aussi une espérance, alors :

$$\text{cov}(X, Y) = E(XY) - E(X)E(Y)$$

Propriétés :

- $\text{cov}(X, Y) = V(X)$
- Si X et Y sont indépendantes, alors : $\text{cov}(X, Y) = 0$
- $V(X + Y) = V(X) + 2\text{cov}(X, Y) + V(Y)$
- Si $X_1, X_2, \ldots, X_n$ est une famille de n v.a. deux à deux indépendantes, alors :
$$V\left(\sum_{i=1}^{n} X_i\right) = \sum_{i=1}^{n} V(X_i)$$

[Coefficient de corrélation linéaire]

Si X et Y sont des v.a. dont les variances existent alors leur covariance existe toujours, et l'on définit le coefficient de corrélation linéaire entre X et Y par :

$$r = \frac{\text{cov}(X, Y)}{\sqrt{V(X)V(Y)}}$$

Propriétés :

- r est du même signe que la covariance de X et de Y.
- r est un réel compris entre 0 et 1.
- Si X et Y sont indépendantes alors $r = 0$.
- Lorsque $r = -1$ ou 1 alors il existe une relation linéaire entre les variables X et Y, autrement dit, il existe deux réels a et b tels que : $Y = aX + b$.

4. Lois discrètes finies

[Loi uniforme sur l'intervalle entier [1 ; *n*]]

Définition :

On dit qu'une v.a. X suit une loi uniforme sur l'intervalle entier [1 ; n] si :

$$\begin{cases} X(\Omega) = [1 ; n] \\ \text{et} \\ \forall i \in [1 ; n], P(X = i) = \dfrac{1}{n} \end{cases}$$

Modèle type :

On considère une urne contenant n petits papiers numérotés de 1 à n. On tire un petit papier au hasard dans cette urne. La variable aléatoire X représentant le numéro inscrit sur le bout de papier suit une loi uniforme sur l'intervalle $[1 ; n]$.

Exemple :

Une entreprise possède 30 ordinateurs, numérotés de 1 à 30.

Chaque jour, un ordinateur est choisi au hasard afin de subir une série de tests de sécurité. Soit X la variable qui représente le numéro de l'ordinateur qui a été tiré au sort. Alors, X suit une loi uniforme sur l'intervalle [1 ; 30].

Formules :

Si X suit une loi uniforme sur l'intervalle $[1 ; n]$, alors :

- $E(X) = \dfrac{n+1}{2}$
- $V(X) = \dfrac{n^2-1}{12}$

[Loi de Bernoulli]

Définition :

Soit p, un réel tel que $0 < p < 1$. On dit qu'une v.a. X suit une loi de Bernoulli de paramètre p si : $\begin{cases} X(\Omega) = \{0 ; 1\} \\ P(X=1) = p \\ P(X=0) = 1-p \end{cases}$

Modèle type :

On considère une expérience aléatoire à deux éventualités : l'éventualité « succès » (avec une probabilité de réalisation égale à p) et son éventualité contraire « échec » (avec une probabilité de réalisation égale à $1-p$).

Il s'agit là d'une expérience de Bernoulli de paramètre p : $X = 1$ si l'éventualité « succès » est réalisée et $X = 0$ si l'éventualité contraire « échec » est réalisée.

Exemple :

Une entreprise possède 30 ordinateurs, numérotés de 1 à 30.

On sait que la nuit dernière un des 30 ordinateurs est tombé en panne. Ce matin, le responsable informatique choisit un ordinateur au hasard. On considère X la v.a. prenant la valeur 1 si l'ordinateur choisi est celui qui est tombé en panne et 0 sinon.

Alors X suit une loi de Bernoulli de paramètre $\frac{1}{30}$.

Formules :
Si X suit une loi de Bernoulli de paramètre *p,* alors :

- $E(X) = p$
- $V(X) = pq$

[Loi binomiale]

Définition :
Soit *p*, un réel tel que $0 < p < 1$ et *n* un entier naturel non nul. On dit qu'une v.a. X suit une loi binomiale de paramètre *n* et *p* si :

$$\begin{cases} X(\Omega) \text{ est l'ensemble des entiers compris entre 1 et } n \\ \forall i \in X(\Omega),\ P(X = i) = C_n^i p^i (1-p)^{n-i} \end{cases}$$

Modèle type :
Si X est une v.a. qui fait état du nombre de « succès » obtenus dans une série de *n* expériences de Bernoulli identiques et indépendantes, alors X suit une loi binomiale de paramètre *n* et *p* avec *p* la probabilité associée à la réalisation de l'éventualité « succès » lors de l'épreuve de Bernoulli.

Exemple :
La probabilité pour qu'au sein d'une très grande population, une personne soit détentrice d'un téléphone militaire est égale à 0,03. On choisit au hasard 10 000 personnes au sein de cette population (avec l'éventualité de choisir plusieurs fois la même personne.) Soit X la v.a. représentant le nombre de personnes détentrices d'un téléphone militaire. X fait état du nombre de succès, (*i.e.* ici le fait d'être détenteur d'un téléphone militaire) obtenus dans une série de 10 000 expériences de Bernoulli (être détenteur d'un téléphone militaire *ou* ne pas l'être.) Alors X suit une loi binomiale de paramètres $n = 10\,000$ et $p = 0{,}03$.

<u>Formules</u> :

Si X suit une loi binomiale de paramètre *n* et *p,* alors :

- $E(X) = np$
- $V(X) = np(1 - p)$

Application :

Une urne contient 2 boules vertes et $n - 2$ boules jaunes. Soit X une v.a. qui représente le rang de sortie de la première boule verte *(les tirages sont effectués sans remise.)* Alors, $P(X = 2)$ est égal à :

(1) $\dfrac{2(n-3)}{n(n-1)}$ (2) $\dfrac{(n-3)}{n}$ (3) $\dfrac{2n}{(n-1)(n-2)(n-3)}$

(4) $\dfrac{n(n-1)}{(n-2)(n-3)}$ (5) $\dfrac{n^2}{(n-1)(n-3)}$

$P(X = 3)$: représente la probabilité d'obtenir une boule verte lors du troisième tirage. Cela revient donc à calculer la probabilité de l'événement suivant : « avoir une boule jaune au 1er tirage <u>*puis*</u> une autre boule jaune au 2nd tirage <u>*puis*</u> une boule verte au troisième tirage ». Les trois événements étant indépendants :

$P(X = 3) = \dfrac{n-2}{n} \times \dfrac{n-3}{n-1} \times \dfrac{2}{n-2} = \dfrac{2(n-3)}{n(n-1)}$. **Réponse 1.**

Application :

On considère une pièce de monnaie non régulière (*i.e.* truquée) de telle sorte que la probabilité d'obtenir PILE soit égale à 0,2.

On lance 8 fois la pièce, quelle est la probabilité d'obtenir 5 fois PILE ?

(1) $C_8^5(0{,}8)^5(0{,}2)^3$ (2) $\dfrac{(0{,}8)^5(0{,}2)^3}{C_8^5}$ (3) $C_8^5(0{,}2)^5(0{,}8)^3$

(4) $\dfrac{0{,}2^5}{0{,}8^3}$ (5) $\dfrac{1}{4}$

La v.a. X qui « compte » le nombre de PILE obtenus au cours des 8 lancers consécutifs indépendants suit une loi binomiale de paramètres (8 ; 0,2). En conséquence : $P(X = 3) = C_8^5(0{,}2)^5(0{,}8)^3$. **Réponse 3.**

Application :

X est une v.a. qui suit une loi binomiale B(6 ; 0,2) (autrement dit on a : $n = 6$ et $p = 0{,}2$). Alors l'espérance mathématique E(Y) de la la v.a. $Y = 2X^2 + 3X + 1$ est égale à :

(1) 12,6 (2) 7,3 (3)10,8 (4) 9,4 (5) 7,5

$E(Y) = E(2X^2 + 3X + 1) = \underline{2E(X^2) + 3E(X) + 1}$.

Nous savons bien sûr que $E(X) = np = 1{,}2$. Qu'en est-il de $E(X^2)$?

$\underline{E(X^2)} = V(X) + (E(X))^2 = np(1-p) + n^2p^2 = 2{,}4$. Par conséquent: $E(Y) = 9{,}4$.

Réponse 4.

18. CALCUL MATRICIEL

Voici un chapitre que je suis obligé d'introduire dans cette bible car il arrive parfois que cela tombe (mais c'est très très rare, et quand ça arrive, on parle d'une seule question sur les vingt posées dans une session).

Si vous n'avez pas vu ce chapitre en cours, alors passez votre chemin et rendez-vous tout de suite au chapitre 19. Cela ne vaut vraiment pas le coup que vous y passiez du temps pour le moment. Revenez sur ce chapitre quand tout le reste sera OK pour vous.

1. Multiplication de matrices : le cas général

Soit m, n et p des entiers naturels non nuls. Soit A, une matrice $n \times m$ de terme général $a_{i,k}$ et B une matrice $m \times p$ de terme général $b_{k,j}$, alors le produit AB existe et on a une matrice C = AB de format $n \times p$ (n lignes de A, p colonnes de B) dont le terme général $c_{i,j}$ est le produit terme à terme de la $i^{\text{ème}}$ ligne de A par la $j^{\text{ème}}$ colonne de B.

NB **:** pour que le produit de 2 matrices existe, il faut donc que le nombre de colonnes de la matrice « de gauche » soit égal au nombre de lignes de la matrice « de droite ». Retenez CG = LD (Colonnes Gauche égales Lignes Droite)

Remarque : si dans un produit de matrices, l'une est nulle, alors le produit est nul. En revanche, le produit de deux matrices peut être nul sans que l'une ou l'autre soit nulle.

Application :

On considère les matrices $A = \begin{pmatrix} 1 & 2 & 3 & 4 \\ 5 & 6 & 7 & 8 \end{pmatrix}$ et $B = \begin{pmatrix} 1 & 5 & 9 \\ 2 & 6 & 10 \\ 3 & 7 & 11 \\ 4 & 8 & 12 \end{pmatrix}$.

Que vaut C = AB ? Que vaut D = BA ?

Que vaut C = AB ? Le produit AB existe car j'ai bien 4 colonnes « à gauche » et 4 lignes à droite et la matrice résultat C sera donc composée de 2 lignes et 3 colonnes.

Le premier terme de la matrice C : $c_{1,1}$ est le produit terme à terme des éléments de la 1re ligne avec ceux de la 1re colonne soit :
$1 \times 1 + 2 \times 2 + 3 \times 3 + 4 \times 4 = 1 + 4 + 9 + 16 = 30$.
Le second terme de cette matrice $c_{1,2}$ est le produit terme à terme des éléments de la 1re ligne avec ceux de la 2de colonne soit :
$1 \times 5 + 2 \times 6 + 3 \times 7 + 4 \times 8 = 5 + 12 + 21 + 32 = 70$.
$c_{1,3}$ vaut 110.

Au final on obtient $C = \begin{pmatrix} 30 & 70 & 110 \\ 70 & 174 & 278 \end{pmatrix}$

Que vaut D = BA ? Et bien le produit BA n'existe pas. La matrice de gauche (B) contient en effet un nombre de colonnes (3) qui n'est pas égal au nombre de lignes (2) de la matrice de droite (A).

Retenez donc que si AB existe alors BA n'existe pas forcément !
Retenez également que si AB et BA existent alors en général AB n'est pas égal à BA.

Application :

On considère les matrices $A = \begin{pmatrix} 2 & -3 \\ -1 & -5 \\ 0 & 9 \end{pmatrix}$ et $B = \begin{pmatrix} -1/3 & 3 \\ 3 & -2/3 \\ 1 & 0 \end{pmatrix}$.

Que vaut $3 \times (6B - 2A)$?

(1) $\begin{pmatrix} 1/32 & 12 \\ 32 & 6 \\ 10 & 12 \end{pmatrix}$ (2) $\begin{pmatrix} -18 & 72 \\ 60 & 18 \\ 18 & -54 \end{pmatrix}$ (3) $\begin{pmatrix} 3/32 & 18 \\ 1/12 & 1/18 \\ 12 & 72 \end{pmatrix}$

(4) $\begin{pmatrix} 18 & 30 \\ 60 & 18 \\ 18 & 60 \end{pmatrix}$ (5) $\begin{pmatrix} -18 & 72 \\ 48 & 72 \\ 18 & -54 \end{pmatrix}$

Ce QCM assez simple permet d'appliquer intuitivement les propriétés de l'addition et de la multiplication externe. Sachez qu'il n'est pas question ici de calculer *tous* les termes du résultat de l'opération $3 \times (6B - 2A)$ car il s'agit d'un QCM et que la réponse se trouve sous vos yeux ! C'est par le jeu des éliminations que l'on va trouver très rapidement la bonne solution.

Le premier terme de la matrice résultat vaut :
$3 \times (6b_{1,1} - 2a_{1,1}) = 3 \times 6b_{1,1} - 3 \times 2a_{1,1} = 18b_{1,1} - 6a_{1,1} = -6 - 12 = -18$.
On peut d'ores et déjà éliminer les solutions 1, 3 et 4 pour garder les solutions 2 et 5. Cela ne sert ensuite à rien de calculer le second terme du résultat : $18b_{1,2} - 6a_{1,2}$ puisque l'on sait qu'il vaut 72 ! Le 3e terme en revanche diffère d'une solution à l'autre… et ce dernier vaut : $18b_{2,1} - 6a_{2,1} = 60$.
C'est donc la **réponse 2.**

2. Multiplication de matrices : le cas particulier des matrices carrées

Dans l'ensemble des matrices carrées d'ordre n, tout produit est possible et le résultat est une matrice carrée d'ordre *n*.

Soit A, B et C des matrices carrées d'ordre n.

Associativité du produit : $A \times (BC) = (AB) \times C$

Non commutativité du produit : AB n'est pas égal à BA en général

La matrice d'identité I_n est neutre pour le produit : $I_n \times A = A \times I_n$

La multiplication est distributive sur l'addition :

$A \times (B + C) = AB + AC$; $(A + B) \times C = AC + BC$.

3. Formule du binôme de Newton

Si *n* est un entier naturel non nul et si A et B sont des matrices carrées de même ordre tel que AB = BA, alors :

$$(A + B)^n = \sum_{k=0}^{n} C_n^k \, A^k \, B^{n-k}$$

Application :

On considère la matrice $A = B + I_2$ avec $B = \begin{pmatrix} 4 & -2 \\ 8 & -4 \end{pmatrix}$ et I_2 : la matrice identité d'ordre 2. Que vaut A^n ? (n est un entier naturel)

(1) $\begin{pmatrix} 1 & n \\ 2n & -n+1 \end{pmatrix}$ (2) $\begin{pmatrix} 5 & -2+n \\ 9 & -4+n \end{pmatrix}$ (3) $\begin{pmatrix} 4n+1 & -2n \\ 8n & -4n+1 \end{pmatrix}$

(4) $\begin{pmatrix} 2n+1 & -3n \\ -8n & -4-n \end{pmatrix}$ (5) $\begin{pmatrix} 1 & -2n \\ 2n & -1 \end{pmatrix}$

Voici une application classique de la formule du binôme de Newton.

Les matrices B et I sont des matrices carrées de même ordre. La matrice identité étant neutre pour le produit dans l'ensemble des matrices carrées d'ordre n ; B et I commutent (BI = IB) et l'on peut donc appliquer la formule du binôme de Newton :

$$A^n = (B + I)^n = \sum_{k=0}^{n} C_n^k \, B^k \, I^{n-k} = I^n + nB + \frac{n(n-1)}{2} B^2 + \ldots + B^n$$

Il s'agit d'un QCM et il y a par conséquent de fortes chances pour que vous n'ayez pas à calculer B^3, B^4, etc. ce serait beaucoup trop long et « non conforme » aux règles régissant le QCM de raisonnement logique et mathématique. Le calcul de B^2 donne : $B^2 = 0$, ce qui implique $B^n = 0$ pour tout entier n supérieur ou égal à 2. ($B^n = B^2 \times B^{n-2} = 0 \times B^{n-2} = 0$.)

Au final : $A^n = (B + I)^n = I + nB = \begin{pmatrix} 1+4n & -2n \\ 8n & 1-4n \end{pmatrix}$ **Réponse 3.**

Pensez donc à exprimer une matrice A en fonction de la matrice identité et d'une autre matrice B tel que B = A – I, afin d'appliquer sans ambages la formule du binôme de Newton.

4. Inverse d'une matrice carrée par la méthode de Gauss

Soit A une matrice carrée d'ordre n. Si son inverse existe, alors on a :

$$AA^{-1} = A^{-1}A = I_n$$

<u>Conséquence</u> : si A et B sont des matrices inversibles d'ordre n, alors : $(AB)^{-1} = B^{-1}A^{-1}$

Soit le système linéaire $n \times n$: $AX = B$, où la matrice A est une matrice A est inversible, alors ce système a une solution unique :

$$X = A^{-1}B$$

Pour reconnaître qu'une matrice carrée A est inversible, on la transforme en matrice triangulaire supérieure ou inférieure par la méthode du pivot de Gauss : A est inversible **si et seulement si** la diagonale de la matrice triangulaire ne contient aucun zéro.

Application :

On considère la matrice $A = \begin{pmatrix} 1 & 1 & 1 \\ 0 & 1 & 1 \\ 0 & 0 & 1 \end{pmatrix}$. Sa matrice A^{-1} inverse est :

(1) $\begin{pmatrix} -1 & 1 & -1 \\ 0 & -1 & 1 \\ 0 & 0 & 1 \end{pmatrix}$ (2) $\begin{pmatrix} 1 & 0 & -1 \\ -1 & 1 & 0 \\ 0 & 0 & -1 \end{pmatrix}$ (3) $\begin{pmatrix} -1 & -1 & 0 \\ 0 & 1 & 1 \\ 0 & 0 & 1 \end{pmatrix}$

(4) $\begin{pmatrix} 1 & -1 & -2 \\ 0 & 1 & 0 \\ 0 & 0 & -1 \end{pmatrix}$ (5) $\begin{pmatrix} 1 & -1 & 0 \\ 0 & 1 & -1 \\ 0 & 0 & 1 \end{pmatrix}$

Nous allons appliquer la méthode du pivot de Gauss.

Notons $X_i = \begin{pmatrix} x_i \\ y_i \\ z_i \end{pmatrix}$ les colonnes de A^{-1}.

$AX_1 = \begin{pmatrix} 1 \\ 0 \\ 0 \end{pmatrix} \Leftrightarrow \begin{pmatrix} 1 & 1 & 1 \\ 0 & 1 & 1 \\ 0 & 0 & 1 \end{pmatrix}\begin{pmatrix} x_1 \\ y_1 \\ z_1 \end{pmatrix} = \begin{pmatrix} 1 \\ 0 \\ 0 \end{pmatrix}$. La matrice A étant déjà triangulaire supérieure nous n'avons aucune transformation à apporter au système. On résout donc les équations suivantes : $\begin{cases} x_1 + y_1 + z_1 = 1 \\ y_1 + z_1 = 0 \\ z_1 = 0 \end{cases}$ qui donnent :

$X_1 = \begin{cases} x_1 = 1 \\ z_1 = 0 \\ y_1 = 0 \end{cases} = \begin{pmatrix} 1 \\ 0 \\ 0 \end{pmatrix}$

Réflexe QCM ! On jette un coup d'œil sur les solutions et on remarque déjà que seules les matrices des solutions 4 et 5 ont une première colonne égale à X_1. Cela réduit de façon conséquente le nombre de solutions possibles.

Autre réflexe QCM : comme il est essentiel de chercher le moyen le plus rapide de venir à bout des QCM de raisonnement logique et mathématique (le temps est court et compté le jour de l'épreuve et il n'y a pas une minute à perdre !) nous n'allons pas calculer les éléments de la deuxième colonne X_2 mais ceux de la colonne de la colonne X_3. Calculer les éléments de X_2 ne nous avancera à rien car si l'on regarde de près les matrices des réponses 4 et 5, on se rend compte que leur deuxième colonne est identique (on est donc sûr de ce qu'elles valent)… Nous gagnerons ainsi du temps en calculant directement les éléments de la troisième colonne X_3.

NB : il est absolument essentiel que vous compreniez l'importance de ces réflexes QCM que nous allons aborder tout au long de cet ouvrage. Ces réflexes représentent pour vous le levier numéro 1 à actionner pour gagner en rapidité et en efficacité.

$AX_3 = \begin{pmatrix} 0 \\ 0 \\ 1 \end{pmatrix} \Leftrightarrow \begin{pmatrix} 1 & 1 & 1 \\ 0 & 1 & 1 \\ 0 & 0 & 1 \end{pmatrix}\begin{pmatrix} x_3 \\ y_3 \\ z_3 \end{pmatrix} = \begin{pmatrix} 0 \\ 0 \\ 1 \end{pmatrix} \Leftrightarrow X_3 = \begin{pmatrix} 0 \\ -1 \\ 1 \end{pmatrix}$. **Réponse 5.**

19. SUITES LOGIQUES DE CHIFFRES ET DE LETTRES

Les suites logiques de chiffres et de lettres ont récemment fait leur apparition au SCORE IAE MESSAGE. La dernière session du SCORE IAE MESSAGE 2011 contenait ainsi pas moins de 5 suites logiques à résoudre ! Avec un peu d'entraînement, nul doute que vous saurez venir à bout de tous les types de suites logiques.

1. Progression arithmétique de chiffres

[1. Progression arithmétique croissante]

Cette progression consiste à passer d'un nombre au suivant en ajoutant un nombre constant positif. Ce nombre s'appelle la « raison arithmétique ».

Exemple :

1 4 7 10 13 ?

Vous ajoutez dans cet exemple la raison 3 au nombre précédent. Vous devez répondre 16.

[2. Progression arithmétique décroissante]

Cette progression consiste à passer d'un nombre au suivant en soustrayant un nombre constant positif. Ce nombre s'appelle également la « raison arithmétique ».

Exemple :

547 541 535 529 523 ?

Vous retirez dans cet exemple la raison 6 au nombre précédent. Vous devez répondre 517.

[3. Progression arithmétique évolutive]

Cette progression consiste à passer d'un nombre au suivant en ajoutant un nombre qui augmente ou qui diminue à chaque fois.

Exemple :

4 5 7 10 14 ?

Vous ajoutez dans cet exemple d'abord 1, puis 2, ensuite 3, etc.

Vous devez répondre 19, puisque vous devez ajouter 5 à 14.

L'évolution de la progression peut aussi être négative.

Exemple :

85 80 76 73 71 ?

Vous retirez dans cet exemple successivement les nombres 5, 4, 3, 2 et enfin 1. Vous devez répondre 70.

2. La progression géométrique de chiffres

[1. Progression géométrique croissante]

Cette progression consiste à passer d'un nombre au suivant en multipliant par un nombre constant supérieur à 1. Ce nombre s'appelle la « raison géométrique ».

Exemple :

1 2 4 8 16 ?

Vous multipliez dans cet exemple le nombre précédent par la raison 2. Vous devez répondre 32.

[2. Progression géométrique décroissante]

Cette progression consiste à passer d'un nombre au suivant en multipliant par un nombre constant positif inférieur à 1. Ce nombre s'appelle également la « raison géométrique ».

Exemple :

800 400 200 100 50 ?

Vous multipliez dans cet exemple le nombre précédent par la raison 1/2. Vous devez répondre 25. Cette progression géométrique décroissante revient à diviser chaque nombre par 2.

[3. Progression géométrique évolutive]

Cette progression consiste à passer d'un nombre au suivant en multipliant par un nombre qui augmente ou qui diminue à chaque fois.

Exemple :

2 4 12 48 240 ?

Vous multipliez dans cet exemple d'abord par 1, puis par 2, ensuite par 3, etc. Vous devez répondre 1440, puisque vous devez multiplier 240 par 6.

3. La progression arithmético-géométrique de chiffres

La progression arithmético-géométrique est un mélange de la progression arithmétique et de la progression géométrique. Vous devez multiplier le nombre précédent par la raison géométrique, puis ajouter au résultat la raison arithmétique.

Exemple 1 :

1 3 7 15 31 ?

Vous multipliez dans cet exemple le nombre précédent par la raison 2 puis vous ajoutez 1 au résultat.
Vous devez répondre 63 ($31 \times 2 + 1 = 63$).

Exemple 2 :

3 11 35 107 323 ?

Vous multipliez dans cet exemple par la raison 3 le nombre précédent puis vous ajoutez 2 au résultat.
Vous devez répondre 971 ($323 \times 3 + 2 = 971$).

4. Carrés, cubes et nombres premiers

La mise au carré, la mise au cube, la suite des nombres premiers sont régulièrement utilisées comme règle de progression dans les séries simples de chiffres.
Pensez également à utiliser les dérivées de ces règles : la suite des carrés pairs, la suite des carrés impairs, la suite des écarts des carrés etc.
Nous vous rappelons quelques suites à connaître sur le bout des doigts :

[1. Suite des carrés]

1 4 9 16 25 36 49 64 81 100

[2. Suite des cubes]

1 8 27 64 125 216 343 512 729 1000

[3. Suite de nombres premiers]

2 3 5 7 11 13 17 19 23 29

5. Progression symétrique de chiffres

Certaines séries construisent leur règle sur un concept de symétrie simple. La symétrie peut être axiale ou centrale.

Exemple :

121 232 343 454 565 787 ?

Voici une série avec une règle de symétrie centrale. Les chiffres sont consécutifs à l'intérieur de chaque nombre et le chiffre de chaque nombre est croissant d'un nombre à l'autre. La réponse attendue est 898.

6. Progression de type « récurrence » de chiffres

Nous l'appelons progression de type récurrence car les termes de la série s'obtiennent en faisant une combinaison d'opérations élémentaires sur les nombres précédents.

Exemple :

1 2 3 5 8 13 21 ?

Dans cet exemple, chaque terme est égal à la somme des deux termes qui précèdent : 3 = 1 + 2 ; 5 = 3 + 2 ; 8 = 5 + 3 ; 13 = 8 + 5. La réponse est donc 34, car 21 + 13 = 34.

Exemple :

4 2 10 32 106 350 ?

Dans cet exemple, chaque terme est donné par le triple du terme précédent ajouté du terme précédant le précédant : 10 = 3 × 2 + 4 ; 32 = 3 × 10 + 2 ; 106 = 3 × 32 + 10, etc. La solution est donc 350 × 3 + 106 = 1156.

7. La progression arithmétique de lettres

[1. Progression arithmétique croissante]

Cette progression consiste à passer d'une lettre à la suivante en ajoutant un nombre de rang constant positif.

Exemple :

C E G I K ?

Vous ajoutez dans cet exemple deux lettres à la lettre qui précède. Vous devez répondre M.

[2. Progression arithmétique décroissante]

Cette progression consiste à passer d'une lettre à la suivante en remontant l'alphabet à chaque fois d'un nombre constant de lettres.

Exemple :

T S R Q P ?

Vous remontez dans cet exemple d'une lettre à chaque fois. Vous devez répondre O.

[3. Progression arithmétique évolutive]

Cette progression consiste à passer d'une lettre à la suivante en augmentant progressivement le nombre de lettres qui augmentent ou qui diminuent à chaque fois.

Exemple :

A B D G K P ?

Vous ajoutez dans cet exemple d'abord 1 lettre, puis 2 lettres, ensuite 3 lettres, etc. Vous devez répondre V, en faisant un saut de 5 lettres.

L'évolution de la progression peut aussi être décroissante.

Exemple :

U Q N L ?

Vous remontez dans cet exemple de 4 lettres, puis de 3 lettres, puis de 2 lettres, puis d'1 lettre. Vous devez répondre K.

8. Progression de type « récurrence » de lettres

Le principe fondamental des séries avec une progression de type « récurrence » est de lier un terme de la série mixte à plusieurs termes précédents dans la série. Vous pouvez additionner, soustraire ou encore multiplier, deux ou trois termes précédents pour trouver la combinaison qui permet de calculer le terme que vous recherchez.

Exemple :

A B C E H ?

Ici, le rang de chaque lettre est donné par la somme des rangs des deux lettres précédentes. La réponse attendue est donc M.

9. Les progressions initiales de lettres

La progression de type « initiales » est assez atypique parmi les différents critères de progression et elle vous surprend la plupart du temps lorsque vous la rencontrez. C'est tout à fait normal, puisque la progression de type « initiales » est la seule progression qui ne fonde pas sa logique sur les rangs, mais sur la signification des lettres. C'est une exception à la règle de construction des séries simples. Mais ce type de séries simples de lettres tombe aux concours, nous ne pouvions donc pas faire l'impasse sur ce critère. Gardez ce critère en tête comme ultime solution !

Comme l'indique le mot « initiales », cette progression utilise les lettres de la série comme la première lettre d'une suite logique de mots.

Exemple 1 :

U D T Q C S S H ?

Remarquez qu'ici les critères arithmétiques simples ou évolutifs, les critères alternés et les critères de récurrence ne vous sont d'aucune aide. Tournez-vous alors vers le critère « initiales ». Voilà en fait la série avec les mots écrits au complet : Un, Deux, Trois, Quatre, Cinq, Six, Sept, Huit et donc Neuf. Vous devez finalement remplacer le point d'interrogation par un N.

Exemple 2 :

J F M A M J J A ?

Cette série vous propose les mois de l'année : Janvier, Février, Mars, Avril, Mai, Juin, Juillet, Août et donc Septembre. La bonne réponse est par conséquent S.

10. Les séries mixtes chiffres et lettres

La série mixte est comme son nom l'indique un mélange entre les séries simples de chiffres et les séries simples de lettres. Les concepteurs de tests logiques n'hésitent pas aux concours à tout mélanger pour vous faire passer d'une écriture numérique à une écriture littérale. Cela ne doit pas vous poser de problèmes particuliers, car vous devez être en mesure le jour J de connaître parfaitement vos correspondances entre les lettres et les chiffres.

Pour cela, nous vous rappelons le mot magique : **EJOTY !**

Exemple 1 :

A 3 E 7 I 11 ?

Voilà tout simplement une progression arithmétique de raison 2. Pour vous en convaincre, remplacez alors les lettres par leurs rangs : 1 – 3 – 5 – 7 – 9 – 11. La réponse attendue est donc M, dont le rang est 13.

Exemple 2 :

4 B 17 E 30 H 43 K ? ?

Voilà une combinaison de deux séries complètement indépendantes : la série de chiffres qui est une série à progression arithmétique de raison 13, et la série de lettres qui est à progression arithmétique de raison 3. Il faut donc compléter la série avec un 56 et un N.

Exemple 3 :

C 3 E 5 H 8 L 12 Q ? ? 23

Observez que chaque lettre a son rang inscrit en nombre juste après. Il y a de plus une progression arithmétique croissante de type +1/+2/+3/+4, etc. On attend donc le rang de Q, c'est-à-dire 17, puis le W, dont le rang est égal à 23.

Exemple 4 :

A B 3 E H 13 ?

Voilà en fait une série de type récurrence, où vous remplacez une lettre sur trois directement par son rang. Par conséquent, comme chaque terme est la somme des deux précédents, la lettre qui suit est le U, dont le rang est égal à 21 (H + 13 = 8 + 13 = 21).

20. SUITES LOGIQUES DE RAISONNEMENT

1. Compter le nombre de lettres

Exemple :

GRADIENT (8) – ARIDITE (7) – JADIS (5) – SYSTEMATIQUE (12)

NB : vous remarquerez ici qu'il n'est pas bien difficile de comprendre vite que l'on a à faire à une série de raisonnement où les mots ne sont pas étudiés pour leur sens ou leur signification étant donné que GRADIENT, ARIDITE, JADIS et SYSTEMATIQUE sont des mots qui n'ont strictement rien à voir les uns avec les autres !

2. Compter le nombre de consonnes / Observer la position des consonnes

Exemple 1 :

GRADIENT (5) – ARIDITE (3) – JADIS (3) – SYSTEMATIQUE (6)

On compte ici le nombre de consonnes des mots.

Exemple 2 :

GRADIENT (12478) – ARIDITE (246) – JADIS (135) – SYSTEMATIQUE (1346810)

Les chiffres du code chiffré entre parenthèses donne la position des consonnes dans le mot. Ainsi dans le mot **GRADIENT** les consonnes se trouvent bien placées en 1re, 2e, 4e, 7e et 8e positions, d'où le code : 12478.

3. Compter le nombre de voyelles / Observer la position des voyelles

Exemple 1 :

GRADIENT (3) – ARIDITE (4) – JADIS (2) – SYSTEMATIQUE (6)

On compte ici le nombre de voyelles des mots.

Rappel : il y a 6 voyelles écrites en français : A, E, I, O, U, Y.

Exemple 2 :

GRADIENT (356) – ARIDITE (1357) – JADIS (24) – SYSTEMATIQUE (25791112)

Les chiffres du code chiffré entre parenthèses donne la position des voyelles dans le mot. Ainsi dans le mot J**A**D**I**S les voyelles se trouvent bien placées en 2de et 4e positions, d'où le code : 24.

4. Compter le nombre de syllabes orales et écrites

Quelle différence faites-vous entre les deux exemples suivants ?

Exemple 1 :

GRADIENT (2) – ARIDITE (4) – JADIS (2) – SYSTEMATIQUE (4)

Exemple 2 :

GRADIENT (3) – ARIDITE (4) – JADIS (2) – SYSTEMATIQUE (5)

La réponse est simple : dans l'exemple 1, on compte les syllabes orales tandis que dans l'exemple 2, on compte les syllabes écrites.

Retenez donc que les syllabes orales (c'est-à-dire celles qui sont réellement prononcées dans l'usage oral courant d'un mot) ne correspondent pas toujours aux syllabes écrites (c'est-à-dire les syllabes prononcées en insistant artificiellement sur les *e* muets, notamment en fin de mot).

5. Observer la récurrence de lettres

Il arrive parfois que vous soyez amenés à observer la récurrence de certaines lettres au sein d'un même mot ou encore la récurrence de lettres communes à plusieurs mots.

Exemple 1 :

FREDONNER (REN) – GAGNER (G) – PERSONNALITE (EN)

Dans ce premier exemple, vous remarquez que le code entre parenthèses décrit le nombre de lettres en double dans le mot. Ainsi dans le mot FREDONNER, les lettres R, E et N sont les seules qui apparaissent deux fois. De la même façon, dans PERSONNALITE, les lettres E et N sont les seules qui apparaissent deux fois.

Exemple 2 :

TRAITEMENT (3) – ATTENTAT (4) – TARTE (2) – TOUS (1)

Ici, il saute aux yeux que la lettre T est commune aux trois mots et qu'il y en a 3 dans TRAITEMENT, 4 dans ATTENTAT, 2 dans TARTE et 1 dans TOUS.

6. Observer la premiere lettre, la dernière lettre et la lettre du milieu

Exemple 1 : complétez la série (un trait équivaut à une lettre).

STATIONNEMENT (TS) – PARAPENTE (EP) – SCARIFICATION (NS) – TACITURNE (_ _)

Dans ce premier exemple, vous remarquez que le code entre parenthèses donne la dernière puis la première lettre du mot associé. Ainsi, dans STATIONNEMENT (**TS**), le T du code représente la dernière lettre du mot, et le S, la première.

Réponse : TACITURNE (ET).

Exemple 2 : complétez la série (un trait équivaut à une lettre).

CHARPENTE (P) – CASQUETTE (U) – SENSIBILISATION (L) – FERTILITE (_)

La lettre entre parenthèses représente ici la lettre centrale du mot associé. Ainsi, dans CHARPENTE (**P**), on voit bien que la lettre P est positionnée au milieu.

Réponse : FERTILITE (I).

7. Observer le nombre de « barres » des lettres

Exemple : complétez la série.

MAMAN (17) – MENTHE (20) – AVANT (13) – FETE (13) – MALIKA (?)

Vous remarquez ici que le nombre total de barres du mot MAMAN est égal à 17. En effet, la lettre M est composée de 4 barres (appelées aussi parfois « allumettes » ou encore « traits »), la lettre A en contient 3 et la lettre N en contient 3 également, ce qui nous donne bien MAMAN (17). On vérifie alors par analogie que MENTHE est bien composé d'un total de 20 barres et que les mots AVANT comme FETE sont chacun composés de 13 lettres.

En conclusion, il fallait trouver **MALIKA (16).**

Tableau des lettres « à barres » :

Lettres	A	E	F	H	I	K	L	M	N	T	V	W	X	Y	Z
Barres	3	4	3	3	1	3	2	4	3	2	2	4	2	3	3

8. Transformez vos lettres en rangs

Voici les correspondances lettres – rangs :

A	**B**	**C**	**D**	**E**	**F**	**G**	**H**	**I**	**J**	**K**	**L**	**M**
1	2	3	4	5	6	7	8	9	10	11	12	13
26	25	24	23	22	21	20	19	18	17	16	15	14

N	**O**	**P**	**Q**	**R**	**S**	**T**	**U**	**V**	**W**	**X**	**Y**	**Z**
14	15	16	17	18	19	20	21	22	23	24	25	26
13	12	11	10	9	8	7	6	5	4	3	2	1

Notre expérience d'enseignants à AURLOM nous a permis d'arriver à la conclusion que vous avez souvent du mal à apprendre les correspondances « lettres – rangs ». Nous avons donc imaginé pour vous un moyen mnémotechnique très efficace qui s'appelle **EJOTY** !

E	J	O	T	Y
5	10	15	20	25

EJOTY est un redoutable pense-bête.
Il vous permet en effet de retrouver instantanément les rangs de toutes les lettres. Vous pouvez vous contenter d'apprendre seulement les cinq correspondances lettres – rangs de ce mot et vous entraîner à retrouver les rangs de toutes les autres lettres. Vous allez voir, c'est un jeu d'enfant !

Ainsi, par exemple, si vous cherchez le rang de K, il vous suffit de vous souvenir que la lettre K succède dans l'alphabet à la lettre J, et donc que le rang de K est égal à 11 (puisque le rang de J que vous connaissez par cœur est 10 !). De même, si vous cherchez le rang de R, et bien comme R est positionné dans l'alphabet juste avant S et T, vous en déduisez que son rang est égal à 18.

Entraînez-vous ainsi à transformer votre prénom ainsi que celui de vos proches en rangs à l'aide d'EJOTY. C'est vraiment simple… Même si c'est vrai que c'est quand même plus simple quand on s'appelle Ben (2-5-14) que lorsqu'on s'appelle Marie-Elisabeth (13-1-18-9-5-5-12-9-19-1-2-5-20-8).

Exemple 1 : complétez la série suivante.

FEODAL (12) – ARTICHAUT (20) – JASMIN (14) – PARADIS (?)

Les nombres entre parenthèses représentent ici les rangs respectifs des dernières lettres des mots de la série. Ainsi dans FEODAL, le rang de la dernière lettre L est bien égal à 12 et dans ARTICHAUT, le rang de T est bien égal à 20. On trouve donc **PARADIS (19).**

Exemple 2 : soulignez le nom de l'animal intrus.

CHAT (3-8-1-20) – SINGE (19-9-14-7-5) – KANGOUROU (11-1-13-7-15-21-18-15-21)

Les nombres entre parenthèses représentent ici les rangs respectifs des lettres du mot associé. Ainsi, dans CHAT, les lettres C, H, A et T occupent respectivement les positions 3, 8, 1 et 20. L'animal intrus est donc ici KANGOUROU puisque les rangs des lettres de ce mot sont dans l'ordre : 11-1-**14**-7-15-21-18-15-21 et non 11-1-**13**-7-15-21-18-15-21

Exemple 3 : complétez la série suivante.

THEATRE (205) – OPERA (151) – KERMESSE (115) – FESTIVAL (?)

Dans THEATRE, le code 205 doit se lire 20 et 5, **20** pour le rang de **T** la première lettre de <u>**T**</u>HEATRE et **5** pour le rang de **E,** la dernière lettre de THEATR<u>**E**</u>. On trouve ainsi **FESTIVAL (612).**

9. Opérations sur les rangs des lettres

Lorsque l'on passe à un niveau de difficulté supérieur, on en vient à conduire des **opérations** sur les rangs des lettres des mots qui nous sont proposés dans les séries. Ces opérations sont très classiques :

- L'addition
- La soustraction

- La multiplication
- La division
- La mise au carré
- La mise au cube

Exemple 1 : complétez la série suivante.

ELLE (34) – DAME (23) – EPOUSE (81) – FEMME (?)

Le nombre entre parenthèses est ici égal à la somme des rangs des mots associés. Ainsi, les rangs des lettres du mot ELLE sont respectivement égaux à 5, 12, 12 et 5 et la somme 5 + 12 + 12 + 5 est bien égale à 34. Les rangs des lettres du mot FEMME sont respectivement égaux à 6, 5, 13, 13 et 5. La somme des rangs est donc égale à 42 et on trouve donc **FEMME (42).**

Exemple 2 : complétez la série suivante.

LION (144) – PUMA (256) – CHACAL (9) – JAGUAR (100) – HYENE (?)

Les nombres entre parenthèses sont ici à chaque fois égaux au carré du rang de la première lettre du nom du félin associé. Ainsi, le rang de la première lettre de LION, **L,** est égal à 12 et le carré de 12 vaut **144.**
Par conséquent, il fallait trouver **HYENE (64)** puisque le rang de la première lettre de HYENE, H, est 8 et que le carré de 8 est bien égal à 64.

Bien entendu, vous allez devoir apprendre vos carrés et vos cubes par cœur pour réussir à obtenir les meilleurs scores aux concours et intégrer ainsi l'IAE de vos rêves. Nous reviendrons précisément sur les listes de carrés, cubes et autres nombres premiers à apprendre par cœur pour vos concours.

Exemple 3 : complétez la série suivante.

GATEAU (27) – TARTE (58) – MOUSSE (51) – CRUMBLE (?)

Une série difficile. Le nombre entre parenthèses est ici égal à la somme des rangs des CONSONNES des mots associés. Ainsi, dans GATEAU, la somme de rangs des consonnes G et T est bien égale à G(7) + T(20) : **27.**
On trouve donc **CRUMBLE (48).**

10. Cryptages

Crypter un message consiste à remplacer les signes alphabétiques traditionnels par des chiffres (ou des symboles) grâce à un code.

[1. Cryptage alphabet]

Ainsi, associer aux lettres d'un mot leurs rangs respectifs constitue en soi un cryptage.

Par exemple, 1612112 est un cryptage de PAUL si l'on s'appuie sur les rangs des lettres de PAUL dans l'alphabet. P(16) A(1) U(21) L(12) soit PAUL : 1612112.

[2. Cryptage arbitraire]

Disons à présent que je décide de vous envoyer le code **17085-30794-260974** en vous précisant que chaque lettre est associée à un chiffre et un seul compris entre 0 et 9 et que ce code signifie **BRAVO MARIE CLAIRE** ; et bien si vous me renvoyez en réponse le code **34729,** je comprendrai que vous m'avez tout simplement répondu **MERCI.** En effet, nous sommes ici face à un cryptage qui consiste à attribuer de façon arbitraire un chiffre à une lettre. L'attribution de ce chiffre ne respecte aucune règle précise (contrairement au cryptage précédent qui respectait l'ordre d'apparition des lettres dans notre alphabet).

B	**R**	A	V	O	**M**	A	R	**I**	**E**	**C**	L	A	I	R	E
1	**7**	0	8	5	**3**	0	7	**9**	**4**	**2**	6	0	9	7	4

M	**E**	**R**	**C**	**I**
3	**4**	**7**	**2**	**9**

[3. Cryptage « pendu »]

Un autre type de cryptage, appelé **cryptage « pendu »,** consiste à crypter un mot selon l'ordre d'apparition de ses lettres dans le mot : on peut ainsi par exemple crypter le mot **MANGER** en utilisant le code **3N5E1M6R2A4G.**

Ce code signifie qu'en troisième position, vous trouvez la lettre N, en cinquième position la lettre E, en première la lettre M, en sixième la lettre R, en deuxième la lettre A et en quatrième la lettre G. Aussi, en m'appuyant sur le fonctionnement de ce code, si je vous envoie à présent le code **8E6I4S1R2E5S7T3U9S**, vous devrez donc comprendre le mot : **REUSSITES.**

[4. Cryptage « translation »]

Pour terminer, je peux décider de crypter un message dans lequel j'associe à chaque lettre de mes mots une valeur du type **AX + B** où **X** est **le rang des lettres** dans l'alphabet et où **A** et **B** sont **les clés du code.**

Ainsi, si je veux crypter le mot **PARIS** avec les clés **A = 3 et B = -2,** j'obtiens le code 46-1-52-25-55.

	P	**A**	**R**	**I**	**S**
X	16	1	18	9	19
3X	48	3	54	27	57
3X-2	**46**	**1**	**52**	**25**	**55**

SERIES LOGIQUES : 50 APPLICATIONS POUR VOUS ENTRAINER

Enoncés

1. FRAISE (6) COING (5) ORANGE (6) FRAMBOISE (?)
2. MANGECLOUS (10) SOLAL (5) QUASIMODO (9) SALTIEL (?)
3. ALBATOR (2) GOLDORAK (1) ANTHONY (1) ARKANSAS (?)
4. TSAR (18 – 20) CHATEAU (21 – 3) RUSSIE (?)
5. Riche Aigre Facile Difficile Doux ?
6. Dépendre Refaire Congeler Pendre Faire ?
7. 345 (Q) 234 (T) 567 (S) 789 (?)
8. Mètre Centimètre Décimètre 1 0,01 ?
9. Huit (4) Un (2) Sept (4) Six (?)
10. Heure Minute Seconde 1 60 ?
11. XXV (6) IV (3) XV (4) XXXXV (10) XXVIII (?)
12. Un (2) Six (3) Huit (4) Douze (5) Quatre (?)
13. 5 T 4 7 N 2 1 A 1 8 ? 3
14. Tonne Kilo Gramme 1 0,001
15. TERIF MANOR NICHE FRITE ROMAN ?
16. ACHETER 4268183 ? 41142683
17. Société (7) Vanité (6) Frère (5) Création (?)
18. Chien Marche Hirondelle Vole Truite ?

19. Ennui (5) Jean (4) Jus (3) il (?)

20. SINGE SIGNE NIMAL MALIN ABERB ?

21. Eté Elle Bob Rot?

22. XVI (S) XX (V) XII (D) XIII (?)

23. Moto (2) Camion (8) Voiture (4) Vélo (?)

24. 454 253 192 628 QDC(?)

25. 111 (C) 1111 (M) 11 (O) 1 (?)

26.

56	30
34	12
25	10
39	(?)

27.

95	4
83	5
71	(?)

28. MAS est à ASM ce que THU est à ?

29. III V VII IX ?

30. Gorille (4) Lapin (3) Eau (0) Bénédiction (?)

31. OUBLE / 23145 AUTEP / 23154 ITAL / ?

32. 25 (V) 670 (S) 312 (T) 1342 (?)

33. DE = I AC = D LM = Y KH = ?

34. Dent (1) Lait (2) Boisson (3) Courageux (?)

35. Etaler Table Etape ?xe

36. A – 10 – L B – 11 – N S – 6 – Z L – **?** – R

37. HERMES = 27 ZEUS = 45 POSEIDON = 30 DEMETER = **?**

38. Ramener Mener Défendre **?**

39. Maman (32) Papa (22) Benjamin (53) Jumeau (**?**)

40. Conduire / 74162895 **?** / 8162895

41. Dora 44 Anne 14 Dominique 49 Clara 35 Allégria **?**

42.

A2	P4	C1	M3		CAMP
N3	E5	O2	H1	T4	**?**

43. D 12 C R 18 A C 60 T G (**?**) J

44. Irak 2 Afghanistan 4 Pakistan 3 Koweït **?**

45. Décoration Accordéon Corps **?**ne

46. CRANE / 59310 ECRAN / **?**

47. PH est à QI ce que LX est à **?**

48. Quel âge a Jonny sachant que :

Ben a 12 ans
Joan a 22 ans
Péguy a 32 ans

49. 13/19 est à Mercedes ce que 10/8 est à **?**

A. Jeanne
B. Philippe
C. Alfred
D. Joseph
E. Fabrice

50. TUC est à CTU ce que GUY est à **?**

Corrigés

1. **Réponse : FRAMBOISE (9)**
Le chiffre entre parenthèses correspond au nombre de lettres qu'il y a dans le mot.

2. **Réponse : SALTIEL (7)**
Nombre de lettres dans le mot.

3. **Réponse : ARKANSAS (3)**
Nombre de A dans le mot.

4. **Réponse : RUSSIE (5 – 18)**
Le premier chiffre correspond au rang de la dernière lettre du mot dans l'alphabet. Le second chiffre correspond au rang de la première lettre du mot dans l'alphabet.

5. **Réponse : Pauvre**
Facile est l'antonyme de Difficile ; Aigre est l'antonyme de Doux ; Pauvre est l'antonyme de Riche.

6. **Réponse : Geler**
On a fait tomber la première syllabe des trois premiers mots.
*Dé*pendre → pendre ; *Re*faire → faire ; *Con*geler → geler

7. **Réponse : 789 (H)**
La lettre entre parenthèses est la première lettre du deuxième chiffre des nombres.
789 : Huit ; 345 : Quatre ; etc.

8. **Réponse : 0,1**
1 mètre = 1 mètre ; 1 centimètre = 0,01 mètre ; 1 décimètre = 0,1 mètre.

9. **Réponse : Six (3)**
Nombre de lettres dans le mot.

10. **Réponse : 3 600**
1 heure = 1 heure ; 1 heure = 60 minutes ; 1 heure = 3 600 secondes.

11. **Réponse : XXVIII (9)**
Il faut compter le nombre total de barres qui composent les chiffres romains.
Ainsi, IV contient trois barres (une barre pour I et deux barres pour V).

12. **Réponse : Quatre (6)**
Nombre de lettres dans le mot.

13. **Réponse : 8(X)3**
Le rang de la lettre entre parenthèses est égal au produit des deux chiffres.
Ainsi 8 × 3 = 24 et la vingt-quatrième lettre de l'alphabet est X.

14. **Réponse : 0,000001**
1 tonne = 1 tonne ; 1 kilo = 0,001 tonne ; 1 gramme = 0,000001 tonne.

15. Réponse : CHIEN

Série d'anagrammes : une anagramme de TERIF est FRITE. Une anagramme de MANOR est ROMAN et une anagramme de NICHE est CHIEN.

Il fallait bien entendu donner des anagrammes qui sont des noms communs (des mots qui ont un sens) par analogie avec le fait qu'une anagramme de TERIF donnait FRITE (un mot qui a du sens).

16. Réponse : ATTACHER

Cryptage arbitraire. On a attribué à A la valeur 4, à C la valeur 2, à H la valeur 6, à E la valeur 8, etc.

A	C	H	E	T	E	R
4	**2**	**6**	**8**	**1**	**8**	**3**

A	T	T	A	C	H	E	R
4	**1**	**1**	**4**	**2**	**6**	**8**	**3**

17. Réponse : Création (8)

Nombre de lettres dans le mot.

18. Réponse : Nage

Truite Nage.

19. Réponse : Il (2)

Nombre de lettres dans le mot.

20. Réponse : BARBE

BARBE est une anagramme de ABERB de même que MALIN est une anagramme de NIMAL et SIGNE une anagramme de SINGE.

21. Réponse : Rotor

Série de palindromes. Il fallait ici compléter le mot Rot**?** de telle sorte que l'on obtienne aussi un palindrome.

22. Réponse : XIII (T)

Chaque nombre romain est suivi par sa première lettre. XIII : TREIZE ; XVI : SEIZE ; XX : VINGT ; XII : DOUZE.

23. Réponse : Vélo (2)

Analogie : nombre de roues qu'il y a dans chacun des moyens de locomotion.

24. Réponse : QDCS

454 : Quatre cent cinquante-deux ; 253 : Deux cent cinquante-trois ; 192 : Cent quatre-vingt-douze ; 628 : Six cent vingt-huit.

25. Réponse : 1(U)

111 : *Cent onze* ; 1111 : *Mille onze* ; 11 : *Onze* ; 1 : *Un*.

26. Réponse : (27)

La multiplication des chiffres des nombres de la colonne de gauche donne les nombres de la colonne de droite. 5 × 6 = 30 ; 3 × 4 = 12 ; etc.

27. Réponse : (6)

Si vous considérez les nombres de la colonne de gauche et que vous soustrayez le deuxième chiffre au premier, vous obtenez les chiffres de la colonne de droite.
Ainsi, 9 – 5 = 4 ; 8 – 3 = 5 ; 7 – 1 = 6.

28. Réponse : HUT

Il suffit de replacer les lettres dans le même ordre.

29. Réponse : XI

Progression arithmétique de raison 2. III (3) V (5) VII (7) IX (9) XI (11).

30. Réponse : Bénédiction (6)

Nombre de consonnes dans le mot.

31. Réponse : ITAL / 3421

OUBLE est une anagramme de BOULE et le cryptage est le suivant :

O	U	B	L	E
B	**O**	**U**	**L**	**E**
2	**3**	**1**	**4**	**5**

Les chiffres de la troisième ligne rendent compte du changement de position des lettres. Ainsi, O (de OUBLE) se trouve maintenant en position **2** (dans BOULE). U (de OUBLE) se trouve en position **3** (dans BOULE), B (de OUBLE) se trouve en position **1** (dans BOULE), etc.
Aussi, ITAL est une anagramme de LAIT et le cryptage est le suivant :

I	T	A	L
L	**A**	**I**	**T**
3	**4**	**2**	**1**

I (de ITAL) se trouve maintenant en position **3** dans le mot LAIT ; T (de ITAL) se trouve en position **4** dans LAIT ; A (de ITAL) se trouve en position **2** dans LAIT et L (de ITAL) se trouve en position **1** dans LAIT.

32. Réponse : 1 342 (M)

25 : Vingt-cinq ; 670 : Six cent soixante-dix ; 312 : Trois cent douze ; 1 342 : Mille trois cent quarante-deux.

33. Réponse : KH = S

Le rang de la lettre S est égal à la somme des rangs des lettres K et H dans l'alphabet. K(11) + H(8) = S (19).

34. Réponse : Courageux (5)
Nombre de voyelles dans le mot.

35. Réponse : Taxe
La syllabe TA est commune à tous les mots.

36. Réponse : L – 5 – R
Le chiffre du milieu est égal à : [(rang de la deuxième lettre) – (rang de la première lettre) – 1].
Ainsi : 5 = 18 – 12 – 1.

37. Réponse : DEMETER (22)
Il suffit d'additionner le rang de la première lettre au rang de la dernière, soit D(4) + R(18) = 22.

38. Réponse : Fendre
On a fait tomber la première syllabe des mots Ramener et Défendre.

39. Réponse : Jumeau (24)
Le premier chiffre est le nombre de consonnes dans le mot, le second chiffre est le nombre de voyelles.

40. Réponse : INDUIRE
Cryptage arbitraire.

C	O	N	D	U	I	R	E
7	**4**	**1**	**6**	**2**	**8**	**9**	**5**

I	N	D	U	I	R	E
8	**1**	**6**	**2**	**8**	**9**	**5**

41. Réponse : Allégria 18
Le premier chiffre est égal au rang de la première lettre du mot ; le second chiffre est égal au nombre de lettres qu'il y a dans le mot.

42. Réponse : HONTE
Cryptage « pendu ». Le chiffre associé à chaque lettre indique la place de la lettre dans le mot.

43. Réponse : G(70)J
Le chiffre entre parenthèses est égal à la multiplication des rangs des lettres.
70 = G(7) × J(10).

44. Réponse : Koweït 3
Nombre de voyelles dans le mot.

45. Réponse : Corne
La syllabe COR est commune à tous les mots.

46. Réponse : ECRAN / 05931

Cryptage arbitraire.

C	R	A	N	E
5	**9**	**3**	**1**	**0**

E	C	R	A	N
0	**5**	**9**	**3**	**1**

47. Réponse : MY

PH/QI : P et Q sont successives ; H et I sont successives. LX/MY : L et M sont successives ; X et Y sont successives.

48. Réponse : Jonny a 23 ans

Le premier chiffre de l'âge (2) est égal au nombre de voyelles dans le prénom et le deuxième chiffre (3) au nombre de consonnes.

49. Réponse D : Joseph

Le premier chiffre (10) est égal au rang de la première lettre du prénom (J) et le deuxième chiffre (8) est égal au rang de la dernière lettre du prénom (h).

50. Réponse : YGU

Il suffit de replacer les lettres selon le même ordre.

III. ENTRAINEZ-VOUS SUR UNE ANNALE !

Il est à présent temps de vous entraîner sur une annale.

Nous avons choisi une annale tombée le 3 mai 2012 (source : *Annales corrigées du Score IAE-Message 2013*, Association Score IAE Message, 16e édition 2013, Editions Gualino). C'est en effet souvent dans les vieilles marmites que l'on fait les meilleurs plats !

N'ayez crainte ! Tout va bien se passer. Profitez de cet entraînement pour appliquer rigoureusement les notions, formules, méthodes et astuces que vous avez découvertes tout au long du chapitre précédent.

Vous disposez normalement d'environ une heure pour traiter cette épreuve composée de 20 questions. Nous vous conseillons toutefois d'y passer autant de temps qu'il vous faudra pour venir à bout d'un maximum de questions. L'objectif visé par cet entraînement est clair : vous aider à identifier vos points forts et vos points faibles et, surtout, vous permettre de valider que votre cours a bien été acquis.

Bon courage !

Nota Bene : le test commence avec la question 101. C'est tout à fait normal. Le jour J, l'épreuve de *Raisonnement logique et numérique* suit l'épreuve de *Compréhension et expression écrite en français* qui se termine à la question 100.

Enoncés

101 Complétez la série suivante :

2 – 5 – 11 – 23 – 47 – ?

1. 58
2. 62
3. 75
4. 95
5. 105

102 La caisse d'un magasin contient 50 billets pour un total de 1 700 euros. Ce montant n'est constitué que de billets de 10 et de 50 euros. Combien y a-t-il de billets de 50 euros ?

1. 20
2. 25
3. 30
4. 32
5. 35

103 Quel est le discriminant de ce polynôme : $cx^2 - bx - a$?

1. $b^2 - 4ac$
2. $-b + 4ac$
3. $-b^2 - 4ac$
4. $b^2 + 4ac$
5. $ac - 4b^2$

104 Soit un dé numéroté {1, 2, 3, 4, 5, 6} et un autre {2, 4, 6, 8, 10, 12}.

On lance ces deux dés, quelle est la probabilité que le couple de chiffres obtenu puisse être relié par la relation $f(x) = 2x$?

1. $\frac{4}{36}$
2. $\frac{5}{36}$
3. $\frac{6}{36}$
4. $\frac{7}{36}$
5. $\frac{8}{36}$

105 Les mots AB et CD peuvent être mélangés entre eux (en gardant l'ordre respectif de leurs lettres identiques) de 6 manières possibles : ABCD, ACBD, ACDB, CABD, CADB et CDAB. De combien de manières peuvent se mélanger les mots ABC et DE ?

1. 6
2. 7
3. 8
4. 9
5. 10

106 Sachant que la lumière circule dans l'espace à 300 000 km/s, et que la lumière met 8 minutes 19 secondes pour nous arriver du soleil à la terre, quelle est la distance terre-soleil ?

1. 147 900 000 km
2. 148 900 000 km
3. 149 700 000 km
4. 149 900 000 km
5. 150 200 000 km

107 On place une somme de 100 000 euros sur un livret. La première année, ce placement a rapporté 5 %, la seconde 4 % et la troisième 10 %. Quel est en euros le montant du capital au bout de ces 3 années ?

1. 119 000
2. 119 210
3. 120 090
4. 120 120
5. 120 210

108 Que va afficher ce petit programme informatique ?

A = 20
B = 30
C = 2A – B
D = C + A
B = D – 10
A = A – 15
D = B – 5
C = A + B
SI (A > B) ALORS AFFICHER (valeur(A) – valeur(B) – valeur(C)) SINON AFFICHER (valeur(B) – valeur(C) – valeur(D)).

1. 20 – 30 – 30
2. 5 – 20 – 25
3. 30 – 10 – 30
4. 20 – 25 – 15
5. 5 – 10 – 15

109 On lance deux dés tétraédriques, c'est-à-dire, en forme de pyramide triangulaire régulière et dont les faces sont numérotées de 1 à 4. On considère le produit obtenu par les deux nombres apparus sur les faces inférieures. Tous les résultats sont équiprobables et forment notre échantillon statistique.

Quelle est la moyenne de cet échantillon ?

1. 6,125
2. 6,25
3. 6,333
4. 6,4
5. 6,5

110 Une entreprise a réparti son personnel dans différents pôles. Les employés y sont répartis de la manière suivante : 5 pôles de 2 salariés, 5 pôles de 3 salariés, 5 pôles de 4 salariés et 7 pôles de 5 salariés. Quelle est la proportion de salariés qui travaillent dans un pôle d'au moins 4 personnes ?

1. 25 %
2. 37,5 %
3. 58,25 %
4. 66,67 %
5. 68,75 %

111 Un magasin a vendu en tout 8 articles à 0,65 euro, 12 articles à 0,90 euro, et 5 articles à 6,40 euros et a eu cinq clients. Quelle est la somme moyenne dépensée par chaque client ?

1. 2,65 euros
2. 5,95 euros
3. 7,65 euros
4. 9,60 euros
5. 13,25 euros

112 Vous avez en poche 1,80 € en pièces de 1 €, 20 cts, 10 cts et 5 cts. Vous avez deux fois plus de pièces de 20 cts que de 1 €. Vous avez autant de pièces de 10 cts que de pièces de 1 € et de 20 cts cumulées. Vous avez 1 pièce de 5 cts en moins que celles de 10 cts. Quelle est la répartition des pièces dont vous disposez ?

1. 1 € + 2 × 20 cts + 4 × 10 cts
2. 1 € + 3 × 20 cts + 1 × 10 cts + 2 × 5 cts
3. 1 € + 3 × 20 cts + 4 × 5 cts
4. 1 € + 2 × 20 cts + 3 × 10 cts + 2 × 5 cts
5. 1 € + 2 × 20 cts + 3 × 10 cts + 1 × 5 cts

113 Complétez la série suivante :

O – T – T – F – F – ?

1. O
2. Q
3. S
4. U
5. W

114 Les salaires des employés d'une PME sont les suivants :

Effectifs	15 %	35 %	45 %	5 %
Salaires en euros	2 500	2 800	3 000	4 000

Calculer le salaire médian.

1. 2 700
2. 2 800
3. 2 900
4. 3 500
5. 3 700

115 La moyenne de la série suivante : 3, 5, *m*, 8, *n*, 20 est égale à 10. *m* et *n* sont deux entiers naturels et *n* vaut le triple de *m*. Calculer la médiane de la série.

1. 6
2. 7
3. 8
4. 9
5. 10

116 La moyenne d'âge des employés d'une entreprise est de 40 ans. La moyenne d'âge des hommes est de 35 ans ; celle des femmes de 50 ans. Quel est le rapport entre le nombre d'employés hommes et le nombre d'employées femmes ?

1. 3/2
2. 3
3. 2/3
4. 2
5. 1/2

117 Un projet de développement a été évalué par un expert sur la base de 4 critères. A chaque critère est attribué un coefficient d'importance entre 1 (peu important) et 3 (très important). Dans le tableau ci-dessous sont indiqués les coefficients et les notes (entre 1 et 10) attribués par l'expert pour chaque critère.

Critère du projet	Coefficient	Note sur 10
Bénéfice	3	5
Cohésion sociale	3	8
Durabilité	2	7
Coût	1	1

Pour être aidé financièrement par l'état, le projet doit avoir une note moyenne supérieure ou égale à 5, cette note moyenne étant calculée en tenant compte des coefficients d'importance. Quelle est la note moyenne de l'expert ?

1. 5
2. 6
3. 7
4. 8
5. 9

118 Une urne contient 14 boules indiscernables au toucher, 7 rouges, 4 jaunes et 3 vertes. Quelle est la probabilité de tirer une boule rouge ou verte ?

1. $\frac{1}{14}$
2. $\frac{1}{5}$
3. $\frac{1}{3}$
4. $\frac{5}{7}$
5. $\frac{10}{21}$

119 Un joueur joue 3 numéros au hasard dans une course de 20 chevaux partants. De combien la probabilité de gagner le tiercé dans le désordre est-elle supérieure à la probabilité de gagner le tiercé dans l'ordre ?

1. 3 fois
2. 5 fois
3. 6 fois
4. 10 fois
5. 11 fois

120 Complétez la série : 1, 5, 14, 30, 55…

1. 70
2. 71
3. 72
4. 81
5. 91

Corrigés

101 **Réponse :** ❹ Il s'agit ici d'une question plutôt facile pour démarrer cette annale. Il suffit en effet de remarquer ici qu'entre 2 et 5 on fait +3, puis qu'entre 5 et 11 on fait +6 (soit le double de +3), puis qu'entre 11 et 23 on fait +12 (le double de +6) et qu'entre 23 et 47 on fait +24 (soit le double de +12). On en déduit fort logiquement que l'on doit à présent faire +48 (le double de +24) pour passer de 47 au nombre solution, soit : 47 + 48 = 95.

Les 3 premiers réflexes à convoquer quand vous êtes face à une série logique composée de nombres :

1. Calculez les écarts qu'il y a entre les nombres : vous trouverez ainsi souvent des constructions de séries de type arithmétique (+2, +2, +2… ou +1, +2, +3… ou +2, +4, +6…) ou bien des constructions de type géométrique (×3, ×3, ×3… ou ×2, ×4, ×6…).
2. **Autres écarts remarquables :** vous pouvez aussi trouver parfois des écarts plus curieux. Exemples : on fait +1, +4, +9, +16, +25… autrement dit les écarts sont les carrés entiers de 1, 2, 3, etc. Ou encore on fait +2, +3, +5, +7, +11, +13… autrement dit les écarts sont les premiers nombres premiers.
3. **Vous calculez les écarts mais cela ne donne rien.** Vous remarquez alors que les éléments de votre série partagent tous la même identité : ce sont par exemple tous des carrés, tous des cubes, tous des nombres premiers, tous des multiples de 7, ou encore tous des nombres dont la somme des chiffres vaut toujours 10, etc.

102 **Réponse :** ❸ Voici une belle occasion ici de tester la fameuse technique du *Backsolving* qui figure en bon rang des méthodes à appliquer le jour J. Pour rappel, cette méthode consiste à tester une des réponses proposées pour vérifier si elle valide bien les contraintes définies dans l'énoncé. Si vous avez la moindre hésitation concernant cette méthode, consultez sans plus attendre la partie du cours qui lui est consacrée.

On commence bien sûr par tester la réponse du milieu. Autrement dit, on fait l'hypothèse qu'il y a 30 billets de 50 euros, soit 1 500 euros en billets de 50. Or on sait qu'on totalise 1 700 euros et qu'il manque par conséquent 200 euros. Ces 200 euros étant composés uniquement de billets de 10, cela nous donne donc 20 billets de 10 euros. Conclusion, s'il y a 30 billets de 50 euros alors on doit avoir 20 billets de 10 euros pour compléter et totaliser 1 700 euros… Et on a donc bien au total 30 + 20 = 50 billets, soit exactement le nombre total de billets qui est annoncé dans l'énoncé.

La réponse 3 est donc bien la bonne réponse.

PS : si vous n'êtes toujours pas convaincu, testez par exemple la réponse 1 (20 billets de 50 euros) et vous verrez que vous dépasserez alors largement le total de 50 billets annoncé dans l'énoncé.

PPS : on ne va pas gronder celles et ceux qui avaient posé un système d'équations mais avouez quand même que cela nous a pris quelques petites secondes pour vérifier que la réponse 3 était bien la bonne réponse grâce à la méthode du *Backsolving*.

103 **Réponse :** ❹ Une pure question de cours !

Comme vous le savez, le calcul du discriminant est l'étape par laquelle vous êtes condamnés à passer pour calculer les éventuelles solutions d'un trinôme du second degré.

Ainsi, pour le trinôme $AX^2 + BX + C$, le discriminant (qu'on appelle aussi le delta) est égal à : $B^2 - 4 \times A \times C$

Ici, $A = c$, $B = -b$, $C = -a$. Le discriminant est donc égal à : $(-b)^2 - 4 \times c \times (-a) = \mathbf{b^2 + 4ac}$

104 **Réponse :** ❹ Une question qui peut faire peur au premier abord mais qui est en réalité plutôt facile.

En lançant les 2 dés, il est possible d'obtenir 6 × 6 = 36 tirages possibles (6 tirages possibles pour le premier dé et pour chacun des 6 tirages possibles pour le premier dé, il y a en face 6 autres tirages possibles pour le second dé).

Il nous faut à présent trouver les tirages (couples de chiffres – ou plutôt de *nombres* si on veut être plus rigoureux que l'énoncé) qui respectent la relation $f(x) = 2x$. Ces tirages sont au nombre de 7. Et la probabilité cherchée est donc égale à $\frac{7}{36}$ (7 tirages favorables sur un total de 36 tirages possibles).

Premier dé : {**1**, **2**, **3**, **4**, **5**, **6**}

Deuxième dé : {*2*, *4*, *6*, *8*, *10*, *12*}

Voici les sept tirages qui respectent la relation :

(**1** ; *2*) – (**2** ; *4*) – (**3** ; *6*) – (**4** ; *8*) – (*4* ; **2**) – (**5** ; *10*) – (**6** ; *12*).

105 **Réponse :** ❺ Il y a en effet 10 manières de mélanger les lettres ABC et DE en gardant l'ordre respectif des lettres.

Voici les différentes façons d'agencer ABC.

1	A	B	C	**D**	**E**
2	A	B	**D**	C	**E**
3	A	B	**D**	**E**	C
4	A	**D**	B	C	**E**
5	A	**D**	B	**E**	C
6	A	**D**	**E**	B	C
7	**D**	A	B	C	**E**
8	**D**	A	B	**E**	C
9	**D**	A	**E**	B	C
10	**D**	**E**	A	B	C

Une fois que l'on a agencé les lettres ABC, les lettres DE n'ont, à chaque fois, plus qu'une et une seule façon d'être agencées à leur tour (dans le tableau ci-dessus, D et E figurent en gras). Il y a donc bien 10 manières de mélanger ABC et DE.

Cette question demandait un peu de temps pour être traitée convenablement mais ne contenait finalement pas de difficulté majeure.

106 **Réponse :** ❸ Cette question exigeait que vous fassiez le calcul de façon précise. Il était en effet impossible d'arrondir quelque donnée que ce soit, les solutions présentant des valeurs beaucoup trop proches.

N'oubliez pas que la calculatrice est interdite le jour J et que les concepteurs cultivent un malin plaisir à nicher ici et là des questions qui évaluent votre bonne maîtrise du calcul mental et votre talent à poser avec dextérité des multiplications comme des divisions. Un seul mot d'ordre pour progresser : entraînez-vous !

La lumière met 8 minutes et 19 secondes soit 8 × 60 + 19 = **499 secondes** pour nous arriver du soleil.

Si la lumière circule à 300 000 km par seconde, alors cela veut dire qu'en 1 seconde, la distance parcourue est de 300 000 km. Aussi, en 499 secondes, la distance parcourue est égale à 499 × 300 000 secondes soit 149 900 000 km.

Pour calculer rapidement 499 × 300 000, calculez d'abord 500 × 300 000, ce qui donne 150 000 000 et retranchez une fois 300 000 (499 = 500 – 1), ce qui nous donne 150 000 000 – 300 000 soit 149 700 000 km.

107 **Réponse :** ❹ Le piège dans lequel il ne fallait pas tomber ici était d'additionner 5 % + 4 % + 10 % (soit 19 %) et de faire 100 000 + 19 000 *(19 % × 100 000)* = 119 000 euros. C'est bien sûr une erreur de débutant ! Il fallait en effet prendre en compte le fait que les intérêts étaient composés et que la seconde année, les 4 % d'intérêts n'étaient non pas calculés sur la base de 100 000 mais sur la base de 100 000 euros majorés des 5 % d'intérêts imputés la première année.

Il fallait donc faire les calculs suivants :

Année 1 : 100 000 + 5 % × 100 000 = 100 000 + 5 000 = 105 000.

Année 2 : 105 000 + 4 % × 105 000 = 105 000 + 4 200 = 109 200.

Année 3 : 109 200 + 10 % × 109 200 = 109 200 + 10 920 = 120 120.

PS : encore une fois, votre talent en calcul mental était mis ici à rude épreuve !

108 **Réponse :** ❹ Si A = 20 et B = 30, alors C = 2 × 20 – 30 = 40 – 30 = 10.

D = C + A = 10 + 20 = 30.

B = 30 – 10 = 20.

A = A – 15 = 20 – 15 = 5.

D = 20 – 5 = 15.

C = A + B = 5 + 20 = 25.

On constate donc que A < B (5 < 20). Aussi le programme affichera Valeur(B) – Valeur(C) – Valeur (D), soit 20 – 25 – 15.

Ce type de question est assez courant au Score IAE Message. Ce n'est jamais très compliqué. Vous devez juste rester très concentré d'un bout à l'autre de l'exécution du programme.

109 **Réponse :** ❷ *Nota bene :* quand ils parlent de face inférieure dans l'énoncé, cela signifie simplement la face sur laquelle le dé retombe après avoir été lancé.

Il y a quatre issues possibles pour le premier dé : 1, 2, 3 ou 4 et 4 issues également pour le second dé. Il y a donc $4 \times 4 = 16$ issues possibles après avoir jeté les deux dés.

Pour ce qui est du produit obtenu par les deux chiffres apparus sur les faces inférieures, cela donne :

Dé 1 / Dé 2	1	2	3	4
1	1	2	3	4
2	2	4	6	8
3	3	6	9	12
4	4	8	12	16

La somme de tous les produits obtenus est égale à 100.

On en déduit que la moyenne de cet échantillon (c'est-à-dire le produit moyen obtenu) est égale à $\frac{100}{16}$ soit 6,25.

110 **Réponse :** ❺ Une question simple.

Il y a au total : $5 \times 2 + 5 \times 3 + 5 \times 4 + 7 \times 5 = 10 + 15 + 20 + 35 = 80$ salariés.

Quant aux salariés qui travaillent dans un pôle d'au moins 4 personnes, ils sont au nombre de $5 \times 4 + 7 \times 5$ soit 55.

On en déduit que la proportion de salariés qui travaillent dans un pôle d'au moins 4 personnes est égale à $\frac{55}{80} = \frac{11}{16} = \frac{11}{16} \times 100\ \% = \frac{1\,100}{16}\ \% = 68{,}75\ \%$.

111 **Réponse :** ❹ Encore une question de moyenne et de calcul mental qui ne comportait aucune difficulté.

La somme moyenne par chacun des 5 clients est égale à $\frac{8 \times 0{,}65 + 12 \times 0{,}90 + 5 \times 6{,}40}{5}$ soit $\frac{48}{5}$ soit encore 9,60 euros.

112 **Réponse :** ❹ La seule et unique façon de résoudre rapidement cette question est bien sûr de tester les solutions et de les éliminer au fur et à mesure.

Ainsi les réponses 1, 2 et 3 sont OUT du fait qu'on est notamment censé respecter la contrainte *Vous avez autant de pièces de 10 cts que de pièces de 1 € et de 20 cts cumulées*.

Ensuite entre les réponses 4 et 5, on garde bien sûr la réponse 4 car c'est la seul des deux qui respecte la contrainte *Vous avez 1 pièce de 5 cts en moins que celles de 10 cts*. Facile, non ?

113 **Réponse :** ❸ Il fallait reconnaître ici les initiales de <u>O</u>ne, <u>T</u>wo, <u>T</u>hree, <u>F</u>our, <u>F</u>ive et… <u>S</u>ix. D'où la réponse 3 : S.

Les 3 premiers réflexes à convoquer quand vous êtes face à une série logique composée de lettres :

1. **Convertissez vos lettres en rangs** (en utilisant EJOTY) et calculez d'éventuels écarts de type progression arithmétique (+1, +2, +3, etc.).
2. **Scrutez la graphie de vos lettres** et repérez les lettres à barres (A, N, T...), les lettres à courbes (S, O, C, J...), les lettres mixtes barres + courbes (P, R, Q...) ainsi que les lettres présentant des axes de symétrie verticaux ou horizontaux. Scrutez enfin le nombre d'extrémités des lettres (une extrémité étant un bord de lettre non prolongé par un angle ; T contient ainsi 3 extrémités et B n'en contient aucune).
3. **Considérez vos lettres comme des initiales ou des finales de mots courants.** Cela concerne très majoritairement des mots d'origine française (ex. : la série U – D – T – Q – C pour les initiales de Un – Deux – Trois – Quatre – Cinq) mais cela peut aussi concerner des mots d'origine anglaise (comme c'est le cas dans la question qui nous concerne ici).

114 **Réponse :** ❸ La salaire médian se situe au milieu de l'ensemble des effectifs de l'entreprise. On remarque ici aisément que 50 % (15 % + 35 %) des effectifs gagnent 2 800 euros ou moins tandis que 50 % des effectifs restant gagnent 3 000 euros ou plus.

Le salaire médian se situe donc entre 2 800 et 3 000 euros. Il est donc égal à 2 900 euros.

Rappel : qu'est-ce qu'une médiane ?

La médiane d'une série statistique est *la valeur qui partage la série en deux parties de même effectif*. Il y a donc autant de valeurs inférieures que de valeurs supérieures à la médiane.

Exemple 1 : avec un nombre impair de valeurs discrètes.

Paul a eu les notes suivantes en mathématiques : 19 ; 9 ; 11 ; 2 ; 13 ; 13 ; 17.

Calculer la note médiane.

1. On ordonne les valeurs : 2 ; 9 ; 11 ; 13 ; 13 ; 17 ; 19.
2. Comme il y a 7 notes, la quatrième note (13) est par conséquent la note médiane. Il y a bien autant de valeurs inférieures que de valeurs supérieures à la médiane (ici, 3).

Exemple 2 : avec un nombre pair de valeurs discrètes.

Les notes obtenues par Paul en espagnol sont : 13 ; 9 ; 15 ; 9 ; 11 ; 15.

Calculer la note médiane.

1. On ordonne : 9 ; 9 ; 11 ; 13 ; 15 ; 15.
2. Comme il y a 6 notes, on dit que toute note entre la 3e et la 4e est une médiane, par exemple 12. Paul a autant de notes inférieures ou égales à 12 que de notes supérieures égales à 12. Au Score IAE Message, vous devrez simplement calculer la moyenne des 3e et 4e notes (soit $\frac{11 + 13}{2} = 12$). Ainsi, si les notes avaient été 9 ; 9 ; 11 ; 17 ; 18 ; 19, la médiane aurait été égale à $\frac{11 + 17}{2} = 14$.

115 **Réponse :** ❷ Comme n est égal au triple de m, on peut écrire $n = 3m$.

Avec $n = 3m$, la série s'écrit maintenant : 3, 5, m, 8, $3m$, 20.

Comme la moyenne de cette série vaut 10, on peut écrire : $\frac{3 + 5 + m + 8 + 3m + 20}{6} = 10$;

soit : $3 + 5 + m + 8 + 3m + 20 = 60$ soit encore $4m = 24$, soit encore $\boldsymbol{m = 6}$.

La série s'écrit donc enfin : 3, 5, 6, 8, 16, 20 et la médiane de cette série composée de 6 valeurs est par conséquent égale à la moyenne des 3e et 4e valeurs soit : $\frac{6 + 8}{2} = 7$.

116 **Réponse :** ❹ Décidément… Que de moyennes !

Utilisons la méthode du barycentre. Si la moyenne générale est 40, que celle des hommes vaut 35 et que celle des femmes vaut 50, alors l'écart à la moyenne est égal à 5 pour les hommes et 10 pour les femmes. Autrement dit, comme 10 est le double de 5 et bien il y a nécessairement 2 fois plus d'hommes que de femmes **et le rapport entre le nombre d'employés hommes et le nombre d'employées femmes et donc égal à 2**.

Attention, ne vous mélangez pas les pinceaux et ne dites pas qu'il y a deux fois plus d'employées femmes que d'employés d'hommes. Certes, l'écart femmes – moyenne (à savoir 10) est deux fois plus petit que l'écart hommes – moyenne (à savoir 5)… Pour autant les hommes sont bien 2 fois plus nombreux (ou si vous préférez ils pèsent 2 fois plus lourd) que les femmes. Plus on est proches de la moyenne et plus on pèse lourd !

117 **Réponse :** ❷ Ne soyez pas impressionnés par les questions longues au Score IAE Message. C'est parfois les plus faciles !

Il vous suffisait ici de calculer simplement la moyenne pondérée par les coefficients. Ce qui donne : Moyenne $= \frac{3 \times 5 + 3 \times 8 + 2 \times 7 + 1 \times 1}{3 + 3 + 2 + 1} = \frac{54}{9} = 6$.

118 **Réponse :** ❹ Encore une question facile, en fin d'épreuve en plus ! Comme quoi… Les questions faciles peuvent aussi se nicher en toute fin d'épreuve. Ne désespérez donc jamais !

Les événements *Tirer une boule rouge* et *Tirer une boule verte* sont indépendants. Le fait de tirer ou non une boule rouge n'a en effet aucune incidence, aucune influence sur le fait de tirer ou non ensuite une boule verte.

Les événements étant indépendants, $P(R \text{ ou } V) = P(R) + P(V) = \frac{7}{14} + \frac{3}{14} = \frac{10}{14} = \frac{5}{7}$.

119 **Réponse :** ❸ La probabilité de trouver 3 chevaux dans l'ordre est de **20 × 19 × 18**. En effet, il y a 20 chevaux possibles pour la position 1, puis 19 chevaux possibles (car il y en a déjà un position 1, donc 20 – 1 = 19) en position 2, puis 18 chevaux possibles en position 3 (car il y en a déjà 2 en position 1 et 2 d'où 20 – 2 = 18).

Quant à la probabilité de trouver 3 chevaux dans le désordre, il s'agit d'une combinaison de 3 parmi 20. Soit C_{20}^{3} combinaisons de 3 parmi 20 $= \frac{20!}{3! \times 17!} = \frac{20 \times 19 \times 18 \times 17!}{17! \times 3!}$.

On simplifie en haut et en bas par 17! ce qui donne : $\frac{20 \times 19 \times 18}{3 \times 2 \times 1} = \frac{\mathbf{20 \times 19 \times 18}}{\mathbf{6}}$.

En conclusion, pour répondre à la question : la probabilité de gagner le tiercé dans le désordre est 6 fois supérieure à la probabilité de gagner le tiercé dans l'ordre !

Rappel : en probabilités, lorsqu'on choisit *k* objets parmi *n* objets discernables (numérotés de 1 à *n*) et que l'ordre dans lequel les objets sont placés (ou énumérés) **n'a pas d'importance**, on peut les représenter par un ensemble à *k* éléments.

Un exemple est la main qu'on obtient en tirant simultanément *k* cartes dans un jeu de *n* cartes ; ou au jeu du loto, dont le tirage des 6 bons numéros ne dépend pas de l'ordre d'apparition des boules obtenues. Ou encore enfin, dans le cas du tiercé dans le désordre où on choisit bien 3 chevaux parmi 20 sachant que l'ordre dans lequel les chevaux sont placés n'a pas d'importance.

120 **Réponse :** ❺ On ajoute 4 entre 1 et 5, soit 2 au carré. Puis on ajoute 9 entre 5 et 14 soit 3 au carré. Puis 16 entre 14 et 30 soit 4 au carré. Puis 25 entre 30 et 55 soit 5 au carré. Il ne nous reste plus qu'à ajouter 36 (6 au carré) entre 55 et… 91 !

4. COMPREHENSION ET EXPRESSION ECRITE EN ANGLAIS

I. PRESENTATION DE L'EPREUVE ET CONSEILS DE PREPARATION

1. PRESENTATION DE L'EPREUVE

EXPRESSION ET COMPREHENSION ECRITE EN ANGLAIS

50 QUESTIONS

35 QUESTIONS D'EXPRESSION ET 15 QUESTIONS DE COMPREHENSION SUR TEXTE

5 CHOIX DE REPONSES PAR QUESTION

UNE SEULE REPONSE JUSTE

2 POINTS PAR REPONSE JUSTE, SOIT UNE EPREUVE NOTEE SUR **100 POINTS**

PAS DE POINT NEGATIF EN CAS DE NON REPONSE OU DE REPONSE FAUSSE

REPONDEZ AU HASARD QUAND, MALGRE VOS EFFORTS, VOUS NE CONNAISSEZ PAS LA REPONSE A LA QUESTION. VOUS N'AVEZ RIEN A PERDRE.

TEMPS CONSEILLE : **45 MINUTES**

Exemples de questions d'expression (grammaire et vocabulaire)

Voici un échantillon de questions relatives à la première partie de l'épreuve (Expression) :

1. The Gaynor Bridge has collapsed and repair work is being … by the continuing bad weather. *(Session du 24 mars 2018)*

1/ Hemmed
2/ Hinted
3/ Harmed
4/ Healed
5/ Hampered

Réponse 5. To hamper signifie entraver, ralentir, freiner.

2. The director of studies said that during this period leading up to the exams, his students should be prepared to work extremely … if they want to achieve good grades. *(Session du 18 mars 2017)*

1/ Harder
2/ Hardly
3/ Hardest
4/ Hard
5/ Hardness

Réponse 4. To work extremely hard : travailler extrêmement dur.

3. There was … in the airport when it was announced that all flights would be cancelled until further notice. *(Session du 30 mars 2019)*

1/ Ferment
2/ Tempest
3/ Turmoil
4/ Tantamount
5/ Turbulence

Une question de vocabulaire ici. Réponse 3. ***Turmoil*** *signifie agitation, trouble, tumulte.*

Exemples de questions de compréhension

Et voici quelques exemples de questions relatives à la seconde partie de l'épreuve (Compréhension) :

1. What is the overral subject of the article? *(Session du 18 avril 2015)*

2. All of the following statements are true about Catherine Rohr, except : *(Session du 8 mars 2011)*

3. Which of the following is NOT mentioned as a consequence of the lack of rainfall in India? *(Session du 18 mars 2017)*

4. In paragraph 22 Angela Merkel says that : *(Session du 31 mai 2011)*

2. QUELQUES CONSEILS DE PREPARATION PERSONNELLE

Vous n'êtes pas sans savoir que l'anglais est la langue des affaires. **Aujourd'hui plus que jamais, il est indispensable de parler un excellent anglais.**

Cet enjeu a très vite été compris par les dirigeants des Ecoles de commerce et des Universités qui ont imposé des enseignements en anglais depuis longtemps. C'est pourquoi l'on retrouve une épreuve écrite d'anglais au SCORE IAE MESSAGE. Or, si tout le monde maîtrise à peu près les rudiments de la langue de Shakespeare, combien peuvent tenir une conversation profonde sur la situation économique de la Chine ou sur la crise des subprimes de 2008 ? L'anglais des affaires est une langue à part entière. Dans ce domaine, pas d'approximation qui tienne !

[Mettez-vous en mode « Anglais »]

Si vous souhaitez vous perfectionner en anglais, vous devez vous mettre dans des dispositions d'esprit convergeant vers ce but. Vous pouvez par exemple commencer par changer la langue de votre téléphone portable ! Plus sérieusement, modifiez quelques habitudes comme regarder systématiquement les films en VO, sous-titrés anglais pour mieux comprendre la tournure des phrases. **De plus, écoutez les informations en anglais, par le biais de podcasts de la BBC par exemple.** En bref, créez votre propre immersion dans la culture anglo-saxonne sans même traverser la Manche ! Progrès garantis !

[Apprenez des règles par cœur et notez tout sur un carnet]

Ceci étant dit, vous ne pourrez pas échapper au travail d'apprentissage de la langue, qui passe par l'apprentissage par cœur des expressions et mots de vocabulaire. Pour ce faire, les bibliothèques regorgent de livres d'exercices, d'annales en tout genre et de lexiques d'anglais des métiers et des affaires.

Par ailleurs, lorsque vous parcourez la presse anglo-saxonne, notez toujours tous les mots inconnus et règles de grammaire que vous ne maîtrisez pas sur un carnet.

Ensuite la première chose à faire est de s'équiper d'un dictionnaire bilingue de poche pour vous aider à décrypter la presse anglo-saxonne que vous devez lire au moins une fois par semaine, c'est essentiel. En effet, tenez-vous informé de l'actualité américaine et anglaise, *via* les grands titres de la presse hebdomadaire : *Time* et *Newsweek*. Là non plus, ne laissez rien passer. Puis, vous trouverez sur Internet (ne serait-ce qu'en imprimant des articles Wikipédia en anglais) des fiches sur les entreprises anglo-saxonnes et leurs entrepreneurs, à l'image des fiches de culture générale décrites précédemment. Les moments libres sont propices à la lecture de ces fiches.

Enfin, si vous n'êtes pas encore convaincu de l'efficacité du podcast, tentez le coup avec les émissions diffusées par la BBC et les conférences des grandes universités américaines (Harvard, Yales ou encore Columbia), téléchargeables gratuitement sur l'iTunes store.

II. FOCUS SUR 50 QUESTIONS CLES

1. TROIS EXEMPLES POUR COMMENCER

Observons comment l'emploi du futur peut être une source de confusion importante pour les étudiants.

Voici trois exemples de QCM portant tous sur l'emploi du futur en anglais (*NB : les exemples qui suivent ne contiennent ici que 4 choix de réponses. Il y en aura bien sûr 5 au SCORE IAE MESSAGE*).

Exemple 1

When a decision …... next week by the club the members will know where they stand.

a/ will be taken

b/ be taken

c/ takes

d/ is taken

d/ est la bonne réponse.

Lorsqu'une décision aura été prise par le club la semaine prochaine, les adhérents sauront à quoi s'en tenir.

Quelle est la règle ?

Dans une phrase au futur, on peut mettre du futur dans la proposition principale (« the members **will know** where they stand ») mais pas dans la proposition temporelle introduite par des conjonctions ou locutions conjonctives comme « when », « whenever », « once », « as soon as » etc.

Dans cette partie de la phrase, on doit mettre du présent qui correspond à du futur simple en français (ici la réponse c/ est bien au présent mais pas au passif, donc elle ne fonctionne pas). La réponse d/ est bien au présent et au passif (« when a decision is taken » = « lorsqu'une décision sera prise ») et obéit donc à la règle.

On aurait pu mettre également du present perfect (« When a decision **has been taken**… »), ce qui correspond à un futur antérieur en français (« lorsque la décision aura été prise »), mais ce choix ne nous est pas proposé ici.

Exemple 2

Let me know as soon as you …….

a) had been back

b) would be back

c) will be back

d) are back

d/ est la bonne réponse.

Préviens-moi dès que tu seras de retour.

On retrouve ici une phrase portant sur la même difficulté, mais dans celle-ci, la règle de grammaire est intégrée au sein d'une phrase dont la proposition principale est à l'impératif. La proposition temporelle (« as soon as you are back »), elle, suit la règle énoncée plus haut.

Que faut-il retenir de ces deux exemples ? Que l'emploi du futur en français et en anglais n'est pas le même :

Ex. : Je **t'appellerai** quand j'y **serai**.

Futur simple	Futur simple
Proposition principale	*Proposition temporelle*

I **will call** you when I **am** there.

Futur simple	Présent simple
Proposition principale	*Proposition temporelle*

On appliquera la même règle si on trouve un impératif dans la proposition principale :

Ex. : **Appelle-moi** quand tu y **seras**.

Impératif	Futur simple
Proposition principale	*Proposition temporelle*

Call me when you **are** there.

Impératif	Présent simple
Proposition principale	*Proposition temporelle*

Si on met du futur antérieur dans la proposition temporelle en français, on trouvera du present perfect en anglais :

Ex. : **Appelle-moi** quand tu **auras lu** le livre.

Impératif	Futur antérieur
Proposition principale	*Proposition temporelle*

Call me when you **have read** the book.

Impératif	Present perfect
Proposition principale	*Proposition temporelle*

Quel est le risque de confusion ? Une lecture trop rapide de la règle sur l'emploi du futur amène certains candidats à retenir l'idée qu'on ne peut pas mettre de futur derrière « when », ce qui est vrai dans les cas que l'on vient d'observer, mais pas dans d'autres.

Exemple 3

I don't know when he ....

a/ will come

b/ comes

c/ has come

d/ come

a/ est la bonne réponse.
J'ignore quand il viendra.

Ici, nous sommes en présence d'une phrase interrogative, et en l'espèce, on peut tout à fait mettre un futur derrière « will ». La réponse correcte est donc la a/, et on voit que la règle sur l'emploi du futur n'est pas réductible à l'idée selon laquelle on ne peut pas mettre « will » derrière « when ».

Il faut ainsi retenir la règle de manière intelligente et analyser la phrase pour voir dans quel cas on se trouve. Si on récapitule la règle sur le futur de manière simple, on peut dire **qu'on ne met pas de futur dans la proposition temporelle (quand il y en a une) introduite par « when », « as soon as », « once » et d'autres mots ou groupes de mots ayant le même sens, mais on met du présent ou du present perfect**. Il s'agit du « noyau dur » de la règle, mais il faut y ajouter d'autres cas.

Dans les phrases interrogatives, comme nous l'avons vu, c'est différent, et on peut utiliser le futur après « when ». Ceci est aussi valable dans les interrogatives directes :

When **will** you call me?

On peut également ajouter que lorsque « when » est pronom relatif, il peut être suivi du futur.

The day will come when they will understand.

Ici, « when » est pronom relatif (il remplace « day »). Dans ce cas, il faut mettre le futur.

Il faut donc vous armer d'un bon livre de grammaire pour travailler tous ces points dans le détail. Il est indispensable de retenir les règles de manière complète et en fonction du contexte. Il faut éviter de les simplifier à outrance au risque de ne pas voir la subtilité de sens entre les différents emplois d'un même temps, par exemple.

Quand vous travaillez sur des annales ou sur les tests qui suivent, si vous vous contentez de regarder la réponse correcte sans chercher à repérer quel est le point de grammaire sur lequel porte la question, vous risquez à coup sûr de vous tromper !

Lors de vos entraînements, efforcez-vous donc de justifier chacune des réponses sur lesquelles vous avez fait une erreur. Ici, les phrases portaient sur l'usage du futur en anglais. Si vous n'avez pas trouvé la bonne réponse du premier coup ou si vous devez votre bonne réponse au hasard, revoyez la règle sur l'emploi du futur en anglais, en prenant garde de ne pas calquer les règles qui régissent le français sur celles qui s'appliquent en anglais.

Pour récapituler

- Considérez chaque question comme étant une équation à résoudre ;
- Identifiez la règle de base sur laquelle porte la question, et adaptez, si besoin, la réponse au contexte précis de la phrase ;
- Ne répondez jamais au hasard… réfléchissez !
- N'hésitez pas à éliminer les mauvaises réponses pour n'avoir plus qu'à raisonner sur deux propositions restantes. Vous aurez ainsi davantage de chances de trouver la bonne réponse !
- Armez-vous d'une bonne grammaire comme celle de Berléand-Délépine aux Editions Ophrys (*Grammaire pratique de l'anglais*) ou *La grammaire anglaise*, d'Axel Delmotte publiée aux éditions Studyrama.

2. GRAMMAIRE : 50 QCM CLES

Le QCM ci-dessous porte sur une sélection de points de grammaire récurrents au SCORE IAE MESSAGE. Pour vous entraîner, faites l'exercice seul en essayant d'identifier le cas grammatical qui est en jeu dans chacune des questions, puis reportez-vous au corrigé commenté. Lorsque vous travaillerez ultérieurement sur des tests d'entraînement, procédez de la même manière et efforcez-vous de repérer systématiquement la règle.

1• We ...... the guitar for three hours.

a/ have been playing
b/ are playing
c/ were playing
d/ play

2• What do you do? I am a doctor. I ...... since 2003.

a/ am
b/ was
c/ have been working
d/ had been

3• He ...... alone for a long time. Then he decided to have children.

a/ has been living
b/ was living
c/ lived
d/ is living

4• He ...... dead for ten years.

a/ was
b/ has been
c/ is
d/ is being

5• He ...... TV for 2 hours when the phone rang.

a/ had been watching
b/ has been watching
c/ was watching
d/ has watched

6• When I arrived they ...... since the beginning of the show.

a/ have been sleeping
b/ were sleeping
c/ were being sleeping
d/ had been sleeping

7• How long ...... there when you found them?

a/ have you been living
b/ did you live
c/ had you been living
d/ were you living

8• I ...... to London tomorrow. I will therefore not be in my office.

a/ go
c/ am going
b/ went
d/ will have gone

9• I ...... a cake for Paul's birthday right at the moment.

a/ prepare
c/ have prepared
b/ am preparing
d/ prepared

10• You will be allowed to go to the cinema once you ...... your bedroom.

a/ will clean
c/ have cleaned
b/ will have cleaned
d/ are cleaning

11• The day will come when we ...... go.

a/ have to
c/ will have had to
b/ will have to
d/ will have

12• She is telling me she doesn't know when he ...... to Paris.

a/ will have come
c/ shall come
b/ coming
d/ will come

13• Hannah told him she ...... her novel once she was in France and ...... a flat to rent.

a/ will write... will find
c/ wrote... has found
b/ would write... would find
d/ would write... had found

14• I wonder when people ...... that this car everybody ...... about for several days, is not as great as it may seem.

a/ realize... is talking about
c/ will realize... has been talking
b/ will realize... are talking about
d/ will realize... is talking about

15• He told me he would go as soon as she ...... him to do so.

a/ asks
c/ would have asked
b/ would ask
d/ had asked

16• The US ...... just ...... the embargo on cereals from Mali.

a/ has... lifted
c/ are... lifting
b/ is... lifting
d/ have... lifted

17• **Look ! The cat ...... the mouse.**

a/ ate
c/ was eating
b/ eats
d/ has eaten

18• **I ...... to China but I ...... to Japan last year.**

a/ never went… have been
c/ have never been… went
b/ have never been… have been
d/ have ever been… went

19• **We ...... during the summer of 2017.**

a/ have met
c/ have been meeting
b/ are meeting
d/ met

20• **They ...... just ...... the last time I saw them.**

a/ have… met
c/ had… met
b/ Ø… met
d/ have… been meeting

21• **As a child, Hannah ...... hours playing the piano.**

a/ was spending
c/ has spent
b/ would spend
d/ has been spending

22• **I wish he ...... with me today. It would really help.**

a/ comes
c/ came
b/ has come
d/ had come

23• **I wish you ...... with me, but it's too late now.**

a/ would come
c/ had come
b/ could come
d/ came

24• **She may ...... a mistake. If I were you, I would double check.**

a/ make
c/ have made
b/ have done
d/ made

25• **It is time she ...... her homework.**

a/ makes
c/ is doing
b/ has done
d/ did

26• He suggests they …….

a/ are jailed
b/ to be jailed
c/ should be jailed
d/ are to be jailed

27• It is imperative you …… your duty.

a/ have done
b/ are doing
c/ do
d/ will do

28• I want …… you …… as soon as possible.

a/ that… leave
b/ Ø… leave
c/ Ø… to leave
d/ Ø… left

29• The Minister …… to have been insulted by a journalist.

a/ is told
b/ is said
c/ said
d/ has said

30• He …… to go to England but he was prevented from doing so.

a/ would like
b/ likes
c/ would has liked
d/ would have liked

31• If he …… you, how would you react?

a/ would not call
b/ had not called
c/ hasn't called
d/ didn't call

32• If my father had decided to stay, I …… the same.

a/ would have done
b/ would do
b/ had done
d/ did

33• The car …… door is broken must be changed.

a/ whose
b/ which
c/ of which
d/ what

34• The woman …… husband is dead must be in big trouble.

a/ who
b/ whom
c/ whose
d/ which

35• **...... I said was extremely important, but you were not listening to me.**

a/ Ø c/ Which

b/ What d/ That

36• **...... of the two boys do you prefer?**

a/ Which c/ Who

b/ What d/ Whose

37• **All the books, ... are on the table, are to be read.**

a/ the most of which c/ most of which

b/ the most d/ most which

38• **All the persons, ... are in the room, are foreigners.**

a/ most of which c/ who

b/ most of whom d/ them

39• **There are ...... apples in this basket.**

a/ far too much c/ far too many

b/ much too many d/ very too many

40• **He has ...... friends than I do.**

a/ less c/ fewer

b/ many less d/ much less

41• **He is ...... I am, which does not matter.**

a/ two times tall as c/ twice taller than

b/ twice as tall as d/ twice more tall than

42• **The CEO was due to take part ...... the meeting.**

a/ with c/ in

b/ at d/ to

43• **Of the two, Sarah was ...... intelligent, but Alice was obviously ...... in the class.**

a/ the most… best c/ the more… the best

b/ the more… better d/ more… best

44• Why …… all this by heart?

a/ learning
b/ learn
c/ to learn
d/ they learn

45• Nathalie …… reading a lot, so she can read this book too.

a/ used to
b/ is used to
c/ uses
d/ used

46• Carlotta was surprised, …… she had not heard anything.

a/ all the most as
b/ all the more so as
c/ all the more so than
d/ all the more as

47• He speaks …… fluently.

a/ japanese
b/ the Japanese
c/ the japanese
d/ Japanese

48• …… had he left …… they switched on the TV.

a/ No sooner… that
b/ Hardly… when
c/ Hardly… than
d/ Sooner… than

49• Everybody knows that, ……?

a/ does it?
b/ doesn't it?
c/ don't they?
d/ doesn't one?

50• There were …… people in the streets.

a/ two millions
b/ two million of
c/ two million
d/ two millions of

Corrigé commenté du QCM

Dans chaque réponse, vous trouverez le cas grammatical à identifier.

1• a/ We **have been playing** the guitar for three hours.

Nous jouons de la guitare depuis trois heures. (ou encore : cela fait trois heures que nous jouons de la guitare)

Cas : Emploi de FOR + present perfect

Une action qui a commencé dans le passé (il y a trois heures) et qui dure encore dans le présent s'exprime grâce à un present perfect à la forme progressive (surtout pas de présent !).

FOR + present perfect = « depuis »

FOR + preterit = « pendant »

Exemple : We played the guitar for 10 years (= nous avons fait de la guitare pendant 10 ans). L'action est terminée, donc je mets du preterit.

DANS TOUS LES CAS, FOR exprime une DUREE et répond à la question « HOW LONG », c'est-à-dire « depuis ou pendant combien de temps ».

⚠ ATTENTION Ne pas confondre FOR avec DURING :

DURING = « pendant »

Exemple : I met him during the holidays.

During indique **QUAND** l'action a eu lieu et répond à la question **WHEN**.

⚠ ATTENTION Ne pas confondre avec WHILE :

WHILE = « pendant que »

Exemple :

I sing while he works.

« While » décrit une simultanéité entre plusieurs actions.

2• c/ What do you do? I am a doctor. I **have been working** since 2003.

Que fais-tu comme métier ? Je suis médecin. Je travaille depuis 2003.

Cas : Emploi de SINCE + present perfect

Réponse a/ : Le présent simple s'emploie pour exprimer quelque chose de vrai de manière générale, mais pas pour décrire une action qui a commencé dans le passé et se poursuit dans le présent. Il convient donc dans la phrase « I am a doctor » mais pas dans la dernière qui décrit une action commencée en 2003 et qui se poursuit au moment où le locuteur parle.

« Je travaille depuis 2003 » décrit une action qui a commencé dans le passé et qui est toujours vraie dans le présent (comme la question 1). Il faut donc mettre du present perfect.

SINCE + present perfect = « depuis », mais n'exprime pas la même chose que **FOR**. « Since » marque le début, le point de départ, l'origine d'une action. « Since » n'exprime donc pas une durée, et répond à la question « SINCE WHEN », c'est-à-dire « depuis quand ».

Les réponses b/ et d/ ne peuvent convenir dans la mesure où le preterit et le past perfect décrivent des actions révolues et qui ne sont plus liées au temps présent.

⚠ ATTENTION Notez la présence de l'article indéfini « a » devant « doctor ». On met toujours un article indéfini devant les mots qui désignent le métier ou le statut d'une personne.

3• **c/** He **lived** alone for a long time. Then he decided to have children.

Pendant longtemps il vécut seul. Puis il décida d'avoir des enfants.

Cas : Emploi de FOR + preterit

L'action de vivre seul est terminée, il faut donc utiliser du preterit, qui décrit une action révolue, déconnectée par rapport au présent (contrairement au present perfect qui décrit une action qui dure encore ou une action qui vient juste de s'achever ou dont on constate les conséquences sur le présent).

Réponse a/ : S'il n'y avait pas eu la seconde phrase « Then he decided to have children », alors on aurait pu avoir du present perfect, qui signifierait que l'action de vivre seul est encore vraie :

He has been living alone for a long time.

Il vit seul depuis longtemps.

Le choix du temps se fait donc en fonction du contexte et de ce qui suit ou précède la phrase.

⚠ ATTENTION Ne réduisez pas la règle sur l'emploi de « for » à « on met toujours du present perfect avec for ». Cela est inexact. Nous avons vu dans la question 1 que l'on pouvait employer du preterit avec FOR, et que dans ce cas, « for » signifiait « pendant ». C'est bien le cas ici. L'action de vivre seul est terminée, elle appartient au passé.

Autre exemple :

I read for two hours almost everyday.

Je lis pendant deux heures presque chaque jour.

Ici, l'action de lire dure bien deux heures, mais elle a lieu régulièrement, on peut donc utiliser le présent simple.

4• b/ He **has been** dead for ten years.

Cela fait 10 ans qu'il est mort.

Cas : Emploi de FOR + present perfect

Il faut ici du present perfect car le fait d'être mort a commencé il y a dix ans et est toujours vrai. Reportez-vous à la question 1.

⚠ **ATTENTION** Observez les phrases suivantes et leur traduction :

He died ten years ago.

Il est mort il y a 10 ans.

Le fait de mourir est bien révolu, donc preterit ici.

En revanche, le fait d'être mort dure encore, d'où le present perfect dans la question 4.

5• a/ He **had been watching** TV for 2 hours when the phone rang.

Il regardait la télé depuis 2 heures lorsque le téléphone sonna.

Cas : Emploi de FOR + past perfect

Réponse b/ : Si la phrase était « Il regarde la télé depuis deux heures », on aurait du present perfect (« He has been watching TV for two hours »).

Or, ici, l'action est située par rapport à une action déjà passée (« the telephone rang »). Il faut appliquer la concordance des temps : le present perfect devient donc du past perfect.

Réponse c/ : Si la phrase était « Il **regardait** la télé lorsque le téléphone sonna », on aurait :

He **was watching** TV when the telephone rang.

Mais « Il **regardait** la télé depuis trois heures lorsque le téléphone sonna » devient « He **had been watching** TV for three hours when the phone rang ». C'est la présence du « for » qui change tout car on décrit là une action qui a commencé avant le coup de téléphone et qui durait encore au moment de ce même coup de téléphone.

⚠ **ATTENTION** Méfiez-vous d'un éventuel détour par le français qui vous amènerait à calquer les temps du français sur ceux de l'anglais. Or, on voit bien ici que ce n'est pas parce qu'on a un imparfait dans les différentes phrases françaises qu'on a un preterit dans les phrases anglaises. Il faut analyser la phrase pour raisonner selon la logique de l'anglais, et non du français.

6• d/ When I arrived they **had been sleeping** since the beginning of the show.

Lorsque je suis arrivé, ils dormaient depuis le début du spectacle.

Cas : Emploi de SINCE + past perfect

Réponse a/ : Si la phrase ne commençait pas par « when I arrived », alors on aurait utilisé le present perfect pour décrire une action commencée au début du spectacle et toujours vraie dans le présent :

They have been sleeping since the beginning of the show. (Ils dorment depuis le début du spectacle).

Or, ici, l'action de dormir est située par rapport à l'action « arrived ». La concordance des temps nous amène donc à employer le past perfect.

C'est la même logique que pour la question 5.

7• c/ How long **had you been living** there when you found them?

Depuis combien de temps vivais-tu là-bas lorsque tu les as trouvés ?

Cas: Quel temps employer avec « how long »

C'est le même raisonnement que pour la question 5, mais sous forme de question. Reportez-vous également aux explications fournies à la question 1.

8• c/ I **am going** to London tomorrow. I will therefore not be in my office.

Demain je vais à Londres. Je ne serai donc pas à mon bureau.

Cas : Futur proche et présent progressif

L'intention de faire quelque chose dans un futur proche s'exprime souvent par le présent à la forme progressive.

Réponse a/ : Le présent à la forme simple est un temps qui exprime quelque chose d'habituel ou qui est vrai de manière permanente.

Exemple : I go to London whenever I can.

Je vais à Londres chaque fois que je le peux.

Or ici, le fait d'aller à Londres n'est pas permanent mais ponctuel, et a lieu dans un futur proche.

Réponse d/ : Le futur antérieur s'utilise pour exprimer une action future située avant une action elle-même déjà située dans le futur.

By the time I see you tomorrow I will have already read the book.

Lorsque je te verrai demain, j'aurai déjà lu le livre.

L'action d'avoir terminé le livre est située avant celle de voir la personne.

⚠ **ATTENTION** « By the time », souvent employé dans les QCM, signifie « d'ici », et exprime l'idée d'une date butoir. Il est souvent synonyme de « before ».

Réponse b/ : L'emploi du passé avec « tomorrow » est illogique.

9• **b/** I **am preparing** a cake for Paul's birthday at the moment.

Je suis en train de préparer un gâteau pour l'anniversaire de Paul.

Cas : Emploi du présent à la forme progressive

Le présent à la forme progressive est utilisé pour décrire une action qui est en cours de déroulement.

Réponse a/ : Le présent simple est employé pour décrire quelque chose d'habituel ou de permanent. Or, dans la phrase, on décrit une action ponctuelle en cours de déroulement.

Réponse c/ : Le present perfect n'est pas cohérent avec « right at the moment » qui indique que l'action a lieu ici et maintenant. Le present perfect conviendrait s'il n'y avait pas « right at the moment » à la fin de la phrase. Dans ce cas-là, on ferait le bilan de ce que l'on vient de faire.

Réponse d/ : L'emploi du preterit n'est pas cohérent avec « right at the moment » qui indique que l'action se déroule dans le présent.

⚠ ATTENTION Notez l'absence d'article devant Paul : on ne met pas d'article devant le cas possessif lorsque ce dernier porte sur un nom propre. « Paul's car » mais « the neighbour's car ».

10• **c/** You will be allowed to go to the cinema once you **have cleaned** your bedroom.

Tu pourras aller au cinéma quand tu auras nettoyé ta chambre.

Cas : Emploi du futur dans une proposition temporelle

Reportez-vous à la règle sur le futur exposée en introduction de la Section 1 de ce chapitre.

Dans la proposition temporelle, on ne peut pas mettre de futur en anglais, mais soit du présent simple soit du present perfect.

⚠ ATTENTION « Once » signifie « une fois que » et la règle sur le futur s'applique dans ce cas.

11• **b/** The day will come when we **will have to** go.

Le jour viendra où il nous faudra partir.

Cas : Emploi du futur derrière « when » pronom relatif

Reportez-vous à la règle sur le futur exposée en introduction de la Section 1 de ce chapitre.

⚠ ATTENTION « When » est ici pronom relatif. Rien n'empêche l'emploi du futur dans ce cas. Encore une fois, c'est l'analyse de la phrase et de la fonction de ses composants qui doit vous amener à trouver la bonne réponse.

Réponse d/ : Il ne faut pas oublier le « to » qui accompagne le verbe « have to ».

12• **d/** She is telling me she doesn't know when he **will come** to Paris.

Elle est en train de me dire qu'elle ne sait pas quand il viendra à Paris.

Cas : L'emploi du futur dans les phrases interrogatives

Reportez-vous à la règle sur le futur exposée en introduction de la Section 1 de ce chapitre.

Lorsqu'on a une interrogative (directe ou indirecte), on met le futur. Nous sommes bien dans une interrogative ici.

Réponse a/ : La question porte sur un futur simple et non sur un futur antérieur.

Réponse c/ : Le modal « shall » s'emploie pour la première personne du singulier ou du pluriel, sauf dans des cas très particuliers.

13• **d/** Hannah told him she **would write** her novel once she was in France and **had found** a flat to rent.

Hannah lui avait dit qu'elle écrirait son roman une fois qu'elle serait en France et qu'elle aurait trouvé un appartement à louer.

Cas : Le futur et la concordance des temps

Ici, il faut appliquer la règle de la concordance des temps. Imaginez que la phrase soit au style direct :

Hannah told him : « I will write my novel once I am in France and have found a flat to rent. »

Hannah lui a dit : « J'écrirai mon roman dès que je serai en France et que j'aurai trouvé un appartement à louer. »

On retrouve la règle sur l'emploi du futur énoncée en introduction de la Section 1 de ce chapitre, sauf qu'ici, la phrase est au style indirect et est introduite par « she said », un verbe au preterit. Il faut donc accorder les verbes du reste de la phrase en fonction du verbe « said ». Ainsi, « will » devient « would », « is » devient « was » and « has found » devient « had found ».

⚠ ATTENTION Méfiez-vous du français qui n'est jamais loin derrière. Si vous calquez la phrase sur le français, vous allez penser « Hannah lui avait dit qu'elle écrirait son roman une fois qu'elle serait en France et qu'elle aurait trouvé un appartement à louer », et ce faisant, vous serez tenté de traduire « elle serait en France » par un conditionnel. Idem pour « qu'elle aurait trouvé un emploi ». Or, cela ne fonctionne pas en vertu de la règle sur le futur qui vous a déjà été rappelée. La réponse b/ est donc incorrecte.

Il faut toujours identifier la règle de base, cette dernière s'énonçant toujours par rapport au présent. Ensuite seulement, appliquez la règle sur la concordance des temps.

14• **c/** I wonder when people **will realize** that this car everybody **has been talking** about for several days is not as great as it may seem.

Je me demande quand les gens réaliseront que cette voiture dont tout le monde parle depuis plusieurs jours n'est pas aussi bien qu'elle y paraît.

Cas : L'expression du futur et de la durée au sein d'une même phrase

Dans cette phrase, on retrouve la règle sur le futur dans une interrogative (question 12) ainsi que la règle sur l'expression de la durée (question 1).

« will realize » est justifié par l'interrogation indirecte introduite par « I wonder », et « has been talking » est justifié par le fait que l'on décrit ici une action commencée depuis plusieurs jours (durée) et qui est toujours vraie dans le présent.

15• **d/** He told me he would go as soon as she **had asked** him to do so.

Il m'a dit qu'il irait dès qu'elle lui aurait demandé de le faire.

Cas : Le futur et la concordance des temps

Là encore, attention à la concordance des temps dans les phrases au futur. Reportez-vous à la question 13.

Au style direct la phrase serait :

He told me : « I will go as soon as she has asked me to do so ».

Au style indirect, on projette les verbes dans le passé et « will » devient « would », et « has asked » devient « had asked. »

16• **a/** The US **has** just **lifted** the embargo on cereals from Mali.

Les Etats-Unis viennent de lever l'embargo sur les céréales en provenance du Mali.

Cas : Le present perfect avec « just »

Lorsque l'on fait le bilan de quelque chose, que l'action est certes passée mais qu'elle vient juste d'être faite, c'est le present perfect que l'on utilise.

⚠ **ATTENTION** Si l'on devait appliquer la règle de concordance des temps dans une autre phrase, on aurait :

Les Etats-Unis venaient juste de lever l'embargo = The US had just lifted the embargo.

Réponse b/ : Le présent à la forme progressive ne convient pas dans la mesure où on a « just » dans la phrase qui signifie qu'on décrit une action qui vient « juste » d'être accomplie et non « en train » d'être accomplie.

Réponse c/ : « The US » se reprend par un singulier et non par un pluriel. De plus, le temps présent à la forme progressive ne convient pas.

Réponse d/ : « The US » se reprend par un singulier, non par un pluriel !

17• **d/** Look ! The cat **has eaten** the mouse.
Regarde ! Le chat a mangé la souris.

Cas : Choisir entre le present perfect et le preterit

Lorsque l'on constate le résultat d'une action, même si cette action est passée, et dans la mesure où cette action n'est pas datée dans le passé, mais que ce qui importe c'est son résultat (la souris n'est plus là), on utilise le present perfect.

Si la phrase était « Hier, le chat a mangé la souris », on aurait employé du preterit :

Yesterday, the cat ate the mouse.

« Look ! » montre que l'on constate quelque chose dans le présent. Les autres temps ne sont donc pas logiques ici.

Réponse b/ : Le présent simple ne convient pas. Il faudrait mettre la forme progressive pour décrire la scène à laquelle le locuteur est en train d'assister :

Look ! The cat is eating the mouse.

18• **c/** I **have never** been to China but I **went** to Japan last year.
Je ne suis jamais allé en Chine mais je suis allé au Japon l'année dernière.

Cas : L'emploi du present perfect et du preterit au sein d'une même phrase

Dans la première partie de la phrase, on fait le bilan dans le présent (donc present perfect), tandis que dans la seconde, on décrit une action qui est révolue et datée (donc preterit).

19• **d/** We **met** during the summer of 2017.
Nous nous sommes rencontrés au cours de l'été 2017.

Cas : L'emploi de « during »

L'action est terminée, donc preterit. « During » ici, car il répond à la question WHEN. Reportez-vous à la question 1.

20• **c/** They **had** just **met** the last time I saw them.
Ils venaient juste de se rencontrer la dernière fois que je les ai vus.

Cas : Emploi de « just » et concordance des temps

Le fait qu'ils se soient rencontrés est antérieur à la dernière fois où le locuteur les a vus. La dernière fois renvoie à une action passée (preterit), et la rencontre étant antérieure, il faut mettre du past perfect (= passé du passé).

Réponse a/ serait possible si la phrase s'arrêtait à « just met ».

La réponse b/ serait plausible s'il n'y avait pas « just » dans la phrase :

They met the last time I saw them.

Dans ce cas, les deux actions « met » et « saw » seraient simultanées et non consécutives.

21• **b/** As a child, Hannah **would spend** hours playing the piano.

Enfant, Hannah passait des heures à jouer du piano.

Cas : Emploi du « would » fréquentatif

Ici l'action relatée est révolue, et elle avait lieu de manière régulière, d'où l'emploi du « would » dit « fréquentatif », c'est-à-dire qu'il sert à relater une action accomplie qui avait lieu de manière habituelle et régulière dans le passé (tournure assez littéraire).

La réponse a/ ne convient pas car le preterit à la forme progressive décrit une action passée, ponctuelle, en cours de déroulement. « Lorsque que je suis arrivé Hannah jouait du piano. » se traduirait par « When I arrived Hannah was playing the piano. »

22• **c/** I wish he **came** with me. It would really help.

Je regrette qu'il ne vienne pas avec moi aujourd'hui. Cela m'aiderait vraiment.

Cas : Expression du regret portant sur le présent à l'aide de « wish »

Le verbe « wish » (souhaiter) s'emploie dans les cas suivants :

I wish you were here = je souhaite que tu sois là = je regrette que tu ne sois pas là.

Dans ce cas, le souhait porte sur le présent, qui n'est pas conforme à ce que l'on souhaite. On utilise donc du preterit (dit preterit modal). C'est ce qu'on appelle **l'irréel du présent**.

I wish you had been there = je regrette que tu n'aies pas été là.

Dans ce cas, le souhait porte sur le passé, qui n'a pas été conforme à ce que l'on aurait souhaité. On utilise donc du past perfect. C'est ce qu'on appelle **l'irréel du passé**.

I wish he would come with me = j'aimerais qu'il vienne avec moi. (cela dépend de lui, de sa volonté, d'où l'emploi de « would »)

I wish he could come with me = j'aimerais qu'il vienne avec moi. (cela ne dépend pas de sa volonté mais de sa capacité, d'où l'emploi de « could »)

Dans les deux derniers cas, les choses sont encore possibles. On n'est pas dans le cas de l'irréel, mais du **potentiel**, c'est-à-dire que les choses sont encore réalisables. La réponse d/ serait correcte si le regret portait sur le passé.

⚠ ATTENTION Le verbe « wish » signifie littéralement « souhaiter » mais on l'utilise aussi et surtout pour exprimer le regret.

23• c/ I wish you **had come** with me, but it's too late now.

Je regrette que tu ne sois pas venu avec moi, mais c'est trop tard, à présent.

Cas : Expression du regret portant sur le passé à l'aide de « wish »

Ici le regret porte sur quelque chose qui n'a pas eu lieu. Il s'agit d'irréel du passé, comme l'indique « but it's too late now ». Reportez-vous à la question 22.

24• c/ She may **have made** a mistake. If I were you, I would double check.

Il se peut qu'elle ait fait une erreur. Si j'étais toi, je vérifierais.

Cas : Expression du doute à l'aide du modal « may »

La possibilité, la probabilité, la certitude, l'impossibilité etc. sont des « modaux » qui servent en anglais à exprimer la modalité de l'action. Ici, « may » joue ce rôle et l'éventualité portant sur le passé, on doit appliquer la formule suivante : **MAY + HAVE + Participe passé.**

⚠ ATTENTION On dit « to make a mistake » et non « to do ». Revoyez dans quels cas on utilise « make » ou « do ».

25• d/ It is time she **did** her homework.

Il est temps qu'elle fasse ses devoirs.

Cas : Emploi de « it is time »

La réponse a/ ne convient pas car le temps n'est pas le bon et on dit « to do one's homework ».

It is (high/about) time + preterit

⚠ ATTENTION Si l'on applique la concordance des temps, on mettra un past perfect si la phrase commence par « It was time » :

It **was** time he **had done** it.

26• c/ He suggests they **should be jailed**.

Il suggéra qu'ils fussent emprisonnés.

Cas : Emploi du subjonctif derrière « suggest »

En bon anglais, certains verbes exprimant le conseil ou la suggestion (to suggest, to insist, to ask, etc.), et l'ordre (to order, to command etc.), se construisent avec le subjonctif qui prend la forme de **SHOULD + Base verbale, ou encore Base verbale seule** (donc pas de S à la 3e personne, car la base verbale est invariable). On aurait pu dire :

He suggests they **be jailed**.

⚠ ATTENTION Comme en français et dans toutes les langues, on fait un certain nombre de fautes à l'oral qui ne passeront pas à l'écrit, en particulier dans le cadre d'un concours. Certains diront « He suggests they are jailed »: la phrase peut exister par ailleurs, mais vous devez appliquer les règles de l'anglais académique. Si vous hésitez entre deux propositions choisissez toujours la plus plausible et la plus conforme aux règles.

27• **c/** It is imperative you **do** your duty.

Il est impératif que tu accomplisses ton devoir.

Cas : Emploi du subjonctif après « it is + adjectif »

Les locutions du type « it is + adjectif » peuvent se construire avec le subjonctif qui prend la forme de **SHOULD + Base verbale, ou encore Base verbale seule** (donc pas de S à la 3e personne, car la base verbale est invariable). Cela concerne essentiellement les expressions impersonnelles « it is » + « important », « necessary » et « imperative ».

28• **c/** I want **Ø** you **to leave** as soon as possible.

Je veux que tu partes au plus vite.

Cas : Structure du verbe « want »

Le verbe « to want » ne se construit pas avec une relative et le subjonctif (contrairement au français) mais avec une infinitive.

⚠ ATTENTION Ce n'est pas parce qu'on a une relative ou une infinitive en français qu'on aura la même chose en anglais. Lors de vos révisions, soyez attentif à cette question essentielle. **Lorsque vous apprenez un verbe, vérifiez toujours la structure à employer et/ou ce qui suit derrière (ING, base verbale etc.).**

29• **b/** The Minister **is said** to have been insulted by a journalist.

Le ministre aurait été insulté par un journaliste. (On dit que le ministre a été insulté par un journaliste.)

Cas : Différence entre « to be told » et « to be said »

Ici on n'emploie pas le conditionnel comme en français, mais une formule passive qui exprime l'incertitude. Il s'agit d'une structure très courante.

Ne confondez pas :

He **is said to be** rich. On dit de lui qu'il est riche. (La rumeur dit qu'il est riche.)

He **was told she was** rich. On lui a dit qu'elle était riche.

Par ailleurs, les verbes « say » et « tell » ne s'emploient pas de la même manière :

To tell somebody something **ou** to tell something to somebody

To say something to somebody **ou** to say to somebody that…

Enfin, le sens de ces deux verbes est différent : « tell » signifie « raconter », « dire » dans le sens de « demander », tandis que « say » signifie « dire » dans le sens de « déclarer » ou « prononcer des mots ».

30• **d/** He **would have liked** to go to England but he was prevented from doing so.

Il aurait aimé partir en Angleterre mais on l'en a empêché.

Cas : L'emploi du conditionnel

Conditionnel passé (donc **WOULD + HAVE + Participe passé**). Notez la construction de « to prevent sby FROM doing sthg ».

⚠ ATTENTION Il existe plusieurs degrés de conditionnel. Voici ceux que vous trouverez le plus fréquemment :

If you **call**, I **will come**.

If you **called**, I **would come**.

If you **had called**, I **would have come**.

Observez les temps dans chaque partie de la phrase et appliquez ce schéma aux phrases que vous trouverez dans les QCM.

31• **d/** If he **didn't call** you, how would you react?

S'il ne t'appelait pas, comment réagirais-tu ?

Cas : Le conditionnel dans une interrogative

En vertu de la règle exposée dans la question 30, on doit mettre du preterit dans la partie introduite par IF car on a du conditionnel présent dans l'autre (WOULD + Base verbale).

Réponse b/ : Elle serait possible si on avait eu un conditionnel passé :

If he **hadn't called**, how **would** you **have reacted**?

32• **a/** If my father had decided to stay, I **would have done** the same.

Si mon père avait décidé de rester, j'aurais fait la même chose que lui.

<u>Cas : Le conditionnel passé</u>

Reportez-vous aux indications fournies à la question 30.

33• **a/** The car **whose** door is broken must be changed.

La voiture dont la porte est cassée doit être changée.

<u>Cas : « dont » génitif renvoyant à une chose</u>

Ici, le relatif exprime un rapport de possession (c'est le cas du génitif), il faut donc utiliser WHOSE, que l'antécédent soit une personne ou quelque chose de neutre.

Réponse b/ : Il s'agit d'une erreur classique chez les francophones. « which » ne convient pas ici. « which » a plusieurs fonctions, parmi lesquelles celle de pronom sujet :

The car **which** is parked there must be his.

La voiture **qui** est garée là-bas doit être la sienne.

Réponse c/ : Si la syntaxe de la phrase était différente, on aurait pu avoir :

The car, the door **of which** is broken, must be changed.

La voiture **dont** la porte est cassée doit changée.

Cela correspond littéralement à « la porte **de laquelle** ».

⚠ **ATTENTION** Revoyez l'ensemble des pronoms relatifs (sujet, complément etc.) et méfiez-vous du calque entre le français et l'anglais, en particulier pour la traduction du relatif français « DONT ».

34• **c/** The woman **whose** husband is dead must be in big trouble.

La femme dont le mari est mort doit avoir des ennuis.

<u>Cas : « dont » génitif renvoyant à une personne</u>

Ici l'antécédent est une personne, et comme dans la question 33, il s'agit d'un génitif. On emploie donc « whose ».

Réponse a/ : « who » renvoie à une personne et est un pronom sujet :

I know the woman **who** is speaking.

Je connais la femme **qui** est en train de parler.

Réponse b/ : « whom » est un pronom complément (accusatif) :

Annick, **whom** you met yesterday, lives in London.

Annick, **que** tu as rencontrée hier, vit à Londres.

35• **b/ What** I said was extremely important, but you were not listening to me.

Ce que j'ai dit était extrêmement important, mais tu ne m'écoutais pas.

Cas : « What » ou « which »

Une façon simple de se rappeler une différence importante entre les deux pronoms (lorsqu'ils signifient « ce qui » ou « ce que ») est de vérifier que « what » annonce ce qui suit (c'est le cas dans la question 35) alors que « which » remplace ce qui précède :

He told me something important, **which** I did not realize.

Il m'a dit quelque chose d'important, **ce que** je n'ai pas réalisé.

Ici, « which » remplace toute la proposition qui précède.

36• **a/ Which** of the two boys do you prefer?

Lequel des deux garçons préfères-tu ?

Cas : « What » ou « which »

Il s'agit ici d'un autre sens de ces deux pronoms puisqu'ils sont ici pronoms interrogatifs. Dans cette phrase, « which » indique qu'on a le choix entre plusieurs personnes.

Réponse b/ : L'emploi de « what » serait possible dans le contexte suivant :

« Have you seen the boy there? » « What boy? »

« As-tu vu le garcon là-bas ? » « Quel garcon ? »

Dans ce contexte, « what » ne renvoie pas à une notion de choix, mais remet en question la présence même d'un garçon.

37• **c/** All the books, **most of which** are on this table, are to be read.

Tous les livres, dont la plupart sont sur cette table, doivent être lus.

Cas : « dont la plupart » renvoyant à une chose

« Dont la plupart » a le sens de « la plupart desquels », et le pronom renvoie à une chose (neutre). On doit donc utiliser « most of which ».

38• **b/** All the persons, **most of whom** are in this room, are foreigners.

Toutes les personnes, dont la plupart sont dans cette pièce, sont des étrangers.

Cas : « dont la plupart » renvoyant à une personne

A l'inverse de la question précédente, ici le pronom renvoie à des personnes ; on doit donc utiliser « most of whom ».

Réponse c/ : La fonction de « who » est sujet. Si « who » renvoyait à « all the persons », il faudrait supprimer la virgule :

All the persons **who** are in this room are foreigners.

Toutes les personnes **qui** sont dans cette pièce sont des étrangers.

Vous voyez ici que la ponctuation peut être d'une importance capitale pour le sens d'une phrase. Soyez donc également attentif à cet aspect de la grammaire, souvent mal maîtrisé par les candidats.

⚠ **ATTENTION** Si vous comparez les questions 37 et 38, notez que la traduction française « dont la plupart » est trompeuse. Même si on dit la même chose dans les deux cas en français, ce n'est pas pour autant qu'on aura la même chose en anglais. Comme ailleurs, seules l'analyse de la phrase et l'identification de la fonction grammaticale des mots ou des groupes de mots vous permettront de trouver la bonne réponse.

39• **c/** There are **far too many** apples in the basket.

Il y a bien trop de pommes dans ce panier.

<u>Cas : La notion de quantité « bien trop »</u>

Souvenez-vous qu'en anglais les indéfinis exprimant une quantité varient en fonction de ce qui suit.

Much + Singulier

Many + Pluriel

« Bien trop » devient « far too much + Singulier » ou « far too many + Pluriel ».

⚠ **ATTENTION** Ce qui est valable pour le singulier l'est également pour les mots indénombrables.

40• **c/** He has **fewer** friends than I do.

Il a moins d'amis que moi.

<u>Cas : Le comparatif « Moins de… que »</u>

Less + Singulier

Fewer + Pluriel

⚠ **ATTENTION** Tous les comparatifs ne fonctionnent pas de la même manière. Lorsque vous faites un comparatif d'égalité, le « que » ne se traduit pas de la même manière que celui du comparatif de supériorité ou d'infériorité. Notez les cas suivants :

He is **as** big **as** I am.	Il est aussi grand que moi.
He is less rich **than** me.	Il est moins riche que moi.

He is richer **than** me. (Lorsque l'adjectif est court, le « more » est absorbé par celui-ci)

Notez également :

He is different **from** me.	Il est différent de moi.
This one is identical **to** mine.	Celui-ci est identique au mien.

⚠ ATTENTION Notez qu'il n'y a pas d'équivalence formelle entre le français et l'anglais. Par exemple, « de » ne sera pas forcément « of », ou encore « que » ne se rend pas toujours par « that ». Là encore, c'est l'analyse du sens des mots et de leur fonction dans la phrase qui doit vous mettre sur la voie.

41• **b/** He is **twice as tall as** I am, which does not matter.

Il est deux fois plus grand que moi, ce qui n'a pas d'importance.

Question : « as + as »

La structure est :

Twice/three times/ten times, etc. + AS + Adjectif + AS

⚠ ATTENTION Ne calquez pas la structure anglaise sur le français. On ne dit pas (en bon anglais) :

He is twice taller than I am.

Notez par ailleurs la structure suivante :

He is half as tall as I am.

Il est deux fois plus petit que moi.

On applique donc la même structure dans ce cas-là. En revanche, on dirait :

He is **ten times less** intelligent **than** I am.

Il est dix fois moins intelligent que moi.

42• **c/** The CEO was due to take part **in** the meeting.

Le PDG devait participer à la réunion.

Cas : Construction des verbes

Lorsque vous révisez les verbes, **notez systématiquement la construction du verbe en question**. Certains sont suivis de « to », d'autres de « in », « from » etc. Il faut en outre savoir ce qui suit, ING ou non. La question est délicate lorsqu'un verbe est suivi de TO qui n'a pas toujours la même fonction grammaticale. Pour éviter certaines erreurs, retenez que toutes les prépositions sont suivies de ING, y compris TO lorsqu'il s'agit d'une préposition.

43• **c/** Of the two, Sarah was **the more** intelligent, but Alice was obviously **the best** in the class.

Des deux, Sarah était la plus intelligente, mais Alice était de loin la meilleure de la classe.

Cas : Emploi du superlatif

Lorsqu'on n'a le choix qu'entre deux éléments, le comparatif suffit et il a alors le sens d'un superlatif. A partir de trois éléments, le superlatif s'impose.

Réponse d/ : « more » est un comparatif qui serait suivi de « than », ce qui ne correspond pas à la phrase ici.

44• **b/** Why **learn** all this by heart?

Pourquoi apprendre tout cela par cœur ?

Cas : Emploi de l'infinitif derrière « why »

« Why » est suivi de la base verbale (infinitif sans le TO).

⚠ ATTENTION « How » est suivi de l'infinitif complet :

How to do this?

Comment faire cela ?

45• **b/** Nathalie **is used to** reading a lot, so she can read this book too.

Nathalie a l'habitude de lire beaucoup, elle peut donc lire ce livre aussi.

Cas : « used to » ou « be used to »

Les deux formules n'expriment pas la même chose. Observez les exemples suivants et leurs traductions :

I **used to read** a lot.

Autrefois je lisais beaucoup. (sous-entendu ce n'est plus le cas aujourd'hui ; l'action est révolue)

I **am used to reading** a lot.

Je suis accoutumé/habitué à beaucoup lire. (l'action n'est pas forcément révolue, on exprime l'habitude)

46• **b/** Carlotta was surprised, **all the more so** as she had not heard anything.

Carlotta fut surprise, d'autant plus qu'elle n'avait rien entendu.

Cas : « d'autant plus que »

Cette structure se rend ainsi en anglais : « all the more… as… »

Dans la phrase de l'exercice, le « so » renvoie à ce qui a été dit avant. Il est donc indispensable ici. On aurait pu s'en passer si la phrase avait été :

Carlotta was **all the more** surprised **as** she had not heard anything.

⚠ ATTENTION He is **all the nicer as** I was late. (ici le « more » disparaît dans l'adjectif court « nice »)

Il a été d'autant plus gentil que j'étais en retard.

47• **d/** He speaks **Japanese** fluently.

Il parle le japonais couramment.

<u>Cas : Emploi des noms ou adjectifs de nationalité</u>

Les noms ou adjectifs de nationalité s'écrivent toujours avec une majuscule. Reste à résoudre la question de l'article. « Japanese » désigne la langue (sans article).

The Japanese = Japanese people, c'est-à-dire les Japonais.

Concernant l'orthographe, les mots se terminant en « ese », « ch », « sh », sont des adjectifs et sont donc invariables. Pour ceux-là, si l'on veut dire « un Japonais », par exemple, il faut accompagner l'adjectif d'un nom : a Japanese citizen. Ceux se terminant par « an » sont adjectif et nom, ce qui fait qu'ils peuvent prendre un « s ». « Un Italien » peut se dire « an Italian ».

⚠ ATTENTION Il existe d'autres cas. Revoyez la règle complète à l'aide d'un ouvrage de grammaire.

48• **b/ Hardly** had he left **when** they switched on the TV.

A peine était-il sorti qu'ils allumèrent la télé.

<u>Cas : Emploi de « no sooner » et de « hardly »</u>

Il y a une autre manière de dire la même chose :

No sooner had he left **than** they switched on the TV.

⚠ ATTENTION Le « que » de la phrase française ne se rend par « that » dans aucune des deux structures. Encore une fois, certains mots français sont trompeurs. « Que » ne devient pas systématiquement « that » en anglais. Méfiez-vous des automatismes et des calques entre les deux langues.

Notez par ailleurs que lorsqu'une phrase commence par un terme négatif (« Never », « Not only », « hardly », « no sooner » etc.), on inverse l'auxiliaire et le sujet.

49• **c/** Everybody knows that, **don't they**?

Tout le monde sait cela, n'est-ce pas ?

Cas : Reprise de « everybody », « nobody », « everyone » etc. par un pronom ou un adjectif

Ces mots ne désignant ni une femme, ni un homme (mais soit l'un soit l'autre), ni une chose, ne peuvent être repris par « she », « he » ou « it ». Pour résoudre l'équation, on les reprend par des pronoms ou adjectifs au pluriel.

⚠ ATTENTION Dans une phrase affirmative, le verbe se conjugue bien au singulier (d'où le « s » à « knows »), c'est simplement la **reprise** du mot qui pose problème, lequel se résout grâce au pluriel.

50• **c/** There were **two million** people in the streets.

Il y avait deux millions de personnes dans la rue.

Cas : L'emploi des chiffres

La règle peut sembler contradictoire, mais on peut retenir les éléments suivants : les chiffres précis sont invariables et ne s'emploient pas avec une préposition, comme dans la phrase à traiter ici. Cela vaut quel que soit le chiffre :

They spent **three thousand and five hundred** dollars last year.

Lorsque les chiffres ne sont pas exacts mais sont des approximations, alors on accorde au pluriel et on utilise la préposition « of » :

They spent **billions of** dollars last year.

En revanche, si vous ajoutez « several » ou « a few » devant cette approximation, alors on revient à la règle de départ, à savoir le caractère invariable des chiffres et l'absence de préposition :

They spent **several billion** dollars.

III. VOCABULAIRE INDISPENSABLE ET DIFFICULTES DE LA LANGUE ANGLAISE

1. VOCABULAIRE GENERAL

***NB* : les mots indiqués en deuxième colonne sont des synonymes ou des mots proches des mots qui figurent dans la première colonne.**

	Synonyme	Traduction
abide by	comply with/respect	se conformer à/respecter
abroad	overseas	à/de l'étranger
abrupt	sharp/sudden	brutal/soudain
accountable	responsible	responsable
accurate	precise	précis
achieve	succeed/accomplish	réussir/parvenir
acknowledge	recognize/admit	reconnaître/admettre
actually	in fact/in reality	en fait
acute	sharp/strong	fort/aigu
adamant	inflexible/unyielding	inflexible/intraitable
adjourn	postpone/put off	ajourner/remettre à plus tard
adverse	unfavourable/hostile	défavorable/hostile
advertisement	ad/advert	annonce
advise	warn/suggest	conseiller/prévenir
advocate	support/defend	préconiser/défendre
afford (can afford)	be rich enough	avoir les moyens de
affordable	economical/cheap	abordable
aim	goal/purpose	but, objectif
albeit	although	bien que
allay	appease	apaiser
alleviate	relieve/ease	soulager
allocate	devote/provide	allouer
alluring	appealing	séduisant/attirant
alter	change/modify	altérer/changer
amazing	surprising/astonishing	surprenant/étonnant

	Synonyme	Traduction
annul	cancel	annuler
amusing	entertaining/funny	divertissant/amusant
anticipate	predict/foresee	anticiper/prévoir
anxious	impatient/keen to	impatient de
apologetic	very sorry	désolé
appalling	terrible/dreadful	épouvantable
appeal	attract/call for	attirer/plaire/faire appel à
apply for	solicit	postuler
appraisal	assessment/evaluation	évaluation
appraise	assess/evaluate	évaluer
argue	1/claim 2/quarrel	prétendre que se disputer
array	range	gamme/éventail
ashamed	embarrassed	honteux/gêné
assert	affirm/state	affirmer
assess	evaluate/appraise	évaluer
assessment	evaluation/appraisal	évaluation
assign	give	confier/donner
assignment	mission/homework	mission/devoirs
assortment	range of products	assortiment/gamme
assume	suppose	supposer
assuredly	certainly	assurément/certainement
astounding	astonishing/surprising	étonnant/surprenant
attempt	try	tenter de/essayer
attend	be present	assister à
attend to	look after/take care of	prendre soin de
avert	avoid/dodge	éviter/esquiver
auction	sale	vente aux enchères
avoid	avert/dodge/elude	éviter/esquiver
awkward	clumsy	maladroit
baffling	puzzling/confusing	déroutant
balance	equibrium	équilibre
bankrupt (go)	bust	faillite
barely	hardly/scarcely	à peine/guère
bargain	negotiate/haggle	marchander/négocier
batch	accumulation /collection	ensemble/groupe/convoi
bedlam	chaos/confusion/turmoil	chahut/tumulte

	Synonyme	Traduction
beleaguered	besieged	assailli/cerné
benefit	advantage/aid/assistance	avantage/bienfait/allocation
besides	moreover/in addition	de plus/en outre
beware (of)	wary of	se méfier de
bewildered	confused/puzzled	médusé/perplexe
biased	prejudiced/partisan	partial/avoir un parti pris
bid (V.)	offer/tender/wish	faire une offre/souhaiter
bid (N.)	offer /attempt	offre/tentative
bleak	gloomy/dreary	sombre, peu encourageant
boost	stimulate/spur	dynamiser/donner de l'élan
bill	invoice/account	addition/facture
bound	destined/doomed/tied	destiné à/condamné à
blackmail	intimidation/ransom	chantage
blemish	stain/dishonor/blight	tache/souillure/imperfection
blight	scourge/eyesore/blemish	tache/plaie/calamité
blow up	burst/explode	exploser
blunder (make a)	mistake/slip-up	gaffe
blunt	1/unsharpened 2/downright/frank	émoussé direct/franc/brutal
bold	audacious/daring	téméraire/audacieux
bond	link/tie	lien
boost	improve/stimulate	dynamiser/stimuler
booze	alcohol	boissons alcoolisées
bounce	bump/leap/jump	bondir/sauter
breakdown	disruption/stoppage	panne/interruption
breakthrough	discovery/improvement	avancée/progrès
bribe	corrupt	corrompre/soudoyer
bribery	corruption	corruption
bring about	give rise to/cause	provoquer/causer
broad	wide	large
bruise	injure/hurt	bleu/blessure
bump (into)	come across/encounter	tomber sur/rencontrer
burden	weight	fardeau/poids
buzz	call	coup de fil
by and large	basically/on the whole	en moyenne/en général
bypass	get around/ignore	passer outre/ignorer
cancel	annul/call off	annuler

	Synonyme	Traduction
carry on	continue	poursuivre
carry out	achieve/accomplish	mener à bien
cast	deposit/emit	jeter/lancer (figuré)
casualty	loss/victim	victime/perte
cautious	careful/wary	prudent
challenging	daring/stimulating	stimulant/audacieux
charge (with)	accuse of/blame for	accuser/inculper
chase	follow/hunt	pourchasser
cheat	deceive/mislead/dupe	tricher/tromper
cheerful	enthusiastic/happy	joyeux
cheery	cheerful/enthusiastic	joyeux/enthousiaste
chore	duty/task	corvée/devoir
circumvent	avoid/dodge	éviter/contourner
cite	mention/quote/specify	citer
claim	argue/allege/assert	prétendre/affirmer
coarse	rough	grossier/brut
collide	clash/conflict	entrer en collision, en conflit
come across	encounter/run into	rencontrer/tomber sur
commit (oneself to+ING)	involve	s'engager
commodities	goods	denrées/marchandises
compel	oblige/constraint	obliger/contraindre
complaint	accusation/charge	plainte
comply (with)	respect/abide by	se plier à/se conformer à
comprehensive	thorough/complete	exhaustif/complet
compulsory	mandatory/obligatory	obligatoire
conceal	hide/disguise	dissimuler
device	apparatus/appliance/tool	appareil/engin
considerate	attentive/mindful	attentif
consistent (with)	logical/coherent	logique/cohérent
console	comfort/sooth	consoler
conspicuous	noticeable/blantant	flagrant
contempt	disdain/scorn/despise	mépriser/dédaigner
cope (with)	deal with/handle/solve	faire face/affronter
core	central/essential	essentiel
corporation	company/firm	société/compagnie
crisis	crunch	crise

	Synonyme	Traduction
crop	harvest	récolte
crumble	collapse	s'effondrer/s'écrouler
cuddle	hug	câlin/étreinte
culprit	criminal/offender	coupable
cunning	shrewd/subtle/imaginative	astucieux/malin
cure	heal	soigner
current	present	actuel
cut back	reduce/curtail	réduire/diminuer
cut down	cut back/reduce	réduire
cut out	stop/cease/give up	cesser/abandonner
daring	bold/audacious	osé/audacieux
daunting	frightening/challenging	dissuasif/décourageant
deadlock	stalemate	impasse
dearth	shortage/scarcity	manque/pénurie
deceive	dupe/mislead	tromper
deceptive	misleading	trompeur
deflate	1/shrink/contract 2/depreciate/devalue	rétrécir/se contracter diminuer/dévaluer
delay	postpone/prolong	retarder/remettre à plus tard
delete	remove/eliminate/erase	effacer/éliminer
demand	request/need	exiger
demise	death/end	fin/mort
dent	breach/hollow	entaille/bosse
dependable	reliable	fiable
depict	portray/describe	décrire
derelict	abandoned	désaffecté
despicable	contemptible/shameful	méprisable
design	1/create/invent 2/draft/sketch	créer/inventer ébaucher
destined	bound/doomed/inevitable	destiné à
deterrent	disincentive	dissuasif
devise	conceive/design /invent	inventer/concevoir
devote	allot/dedicate	allouer/consacrer
disabled	handicapped	handicapé
disclose	reveal/unveil	révéler/dévoiler
discontent	dissatisfaction/displeasure	insatisfaction
disguise	conceal/hide	dissimuler/cacher

	Synonyme	Traduction
disgruntled	discontented/dissatisfied	insatisfait/mécontent
dismal	gloomy/dreary	sombre
dismiss	lay off/make redundant	licencier
display	show/exhibit	étaler/exhiber
disseminate	spread/propagate	propager/répandre
disruptive	disturbing/troublesome	perturbateur
distort	deform/twist	déformer
doggedness	perseverance	détermination
dole (to be on the)	unemployed/jobless	être au chômage
drawbacks	disadvantage/downside	revers/désavantage
dreadful	appalling/horrible	horrible
dubious	doubtful	douteux
duty	mission/task/assignment	devoir
dwindle	decline/decrease/shrink	rétrécir/diminuer
eager to	anxious to/keen to	impatient de/avide de
earnest	constant/serious	sincère/fervent/sérieux
earnings	income/wages/salary	revenus/salaire
embezzlement	misuse/fraud	détournement de fonds
encroach (on)	impinge on/infringe	empiéter sur
endorse	shoulder/support	endosser
enforce	implement	mettre en vigueur
enhance	improve/make better	mettre en valeur
enroll	enlist/join up	inscrire
entail	give rise to/cause	causer/provoquer
entertainment	leisure	divertissements/loisirs
erratic	changeable/inconsistent	aléatoire/inégal/irrégulier
eschew	dodge/avoid	éviter
evade	escape/elude	échapper à/fuir
eventually	ultimately/finally	finalement
exemplify	symbolise/illustrate	illustrer
exhaust	consume/deplete	détruire/épuiser
expansive	1/spacious 2/communicative	étendu expansif
expenditure	expense/spending	dépense
extravagant	excessive	excessif
eyesore	atrocity/blemish/blight	tache/souillure

	Synonyme	Traduction
behavior	conduct/manner	comportement/conduite
fair	honest/just	juste/équitable
fallacy	falsehood	erreur/illusion
falter	hesitate	hésiter
fearful	scared/afraid	effrayé
fetch	conduct/escort	aller chercher
figure out	1/calculate/work out 2/imagine/understand	calculer comprendre
first hand	learned directly	de première main
fix	repair/mend	réparer
flair	ability/knack/talent	talent
flaw	defect	défaut/imperfection
flourishing	thriving/booming	florissant
fond of	keen on	amateur de
forecast	foresee/anticipate/predict	prévoir/anticiper
foresee	forecast/predict	anticiper/prévoir
formation	constitution/establishment	formation
former	ex/previous	ancien/ex
fortnight	two weeks	quinze jours
frail	feeble/fragile/vulnerable	fragile
frugal	economical/penny-wise	économe
fund	money/subsidy	fonds/subvention
further	additional/supplementary	supplémentaire
fussy	difficult/hard to please	pointilleux/tatillon
gape at	stare at	être bouche bée
garbage	refuse/rubbish/waste	détritus/ordures
genuine	authentic/original/pure	authentique/véritable
glance (at first)	at first sight	vue
glimpse (catch a)	catch sight of	aperçu
gloomy	bleak/dismal	sombre
goal	purpose/aim/objective	but/objectif
go-between	intermediary/middleman	intermédiaire
grab	take hold of/grasp	attraper/saisir
grasp	catch/grab	attraper/saisir
gregarious	sociable	sociable/grégaire
grounds	reasons/motives	raisons

	Synonyme	Traduction
gruelling	harsh/exhausting	épuisant/éreintant
grumble	complain	gémir/se plaindre
guilty	responsible for	coupable
halt	stop/cease	cesser
handle	cope with/address/solve	prendre en main/résoudre
hard-nosed	uncompromising	impitoyable/dur
hardly	barely/scarcely	à peine/guère
harmful	detrimental/damaging	néfaste/nuisible
harvest	crop	récolte/moisson
hasten	quicken	accélérer
havoc	carnage/devastation	carnage
hazard	danger/risk	danger/risque
hazardous	dangerous/risky	dangereux/risqué
hedge	dodge	éviter de répondre
heed	pay attention to	prêter attention à
herald	announce	annoncer
hire	1/rent 2/recruit	louer recruter
hue	colour/shade	teinte/couleur
hum	vibrate/murmur	vrombir/bourdonner
hurdle	obstacle	entrave/obstacle
idle	inactive/out of action	oisif
ignore	disregard/neglect/overlook	ignorer
impinge	infringe/breach	empiéter
implement	enforce	mettre en vigueur
incur	arouse/induce/provoke	susciter/provoquer
indict	accuse of/charge with	accuser
indisputable	unquestionable	indéniable
injury	damage/harm	blessure/lésion
insight	understanding	aperçu/connaissance
intricate	complicated	compliqué
invoice	bill/account	facture
jolly	cheerful/joyous	joyeux
keen on	enjoy/fond of	amateur de
lack	shortage/dearth	manque/pénurie
lavish	abundant/lush/plentiful	généreux/luxueux

	Synonyme	Traduction
lay off	dismiss/make redundant	licencier
lean to	support/favour	avoir un penchant pour
leash (on a)	controlled	sous contrôle
lecture	address/lesson/speech	cours/conférence
lend	loan/grant	prêter
lenient to	clement/indulgent/tolerant	indulgent
lethal	fatal/deadly	mortel
liability	responsibility	responsabilité
likely	expected/feasible/plausible	susceptible de
load	fill	charger/remplir
grant	give/allocate/allot	accorder
lodgings	accommodation/rooms	logement
looming	threatening/menacing	menaçant
mainstream	current/general/prevailing	dominant
mandatory	compulsory/obligatory	obligatoire
mayhem	confusion/havoc	confusion/grabuge
mean	1/average 2/nasty/unfriendly 3/stingy	moyen méchant radin
means	way	moyen (de)
menace	intimidation/threat/danger	menace
mere	simple/sheer	simple
merge	combine/converge/fuse	fusionner
miscellaneous	diverse/heterogeneous	divers
misconceive	misapprehend/misjudge	mal interpréter
misdemeanor	misbehaviour/misconduct	écart de conduite
mix up	1/confuse 2/embroil/entangle	confondre mêler
moan	deplore/lament	pleurer/se lamenter
mock	make fun of/insult	se moquer de
momentum	energy/impetus/thrust	dynamisme
mundane	ordinary/commonplace	banal
nasty	unpleasant/mean	mauvais/méchant
naughty	disobedient/teasing	méchant
nevertheless	nonetheless/however	néanmoins
nickname	familiar name/diminutive	surnom
noteworthy	outstanding/remarkable	remarquable

	Synonyme	Traduction
notwithstanding	despite/in spite of	malgré
obscure	ambiguous	ambigu
odd	strange/bizarre	étrange
offset	compensate/make up for	compenser
on the brink	on the verge of/about to	au bord de
outcast	misfit	marginal
outcome	result/conclusion	résultat/issue
outlet	point of sale	point de vente
outnumber	be more numerous	dépasser en nombre
outperform	do better	faire mieux
output	production	production
outsmart	deceive/dupe	être plus malin
outstanding	impressive/exceptional	exceptionnel
overlook	disregard/ignore	négliger/sous-estimer
overly	unduly/exceedingly	excessivement
overrate	overestimate/exaggerate	surestimer
overtime	additional working hours	heures supplémentaires
overtly	openly	ouvertement
overwrought	overworked	surmené
pace	speed	rythme/vitesse
partial	biased/prejudices	partial
patron	client	mécène/client
pattern	model	modèle/schéma
perks	fringe benefits	avantages en nature
pillar	support	pilier
pinpoint	define/identify/locate	identifier/localiser
pioneer	innovator/precursor	pionnier
pitfall	obstacle/trick/trap	écueil
plague	scourge	fléau/plaie/calamité
pledge	promise	promesse
plummet	collapse	baisser fortement
plush	lavish/costly	somptueux/luxueux
poll	survey	sondage/enquête
postpone	delay	remettre à plus tard
precursor	pioneer	précurseur
predicament	difficult situation	situation difficile

	Synonyme	Traduction
predict	forecast/foresee	prévoir/anticiper
prejudiced	biased/partial	partial/biaisé
premises	offices	bureaux/locaux
presume	guess/assume	supposer
pretend	fake	faire semblant
prevail	predominate	dominer
primarily	1/mainly/essentially 2/originally	principalement originairement
prior (to)	before	avant
prompt	urge	inciter à
prone	inclined to	enclin à
prosecute	sue	poursuivre en justice
purpose	objective/goal/aim	but/objectif
pursue	aspire to	poursuivre
puzzled	baffled/bewildered	médusé/perplexe
quarter	semester	semestre
random	accidental/fortuitous	au hasard/fortuit
range	assortment	gamme
rank	classify/evaluate	classer
ravages	devastation	ravages/dégâts
readily	promptly	rapidement/promptement
record	register	enregistrer
redo	do again	refaire
redundancy	layoff/dismissal	licenciement
refund	reimburse	rembourser
relevant	pertinent	pertinent
reliable	dependable	fiable
relinquish	abandon/give up	renoncer à
remote	distant	éloigné
reply	answer	répondre
require	demand/claim	requérir/exiger
resign	quit	démissionner
resume	get back to	reprendre/recommencer
retire	leave	prendre sa retraite
retrieve	get back/recover	récupérer
reveal	disclose/show	révéler/montrer

	Synonyme	Traduction
rift	breach/division	division/désaccord
rough	approximate	grossier/approximatif
roughly	approximately	approximativement
rude	abrupt/crude	impoli
rule	govern	diriger/gouverner
rule out	exclude	exclure
ruse	deceit/scheme	tromper
sane	normal/sensible	sain/raisonnable
scale	degree/extent/scope	échelle/portée
scam	racket/fiddle/rip-off	arnaque/escroquerie
scarce	rare/uncommon	rare
schedule	programme	calendrier/programme
scheme	project/plan	projet/plan
scold	reprimand/tell off	réprimander/gronder
scorn	contempt/disdain	mépris/dédain
scrap	discard	jeter/supprimer
seaworthy	fit to travel	bon à prendre la mer
secluded	remote/isolated	reclu/isolé
securities	equities/stocks/assets	valeurs/actions
seize	grasp/catch	saisir
self-assured	self-confident	qui a de l'assurance
self-centered	selfish	égocentrique
selfless	unselfish/altruistic	altruiste
senior	elder/superior	aîné/du grade supérieur
sensible	reasonable/wise	raisonnable
sensitive	delicate/reactive	sensible
setback	blow/misfortune	revers/retour de bâton
settlement	1/agreement 2/colony	règlement/accord colonie
severe	1/drastic/strict/stringent 2/ violent/fierce	radical dur
shallow	not deep/superficial	superficiel
sheer	absolute/pure/total/utter	pur/total
skill	ability/competence	compétence
skillful	talented/gifted/competent	compétent
skyrocket	soar	s'envoler en flèche
slice	cut/portion/share	tranche/part

	Synonyme	Traduction
sloppy	1/wet 2/clumsy/careless	trempé mal ajusté/mal ajusté
sluggish	slow/dull/lifeless	apathique/stagnant
smash	1/break/shatter 2/defeat/destroy	faire voler en éclats détruire
smooth	soft/peaceful/soothing	apaisant
soar	skyrocket	s'envoler
solace	relief/comfort	soulagement
solicit	ask/apply for	solliciter/postuler
soothing	calming/smoothing	apaisant
span	1/duration/time 2/distance	durée distance/écart/envergure
spill	overflow/shed	verser/renverser
sprawl	spread	s'étaler/se répandre
spy (on)	keep under surveillance	espionner
squabble	disagreement/quarrel	querelle
stable	constant/reliable	stable
stagger	hesitate/falter	hésiter
stake	interest	enjeu
stamp out	eradicate	éradiquer/éliminer
stare (at)	gape	regarder bouche bée
startle	amaze/astound	étonner
state	assert/declare	affirmer
steady	constant/stable/regular	régulier/constant
stiff	rigid	rigide/sans souplesse
stingy	mean	radin
store	stock	stocker
straightforward	genuine/direct/clear-cut	direct/franc/tranché
strain	pressure/tension	tension/pression
strenuous	demanding/tough	exigeant/dur
stretch	cover/spread	étendre/étirer/répandre
stringent	severe/strict	strict
strive	attempt/endeavour	s'efforcer de
stumble	trip against	trébucher
stunned	astounded	étonné
subsequent **succinct**	following concise/short/brief	qui succède succinct

	Synonyme	Traduction
sue	prosecute	poursuivre en justice
suitable	appropriate	qui convient
supply	provide/give	fournir
support	advocate/defend	aider/soutenir
survey	poll/study	étude/enquête
susceptible	inclined/prone	prédisposé à
swap	switch/exchange	changer/échanger
sweep	clean/clear	balayer/nettoyer
swindle	rip off	escroquer
taciturn	mute/uncommunicative	terne
tackle	solve/deal with/address	résoudre/traiter
tailor	adapt/adjust/customize	tailler sur mesure
tardy	late/slow	tardif
tasty	delicious/savoury	goûteux
tedious	boring	ennuyeux/lassant
tentative	1/experimental 2/hesitant/faltering	expérimental hésitant
terminate	come to an end/conclude	achever
thorough	comprehensive/in depth	complet/approfondi
thoughtful	considerate/cautious	plein d'attention
threat	danger/risk/menace	menace/risque
thrifty	economical/frugal	économe
thrive	boom/flourish	être dynamique/florissant
thumb	flick through	feuilleter
tidy	clean	propre
tiny	small	petit
tough	harsh/inflexible	dur/inflexible
trade	exchange	échanger/commercer
training	exercising/education	formation/entraînement
trend	tendency	tendance
trick	device/gimmick/artifice	truc/astuce
trigger (off)	cause/spark	déclencher/provoquer
trivial	meaningless	banal
troublesome	demanding/difficult	difficile/exigeant
trustworthy	reliable/dependable	digne de confiance
turmoil	bedlam/confusion/tumult	tumulte/confusion

	Synonyme	Traduction
turning point	milestone/landmark	tournant
undeniable	unquestionable	indéniable
undertake	attempt/endeavour	entreprendre
unforeseeable	unpredictable	imprévisible
unique	exceptional	unique/exceptionnel
unkind	cruel/insensitive	insensible à
unlikely	improbable/implausible	peu susceptible de
unprecedented	unusual/exceptional	sans précédent
untruthful	deceptive/dishonest	trompeur
unyielding	adamant/inflexible	inflexible
upset	bothered/confused	énervé
urge	prompt	inciter fortement
vacant	available/unoccupied	vacant
valuable	expensive/precious	de valeur
vanish	disappear/evaporate	disparaître
veer	change directions	virer/changer de cap
venture	endeavour/undertaking	entreprise/projet
versatile	adaptable/flexible	flexible/qui s'adapte
viscous	adhesive/glutinous	gluant
wage (war)	engage in	faire la guerre
wages	salary/pay/earnings	paye/salaire
warehouse	depot/storehouse	entrepôt
wealth	affluence/prosperity	richesse
weary	exhausted/tired	épuisé/las
whimper	moan/weep	gémir/geindre
widespread	common/popular	répandu/commun
windfall	bonanza/stroke of luck	aubaine
wise	judicious/sensible	sage
withdrawal	removal/retreat	retrait
withhold	keep/retain	retenir
worthless	meaningless/pointless	vain
wounded	injured	blessé
wrangle	quarrel/row/squabble	querelle
yield	1/give in/surrender 2/produce	céder à rapporter

2. VOCABULAIRE ECONOMIQUE

De nombreuses questions sur lesquelles vous devrez travailler au SCORE IAE MESSAGE s'appuient sur un contexte économique.

En plus de vous être utile pour le Score, cette liste vous sera d'une aide précieuse pour l'ensemble de vos examens et concours, à l'écrit comme à l'oral.

trade	le commerce, les échanges	**a survey**	une étude
bargaining	le marchandage	**a goal, a target**	un objectif
a product	un produit	**a scheme, a project**	un projet, un plan d'action
a commodity	une denrée, une marchandise	**a policy**	une politique
business	les affaires	**a meeting**	une réunion
a businessman	un homme d'affaires	**the agenda**	l'ordre du jour
a business	un commerce, une affaire	**a package**	un train de mesures
the management	la direction, les administrateurs	**talks**	des négociations
a boss	un patron	**a representative**	un représentant
a manager	un directeur	**a deal**	un accord, une transaction
an entrepreneur	un chef d'entreprise	**an agreement**	un accord
an industrialist	un industriel	**a contract**	un contrat
exports	les exportations	**a deadline**	une date limite
protectionism	le protectionnisme	**deregulation**	la déréglementation
customs tariffs	les tarifs douaniers	**a criterion (criteria)**	un critère
a quota	un contingent	**a standard**	une norme
a ban (on), an embargo	un embargo	**statistics**	les statistiques, un indice
the economy	l'économie	**a tendency, a trend**	une tendance
economics	la science économique	**a forecast, an estimate**	une prévision
imports	les importations	**a treaty**	un traité
a blockade	un blocus	**an index**	un indice

a freeze	un gel	**figures**	les chiffres
a field, a domain	un domaine	**a graph**	une courbe
a sector	un secteur	**a diagram**	un organigramme
a market	un marché	**growth**	la croissance
an outlet	un débouché	**a pace**	un rythme, une cadence
a niche	un créneau	**a budget**	un budget
a prospect, an outlook	une perspective	**a currency**	une devise
gains, profits	les gains, les bénéfices	**accountancy**	la comptabilité
profitability	la rentabilité	**an accountant**	un comptable
a margin	une marge	**an undertaking, an enterprise**	une entreprise, une affaire
a turnover	un chiffre d'affaires	**a trust**	un cartel
benefits	les avantages	**capital, funds**	les capitaux, les fonds
cash	les liquidités	**finance**	les finances
stock	le stock	**a bank**	une banque
assets	l'actif	**a loan**	un prêt
the cost	le coût	**speculation**	la spéculation
expenditures	les dépenses	**a speculator**	un spéculateur
overheads	les frais généraux	**inflation**	l'inflation
taxes	les impôts, les taxes	**a revaluation**	une réévaluation
a loss	une perte	**a deficit**	un déficit
a bankruptcy	une faillite	**a creditor**	un créancier
liabilities	le passif	**a rate**	un taux
an investment	un investissement	**interest**	l'intérêt, les intérêts
an investor	un investisseur	**a debt**	une dette
an outlay	une mise de fonds	**a savings bank**	une caisse d'épargne
sponsoring, sponsorship	le parrainage	**a cheque, a check (US)**	un chèque
a stake	une participation, une mise	**a cheque book**	un carnet de chèques
a tender, a bid	un appel d'offre, une soumission	**a cashier, a teller**	un caissier

a merger	une fusion	**a withdrawal**	un retrait
a takeover	un rachat, une absorption	**a statement**	un relevé de compte
a partner	un associé	**an overdraft**	un découvert
partnership	le partenariat	**a credit card**	une carte de crédit
an incentive	une stimulation	**the Stock Exchange**	la Bourse
a subsidy	une subvention	**a share**	une action
competition	la concurrence	**a shareholder**	un actionnaire
competitiveness	la compétitivité	**a dividend**	un dividende
self-sufficiency	l'autosuffisance	**a broker**	un courtier
a decrease	une diminution	**a stockbroker**	un agent de change
a fall	une chute	**financial**	financier
an increase	une augmentation	**economic**	économique
a rise	une hausse	**economical, cost-saving**	économique (qui permet d'économiser)
stagnation	la stagnation	**state-owned**	nationalisé
a slack, a slowdown	un ralentissement	**subsidized**	subventionné
a downturn, a downswing	une baisse d'activité	**private**	privé
a recession	une récession	**franchised**	franchisé
a crisis (crises)	une crise	**self-employed**	à son compte
a depression	une dépression	**greedy**	cupide
a slump	un marasme	**competitive**	compétitif
a bust	un effondrement	**unfair competition**	concurrence déloyale
a crash	un krach	**profit-making, profitable**	rentable, lucratif
a remedy	une solution	**duty-free**	détaxé
a recovery, an upturn	une reprise	**index-linked**	indexé
a take off	un redémarrage	**due**	exigible
a boom	un boom, un essor	**overdue**	échu, arriéré
a monopoly	un monopole	**(in)solvent**	(in)solvable
a multinational	une multinationale	**bankrupt**	en faillite

a company, a corporation	une compagnie	**to free**	libérer
a firm, a concern	une firme, une entreprise	**to freeze***	geler
debt-ridden	criblé de dettes	**to handle**	traiter, manipuler
low, weak	faible	**to implement**	mettre en œuvre
sluggish, slack	stagnant, peu actif	**to expand**	être en expansion
to export	exporter	**to boom**	être en plein essor
to supply	fournir	**to tax**	imposer
to meet*	satisfaire, honorer	**to levy**	prélever, percevoir
to streamline, to slim down	dégraisser	**to jeopardize**	mettre en danger
to devalue	dévaluer	**to cut* (down), to curtail**	diminuer, réduire
to revalue	réévaluer	**to speculate**	spéculer
ailing	en difficulté		
stable	stable	**to thrive, to flourish**	prospérer
steady	régulier, stable	**to diversify**	(se) diversifier
sound	sain	**to update**	moderniser
safe	sûr	**to upgrade**	améliorer
risky	hasardeux	**to sponsor**	patronner
fast-growing	en pleine expansion	**to grant**	accorder
flourishing, thriving	florissant, prospère	**to subsidize**	subventionner
average	moyen	**to fund**	financer
plummeting	en chute libre	**to loan**	prêter
zooming, rocketing	qui grimpe en flèche	**to borrow**	emprunter
to bargain	négocier, marchander	**to invest**	investir
to barter	troquer	**to harm**	nuire
to compete (with)	être en concurrence (avec)	**to decline**	être en déclin
to undertake*	entreprendre	**to slump**	s'effondrer
to found	fonder	**to plummet**	dégringoler
to manage, to run*	diriger, gérer	**to pick up**	redémarrer
to plan	planifier	**to take* off**	décoller

to settle	régler	**to skyrocket, to soar**	grimper en flèche
to iron out	aplanir	**to narrow**	(se) réduire
gloomy	sombre, morose	**to widen**	(s') élargir
dramatic	considérable	**to boost**	stimuler, relancer
sweeping	énorme	**to take* over**	racheter, reprendre
bearish	orienté à la baisse (marché)	**to merge**	fusionner
bullish	orienté à la hausse	**to benefit (from)**	bénéficier (de)
to trade (in)	faire le commerce (de)	**to earn**	gagner
to import	importer	**to break* even to**	rentrer dans ses frais

the growth index	l'indice de croissance
the primary/secondary/tertiary sector	le secteur primaire/secondaire/tertiaire
to set up/to start a business	créer une société
to raise capital	trouver des fonds
cost savings	la réduction des coûts
to do business with	entretenir des relations commerciales
unfair trade practices	avec des pratiques commerciales déloyales
to share in the profits	participer aux bénéfices
to suffer a loss	subir des pertes
to foot the bill	régler la note
a round-table discussion	une table ronde
to make/strike a deal	conclure un marché
the Board of Directors	le conseil d'administration
gross profit	la marge brute
overhead costs	les frais généraux
tax evasion	la fraude fiscale
profit-sharing	la participation aux bénéfices
a free-trade area	une zone de libre-échange
the black market	le marché noir
foreign trade	le commerce extérieur

a trade agreement	un accord commercial
the trade gap	le déficit commercial
domestic trade	le commerce intérieur
the Gross National Product (GNP)	le produit national brut (PNB)
the Gross Domestic Product (GDP)	le produit intérieur brut (PIB)
the per capita income	le revenu par habitant
supply and demand	l'offre et la demande
to be in the red	être en déficit
the exchange rate	le taux de change
a hard currency	une devise forte
a soft currency	une devise faible
market research	l'étude de marché
to find a market	trouver un débouché
to penetrate a market	conquérir un marché
to phase out of the market	retirer progressivement du marché
a bear market	un marché orienté à la baisse
a bull market	un marché orienté à la hausse
to allow goods in	laisser entrer des marchandises
the Chairman of the Board	le président du conseil d'administration
the C.E.O. (Chief Executive Officer) (US), the managing director (GB)	le PDG
the chief of staff, the head of personnel	le chef du personnel
a company car	une voiture de société
a business trip	un voyage d'affaires
a state-owned company	une société d'état
a small or medium-sized company	une PME
a family firm	une entreprise familiale
a takeover bid	une OPA
a chartered accountant	un expert-comptable
to wind up a business	liquider une affaire
to go out of business	fermer, cesser ses activités
decision making	la prise de décision
a decision-maker	un décideur

3. 80 DIFFICULTES A CONTOURNER

✗ : N'écrivez jamais / Ne dites jamais
✓ : Ecrivez / Dites

1. Nous ne sommes pas d'accord.

We are not agree. ✗
We don't agree. ✓

2. Jamais je n'avais vu un tel désordre !

Never I had seen such a mess! ✗
Never had I seen such a mess! ✓

3. Il voyage souvent.

He travels often. ✗
He often travels. ✓

4. Cette femme est assez expérimentée pour le poste.

This woman is enough experienced for the job. ✗
This woman is experienced enough for the job. ✓

5. Le pouvoir, c'est l'objectif de tous les hommes politiques.

Power, it is the aim of all politicians. ✗
Power is the aim of all politicians. ✓

6. Les deux premiers trimestres

The two first terms ✗
The first two terms ✓

7. Dites-nous où se trouve l'église.

Tell us where is the temple. ✗
Tell us where the temple is. ✓

8. Il s'agit d'une offre assez intéressante.

This is a quite interesting offer. ✗
This is quite an interesting offer. ✓

9. C'est un professionnel.

It's a professional. ✗
He's a professional. ✓

10. Une telle mémoire ! Une si bonne mémoire !

A such memory! A so good memory! ✗
Such a memory! So good a memory! ✓

11. Un ami de Ben

A friend of Ben (A Ben's friend) ✗
A friend of Ben's ✓

12. Personne n'a contesté sa promotion. C'est un miracle !

No one has contested his promotion. It is a miracle! ✗
No one has contested his promotion. That is a miracle! ✓

13. Presque personne

Hardly nobody ✗
Hardly anybody ✓

14. Il n'est presque jamais à la maison.

He is nearly never home. ✗
He is hardly ever home (= almost never). ✓

15. Prendre de l'intérêt pour quelque chose

To take interest in something ✗
To get interested in something ✓

16. Mon professeur, américain et spécialiste de Faulkner, aimait le sud.

My teacher, American and specialist of Faulkner, liked the south. ✗
My teacher, an American and spécialist of Faulkner, liked the South. ✓

17. Elle a fait preuve de beaucoup de courage.

She showed a great courage. ✗
She showed great courage. ✓

18. Comme (le) dit l'auteur…

As says the author… ✗
As the author says… ✓

19. En tant que médecin de l'équipe…

As doctor of this team… ✗
As the doctor of this team… ✓

20. – Ne vous en faites pas, dit-il.

– Don't worry, said he. ✗
"Don't worry", he said. ✓

21. Aussi risquée que soit cette nouvelle politique…

So risky this new policy may be… ✗
However risky this new policy may be… ✓

22. Dans un avenir proche

In a near future ✗
In the near future ✓

23. C'est la première fois que je bois du thé sans sucre.

It's the first time I drink tea without sugar. ✗
It's the first time I've drunk tea without sugar. ✓

24. Combien êtes-vous ?

How many are you? ✗
How many of you are there?

25. Avant, il était électricien.

Before, he was an electrician. ✗
He used to be an electrician. ✓

26. Comment est son nouveau patron ?

How is his new boss? ✗
What's his new boss like? ✓

27. Dans une certaine mesure…

In a certain measure… ✗
To a certain extent… ✓

28. A la différence de…

At the difference of… ✗
Unlike… ✓

29. Cette tour est haute de trente mètres.

This tower is high of thirty metres. ✗
The tower is thirty metres high. ✓

30. Quelle est la hauteur de cette tour ?

What is the high of this tower? ✗
How high is this tower? ✓

31. Et toi ?

And you? ✗
What about you? ✓

32. La voiture la moins chère.

The car the less expensive. ✗
The cheapest car. ✓

33. Tout le monde ne vote pas aux Etats-Unis.

Everyone doesn't vote in the United States of America. ✗
Not everyone votes in the United States of America. ✓

34. Il y a

There as ✗
There is ✓

35. Il y a vingt minutes que je vous attends.

There are twenty minutes that I'm waiting for you. ✗
I've been waiting for you for twenty minutes. ✓

36. Le plus de livres possible

The most books possible ✗
As many books as possible ✓

37. Il ouvrit la porte d'un coup de pied.

He opened the door with a kick. ✗
He kicked the door open. ✓

38. Les deux bâtiments

The both buildings ✗
Both buildings ✓

39. Les jeunes

The youngs ✗
Young people ✓

40. Le plus important, c'est…

The most important is… ✗
The most important thing is... ✓

41. L'auteur nous décrit…

The author describes us… ✗
The author describes... ✓

42. Il existe plusieurs solutions à ce problème.

It exist many solutions to this problem. ✗
There are/exist many solutions to this problem. ✓

43. On m'a dit que…

One told me that… ✗
I was told that... ✓

44. Ils se sont tués dans un accident.

They killed themselves in an accident. ✗
They got killed in an accident. ✓

45. Un discours trop violent

A too violent speech ✗
Too violent a speech ✓

46. Le nouveau budget a permis de construire une bibliothèque.

The new budget has allowed to build a new library. ✗
The new budget has allowed a new library to be built. ✓

47. Il marchait la cigarette à la main.

He was walking the cigarette in his hand. ✗
He was walking with his cigarette in his hand. ✓

48. Ils arrivèrent, la veste sur l'épaule.

They arrived, their jacket on their shoulder. ✗
They arrived with their jackets on their shoulders. ✓

49. Encore un accident ? Vous n'avez pas de chance.

Another accident? You don't have any chance. ✗

Another accident? You're not very lucky. ✓

50. – Tes enfants sont à l'école ? – Je pense.

"Are your children at school ?" "I think." ✗

"Are your children at school ?" "I think so." ✓

51. Mon professeur m'a suggéré de passer quelques mois en Angleterre.

My teacher has suggested me to spend a few months in England. ✗

My teacher has suggested I spend a few months in England. ✓

52. Il y a (+) distance

There is… to… ✗

It is… to… ✓

53. Elle regrette de ne pouvoir rester.

She regrets that she can't stay. ✗

She wishes she could stay. ✓

54. Et si nous dînions ?

And if we had dinner? ✗

What about having dinner? ✓

55. Ils se sont battus.

They've been fighting each other/themselves. ✗

They've been fighting. ✓

56. C'est le jour où nous nous sommes rencontrés.

That's the day where we met. ✗

That's the day when we met. ✓

57. Pourquoi peuvent-ils sortir et pas nous ?

Why can they go out and not us? ✗

Why can they go out and can't we? ✓

58. Ceux qui…

The ones who… ✗

Those who… ✓

59. Mon frère est médecin.

My brother is doctor. ✗
My brother is a doctor. ✓

60. Il désirait de plus en plus la voiture qu'il avait vue.

He wanted more and more the car he had seen. ✗
He wanted the car he had seen more and more. ✓

61. Actuel

The actual crisis can be put down to unions. ✗
The current crisis can be put down to unions. ✓

Actual signifie « réel ». « Actuel » se traduit par *current*, *present. Currently* signifie « à l'heure actuelle ».

62. Inhabité

The area is inhabited. ✗
The area is uninhabited. ✓

To inhabit traduit « habiter », « un habitant » étant traduit par *an inhabitant.* Il faut rajouter le préfixe négatif *un-* pour traduire « inhabité ».

63. Chance

With some chance, he'll pass the exam. ✗
With some luck, he'll pass the exam. ✓

Chance signifie « hasard ».

64. Achever

Work was achieved on time. ✗
Work was completed on time. ✓

To achieve signifie « réussir ».

65. Concevoir

He has conceived a new software program. ✗
He has developed a new software program. ✓

To conceive est utilisé pour rendre « concevoir, envisager ». Le sens de « concevoir, élaborer, mettre au point » est rendu par *to develop, to devise.*

66. Emission

There's a new emission on tonight. ✗
There's a new programme on tonight. ✓

« Une émission » se traduit par *a programme/a broadcast.* De ce dernier mot on tire le verbe « diffuser, émettre » : *to broadcast. Emission* s'emploie en référence à des émissions de fumées toxiques et est donc synonyme de *fumes.*

67. Déçu

My parents are deceived that I wasn't accepted at Oxford. ✗
My parents are disappointed that I wasn't accepted at Oxford. ✓

To deceive signifie « tromper ». « Décevoir » se traduit par *to disappoint.*

68. Dramatique

The news is dramatic. ✗
The news is tragic. ✓

Drama signifie « le théâtre » et *dramatic,* « spectaculaire ». *Tragic* traduit « dramatique » ; *a tragedy,* « un drame ».

69. Durement

There was no reason for him to speak to me so hardly. ✗
There was no reason for him to speak to me so harshly. ✓

Hardly est le synonyme de *scarcely*, *barely* et signifie « à peine ». « Durement » se traduit par *harshly, roughly.*

70. Elaborer

My brother has elaborated a new software program. ✗
My brother has developed a new software program. ✓

To develop, to devise sont les façons les plus courantes de traduire « élaborer ». L'anglais étant plus descriptif que le français, on notera également que *to write* est possible comme traduction pour l'exemple ci-dessus.

71. Ancien

My ancient husband now lives in Mexico. ✗
My former/ex-husband now lives in Mexico. ✓

Ancient est la traduction d'« antique ».

72. Performant

It's a very performing method. ✗
It's a very efficient method. ✓

To perform signifie « faire, réaliser ». *Performing* est employé dans *performing arts* et couvre l'ensemble des disciplines liées au monde du spectacle (théâtre, danse, acrobatie, musique…).

73. Affaire

This is quite a strange affair. ✗
This is quite a strange case. ✓

Affair signifie « liaison sentimentale ». *Case* a souvent un sens juridique et peut être remplacé par *matter* ; *business* est employé pour les affaires dans le monde de l'entreprise mais aussi pour traduire « Ce ne sont pas mes affaires » *(This is none of my business).*

74. Eventuellement

He will eventually come, depending on whether his flight is on time or not. ✗
He will possibly come, depending on whether his flight is on time or not. ✓

Eventually est la traduction de « finalement », *possibly* signifiant « éventuellement ».

75. Agriculteur

Agriculturers have decided to stage another demonstration. ✗
Farmers have decided to stage another demonstration. ✓

Farming traduit « agriculture », *farmer* « agriculteur » De même *farm trade* traduit « commerce agricole »

76. Exploitant

The exploiters of the Chunnel are in the red. ✗
The operators of the Chunnel are in the red. ✓

« Exploiter » au sens de « faire marcher » se traduit par *to operate* et « exploitation », par *operation.* Le sens de « traiter comme un esclave, exploiter » peut se rendre par *to exploit.*

77. Apparition

The apparition of new means of communication. ✗
The emergence of new means of communication. ✓

Apparition s'utilise pour le surnaturel.

78. Formation

Formation is one of the most important things ever. ✗
Training is one of the most important things ever. ✓

Formation vient du verbe *to form* au sens de « former / façonner » et signifie donc « la formation / la création / le développement ». « La formation / l'éducation » se traduira par *training,* formé sur le verbe *to train,* « éduquer, former ».

79. Hasard

I wonder if it is only a hazard. ✗
I wonder if it is only chance. ✓

A hazard est « un danger ». « Le hasard » se traduit par *chance.*

80. Implication

Bosses are demanding more implication on the part of employees. ✗
Bosses are demanding more involvement on the part of employees. ✓

To imply signifie « impliquer, entraîner » alors que *to involve* signifie « impliquer, faire participer ». « Etre impliqué dans » se traduit par *to be involved in.*

4. LES FAUX AMIS LES PLUS COURANTS

to achieve (to do sthg)	accomplir/réussir/mener à bien
to accomodate	loger
actual/actually	réel,véritable/réellement, véritablement
advise	conseiller
affluence	richesse
benefit	avantage/bienfait
caution	prudence
chance	hasard
to charge (sby)	faire payer
close	proche/serré
college	établissement scolaire post-bac/université
commodity	marchandise/denrée
comprehensive	complet
confection	friandise
confidence	confiance
to contemplate (+ing)	envisager de faire qch
countenance	expression du visage
court	tribunal
consistent (with)	cohérent
delay	retard
distracted	fou/égaré/éperdu
dramatic/dramatically	spectaculaire, impressionnant/de façon spectaculaire
to dispose (of sthg)	se débarrasser de
dispute	conflit
to deliver (sby)	livrer/accoucher
to deceive (sby)	tromper
to devise	concevoir/créer
engaged	occupé/fiancé
estate	domaine/propriété/biens/fortune
to evade	esquiver/échapper à/se dérober à
eventually	finalement/en fin de compte
evidence	preuves/signes d'évidence

extravagant	dépensier/gaspilleur/excentrique
fabric	tissu (au sens propre et figuré)
facilities	infrastructures/équipements
figure	silhouette/nombre/personnage
fortunate	chanceux
gas	gaz/mais aussi essence (US)
grapes	raisin
habit	habitude
hazard/hazardous	danger/dangereux, risqué
to indulge (in + ing)	se laisser aller à/se prêter à
inhabited	habité
to injure	blesser
intoxicated	ivre/grisé
issue	question/problème/exemplaire d'un journal
journal	revue
journey	trajet
lecture	conférence
location	emplacement
library	bibliothèque
malice	malveillance/malice
mechanic	mécanicien
mercy	miséricorde
niche	une niche au sens d'un créneau commercial
to notice	remarquer
notorious	de mauvaise réputation/d'une triste notoriété
parole	liberté conditionnelle
patron	mécène/client (d'un café, d'un pub)
petrol	essence (GB)
photograph	une photographie
phrase	expression/locution
physician	médecin
physicist	physicien
plant	plante/usine
prejudice	préjugé/idée toute faite

to prevent (sby from+ing)	empêcher
proper	adéquat
to qualify	obtenir un diplôme/nuancer (son propos)
rampant	qui fait rage
to realise	prendre conscience/se rendre compte
to recover	recouvrer/se remettre/récupérer
refuse (indénombrable)	déchets/ordures
to regard	considérer
relief	aide/soulagement
to remark	faire remarquer
to rest	se reposer
to resume	reprendre (après s'être interrompu)
route	itinéraire
rude	impoli
sensible	sensé/raisonnable
sensitive	sensible
sentence	phrase (en grammaire)/peine (au sens juridique)
spectacles	lunettes
store	grand magasin
susceptible	sensible/impressionnable
suit (nom)	costume
suit (verbe)	convenir à/aller
to supply	fournir
to support	soutenir/défendre
sympathetic	compatissant
sympathy	compassion
tentative	timide/hésitant/expérimental
touchy	susceptible
to train	entraîner/former
utility	utilité/service public
vacation	vacances
valid	valable
versatile	polyvalent, doué dans plusieurs domaines

5. POSTPOSITIONS ADVERBIALES

Les postpositions adverbiales sont monnaie courante en anglais. En plus d'enrichir votre vocabulaire, la liste des postpositions suivantes vous aidera assurément à éviter de nombreux pièges qui vous seront tendus au SCORE IAE MESSAGE.

act up	mal fonctionner, faire des siennes
add up	être cohérent, coller
ant up	casquer, payer la note
ask somebody over	inviter qqn chez soi
back away	se rétracter ; reculer
back down	capituler, renoncer
back up	encourager ; reculer (véhicule)
bear out	confirmer qch
bear up	tenir le coup ; soutenir qqn
blast away	détruire par explosion
blast away/out	hurler, beugler : musique, radio
blow over	se dissiper pour un orage ; se calmer pour une dispute
blow up	exploser
break away	prendre ses distances ; s'échapper
break down	échouer ; tomber en panne ; faire un dépression
break in	former qqn ; roder une voiture ; faire ses chaussures en marchant
break into a house	entrer par effraction
break off	s'interrompre : négociation, relation, conversation
break out	se déclarer : guerre, épidémie, incendie
break up	se terminer (cours, école) ; rompre avec qqn ;
bring about	causer, provoquer
bring down	faire baisser : prix, etc. ; faire tomber : gouvernement
bring forth	provoquer une réaction, une émotion

bring off	réussir qch
bring on	causer des difficultés
bring somebody (a)round	persuader qqn ; ranimer qqn
bring somebody up	élever un enfant
bring something up	soulever une question
burn out	s'épuiser à force d'efforts, de travail
buy somebody over	soudoyer, acheter qqn
buy out	racheter une entreprise
buy up	acheter la totalité de qch, rafler
call somebody down	rappeler qqn à l'ordre
call forth	provoquer une réaction, une émotion
call in at somebody's place	passer voir qqn
call up	évoquer, rappeler qch
call off	annuler
carry somebody off	emmener qqn de force ; mourir emporté par qch
carry on	se disputer ; continuer (with something/doing something)
carry out	mener à exécution
catch up with somebody/ something	rattraper le retard, se mettre au même niveau
clean up	faire le ménage au sens propre et figuré
clear up	s'éclaircir (temps) ; élucider un pbl
close in on somebody	cerner qqn, l'étau qui se resserre autour de qqn / qch
come about	avoir lieu, se produire
corne across	tomber par hasard sur qqn / qch ; message qui passe bien
come apart	se détériorer (relation, situation) ; partir en morceaux (qch)
come by something	se procurer qch. avec difficulté souvent
cut down on something	réduire des dépenses

cut somebody off	interrompre qqn ; couper les ponts ; couper les vivres à qqn
cut out	supprimer alcool, cigarette
do away with something	abolir qch ; se débarrasser de qch
do over	recommencer ; refaire une pièce
do something out/up	rénover une maison, redécorer une pièce
draw forth	susciter une réaction
draw off	se retirer pour des troupes
draw on something	s'écouler : temps ; puiser dans qch : expérience, réserves
draw out	traîner en longueur
draw up	rédiger un document
drop by/in on somebody	passer voir qqn
drop somebody off	déposer qqn à un endroit
drop out	arrêter ses études en cours
fall apart	s'effondrer, tomber en ruines ; échouer
fall back on somebody/ something	se rabattre sur qqn / qch
fall behind	prendre du retard
fall off	se détacher ; décroître
fall out with somebody	se disputer avec qqn
fall through	échouer
fess up	avouer, se mettre à table
figure out	comprendre
file out	sortir l'un derrière l'autre
fill somebody in	mettre qqn au courant de qch.
find out	découvrir, savoir
get about/(a)round to something/to doing something	se mettre à (faire) qch
get along/get on well with somebody	bien s'entendre avec qqn
get away with something	s'en tirer, échapper à qch

get by	se débrouiller tout juste
get through	terminer qch
give away	céder sous le poids
give something away	donner gratuitement ; trahir un secret
give in	céder sous la contrainte
give in to somebody/something	céder à qqn / devant qch
give out	distribuer qch
give up	renoncer à qch
go under	faire faillite ; couler : bateau
hand something down	transmettre de génération en génération
hand something over to somebody	remettre ; transmettre ; livrer
hand something out	distribuer
hang about/around with somebody	traîner, glander ; frayer avec qqn
hang on to something	tenir bon, s'accrocher
hang out in a place	fréquenter bcp un lieu ; loger (crécher) chez qqn
hang over	planer comme une menace au-dessus la tête
hang up	raccrocher : téléphone
hear somebody out	entendre qqn jusqu'au bout
keep up with somebody	se maintenir au même niveau que qqn
look something up	chercher une information dans un ouvrage
make something up	inventer
pass away	mourir
pass by	passer sans s'arrêter ; rendre visite à qqn
pass by somebody	ignorer ; éviter qqn
pass out	s'évanouir
pass something off	passer sur qch sans importance
pass something up	laisser passer, passer à côté de qch
pay off	être rentable ; avoir des retombées positives
pick out	choisir

pick up	s'améliorer
pull something down	démolir qch
pull up	s'arrêter : véhicule
push something through	faire accepter qch (idée, projet) ; faire voter
put away	ranger qch
put off	différer, remettre à plus tard
put somebody off	dissuader, décourager, dégoûter qqn
put out	éteindre une cigarette
put somebody out	contrarier qqn
ring off	raccrocher le téléphone
ring somebody up	appeler qqn au téléphone
rub off on somebody	déteindre sur qqn
run across/into somebody/ something	tomber par hasard sur qqn / qch
run on	se prolonger (réunion), durer
run out of something	manquer de qch, être à court de qch
run up against problems	rencontrer des pbls
see somebody off/out	raccompagner qqn au départ / vers la sortie
see something out/through	voir jusqu'au bout : film
see something through	aller jusqu'au bout de qch
see somebody through	aider qqn à passer un moment difficile
sell out	vendre à guichets fermés ; vendre son fonds de commerce
sell somebody out	trahir qqn
set something forth	formuler qch ; présenter le contenu de qch
set off/out	se mettre en route ; commencer qch : une activité
settle up with somebody	régler une dette à qqn
shoot up	monter en flèche : prix
show somebody in	faire entrer qqn
show off	faire de l'esbrouffe
show somebody (a)round	faire visiter un endroit

show up	se présenter à un endroit
sit something out	rester jusqu'au bout ; attendre que qch passe, qqn termine
size something up	évaluer, apprécier une situation
slip something on	enfiler un vêtement
sort out	trier ; trouver une solution à un pbl
stand out	tenir bon ; se détacher, sortir du lot
stand up for somebody	défendre qqn
stand up to somebody	s'opposer à qqn
take after somebody	ressembler à qqn, tenir de qqn
take somebody on	embaucher qqn ; se battre contre / affronter qqn
take over	relayer ; prendre la suite
tear down	démolir
tear up	déchirer : papier, vêtement
tell somebody off	gronder qqn
think something out	élaborer, concevoir qch
think something over	bien réfléchir à qch
think something up	imaginer ; inventer qch
throw up	vomir
tune up for something	se préparer à qch
turn in	aller se coucher ; dénoncer qqn (*somebody*) à la police (*to the police*)
turn somebody on	qch enthousiasme qqn
turn out	fabriquer qch (*something*) ; s'avérer, se révéler
wind up	se terminer (discours) ; cesser ses activités : pour une entreprise
wipe something out	éliminer, éradiquer qch
work something out	calculer (distance, coût) ; trouver une solution à un pbl
write off	annuler une dette ; considérer qqn / qch comme perdu, foutu

TROISIEME PARTIE

8 TESTS BLANCS, CORRIGES ET COMMENTES

INSTAGRAM DE L'AUTEUR

Franck Attelan

(lives thématiques et conseils)

GROUPE FACEBOOK

Objectif IAE

(entraide, partages d'expériences, questions à l'auteur, tests d'entrainement)

SCORE BLANC NUMERO 1

Consignes

1. Ce Score blanc contient 170 questions pour lesquelles vous aurez toujours 5 propositions de réponses au choix. 1 seule de ces propositions est correcte.

2. Le temps total pour travailler sur ce Score est de 3 heures.

3. Barème : 2 points par réponse juste sauf pour la sous-épreuve numéro 3 pour laquelle 5 points seront attribués par réponse juste. Une réponse fausse ou pas de réponse ne modifie pas le score (0 point). Le Score est donc noté sur un total de 400 points.

4. L'usage de la calculatrice, dictionnaire, lexique ou grammaire est formellement interdit. Aucune pause/sortie n'est autorisée pendant l'épreuve, toute sortie étant considérée comme définitive.

5. Les 170 réponses sont à reporter au recto d'une grille unique sur laquelle le candidat noircit la case correspondant à la réponse choisie, en utilisant le crayon fourni par le centre d'écrit. Les corrections doivent impérativement être effectuées avec un blanc correcteur.

SCORE BLANC NUMERO 1 : GRILLE DES REPONSES

	1	2	3	4	5
1					
2					
3					
4					
5					
6					
7					
8					
9					
10					
11					
12					
13					
14					
15					
16					
17					
18					
19					
20					
21					
22					
23					
24					
25					
26					
27					
28					
29					
30					
31					
32					
33					
34					
35					
36					
37					
38					
39					
40					
41					
42					
43					
44					
45					
46					
47					
48					
49					
50					

	1	2	3	4	5
51					
52					
53					
54					
55					
56					
57					
58					
59					
60					
61					
62					
63					
64					
65					
66					
67					
68					
69					
70					
71					
72					
73					
74					
75					
76					
77					
78					
79					
80					
81					
82					
83					
84					
85					
86					
87					
88					
89					
90					
91					
92					
93					
94					
95					
96					
97					
98					
99					
100					

	1	2	3	4	5
101					
102					
103					
104					
105					
106					
107					
108					
109					
110					
111					
112					
113					
114					
115					
116					
117					
118					
119					
120					

	1	2	3	4	5
121					
122					
123					
124					
125					
126					
127					
128					
129					
130					
131					
132					
133					
134					
135					
136					
137					
138					
139					
140					
141					
142					
143					
144					
145					
146					
147					
148					
149					
150					
151					
152					
153					
154					
155					
156					
157					
158					
159					
160					
161					
162					
163					
164					
165					
166					
167					
168					
169					
170					

SCORE BLANC NUMERO 1

1. CULTURE GENERALE, ECONOMIQUE ET MANAGERIALE

1 **Dans quel océan se trouve l'archipel des Seychelles ?**

1/ L'océan Atlantique
2/ L'océan Arctique
3/ L'océan Indien
4/ L'océan Pacifique
5/ L'océan Austral

2 **Dimanche 14 juin : qui remporte le simple messieurs de l'Open de tennis de Roland Garros ?**

1/ Dominic Thiem
2/ Novak Djokovic
3/ Rafael Nadal
4/ Benoît Paire
5/ Roger Federer

3 **Selon Eurostat, combien de statuts de demandeurs d'asile ont été accordés dans les Etats membres de l'UE en 2018 ?**

1/ 2,1 millions
2/ 1,9 million
3/ 1,4 million
4/ 1,2 million
5/ 0,5 million

4 **En février 2020, l'Egypte franchit la barre des :**

1/ 20 millions d'habitants
2/ 50 millions d'habitants
3/ 100 millions d'habitants
4/ 150 millions d'habitants
5/ 200 millions d'habitants

5 **Quel haut fonctionnaire, figure majeure du féminisme en France, entre au Panthéon le 1er juillet 2018 ?**

1/ Louise Weiss
2/ Valéry Giscard d'Estaing
3/ Simone Veil
4/ Fadela Amara
5/ Rachida Dati

6 **Les lignes imaginaires qui coupent la Terre en quartiers perpendiculairement à l'équateur et qui se rejoignent aux pôles sont appelées :**

1/ Les méridiens
2/ Les latitudes
3/ Les tropiques
4/ Les parallèles
5/ Les fuseaux

7 **En 2019, qui est la ministre de l'Enseignement supérieur, de la Recherche et de l'Innovation ?**

1/ Ségolène Royal
2/ Frédérique Vidal
3/ Muriel Pénicaud
4/ Agnès Buzyn
5/ Annick Girardin

8 **En avril 2020, quel est le premier pays arabe à légaliser le cannabis à des fins thérapeutiques ?**

1/ La Syrie
2/ La Tunisie
3/ Le Maroc
4/ Le Liban
5/ La Jordanie

9 **Quelle langue antique la « pierre de Rosette » a-t-elle permis de comprendre ?**

1/ L'égyptien
2/ Le persan
3/ L'hébreu
4/ Le sumérien
5/ Le babylonien

10 **Comment s'appelle le plus haut gratte-ciel du monde, haut de 828 mètres et construit à Dubaï ?**

1/ Burj-Al-Arab
2/ Dynamic Tower
3/ Burj Khalifa
4/ Burj-Al-Fateh
5/ Empire State Dubaï

11 **Le Mozambique est une ancienne colonie :**

1/ Néerlandaise
2/ Américaine
3/ Anglaise
4/ Espagnole
5/ Portugaise

12 **Le 2 février 2020, quelle équipe de football américain remporte le Super Bowl ?**

1/ Les Eagles de Philadelphie
2/ Les Chiefs de Kansas City
3/ Les Falcons d'Atlanta
4/ Les Broncos de Denver
5/ Les Cowboys de Dallas

13 **La Palme d'Or au Festival de Cannes 2019 a couronné le film :**

1/ *Parasite*
2/ *Sorry we missed you*
3/ *La Gomera*
4/ *Frankie*
5/ *Douleur et Gloire*

14 **Lequel de ces chefs d'Etat n'a pas reçu de Prix Nobel de la Paix ?**

1/ Jimmy Carter
2/ Bill Clinton
3/ Nelson Mandela
4/ Barack Obama
5/ Mikhaïl Gorbatchev

15 **Où est né Donald Trump ?**

1/ A New York
2/ A Chicago
3/ A Miami
4/ A Los Angeles
5/ A Baltimore

16 **Qui est le premier acteur noir à avoir reçu l'Oscar du meilleur acteur en 1964 ?**

1/ Ossie Davis
2/ Morgan Freeman
3/ Sidney Poitier
4/ Denzel Washington
5/ Paul Winfield

17 **Pandémie du Covid-19 : quelle date marque en 2020 le début du déconfinement en France ?**

1/ Le 16 mars 2020
2/ Le 20 avril 2020
3/ Le 30 avril 2020
4/ Le 2 mai 2020
5/ Le 11 mai 2020

18 **Quel pays a remporté l'Eurovision 2019 ?**

1/ La France
2/ La Suède
3/ Israël
4/ Les Pays-Bas
5/ L'Australie

19 **Dans quelle ville auront lieu les Jeux olympiques d'hiver de 2022 ?**

1/ A Sotchi en Russie
2/ A Pékin en Chine
3/ A Vancouver au Canada
4/ A Denver aux Etats-Unis
5/ A Pyeongchang en Corée du Sud

20 **Qu'est-ce que l'année blanche, conséquence du passage au prélèvement à la source pour l'impôt sur le revenu ?**

1/ C'est l'année où les contribuables seront imposés sur les revenus de deux années

2/ C'est l'année où les contribuables devront payer leur impôt en une seule fois, même s'ils ont choisi le paiement mensualisé

3/ C'est l'année où les contribuables ne seront pas imposés sur leurs revenus du travail

4/ C'est l'année où les contribuables ne seront pas imposés sur leurs revenus du capital

5/ C'est l'année où les contribuables ne seront imposés sur aucun de leurs revenus

21 **Quel est le pourcentage de ménages français équipés d'une voiture ?**

1/ Environ 62 %
2/ Environ 69 %
3/ Environ 74 %
4/ Environ 83 %
5/ Environ 90 %

22 **Comment s'appelle le discours annuel que le président des Etats-Unis prononce au Capitole afin d'exposer son programme de l'année aux deux chambres du Parlement ?**

1/ Le discours du programme présidentiel
2/ Le discours de Politique nationale
3/ Le discours de rentrée parlementaire
4/ Le discours sur l'état de l'Union
5/ Le discours aux Parlementaires

23 **Quel est le monument français le plus visité de l'année 2019 ?**

1/ La Tour Eiffel
2/ L'Arc de Triomphe
3/ Le Musée du Louvre
4/ Le Château de Versailles
5/ La Cathédrale Notre-Dame

24 **Quel est l'objectif de la France en matière de réduction des émissions de gaz à effet de serre à horizon 2030 ?**

1/ 30 % par rapport aux émissions de 2010
2/ 40 % par rapport aux émissions de 1990
3/ 40 % par rapport aux émissions de 2010
4/ 50 % par rapport aux émissions de 2010
5/ 75 % par rapport aux émissions de 1990

25 **Quel film obtient l'Oscar du meilleur film en 2021 ?**

1/ *The Father*
2/ *Nomadland*
3/ *Promising Young Woman*
4/ *Minari*
5/ *Judas and the Black Messiah*

26 **Environ combien de permis de conduire sont délivrés en France chaque année ?**

1/ Environ 5 millions
2/ Environ 3 millions
3/ Environ 1 million
4/ Environ 500 000
5/ Environ 300 000

27 **Lequel des cinq pays suivants n'est pas membre permanent du Conseil de sécurité des Nations unies ?**

1/ La Russie
2/ Les Etats-Unis
3/ L'Allemagne
4/ La France
5/ La Chine

28 **En quelle année François Mitterrand a-t-il été élu pour la première fois président de la République française ?**

1/ En 1974
2/ En 1976
3/ En 1979
4/ En 1981
5/ En 1983

29 **Dans quel club l'attaquant international André-Pierre Gignac joue-t-il en 2019 ?**

1/ L'Olympique de Marseille
2/ Le Toulouse Football Club
3/ Les Tigres de Mexico
4/ L'Albiceleste d'Argentine
5/ L'Olympique de Lyon

30 **Quel leader israélien, prix Nobel de la paix, est mort en septembre 2016 ?**

1/ Shimon Peres
2/ Yitzhak Rabin
3/ Benyamin Netanyahou
4/ Ariel Sharon
5/ Mahmoud Abbas

31 **Quel crack remporte en janvier 2020 à l'hippodrome de Vincennes le Grand Prix d'Amérique, réservé aux meilleurs trotteurs du monde ?**

1/ Face Time Bourbon
2/ Propulsion
3/ Bold Eagle
4/ Charly Du Noyer
5/ Bellina Josselyn

32 **Quel peintre n'est pas un peintre de la renaissance italienne ?**

1/ Caravage
2/ Sandro Botticelli
3/ Raphaël
4/ Amedeo Modigliani
5/ Piero Manzoni

33 **Quelle est la source de l'énergie dite « photovoltaïque » ?**

1/ Le vent
2/ Le soleil
3/ La mer
4/ Les cours d'eau (rivières, fleuves…)
5/ La combustion d'hydrocarbures

34 **Quel est l'hymne européen ?**

1/ *La Chevauchée des Walkyries* de Wagner
2/ *La Flûte enchantée* de Mozart
3/ *L'Allegro, il Penseroso ed il Moderato* d'Haendel
4/ *La Gloria* de Vivaldi
5/ *L'Ode à la joie* de Beethoven

35 **Quel homme d'affaires a acheté pour 1,5 milliards d'euros de bitcoins en février 2021 ?**

1/ Bernard Arnault
2/ Elon Musk
3/ Jeff Bezos
4/ Marc Simoncini
5/ Xavier Niel

36 Qu'est-ce que le GIEC ?

1/ Le groupe international d'experts sur le climat
2/ Le groupe d'experts intergouvernemental sur l'évolution du climat
3/ Le groupe d'intervention sur l'environnement et le climat
4/ Le groupe d'experts internationaux sur le changement climatique
5/ Le groupe intergouvernemental d'experts sur les changements climatiques

37 **Fin 2019, le service de vidéo en ligne Netflix revendique désormais :**

1/ Plus de 30 millions d'abonnés
2/ Près de 170 millions d'abonnés
3/ Plus de 300 millions d'abonnés
4/ Près de 430 millions d'abonnés
5/ Plus de 1 milliard d'abonnés

38 Quelle science le professeur Alexandre Grothendieck enseignait-il au Collège de France ?

1/ La physique des particules
2/ La chimie organique
3/ Les mathématiques
4/ La neurologie
5/ La biologie évolutive

39 **Pour quelle maladie la stimulation cérébrale profonde pourrait-elle constituer une piste de traitement ?**

1/ La maladie de Parkinson
2/ La maladie d'Alzheimer
3/ La schizophrénie
4/ La dégénérescence maculaire liée à l'âge (DMLA)
5/ L'obésité

40 **Quelle ancienne star du football des années 90 est le président du Libéria en 2021 ?**

1/ Jay Jay Okocha
2/ Abedi Pelé
3/ Roger Milla
4/ Georges Weah
5/ Marius Trésor

41 **Selon le CNS, qui dépend de Bercy, combien de sanctions ont été infligées, en 2018, à des professionnels n'ayant pas respecté leurs obligations en matière de blanchiment d'argent et de financement du terrorisme ?**

1/ 12
2/ 25
3/ 48
4/ 69
5/ 87

42 Le siège de la multinationale Coca-Cola se trouve à :

1/ San Francisco
2/ New York
3/ Atlanta
4/ Dallas
5/ Washington

43 **Qui succède à Vincent Bolloré à la présidence de Vivendi ?**

1/ Olivier Baratelli
2/ Yannick Bolloré
3/ Silvio Berlusconi
4/ Jean Bolloré
5/ Bastien Vivendi

44 En 2018, des chercheurs américains et britanniques ont conçu par hasard une enzyme capable de détruire :

1/ de l'aluminium
2/ de l'acier
3/ du carton
4/ du plastique
5/ du verre

45 Qui est, en juin 2020, le PDG de la start-up leader mondial du covoiturage Blablacar ?

1/ Marc Simoncini
2/ Alexandre Lubot
3/ Frédéric Mazzella
4/ Xavier Niel
5/ Alexis Bonillo

46 Que signifient les 3 E du plus grand salon mondial du jeu vidéo ?

1/ Entertainment Evolution Expo
2/ Electronic Evolution Expo
3/ Electronic Entertainment Event
4/ Entertainment Exposition Event
5/ Electronic Entertainment Expo

47 Parmi ces personnalités politiques, laquelle n'a jamais occupé la fonction de Premier ministre ?

1/ Laurent Fabius
2/ Edouard Balladur
3/ Michel Rocard
4/ Edith Cresson
5/ Dominique Strauss-Kahn

48 Comment s'appelle le fonds créé par l'Union européenne dans le cadre de la crise financière afin de venir en aide aux Etats en difficulté ?

1/ Le Fonds européen de stabilisation financière
2/ Le Fonds européen de soutien budgétaire
3/ Le Fonds européen d'aide à la croissance
4/ Le Fonds européen de relance commune
5/ Le Fonds européen d'urgence

49 Combien de juges siègent à la Cour de Justice de l'Union européenne ?

1/ 1 juge
2/ 28 juges
3/ 189 juges
4/ 577 juges
5/ 1 230 juges

50 Quelle est la capitale de l'Australie ?

1/ Melbourne
2/ Sydney
3/ Adelaïde
4/ Canberra
5/ Brisbane

SCORE BLANC NUMERO 1

2. COMPREHENSION ET EXPRESSION ECRITE EN FRANÇAIS

51 **Parmi ces mots, lesquels sont des pronoms relatifs ?**

A) où
B) que
C) lequel
D) quiconque
E) qui

1/ A + D
2/ A + B + C + D + E
3/ B + C
4/ B + C + D
5/ C + D + E

52 **« Réchauffer un serpent dans son sein » signifie :**

1/ Etre charmeur de serpent
2/ Venir en aide à quelqu'un
3/ Faire du bien à un ingrat
4/ Donner à manger au diable
5/ Vouer un culte à Saint-Michel

53 **Parmi les propositions suivantes, lesquelles sont correctement écrites ?**

A) Cette proposition est un sillogisme
B) Ce sont les vissicitudes de la vie
C) Présentez-vous à la prochaine cession
D) Ce raisonnement est une totaulogie
E) Cette réflexion conduit à une apporie

1/ Aucune
2/ C
3/ B + C
4/ A + D
5/ B + D

54 **Quelles sont les propositions correctement écrites ?**

A) Il est né sous de bons auspices
B) Ce sont les prémisses d'une belle histoire
C) Dès les prémices de la crise, il faut agir
D) Dès les prémices de sa vieillesse, il a demandé à partir à l'hospice
E) Il est affecté au ravitaillement des hospices

1/ B
2/ A + C + D
3/ A + B + C + D + E
4/ A + B
5/ Aucune

55 **Donnez un synonyme « d'impétrant » :**

1/ Attributaire
2/ Agité
3/ Délinquant
4/ Celui qui a obtenu un diplôme
5/ Qui veut bien faire

56 **Quelle forme est incorrecte ?**

1/ Il est près des prés
2/ Il est près de la sortie
3/ Il est prêt à sortir
4/ Il est près de sortir
5/ Il est près à sortir

57 **Le verbe « moudre » se conjugue :**

1/ Je moudai au passé simple
2/ Qu'il moude au subjonctif présent
3/ Ils moudront au futur
4/ Je moudrai au conditionnel présent
5/ Nous moudions à l'imparfait du subjonctif

58 **Parmi ces termes, lesquels désignent une figure de style ?**

A) Syncope
B) Pléonaste
C) Spirale
D) Anaphorèse
E) Amphase

1/ Aucun
2/ B
3/ B + D
4/ B + C + D
5/ C + D

59 **« Morigéner » :**

A) a pour synonyme « complimenter »
B) a pour antonyme « louanger »
C) signifie « expliquer »
D) signifie « adresser des réprimandes à quelqu'un »
E) est équivalent à « sermonner »

1/ A + B
2/ B + D + E
3/ C + E
4/ Aucun
5/ D

60 **Parmi ces termes, quelles sont les conjonctions de subordination ?**

A) A laquelle
B) Que
C) Quoi que
D) Du quel
E) Dont

1/ A + B + C + D
2/ Aucun
3/ B
4/ B + D
5/ C + D

61 **Le verbe « quérir » se conjugue en :**

A) nous quérissons à l'indicatif présent
B) quéris à l'impératif présent
C) nous quérissâmes au passé simple
D) quérant au participe présent
E) que vous quérissiez au subjonctif présent

1/ A
2/ D + E
3/ Ni A, ni B, ni C, ni D, ni E
4/ C + D + E
5/ E

62 **Quel est le sens de « être blanc comme neige » ?**

1/ Sous le choc
2/ Propre
3/ Raciste
4/ Naïf
5/ Innocent

63 **Quelles sont les propositions correctement écrites ?**

A) C'est une recette ancestrale
B) La mode est aux colifichets
C) Elle lui adresse des colibets
D) Elle a des spasmes fréquents
E) Son isolement la rend hypocondriaque

1/ E
2/ Aucun
3/ A + B + E
4/ B + E
5/ B + C

64 **Parmi ces informations, quelles sont celles qui s'appliquent au mot « gabegie » ?**

A) Ne peut s'employer qu'au singulier
B) Est synonyme de « dilapidation »
C) Signifie « désordre provenant d'une mauvaise gestion »
D) A pour antonyme « économie »
E) Est synonyme de « orgie »

1/ D + E
2/ A + B
3/ B + C + D
4/ C + D
5/ A + B + D

65 **Quelles sont les propositions correctement écrites ?**

A) Pourchassé, ce chien s'est levé
B) Il s'est levé pour chasser
C) Ces orateurs parlent pourparlers
D) Le ministre a entamé des pour parlers
E) Pour parler, il s'est levé de sa chaise.

1/ A + B + C + D
2/ A + E
3/ C + D + E
4/ Aucun
5/ A + B + C + E

66 **Choisissez la reformulation dont le sens se rapproche le plus du passage souligné.**

Il faut éviter toute confusion entre l'idéologie et la géopolitique, celle-ci étant fondée sur la réalité de la géographie physique et humaine et sur les <u>déterminismes</u> qui en découlent.

1/ hypothèses fortes
2/ raisonnements infalsifiables
3/ enchaînements inéluctables
4/ hasards implacables
5/ libertés très relatives

67 **Quelle est la meilleure formulation ?**

1/ J'irai au nord de la France, à Boulogne-sur-Mer, quoique cela me déplaise. Car il ne fait jamais beau à Boulogne-sur-Mer et rares sont les jours où il est possible d'y aller se baigner.

2/ Il ne fait jamais à beau dans le nord de la France, à Boulogne-sur-Mer et rares sont les jours où l'on peut s'y baigner. Je m'y rendrai, bien que cela me déplaise.

3/ Je me rendrai au nord de la France, à Boulogne-sur-Mer, bien que cela me déplaise. La météo n'y est en effet guère favorable et il n'y a que peu de jours où l'on peut aller se baigner.

4/ J'irai dans le nord de la France, à Boulogne-sur-Mer, bien que cela me déplaise. En effet, il n'y fait jamais beau et rares sont les jours où l'on peut aller s'y baigner.

5/ J'irai en France, dans le nord, à Boulogne-sur-Mer, bien que cela me déplaise. Il n'y fait certes jamais beau et les jours où l'on peut aller se baigner sont rares.

Questions 68 à 71 : choisissez la reformulation dont le sens se rapproche le plus du (des) passage(s) souligné(s).

68 **Monsieur, vous devez savoir qu'à cette charge sont attachées <u>d'importantes prérogatives</u>.**

1/ d'importantes clauses

2/ d'importantes conditions

3/ de vastes connaissances de nature générale indispensables pour mener à bien vos missions

4/ d'importants avantages et privilèges particuliers

5/ de nombreuses conditions dictées par l'autorité supérieure dont vous dépendez

69 **(...) Nous devons donc beaucoup à CNN, mais pour une raison paradoxale : cet étalage de la puissance de la télévision a mis en lumière sa décisive fragilité. CNN a poussé comme jamais le prestige de l'image et dans le même temps révélé <u>son inanité</u>.**

1/ son inamovibilité

2/ son inertie

3/ son inactualité

4/ sa relative efficacité

5/ sa vanité

70 **Ce magnat de la finance a été lourdement condamné pour avoir <u>incité des témoins à produire des déclarations mensongères</u>.**

1/ séduit des témoins

2/ gangréné des témoins

3/ vicié des témoins

4/ suborné des témoins

5/ débauché des témoins

71 **En dépit des dernières prévisions communiquées aux organismes étatiques de surveillance du territoire, il semblerait qu'une catastrophe naturelle est <u>sur le point de se produire</u> sur le continent européen.**

1/ éminente

2/ imminente

3/ rémanente

4/ immanente

5/ émergeante

Questions 72 à 75 : complétez en choisissant la solution optimale.

72 **Aurélie manifeste une aptitude réelle à apprécier des choses très diverses, sans aucun esprit exclusif. On dit qu'elle est (…)**

1/ éclectique.

2/ dilettante.

3/ tolérante.

4/ lymphatique.

5/ ouverte.

73 **Viktor Novoorsk est l'un de ces milliers de touristes, venus des quatre coins du monde, qui débarquent chaque jour à l'Aéroport JFK de New York. Mais, à quelques heures de son arrivée, voilà qu'un coup d'Etat bouleverse sa petite république d'Europe Centrale, mettant celle-ci au ban des nations et faisant de Viktor un (…). Les portes de l'Amérique se ferment en effet devant lui, alors même que se bouclent les frontières de son pays.**

1/ apatride

2/ rebelle

3/ orphelin

4/ apathique

5/ solitaire

74 **(…) cyclables réservées aux vélos et autres vélibs (…) cyclistes (…) piétons (…) se heurter aux vélos sur les trottoirs.**

1/ Le fait qu'il soit impossible de rouler sur des voies / est désagréable aux / mais aide les / qui ne doivent plus

2/ Le fait de rouler sur des voies / est aussi difficile pour les / que pour les / qui doivent

3/ Le fait de rouler sur des voies / est aussi bien agréable aux / qu'aux / qui ne craignent plus de

4/ Le fait qu'il soit impossible de rouler sur des voies / est aussi bien agréable aux / qu'aux / qui doivent

5/ Rouler sur des voies / constitue un privilège réservé aussi bien aux / qu'aux / qui n'ont plus peur désormais de ne pas

75 **« Ventre affamé n'a point (…). »**

1/ de procès

2/ d'oreilles

3/ de droit

4/ d'espoir

5/ de larmes

76 **Que signifie l'expression « payer en monnaie de singe » ?**

A) Payer sa dette avec de faux billets.
B) Faire du troc.
C) S'en tirer à bon compte avec quelques plaisanteries.
D) Payer avec des billets qui ne sont plus en circulation.
E) Ne pas payer.

1/ A seulement
2/ B seulement
3/ A ou D
4/ C ou E
5/ E seulement

77 **Lorsque l'on parle de mécanismes du « fait du prince », à quoi fait-on référence ?**

1/ A des mécanismes d'anticipation qui conduisent à répercuter immédiatement sur un prix de vente une augmentation future d'un coût de facteur de production.

2/ A des mécanismes imposés à une entreprise par une instance supérieure, qui s'opposent généralement à l'évolution naturelle de l'environnement de l'entreprise.

3/ A des mécanismes inflationnistes imposés à des sociétés côtées en bourse par la Banque Centrale Européenne en vue de contrôler en amont la hausse des prix des biens de consommation courante.

4/ A des mécanismes financiers imposés par les monarchies des pays de l'Opep en vue de maintenir les cours nominaux du pétrole à un niveau efficient.

5/ A des mécanismes intermédiaires du modèle de croissance interne permettant d'établir un lien direct entre les taux de croissance de l'activité de l'entreprise et le taux de croissance de ses moyens financiers.

78 **Parmi les cinq adages populaires ci-dessous, trouvez le seul dont le sens est en contradiction avec l'énoncé suivant : « Les voyages forment la jeunesse ».**

1/ Si tu trouves une route, suis-la longtemps.

2/ Quand on change le tam-tam de place, on invente un nouveau son.

3/ Traverse le lac et tu auras changé tes habitudes.

4/ Les vérités existent au-delà des montagnes.

5/ C'est la poule qui circule le plus qui mange le plus de fourmis.

79 **« Un silence éloquent », « la réalité virtuelle », « une douce violence » sont des oxymores. Parmi les cinq propositions suivantes, laquelle n'est pas un oxymore ?**

1/ Un monstre croquignolet
2/ Une spontanéité rigoureuse
3/ Un jeune centenaire
4/ Une clarté nébuleuse
5/ Une richesse propice

80 **Que signifie la locution latine « *persona non grata* » ?**

1/ Etre indigne
2/ Etre dépourvu de vertu
3/ Etre quelqu'un d'indésirable
4/ Etre dépourvu de courage
5/ Etre quelqu'un privé de grâce

81 **Qu'est-ce qu'un pléonasme ?**

1/ C'est la succession de trois mots ayant un sens proche

2/ C'est la répétition de mots ayant une signification différente

3/ C'est le doublement de deux syllabes

4/ C'est un doux euphémisme

5/ C'est la répétition de mots ayant le même sens

82 **Parmi ces cinq propositions, laquelle est correctement orthographiée ?**

1/ En son for intérieur

2/ En son fort intérieur

3/ En son fors intérieur

4/ En son fore intérieur

5/ En son ford intérieur

83 **Parmi ces cinq phrases, laquelle rend impossible la suppression du complément circonstanciel ?**

1/ Paul boit avec des amis dans l'arrière-cour

2/ Paul va à Lyon

3/ Le soleil déclinait dans le ciel

4/ Le soir, je dîne à 19 heures

5/ Hannah mange peu

84 **Parmi ces cinq propositions, laquelle est la conjugaison du verbe « pouvoir » à la troisième personne du singulier du subjonctif imparfait ?**

1/ Qu'il pue

2/ Qu'il puisse

3/ Qu'il pût

4/ Qu'il ait pu

5/ Qu'il puit

85 **Une « victoire à la Pyrrhus », c'est :**

1/ Une victoire trop chèrement obtenue

2/ Une victoire sans combattre

3/ Une victoire par surprise

4/ Une victoire posthume

5/ Une victoire écrasante

Texte

Au Pays du capitalisme réel

Source : *Le Monde diplomatique* – Août 2011– n° 689 – Controverse sur la Russie post-soviétique

A l'approche des élections russes de mars 2012, les grandes manœuvres politiques ont commencé au Kremlin. Moribonde au début des années 1990, la Russie a opéré depuis une décennie un spectaculaire redressement économique et diplomatique sur fond d'autoritarisme et de corruption. A l'heure du bilan, deux visions de la transition post soviétique s'affrontent.

Par Tony Wood[1]

Le vingtième anniversaire de la chute du mur de Berlin a déclenché un raz de marée d'ouvrages consacrés à l'effondrement du bloc de l'Est[2]. Peu d'auteurs, pourtant, se sont penchés sur l'expérience traversée par la Russie depuis la fin de l'URSS. L'essai de Daniel Treisman *The Retum* (« Le Retour ») s'efforce de combler cette lacune en retraçant le *« parcours de la Russie de Gorbatchev à Medvedev[3] »*. Professeur de science politique à l'université de Californie, Treisman est surtout connu comme le coauteur d'un article qui fit sensation en 2004. Ce texte, intitulé « Un pays normal[4] », réfutait l'idée communément admise selon laquelle la Russie postsoviétique souffrirait d'une sorte de fardeau historique sans équivalent dans le monde – l'héritage de l'autocratie, de la bureaucratie, etc. En réalité, elle faisait face aux mêmes problèmes de développement que de nombreux pays à revenus moyens : corruption, faiblesse des institutions, vulnérabilité économique. La transition opérée par le pays après la fin du communisme n'aurait donc été qu'un processus d'ajustement aux schémas en cours dans les autres Etats de sa catégorie.

Le sous-entendu idéologique qui imprègne cette analyse se devine aisément : les réformes libérales mises en œuvre par Moscou dans les années 1990 doivent être applaudies comme un succès, puisqu'elles ont permis à la Russie de conquérir la place qui lui revient dans la hiérarchie économique internationale. Treisman a néanmoins le mérite de regarder son sujet avec une certaine hauteur, loin des stéréotypes de la guerre froide ou des clichés touristiques sur l' « âme russe ». Dans *The Return*, il reste fidèle à cette approche en cherchant à décrire la Russie telle qu'elle est, et non comme les faiseurs d'opinion occidentaux se la représentent. Il oscille entre deux positions a priori peu compatibles : celle des idéologues néolibéraux, qui expliquent les difficultés de la Russie par son manque d'entrain à embrasser la loi du marché, et celle qui attribue au contraire tous les maux du pays à la brutalité de ses réformes[5]. Adossé à l'autorité de l'observateur impartial – certains disent ceci, d'autres affirment cela, la

1. Rédacteur en chef adjoint de la *New Left Review* (Londres).

2. Par exemple Robert Service, *Comrades ! A History of World Communism*, Harvard. University Press, Cambridge, 2007; Archie Brown, *The Rise and Fall of Communism*, Ecco, New York, 2009; Stephen Kotkin, *Uncivil Society 1989 and. the Implosion of the Communist Establishment*, Modem Library, New York, 2009 ; Victor Sebestyen, *Revolution 1989. The Fall of the Soviet Empire*, Pantheon Books, New York, 2009.

3. Daniel Treisman, *The Return : Russias Journey From Gorbachev to Medvedev*, The Free Press, New York, 2011.

4. Publié avec Andrei Shleifer dans la revue *Foreign Affairs*, New York, mars-avril·2004.

5. Le courant des néolibëraux a trouvé sa bible dans *How Capitalism Was Built. The Transformation of Central and Eastern Europe, Russia, and Central Asia* (Cambridge University Press 2007, de l'économiste suédois Anders Aslund, qui a conseillé Moscou pour sa politique de privatisations au début des années 1990. Leurs adversaires, eux, se reconnaissent dans le livre de Peter Reddaway et Dmitri Glinski *The Tragedy of Russia's Reforms. Market Bolshevism Agains: Democracy*, United States Institute of Peace, Washington, DC, 2001.

vérité se situe quelque part entre les deux –, le point de vue qui résulte de cette indétermination finit par conforter l'analyse dominante du camp occidental.

La première moitié du livre remet en perspective l'histoire politique récente du pays en se ·concentrant sur le profil et la trajectoire des présidents qui s'y sont succédé en vingt ans : M. Mikhaïl Gorbatchev, qualifié d' *« erreur la plus réussie de l'histoire »*; Boris Eltsine, héros imparfait qui réussit à naviguer à l'intuition entre les écueils de la politique et de l'économie ; M. Vladimir Poutine, personnage douteux mais chanceux qui a su profiter d'une conjoncture économique favorable ; et enfin M. Dimitri Medvedev, étiqueté *« doublure du précédent »*, dont le programme et les intentions demeurent mystérieux trois ans après son accession au pouvoir. La seconde moitié du livre couvre la même période, cette fois sous forme d'une synthèse des grands sujets qui ont marqué notre perception de la Russie : les ressorts de l'effondrement soviétique, les mutations économiques dans les années 1990, les guerres en Tchétchénie et les relations de Moscou avec ses partenaires occidentaux.

Les conclusions de Treisman ne frappent pas toujours par leur originalité – un chapitre entier, par exemple, pour découvrir que la popularité d'un président est corrélée aux gains et aux défaillances d'un cycle économique –, mais elles réservent aussi quelques bonnes surprises, notamment quand l'auteur prête une oreille compréhensive aux griefs de Moscou concernant l'expansion de l'Organisation du traité de l'Atlantique nord (OTAN) ou l'hypocrisie de la politique étrangère américaine.

Pour Treisman, la désintégration de l'URSS n'est nullement le fruit d'une fatalité historique, mais le produit d'une série de contingences. La conduite hasardeuse des réformes économiques dans les années 1980 – ainsi que l'incapacité des ex-dirigeants soviétiques à enrayer le déclin de l'industrie – ayant mené le pays au bord du gouffre, il a suffi de quelques *« accidents »* et des *« réponses ratées qu'ils reçurent »* pour précipiter sa chute. Treisman récuse l'idée selon laquelle l'Union soviétique aurait éclaté sous la pression interne de ses nationalismes : c'est parce que le régime était déjà moribond, dit-il, que nombre de citoyens se sont tournés vers le pis-aller nationaliste.

Curieusement, cette attention portée aux contingences s'efface dès que le livre aborde les réformes économiques. L'auteur soutient qu'Eltsine, héritier d'un *« désastre plus grave que ce que la plupart des gens imaginaient »*, a sauvé son pays en improvisant une politique résolument favorable aux marchés. Hors du libéralisme, point de salut, semble-t-il croire. Il modère volontiers le bilan communément admis des choix formulés à l'époque : le produit intérieur brut (PIB), qui n'a cessé de chuter alors, serait un indicateur très discutable ; la qualité de vie de la population, mesurée à l'aune des ventes de téléviseurs et d'appareils électroménagers, se serait améliorée tout au long de la décennie. Le dépérissement des services publics de la santé ou de l'éducation, l'explosion du chômage et l'atrophie de toute forme de solidarité sociale : de tous ces sujets, l'auteur ne souffle mot[6].

Au bout du compte, en célébrant les réformes d'Eltsine, Treisman récite l'histoire d'un visionnaire héroïque qui, tel Sisyphe poussant son rocher, ferait avancer la démocratie libérale sur les pentes verglacées de la réalité russe. Comme nombre de commentateurs depuis 1991, Treisman tient pour acquis que la démocratie libérale a progressé durant les années Eltsine, fût-ce timidement, et qu'elle a en revanche régressé vers l'autoritarisme d'antan durant les années Poutine. Cette vision binaire ne tient pas compte de l'évolution idéologique qui sous-tendait les réformes des années 1990, lesquelles ont consolidé non la démocratie en tant que telle mais le capitalisme. Les réformateurs se montraient d'autant plus prompts à

6. Lire « Un siècle russe », *Manière de voir*, n° 100, août-septembre 2008.

administrer leur « thérapie de choc » et à soutenir les attaques du Kremlin contre la Constitution – en particulier quand Eltsine bombarda le Parlement, en 1993 – qu'ils ne disposaient pour cela d'aucun mandat électoral. En réalité, chaque fois que le régime s'est senti menacé par une remise en cause du principe de propriété capitaliste, la démocratie a perdu du terrain.

On comprendrait mieux les métamorphoses de la Russie postcommuniste si l'on considérait la part essentielle qu'elles doivent aux intérêts capitalistes, et la manière dont les nouvelles élites ont soumis le pays à leur combat de classe. Mais un tel travail exigerait de définir la nature et la composition de ces élites. Qui possède la Russie ? Dans les remous des années 1990, elle appartenait aux anciens membres de la nomenklatura du Parti communiste et aux forces émergentes de la libre entreprise. Pendant presque dix ans, les fortunes amassées par cet attelage provenaient principalement des exportations à haute valeur ajoutée – métaux, minerais –, d'opérations financières plus que douteuses ou du pillage du patrimoine industriel soviétique. La crise du rouble de 1998 a modifié la structure de cette élite en affaiblissant le secteur bancaire et financier au profit de l'« économie réelle » destinée au marché intérieur. Mais le bouleversement majeur pour les classes régnantes comme pour le pays tout entier, tient aux prix élevés du gaz et du pétrole depuis 2000. Les bénéfices faramineux de la manne énergétique ont profité non seulement aux groupes d'Etat tels que Rosneft et Gazprom mais aussi aux opérateurs privés comme Sourgoutneftegaz et – jusqu'à son démantèlement en 2003 – Ioukos.

Ces flots d'argent ont forgé une nouvelle élite infiniment plus fortunée que celle des années 1990. Selon la politologue Lilia Shèvtsova, installée à Washington, *« la vieille oligarchie d'Eltsine ressemble à une bande de débutants, comparée à la nouvelle génération des oligarques bureaucrates*[7] *»*. La référence à la bureaucratie n'est pas imméritée, s'agissant d'une élite qui règne aussi bien sur le secteur public que sur le privé et qui tire les ficelles du monde des affaires autant que celles du gouvernement. Nul cependant n'a mieux décrit les nouveaux maîtres de la Russie que la sociologue Olga Kryshtanovskaïa, qui a examiné la composition de l'élite depuis le début des années 1990[8]. Ses travaux font ressortir le rôle croissant de l'industrie depuis les débuts du siècle naissant, de même que la confusion de plus en plus grande entre monde des affaires et monde politique.

La presse occidentale dénonce volontiers les interventions pressantes de l'Etat russe dans l'économie, vues comme le symptôme d'une renationalisation rampante – ou comme une transposition à l'économie de l'omniprésence des services de sécurité dans le gouvernement de M. Poutine. Or le plus frappant, à propos de l'élite russe d'aujourd'hui, ce n'est pas la domination de l'Etat sur le capital, mais l'interpénétration des deux. La haute fonction publique fournit les recrues du patronat, et vice versa. Le pouvoir administratif détient les meilleures clés pour accéder aux bonnes affaires, tandis que les considérations commerciales dictent l'attribution des postes et des dépenses de l'Etat. Cela se vérifie à tous les niveaux, et plus encore dans les régions où les grands groupes (qu'ils soient privés ou publics) pèsent d'un poids particulièrement lourd dans l'économie. Qui plus est, bien que nombre d'entreprises des secteurs principaux appartiennent à l'Etat, elles sont gérées selon le seul principe du profit maximal – non pour assurer la redistribution des richesses nationales, mais pour enrichir quelques échantillons de l'élite.

---

7. Lilia Shevtsova, Russia : *Lost ln Transition. The Yeltsin and Putin Legacies*, Carnegie Endowment for International Peace, Washington, DC, 2007.

8. Olga Kryshtanovskaïa, *Anatomiia Rossiiskoi Elity* (« Anatomie de l'élite russe »), Zakharov, Moscou, 2004.

Compte tenu des élections législatives en décembre prochain et de l'épineuse question de la succession au Kremlin prévue en 2012, les ressources du pays vont certainement faire l'objet d'une compétition accrue entre les membres de cette élite amphibie. La population, elle, a tout juste le droit de valider les modalités du pillage de ses richesses – à moins que la Russie ne connaisse un soulèvement populaire comparable à celui qui secoue le monde arabe. Elle ne paraît pas en prendre le chemin, mais le destin des régimes soviétique, tunisien ou égyptien enseigne qu'il ne faut pas trop se fier à l'illusion de la permanence.

Questions

86 Cherchez l'intrus :

1/ Gorbatchev
2/ Medvedev
3/ Poutine
4/ Eltsine
5/ Andropov

87 Quels sont les termes retenus pour qualifier Mikhaïl Gorbatchev ?

1/ « héros imparfait qui a réussi à naviguer à l'intuition entre les écueils de la politique et de l'économie »
2/ « personnage douteux mais chanceux qui a su profiter d'une conjoncture économique favorable »
3/ « personnage dont le programme et les intentions demeurent toujours mystérieuses encore aujourd'hui »
4/ « erreur la plus réussie de l'histoire »
5/ « visionnaire héroïque qui a fait avancer la démocratie libérale sur les pentes verglacées de la réalité soviétique »

88 Selon l'auteur, les « métamorphoses de la Russie postcommuniste » seraient mieux comprises si l'on prenait en compte :

1/ Les richesses naturelles dont bénéficie ce territoire
2/ Les restructurations industrielles réalisées depuis le début des années 1990
3/ Les qualités économiques et politiques des présidents qui se sont succédé à la tête de la Russie depuis 1990
4/ Les intérêts capitalistes et le rôle joué par les nouvelles élites dans la Russie d'aujourd'hui
5/ Les interventions constantes de l'Etat russe dans l'économie

89 Selon Treisman, la démocratie libérale en Russie :

1/ A progressé sous la présidence des différents dirigeants qui se sont succédé à la tête de ce pays depuis 1990
2/ A régressé sous l'ère de Poutine et de Medvedev
3/ A progressé sous les présidences de Gorbatchev et d'Elstine
4/ S'est développée sous la présidence d'Eltsine et a régressé sous celle de Poutine
5/ N'est encore aujourd'hui qu'un vœu pieu malgré les réformes entreprises

90 **Laquelle de ces propositions est fausse :**

1/ Les réformes conduites en Russie ne profitent qu'à une élite restreinte

2/ Les transformations de la Russie post-communiste sont essentiellement dictées par des intérêts capitalistes

3/ Les groupes d'Etat et les opérateurs privés sont gérés selon le principe du profit maximal

4/ La redistribution des richesses nationales ne profite pas au peuple russe

5/ Démocratie et capitalisme caractérisent la Russie d'aujourd'hui.

91 **Qui est Daniel Treisman ?**

1/ Un sociologue spécialiste de la Russie

2/ Un homme politique russe

3/ Un politologue russe

4/ Un journaliste américain

5/ Un universitaire américain

92 **Selon Daniel Treisman, la désintégration de l'URSS :**

1/ Est due à la pression interne exercée par les nationalistes russes

2/ Est la conséquence logique de l'effondrement du bloc de l'Est

3/ Est le résultat des réformes économiques conduites de manière hasardeuse dans les années 1980

4/ A provoqué l'effondrement du bloc de l'Est

5/ Est due aux guerres en Tchéchénie et à la dégradation des relations diplomatiques avec les partenaires occidentaux

93 **Dans les années 1990, la Russie appartenait selon Tony Wood :**

1/ Aux anciens membres du parti communiste

2/ Aux industriels des entreprises nationalisées

3/ Aux anciens dirigeants communistes et à ceux qui avaient su profiter du développement de la libre entreprise

4/ Aux dirigeants du secteur bancaire et financier

5/ Aux dirigeants des groupes d'Etat et aux opérateurs privés du secteur énergétique

94 **L'élite russe se caractérise aujourd'hui par :**

1/ Sa forte politisation

2/ Une forte interpénétration entre le secteur public et privé

3/ La domination de l'Etat sur le capital

4/ Une adhésion sans limite aux concepts de la libre entreprise

5/ Son attachement aux principes démocratiques

95 **« La crise du rouble en 1998 a ... ». Quelle proposition compléterait de manière erronée cette phrase ?**

1/ Modifié les rapports de force existants au sein de la classe dirigeante russe

2/ Profité à l'économie russe en facilitant ses exportations

3/ Permis de favoriser l'essor de l'« économie réelle » destinée au marché intérieur

4/ Provoqué l'affaiblissement du secteur bancaire et financier

5/ Eté suivie d'une hausse du prix des matières énergétiques au début des années 2000

96 **L'auteur emploie l'expression « un raz de marée d'ouvrages consacrés à l'effondrement du bloc de l'Est », cela signifie :**

1/ La multiplication de livres sur les pays de l'est de l'Europe

2/ L'inondation du marché du livre par des ouvrages relatifs à la chute du mur de Berlin

3/ La recrudescence des publications sur la construction immobilière dans l'ex-URSS

4/ Une forte augmentation des publications sur la disparition de l'URSS et de ses pays satellites en Europe

5/ Une multiplication des œuvres littéraires sur la Russie d'hier et d'aujourd'hui

97 **Selon l'auteur, l'évolution du prix du gaz et du pétrole depuis les années 2000 :**

1/ A profité à l'ensemble du pays

2/ A essentiellement profité aux opérateurs privés comme Rosneft et Gazprom

3/ A amélioré les bénéfices des groupes d'Etat et des opérateurs privés

4/ A provoqué le démantèlement de l'opérateur privé Ioukos par l'Etat

5/ A enrichi les nouvelles élites dirigeantes

98 **Pour l'auteur, les réformes conduites dans les années 1990 :**

1/ Ont permis de consolider la démocratie en Russie

2/ Ont évité un désastre économique sans précédent pour l'ex-URSS

3/ Ont consacré le principe du respect de la propriété privée

4/ Ont permis de faire régresser l'autoritarisme étatique

5/ Ont consolidé le capitalisme en Russie

99 **Laquelle de ces propositions est fausse :**

1/ La « thérapie de choc » des années 1990 a consolidé le capitalisme en Russie

2/ L'autoritarisme de Poutine est comparable à celui qui préexistait sous l'ère communiste

3/ Les réformateurs ont privilégié les principes capitalistes aux principes démocratiques

4/ Les réformateurs siégeaient au Parlement russe

5/ La démocratie libérale aurait plutôt progressé avec Eltsine

100 **L'auteur compare les régimes soviétiques, tunisien et égyptien pour :**

1/ Montrer que ces régimes politiques étaient voués à l'échec

2/ Montrer que ces régimes étaient des régimes totalitaires sous des formes différentes

3/ Démontrer que la démocratie triomphe toujours

4/ Expliquer que les abus du régime politique actuel de la Russie devraient conduire à terme, à un soulèvement populaire

5/ Expliquer que la permanence des régimes politiques n'est qu'illusion dès lors que les principes démocratiques ne sont pas respectés

SCORE BLANC NUMERO 1

3. RAISONNEMENT LOGIQUE ET NUMERIQUE

101 Une ligue de football compte vingt équipes. Chaque équipe va rencontrer chacune des autres deux fois durant la saison. Combien de matchs auront alors lieu pendant la durée d'une saison ?

1. 180
2. 190
3. 320
4. 380
5. 390

102 On place une somme N à un taux d'intérêt fixe. Le placement rapporte successivement 400 euros la première année et 416 euros la seconde. Quelle est la somme qui a été initialement placée ?

1. 2 000 euros
2. 4 000 euros
3. 8 000 euros
4. 10 000 euros
5. 11 000 euros

103 Mon arrière-grand-père, le jour de son anniversaire, s'est exclamé : « Comme c'est curieux, nous sommes dans l'année z^2 et j'ai z ans ! ». Sachant que mon arrière-grand-père est mort en 1899, en quelle année est-il né ?

1. 1806
2. 1848
3. 1849
4. 1899
5. Une autre réponse

104 Dans cette série logique, vous devez trouver l'élément qui convient aussi bien à la série verticale qu'à la série horizontale.

?	6592	7144	3975	2213
3426				
4428				
6329				
2222				

1. 4655
2. 9261
3. 2418
4. 1331
5. 1752

105 Quel mot possède la même propriété logique que la suite suivante : BOGEY, FLEAU, INSERER, ASSEZ, CAILLOUX ?

1. PARFOIS
2. JAMAIS
3. HEROS
4. TOUJOURS
5. MECHANTS

106 Un certain nombre d'abeilles, en nombre égal à la racine carrée de la moitié de l'essaim, se sont posées sur un arbre de jasmin, laissant derrière elles les huit neuvièmes de l'essaim en plus du roi abeille et de la reine abeille. Combien d'abeilles y a-t-il en tout ?

1. 72
2. 76
3. 92
4. 96
5. 98

107 La surface totale d'un cube est de 384 cm^2. Alors, le chiffre des unités de la valeur de son volume représente environ quel pourcentage de la somme du chiffre des dizaines et du chiffre des centaines de la valeur de son volume ?

1. 200 %
2. 33 %
3. 16,5 %
4. 20 %
5. 100 %

108 Maxime, Mohammed et Mamadou travaillent dans trois entreprises différentes. L'entreprise de Maxime n'a pas un nombre d'employés inférieur à celle de Mohammed et l'entreprise de Mamadou n'a pas un nombre d'employés supérieur à celle de Maxime. C'est le supermarché qui emploie le moins d'employés. Lequel ou lesquels des trois travaillent dans le supermarché ?

1. Mohammed
2. Maxime et Mohammed
3. On ne peut pas le savoir
4. Mamadou
5. Maxime

109 Léa et Sophie possèdent le même nombre de billes. Elles décident de s'affronter. Dans un premier temps, Léa gagne 20 billes, mais dans un second temps, elle perd les 2/3 de ses billes et Sophie possède alors 4 fois plus de billes que Léa. Combien de billes avaient-elles chacune avant de s'affronter ?

1. 60
2. 70
3. 90
4. 100
5. 120

110 Un rectangle est inscrit dans un cercle de rayon égal à 2,5 cm. La largeur du rectangle vaut 3 cm. Parmi ces valeurs, quelle peut être la surface du rectangle ?

1. 12 cm^2
2. 14 cm^2
3. 18 cm^2
4. 24 cm^2
5. 65 cm^2

111 Une boîte contient soixante boules : des rouges, des bleues et des blanches. Si toutes les boules rouges étaient remplacées par des bleues, il y aurait alors deux fois plus de boules bleues que de boules blanches. Si toutes les boules blanches étaient remplacées par des boules bleues, alors il y aurait dans la boîte trois fois plus de boules bleues que de boules rouges. Combien de boules bleues la boîte contient-elle ?

1. 10
2. 15
3. 20
4. 25
5. 30

112 Soit la série statistique suivante :

Salaires (en K€)	20	25	a	40	b
Effectifs	4	8	6	5	2

La moyenne arithmétique de cette série est 32 K€. Alors on a la relation :

1. $a = 210 - 3b$
2. $b = 160 - 3a$
3. $a - 2b = 210$
4. $6a + 2b = 32$
5. Aucune réponse ne convient.

113 Deux routiers doivent se rejoindre à un point de livraison. Le premier doit parcourir 80 km et le second 100 km. Ils partent en même temps. A quelle vitesse doit rouler le second pour arriver en même temps que le premier, sachant que le premier se déplace à une vitesse de 60 km/h ?

1. 120 km/h
2. 100 km/h
3. 90 km/h
4. 80 km/h
5. 75 km/h

114 15 moutons accompagnés de bergers paissent dans un pré. Les moutons ont 4 pieds et les bergers 2. La moitié des bergers ramène au bercail le tiers des moutons. Il ne reste alors plus que 50 pieds sur le pré. Combien y avait-il de pieds au début ?

1. 100
2. 90
3. 80
4. 72
5. 60

115 En trois coups de scie, on a découpé un cube en huit pavés droits. L'aire totale des huit pavés vaut :

1. l'aire du cube de départ
2. le double de l'aire du cube de départ
3. le triple de l'aire du cube de départ
4. une fois et demie l'aire du cube de départ
5. quatre fois l'aire du cube de départ

116 On lance deux dés en forme de pyramide triangulaire dont les faces sont numérotées de 1 à 4. On s'intéresse au produit obtenu par les deux nombres apparus sur les faces inférieures. Tous les résultats sont équiprobables et forment un échantillon statistique. Justement, quelle est la moyenne de cet échantillon ?

1. 5,825
2. 6,333
3. 6,25
4. 6,45
5. 6,50

117 Que vaut la somme : $\sum_{p=8}^{22} \frac{3p-5}{2}$?

1. 420
2. 380
3. 340
4. 300
5. 600

118 Dans un club sportif, 45 élèves viennent au club à pied, ce qui représente 60 % du total des élèves. Il y a 12 % des élèves qui viennent en bus. Combien d'élèves viennent en bus ?

1. 3
2. 6
3. 9
4. 10
5. 12

119 La proportion de pièces défectueuses dans un lot de pièces est 0,05. Le contrôle de fabrication des pièces est tel que si la pièce est bonne, elle est acceptée avec la probabilité 0,96 et si la pièce est mauvaise, elle est acceptée avec la probabilité 0,98. On choisit une pièce au hasard et on la contrôle. Quelle est la probabilité qu'il y ait une erreur de contrôle ?

1. 0,039
2. 0,042
3. 0,050
4. 0,055
5. 0,068

120 Complétez la suite logique suivante :

AA – AB – BC – EB – HC – CJ – ?

1. MD
2. JH
3. KE
4. HQ
5. HM

SCORE BLANC NUMERO 1

4. COMPREHENSION ET EXPRESSION ECRITE EN ANGLAIS

PREMIERE PARTIE : EXPRESSION (35 QUESTIONS)

Complete the following sentences by choosing the most appropriate answer. Remember that there is only one correct answer for each question so you should choose the answer that you think is the correct one and enter the number (1, 2, 3, 4 or 5) on your answer sheet.

121 Most people believe that they will never let that ... .

1/ Happened
2/ To happen
3/ Happens
4/ Happening
5/ Happen

122 There were only a ... dollars left in his pockets and ... in his bank account.

1/ Few ... none
2/ No ... any
3/ Many ... no
4/ None ... few
5/ A little ... nothing

123 Why ... this office?

1/ Not to call
2/ Not call
3/ Not calling
4/ Don't call
5/ About call

124 He has travelled all over the world, but he still ... Germany.

1/ Isn't gone in
2/ Hasn't gone in
3/ Hasn't been in
4/ Hasn't visited
5/ Never been in

125 ... opinion would have counted.

1/ Nobody else's
2/ Nobody else
3/ Everyone else
4/ Anything else's
5/ All everybody's

126 It is obvious that banks ... unless people wish ... !

1/ Cannot borrow / To lend
2/ Must borrow / To lend
3/ Are lending / To be borrowed
4/ Must lend / Borrow
5/ Cannot lend / To borrow

127 The legal … was ongoing.

1/ Batter
2/ Battle
3/ Banter
4/ Battery
5/ Batten

128 … as I will, I cannot remember how he looked.

1/ Try
2/ Should I try
3/ If I try
4/ To try
5/ I am trying

129 What he said about these … interesting.

1/ People was
2/ People were
3/ Peoples were
4/ People are
5/ Peoples are

130 … farming is a business unlike any other can be seen from its institutions.

1/ But
2/ So
3/ And
4/ That
5/ As

131 The project will ultimately cost … the original estimate.

1/ Double
2/ The double as
3/ Twice as much
4/ Twice as many
5/ Twice as

132 Mr. Smith is as loyal … as you could hope to find.

1/ Democrat
2/ The Democrat
3/ A Democrat
4/ Some Democrat
5/ Any Democrat

133 They … soccer for twenty minutes when it started to rain.

1/ Have been playing
2/ Used to be playing
3/ Would have played
4/ Have played
5/ Had been playing

134 She objects … treated like this.

1/ To be
2/ To have
3/ Being
4/ To being
5/ She was

135 They had to wait … the war ended, that is … 1990s.

1/ Until / In the late
2/ Till / In late
3/ That / In the late
4/ Until / In earlier
5/ That / The late

136 He stayed on at the conference … with the German representative.

1/ Same
2/ Like
3/ Along
4/ The same
5/ In

137 The party used the opinion poll as a guide … of the vote it can expect.

1/ How many
2/ To how many
3/ To how much
4/ How much
5/ As how

138 Mrs Jones is in a meeting right now. Could you please call back … 10:45?

1/ Almost
2/ Close
3/ Approximate
4/ Nearly
5/ Around

139 They aren't as reliable as they … .

1/ Used to
2/ Used to be
3/ Used
4/ Were used to
5/ Have been to

140 They've become the 4th … producer of copper.

1/ Largest
2/ At large
3/ Larger
4/ In large
5/ Large

141 This is a summary of the events … by the officials.

1/ To describe
2/ As described
3/ Describing
4/ Were described
5/ Being described

142 As … supplies, the problem is entirely different.

1/ Regard to
2/ Regard
3/ Regards
4/ Regarding
5/ Regarded

143 They never wanted … such lies.

1/ Him to tell
2/ His telling
3/ That he tells
4/ He told
5/ He has told

144 They may not be the favorites to win the election but they still have a good … .

1/ Luck
2/ Occasion
3/ Chance
4/ Opportunity
5/ Ability

145 Most of it was already known … the police.

1/ Out of
2/ At
3/ Of
4/ With
5/ To

146 When were you here … ?

1/ The last
2/ For the last
3/ For last
4/ Last
5/ At least

147 Sooner or later, I'll have to … smoking!

1/ Get out
2/ Get up
3/ Give away
4/ Give down
5/ Give up

148 It was one of the few valid … available at the time.

1/ Analyse
2/ Analysis
3/ Analyses
4/ Analysing
5/ Analysed

149 « Do you think it will happen again »? « I hope … ».

1/ No
2/ That not
3/ It doesn't do
4/ Not
5/ So not

150 Hardly … understood the message.

1/ Someone
2/ Anyone
3/ The one
4/ Nobody
5/ Somebody

151 Monsters Ltd recently bought … a new travel guide for visitors to Asia.

1/ Down
2/ In
3/ Up
4/ Out
5/ Over

152 … you get a chance to visit Portland when you were living in the US?

1/ Did
2/ Have
3/ Will
4/ Do
5/ Were

153 Could you tell me what …?

1/ Means the word "asset"
2/ Does the word "asset" mean
3/ Does mean the word "asset"
4/ Is the meaning of the "asset" word
5/ The word "asset" means

154 In her new job, apart from her salary, she will also receive a number of … including a low-interest mortgage and a variety of coupons.

1/ Goodies
2/ Wages
3/ Primes
4/ Perks
5/ Principals

155 They settled in this part of the country as … as 1912.

1/ Quickly
2/ Back
3/ Early
4/ Far
5/ Last

DEUXIEME PARTIE : COMPREHENSION DE TEXTES (15 QUESTIONS)

Texte

Read the article and answer the 15 questions that follow.

The Preppers

Paul Harris in The Observer, *Sunday 14 February 2010 Ipag 2010*

[1] Tess Pennington, 33, is a mother of three children, and lives in the sprawling outskirts of Houston, Texas. But she is not taking the happy safety of her suburban existence lightly. Like a growing army of fellow Americans, Pennington is learning how to grow her own food, has stored emergency rations in her home and is taking courses on treating sickness with medicinal herbs. "I feel safe and more secure. I have taken personal responsibility for the safety of myself and of my family," Pennington said. "We have decided to be prepared. There are all kinds of disasters that can happen, natural and man-made."

[2] Pennington is a "prepper", a growing social movement that has been dubbed Survivalism Lite. Preppers believe that it is better to be safe than sorry and that preparing for disaster – be it a hurricane or the end of civilisation – makes sense. Unlike the 1990s survivalists, preppers come from all backgrounds and live all over America. They are just as likely to be found in a suburb or downtown loft as a remote ranch in the mountains. Prepping networks, which have sprung up all over the country in the past few years, provide advice on how to prepare food reserves, how to grow crops in your garden, how to hunt and how to defend yourself. There are prepping books, online shops, radio shows, countless blogs, prepping courses and prepping conferences.

[3] John Milandred runs a website called Pioneer Living, which is one of the main forums for discussing prepping. It provides a range of advice for those who just want to store extra food in case of a power cut, to those who want to embrace the "off the grid" lifestyle of America's western pioneers. "We get inquiries from people from all walks of life. We had a principal from a school asking us to talk to their children. We have doctors and firemen and lawyers," he said. Milandred lives in Oklahoma and, should society collapse around him, he is well placed to flourish. Indeed, he might not notice that much. His house has a hand-dug well that gives him fresh water. He grows his own food. He has built an oven that needs neither gas nor electricity. He can hunt for meat. "If something happened, it really would not affect us," he said.

[4] There are several reasons for the rise of prepping. The first is that, in the post-9/11 world, mass terror attacks have become a fear for many Americans. At a time when US diplomacy is focused on preventing Iran getting nuclear weapons and terror experts continue to warn of "dirty bombs" on American soil, it is no surprise that many Americans feel threatened. Added to that paranoia has come the recession. Suddenly, millions of Americans have been losing their jobs and their homes, reinforcing a feeling that society is not as stable as it once seemed. Hollywood has caught on. A succession of films, such as *2012*, *The Road*, *The Book of Eli* and *Legion*, have tapped into an American *Zeitgeist* that is worried about the end of civilisation. [...]

Even government officials have accepted that the financial crisis posed a threat to social order. In recent testimony before Congress, treasury secretary Tim Geithner admitted that top-level talks had been held on whether the US could enforce law and order in the wake of a collapse of the financial system. Certainly, Tom Martin agrees. He runs the American Preppers Network, which helps provide a wide range of resources. Martin, a truck driver who lives in Idaho, believes that more and more people will become preppers. “Millions of people now have the mindset that they want to be prepared for something, but don't know what to call it,” he said.

[5] That rings true with Pennington. In the 1990s, survivalism was the province of anti-government militiamen or loners in the woods. But preppers are more concerned with stocking up on food and water and relearning skills so that they can fend for themselves. To that end, Pennington has set up a website called Ready Nutrition, which teaches basic food skills to prepare for a time when prepackaged goods at a supermarket might not be available: “Prepping is not taboo, like survivalism. There is no negative connotation to it. We are not rednecks. In many ways, our ancestors were preppers. So were the Native Americans. It is just going back to being able to look after yourself.”

Questions

There is only one correct answer for each question so you should select only one response and enter the number (1-5) on your answer sheet.

Nota bene: some questions may include the options ‘All of the above’ or ‘None of the above’. You should choose this option if you consider that all or none of the preceding responses correctly answer the question.

156 The word ‘dubbed’ in paragraph [2] could best be replaced by:

1/ Baptized.
2/ Idolized.
3/ Exalted.
4/ Trademarked.
5/ Acclaimed.

157 The rise of prepping in the U.S. is linked to:

1/ The spread of religious feeling.
2/ A general feeling of insecurity.
3/ Ecological concerns.
4/ A mistrust of central government.
5/ The economic recession.

158 Prepping teaches people to:

1/ Resist government propaganda.
2/ Make terrorist bombs.
3/ Get a better job.
4/ Have a simple life
5/ Be self-sufficient.

159 Prepping is a movement that aims to:

1/ Defend civilization against terrorism.
2/ Bring about the end of civilization.
3/ Escape civilization.
4/ Be ready for the end of civilization.
5/ Prepare people to the apocalypse.

160 **Preppers tend to come from:**

1/ All over the U.S.
2/ The suburbs.
3/ Remote parts of the country.
4/ Inner cities.
5/ None of the above

161 **The U.S. government:**

1/ Would like to eradicate prepping.
2/ Does not know how to deal with preppers.
3/ Is encouraging the prepping movement.
4/ Shares some of the concerns of preppers.
5/ Will end up fostering the prepping movement.

162 **Prepping is considered by many Americans as:**

1/ A lunatic sect.
2/ A threat to social order.
3/ A politically divisive movement.
4/ A chance for the U.S.
5/ A business opportunity.

163 **Unlike preppers, the survivalists of the 1990's:**

1/ Were considered to be anti-social.
2/ Were considered to be harmless.
3/ Were mainly from middle-class backgrounds.
4/ Were actively engaged in politics.
5/ Were unable to achieve their goals.

164 **According to preppers, native Americans are:**

1/ Potential enemies.
2/ Victims of human rights abuses.
3/ The original preppers.
4/ Social parasites.
5/ Me-too preppers.

165 **Tess Pennington, a mother of 3 children:**

1/ Is learning about alternative medicine.
2/ Refuses to use modern medicine.
3/ Is suspicious of doctors.
4/ Wants to become a doctor.
5/ Believes in soft medicine.

166 **The opposite of the word 'countless' in paragraph [2] is:**

1/ Myriad.
2/ Limited.
3/ Estimated.
4/ Various.
5/ Uncounted.

167 **The word 'collapse' in paragraph [3] could best be replaced by:**

1/ Override.
2/ Build up.
3/ Flourish.
4/ Increase.
5/ Break down.

168 **The word 'mindset' in paragraph [4] could best be replaced by:**

1/ Disbelief.
2/ Certainty.
3/ Bravery.
4/ Mentality.
5/ Interest.

169 **The word 'rednecks' in paragraph [5] refers to:**

1/ Indians.
2/ Hamish's.
3/ Countrymen.
4/ Farmers.
5/ Suburban people.

170 **'Loners in the woods' in paragraph [5] refer to:**

1/ People who avoid or do not actively seek human interaction or prefer to be alone.
2/ A war comic book feature published by DC Comics starting in 1970.
3/ A group of aquatic birds found in many parts of North America and northern Eurasia.
4/ People who manifest skepticism about the possibility of knowing any mind-independent thing.
5/ People who decided to settle down in the forest.

SCORE BLANC NUMERO 1 : GRILLE DES REPONSES JUSTES

	1	2	3	4	5
1			●		
2		●			
3					●
4			●		
5			●		
6	●				
7		●			
8				●	
9	●				
10			●		
11					●
12		●			
13	●				
14		●			
15	●				
16			●		
17					●
18				●	
19		●			
20					●
21				●	
22				●	
23		●			
24		●			
25		●			
26			●		
27			●		
28				●	
29			●		
30	●				
31	●				
32				●	
33		●			
34					●
35		●			
36		●			
37		●			
38			●		
39	●				
40				●	
41					●
42			●		
43		●			
44				●	
45			●		
46					●
47					●
48	●				
49		●			
50				●	
51		●			
52			●		
53	●				
54			●		
55				●	
56					●
57			●		
58	●				
59		●			
60			●		
61			●		
62					●
63			●		
64			●		
65					●
66			●		
67				●	
68				●	
69					●
70				●	
71		●			
72	●				
73	●				
74			●		
75		●			
76				●	
77		●			
78				●	
79					●
80				●	
81					●
82	●				
83		●			
84			●		
85	●				
86					●
87				●	
88				●	
89		●			
90					●
91					●
92			●		
93			●		
94		●			
95		●			
96				●	
97			●		
98					●
99				●	
100		●			
101				●	
102				●	
103	●				
104				●	
105			●		
106	●				
107		●			
108			●		
109				●	
110	●				
111				●	
112		●			
113					●
114			●		
115		●			
116			●		
117				●	
118			●		
119	●				
120	●				
121					●
122	●				
123		●			
124				●	
125	●				
126					●
127		●			
128	●				
129	●				
130				●	
131	●				
132			●		
133					●
134				●	
135	●				
136			●		
137			●		
138					●
139		●			
140	●				
141		●			
142			●		
143	●				
144			●		
145					●
146				●	
147					●
148			●		
149				●	
150		●			
151				●	
152	●				
153					●
154				●	
155			●		
156	●				
157		●			
158					●
159				●	
160	●				
161				●	
162					●
163	●				
164			●		
165	●				
166		●			
167					●
168				●	
169			●		
170	●				

1. Culture générale, économique et managériale

1 **Réponse : 3/** L'archipel des Seychelles, composé de 115 îles (dont 1 artificielle) se situe dans l'océan Indien et est rattaché au continent africain. Toutes ces îles sont regroupées en un État dont la capitale est la ville de Victoria sur l'île principale de Mahé.

2 **Réponse : 2/** Novak Djokovic qui défait Stefanos Tsitsipas en 5 sets à l'issue d'un match de plus de 4 heures.

3 **Réponse : 5/** 0,5 million.

4 **Réponse : 3/** En février 2020, l'Egypte franchit la barre des 100 millions d'habitants.

5 **Réponse : 3/** Simone Veil entrera au Panthéon le 1er juillet 2018.

Lors de l'hommage national aux Invalides le 5 juillet 2017, Emmanuel Macron avait annoncé que l'ancienne ministre de la santé et rescapée de la Shoah reposerait au Panthéon avec son époux.

6 **Réponse : 1/** Les méridiens.

7 **Réponse : 2/** Frédérique Vidal, née le 9 mai 1964 à Monaco, est une biochimiste, spécialisée en génétique moléculaire, professeure des universités et donc femme politique française.

Présidente de l'université Nice-Sophia-Antipolis de 2012 à 2017, elle est nommée ministre de l'Enseignement supérieur, de la Recherche et de l'Innovation dans le gouvernement Edouard Philippe sous la présidence d'Emmanuel Macron le 17 mai 2017, et demeure à ce poste après le remaniement du 19 juin.

A ce titre, Frédérique Vidal porte le projet de loi « Orientation et réussite des étudiants » (ORE), concrétisant le Plan Etudiants, présenté le 30 octobre 2017, et qui a pour objectif affiché de mettre fin au tirage au sort pour l'accès à l'enseignement supérieur, de réduire le taux d'échec en licence, et d'améliorer les conditions de vie des étudiants.

8 **Réponse : 4/** Le Liban.

Il s'agit d'une première dans le monde arabe. En autorisant la culture du cannabis à des fins thérapeutiques, l'Etat espère renflouer ses caisses, alors qu'il est en défaut de paiement depuis mars.

9 **Réponse : 1/** L'égyptien.

10 **Réponse : 3/** Burj Khalifa.

11 **Réponse : 5/** Portugaise.

12 **Réponse : 2/** Les Chiefs de Kansas City sont opposés aux 49ers de San Francisco. Les Chiefs remportent le match 31 à 20.

13 **Réponse : 1/** *Parasite.*

14 **Réponse : 2/** Bill Clinton.

15 **Réponse : 1/** Donald Trump est le 45e président des Etats-Unis. Il est effectivement né à New York le 14 juin 1946. Avant d'être élu président le 20 janvier 2017, il est un homme d'affaires et animateur de télévision. A partir des années 1970, il se constitue un empire immobilier et une notoriété grâce à des bâtiments prestigieux qui portent généralement son nom.

16 **Réponse : 3/** Sidney Poitier est le premier acteur africain-américain à gagner un Oscar pour son rôle dans le film *Lilies of the Field* en 1964.

17 **Réponse : 5/** Après presque deux mois de mise à l'arrêt, la France entame son déconfinement à partir de lundi 11 mai 2020. Cependant, des restrictions sévères resteront en place dans le Nord-Est et la région parisienne.

18 **Réponse : 4/** Les Pays-Bas.

19 **Réponse : 2/** Les Jeux olympiques d'hiver de 2022, officiellement appelés les XXIVes Jeux olympiques d'hiver, seront célébrés à Pékin en Chine, ville qui a été élue le 31 juillet 2015, à Kuala Lumpur en Malaisie lors de la 128e session du Comité international olympique.

Deux villes étaient candidates pour accueillir l'événement : Almaty (Kazakhstan) et Pékin (Chine).

Pékin, hôte des Jeux olympiques d'été de 2008, deviendra ainsi la première ville à accueillir les Jeux olympiques d'été et d'hiver.

20 **Réponse : 5/** C'est l'année où les contribuables ne seront imposés sur aucun de leurs revenus. Si l'impôt est prélevé à la source, le décalage d'un an entre la perception de l'impôt et le paiement de l'impôt sera supprimé.

Ainsi, par exemple, si le passage a lieu en 2018, les revenus perçus en 2017, qui devraient être imposés en 2018, ne le seront pas car ce sont les revenus de 2018 qui seront directement taxés. L'année 2017 sera alors ce qu'on appelle une *année blanche*.

21 **Réponse : 4/** Environ 83 %.

22 **Réponse : 4/** Le discours sur l'état de l'Union.

23 **Réponse : 2/** En tête des monuments les plus visités de France en 2019 : l'Arc de Triomphe. Malgré sa fermeture pendant 19 jours à cause des manifestations de Gilets jaunes, l'édifice qui domine l'avenue des Champs-Elysées a accueilli 1,61 million de visiteurs.

24 **Réponse : 2/** 40 % par rapport aux émissions de 1990. L'objectif de réduction des émissions de gaz à effet de serre est calculé par rapport aux émissions de 1990. La France a fixé cet objectif à 40 % d'ici à 2030 et 75 % en 2050.

25 **Réponse : 2/** *Nomadland.* Après l'effondrement économique de la cité ouvrière du Nevada où elle vivait, Fern décide de prendre la route à bord de son van aménagé et d'adopter une vie de nomade des temps modernes, en rupture avec les standards de la société actuelle.

26 **Réponse : 3/** Environ 1 million.

27 **Réponse : 3/** L'Allemagne.

28 **Réponse : 4/** En 1981.

Né le 26 octobre 1916 à Jarnac (Charente) et mort le 8 janvier 1996 à Paris (7e arrondissement), est un homme d'État français, président de la République du 21 mai 1981 au 17 mai 1995.

Ayant effectué deux septennats complets, François Mitterrand détient le record de longévité à la présidence de la République française. Atteint d'un cancer de la prostate diagnostiqué dès 1981, il meurt quelques mois après son départ de l'Élysée.

29 **Réponse : 3/** Les Tigres de Mexico. Arrivé en fin de contrat avec Marseille, c'est l'équipe de Mexico que l'attaquant André-Pierre Gignac rejoint en 2015. Avant Marseille, il avait passé trois ans dans l'équipe toulousaine.

30 **Réponse : 1/** Shimon Peres.

31 **Réponse : 1/** Face Time Bourbon, un cheval de course trotteur français né en mars 2015.

32 **Réponse : 4/** Amedeo Modigliani.

33 **Réponse : 2/** Le soleil.

34 **Réponse : 5/** La mélodie symbolisant l'Union européenne est celle de la Neuvième symphonie composée en 1823 par Ludwig van Beethoven, qui a mis en musique l'Ode à la joie, poème écrit en 1785 par Friedrich von Schiller. L'hymne symbolise non seulement l'Union européenne, mais aussi l'Europe au sens large.

35 **Réponse : 2/** Elon Musk

36 **Réponse : 2/** Le groupe d'experts intergouvernemental sur l'évolution du climat.

37 **Réponse : 2/** Avec plus de 167 millions d'abonnés payants dans le monde, en hausse de 20 % par rapport à 2018, l'entreprise confirme sa position de leader du marché de la vidéo à la demande. Mais l'arrivée de nouveaux concurrents sur le marché, comme Disney+ et Apple TV+, commence à se faire sentir aux États-Unis où la plateforme peine à attirer de nouveaux utilisateurs.

38 **Réponse : 3/** Les mathématiques. Le professeur Alexandre Grothendieck, décédé en décembre 2014, avait enseigné les mathématiques au Collège de France, avant de se retirer de la communauté scientifique puis du monde pour se consacrer à ses travaux.

De nombreux écrits ont été redécouverts en 2015 qui ouvrent une mine de recherches qui pourraient faire avancer les mathématiques et la science en général.

39 **Réponse : 1/** La maladie de Parkinson. La stimulation cérébrale profonde, c'est-à-dire l'application d'impulsions électriques dans le noyau sous-thalamique, constitue une piste d'exploration pour le traitement de la maladie de Parkinson. En effet, cette région du cerveau est impliquée dans deux symptômes de cette maladie dégénérative, la rigidité et le ralentissement.

40 **Réponse : 4/** George Weah, né le 1er octobre 1966 à Monrovia.

Attaquant de renom, il remporte en 1995 le Ballon d'or récompensant le meilleur joueur évoluant en Europe. Il est le premier joueur non européen à remporter ce trophée et le seul originaire du continent africain. Il est également le premier ancien footballeur professionnel à devenir chef d'Etat.

A l'issue de sa carrière sportive et de la deuxième guerre civile libérienne, il se lance en politique. Candidat à l'élection présidentielle libérienne de 2005, il échoue au second tour du scrutin face à Ellen Johnson Sirleaf, alors qu'il était pourtant arrivé en tête du premier tour. Lors de l'élection présidentielle libérienne de 2011, il est cette fois-ci candidat à la vice-présidence mais le ticket présidentiel formé avec Winston Tubman est battu par la présidente sortante. Il réussit par la suite à se faire élire sénateur lors des élections sénatoriales libériennes de

2014, puis est élu président de la République trois ans plus tard au second tour de l'élection présidentielle libérienne de 2017 face au vice-président sortant Joseph Boakai.

41 **Réponse : 5/** 87. Des sanctions en hausse.

D'après ce rapport, au ministre de l'Economie et des Finances Bruno le Maire, 25 interdictions temporaires d'exercice d'activité ont été prononcées, ainsi que 39 sanctions pécuniaires, allant de 1 000 à 30 000 euros.

128 personnes physiques et morales sanctionnées depuis 2014.

Les entreprises concernées appartiennent en majorité au secteur des agences immobilières (76 %), mais aussi à celui de la domiciliation (20 %) et des jeux et paris (4 %), a précisé Bercy dans un communiqué.

42 **Réponse : 3/** Atlanta.

43 **Réponse : 2/** Yannick Bolloré. Dans la famille Bolloré, nous demandons le fils ! Yannick Bolloré a été nommé président du conseil de surveillance de Vivendi, succédant à son père, l'industriel breton Vincent Bolloré.

Créant la surprise, Vincent Bolloré avait annoncé au cours de l'assemblée générale du groupe qu'il allait quitter la présidence du conseil et proposer que son fils Yannick, actuellement à la tête du groupe de publicité Havas, prenne sa place.

44 **Réponse : 4/** du plastique. L'objectif de l'équipe américano-britannique était de comprendre le fonctionnement de l'une de ses enzymes appelée PETase, en découvrant sa structure. Elle se nourrit uniquement d'un type de plastique, le polytéréphtalate d'éthylène (PET) qui entre dans la composition de très nombreuses bouteilles en plastique.

« Mais ils ont été un peu plus loin en concevant par accident une enzyme qui est encore plus efficace pour désagréger les plastiques PET », selon les conclusions de l'étude.

45 **Réponse : 3/** Frédéric Mazzella, né le 9 mars 1976 à Nantes, est un chef d'entreprise français, dirigeant de la plateforme de covoiturage BlaBlaCar.

En 2006, il rachète covoiturage.fr (devenu BlaBlaCar en 2013), une plateforme permettant de mettre en relation des personnes souhaitant effectuer un covoiturage. Les débuts sont difficiles (il emprunte 70 000 euros à sa formation à l'INSEAD, qu'il rembourse en 2013) et il ne se verse son premier salaire qu'en 2009. Xavier Niel dit de Frédéric Mazzella qu'il est « la plus grande star française de l'Internet ». A l'automne 2015, l'importante levée de fonds réalisée par son entreprise le met sur le devant de la scène.

46 **Réponse : 5/** Electronic Entertainment Expo. Le salon mondial du jeu vidéo est l'Electronic Entertainment Expo, ou *E3*, qui a lieu tous les ans à Los Angeles.

47 **Réponse : 5/** Dominique Strauss-Kahn.

48 **Réponse : 1/** Le Fonds européen de stabilisation financière.

49 **Réponse : 2/** 28. En effet, il y a un juge par Etat membre.

50 **Réponse : 4/** Canberra.

2. Compréhension et expression écrite en Français

51 **Réponse : 2/** Les principaux pronoms relatifs sont *qui*, *que*, *quoi*, *dont*, *où* et *lequel*.

52 **Réponse : 3/** Cette expression signifie aider un ingrat. L'allusion au serpent dans cette expression française s'explique par le fait que la vipère est traditionnellement l'emblème de la trahison. Cette expression française est plus connue dans sa transcription latine *viperam nutricare sub ala*.

53 **Réponse : 1/** Syllogisme : raisonnement logique à deux propositions. Exemple célèbre : « *Tous les hommes sont mortels, or les Grecs sont des hommes, donc les Grecs sont mortels* »

Vicissitudes : suite d'événements heureux et malheureux.

Cession : s'écrit *session* ici.

Tautologie : répétition choisie ou non d'une même idée en termes différents.

Aporie : difficulté à résoudre un problème.

54 **Réponse : 3/** Hospice : ancien nom pour les hôpitaux, les monastères et les hôtels.

Auspice : présage tiré de l'observation des oiseaux.

Prémisse : fait ou affirmation.

Prémices : commencement, début.

55 **Réponse : 4/** Un impétrant est une personne qui a obtenu de l'autorité compétente quelque chose (charge, privilège, titre) qu'elle avait demandé officiellement. C'est également une personne qui a obtenu un diplôme.

56 **Réponse : 5/** Près : adverbe de lieu (à petite distance, à proximité) ou de temps (à peu de temps).

Prêt : adjectif qualificatif (sens : être préparé à…). Astuce : peut être mis au féminin (prêt/prête).

Pré : espace de verdure pour les animaux.

57 **Réponse : 3/** Moudre est un verbe du 3e groupe.

Nous moudrions au conditionnel présent et *nous moulussions* à l'imparfait du subjonctif.

Attention : *je moulais*. Astuce : on dit du café moulu.

58 **Réponse : 1/** Pléonasme : est une figure de style qui vise à renforcer une idée par l'ajout d'une idée.

Anaphore : vise à répéter le même mot au début de plusieurs phrases.

Allégorie : figuration d'une abstraction par une image, un être vivant, etc.

Emphase : renforcement d'une image, d'une idée.

Chiasme : termes disposés de manière croisée (structure A-B-B-A).

On citera également la litote, l'euphémisme, la métaphore, etc.

NB : l'anaphorèse touche au domaine de la physique.

59 **Réponse : 2/** Morigéner signifie réprimander quelqu'un en lui faisant une leçon de morale ; sermonner.

60 **Réponse : 3/** Une conjonction de subordination introduit une subordonnée.

Les conjonctions de subordination sont : *que*, *comme*, *lorsque*, *quand*, *puisque* et *si*.

Exemple : je crois que tu es capable de réussir l'examen.

61 **Réponse : 3/** Ce verbe n'existe qu'à l'infinitif. Il ne se conjugue jamais.

62 **Réponse : 5/ Etre blanc comme neige** signifie que l'on n'a rien à se reprocher.

63 **Réponse : 3/** On écrit quolibet (plaisanterie vulgaire et injurieuse) et spasmes.

64 **Réponse : 3/** Gabegie signifie gaspillage ou désordre dans une organisation qui a pour conséquence des dépenses excessives.

65 **Réponse : 5/** Pourchasser : verbe qui signifie poursuivre / rechercher avec ténacité / obstination.

Pourparlers : conversations, conférences, négociations entre deux parties.

66 **Réponse : 3/** En procédant par élimination, on retient alors sans trop de difficulté la réponse 3 : « enchaînements inéluctables ».

67 **Réponse : 4/** Dans ce type de question, vous devez toujours vous demander dans un premier temps si la phrase de l'énoncé est « juste » dans l'absolu (c'est-à-dire sans la comparer aux propositions de réponses). Si la phrase vous semble juste et que rien ne vous gêne alors il y a des chances pour que cela soit la bonne réponse (et vous répondrez alors la réponse 1 qui reprend mot pour mot la phrase de l'énoncé). Sinon, si un ou plusieurs éléments de la phrase vous paraissent « suspects », entourez-les et soyez-y attentifs au moment où vous devrez comparer puis choisir la bonne réponse.

Comme le précise la consigne, la première proposition de réponse reprend à l'identique la phrase proposée dans l'énoncé. **C'est donc cette phrase qui vous servira d'étalon.**

– Si parmi les propositions 2, 3, 4 ou 5, il y en a une que vous jugez meilleure que la 1 alors vous devrez la choisir.
– Si aucune des réponses 2, 3, 4 ou 5 n'est meilleure que la 1, alors vous gardez la 1.

Comment savoir si une des propositions 2, 3, 4 ou 5 est meilleure que la 1 (la phrase de l'énoncé) ?

La réponse est simple. **Partez du principe que la phrase 1 est la meilleure.** Après tout, même si elle contient quelques anomalies, elle peut quand même être la meilleure n'est-ce pas ?

Si une des propositions 2, 3, 4 ou 5 **apporte une correction ou une amélioration au niveau de l'orthographe, de la grammaire, de la ponctuation ou encore du style** alors cette proposition est meilleure que la 1 et vous devez la choisir.

Tentons de trouver la bonne réponse à cette question. A la première lecture de l'énoncé, on peut être gêné par « au nord de la France » ainsi que par la conjonction de coordination « car » qui n'est jamais franchement bienvenue en début de phrase. A noter que « Quoique » est à sa place et joue bien son rôle d'opposition. A part cela, RAS (rien à signaler) !

Procédons par dichotomie.

2 > 1

En effet, même si la structure de la phrase étalon est assez chamboulée dans la proposition 2, cette dernière apporte une correction importante au niveau du sens. En effet, Boulogne-sur-

Mer **n'est pas au nord de la France** mais dans le nord de la France. Au nord de la France, il y a la Belgique, Maastricht, Londres ou encore le Luxembourg mais pas Boulogne-sur-Mer qui se trouve **dans le nord de la France.**

A retenir !

<u>Le SENS de la phrase A PRIORITE SUR LE STYLE de la phrase !</u> Vous devez donc y prêter une attention toute particulière.

2 > 3, toujours pour cette question de sens qu'il faut préserver (au nord / dans le nord de France). En outre, il faut être attentif au glissement de sens qu'il y a dans la 3. Le fait que la météo n'est pas favorable ne signifie pas pour autant qu'il ne fait pas beau. Tout est une question de point de vue. Pour une maman enceinte, une journée avec une météo favorable est souvent une journée où il est fait sec et frais…

4 > 2

Cette proposition est meilleure que la 2 (et par conséquent, meilleure que la 1). En effet :

– le sens « au nord de » / « dans le nord de » est corrigé.

– les synonymes utilisés sont parfaits :

- bien que = quoique
- en effet > car (« en effet » est préférable à « car » en début de phrase).
- où il est possible d'y aller se baigner = où l'on peut aller s'y baigner.

– le style est amélioré.

4 > 5

« Certes » ne va pas. « Car » marque une explication, qui n'est pas rendue par « certes ». En outre, la phrase 5 ne va pas au niveau du style. L'accumulation « J'irai en France, dans le nord, à Boulogne-sur-Mer, bien que cela me déplaise » offre en effet une lecture différente du texte initial.

La bonne réponse est donc la 4.

68 **Réponse : 4/ <u>Prérogative</u>**

Définition : Honneur, dignité, droit attaché à certaines fonctions, à certains titres, à certains états.

Synonymie : Privilège. Lexicographie : Prérogatives de l'âge, prérogatives de la Couronne, prérogatives parlementaires, être à cheval sur ses prérogatives

Citation : « Le vieillard perd l'une des principales prérogatives de l'homme, celle d'être jugé par ses pairs » (Goethe)

69 **Réponse : 5/ <u>Inanité</u>**

Définition : Caractère de ce qui est vide, sans contenu réel, ne présente aucun intérêt pour le cœur ou pour l'esprit. Synonymie : Futilité, vanité. Antonymie : Efficacité, importance.

Citation : « Poésie : un aboli bibelot d'inanité sonore » (Mallarmé)

70 **Réponse : 4/ <u>Suborner</u>** signifie en effet précisément : « inciter des témoins à produire des déclarations mensongères. »

<u>Gangréner</u>

Définition : Mortification et putréfaction des tissus de quelque partie du corps. Synonymie : Corrompre, gâter. Antonymie : Purifier. Lexicographie : Gangrène révolutionnaire ; Gangrène de l'âme.

<u>Vicier</u>

Définition : Entacher un acte juridique d'un défaut qui le rend nul : L'absence de date vicie le contrat. Synonymie : Corrompre, gâter. Antonymie : Amender, améliorer, amender, purifier. Lexicographie : Vicier l'atmosphère

<u>Débaucher</u>

Définition : Détourner quelqu'un de son travail, l'entraîner à abandonner son poste / Mettre à pied, licencier du personnel par manque de travail. Synonymie : Corrompre, perdre, séduire. Antonymie : Assagir, moraliser

71 **Réponse : 2/ Imminent**

Qui est sur le point de se produire. Synonymie : Prochain, proche. Antonymie : Lointain, éloigné. Lexicographie : Départ imminent, péril imminent.

Citation : « La première expérience de la vie, c'est l'imminence de la mort » (S. Jacob)

Eminent

Définition : Qui est au-dessus du niveau commun ; qui se distingue par sa supériorité, ses qualités ; qui est très appréciable, qui se distingue par sa grande qualité, son très haut niveau. Synonymie : Grand, remarquable, supérieur. Antonymie : Inférieur, médiocre, nul. Lexicographie : Personnalité éminente du monde des arts ; mérite éminent

Rémanent

Définition : Qui persiste, qui continue d'exister.

Synonymie : Permanent, persistant

Immanent

Définition : Qui est contenu dans un être, qui résulte de la nature même de cet être et non pas d'une action externe : L'idée de dépassement est immanente à l'homme. Synonymie : Inhérent. Antonymie : Transcendant. Lexicographie : Justice immanente

Citation : « Le pouvoir démocratique se déploie sous le signe de l'immanence » (Gauchet)

72 **Réponse : 1/ Eclectique**

Définition : Qui rassemble une grande variété de tendances, qui choisit dans des catégories très diverses. Synonymie : Divers, varié. Antonymie : Absolu, exclusif, sectaire. Lexicographie : Goût éclectique, parcours éclectique, panorama éclectique

Dilettante

Définition : Personne qui s'adonne à une occupation, à un art en amateur, pour son seul plaisir. Synonymie : Amateur. Antonymie : Professionnel, spécialiste, technicien. Lexicographie : Travailler en dilettante

Citation : « Un dilettante s'amuse à découvrir ce qu'il pourrait faire s'il savait le faire »

Tolérant

Définition : Qui fait preuve d'indulgence, de compréhension. Synonymie : Indulgent. Antonymie : Borné, dogmatique, exclusif, intolérant, rigide, sectaire. Lexicographie : Tolérer la négligence.

Citation : « L'honneur défend des actes que la loi tolère » (Sénèque) ; « Au cours des siècles, l'histoire des peuples n'est qu'une leçon de mutuelle tolérance » (Zola)

Lymphatique

Définition : Se dit des vaisseaux qui véhiculent la lymphe et des ganglions qui la contiennent / (fig.) Sans vigueur, lent. Synonymie : Mou. Antonymie : Actif, bouillant, nerveux, sanguin, vif

Lexicographie : Caractère lymphatique

73 **Réponse : 1/ Apatride**

Définition : Se dit de quelqu'un qui, ayant perdu sa nationalité, n'en a pas légalement acquis une autre. Synonymie : Sans nationalité.

Apathique

Définition : Qui fait preuve d'apathie, qui en est la marque ; indolent, mou, passif. Synonymie : Mou. Antonymie : Actif, ardent, dynamique. Lexicographie : Une administration apathique.

74 **Réponse : 3/**

75 **Réponse : 2/** « Ventre affamé n'a point d'oreilles ».

Explication : Il est impossible de discuter avec quelqu'un tiraillé par la faim ou de le raisonner.

Origine : Proverbe latin répertorié sous cette forme dès le XVIe, mais il provient certainement d'un proverbe latin attribué à Caton : « Il est difficile de discuter avec le ventre, car il n'a pas d'oreille ».

76 **Réponse : 4/ Payer en monnaie de singe** est une expression française qui évoquait à l'origine une sorte de **paiement** en nature. Aujourd'hui, elle signifie d'utiliser une **monnaie** d'échange non convertible en argent voire « ne pas **payer** », escroquer un créancier.

77 **Réponse : 2/**

78 **Réponse : 4/** Attention ! On cherchait ici l'adage dont le sens était **en contradiction** avec « Les voyages forment la jeunesse ».

Rappel : un **adage** est une énonciation brève et frappante d'une règle de conduite, empruntée au droit coutumier ou écrit (par exemple : Nul n'est censé ignorer la loi). Synonymie : Aphorisme, maxime. Lexicographie : un adage populaire.

79 **Réponse : 5/** Croquignolet : mignon. Nébuleux : obscurci par les nuages ou le brouillard. Brumeux, nuageux.

80 **Réponse : 3/** ***Persona non grata*** du latin signifiant littéralement « personne n'étant pas la bienvenue dans un pays », abrégé sous le sigle PNG, est une locution utilisée en diplomatie avec un sens juridique précis, aussi usitée dans le langage courant.

81 **Réponse : 5/** Exemples de pléonasmes : au jour d'aujourd'hui, reporter à une date ultérieure, prédire à l'avance, monter en haut, un tri sélectif, s'avérer vrai.

82 **Réponse : 1/** Le terme <u>**for**</u> signifie en droit ecclésiastique « autorité juridique ». La locution désigne le jugement de la conscience, sens figuré de son sens premier qui est l'autorité que l'Eglise exerce sur les âmes et sur les choses spirituelles, par opposition au for extérieur qui représente l'autorité de la justice humaine.

83 **Réponse : 2/** « Paul va » ne voudrait rien dire.

84 **Réponse : 3/** A vos tableaux de conjugaison ! Vous en avez 20 dans le cours de compréhension et d'expression écrite en français… Vous n'avez pas d'excuse.

85 **Réponse : 1/** Une victoire à la Pyrrhus est une victoire (généralement militaire) obtenue au prix de terribles pertes pour le vainqueur. L'expression est une allusion au roi Pyrrhus Ier d'Epire, dont l'armée souffrit des pertes irremplaçables quand il défit les Romains pendant sa guerre en Italie à la bataille d'Héraclée (sur le territoire de la cité d'Héraclée de Lucanie) en 280 av. J.-C. et à celle d'Ausculum en 279 av. J.-C.

86 **Réponse : 5/** Ce sont tous des dirigeants de l'Union soviétique ou de la Russie. Iouri Vladimirovitch Andropov était toutefois Secrétaire général du Parti communiste de l'Union soviétique de 1982 à 1984. Il ne fait donc pas partie de l'histoire politique récente de la Russie et des présidents qui s'y sont succédé ces 20 dernières années. Il n'est d'ailleurs pas cité dans le texte.

87 **Réponse : 4/** C'est ainsi que le définit Daniel Treisman dans la première moitié de son livre. Au début du 3e paragraphe, il est ainsi écrit : « M. Mikhaïl Gorbatchev, qualifié d'« *erreur la plus réussie de l'histoire* ».

88 **Réponse : 4/** La réponse est donnée au début du 8e paragraphe : « On comprendrait mieux les métamorphoses de la Russie postcommuniste si l'on considérait la part essentielle qu'elles doivent aux intérêts capitalistes, et la manière dont les nouvelles élites ont soumis le pays à leur combat de classe »

89 **Réponse : 2/** La réponse est présente dans le 7e paragraphe : « Comme nombre de commentateurs depuis 1991, Treisman tient pour acquis que la démocratie libérale a progressé durant les années Eltsine, fût-ce timidement, et qu'elle a en revanche régressé vers l'autoritarisme d'antan durant les années Poutine ».

90 **Réponse : 5/**

91 **Réponse : 5/** Comme le précise le texte, c'est un universitaire américain, professeur de science politique à l'Université de Californie.

92 **Réponse : 3/** Le texte précise dans le 5e paragraphe que la désintégration de l'URSS est le produit d'une série de contingences dont, notamment : « la conduite hasardeuse des réformes économiques dans les années 1980... ».

93 **Réponse : 3/** L'auteur pose cette question dans le 8e paragraphe. Il explique ainsi que : « Dans les remous des années 1990, elle (la Russie) appartenait aux anciens membres de la nomenklatura du Parti communiste et aux forces émergentes de la libre entreprise ».

94 **Réponse : 2/** Le texte, à plusieurs reprises, donne des précisions sur le rôle et la composition de l'élite qui dirige aujourd'hui la Russie. Plusieurs passages peuvent ainsi être cités : « ... la référence à la bureaucratie n'est pas imméritée, s'agissant d'une élite qui règne aussi bien sur le secteur public que sur le privé... », « ses travaux font ressortir... la confusion de plus en plus grande entre monde des affaires et monde politique », et surtout dans l'avant-dernier paragraphe : « Or le plus frappant, à propos de l'élite russe d'aujourd'hui, ce n'est pas la domination de l'Etat sur le capital mais l'interpénétration des deux ».

95 **Réponse : 2/** Le texte ne donne aucune indication précise sur l'impact de la crise du rouble sur les exportations russes. Il précise juste que : « pendant presque dix ans, les fortunes amassées par cet attelage (la nouvelle élite russe) provenaient des exportations à haute valeur ajoutée », et explique ensuite que la crise du rouble a plutôt affaibli les opérateurs bancaires et financiers qui intervenaient et spéculaient sur les marchés.

96 **Réponse : 4/** Le bloc de l'Est comprenait l'URSS et les démocraties populaires de l'Est de l'Europe qui lui étaient liées voire inféodées. La chute du mur de Berlin en novembre 1989 et l'échec de la « perestroïka » (reconstruction en russe) lancée par Mikhaïl Gorbatchev ont précipité l'éclatement de l'URSS en 15 Etats en 1991 et, avec elle, la fin des régimes totalitaires communistes existants dans ses pays satellites de l'est de l'Europe. Comme le précise le texte dans son introduction, le vingtième anniversaire de la chute du mur de Berlin, en 2009, a provoqué une multiplication des ouvrages consacrés à cette période et à cette chute pour le moins brutale, en quelques mois, de « l'Empire soviétique » qui semblait former un « bloc » impénétrable et indestructible depuis la fin de la Seconde Guerre mondiale.

97 **Réponse : 3/** Le texte précise que : « les bénéfices faramineux de la manne énergétique ont profité non seulement aux groupes d'Etat… mais aussi aux opérateurs privés… ». Attention, comme cela est indiqué dans le texte, Rosneft et Gazprom (réponse n° 2) ne sont pas des opérateurs privés mais des groupes d'Etat.

98 **Réponse : 5/** Dans le 7e paragraphe, il est clairement indiqué que les réformes des années 1990, sous-tendues par une idéologie qui a évoluée au fil du temps, ont consolidé non pas la démocratie en tant que telle, mais le capitalisme.

99 **Réponse : 4/** La proposition n° 4 est fausse, le texte expliquant (7e paragraphe) que les réformateurs ne disposaient d'aucun mandat électoral qui aurait pu donner une certaine légitimité aux actions qu'ils ont menées pour réformer le système politique et économique de l'ex-URSS. Le texte évoque même le bombardement du Parlement russe par Eltsine en 1993, le Congrès du peuple qui s'opposait au référendum sur la nouvelle Constitution de la Russie, l'ayant démis de ses fonctions après que Eltsine ait prononcé sa dissolution.

100 **Réponse : 2/** C'est la réponse n° 2 qui doit être privilégiée. La comparaison entre le destin des régimes soviétique, tunisien ou égyptien est basée en effet sur leur apparente permanence et leur renversement brutal et peu prévisible en quelques mois après des années de régime totalitaire. Il laisse ainsi entendre que le régime russe actuel qui s'apparente plus à une oligarchie qu'à une démocratie, pourrait connaître un jour le même sort s'il continue à piller les richesses de cette nation au profit d'une élite restreinte, la Russie pouvant alors connaître à son tour « un soulèvement populaire comparable à celui qui secoue le monde arabe ».

3. Raisonnement logique et numérique

101 **Réponse :** ❹ Si N équipes se rencontrent toutes une fois pour disputer un match, alors on compte $N \times \frac{N-1}{2}$ matchs différents.

Ainsi, par exemple, si 10 équipes se rencontrent toutes une fois alors il y aura $10 \times \frac{10-1}{2} = 45$ matchs qui seront disputés.

Cette formule vaut aussi pour N personnes qui se saluent toutes une fois.

Ici, comme les équipes se rencontrent deux fois, il y aura $N \times \frac{N-1}{2} \times 2 = N \times (N-1)$ matchs qui seront disputés et comme N = 20, cela donnera :

$20 \times (20 - 1) = 20 \times 19 = 380$ matchs.

SCORE BLANC NUMERO 1 – CORRIGES

102 **Réponse :** ❹ Ce que vous devez comprendre ici, c'est qu'entre la première et la deuxième année, les intérêts sont passés de **400** à **416** euros. On a donc gagné 16 euros sur une base de 400 soit un gain de 16/400 = 4/100 = **4 %.** Le taux d'intérêt est donc égal à 4 %.

Il ne nous reste plus qu'à résoudre l'équation : 4 % × N = 400 pour trouver en testant rapidement les réponses proposées **N = 10 000.**

103 **Réponse :** ❶ Vous savez que $40^2 = 1\,600$ et que $45^2 = 2\,025$ (souvenez-vous de l'astuce relative aux carrés des entiers dont le dernier chiffre est 5).

Ainsi, sachant que mon arrière-grand-père est mort en 1899, son âge sera nécessairement inférieur à 45 !

Si $z = 44$, alors $z^2 = 44^2 = 1936$. Et comme 1936 > 1899, z ne peut être égal à 44.

Si $z = 43$, alors $z^2 = 43^2 = 1849$. Possible !

Si $z = 42$, alors $z^2 = 42^2 = 1764$. Impossible !

On en conclut que $z = 43$ et que si mon arrière-grand-père avait 43 ans en 1849, c'est donc qu'il est né en 1849 – 43 = 1806.

104 **Réponse :** ❹

6+5=9+2 2+2=1+3
13|31 65|92 71|44 39|75 22|13
34|26
44|28 ← 4 × 4 = 2 × 8
63|29 ← 6 × 3 = 2 × 9
22|22

105 **Réponse :** ❸ Chaque mot se termine par la lettre complémentaire dans l'alphabet (A → Z, B → Y…). Par exemple, dans « ASSEZ », ce mot se termine par Z car il commence par A. Dans les mots proposés, seul HEROS convient. On pourrait dire aussi que la somme des rangs des premières et dernières lettres de chaque mot est égale à 27.

106 **Réponse :** ❶ Dans ce type d'exercices, vous devez absolument appliquer la technique des inconnues entières.

Si l'on vous parle à un moment dans l'énoncé d'un groupe d'abeilles qui représente les **huit neuvièmes de l'essaim,** alors vous devez vous dire que **ces huit neuvièmes de l'essaim doivent représenter un nombre entier** (on ne peut avoir d'abeilles à virgules comme 12,3333333 abeilles !). Autrement dit, ici, il faut que l'essaim (le nombre total d'abeilles donc) soit divisible par 9 pour que les 8/9 de l'essaim représentent un nombre **entier** d'abeilles. Dans ces conditions, seule la réponse 1 fonctionne.

107 **Réponse :** ❷ La surface totale d'un cube est égale à six fois l'aire d'une de ses faces.

On a donc : $6A^2 = 384$ soit $A^2 = 64$ avec l'aire d'une face.
De plus, l'aire de la face d'un cube est égale au carré d'un de ses côtés de longueur A.
On a donc $64 = A^2$ soit $A = 8$.
Enfin, le volume V d'un cube est égal au cube de son côté, soit : $V = A^3 = 8^3 =$ **512**.
Finalement, il ne vous reste plus qu'à comparer **2** (le chiffre des unités de 512) avec **5 + 1 = 6** (la somme du chiffre des dizaines et de celui des centaines de 512). Vous trouvez alors facilement que 2 représente le tiers de 6, soit **environ 33 %.**

108 **Réponse :** ❸ D'après l'énoncé : MAXIME > MOHAMMED et MAXIME > MAMADOU. Si l'on sait assurément que MAXIME travaille dans l'entreprise qui a le plus d'employés, on ne sait pas en revanche si MOHAMMED > MAMADOU ou MAMADOU > MOHAMMED. Autrement dit, on ne sait pas qui travaille dans l'entreprise qui emploie le moins d'employés.

109 **Réponse :** ❹ En notant X le nombre de billes que possèdent Léa et Sophie au début de la partie (sachant qu'elles ont le même nombre de billes au départ), vous pouvez alors réfléchir par étape :

	Etat	Léa	Sophie
Départ	Même nombre	X	X
Etape 1	Léa gagne 20 billes	X + 20	X – 20
Etape 2	Léa perd 2/3 de ses billes	(X + 20)/3	X – 20 + 2(X+20)/3

Sachant qu'à la fin de l'étape 2, Sophie possède 4 fois plus de billes que Léa, vous pouvez écrire : $X - 20 + 2(X + 20)/3 = 4 \times (X + 20)/3$ soit $3X - 60 + 2X + 40 = 4X + 80$ soit encore $5X - 20 = 4X + 80$ et $\mathbf{X = 100}$.

110 **Réponse :** ❶ Soit ABCD le rectangle inscrit dans le cercle de rayon égal à 2,5 cm. Pour que ce rectangle soit effectivement INSCRIT dans le cercle, il fait que son centre – le point où ses diagonales se croisent – soit confondu avec le centre du cercle.

Rappel d'une propriété importante :
Si un triangle est inscrit dans un cercle et a pour côté un diamètre de ce cercle alors ce triangle est rectangle. Le diamètre est son hypoténuse.

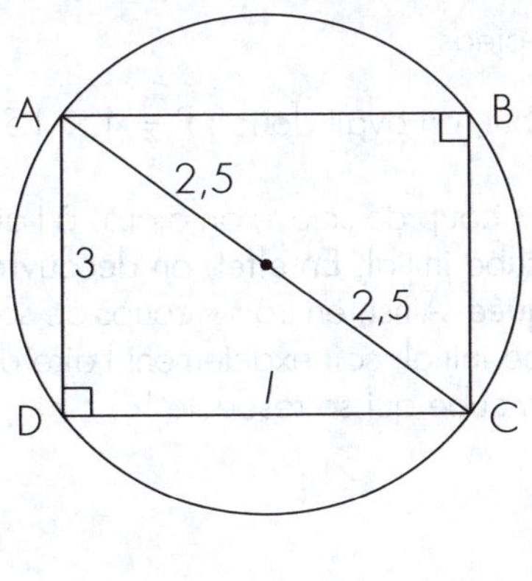

SCORE BLANC NUMERO 1 – CORRIGES

D'après ce schéma, l'aire du rectangle est égale à $3 \times l$ (largeur multipliée par longueur). Ainsi, en appliquant le théorème de Pythagore au triangle ACD rectangle en D, on trouve l. En effet : $AD^2 + DC^2 = AC^2$ soit : $3^2 + l^2 = 5^2$, soit encore $l^2 = 16$ et $l = 4$.

En conclusion, l'aire du rectangle ABCD est égale à $3 \times 4 = 12$.

111 **Réponse :** ❹ En testant les solutions, on trouve que le nombre de boules bleues est égal à 25.

Bleues = 25 ; Blanches = 20 ; Rouges = 15.

Une autre méthode :

On sait qu'il y a 60 boules. Aussi, quand on nous dit « si toutes les boules rouges étaient remplacées par des bleues, il y aurait alors deux fois plus de boules bleues que de boules blanches » alors cela **SIGNIFIE** qu'il y a **40 boules bleues** pour **20 boules blanches** (« 2 fois plus »).

De la même façon, quand on nous dit « si toutes les boules blanches étaient remplacées par des bleues, il y aurait alors trois fois plus de boules bleues que de boules rouges », et bien cela **SIGNIFIE** qu'il y a **45 boules bleues** pour **15 boules rouges** (« 3 fois plus »).

Conclusion : on comprend dès lors qu'il y a 20 boules blanches, 15 boules rouges et… (60 – 20 – 15) = 25 boules bleues !

112 **Réponse :** ❷ Nous allons utiliser ici la moyenne arithmétique d'une série statistique simple :

$$\frac{4 \times 20 + 25 \times 8 + 6 \times a + 40 \times 5 + 2 \times b}{4 + 8 + 6 + 5 + 2} = 32 \Leftrightarrow 6a + 2b + 480 = 32 \times 25$$

Soit encore : $6a + 2b + 320 \Leftrightarrow b = \dfrac{320 - 6a}{2} = 160 - 3a$.

113 **Réponse :** ❺ Le deuxième routier devant parcourir davantage de distance sur le même laps de temps, il devra forcément rouler plus vite que le premier. La question est « Combien de fois plus vite ? » Et bien, sachant qu'il doit parcourir 100/80 = 10/8 = 5/4 = 1,25 fois la distance du premier routier, c'est qu'il devra donc rouler 1,25 fois plus vite, soit à une vitesse de 60 × 1,25 = **75 km/h.**

114 **Réponse :** ❸ Dans le pré, se trouvent au début 15 moutons à 4 pieds et B berges à deux pieds. Le nombre total de pieds P est donc égal à : $4 \times 15 + 2B = 60 + 2B$.

Lorsque la moitié des bergers a emmené le tiers des moutons, il reste :

$\dfrac{B}{2} \times 2 + 10 \times 4 = 50$ pieds.

D'où : B = 10 et au début, on avait donc : P = 4 × 15 + 2 × 10 = **80 pieds**.

115 **Réponse :** ❷ A chaque « coup de scie », on ajoute à l'aire totale des solides une aire égale à deux fois la face du cube initial. **En effet, on découvre une partie de l'intérieur du carré encore totalement masquée.** Ainsi, en trois « coups de scie », on aura rajouté une aire égale à six fois la face du cube initial, soit exactement l'aire du cube initial, qui possède en effet 6 faces comme tout bon cube qui se respecte !

En conclusion, la somme des aires des faces des pavés droits est égale au double de l'aire du cube de départ.

116 **Réponse :** ❸ Voici une question assez classique pour laquelle j'espère vous n'avez pas rencontré trop de difficulté.

Les résultats que l'on obtient si l'on fait le produit des deux nombres apparus sur les faces inférieures sont : **1** (1 × 1), **2** (1 × 2), **2** (2 × 1), **3** (1 × 3), **3** (3 × 1), **4** (1 × 4), **4** (4 × 1), **4** (2 × 2), **6** (2 × 3), **6** (3 × 2), **8** (2 × 4), **8** (4 × 2), **9** (3 × 3), **12** (3 × 4), **12** (4 × 3) et **16** (4 × 4), soit un total de 16 valeurs différentes pour ce produit.

La somme de ces 16 valeurs divisée par le nombre de valeurs (16) nous permet de calculer la moyenne de l'échantillon, soit : 100/16 = 6,25.

117 **Réponse :** ❹ $\sum_{p=8}^{22} \frac{3p-5}{2} = \frac{1}{2}\sum_{p=8}^{22}(3p-5)$.

On reconnaît ici la somme des 22 – 8 + 1 = **15 termes** d'une suite arithmétique de **raison 3**, de **premier terme** 3 × 8 – 5 = 19 et de **dernier terme** : 3 × 22 – 5 = 61. On a donc :

$$\sum_{p=8}^{22} \frac{3p-5}{2} = \frac{1}{2}\sum_{p=8}^{22}(3p-5) = \frac{1}{2}\left(\frac{(19+61)\times 15}{2}\right) = \frac{1}{2} \times \frac{80 \times 15}{2} = 300.$$

Attention !!! Souvenez-vous que le nombre de termes qu'il y a entre les entiers a et b ($a < b$) est égal à $b - a + 1$. Ainsi notre somme contenait (22 – 8 + 1) termes.

118 **Réponse :** ❸ Sachant que 12 × 5 = 60, 12 % représente donc 5 fois moins que 60 %. Ainsi, les élèves qui viennent en bus sont 5 fois moins nombreux que ceux qui viennent à pied, soit 45/5 = 9 élèves.

119 **Réponse :** ❶ Soit A (resp. B) l'événement « la pièce est acceptée par le contrôle » (resp. « la pièce est bonne »). On a :

$P(\overline{B}) = 0{,}05$

$P(A/B) = 0{,}96$

$P(\overline{A}/\overline{B}) = 0{,}98$

Soit E l'événement : « il y a une erreur de contrôle ». (*NB :* il y a une erreur de contrôle si une pièce est bonne <u>et</u> refusée ou mauvaise <u>et</u> acceptée.)

$P(E) = P[(B \cap \overline{A}) \cup (\overline{B} \cap A)] = P(B \cap \overline{A}) + P(\overline{B} \cap A)$ car les événements $(B \cap \overline{A})$ et $(\overline{B} \cap A)$ sont disjoints.

On a donc $P(E) = P(B) \times P(\overline{A}/B) + P(\overline{B}) \times P(A/\overline{B})$

Or $P(\overline{A}/B) = 1 - P(A/B) = 0{,}04$

$P(A/\overline{B}) = 1 - P(\overline{A}/\overline{B}) = 0{,}02$

$P(B) = 1 - P(\overline{B}) = 0{,}95$

d'où : $P(E) = 0{,}95 \times 0{,}04 + 0{,}05 \times 0{,}02 = 0{,}039$

120 **Réponse :** ❶ La somme des rangs des lettres de cette suite logique vaut successivement : 2, 3, 5, 7, 11 et 13. On reconnaît la suite des nombres premiers et il nous faut donc une solution dont la somme des rangs est égale à 17. Réponse 1 (MD).

4. Compréhension et expression écrite en Anglais

Expression

121 **Réponse : 5/** *Let something happen* : laisser quelque chose se produire. La structure de *let* rappelle la structure de *make*. *I let him go / I let him work quietly*. Ces deux verbes (*let* et *make*) servent de support à un autre verbe qui est à l'infinitif.

122 **Réponse : 1/** *Only*, terme restrictif, sera suivi d'un mot indiquant un nombre réduit (donc *few*). *None* complète le sens de la phrase (peu en poche et pas du tout sur son compte).

123 **Réponse : 2/** *Why / Why not* + infinitif. *Why not go to the theatre tonight?* Pourquoi ne pas aller au cinéma ce soir ?

124 **Réponse : 4/** *He still hasn't visited Germany* ou *He still hasn't BEEN TO Germany*.

Rappel : *go TO Germany*.

125 **Réponse : 1/** Il faut un cas possessif pour qualifier *opinion*. Dans les formes avec *else* c'est ce dernier qui porte l'apostrophe « *s* ».

126 **Réponse : 5/** Rappel : *lend* est à *take* ce que *borrow* est à *bring* … toujours par rapport à l'énonciateur donc. C'est le français qui est ambigu : vous prêtez quelque chose à quelqu'un (*lend TO someone*), tandis que vous empruntez quelque chose à quelqu'un (*borrow something* ***FROM*** *someone*).

127 **Réponse : 2/**

Ongoing : en cours

Updating the dictionary is an ongoing job / La mise à jour du dictionnaire est un travail continu.

To banter / bantered / bantered : plaisanter, badinage

If you spent less time on banter, you'd get more work done / Si tu passais moins de temps à plaisanter tu abattrais plus de travail.

A batten : un tasseau, un liteau, une latte

128 **Réponse : 1/** Structure concessive : infinitif sans *to* + *as* + *I will / may / might / would* (surtout dans un contexte passé).

129 **Réponse : 1/** *What* est sujet du verbe *to be* : il faut donc *was*. *Nota bene* : *peoples* = peuples.

130 **Réponse : 4/** *That* est ici la forme courte de *The fact that*. Remarquez que *any other* sous-entend *business*.

131 **Réponse : 1/** S'agissant d'argent, l'on peut dire : *It will cost* ***double*** *something* ou *It will cost* ***twice as much as*** *something*.

132 **Réponse : 3/** Structure de comparaison sur un nom assorti d'un adjectif. *As* + adj. + art. indéfini + nom + *as*. Ex : *this is as big a house as I have ever seen* ou *He is as intelligent a man as I have ever met*.

SCORE BLANC NUMERO 1 – CORRIGES

133 **Réponse : 5/**

134 **Réponse : 4/** Ne pas confondre *oppose Ø someone/something* et *object TO someone/something*, où *TO* est préposition suivi d'un GN ou V-ING. Exemples : *The Democrats have strongly opposed Ø B. Obama's health-care plan / They object to voting this law.*

135 **Réponse : 1/** Dans « attendre [jusqu'à] la fin de la guerre », il y a un « jusqu'à » qui est sous-entendu. En anglais, cette notion est clairement explicitée par ***until***. (***Wait until he wakes up :*** Attends [jusqu'à ce] qu'il se réveille). L'expression « au début / à la fin des années 1980 » se rend simplement par : ***In the early / In the late 1980s*** ou ***Early in / Late in the 1980s***

136 **Réponse : 3/**

137 **Réponse : 3/** Idiome : ***a guide to / an indication of*** + *how much of* + singulier.

138 **Réponse : 5/** *Could you please call back around 10:45?*

Pourriez-vous rappeler vers 10 h 45 (aux alentours de 10 h 45) ?

139 **Réponse : 2/** Comparatif d'égalité – après *used to*, le seul verbe que l'on puisse sous-entendre est le verbe *to be* (quand il est verbe principal).

Exemples :
I don't read as much as I used to
I'm not playing as much tennis as I used to

Mais *I'm not as quick as I used to be*

140 **Réponse : 1/** Structure : *the first/second/third/fourth*, etc. + superlatif (+ nom), indique l'ordre de référence.

141 **Réponse : 2/**

142 **Réponse : 3/** Réponses 1 et 2 : oui, si *with regard to…*

Réponse 4 : *regarding supplies* (en ce qui concerne)

143 **Réponse : 1/**

144 **Réponse : 3/** *Chance* pour hasard/sans intention : *We found this café by chance.* Nous avons trouvé ce café par hasard.

Chance pour opportunité : *I hope to have the chance to travel.* J'espère avoir une chance de voyager.

Chance pour probabilité / chances / risques : *The chance of rain is very slim.* Les chances qu'il pleuve sont plutôt minces / Il n'y a guère de risques qu'il pleuve.

145 **Réponse : 5/** Idiome : *to be known to / to be unknown to.*

It was known to the police = la police était au courant.

146 **Réponse : 4/** Last = pour la dernière fois.

147 **Réponse : 5/** ***To give up.***

When you give up something, you stop doing it or believing it. If you give up, you admit that you cannot solve a problem or a puzzle. If you give up your job, you resign from it. If you give a person up, you let the police know where that person is hiding.

- *He doesn't have any intention of giving up politics.*
- *She never completely gave us hope.* Elle n'a jamais complètement perdu espoir.
- *I don't know. I give up.*

SCORE BLANC NUMERO 1 – CORRIGES

• *I had to give up my job in order to set up my own business.*

To give away.
If you give something away, you give it to someone, either because you do not want it or because you want to give them a present. If you give away information that should be kept secret, you make it known to other people, sometimes by mistake.

• *She had given away jewellery worth million dollars.*

• *He could not decide whether to keep the money she gave him or give it away.*

• *I didn't feel like giving away more information than I had to…*

148 **Réponse : 3/** Pluriel irrégulier : *diagnosis = diagnoses / crisis = crises / metamorphosis = metamorphoses*

149 **Réponse : 4/**

150 **Réponse : 2/** Presque personne n'a compris le message.

151 **Réponse : 4/** *To buy out* signifie racheter.

152 **Réponse : 1/** Il fallait procéder par élimination ici si vous doutiez. La réponse **1/** était la seule qui respectait la concordance des temps.

153 **Réponse : 5/**

154 **Réponse : 4/** *Perks* signifie avantages en nature.

155 **Réponse : 3/** *As early as* + date = dès

Compréhension de textes

156 **Réponse : 1/**

157 **Réponse : 2/**

158 **Réponse : 5/**

159 **Réponse : 4/**

160 **Réponse : 1/**

161 **Réponse : 4/**

162 **Réponse : 5/**

163 **Réponse : 1/**

164 **Réponse : 3/**

165 **Réponse : 1/**

166 **Réponse : 2/**

167 **Réponse : 5/**

168 **Réponse : 4/**

169 **Réponse : 3/**

170 **Réponse : 1/**

SCORE BLANC NUMERO 2

Consignes

1. Ce Score blanc contient 170 questions pour lesquelles vous aurez toujours 5 propositions de réponses au choix. 1 seule de ces propositions est correcte.

2. Le temps total pour travailler sur ce Score est de 3 heures.

3. Barème : 2 points par réponse juste sauf pour la sous-épreuve numéro 3 pour laquelle 5 points seront attribués par réponse juste. Une réponse fausse ou pas de réponse ne modifie pas le score (0 point). Le Score est donc noté sur un total de 400 points.

4. L'usage de la calculatrice, dictionnaire, lexique ou grammaire est formellement interdit. Aucune pause/sortie n'est autorisée pendant l'épreuve, toute sortie étant considérée comme définitive.

5. Les 170 réponses sont à reporter au recto d'une grille unique sur laquelle le candidat noircit la case correspondant à la réponse choisie, en utilisant le crayon fourni par le centre d'écrit. Les corrections doivent impérativement être effectuées avec un blanc correcteur.

SCORE BLANC NUMERO 2 : GRILLE DES REPONSES

	1	2	3	4	5
1					
2					
3					
4					
5					
6					
7					
8					
9					
10					
11					
12					
13					
14					
15					
16					
17					
18					
19					
20					
21					
22					
23					
24					
25					
26					
27					
28					
29					
30					
31					
32					
33					
34					
35					
36					
37					
38					
39					
40					
41					
42					
43					
44					
45					
46					
47					
48					
49					
50					
	1	2	3	4	5

	1	2	3	4	5
51					
52					
53					
54					
55					
56					
57					
58					
59					
60					
61					
62					
63					
64					
65					
66					
67					
68					
69					
70					
71					
72					
73					
74					
75					
76					
77					
78					
79					
80					
81					
82					
83					
84					
85					
86					
87					
88					
89					
90					
91					
92					
93					
94					
95					
96					
97					
98					
99					
100					
	1	2	3	4	5

	1	2	3	4	5
101					
102					
103					
104					
105					
106					
107					
108					
109					
110					
111					
112					
113					
114					
115					
116					
117					
118					
119					
120					
	1	2	3	4	5

	1	2	3	4	5
121					
122					
123					
124					
125					
126					
127					
128					
129					
130					
131					
132					
133					
134					
135					
136					
137					
138					
139					
140					
141					
142					
143					
144					
145					
146					
147					
148					
149					
150					
151					
152					
153					
154					
155					
156					
157					
158					
159					
160					
161					
162					
163					
164					
165					
166					
167					
168					
169					
170					
	1	2	3	4	5

SCORE BLANC NUMERO 2

1. CULTURE GENERALE, ECONOMIQUE ET MANAGERIALE

1 **En mai 2019, quel pays annonce qu'il se retire de l'accord sur le nucléaire iranien ?**

1/ La Chine
2/ Les Etats-Unis
3/ L'Arabie Saoudite
4/ Le Venezuela
5/ La Turquie

2 **Dans l'horoscope chinois, 2020 est l'année :**

1/ du Singe
2/ du Chien
3/ du Rat
4/ du Coq
5/ du Lapin

3 **De même que la population tibétaine, la population ouïghoure fait l'objet d'une surveillance et d'un contrôle étroits du gouvernement chinois. Dans quelle province chinoise est-elle localisée ?**

1/ Le Yunnan
2/ Le Shandong
3/ Le Shaanxi
4/ Le Xinjiang
5/ Le Hebei

4 **Le 1er juillet 2008, la Direction centrale des Renseignements généraux (RG) et la Direction de la Surveillance du territoire (DST) ont fusionné pour créer un nouvel organisme, dont l'acronyme est…**

1/ DGAC
2/ ADEME
3/ DCRI
4/ DGPN
5/ GIPN

5 **Qui emploie pour la première fois l'expression « rideau de fer » ?**

1/ Franklin Roosevelt
2/ Charles de Gaulle
3/ Winston Churchill
4/ Joseph Staline
5/ Adolf Hitler

6 **Parmi ces titres, lequel n'est pas de l'artiste Maurane, décédée le 7 mai 2018 ?**

1/ *Qui es-tu Marie-Jeanne ?*
2/ *Les uns contre les autres*
3/ *Tu es mon autre*
4/ *Sur un prélude de Bach*
5/ *Tous les garçons et les filles*

7 **Qui est en 2021, le PDG du groupe de luxe Kering ?**

1/ Martin Margiella
2/ François-Henri Pinault
3/ Bernard Arnault
4/ Jean-Paul Agon
5/ Henri Poupart-Lafarge

8 **Selon le baromètre établi par le comparateur en ligne LeLynx.fr, dans quelle région de France, l'assurance auto est-elle la moins chère en 2019 ?**

1/ Bretagne
2/ Ile-de-France
3/ Corse
4/ Provence
5/ Auvergne

9 **Lequel de ces romans n'a pas été écrit par Emile Zola ?**

1/ *L'Assomoir*
2/ *Au Bonheur des Dames*
3/ *La Bête humaine*
4/ *La Peau de chagrin*
5/ *Nana*

10 **Contre quelle maladie le Téléthon vise-t-il à lutter ?**

1/ Contre la mucoviscidose
2/ Contre la myopathie
3/ Contre la méningite
4/ Contre le choléra
5/ Contre la phtisie

11 **Quelle est la population mondiale estimée en 2020 ?**

1/ 8,4 milliards
2/ 8,1 milliards
3/ 7,5 milliards
4/ 6,9 milliards
5/ 7,8 milliards

12 **Quel acteur du streaming musical fait ses premiers pas en bourse en 2018 ?**

1/ Google Music
2/ Spotify
3/ Deezer
4/ Tidal
5/ Amazon

13 **Le réalisateur Claude Chabrol est décédé le 12 septembre 2010. Quel mouvement cinématographique a-t-il initié avec d'autres de ses contemporains ?**

1/ Le réalisme
2/ La nouvelle vague
3/ L'expressionisme
4/ L'abstraction lyrique
5/ Le Dogme95

14 **Lequel de ces pays ne se situe pas dans les Balkans ?**

1/ La Lituanie
2/ L'Albanie
3/ Le Monténégro
4/ La Bosnie-Herzégovine
5/ La Bulgarie

15 **Du 3 avril au 28 juin 2018, a lieu la grève nationale SNCF. Trois mois de grève à raison de 2 jours tous les 5 jours : on appelle cela une grève…**

1/ plombée
2/ perlée
3/ dansée
4/ alternée
5/ saccadée

16 **Quel est l'acronyme de l'autorité administrative chargée, en France, de la lutte contre les discriminations ?**

1/ L'ADEME
2/ Le PAF
3/ La HALDE
4/ Le CSA
5/ La HAS

17 **Que vaut le SMIC mensuel net au 1er janvier 2021 ?**

1/ Environ 1 286 euros
2/ Environ 1 177 euros
3/ Environ 1 231 euros
4/ Environ 1 352 euros
5/ Environ 1 129 euros

18 **Quelle est en 2021 la ville la plus polluée du monde ?**

1/ Pékin
2/ Moscou
3/ Sao Paulo
4/ New Delhi
5/ Dubaï

19 **Dans quelle ville française, l'entreprise Ubisoft, leader dans la création de jeux vidéos est-elle implantée ?**

1/ Toulouse
2/ Montpellier
3/ Paris
4/ Lyon
5/ Reims

20 **Qu'est-ce que la « Route du Rhum » ?**

1/ Une compétition de voile transatlantique en solitaire
2/ Un marathon organisé entre Bordeaux et les Pyrénées
3/ Un détroit dans les îles Caraïbes
4/ Un chemin autrefois emprunté par les caravanes entre Istanbul et Berlin
5/ Une course automobile

21 **Quel est l'autre nom du Guide Michelin ?**

1/ Le Guide Rouge
2/ Le Guide Bleu
3/ Le Guide Vert
4/ Le Guide Noir
5/ Le Guide Jaune

22 **Quelle personnalité politique quitte le Parti Socialiste pour se joindre à La République En Marche en juin 2017 ?**

1/ Bernard Cazeneuve
2/ Alain Juppé
3/ Najat Vallaud-Belkacem
4/ Manuel Valls
5/ Jean-Christophe Cambadélis

23 **Combien de singles faut-il vendre en France pour obtenir un Disque d'or ?**

1/ 500 000
2/ 350 000
3/ 250 000
4/ 75 000
5/ 25 000

24 **Quelle actrice française, décédée en mars 2018, fut l'épouse du réalisateur Claude Chabrol ?**

1/ Stéphane Audran
2/ Bernadette Lafont
3/ Geneviève Fontanel
4/ Annie Girardot
5/ Jeanne Moreau

25 **Quelle institution abrite le Palais Bourbon ?**

1/ Le ministère de la Défense
2/ Le ministère de l'Education nationale
3/ L'Assemblée nationale
4/ Le Sénat
5/ Le ministère des Affaires étrangères

26 **Qu'est ce que le « duoday » dont la 3e édition a eu lieu en 2018 ?**

1/ Le « DuoDay » consiste à accueillir le temps d'une journée une personne de sa famille en duo avec un collaborateur volontaire au sein d'une entreprise ou d'une administration.

2/ Le « DuoDay » consiste à accueillir le temps d'une journée une personne en situation de handicap en duo avec un collaborateur volontaire au sein d'une entreprise ou d'une administration.

3/ Le « DuoDay » consiste à accueillir le temps d'une journée un animal en duo avec un collaborateur volontaire au sein d'une entreprise ou d'une administration.

4/ Le « DuoDay » consiste à accueillir le temps d'une journée une personnalité politique en duo avec un collaborateur volontaire au sein d'une entreprise ou d'une administration.

5/ Le « DuoDay » consiste à accueillir le temps d'une journée un journaliste en duo avec un collaborateur volontaire au sein d'une entreprise ou d'une administration.

27 **De quel pays voisin de la France le 1er août est-il la Fête nationale ?**

1/ La Suisse
2/ L'Espagne
3/ L'Italie
4/ L'Allemagne
5/ La Belgique

28 **Quelle est la monnaie du Pérou ?**

1/ Le dollar
2/ Le nuevo sol
3/ Le real
4/ L'intis
5/ Le sales

29 **Quand a eu lieu la première Exposition universelle ?**

1/ En 1851
2/ En 1901
3/ En 1910
4/ En 1920
5/ En 1931

30 **Qui est l'auteur du roman d'anticipation intitulé : *1984* ?**

1/ Isaac Asimov
2/ Frank Herbert
3/ Dan Simmons
4/ George Orwell
5/ Douglas Adams

31 **Quelle émission Yann Barthès présente-t-il sur TMC depuis 2016 ?**

1/ *Burger Quiz*
2/ *Quotidien*
3/ *TMC Info*
4/ *Le Petit Journal*
5/ *La météo*

32 **Combien de litres contient un baril de pétrole ?**

1/ 60 litres
2/ 159 litres
3/ 559 litres
4/ 1 000 litres
5/ 1 509 litres

33 **Laquelle de ces fonctions Christine Lagarde a-t-elle exercée avant d'être nommée Directrice générale du FMI ?**

1/ Présidente du MEDEF
2/ Journaliste pour *Le Monde*
3/ Secrétaire générale de l'UMP
4/ Garde des Sceaux
5/ Ministre de l'Economie

34 **Le groupe industriel EADS est né de la fusion de trois grandes entreprises européennes. De quels pays sont-elles originaires ?**

1/ France, Allemagne, Angleterre
2/ France, Allemagne, Espagne
3/ France, Angleterre, Italie
4/ France, Italie, Angleterre
5/ France, Allemagne, Belgique

35 **Quel pays africain a, en 2017, un nouveau drapeau et un nouvel hymne national, à la suite de la révision constitutionnelle ?**

1/ Le Sénégal
2/ Le Cameroun
3/ La Mauritanie
4/ Le Niger
5/ Le Mali

36 Au premier trimestre 2020, quelle est en termes d'audience, la première chaîne d'information continue de la TNT ?

1/ LCI
2/ France TV Info
3/ L'Equipe 21
4/ BFM TV
5/ iTélé

37 De quelle grande entreprise américaine du Web Jack Dorsey est-il le directeur général ?

1/ Twitter
2/ Google
3/ Apple
4/ PayPal
5/ LinkedIn

38 Qui a défendu Jérôme Kerviel dans le cadre de son procès contre la Société Générale ?

1/ Me Jacques Vergès
2/ Me Jean Veil
3/ Me Georges Kiejman
4/ Me Olivier Metzner
5/ Me Gilbert Collard

39 Au premier semestre 2019, combien de CDI sont à pourvoir sur le territoire français ?

1/ Plus de 4 000
2/ Plus de 24 000
3/ Plus de 54 000
4/ Plus de 74 000
5/ Plus de 100 000

40 Selon le rapport du GIEC paru en 2014, de combien de degrés la planète augmenterait-elle d'ici à 2100 si aucune mesure n'était prise ?

1/ 2,1 °C
2/ 3,4 °C
3/ 4,5 °C
4/ 5,8 °C
5/ 6,9 °C

41 Combien de scientifiques font partie du programme « Make Our Planet Great Again » en faveur de la planète d'Emmanuel Macron ?

1/ 6
2/ 8
3/ 10
4/ 12
5/ 14

42 De quel groupe fait partie l'équipe de France de football lors de la Coupe du Monde 2018 ?

1/ A
2/ B
3/ C
4/ D
5/ E

43 Qui nomme le président de l'INA (Institut national de l'audiovisuel) ?

1/ L'Assemblée nationale
2/ La Cour suprême
3/ Le Conseil des ministres
4/ Le président de la République
5/ Le Conseil supérieur de l'audiovisuel

44 En 2018, dans quel pays a-t-on découvert le fossile du plus ancien « Homo Sapiens » hors d'Afrique ?

1/ En Mongolie
2/ En Chine
3/ En Iran
4/ En Israël
5/ Au Mexique

45 Suite à l'annonce du président de la République le lundi 16 mars 2020, l'ensemble des réseaux professionnels des banques membres de la Fédération bancaire française lance avec Bpifrance un dispositif inédit permettant à l'Etat de garantir des prêts aux entreprises pour un montant total de :

1/ 1 000 milliards d'euros
2/ 600 milliards d'euros
3/ 100 milliards d'euros
4/ 2 000 milliards d'euros
5/ 300 milliards d'euros

46 Dans lequel de ces Etats américains la peine de mort est-elle encore en vigueur ?

1/ Au Nouveau Mexique
2/ Dans l'Illinois
3/ Au Texas
4/ A Washington
5/ Dans le New Jersey

47 Les Etats-Unis, la France, la Chine, la Russie et le Royaume-Uni sont les cinq seuls pays dits « dotés » de l'arme nucléaire par le Traité sur la non-prolifération des armes nucléaires (TNP) et autorisés de ce fait par ce dernier à détenir l'arme atomique. Pour quelle raison ?

1/ Ces cinq pays sont les cinq membres permanents du Conseil de sécurité des Nations unies
2/ Ces cinq pays avaient déjà développé l'arme nucléaire lorsque le TNP a été signé
3/ Ces cinq pays sont les cinq principaux vainqueurs de la Seconde Guerre mondiale
4/ Ces cinq pays se sont engagés à ne jamais faire usage de l'arme nucléaire à des fins offensives
5/ Ces cinq pays ont subi des pertes considérables durant la Seconde Guerre mondiale

48 Qui est l'actuel PDG de Carrefour ?

1/ Georges Plassat
2/ Vincent Bolloré
3/ Alexandre Bompard
4/ Eric Olsen
5/ Thierry Cotillard

49 Quand a eu lieu le « Génocide arménien » où les deux tiers des Arméniens qui vivaient sur le territoire actuel de la Turquie ont été exterminés au cours de déportations et massacres de grande ampleur ?

1/ Entre 1855 et 1856
2/ Entre 1915 et 1916
3/ Entre 1930 et 1931
4/ Entre 1944 et 1945
5/ Entre 1978 et 1979

50 En 2020, à combien s'élève le taux de TVA applicable sur les produits alimentaires hors restauration, les cantines, les abonnements de gaz et d'électricité, les prestataires d'énergies renouvelables et sur les livres physiques et numériques ?

1/ 20 %
2/ 5,5 %
3/ 10 %
4/ 2,1 %
5/ 19,6 %

SCORE BLANC NUMERO 2

2. COMPREHENSION ET EXPRESSION ECRITE EN FRANÇAIS

51 **Dans cette phrase extraite de *La Peste* d'Albert Camus : « Au début, quelques privilégiés purent s'aboucher, aux portes de la ville, avec des postes de garde… », quelle est la signification du verbe « s'aboucher » ?**

1/ Se répartir sur plusieurs endroits
2/ Rémunérer en échange de faveurs
3/ Réaliser le travail d'autres personnes sans leur consentement
4/ Se mettre en rapport avec quelqu'un souvent pour une affaire suspecte
5/ Rejoindre des personnes pour faire la fête

52 **Quels sont les termes qui appartiennent au registre familier ?**

A) Egueuler
B) Brûle-gueule
C) Casse-gueule
D) Bégueule
E) Gueule cassée

1/ C + E
2/ Aucun
3/ C + D
4/ A + C + E
5/ B

53 **« Spolier » a pour synonyme(s) :**

A) Calomnier
B) Etaler
C) Craqueler
D) Fragmenter
E) Raturer

1/ A
2/ C + D
3/ E
4/ Aucun
5/ B

54 **Quelle est la proposition correctement écrite ?**

1/ J'aime d'avantage cette chemise
2/ Ils doivent faire davantages d'efforts pour gagner
3/ Il n'y a pas d'avantage à remettre cette décision au lendemain
4/ D'avantage davantages ont été attribués aux salariés
5/ Ce contrat nous offre beaucoup davantages

55 **Quelle est la forme correctement écrite ?**

A) La rémanance de l'écran est gênante

B) C'est une réminiscence venue des tréfonds de l'humanité

C) La concupissance de l'esprit, c'est l'ambition

D) La clairvoyance de cet homme est limitée

E) Sa persistance est vraiment touchante

1/ D + E
2/ B + C
3/ B + D + E
4/ A + D + E
5/ E

56 **L'expression « mettre un cautère sur une jambe de bois » :**

A) signifie « ajouter une bêtise à une autre »

B) est synonyme « d'accomplir des tâches sans intérêts »

C) est antonyme de « se faire arracher la jambe »

D) signifie « ne rien faire »

E) a le même sens que « comme un poison sur une jambe de bois »

1/ Aucun
2/ E
3/ C
4/ A
5/ B

57 **Quelles sont les formes suivantes correctement orthographiées ?**

A) C'est un travail de tâcherons

B) Tu as plusieurs tâches à accomplir

C) Nous tâcherons d'accomplir cette mission

D) En peignant, elle s'est fait une tache

E) Un ocelot est un animal tacheté

1/ A + B + D
2/ E
3/ A + C
4/ A + B + C + D + E
5/ B + D

58 **La signification de bouffon est :**

A) loustic

B) ascétique

C) facétieux

D) servant du roi

E) égrillard

1/ A
2/ Aucun
3/ A + C
4/ B + C + D
5/ E

59 « Résipiscence » :

A) a pour synonyme « componction »
B) a pour synonyme « résurgence »
C) signifie « faire de la résistance par inertie »
D) a pour antonyme « résolution »
E) signifie « reconnaître sa faute avec la volonté de s'amender »

1/ C
2/ A + E
3/ B + E
4/ D
5/ Aucune

60 **Quelles sont les formes correctement écrites ?**

A) Elle lui a donnée une fleur
B) Ils se sont disputés
C) Elles ne se sont pas lavées les mains
D) Attrape la balle qu'il t'a lancée
E) Les photos de vacances que j'ai pris

1/ A
2/ C + D
3/ B
4/ A + C + E
5/ B + D

61 **Un des mots suivants est mal orthographié. Lequel ?**

1/ Phénomène
2/ Phare
3/ Phagot
4/ Phylactère
5/ Phalange

62 **Quels termes ne s'emploient qu'au pluriel ?**

A) Arrhes
B) Catacombes
C) Refus
D) Abats
E) Entrailles

1/ A + E
2/ Aucun
3/ A
4/ B + D
5/ A + D + E

63 « **Battre le pavé** » :

A) signifie « nettoyer un trottoir »
B) veut dire « être sans domicile »
C) est équivalent à « rester sur le carreau »
D) est synonyme de « gagner haut la main »
E) est une expression due aux événements de mai 1968

1/ A
2/ E
3/ B + C
4/ Aucun
5/ D

64 **Quelles sont les formes correctement écrites ?**

A) A vue de nez, il est l'heure
B) Il a des vues sur ce travail
C) Vu que je ne veux pas partir
D) Aux vus de ces expériences
E) Il a une puissante vue

1/ E
2/ B + E
3/ A + B + C + E
4/ B + D
5/ C

65 **« Concupiscent » :**

A) a pour antonyme « ascète »
B) signifie « qui détourne des biens publics »
C) a le même sens que « stupide »
D) a pour synonyme « luxurieux »
E) désigne une maladie infantile

1/ C
2/ A + D
3/ B +D
4/ E
5/ B

66 **Choisissez la reformulation dont le sens se rapproche le plus des passages soulignés.**

La crainte d'un développement <u>autarcique</u> des quartiers verts commence à <u>poindre</u>.

1/ esseulé / naître
2/ en autosuffisance / apparaître
3/ indépendant / se dévoiler
4/ autonome / se faire remarquer
5/ isolé / se profiler

67 **Complétez en choisissant la solution optimale.**

(...) de la qualité des études, le ministre de l'Education annonce la parution d'instructions nouvelles portant (...) sur les apprentissages des langues régionales, les mathématiques, les sciences de la nature et la géographie.

1/ A propos / notablement
2/ Dissertant / nominalement
3/ S'agissant / notamment
4/ Evoquant / communément
5/ Réagissant / constamment

Questions 68 à 72 : choisissez la reformulation dont le sens se rapproche le plus du (des) passage(s) souligné(s).

68 **Cette région du monde connaît des changements politiques majeurs, <u>toujours répétés</u>.**

1/ récurrents
2/ renaissants
3/ régressant
4/ recrudescents
5/ récusables

69 **Le bois est <u>une matière</u> renouvelable, facile à transformer et peu <u>coûteux</u> si l'on utilise les ressources locales.**

1/ un matériel / dispendieux
2/ une substance / expansive
3/ un matériau / onéreux
4/ une matrice / expansée
5/ une ressource / disparate

70 **<u>Le parfum</u> des cédratiers rendait encore plus lourde l'exhalaison de la foule en sueur…**

1/ Le relent
2/ La senteur
3/ L'émanation
4/ L'odeur
5/ Le fumet

71 **<u>Même quand le chômage devient endémique</u>, les plus actifs de ceux qu'il touche consacrent toute leur énergie à échapper à la condition de chômeur, non à l'assumer ou à le revendiquer.**

1/ Même quand le chômage est équitablement réparti
2/ Même quand le chômage est composé par des indemnités
3/ Même quand le chômage devient populaire
4/ Même quand le chômage sévit de manière permanente
5/ Même quand le chômage touche des secteurs limités

72 **Les Huit ont répété leur attachement à un système de commerce international des produits agricoles fondé sur des règles sûres et ont réitéré leur engagement pour arriver à une conclusion, globale et ambitieuse du Doha Round. Il s'agit d'éviter <u>la concurrence déloyale et les distorsions des marchés</u>, y compris les mesures restrictives à l'exportation.**

1/ la bataille non loyale et les anormalités cycliques inhérentes aux marchés
2/ le détournement de clientèle et les déformations des marchés
3/ le vol de secrets de fabrique et les aberrations des marchés
4/ le combat économique de nature traitre et les facteurs exogènes aux marchés
5/ la compétition malhonnête et les perturbations de fonctionnement des marchés

Questions 73 et 74 : complétez en choisissant la solution optimale.

73 **Assurer la sécurité extérieure par la diplomatie et la défense du territoire, assurer la sécurité intérieure et le maintien de l'ordre public, avec, notamment, des forces de police, définir le droit et rendre la justice ; détenir la souveraineté économique et financière en émettant de la monnaie, notamment par le biais d'une banque centrale… Telles sont les fonctions (…) de l'Etat.**

1/ agrégées
2/ universelles
3/ traditionnelles
4/ régaliennes
5/ ancestrales

74 Aujourd'hui, les chiffres disponibles et crédibles autour d'Internet sont rares. Les données sont très imprécises et souvent (...), car traitées et diffusées par des acteurs économiques liés à ces nouvelles technologies. C'est pourquoi les équipes régionales chargées du développement des nouvelles technologies ont souhaité d'un commun accord mettre à disposition du grand public un dossier sur ces nouvelles technologies et sur leur impact dans les sphères professionnelles et privées, basé sur des données objectives et avérées.

1/ indistinctes
2/ tendancieuses
3/ erronées
4/ complexes
5/ floues

75 Trouvez parmi les cinq phrases ci-dessous les deux seules qui soient orthographiquement et/ou grammaticalement incorrectes.

A) Elise est celle qui a fait le plus de bêtises possibles.
B) Quoiqu'elle fût jolie, elle n'était aimée de personne.
C) Cette jeune entreprise a été remise à flot après une période de difficultés financières.
D) Cette grande ville américaine compte dix millions et demi d'habitants.
E) Le système pénitencier français fera toujours couler beaucoup d'encre.

1/ phrase B et phrase C
2/ phrase A et phrase D
3/ phrase A et phrase E
4/ phrase C et phrase E
5/ phrase B et phrase E

76 Dire *aréoport* pour *aéroport*, *pantomine* pour *pantomime*, *je mourrirai* pour *je mourrai*, sont des fautes de langage qui consistent à se servir de mots altérés et, par extension, de mots forgés ou employés dans un sens contraire au bon usage. Ces fautes sont des :

1/ barbarismes.
2/ paronymes.
3/ aphorismes.
4/ solécismes.
5/ pléonasmes.

77 Quelle est la séquence de mots qui complète correctement l'extrait de texte suivant ?

Monsieur Dufour, Commissaire de police, chargé de découvrir l'assassin d'une commerçante lilloise, piétine dans son enquête : « Dufour se perd en (...). Il a pourtant envisagé toutes les (...). Il ne parvient pas à se forger une (...). Encore moins une intime (...). A peine une (...) fondée sur quelques (...) »

1/ conjectures – éventualités – opinion – conviction – présomption – hypothèses
2/ hypothèses – éventualités – conviction – présomption – opinion – conjectures
3/ conjectures – hypothèses – opinion – éventualité – conviction – présomptions
4/ hypothèses – conjectures – opinion – présomption – conviction – éventualités
5/ hypothèses – éventualités – opinion – conviction – présomption – conjectures

78 **Combien ce texte comporte-t-il de fautes d'orthographe ?**

« Il est évident que ces réflections et ces descriptions s'appuient sur la conviction qu'il est important d'établir des distinctions. Insisté sur une telle conviction semble un truisme gratuit étant donner que personne pour autant que je saches en tous cas, n'a encore confirmé ouvertement que les distinctions n'ont pas de sens ».

1/ 4 fautes
2/ 5 fautes
3/ 6 fautes
4/ 7 fautes
5/ 8 fautes

79 **De quels verbes vient la forme conjuguée « vis » ?**

A) voir
B) vouloir
C) venir
D) vivre

1/ A, B, C et D
2/ A et B
3/ D seulement
4/ Ni A, ni B, ni C, ni D
5/ A et D

80 **Parmi ces expressions, lesquelles sont des oxymores ?**

A) « une charmante petite peste »
B) « un silence assourdissant »
C) « un imbécile heureux »
D) « une voix mélodieuse »

1/ A et C
2/ C et D
3/ D seulement
4/ Ni A, ni B, ni C, ni D
5/ A et B

81 **« Un eldorado » signifie :**

1/ une montagne inaccessible
2/ un homme mondain
3/ une contrée rêvée
4/ une personne bronzée
5/ un restaurant mexicain

82 **Parmi les propositions suivantes, laquelle ne correspond pas à « un laïus » ?**

1/ vient d'un patronyme grec
2/ équivaut à « un quidam »
3/ a pour antonyme « un bref discours »
4/ signifie un discours verbeux
5/ a pour synonyme « allocution »

83 **Parmi les propositions suivantes, lesquelles correspondent à « un jocrisse » ?**

A) s'apparente à « un benêt »
B) a pour antonyme « un bravache »
C) est « un naïf »
D) est synonyme de « fourbe »

1/ A et C
2/ C et D
3/ D seulement
4/ Ni A, ni B, ni C, ni D
5/ A et B

84 **Parmi les propositions suivantes, lesquelles signifient « Dans les bras de Morphée » ?**

A) vient d'un personnage de la mythologie grecque
B) indique une action douteuse
C) signifie « être endormi »
D) fait référence au dieu des songes

1/ B seulement
2/ A et D
3/ A, C et D
4/ Ni A, ni B, ni C, ni D
5/ C et B

85 **« Valétudinaire » se dit d'une personne :**

A) en pleine forme
B) de santé fragile
C) valeureuse
D) cacochyme

1/ A et C
2/ C et D
3/ D seulement
4/ A, B, C et D
5/ B et D

Texte

La mondialisation aggrave-t-elle les inégalités ?

Source : *Le Monde Hors-série* – 2010-2011 – L'atlas des mondialisations

La mondialisation a permis à de nombreux pays de s'arracher au sous-développement, mais elle a créé de nouvelles exclusions. Les politiques publiques pourraient y remédier.

Par Sylvie Brunel

La mondialisation est généralement créditée d'un rôle positif dans la résorption de la pauvreté : l'ouverture, le commerce, les échanges sont considérés dans la théorie économique comme le moyen le plus efficace d'accroître les richesses. Effectivement, on note aujourd'hui, à l'échelle mondiale, un phénomène de « rattrapage » des Etats. C'est ce qu'on appelle la « convergence ».

Alors que la pauvreté et le sous-développement ont toujours été la norme dans l'histoire de l'humanité (Angus Maddison, Paul Bairoch, Bouda Etemad), la révolution industrielle arrache progressivement un petit nombre de pays à la pauvreté et creuse les inégalités entre l'Europe et ses extensions à travers le monde (désignés sous le terme générique d' « Occident développé ») et l'ensemble des autres pays, qualifié dans les années 1950 de « tiers-monde » (Alfred Sauvy), puis de « pays en développement » ou encore de « pays du Sud ». Ce processus englobe progressivement d'autres pays depuis la Seconde Guerre mondiale et, surtout, depuis la dernière mondialisation, celle des années 1990, qui a vu la création d'un espace mondial des échanges et de l'information : Internet et les NTIC (nouvelles technologies de l'information et de la communication), fin du rideau de fer, ouverture de la Chine à partir de 1979, de l'Inde, à partir de 1991.

La dernière mondialisation a donc permis à un grand nombre de pays de s'arracher au sous-développement, ceux qu'on appelait il y a peu les « pays émergents », qui sont désormais des pays convergents. Le nombre de pays qui connaissent un taux de croissance deux fois supérieur à celui des membres de l'OCDE est, en effet, passé de 12 % en 1990 à 65 % en 2009, Chine en tête, Asie du Sud-Est… mais aussi Afrique subsaharienne ! Aujourd'hui, le club des pays riches qu'est l'OCDE pèse à peine plus de la moitié du produit brut mondial (51 % contre 60 % en 2000). Mais leur prééminence reste entière. La convergence ne concerne pas tous les pays : le nombre des pays répertoriés comme très pauvres diminue certes (ils ne sont plus que 25 contre 55 en 1990), mais leur écart s'accentue avec les pays riches : en 1990, l'Américain moyen est quarante fois plus riche que le Tanzanien moyen, en 2010, soixante fois!

En 1997, le PNUD (Programme des Nations unies pour le développement) introduit pour la première fois l'indicateur de pauvreté humaine dans ses rapports. La pauvreté absolue, ou extrême, est un phénomène multidimensionnel d'absence des capacités humaines de base, qui comporte trois dimensions principales : la santé défaillante (espérance de vie inférieure à 40 ans), le manque d'instruction (analphabétisme des adultes) et le manque d'accès aux biens et services élémentaires (eau potable, alimentation, santé). Les pauvres sont ceux qui n'ont « ni avoir, ni savoir, ni pouvoir », ils vivent en situation de précarité et sont vulnérables à tous les aléas.

Mais la mondialisation, par la création d'opportunités économiques, a fait reculer la pauvreté absolue : depuis 1990, le nombre de personnes en situation de pauvreté monétaire (moins de 1,5 dollar par jour) est passé de 2 milliards à 1,5 milliard de personnes. De 1,8 milliard à 1,4 milliard pour ceux qui disposent de moins de 1,25 dollar. 500 millions de personnes sont donc sorties de la pauvreté en vingt ans, particulièrement en Chine (50 % de pauvres en 1980, 6 % aujourd'hui). Pour atteindre les Objectifs du millénaire pour le développement (diminution par deux de la pauvreté entre 1990 et 2015), il faudrait encore 500 millions de pauvres en moins d'ici à cinq ans.

La diminution globale de la pauvreté à l'échelle mondiale s'accompagne cependant d'un accroissement des inégalités internes : tous ne peuvent ou ne savent également tirer parti des opportunités offertes par la mondialisation. La crise de la dette des années 1980, en réduisant le rôle des Etats et des politiques sociales par la mise en œuvre des plans d'ajustement structurel (ouverture des frontières, privatisation des entreprises publiques, dérégulation du marché des capitaux) a été un des principaux facteurs de cet accroissement des inégalités internes, que les crises financières des années 1990 ont accentué, avec la mise en place d' « économies casino » (alternance de phases d'emballement économique et de « bulles » avec des phases de crise et de récession). Les politiques de libéralisation ont favorisé le désengagement des Etats et l'adoption de politiques dites « de flexibilité » : diminution ou suppression des revenus minimum, des indemnités de chômage et de tous les dispositifs d'aide visant à favoriser le retour rapide au travail et la mobilité sociale.

Le phénomène des nouveaux pauvres, dont les SDF, concomitant à la crise économique des années 1970, avec la fin des Trente Glorieuses et l'apparition d'un chômage structurel, a explosé dans les années 1990 dans les pays pauvres et dans les années 2000 dans les pays riches avec la crise financière : la crise dite « des subprimes » a fait basculer 9 millions de personnes dans la pauvreté aux Etats-Unis. Pour les 17 % de la population mondiale considérés comme pauvres, le revenu réel a baissé de près de 30 % depuis 1979 (Center for American Progress).

La mondialisation a donc créé des exclusions, spatiales ou sociales. Les exclusions spatiales s'observent à différentes échelles : interrégionales entre Etats à l'intérieur d'un même continent (Madagascar/Maurice, Birmanie/Thaïlande, Haïti/République dominicaine, Corée du Nord/Corée du Sud) ou intra-étatiques, avec l'accroissement des inégalités régionales à l'intérieur même des pays – en Inde, les Bimaru States (les quatre Etats indiens les plus pauvres : Bihar, Madhya Pradesh, Rajasthan, Uttar Pradesh) par rapport au sud du pays ; en Chine, les provinces périphériques et intérieures par rapport au littoral ; au Mexique, le Chiapas par rapport à Mexico, etc.

La mondialisation crée donc une « économie d'archipel », qui juxtapose territoires inclus et territoires exclus : dans un monde où la littoralisation et l'accessibilité par les réseaux (de transport et d'information) jouent un rôle clé, l'enclavement signifie mise à l'écart et déclassement.

Les exclusions sociales se traduisent par la persistance de la grande pauvreté dans un contexte d'accroissement de la richesse. Aux Etats-Unis, les 10 % les plus riches disposent de 70 % du revenu national, en Chine, de 40 %. Les 25 millions d'Américains les plus riches ont un revenu équivalent aux 2 milliards d'habitants les plus pauvres de la planète ! L'urbanisation creuse les inégalités : la monétarisation des économies en milieu urbain affaiblit, au profit d'un individualisme croissant, les solidarités collectives des sociétés traditionnelles, fondées sur les réseaux et l'échange de services. Or, l'affaiblissement des réseaux sociaux en ville se traduit par une explosion de la mendicité (*l'Extrême Pauvreté au Niger : mendier ou mourir*, de Patrick Gilliard, Karthala, 2005) et des migrations économiques. Les foyers monoparentaux, et notamment les femmes seules avec enfants, sont les plus vulnérables. La planète des bidonvilles compte désormais 1 milliard de personnes et ce nombre ne cesse de s'accroître, selon la loi dite « du doublement » : quand la population d'un pays pauvre s'accroit d'un facteur t, les villes s'accroissent de $2t$ et les bidonvilles, d'un facteur $4t$.

Les milieux ruraux restent cependant les premiers touchés par la grande pauvreté, en raison de leur déclassement : difficulté à s'intégrer dans la mondialisation, poids de l'autosubsistance, donc de la vulnérabilité aux aléas naturels, dans un contexte de changement climatique. La notion de réfugié climatique, même si elle n'est pas fondée juridiquement, émerge. Les groupes de personnes les plus vulnérables sont les sans-terres, les sociétés nomades, les ruraux pratiquant une petite agriculture familiale paysanne, lorsqu'elle n'est pas soutenue financièrement. En 2010, la FAO (Organisation des Nations unies pour l'alimentation et l'agriculture) dénombrait un peu moins de 1 milliard de malnutris. Entre les riches et les pauvres, le fossé ne cesse de se creuser. En 1960, les 710 millions de personnes considérées comme les plus riches par la Banque mondiale gagnaient 30 fois plus que les 400 millions considérées comme les plus pauvres. En 2007, le milliard d'habitants des pays riches gagne 89 fois plus que le milliard d'habitants des pays pauvres.

Les revenus du travail ne cessent de se contracter par rapport aux revenus du capital : les riches s'enrichissent, les pauvres s'appauvrissent en valeur relative. Il existe de plus en plus de travailleurs pauvres (*working poors*). En 2000, 1 % des adultes les plus riches concentraient 40 % de l'actif mondial, et les 10 % les plus riches, 85 % ! A l'inverse, la moitié la plus pauvre ne disposait que de 1 % de l'actif mondial. Dans les pays les plus avancés, apparaissent désormais des phénomènes de croissance sans emploi. Conséquence : si la pauvreté absolue décroît, la pauvreté relative progresse. La pauvreté relative désigne ceux qui perçoivent moins de la moitié du revenu médian du pays dans lequel ils vivent (moins de 60 % en France, où ils sont 7,1 millions de personnes à percevoir moins de 908 € par mois). 3,3 millions d'allocataires perçoivent en France les minima sociaux (entre 300 et 700 € par mois).

Mais cette situation n'est pas gravée dans le marbre. Les politiques publiques jouent un rôle essentiel dans la réduction de la pauvreté, notamment lorsqu'elles sont ciblées en destination des plus pauvres. Le Brésil, avec son programme Faim zéro, ou le Malawi, avec son programme de développement agricole, ont obtenu des résultats significatifs en moins de cinq ans. A l'inverse, des politiques inadaptées peuvent provoquer rapidement un recul, comme l'a montré le Zimbabwe.

Des situations initiales de handicap peuvent donner lieu à un avantage comparatif : l'enclavement peut constituer un moteur du tourisme, donc de la création de revenus (Zanskar indien, Haut Atlas marocain) : la nature (Costa Rica) et l'île tropicale (Maldives) sont survalorisées dans la mondialisation. Des espaces non développés bénéficient aujourd'hui des crédits environnementaux du développement durable comme le REDD (réduction des émissions liées à la dégradation et à la déforestation), le PSE (paiement pour services environnementaux), le MDP (mécanisme de développement propre) : forêts tropicales (Congo), pays classant une partie de leur territoire en zone protégée (Equateur, qui renonce à exploiter son pétrole).

Les choses vont plutôt dans le bon sens : pendant longtemps, on pensait que les salaires ne pouvaient pas augmenter dans certains pays, en Chine notamment, à cause de l'existence d'un immense réservoir de pauvres, la fameuse « armée de réserve », qui les tirait à la baisse. Or, la croissance économique suscite un marché intérieur et l'apparition de classes moyennes qui tirent les salaires à la hausse. La coopération internationale – l'Aide publique au développement (APD) a augmenté de 30 % depuis 2004 – et les acteurs sociaux (syndicats, ONG, groupements de producteurs) obtiennent localement des résultats significatifs dans la lutte contre la pauvreté quand leur action est appropriée, concertée et s'appuie sur un contexte favorable.

Questions

86 **D'après l'auteur, la mondialisation a créé des « exclusions spatiales ». Quel sens peut-on donner à cette expression ?**

1/ Les pays les plus pauvres ne sont pas présents dans les zones géographiques les plus riches du monde

2/ Des inégalités de revenus sont constatées sur un même espace géographique entre les plus riches et les plus pauvres

3/ Sur un même espace géographique, la mondialisation creuse les inégalités entre pays riches et pays pauvres

4/ La mondialisation creuse les inégalités entre des territoires situés sur un même espace géographique

5/ La mondialisation exclut les pays pauvres des zones de croissance économique, accroissant ainsi les inégalités.

87 **Dans une « économie d'archipel » :**

1/ Les territoires se développent de manière hétérogène

2/ Les pauvres côtoient les riches sur un même espace géographique

3/ Des ilots de prospérité apparaissent malgré le marasme économique

4/ Les territoires riches côtoient les territoires pauvres sur un même espace géographique

5/ Les zones pauvres sont isolées des zones riches

88 **Quelle proposition est fausse ? Pour l'auteur, la crise de la dette des années 1980 a :**

1/ Provoqué un accroissement des inégalités internes dans les Etats

2/ Amené les Etats à réduire les politiques sociales mises en œuvre

3/ Conduit les Etats à mettre en œuvre des plans d'ajustement structurel

4/ Conduit à un certain désengagement des Etats

5/ Eu des conséquences qui ont été amplifiées par les crises financières des années 1990

89 **Selon l'auteur, l'urbanisation :**

1/ Est synonyme de pauvreté

2/ S'accroit avec la pauvreté

3/ Réduit les inégalités

4/ Est un signe de développement économique

5/ Est un phénomène lié à la mondialisation

90 **Laquelle de ces propositions est fausse :**

1/ La mondialisation a fait reculer la pauvreté dans le monde

2/ Avec la mondialisation, tous les pays pauvres ont commencé à rattraper les pays riches

3/ La mondialisation a permis la « convergence » des économies des Etats

4/ La Chine a bénéficié des effets de la mondialisation

5/ La mondialisation a permis d'arracher les pays « émergents » à la pauvreté

91 **L'« exclusion sociale » se traduit par :**

1/ La persistance de la grande pauvreté dans les pays riches

2/ Une pauvreté qui ne cesse de s'accroitre dans les pays riches

3/ Une grande pauvreté persistante dans les pays émergents

4/ Une inégalité croissante entre les plus riches et les plus pauvres

5/ Une pauvreté qui exclut une partie de la planète de la croissance économique

92 **Laquelle de ces propositions n'évoque pas la mondialisation ?**

1/ Le recul de la pauvreté dans le monde

2/ La convergence des économies

3/ La multiplication des échanges

4/ Une croissance forte dans les pays émergents

5/ La fin de la pauvreté et du sous-développement

93 **Aujourd'hui :**

1/ 40 % des chinois les plus riches disposent de 70 % du revenu national

2/ Les 25 millions d'américains les plus riches possèdent 70 % du revenu national

3/ Les revenus des 10 % d'américains les plus riches sont comparables à ceux des 10 % des plus riches chinois

4/ Les 70 % du revenu national détenus par les 40 % des plus riches chinois sont équivalents à ceux des 10 % d'américains les plus riches

5/ 40 % du revenu national chinois sont détenus par 10 % de la population la plus riche

94 **Pourquoi, selon l'auteur, la diminution globale de la pauvreté mondiale s'accompagne d'un accroissement des inégalités ? Est-ce parce que :**

1/ Tout le monde ne tire pas parti de la mondialisation de la même façon

2/ La pauvreté dans les pays les plus pauvres continue de s'accroitre

3/ Malgré la convergence des économies, la mondialisation ne profite pas aux pays pauvres

4/ La richesse des pays de l'OCDE continue à croitre au détriment des pays émergents

5/ Les pays riches n'apportent pas leur soutien aux pays pauvres

95 **Quelle proposition concernant la « pauvreté relative » est fausse ?**

1/ Elle concerne ceux qui perçoivent moins de la moitié du revenu médian du pays

2/ Elle concerne 60 % de la population en France

3/ Elle progresse alors que la pauvreté absolue régresse

4/ Elle concerne ceux qui perçoivent moins de 908 € en France

5/ Elle concerne 7,1 millions de personnes en France

96 **Pour l'auteur, quel rôle les politiques publiques ne peuvent pas jouer face à la pauvreté ?**

1/ Permettre de valoriser des territoires a priori défavorisés

2/ Jouer un rôle essentiel dans la réduction de la pauvreté

3/ Aider au développement de l'agriculture

4/ Lutter contre la faim

5/ Permettre d'augmenter les salaires dans certains pays

97 Quelle proposition est fausse concernant la pauvreté absolue ?

1/ C'est un phénomène multidimensionnel d'absence des capacités humaines de base

2/ Elle se caractérise, notamment, par une forte espérance de vie et le manque d'instruction

3/ Elle régresse aujourd'hui dans le monde grâce à la mondialisation

4/ Elle est aussi dénommée « pauvreté extrême »

5/ Elle est mesurée par le PNUD depuis 1997

98 Depuis 1990, il n'est pas exact d'écrire que :

1/ Le nombre de personnes en situation de pauvreté monétaire dans le monde a diminué de 500 millions

2/ Le nombre de personnes disposant de moins de 1,25 dollar par jour a diminué de 400 millions dans le monde

3/ Le nombre de pauvres en Chine a diminué de 50 % à 6 % de la population

4/ Les objectifs du millénaire pour le développement ont été atteints à hauteur de 50 %

5/ Le nombre de personnes en situation de pauvreté monétaire s'est réduit de 25 %

99 Laquelle de ces propositions est fausse ?

1/ En 2000, 9 % des adultes les plus riches concentrent 45 % de l'actif mondial

2/ En 2000, 40 % de l'actif mondial étaient détenus par les 1 % des adultes les plus riches

3/ En 2000, 10 % des adultes les plus riches concentraient 85 % de l'actif mondial

4/ En 2000, 50 % de la population concentrent 99 % de l'actif mondial

5/ En 2000, 50 % de la population ne concentrent qu'1 % de l'actif mondial

100 Cherchez l'intrus :

1/ Réduction des émissions liées à la dégradation et à la déforestation

2/ Paiement pour services environnementaux

3/ Mécanisme de développement propre

4/ Aide publique au développement

5/ Crédits environnementaux du développement durable

SCORE BLANC NUMERO 2

3. RAISONNEMENT LOGIQUE ET NUMERIQUE

101 Trois bus circulent sur le même trajet circulaire. Entre deux bus, l'attente est de 36 minutes. Combien faut-il ajouter de bus pour réduire l'attente à 27 minutes ?

1. 1
2. 2
3. 3
4. 4
5. 5

102 Ralph et Ben sont deux frères. Ils mentent souvent à leurs parents mais pas tous les jours de la semaine. Ainsi, Ralph ment le lundi, le mardi et le mercredi mais il dit la vérité les autres jours de la semaine. Pour sa part, Ben, ment le jeudi, le vendredi et le samedi, mais il dit la vérité les autres jours de la semaine. Un jour, leur mère les interroge. Ralph dit « Hier, j'ai menti ». Ben répond aussi « Hier j'ai menti ». Quel jour sommes-nous ?

1. Lundi
2. Mardi
3. Mercredi
4. Jeudi
5. Vendredi

103 Huit jetons, numérotés de 1 à 8 sont placés dans deux sacs X et Y. La somme des numéros des jetons du sac X est exactement égale à la somme de ceux du sac Y. Il n'y a que trois jetons dans le sac X. Alors, on est sûr que :

1. trois jetons du sac Y ont un numéro impair.
2. quatre jetons du sac Y ont un numéro pair.
3. le jeton numéro 1 n'est pas dans le sac Y.
4. le jeton numéro 2 est dans le sac Y.
5. le jeton numéro 5 est dans le sac Y.

104 Les revenus des couples d'une ville allemande sont les suivants :

Effectifs	15 %	35 %	45 %	5 %
Salaires (en euros)	2500	2800	3000	4000

Calculer le revenu médian.

1. 3 700
2. 2 800
3. 3 500
4. 3 700
5. 2 900

105 Dans un mois de trente et un jours, on compte trois lundis dont les dates sont des nombres impairs. Quel(s) jour(s) tombe(nt) le 18 de ce mois ?

1. Lundi
2. Mardi
3. Samedi ou dimanche
4. Mardi ou jeudi
5. Mercredi ou dimanche

106 La distance Paris-Marseille par voie ferrée est de 1 000 km. Un TGV part de Marseille à 10 heures et roule à la vitesse de 300 km/h. Un train part de Paris à 8 heures 30 et roule à la vitesse de 200 km/h. A quelle distance de Marseille les deux trains vont-ils se croiser ?

1. 380 km
2. 420 km
3. 460 km
4. 540 km
5. 580 km

107 138 étudiants sont répartis dans trois salles de cours. A la fin des cours, 12 étudiants quittent la première salle, 10 quittent la deuxième salle et 14 quittent la troisième salle. Il y a alors le même nombre d'étudiants dans chaque salle. Combien y avait-il d'étudiants dans la troisième salle au début du cours ?

1. 42
2. 44
3. 46
4. 48
5. 50

108 A 9 h, Anne part de Strasbourg pour aller à Brest et conduit à la vitesse de 48 km/h. A 10 h, Pierre part également de Strasbourg dans la même direction. Il conduit à la vitesse de 60 km/h. A quelle heure Pierre va-t-il rattraper Anne ?

1. 13 h 30
2. 14 h
3. 14 h 15
4. 14 h 30
5. 15 h

109 On tire au hasard et sans remise deux billes parmi 7 billes numérotées de 1 à 7 puis on fait la somme des valeurs des deux billes tirées. Quelle est la probabilité que le résultat soit un nombre pair ?

1. $\frac{1}{4}$
2. $\frac{4}{7}$
3. $\frac{1}{2}$
4. $\frac{5}{12}$
5. $\frac{3}{7}$

110 Jeanne nettoie sa chambre en une heure et trente minutes quand son frère, lui, ne met qu'une heure pour nettoyer la chambre de Jeanne. Combien de temps ensemble, Jeanne et son frère mettront-ils pour nettoyer la chambre de Jeanne ?

1. 30 minutes
2. 36 minutes
3. 45 minutes
4. 56 minutes
5. 66 minutes

111 Afin de réserver ses vacances, Déborah a besoin de savoir quel jour tombe le 15 août cette année. En sachant qu'il y a 4 ans le 15 août était tombé un jeudi, quel jour tombera le 15 août cette année ?

1. Lundi
2. Mardi
3. Jeudi
4. Samedi
5. Dimanche

112 Un tapis roulant dans un aéroport se déplace à 3 km/h. Sa longueur est de 20 mètres. Un enfant s'amuse à le prendre en sens inverse et marche à 5 km/h. Combien de temps mettra-t-il pour remonter entièrement le tapis roulant ?

1. 1 min et 15 s
2. 1 min et 30 s
3. 45 s
4. 36 s
5. 30 s

113 Au cours d'une réunion, chaque homme a serré une fois la main de chaque autre homme et les hommes ont tous embrassé chacune des femmes présentes. On a ainsi compté 28 poignées de main et 72 embrassades. Combien y avait-il de femmes à cette réunion ?

1. 5
2. 8
3. 6
4. 7
5. 9

114 On augmente de 3 cm la longueur de l'arête d'un cube dont le volume initial est égal à 64 cm^3. Quelle est l'aire totale du nouveau cube ainsi obtenu ?

1. 266 cm^2
2. 294 cm^2
3. 312 cm^2
4. 358 cm^2
5. 396 cm^2

115 Combien d'entiers sont strictement compris entre 2015 × 2017 et 2016 × 2016 ?

1. 0
2. 1
3. 3
4. 2015
5. 2016

116 On considère la suite séquentielle informatique suivante :

[x : = -2*x]
[x : = x+y]
[y : = -6/x]
[y : = x+y]
[x : = x*y]
[x : = 2*x+12*y]

x : = a signifie que l'on affecte à x la valeur a.
y : = a signifie que l'on affecte à y la valeur a.
+ est l'opération addition
- est l'opération soustraction
/ est l'opération division
* est l'opération multiplication

Au départ, on a x = 4 et y = 2. En fin de séquence, on obtient :

1. $x = 0$ et $y = -5$
2. $x = 0$ et $y = 0$
3. $x = -5$ et $y = 0$
4. $x = 1$ et $y = 0$
5. $x = -15$ et $y = 2$

117 Anne et Bernard ont un an d'écart. Bernard et Dan ont deux ans d'écart. Dan et Tobias ont trois ans d'écart. Tobias et Anne ont quatre ans d'écart. L'une des affirmations suivantes est sûrement fausse. Laquelle ?

1. Anne est la plus âgée.
2. Bernard est le plus âgé.
3. Bernard est le plus jeune.
4. Tobias est le plus âgé.
5. Tobias est le plus jeune.

SCORE BLANC NUMERO 2 - ENONCES

118 X est une variable aléatoire qui suit une loi de probabilité de valeur moyenne $m = 4$ et d'écart-type $\sigma = 3$. La variable aléatoire $Y = X^2$ a pour espérance mathématique :

1. 20
2. 21
3. 22
4. 25
5. 26

119 Complétez la suite logique suivante :
7982 – 3666 – 5694 – 4580 – ?

1. 7264
2. 1734
3. 3784
4. 6884
5. 8654

120 Soient les points : (1 ; –4), (3 ; –1), (5 ; 4), (7 ; 6) et (9 ; 10) correspondant à une série statistique à 2 variables $(x_i ; y_i)$. Le coefficient de corrélation linéaire est égal à :

1. –0,8
2. –0,1
3. 0
4. 1
5. Aucune réponse ne convient.

SCORE BLANC NUMERO 2

4. COMPREHENSION ET EXPRESSION ECRITE EN ANGLAIS

PREMIERE PARTIE : EXPRESSION (35 QUESTIONS)

Complete the following sentences by choosing the most appropriate answer. Remember that there is only one correct answer for each question so you should choose the answer that you think is the correct one and enter the number (1, 2, 3, 4 or 5) on your answer sheet.

121 Their standard of living is well below ....

1/ Half of France
2/ Half that of France
3/ One half of America
4/ America's half
5/ The French

122 My best friend fortunately talked me ... buying the villa. And he was right. I undoubtedly would have made a poor investment.

1/ With
2/ Because of
3/ Not
4/ Out of
5/ Of

123 They did ... as to boost productivity.

1/ This such
2/ As this
3/ This
4/ So
5/ This so

124 Parisians, ... Chicagoans, take a keen interest in architecture.

1/ As
2/ Like
3/ Same
4/ Alike
5/ But

125 If she ... more time she ... us more often.

1/ Had had / might have visited
2/ Has had / will visit
3/ Has had / would have visited
4/ Would have / would visit
5/ Would have had / could have

126 He ... in this famous computer company since the beginning of the year.

1/ Works
2/ Is working
3/ Has been working
4/ Worked
5/ Did work

127 Eight Britons … ten agreed to this.

1/ Out
2/ From
3/ In
4/ On
5/ For

128 They have to prove … Peter and not Paul who took the car.

1/ Was it
2/ If
3/ That
4/ That it was
5/ It is

129 Before … this device, read the instructions carefully.

1/ Use
2/ To use
3/ Using
4/ Have used
5/ You have used

130 … you to go, I'd like you to inform me.

1/ Are not
2/ Were
3/ Have had
4/ Have
5/ Should

131 The price of tin fell … £ 4,000 a ton.

1/ From 7% to
2/ By 7% to
3/ Of 7% to
4/ 7% for
5/ 7% about for

132 It is usually far less … to use one's car than taking the bus.

1/ Economy
2/ Economic
3/ Economical
4/ Saving
5/ Savings

133 "Anna won't answer the phone!" — " … Stacy!"

1/ Try to phone
2/ Try phoning
3/ Try to calling
4/ Try to call
5/ Try call

134 The business is about the right size … handle it.

1/ For them to
2/ Such as they
3/ That they can
4/ As they can
5/ As it is for

135 She told them she wouldn't come, … ?

1/ Wouldn't she
2/ Did she
3/ Is it
4/ Would she
5/ Didn't she

136 He'd stopped … a long time ago.

1/ To smoking
2/ To have smoked
3/ Smoking
4/ Smoke
5/ For smoking

137 Why do you object … ?

1/ Him coming
2/ To this coming
3/ Him to come
4/ He should come
5/ He comes

138 You needn't … so frank about it.

1/ Had been
2/ To have been
3 Having been
4/ Have been
5/ Been

139 There is no need for any … drastic measure.

1/ So
2/ As
3/ Such
4/ That
5/ Kind

140 We know now that this is only one example of a very … phenomenon.

1/ Signified
2/ Sensible
3/ Rare
4/ Interested
5/ Widespread

141 We … have not received the documents.

1/ Yet
2/ Ever
3/ Still
4/ Now
5/ Always

142 Unfortunately, things didn't … as planned.

1/ Work off
2/ Work in
3/ Work on
4/ Work like
5/ Work out

143 I'm afraid I'm not very good … English.

1/ For
2/ On
3/ Within
4/ At
5/ –

144 He'll get … his disappointment.

1/ Out
2/ Up
3/ Away
4/ Over
5/ In

145 The captain gave … Smith a brief order.

1/ Lieutenant
2/ The lieutenant
3/ For Lieutenant
4/ To the lieutenant
5/ To lieutenant

146 They set … to work early in the morning.

1/ Up
2/ Off
3/ Down
4/ Apart
5/ At

147 Bob, … honest corporate officer, leads a busy life.

1/ A
2/ Any
3/ As a
4/ An
5/ –

148 This is all the sadder … they care for each other deeply.

1/ As
2/ More
3/ That
4/ Than
5/ For

149 … draws his gun first wins.

1/ Whoever
2/ Whatever
3/ Wherever
4/ Whomever
5/ Whatsoever

150 School is breaking … next week.

1/ Out
2/ Up
3/ Off
4/ In
5/ Down

151 Piotr has worked in Russia for a long time and speaks perfect Russian, but …, he is German.

1/ Actually
2/ Currently
3/ Presently
4/ The truth
5/ Really

152 The trend towards takeovers has intensified over the past few years.
What does 'takeovers' mean in this sentence?

1/ Businesses that have been reorganized
2/ Businesses that went bankrupt
3/ Businesses that have been taken under control
4/ Businesses that have been very successful
5/ Businesses that have been financed by business angels

153 They bravely resisted … attack.

1/ The
2/ To the
3/ Out the
4/ Up the
5/ –

154 One viewer … five … over 3 hours watching TV every single day.

1/ On / Passes
2/ Out of / Passes
3/ On / Spends
4/ In / Passes
5/ Out of every / Spends

155 Texas Air Corp. was a … airline two year ago.

1/ Debts burden
2/ Debt burdens
3/ Debt-burdened
4/ Debts burdening
5/ Debt burden

DEUXIEME PARTIE : COMPREHENSION DE TEXTES (15 QUESTIONS)

Texte

Read the article and answer the 15 questions that follow.

Apr 8th 2010 – SANTA CRUZ, COLCHAGUA VALLEY

From The Economist / *Ipag 2010*

[1] The Colchagua valley is sometimes compared to Tuscany. Amid its gentle hills and pretty villages are vineyards that produce some of Chile's best red wines. At this time of year, during the grape harvest, the valley is normally alive with wine festivals. Not this year. As a result of the massive earthquake that rocked central-southern Chile on February 27th, only two of the valley's many hotels and fewer than half of its 18 vineyards are open to visitors and all of the festivals, except for a few fund-raising events, have been cancelled. Still, Colchagua's winemakers are counting their blessings.

[2] Unlike the apples that the valley also produces, grapes were not shaken to the ground. They are being harvested more or less normally, though there is a shortage of pickers. Many seasonal labourers have either found jobs in reconstruction, or are busy repairing their own wrecked homes. The earthquake damaged winery installations, too. Just how much wine was lost, and how much time and money it will take the industry to get back to normal, have become matters of fierce argument.

[3] Vinos de Chile, the industry association, says that 125m litres of wine were lost, as storage tanks were ruptured and bottles broken by the earthquake. A fifth of the losses were in the Colchagua valley. The total loss amounts to just 12.5% of national production in 2009, a bumper year. René Merino, the president of Vinos de Chile, says producers might have to raise prices later this year if the peso strengthens because of the inflow of reconstruction money.

[4] But some people in the industry say the association's figures are underestimates, aimed at reassuring overseas buyers that supplies will not be interrupted and deterring grape growers from jacking up their prices. "They're trying to defend themselves against competitors in Argentina who've been telling importers that Chile will be off the map for the time being," says a wine analyst in Santiago.

[5] Concha y Toro, the biggest producer and exporter, has so far declined to reveal its losses even though its shares are publicly quoted. Andrés Sánchez, a wine consultant based in the Maule region, just south of Colchagua, reckons that spillage in the earthquake totalled over 300m litres.

A similar argument is raging over this year's vintage. Mr Merino insists the earthquake will have no effect. Others disagree. Mr Sánchez thinks that adverse weather—frosts in November and rains in January— meant that this year's grape harvest was anyway going to be small. The drop in output of white wine, much of which is made farther north in the Casablanca and Leyda valleys, could reach 40%, he says. Wine producers in the Colchagua valley say that damage to irrigation systems meant that some fields could not be watered for up to two weeks after the earthquake.

[6] However, a cool spring and summer has increased grapes' natural acidity. All this points to a smaller, but high quality, vintage. "This will be an exceptionally complex year for the Chilean wine industry and much will depend on what winemakers make of the grapes," says Mr Sánchez.

Then there is wine-related tourism. Many of the valley's attractions were destroyed by the earthquake. They were built of adobe, making them picturesque but deadly. Rebuilding more safely while restoring the region's architectural heritage will be tricky.

Questions

There is only one correct answer for each question so you should select only one response and enter the number (1-5) on your answer sheet.

Nota bene: some questions may include the options 'All of the above' or 'None of the above'. You should choose this option if you consider that all or none of the preceding responses correctly answer the question.

156 Why is there such disagreement about the extent of the damage to the wine business?

1/ The situation is still confused

2/ Facts are less important than commercial strategy

3/ Information sources vary according to the region

4/ Nobody is in charge of collecting information

5/ None of the above

157 Wine-related tourism in the valley will suffer because:

1/ There is no wine

2/ The region is still dangerous

3/ So many buildings have been destroyed

4/ Tourists are not allowed to visit the area

5/ None of the above

158 How many vineyards in the Colchagua valley remain open to visitors?

1/ 18

2/ 9

3/ More than 9

4/ Less than 9

5/ None of the above

159 The earthquake in February this year destroyed a lot of Chilean wine because:

1/ The grapes dropped to the ground

2/ Because wine containers were broken

3/ Because the grapes have been left on the vine

4/ Because the wine has been stolen by looters

5/ None of the above

160 **There are not many people to harvest the grapes this year because:**

1/ So many were killed and injured in the earthquake
2/ Many people were offered attractive business opportunities
3/ Many have left the region
4/ Many are afraid of another earthquake
5/ Many have got jobs in the construction industry

161 **According to some experts, the earthquake has affected the quality of this year's wine harvest because:**

1/ It has changed normal weather patterns
2/ The grapes were left on the vine longer than usual
3/ The grapes were shaken on the vine
4/ The vines haven't been watered as usual
5/ None of the above

162 **Wine-growers from Argentina:**

1/ Have been trying to help their Chilean neighbors
2/ Would like to take advantage of Chile's difficulty
3/ Have been importing Chilean wine
4/ Have developed a map of the wine-growing region in Chile
5/ None of the above

163 **According to Mr Merino, the price of Chilean wine might rise:**

1/ Because of the strength of the Chilean currency
2/ Because of the scarcity of Chilean wine
3/ In order to pay for reconstruction
4/ Because of the improved quality
5/ None of the above

164 **They cannot reconstruct historic buildings in exactly the same way because:**

1/ The traditional materials are not safe
2/ They have lost traditional building skills
3/ They do not have the time
4/ The traditional materials are no longer available
5/ None of the above

165 **The winemakers of Colchagua are counting their blessings. This means:**

1/ They have become more religious
2/ They have become very cautious
3/ They are trying to be optimistic
4/ They are carrying out an audit of the damage to the vineyards
5/ None of the above

166 **In paragraph [2], the word 'shortage' could best be replaced by:**

1/ Scarcity
2/ Inadequacy
3/ Confinement
4/ Smallness
5/ Famine

167 In paragraph [2], the word 'fierce' could best be replaced by:

1/ Enigmatic
2/ Violent
3/ Fired
4/ Interesting
5/ Passionate

168 In paragraph [4], the word 'deterring' could best be replaced by:

1/ Preventing
2/ Helping
3/ Envying
4/ Prohibiting
5/ Discouraging

169 In paragraph [5], 'up to two weeks' means:

1/ Exactly two weeks
2/ Two weeks or more
3/ Less than two weeks
4/ Two weeks or so
5/ Two weeks or less

170 In paragraph [5], 'The drop' could best be replaced by:

1/ The load
2/ The rise
3/ The fall
4/ The waste
5/ The loss

SCORE BLANC NUMERO 2 : GRILLE DES REPONSES JUSTES

	1	2	3	4	5
1		■			
2			■		
3				■	
4			■		
5			■		
6					■
7		■			
8	■				
9				■	
10		■			
11					■
12		■			
13		■			
14	■				
15		■			
16			■		
17			■		
18				■	
19		■			
20	■				
21	■				
22				■	
23				■	
24	■				
25			■		
26		■			
27	■				
28		■			
29	■				
30				■	
31		■			
32		■			
33					■
34		■			
35			■		
36				■	
37	■				
38				■	
39			■		
40			■		
41					■
42			■		
43			■		
44				■	
45					■
46			■		
47		■			
48			■		
49		■			
50		■			
51				■	
52			■		
53				■	
54			■		
55			■		
56	■				
57				■	
58			■		
59		■			
60					■
61			■		
62					■
63				■	
64			■		
65		■			
66		■			
67			■		
68	■				
69			■		
70		■			
71				■	
72					■
73				■	
74		■			
75			■		
76	■				
77					■
78		■			
79					■
80					■
81			■		
82		■			
83	■				
84			■		
85					■
86				■	
87				■	
88	■				
89		■			
90		■			
91				■	
92					■
93					■
94	■				
95		■			
96					■
97		■			
98			■		
99	■				
100				■	
101	■				
102				■	
103				■	
104					■
105				■	
106		■			
107				■	
108		■			
109					■
110		■			
111		■			
112				■	
113					■
114		■			
115	■				
116	■				
117	■				
118			■		
119			■		
120					■
121		■			
122				■	
123					■
124		■			
125	■				
126			■		
127			■		
128				■	
129			■		
130		■			
131		■			
132			■		
133		■			
134	■				
135					■
136			■		
137		■			
138				■	
139			■		
140					■
141			■		
142					■
143				■	
144				■	
145	■				
146		■			
147				■	
148	■				
149	■				
150		■			
151	■				
152			■		
153	■				
154					■
155			■		
156		■			
157			■		
158				■	
159		■			
160					■
161				■	
162		■			
163	■				
164	■				
165			■		
166	■				
167		■			
168					■
169					■
170			■		

1. Culture générale, économique et managériale

1 **Réponse : 2/** Les Etats-Unis. Quinze mois après son arrivée au pouvoir, le 45e président des Etats-Unis a décidé, comme il l'avait promis en campagne, de sortir de cet accord emblématique conclu en 2015 par son prédécesseur démocrate Barack Obama après 21 mois de négociations acharnées.

Concrètement, Donald Trump a choisi l'option la plus radicale : toutes les sanctions levées en contrepartie de l'engagement pris par la République islamique de ne pas se doter de l'arme nucléaire sont rétablies. « Immédiatement » pour les nouveaux contrats, et d'ici le 6 août ou le 4 novembre pour les entreprises, y compris étrangères, déjà présentes en Iran, qui ont donc trois à six mois pour en « sortir » avant d'être frappées par les mesures punitives leur barrant l'accès aux marchés américains.

Autrement dit, il sera très risqué pour une entreprise européenne de maintenir ses investissements en Iran. Cela devrait compliquer la tâche des signataires européens de l'accord de 2015, qui espèrent encore sauver les meubles même en l'absence des Américains.

Si le Premier ministre israélien Benjamin Netanyahu a indiqué qu'il soutenait « totalement » la décision « courageuse » de Donald Trump, la France, le Royaume-Uni et l'Allemagne ont regretté ce choix. Dans une déclaration conjointe, Emmanuel Macron, Theresa May et Angela Merkel ont déclaré avoir pris note de la décision de Donald Trump, avec « regret et préoccupation ».

2 **Réponse : 3/** 2020 est l'année du Rat de Métal, qui commence le 25 janvier 2020 et dure jusqu'au 11 février 2021.

Selon la légende autour des douze animaux du zodiaque chinois, lors de la compétition organisée par l'Empereur de Jade pour déterminer les douze animaux, le rat, rusé, demanda au bœuf de monter sur son dos pour traverser la rivière, puis sauta du dos de la bête juste avant la ligne d'arrivée, remportant ainsi la course. Pour cette raison, le rat est devenu le premier animal du cycle.

3 **Réponse : 4/** Le Xinjiang.

4 **Réponse : 3/** DCRI (Direction centrale du renseignement intérieur).

5 **Réponse : 3/** Winston Churchill.

6 **Réponse : 5/** *Tous les garçons et les filles.* Claudine Luypaerts, dite Maurane, née le 12 novembre 1960 à Ixelles et morte le 7 mai 2018 à Schaerbeek, est une chanteuse, auteure-compositrice-interprète et comédienne belge.

Révélée dans les années 1980 par son rôle de Marie-Jeanne dans la deuxième version de l'opéra-rock *Starmania*, ses titres les plus connus sont *Toutes les mamas*, *Sur un prélude de Bach* et *Tu es mon autre* (en duo avec Lara Fabian). L'artiste est régulièrement qualifiée de « voix d'or de la chanson francophone » et sa voix chaude et jazzy, de « voix de velours ».

7 **Réponse : 2/** François-Henri Pinault. Fils de François Pinault, François-Henri Pinault, né le 28 mai 1962 à Rennes, est un dirigeant d'entreprise français, Président-directeur général du groupe Kering depuis mars 2005 et président d'Artémis depuis mai 2003.

François-Henri Pinault a transformé la société de distribution PPR (Printemps-Pinault-Redoute) en Kering, un groupe mondial de luxe.

8 **Réponse : 1/** C'est en Bretagne que la prime d'assurance auto est la moins chère de France. Il en coûte en moyenne 515 euros par an aux automobilistes pour assurer leur véhicule dans la région, un montant qui grimpe tout de même de 4,8 % par an. Cette première place est somme toute assez logique car la Bretagne enregistre moins de vols, d'actes de vandalisme et d'accrochages que la moyenne nationale.

9 **Réponse : 4/** *La Peau de chagrin* est en effet une œuvre d'Honoré de Balzac.

Émile Zola est un écrivain et journaliste français, né le 2 avril 1840 à Paris et mort le 29 septembre 1902 dans la même ville. Considéré comme le chef de file du naturalisme, c'est l'un des romanciers français les plus populaires, les plus publiés, traduits et commentés au monde. Ses romans ont connu de très nombreuses adaptations au cinéma et à la télévision.

10 **Réponse : 2/** Contre la myopathie.

11 **Réponse : 5/** La population mondiale est en effet estimée à 7,8 milliards d'individus en 2020. Et voici les 25 pays les plus peuplés du monde :

Chine : 1 400 050 000
Inde : 1 368 163 000
États-Unis : 332 639 000
Indonésie : 271 066 400
Brésil : 211 755 692
Pakistan : 207 774 520
Nigeria : 206 140 000
Bangladesh : 165 570 000
Russie : 146 748 590
Mexique : 127 792 286
Japon : 126 010 000
Éthiopie : 114 964 000
Philippines : 109 581 000
Égypte : 102 334 000
Viêt Nam : 94 666 000
Rép. Dem. Congo : 89 561 000
Iran : 83 993 000
Allemagne : 83 149 300
Turquie : 82 579 000
France : 67 064 000
Royaume-Uni : 66 436 000
Thaïlande : 66 413 979
Italie : 60 317 000
Tanzanie : 59 734 000
Afrique du Sud : 58 775 022

12 **Réponse : 2/** Spotify. Mission réussie pour Spotify, le leader mondial de la musique à la demande. Alors que les valeurs technologiques traversent une passe difficile à Wall Street, alimentée notamment par le questionnement des investisseurs sur les modèles économiques liés à l'exploitation publicitaire des données personnelles dans la foulée du scandale Facebook-Cambridge Analytica, la plateforme suédoise a passé avec succès l'examen de son introduction en Bourse.

Contrairement au processus habituel, aucune fourchette de prix d'introduction n'avait été établie en amont de l'entrée en bourse de la valeur cotée sous le symbole « SPOT ». Spotify a eu recours à la procédure rare de cotation directe, moins coûteuse car sans passer par une banque d'affaires intermédiaire chargée de placer préalablement les titres auprès d'investisseurs. Une technique qui peut se révéler plus imprévisible puisqu'aucun prix n'est fixé à l'avance. Elle permet en outre à la société, qui revendique 71 millions d'abonnés payants et 159 millions d'utilisateurs actifs fin 2017 – soit le double de son concurrent le plus proche, Apple –, de ne pas lever de nouveaux capitaux.

13 **Réponse : 2/** La nouvelle vague.

14 **Réponse : 1/** La Lituanie.

15 **Réponse : 2/** perlée. Les syndicats des cheminots (l'intersyndicale CGT-Unsa-Sud-CFDT) ont inauguré mardi 3 avril un type de grève d'un genre nouveau : la grève perlée. Pendant trois mois, les syndicats appellent les salariés de la SNCF à cesser le travail deux jours par semaine tous les cinq jours. Sud Rail, le syndicat numéro 3 de la SNCF, avait même appelé à une grève reconductible toutes les 24 heures, avant de reculer au nom de l'unité syndicale.

La grève perlée devrait en tout cas démontrer, pour son 8ᵉ round, qui aura lieu mardi 8 et mercredi 9 mai, sa capacité à générer des perturbations y compris les veilles et lendemains de conflit, le temps pour l'organisation du trafic de se (re)mettre en place (entretien des rames, déplacement des rails et des agents). Des difficultés confirmées par les premiers jours de reprise post-grève, avec un trafic Intercités plutôt fragile, des RER loin d'être tous là et des TGV Ouigo sur courant alternatif.

16 **Réponse : 3/** La HALDE (Haute Autorité de lutte contre les discriminations et pour l'égalité).

17 **Réponse : 3/** Environ 1 231 euros nets par mois, soit 1 555 euros bruts par mois.

18 **Réponse : 4/** New Delhi est la championne incontestée de la pollution à travers le monde. Les habitants qui respirent toute l'année un air vicié et se réveillent chaque matin dans une odeur acre de brûlé, ne seront guère surpris. Pour la troisième année d'affilée, la mégapole indienne a été classée comme la capitale la plus polluée du monde en 2020, pour ses niveaux de concentration de PM2,5 (des particules très fines), dans une étude de la société suisse IQAir, et Greenpeace, publiée mardi 16 mars. Au sommet du palmarès, juste derrière Delhi, figurent Dacca, la capitale du Bangladesh, puis Oulan-Bator en Mongolie, Kaboul en Afghanistan, et Doha au Qatar. Les auteurs ont travaillé à partir des données des stations de surveillance de la qualité de l'air dans 106 pays.

19 **Réponse : 2/** Montpellier. Avec une soixantaine d'entreprises œuvrant dans le secteur, Montpellier est l'une des capitales du jeu vidéo en France.

La présence depuis bientôt trente ans à Castelnau-le-Lez de la star des studios français, née de la fusion de Tiwak et d'Ubisoft Pictures, créé un vivier ultra favorable pour la création de jeux vidéo.

Comme lui, à Montpellier, les studios indépendants se multiplient : Dragonslash, Feerik Games, ou Seele Games, font des merveilles. Certains ont même tapé dans l'œil d'Ubisoft : 1492 Studio, qui fait des ravages chez les jeunes femmes avec ses histoires d'amour interactives, a été racheté par le géant français au mois de février dernier.

20 **Réponse : 1/** Une compétition de voile transatlantique en solitaire.

21 **Réponse : 1/** Le Guide Rouge.

22 **Réponse : 4/** Manuel Valls.

23 **Réponse : 4/** 75 000.

24 **Réponse : 1/** Colette Dacheville, dite Stéphane Audran, est une actrice française, née le 8 novembre 1932 à Versailles et décédée le 27 mars 2018 à Paris.

Après avoir commencé sa carrière au théâtre dans les années 1950, Stéphane Audran obtient quelques rôles secondaires dans des films de la Nouvelle Vague. Sa rencontre avec Claude Chabrol en 1959 est décisive : elle devient à la fois son épouse et son actrice fétiche. Elle joue dans certains des plus grands films du réalisateur, comme *Le Boucher* et *Les Noces rouges*. En outre, elle participe à l'un des chefs-d'œuvre de Luis Buñuel, *Le Charme discret de la bourgeoisie*, qui reçoit l'Oscar du meilleur film en langue étrangère en 1973. Stéphane Audran a été une figure emblématique du cinéma français des années 1970.

Après 1980, sa carrière s'essouffle, mais elle retrouve le succès avec le film danois *Le Festin de Babette* en 1987, qui reçoit lui aussi l'Oscar du meilleur film étranger. Par la suite, elle se fait plus rare à l'écran.

Elle est immédiatement reconnaissable à sa voix traînante et elle est indissociable de ses rôles de femmes élégantes, calmes et complexes. Stéphane Audran a reçu plusieurs récompenses au fil de sa carrière, dont un Ours d'argent de la meilleure actrice, un BAFTA de la meilleure actrice et un César de la meilleure actrice dans un second rôle.

25 **Réponse : 3/** L'Assemblée nationale. Cette résidence est située rue de l'Université à Paris.

26 **Réponse : 2/** Le « DuoDay » consiste à accueillir le temps d'une journée une personne en situation de handicap en duo avec un collaborateur volontaire au sein d'une entreprise ou d'une administration. Accompagner un salarié, découvrir un métier, une entreprise : la troisième édition du « Duoday » doit permettre à des personnes handicapées de faire une « immersion » dans l'emploi, une initiative qui devrait aussi trouver un écho auprès de personnalités politiques ou des médias.

L'opération, née en 2008 en Irlande et reprise dans d'autres pays européens, a eu lieu pour la première fois en France en 2016 sous l'impulsion d'un Esat (Etablissement et services d'aide par le travail) du Lot-et-Garonne.

27 **Réponse : 1/** La Suisse.

28 **Réponse : 2/** Le nuevo sol.

29 **Réponse : 1/** 1851. L'exposition a eu lieu à Londres et le thème était « Industrie de toutes les nations ».

30 **Réponse : 4/** George Orwell.

31 **Réponse : 2/** *Quotidien*. Depuis septembre 2016, il est l'animateur de l'émission *Quotidien* sur TMC. Auparavant, il animait *Le Petit Journal* sur Canal + de 2004 à 2016.

32 **Réponse : 2/** 159 litres.

33 **Réponse : 5/** Ministre de l'Economie.

34 **Réponse : 2/** France, Allemagne, Espagne.

SCORE BLANC NUMERO 2 – CORRIGES

35 **Réponse : 3/** La Mauritanie. Le nouveau drapeau a été hissé sur tous les édifices publics du pays.

Il se distingue de l'ancien, représentant un croissant et une étoile jaunes sur fond vert, par l'ajout de deux bandes rouges symbolisant le sang des « martyrs » de la résistance, au début du XXe siècle, à la colonisation française.

La Mauritanie a acquis son indépendance de la France le 28 novembre 1960.

Les paroles du nouvel hymne ont été entièrement réécrites par une commission de poètes choisis essentiellement par les autorités pour « insuffler plus d'enthousiasme en faveur de la défense et de l'amour de la patrie », selon ses auteurs.

36 **Réponse : 4/** BFM TV, dont le directeur général est, depuis juillet 2019, Marc-Olivier Fogiel

37 **Réponse : 1/** Twitter. Le directeur général de Twitter, Dick Costolo, a démissionné de son poste en juin 2015.

Cette décision a fait suite aux déceptions exprimées par les marchés boursiers vis-à-vis des faibles performances de l'entreprise et de son manque de stratégie à long terme. Le cours de l'action a été divisé par deux depuis janvier 2014.

38 **Réponse : 4/** Me Olivier Metzner.

39 **Réponse : 3/** Plus de 54 000. Ces postes en CDI seraient à pourvoir dans les grandes entreprises du secteur marchand.

La France a créé l'année dernière quelque 268 000 emplois salariés, une première depuis dix ans.

Plus de 54 000 postes en CDI seraient ainsi à pourvoir dans toute la France.

Un chiffre auquel il faut ajouter 17 400 créations de postes en alternance.

40 **Réponse : 3/** 4,5 °C. En 2100, selon le scénario *Business as Usual* du GIEC publié en 2014, c'est-à-dire sans changer nos modes de production et de gestion de l'environnement, le réchauffement moyen pourrait être de 4,5 °C par rapport au climat pré-industriel. Les risques liés à ce réchauffement se font déjà sentir par les phénomènes météorologiques violents, et pourraient s'aggraver avec la réalisation de ce scénario.

41 **Réponse : 5/** 14. Deux femmes et douze hommes originaires de sept pays, sélectionnés parmi plusieurs dossiers, vont rejoindre l'initiative « Make Our Planet Great Again » lancée par Emmanuel Macron. Trente millions d'euros ont été débloqués pour financer ces programmes.

Ils viennent du Canada, de Suisse, du Pérou, d'Arabie Saoudite, du Japon, des Etats-Unis ou du Royaume-Uni… En tout, 14 chercheurs ont été retenus parmi 38 candidatures, a annoncé le ministère français de l'Enseignement supérieur, de la Recherche et de l'Innovation. C'est la deuxième promotion qui participe à ce projet à destination des chercheurs du monde entier. La première sélection avait eu lieu en décembre 2017.

Ce programme s'adresse à des scientifiques titulaires d'une thèse depuis plus de 4 ans, établis à l'étranger, travaillant dans les sciences du climat, l'observation et la compréhension du Système Terre, et les Sciences et technologies de la transition énergétique. Les projets de recherche lauréats sont d'une durée comprise entre 3 et 5 ans.

42 **Réponse : 3/** C. La 21e édition de la Coupe du Monde 2018 de Football se déroulera en Russie du 14 juin au 15 juillet 2018. La cérémonie d'ouverture aura lieu à Moscou au Stade Loujniki, suivi du 1er match de la compétition où la Russie affrontera l'Arabie Saoudite.

Au total, 32 pays sont qualifiés et se rencontreront au cours de 64 matchs.

A la suite du tirage au sort organisé par la Fifa, l'équipe de France fait parti du groupe C dans lequel elle affrontera le Pérou, le Danemark et l'Australie.

Le Brésil, l'Allemagne et l'Espagne font figure de favoris. L'équipe de France, quant à elle, se positionne en outsider.

A noter que l'Italie et les Pays-Bas ne participeront pas à la Coupe du Monde 2018.

43 **Réponse : 3/** Le Conseil des ministres.

44 **Réponse : 4/** En Israël. Un fossile vieux de 180 000 ans trouvé sur le mont Carmel est le plus vieux représentant de notre espèce connu hors du berceau africain de l'humanité.

Quand l'homme moderne, alias Homo sapiens, est-il sorti d'Afrique ? La présence de fossiles appartenant à notre espèce dans les grottes israéliennes de Skhul et Qafzeh, datés respectivement de 90 000 et 120 000 ans, donnait une fourchette assez large. Mais la découverte d'une demi-mâchoire datant d'environ 180 000 ans, dans la grotte toute proche de Msiliya, sur le mont Carmel, elle aussi attribuée à un sapiens, montre que les excursions vers le Levant ont été bien plus précoces qu'on ne l'avait envisagé.

45 **Réponse : 5/** 300 milliards d'euros.

Le montant du prêt accordé pourra représenter jusqu'à 3 mois de chiffre d'affaires 2019 de l'entreprise, ou deux années de masse salariale pour les entreprises innovantes ou créées depuis janvier 2019.

46 **Réponse : 3/** La peine de mort aux États-Unis est appliquée au niveau fédéral et, en 2020, dans vingt-sept des cinquante États fédérés que compte le pays, ainsi que par la justice militaire.

47 **Réponse : 2/** Ces cinq pays avaient déjà développé l'arme nucléaire lorsque le TNP a été signé.

48 **Réponse : 3/** Alexandre Bompard. Carrefour a annoncé, en 2017, la nomination d'Alexandre Bompard, le jeune patron de 44 ans de la Fnac, au poste de PDG. Il succède à Georges Plassat à la tête d'un des fleurons de la distribution alimentaire, présent dans plus de trente pays et générant 85,7 milliards d'euros de chiffre d'affaires (hors essence) dans le monde. Il prend les rênes du groupe, fort de 380 000 salariés, dont 116 000 en France.

49 **Réponse : 2/** Entre 1915 et 1916. Le génocide arménien ou, plus précisément, le génocide des Arméniens est un génocide perpétré d'avril 1915 à juillet 1916 au cours duquel les deux tiers des Arméniens qui vivent alors sur le territoire actuel de la Turquie périssent du fait de déportations, famines et massacres de grande ampleur.

50 **Réponse : 2/** 5,5 %. Le taux de TVA réduit de 5,5 % n'a pas changé au 1er janvier 2019.

Le taux intermédiaire de 10 %, créé en décembre 2011, est applicable sur la plupart des biens et des services anciennement taxés à 5,5 %, notamment la restauration.

Le taux normal de 20 % est applicable en France sur la majorité des ventes de biens ou de prestations de services.

Le taux super-réduit de 2,1 % est applicable sur les médicaments, les spectacles vivants, la presse imprimée (taux de TVA à 19,6 % pour la presse numérique) et sur les animaux vivants de boucheries.

2. Compréhension et expression écrite en Français

51 **Réponse : 4/** S'aboucher signifie : se mettre en rapport avec quelqu'un, le plus souvent pour une affaire suspecte ; s'accointer, s'acoquiner. Exemple : s'aboucher avec un receleur.

52 **Réponse : 3/** Gueule cassée : ancien combattant mutilé de la face (très employé après la Première Guerre Mondiale).

Bégueule : personne d'une pruderie excessive et affectée.

Egueuler : casser l'ouverture d'un vase de terre ou de verre.

Brûle-gueule : pipe à tuyau très court.

53 **Réponse : 4/** Spolier : dépouiller, déposséder par la force ou par la fraude.

54 **Réponse : 3/** Un avantage : nom masculin.

Davantage : adverbe qui signifie *plus*.

55 **Réponse : 3/** Rémanence : persistance partielle d'un phénomène après disparition de sa cause.

Réminiscence : rappel d'un souvenir diffus ou d'une chose dont on possède un vague souvenir.

Concupiscence : envie ou inclination violente à des plaisirs interdits par les moralistes.

56 **Réponse : 1/** Mettre un cautère sur une jambe de bois signifie *réaliser une action sans aucun effet*.

57 **Réponse : 4/** Tâcheron : ouvrier à la tâche.

Ocelot : chat sauvage qui vit en Amérique du Sud et en Amérique centrale.

58 **Réponse : 3/** Facétieux : qui tient de la facétie, de la plaisanterie.

Egrillard : grivois, cru, libertin.

59 **Réponse : 2/** Résipiscence : reconnaissance d'une faute et volonté de correction.

60 **Réponse : 5/** Règle COD / COI avec auxiliaires « avoir » et « être ».

61 **Réponse : 3/** Phagot n'existe pas. En revanche, le mot fagot existe. C'est un faisceau de menu bois.

62 **Réponse : 5/** Arrhes : somme d'argent versée lors de la signature d'un contrat.

Autre définition pour arrhes (marché de l'immobilier) : somme que l'acquéreur ou le locataire d'un bien immobilier donne pour garantir l'exécution d'un marché verbal et qu'il perd s'il rompt le marché.

Abats : ensemble qui comporte toutes les viscères comestibles d'animaux

63 **Réponse : 4/** Battre le pavé signifie *aller et venir sans objectif particulier*.

64 **Réponse : 3/** On écrit *aux vues de ces expériences* (la vue est un nom féminin).

65 **Réponse : 2/** Ascète : personne qui mène une vie austère.

Concupiscent : qui éprouve de la concupiscence.

Concupiscence : envie ou inclination violente à des plaisirs interdits par les moralistes.

66 **Réponse : 2/** Dans cette question, il faut reformuler deux termes : « autarcique » et « poindre ».

Pour un pays, vivre en « autarcie », c'est vivre indépendamment des autres pays, d'un point de vue économique. C'est, notamment, ne pas faire appel aux importations pour nourrir la population.

Pour être très précis, selon *Le Larousse*, l'autarcie est « la situation d'un pays qui tend volontairement à se suffire à lui-même sur le plan économique. Cette situation peut résulter de la volonté d'un Etat de modifier la structure sociale et économique à l'abri des influences étrangères ou, en vue de la préparation à la guerre, du refus de toute dépendance économique à l'égard de l'étranger ».

Pour ce qui est de « poindre », on utilise généralement ce mot lorsque l'on parle du soleil ou du jour qui point à l'horizon pour dire qu'il commence à paraître.

En procédant par dichotomie, on garde donc la **réponse 2** qui convient parfaitement ici.

Celles et ceux qui auraient répondu la 3 doivent être attentifs à ne pas sur interpréter ou surjouer le verbe « poindre ». « Se dévoiler » est bien trop poétique ici et casse avec le contexte factuel / économique. Et puis, il faut revenir à la signification première des mots dans cette épreuve : « se dévoiler » signifie précisément « enlever le voile, le masque ». Aussi, « indépendant » n'allait pas. Non seulement parce que l'interprétation de la phrase est ambiguë [développement indépendant (DE QUOI ?) des quartiers verts **VS** développement (COMMENT ? DE QUEL TYPE ?) indépendant des quartiers verts] mais encore parce que l'indépendance n'est qu'une résultante de la situation d'autarcie.

67 **Réponse : 3/** Pour commencer, il était possible ici d'éliminer facilement les réponses 2, 4 et 5, et ce, en nous appuyant sur le premier passage masqué.

En effet, il est impossible de dire « Evoquant de la qualité… », « Réagissant de la qualité… » ou encore « Disserter de la qualité… ». Il est possible de dire en revanche : « Evoquer la qualité de… », « Réagir à propos de la qualité de / Réagir sur la question de la qualité de… » et « Disserter sur la qualité de… » dans le sens de « parler longuement de la qualité de… ».

« S'agissant de… » et « A propos de… » étant de parfaits synonymes de « En ce qui concerne… », tout va se jouer entre « notablement » et « notamment ».

« notablement » signifie « beaucoup / extrêmement / grandement ». Exemples : Alain est notablement intéressé dans cette affaire / Il a été notablement lésé dans cette affaire.

« notamment » signifie « d'une manière qui mérite d'être notée » et est donc à retenir ici d'autant plus que le but est justement de mettre l'accent sur la liste des disciplines évoquées.

68 **Réponse : 1/** **Récurrent** : qui revient, qui réapparaît, qui se reproduit.

Recrudescence : brusque réapparition de quelque chose avec redoublement d'intensité, d'activité. Exemple : la recrudescence de l'épidémie de vache folle.

Récuser : ne pas admettre l'autorité de quelqu'un, la valeur de quelque chose dans une décision. Exemple : récuser un témoignage.

69 **Réponse : 3/** En procédant par élimination, on conserve la réponse 3.

Attention ! Le bois n'est pas un matériel, mais un **matériau** (matière d'origine naturelle ou artificielle que l'homme façonne pour en faire des objets). « Dispendieux » signifie « qui exige une (très) grande dépense ». « Expansif » signifie « qui peut dilater ou se dilater ». Au sens figuré, « expansif » signifie « qui se communique, qui s'épanche avec effusion ». Quant à « disparate », cet adjectif signifie « qui tranche fortement sur, qui est en contraste avec ».

70 **Réponse : 2/** Cette question n'était pas simple. S'il était relativement facile d'éliminer « relent » (mauvais goût que contracte la viande dans un lieu humide), « émanation » (émanation d'un gaz / émanations volcaniques) et « fumet » (vapeur, agréable à l'odorat, qui s'exhale de certains vins ou de certaines viandes et ragouts), **choisir entre « odeur » et « senteur » n'était franchement pas évident.**

Heureusement, *Le Littré* nous offre l'explication très convaincante que voici : « odeur » est un terme général ; elle est bonne ou mauvaise. La « senteur » en revanche est une odeur agréable. De plus, l'odeur **est dans les objets** qui l'exhalent ; la senteur **est ce qui est senti par le sujet, l'impression qu'il reçoit.** Autant de raisons donc qui nous poussent à choisir la réponse 2 : « senteur ».

Remarque : les cédratiers sentent bon dans l'absolu et c'est d'ailleurs pour cela que l'énoncé de la question parle du « parfum » des cédratiers. Mais c'est lorsque cette senteur est associée à l'exhalaison de la foule en sueur que cela ne va plus…

71 **Réponse : 4/** **<u>Endémique</u>** : se dit d'un phénomène économique ou social néfaste, qui sévit en permanence.

Attention ! Certains d'entre vous ont pu être tentés de choisir la réponse 5 (« même quand le chômage touche des secteurs limités »), s'appuyant sur l'autre définition d'**endémique**, à savoir qu'en biologie, une espèce est dite endémique d'une région déterminée si elle n'existe que là. Ainsi, par exemple, le koala est endémique de l'Australie et l'arganier est un arbre endémique du Maroc. Seulement, cette définition d'endémique ne peut être utilisée au sens figuré, d'où le fait que nous soyons contraints de retenir la réponse 4 qui convient donc très bien ici.

72 **Réponse : 5/** Toutes les autres réponses n'étaient que des reformulations fausses ou imprécises du passage souligné.

73 **Réponse : 4/** Attention ! Vous êtes face ici à une question de définition. Vous ne pouvez vous permettre d'être approximatifs. Ceux qui ont choisi la réponse 3 (traditionnelles) doivent veiller à ne pas tomber dans le piège de la solution « qui me plait bien » ou de celle « qui a l'air de bien fonctionner ». Les fonctions de l'Etat qui sont décrites dans l'énoncé sont précises et touchent expressément aux domaines de la défense, de la police et de la monnaie. Il s'agit de fonctions dites **<u>régaliennes</u>**.

Wikiberal.org nous offre une définition précise de ce terme : les **Droits régaliens** ou **pouvoirs régaliens** ou **fonctions régaliennes** désignent les « marques de souveraineté » dont dispose la royauté ou l'Etat. Ils ont été définis clairement en particulier au XVIe siècle par les penseurs de l'absolutisme. On y inclut couramment **la sécurité intérieure (police et justice)**, **la sécurité extérieure (armée)** et la **monnaie**.

74 **Réponse : 2/ Quelqu'un de tendancieux, c'est quelqu'un qui n'est pas objectif.** Ce terme s'applique donc parfaitement ici aux chiffres disponibles sur Internet car ils sont justement « traités et diffusés par des acteurs économiques **liés à** ces nouvelles technologies ».

75 **Réponse : 3/** Les phrases A et E sont incorrectes.

Phrase A : il ne faut pas de « s » à « possible » : Elise a fait le plus possible de bêtises (le plus qu'elle a pu faire).

Phrase E : le nom masculin « pénitencier » revêt deux sens :

– prêtre investi du pouvoir d'absoudre les cas réservés ;

– prison où sont détenues les personnes condamnées à de longues peines.

Attention ! L'adjectif masculin « pénitencier » n'existe pas… *A fortiori* le féminin « pénitencière » n'existe pas non plus. Veillez donc à ne pas dire un « système pénitencier » mais un « système pénitentiaire », tout comme une « administration pénitentiaire ».

Phrase B : RAS

Phrase C : la locution « à flot » est au singulier quand elle est utilisée au sens propre (exemple : un navire mis à flot) et ce singulier est maintenu au sens figuré (une entreprise remise à flot). En revanche, le pluriel est obligatoire quand il s'agit d'exprimer l'abondance, la profusion (exemple : le champagne coulait à flots).

Phrase D. Rappel : la locution « et demi(e) » est naturellement figée au singulier puisqu'elle désigne la moitié d'une unité, la moitié d'une chose. « Demi » s'accorde sur le genre du nom qui précède et il n'y a pas lieu de mettre un trait d'union. Exemples : le train a eu trois heures et demie de retard ; il reste deux kilos et demi de pommes.

76 **Réponse : 1/**

Paronyme : amener / emmener, abjurer / adjurer (les paronymes sont des mots qui existent !)

Aphorisme : sentence qui renferme un grand sens en peu de mots. Exemple : « Ce qui ne me tue pas me fortifie » (Nietzche).

Solécisme : « Se rappeler de quelque chose » pour « Se rappeler quelque chose » / « Après que tu sois parti », pour « Après que tu es parti ».

Pléonasme : le pléonasme est une figure de style où l'expression d'une idée est soit renforcée soit précisée par l'ajout d'un ou plusieurs mots choisis qui ne sont pas d'abord nécessaires au sens grammatical de la phrase. Exemple : « Je l'ai vu de mes propres yeux vu. »

77 **Réponse : 5/ Conjecture** : supposition fondée sur des probabilités, mais qui n'est pas contrôlée par les faits. Ex. : On est réduit à des conjectures sur ses motivations.

Conviction : état d'esprit de quelqu'un qui croit fermement à la vérité de ce qu'il pense ; certitude. Ex. : J'ai la conviction que le conflit aura lieu.

Conscience que l'on a de l'importance, de l'utilité, du bien-fondé de ce que l'on fait ; sérieux. Ex. : Soutenir un projet avec conviction.

Eventualité : caractère de ce qui est éventuel, de ce qui peut se produire. Ex. : Considérer l'éventualité d'une guerre.

Fait qui peut se produire, survenir. Ex. : Son départ est une éventualité que je ne veux pas envisager.

Hypothèse : proposition visant à fournir une explication vraisemblable d'un ensemble de faits, et qui doit être soumise au contrôle de l'expérience ou vérifiée dans ses conséquences.

Opinion : jugement, avis, sentiment qu'un individu ou un groupe émet sur un sujet, des faits, ce qu'il en pense. Ex. : Exprimer son opinion au cours du débat. L'opinion des critiques.

Ensemble des idées d'un groupe social sur les problèmes politiques, économiques, moraux, etc. Ex. : L'opinion française.

Présomption : jugement fondé non sur des preuves, mais sur des indices, des apparences, sur ce qui est probable sans être certain. Ex. : Condamner un accusé sur de simples présomptions.

Action de présumer de ses forces, de surestimer ses capacités. Ex. : Il arriva au concours plein de présomption.

78 **Réponse : 2/** Orthographe rétablie des 5 mots : réflexion ; insister ; donné ; sache ; tout cas.

79 **Réponse : 5/** Je vis : première personne du passé simple du verbe voir et première personne du présent de l'indicatif du verbe vivre.

80 **Réponse : 5/** En rhétorique, un oxymore est une figure de style qui vise à rapprocher deux termes (un nom et un adjectif) que leurs sens devraient éloigner, dans une formule en apparence contradictoire, comme « une obscure clarté ».

A savoir !

Pour former un **oxymore**, les mots de **sens** contraire sont toujours accolés, tandis que l'**antithèse** ne fait que les unir au sein d'une même proposition.

81 **Réponse : 3/** L'Eldorado (de l'espagnol *el dorado* : « le doré ») est une contrée mythique d'Amérique du Sud supposée regorger d'or.

82 **Réponse : 2/**

83 **Réponse : 1/**

84 **Réponse : 3/**

85 **Réponse : 5/ Cacochyme** est un synonyme de valétudinaire et signifie : d'une constitution faible, d'une santé déficiente.

86 **Réponse : 4/** L'auteur explique, en effet, que les exclusions spatiales entre les territoires s'observent à différentes échelles : interrégionales entre Etats à l'intérieur d'un continent ou en intra-étatiques, avec l'accroissement d'inégalités régionales.

87 **Réponse : 4/** D'après l'auteur, une « économie d'archipel » juxtapose des territoires inclus et exclus des bienfaits de la mondialisation sur un même espace géographique.

88 **Réponse : 1/** Il n'est pas exact d'affirmer que la crise de la dette des années 1980 a provoqué un accroissement des inégalités internes dans les Etats. Le texte précise simplement qu'elle en a été un des principaux facteurs en conduisant à une diminution du rôle des Etats et des politiques sociales mises en œuvre.

89 **Réponse : 2/** L'auteur explique que lorsque la population d'un pays pauvre s'accroît d'un facteur t, les villes (et donc l'urbanisation) s'accroissent de $2t$ et les bidonvilles d'un facteur $4t$.

90 **Réponse : 2/** L'auteur ne dit pas que la mondialisation a permis à tous les pays pauvres de commencer à rattraper les pays riches. Il explique certes, à travers le phénomène de « convergence », que le nombre de pays en situation de pauvreté dont la croissance économique est deux fois supérieure à celle des Etats de l'OCDE, a fortement augmenté depuis 1990. Il précise, cependant *a contrario,* que pour des Etats pauvres voire très pauvres (25 en 1990), l'écart avec les pays riches s'est accentué. La mondialisation n'a donc permis qu'à certains pays pauvres de commencer à rattraper les pays riches. On ne peut pas faire de généralité.

91 **Réponse : 4/** L'exclusion sociale se caractérise par une inégalité croissante entre les plus riches et les plus pauvres sur toute la planète, l'auteur citant le cas des Etats-Unis mais aussi de la Chine. Un certain nombre de personnes, de territoires voire d'Etats dans le monde ne bénéficient pas de l'accroissement de la richesse permis par la mondialisation. Une grande pauvreté persiste alors qu'un plus grand nombre dont les plus riches, continue de s'enrichir.

Attention à la réponse n° 5 qui peut paraître être la bonne réponse. Ce n'est pas la pauvreté qui exclut une partie de la planète de la croissance économique. C'est une partie de la planète qui est exclue, pour diverses raisons, des bienfaits de la mondialisation, ce qui a pour effet d'augmenter, en relatif, la situation de pauvreté dans certaines parties du monde.

92 **Réponse : 5/** Comme l'explique l'auteur de ce texte, la mondialisation a permis de faire reculer la pauvreté dans le monde et le nombre de pays sous-développés. Mais pauvreté et sous-développement continuent d'exister.

93 **Réponse : 5/** Cette réponse est précisée dans le texte lorsqu'il est écrit : « Aux Etats-Unis, les 10 % les plus riches disposent de 70 % du revenu national, en Chine, de 40 % », ce qui signifie qu'à la différence des américains, les 10 % des plus riches chinois ne possèdent que 40 % du revenu national de la Chine.

Attention à la réponse n° 3. Le revenu national de la Chine n'est pas comparable avec celui des Etats-Unis. Par suite, les revenus des 10 % des chinois les plus riches ne peuvent être comparés à ceux des 10 % d'américains les plus riches.

94 **Réponse : 1/** Tout au long du texte, l'auteur met en exergue les inégalités qui sont nées de la mondialisation. Il démontre ainsi que tout le monde, que ce soient les Etats, les territoires, les personnes, n'en tire pas le même profit. Il l'exprime d'ailleurs très clairement lorsqu'il écrit : « La diminution globale de la pauvreté à l'échelle mondiale s'accompagne cependant d'un accroissement des inégalités internes : tous ne peuvent ou ne savent également tirer parti des opportunités offertes par la mondialisation. »

95 **Réponse : 2/** Toutes les propositions sont exactes à l'exception de la proposition n° 2 car la pauvreté relative concerne moins de 60 % de la population en France. En effet, dans le paragraphe où la pauvreté relative est abordée, il est indiqué : « La pauvreté relative désigne ceux qui perçoivent moins de la moitié du revenu médian du pays dans lequel ils vivent (<u>moins</u> de 60 % en France…) ».

96 **Réponse : 5/** Comme l'explique l'auteur, les politiques publiques jouent un rôle essentiel dans la réduction de la pauvreté, notamment lorsqu'elles sont ciblées en destination des plus pauvres. De nombreux exemples sont donnés à l'image du programme « Faim zéro » au Brésil, le développement agricole au Malawi, la valorisation des territoires enclavés par le tourisme. A l'inverse, la hausse des salaires est la conséquence directe de la croissance économique et non le résultat des politiques publiques mises en œuvre contre la pauvreté : « Or, la croissance économique suscite un marché intérieur et l'apparition de classes moyennes qui tirent les salaires à la hausse ».

97 **Réponse : 2/** Attention au piège contenu dans cette réponse. La pauvreté absolue se caractérise, notamment, par une faible (et non forte) espérance de vie (moins de 40 ans) et le manque d'instruction (analphabétisme des adultes).

98 **Réponse : 3/** Le nombre de pauvres en Chine a diminué de 50 % à 6 % de la population depuis 1980 et non depuis 1990, comme le précise le texte : « 500 millions de personnes sont donc sorties de la pauvreté en 20 ans, particulièrement en Chine (50 % de pauvres en 1980, 6 % aujourd'hui) ».

99 **Réponse : 1/** L'auteur écrit que : « En 2000, 1 % des adultes les plus riches concentraient 40 % de l'actif mondial, et les 10 % les plus riches, 85 % ». Il est donc erroné d'affirmer que 9 % des adultes les plus riches concentrent 45 % de l'actif mondial. Dans ces 9 %, il y a déjà en effet les 1 % des adultes qui concentrent 40 % de l'actif mondial.

100 **Réponse : 4/** Les réponses 1, 2 et 3 énumèrent les différents types de crédits environnementaux du développement durable nommés dans le texte. La réponse n° 5, reprend le terme de « crédits environnementaux de développement durable ». L'intrus est donc la réponse n° 4. L'aide publique au développement n'est pas utilisée en effet pour financer des mesures de développement durable.

3. Raisonnement logique et numérique

101 **Réponse : ❶** Si entre deux bus l'attente est de 36 minutes et qu'il y a 3 bus qui circulent sur le même trajet, cela signifie qu'il faut 3 × 36 = 108 minutes pour parcourir la totalité du trajet circulaire. Si l'on réduit l'attente à 27 minutes alors il faut 108/27 = 4 bus, soit un bus de plus !

102 Réponse : ❹

Jour	Ralph	Ben
Lundi	M	V
Mardi	M	V
Mercredi	**M**	**V**
Jeudi	**V**	**M**
Vendredi	V	M
Samedi	V	M
Dimanche	V	V

C'est ici que s'opère le SWITCH

Nous sommes bien jeudi car en effet, le jeudi, Ralph dit la vérité et quand il dit « hier, j'ai menti », on voit bien que le mercredi est un jour où il ment. Quant à Ben, le jeudi est un jour où il ment. Aussi, quand il dit le jeudi « hier, j'ai menti », on doit comprendre que la veille, le mercredi est un jour où il dit la vérité, ce qui est bien le cas.

103 Réponse : ❹ La somme des numéros des jetons est égale à : 36(1 + 2 + 3 + … + 8 = 1/2 × (8 × 9)).

Aussi, chacun des sacs X et Y contient des jetons dont la somme des numéros est égale à 18.

En testant les solutions une à une on se rend compte que le jeton numéro 2 se trouve **nécessairement** dans le sac Y (réponse 4). En effet, si le jeton numéro 2 se trouve dans le sac Y, c'est qu'il ne se trouve pas dans le sac X. S'il se trouvait dans le sac X, on aurait 2 + ? + ? = 18 soit ? + ? = 16 et pour faire 16, il faudrait 8 + 8… ce qui est impossible ! Le jeton ne se trouve pas dans le sac X et il se trouve par conséquent dans le sac Y.

104 Réponse : ❺ Le revenu médian est celui qui se situe au milieu de l'ensemble des effectifs de couples de la ville allemande.

50 % des couples gagnent 2 800 euros ou moins et 50 % des couples gagnent 3 000 euros ou plus.

Le salaire médian est donc égal à (2 800 + 3 000)/2 = 2 900 euros.

105 Réponse : ❹ Ces trois lundis « impairs » sont : **Lundi 1, Lundi 15 et Lundi 29 OU Lundi 3, Lundi 17 et Lundi 31**. Ainsi, le 18 de ce mois est **un jeudi OU un mardi**.

106 Réponse : ❷ Voici une question classique face à laquelle vous devez adopter une attitude systématique en choisissant l'une des deux méthodes qui vont être proposées.

Mais avant de découvrir ces deux méthodes, réglons un léger problème : **les deux TGV ne partent pas à la même heure.** C'est ici le seul point qui rend cette question moins classique qu'à l'accoutumée. Qu'à cela ne tienne, faisons en sorte de retomber sur nos pieds ! Si le train partant de Paris à 8 h 30 roule à 200 km/h, combien de km aura-t-il parcouru à 10 h, soit au bout d'une heure et demie (1,5 h) ? Réponse : $200 \times 1,5 = 300$ km (rappel : $D = V \times T$).

Finalement, nous sommes ramenés au problème suivant : deux trains partent respectivement des points A (Marseille) et B (à 300 km de Paris), distants de 700 km (1 000 – 300) au même moment (en l'occurrence 10 h), le premier roulant à 300 km/h et le second à 200 km/h. On cherche toujours à trouver la distance entre le point A et l'endroit où ils se croisent. Sur un axe cela donne :

A partir de là, appliquons nos deux méthodes :

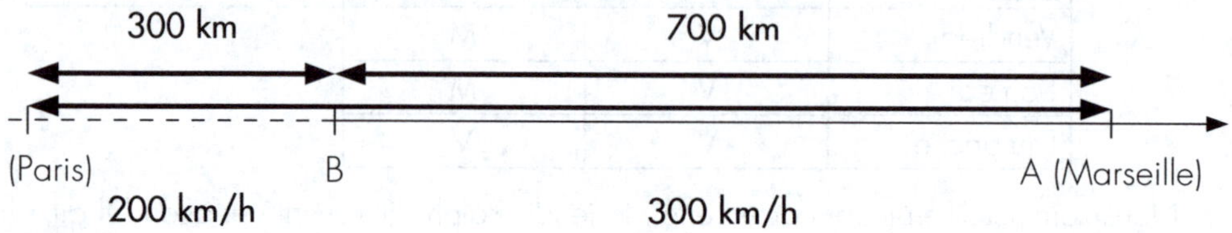

Méthode 1

Notons D_A la distance du point A à laquelle les deux trains vont se croiser, D_B la distance du point B à laquelle les deux trains vont se croiser, T le temps après lequel ils vont se croiser (en considérant un départ à 10 h), V_1 et V_2 les vitesses respectives des trains partant de Paris et Marseille. Les équations classiques de Vitesse / Temps / Distance combinées aux informations de l'énoncé donnent :

(1) $D_A + D_B = 700$

(2) $V_1 = 200$

(3) $V_2 = 300$

(4) $D_A = V_1 \times T = 300 \times T$

(5) $D_B = V_2 \times T = 200 \times T$

En remplaçant D_A et D_B par leur valeur en fonction de T dans l'équation (1), on obtient :

(1) $300 \times T + 200 \times T = 700$ (2) $D_A = 300 \times T$

Soit après calcul :

(1) $T = 7/5$ h (2) $D_A = 300 \times 7/5 = 420$ km

Méthode 2, dite méthode du barycentre (conseillée)

Intuitivement, étant donné que les trains partent au même moment et que celui qui part de Marseille roule plus vite, on se dit que le point de rencontre sera plus proche de Paris que de Marseille. La question centrale est : « Combien de fois plus proche ? »

Il nous suffit pour cela de calculer les poids relatifs de chaque train en fonction de leur vitesse : **le train partant de Marseille va 1,5 fois plus vite que celui qui part de Paris. Il « pèse » donc 1,5 fois plus lourd que l'autre train et va alors parcourir 1,5 fois plus de distance que ce dernier.** Autrement dit, sur un « poids » total de 5, le train partant de Marseille « pèse » 3 et celui partant de Paris « pèse » 2.

Représentons cela sur notre axe en le segmentant en 5 parties égales à 700/5 = 140 km :

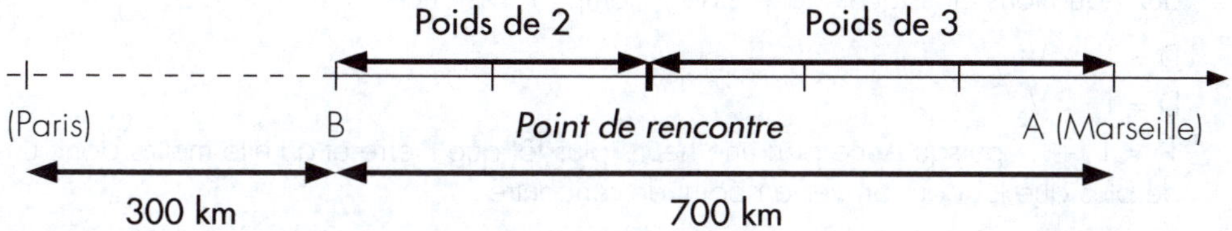

On retrouve bien le rapport des vitesses sur les distances parcourues : quand le train partant de Marseille parcourt 3 segments, celui partant de Paris en parcourt 2.

Finalement, on trouve qu'ils se croisent à 3 segments de Marseille, autrement dit à 3 × 140 = 420 km de Marseille.

107 **Réponse : ❹**

Méthode 1

Appliquons-nous à traduire les données de l'énoncé en un système d'équations, avec X le nombre d'étudiants dans la première salle au début du cours, Y celui dans la deuxième salle, Z pour la troisième et F le nombre d'étudiants dans une salle à la fin du cours.

Cela nous donne donc :

(1) X + Y + Z = 138 (3) Y – 10 = F
(2) X – 12 = F (4) Z – 14 = F

Soit, en remplaçant X, Y et Z par leurs valeurs en fonction de F dans l'équation (1) :

(1) F + 12 + F + 10 + F + 14 = 138 (3) Y = F + 10
(2) X = F + 12 (4) Z = F + 14

Soit encore, après calcul :

(1) F = (138 – 36)/3 = 102/3 = 34 (2) Z = F + 14 = 34 + 14 = 48

On trouve donc bien qu'il y avait 48 étudiants au début du cours dans la troisième salle.

Méthode 2

Cette méthode est finalement la même que la précédente mais sans outil mathématique : elle est davantage axée sur le bon sens que sur le calcul pur.

En effet, on sait qu'à la fin il y a 138 – 12 – 10 – 14 = 102 étudiants (le nombre de départ auquel on retranche ceux qui sont partis) répartis équitablement dans 3 salles de cours. Il y a donc 102/3 = 34 étudiants dans chaque salle à la fin du cours. Sachant que 14 sont partis de la troisième salle, il y avait donc 34 + 14 = 48 étudiants au début du cours dans cette salle.

108 **Réponse : ❷**

Méthode 1

Traduisons les données de l'énoncé en un système d'équations avec T_1 le temps mis par Pierre pour rattraper Anne, T_2 le temps qu'aura roulé Anne avant de se faire rattraper par Pierre, V_1 et V_2 leurs vitesses respectives et D la distance parcourue par Pierre et Anne avant de se retrouver (qui est la même, puisqu'ils partent du même point). On obtient alors, grâce aux équations classiques de Vitesse / Temps / Distance :

$D = T_1 \times V_1$
$D = T_2 \times V_2$
$T_1 = T_2 + 1$, puisqu'Anne part une heure plus tôt que Pierre et qu'elle mettra donc une heure de plus que lui pour arriver au point de rencontre.

En remplaçant V_1 et V_2 par leurs valeurs respectives, ainsi que D dans l'équation (1) par sa valeur de l'équation (2), on obtient :

$T_1 \times 48 = T_2 \times 60$
$D = T_2 \times 60$
$T_1 = T_2 + 1$

Soit, en remplaçant T_1 dans l'équation (1) par sa valeur dans l'équation (3) on obtient : $(T_2 + 1) \times 48 = T_2 \times 60$ soit $T_2 \times 60 - T_2 \times 48 = 48$ soit $T_2 \times 12 = 48$ et $T_2 = 4$ heures.
En conclusion : Pierre partant à 10 h rattrapera Anne à 10 + 4 = 14 h.

Méthode 2

Si Anne roule à 48 km/h et Pierre à 60 km/h, c'est donc qu'en une heure Anne parcourt 48 km pendant que Pierre en parcourt 60. On peut tourner cela d'une autre façon en se disant qu'en une heure, Pierre parcourt 60 – 48 = 12 km de plus qu'Anne.

Etant donné que Pierre part 1 h plus tard qu'Anne, cette dernière a donc eu le temps de parcourir 48 km, retard que Pierre doit combler pour la rattraper. Etant capable de faire 12 km de plus qu'elle toutes les heures, il aura besoin de 48/12 = 4 heures pour la rattraper.

109 **Réponse :** ❺ Pour que la somme des valeurs des deux billes tirées soit paire, il faut ou bien que les deux billes tirées soient paires, ou bien que les deux billes tirées soient impaires.

La probabilité d'avoir deux valeurs impaires est de $\frac{4}{7} \times \frac{3}{6} = \frac{2}{7}$ et la probabilité d'avoir deux valeurs paires est : $\frac{3}{7} \times \frac{2}{6} = \frac{1}{7}$. La probabilité que le résultat obtenu soit pair est donc de $\frac{2}{7} + \frac{1}{7} = \frac{3}{7}$ (on ajoute les probabilités car il s'agit d'un OU ici : deux valeurs impaires OU deux valeurs paires).

110 **Réponse :** ❷ Vous êtes ici face à une question très classique de productivité / temps de travail.

En appliquant la formule du cours et en notant T_J le temps mis par Jeanne pour nettoyer sa chambre, T_F celui mis par son frère et T le temps mis lorsqu'ils le font ensemble, on a :

$$\frac{1}{T} = \frac{1}{T_J} + \frac{1}{T_F} \Leftrightarrow \frac{1}{T} = \frac{1}{1,5} + \frac{1}{1} \Leftrightarrow \frac{1}{T} = \frac{2}{3} + \frac{3}{3} \Leftrightarrow \frac{1}{T} = \frac{5}{3} \Leftrightarrow T = \frac{3}{5}h$$

Sachant que 1/5 d'heure vaut 12 min (si cela n'est pas encore automatique pour vous, nous vous conseillons fortement de revoir vos conversions heures/minutes), alors T = 3 × 12 = **36 min.**

Rappel de la formule générale :

$$\frac{1}{T} = \sum_{k=1}^{N} \frac{1}{T_k} = \frac{1}{T_1} + \frac{1}{T_2} + \ldots + \frac{1}{T_N}$$

111 **Réponse :** ❷ Chaque année, on observe un décalage d'un jour à dates égales (365 = 7 × 52 + 1). N'oublions pas d'ajouter le jour supplémentaire dû à l'année bissextile, et on obtient un décalage de 5 jours (4 ans ⇒ 4 jours de décalage par année + 1 jour pour l'année bissextile). Le 15 août de cette année tombera donc un **mardi**.

112 **Réponse :** ❹ La bonne réponse est la 4. On est face à une question de Vitesse/Temps/Distance où l'inconnue est le Temps. Nous vous conseillons dans ce genre de situations de vous concentrer sur les deux autres données (ici Vitesse et Distance) l'une après l'autre. La distance (notée D), vaut 20 m. En ce qui concerne la vitesse, l'enfant marche certes à 5 km/h, mais en sens inverse d'un tapis roulant qui avance à 3 km/h. Il marche donc en réalité à 2 km/h. Pour vous en persuader, dites-vous qu'en une heure il aura avancé de 5 km et reculé de 3 km.

On a récapitule : V = 2 km/h et D = 20 m

On est tenté d'appliquer ici notre équation classique T = D/V mais attention, n'oubliez pas que celle-ci ne fonctionne que si les unités de distance et de temps sont les mêmes. Or ici V et D mélangent les km et les m. On convertit donc la vitesse de l'enfant en V = 2 000 m/h et on peut remplacer les inconnues dans l'équation pour obtenir : **T = 20/2 000 = 1/100 h.**

Or 1 heure correspondant à 3 600 secondes, 1/100 h vaut donc **36 secondes.**

Autre approche :

Une autre méthode aurait été de convertir immédiatement les heures en secondes dans l'expression de V et d'écrire :

V = 2 000 m/3 600 secondes, soit « l'enfant fait 2 000 m toutes les 3 600 secondes », soit encore en simplifiant par 100 : « l'enfant fait 20 m toutes les 36 secondes ».

Remarque : on aurait très bien pu vous proposer une question dans laquelle l'enfant marchait dans le même sens que le tapis roulant, **auquel cas il aurait fallu additionner leurs vitesses respectives et non les soustraire** comme c'était le cas ici.

113 **Réponse :** ❺ En notant H le nombre d'hommes, la formule des rencontres vous donne immédiatement :

H (H – 1)/2 = 28, soit H (H – 1) = 56

Ici, interdiction formelle de perdre du temps à calculer le Δ d'une hypothétique équation du second degré qui serait $H^2 - H - 56 = 0$! En effet, vous savez que le nombre d'hommes est forcément un nombre entier et donc que H (H – 1) représente le produit de deux nombres entiers consécutifs. Vous en connaissez beaucoup, vous, des entiers consécutifs dont le produit fait 56 ? Et bien non ! Cela ne fonctionne que pour H = 8. Si ce n'est pas un réflexe pour vous, nous vous invitons à vous replonger sans plus attendre dans vos tables de multiplication…

Maintenant que l'on sait qu'il y a 8 hommes à cette réunion, passons à la deuxième étape : la rencontre avec les femmes. On vous dit que chaque homme embrasse chacune des femmes présentes, soit F femmes en notant F le nombre de femmes. L'équation donnée par cette information est alors, sachant qu'on compte 72 embrassades : **H × F = 72**

En effet, en représentant cela sur un schéma avec H_1, H_2,… H_8 les 8 hommes et une croix représentant une femme (F croix en tout), cela donne :

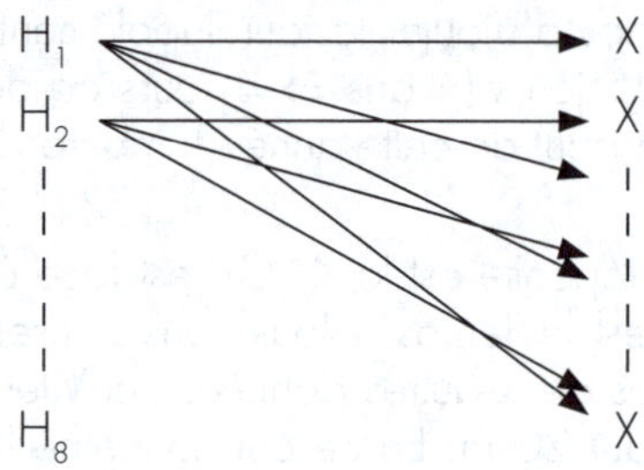

On voit bien que chaque homme a F flèches (chaque flèche représentant une embrassade) partant de lui, autrement dit qu'il y a $\underbrace{F + F + \ldots + F}_{8\ fois}$, c'est-à-dire 8 × F embrassades.

En conclusion, H × F = 72 soit 8 × F = 72 et **F = 9.**

114 **Réponse :** ❷ En effet, un cube dont le volume est de 64 cm^3 possède une arête de 4 cm. Ainsi, en augmentant cette arête de 3 cm on la passe à 7 cm et l'aire d'une face sera égale à 7^2 soit 49 cm^2. Il ne nous reste plus qu'à calculer l'aire totale du cube qui vaut :
$6 \times 49 = 6 \times (50 - 1) = 6 \times 50 - 6 = 300 - 6 = 294$ cm^2.

115 **Réponse :** ❶ 2015 × 2017 = (2016 − 1) × (2016 + 1) = 2016 × 2016 − 1. Ainsi 2016 × 2016 − 1 et 2016 × 2016 sont séparés de 1, autrement dit, il sont consécutifs ! En conclusion, 2015 × 2017 et 2016 × 2016 sont consécutifs et donc aucun entier ne les sépare.

116 **Réponse :** ❶ On a successivement les couples (*x* ; *y*) suivants :
(4 ; 2), (−8 ; 2), (−6 ; 2), (−6 ; 1), (−6 ; −5), (30 ; −5), (0 ; −5).

117 **Réponse :** ❶ Testons les réponses. Commençons par la réponse 1 et imaginons par exemple qu'Anne a 100 ans.
Si <u>Anne a 100 ans</u> et qu'elle est la plus âgée, alors **Bernard a 99 ans** (il ne peut pas avoir 101 car c'est Anne la plus âgée). On sait ensuite que **Dan a 97 ans** (il ne peut avoir 101 ans car il serait plus âgé qu'Anne). Ensuite <u>**Tobias a 94 ans**</u> (il ne peut avoir 100 ans car il ne peut avoir le même âge qu'Anne). Enfin, il faut vérifier que Tobias et Anne ont quatre ans d'écart, ce qui n'est pas le cas ! Conclusion : l'affirmation **« Anne est la plus âgée »** est fausse.

118 **Réponse :** ❹ $E(Y) = E(X^2) = V(X) + [E(X)]^2 = \sigma^2(X) + [E(X)]^2 = 3^2 + 4^2 = 25$

119 **Réponse :** ❹ Le produit des chiffres « intérieurs » est toujours égal au nombre composé des chiffres « extérieurs ». Ainsi pour 7982, on remarque **9** fois **8** vaut bien 72.

120 **Réponse :** ❺ On remarque assez aisément, en plaçant les points sur un graphe (O ; *x* ; *y*) que y est une fonction croissante de x. Cela implique donc que le coefficient de corrélation linéaire est *positif*. Nous pouvons d'ores et déjà éliminer les réponses 1 et 2. On élimine ensuite la réponse 3 car pour que le coefficient soit égal à 0, il faut qu'il n'y ait aucun lien entre les variables, ce qui n'est pas le cas ici. Enfin, ce ne peut être la réponse 4, puisque pour avoir un coefficient de corrélation linéaire égal à 1, il faut que les points soient parfaitement alignés… Ce qui n'est pas le cas. Par élimination, il s'agit donc de la réponse 5.

Avant d'entamer des calculs fastidieux utilisant les formules consacrées au calcul des variances et autres covariances, pensez d'abord à vous rappeler les propriétés liées à chacune des définitions et formules du cours et procédez autant que se peut par élimination ! Cela fonctionne merveilleusement bien dans bon nombre de cas !

Pour rappel, si les points du nuage d'une série statistique à deux variables sont alignés, alors le coefficient de corrélation, r, est égal à 1 ou –1.

4. Compréhension et expression écrite en Anglais

Expression

121 **Réponse : 2/** Leur niveau de vie se situe bien en dessous de **la motié de celui de la France.**

122 **Réponse : 4/** Les verbes ainsi construits peuvent exprimer la menace (*to threaten, to frighten*), la persuasion (*to talk, to entice*, mais non *to persuade*), la tromperie (to deceive, to delude) ou encore la moquerie (*to laugh, to shame*).

She threatened her ***into signing*** *the cheque.* Elle l'a contrainte, sous la menace, à signer le chèque.

We talked him ***out of working*** *with this crook.* Nous l'avons dissuadé de travailler avec ce truand (à force de discussion).

He deluded them ***into believing*** *that this business would be lucrative.* Il les a induits en erreur, leur faisant croire que ce business serait source de profits.

123 **Réponse : 5/** *This* est COD de *They did*. *So as to* marque le but.

124 **Réponse : 2/** Comparatif sur nom ou pronom : like.

Réponse 1 : oui, si … *as Chicagoans do…*.

Réponse 4 : oui, si … *Parisians and chicagoans* alike….

125 **Réponse : 1/**

- *If she HAS more time, she WILL visit us.*
- *If she HAD more time, she WOULD visit us.*
- *If she HAD HAD more time she WOULD have visited us.*

Notez que *MAY / MIGHT / COULD* constituent respectivement une alternative à *WILL / WOULD*. Notez aussi le registre plus soutenu avec inversion stylistique Auxiliaire / Sujet au past perfect :

- *If this had happened ⇒ **Had** this happened*

Au présent et au prétérit, l'inversion reste impossible puisqu'aucun des deux ne se construit avec un auxiliaire. Deux cas particuliers, toutefois : *SHOULD* et *WERE*.

- *If this SHOULD happen ⇒ SHOULD this happen* (Si cela devait arriver)
- *If this WERE to happen ⇒ WERE this to happen*

126 **Réponse : 3/** Constat-bilan (*present perfect*) + commentaire (*be+ING*) = combinaison gagnante avec ***since***.

127 **Réponse : 3/** *8 in 10 = 8 out of 10* (huit sur dix)

128 **Réponse : 4/** *To prove that* + structure impersonnelle. *NB* la concordance : *it was Peter*.

129 **Réponse : 3/** *Before* (et *after*) + *-ing* ou + verbe conjugué. Donc *before using = before you use*.

130 **Réponse : 2/**

131 **Réponse : 2/** La préposition to signifie pour atteindre le chiffre de....

132 **Réponse : 3/** Synonymes : *cheap / inexpensive*.

133 **Réponse : 2/** La grammaire traditionnelle suggère de penser à l'effort pour *try to do* et à l'expérience pour *try doing*.

134 **Réponse : 1/**

135 **Réponse : 5/** Le tag se fait par rapport à *she told*, donc prétérit négatif (... *she wouldn't = that she wouldn't*).

136 **Réponse : 3/**

137 **Réponse : 2/** Structure : *To object to* + *-ing* (ex : *I object to going*) + adj. possessif + *-ing* (ex. : *I object to this travelling to NY*)

138 **Réponse : 4/** Deux tournures sur *need* modal :
You needn't be so frank (inutile de...).
You needn't have been (il était inutile de ; mais l'action a eu lieu).
Ne pas confondre : *you didn't need to come* (*need* ici est un verbe principal), dont le sens est : tu n'as pas besoin de venir (et tu n'es pas venu).

139 **Réponse : 3/** Tellement
= *such* (+ adj.) + nom
= *so* + adj. (+ article ind. + nom)
Donc réponse 1 : oui, si ... *for so drastic measure*.

140 **Réponse : 5/** *We know now that this is only one example of a very **widespread** phenomenon*.
If something is widespread, it exists or happens over a large area or to a great extent. In the near future, domestic robots will be in widespread use.

141 **Réponse : 3/** Réponse 1 : oui, si *We have not yet...*.

142 **Réponse : 5/** Malheureusement les choses ne se sont pas déroulées comme prévu.
***To work out.** If a situation works out in a particular way, it happens or progresses in that way. If you work out, you do*

physical exercises in order to make your body fit and strong.

If you have something all worked out, you have thought about it carefully, and you know exactly what must say or do in order to achieve the results that you want.

If you work something out, you think about it and manage to understand it. If you work out the answer of a mathematical problem, you calculate it.

143 **Réponse : 4/** *To be good at* + nom (*I'm good at* + -ing (*I'm good at playing the guitar*)

144 **Réponse : 4/** Idiome : *to get over* + nom + adj. poss. + *-ing* = se remettre de.

Réponses 1, 2, 3 étant intransitives, il faudrait une deuxième postposition pour pouvoir prendre un COD.

145 **Réponse : 1/** Titre/grade (lieutenant) + nom propre (*Smith*) – jamais d'article.

146 **Réponse : 2/** *To set off* = se mettre en route, partir.

To set apart = séparer (deux elements).

To set down = poser.

To set up = créer, fonder.

147 **Réponse : 4/** *Officer*, nom dénombrable au singulier, exige un article. Il faut *an* devant le *h* muet de *honest* (cf *hour, honour, heir*).

148 **Réponse : 1/** Idiome : *to care for s.o.* = tenir à quelqu'un, aimer quelqu'un.

149 **Réponse : 1/** *Ever* sur un pronom relatif ou interrogatif ajoute une notion d'indétermination (… que ce soit). *Whoever* est sujet de *draw his gun* = dégainer. Il s'agit donc d'une personne.

Réponse 4 : complément. Ex : *Give it to whomever you want.*

150 **Réponse : 2/** Idiome : *to break up* = finir (en parlant de l'école).

151 **Réponse : 1/** Attention à ce faux-ami classique : *Actually* signifie en vérité / en réalité / en fait.

152 **Réponse : 3/**

153 **Réponse : 1/** *To resist* est un verbe transitif, donc pas de préposition.

154 **Réponse : 5/** L'expression d'un rapport, **1 sur 5** par exemple, prend 2 formes : ***1 in 5*** ou ***1 out of 5***. Le ***every*** reste optionnel, mais évoque davantage, s'il le fallait, qu'on en considère un, à chaque fois qu'on en prend 5. Le verbe *spend* s'utilise de façon idiomatique avec ***time*** et ***money*** (passer du temps, dépenser de l'argent).

155 **Réponse : 3/** Il s'agit de former un adjectif composé.

Cf : *A war-torn country* : … déchiré par la guerre.

A starvation-plagued area : … frappé par la famine.

A panick-stricken boy : … affolé.

Compréhension de textes

156 **Réponse : 2/**

157 **Réponse : 3/**

158 **Réponse : 4/**

159 **Réponse : 2/**

160 **Réponse : 5/**

161 Réponse : 4/

162 Réponse : 2/

163 Réponse : 1/

164 Réponse : 1/

165 Réponse : 3/

166 Réponse : 1/

167 Réponse : 2/

168 Réponse : 5/

169 Réponse : 5/

170 Réponse : 3/

INSTAGRAM DE L'AUTEUR

Franck Attelan

(lives thématiques et conseils)

GROUPE FACEBOOK

Objectif IAE

(entraide, partages d'expériences, questions à l'auteur, tests d'entrainement)

SCORE BLANC NUMERO 3

Annale Officielle du Score IAE Message (session du 30 mai 2017)

Pour des raisons pédagogiques, quelques questions d'actualité ont été mises à jour.

Consignes

1. Ce Score blanc contient 170 questions pour lesquelles vous aurez toujours 5 propositions de réponses au choix. 1 seule de ces propositions est correcte.

2. Le temps total pour travailler sur ce Score est de 3 heures.

3. Barème : 2 points par réponse juste sauf pour la sous-épreuve numéro 3 pour laquelle 5 points seront attribués par réponse juste. Une réponse fausse ou pas de réponse ne modifie pas le score (0 point). Le Score est donc noté sur un total de 400 points.

4. L'usage de la calculatrice, dictionnaire, lexique ou grammaire est formellement interdit. Aucune pause/sortie n'est autorisée pendant l'épreuve, toute sortie étant considérée comme définitive.

5. Les 170 réponses sont à reporter au recto d'une grille unique sur laquelle le candidat noircit la case correspondant à la réponse choisie, en utilisant le crayon fourni par le centre d'écrit. Les corrections doivent impérativement être effectuées avec un blanc correcteur.

SCORE BLANC NUMERO 3 : GRILLE DES REPONSES

	1	2	3	4	5
1					
2					
3					
4					
5					
6					
7					
8					
9					
10					
11					
12					
13					
14					
15					
16					
17					
18					
19					
20					
21					
22					
23					
24					
25					
26					
27					
28					
29					
30					
31					
32					
33					
34					
35					
36					
37					
38					
39					
40					
41					
42					
43					
44					
45					
46					
47					
48					
49					
50					

	1	2	3	4	5
51					
52					
53					
54					
55					
56					
57					
58					
59					
60					
61					
62					
63					
64					
65					
66					
67					
68					
69					
70					
71					
72					
73					
74					
75					
76					
77					
78					
79					
80					
81					
82					
83					
84					
85					
86					
87					
88					
89					
90					
91					
92					
93					
94					
95					
96					
97					
98					
99					
100					

	1	2	3	4	5
101					
102					
103					
104					
105					
106					
107					
108					
109					
110					
111					
112					
113					
114					
115					
116					
117					
118					
119					
120					

	1	2	3	4	5
121					
122					
123					
124					
125					
126					
127					
128					
129					
130					
131					
132					
133					
134					
135					
136					
137					
138					
139					
140					
141					
142					
143					
144					
145					
146					
147					
148					
149					
150					
151					
152					
153					
154					
155					
156					
157					
158					
159					
160					
161					
162					
163					
164					
165					
166					
167					
168					
169					
170					

SCORE BLANC NUMERO 3

1. CULTURE GENERALE, ECONOMIQUE ET MANAGERIALE

1 En France, courant 2018, quelle est approximativement la part du budget de l'éducation dans le PIB ?

1/ 1 %
2/ 2 %
3/ 7 %
4/ 9 %
5/ 12 %

2 Quelle est la part des électeurs britanniques qui se sont prononcés en faveur de la sortie de l'Union européenne lors du référendum sur le « Brexit » ?

1/ 48,70 %
2/ 51,90 %
3/ 58,40 %
4/ 64,20 %
5/ 73,50 %

3 Combien de lettres y a-t-il dans l'alphabet cyrillique ?

1/ 12
2/ 22
3/ 32
4/ 42
5/ 82

4 En dépit de la signature du pacte germano-soviétique en 1939, la Wehrmacht pénétra en Union soviétique, mettant fin à l'entente entre Hitler et Staline. A quelle date cette attaque, connue sous le nom d'opération « Barbarossa », eut-elle lieu ?

1/ Le 1er novembre 1939
2/ Le 8 mai 1940
3/ Le 18 juin 1940
4/ Le 22 juin 1941
5/ Le 7 décembre 1941

5 *Les Misérables* est un drame policier français sorti en 2019. Nommé à l'Oscar du meilleur film étranger, le film reçoit quatre Césars, dont celui du meilleur film en 2020. Par qui ce film a-t-il été réalisé ?

1/ Céline Sciamma
2/ Nicolas Bedos
3/ Ladj Ly
4/ François Ozon
5/ Jacques Audiard

6 Quelle est la capitale de la Suisse ?

1/ Zurich
2/ Berne
3/ Genève
4/ Bâle
5/ Lausanne

7 En 2019, quel est approximativement le montant du budget militaire des Etats-Unis ?

1/ 96 milliards de dollars
2/ 196 milliards de dollars
3/ 396 milliards de dollars
4/ 693 milliards de dollars
5/ 796 milliards de dollars

8 De quel groupe Jim Morrison était-il le chanteur ?

1/ The Beatles
2/ Queen
3/ The Rolling Stones
4/ ACDC
5/ The Doors

9 En France, durant la Seconde Guerre mondiale, dans quelle ville s'est déroulée l'opération « Dynamo » ?

1/ A Rouen
2/ A Marseille
3/ A Dunkerque
4/ A Brest
5/ A Bordeaux

10 Quel pays a la seule frontière terrestre avec Singapour ?

1/ L'Indonésie
2/ Le Cambodge
3/ Le Vietnam
4/ La Malaisie
5/ La Thaïlande

11 En France, en juillet 2016, pour la création de quelle nouvelle institution publique Thierry Lepaon, ancien leader démissionnaire de la CGT, a-t-il été chargé de mission par le Premier ministre ?

1/ L'Agence française de lutte contre le dopage
2/ Le Conseil économique, social et environnemental
3/ L'Organisation Internationale de la Francophonie
4/ L'Agence de la langue française pour la cohésion sociale
5/ L'Agence universitaire de la francophonie

12 Laquelle de ces villes ne se situe pas sur la côte Est des Etats-Unis ?

1/ Boston
2/ Dallas
3/ Miami
4/ Philadelphie
5/ Washington

13 Une équipe internationale de chercheurs a annoncé, le 11 février 2016, avoir pu observer pour la première fois :

1/ Des photons
2/ Des ondes gravitationnelles
3/ Des antiparticules
4/ Des quarks
5/ Des Bosons de Higgs

14 Quelle entreprise américaine est devenue propriétaire du pôle énergie d'Alstom en novembre 2015 ?

1/ General Electric
2/ Devon Energy
3/ Enron
4/ Tepco
5/ Texaco

15 En quelle année, Nicolae Ceaușescu et son épouse, ont-ils été déclarés coupables de génocide et exécutés ?

1/ En 1947
2/ En 1959
3/ En 1968
4/ En 1974
5/ En 1989

16 Quelle expression l'économiste, démographe et sociologue Alfred Sauvy a-t-il inventée ?

1/ Tiers Monde
2/ Fracture sociale
3/ Pays du Sud
4/ Pays émergents
5/ BRICS

17 De quelle nationalité Karl Lagerfeld est-il ?

1/ Anglaise
2/ Française
3/ Suisse
4/ Autrichienne
5/ Allemande

18 En France, en septembre 2015, quel homme d'affaires et homme politique controversé a fait son retour au Conseil départemental de l'Essonne après onze ans d'absence suite à la démission de Jean-Pierre Bechter ?

1/ Jean Tibéri
2/ Georges Tron
3/ Julien Dray
4/ Jean-François Copé
5/ Serge Dassault

19 En France, en septembre 2015, qui a succédé à Arnaud Clément en tant que capitaine de l'équipe de France masculine de tennis pour la Coupe Davis ?

1/ Cédric Pioline
2/ Henri Leconte
3/ Yannick Noah
4/ Sébastien Grosjean
5/ Michaël Llodra

20 En France, en 2020, qui est le président du Medef ?

1/ Geoffroy Roux de Bézieux
2/ Pierre Gattaz
3/ William Martinet
4/ François Asselin
5/ Xavier Beulin

21 **Le 28 octobre 2015, lors d'une séance au Parlement européen, à la place de qui l'Eurodéputé néerlandais Marcel de Graaf a-t-il voté provoquant l'ouverture d'une enquête pour fraude ?**

1/ José Bové
2/ Jean-Marie Cavada
3/ Rachida Dati
4/ Marine Le Pen
5/ Corinne Lepage

22 **A quelle dynastie appartenait Nicolas II de Russie ?**

1/ Holstein
2/ Kniaz
3/ Alexei
4/ Romanov
5/ Oldenbourg

23 **Quel pays a une frontière commune avec le Suriname ?**

1/ L'Indonésie
2/ L'Inde
3/ Le Japon
4/ Le Brésil
5/ Le Mexique

24 **Dans quel océan le Triangle des Bermudes se trouve-t-il ?**

1/ L'océan Indien
2/ L'océan Atlantique
3/ L'océan Arctique
4/ L'océan Pacifique
5/ L'océan Austral

25 **En octobre 2015, dans quel état des Etats-Unis d'Amérique s'est déroulée une fusillade au sein de l'Umpqua Community College faisant dix morts ?**

1/ La Californie
2/ L'Oregon
3/ Le Minnesota
4/ La Floride
5/ Le Texas

26 **Quel est le pays le plus visité en 2019 pour des raisons touristiques ?**

1/ La Chine
2/ La France
3/ L'Espagne
4/ Les Etats-Unis
5/ Le Mexique

27 **Ernesto « Che » Guevara a joué un rôle déterminant dans :**

1/ La révolution cubaine
2/ La guérilla des FARC en Colombie
3/ Le mouvement zapatiste au Mexique
4/ Le mouvement révolutionnaire Tupac Amaru au Pérou
5/ La guérilla sandiniste au Nicaragua

28 Le 14 août 2014, une délégation dirigée par le représentant permanent du Royaume-Uni auprès des Nations Unies, Mark Lyall-Grant, et l'ambassadeur du Nigéria, Usman Sarki, s'est rendue dans un état souverain pour en mesurer les progrès, notamment en faveur de la paix. Il s'agissait de :

1/ L'Afghanistan
2/ La Libye
3/ La Somalie
4/ La Bosnie-Herzégovine
5/ La Tunisie

29 Dans quelle couche de l'atmosphère vivons-nous ?

1/ La troposphère
2/ La stratosphère
3/ La mésosphère
4/ La thermosphère
5/ L'ionosphère

30 En France, quelle est l'entreprise dont la vente au début des années 1990 fut à l'origine d'un litige entre le Crédit Lyonnais et Bernard Tapie, litige qui a donné lieu à une procédure d'arbitrage controversée à propos de laquelle Christine Lagarde a été renvoyée devant la Cour de Justice de la République en décembre 2015 ?

1/ Manufrance
2/ La Vie Claire
3/ Adidas
4/ Terraillon
5/ Wonder

31 Quelle était la destination du vol Metro-Jet qui s'est écrasé le 31 octobre 2015 à la suite d'un attentat revendiqué par l'Etat Islamique ?

1/ Istanbul
2/ Le Caire
3/ Manille
4/ Saint-Pétersbourg
5/ Kuala Lumpur

32 En novembre 2015, dans quel pays se sont tenues des élections législatives historiques remportées par La Ligue Nationale pour la Démocratie dont la Secrétaire Générale est Aung San Suu Kyi ?

1/ La Birmanie
2/ Le Laos
3/ La Thaïlande
4/ Les Philippines
5/ L'Indonésie

33 Entre le 7 octobre 2015 et le 29 février 2016, quel site parisien a accueilli l'exposition Picasso.Mania ?

1/ Les Galeries nationales du Grand Palais
2/ Le Musée du Louvre
3/ Le centre Pompidou
4/ Le Musée du Quai Branly
5/ Le Palais de la découverte

34 **Pour quelle raison l'application mobile WhatsApp a-t-elle été bloquée par la justice brésilienne à plusieurs reprises en 2015 et 2016 ?**

1/ Un abus de position dominante dans le pays

2/ Le refus de l'entreprise de transmettre des informations sur des utilisateurs à la justice

3/ L'entreprise ne paie pas d'impôt au Brésil

4/ L'entreprise est suspectée d'avoir corrompu des personnalités politiques

5/ L'application est suspectée d'avoir servi à espionner le gouvernement brésilien

35 **Avec quelle nation les îles Cook sont-elles en libre association ?**

1/ L'Australie

2/ Le Royaume-Uni

3/ La Nouvelle-Zélande

4/ L'Argentine

5/ Le Canada

36 **En France, en juin 2016, dans quelle ville ont éclaté de violents heurts à l'occasion du match de football Angleterre-Russie ?**

1/ Paris

2/ Lens

3/ Toulouse

4/ Bordeaux

5/ Marseille

37 **Quel autre nom donne-t-on à la Révolution de Juillet, à la suite de laquelle fut proclamée la Monarchie de Juillet ?**

1/ La Fronde

2/ Les Cent Jours

3/ La Commune de Paris

4/ La Journée des Barricades

5/ Les Trois Glorieuses

38 **En 2016, à quelle catégorie de la population l'Organisation Mondiale de la Santé a-t-elle déconseillé le 8 mars de se rendre dans les régions touchées par le virus Zika ?**

1/ Les personnes âgées

2/ Les enfants en bas âge

3/ Les femmes enceintes

4/ Les diabétiques

5/ Les personnes souffrant d'insuffisance rénale

39 **Quel est le plus grand archipel du monde ?**

1/ Les Grandes Antilles

2/ Les Seychelles

3/ Le Japon

4/ L'Indonésie

5/ Les Maldives

40 En France, en décembre 2015, pour quelle catégorie de produits, le taux de TVA est passé de 20 % à 5,5 % suite à un amendement voté par l'Assemblée nationale ?

1/ Les produits capillaires
2/ Les manuels scolaires
3/ Les équipements sportifs individuels
4/ Les tubes de dentifrice
5/ Les protections périodiques

41 Parmi les personnages suivants présents dans les pièces de Shakespeare, lequel a dit la célèbre phrase « to be or not to be » ?

1/ Roméo
2/ Richard III
3/ Lear
4/ Hamlet
5/ Mercutio

42 En France, en septembre 2015, quelle femme politique a suscité une vive polémique par ses propos sur la France « un pays de race blanche » ?

1/ Valérie Pécresse
2/ Marine Le Pen
3/ Rachida Dati
4/ Nadine Morano
5/ Ségolène Royale

43 En France, quelle personnalité socialiste est à l'origine d'une tribune cinglante contre la politique du Président Hollande, parue dans *Le Monde* le 24 février 2016 et intitulée : « Un affaiblissement durable de la France se prépare » ?

1/ Arnaud Montebourg
2/ Michel Rocard
3/ Jack Lang
4/ Martine Aubry
5/ Jacques Delors

44 En France, en août 2016, qui a été nommé ministre de l'Economie pour remplacer Emmanuel Macron démissionnaire de ses fonctions ?

1/ Mattias Fekl
2/ Michel Sapin
3/ Christian Eckert
4/ Pierre Moscovici
5/ Christian Sautter

45 Quelle personnalité politique britannique, qui défendait le départ du Royaume-Uni de l'Union européenne lors de la campagne pour le Brexit, a démissionné de son poste de dirigeant du parti UKIP à l'issue du référendum ?

1/ David Cameron
2/ Nigel Farage
3/ Boris Johnson
4/ Nicola Sturgeon
5/ Tony Blair

46 **Lequel de ces artistes n'est pas Belge ?**

1/ Jacques Brel
2/ Romain Duris
3/ Cécile de France
4/ Magritte
5/ Hergé

47 **En termes militaires, que désigne l'acronyme « SNLE » ?**

1/ Système National de Linguistique Etrangère

2/ Sous-marin Nucléaire Lanceur d'Engins

3/ Support Naval Léger Extérieur

4/ Soutien Navigation de Ligne Etendue

5/ Service National de la Légion Etrangère

48 **Le terme « Peshmerga » est généralement utilisé par la presse internationale pour désigner les combattants :**

1/ Afghans
2/ Touaregs
3/ Tchétchènes
4/ Kurdes
5/ Libyens

49 **Qu'est-ce que la Dépakine, ce médicament nocif pour les fœtus et auquel ont été exposées 14 322 femmes enceintes (en France entre 2007 et 2014) selon un rapport de l'agence nationale de sécurité du médicament rendu public en août 2016 ?**

1/ Un antiépileptique
2/ Un antidépresseur
3/ Un antidiabétique
4/ Un anti-inflammatoire
5/ Un antibiotique

50 **« Un tombeau » en musique désigne :**

1/ Une note très grave
2/ Une œuvre posthume
3/ Une symphonie écrite par un mort
4/ Un chant de funérailles chez les Vikings
5/ Une œuvre composée en hommage à un ami, mort ou vivant

SCORE BLANC NUMERO 3

2. COMPREHENSION ET EXPRESSION ECRITE EN FRANÇAIS

51 Parmi les propositions suivantes, laquelle est correcte ?

1/ Plus tôt mourir que de revoir cet assassin

2/ Athos préférait tuer Milady plutôt que de la revoir

3/ Porthos pensait arriver plutôt pour sauver son ami

4/ Un mousquetaire préfère mourir plus tôt que de trahir son roi

5/ Chagall a peint des tableaux plus tôt colorés

52 Parmi les propositions suivantes, laquelle est correcte ?

1/ Au cours de la réunion, cet aigrefin usait d'arguments péremptoires, contrairement à son acolyte qui tenait un discours laudatif, leur voisine s'entretenait en aparté avec le ministre plénipotentiaire

2/ Au cours de la réunion, cet égrefin usait d'arguements péremptoires, contrairement à son acolite qui tenait un discours lautatif, leur voisine s'entretenait en aparté avec le ministre plénipotentiaire

3/ Au cours de la réunion, cet aigrefin usait d'arguments péremptoires, contrairement à son accolyte qui tenait un discours leaudatif, leur voisine s'entretenait en apartée avec le ministre plénipotentiaire

4/ Au cours de la réunion, cet aigrefin usait d'arguments péramptoires, contrairement à son acolyte qui tenait un discours laudatif, leur voisine s'entretenait en apartée avec le ministre plénipotentiaire

5/ Au court de la réunion, cet aigrefun usait d'arguments péremptoires, contrairement à son accolite qui tenait un discours laudatif, leur voisine s'entretenait en aparté avec le ministre plénipotentiaire

53 **Quels mots complètent cette phrase extraite de La Ferme des animaux de Georges Orwell : « Les animaux étaient à sarcler des navets sous la garde d'un cochon quand ils furent stupéfaits de voir Benjamin, accouru au galop des dépendances et … » ?**

1/ Braillant à tu-tête

2/ Braillant à tue-tête

3/ Brayant à tu-tête

4/ Brayant à tue-tête

5/ Brayant à tus-tête

54 **Parmi les propositions suivantes, laquelle est correcte ?**

1/ Depuis qu'il avait sauvé la ville, il était devenu un homme éminent

2/ Depuis qu'il avait sauvé la ville, il était devenu un homme imminent

3/ Grâce à ses études, cette personne avait beaucoup d'acquits

4/ Par acquis de conscience, je te téléphonerai demain

5/ Depuis quelques jours, il tient tout par acquis

55 **Parmi les propositions suivantes, laquelle est correcte ?**

1/ Cette Galerie vient de m'engager, je l'aiderais à sélectionner des artistes

2/ Dès demain, tu pourra commencer ce nouveau travail

3/ Laisses tes affaires ici, nous passerons les prendre plus tard

4/ Regarde le monde, prends ton envol, vis pleinement

5/ Il parviendrat bientôt au sommet de la pyramide

56 **Parmi les propositions suivantes, laquelle est correcte ?**

1/ Ce n'est pas l'acceptation que l'on donne habituellement à ce mot

2/ Il a longtemps parlé : son allocation était admirable

3/ Ce combat, cette collusion fut très violente

4/ Amstrong en allant sur la lune est devenu un astrologue réputé

5/ Les mousquetaires aimaient les duels et se battre, on les retrouvait dans de nombreuses collisions

57 **Parmi les propositions suivantes, laquelle est correcte ?**

1/ Le lambri de la maison avait été détruit lors de la dernière tempête

2/ Il est difficile de choisir un bon lanbri

3/ Ce lambrie est parfait pour la salle de bain

4/ Nous avons mis du lanbrie dans la cuisine

5/ Ce lambris était parfait pour la cuisine

58 **Parmi les propositions suivantes, laquelle est correctement conjuguée au futur de l'indicatif ?**

1/ Je pourrais venir ce soir pour t'aider dans cette tâche

2/ Il mangerait plus tôt s'il n'avait son train à prendre

3/ Tu voyeras ton frère dans un mois, ne t'inquiète pas

4/ Je voierai ce document en rentrant chez moi

5/ Ce chien aboiera dès qu'un cambrioleur tentera d'entrer dans la maison

59 **Parmi les propositions suivantes, laquelle est incorrecte ?**

1/ Je vous dis que cette femme est un sacrilège

2/ Je vais rabattre le caquet de cette gamine

3/ Tu es venu avec tes yeux affamés dans ton doux visage

4/ Tu as préféré la honte pestilencielle au crime

5/ Je fendrai en deux ces murailles obstinées

60 **Parmi les propositions suivantes, laquelle est incorrecte ?**

1/ Vous moulez votre café tous les jours

2/ L'arôme de votre café moulu est délicieux

3/ Tu mouds régulièrement du café mais tu n'en bois jamais

4/ Elles moudent le café le soir afin de le servir tôt le matin

5/ Elle moud le café le matin, c'est son premier acte au lever

61 **Parmi les propositions suivantes, laquelle est correcte ?**

1/ Le lendemain, il n'était bruit dans tout Paris que du bal que donnait au roi les échevins

2/ L'épicier de la ville avait garni les salles de flambeaux

3/ Le sieur de la Cosme fût chargé de la garde de toutes les portes

4/ A six heures du soir, les invités commençairent à arriver

5/ Le roi, qui avait subit une grave défaite, vint assister au bal

62 **Parmi les propositions suivantes, laquelle donne la définition correcte de l'expression « copains comme cochons » ?**

1/ L'expression est employée pour désigner deux ennemis

2/ L'expression est employée pour désigner des ivrognes attablés ensemble

3/ L'expression est employée pour désigner des animaux qui se battent

4/ L'expression est employée pour désigner deux amis

5/ L'expression est employée pour désigner deux voleurs pris sur le fait

63 **Parmi les propositions suivantes, laquelle est correcte ?**

1/ Ces paysages désolés donnaient une atmosphère funéraire à la soirée

2/ L'urne cinéraire de son père trônait au milieu du salon

3/ Ce monument funiculaire rend hommage aux morts

4/ L'urne funambulaire trônait au milieu du salon

5/ L'urne funambule trônait au milieu du salon

64 **Parmi les propositions suivantes, laquelle est correctement conjuguée au plus-que-parfait de l'indicatif ?**

1/ Marc et Jean s'étaient répartis le travail avant de prévoir des vacances

2/ Liane et Betty auraient continué de courir sans l'orage

3/ Le chat était effrayé : il s'enfuyait au moindre bruit

4/ Miranda aurait dû mieux connaître son fiancé

5/ Il franchissait régulièrement les limites de la loi

65 **Parmi les propositions suivantes, laquelle est correcte ?**

1/ Alice s'est préparée un dessert pour fêter son permis

2/ Mais elle s'est coupée la main en préparant le gâteau

3/ Les deux cousines se sont téléphonées pendant des heures

4/ Les deux cousines se sont préparées depuis hier pour ce match

5/ De grosses averses sont tombé sur le terrain

66 **Parmi les propositions suivantes, laquelle est correcte ?**

1/ Au dernier virage, la maison leurs apparut dans toute sa splendeur

2/ On apercevait la maison avec ces fenêtres gothiques et ça tour

3/ La neige fondue mettait cruellement à nue ses volets écaillés

4/ Il s'essuyait la figure avec se mouchoir sale

5/ Une mouette arrive sur ses petites jambes pour fouiller les poubelles

67 **Parmi les propositions suivantes, laquelle est correcte ?**

1/ Par acquition de conscience, je préfère que vous fassiez une dernière vérification

2/ Paracquis de conscience, je préfère que vous fassiez une dernière vérification

3/ Par acqui de conscience, je préfère que vous fassiez une dernière vérification

4/ Par acquis de conscience, je préfère que vous fassiez une dernière vérification

5/ Par acquit de conscience, je préfère que vous fassiez une dernière vérification

68 **Quel mot complète cette phrase extraite de La peste d'Albert Camus : « Les portes de la ville resteraient fermées pendant deux semaines encore et les mesures … maintenues pendant un mois » ?**

1/ Profilactiques

2/ Prophylactiques

3/ Profylaticques

4/ Prophilactiques

5/ Profylatiques

69 **Que signifie l'adjectif « rubescent » ?**

1/ Se rapporte à l'ensemble des ornements cousus sur des vêtements ou de la maroquinerie

2/ Qu'on peut distinguer dans le noir

3/ Se rapporte à la traversée d'un fleuve ou d'une rivière particulièrement difficile

4/ Qui devient rouge

5/ Qui est particulièrement amer

70 **Parmi les propositions suivantes, laquelle est correcte ?**

1/ Que pensait des acteurs raciniens, sinon qu'ils sont merveilleux

2/ Que pensez des téléréalités, s'agitil d'un produit de sous-culture ?

3/ Que pensé des séries historiques qui distraient mais donnent une fausse vision d'une période historique

4/ Que pensais des séries criminelles françaises contemporaines

5/ Que penser de l'abondance des trilogies traitant de notre futur

71 **Qu'est-ce qu'un « truchement » ?**

1/ Un mensonge
2/ Une blague
3/ Le fait d'être trop maquillé
4/ Un séminaire regroupant les plus grands chefs d'Etat du monde
5/ Le fait de servir d'intermédiaire entre plusieurs interlocuteurs

72 **Qu'est-ce que « l'apathie » ?**

1/ L'ensemble des procédés techniques pour la mise en page d'un ouvrage dans une société d'édition
2/ Une maladie du foie
3/ Une indifférence extrême
4/ Un phénomène météorologique
5/ Se rapporte à quelqu'un qui a une écriture illisible

73 **Parmi les propositions suivantes, laquelle correspond au verbe « abonner » à la troisième personne du singulier du futur de l'indicatif ?**

1/ Il aura abonné
2/ Il abonnera
3/ Il abonnait
4/ Il abonna
5/ Il avait abonné

74 **Parmi les propositions suivantes, laquelle est correctement orthographiée ?**

1/ Mon choix est fait, je m'arrête volontiers à la seconde considération
2/ Mon choix est fait, je m'arête volontiers à la seconde considération
3/ Mon choix est fait, je m'arrête volontier à la seconde considération
4/ Mon choix est fait, je m'arête volontier à la seconde considération
5/ Mon choix est fait, je m'arrête volontiers à la seconde considérations

75 **Parmi les propositions suivantes, laquelle est correctement orthographiée**

1/ Ce crapaud qui voudrait être une vipère empoissonne toutes les eaux où ils nagent
2/ Ce crapaud qui voudrais être une vipère empoissonne toutes les eaux où il nage
3/ Ce crapaud qui voudrait être une vipère empoissonne toutes les eaux où il nage
4/ Ce crapaud qui voudrai être une vipère empoissonne toutes les eaux où il nage
5/ Ce crapaud qui voudrez être une vipère empoissonne toutes les eaux où il nage

76 **Parmi les propositions suivantes, laquelle est incorrecte ?**

1/ Ces costumes bleus sont très appréciés des artistes

2/ Ces chaussettes bleu ciel sont assez voyantes

3/ Ces chaussettes rouge sont celles des cardinaux

4/ La cartouche d'encre bleue du photocopieur est vide

5/ A l'occasion de son anniversaire elle a sortie une grande nappe d'un blanc immaculé

77 **Parmi les propositions suivantes, laquelle est correctement orthographiée ?**

1/ Tu brûles mon esprit, ton amour étrangle ma vie

2/ Tu brûle mon esprit, ton amour étrangle ma vie

3/ Tu brules mon esprit, ton amour étrengles ma vie

4/ Tu brule mon esprit, ton amour étrangles ma vie

5/ Tu brûles mon esprit, ton amour étrengle ma vie

78 **Parmi les propositions suivantes, laquelle est incorrecte ?**

1/ J'ai croisé les membres de ta famille, je leur ai dit que je les appellerai

2/ Le surveilant leur a dit de cessez immédiatement leur bagarre

3/ J'ai emprunté des outils à mes voisins et je les leur rends

4/ Mes amis sont venus à la maison deux semaines et je leur ai fait visiter la région

5/ Ces abricotiers nous tendent leurs fruits pour faire des confitures

79 **Parmi les propositions suivantes, laquelle est correcte ?**

1/ La grende leçon de la vie, c'est que parfois, ce sont les fous qui ont raison

2/ La grande leçon de la vie, c'est que parfois, ce sont les fous qui ont raison

3/ La grande lesson de la vie, c'est que parfois, ce sont les fous qui ont raison

4/ La grande leçon de la vie, ces que parfois, ce sont les fous qui ont raison

5/ La grande leçon de la vie, c'est que parfois, ceux sont les fous qui ont raison

80 **Parmi les propositions suivantes, laquelle est incorrecte ?**

1/ La somme totale due pour ses achats est très élevée

2/ La femme de ménage a dû ranger ta chambre

3/ Après s'être coupé, il du s'apuyer sur le meuble de la cuisine pour éviter de tomber

4/ Le reste dû est de vingt euros

5/ Il a dû être déçu de ne pas être le premier à faire cette émission de radio

81 **Parmi les propositions suivantes, laquelle est correctement orthographiée ?**

1/ Les prinsipes sont bons en euxmêmes, mais leur application est parfois délicate

2/ Les prinssipes sont bons en eux-mêmes, mais leur application est parfois délicate

3/ Les princippes sont bons en eux-mêmes, mais leur application est parfois délicate

4/ Les principes sont bons en eux-mêmes, mais leur application est parfois délicate

5/ Les primcipes sont bons en eux-mêmes, mais leur application est parfois délicate

82 **Parmi les propositions suivantes, laquelle est incorrecte ?**

1/ Ce poète a composé un excellent acrostiche qui fait la joie de ses amis
2/ Ces dans cette caverne que des fragments de poteries ont été retrouvés
3/ L'incendie de cette nuit est dû au mauvais entretien des gaines d'aération
4/ Quelle que soit la violence de son comportement, celle-ci n'est pas pardonnable
5/ Les souliers à boucles étaient à la mode à l'époque de Louis XV

83 **Parmi les propositions suivantes, laquelle est incorrecte ?**

1/ Toutes les précautions prises ne viendront qu'en complément de l'expérience
2/ L'expertise et l'expérience sont les deux sources de la qualification professionnelle
3/ Quelles sont les précautions qui pourrons nous faire réussir cette épreuve
4/ Quelques-uns parmi les plus riches aident les plus pauvres
5/ Nous les avons reconnus parmi la foule qui est passée devant nous

84 **Parmi les propositions suivantes, laquelle est synonyme de « fugace » ?**

1/ Tenace
2/ Perdurable
3/ Eternel
4/ Versatile
5/ Pérenne

85 **Parmi les propositions suivantes, laquelle est incorrecte ?**

1/ Au moment où tout paraissait crouler dans le désastre et dans le désespoir
2/ Il s'agissait de savoir si ce grand et noble pays livré à l'ennemi par la plus atroce trahison de l'Histoire allait se relever
3/ Nous avons à déployez, parmi nos frères les hommes, ce dont nous sommes capable, pour aider notre pauvre et vieille mère, la Terre
4/ Les épreuves inouïes que nous venons de traverser n'ont fait, naturellement, qu'aggraver cet état de choses
5/ Il s'agissait de savoir enfin si, dans la nuit de la servitude, nous pourrions nous relever

Texte

Qu'est-ce que l'intelligence ?

Source : *La Recherche*, hors-série n° 18, L'intelligence, 2016

Entretien avec Howard Garner, professeur de psychologie aux Etats-Unis, il est le père de la théorie des intelligences multiples

Par Marie-Laure Théodule

Howard Garner est un pionnier. Depuis plus de trente ans, cet élégant professeur de psychologie américain de la côte Est mène un combat pour imposer sa théorie des intelligences multiples. Pourfendeur du quotient intellectuel (QI) largement utilisé, particulièrement en France (où il a été inventé par Binet), pour déterminer les aptitudes des individus, il montre que les tests de QI n'explorent que deux de nos intelligences : nos capacités verbales et logico-mathématiques. Dès les années 1980, il avance que nous en possédons au moins cinq autres. Plus récemment, il en ajoutera une huitième, l'intelligence de la nature. Devenu le chantre d'un enseignement personnalisé qui s'appuie sur les points forts de l'élève plutôt que de l'exclure, il publie une vingtaine de livres traduits dans plusieurs langues. Mais ne fait pas forcément l'unanimité. Critiquées par certains psychologues et neuroscientifiques, ses idées entrent à l'école, plus ou moins vite selon les pays. En France, le déclic est récent.

MLT : Vous avez été le premier, parmi les psychologues cognitifs, à avancer au début des années 1980 que l'intelligence est plurielle. En quoi votre théorie était-elle révolutionnaire.

Howard Gardner : On a encore tendance aujourd'hui à mesurer l'intelligence uniquement avec les tests quotient intellectuel (QI) qui évaluent les seules capacités verbales et logico-mathématiques par rapport à une population de référence. Cela remonte à l'époque du psychologue Alfred Binet. Au début xxe siècle, à la demande du gouvernement français il avait mis au point un test pour détecter les enfants qui ne pourraient pas suivre une scolarité normale en raison de leurs insuffisances intellectuelles. Ensuite ces échelles ont été améliorées par deux psychologues, l'Allemand Wïlhelm Stem en 1912, et l'Américain David Wechsler dans les années 1930. En étudiant de plus près cette question, j'ai proposé une vision différente dès le début des années 1980 : selon moi l'intelligence est une capacité à résoudre des problèmes dans un contexte culturel et elle est plurielle. Elle se conjugue en au moins huit formes : verbale, logico-mathématique, visiospatiale, corporelle, musicale, intrapersonnelle (connaissance de soi-même) et interpersonnelle (compréhension d'autrui), et enfin naturaliste-écologique.

MLT : Sur quels critères fondez-vous l'existence de ces huit formes ?

J'ai établi huit critères auxquels toute capacité intellectuelle doit répondre pour être considérée comme une intelligence à part entière : reposer sur des capacités cognitives de base (mémoire, raisonnement…), pouvoir s'améliorer par l'éducation, être vulnérable à certaines lésions cérébrales, se manifester de manière exceptionnelle chez certains prodiges, être repérable dans l'évolution de l'homme, étudiable en laboratoire, mesurable par des tests psychométriques et enfin représentable dans un système symbolique (langage, code, solfège…). En outre, l'imagerie cérébrale nous a permis d'identifier les zones du cerveau spécifiques pour presque toutes nos différentes intelligences.

MLT : Sait-on quelles régions du cerveau sont impliquées dans l'intelligence naturaliste, dernière forme que vous avez identifiée ?

Dès la fin des années 1990, et suite à de nombreuses observations, j'étais convaincu que la capacité à reconnaître et à classer dans un même groupe les éléments d'une famille biologique (faune, flore) relevait d'une intelligence spécifique. En effet, des enfants fascinés par la nature manifestent tôt cette capacité – ce fut le cas de biologistes comme Charles Darwin ou Stephen Jay Gould. En neurobiologie, j'ai remarqué que certains patients souffrant de lésions cérébrales sont incapables d'identifier ce qui appartient au vivant ; d'autres ne réalisent plus que certains objets ont été inventés par l'homme (écrits, table, voiture) et non par la nature. Pourtant, on n'a pas encore identifié avec précision les régions du cerveau impliquées dans l'intelligence naturaliste. Mais on sait déjà que nos circuits cérébraux peuvent reconnaître et classer ce qui vient de la nature et ce qui émane de la main de l'homme. Comment toutes ces intelligences réussissent-elles à fonctionner harmonieusement ? Il y a probablement, dans notre cerveau, une sorte de « chef d'orchestre » qui détermine quel type d'intelligence doit être utilisé, à chaque moment, pour résoudre un problème particulier. Parfois, ce chef fait preuve d'une habileté particulière, comme lorsque nous prenons du recul par rapport à un problème et que nous nous disons : « Tiens, je ferais bien d'aborder cette difficulté de manière spatiale. » Mais la plupart du temps, le pilotage s'effectue inconsciemment, en mode automatique. Je crois que le chef « habile » émerge lorsque le sens du « moi » entendu comme produit de l'intelligence intra-personnelle, tend lui-même à se développer. En tout cas, pour ce qui est du chef courant, qui joue le rôle d'un simple agent de la circulation, il n'est nullement besoin, pour justifier son existence, de le faire dériver d'une intelligence séparée.

MLT : Certains chercheurs considèrent que votre recherche ne repose pas sur des bases scientifiques. Que leur répondez-vous ?

En science, une théorie est soit empirique, soit expérimentale. Ma théorie des intelligences multiples est fondée sur des preuves empiriques reposant sur des observations scientifiques dans un domaine qui va de la psychologie aux neurosciences en passant par l'anthropologie. Elle n'est pas de type expérimental : on ne peut pas monter une série d'expériences en laboratoire pour prouver si elle est juste ou fausse. Or c'est le cas de beaucoup de théories scientifiques : des disciplines telles la géologie, l'astronomie, et même la théorie de l'évolution ne relèvent pas de la science expérimentale. En s'appuyant sur des preuves empiriques qui s'accumulent ou non au fil des années, ce genre de théorie est soit conforté, soit invalidé. Or, après trente-cinq années d'existence, ma théorie des intelligences multiples a sans cesse été renforcée, notamment par des preuves neurobiologiques : elle a donc prouvé sa robustesse.

MLT : Possédons-nous tous à égalité, à la naissance, ces huit formes d'intelligence ou bien l'hérédité joue-t-elle un rôle ?

Le facteur héréditaire existe dans presque toutes les capacités humaines. Et l'intelligence n'échappe sans doute pas à cette règle. Ce facteur, qui peut se calculer en estimant le degré de ressemblance avec ses quatre grands-parents, varie sans doute selon les formes d'intelligence. Je suis prêt à parier que l'intelligence musicale est fortement héréditaire alors que l'intelligence intra-personnelle l'est peu. Mais nous n'avons pas de preuves scientifiques convaincantes. Pour cela, il faudrait mener des études croisant génétique et comportements. Je pense que nous sommes différents dans l'agencement de nos intelligences, en raison de l'hérédité et de nos expériences de vie. Loin d'être un motif de confusion ou d'anxiété, je pense que ces différences rendent la vie intéressante.

MLT : Adulte, nous servons-nous à égalité de nos huit intelligences ou bien avons-nous des dominantes ?

Chacun de nous privilégie certaines formes d'intelligence. Par exemple, les mathématiciens s'appuient davantage sur leurs capacités logico-mathématiques, les peintres sur leur talent visiospatial. Et ce phénomène s'accentue avec l'âge. Mais cela ne doit pas nous empêcher de recourir aussi à nos autres capacités moins développées car l'intelligence s'entretient. Ainsi, bien que mon intelligence visiospatiale soit limitée, je me passionne quand même pour les arts plastiques et visuels.

MLT : Justement, peut-on aiguiser toutes ces intelligences chez les enfants et comment ?

Toutes les intelligences peuvent être favorisées dans la petite enfance et je pense qu'elles doivent l'être. Une manière merveilleuse de le faire est de passer du temps dans un musée pour enfants en laissant le petit explorer et faire diverses expériences. Ou d'aller en vacances à différents endroits (montagne, bord de mer, ferme, petite ville) et d'essayer plusieurs activités. Mais même dans un intérieur modeste un enfant peut exercer ses différentes formes d'intelligence. Pensez à tout ce qu'il peut faire seulement avec des casseroles, des poêles et des couverts.

MLT : Peut-on appliquer votre théorie dans le système scolaire ?

Jusqu'à maintenant, partout dans le monde, on a favorisé les écoles fondées sur un enseignement identique pour tous. On y enseigne les mêmes matières, de la même façon, à tous les élèves, qu'on soumet ensuite aux mêmes examens, et ce système est jugé équitable puisqu'il traite tous les enfants de la même manière. Pourtant, je crois qu'il est fondamentalement injuste. On a choisi a priori un style d'intelligence (en général, un mélange d'intelligence linguistique et logico-mathématique), et on s'efforce de rendre chaque individu semblable à ce prototype. Je crois qu'il serait à la fois plus équitable et plus astucieux de diversifier la présentation des contenus à enseigner, de la tailler « sur mesure », en fonction des capacités des élèves. En même temps, il faudrait leur offrir la possibilité de montrer sous des formes et par des moyens variés ce qu'ils ont retenu et compris. J'appellerais un tel système une école « adaptée aux besoins de l'individu ».

MLT : Concrètement, comment l'enseignant peut-il s'y prendre ?

Selon moi, il existe deux applications principales de ma théorie à l'enseignement. La première, l'individualisation, consiste à essayer d'adapter l'enseignement à chaque enfant en fonction de son profil d'intelligence. La seconde, la pluralisation, signifie que tout ce qui mérite d'être enseigné doit être présenté de plusieurs manières aux élèves afin de faire appel aux différentes formes de leur intelligence. En agissant ainsi, le professeur est sûr que son enseignement atteindra beaucoup plus de jeunes. Et il démontre aussi qu'il a lui-même réellement compris ce qu'il enseigne. Si vous comprenez vraiment quelque chose, que ce soit la Révolution française ou les nombres premiers, vous devez être en mesure, de l'expliquer de différentes manières.

MLT : Dans plusieurs pays, des écoles mettent en œuvre votre théorie dans leur pédagogie. Mais la France ne s'y est mis que récemment, pourquoi ?

J'ai développé ma théorie il y a trente-cinq ans. Elle s'est répandue assez vite dans les écoles de nombreux pays. Dans un de mes livres, publié en 2009, sur les intelligences multiples dans le monde, plusieurs auteurs présentent 42 écoles situées dans 15 pays et sur les cinq continents et décrivent comment celles-ci mettent en pratique ma théorie, il n'y a aucune école française parmi elles. Je pense que c'est parce que les premiers tests d'intelligence ont été mis au point en France. En conséquence, beaucoup de tests ont été faits dans votre pays pour exclure des candidats, par exemple de l'université ou des grandes écoles. Cela a beaucoup changé ces dernières années : je reçois désormais beaucoup plus de demandes sur ma théorie qu'il y a dix ans.

Je suppose que c'est parce que les enseignants et la majorité de la population française comprennent enfin qu'on ne peut pas se servir de l'école et des tests seulement pour exclure les élèves. Il faut chercher leurs points forts et adapter notre enseignement à leurs particularités. Une solution unique ne peut pas convenir à tout le monde. Tout système scolaire doit être inclusif et non exclusif.

MLT : Finalement, votre théorie s'oppose à l'idée que l'on puisse mesurer l'intelligence avec des tests de QI ?

Ces tests consistent, par définition, en des questions portant sur des définitions abstraites, des faits isolés, hors de tout contexte réel. Il est beaucoup plus instructif d'observer comment des enfants affrontent des problèmes concrets dans des situations non artificielles. Il serait absurde de rejeter totalement cet instrument de mesure qui n'a cessé d'être révisé depuis sa mise au point. Mais les tests de QI souffrent d'avoir été surestimés, alors que leurs faiblesses n'ont pas été suffisamment analysées. Le résultat d'un test n'indique rien de plus qu'un nombre de réponses correctes. Or, souvent, on peut en apprendre beaucoup plus en observant la manière dont le sujet aborde une question, ou un sous-ensemble de questions. Si je n'avais qu'une heure à consacrer à un enfant, peut-être lui ferais-je passer un test de QI. Mais je ferais plus attention à la manière d'affronter chaque difficulté, ainsi qu'à la nature des erreurs, qu'au résultat proprement dit.

MLT : Pourquoi vous êtes-vous beaucoup intéressé à l'intelligence exceptionnelle de certains autistes ?

Comme les prodiges, les enfants autistes sont un profil cognitif tout à fait original. La plupart du temps, leurs possibilités linguistiques sont très dégradées ainsi que leurs possibilités dons interpersonnelles. Pourtant, ils sont par ailleurs très doués en musique, en mathématiques ou en mécanique. Aussi constituent-ils la démonstration la plus vivante du fait que les intelligences peuvent être dissociées, c'est-à-dire du fait qu'on peut avoir une forme d'intelligence très développée et une autre beaucoup moins. Et ce fait est en soi le meilleur argument qu'on puisse opposer aux partisans du QI et autres théories « unificatrices » de l'intelligence. Et il plaide en faveur de ma théorie des intelligences multiples.

MLT : Votre théorie peut-elle s'appliquer aux animaux…

Ma théorie permet d'approfondir notre connaissance des différences qui séparent entre elles les espèces animales. Chaque espèce a un profil cognitif qui lui est propre. Les rats, par exemple, possède une bonne intelligence spatiale et les oiseaux une bonne intelligence musicale. Mais l'homme constitue la seule espèce qui présente les huit formes d'intelligence que j'ai identifiées. …

MLT : … et à l'intelligence artificielle ?

C'est la même chose : nous savons désormais qu'il y a des programmes informatiques qui sont plus à l'aise avec les mathématiques, la musique ou avec d'autres systèmes symboliques formalisables. Je n'arrive toujours pas à comprendre, en revanche, que pourrait vouloir dire, pour un programme informatique, le fait de faire preuve d'intelligence intra-personnelle. Un tel énoncé me semblerait relever d'une erreur de catégorie.

Questions

86 Parmi les propositions suivantes, laquelle est correcte ?

1/ Cet article est un extrait d'un ouvrage de Howard Garner

2/ Howard Garner est un journaliste travaillant pour la revue *La Recherche*

3/ Marie-Laure Théodule fait partie de l'équipe de recherche dirigée par Howard Garner

4/ Dans cet article, Howard Garner répond aux questions de Marie-Laure Théodule

5/ Howard Granger est père de huit enfants

87 Parmi les propositions suivantes, laquelle est correcte ?

1/ D'après Howard Garner, les tests de QI mesurent l'acquisition de la logique mathématique uniquement

2/ Pour Howard Garner, les tests de QI, à leur création, posaient un problème d'échelle référentielle

3/ D'après Howard Garner, les tests de QI mesurent la capacité linguistique uniquement

4/ Alfred Binet a élaboré son test de QI pour aider le gouvernement français à trouver les meilleurs élèves après la guerre

5/ Howard Garner estime que les tests de QI habituels n'analyse qu'une partie réduite de l'intelligence

88 Parmi les propositions suivantes, laquelle est incorrecte ?

1/ Howard Garner rejette les formes d'intelligence évaluées par les tests de QI traditionnels

2/ Pour Howard Garner, la compétence linguistique est une forme d'intelligence

3/ Pour Howard Garner, la compétence logique et mathématique est une forme d'intelligence

4/ Pour Howard Garner, la compétence musicale est une forme d'intelligence

5/ Pour Howard Garner, l'intelligence ne se décline pas en une unique compétence

89 Parmi les propositions suivantes, laquelle est correcte ?

1/ En décomposant l'intelligence sous huit formes, Howard Garner rejoint la pensée du psychologue Wilhelm Stern

2/ La connaissance de soi et l'ouverture sur l'Autre sont des formes d'intelligence pour Howard Garner

3/ Les formes d'intelligence mises à jour par Howard Garner reposent sur une démarche intuitive

4/ Pour Howard Garner, la capacité intellectuelle ne peut pas être mesurée

5/ Pour Howard Garner, la capacité intellectuelle ne peut être améliorée

90 Parmi les propositions suivantes, laquelle est correcte ?

1/ L'intelligence dite « naturaliste » est cette capacité à distinguer les codes du langage
2/ L'intelligence dite « naturaliste » a été découverte par Darwin
3/ L'intelligence « naturaliste » est cette capacité à distinguer les formes vivantes des formes inventées par l'homme
4/ On connaît actuellement avec précision la zone du cerveau qui gère l'intelligence « naturaliste »
5/ Pour Howard Garner, une forme d'intelligence ne peut être diminuée par une maladie

91 Parmi les propositions suivantes, laquelle est correcte ?

1/ D'après Howard Garner, le cerveau a souvent du mal à s'y retrouver parmi les huit formes d'intelligence
2/ Pour Howard Garner, la manifestation de l'intelligence s'effectue dans la résolution de problème hors contexte
3/ Pour Howard Garner, la manifestation de l'intelligence s'effectue dans la résolution de problème dans un contexte particulier
4/ L'intelligence intrapersonnelle permet de développer un égocentrisme extrême, d'après Howard Garner
5/ D'après Howard Garner, toute action implique une gestion consciente de nos intelligences séparées

92 Parmi les propositions suivantes, laquelle est correcte ?

1/ La théorie des huit intelligences d'Howard Garner est plébiscitée par le monde universitaire
2/ Une théorie scientifique est toujours validée empiriquement et expérimentalement
3/ La théorie des intelligences multiples a été validée expérimentalement
4/ Une théorie empirique est une théorie validée par des tests en laboratoire
5/ La théorie des intelligences multiples a été validée de façon empirique, c'est-à-dire par des observations

93 Parmi les propositions suivantes, laquelle est correcte ?

1/ La théorie des intelligences multiples se démontre grâce à des approches multidisciplinaires
2/ Pour Howard Garner, l'astronomie est une science expérimentale
3/ D'après Howard Garner, sa théorie des intelligences multiples s'est confirmée par des preuves depuis plus de vingt ans
4/ La neurobiologie est une science non reconnue dans le monde de la recherche
5/ D'après Howard Garner, il est prouvé que l'intelligence musicale est héréditaire

94 Pour Howard Garner :

1/ Toutes les formes d'intelligence seraient également héréditaires

2/ Les formes d'intelligence sont en partie construites par l'expérience

3/ Chacun d'entre nous ne développe qu'une forme d'intelligence

4/ Les formes d'intelligence ne peuvent se travailler et donc s'améliorer

5/ L'âge nous permet d'exploiter un plus grand nombre d'intelligences

95 Parmi les propositions suivantes, laquelle est correcte ?

1/ D'après Howard Garner, la multiplicité des intelligences ne peut se développer que dans les milieux aisés

2/ Pour Howard Garner, l'école et le lieu le moins propice au développement des intelligences multiples

3/ Pour Howard Garner, la multiplicité des expériences dans l'enfance permet de développer le maximum des intelligences

4/ Pour Howard Garner, laisser un enfant jouer avec des couverts peut être néfaste

5/ Pour Howard Garner, l'école, dans son modèle actuel, favorise le développement des intelligences multiples

96 Parmi les propositions suivantes, laquelle est correcte ?

1/ Ce qu'Howard Garner rejette dans l'école actuelle, ce sont les examens

2/ Pour Howard Garner, l'école actuelle néglige trop l'intelligence verbale

3/ Pour Howard Garner, il est bien que l'école actuelle cherche à construire des individus semblables

4/ L'école est considérée comme juste par Howard Garner dans la mesure où elle traite tout le monde de la même façon

5/ Pour Howard Garner, dans la mesure où il y a de multiples formes d'intelligence, il faudrait multiplier les contenus éducatifs

97 Parmi les propositions suivantes, laquelle est incorrecte ?

1/ Pour Howard Garner, l'enseignement ne peut appliquer ses théories

2/ L'enseignement pourrait définir des contenus d'apprentissage en fonction des types d'intelligence présents

3/ L'enseignement devrait passer par une multiplication des façons d'expliquer afin de s'accorder aux plus de types d'intelligence possibles

4/ La pluralisation, selon Howard Garner, s'appuie sur la multiplicité des formes d'intelligence

5/ Pour Howard Garner, la multiplicité des explications est une façon de montrer que l'on a bien compris ce qu'on explique

98 **Parmi les propositions suivantes, laquelle est correcte ?**

1/ Depuis six ans, les théories d'Howard Garner ont été appliquées dans cinquante écoles

2/ La France s'est intéressée aux travaux d'Howard Garner depuis 2009

3/ La France a d'abord conçu son système scolaire et de test d'intelligence sur un mode d'exclusion, d'après Howard Garner

4/ Howard Garner ne comprend pas pourquoi la France n'adhère pas à ses théories

5/ Pour Howard Garner, un système scolaire doit avant tout être exclusif

99 **Parmi les propositions suivantes, laquelle est correcte ?**

1/ Howard Garner reproche aux tests de QI traditionnels d'être trop abstraits et décontextualisés

2/ Howard Garner reproche aux tests de QI traditionnels de sousestimer leurs faiblesses

3/ Pour Howard Garner, les tests de QI traditionnels ne permettent pas de travailler sur les erreurs

4/ Howard Garner ne s'intéresse pas aux capacités cognitives

5/ Pour Howard Garner, les autistes sont des personnes n'ayant développé aucune forme d'intelligence

100 **Parmi les propositions suivantes, laquelle est incorrecte ?**

1/ D'après Howard Garner, les personnes autistes, en ayant généralement des compétences exceptionnelles dans un domaine, confirment la théorie des intelligences multiples

2/ D'après Howard Garner, les animaux développent la seule intelligence spatiale

3/ Les huit formes d'intelligence sont ce qui distingue l'homme de l'animal

4/ L'intelligence artificielle peut elle aussi développer différentes formes

5/ L'intelligence intrapersonnelle ne peut être appliquée à l'intelligence artificielle

SCORE BLANC

3. RAISONNEMENT LOGIQUE ET NUMERIQUE

NUMERO 3

101 Un marchand de statuettes de divinités achète un lot de centaures (2 yeux, 2 bras, 4 jambes), de cyclopes (1 œil, 2 bras, 2 jambes) et de déesses Shiva (3 yeux, 4 bras, 2 jambes). Sa livraison comporte 17 yeux, 24 bras et 22 jambes. Combien de statuettes a-t-il reçu ?

1. 8
2. 9
3. 10
4. 11
5. 12

102 Quelle carte complète la figure ?

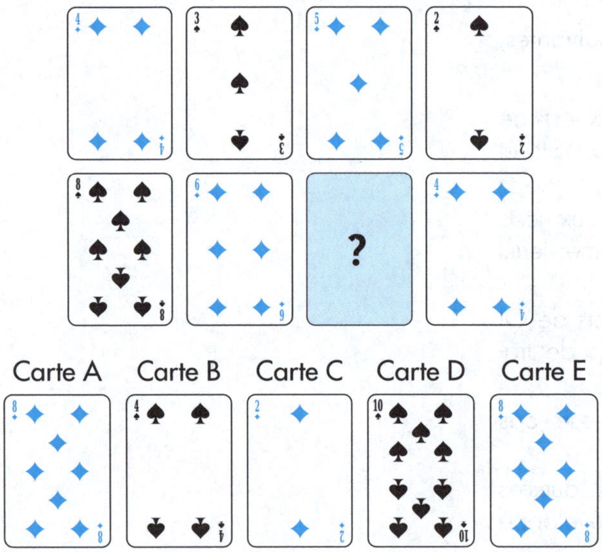

1. Carte A
2. Carte B
3. Carte C
4. Carte D
5. Carte E

103 Trouvez l'intrus dans cette liste : quintal, siècle, are, kilogramme, hectolitre.

1. quintal
2. siècle
3. are
4. kilogramme
5. hectolitre

104 Quel est logiquement l'intrus dans cette liste de mots : AMARRE, SAMARE, ARMERA, RAMERA, REARMA ?

1. AMARRE
2. SAMARE
3. ARMERA
4. RAMERA
5. REARMA

105 Sachant que les bougies d'Adrien et de Bruno ont la même taille, que celles de Bruno et de Claire ont la même couleur, que celles de Claire et Matthieu n'ont pas la même couleur, et enfin, que celles de Matthieu et d'Adrien ont la même couleur. Quelle est la bougie de Greg ?

1. Bougie 1
2. Bougie 2
3. Bougie 3
4. Bougie 4
5. Bougie 5

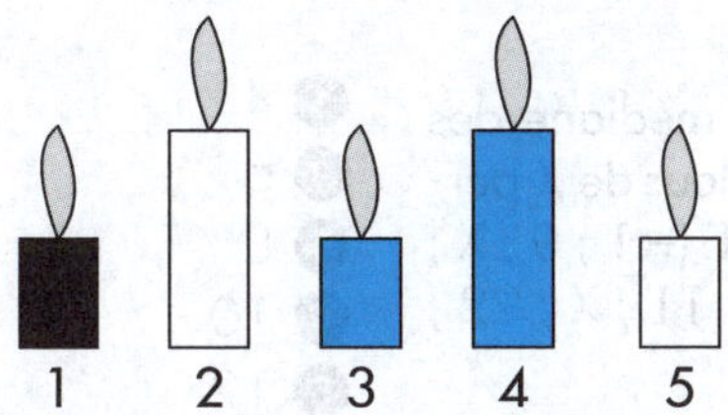

106 Déterminez la lettre manquante : 15(Q), 27(V), 13(T), 19(D), 70(?)

1. N
2. O
3. A
4. S
5. I

107 Pour financer votre projet, vous souhaitez mettre en place une vente de gâteaux auprès des autres étudiants. Vous réalisez les achats nécessaires pour faire les gâteaux. Vous savez que si vous coupez vos gâteaux en 8 parts et que vous vendez toutes les parts de gâteaux à 2 euros, vous ferez 270 euros de bénéfice. Si vous coupez en 10 parts, et, que vous vendez le même nombre de parts que précédemment mais cette fois à 1,50 euro chacune, vous ferez alors un bénéfice de 220 euros. Combien de parts allez-vous vendre ?

1. 75
2. 90
3. 95
4. 100
5. 125

108 Une entreprise de transport exceptionnel craint deux types de risques, les retards et les pannes, dont les probabilités d'apparitions sont notées respectivement P(R) et P(P). Le risque de retard est trois fois plus important que le risque de panne. Sachant que $P(R \cup P) = 8\ \%$ et $P(R \cap P) = 2\ \%$, que vaut P(P) ?

1. 2,5 %
2. 3 %
3. 5 %
4. 6 %
5. 10 %

109 Une heure sera appelée « sympathique » quand la somme des chiffres des heures et égale à la somme des chiffres des minutes, comme par exemple 17 h 44 (1 + 7 = 4 + 4). Combien d'heures sont « sympathiques » entre 16 h 00 et 18 h 00 ?

1. 8
2. 9
3. 10
4. 11
5. 12

110 Soit la fonction MEDIANE qui calcule la médiane des éléments passés en paramètre. Quelle valeur de X permet de vérifier la triple égalité : MEDIANE (– 1 ; 0 ; X ; 1 ; 7 ; 15 ; 20) = MEDIANE (100 ; – 2 ; 11 ; X ; 22 ; 4 ; 5 ; 6) = X

1. 4
2. 6
3. 8
4. 10
5. 12

111 Soit tous les mots de 3 lettres qu'on peut écrire avec les lettres A, B et C (comme AAA, BAC, CAC, BBC…). Si on les classe dans l'ordre lexicographique (ordre du dictionnaire), quel est le mot médian de cet ensemble ?

1. ABC
2. BAC
3. BCA
4. BBB
5. BBC

112 Voici un tableau récapitulatif de l'évolution des retours d'un modèle de voiture d'un concessionnaire automobile. L'objectif est de diminuer les retours en 2017 et de même en 2018 par rapport à 2017. Quel doit être le nombre de retours en 2017 et 2018 pour que la moyenne sur la période 2013-2018 soit égale à 7 et que la variance sur la même période soit de 13 ?

Année	2013	2014	2015	2016	2017	2018
Retours	9	10	9	10	?	?

1. 4 et 0
2. 3 et 1
3. 2 et 2
4. 5 et 1
5. 4 et 2

SCORE BLANC NUMERO 3 – ENONCES

113 Quelle équation de parabole passe par les trois points de coordonnées : (–1 ; 1), (0 ; –1) et (1 ; –1) ?

1. $x^2 + x - 1$
2. $-x^2 - x + 1$
3. $x^2 - x + 1$
4. $x^2 - x - 1$
5. $-x^2 + x + 1$

114 Vous disposez d'une corde sur laquelle il y a trois nœuds respectivement de couleur verte, bleue et rouge. La distance vert-bleu fait 3/5 de la longueur totale de la corde et permet de faire 9 fois le tour d'un tronc d'arbre. La distance bleu-rouge fait 2/3 de la longueur de la corde et permet de faire 10 fois le tour du même tronc. Si vous enroulez le segment vert-rouge autour de l'arbre, combien de tours pourrez-vous faire de ce tronc ?

1. 1
2. 5
3. 7
4. 15
5. 19

115 A exactement 5 minutes et 27 secondes après 13 h, les aiguilles des heures et des minutes de votre montre sont parfaitement l'une sur l'autre. Quelle heure sera-t-il la prochaine fois que les 2 aiguilles seront à nouveau parfaitement coïncidentes ?

1. 14 h 5 min 27 s
2. 14 h 10 min 54 s
3. 14 h 16 min 21 s
4. 18 h 30 min 0 s
5. Minuit

116 On cherche un nombre de 5 chiffres à qui, si on lui rajoute un 2 devant, il forme un nombre trois fois plus petit que celui formé si on lui rajoute un 2 à la fin. Pour les propositions suivantes, quel est le nombre qui correspond ?

1. 11 111
2. 12 344
3. 81 111
4. 82 344
5. 85 714

117 Lors d'une escale, une compagnie aérienne emploie 11 personnes pour nettoyer un avion en 5 minutes. L'une d'elles est le manager de l'équipe qui s'occupe juste de distribuer les tâches, et donc sans participer directement au nettoyage. En sachant, qu'un manager ne peut pas s'occuper de plus de 10 personnes, combien la compagnie doit-elle employer de personnes pour réduire ce temps à 2 minutes ?

1. 25
2. 26
3. 27
4. 28
5. 29

118 Vous disposez d'un dodécaèdre (polyèdre qui a 12 faces pentagonales) parfaitement équilibré. Sur chacune des faces, vous dessinez le calendrier d'un mois de l'année. Vous lancez et faites rouler votre dodécaèdre et vous attendez qu'il s'arrête dans une position stable : posé sur une face. Quelle est la probabilité que le nom du mois que vous lisez sur la face du dessus comporte un « m » ?

1. 1 sur 3
2. 5 sur 12
3. 1 sur 4
4. 1 sur 2
5. 2 sur 3

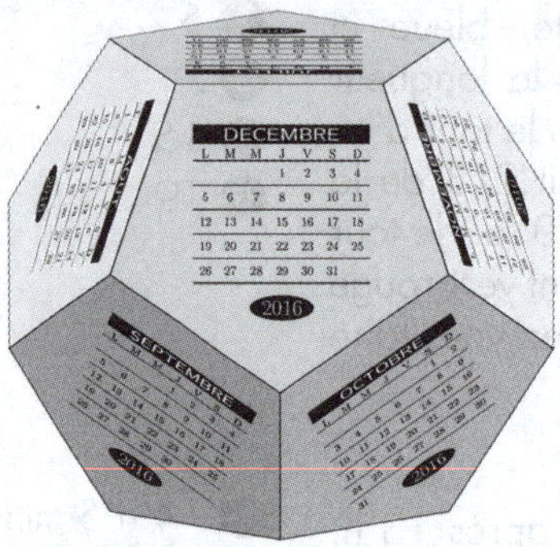

119 Les échelles de température Celsius et Fahrenheit sont reliées par la relation : la température en Celsius est égale à cinq neuvième de celle en Fahrenheit à laquelle on a retranché 32. Quelle température en Fahrenheit correspond à 5 degrés Celsius ?

1. –23
2. –20,6
3. 15
4. 20,6
5. 41

120 La production d'une entreprise de fabrication de composants électroniques a baissé d'un tiers la première année, elle a chuté de 25 % la deuxième année, l'année suivante elle a baissé de 20 %, et, la quatrième année, elle a augmenté de 25 % pour atteindre 225 000 unités. Quelle était la production initiale ?

1. 255 000
2. 280 500
3. 300 000
4. 400 000
5. 450 000

SCORE BLANC NUMERO 3

4. COMPREHENSION ET EXPRESSION ECRITE EN ANGLAIS

PREMIERE PARTIE : EXPRESSION (35 QUESTIONS)

Complete the following sentences by choosing the most appropriate answer. Remember that there is only one correct answer for each question so you should choose the answer that you think is the correct one and enter the number (1, 2, 3, 4 or 5) on your answer sheet.

121 He says that the prime minister will never have … better chance to drop policies that are unaffordable.

1/ The
2/ A
3/ An
4/ Full
5/ Least

122 The project team has been given until the end of the month to come … with a fix for the bug.

1/ Over
2/ Away
3/ On
4/ Off
5/ Up

123 … from the XSK range of components, all the supplies are ready for the electronics fair next month.

1/ Alone
2/ Away
3/ Ahead
4/ Apart
5/ Affront

124 February is the anniversary of my arrival in Berlin and I'll … here for fifteen years.

1/ Been
2/ Being
3/ Have been
4/ To be
5/ To have been

125 Unfortunately Shapemans electronics was late in investing in modern machinery and was … by the sudden rise in the price of upgrading.

1/ Caught off
2/ Caught on
3/ Caught up
4/ Caught out
5/ Caught along

126 He … inferior to others.

1/ Feel
2/ Felt
3/ Feeling
4/ Feelings
5/ Fell

127 At the University of Rapid City Heights, all the students follow a … based around humanitarian subjects.

1/ Curriculum
2/ Cursor
3/ Planning
4/ Thematic
5/ Scheduling

128 He had … out of school at a very young age.

1/ Dripped
2/ Draped
3/ Dropped
4/ Drained
5/ Donned

129 Exact details of the incident have yet to … .

1/ Submerge
2/ Emerge
3/ Converge
4/ Emit
5/ Submit

130 The annual sales conference this year will be held in the newly renovated Yale Centre which has the most modern … including a private wifi network and swimming pool.

1/ Facility
2/ Facile
3/ Facilitating
4/ Facilitation
5/ Facilities

131 We leave our children there in the belief that they are out of … way.

1/ Every
2/ Harm's
3/ Danger's
4/ Harem's
5/ Accident's

132 … security measures were implemented following the incident.

1/ High
2/ Highly
3/ Highness
4/ Hastened
5/ Heightened

133 It was a major breakthrough in the … .

1/ Investigates
2/ Investigation
3/ Investment
4/ Investigating
5/ Inversion

134 When she retires next June, Ms. Halberson … more than seven years as Chief Finance Officer.

1/ Spent
2/ Is spending
3/ Spends
4/ Will have spent
5/ Was spent

135 A man in his 20's was arrested and … questioned.

1/ Lately
2/ Latter
3/ Later
4/ Late
5/ Latest

136 They were treating the controversy with the … seriousness.

1/ Almost
2/ Most
3/ Utter
4/ Utmost
5/ Mostly

137 It had been a … worthwhile experience.

1/ Well
2/ Much
3/ Real
4/ Rarely
5/ Really

138 The choice of surface covering for the new bridge being constructed on the Wilmhole road will depend … the budget which is made available.

1/ To
2/ On
3/ Of
4/ Off
5/ At

139 The condition of … involved in the crash was not known.

1/ These
2/ Those
3/ Them
4/ Their
5/ There

140 Only employees with full security clearance are … to enter the research laboratory.

1/ Permitting
2/ Permission
3/ Permitted
4/ Permit
5/ To permit

141 The sight of the cathedral in Dresden … John of his childhood visits to other great cities in Europe.

1/ Remembered
2/ Reminded
3/ Mistook
4/ Regarded
5/ Regained

142 After failing to secure the votes of a number of key delegates, David Jenson has decided to … from the election campaign.

1/ Restore
2/ Remove
3/ Report
4/ Withdraw
5/ Withstand

143 Before … your passport, please consult the guidelines on www.gov.org.

1/ Renewing
2/ Renewal
3/ Renew
4/ Renewed
5/ To renew

144 The news came as a shock to the … community.

1/ Attire
2/ Retire
3/ Entire
4/ Attend
5/ Extend

145 The resemblance between Miriam and her mother is very marked and she … her in aspects of her character too.

1/ Takes off
2/ Takes on
3/ Takes away
4/ Takes after
5/ Takes to

146 Kopro's existing contract with its main supplier contains no provision for damages resulting from business interruption and will … have to be modified.

1/ As
2/ Though
3/ While
4/ Therefore
5/ Because

147 The first six months living in this capital city were very difficult for me but now I … having a constant high level of noise around me.

1/ Am used to
2/ Used to
3/ Use
4/ Am using
5/ Am to use

148 In March 1999, they … the committee that holding any congressional hearing on Tom could undermine justice.

1/ Has warned
2/ Warning
3/ Warns
4/ Warned
5/ Is warned

149 Only when the letter … will you know if you have succeeded in your exams or if you will have to retake them.

1/ Arrival
2/ Will arrive
3/ Is arriving
4/ Will be arrived
5/ Arrives

150 It had been a … trip.

1/ Worthy
2/ Worthwhile
3/ Wholesome
4/ Worthless
5/ Worship

151 In six months' time we … in Shanghai for ten years and during that time the city has changed enormously.

1/ Will be living
2/ Will live
3/ Shall live
4/ Will have been living
5/ Would have lived

152 Forest Real Estate's latest advertising campaign is aimed … young people who are interested in acquiring their first property.

1/ At
2/ With
3/ By
4/ From
5/ Over

153 The Majestic Hotel is ideally located in the centre of the city and … walking distance of many of the major tourist attractions.

1/ By
2/ Within
3/ Beside
4/ Along
5/ With

154 He dreaded the moment when he … to take on the responsibility.

1/ Is having
2/ Would have
3/ Have
4/ Will
5/ Have had

155 The technicians are directly responsible for the damage that was caused because they … have carried out the repairs to the machine themselves, without first contacting the manufacturers.

1/ Shouldn't
2/ Wouldn't
3/ Mustn't
4/ Mightn't
5/ Can't

DEUXIEME PARTIE : COMPREHENSION DE TEXTES (15 QUESTIONS)

Texte

Read the article and answer the 15 questions that follow.

In the groove: czech firm tops list of world's vinyl record producers

By Robert Tait, *The Guardian*, Thursday 18 August 2016.

Once a dusty communist factory, GZ Media has tapped vinyl's rebirth to become a £76m outfit pressing 25m records a year

[1] All Zdeněk Pelc wanted, as record sales succumbed to the hi-tech onslaught of the digital age, was to head Europe's final vinyl production factory. Now the hope of simply being the last man standing where others have fallen has bloomed into an unlikely business success that would have been unimaginable when his once old-fashioned plant was the heart of the former communist Czechoslovakia's state-run record industry.

[2] From the rustic setting of Loděnice – an unprepossessing village of 1,640 people in the Czech Republic's Bohemian hills, 16 miles south of Prague – Pelc's company, GZ Media, has become the global leader fuelling an unforeseen revival of vinyl records. A product once regarded as a relic of a bygone era has made an unexpected comeback, thanks partly to the doggedness of Pelc, 65, who could not bear to preside over the death of vinyl even when it appeared obsolete.

[3] "In 1995, I was not a visionary," he says. Twelve years earlier, the communist authorities had appointed him chief executive of Gramofonové Závody Loděnice because no one else could be found. But I decided then that we would keep production running even though we were producing only a small number of records so that we would be the last vinyl company in Europe."

[4] His reasons were partly emotional. After a year during which he slept in his office because lack of transport prevented him commuting daily to his home nearly 20 miles away, he grew attached to vinyl production. "Vinyl had become part of my life," says Pelc, now president of the company he bought out from a US investor who purchased it after the fall of communism in 1989.

[5] After years in which first CDs and then online streaming services seemed to have consigned them to history, LP sales in the US soared to more than 9.2m in 2014. In Britain, where growth has prompted the introduction of vinyl-only charts, sales reached 1.3m, the highest in 20 years. With upward trends continuing, GZ Media will produce 25m records this year, a 40% increase on 2015 figures. That is far more than rival companies in Germany and the US. The firm's success recently prompted it to buy a vinyl plant in Memphis, Tennessee, and open a new one on a green field site near Toronto.

[6] GZ now has exclusive rights to produce vinyl versions of the back catalogue of the Rolling Stones, U2 and a host of others. It also churns out albums by current stars such as Justin Bieber and Lady Gaga. Last year's biggest production was Amy Winehouse's Back to Black. The company's competitive edge has been boosted by Pelc's decision in 2005 to

invest in new presses to meet what was then a modest growth in vinyl sales, putting the firm in pole position to exploit the explosion in demand first seen in 2012 and 2013.

[7] For Pelc, GZ's journey from state enterprise to global market leader worth an estimated $100m (£76m) has encompassed a parallel personal transition. On his desk sits the cover of the Rolling Stones' 1971 Sticky Fingers album. The disc lies on a nearby turntable. Both record and sleeve are produced on site – a symbolic change given it was one of many western records prohibited under the communist regime and available only on the black market.

[8] "No way could I have imagined this," he says. "No one could have predicted that the regime would fall. There were things about the system that you can only laugh about now. You could make $7m profit as a company, but you would have to give it all to the government. Then if you needed to invest, say, $300,000 you would have to go begging on your knees. As CEO, I was 38th on the company salary list. All the maintenance workers earned more. Looking back, it feels like a bad dream."

[9] Giddiness at the transformation ushered in by the rebirth of vinyl is shared elsewhere in the company. "The return of vinyl has surprised me," says Michal Sterba, GZ's chief executive, explaining how he initially pushed the firm to diversify into packaging after joining in 2002. "I'm not a specific lover of music, but I have gained a passion for vinyl. It's a unique and beautiful product."

[10] Cutting grooves on to a disc with a diamond stylus at a lathe machine, Vojen Svoboda, 69, a mastering engineer who has worked at the company since 1971, once thought he would be one of the last workers to produce vinyl. "I experienced the birth of music cassettes, and at that time I thought I was seeing the death of vinyl," he says. "I thought I detected a growth of interest again 15 years ago, but the demand we're seeing now is crazy. It's totally unexpected."

Questions

There is only one correct answer for each question so you should select only one response and enter the number (1-5) on your answer sheet.

Nota bene: some questions may include the options 'All of the above' or 'None of the above'. You should choose this option if you consider that all or none of the preceding responses correctly answer the question.

156 What is the article mainly about?

1/ New technologies for recording music
2/ The market for digital music
3/ The evolution of a manufacturing firm
4/ The history of vinyl records
5/ The music industry in Communist countries

157 What is said about Zdeněk Pelc?

1/ The company he runs was only recently started
2/ His ambitions for his company have grown
3/ His development plans have been blocked by government
4/ He is soon to retire
5/ He would prefer to be working in a different industry

158 What is suggested about Mr. Pelc's factory?

1/ It is old fashioned
2/ It is managed by the state
3/ It is the biggest one in the world
4/ It has been modernized
5/ It is badly managed

159 What is said about the product manufactured by Zdeněk Pelc?

1/ Its quality has greatly improved
2/ It will soon be out of date
3/ It was once considered to be obsolete
4/ It has only recently been invented
5/ It can only be made in the Czech Republic

160 Why was Zdeněk Pelc given his first job at Gramofonové Závody Loděnice?

1/ He was the only person available for the position
2/ He had previous experience of vinyl record manufacturing
3/ He was the best candidate
4/ He applied before other candidates
5/ He was a member of the communist party

161 Why did Mr. Pelc invest in new equipment in 2005?

1/ To diversify into a new sector
2/ To reduce the number of staff
3/ To respond to increased demand
4/ To equip a new factory
5/ To keep up with his competitors

162 When did demand for vinyl records first increase sharply?

1/ 1989
2/ 2005
3/ 2012
4/ 2014
5/ 2015

163 What does the journalist say about the Rolling Stones' Sticky Fingers album?

1/ It is not available in a vinyl version
2/ It was the first album produced by GZ media
3/ It was banned by a previous government
4/ It is GZ media's best-selling product
5/ It can only be bought on the black market

164 Which of the following is NOT something that Mr. Pelc says about Gramofonové Závody under the communist regime?

1/ The company had too many maintenance staff
2/ Profits were paid to the government
3/ The CEO received a lower salary than other workers
4/ The company was allowed to make profits
5/ It was difficult to find money to invest

SCORE BLANC NUMERO 3 - ENONCES

165 **What does Vojen Svoboda say about his company?**

1/ The increase in business 15 years ago was the most rapid in the history of the company

2/ It doesn't pay him enough for the hours he works

3/ Its current success is unprecedented

4/ It contributed to the death of music cassettes

5/ It is unable to meet the demand for vinyl records

166 **The word "fuelling" in paragraph 2 is closest in meaning to:**

1/ Faking

2/ Funding

3/ Finding

4/ Feeding

5/ Framing

167 **The word "doggedness" in paragraph 2 could best be replaced by:**

1/ Understanding

2/ Complacency

3/ Persistence

4/ Courage

5/ Wealth

168 **The word "soared" in paragraph 5 is closest in meaning to:**

1/ Heightened

2/ Reached

3/ Accumulated

4/ Skyrocketed

5/ Grew

169 **The word "rival" in paragraph 5 could best be replaced by:**

1/ Critical

2/ Richer

3/ Alternative

4/ Foreign

5/ Competing

170 **The verb "ushered in" in paragraph 9 is closest in meaning to:**

1/ Hindered

2/ Brought

3/ Slowed

4/ Bought

5/ Replaced

SCORE BLANC NUMERO 3 : GRILLE DES REPONSES JUSTES

Question	Réponse (1 2 3 4 5)
1	3
2	2
3	3
4	4
5	3
6	2
7	4
8	5
9	3
10	4
11	4
12	2
13	2
14	1
15	5
16	1
17	5
18	5
19	3
20	1
21	4
22	4
23	4
24	2
25	2
26	2
27	1
28	3
29	1
30	3
31	4
32	1
33	1
34	2
35	5
36	5
37	5
38	3
39	4
40	5
41	4
42	4
43	4
44	2
45	2
46	2
47	2
48	4
49	1
50	5

Question	Réponse (1 2 3 4 5)
51	2
52	1
53	4
54	1
55	4
56	5
57	5
58	5
59	4
60	4
61	2
62	4
63	2
64	1
65	4
66	5
67	5
68	2
69	4
70	5
71	5
72	3
73	2
74	1
75	3
76	3
77	1
78	2
79	2
80	3
81	4
82	2
83	3
84	4
85	3
86	4
87	5
88	1
89	2
90	3
91	3
92	5
93	1
94	2
95	3
96	5
97	1
98	3
99	1
100	2

Question	Réponse (1 2 3 4 5)
101	2
102	4
103	4
104	2
105	1
106	4
107	4
108	1
109	5
110	2
111	4
112	2
113	4
114	1
115	2
116	5
117	4
118	2
119	5
120	5

Question	Réponse (1 2 3 4 5)
121	2
122	5
123	4
124	3
125	4
126	2
127	1
128	3
129	2
130	5
131	2
132	5
133	2
134	4
135	3
136	4
137	5
138	2
139	2
140	3
141	2
142	4
143	1
144	3
145	4
146	4
147	1
148	4
149	5
150	2
151	4
152	1
153	2
154	2
155	1
156	3
157	2
158	4
159	3
160	1
161	3
162	3
163	3
164	1
165	3
166	4
167	3
168	4
169	5
170	2

1. Culture générale, économique et managériale

1 **Réponse : 3/** En 2018, la France a consacré 157,2 milliards d'euros à son système éducatif, soit 6,7 % du PIB.
La dépense moyenne pour un élève ou un étudiant est de 8 810 euros. Elle augmente avec le niveau d'enseignement allant de 6 820 euros pour un écolier, 8 780 euros pour un collégien, 11 200 euros pour un lycéen à 11 470 euros pour un étudiant. L'État est le premier financeur de l'éducation (57,4 %), devant les collectivités territoriales (23,4 %). Alors que les départements diminuent leurs dépenses d'éducation depuis 2014, celles des régions se renforcent parallèlement chaque année. Les communes voient leurs dépenses d'éducation croître depuis 2017 suite à un effort sur l'investissement.

2 **Réponse : 2/** 51,90 %. Le Royaume-Uni souhaite fixer au 29 mars 2019 à 23 h la date exacte du Brexit qui réunissait 51,90 % des voix. Pas de quoi rassurer les Européens, qui attendent des avancées bien plus concrètes. La sortie des Britanniques de l'UE entraîne un vertigineux plongeon dans l'inconnu pour leur économie, qui risque de pâtir d'un choc d'incertitudes avec une croissance ralentie et un chômage en hausse. Réaction immédiate de panique. La devise britannique est tombée à son plus bas niveau depuis septembre 1985.

3 **Réponse : 3/** 32. L'alphabet cyrillique est principalement utilisé pour écrire plusieurs langues slaves (plus spécifiquement, les langues des peuples slaves orthodoxes, les peuples slaves catholiques ayant adopté l'usage de l'alphabet latin) : biélorusse, bulgare, russe, serbe, ukrainien…

4 **Réponse : 4/** Le 22 juin 1941. L'opération Barbarossa est la plus grande invasion de l'histoire militaire en termes d'effectifs engagés et de pertes : près de quatre millions de soldats de l'Axe pénètrent en Union soviétique. En plus des troupes, l'opération Barbarossa a mobilisé 600 000 véhicules et 600 000 chevaux. Cette invasion marque aussi un tournant dans la guerre, jusqu'alors encore assez localisée et européenne. Elle va bientôt embraser le monde entier. Hitler déclenche le 22 juin 1941, un an exactement après la signature de l'armistice entre la France et le IIIe Reich, l'opération Barbarossa. Celle-ci ouvre le front de l'Est, qui devient le principal théâtre d'opérations de la guerre terrestre en Europe.

5 **Réponse : 3/** Primé au Festival de Cannes, sélectionné aux Oscars, *Les Misérables* de Ladj Ly est sorti au cinéma le 20 novembre 2019. Avec ce film engagé et social, le réalisateur a voulu alerter sur la tension dans les banlieues françaises et pointe du doigt les politiques.

6 **Réponse : 2/** Berne. La Suisse possède le quatrième PIB nominal le plus élevé au monde par habitant, ainsi que le huitième PIB en parité de pouvoir d'achat selon le Crédit suisse et le FMI. La Suisse est classée comme l'un des dix pays les moins corrompus ; de plus, sur les cinq dernières années, le pays a été classé premier en termes de compétitivité économique et touristique, selon respectivement le Rapport sur la compétitivité mondiale et le Rapport sur la compétitivité du secteur des voyages et du tourisme, tous deux réalisés par le forum économique mondial. Zurich et Genève ont été toutes deux classées parmi les villes les plus agréables au monde pour leur qualité de vie selon un classement réalisé par Mercer.

7 **Réponse : 4/** Le budget de défense des États-Unis correspond à la partie du budget fédéral des États-Unis alloué au département de la Défense ou, plus largement, à la partie du budget fédéral consacrée à toute dépense liée à l'armée. Le budget de défense couvre les salaires, la formation et les soins de santé du personnel en uniforme et du personnel civil, l'entretien des armements, du matériel et des installations, le financement des opérations ainsi que le développement et l'acquisition de nouveaux équipements. Pour l'exercice fiscal 2019, le budget total alloué au département de la Défense s'élève à environ 693 milliards US$. Entre 2015 et 2018, les dépenses de défense des États-Unis représentent environ 35 % du total mondial.

8 **Réponse : 5/** James Douglas Morrison, dit Jim Morrison, né le 8 décembre 1943 à Melbourne (Floride) et mort le 3 juillet 1971 à Paris, est un chanteur et poète américain, cofondateur du groupe de rock américain The Doors, dont il fut membre de 1965 à sa mort. Sex-symbol provocant au comportement volontairement excessif, devenu une véritable idole du rock, mais aussi intellectuel engagé dans le mouvement du protest song, en particulier contre la guerre du Viêt Nam, il ne revendique toutefois aucune idée politique. Attiré par le chamanisme, on lui attribue une réputation de « poète maudit » que sa mort prématurée, à Paris, dans des circonstances mal élucidées, transforme en légende, notamment fondatrice de ce qui est connu sous le nom de Club des 27.

9 **Réponse : 3/** A Dunkerque. La bataille de Dunkerque (nom de code « opération Dynamo ») est le nom donné à l'évacuation de l'armée britannique (incluant les forces canadiennes) effectuée du 21 mai au 4 juin 1940 avec l'appui de l'armée française contre l'armée allemande. Un piège dans lequel se débattent 400 000 hommes, Britanniques et Français, coincés sur une étroite bande côtière, acculés contre la mer d'un côté et menacés, de l'autre, par les chars allemands menés par le général Guderian. La guerre éclair – le blitzkrieg – menée par la Wehrmacht a contraint les troupes alliées, françaises et britanniques, à se replier sur Dunkerque où ils vont se trouver condamnés à résister, périr ou être capturés. Neuf journées que retrace le film de Christopher Nolan, *Dunkerque*.

10 **Réponse : 4/** Singapour se situe entre la Malaisie au nord et l'Indonésie au sud. La cité se trouve à 317 km au sud-est de Kuala Lumpur, la capitale malaise, à 909 km au nord-nord-ouest de Jakarta, à 1 435 km au sud-sud-est de Bangkok, à 2 394 km au sud-ouest de Manille et à 10 740 km à l'est de Paris. Pulau Ujong, l'île principale, est reliée à la péninsule Malaise par deux ponts. Le premier, la chaussée Johor-Singapour, arrive à la ville frontalière de Johor Bahru en Malaisie. Le second, le Malaysia-Singapore Second Link, à l'ouest, relie la périphérie de Johor Bahru aux quartiers de la région de Tuas.

11 **Réponse : 4/** L'Agence de la langue française pour la cohésion sociale. Le Gouvernement souhaite promouvoir une politique nationale de la langue française au service de la cohésion sociale et du rayonnement culturel de notre pays. La langue française est au cœur de notre pacte républicain. La maîtrise de la langue française est une condition de l'épanouissement personnel, de l'insertion professionnelle, de l'accès au savoir et à la culture ; c'est également un enjeu majeur pour appartenir pleinement à la nation française. Pourtant, six millions de nos concitoyens rencontrent des difficultés à manier notre langue, et trois millions font face à l'illettrisme.

12 **Réponse : 2/** Dallas. Ville de l'Etat du Texas, aux Etats-Unis. Elle couvre une surface de 997 km² et comptait 1 241 162 habitants en 2012 (9e ville des Etats-Unis). Avec la ville voisine de Fort Worth, Dallas fait partie d'une vaste aire urbaine de 6 371 773 habitants, le Dallas/Fort Worth Metroplex, ou simplement « the Metroplex », la quatrième aire urbaine du pays. Dallas a été fondée en 1841 et incorporée comme ville le 2 février 1856. C'est la troisième ville du Texas après Houston et San Antonio.

13 **Réponse : 2/** Des ondes gravitationnelles. En physique, une onde gravitationnelle, appelée parfois onde de gravitation, est une oscillation de la courbure de l'espace-temps qui se propage à grande distance de son point de formation. Depuis 2016, l'existence des ondes gravitationnelles est confirmée, grâce à une première observation faite le 14 septembre 2015. Cette observation ouvre un champ nouveau d'observation de l'univers à grande échelle, d'autant que les ondes gravitationnelles ne sont pas arrêtées par la matière. En revanche elle laisse encore ouverte la question de l'existence du graviton.

14 **Réponse : 1/** General Electric. A l'occasion de la présentation de la nouvelle stratégie de General Electric aux investisseurs, le patron du conglomérat n'a pas mâché ses mots à l'égard du pôle énergie d'Alstom, acquis pour 13,5 milliards de dollars en 2015. « Alstom s'est révélé en dessous des attentes », a déclaré John Flannery. Le dirigeant américain a jugé Alstom « très décevant ». « En un mot n'attendez rien du côté des fusions-acquisitions » à court terme, a-t-il répété. « Nous devons mieux diriger cette activité », a renchéri Russel Stokes, le nouvel homme fort de la division Power du conglomérat. S'il a loué la qualité des personnels d'Alstom, John Flannery a regretté le temps pris par la finalisation de l'opération. Il a également souligné que la performance d'Alstom était particulièrement mauvaise dans les énergies renouvelables.

15 **Réponse : 5/** En 1989. Nicolae Ceauşescu est un homme d'Etat et dictateur roumain. Le régime communiste qui a été mis en place le 6 mars 1945, et dont Ceauşescu est l'ultime dirigeant, s'effondre le 22 décembre 1989, lors du coup d'état faisant suite aux révoltes de la population débutées à Timişoara. Trois jours plus tard, le 25 décembre 1989, Nicolae Ceauşescu et son épouse Elena sont jugés, condamnés et exécutés à l'issue d'une procédure expéditive semblable à celles que le régime utilisait contre les opposants et dissidents.

16 **Réponse : 1/** Tiers Monde. L'expression tiers monde, ou tiers-monde , lancée en 1952, se rapporte à l'ensemble des pays africains, asiatiques, océaniens ou du continent américain en carence de développement. Ce terme est considéré comme obsolète par certains au profit de celui de pays les moins avancés (PMA). La fameuse expression « Tiers Monde », est initialement publiée dans un article de Sauvy : « Nous parlons volontiers des deux mondes en présence, de leur guerre possible, de leur coexistence, etc. oubliant trop souvent qu'il en existe un troisième, le plus important [...] C'est l'ensemble de ceux que l'on appelle [...] les pays sous-développés [...]. Ce Tiers Monde ignoré, exploité, méprisé [...] veut, lui aussi, être quelque chose ».

17 **Réponse : 5/** Allemande. Karl Lagerfeld, né Karl Otto Lagerfeldt le 10 septembre 1933 à Hambourg en Allemagne, est un grand couturier, photographe, réalisateur et éditeur allemand.
Se disant « dilettante professionnel », il est le directeur artistique de la maison de haute couture Chanel à Paris depuis 1983, de la maison italienne Fendi à Rome depuis 1965 et de sa propre ligne depuis 1984. En plus de ces occupations, il édite des livres en Allemagne, possède une librairie et réalise des photos de mode et des photos publicitaires.

18 **Réponse : 5/** Serge Dassault est un chef d'entreprise dans l'industrie aéronautique et de l'armement et homme politique français, ancien sénateur et maire de Corbeil-Essonnes. Pour la première fois, l'industriel et sénateur UMP Serge Dassault reconnaît dans un enregistrement réalisé fin 2012, et dont Mediapart publie des extraits, avoir acheté la victoire de son successeur à la mairie de Corbeil-Essonnes. Une somme de 1,7 million d'euros est en jeu.

19 **Réponse : 3/** Yannick Noah. La Coupe Davis 2017 est la 106ᵉ édition de ce tournoi de tennis professionnel masculin par nations. Pour la première fois, en 2017, l'épreuve est officiellement considérée comme la Coupe du monde de tennis. La compétition est remportée pour la dixième fois par la France qui s'impose en finale trois victoires à deux contre la Belgique à Villeneuve-d'Ascq. En septembre 2015, il reprend le poste de capitaine de l'équipe de France de Coupe Davis, succédant à Arnaud Clément, et en décembre 2016, il succède à Amélie Mauresmo en devenant également capitaine de l'équipe de France de Fed Cup, jusqu'en avril 2018.

20 **Réponse : 1/** Geoffroy Roux de Bézieux, né le 31 mai 1962 dans le 15ᵉ arrondissement de Paris, est un dirigeant d'entreprise français. Il est depuis le 3 juillet 2018 le président du MEDEF, le principal syndicat d'employeurs français. Il succède à Pierre Gattaz.
Le 9 avril 2019, il se positionne officiellement en faveur d'un recul de l'âge légal de départ à la retraite : « Soit on baisse les pensions, soit on bouge l'âge légal ». Il soutient la réforme des retraites du gouvernement d'Emmanuel Macron, y voyant un « vrai progrès social ».

21 **Réponse : 4/** Marine Le Pen. Le Parti populaire européen (PPE), principal groupe politique au Parlement européen, a demandé mercredi 28 octobre une enquête pour vérifier que la présidente du Front national ne s'est pas fait remplacer pour des votes, en violation du règlement. Le député néerlandais Marcel de Graaff, coprésident du groupe Europe des nations et des libertés présidé par Marine Le Pen, a reconnu jeudi, lors d'une réunion des chefs de file des groupes politiques au Parlement, qu'il avait commis une erreur en votant pendant quelques minutes à la place du leader du FN, a indiqué une autre source parlementaire.

22 **Réponse : 4/** Romanov. Originaires de Novgorod, les Romanov s'établissent en Russie au XIVᵉ siècle. Cette famille de boyards tient son nom de Roman Zakharine, dont la fille Anastasia a épousé le tsar Ivan IV le Terrible.

23 **Réponse : 4/** Le Brésil. Le Suriname un pays d'Amérique du Sud. Ses voisins sont le Guyana à l'ouest, le Brésil au sud et la Guyane française à l'est, et sa capitale est Paramaribo. Avec une population d'environ 520 000 habitants, le Suriname est le pays le moins densément peuplé d'Amérique (190è rang mondial).

24 **Réponse : 2/** Le triangle des Bermudes est une zone géographique de l'océan Atlantique qui aurait été, selon une croyance répandue, le théâtre d'un grand nombre de disparitions de navires et d'aéronefs. Néanmoins, cette croyance répandue se fonde surtout sur des informations erronées, embellies ou mal interprétées et non sur des preuves évidentes, le triangle ne présentant statistiquement parlant aucune anomalie.

25 **Réponse : 2/** L'Oregon. Les faits se sont déroulés au matin du 1er octobre 2015. Chris Harper-Mercer s'introduisit dans le campus et tira sur des élèves et des professeurs pendant les cours. Le premier appel au 911 fut donné à 10 h 38 heure locale. La police arriva à 10 h 44, puis procéda à un échange de tirs avec le tueur, qui finit par se suicider.

26 **Réponse : 2/** La France reste toujours le pays le plus visité dans le monde en 2019. Le pays aurait atteint en 2019 près de 90 millions de touristes selon une estimation dévoilée par le ministère des Affaires étrangères français. Le pays classé deuxième est l'Espagne qui passe devant les Etats-Unis avec 82 millions de touristes étrangers. L'attrait touristique de la France s'explique par le grand nombre et la grande variété des points d'intérêt, la diversité des paysages, la richesse du patrimoine œnogastronomique, historique, culturel et artistique, les facilités d'accès et d'infrastructures de transport, mais aussi par l'équipement important et varié du pays en structures d'accueil (hôtellerie, restauration, parcs d'attractions…).

27 **Réponse : 1/** La révolution cubaine est l'ensemble des événements débutés en 1953 ayant conduit en janvier 1959 au renversement du régime de Fulgencio Batista, aboutissant à l'actuelle République cubaine. La révolution est menée par le Mouvement du 26 juillet dirigé par Fidel Castro et notamment Che Guevara ainsi que leurs alliés s'opposant au gouvernement autoritaire cubain de 1902, soutenu par les Etats-Unis. La révolution commence en juillet 1953, et continue sporadiquement jusqu'à ce que les rebelles chassent Batista du pouvoir le 1er janvier 1959. Par la suite, Le Mouvement mettra en place des réformes plus socialistes pour ensuite devenir le Parti communiste cubain en octobre 1965.

28 **Réponse : 3/** La Somalie. Lors de cette visite historique, les membres de la délégation, dirigée par le Représentant permanent du Royaume-Uni auprès des Nations Unies, Mark Lyall-Grant, et l'ambassadeur Usman Sarki du Nigéria, ont rencontré le Président Hassan Sheikh Mohamud, le Premier ministre Abdiweli Sheikh Ahmed, et d'autres hauts responsables somaliens.

29 **Réponse : 1/** La troposphère est la couche de l'atmosphère terrestre située au plus proche de la surface du globe jusqu'à une altitude d'environ 8 à 15 kilomètres, selon la latitude et la saison. Elle est plus épaisse à l'équateur qu'aux pôles. En moyenne, la température diminue avec l'altitude, à peu près de 6,4 °C tous les 1 000 mètres. Le terme « troposphère » a été inventé en 1913 par le météorologiste français Léon Teisserenc de Bort. Elle représente environ 80 % de la masse totale de l'atmosphère. C'est dans cette couche que circule normalement l'aviation commerciale. On y trouve la plupart des phénomènes météorologiques.

30 **Réponse : 3/** Adidas. L'affaire Tapie – Crédit lyonnais (aussi appelée affaire Adidas ou affaire Lagarde – Tapie) est une affaire opposant, depuis 1992, Bernard Tapie à la Société de Banque Occidentale, une filiale du Crédit lyonnais, elle-même banque publique au moment des faits. Plusieurs personnes, dont Bernard Tapie, sont mises en examen pour escroquerie en bande organisée, l'instruction n'est pas close. Le parquet, qui avait requis par écrit un non-lieu en faveur de l'ancienne ministre de l'Economie, des Finances, de l'Industrie et du Travail, n'est pas pour autant favorable au sursis à statuer sollicité par Me Maisonneuve, en attendant la sentence du volet droit commun.

31 **Réponse : 4/** Saint-Pétersbourg. Le vol 9268 de la compagnie MetroJet est un vol charter au départ de l'aéroport international de Charm el-Cheikh et à destination de Saint-Pétersbourg qui s'est écrasé le 31 octobre 2015 dans la péninsule égyptienne du Sinaï, alors qu'il allait atteindre son altitude de croisière. L'avion, un Airbus A321, transportait 217 passagers. Il n'y a eu aucun survivant.

32 **Réponse : 1/** La Birmanie. Le pays a connu depuis 1962 une série de dictatures militaires. De 1988 à 2011, la Birmanie a été officiellement dirigée par le Conseil d'Etat pour la paix et le développement. Cette junte a officiellement laissé la place en 2011 à un pouvoir civil dirigé par l'un de ses anciens membres, mais le poids de la hiérarchie militaire reste prépondérant dans les faits.

33 **Réponse : 1/** Les Galeries nationales du Grand Palais. Le Grand Palais est un monument parisien situé en bordure des Champs-Elysées, face au Petit Palais, dont il est séparé par l'avenue Winston-Churchill dans le 8e arrondissement. Ses 77 000 m² abritent régulièrement salons et expositions prestigieuses. Il accueille en 2015 la Picasso Mania. Cent chefs d'œuvre de Picasso, dont certains jamais montrés, confrontés aux plus grands maîtres de l'art contemporain, David Hockney, Jasper Johns, Roy Lichtenstein, Andy Warhol, Jean-Michel Basquiat… A la fois chronologique et thématique, le propos retrace les différents moments de la réception critique et artistique de l'œuvre de Picasso, les étapes de la formation du mythe associé à son nom.

34 **Réponse : 2/** Le refus de l'entreprise de transmettre des informations sur des utilisateurs à la justice. Un juge du Sergipe, Etat du nord-est du Brésil, a ordonné aux opérateurs de téléphonie fixe du pays de bloquer la messagerie WhatsApp pour 72 heures pour rétention d'informations dans le cadre d'une enquête. Dans un communiqué, le tribunal explique que Facebook, propriétaire de l'application, n'a pas fourni d'informations sur une bande de trafiquants de drogue locale. Ce juge a accepté un recours de la police fédérale, soutenu par le parquet, qui demandait de lever le secret sur les messages liés à l'enquête sur le trafic de drogue.

35 **Réponse : 5/** Le Canada. Les Îles Cook sont un Etat de l'océan Pacifique sud reconnu par l'Organisation des Nations unies mais non membre de celle-ci, en libre association avec la Nouvelle-Zélande à l'instar de Niue. Il s'agit d'une monarchie parlementaire dont le territoire couvre l'archipel éponyme des îles Cook. Il a pour capitale Avarua et ses habitants se nomment les Cookiens. Le pays a été nommé en l'honneur de James Cook, grand navigateur britannique, qui explora les îles en 1777.

36 **Réponse : 5/** Marseille. Au deuxième jour de l'Euro, quelque 600 supporters anglais et russes se sont violemment affrontés dans le centre-ville de Marseille, samedi 11 juin, en marge du match Angleterre-Russie. Bilan : au moins 31 blessés, dont un Anglais qui restait dimanche matin entre la vie et la mort après avoir reçu des coups de barre de fer.

37 **Réponse : 5/** Les Trois Glorieuses. La révolution de Juillet est la seconde révolution française après la Révolution française de 1789. Elle porte sur le trône un nouveau roi, Louis-Philippe Ier, à la tête d'un nouveau régime, la monarchie de Juillet, qui succède à la Seconde Restauration. Cette révolution se déroule sur trois journées, les 27, 28 et 29 juillet 1830, dites « Trois Glorieuses ».

38 **Réponse : 3/** Les femmes enceintes. L'Organisation mondiale de la santé (OMS) a déconseillé mardi 8 mars aux femmes enceintes de se rendre dans les régions affectées par le virus Zika, en raison du lien de plus en plus avéré avec des malformations du fœtus.

39 **Réponse : 4/** L'Indonésie est constituée de 13 466 îles. D'après des estimations du gouvernement indonésien en 2008, 922 d'entre elles sont habitées. L'Indonésie s'étend des deux côtés de l'équateur. Les quatre plus grandes îles sont Célèbes, Sumatra, Kalimantan (partie indonésienne de Bornéo) et la Nouvelle-Guinée (partagée avec la Papouasie-Nouvelle-Guinée). Sa superficie totale est de 1 904 569 km^2.

40 **Réponse : 5/** Les protections périodiques. Après un combat épique à l'Assemblée nationale entre le gouvernement et les parlementaires, la TVA sur les protections périodiques va passer de 20 % à 5,5 % en 2016, au motif qu'il s'agit d'un produit de première nécessité.

41 **Réponse : 4/** *To be, or not to be* (en français : « Être ou ne pas être ») est une phrase emblématique du théâtre car elle constitue l'ouverture de la célèbre tirade d'Hamlet, dans la pièce qui porte son nom de William Shakespeare.

42 **Réponse : 4/** Nadine Morano, née le 6 novembre 1963 à Nancy, est une femme politique française, membre du parti Les Républicains (LR). Ancienne députée française, élue en Meurthe-et-Moselle, elle est successivement secrétaire d'Etat chargée de la Famille (2008-2009), puis de la Famille et de la Solidarité (2009-2010), et ministre délégué auprès du ministre du Travail, de l'Emploi et de la Santé, chargée de l'Apprentissage et de la Formation professionnelle (2010-2012). Elle est députée européenne depuis 2014.

43 **Réponse : 4/** Martine Aubry, née Martine Delors le 8 août 1950 à Paris, est une femme politique française. Elle est ministre du Travail, de l'Emploi et de la Formation professionnelle de 1991 à 1993, puis ministre de l'Emploi et de la Solidarité et « numéro deux du gouvernement » de 1997 à 2000. A ce titre, elle met notamment en œuvre la réforme des 35 heures et instaure la couverture maladie universelle (CMU). Elle devient ensuite maire de Lille et présidente de la communauté urbaine de Lille. Elue première secrétaire du Parti socialiste en 2008, elle est la première femme à exercer cette fonction. Elle est candidate à la primaire socialiste de 2011, qu'elle perd au second tour face à François Hollande, qui devient président de la République en 2012. Elle quitte la tête du Parti socialiste la même année.

44 **Réponse : 2/** Michel Sapin, né le 9 avril 1952 à Boulogne-Billancourt (Seine), est un haut fonctionnaire et homme politique français.
Sous la présidence de François Hollande, il est ministre du Travail, de l'Emploi, de la Formation professionnelle et du Dialogue social de mai 2012 à mars 2014. Le 2 avril 2014, il est nommé ministre des Finances et des Comptes publics puis le 30 août 2016, il est nommé ministre de l'Economie et des Finances à la suite de la démission d'Emmanuel Macron dont il reprend le portefeuille.

45 **Réponse : 2/** Nigel Paul Farage est un homme politique, animateur de radio et analyste politique britannique. Il est à l'origine de la création du Parti pour l'indépendance du Royaume-Uni (UKIP), qu'il dirige entre 2006 et 2016.

46 **Réponse : 2/** Romain Duris, né le 28 mai 1974 à Paris, est un acteur français.

47 **Réponse : 2/** Sous-marin Nucléaire Lanceur d'Engins. Un SNLE, aussi connu comme SSBN (Sub-Surface Ballistic Nuclear) selon le code OTAN, est un sous-marin à propulsion nucléaire navale de très grande taille, équipé de missiles balistiques stratégiques à charge nucléaire en silos verticaux et lancés en plongée. Il est également équipé en torpilles et en missile à changement de milieu, des armes anti-navires pour son auto-défense. Sa mission est la dissuasion nucléaire ; il assure, à ce titre, la garantie d'une frappe nucléaire de riposte, en raison de la difficulté de le localiser lors de ses patrouilles en plongée, grâce notamment à ses qualités de discrétion acoustique.

48 **Réponse : 4/** Kurdes. Peshmerga est un terme utilisé par les Kurdes pour généralement qualifier leurs combattants. Ils utilisent aussi le nom officiel donné par le gouvernement régional du Kurdistan aux Forces armées du Kurdistan irakien. Le collectif « Solidarité pour le Kurdistan » (CSPK) a dénoncé l'agression de l'armée turque contre les civils de ce canton syrien, à majorité kurde, où se sont réfugiés plus de 300 000 personnes pour fuir notamment Daesh et Al Qaida.

49 **Réponse : 1/** Un antiépileptique. Présent dans plusieurs spécialités pharmaceutiques dont la Dépakine, le valproate de sodium est sur la sellette depuis des années à cause du risque de malformations qu'il provoque (de l'ordre de 10 %), mais également d'un risque plus élevé de retards intellectuels, sans parler des cas d'autisme. Ces risques réunis peuvent atteindre deux enfants sur cinq qui y sont exposés. *Le Canard Enchaîné* affirmait que plus de dix mille femmes auraient pris de la Dépakine entre 2007 et 2014. Un chiffre extrait d'une étude « alarmante » menée par l'Agence du médicament ANSM et par l'Assurance maladie.

50 **Réponse : 5/** Une œuvre composée en hommage à un ami, mort ou vivant. Dans la musique occidentale savante, un tombeau est un genre musical en usage pendant la période baroque. Il était composé en hommage à un grand personnage ou un collègue musicien (maître ou ami), aussi bien de son vivant qu'après sa mort, contrairement à ce que le nom de ce genre musical pourrait laisser penser.

2. Compréhension et expression écrite en Français

51 **Réponse : 2/** Un grand classique des homophones grammaticaux.

Astuce : si le remplacement par « plus tard » est possible, écrivez alors « plus tôt », en deux mots :

J'aurais aimé le découvrir plus tôt. = J'aurais aimé le découvrir plus tard.

Plus tôt il aura fini, mieux ce sera. = Plus tard il aura fini, mieux ce sera.

Si le remplacement par « plus tard » est impossible, c'est qu'il s'agit de l'adverbe « plutôt », qui marque la préférence ou l'intensité :

Il préfère courir plutôt que de nager. VS Il préfère courir plus tard que de skier (ça ne va pas).

Les élèves se disent plutôt satisfaits. VS Les élèves se disent plus tard satisfaits (ça ne va pas).

52 **Réponse : 1/** Une question d'orthographe. On écrit bien AU COURS DE, AIGREFIN, ARGUMENT, PEREMPTOIRE, ACOLYTE, LAUDATIF, EN APARTE et PLENIPOTENTIAIRE.

Si vous connaissiez l'orthographe d'une moitié de ces mots, cela pouvait suffire pour répondre à la question, en procédant par élimination bien sûr.

Quelques définitions :

Aigrefin : Individu qui vit de procédés indélicats ; escroc.

Péremptoire : A quoi on ne peut rien répliquer, indiscutable : Un argument péremptoire a clos la discussion / Qui indique qu'on ne peut rien objecter : Parler d'un ton péremptoire de problèmes qu'on ignore / En droit, qui a force obligatoire.

Acolyte : Compagnon, complice. L'humoriste et ses acolytes.

Laudatif : Qui loue, marque la louange : Il est très laudatif à votre égard.

En aparté : Conversation particulière entre quelques personnes, à l'écart des autres, et qui ne doit pas être entendue.

Plénipotentiaire : On parle de ministre plénipotentiaire : représentant de l'Etat auprès d'un autre Etat, chargé de pleins pouvoirs pour accomplir une mission ; grade le plus élevé de la carrière diplomatique.

53 **Réponse : 4/** On écrit BRAILLER et A TUE-TETE.

Brailler : Crier ou pleurer d'une voix assourdissante / Chanter mal et fort ou d'une voix avinée, éraillée / Pousser son cri, en parlant du paon.

A tue-tête : de toute la puissance de la voix : crier à tue-tête.

54 **Réponse : 1/** Attention à ne pas confondre **imminent** et éminent.

Imminent : sur le point de se produire.

Eminent : qui est au-dessus du niveau commun ; qui se distingue par sa supériorité, ses qualités.

Réponse 3 : on parle d'acquis (du verbe acquérir), pas d'acquits.

Réponse 4 : on écrit par acquit de conscience (du verbe acquitter).

Réponse 5 : on dit tenir pour acquis.

55 **Réponse : 4/**

Réponse 1 : je l'aiderai (c'est un futur qu'il faut ici, pas un conditionnel).

Réponse 2 : tu pourras avec un s bien sûr.

Réponse 3 : laisse sans s à l'impératif. Rappel : A l'impératif présent, les verbes en « er » ne prennent pas un « s » à la deuxième personne du singulier.

Réponse 5 : il parviendra sans t.

56 **Réponse : 5/**

Réponse 1 : on parle d'**acception** que l'on donne habituellement à un mot.

Réponse 2 : ne pas confondre **allocation** et **allocution**. Une allocation est notamment une prestation servie à une personne pour faire face à un besoin, notamment dans le cadre du chômage, d'un handicap... Alors qu'une allocution est un discours assez court, de caractère officiel, prononcé en public.

Réponse 3 : ne pas confondre **collision** et **collusion**. Une collision est un choc provoqué par deux choses qui se rencontrent. Une collusion est une entente entre un groupe de personne pour faire du mal à quelqu'un.

Réponse 4 : il ne fallait évidemment pas confondre ici astronaute avec astrologue.

57 **Réponse : 5/ Lambris** : revêtement intérieur des murs d'un local en menuiserie, voire en plaques de marbre, en stuc, etc.

58 **Réponse : 5/**

Réponse 1 : je pourrai / Réponse 2 : il mangera / Réponse 3 : tu verras / Réponse 4 : je verrai.

Apprenez bien les tableaux de conjugaison qui se trouvent dans la partie consacrée au cours !

59 **Réponse : 4/** On écrit une honte pestilentielle (avec un t, pas un c).

Pestilentiel : qui répand une odeur infecte : Emanations pestilentielles / Qui peut corrompre gravement : Atmosphère pestilentielle.

60 **Réponse : 4/** Le verbe moudre se conjugue **ils/elles moulent** à la troisième personne du pluriel de l'indicatif présent.

Présent de l'indicatif : je mouds / tu mouds / il moud / nous moulons / vous moulez / ils moulent.

Imparfait de l'indicatif : je moulais / tu moulais / il moulait / nous moulions / vous mouliez / ils moulaient.

Futur simple : je moudrai / tu moudras / il moudra / nous moudrons / vous moudrez / ils moudront.

61 **Réponse : 2/**

Réponse 1 : donnaient

Réponse 3 : fut (pas fût, réservé à l'imparfait du subjonctif. Ex : il souhaitait qu'il fût d'une plus grande aide).

Réponse 4 : commencèrent

Réponse 5 : subi

62 **Réponse : 4/** Copains comme cochons signifie « très amis ».

Jamais on ne vit une paire de cochons s'en aller bras dessus, bras dessous, liés d'amitié à la vie à la mort. Alors pourquoi cet animal qui a donné lieu à tant d'expressions péjoratives aurait-il servi à construire celle-ci ? Tout simplement parce qu'il n'a rien à voir là dedans !

Le cochon d'ici est une déformation du mot soçon (lui-même parfois modifié en chochon) qui voulait dire camarade, associé. A l'origine, au XVIe siècle, on disait « camarades comme cochons », avant que les camarades ne soient remplacés par amis la fin du XVIIIe, puis par copains à partir du XIXe. (Source : http://www.expressio.fr/)

63 **Réponse : 2/**

Réponse 1 : on dit une atmosphère funèbre (triste, lugubre, sinistre). Funéraire est relatif aux obsèques : Cérémonie funéraire. Funéraire est aussi relatif à la sépulture, à la tombe : Un monument funéraire.

Réponse 2 : *urne cinéraire* et une *urne funéraire* sont synonymes.

Réponse 3 : on dit un monument funéraire.

Réponses 4 et 5 : on dit une urne funéraire.

64 **Réponse : 1/**

Réponse 2 : future antérieur

Réponse 3 : imparfait de l'indicatif

Réponse 4 : futur antérieur

Réponse 5 : imparfait de l'indicatif

65 **Réponse : 4/** Référez-vous au rappel de cours (chapitre 18 de la partie 1. GRAMMAIRE ET ORTHOGRAPHE : 30 REGLES ESSENTIELLES).

66 **Réponse : 5/**

Réponse 1 : leur (ce n'est pas un possessif ici !)

Réponse 2 : sa tour (j'espère que « ça tour » vous a fait mal aux yeux autant qu'à moi !)

Réponse 3 : ces (ce ne sont pas les volets écaillés de la neige)

Réponse 4 : ce pas se

67 **Réponse : 5/** On dit bien par acquit de conscience, du verbe acquitter.

Par acquit de conscience signifie afin d'être quitte avec sa conscience, de ne pas risquer d'en avoir la conscience chargée.

68 **Réponse : 2/ Prophylactique** – de prophylaxie : ensemble de moyens médicaux mis en œuvre pour empêcher l'apparition, l'aggravation ou l'extension des maladies. Prophylactique signifie donc qui prévient la maladie.

69 **Réponse : 4/ Rubescent :** qui est un peu rouge ; qui commence à rougir ; qui devient rouge.

On aurait pu deviner la bonne réponse du fait de la ressemblance avec le mot rubis dont la couleur est rouge.

70 **Réponse : 5/**

Réponse 1 : pensaient

Réponses 2, 3 et 4 : que penser…

71 **Réponse : 5/ Truchement :** fait de servir d'intermédiaire entre deux ou plusieurs interlocuteurs.

Intermédiaire, entremise, chargé de faire la liaison entre deux éléments distincts.

Au temps de l'apparition du progrès technique, une autre couche s'empare peu à peu des moyens de production par le truchement de la banque. Elle parvient ensuite au pouvoir politique et à la domination générale. // C'était par le truchement des médias que j'ai été averti de son élection.

72 **Réponse : 3/ Apathie :** incapacité d'être ému ou de réagir (par mollesse, indifférence, état dépressif, etc.).Indolence, inertie.

73 **Réponse : 2/** Cette question ne présentait aucune difficulté.

74 **Réponse : 1/**

Réponse 2 : je m'arrête

Réponse 3 : volontiers (toujours avec un s)

Réponse 4 : je m'arrête

Réponse 5 : considération sans s

75 **Réponse : 3/** Déjà il faut savoir que le verbe empoissonner existe et signifie comme on peut s'en douter : peupler de poissons. On comprend de toutes façons que ce n'est pas sur le mot « empoissonne » que l'on vous attend étant donné qu'il est absolument identique dans chacune des cinq réponses proposées.

Réponse 1 : où il nage (au singulier)

Réponses 2, 4 et 5 : qui voudrai<u>t</u>

76 **Réponse : 3/** Il faut bien sûr accorder « rouge » ici : ces chaussettes rouge<u>s</u>.

77 **Réponse : 1/** Tu brûles

Ton amour étrangle

78 **Réponse : 2/** Deux erreurs dans la réponse 2 : « surveil<u>l</u>ant » et « de cesser » (à remplacer par « de faire » pour bien confirmer qu'il faut ici un infinitif).

79 **Réponse : 2/**

Réponse 1 : la grande

Réponse 3 : leçon pas lesson…

Réponse 4 : c'est, pas ces…

Réponse 5 : ce, pas ceux…

80 **Réponse : 3/** Deux erreurs ici : « il du<u>t</u> » et « s'ap<u>p</u>uyer ».

Rappel : conjugaison du verbe devoir au passé simple : je dus / tu dus / il dut / nous dûmes / vous dûtes / ils durent.

81 **Réponse : 4/** Sans commentaire :)

82 **Réponse : 2/** C'est (ceci est)… pas ces (démonstratif) !

83 **Réponse : 3/** « Qui pourront », pas « qui pourrons… ».

On retrouve décidément beaucoup de questions de conjugaison dans ce sujet et je vous invite donc à ne pas négliger l'apprentissage des tableaux de conjugaison qui se trouvent dans la partie consacrée au cours. Il y a beaucoup de points faciles à gagner… Alors ne passez pas à côté !

84 **Réponse : 4/ Fugace :** Qui ne dure pas, disparaît, échappe facilement, fuit rapidement : Un souvenir fugace // Se dit d'une teinture facilement éliminable, appliquée sur les matières textiles pour les différencier au cours de leur transformation.

Versatile : Qui change facilement d'opinion, qui est sujet à des volte-face subites.

85 **Réponse : 3/** « Déploye<u>r</u> », pas « déployez » / « capable<u>s</u> » au pluriel.

86 **Réponse : 4/**

87 **Réponse : 5/**

88 **Réponse : 1/**

89 **Réponse : 2/**

90 Réponse : 3/

91 Réponse : 3/

92 Réponse : 5/

93 Réponse : 1/

94 Réponse : 2/

95 Réponse : 3/

96 Réponse : 5/

97 Réponse : 1/

98 Réponse : 3/

99 Réponse : 1/

100 Réponse : 2/

3. Raisonnement logique et numérique

101 **Réponse :** ❷ Vous devez ici poser un système d'équations à trois inconnues. Vous ne pouvez en effet pas y échapper !

Soit X le nombre de centaures, Y le nombre de cyclopes et Z le nombre de Shiva.

On commence par poser les 3 équations suivantes :

(1) $2X + Y + 3Z = 17$ (pour les yeux)

(2) $2X + 2Y + 4Z = 24$ (pour les bras)

(3) $4X + 2Y + 2Z = 22$ (pour les jambes)

Faisons : (2) – (1) pour faire disparaître les X, soit : $Y + Z = 7$

Le système devient alors :

(1) $Y + Z = 7$

(2) $X + Y + 2Z = 12$ (on a simplement divisé par 2 à gauche et à droite de la 2e équation)

(3) $2X + Y + Z = 11$ (on a également divisé par 2 à gauche et à droite de la 3e équation)

Faisons à présent (2) – (3) pour faire disparaître les Y, soit : $Z - X = 1$

Le système devient alors :

(1) $Y + Z = 7$

(2) $Z - X = 1$

(3) $2X + Y + Z = 11$

Et c'est quasiment fini !

En effet, il suffit de remplacer dans l'équation (3), **Y + Z par 11** (cf. équation (1)), soit :

(1) $Y + Z = 7$

(2) $Z - X = 1$

(3) $2X + 7 = 11$

SCORE BLANC NUMERO 3 – CORRIGES

Soit encore :
(1) Y + Z = 7
(2) Z – X = 1
(3) X = 2

Soit enfin : X = 2, Y = 4 et Z = 3.
Il y a donc 2 centaures, 4 cyclopes et 3 Shiva soit au total 9 statuettes.

102 **Réponse :** ❹ Il y a bien sûr tout d'abord l'alternance Pique / Carreau. On doit donc bien sûr compléter avec un Pique. Ensuite, on remarque simplement que les valeurs des cartes qui sont en seconde ligne **valent le double des valeurs** des cartes qui sont en première ligne. Il nous faut donc un 10 de Pique ici !

103 **Réponse :** ❹ Une question plutôt facile non ?
Les éléments de cette série font tous **référence à 100** (ou des multiples de 100 si vous préférez). Un quintal, c'est 100 kilos, un siècle c'est 100 ans, un are c'est 100 m^2, un hectolitre c'est 100 litres. L'intrus est donc bien sûr kilogramme qui vaut 1000 kilos et non pas 100…

104 **Réponse :** ❷ Les mots de cette suite sont tous des **anagrammes** composés à partir des lettres A, A, E, M, R et R. L'intrus est donc bien sûr SAMARE à qui il manque un R.

105 **Réponse :** ❶ Les bougies de Claire et Bruno sont de la même couleur. Il en est de même pour les bougies de Matthieu et Adrien. On n'a ainsi pas d'autre choix que de dire que les deux bougies blanches et les deux bougies bleues sont pour eux !
Conclusion : la bougie noire est forcément pour Greg.

106 **Réponse :** ❹ Un grand classique. Si Q est adossé à 15 c'est parce que Q est l'initiale de Quinze. Il en est de même pour 27 dont l'initiale est V (Vingt-sept). On en déduit donc que la bonne réponse est la 4 puisque l'initiale de 70 est bien S (**S**oixante-dix).

107 **Réponse :** ❹ Il faut poser ici un système d'équations.
Soit X le nombre de parts que je vais vendre et A le montant des achats nécessaires pour faire les gâteaux.
On obtient le système d'équations suivant :
(1) 2X – A = 270
(2) 1,5X – A = 220
En faisant (1) – (2) on obtient : 0,5X = 50, soit 1/2 X = 50, soit X = 50/(1/2) = 50 × 2 = 100. **Je vais donc vendre 100 parts.**

108 **Réponse :** ❶ Il faut utiliser la formule suivante :
$P(R \cup P) = P(R) + P(P) - P(R \cap P)$.
Nous savons que $P(R \cup P) = 8\ \%$, $P(R) = 3 \times P(P)$ et $P(R \cap P) = 2\ \%$.
Soit : $8\ \% = 3 \times P(P) + P(P) - 2\ \%$, soit : $4 \times P(P) = 10\ \%$, soit enfin $P(P) = 2{,}5\ \%$.

109 **Réponse :** ❺ Voici une question destinée aux plus bourrins d'entre vous :)

Aucune difficulté en vue. Il faut juste être bien concentré et s'armer de patience.

Les heures sympathiques sont : 16 h 07, 16 h 16, 16 h 25, 16 h 34, 16 h 43, 16 h 52 puis 17 h 08, 17 h 17, 17 h 26, 17 h 35, 17 h 44 et 17 h 53 ce qui nous donne donc **12 heures sympathiques** !

110 **Réponse :** ❷ Dans un premier temps, remettons un peu les choses dans l'ordre.

MEDIANE (– 1 ; 0 ; X ; 1 ; 7 ; 15 ; 20) s'écrit plutôt : **MEDIANE (– 1 ; 0 ; 1 ; X ; 7 ; 15 ; 20)** car si X est la médiane, cette valeur doit nécessairement se trouver en « milieu » de liste, autrement dit ici en 4e position.

Aussi : **MEDIANE (100 ; – 2 ; 11 ; X ; 22 ; 4 ; 5 ; 6)** s'écrit plutôt : **MEDIANE (– 2 ; 4 ; 5 ; X ; 6 ; 11 ; 22 ; 100) ou MEDIANE (– 2 ; 4 ; 5 ; 6 ; X ; 11 ; 22 ; 100)** car là aussi, X doit se trouver au « milieu » soit en 4e ou 5e position ici.

<u>En conclusion</u> : au vu des solutions proposées (ayez donc toujours un œil sur les solutions !), la seule réponse possible est X = 6. C'était aussi simple que ça :)

111 **Réponse :** ❹ Essayons d'être pragmatique et regardons déjà à quoi peuvent ressembler ces mots de trois lettres classés dans l'ordre lexicographique.

Cela donne : **AAA, AAB, AAC, ABA, ABB, ABC, ACA, ACB, ACC** puis : **BAA, BAB, BAC, BBA, BBB, BBC, BCA, BCB, BCC** puis enfin : **CAA, CAB, CAC, CBA, CBB, CBC, CCA, CCB, CCC.**

Cela nous ainsi **27 mots** et le mot médian est donc celui qui sépare la liste de ces 27 mots classés dans l'ordre lexicographique en deux listes de même taille. C'est donc le 14e mot de la liste, autrement dit : **BBB**.

<u>Voici une autre méthode un peu plus rapide</u>. On sait rapidement qu'il y a 27 mots. On a en effet le choix entre 3 lettres (A, B et C) pour la première lettre du mot, encore 3 pour la deuxième et encore 3 pour la troisième lettre, soit 3 × 3 × 3 = 27 mots possibles. Or on sait que les 9 premiers mots commencent par la lettre A, les 9 suivants par la lettre B et les 9 derniers par la lettre C. On cherche la lettre du « milieu », autrement dit la 14e, qui commence donc par un B, soit BBB (BAA, BAB, BAC, BBA, **BBB**).

112 **Réponse :** ❷ Soit X le nombre de retours en 2017 et Y le nombre de retours en 2018.

La moyenne est égale à : (9 + 10 + 9 + 10 + X + Y)/6 soit encore **(38 + X + Y)/6.**

D'après l'énoncé, on sait que cette moyenne est égale à 7, soit : (38 + X + Y)/6 = 7, soit encore : 38 + X + Y = 42 (on a fait passer à droite du égal le 6 qui était au dénominateur à gauche du égal), soit enfin : **X + Y** = 42 – 38 = **4.** On élimine d'office les réponses 4 et 5 car 5 + 1 comme 4 + 2 ne valent pas 4. On élimine aussi la réponse 3 car souvenez-vous que d'après l'énoncé, les retours en 2018 sont nécessairement <u>inférieurs</u> aux retours en 2017.

Pour ce qui est de la variance, on a :

$[(9 - 7)^2 + (10 - 7)^2 + (9 - 7)^2 + (10 - 7)^2 + (X - 7)^2 + (Y - 7)^2] / 6 = 13$, soit :

$(9 - 7)^2 + (10 - 7)^2 + (9 - 7)^2 + (10 - 7)^2 + (X - 7)^2 + (Y - 7)^2 = 78$, soit encore :

$4 + 9 + 4 + 9 + (X - 7)^2 + (Y - 7)^2 = 78$, soit : $\mathbf{(X - 7)^2 + (Y - 7)^2 = 52}$.

Il nous suffit à présent de tester les valeurs proposées en solutions et de conclure que la bonne réponse est la 2 puisque l'on a bien **$(3 - 7)^2 + (1 - 7)^2 = (-4)^2 + (-6)^2 = 16 + 36$ = <u>52</u>**.

Il s'agissait ici de l'exercice qui exigeait de bien connaître son cours. L'application est directe et « récompense » clairement les candidats qui n'ont fait aucune impasse !

113 **Réponse :** ❹ Une question vraiment facile !

Il suffit en effet de tester les valeurs sur les équations proposées en solution.

<u>Réponse 1</u> :

- Point (– 1 ; 1) : $Y = X^2 + X - 1 = (-1)^2 + (-1) - 1 = 1 - 1 - 1 = -1$. On élimine donc cette réponse car on doit obtenir Y = 1 comme résultat.

<u>Réponse 2</u> :

- Point (– 1 ; 1) : $Y = -X^2 - X + 1 = -(-1)^2 - (-1) + 1 = -1 + 1 + 1 = 1$. On garde.
- Point (0 ; – 1) : $Y = -X^2 - X + 1 = -(0)^2 - (0) + 1 = 1$. On élimine car on aurait du obtenir – 1.

<u>Réponse 3</u> :

- Point (– 1 ; 1) : $Y = X^2 - X + 1 = (-1)^2 - (-1) + 1 = 1 + 1 + 1 = 1$. On élimine.

<u>Réponse 4</u> :

- Point (– 1 ; 1) : $Y = X^2 - X - 1 = (-1)^2 - (-1) - 1 = 1 + 1 - 1 = 1$. On garde.
- Point (0 ; – 1) : $Y = X^2 - X - 1 = (0)^2 - (0) - 1 = -1$. On garde.
- Point (1 ; – 1) : $Y = X^2 - X - 1 = (1)^2 - (1) - 1 = 1 - 1 - 1 = -1$. On garde et la réponse 4 est donc la bonne réponse !

Inutile de tester la réponse 5 ! Il n'y a qu'une seule réponse possible.

Comme vous l'avez remarqué, cette exercice est super fastidieux et cela demande d'arriver très « frais » le jour J pour être en mesure de bien se concentrer ;) Alors on se couche tôt la veille, compris ?

114 **Réponse :** ❶ Un énoncé long et un peu décourageant… Accrochez-vous car ce n'est pas très dur.

On sait que si avec 3/5 de corde on fait 9 tours alors avec toute la corde on fait 9 × 5/3 de tours (produit en croix) soit **15 tours**. On comprend alors que l'ordre des couleurs est : **BLEU – VERT – ROUGE**.

Et comme 2/3 – 3/5 = 10/15 – 9/15 = 1/15, en enroulant le segment VERT – ROUGE on ne peut faire qu'un seul tour d'arbre.

115 **Réponse :** ❷ Une question difficile.

Pour que les deux aiguilles soient à nouveau parfaitement coïncidentes, il faut que l'aiguille des minutes fassent un tour complet, il y aura donc 1 heure de passée. Mais pendant ce temps l'aiguille des heures va continuer à avancer, et pour que les deux aiguilles coïncident à nouveau, <u>il faut aussi ajouter les 5 minutes et 27 secondes nécessaires au décalage</u>. Il sera donc **14 h 10 min 54 s**.

Un conseil important : n'hésitez pas à sauter cette question le jour J et concentrez-vous dans un premier temps sur des questions plus faciles, comme celle qui suit par exemple ;)

116 **Réponse :** ❺ Ouf ! Une question beaucoup plus facile maintenant.
Testons les réponses.
Réponse 1 : **211 111** et **111 112**. On voit bien que 211 111 n'est pas 3 fois plus petit que 111 112.
Réponse 2 : **212 344** et **123 442**. Idem. On oublie.
Réponse 3 : **281 111** et **811 112**. Comme 811 112 n'est pas un multiple de 3 (la somme de ses chiffres vaut 14 qui n'est pas divisible par 3), il ne peut être 3 fois plus grand que 281 111.
Réponse 4 : **282 344** et **823 442**. Même explication que pour la réponse 3.
Réponse 5 : c'est par élimination la bonne réponse ! Mais on vérifie quand même pour le plaisir que : **285 714** est bien 3 fois plus petit que **857 142**.

117 **Réponse :** ❹ S'il faut 10 personnes (les 11 **moins** le manager) pour nettoyer un avion en 5 minutes, alors cela veut dire que si une seule personne souhaite nettoyer l'avion, **cela lui prendrait 10 fois plus de temps, soit 50 minutes**.
Pour réduire le temps de nettoyage à 2 minutes, il faudrait donc 50/2 = **25 personnes**. Et comme un manager ne peut gérer plus de 10 personnes, il faut donc **3 managers**.
Conclusion : la compagnie doit employer 25 + 3 = **28 personnes**.

118 **Réponse :** ❷ Une question franchement trop facile. C'est vraiment dommage si vous êtes passé à côté.
5 mois dans l'année s'écrivent avec une lettre « m » : **m**ars, **m**ai, septe**m**bre, nove**m**bre et déce**m**bre). Il y a donc **5 chances sur 12** de tomber sur un mois qui comporte un « m ».

119 **Réponse :** ❺ Posons une équation simple à une inconnue : **5 = 5/9 × (F – 32)**
Soit : **5 × 9 = 5F – 5 × 32**, soit encore : 45 = 5F – 160, soit enfin 5F = 45 + 160 = 205, autrement dit : F = 205/5 = 41.

120 **Réponse :** ❺ • Baisser d'un tiers est équivalent à multiplier par **2/3** (1 – 1/3).
- Chuter de 25 % (1/4) est équivalent à multiplier par **3/4** (1 – 1/4).
- Baisser de 20 % (1/5) est équivalent à multiplier par **4/5** (1 – 1/5).
- Enfin, augmenter de 25 % (1/4) est équivalent à multiplier par **5/4** (1 + 1/4).

Au final, si on appelle P la production initiale, on écrit :
P × 2/3 × 3/4 × 4/5 × 5/4 = 225 000, soit en simplifiant nos fractions :
P × 2/4 = 225 000, soit encore P × 1/2 = 225 000, soit enfin :
P = 225 000 × 2 = **450 000**.

4. Compréhension et expression écrite en Anglais

Expression

121 **Réponse : 2/** *Il n'aura pas de meilleure chance pour…*

- **To drop policies :** abandonner les politiques.

The IMF should drop fiscal policies such as the imposition of public sector wage caps, which prevent countries from increasing […] : Le FMI devrait abandonner les politiques fiscales, tel que le plafonnement de la masse salariale du secteur public, qui empêchent […]

- **Unaffordable :** inabordable.

122 **Réponse : 5/** To **come up with** a fix for the bug : trouver une solution / une réparation pour le bug.

Apprenez bien l'expression consacrée : ***to come up with a solution*** qui signifie trouver une solution.

- **To come over :** venir.
- **To come off :** se détacher.
- **To come up :** monter / se lever.
- **To come up with… :** trouver…

123 **Réponse : 4/ Apart from** signifie : à part, hormis, à l'exception de.

124 **Réponse : 3/** *… et cela va faire 15 ans que je suis ici* (sous-entendu j'y suis encore d'où le « have been »).

125 **Réponse : 4/ To be caught out by** signifie : être pris en défaut par, être pris en revers par, être surpris par.

126 **Réponse : 2/** *Il se sentait inférieur aux autres.*

127 **Réponse : 1/**

- **Curriculum :** programme, cursus.
- **Cursor :** curseur (comme un curseur de souris ou un curseur qui clignote).
- **Planning :** planification, aménagement.
- **Thematic :** thématique (attention c'est un adjectif, pas un nom commun).
- **Scheduling :** planification, échelonnement.

128 **Réponse : 3/ To drop out of school** est une expression consacrée qui signifie arrêter / abandonner l'école.

129 **Réponse : 2/ To emerge :** apparaître, faire surface, voir le jour.

130 **Réponse : 5/**

- Will be held : se tiendra.
- **Facilities :** installations, équipements, services.

131 **Réponse : 2/**

- To be out of harm's way : être à l'abri, être à l'abri du danger, être hors de danger.
- **To harm somebody :** nuire à quelqu'un, blesser quelqu'un.

132 **Réponse : 5/** *Des mesures de sécurité* ***accrues*** *ont été prises à la suite de l'incident.*

Heightened signifie accrue.

133 **Réponse : 2/** *Il s'agissait d'une avancée majeure (ou percée majeure) dans le cadre de l'****enquête****.*

134 **Réponse : 4/ Will have spent seven years :** aura passé sept ans.

135 **Réponse : 3/** *Un homme, la vingtaine, a été arrêté pour être ensuite interrogé.*

- **Later** : ensuite (en tant qu'adverbe), ultérieur (en tant qu'adjectif).
- **Later on** : ultérieurement.
- **Sooner or later** : tôt ou tard.

136 **Réponse : 4/ With the utmost seriousness** : avec le plus grand sérieux.

Autres exemples avec **utmost** :

- *Punctuality is of the utmost importance to the director.* La ponctualité est d'une importance capitale pour le directeur.
- *The bread is made in the utmost respect of tradition.* Le pain est fait dans le respect absolu de la tradition.

137 **Réponse : 5/** *Cette expérience s'était avéré **vraiment** été précieuse.*

Worthwhile :

- **rentable** *Ultimately, buying the shop proved worthwhile.* En fin de compte, l'achat de la boutique s'est avéré rentable.
- **qui vaut la peine** *Eliminating world hunger is a worthwhile goal.* Eliminer la faim dans le monde est un objectif qui vaut la peine.
- **A worthwhile cause** : une bonne cause / une noble cause / une cause louable.
- **A worthwhile investment** : un investissement rentable / fructueux.
- **A worthwhile experience** : une expérience précieuse / expérience utile.

138 **Réponse : 2/** Il s'agit là d'un très grand classique. **To depend <u>on</u>** : dépendre <u>de</u>.

139 **Réponse : 2/** *L'état de **ceux** qui étaient impliqués dans le crash (l'accident) n'était pas connu.*

140 **Réponse : 3/ To be permitted to do something** : être autorisé à faire quelque chose.

141 **Réponse : 2/ To remember** signifie se souvenir.

- *I can remember people's faces, but not their names. You are Mr? ...* Je me souviens des visages des gens, mais pas de leur nom. Vous êtes Monsieur ?
- *Please remember to lock the door when you go out!* Souviens-toi de fermer la porte quand tu sors !
- *I'll always remember flying to America on Concorde.* Je me souviens d'avoir volé jusqu'aux Etats-Unis sur un Concorde.

To remind signifie aider quelqu'un à se souvenir de quelque chose.

- *His secretary calls to remind him about the meeting.* Sa secrétaire l'appelle pour qu'il se souvienne de la réunion.
- *This handkerchief has a knot. The knot reminds the man that he has something to do.* Ce mouchoir a un nœud. Le nœud rappelle à l'homme qu'il a quelque chose à faire.
- *Lena, could you remind Tom to phone his grandmother tomorrow?* Lena, pourrais-tu rappeler à Tom d'appeler sa grand-mère demain ?

142 **Réponse : 4/ To withdraw from an election** : retirer sa candidature à l'élection / se retirer d'une l'élection.

143 **Réponse : 1/ Before + verbe en -ing** : avant de...

- *Before renewing your passport* : avant de renouveler votre passeport.
- *Don't eat before reading this.* Ne mangez pas avant d'avoir lu ça.

144 **Réponse : 3/ To the entire community** : pour la communauté tout entière.

- **To attend an event** : assister à un événement.

• **Attire** : tenue, vêtement. This summer attire was magnificent (cette tenue d'été / sa tenue estivale était magnifique).

• **To retire** : prendre sa retraite, retirer (dans le sens par exemple de retirer de la circulation les vieux billets de banque).

• **To extend** : étendre, agrandir, accroître.

145 **Réponse : 4/ To take after somebody** : ressembler à quelqu'un.

146 **Réponse : 4/ Therefore** : par conséquent, donc.

147 **Réponse : 1/ To be used to doing something** : avoir l'habitude de faire quelque chose.

I am used to eating bread every morning : j'ai (pris) l'habitude de manger du pain tous les matins.

148 **Réponse : 4/**

• To warn somebody : avertir, prévenir, alerter quelqu'un.

• **To hold something** : détenir, posséder, maintenir quelque chose.

• **To undermine** something / somebody : miner, affaiblir, ébranler, saboter.

149 **Réponse : 5/** Attention à la construction : **I will call you when I arrive** ET NON I will call when I will arrive.

150 **Réponse : 2/ Worthwhile** : qui en valait la peine.

151 **Réponse : 4/** Attention à la concordance des temps.

152 **Réponse : 1/** *La dernière publicité de Forest Real Estate* ***vise*** *les jeunes gens intéressés par l'acquisition de leur premier bien immobilier.*

To be aimed at : être destiné à, être conçu pour, viser, cibler.

153 **Réponse : 2/ Within walking distance** : expression idiomatique qui signifie à une distance de marche.

154 **Réponse : 2/ To dread** : redouter.

I dread winter because I do not like being cold. Je redoute l'hiver car je n'aime pas avoir froid.

155 **Réponse : 1/** *… car* ***ils n'auraient pas dû*** *effectuer eux-mêmes les réparations…*

Compréhension de textes

156 **Réponse : 3/**

157 **Réponse : 2/**

158 **Réponse : 4/**

159 **Réponse : 3/**

160 **Réponse : 1/**

161 **Réponse : 3/**

162 **Réponse : 3/**

163 **Réponse : 3/**

164 **Réponse : 1/**

165 **Réponse : 3/**

166 **Réponse : 4/**

167 **Réponse : 3/**

168 **Réponse : 4/**

169 **Réponse : 5/**

170 **Réponse : 2/**

SCORE BLANC NUMERO 4

Consignes

1. Ce Score blanc contient 170 questions pour lesquelles vous aurez toujours 5 propositions de réponses au choix. 1 seule de ces propositions est correcte.

2. Le temps total pour travailler sur ce Score est de 3 heures.

3. Barème : 2 points par réponse juste sauf pour la sous-épreuve numéro 3 pour laquelle 5 points seront attribués par réponse juste. Une réponse fausse ou pas de réponse ne modifie pas le score (0 point). Le Score est donc noté sur un total de 400 points.

4. L'usage de la calculatrice, dictionnaire, lexique ou grammaire est formellement interdit. Aucune pause/sortie n'est autorisée pendant l'épreuve, toute sortie étant considérée comme définitive.

5. Les 170 réponses sont à reporter au recto d'une grille unique sur laquelle le candidat noircit la case correspondant à la réponse choisie, en utilisant le crayon fourni par le centre d'écrit. Les corrections doivent impérativement être effectuées avec un blanc correcteur.

SCORE BLANC NUMERO 4 : GRILLE DES REPONSES

	1	2	3	4	5
1					
2					
3					
4					
5					
6					
7					
8					
9					
10					
11					
12					
13					
14					
15					
16					
17					
18					
19					
20					
21					
22					
23					
24					
25					
26					
27					
28					
29					
30					
31					
32					
33					
34					
35					
36					
37					
38					
39					
40					
41					
42					
43					
44					
45					
46					
47					
48					
49					
50					
	1	2	3	4	5

	1	2	3	4	5
51					
52					
53					
54					
55					
56					
57					
58					
59					
60					
61					
62					
63					
64					
65					
66					
67					
68					
69					
70					
71					
72					
73					
74					
75					
76					
77					
78					
79					
80					
81					
82					
83					
84					
85					
86					
87					
88					
89					
90					
91					
92					
93					
94					
95					
96					
97					
98					
99					
100					
	1	2	3	4	5

	1	2	3	4	5
101					
102					
103					
104					
105					
106					
107					
108					
109					
110					
111					
112					
113					
114					
115					
116					
117					
118					
119					
120					
	1	2	3	4	5

	1	2	3	4	5
121					
122					
123					
124					
125					
126					
127					
128					
129					
130					
131					
132					
133					
134					
135					
136					
137					
138					
139					
140					
141					
142					
143					
144					
145					
146					
147					
148					
149					
150					
151					
152					
153					
154					
155					
156					
157					
158					
159					
160					
161					
162					
163					
164					
165					
166					
167					
168					
169					
170					
	1	2	3	4	5

SCORE BLANC NUMERO 4

1. CULTURE GENERALE, ECONOMIQUE ET MANAGERIALE

1 **Où se déroulera la Coupe du Monde 2026 ?**

1/ Au Mexique, aux USA et au Canada
2/ En Chine et en Indonésie
3/ En Corée du Sud et au Japon
4/ En Australie et en Nouvelle-Zélande
5/ En Croatie et en Bulgarie

2 **De quel pays est originaire le terroriste qui a mené une attaque au couteau à Paris le samedi 12 mai 2018 ?**

1/ Tchétchénie
2/ Iran
3/ Algérie
4/ Mali
5/ Tunisie

3 **Parmi ces mots, lequel fait son entrée dans le dictionnaire Larousse 2020 ?**

1/ Antispécial
2/ Antispatial
3/ Antispécisme
4/ Antipessimiste
5/ Antispam

4 **Quel est le premier producteur agricole de l'Union européenne ?**

1/ L'Allemagne
2/ L'Espagne
3/ La France
4/ L'Italie
5/ Les Pays-Bas

5 **Chaque année, en France, combien de cancers de la peau sont diagnostiqués ?**

1/ Environ 20 000
2/ Environ 40 000
3/ Environ 60 000
4/ Environ 80 000
5/ Plus de 100 000

6 **Sous quel nom est plus connu Jean-Philippe Smet ?**

1/ John Dassin
2/ Johnny Hallyday
3/ Michel Sardou
4/ Eddy Mitchell
5/ Jacques Dutronc

7 **Où se trouve la Tour Magne ?**

1/ A Toulon
2/ A Marseille
3/ A Nîmes
4/ A Nice
5/ A Paris

8 **La dette publique de la France s'élève fin 2018 à :**

1/ 18 % du PIB
2/ 38 % du PIB
3/ 58 % du PIB
4/ 78 % du PIB
5/ 98 % du PIB

9 **En mai 2021, de quelle nationalité est la Directrice générale de l'OMC ?**

1/ Allemande
2/ Nigérienne
3/ Canadienne
4/ Italienne
5/ Russe

10 **Qui est en mai 2019 la Secrétaire d'Etat chargée de l'Egalité entre les femmes et les hommes du gouvernement Macron ?**

1/ Laurence Rossignol
2/ Agnès Buzyn
3/ Laura Flessel
4/ Marlène Schiappa
5/ Françoise Nyssen

11 **Lequel de ces pays n'est pas frontalier de la Libye ?**

1/ L'Algérie
2/ La Tunisie
3/ L'Egypte
4/ Le Niger
5/ Le Maroc

12 **Quel est le pays vainqueur de l'Eurovision 2021 ?**

1/ L'Allemagne
2/ La Suède
3/ L'Italie
4/ La France
5/ Les Pays-Bas

13 **A quelle date l'Allemagne a-t-elle prévu de sortir totalement du nucléaire ?**

1/ 2020
2/ 2022
3/ 2025
4/ 2030
5/ 2040

14 **Quelle est l'équipe de football championne d'Italie en 2019 ?**

1/ La Juventus
2/ L'AS Roma
3/ Le Napoli
4/ Le Milan AC
5/ La Fiorentina

15 **Quel laboratoire a commercialisé le Mediator ?**

1/ Servier
2/ Roche
3/ Sanofi Aventis
4/ Pfizer
5/ AstraZeneca

16 **Parmi ces pays, lequel n'est pas frontalier de l'Afrique du Sud ?**

1/ Lesotho
2/ Botswana
3/ Namibie
4/ Swaziland
5/ Angola

17 **Où se déroule le Festival Solidays, manifestation de lutte contre le SIDA ?**

1/ A l'Hippodrome de Longchamp
2/ Sur le parvis de la Tour Eiffel
3/ Au Stade de France
4/ Au Domaine national de Saint Cloud
5/ A l'Esplanade du Château de Vincennes

18 **A combien, Guillaume Pepy, estime -t-il le coût pour la SNCF de la grève lancée par les syndicats de cheminots en 2018 ?**

1/ Plus de 50 millions d'euros
2/ Plus de 100 millions d'euros
3/ Plus de 200 millions d'euros
4/ Plus de 300 millions d'euros
5/ Plus d'1 milliard d'euros

19 **Que signifie le sigle BnF ?**

1/ Banque nationale de France
2/ Biens nationaux de France
3/ Bibliothèque nationale de France
4/ Bonheur national de France
5/ Base navale de France

20 **Quel homme politique français a sorti un livre intitulé *Les leçons du pouvoir* en 2018 ?**

1/ François Hollande
2/ Nicolas Sarkozy
3/ Jacques Chirac
4/ Manuel Valls
5/ Emmanuel Macron

21 **En 2018, dans quelle ville française rouvre le Grand Hôtel Dieu fermé depuis 3 ans pour travaux ?**

1/ Toulouse
2/ Paris
3/ Lyon
4/ Bordeaux
5/ Cannes

22 **En 2021, combien y a-t-il de pays membres de l'Opep ?**

1/ 18
2/ 10
3/ 12
4/ 16
5/ 14

23 **Quelle ville américaine est considérée comme la capitale de l'automobile ?**

1/ Detroit
2/ Chicago
3/ Houston
4/ Seattle
5/ Atlanta

24 **D'après la mythologie grecque, qui renaît de ses cendres ?**

1/ Le Sphinx
2/ Le Phénix
3/ Le Minotaure
4/ L'Hydre de Lerne
5/ Cerbère

25 **Quel est le slogan d'Air France ?**

1/ « Ouvrons d'autres horizons »
2/ « Air France, France is in the air »
3/ « Faire du ciel le plus bel endroit de la terre »
4/ « Donnez des ailes à vos envies »
5/ « We Know Why You Fly »

26 **Où se sont retrouvés, mardi 12 juin 2018, le président américain Donald Trump et le dirigeant nord-coréen Kim Jong-Un pour un sommet historique visant à en finir avec des décennies d'hostilités entre les deux pays ?**

1/ A Hong Kong
2/ A Washington
3/ A Séoul
4/ A Singapour
5/ A Sydney

27 **Quel pays devait organiser les Jeux olympiques d'été de 2020 ?**

1/ Les Etats-Unis
2/ Le Brésil
3/ L'Inde
4/ Le Japon
5/ La Chine

28 **La Cour européenne des droits de l'homme siège à :**

1/ Strasbourg
2/ La Haye
3/ Luxembourg
4/ Rotterdam
5/ Bruxelles

29 **Quel âge fête Emmanuel Macron en 2021 ?**

1/ 39 ans
2/ 40 ans
3/ 41 ans
4/ 44 ans
5/ 45 ans

30 **Qui a écrit les paroles de *La Marseillaise* ?**

1/ Victor Hugo
2/ Hector Berlioz
3/ Philippe Fabre-D'Eglantine
4/ Claude-Joseph Rouget de Lisle
5/ Maximilien de Robespierre

31 Combien y a-t-il de pays au sein du Commonwealth ?

1/ 26
2/ 37
3/ 41
4/ 52
5/ 69

32 Quel est le nom de l'exposition Picasso qui a lieu jusqu'au 6 janvier 2019 au musée d'Orsay ?

1/ Picasso, son œuvre
2/ Picasso Picasso
3/ Picasso
4/ Picasso & Co
5/ Picasso. Bleu et rose

33 Qui est l'actuel président d'Afghanistan ?

1/ Hassan Rohani
2/ Hamid Karzaï
3/ Ashraf Ghani
4/ Abdullah Abdullah
5/ Mohammad Omar

34 En quelle année Anne Hidalgo est-elle devenue Maire de Paris ?

1/ 2012
2/ 2013
3/ 2014
4/ 2015
5/ 2016

35 De quel accord les Etats-Unis se sont-ils retiré à la stupéfaction de tous en mai 2018 ?

1/ L'accord sur le nucléaire russe
2/ L'accord sur le nucléaire saoudien
3/ L'accord sur le nucléaire iranien
4/ L'accord sur le nucléaire cambodgien
5/ L'accord sur le nucléaire libyen

36 La CNIL est :

1/ Un organisme interministériel d'audit budgétaire
2/ Un organisme européen de recherche
3/ Un organisme chargé de veiller au respect de la vie privée dans le domaine informatique
4/ Un organisme de contrôle des élections en Europe
5/ Un organisme international venant au secours des populations en détresse

37 De quelle nationalité était le scientifique David Goodall, 104 ans, qui s'est rendu en Suisse en mai 2018 afin d'y bénéficier d'un suicide assisté ?

1/ Australienne
2/ Maltaise
3/ Américaine
4/ Anglaise
5/ Canadienne

38 Dans quelle ville Ludwig Van Beethoven est-il né ?

1/ Bonn
2/ Vienne
3/ Munich
4/ Londres
5/ Francfort

39 De quand date la naissance de la Politique agricole commune (PAC) ?

1/ 1953
2/ 1959
3/ 1962
4/ 1967
5/ 1971

40 Il est le fils du patriarche Abraham et le père des jumeaux Jacob et Esaü. De qui s'agit-il ?

1/ Terah
2/ Gabriel
3/ Isaac
4/ Joseph
5/ Moïse

41 Selon les estimations, combien de langues et dialectes compterait-on dans le monde ?

1/ Entre 120 et 250
2/ Entre 500 et 1 000
3/ Entre 1 000 et 2 500
4/ Entre 3 000 et 7 000
5/ Entre 7 500 et 10 000

42 Quelles sont les deux premières causes de mortalité en France ?

1/ Les cancers et les maladies de l'appareil circulatoire
2/ Les cancers et la maladie d'Alzheimer
3/ Les maladies cardio-vasculaires et les suicides
4/ Le diabète et les maladies chroniques du foie
5/ Les maladies chroniques du foie et les cancers

43 Qui est l'actuel président du Nigeria ?

1/ Goodluck Jonathan
2/ Adebayo Ayeni
3/ Muhammadu Buhari
4/ Ganiyu Galadima
5/ Sam Eke

44 La signature des accords de Paris le 23 janvier 1973 marque :

1/ La fin de la guerre du Japon
2/ La fin de la guerre des Six Jours
3/ La fin de la guerre de Cuba
4/ La fin de la guerre du Vietnam
5/ La fin de la guerre de Kippour

45 Parmi les pays d'Asie du Sud-Est suivants, lequel est le plus peuplé ?

1/ La Thaïlande
2/ Le Laos
3/ Le Vietnam
4/ La Malaisie
5/ Le Cambodge

46 Quel musée new-yorkais est l'œuvre du grand architecte américain Frank Lord Wright (1867-1959), maître du courant organique qui exerça une immense influence dans tous les domaines de l'architecture ?

1/ La National Gallery
2/ Le Museum of Modern Aart
3/ Le musée Guggenheim
4/ Le Metropolitan Museum
5/ Le MET

SCORE BLANC NUMERO 4 – ENONCES

47 **Le plus long des fleuves français est :**

1/ le Rhin
2/ la Garonne
3/ le Rhône
4/ la Loire
5/ la Seine

48 **A quoi fait référence le nom « Watergate » sous le mandat de R. Nixon ?**

1/ A l'immeuble où se trouvaient les bureaux des démocrates.

2/ Au nom donné à l'informateur mystérieux des deux journalistes du *Washington Post.*

3/ Au nom du journaliste qui a dévoilé le scandale.

4/ Au fleuve où ont été retrouvés les documents.

5/ Au juge Waters qui a enquêté.

49 **Quel est, en superficie, le plus grand Etat des Etats-Unis ?**

1/ Le Montana
2/ L'Alaska
3/ Le Nevada
4/ Le Texas
5/ La Californie

50 **En 2019, environ combien de femmes ont été victimes de violences physiques ou sexuelles de la part de leur conjoint ?**

1/ Environ 210 000
2/ Environ 105 000
3/ Environ 33 000
4/ Environ 530 000
5/ Environ 1 350 000

SCORE BLANC NUMERO 4

2. COMPREHENSION ET EXPRESSION ECRITE EN FRANÇAIS

51 **Lequel des verbes suivants est impersonnel ?**

1/ Caboter
2/ Bruiner
3/ Brimer
4/ Bruiter
5/ Cacher

52 **Parmi les propositions suivantes, laquelle est correcte ?**

1/ S'en est fait de nous, nos créanciers nous poursuivent
2/ Il a un passé cent tâche, du moins le pré-tend-il
3/ Les mouettes pillent les poubelles et c'en nourrissent
4/ S'il apprend cette nouvelle, c'en sera fait de nous
5/ Il prit des feuilles et sans fit une protection

53 **Quelle phrase est correctement orthographiée ?**

1/ Je vous serai gréé de venir avec moi
2/ Je vous saurai grais de venir avec moi
3/ Je vous serait gré de venir avec moi
4/ Je vous saurai gré de venir avec moi
5/ Je vous seré gré de venir avec moi

54 **Quels sont les verbes qui appartiennent à la langue française ?**

A) Chauler
B) Chancir
C) Paner
D) Plucher

1/ C seulement
2/ B et D
3/ A seulement
4/ A, B, C et D
5/ Ni A, ni B, ni C, ni D

55 **Parmi les propositions suivantes, laquelle est correcte ?**

1/ Tous nos adversaires se déchaînaient à l'envie contre nous
2/ Tous nos adversaires se déchaînaient à l'enville contre nous
3/ Tous nos adversaires se déchaînaient à l'anvie contre nous
4/ Tous nos adversaires se déchaînaient à l'envi contre nous
5/ Tous nos adversaires se déchaînaient à lent vie contre nous

56 **Parmi les propositions suivantes, quelle est celle qui rétablit dans l'ordre chronologique les phrases ci-dessous :**

A) Il faisait frais, si tôt le matin, et le soleil n'avait pas encore séché la rosée qui s'était déposée dès que le vent était tombé.

B) Je m'habillais, mis mes souliers dans le corridor, et descendis l'escalier.

C) Je tirai le verrou de la porte et sortis.

D) En bas, personne ne bougeait.

1/ D – A – C – B
2/ B – C – A – D
3/ D – B – C – A
4/ B – D – C – A
5/ D – A – B – C

57 **Parmi les propositions suivantes, laquelle correspond à la conjugaison du verbe « connaître » à la première personne du pluriel du passé simple ?**

1/ Nous aurions connu
2/ Nous connûmes
3/ Nous eûmes connu
4/ Nous connaissions
5/ Nous avions connu

58 **Quel est le point commun entre les noms suivants : dame, échec, gage, menotte ?**

1/ Ils ne sont ni féminins, ni masculins
2/ Ils ne prennent pas de « s » au pluriel
3/ Ils n'ont pas de synonyme
4/ Le sens du nom peut être différent au singulier et au pluriel
5/ Ils n'existent pas au pluriel

59 **Complétez en choisissant la solution optimale.**

Les travaux de Mathieu ont (...) l'hypothèse selon laquelle l'espérance de vie des espèces biologiques (...) selon qu'elles se meuvent plus rapidement. Par conséquent, (...) qu'il publie ses résultats sous le titre : ***Qui marche (...) meurt jeune.***

1/ détruit / augmente / il est probable / *lentement*

2/ conforté / augmente / il est improbable / *lentement*

3/ détruit / diminue / il n'est pas impossible / *vite*

4/ conforté / diminue / je ne serai pas étonné / *vite*

5/ anéanti / augmente / j'attendrai / *rarement*

60 **Choisissez la meilleure formulation pour le texte souligné, en vérifiant la correction grammaticale et en valorisant l'élégance stylistique. Le choix A reprend la formulation initiale.**

Les ouvriers ont finalement clôturé cette porte. Dorénavant, les voleurs ne seront plus en mesure de s'introduire dans notre maison.

1/ Les ouvriers ont finalement clôturé cette porte. Dorénavant, les voleurs ne seront plus en mesure de s'introduire dans notre maison.

2/ Les ouvriers ont fini par clôturer cette porte. A partir de maintenant, les voleurs ne pourront plus entrer dans notre maison.

3/ Cette porte a finalement été close par les ouvriers. Désormais, les voleurs ne pourront plus entrer dans notre maison.

4/ Les voleurs ne seront dorénavant plus en mesure de s'introduire chez nous. En effet, les ouvriers ont fini par clore cette porte.

5/ Les ouvriers ont fini par clore cette porte. Désormais, les voleurs ne pourront plus s'introduire dans notre maison.

61 **« bordure » est à « tissu » ce que :**

1/ « littoral » est à « continent ».
2/ « capitale » est à « ville ».
3/ « assise » est à « mur ».
4/ « colline » est à « montagne ».
5/ « sable » est à « mer ».

Questions 62 et 63 : choisissez la reformulation dont le sens se rapproche le plus du (des) passage(s) souligné(s).

62 **Pour les fatalistes, on ne peut que subir les événements heureux ou malheureux qui affectent les moments de notre vie.**

1/ caprices
2/ vicissitudes
3/ inconstances
4/ turpitudes
5/ variations

63 **Ce journaliste s'exprime avec beaucoup d'emphase.**

1/ de gentillesse affectée
2/ d'aisance
3/ d'agressivité
4/ d'ennui
5/ d'exagération dans les termes employés

64 **Associer les expressions suivantes à leur définition :**

1 : propos opportuns
2 : propos fabulateurs
3 : propos calomnieux
4 : propos démagogiques

A : propos mensongers qui attaquent la réputation
B : propos par lesquels on flatte et on exploite les passions des masses
C : propos qui conviennent dans un cas déterminé
D : propos imaginaires mais présentés comme réels par leur auteur

1/ 1D – 2A – 3B – 4C
2/ 1C – 2D – 3A – 4B
3/ 1C – 2B – 3A – 4D
4/ 1D – 2B – 3A – 4C
5/ 1C – 2D – 3B – 4A

65 **Parmi les propositions suivantes, laquelle est incorrecte ?**

1/ Depuis son arrivée à ce poste, il a pallié à de grosses difficultés

2/ Pendant ses vacances, il a assisté à un spectacle merveilleux

3/ Depuis plusieurs années, il hésite à pour-suivre ses études

4/ Après un long périple, il a débarqué à Rouen

5/ Cet enfant doit obéir plus souvent à ses parents

66 **Trouvez parmi les cinq phrases ci-dessous les deux seules qui soient orthographiquement et/ou grammaticalement incorrectes.**

A) Les fosses septiques sont infestées de microbes en tous genres.

B) Cette personne est criticable : ses mœurs sont vraiment dissolus.

C) Vous trouverez ci-jointes les cinq déclarations des témoins.

D) Ce film est né presqu'en même temps que notre premier enfant.

E) La profession agricole doit faire face à une importante pénurie de main d'œuvre.

1/ phrases B et D

2/ phrases A et C

3/ phrases C et D

4/ phrases A et E

5/ phrases B et E

67 **L'euphémisme est un procédé consistant à dire les choses d'une façon que tout ce qui est désagréable, triste, choquant sera atténué (exemple : « il nous a quitté » pour signifier le décès d'une personne).**

Parmi les cinq phrases ci-dessous, une seule ne comporte pas d'euphémisme. Laquelle ?

1/ Il a connu d'autres femmes pendant son premier mariage. Ceci explique cela.

2/ Le traitement réservé par certains hôpitaux aux personnes du troisième âge n'est pas très enviable.

3/ Bien qu'il se soit investi pleinement dans son travail, il a été remercié hier. Ses résultats ont été jugés insuffisants par la direction.

4/ Il a perdu son père la semaine dernière à la suite d'une longue maladie : ce fut un choc terrible pour lui.

5/ Même s'il venait à décéder prématurément, ce chanteur laissera une empreinte indélébile dans l'histoire de la musique.

68 **Aujourd'hui, le niveau de bonheur d'un pays se calcule à l'aune du taux de croissance de son produit intérieur brut.**

1/ à l'éclairage du

2/ grâce au

3/ *via* le

4/ en mesurant le

5/ par le biais du

69 **Lamartine était écrivain, poète et historien en même temps qu'un homme politique de premier plan. Cet auteur <u>productif</u> a laissé derrière lui une œuvre exceptionnelle.**

1/ généreux
2/ très doué
3/ pullulant
4/ prolifique
5/ efficace

70 **Partout dans le monde, violences urbaines, déficit de confiance envers les institutions politiques, course sans frein à l'enrichissement perpétuel et démesuré : nos sociétés <u>s'effritent</u>.**

1/ se désintègrent
2/ se sensibilisent
3/ se désagrègent
4/ pérorent
5/ se gâtent

71 **Parmi les propositions suivantes, inspirées du *Tartuffe* de Molière, laquelle est incorrecte ?**

1/ Et je ne puis souffrir de le voir querellé par un fou comme vous
2/ Je souffrirai, moi, qu'un critique vienne usurper un pouvoir tyrannique
3/ Et nous ne pourrions à rien nous divertir si ce beau monsieur n'y daigne consentir
4/ Car il contrôle tout, ce critique zélé, sans honte aucune
5/ On ne peut rien faire qu'ont ne fait des crimes

72 **Parmi les propositions suivantes, laquelle correspond au verbe « corrompre » à la première personne du singulier de l'imparfait de l'indicatif ?**

1/ Je corromps
2/ J'ai corrompu
3/ J'avais corrompu
4/ Je corrompis
5/ Je corrompais

73 **Parmi ces mots, lesquels sont bien orthographiés ?**

A) Occurrence
B) Exentrique
C) Révérence
D) Référance

1/ Ni A, ni B, ni C, ni D
2/ A et C
3/ D seulement
4/ A et D
5/ C seulement

74 **Parmi ces formes verbales, lesquelles appartiennent au verbe « peindre » ?**

A) Ils peignent
B) Nous peignons
C) Je peignais
D) Je peignis

1/ D seulement
2/ A, B et D
3/ A seulement
4/ A, B, C et D
5/ Ni A, ni B, ni C, ni D

75 **Trouvez, parmi les cinq phrases ci-dessous les deux qui sont correctes d'un point de vue grammatical.**

A) Les confiseries que je t'ai faites envoyer sont délicieuses.

B) Elle me sourie, mais je suis toujours en colère.

C) Dès que j'eus fini mon travail, j'allai rejoindre mes amis au restaurant.

D) Nous n'étions seulement que trois à cette réunion de travail !

E) J'ai nagé deux heures durant pour rejoindre le rivage.

1/ A et C
2/ B et C
3/ B et D
4/ C et E
5/ D et E

76 **Parmi ces formes verbales, lesquelles appartiennent au verbe « peigner » ?**

A) Ils peignent
B) Nous peignons
C) Je peignais
D) Je peignis

1/ A seulement
2/ A, B et C
3/ C seulement
4/ A, B, C et D
5/ Ni A, ni B, ni C, ni D

77 **Parmi les énoncés suivants, lesquels comportent une erreur d'orthographe ?**

A) Cries ta colère !
B) Tâche de réussir !
C) Aies un peu d'amour propre !
D) Va te coucher !

1/ A et C
2/ A, B, C et D
3/ B seulement
4/ B et D
5/ Ni A, ni B, ni C, ni D

78 **Parmi les verbes suivants, lesquels sont défectifs ?**

A) Seoir
B) Echoir
C) Vouloir
D) Croire

1/ B et C
2/ A, B, C et D
3/ A et B
4/ A et D
5/ Ni A, ni B, ni C, ni D

79 **Parmi les cinq phrases suivantes, quelle est celle dont l'orthographe n'est pas correcte ?**

1/ Cette année, les pantalons mi-long seront à la mode.

2/ Combien de films franco-américains ont été produits depuis 1989 ?

3/ Il y a tellement de valises jaunes sur ce tapis roulant que je ne sais plus quelle est la mienne.

4/ La proportion de garçons sourds-muets en France n'a de cesse que de croître.

5/ Les Etats-Unis ont délivré près de mille laissez-passer à leurs ressortissants en 2005.

80 **Parmi les propositions suivantes, laquelle est fausse d'un point de vue grammatical ?**

1/ Je ne veux pas que tu le lui dises quand tu iras le voir.
2/ Il regrette que je fusse parti sans attendre.
3/ L'enfant hurle pour qu'on le laisse tranquille.
4/ Je ne pense pas qu'il ait déjà fini le déjeuner.
5/ Je souhaite qu'il vienne avec moi.

81 **Combien y a-t-il de fautes d'orthographes et/ou de grammaire dans le texte qui suit ?**

« Avec aggressivité, Sony est bien décider à faire évoluer la culture maison. Il y a cinq ans, le PDG du groupe demandait à ses troupes de recruter les meilleurs, et ce, quelque soit leurs prix. Des cadres étrangers ont été débauchés en conséquance, au sein de grandes multinationales. Ces derniers commencent aujourd'hui à irriguer les strates supérieures du management. »

1/ 1
2/ 2
3/ 3
4/ 4
5/ 5

Questions 82 à 84 : choisissez la reformulation dont le sens se rapproche le plus du (des) passage(s) souligné(s).

82 « Pouvons-nous sans folle <u>outrecuidance</u> croire que l'avenir ne nous jugera pas ? » (RENAN)

1/ modestie
2/ mégalomanie
3/ présomption
4/ naïveté
5/ optimisme

83 **L'Occupation fut une période <u>très importante</u> pour notre pays.**

1/ fondamentale
2/ capitale
3/ fabuleuse
4/ cruciale
5/ décisive

84 **L'incendie a dévasté la commune et causé de grandes pertes. C'est <u>un drame</u> : on ne compte plus le nombre <u>de morts</u>. La population est très choquée.**

1/ une catastrophe / de cadavres
2/ une tragédie / de dépouilles
3/ une horreur / d'âmes perdues
4/ une malédiction / d'âmes fauchées
5/ un fait sans précédent / de décès

85 **Parmi les propositions suivantes, laquelle est incorrecte ?**

1/ J'ai vu tes parents mais je ne les ai pas reconnus
2/ J'ai emprunté ces deux ouvrages à la bibliothèque mais je ne les ai pas rendu
3/ J'ai enlevé mes sandales et je les ai posées dans l'entrée
4/ Tu as l'air fort malheureux, pourquoi l'es-tu ?
5/ Il n'est point d'homme plus heureux que celui-ci

SCORE BLANC NUMERO 4 – ENONCES

Texte

L'expansion globale du désir

Source : *Les grands dossiers des sciences humaines* n° 22 – mars-avril-mai 2011 – Consommer, comment la consommation a envahi nos vies.

Le consumérisme occidental a certainement quelque chose d'irrésistible. Sa diffusion planétaire n'a cependant rien d'une marche triomphale : elle s'est heurtée à de nombreuses résistances qui expliquent la diversité des pratiques de consommation.

Par Peter Stearns[9]

Peu de comportements humains sont aussi répandus aujourd'hui que le consumérisme, autrement dit l'acquisition de biens au-delà des besoins essentiels de la vie. La diffusion géographique du phénomène a largement dépassé celle des grandes religions missionnaires. Ainsi, le grand magasin né à Paris dans les années 1830, a rapidement été copié dans tout le monde atlantique. Il y en avait en Russie dans les années 1850, au Japon et dans les villes côtières de la Chine à la fin du siècle. Plus récemment, les fast-foods américains et les jouets japonais sont devenus des succès commerciaux planétaires, pendant que Mickey Mouse accédait au statut de premier rongeur de l'histoire à jouir d'une notoriété universelle.

La séduction que le consumérisme exerce indéniablement sur les populations ne saurait cependant faire oublier que le phénomène a suscité des attaques récurrentes. Si l'on s'en tient aux pays occidentaux, les moralistes d'hier en déploraient la superficialité, pendant que les snobs regrettaient que les nouvelles pratiques de consommation effacent Les frontières de classe. Aujourd'hui, l'environnementalisme condamne ses effets sur l'écosystème. Ailleurs, le consumérisme a souvent été rejeté au nom de son effet corrupteur sur la culture et les valeurs locales, comme en témoigne l'hostilité des nationalistes japonais du début du siècle, ou plus récemment les vitupérations de l'ayatollah Khomeiny contre la consommation occidentale. Cette tension entre séduction et opposition soulève de nombreuses questions, à commencer par savoir comment et pourquoi le consumérisme a fait son apparition dans L'histoire. C'est en effet en revenant à l'origine du phénomène que l'on pourra mieux comprendre par quel cheminement, en raison de quels besoins, il est devenu un objet de fascination global.

Les historiens considèrent aujourd'hui que le consumérisme moderne est un phénomène plus ancien qu'on le croit, puisqu'il est apparu au cours du XVIIe et surtout du XVIIIe siècle en Europe de l'Ouest. Plus surprenant, ils estiment que si la révolution industrielle a indéniablement accéléré le consumérisme, elle ne l'a pas engendré. Au contraire, l'essor de nouvelles pratiques de consommation a fourni des débouchés et un aiguillon à l'expansion industrielle du textile et de bien d'autres produits. Ces découvertes incitent par conséquent à s'intéresser à la société occidentale d'avant la machine à vapeur et les usines.

Avant cette date, certaines traces d'un consumérisme précoce peuvent certes être trouvées, par exemple, dans la Chine visitée par Marco Polo ou sur les marchés opulents du Moyen-

9. Président de l'université George Mason (Virginie, Etats-Unis), où il est aussi professeur d'histoire, Auteur prolifique, il a publié un grand nombre d'ouvrages dans le domaine de la *world history*, dont *Consumerism in World History : The global transformation of desire*, Routledge, 2001.

Orient. Mais la consommation était alors bridée par divers facteurs. Jusque-là, les populations du monde étaient en majorité composées de paysans qui produisaient tout juste la quantité de biens nécessaire à leur subsistance. Même lorsqu'un surplus existait, il était bien plus souvent utilisé pour construire ou entretenir des églises ou des mosquées que pour satisfaire des appétits de consommation individuelle. Il était parfois aussi consacré à entretenir les liens de solidarité au sein du groupe : les artisans prémodernes d'Europe ou du Japon achetaient ainsi les uniformes de leur guilde et finançaient des banquets qui renforçaient leur identité collective tout en décourageant les velléités d'affirmation individuelle. L'existence de hiérarchies sociales rigides entravait également l'engouement pour les biens de luxe : les aristocrates haussaient les sourcils en voyant des parvenus tenter d'imiter leur mode de vie, sans compter que de nombreuses sociétés prémodernes édictaient régulièrement des lois somptuaires destinées à réprimer le consumérisme, punissant sévèrement les transgresseurs. Pendant le XVIIIe siècle, les empereurs chinois condamnèrent périodiquement à mort des consommateurs opiniâtres pour châtier leur présomption.

Ce panorama met en lumière le caractère tout à fait novateur du XVIIIe siècle occidental. Les innovations qui y prirent place furent le fait ni de gouvernements ni des élites intellectuelles mais de gens relativement ordinaires. En premier lieu, des commerçants expérimentèrent de nouvelles manières d'attirer le chaland. Enseignes et vitrines plus attractives, prospectus alléchants, recommandation des produits par des notables : à peu près toutes les techniques de vente que l'on emploie aujourd'hui ont été introduites dans les décennies précédant 1800. En second lieu et surtout, les gens demandaient de nouveaux produits. Ils recherchaient des vêtements plus colorés et plus élégants. Ils voulaient des objets domestiques plus à la mode, des meubles, des couverts ou des services à thé qu'ils commençaient à inscrire dans leur testament, ce qui témoigne des liens affectifs qu'ils nouaient désormais avec les biens de consommation. Et si ces nouvelles pratiques émergèrent d'abord au sein des classes supérieures, elles se répandirent rapidement parmi les artisans des villes et même parmi les habitants des campagnes.

Les historiens avancent plusieurs explications à l'émergence du consumérisme en Europe. Outre la croissance économique du continent et la demande de denrées exotiques, on peut citer l'influence des premiers romans, qui incitaient à l'expression de soi, ou la diffusion des pratiques de cours et de nouveaux styles vestimentaires. Mais le consumérisme était aussi un moyen pour les populations privées de l'accès à la terre ou à la propriété, d'exprimer leur réussite sociale et d'affirmer leur identité. Il récompensait le dur labeur des travailleurs manufacturiers des campagnes. Il permettait aux femmes de revendiquer un rôle social plus important, mis en valeur par les plats épicés qu'elles concoctaient et les services de table sophistiqués qu'elles exhibaient. Par ces changements tranquilles, qui opéraient pour l'essentiel loin des sphères de la politique ou de la philosophie, l'invention effective du consumérisme moderne apparaît en définitive comme une des inventions les plus frappantes et les plus durables d'un siècle décidément révolutionnaire.

Le nouveau consumérisme européen allait se développer par la suite dans deux directions. En premier lieu, il s'implanterait solidement en Occident, une évolution notable en soi. L'activité des commerçants déboucherait sur l'invention du grand magasin : le premier d'entre eux, à Paris, était d'ailleurs originellement un simple rassemblement de boutiques. De nouveaux groupes sociaux se mettraient à consommer pour compenser la dureté de leur travail ou pour mieux affirmer leur identité. Le consumérisme créerait de nouvelles maladies, comme la kleptomanie, et connaîtrait un tel essor et de tels excès qu'il en deviendrait un danger pour la société. En second lieu, bien sûr, on assisterait à son expansion planétaire. Le consumérisme occidental devait néanmoins se heurter à divers obstacles, non seulement à la pauvreté, mais aussi à des pratiques d'achats enracinées, ainsi qu'à une résistance à l'égard des importations étrangères. Ce ne fut nullement une marche triomphale.

Le prestige absolu de l'Ouest, qui allait de pair avec un pouvoir impérial et économique croissant, joua un rôle certain. Les principales villes russes imitèrent les grands magasins européens vers les années 1850, mettant surtout en avant, bien sûr, les produits destinés à l'élite. Les prix inférieurs des produits manufacturés venus de l'Ouest facilitèrent cependant une modification des habitudes d'achat d'autres groupes sociaux, même si cela ne se traduisit pas nécessairement en un développement du consumérisme. Des cotonnades industrielles déplacèrent les productions textiles locales dans des villes chinoises comme Shanghai, et cela encouragea, dans les années 1870, certains marchands à ouvrir des boutiques qui racolaient les clients en proposant des « marchandises occidentales ». D'autres résistèrent, s'en tenant à la vente des produits nationaux. Les produits occidentaux constituaient une des cibles de la révolte des Boxers, dans la Chine du début du XXe siècle.

Le changement était cependant inexorable et, dès les années 1920, les grands magasins de Shanghai et de Guangzhou figuraient parmi les monuments architecturaux de ces villes, proposant une profusion d'objets de consommation, sensibilisant les acheteurs chinois au mode de vie moderne. Certains faisaient évidemment la fine bouche, disant qu'ils ne trouvaient « rien à acheter » dans ces nouveaux magasins et que les produits traditionnels leur suffisaient amplement. Shanghai était accusée de s'occidentaliser. Plus tard, la résistance à ce consumérisme tapageur et la préférence pour des produits plus traditionnels contribueraient à nourrir la longévité du régime communiste.

Le Japon connut aussi une évolution inégale. Comme en Chine, certaines habitudes d'achat étaient de type consumériste, comme celles qui se portaient sur les décorations imprimées ou sur des livres illustrés. L'influence occidentale commença à se faire sentir lorsque le Japon s'engagea un peu à contrecœur dans la réforme de 1868. Les grands magasins ne firent cependant leur apparition qu'après 1900, souvent considérés comme un signe de civilisation et de progrès dans une nation qui changeait à grande vitesse. Le premier d'entre eux, créé par un homme qui s'était formé à Philadelphie, se présentait comme un véritable « grand magasin américain ». Mais à l'instar de la Chine, nombreux furent ceux qui ne cédèrent pas à cet engouement, trouvant les produits importés inintéressants et manifestant à leur égard une claire hostilité. Dans les années 1920, alors même que les magasins des villes attiraient nombre de touristes venus des zones rurales – ce que l'on peut voir comme une claire victoire du consumérisme –, le gouvernement lançait une campagne contre le « luxe » et l'« hédonisme », appelant la population à se sacrifier et à épargner dans l'intérêt de la nation.

Cependant, rien, pas même le communisme chinois ou le nationalisme japonais ou encore (à une époque plus récente) la version iranienne de l'islamisme, n'est parvenu à mettre un frein à la frénésie de consommation. Tant l'influence occidentale que la recherche de nouvelles sources de plaisir ont fini par implanter solidement des ressorts consuméristes analogues à ceux qui s'étaient manifestés en Occident au XVIIIe siècle.

Les résistances, bien sûr, laissent toujours leur marque. L'expansion globale du consumérisme s'accommode avec une grande diversité de variantes locales. Il coexiste au Japon avec une propension à l'épargne durablement plus élevée qu'ailleurs et entre en conflit avec le productivisme débridé des Chinois. Au sein même de l'occident, de nombreux mouvements sociaux marquent une distance avec les excès du consumérisme, comme c'est le cas aujourd'hui aux Etats-Unis. Il n'en constitue pas moins un incontestable mouvement global. L'un des changements majeurs dans les comportements personnels et sociaux que l'on peut repérer dans l'histoire du monde.

Les ambitions consuméristes peuvent aujourd'hui être créditées de changements politiques et sociaux dans diverses régions du monde. Ainsi, dans la Russie des années 1990, le déclin du communisme a érigé la consommation en valeur de substitution, brûlant la politesse à la religion qui prétendait elle aussi occuper la place vacante. De son côté, la politique chinoise de l'enfant unique incite les parents à combler leur rejeton, et quelle meilleure manière de le faire qu'une fête d'anniversaire exubérante dans un McDonald's ?

Le consumérisme s'adapte évidemment aux goûts locaux – McDonald's propose par exemple un teriyaki-burger au Japon ou un menu spécial ramadan au Maroc. On peut néanmoins repérer nombre de traits communs dans ses différentes expressions. Comme les travailleurs britanniques du milieu du XIXe siècle l'ont fait avant eux, les ouvriers chinois d'aujourd'hui cherchent dans la consommation une compensation à leurs efforts et une manière de s'affirmer socialement. Dans le même ordre d'idée, en ce début de XXIe siècle, le consumérisme tend à devenir un vecteur d'appartenance à la communauté mondiale. Un jeune Chinois, interviewé à sa place favorite dans un McDonald's, observait ainsi : *« Un Big Mac, ce n'est pas terrible, mais lorsque j'en mange un assis ici, je me sens bien. Parfois, j'imagine même que je suis en train de manger dans un restaurant à New York ou à Paris. »* Pour le meilleur ou pour le pire, en l'espace de quelques générations, le consumérisme est devenu l'un des ciments de la société globale.

Questions

86 Le consumérisme peut être défini comme :

1/ Le fait d'acquérir des biens dont l'homme n'a pas strictement besoin
2/ Le fait de vouloir consommer des biens de plus en plus chers
3/ Un phénomène nouveau qui s'étend de manière inexorable
4/ Un phénomène ancien qui a traversé les siècles
5/ Un phénomène qui séduit plus qu'il ne suscite de critiques

87 Pour les historiens, qu'est ce qui n'explique pas l'émergence du consumérisme en Europe ?

1/ La croissance économique du continent
2/ La demande de denrées exotiques
3/ L'influence des premiers romans
4/ La volonté d'exprimer voire d'afficher sa réussite sociale
5/ Les nouvelles techniques de vente mises au point par les commerçants

88 **Selon l'auteur, quel type de critiques a suscité au début le consumérisme dans les pays occidentaux ?**

1/ Son effet corrupteur sur la culture locale

2/ Son influence sur les valeurs nationales

3/ Son caractère individuel en regard des valeurs judéo-chrétiennes

4/ Son caractère superficiel voire peu moral

5/ Son effet désastreux sur l'environnement

89 **Pour les historiens, le consumérisme est apparu en Europe occidentale :**

1/ Au XVIIIe siècle

2/ Au XVIIe siècle

3/ Avec l'essor des nouvelles pratiques de consommation

4/ Avec l'expansion du commerce du textile

5/ Entre le XVIIe et le XVIIIe siècle

90 **Dans quelle ville, le premier grand magasin a-t-il été installé ?**

1/ A Shanghai dans les années 1920

2/ Dans une grande ville russe vers les années 1850

3/ A Philadelphie dans les années 1900

4/ A Guangzhou, dans les années 1920

5/ A Paris à la fin du XIXe

91 **Dans quel pays, le gouvernement a-t-il lancé une campagne contre le luxe et l'hédonisme dans les années 1920 ?**

1/ En Chine

2/ Au Japon

3/ En Russie

4/ En France

5/ Aux Etats-Unis

92 **Pourquoi, selon l'auteur, rien n'a pu ralentir le développement du consumérisme dans le monde ? Est-ce parce que :**

1/ La profusion d'objets de consommation a fini par vaincre les réticences initiales

2/ Les appels nationalistes à l'épargne n'ont pas été entendus dans certains pays

3/ Les grands magasins ont réussi à se développer dans le monde entier

4/ L'influence occidentale et la recherche de nouveaux plaisirs ont été les plus forts

5/ Les produits manufacturés en occident avaient un prix inférieur aux produits locaux

93 **Au cours de quelle période, les techniques de vente que nous connaissons aujourd'hui ont-elles été développées ?**

1/ Au début du XIXe siècle

2/ Entre la fin du XIXe siècle et le début du XXe siècle

3/ Au début du XXe siècle

4/ A la fin du XVIIe siècle

5/ A la fin du XVIIIe siècle

94 **Trouvez l'intrus ?**

1/ Japon
2/ Chine
3/ Maroc
4/ Etats-Unis
5/ France

95 **Laquelle de ces propositions est fausse ?**

1/ Le consumérisme peut être considéré comme un phénomène global
2/ Le consumérisme est né avec la révolution industrielle en Europe occidentale
3/ Le consumérisme est un des éléments de la globalisation
4/ Le consumérisme est né dans les pays occidentaux et s'est ensuite étendu
5/ Le consumérisme occidental s'est finalement imposé dans le monde au fil des siècles

96 **Quel est l'obstacle auquel ne s'est pas heurté le consumérisme occidental lors de son expansion à l'échelle mondiale ?**

1/ La pauvreté dans le monde
2/ La résistance vis-à-vis des produits importés de l'étranger
3/ Les pratiques de consommation différentes
4/ La différence des goûts locaux
5/ Les régimes politiques existants

97 **Pourquoi le consumérisme est devenu « l'un des ciments de la société globale » ?**

1/ Parce que les différents régimes politiques ont fini par céder devant le consumérisme
2/ Parce que tout le monde souhaite consommer les mêmes produits
3/ Parce que le mode de vie occidental s'est imposé vis-à-vis des cultures locales
4/ Parce que tout le monde souhaite pouvoir montrer qu'il peut consommer
5/ Parce que le consumérisme est devenu un mode de vie partagé à l'échelle mondiale

98 **Comment, selon l'auteur, le consumérisme européen s'est-il développé à travers le monde ?**

1/ En amenant les régimes politiques à répondre aux aspirations de leurs populations
2/ En s'implantant d'abord en occident puis en se développant à l'échelle mondiale
3/ En favorisant l'émergence des classes sociales les plus pauvres
4/ En inondant tous les pays de produits similaires à bas coûts
5/ En développant à l'échelle mondiale les mêmes techniques de vente

99 **Qu'est ce qui caractérise les innovations réalisées au XVIIIe siècle en Europe occidentale ?**

1/ Elles sont le fruit des politiques économiques conduites par les différents gouvernements occidentaux

2/ Elles trouvent leur origine dans l'évolution des modes de vie occidentaux des classes supérieures

3/ Elles sont le fait des commerçants qui développèrent de nouvelles techniques de vente et de nouveaux produits

4/ Elles traduisent l'expansion industrielle et économique des pays occidentaux à travers le monde

5/ Elles ont permis d'abaisser la pauvreté dans les pays occidentaux en favorisant la production de produits à des prix plus bas

100 **Quelle est la principale critique exprimée aujourd'hui envers le consumérisme ?**

1/ Il uniformise les modes de vie et de consommation à l'échelle mondiale

2/ Il a des effets néfastes sur l'environnement

3/ Il modifie les comportements sociaux

4/ Il effectue une distinction entre ceux qui peuvent et ceux qui ne peuvent pas consommer

5/ Il entretient une frénésie de consommation à l'échelle mondiale

SCORE BLANC NUMERO 4

3. RAISONNEMENT LOGIQUE ET NUMERIQUE

101 Six enfants mangent à eux tous 20 biscuits. Alain en mange 1, Bill en mange 2, Charly en mange 3. Aucun n'en a mangé plus ou autant que Davy. Combien Davy a-t-il mangé de biscuits au minimum ?

1. 3
2. 4
3. 5
4. 6
5. 3

102 Un sac contient cinquante jetons. Les jetons sont blancs ou noirs. Il y a au moins un jeton noir dans le sac. Combien y a-t-il de jetons blancs dans le sac sachant que si l'on prend au hasard deux jetons, il y en a toujours au moins un des deux qui est blanc ?

1. Vingt-cinq
2. Quarante-neuf
3. Un
4. Vingt-quatre
5. Cinquante

103 Un escargot cherche à atteindre le sommet d'un poteau haut de douze mètres. Il monte de trois mètres chaque jour, mais redescend de deux mètres chaque nuit. Combien de temps lui faudra-t-il pour atteindre le haut du poteau ?

1. 10 jours
2. 12 jours
3. 11 jours
4. 13 jours
5. 9 jours

104 45 chats participent à un concours. 27 des chats sont rayés et 32 ont une oreille noire. Seuls les chats rayés avec une oreille noire sont retenus pour la finale. Combien de finalistes y a-t-il au minimum ?

1. 5
2. 7
3. 13
4. 14
5. 27

105 Quelle carte complète la figure ?

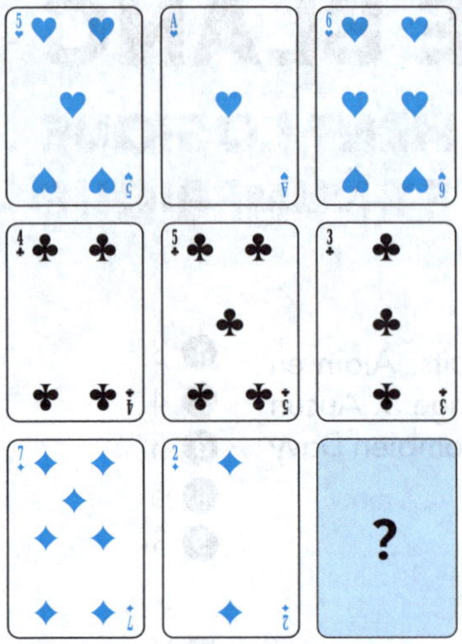

Carte A Carte B Carte C Carte D Carte E

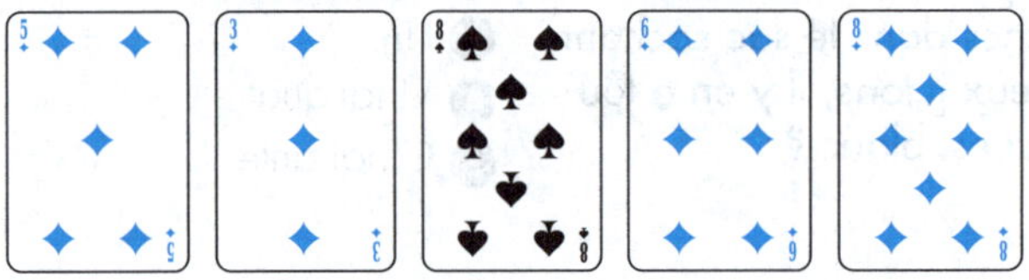

1. Carte A
2. Carte B
3. Carte C
4. Carte D
5. Carte E

106 Quel nombre faut-il écrire en toutes lettres à la place des points d'interrogation pour que l'énoncé soit conforme au contenu ?
« La phrase suivante comporte ? consonnes. La phrase précédente comporte ? voyelles. »

1. vingt-trois et dix-huit
2. vingt et quatorze
3. vingt-deux et seize
4. vingt-cinq et dix-neuf
5. dix-sept et dix-sept

107 Daniel et Alice ont gagné 70 000 euros à eux deux au cours de l'année 2014, en cumulant leur deux salaires. Pour l'année 2015, Daniel garde le même salaire tandis que celui d'Alice est augmenté de 15 %. Ils gagnent alors à eux deux un total de 76 000 euros pour l'année 2015. Quel est le salaire annuel de Daniel ?

1. 30 000 euros
2. 36 000 euros
3. 37 500 euros
4. 42 000 euros
5. 45 000 euros

108

	ZRI			
	XSF			
LFG	?	OVW	AOP	XGH
	PUM			
	GVO			

1. PRS
2. ATU
3. QLO
4. FTX
5. TJK

109 Alain doit porter chaque jour un rocher en haut d'une montagne, mais une fois en haut le rocher roule de nouveau jusqu'en bas. Le premier jour, il a fallu, pour monter le rocher au sommet et pour que celui-ci redescende, en tout cinq minutes. Chacun des jours suivants, il faut deux fois plus de temps pour monter le rocher que la veille, mais le rocher redescend aussi deux fois plus vite que la veille. Si le deuxième jour, cela (montée et descente) a représenté sept minutes, combien de temps cela (montée et descente) prendra-t-il le troisième jour ?

1. 9 minutes
2. 9 minutes et 30 secondes
3. 12 minutes
4. 12 minutes et 30 secondes
5. 16 secondes

110 Un village compte 100 habitants en 2013. Chaque année la population double plus 25 personnes. Combien d'habitants compte le village en 2019 ?

1. 3 975
2. 1 975
3. 4 175
4. 6 425
5. 7 975

111 Il y a un an, mon âge était le carré d'un nombre entier. Dans un an, mon âge sera un multiple de 17. Quel est mon âge actuel sachant que j'ai moins de 100 ans ?

1. 33 ans
2. 44 ans
3. 50 ans
4. 65 ans
5. 80 ans

112 La somme des longueurs des côtés d'un triangle rectangle vaut 18 cm. La somme des carrés des longueurs des côtés vaut 128 cm^2. L'aire du triangle en cm^2 est :

1. 18
2. 16
3. 12
4. 10
5. 9

SCORE BLANC NUMERO 4 – ENONCES

113 Nous avons deux solutions d'eau oxygénée : à 30 % et à 3 %. Il nous faut les mélanger de façon à obtenir une solution à 12 %. Alors...

1. il nous faut autant de solution à 3 % que de solution à 30 %.
2. il nous faut deux fois plus de solution à 3 % que de solution à 30 %.
3. il nous faut trois fois plus de solution à 3 % que de solution à 30 %.
4. il nous faut quatre fois plus de solution à 3 % que de solution à 30 %.
5. il nous faut cinq fois plus de solution à 3 % que de solution à 30 %.

114 Une piste rectangulaire est incluse dans une piste rectangulaire plus grande (voir figure ci-dessous). La grande piste a pour surface 21 km^2. Sa longueur et sa largueur correspondent à des nombres entiers. Un automobiliste à une vitesse constante de 80 km/h, fait le tour de la grande piste avec la même durée que s'il faisait le tour de la petite piste à une vitesse constante de 56 km/h. Quelle est la valeur du périmètre de la petite piste ?

1. 14 km
2. 15 km
3. 16 km
4. 17 km
5. 18 km

115 Quelle est la *valeur maximale* de la fonction :

$f(x) = -\frac{1}{2}x^2 + 2x + 7$?

1. –11
2. –9
3. 0
4. 9
5. 10

116 On considère un dé dont les 6 faces sont numérotées de 1 à 6. On jette ce dé trois fois de suite et on s'intéresse au total des points obtenus. De combien de façons peut-on obtenir un total au plus égal à 15 ?

1. 125
2. 164
3. 206
4. 216
5. Aucune réponse ne convient.

117 On a écrit les nombres entiers de 1 à 8, chacun sur une petite carte. Quatre personnes tirent chacun deux petites cartes au hasard. La somme tirée par chacun est : 5 pour Aurélie, 7 pour Shalom, 10 pour Sol et 14 pour Franck. Que vaut le produit des nombres tirés par Shalom ?

1. 6
2. 9
3. 10
4. 12
5. 15

118 Quel est l'intrus dans la liste 3W, 6S, 7T, 1M et 5F ?

1. 3W
2. 5F
3. 6S
4. 7T
5. 1M

119 Soit f, g et h trois fonctions réelles telles que $f(x) = (x - 1)^2$, $g(x) = (x + 1)^2$ et $h(x) = f(g(x))$.
Que vaut la dérivée $h'(-3)$?

1. -36
2. -24
3. -9
4. 1
5. 9

120 Un cinquième d'une population a été vacciné contre la grippe aviaire. Parmi les vaccinés, on compte un quinzième de personnes malades.
Parmi les malades, il y a trois non vaccinés pour un vacciné.
Quelle est la probabilité pour un non vacciné de tomber malade ?

1. $\frac{1}{4}$
2. $\frac{1}{20}$
3. $\frac{1}{30}$
4. $\frac{1}{5}$
5. $\frac{1}{8}$

SCORE BLANC NUMERO 4

4. COMPREHENSION ET EXPRESSION ECRITE EN ANGLAIS

PREMIERE PARTIE : EXPRESSION (35 QUESTIONS)

Complete the following sentences by choosing the most appropriate answer. Remember that there is only one correct answer for each question so you should choose the answer that you think is the correct one and enter the number (1, 2, 3, 4 or 5) on your answer sheet.

121 The minister … a 12 months freeze on any further increases.

1/ Pronounced
2/ Denounced
3/ Annulled
4/ Announced
5/ Annoyed

122 Thousands were forced to flee the area … to forest fires.

1/ Because
2/ Since
3/ As
4/ For
5/ Due

123 Just to be on the … side, she arrived at the airport three hours before the scheduled departure.

1/ Sure
2/ Safe
3/ Best
4/ Secure
5/ Correct

124 The tracking function on your X-pad tablet can easily be … by double-clicking the location icon in the main menu.

1/ Deactivate
2/ Deactivation
3/ Deactivating
4/ Deactivates
5/ Deactivated

125 It … yesterday that the new director-general is a three-time University Challenge contestant.

1/ Emerging
2/ Emerged
3/ Emerges
4/ To emerge
5/ Emerge

126 The family … their home in fear.

1/ Flew
2/ Fly
3/ Fled
4/ Flee
5/ Float

127 If we didn't have such a tight investment budget, we … able to buy more new equipment.

1/ Are
2/ Were
3/ Had been
4/ Have been
5/ Would be

128 It had been a … experience for the parents until finally they watched their child being airlifted to safety.

1/ Tearing
2/ Hallowing
3/ Harrowing
4/ Hilarious
5/ Humdrum

129 Semaphore's new gaming application has proved … popular in all the countries where it has been released.

1/ Timely
2/ Hugely
3/ Lately
4/ Closely
5/ Newly

130 The film star attended the … of his latest movie.

1/ Lunch
2/ Brunch
3/ Launch
4/ Lunge
5/ Lounge

131 There was a … of break-ins in the area this last week and the police are appealing for information that will lead to the arrests of those responsible.

1/ Row
2/ Suit
3/ Line
4/ Category
5/ Number

132 The fire … at phenomenal speed.

1/ Speed
2/ Spared
3/ Spanned
4/ Spread
5/ Speared

133 It was the start of a decade …, one that I didn't realise I was fighting at the time.

1/ Long
2/ Long struggles
3/ Long struggling
4/ Long struggle
5/ Last struggle

134 The … of the new under-city tunnel was measured and found not to be as … as expected.

1/ Length/Long
2/ Length/Longer
3/ Long/Long
4/ Lengthen/Longer
5/ Longitude/Long

135 The boiler was not working correctly, so that when the water came out of the hot tap it was barely ... .

1/ Piping
2/ Scalding
3/ Lukewarm
4/ Cold
5/ Hot

136 Vocational training allows child workers to upgrade their skills and thereafter find less hazardous and ... jobs.

1/ Menial
2/ Mediocre
3/ Medium
4/ Miserable
5/ Marginal

137 The new CEO's aggressive cost-cutting initiatives have ... in substantial savings in a number of areas.

1/ Caused
2/ Resulted
3/ Obtained
4/ Created
5/ Realised

138 New regulations relating to the use of certain pesticides will come ... effect next year.

1/ In
2/ Into
3/ On
4/ For
5/ By

139 If the fire-alarm sounds, please leave your desk and ... directly to the nearest exit.

1/ Proceed
2/ Produce
3/ Protect
4/ Process
5/ Prolong

140 The deceased was a Russian journalist who moved to Ukraine and ... changed his views from pro-Russian to pro-Ukrainian.

1/ Radical
2/ Radicalise
3/ Radically
4/ Radicalised
5/ Radicals

141 There was a ... to complete and publish the report on time but this inevitably led to uncorrected errors remaining within the text.

1/ Rash
2/ Rush
3/ Ram
4/ Rage
5/ Rampage

142 Residents of Riverside Hamlets have ... to local council plans to build a major housing development on community land.

1/ Objected
2/ Rejected
3/ Refused
4/ Dismissed
5/ Disagreed

143 There was a major dispute amongst family … .

1/ Memories
2/ Members
3/ Remembers
4/ Numbers
5/ Membranes

144 We must learn from the past in order to … the future.

1/ Secrutiny
2/ Secure
3/ Secret
4/ Secures
5/ Sequel

145 At the Nathanial Cooper school for gifted children we encourage our students to be … to the feelings of others and to look at the effect of their actions.

1/ Thoughtless
2/ Thinking
3/ Sensible
4/ Helpful
5/ Sensitive

146 Once your payment has been processed, you will receive an e-mail notifying you that your order is ready for … .

1/ Shipment
2/ Ship
3/ Shipped
4/ Shipper
5/ To ship

147 Passengers on this train are asked to ensure that their bags don't block the … or the doorways of the carriage.

1/ Ways
2/ Aisle
3/ Stream
4/ Engine
5/ Runway

148 We need to change young … perception that manufacturing is a man's world.

1/ Women's
2/ Woman
3/ The man
4/ Men
5/ Girl

149 The proportion of women who are unhappy with their lives has stayed constant at one … nine.

1/ In
2/ With
3/ To
4/ As
5/ By

150 Questions were raised … the future of the event.

1/ By
2/ Over
3/ To
4/ On
5/ Into

151 The improvement in technology of the D223 fighter jet is most evident in taking off and ….

1/ Showing off
2/ Setting up
3/ Touching down
4/ Moving down
5/ Trading down

152 The Blue Lagoon Café has been badly managed and it's not surprising that it doesn't have as many customers as it … to.

1/ Used
2/ Use
3/ Using
4/ Would use
5/ Was using

153 He was from a very … background.

1/ Well up
2/ Well done
3/ Well known
4/ Well worth
5/ Well off

154 If the replacement parts arrive on time, production … before the end of the week.

1/ Resume
2/ Would resume
3/ Will resume
4/ Has resumed
5/ Resumed

155 We are committed … together to strengthen the security of our shared border.

1/ Works
2/ Worked
3/ Work
4/ Are working
5/ To working

DEUXIEME PARTIE : COMPREHENSION DE TEXTES (15 QUESTIONS)

Textes

Read the article and answer the 15 questions that follow.

Text 1

Science is the pursuit of the truth, not consensus.

Financial Times, October 9, 2007. Passerelle 2007.

[1] Michael Schrage's comment on politics and science (September 26) struck a raw nerve: and provoked an extended response from the president of the UK's Royal Society. Lord Rees advocates that we should base policy on something called "the scientific consensus", while acknowledging that such consensus may be provisional. But this proposal blurs the distinction between politics and science that Lord Rees wants to emphasize. Consensus is a political concept, not a scientific one.

[2] Consensus finds a way through conflicting opinions and interests. Consensus is achieved when the outcome of discussion leaves everyone feeling they have been given enough of what they want. The processes of proper science could hardly be more different. The accomplished politician is a negotiator, a conciliator, finding agreement where none seemed to exist. The accomplished scientist is an original, an extremist, disrupting established patterns of thought. Good science involves perpetual, open debate, in which every objection is aired and dissents are sharpened and clarified, not smoothed over.

Often the argument will continue forever, and should, because the objective of science is not agreement on a course of action, but the pursuit of truth. Occasionally that pursuit seems to have been successful and the matter is resolved, not by consensus, but by the exhaustion of opposition. We do not say that there is a consensus over the second law of thermodynamics or that two and two are four. We say that these are the way things are.

[3] Nor is there a consensus on evolution since creationists will never be reconciled to that theory. There is no possibility of a compromise, in which Darwinians agree that a few animals went into the ark with Noah and their opponents acknowledge that most species evolved.

[4] Most scientists know no more about climate change, HIV/Aids or the measles, mumps and rubella (MMR) vaccine than do most lawyers, philosophers or economists, and it is not obvious who is better equipped to assess conflicting claims on these issues.

[5] Science is a matter of evidence, not what a majority of scientists think. It is easy to see why the president of the Royal Society might want to elide that distinction, but in doing so he turns the organization from a learned society into a trade union. Peer review is a valuable part of the apparatus of scholarship, but carries a danger of establishing self-referential clubs that promote each other's work.

[6] Statements about the world derive their value from the facts and arguments that support them, not from the status and qualifications of the people who assert them.

Evidence versus authority was the issue on which Galileo challenged the church. The modern world exists because Galileo won.

[7] But to use the achievements of science to assert the authority of scientists undermines that very process of science. When consumers believe that genetically modified foods are unsafe, mothers intuit that their children's autism is caused by the MMR vaccine and politicians assert that HIV/Aids is a first world conspiracy, the answer that the scientific consensus is otherwise does not convince – nor should it. Such claims are mistaken because there is no evidence for them, not because scientists take a different view: scientists should influence policy by explaining facts and arguments, not by parading their doctorates.

[8] The notion of a monolithic "science", meaning what scientists say, is pernicious and the notion of "scientific consensus" actively so. The route to knowledge is transparency in disagreement and openness in debate. The route to truth is the pluralist expression of conflicting views in which, often not as quickly as we might like, good ideas drive out bad. There is no room in this process for any notion of "scientific consensus".

Text 2

How the super-rich just get richer

BBC News, 30 November 2007. Passerelle 2007.

[1] With a global economy, successful people in all sorts of professions can now command global-scale pay packets. The mega-successful at the top of their profession are taking advantage of a phenomenon known as the "Superstar Premium".

[2] Advances in multi-media technology mean that today's superstars operate in a global marketplace. The best in their field attract a disproportionate amount of business compared to less successful competitors.

Before recording technology, even the most popular artists had their earnings limited by the number of people who could hear them perform live. But with the advent of records, CDs and now the Internet, the most popular artists can reach a much wider audience, and therefore earn much more money from doing the same amount of work.

[3] Vanessa-Mae is the world's most popular violinist, but unlike violinists 50 years ago, she has a global fan base. She has been able to take advantage of the Superstar Premium and is aware how the life of a musician has changed. "*If I had to flog my albums 50 years ago by taking a boat, I mean, it would have taken me five years to promote one album.*"

New technology has allowed her to sell more than 10 million records worldwide. Television means that today's top footballers are also economic superstars. When England captain Bobby Moore lifted the World Cup in 1966 he earned £100 a week. Today's England captain, John Terry, holds the same position, but reportedly earns over £130,000 a week.

[4] Economist Prof Danny Quah, from the London School of Economics says the English Premier League "*is watched by half a billion people in the world, more people than we've lifted out of poverty in the last 20 years*". And the top players don't just get huge salaries for their performance on the pitch. Their famous faces are found on advertising billboards across the globe – adding even more to their incomes. David Beckham earned over £11m from endorsements alone last year.

[5] It is not just the famous who are affected by the superstar premium. Technology has enabled humble bookies to become financial superstars. By setting up an online betting agency, the founders of Betfair serve punters around the world and co-founder Edward Wray is aware of the superstar premium: "*It's very important for us to be number one*", he says. And because they are number one they pull in the most punters – earning Wray and his partner Andrew Black superstar fortunes. With personal fortunes of tens and sometimes hundreds of millions of pounds, economic superstars have plenty of cash to splash.

[6] Superstars are boosting the luxury goods market, with worldwide sales in the sector topping £75bn last year.

"*Aston Martin has gone from a cottage industry to a global one. We've gone from selling 200 cars a year to 7,000*", says Craig Davison, from Broughton's Aston Martin in Cheltenham.

Similarly, private jet firm NetJets, whose cheapest deal is £85,000 for 25 hours flying time, has seen its business expand from 18 aircraft and 89 customers to 135 aircraft and 1.500 customers in 5 years, to become the 7th largest fleet in Europe.

[7] But not all of these fortunes are being spent or invested in Britain. These people clearly have significant interests in the UK, but they're also looking to place their money around the world. The super-rich are looking for opportunities in China, India and Latin America, both in private equity and hedge fund businesses.

There are some who think the Superstar Premium benefits society thanks to the "*trickle down effect*" that big spenders will have to spend their money on the things that the rest of society provides. So the fortunes of the superstars can only increase as the opportunities of the global marketplace grow and grow.

Questions

There is only one correct answer for each question so you should select only one response and enter the number (1-5) on your answer sheet.

Nota bene: some questions may include the options 'All of the above' or 'None of the above'. You should choose this option if you consider that all or none of the preceding responses correctly answer the question.

Questions Text 1

156 **The overall theme of this article could be best described as:**

1/ The role of UK's Royal Society

2/ The contribution of scientific research

3/ The arguments against scientific consensus

4/ Political regulation of scientific research

5/ None of the above

157 **When Lord Rees "blurs" (paragraph 1) the distinction between politics and science, he:**

1/ Clarifies it

2/ Makes it confused

3/ Explains it

4/ Criticizes it

5/ Makes it very complicated

158 **What do Galileo and Darwin have in common?**

1/ They both challenged the church doctrine
2/ They were both in disagreement with the creationists
3/ They were both members of the Royal Society
4/ Their theories were accepted by consensus
5/ None of the above

159 **In paragraph 4, "Mumps" refers to:**

1/ An herbal plant
2/ A maternal attitude
3/ A physical exercise
4/ A genetic deformation
5/ An infectious illness

160 **In paragraph 7, "Evidence" could best be replaced by:**

1/ Signs
2/ Truth
3/ Difficulties
4/ Clearness
5/ Guesses

161 **Self-referential clubs are those where:**

1/ You need good references to enter
2/ Membership is a reference for your CV
3/ Members mutually promote other members' work
4/ Clubs where membership provides entry rights to others
5/ None of the above

162 **Scientific truth is derived from:**

1/ Facts and supporting arguments
2/ Status and qualifications of researchers
3/ Scientific consensus
4/ The authority of scientists
5/ None of the above

Questions Text 2

163 **This text describes:**

1/ How easy it is to become rich today
2/ How the rich crush the poor
3/ The premium pay packets of superstars in today's global economy
4/ The success of David Beckham and John Terry
5/ The rich and the poor never-ending story

164 **What is the common point between Vanessa-Mae and Danny Quah?**

1/ They are both popular
2/ They are both musicians
3/ They both are rich
4/ They both studied economy
5/ None

165 **In paragraph 3, "Flog" could best be replaced by:**

1/ Promote
2/ Record
3/ Distribute
4/ Give
5/ Sell

166 In paragraph 3, "Reportedly" could best be replaced by:

1/ According to the media
2/ According to John Terry
3/ According to a government report
4/ Currently
5/ Definitely

167 How does David Beckham earn money from endorsements?

1/ With a bonus for each goal scored
2/ By appearing in films
3/ By making investments with high returns
4/ By promoting brands in commercials
5/ None of the above

168 In paragraph 5, "Bookies" could best be replaced by:

1/ Companies that edit books
2/ Individuals keen on reading
3/ Authors of popular books
4/ Organizations that take bets
5/ None of the above

169 In paragraph 5, "Punters" could best be replaced by:

1/ Modest customers
2/ Rich customers
3/ Gamblers
4/ Casino owners
5/ Risk takers

170 In paragraph 7, the "trickle down effect" (line 48) refers to the fact that:

1/ The rich will leave little to the poor
2/ The poor will get poorer and poorer
3/ The rich will get richer and richer
4/ The rich spenders will stimulate the economy for others
5/ None of the above

SCORE BLANC NUMERO 4 : GRILLE DES REPONSES JUSTES

	1	2	3	4	5
1	■	○	○	○	○
2	■	○	○	○	○
3	○	○	■	○	○
4	○	○	■	○	○
5	○	○	○	■	○
6	○	■	○	○	○
7	○	○	■	○	○
8	○	○	○	○	■
9	○	■	○	○	○
10	○	○	○	■	○
11	○	○	○	○	■
12	○	○	○	○	■
13	○	■	○	○	○
14	■	○	○	○	○
15	■	○	○	○	○
16	○	○	○	○	■
17	■	○	○	○	○
18	○	○	○	■	○
19	○	○	■	○	○
20	■	○	○	○	○
21	○	○	■	○	○
22	○	○	○	○	■
23	■	○	○	○	○
24	○	■	○	○	○
25	○	■	○	○	○
26	○	○	○	■	○
27	○	○	○	■	○
28	■	○	○	○	○
29	○	○	○	■	○
30	○	○	○	■	○
31	○	○	○	■	○
32	○	○	○	○	■
33	○	○	■	○	○
34	○	○	■	○	○
35	○	○	■	○	○
36	○	○	■	○	○
37	■	○	○	○	○
38	■	○	○	○	○
39	○	○	■	○	○
40	○	○	■	○	○
41	○	○	○	■	○
42	■	○	○	○	○
43	○	○	■	○	○
44	○	○	○	■	○
45	○	○	■	○	○
46	○	○	■	○	○
47	○	○	○	■	○
48	■	○	○	○	○
49	○	■	○	○	○
50	■	○	○	○	○
51	○	■	○	○	○
52	○	○	○	■	○
53	○	○	○	■	○
54	○	○	○	■	○
55	○	○	○	■	○
56	○	○	○	■	○
57	○	■	○	○	○
58	○	○	○	■	○
59	○	○	○	■	○
60	○	○	○	○	■
61	■	○	○	○	○
62	○	■	○	○	○
63	○	○	○	○	■
64	○	■	○	○	○
65	■	○	○	○	○
66	■	○	○	○	○
67	○	○	○	○	■
68	○	○	○	■	○
69	○	○	○	■	○
70	○	○	■	○	○
71	○	○	○	○	■
72	○	○	○	○	■
73	○	■	○	○	○
74	○	○	○	■	○
75	○	○	○	■	○
76	○	■	○	○	○
77	■	○	○	○	○
78	○	○	■	○	○
79	■	○	○	○	○
80	○	■	○	○	○
81	○	○	○	○	■
82	○	○	■	○	○
83	○	○	○	■	○
84	■	○	○	○	○
85	○	■	○	○	○
86	■	○	○	○	○
87	○	○	○	○	■
88	○	○	○	■	○
89	■	○	○	○	○
90	○	○	○	○	■
91	○	■	○	○	○
92	○	○	○	■	○
93	○	○	○	■	○
94	○	○	○	○	■
95	○	■	○	○	○
96	○	○	○	■	○
97	○	○	○	○	■
98	○	■	○	○	○
99	○	○	■	○	○
100	○	■	○	○	○
101	○	○	○	■	○
102	○	■	○	○	○
103	■	○	○	○	○
104	○	○	○	■	○
105	○	■	○	○	○
106	○	○	■	○	○
107	■	○	○	○	○
108	○	■	○	○	○
109	○	○	○	■	○
110	○	○	○	○	■
111	○	○	■	○	○
112	○	○	○	○	■
113	○	■	○	○	○
114	■	○	○	○	○
115	○	○	○	■	○
116	○	○	■	○	○
117	○	○	■	○	○
118	○	○	○	■	○
119	○	■	○	○	○
120	○	■	○	○	○
121	○	○	○	■	○
122	○	○	○	○	■
123	○	■	○	○	○
124	○	○	○	○	■
125	○	■	○	○	○
126	○	○	■	○	○
127	○	○	○	○	■
128	○	○	■	○	○
129	○	■	○	○	○
130	○	○	■	○	○
131	○	○	○	○	■
132	○	○	○	■	○
133	○	○	○	■	○
134	■	○	○	○	○
135	○	○	■	○	○
136	■	○	○	○	○
137	○	■	○	○	○
138	○	■	○	○	○
139	■	○	○	○	○
140	○	○	■	○	○
141	○	■	○	○	○
142	■	○	○	○	○
143	○	■	○	○	○
144	○	■	○	○	○
145	○	○	○	○	■
146	■	○	○	○	○
147	○	■	○	○	○
148	■	○	○	○	○
149	■	○	○	○	○
150	○	■	○	○	○
151	○	○	■	○	○
152	■	○	○	○	○
153	○	○	○	○	■
154	○	○	■	○	○
155	○	○	○	○	■
156	○	○	■	○	○
157	○	■	○	○	○
158	■	○	○	○	○
159	○	○	○	○	■
160	■	○	○	○	○
161	○	○	○	■	○
162	○	○	■	○	○
163	○	○	■	○	○
164	○	○	○	○	■
165	○	○	○	○	■
166	■	○	○	○	○
167	○	○	○	■	○
168	○	○	○	■	○
169	○	○	■	○	○
170	○	○	○	■	○

1. Culture générale, économique et managériale

1 **Réponse : 1/** Pour la première fois dans l'histoire de la compétition, un Mondial se disputera dans 3 pays différents. Mais la distribution des affiches du tournoi ne sera pas faite équitablement. 60 d'entre eux devraient être joués aux Etats-Unis tandis que le Canada et le Mexique se partageront les 20 affiches restantes. A noter également qu'à partir des quarts de finale, toutes les rencontres devraient être disputés sur le sol américain.

2 **Réponse : 1/** Tchétchénie.

3 **Réponse : 3/** Antispécisme.

4 **Réponse : 3/** La France. La France est la première puissance agricole européenne depuis 2011.

5 **Réponse : 4/** Environ 80 000.

6 **Réponse : 2/** Johnny Hallyday, de son vrai nom Jean-Philippe Smet, né le 15 juin 1943 à Paris et mort le 5 décembre 2017 à Marnes-la-Coquette, est un chanteur, compositeur et acteur français. Durant ses 57 ans de carrière, il est l'un des plus célèbres chanteurs francophones et l'une des personnalités les plus présentes dans le paysage médiatique français.

7 **Réponse : 3/** A Nîmes. Petit moyen mnémotechnique pour s'en souvenir : La Tour Magne à Nîmes = magnanime.

8 **Réponse : 5/** 98 % du PIB.

9 **Réponse : 2/** Nigérienne. Ngozi Okonjo-Iweala est la septième personne à occuper ce poste.

10 **Réponse : 4/** Marlène Schiappa.

11 **Réponse : 5/** Le Maroc.

12 **Réponse : 3/** L'Italie avec le groupe Måneskin.

13 **Réponse : 2/** 2022. Quinze ans après la décision de l'abandon de l'atome, les Allemands produisent déjà plus de 30 % de leur énergie avec du renouvelable. L'objectif est d'atteindre une part de 80 % d'ici à 2050. L'Allemagne n'est pas pour autant confrontée à une pénurie d'électricité.

14 **Réponse : 1/** La Juventus. Et ça continue, encore et encore, c'est que le début d'accord, d'accord… La Juventus a remporté son huitième titre d'affilée de champion d'Italie, le 35e au total. Deux records en Série A qui ne sont pas près de tomber.

15 **Réponse : 1/** Le Mediator a été commercialisé en France par le laboratoire Servier dès 1976. Il était réservé à l'origine aux diabétiques en surcharge pondérale puis il a été prescrit aux patients désireux de perdre du poids. En novembre 2009, ce médicament a été interdit. Il serait responsable de 500 à 1 000 morts et 3 500 hospitalisations en France.

16 **Réponse : 5/** L'Angola n'est pas un pays frontalier de l'Afrique du Sud. Il se situe au nord du Botswana et de la Namibie, pays frontalier de l'Afrique du Sud.

17 **Réponse : 1/** A l'Hippodrome de Longchamp.

18 **Réponse : 4/** Plus de 300 millions d'euros.

19 **Réponse : 3/** Bibliothèque nationale de France.

20 **Réponse : 1/** François Hollande.

21 **Réponse : 3/** Lyon. Après trois ans de travaux, le Grand Hôtel-Dieu ouvre au public en mai 2018 en plein cœur de Lyon.

L'ancien hôpital, transformé en un nouveau lieu de vie, accueille des commerces, bureaux et logements.

22 **Réponse : 5/** L'**Opep** compte 14 pays **membres** : l'Arabie saoudite, l'Irak, l'Iran, les Émirats arabes unis, le Koweït, le Qatar, l'Algérie, la Libye, l'Angola, le Gabon, la Guinée équatoriale, le Nigéria, l'Équateur et le Venezuela.

23 **Réponse : 1/** Detroit.

24 **Réponse : 2/** Dans la mythologie grecque, **le phénix** est un oiseau qui ressemble à un héron. Il est le symbole de l'immortalité et la résurrection. En effet, il serait mort puis ressuscité dans les flammes, d'où la formule « renaître de ses cendres ». L'idée contenue dans cette expression est qu'il faut savoir apprendre de ses défaites pour ne pas les reproduire ses erreurs par la suite.

25 **Réponse : 2/** « Air France, France is in the air ».

26 **Réponse : 4/** A Singapour.

27 **Réponse : 4/** Le Japon. Les Jeux olympiques d'été de 2020, officiellement appelés les Jeux de la XXXIIe olympiade de l'ère moderne, devaient être célébrés du 24 juillet au 9 août 2020 à Tokyo, au Japon, qui a déjà organisé ceux de 1964. L'élection de la ville hôte a eu lieu le 7 septembre 2013 à Buenos Aires lors de la 125e session du Comité international olympique avec trois villes en lice pour accueillir les Jeux : Istanbul, Tokyo et Madrid. Il s'agit du plus faible nombre de villes candidates retenues depuis les Jeux olympiques d'été de 1988.

28 **Réponse : 1/** La CEDH, qui siège à Strasbourg, vise à sanctionner les Etats signataires et non respectueux de la *Convention de sauvegarde des droits de l'homme et des libertés fondamentales*, laquelle garantit aux particuliers certains droits fondamentaux (droit à un procès équitable, au respect de la vie privée…)

29 **Réponse : 4/** 44 ans. Emmanuel Macron est né en effet le 21 décembre 1977 (à Amiens).

30 **Réponse : 4/** Claude-Joseph Rouget de Lisle.

31 **Réponse : 4/** Le Commonwealth est une organisation regroupant les anciennes colonies ou protectorats de l'Empire britannique. Cette organisation compte 52 membres dont 3 n'ont jamais relevé de la couronne britannique (le Mozambique, la Namibie et le Rwanda).

32 **Réponse : 5/** Picasso. Bleu et rose.

33 **Réponse : 3/** Ashraf Ghani.

34 **Réponse : 3/** 2014.

35 **Réponse : 3/** L'accord sur le nucléaire iranien. L'accord conclu en 2015 entre l'Iran et le groupe 5 + 1 (Chine, Etats-

Unis, France, Royaume-Uni, Russie et Allemagne) prévoit une levée des sanctions visant Téhéran, en contrepartie de son engagement de ne pas se doter de l'arme nucléaire.

Donald Trump a annoncé, le 8 mai, le retrait total des Etats-Unis de l'accord et le rétablissement des sanctions contre la République islamique. Les signataires européens – la France, l'Allemagne et le Royaume-Uni – se sont dans la foulée dits « déterminés à assurer la mise en œuvre » du texte en « maintenant les bénéfices économiques » au profit de la population iranienne.

36 **Réponse : 3/** Un organisme chargé de veiller au respect de la vie privée dans le domaine informatique.

37 **Réponse : 1/** Australienne. Il était venu jusqu'en Suisse pour bénéficier d'un suicide assisté que son pays, l'Australie, lui refusait. David Goodall, un scientifique de 104 ans s'est éteint jeudi midi à Bâle, en Suisse, d'une injection de Nembutal.

La question de la place de l'euthanasie ou du suicide assisté dans la législation des différents pays est source de débats. La plupart des pays les interdisent, avec des exceptions notables telles que la Belgique, le Canada, la Suisse, les Pays-Bas, le Luxembourg et certains Etats américains.

38 **Réponse : 1/** Bonn. Ludwig van Beethoven est un compositeur allemand né à Bonn en décembre 1770 et mort à Vienne en mars 1827.

39 **Réponse : 3/** 1962.

40 **Réponse : 3/** Terah est le père d'Abraham. Joseph est le fils de Jacob, le petit-fils d'Isaac et l'arrière petit-fils d'Abraham. L'ange Gabriel fait partie des 3 anges qui sont venus annoncer à Abraham le 3e jour suivant sa circoncision qu'il allait avoir un fils avec sa femme Sarah. Quant à Moïse, il est un descendant de la tribu de Lévi, ce dernier étant l'un des 11 frères de Joseph.

41 **Réponse : 4/** Entre 3 000 et 7 000.

42 **Réponse : 1/** Fin des années 2010, les cancers étaient encore la 1re source de mortalité (29,6 %), devant les maladies de l'appareil circulatoire (27,5 %), les accidents (4,6 %), la maladie d'Alzheimer (3,2 %), le diabète (2,2 %), le suicide (1,9 %), les démences (1,8 %) et les maladies chroniques du foie (1,7 %).

43 **Réponse : 3/** Muhammadu Buhari. Muhammadu Buhari (1942 –) a remporté les élections présidentielles du Nigeria le 28 mars 2015 contre le président sortant Goodluck Jonathan (1957 –) avec 53,9 % des voix. Cette élection était particulièrement attendue car Goodluck Jonathan est très critiqué pour son incapacité à lutter contre le groupe terroriste Boko Haram.

Boko Haram est un mouvement terroriste d'idéologie salafiste djihadiste, originaire du nord-est du Nigeria qui a pour objectif d'instaurer un califat et d'appliquer la charia. En avril 2014, le groupe a notamment enlevé 237 lycéennes au Nigeria. Cet enlèvement a provoqué une vague d'indignation internationale, notamment incarnée par le slogan *Bring back our girls*.

44 **Réponse : 4/** La fin de la guerre du Vietnam.

45 **Réponse : 3/** Le Vietnam avec 90,6 millions d'habitants. Puis la Thaïlande : 70,2, la Malaisie : 29,8, Le Cambodge : 14,7 et enfin le Laos : 6,5.

46 **Réponse : 3/** Wright fut l'un des premiers partisans du béton armé. Le fabuleux musée Guggenheim à New York est une spirale de béton qui renferme une promenade circulaire gagnant en pente douce le niveau du sol. Wright débuta comme collaborateur de Sullivan (architecte et théoricien américain – son Wainwright Building de Saint Louis a résolu les problèmes du gratte-ciel) et se révéla particulièrement inventif tout au long de sa vie tant dans ses grands édifices (musée Guggenheim, New York, 1943) que dans ses maisons particulières (« maisons de la prairie » du début du siècle, maisons « usoniennes » après 1945). Il est le maître du courant organique.

47 **Réponse : 4/** La Loire est le plus long fleuve de France avec une longueur de 1012 km. Trouvant sa source sur le Mont de Gerbier de Jonc en Ardèche, elle termine sa course dans l'Océan Atlantique, dans l'estuaire de Saint-Nazaire. À ce niveau, son débit est de 1000 mètres cubes par seconde.

48 **Réponse : 1/** C'est le *Washington Post* qui a révélé le scandale du « Watergate » (1972). Le journal dévoilait que des sommes énormes avaient été blanchies par le Comité pour la réélection du président pour soutenir un nombre important d'actions à la légalité plus que douteuse. On découvre alors un grand nombre d'exactions couvertes par la Maison-Blanche à l'encontre d'opposants politiques ou de journalistes, dont les célèbres écoutes téléphoniques et l'unité d'investigation des « plumbers » (les plombiers). Le 8 août 1974 au soir, Nixon annonce à la télévision qu'il va démissionner. Le 9 août à midi, Ford prête serment et devient président des Etats-Unis.

49 **Réponse : 2/** Avec près de 1,7 million de km² (bien plus grand que la France donc, avec ses 544 000 km² !)

Pour information :

Superficie des USA : 9,8 millions de km² soit plus de 17 fois la superficie de la France.

50 Etats : le plus étendu étant Alaska. Les trois plus grands Etats sont : le Texas (691 000 km²), la Californie (411 000 km²) et le Montana (381 000 km²). Les trois plus petits sont Rhode Island (3 000 km²), le Delaware (5 300 km²) et le Connecticut (13 000 km²). Pour info, l'Ile de France a une superficie égale à 12 000 km².

Fleuves : le Mississippi Missouri est long de 6 000 km et le Colorado de 2 300 km. Pour info, la Loire est longue de 1 000 km.

Le plus grand désert des Etats-Unis est le Mojave, qui s'étend sur près de 130 000 km².

Population : 298 millions d'habitants. Etats les plus peuplés : la Californie avec plus de 35 millions d'habitants et le Texas avec plus de 20 millions. Le Wyoming, le Vermont et l'Alaska ne comptent en revanche pas plus de 600 000 habitants en moyenne.

Taux de natalité : 15 ‰ (France : 13 ‰ – le plus fort d'Europe – Allemagne : 9 ‰).

Mobilité : près de 8 millions d'américains changent d'Etat chaque année.

50 **Réponse : 1/** Chaque année, quelque 210 000 femmes sont victimes de violences physiques ou sexuelles de la part de leur conjoint. L'AFP a recensé 27 féminicides présumés depuis le début de l'année. En 2019 selon un décompte de l'AFP, au moins 126 femmes ont été tuées par leur compagnon ou ex, soit une femme tous les trois jours en moyenne.

SCORE BLANC NUMERO 4 – CORRIGES

2. Compréhension et expression écrite en Français

51 **Réponse : 2/** Les **verbes impersonnels** ne s'emploient qu'avec la troisième personne du singulier : IL. On appelle IL « sujet apparent » car celui-ci ne désigne rien (ni chose, ni être humain). Il est impossible de remplacer « IL » par un nom. Exemples de verbes impersonnels : pleuvoir, neiger, grêler, bruiner.

52 **Réponse : 4/** La langue française est un paradis lexical peuplé d'enfers homonymiques. Un seul mot d'ordre : substituez ! Dans cette question, attention à bien orthographier, et à remplacer les mots en question dans chacune des réponses. Quelques suggestions : « cent »/ mille, « sans »/avec, « c'en »/cela en, ou encore « s'en »/se…

53 **Réponse : 4/ Savoir gré :** cette expression est utilisée généralement dans le genre épistolaire pour marquer des remerciements ou sa reconnaissance. Elle se trouve également dans des formules consacrées.

54 **Réponse : 4/ Chauler** : traiter par la chaux.

Moisir : il se dit surtout des choses comestibles.

Paner est une opération de cuisine.

Plucher : former de petits amas de fibres.

55 **Réponse : 4/** A l'envi est une locution adverbiale qui signifie : *à qui mieux mieux, comme s'ils rivalisaient entre eux.*

56 **Réponse : 4/**

57 **Réponse : 2/** Conjugaison du verbe « connaître » au passé simple : je connus / tu connus / il connut / nous connûmes / vous connûtes /ils connurent.

58 **Réponse : 4/** En effet, le sens du nom peut être différent au singulier et au pluriel.

Dame pour femme. Les **dames** pour le jeu de dames.

Échec pour défaite. Les **échecs** pour le jeu d'échecs.

Gage pour l'objet remis pour garantir le paiement d'une dette. Des **gages** pour désigner un salaire.

Une **menotte** est une petite main, et en particulier la main d'un petit enfant. Des **menottes** sont des anneaux souvent métalliques reliés par une chaîne ou une penture, servant à entraver les mains ou les pieds d'une personne.

Remarque : vous pouviez tout aussi bien ici trouver la bonne réponse en procédant par élimination ;)

59 **Réponse : 4/**

60 **Réponse : 5/** La bonne réponse est bien la 5. En effet, **« ont fini par clore »** est meilleur que **« ont finalement clôturé »**. « Clore » signifie « fermer, boucher, mettre un terme à » tandis que « clôturer » signifie « entourer d'une clôture ». Aussi, « clore » est vraisemblablement plus juste que « clôturer » ici. Surtout, il faut préférer « désormais » à « dorénavant ». La nuance entre ces deux adverbes est ténue (très mince) : on utilisera en effet « désormais » pour une situation d'avenir a priori positive, établie et « dorénavant » dans un contexte de menaces ou de mesures comminatoires (exemple : « dorénavant, suivez scrupuleusement le règlement »).

Vous noterez pour terminer qu'il n'y a aucun glissement de sens lorsque l'on remplace dans la proposition 5 « ont fini par » par « ont finalement » et « ne seront plus en mesure » par « ne pourront plus ». Le sens et le style de la phrase sont ainsi préservés.

61 **Réponse : 1/** Une question classique d'analogie.

A savoir : une analogie est une ressemblance établie par l'imagination entre deux ou plusieurs objets de pensée essentiellement différents. Le raisonnement par analogie consiste à raisonner de telle sorte que l'on trouve un lien, une correspondance, un rapport de sens entre deux ou plusieurs objets. Ici, il fallait trouver un lien entre BORDURE et TISSU et identifier ensuite parmi les 5 propositions de réponses, celle qui entretenait le même lien.

62 **Réponse : 2/ Vicissitude**

Changement qui s'effectue sous forme d'une succession d'événements généralement très différents les uns des autres / Succession d'événements heureux et malheureux qui alternent au cours d'une vie. Synonymie : Accident. Lexicographie : Vicissitudes de la fortune.

Caprice

Volonté soudaine, irréfléchie et changeante de quelqu'un, parfois d'un animal ; lubie : Il obéit au moindre de ses caprices / Amour soudain et passager, engouement pour quelqu'un ou quelque chose, objet de cet amour. Synonymie : Toquade. Antonymie : Constance, déterminisme, entêtement, sagesse. Lexicographie : Caprices de la mode.

Turpitude

Laideur morale, ignominie qui résulte d'un comportement honteux / Action, parole, pensée honteuse, infamie. Synonymie : Débauche. Antonymie : Gloire, honneur, honnêteté, pureté. Lexicographie : Turpitudes politiques, accuser quelqu'un de mille turpitudes

63 **Réponse : 5/ Emphase**

Exagération pompeuse dans le ton, le geste, dans les termes employés ; enflure, grandiloquence. Synonymie : Enflure, affectation. Antonymie : Discrétion, naturel, réserve, simplicité. Lexicographie : Parler avec emphase.

64 **Réponse : 2/** Propos opportuns : propos qui conviennent dans un cas déterminé.

Propos fabulateurs : propos imaginaires mais présentés comme réels par leur auteur.

Propos calomnieux : propos mensongers qui attaquent la réputation.

Propos démagogiques : propos par lesquels on flatte et on exploite les passions des masses.

65 **Réponse : 1/** C'est une erreur tellement courante qu'elle semble être devenue une vraie norme. « Pallier » est un verbe transitif, c'est-à-dire qu'il est directement suivi d'un COD. Contrairement à « assister », « hésiter », « débarquer » et « obéir », le verbe pallier n'est donc pas suivi d'une préposition « à ». Pallier un déficit, pallier une absence, pallier une difficulté : il s'agit de remédier à une situation négative, ou encore trouver une solution.

66 **Réponse : 1/** Lisez bien les consignes !

Il vous est expressément demandé ici de trouver parmi les cinq phrases ci-dessous **les deux seules** qui soient orthographiquement et/ou grammaticalement **incorrectes**.

– Phrase 1 : Il ne faut pas confondre « septique » et « sceptique ». « Sceptique », avec un c, est un adjectif se rapportant à une personne qui met en doute une théorie, une idée. « Septique », sans c, signifie quant à lui « qui produit la putréfaction ». La phrase 1 est donc correcte.

– Phrase 2 : « criticable » n'existe pas. Il faut écrire « critiquable ». « Critiquable » est un adjectif dérivé d'un verbe en « -quer », qui appartient à une famille de mots ne comprenant pas de substantif en « -ation » (il n'existe pas de mot « critication »). C'est pourquoi on écrit « critiquable » et non « criticable ». On écrit aussi de la même façon « attaquable » et « immanquable ».

En revanche, les adjectifs en « -able » dérivés de verbes se terminant en « -quer » s'écrivent avec un « c » lorsque leur famille de mots comprend un nom en « -cation ». Exemples : explicable (expliquer / explication) ; évocable (évoquer / évocation).

– Phrase 4 : attention ! « presque », adverbe, ne s'élide jamais sauf dans « presqu'île. » On écrit donc : « presque en même temps », « presque ici », « presque au même moment ».

67 **Réponse : 5/** Point d'inquiétude concernant les figures de style ! Nous vous avons dressé une liste des principales figures de style accompagnées d'exemples dans le *Mémento de langue française*.

Attention à la consigne ! On cherche une phrase **qui ne contient pas** d'euphémisme.

– Phrase 1 : « Il a connu » est un euphémisme à peine voilé pour dire qu'il a eu des aventures avec d'autres femmes pendant son premier mariage.

– Phrase 2 : « les personnes du troisième âge » est un euphémisme servant à désigner les vieilles personnes, « les vieux ». Un autre euphémisme pour désigner « les vieux » est « les séniors ».

– Phrase 3 : « il a été remercié » pour « il a été viré / licencié… »

– Phrase 4 : deux euphémismes pour cette seule phrase ! « Il a perdu son père » pour « son père est décédé » et « une longue maladie » pour désigner « une maladie grave comme un cancer ».

– Phrase 5 : pas d'euphémisme ici. « Décéder » n'est pas un euphémisme de « Mourir » !

68 **Réponse : 4/** Le mot **aune** désigne une ancienne unité de mesure de la longueur des tissus. La longueur de cette unité variait selon les régions. Dans à **l'aune** de, le mot **aune** a perdu son sens de « unité de longueur » pour devenir « unité de comparaison, élément de comparaison, de mesure ».

69 **Réponse : 4/ « Un auteur prolifique »** est une expression consacrée qui signifie « un auteur productif / qui écrit beaucoup ».

Prolifique

Qui se multiplie rapidement / Se dit d'un écrivain, d'un artiste qui a une abondante production.

Pulluler

Se multiplier, se reproduire en grand nombre et rapidement / Exister, être en très grand nombre / Etre plein de, fourmiller d'êtres ou de choses. Synonyme de proliférer.

Lexicographie : Les insectes pullulent près de la rivière, les écrivains de ce type pullulent / La ville pullule d'espions.

Efficace

Se dit d'un produit, d'une méthode, d'un appareil, etc., qui produisent l'effet attendu ; bon pour / Qui remplit bien sa tâche, qui atteint son but, qui aboutit à des résultats utiles. Synonymie : Bon ; Antonymie : anodin, impuissant. Lexicographie : Un médicament efficace contre le rhume / Un employé efficace / Une politique efficace.

70 **Réponse : 3/** Vous hésitiez ici entre « se désintègrent » et « se désagrègent ». La nuance est ténue : « se désagréger » signifie « se séparer », « s'effriter », « cesser d'être uni », « cesser d'être aggloméré » (comme de la roche qui se désagrège) ; tandis que « se désintégrer » signifie « se transformer en particules élémentaires » (comme des atomes qui se désintègrent).

Pérorer

Discourir d'une façon prolixe et prétentieuse. Synonyme de discourir. Un ton pérorant.

71 **Réponse : 5/** Ne tombez pas dans le piège d'un intitulé et de propositions de réponses au style soutenu. La faute y est souvent grossière. En l'occurrence, la réponse 4 a substitué « ont », la forme conjuguée du verbe « avoir » à la troisième personne du pluriel, à « on », pronom personnel. Petite astuce : remplacer « on » par « nous ».

72 **Réponse : 5/** Corrigeons ensemble les réponses fausses :

– « Je corromps… » : présent de l'indicatif ;

– « J'ai corrompu… » : passé composé de l'indicatif (auxiliaire avoir ou être conjugué au présent + participe passé) ;

– « J'avais corrompu… » : plus que parfait de l'indicatif (auxiliaire avoir ou être conjugué à l'imparfait + participe passé) ;

– « Je corrompis… » : passé simple de l'indicatif.

« Je corrompais » est donc bien la bonne réponse.

73 **Réponse : 2/** Il faut en effet écrire EX<u>C</u>ENTRIQUE et REFER<u>E</u>NCE.

74 **Réponse : 4/**

75 **Réponse : 4/** – Les confiseries que je t'ai fait envoyer sont délicieuses.

– Elle me sourit, mais je suis toujours en colère.

– Nous n'étions <u>**que**</u> trois à cette réunion de travail ! (sans « seulement »).

76 **Réponse : 2/** Il faut écrire « je peignai » à la première personne du passé simple et non « je peignis ».

77 **Réponse : 1/ Crie** ta colère !

Aie un peu d'amour propre !

Rappel : il ne faut pas mettre de « s » à la seconde personne de l'impératif pour les verbes du premier groupe (verbes en «er»).

Mange ! Danse ! Chante ! Bouge !

78 **Réponse : 3/** A savoir !

En linguistique, un verbe est dit <u>**défectif**</u> lorsque sa conjugaison est incomplète : certains temps, modes ou personnes sont inusités. Exemple : le verbe falloir est défectif. On ne peut en effet le conjuguer à la première personne du singulier par exemple.

Voici une petite liste de verbes défectifs : Bienvenir – Bruire – Choir – Echoir – Frire – Faillir – Enclore – Traire – Paitre – Falloir – Seoir.

79 **Réponse : 1/** Des pantalons mi-long<u>s</u>.

80 **Réponse : 2/** Il faut choisir ! Ou bien on dit « Il **regrette** que je **sois** parti… » ; ou bien : « Il **regrettait** que je **fusse**

parti… ». Concordance des temps oblige !

81 **Réponse : 5/** Agressivité / Sony est bien décidé / Quelque fut / Leur prix / En conséquence.

82 **Réponse : 3/**

83 **Réponse : 4/** Il faut en effet réserver « crucial » à des situations qui débouchent sur des choix décisifs, parfois douloureux.

84 **Réponse : 1/** « Tragédie » est un bon synonyme de « drame » et « dépouilles » est également un synonyme acceptable de « morts ». Un drame est en effet événement ou une série d'événements tragiques auxquels on attribue une importance ou une gravité excessive. **Ceci étant**, il est question ici de grandes pertes humaines et le terme « catastrophe » convient mieux. Une catastrophe est en effet un événement qui cause de graves bouleversements, des morts. « Cadavres » est quant à lui un bon synonyme de « morts ».

85 **Réponse : 2/** Une des plus célèbres règles d'accord de la langue française va nous permettre de comprendre comment répondre correctement à cette question.
Le participe passé du passé composé construit avec l'auxiliaire avoir s'accorde avec le COD placé avant, mais pas avec le COD placé après (j'ai pris des baffes / les baffes que j'ai prisES).

86 **Réponse : 1/** La définition du consumérisme est donnée dès le début du texte : « Peu de comportements humains sont aussi répandus aujourd'hui que le consumérisme, autrement dit l'acquisition de biens au-delà des besoins essentiels de la vie ».

87 **Réponse : 5/** Cet exemple est cité par l'auteur pour mettre en exergue le caractère tout à fait novateur du XVIIIe siècle occidental. Les autres exemples sont exprimés dans le paragraphe qui commence par : « Les historiens avancent plus d'explications à l'émergence du consumérisme en Europe ».

88 **Réponse : 4/** Dans le 2e paragraphe du texte, il est expliqué que le consumérisme a suscité des attaques récurrentes. Ainsi, dans les pays occidentaux, « les moralistes d'hier en déploraient la superficialité… ».

89 **Réponse : 1/** L'auteur précise dans le second paragraphe que le consumérisme est un phénomène plus ancien que l'on ne croit puisqu'il est apparu au cours du XVIIe siècle et « surtout du XVIIIe siècle en Europe de l'Ouest ».

90 **Réponse : 5/** Le texte indique, à propos du « nouveau consumérisme européen », que l'activité des commerçants en occident « déboucheraient sur l'invention du grand magasin : le premier d'entre eux, à Paris, était d'ailleurs à l'origine un simple rassemblement de boutiques ». La période peut être déduite des informations données par la suite, notamment lorsque l'auteur écrit à propos du Japon que : « les grands magasins ne firent cependant leur apparition qu'après 1900 ».

91 **Réponse : 2/** Au milieu du texte, il est précisé que le consumérisme a connu un développement inégal au Japon Ainsi, dans les années 1920 « …le gouvernement (du Japon) lançait une campagne contre le luxe et l'hédonisme… ».

92 **Réponse : 4/** Comme l'explique le texte, le développement du consumérisme dans le monde ne s'est pas fait de manière uniforme. De nombreux mouvements de nature politique, culturelle, religieuse voire morale ont tenté d'en freiner l'expansion. Toutefois, « Rien, pas même le communisme chinois ou le nationalisme japonais ou encore la version iranienne de l'islamisme, n'est parvenu à mettre un frein à la frénésie de consommation. Tant l'influence occidentale que la recherche de nouvelles sources de plaisir ont fini par implanter solidement des ressorts consuméristes analogues à ceux qui s'étaient manifestés en occident au XVIIIe siècle ».

93 **Réponse : 4/** Le texte s'attarde bien sur le caractère novateur du XVIIIe siècle pour expliquer le développement du consumérisme en occident et dans le monde. Il précise que « … des commerçants expérimentèrent de nouvelles manières d'attirer le chaland… ». Il conclut toutefois en notant que : « à peu près toutes les techniques de vente que l'on emploie aujourd'hui ont été introduites dans les décennies précédant 1800 », c'est-à-dire à la fin du XVIIe siècle et non du XVIIIe siècle.

94 **Réponse : 5/** La France est le seul des pays proposés qui n'est pas expressément cité dans le texte.

95 **Réponse : 2/** Cette proposition est fausse. L'auteur précise dans le 3e paragraphe du texte que les historiens considèrent aujourd'hui que le consumérisme est un phénomène très ancien, apparu en Europe de l'Ouest au cours du XVIIIe siècle et que : « … si la révolution industrielle a indéniablement accéléré le consumérisme, elle ne l'a pas engendré. »

96 **Réponse : 4/** La réponse n° 4 n'est pas invoquée dans le texte. L'auteur conclut en effet en écrivant que le « consumérisme s'est adapté évidemment aux goûts locaux ». Par contre, il explique que le consumérisme occidental s'est bien heurté à différents obstacles, « … non seulement à la pauvreté, mais aussi à des pratiques d'achats enracinées, ainsi qu'à une résistance à l'égard des importations étrangères ». Il précise ensuite, à travers plusieurs exemples, que certains régimes politiques – religieux en Iran, communiste en Chine, nationaliste au Japon – ont cherché à s'opposer à la pénétration des nouveaux modes de consommation occidentaux.

97 **Réponse : 5/** La réponse n° 5 est la plus juste. Comme l'explique la conclusion, les habitants du monde entier se reconnaissent dans leur envie de consommer au-delà de leurs stricts besoins (pour reprendre la définition du consumérisme) des produits qui se ressemblent. Ainsi, le consumérisme « tend à devenir un vecteur d'appartenance à la communauté mondiale ». On retrouve, à travers ce phénomène, les mêmes aspirations individuelles et sociale à travers le monde : « Comme les travailleurs britanniques du milieu du XIXe siècle l'on fait avant eux, les ouvriers chinois cherchent dans la consommation une compensation à leurs efforts et une manière de s'affirmer socialement ».

Par contre, pour reprendre les différentes propositions de la question, les goûts et les cultures locales continuent d'exister. Les régimes politiques ont bien céder devant le consumérisme mais cela ne suffit pas à évoquer son caractère global. De même, si le fait de montrer que l'on peut consommer opère en termes d'affirmation sociale, il ne peut expliquer à lui seul, la globalisation opérée à travers le consumérisme.

98 **Réponse : 2/** L'auteur précise que le consumérisme européen s'est développé dans deux principales directions. Il s'est d'abord implanté en occident : « en premier lieu, implanté solidement en occident… », puis il s'est développé à l'échelle mondiale : « En second lieu, on assisterait à son expansion planétaire ».

99 **Réponse : 3/** Comme le précise ce texte, les innovations qui prirent place au XVIIIe siècle occidental « … furent le fait ni de gouvernements ni des élites intellectuelles mais de gens relativement ordinaires ». Ainsi, « en premier lieu, des commerçants expérimentèrent de nouvelles manières d'attirer le chaland ». Puis, « en second lieu et surtout, les gens demandaient de nouveaux produits. Ils recherchaient des vêtements plus colorés et plus élégants, etc. ».

100 **Réponse : 2/** L'auteur explique dans le second paragraphe, à propos du consumérisme, qu'après avoir connu diverses attaques récurrentes de tout ordre, « aujourd'hui, l'environnementalisme condamne ses effets sur l'écosystème ».

3. Raisonnement logique et numérique

101 **Réponse :** ❹ Soit X le nombre de biscuits que Davy a mangé Alors les deux autres enfants non mentionnés dans l'énoncé ont mangé, à eux deux : 20 – (1 + 2 + 3 + X) = 14 – X.
Si X valait 5 (ou moins), l'un des deux enfants devrait avoir mangé au moins 5 biscuits.
X = 6 est donc le minimum de biscuits que Davy mange.

102 **Réponse :** ❷ Vous n'avez pas d'autre choix que d'avoir 49 JETONS BLANCS dans ce sac ! Si vous avez ne serait-ce que DEUX jetons NOIRS, vous courez le risque de tirer ces deux jetons noirs en même temps. Or l'énoncé est on ne peut plus clair : il faut qu'il y ait TOUJOURS AU MOINS UN DES DEUX JETONS QUI EST BLANC lorsque vous en tirez deux en même temps !.

103 **Réponse :** ❶ Le 9e jour, l'escargot a monté 9 mètres (3 × 9 mètres le jour moins 2 × 9 mètres la nuit). On comprend alors que le 10e jour l'escargot aura monté 12 mètres et qu'il aura donc atteint le sommet. Remarque : bien entendu, une fois le sommet atteint, l'escargot ne redescend plus de 2 mètres la nuit. Quand il est au sommet, il y reste !

104 **Réponse :** ❹ 45 – 27 = 18 ; 18 chats ne sont pas rayés. 45 – 32 = 13 ; 13 chats n'ont pas d'oreille noire. On obtient le maximum de chats non retenus pour la finale si ces 18 + 13, soit 31 chats sont différents. Et alors les autres chats, 45 – 31, soit 14, représentent le nombre minimum de chats finalistes.

105 **Réponse :** ❷ La somme des valeurs de toutes les cartes **d'une même ligne** est toujours égale à 12. Rappel : un « A » qui se prononce « As » vaut 1.

106 **Réponse :** ❸ Cette question vise à évaluer votre capacité à veiller à la cohérence des phrases sur lesquelles vous devez toujours porter, dans cette épreuve, un regard hautement critique.

En « injectant » les mots figurant en réponses dans les deux phrases **« La phrase suivante comporte ? consonnes. La phrase précédente comporte ? voyelles. »**, vous modifiez structurellement le nombre de consonnes et de voyelles contenues initialement dans ces deux phrases.

Au départ, « La phrase suivante comporte ? consonnes. » contient <u>**13 voyelles**</u>. Quant à « La phrase précédente comporte ? voyelles. », cette dernière phrase contient <u>**20 consonnes**</u>.

En injectant les mots figurant dans les réponses proposées, vous allez alors modifier les nombres de consonnes et de voyelles. Ceci ne pose pas de problème… Dès lors que vos phrases demeurent cohérentes !

En testant les réponses, il ressort que la bonne réponse est la 3. En effet, en injectant les mots de la réponse 3. On obtient :

« La phrase suivante comporte vingt-deux consonnes. La phrase précédente comporte seize voyelles. »

Un nouveau décompte nous apprend que « La phrase suivante comporte vingt-deux consonnes. » contient <u>**16 voyelles**</u> (ce qui est cohérent avec la phrase suivante) et que « La phrase précédente comporte seize voyelles. » contient <u>**22 consonnes**</u>, ce qui est, là encore, complètement cohérent avec la phrase précédente.

107 **Réponse :** ❶ Les 15 % d'augmentation d'Alice ont permis au couple de gagner 6 000 euros supplémentaires. Le salaire initial X d'Alice satisfait donc l'équation 6 000 = 15 % × X soit X = 6 000/15 % = 6 000 × (100/15), soit X = 40 000 euros. En conclusion, le salaire de Daniel est de 70 000 – 40 000 = 30 000 euros.

108 **Réponse :** ❷

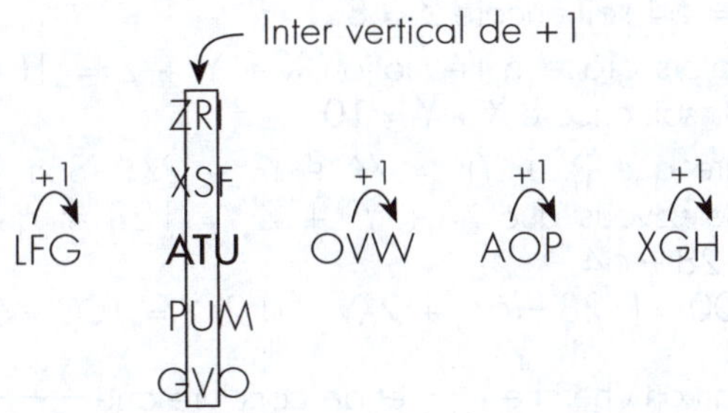

109 **Réponse :** ❹ Soit TM le temps, en minutes, nécessaire pour la montée et TD le temps, en minutes, nécessaire pour la descente. On peut écrire : TM + TD = 5 et 2TM + 0,5TD = 7. En résolvant ce système (je précise que je fais exprès de ne pas détailler la résolution du système pour vous inciter à le faire tous seuls !), on trouve TM = 3 et TD = 2. Aussi, le premier jour : TM = 3 et TD = 2, le second : TM = 6 et TD = 1 (souvenez-vous en effet que jour après jour, le temps de montée double et le temps de descente est divisé par 2), le troisième : TM = 12 et TD = 0,5… Soit 12,5 minutes au total, autrement dit : 12 minutes et 30 secondes.

110 **Réponse :** ❺
2013 : 100
2014 : 225
2015 : 475
2016 : 975
2017 : environ 2 000
2018 : environ 4 000
2019 : environ 8 000

Comme vous le voyez, on peut se permettre d'arrondir les calculs sur la fin en multipliant grossièrement par 2 (sans ajouter 25 donc). Les propositions de réponses étaient en effet assez éloignées (hormis A et C qui étaient assez proches) et l'on pouvait donc tenter cette approximation.

111 **Réponse :** ❸ Il suffit de tester les solutions tour à tour (la 1, puis la 2, puis la 3, etc.) pour comprendre vite que la 3 convient parfaitement. En effet, il y a 1 an, j'avais 49 ans (c'est bien un carré) et dans 1 an, j'aurai 51 ans (c'est bien un multiple de 17).

112 **Réponse :** ❺ Soit X, Y et Z les longueurs des côtés du triangle ABC rectangle en A.

On cherche l'aire du triangle soit $\frac{\textit{base} \times \textit{hauteur}}{2}$, soit encore $\frac{XY}{2}$.

On sait que $\mathbf{X + Y + Z = 18}$ **et** $\mathbf{X^2 + Y^2 + Z^2 = 128}$.

- Comme ABC est rectangle en A, on peut écrire : $\mathbf{Z^2 = X^2 + Y^2}$.
- Aussi, en remplaçant $X^2 + Y^2$ par Z^2 dans l'équation $X^2 + Y^2 + Z^2 = 128$, on obtient $2Z^2 = 128$, soit $Z^2 = 64$ soit encore $Z = \mathbf{8}$.
- On en déduit alors grâce à l'équation $X + Y + Z = 18$ que $X + Y + 8 = 18$, soit $X + Y = 18 - 8$, soit encore $\mathbf{X + Y = 10}$.
- On sait en outre que $(X + Y)^2 = X^2 + Y^2 + 2XY$. Soit $102 = (128 - 64) + 2XY$. En effet : rappelez-vous que $X^2 + Y^2 + Z^2 = 128$ et que $X^2 + Y^2$ est donc égal à $128 - Z^2$ soit $128 - 64$.
  On a donc : $100 = (128 - 64) + 2XY$, soit $2XY = 100 - 64 = 36$, soit $\mathbf{XY = 18}$.
- N'oubliez pas qu'on cherche $\frac{XY}{2}$, et de conclure que $\frac{XY}{2} = \frac{18}{2} = 9$. Réponse E !.

113 **Réponse :** ❷ Il nous faut en effet deux fois plus de solution à 3 % que de solution à 30 %, c'est-à-dire 2/3 de solution à 3 % et 1/3 de solution à 30 %. Ce faisant, cela nous fait bien $2/3 \times 3\,\% + 1/3 \times 30\,\% = 2\,\% + 10\,\% = 12\,\%$.

114 **Réponse :** ❶ Aire = $21 = 7 \times 3$ et Périmètre = $2 \times (7 + 3) = 20$.
Comme $T = D/V$, on déduit $T = 20/80 = 1/4$. En effet, la distance à parcourir est de 20 km et la vitesse est de 80 km/h. On conclut de cela que le périmètre de la petite piste vaut $D = V \times T = 56 \times 1/4 = 14$.

115 **Réponse :** ❹ $f(x) = -\frac{1}{2}x^2 + 2x + 7$ étant une fonction polynôme du second degré elle admet un extremum au point x_0 qui annule la dérivée de f.

$f'(x) = -x + 2$ et $f'(x) = 0 \Leftrightarrow x = 2$. f admet donc un maximum au point $x = 2$ et la valeur maximale de f est alors égale à : $f(2) = -\frac{1}{2} \times 4 + 2 \times 2 + 7 = 9$.

Rappel : soit la fonction polynôme du second degré $\boldsymbol{f(x) = ax^2 + bx + c}$ (a, b et c étant réels et a étant différent de 0). Soit $\boldsymbol{x_0}$ la valeur pour laquelle la dérivée de f s'annule.

On sait alors que f admet une valeur maximale **(maximum)** en x_0 **si $a < 0$** (cette valeur étant alors égale à $f(x_0)$), et une valeur minimale **(minimum)** en x_0 **si $a > 0$** (cette valeur étant alors également égale à $f(x_0)$).

116 **Réponse :** ❸ Avant toute chose, notons que le total *minimal* que l'on peut obtenir en jetant 3 dés est 3 (3 as) et le total *maximal* est 18 (3 six.)

Soit A : *« obtenir un total au plus égal à 15 »*. Le complémentaire de A est : *« obtenir un total au moins plus grand que 16 »*.

Nous allons travailler sur cette partie complémentaire dont le cardinal est manifestement plus simple à calculer.

On peut « obtenir un total au moins plus grand que 16 » si et seulement on obtient « un total égal à 16 » ou « un total égal à 17 » ou « un total égal à 18 ».

Les triplets pour lesquels le total vaut 16 sont : (6, 6, 4), (6, 4, 6), (4, 6, 6), (6, 5, 5), (5, 6, 5) et (5, 5, 6) soit 6 façons d'obtenir 16.

Les triplets pour lesquels le total vaut 17 sont : (6, 6, 5), (6, 5, 6) et (5, 6, 6) soit 3 façons d'obtenir 17.

Le triplet pour lequel le total vaut 18 est : (6, 6, 6) soit une façon unique d'obtenir un total égal à 18.

Soit Z l'ensemble constitué de tous les lancers possibles de 3 dés. Un élément de Z est une 3-liste de {1, 2, 3, 4, 5, 6}, son cardinal vaut donc 6^3.

Il ne nous reste plus qu'à écrire :

Card (^{C}A) = Card (Z) – Card (A) soit, Card (^{C}A) = $6^3 - (6 + 3 + 1) = 206$ façons d'obtenir un total au plus égal à 15.

117 **Réponse :** ❸ Examinons les différentes possibilités de tirages :

<u>Franck</u> (somme égale à 14) : Franck n'a pu tirer que (8 ; 6), car toute autre somme ne dépasse pas 13.

<u>Sol</u> (somme égale à 10) : Sol n'a pu tirer que (7 ; 3) puisque les chiffres 8 et 6 ont été pris par Franck et que toute somme sans le 7 ne dépasse pas 9…

<u>Restent les nombres</u> 1, 2, 4 et 5. <u>Shalom</u> dont la somme est 7 ne peut avoir tiré que (5 ; 2). C'est en effet la seule et unique façon de faire une somme égale à 7. En conséquence, le produit cherché est égal à $5 \times 2 = 10$.

118 **Réponse :** ❹ On remarque que pour 3W, 5F, 1M et 6S, la lettre correspond à l'initiale du jour écrit en anglais correspondant au chiffre. Ainsi, par exemple, on a 5F car le 5e jour de la semaine est vendredi, soit Friday, dont l'initiale est bien F.

119 **Réponse :** ❷ $h(x) = f(g(x)) = f((x + 1)^2) = ((x + 1)^2 - 1)^2 = (x^2 + 2x + 1 - 1)^2 = x^4 + 4x^3 + 4x^2$

$h'(x) = 4x^3 + 12x^2 + 8x = 4x(x^2 + 3x + 2)$

$h'(-3) = -12.(9 - 9 + 2) = -24$

120 **Réponse :** ❷ Soit les événements :

M : être malade et V : être vacciné.

On sait que $P(V) = \frac{1}{5}$; $P(M/V) = \frac{1}{15}$; $P(\overline{V}/M) = \frac{3}{4}$ (il y a 3 non vaccinés pour 1 vacciné, soit $\frac{3}{4}$ de non vacciné)

$$P(M/\overline{V}) = \frac{P(M \cap \overline{V})}{P(\overline{V})} = \frac{P(\overline{V}/M)P(M)}{P(\overline{V})} = \frac{\frac{3}{4}}{\frac{4}{5}}P(M) = \frac{15}{16}P(M)$$

$$\text{Or } P(M) = P(V) \times P(M/V) + P(\overline{V}) \times P(M/\overline{V}) = \frac{1}{5} \times \frac{1}{15} + \frac{4}{5} \times \frac{15}{16}P(M) = \frac{1}{75} + \frac{3}{4}P(M)$$

$$\text{Au final : } P(M) = \frac{1}{75} + \frac{3}{4}P(M) \Leftrightarrow P(M) = \frac{\frac{1}{75}}{\frac{1}{4}} = \frac{4}{75} \text{ et } P(M/\overline{V}) = \frac{15}{16} \times P(M) = \frac{15}{16} \times \frac{4}{75} = \frac{1}{20}$$

4. Compréhension et expression écrite en Anglais

Expression

121 **Réponse : 4/**

• An increase : **une augmentation**. To annoy : **agacer, énerver**.

• Freeze : **le gel**

The company laid off a hundred workers and put a hiring freeze in place / La société s'est séparée d'une centaine de salariés et a mis en place un gel des embauches.

122 **Réponse : 5/**

• To flee / fled / fled : **fuir, quitter**

Millions flee hunger and persecution each year / Chaque année, des millions de gens fuient la famine et la persécution.

• Thousands of : **des milliers de**. Due to : **en raison de, à cause de**.

123 **Réponse : 2/**

• To schedule : **planifier, programmer**

Would you like to schedule an appointment? / Aimeriez-vous planifier un rendez-vous ?

124 **Réponse : 5/**

• Tracking : **le suivi**

The police's tracking of the criminal was successful; they caught him / Le suivi du criminel par la police fut un succès ; il a été arrêté.

• Main : **principal**

The main idea is good, but we need to change some details / L'idée principale est bonne, mais il faut changer certains détails.

125 **Réponse : 2/**

• To emerge : **apparaître**

The trial had to be adjourned when new evidence emerged / Le procès a dû être ajourné lorsqu'une nouvelle preuve est apparue.

• A contestant : **un participant, un adversaire**

126 **Réponse : 3/**

• To flee, fled, fled : **fuir, quitter**

• To float : **flotter**

The science teacher showed the students that pumice can float / Le professeur de science prouva à ses élèves que la pierre ponce pouvait flotter.

127 **Réponse : 5/**

• Tight : **serré**

Make sure the knot is really tight / Assure-toi que le nœud est bien serré.

• To be able to do something : être **capable de faire quelque chose**

The only people able to afford to buy a house in this area are millionnaires / Les seules personnes capables d'acheter une maison dans ce quartier sont millionnaires.

128 **Réponse : 3/**

• Harrowing : **atroce**

• To hallow : **sanctifier**

The ceremony is intended to hallow the ground near the church / La cérémonie a pour but de sanctifier le terrain proche de l'église.

• Humdrum : **monotone, banal**

Stuart is quickly irritated by humdrum tasks and craves excitement / Stuart est vite énervé par les tâches banales et a besoin de stimulation.

129 **Réponse : 2/**

• Hugely : **énormément**

• Newly : **nouvellement, récemment**

The newly-drained swamp is still muddy / Le marais récemment asséché est encore boueux.

• To release : **libérer**. Timely : **opportun, dans les délais**.

130 **Réponse : 3/**

• A launch : **un lancement (de produit, de campagne)**.

He attended the launch of his latest movie / Il a assisté au lancement de son dernier film.

• A lunge : **un mouvement brusque en avant**

With a sudden lunge he tackled the intruder / D'un mouvement brusque en avant, il a saisi l'intrus..

131 **Réponse : 5/**

• A number of break-ins : un certain nombre d'effractions, plusieurs effractions.

• Break-ins : **des effractions**

I know of cases of break-ins in Manitoba in which the victim could not get any information at all from the police / Je connais des cas d'introduction par effraction au Manitoba où les victimes ne parvenaient pas à obtenir de renseignements de la part de la police.

• A row : **une rangée**

132 **Réponse : 4/**

• To spread / spread / spread : **se répandre, se propager**

• To spare / spared / spared : **épargner, économiser**

Try to spare your money, or you will be totally broke by Friday / Essaie d'économiser ton argent, ou tu seras complètement fauché d'ici vendredi.

SCORE BLANC NUMERO 4 – CORRIGES

• To span / spanned / spanned : **couvrir, traverser**
His career in film has <u>spanned</u> four decades / Sa carrière cinématographique s'est <u>étendue</u> sur quatre décennies.
• To spear / speared / speared : **harponner, transpercer**

133 **Réponse : 4/**
• A decade : **une décennie**

134 **Réponse : 1/**
• To lengthen : **allonger, prolonger**
The aim of the operation is to <u>lengthen</u> her bones / Le but de l'opération est <u>d'allonger</u> ses os.

135 **Réponse : 3/**
• Lukewarm : **tiède**
Kate got out of the bath when the water was <u>lukewarm</u> / Kate est sortie du bain lorsque l'eau était <u>tiède</u>.
• A boiler : **une chaudière, un chauffe-eau**. A tap : **un robinet**. Piping : **canalisations, conduites**. Scalding : **brûlant**.

136 **Réponse : 1/**
• Menial jobs : **des emplois subalternes, des petits travaux**
• Vocational : **professionnel**
Some students choose <u>vocational</u> schools for their secondary education / Certains étudiants choisissent des écoles <u>professionnelles</u> au niveau secondaire.
• Marginal : **insignifiant**. Hazardous : **dangereux, risqué**.

137 **Réponse : 2/**
• A cost-cutting : **une réduction des coûts**
In this model, safety has given way to <u>cost-cutting</u> as a primary concern / Dans ce modèle, il ne s'agit pas avant tout de sécurité mais de <u>réduction des coûts</u>.
• Substantial : **considérable, important**

138 **Réponse : 2/**
• To result <u>in</u> : **donner lieu à, déboucher sur**
• To come into effect : **s'appliquer, prendre effet**
This decision shall <u>come into effect</u> on the day following that of its publication in the Official Journal / La présente décision <u>prend effet</u> le jour suivant la date de sa publication au Journal officiel.

139 **Réponse : 1/**
• Nearest : **le plus proche**
Where's the <u>nearest</u> pharmacy? / Où est la pharmacie <u>la plus proche</u> ?

140 **Réponse : 3/**
• To move / moved / moved : **déménager, se déplacer**
When I was five years old, we <u>moved</u> / Quand j'ai eu 5 ans, nous avons <u>déménagé</u>.
• The deceased : **le défunt, la défunte**. Radically : **radicalement**.

141 **Réponse : 2/**
• A rush : **un empressement, une hâte**
• A rampage : **une fureur, un carnage**
The boss's <u>rampage</u> left everyone in the office feeling shaken / La <u>fureur</u> du patron a secoué tout le monde au bureau.
• A rash : **une éruption, une irritation**. To ram : **pousser, enfoncer**. Remaining : **restant**.

142 **Réponse : 1/**
• To object to someone : **s'opposer à quelqu'un**
• Housing : **un logement**
It's important that the government helps refugees find <u>housing</u> / Il est important que le gouvernement aide les réfugiés à se trouver <u>un logement</u>.

143 **Réponse : 2/**

- Amongst : **au milieu de, parmi, entre**

Josiah's farm is situated among the cornfields of eastern Kansas. He lives amongst mountains of hoarded rubbish / La ferme de Josiah est située au milieu des champs de maïs dans l'est du Kansas. Il vit au milieu de montagnes de bazar qu'il a accumulé.

- A memory : **un souvenir**

I have a terrible memory for people's names / Je n'ai aucune mémoire pour les prénoms.

- A dispute : **un litige, un conflit, un différend**. Memories : **des souvenirs**. Members : **des membres**.

144 **Réponse : 2/**

- To secure the future : **assurer, garantir l'avenir**
- A sequel : **une suite de quelque chose**

"Terminator 2" is the sequel to "The Terminator" / « Terminator 2 » est la suite de « The Terminator »

145 **Réponse : 5/**

- To be sensitive to : **être sensible à**
- Gifted : **doué, talentueux**

Ben was a gifted speaker / Ben était un orateur doué.

- Thoughtless : **qui manque de considération, de délicatesse**

Ricky is so thoughtless; he never cares about others' feelings / Rick manque vraiment de considération, il ne pense jamais aux sentiments des autres.

- Attention aux faux amis ! Sensible : **raisonnable, sensé**. Sensitive : **sensible**

146 **Réponse : 1/**

- Ready to shipment : **prêt à être expédié, prêt pour l'expédition**
- A shipper : **un expéditeur**

The shipper sent the package via FedEx / L'expéditeur a envoyé le paquet via FedEx.

- To process : **traiter**. A shipment : **une expédition**. A ship : **un bateau, un navire**. To ship : **expédier, envoyer**.

147 **Réponse : 2/**

- An aisle : **une allée, un couloir**

Juan tripped over a book that another passenger had dropped in the aisle / Juan a trébuché à cause d'un livre qu'un autre passager avait fait tomber dans le couloir.

- To ensure : **s'assurer**. A carriage : **une voiture, un wagon**. A stream : **un flot, un ruisseau**. An engine : **un moteur**. A runway : **une piste, un podium**.

148 **Réponse : 1/**

- Manufacturing : **industrie, fabrication, production**

How can we create more jobs in manufacturing? / Comment pouvons-nous créer davantage d'emplois dans l'industrie ?

149 **Réponse : 1/**

- At one in nine : pour une personne sur neuf

150 **Réponse : 2/**

- To raise / raised / raised : **soulever, aborder**

Mark raised a difficult question during the meeting and nobody wanted to answer it / Marc a soulevé une question épineuse durant la réunion et personne n'a voulu y répondre.

151 **Réponse : 3/**

- To show off : **montrer, exhiber, mettre en avant**

When his famous mother came to school, he showed her off to all his friends / Quand sa mère célèbre vint à l'école, il la montra à tous ses amis.

- To touch down : **atterrir**

The plane had to touch down in Dallas due to severe weather / L'avion a dû atterrir à Dallas à cause de mauvaises conditions météorologiques.

• A fighter : **un avion de chasse, un combattant**. To move down : **descendre**. To trade down : **descendre en gamme**.

152 **Réponse : 1/**

• It has been **badly** managed : cela a été **mal** géré

153 **Réponse : 5/**

• Well off : **riche, aisé**

• Well worth : **bien, en valoir la peine**

But I think it will be an investment well worth making / Mais je pense que c'est un investissement qui vaut la peine d'être fait.

• To well up : **monter (eau, larmes)**

154 **Réponse : 3/**

• To resume : **reprendre**

Negotiations resumed after a two-month break / Les négociations reprirent après une interruption de deux mois.

• Parts : **pièces, parties**

155 **Réponse : 5/**

• To be committed to doing something : s'engager à faire quelque chose (expression idiomatique).

• To strengthen : **renforcer**

The glue strengthens as it dries / La colle se renforce en séchant.

• A border : **une frontière**

Compréhension de textes

156 **Réponse : 3/**

157 **Réponse : 2/**

158 **Réponse : 1/**

159 **Réponse : 5/**

160 **Réponse : 1/**

161 **Réponse : 4/**

162 **Réponse : 3/**

163 **Réponse : 3/**

164 **Réponse : 5/**

165 **Réponse : 5/**

166 **Réponse : 1/**

167 **Réponse : 4/**

168 **Réponse : 4/**

169 **Réponse : 3/**

170 **Réponse : 4/**

SCORE BLANC NUMERO 5

Consignes

1. Ce Score blanc contient 170 questions pour lesquelles vous aurez toujours 5 propositions de réponses au choix. 1 seule de ces propositions est correcte.

2. Le temps total pour travailler sur ce Score est de 3 heures.

3. Barème : 2 points par réponse juste sauf pour la sous-épreuve numéro 3 pour laquelle 5 points seront attribués par réponse juste. Une réponse fausse ou pas de réponse ne modifie pas le score (0 point). Le Score est donc noté sur un total de 400 points.

4. L'usage de la calculatrice, dictionnaire, lexique ou grammaire est formellement interdit. Aucune pause/sortie n'est autorisée pendant l'épreuve, toute sortie étant considérée comme définitive.

5. Les 170 réponses sont à reporter au recto d'une grille unique sur laquelle le candidat noircit la case correspondant à la réponse choisie, en utilisant le crayon fourni par le centre d'écrit. Les corrections doivent impérativement être effectuées avec un blanc correcteur.

SCORE BLANC NUMERO 5 : GRILLE DES REPONSES

	1	2	3	4	5
1					
2					
3					
4					
5					
6					
7					
8					
9					
10					
11					
12					
13					
14					
15					
16					
17					
18					
19					
20					
21					
22					
23					
24					
25					
26					
27					
28					
29					
30					
31					
32					
33					
34					
35					
36					
37					
38					
39					
40					
41					
42					
43					
44					
45					
46					
47					
48					
49					
50					
51					
52					
53					
54					
55					
56					
57					
58					
59					
60					
61					
62					
63					
64					
65					
66					
67					
68					
69					
70					
71					
72					
73					
74					
75					
76					
77					
78					
79					
80					
81					
82					
83					
84					
85					
86					
87					
88					
89					
90					
91					
92					
93					
94					
95					
96					
97					
98					
99					
100					
101					
102					
103					
104					
105					
106					
107					
108					
109					
110					
111					
112					
113					
114					
115					
116					
117					
118					
119					
120					
121					
122					
123					
124					
125					
126					
127					
128					
129					
130					
131					
132					
133					
134					
135					
136					
137					
138					
139					
140					
141					
142					
143					
144					
145					
146					
147					
148					
149					
150					
151					
152					
153					
154					
155					
156					
157					
158					
159					
160					
161					
162					
163					
164					
165					
166					
167					
168					
169					
170					

SCORE BLANC NUMERO 5

1. CULTURE GENERALE, ECONOMIQUE ET MANAGERIALE

1 A quel poste a été élu Quim Torra en mai 2018 ?

1/ Entraîneur du PSG
2/ Président de la Catalogne
3/ PDG de Séphora
4/ Ambassadeur
5/ Président de la région PACA

2 Qui a écrit les dialogues du film *Les Tontons flingueurs* ?

1/ Sacha Guitry
2/ Jean Carmet
3/ Michel Audiard
4/ Lino Ventura
5/ Bernard Blier

3 A quoi renvoie le nom « Androïd » ?

1/ A une tablette numérique lancée par Google
2/ A un smartphone lancé par Google
3/ A un smartphone lancé par Microsoft
4/ A l'entreprise qui produit les mobiles HTC
5/ A un système d'exploitation pour smartphones

4 En juin 2019, qui est le PDG de Total ?

1/ Yves Caracatzanis
2/ Carlos Ghosn
3/ Philippe Varin
4/ Patrick Pouyanné
5/ Akio Toyoda

5 Le Prix d'interprétation masculine du Festival de Cannes 2019 a été attribué à :

1/ Georges Clooney
2/ Vincent Lindon
3/ Marcello Fonte
4/ Antonio Banderas
5/ Vincent Lacoste

6 Que signifie le sigle OCDE ?

1/ Organisation de coopération et de développement économiques
2/ Organisation compétente pour le développement européen
3/ Organisation de la croissance démographique européenne
4/ Organisation de consommateurs pour le développement économique
5/ Ouverture coordonnée du déficit engagé

7 Quelle est la capitale de la Côte d'Ivoire ?

1/ Korogho
2/ Bouaké
3/ Abidjan
4/ Abobo
5/ Yamoussoukro

8 Parmi les films suivants, quel est celui dans lequel Catherine Deneuve n'a pas joué ?

1/ *Le dernier métro*
2/ *Indochine*
3/ *Soudain l'été dernier*
4/ *8 femmes*
5/ *Sage femme*

9 Quel est le surnom donné aux joueurs de l'équipe nationale de football d'Algérie ?

1/ Les zèbres
2/ Les lions rouges
3/ Les jaguars
4/ Les fennecs
5/ Les tigres

10 Quelle est la capitale de la Libye ?

1/ Tripoli
2/ Damas
3/ Benghazi
4/ Abidjan
5/ Rabat

11 Combien de sièges de l'Assemblée nationale ont été remportés par le FN lors des élections législatives françaises de juin 2017 ?

1/ 8
2/ 10
3/ 12
4/ 14
5/ 16

12 Laquelle de ces entreprises n'est pas un Cabinet de conseil ?

1/ Cap Gemini
2/ Boston Consulting Group
3/ Mc Kinsey
4/ Bain & Co
5/ Procter & Gamble

13 Où se situe la « Silicon Valley », pôle des industries les plus innovantes des Etats-Unis ?

1/ A Miami
2/ A Los Angeles
3/ A San Francisco
4/ A Detroit
5/ A Sacramento

14 En quelle année a eu lieu la catastrophe de Tchernobyl ?

1/ 1986
2/ 1979
3/ 1972
4/ 1981
5/ 1983

15 **Dans quel Etat américain a eu lieu la catastrophe nucléaire de « Three Mile Island » ?**

1/ En Californie
2/ En Ohio
3/ A la Nouvelle-Orléans
4/ En Pennsylvanie
5/ En Alaska

16 **Lequel de ces groupes de rock n'est pas britannique ?**

1/ *Rolling Stones*
2/ *Nirvana*
3/ *Les Beatles*
4/ *Oasis*
5/ *The Police*

17 **Parmi les réponses proposées, quelle branche d'activité ne fait pas partie des objectifs de développement de la Poste pour l'année 2020 ?**

1/ L'assistance aux personnes âgées
2/ L'habitat connecté
3/ Le commerce électronique
4/ La logistique de proximité
5/ La livraison de courrier

18 **Quel est l'ingrédient de base de la polenta ?**

1/ La farine de blé
2/ La farine de pois chiches
3/ La farine de maïs
4/ La farine de manioc
5/ La farine de riz

19 **Quel est le nom du principal producteur d'électricité du Japon ?**

1/ TEPCO
2/ FUKU
3/ AIEA
4/ NISA
5/ EDJ

20 **Le Mediator, médicament commercialisé par les laboratoires Servier servait à traiter :**

1/ l'Alzheimer
2/ l'hypertension
3/ la dépression
4/ l'arthrose
5/ le diabète

21 **Quel événement réunissant des gens de tous horizons, sans discrimination, autour des valeurs de diversité, respect, égalité, solidarité et partage, la ville Paris a-t-elle obtenu l'organisation de la 10e édition en août 2018 ?**

1/ Les Jeux olympiques
2/ Les Gay Games
3/ Les Universiades
3/ Les Jeux de la Francophonie
4/ Les X Games

22 **Quel est le premier film à ouvrir le festival de Cannes 2019 ?**

1/ *Everybody knows* de l'Iranien Asghar Farhadi
2/ *En guerre* du français Stéphane Brizé
3/ *The Square* du Suédois Ruben Östlund
4/ *Dogman* de l'Italien Matteo Garrone
5/ *The dead don't die* de l'américain Jim Jarmusch

23 **Qu'est-ce qu'une récession au sens technique du terme ?**

1/ Une baisse du PIB durant au moins deux mois consécutifs
2/ Une baisse du PIB durant au moins deux trimestres consécutifs
3/ Une baisse du PIB durant au moins quatre trimestres consécutifs
4/ Une baisse du PIB durant au moins deux ans consécutifs
5/ Un ralentissement de la croissance du PIB

24 **Comment s'appelle le calendrier en vigueur en France ?**

1/ Grégorien
2/ Républicain
3/ Chrétien
4/ Universel
5/ Moderne

25 **Quel a été le mode de scrutin utilisé lors des élections législatives françaises de juin 2017 ?**

1/ Scrutin uninomial majoritaire à deux tours
2/ Scrutin proportionnel plurinomial
3/ Scrutin majoritaire binomial
4/ Scrutin à vote unique transférable
5/ Scrutin de liste majoritaire

26 **Quel président des Etats-Unis a dû démissionner en 1974 suite au scandale du « Watergate » ?**

1/ Jimmy Carter
2/ Bill Clinton
3/ Richard Nixon
4/ Franklin Roosevelt
5/ Harry Truman

27 **Dans quel pays se déroulera la Coupe du monde de football en 2022 ?**

1/ Au Qatar
2/ En France
3/ En Russie
4/ Au Royaume-Uni
5/ En Chine

28 **Dans quel pays décerne-t-on les Lions d'or ?**

1/ En France
2/ Aux Etats-Unis
3/ En Afrique du Sud
4/ En Italie
5/ En Espagne

29 **Quel réseau social a fêté en 2016 ses dix ans d'existence ?**

1/ Facebook
2/ Myspace
3/ Twitter
4/ Viadeo
5/ Youtube

30 **Qui est l'actuel maire de New York ?**

1/ Bill de Blasio
2/ Rudy Giuliani
3/ Ed Murray
4/ Michael Bloomberg
5/ Carolyn Goodman

31 **Pour quelle Maison travaillait le styliste John Galliano quand il a été licencié en Mars 2011 ?**

1/ Channel
2/ Yves Saint Laurent
3/ Gucci
4/ Louis Vuitton
5/ Dior

32 **Quel pays de l'Union européenne est devenu, en 2018, l'eldorado des start-up françaises ?**

1/ La Grèce
2/ La Bulgarie
3/ La Finlande
4/ L'Italie
5/ L'Espagne

33 **Quelle est la capitale de l'Afghanistan ?**

1/ Téhéran
2/ Kandahar
3/ Damas
4/ Peshawar
5/ Kaboul

34 **Quel est le nom de l'actuel Empereur du Japon ?**

1/ Hirohito
2/ Akihito
3/ Yoshihito
4/ Naruhito
5/ Osahito

35 **Combien y a-t-il de casinos Barrière dans le monde ?**

1/ 98
2/ 89
3/ 75
4/ 54
5/ 33

36 **Quels pays se sont opposés pendant la guerre de Cent Ans ?**

1/ La France et l'Allemagne
2/ La France et l'Angleterre
3/ Les Etats-Unis et le Canada
4/ L'Espagne et le Portugal
5/ L'Angleterre et l'Irlande

37 **A quelle place, sur 180, la France figure-t-elle au sein du classement mondial 2018 de la liberté de la presse publié par Reporters sans frontières (RSF) ?**

1/ A la 3e place
2/ A la 12e place
3/ A la 21e place
4/ A la 33e place
5/ A la 51e place

38 **En informatique, qu'est-ce qu'un cookie ?**

1/ Un logiciel servant uniquement à configurer la partie « hardware » d'un ordinateur

2/ Un fichier stocké par le navigateur web sur le disque dur et qui sert à mémoriser des informations sur le visiteur

3/ Un fichier malveillant qui « voyage » d'un ordinateur à un autre grâce à l'envoi de mail

4/ Un programme permettant le lancement d'un logiciel sans le DVD ou le CD-ROM d'installation

5/ Un site internet inactif dont le nom de domaine est mis en vente

39 **Parmi les marques suivantes, laquelle n'appartient pas au groupe Danone ?**

1/ Actimel

2/ Blédina

3/ Gervais

4/ Volvic

5/ Lu

40 **Un attentat terroriste a été perpétré à Manchester en 2017 à la sortie d'un concert d'une célèbre popstar américaine. De qui s'agit-il ?**

1/ Rihanna

2/ Beyonce

3/ Selena Gomez

4/ Ariana Grande

5/ Taylor Swift

41 **Pour quelle institution Eurostat est chargé de produire des statistiques officielles ?**

1/ La Banque mondiale

2/ L'Union européenne

3/ L'ONU

4/ L'Unesco

5/ Le FMI

42 **Parmi les pays suivants, lequel est limitrophe de la Tunisie ?**

1/ Lybie

2/ Maroc

3/ Niger

4/ Mali

5/ Egypte

43 **Pour quelle raison la Banque Centrale Européenne cesse d'imprimer des billets de 500 euros en 2016 ?**

1/ Ils sont inutiles

2/ Ils sont suspectés d'être utilisés par des trafiquants pour transporter discrètement des montants importants

3/ A cause de l'essor des paiements par carte bancaire

4/ Peu de commerçants l'acceptent

5/ Il ne représente qu'un dixième des transactions

44 En France, quelle chaîne de télévision française a été fondée par André Rousselet, décédé en mai 2016 ?

1/ M6
2/ Arte
3/ Antenne 2 (aujourd'hui France 2)
4/ TF1
5/ Canal +

45 Dans quel domaine peut-on faire référence au taylorisme ?

1/ La politique
2/ La philosophie
3/ Les mathématiques
4/ La production industrielle
5/ La médecine

46 Qui est en juin 2019, le PDG du groupe l'Oréal ?

1/ Jean-Paul Agon
2/ Liliane Bettencourt
3/ William Procter
4/ Lindsay Owen-Jones
5/ Françoise Bettencourt-Meyers

47 Parmi les pays suivants, lequel fait partie des trois plus grands producteurs de café ?

1/ Le Brésil
2/ Le Costa Rica
3/ La Côte d'Ivoire
4/ Le Mexique
5/ L'Equateur

48 En quelle année est né le designer français Philippe Starck ?

1/ 1939
2/ 1949
3/ 1959
4/ 1969
5/ 1979

49 En 2018, quels sont les trois pays avec le Produit Intérieur Brut (PIB) le plus important ?

1/ Chine – Etats-Unis – Allemagne
2/ Chine – Etats-Unis – Japon
3/ Etats-Unis – Chine – Allemagne
4/ Chine – Etats-Unis – Russie
5/ Etats-Unis – Chine – Japon

50 Quel fut le premier livre imprimé par Gutenberg ?

1/ *Encyclopædia Universalis*
2/ *Le Petit Robert*
3/ *L'Iliade et l'odyssée*
4/ *La Bible*
5/ *Tristan et Iseult*

SCORE BLANC NUMERO 5

2. COMPREHENSION ET EXPRESSION ECRITE EN FRANÇAIS

51 Quels sont les termes qui appartiennent au domaine de la « tabagie » ?

A) Narguilé
B) Nicot
C) Bouffarde
D) Chique
E) Chicot

1/ A + D
2/ B + C + D
3/ A + E
4/ A
5/ A + B + C + D

52 Parmi les expressions suivantes, quelles sont celles qui signifient « faire des ronds de jambe » ?

A) Faire des courbettes
B) Avoir les jambes torses
C) Prendre des cours de danse
D) Faire preuve d'une urbanité obséquieuse
E) Couper des légumes en morceaux

1/ D
2/ A + D
3/ A + B + E
4/ A + C
5/ A

53 Quels sont les termes utilisables pour qualifier une statue ?

A) Manchote
B) Grecque
C) Colonne
D) Phénicienne
E) Callipyge

1/ A + B + C
2/ Aucun
3/ D + E
4/ A + B + C + D + E
5/ B

54 Quels termes sont épicènes ?

A) Ministre
B) Crêpe
C) Guide
D) Pianiste
E) Espèce

1/ A + B + D
2/ A + C + E
3/ A + B + C + D
4/ B + E
5/ C + D

55 **Des arguments « fallacieux » sont :**

1/ Des arguments très convaincants
2/ Des arguments peu solides
3/ Des arguments séduisants
4/ Des arguments vides de tout sens
5/ Des arguments qui cherchent à tromper

56 **Indiquez la première personne du plus-que-parfait du subjonctif du verbe « couper » ?**

1/ Que j'eut coupé
2/ Que j'eus coupé
3/ Que j'eusse coupé
4/ Que j'aurai coupé
5/ Que j'eussé couper

57 **Les deux mots « conjecture » et « conjoncture » sont des :**

1/ Synonymes
2/ Paronymes
3/ Homonymes
4/ Antonymes
5/ Sigles

58 **Quelle est la phrase bien orthographiée ?**

1/ Les poissons frits qu'il avait prits nous ont suffits pour le dîner
2/ Les poissons frits qu'il avait pris nous ont suffi pour le dîner
3/ Les poissons frits qu'ils avaient pris nous ont suffis pour le dîner
4/ Les poissons fris qu'il avait pris nous ont suffi pour le dîner
5/ Les poissons frits qu'ils avait pris nous ont suffis pour le dîner

59 **Dans la phrase « rien ne me plaît davantage que la randonnée en montagne », « davantage » est :**

1/ Un adjectif
2/ Un pronom
3/ Un adverbe
4/ Une conjonction
5/ Un complément circonstanciel

60 **A quel mode et à quel temps correspond la forme verbale « avions chanté » ?**

1/ Conditionnel passé première forme
2/ Futur antérieur
3/ Passé antérieur de l'indicatif
4/ Plus-que-parfait de l'indicatif
5/ Subjonctif passé

61 **Quel mot est mal orthographié ?**

1/ Exhaustif
2/ Exhubérant
3/ Exhibition
4/ Exhumer
5/ Examiner

62 **Dans la phrase « je voudrais que tu viennes rapidement », « que » est :**

1/ Un pronom relatif
2/ Une conjonction de subordination
3/ Un adverbe
4/ Une conjonction de coordination
5/ Aucune des réponses ne convient

63 **Quelle est la conjugaison du verbe « émouvoir » à la première personne du pluriel du conditionnel présent ?**

1/ Nous émouverions

2/ Nus émeuverions

3/ Nous émouvrions

4/ Nous émouvions

5/ Nous émouvririons

64 **Complétez avec les bonnes tournures la phrase suivante, « … décision que tu prennes, … soit ton choix, je partirai. »**

1/ Quelle que, quel que

2/ Quelque, quel que

3/ Quel que, quelque

4/ Quelque, quelque

5/ Quelle que, quelque

65 **Quelle est la conjugaison correcte du verbe « cuire » à la troisième personne du singulier du conditionnel passé première forme ?**

1/ Il aurait cuit

2/ Il eut cuit

3/ Il eût cuit

4/ Il aura cuit

5/ Il ait cuit

66 **Combien de fautes d'orthographe et/ou d'usage l'annonce ci-après contient-elle ?**

« Medium réputé exerce dans le quartier depuis cents ans ! Si vous aussi vous n'arrivez pas à trouver l'amour, prenez vite rendez-vous avec moi ! Très à l'écoute, je suis un travailleur chevroné, et je ne laisse aucune personne quittée mon officine sans croire à mes méthodes. Je formule pour vous mes vœux les plus sincères. »

1/ 1 faute

2/ 2 fautes

3/ 3 fautes

4/ 4 fautes

5/ 5 fautes

67 **Complétez en choisissant la solution optimale.**

Votre déclaration (…) il est urgent de vendre mon appartement m'inquiète.

1/ selon quoi

2/ d'après qui

3/ au vu de quoi

4/ suivant qui

5/ après quoi

Questions 68 à 71 : choisissez la reformulation dont le sens se rapproche le plus du (des) passage(s) souligné(s).

68 La politique a toujours été un sujet important pour lui et il considère la participation au débat politique comme un devoir citoyen. C'est d'ailleurs pour cela qu'il est adhérent à un parti politique depuis plusieurs années.

1/ militant
2/ partisan
3/ cotisant
4/ sympathisant
5/ soutien actif

69 C'est toujours comme cela et l'on ne peut rien y faire ! Dès l'arrivée de la saison hivernale, Léa ne peut s'empêcher de jouer les Cassandre.

1/ d'entrer en dépression
2/ prophétiser des malheurs
3/ se lancer dans des tirades lyriques
4/ se plaindre
5/ de s'énerver pour un oui ou pour un non

70 Le délicieux parfum que je sentis en ouvrant la marmite me replongea immédiatement dans les premières années de mon enfance.

1/ La délicieuse émanation
2/ Le délicieux relent
3/ La délicieuse vigueur
4/ Le délicieux fumet
5/ Le délicieux remous

71 Adam a toujours été très doué en affaires. Il a connu le succès dès l'âge de quinze ans et n'a pas tardé à devenir dans les Années folles la fierté de l'Angleterre.

1/ du Royaume Uni
2/ de la Grande Nation
3/ de la perfide Albion
4/ du pays à la fleur de lys
5/ de la douce Sterling

Questions 72 à 75 : complétez en choisissant la solution optimale.

72 (...) traduit souvent l'embarras, le refus d'aborder directement un sujet ou encore le souci d'atténuer l'idée qu'on souhaite exprimer.

1/ La modestie
2/ La circonlocution
3/ La timidité
4/ L'humilité
5/ L'ingénuité

73 Le monde actuel est celui où l'entreprise n'est pas seulement possédée par des actionnaires individuels, mais de plus en plus par des actionnaires (...). Ces derniers prennent en considération le long terme et s'ouvrent à des objectifs plus généraux.

1/ généraux
2/ orthodoxes
3/ institutionnels
4/ groupés
5/ conventionnels

74 **Pour les français, le japonais est quelqu'un qui se lève tôt et qui dès six heures du matin suit des cours de recyclage à la télévision tout en effectuant un sprint sur vélo fixe histoire de se mettre (…) en forme et à niveau.**

1/ conjointement
2/ alternativement
3/ successivement
4/ nommément
5/ indistinctement

75 **La civilisation occidentale a pour base historique (…) de la confrontation ; la culture japonaise fonde la sienne sur (…) de l'harmonie.**

1/ un dialogue / l'imminence
2/ un dialecte / la proéminence
3/ une dialectologie / l'imminence
4/ une dialectique / la prééminence
5/ un discours / la préséance

76 **Parmi les cinq propositions suivantes, une seule est correctement orthographiée. Laquelle ?**

1/ Le prix exhorbitant de cette chaise est vraiment dissuasif. Qui voudra bien l'acheter ?
2/ Ces pneux sont magnifiques. Je les veux !
3/ Ce vendeur est un voleur. Il va avoir à faire à moi !
4/ Vendredi, nous ferons une ballade dans les bois. Je te le promets.
5/ Ecoute bien ce conseil : il ne faut jamais forcer le renard dans son repaire.

77 **Parmi les cinq expressions suivantes, une seule n'existe pas. Laquelle ?**

1/ « Ça ne casse pas trois pattes à un canard. »
2/ « Ça glisse sur moi comme sur les plumes d'un canard. »
3/ « Il ne faut pas prendre les enfants du bon Dieu pour des canards sauvages. »
4/ « Les canards boiteux ne vont pas par deux. »
5/ « Faire un canard. »

78 **Quel groupe de mots est mal orthographié ?**

1/ Des arcs-en-ciel
2/ Des laissé-passez
3/ Des abat-jour
4/ Des avant-scènes
5/ Des sapeurs-pompiers

79 **Quelle est la phrase correctement orthographiée ?**

1/ Elles s'étaient faites fort de gagner la finale
2/ Elles s'étaient fait fort de gagner la finale
3/ Elles s'étaient faites fortes de gagner la finale
4/ Elles s'étaient faits forts de gagner la finale
5/ Elles s'étaient faites forte de gagner la finale

80 **Un « calligramme » est :**

1/ Un jeu de mots
2/ Une figure de style
3/ Un poème visuel
4/ Un poème épique médiéval
5/ Une récit écrit à l'encre de Chine

81 « Jusqu'au-boutiste » :

A) Est le nom d'un parti politique pendant la révolution

B) Signifie : être inconditionnel d'une solution

C) N'existe pas dans la langue française

D) Signifie : être persévérant

1/ B et D
2/ D seulement
3/ C seulement
4/ Ni A, ni B, ni C, ni D
5/ A et D

82 **« Une réponse de Normand » est :**

A) Une réponse ambiguë
B) Une réponse erronée
C) Une réponse évasive
D) Une réponse violente

1/ A et B
2/ A et C
3/ D seulement
4/ Ni A, ni B, ni C, ni D
5/ B seulement

83 **Que signifie l'expression « boire du petit lait » ?**

1/ Boire jusqu'à la lie
2/ Eprouver une intense satisfaction d'amour propre
3/ Manger à satiété
4/ Avoir la mauvaise part de quelque chose
5/ Déguster du lait de brebis

84 **(…) soient mes envies, tu dois les satisfaire !**

Laquelle des propositions complète la phrase de la manière la plus adéquate ?

1/ Quels que
2/ Qu'elles que
3/ Quelles que
4/ Quel que
5/ Quelles qu'elles

85 **Que signifie « se mettre au diapason » ?**

A) Se mettre au garde à vous
B) Se conformer à la manière du groupe
C) Se mettre à l'abri
D) Etre dans une certaine norme

1/ A seulement
2/ B et C
3/ A et B
4/ B et D
5/ D seulement

Texte

La mesure de la pauvreté

Source : *Alternatives économiques* – juillet-août 2011 – Comment la crise change le monde

La France comptait 8 millions de pauvres en 2008, selon l'Insee. Face à une telle situation, le gouvernement s'est engagé à réduire la pauvreté d'ici 2012. Mais comment mesure-t-on exactement la pauvreté ? Le sujet fait débat. Le résultat de l'action gouvernementale aussi.

Par Didier Gelot

Il n'existe pas de définition universelle de la pauvreté, La seule définition « officielle » est celle retenue par l'Union européenne : sont pauvres *« les personnes dont les ressources matérielles, culturelles et sociales sont si faibles qu'elles sont exclues des modes de vie minimaux acceptables dans l'Etat où elles vivent »*[10]. Quoique très générale, cette approche suggère trois remarques importantes. Tout d'abord, la définition de la pauvreté est conventionnelle : le choix de tel ou tel indicateur traduit des orientations politiques résultant elles-mêmes de représentations sociales et de considérations techniques.

Ensuite, la pauvreté est relative : elle est définie en fonction de modes de vie *« minimaux acceptables »,* qui varient dans le temps et l'espace, et renvoient à une approche en termes d'inégalités. Cette approche ne fait d'ailleurs pas l'unanimité : les Etats-Unis ou la Russie privilégient une approche de la pauvreté absolue mesurée à l'aune d'un panier minimum de biens auquel doit pouvoir accéder la population[11].

Enfin, la pauvreté est multidimensionnelle : loin de se réduire à la privation de ressources monétaires, elle s'étend à l'ensemble des conditions de vie des ménages (logement, santé, éducation, etc.). Parce qu'elle se caractérise par un tel cumul de difficultés diverses, il est nécessaire de disposer de plusieurs indicateurs pour en rendre compte. C'est pourquoi l'Observatoire national de la pauvreté et de l'exclusion sociale (ONPES) en retient une dizaine[12].

Mais, traditionnellement, on retient trois types d'indicateurs : la pauvreté monétaire, la pauvreté en condition de vie et la pauvreté mesurée par le nombre de bénéficiaires des minima sociaux. L'attention publique se concentre cependant le plus souvent sur la pauvreté monétaire, et en particulier la pauvreté monétaire relative. Celle-ci mesure la part des ménages qui se situent en deçà d'un seuil équivalent à 60 % du niveau de vie médian de la population. En 2008 (dernière année connue), selon l'Insee, ce niveau médian, qui partage la population en deux parties égales, était à 19°000 euros par an (ou 1°580 euros par mois). Le seuil de pauvreté était donc à 950 euros par mois pour une personne seule. Selon cet indicateur ; la France comptait cette année-là quelque 8 millions de personnes en situation de pauvreté monétaire (après transferts sociaux), soit 13 % de la population.

Mais d'autres seuils sont communément utilisés. Le taux de pauvreté à 50 % (ou à 40 %) du niveau de vie médian a longtemps été privilégié en France. Mais le choix de l'un ou l'autre de ces critères modifie profondément la vision de la pauvreté. Ainsi, à 50 % du revenu médian, le nombre de personnes en situation de pauvreté est divisé par deux (4 millions en 2008). Mesuré à 40 % du niveau de vie médian, il est de nouveau divisé par deux (environ

10. Conseil des ministres européens du 19 décembre 1984.

11. Pour une présentation plus détaillée des modes de calcul de la pauvreté aux Etats-Unis, voir « Travailleurs pauvres et syndicalisme : l'exemple américain », par Didier Gelot, *Droit social*, juin 2010.

12. Voir www.onpes.gouv.fr

2 millions). La pauvreté mesurée selon ces deux derniers critères est cependant nettement plus accentuée. Les personnes qui vivent ces situations disposent de revenus inférieurs respectivement à 790 euros et à environ 600 euros mensuels. Et finalement, alors que depuis le début des années 2000 le taux de pauvreté à 60 % du niveau de vie médian est plutôt stable, celui qui mesure la pauvreté la plus profonde (à 40 % du niveau de vie médian) a tendance à augmenter. Bref, c'est la lecture conjointe de ces différents indicateurs qui permet d'observer l'évolution de la pauvreté dans toutes ses dimensions.

La mesure de la pauvreté en condition de vie est, quant à elle, appréhendée à partir de l'enquête sur les conditions de vie des ménages. Sur cette base, l'Insee produit annuellement une série d'indicateurs qui recensent les contraintes budgétaires, les restrictions de consommation, les retards de paiement et les difficultés de logement des ménages. Pour être considéré comme pauvre en condition de vie, un ménage doit cumuler, selon les conventions retenues en France, au moins 8 carences sur les 27 recensées. En 2009 (dernière année disponible), 12,2 % des ménages étaient pauvres selon ce critère.

L'indicateur de pauvreté monétaire relative a l'avantage considérable de rendre compte des inégalités constatées dans la distribution des revenus et de traduire ainsi le niveau de cohésion sociale atteint par un pays à un moment donné. Mais il n'est pas parfait pour autant. Première limite : comme il rend compte des évolutions structurelles des revenus, il reste assez stable dans le temps. Mais du même coup, il réagit plus difficilement aux évolutions de plus court terme qui, quoique souvent faibles, peuvent intervenir en matière d'inégalités et donc de pauvreté. En outre, certaines populations échappent encore à son calcul, notamment celles qui vivent dans des foyers ou qui n'ont pas de domicile (environ 2 % de la population). Il a également l'inconvénient de n'être disponible qu'environ dix-huit mois après l'année de référence car il nécessite une enquête approfondie. En période de transformation économique profonde, comme c'est le cas depuis 2008, un tel retard est un sérieux handicap. C'est pourquoi des travaux ont été entrepris pour mettre au point des indicateurs d'alerte plus réactifs aux évolutions conjoncturelles de la pauvreté, dont certaines peuvent annoncer des modifications plus profondes dans le niveau ou la nature de ce phénomène. C'est le cas de l'indicateur « de bas revenus » de la Caisse nationale des allocations familiales[13]. Il en est de même des travaux menés actuellement par l'ONPES et la Direction des statistiques du ministère en charge des. Solidarités (DREES) : leur objectif est de construire, sur la base d'enquêtes auprès des travailleurs sociaux, une série d'indicateurs permettant d'attirer l'attention sur des phénomènes émergents en la matière[14].

Une autre limite importante réside dans le fait qu'en comparaison internationale, cet indicateur peut faire apparaître des résultats relativement contre-intuitifs. Ainsi, au seuil de 60 % du revenu médian, la pauvreté semble plus importante en France que dans des pays nettement moins développés comme la Slovaquie ou la Slovénie. Ce résultat s'explique par le fait que le taux de pauvreté est basé sur les écarts de revenus existants au sein de chaque pays. La France, où les inégalités de revenus sont relativement importantes, enregistre de ce fait des taux de pauvreté plus élevés que d'autres pays pourtant moins riches, mais où les inégalités sont finalement moins importantes. C'est pourquoi il convient de mesurer conjointement le taux et le seuil de pauvreté. La comparaison entre la Slovaquie et les Pays-Bas est exemplaire à cet égard. Ces deux pays enregistrent un même taux de pauvreté (autrement dit un

13. Voir « Pauvreté, bas revenus. Apports des données des CAF »», accessible sur www.caf.fr

14. Voir le rapport 2009-2010, pp. 41 et suivantes (www.onpes.gouv.fr/IMG/pdf/RapportONPES_2009-2010.pdf).

même niveau d'inégalités), mais les Pays-Bas ont un seuil de pauvreté près de trois fois plus élevé que la Slovaquie. Dit autrement, le montant en euros qui détermine ce seuil est trois fois plus important.

Du fait de ces imperfections, certains auteurs prônent l'adoption d'indicateurs alternatifs tels que celui mesurant la pauvreté absolue ou celui isolant les 10 % des ménages les plus pauvres[15]. D'autres sont tentés de privilégier le taux de pauvreté à 40 % du niveau de vie médian afin de ne pas incorporer dans la mesure de la pauvreté des *« situations sociales très diversifiées »*[16]. Mais ces propositions qui auraient l'avantage de la simplicité sont pourtant révélatrices d'une dérive qu'il convient de repousser. Car elles auraient aussi pour effet de réserver le statut de « pauvre » à la frange la plus exclue de la population et pourraient laisser penser que les autres situations ne peuvent être assimilées à des situations d'exclusion. Ces propositions auraient en outre l'inconvénient de ne plus situer la pauvreté dans un *continuum* d'inégalités. Plutôt que de privilégier tel ou tel indicateur, c'est plutôt à l'intersection de la pauvreté monétaire et de la pauvreté en condition de vie que l'on peut chercher à approcher de manière plus dynamique la réalité du problème. Il suffit pour cela de rappeler que 5 % de la population est pauvre monétairement et en condition de vie, alors que 20 % des ménages sont pauvres selon l'un ou l'autre de ces critères.

En 2007, le gouvernement a annoncé un objectif de réduction de la pauvreté d'un tiers d'ici à 2012 en prenant 2006 comme année de référence. Pour suivre la réalisation de cet objectif, les pouvoirs publics ont retenu un indicateur central : le taux de pauvreté « ancré dans le temps ». Cet indicateur est calculé en partant du seuil de pauvreté monétaire relative (à 60 % du niveau de vie médian) fixé une année donnée et en le revalorisant chaque année du seul taux de l'inflation. En 2006, ce seuil était de 876 euros pour une personne seule. L'objectif gouvernemental serait donc atteint si ce taux de pauvreté ancré dans le temps passait de 13,1 % à 8,7 % entre 2007 et 2012. Dit autrement, si le nombre de personnes disposant d'un revenu inférieur à 876 euros (revalorisés de l'inflation) avait baissé d'environ 2 millions en 2012 par rapport à 2006.

Les limites de cette méthode ont été largement discutées. Un tel indicateur pose d'abord la question de la validité de l'indice des prix communément utilisé comme base pour faire évoluer le seuil de pauvreté ancré dans le temps. Or, non seulement cet indice ne rend pas compte de la réalité de la consommation des ménages les plus pauvres, mais son caractère obsolète a été maintes fois souligné. En utilisant un indicateur qui sous-estime la hausse des prix, et particulièrement celle des produits de consommation courante, qui contribuent à une part importante des dépenses contraintes des ménages, on relativise de fait la perte de pouvoir d'achat des plus pauvres.

Un second argument, avancé par l'ONPES, porte sur une éventuelle dérive de la définition de la pauvreté vers une approche absolue. Le revenu médian qui sert à déterminer le taux de pauvreté monétaire, varie annuellement en fonction du rythme de la croissance et de la hausse des prix. Le taux de pauvreté ancré dans le temps, en figeant en début de période le regard sur la pauvreté, adopte une approche voisine de celle du panier minimum de biens en vigueur dans les pays anglo-saxons. En effet, pendant la période retenue (2007-2012), le panier de biens de l'ensemble des ménages aura certainement évolué dans un sens plus favorable que celui des ménages les plus pauvres, sauf accident économique majeur. Dans ces conditions, les écarts entre les ménages les plus pauvres et l'ensemble de la population se seront accrus, mais l'indicateur de pauvreté ancré dans le temps aurait ignoré

15. Voir à ce propos les travaux de Julien Daman.

16. Voir « La France compte-t-elle huit millions de pauvres ? » par Louis Maurin (www.idies.orgfmdex.php?post/La-france-compte-t-elle-huit-millions-de-pauvres).

cette évolution. Cette méthode aboutit de fait à dissocier la question de la pauvreté de celle des inégalités et à tourner le dos à l'idée que la pauvreté implique une vision plus large de l'insertion de l'individu dans l'ensemble de la société au niveau de développement qui est le sien à une époque donnée.

Mais le débat le plus vif a porté sur le fait qu'en période de croissance économique, cet indicateur suit naturellement une pente descendante. L'objectif de baisse d'un tiers de la pauvreté pourrait ainsi résulter quasi mécaniquement des conditions générales de la croissance, sans qu'il soit possible d'isoler l'effet spécifique de l'action engagée par le gouvernement pour lutter contre la pauvreté. Ainsi, entre 2000 et 2005, le taux de pauvreté ancré dans le temps est passé de 12,5 % à 9,7 %, soit une baisse de 22 % (proche de l'objectif aujourd'hui recherché), alors que le taux de pauvreté relative n'a baissé que de 3 %. Entre 2006 et 2008, la baisse de l'indicateur central a été de 11,5 %. On pourrait dès lors s'interroger, en cas de réalisation de l'objectif gouvernemental, sur la réalité de la baisse des situations de pauvreté en France. Pour répondre à ces critiques, un tableau de bord comportant une quarantaine d'indicateurs, eux-mêmes assortis d'objectifs chiffrés, a été adopté. Il conviendra donc de tenir compte de ces différentes mesures et non seulement de l'indicateur central figurant au centre du tableau de bord gouvernemental.

L'ensemble des problèmes qui viennent d'être évoqués posent des questions de natures différentes. Mais, pour y répondre, il importe que la mesure de la pauvreté ne se résume pas à l'observation d'un seul indicateur. C'est bien en combinant les regards que l'on pourra approcher au plus près la réalité de la pauvreté qui reste un phénomène complexe.

Questions

86 La pauvreté monétaire se définit comme :

1/ La part des ménages se situant en deçà d'un seuil équivalent à 50 % du niveau de vie médian de la population

2/ La part des ménages se situant en deçà d'un seuil équivalent à 60 % du niveau de vie médian de la population

3/ La part des ménages se situant en deçà d'un seuil équivalent à 40 % du niveau de vie médian de la population

4/ La part des ménages se situant en deçà d'un seuil équivalent à 950 euros par mois pour une personne seule

5/ La part des ménages se situant en deçà d'un seuil équivalent à 60 % de 1 580 euros par mois pour une personne seule

87 Pourquoi, selon l'auteur, l'indicateur de pauvreté monétaire n'est pas satisfaisant pour effectuer des comparaisons internationales ?

1/ Parce que la pauvreté semble plus importante en France que dans d'autre pays comme la Slovénie ou la Slovaquie

2/ Parce que cet indicateur ne rend pas réellement compte du contenu de la pauvreté dans tous les pays

3/ Parce que la situation des pauvres ne peut être mesurée de manière identique entre tous les pays

4/ Parce que cet indicateur ne peut suffire à lui seul à comparer la pauvreté entre les pays

5/ Parce que la pauvreté est un phénomène complexe, propre à chaque pays, et donc difficilement comparable

88 Cherchez l'intrus :

1/ Contraintes budgétaires
2/ Evolution des prix à la consommation
3/ Restrictions de consommation
4/ Retards de paiement
5/ Difficultés de logement

89 **Quelle proposition est fausse ? L'indicateur « de bas revenus » :**

1/ Est produit par la Caisse nationale des allocations familiales
2/ Permet de mesurer les évolutions conjoncturelles de la pauvreté
3/ Est plus réactif que l'indicateur de pauvreté relative
4/ Réagit difficilement aux évolutions de court terme intervenant en matière d'inégalités
5/ Est disponible moins de dix-huit mois après l'année de référence

90 **L'objectif de réduction de la pauvreté d'un tiers, défini en 2007 par le gouvernement :**

1/ Est mesuré par l'indicateur de pauvreté monétaire relative
2/ Est mesuré sur la base de l'année 2006
3/ Est quasiment déjà atteint en 2008
4/ Sera normalement atteint en 2012
5/ Est mesuré par un indicateur qui tient compte de la croissance économique

91 Qu'est-ce que l'ONPES ?

1/ L'office national de la pauvreté et de l'exclusion sociale
2/ L'observatoire national des prévisions économiques et sociales
3/ L'observatoire national de la pauvreté et de l'exclusion sociale
4/ L'organisme national de la pauvreté en Europe du sud
5/ L'observatoire national des prix et de la santé.

92 **En 2008, le niveau de vie médian de la population en France :**

1/ Etait égal à 950 euros par mois pour une personne seule
2/ Etait égal à 1 900 euros par mois
3/ N'était pas atteint par 8 millions de personnes
4/ Etait atteint par 13 % de la population
5/ Ne dépassait pas 1 600 euros par mois

93 **Pourquoi, selon l'auteur, l'adoption d'indicateurs comme celui mesurant la pauvreté absolue, n'est pas satisfaisante ?**

1/ Parce que ce type d'indicateur ne concerne que 10 % des ménages les plus pauvres
2/ Parce que ce type d'indicateurs donne une vision trop simple de la pauvreté
3/ Parce que ce type d'indicateurs n'est pas meilleur que ceux communément utilisés
4/ Parce que ce type d'indicateurs stigmatise la situation des pauvres dans les différents pays
5/ Parce que ce type d'indicateurs ne rend pas compte de la situation des plus pauvres

94 **Selon la définition officielle de l'Union européenne, la pauvreté :**

1/ Est conventionnelle, relative et diverse

2/ Est relative, multidimensionnelle et conventionnelle

3/ Est conventionnelle, relative et développée

4/ Est multiple, diversifiée et absolue

5/ Est relative, diversifiée et multidimensionnelle

95 **Pour l'auteur, quel est le principal intérêt de l'indicateur de pauvreté monétaire relative ?**

1/ Il reste stable dans le temps car il ne dépend pas des évolutions structurelles des revenus

2/ Il rend compte de la diversité des situations rencontrées en terme de pauvreté

3/ Il est sensible aux évolutions structurelles des revenus

4/ Il rend compte des différences constatées en termes de répartition des revenus

5/ Il rend compte de la situation de 98 % de la population d'un pays

96 **Pourquoi, entre 2000 et 2005, le taux de pauvreté « ancré dans le temps » et le taux de pauvreté relative ont évolué différemment en France ?**

1/ Parce que ces deux indicateurs sont basés sur le même seuil de pauvreté monétaire relative

2/ Parce qu'une baisse de 22 % du taux de pauvreté « ancré dans le temps » équivaut à une baisse de 3 % du taux de pauvreté relative

3/ Parce que le taux de pauvreté relative est plus sensible aux variations économiques que le taux de pauvreté « ancré dans le temps »

4/ Parce que le taux de pauvreté « ancré dans le temps » est le seul taux basé sur le seuil de pauvreté monétaire relative

5/ Parce que le taux de pauvreté « ancré dans le temps » ne se base pas sur le même montant de seuil de niveau de vie médian que le taux de pauvreté monétaire relative

97 **Qu'est-ce que ce texte tend en fin de compte à démontrer ?**

1/ Que la pauvreté est un phénomène qui peut être mesurée de différente manière par des indicateurs plus ou moins complexes

2/ Que l'évaluation de la pauvreté requiert d'avoir différentes approches car c'est un phénomène complexe à analyser

3/ Que la pauvreté ne cesse d'évoluer à la hausse dans les pays riches malgré la croissance économique

4/ Que l'objectif de baisse de la pauvreté en France sera respecté en 2012 grâce à des indicateurs erronés

5/ Que la pauvreté est un phénomène trop complexe pour être mesuré à sa juste valeur même si de nombreux indicateurs existent

98 **Quels sont les trois indicateurs communément utilisés pour mesurer la pauvreté ?**

1/ Les indicateurs de pauvreté absolue, de pauvreté relative et le taux de pauvreté

2/ Les indicateurs de pauvreté monétaire, de pauvreté en condition de vie et le nombre de bénéficiaires des minima sociaux

3/ Les indicateurs de pauvreté « ancré dans le temps », de pauvreté monétaire et de bas revenus

4/ L'indicateur monétaire relatif, absolu et l'indicateur de bas revenus

5/ Les indicateurs prônés par l'Union européenne à travers sa définition de la pauvreté

99 **Qu'est-ce qui, selon l'auteur, modifie profondément la vision de la pauvreté en France ?**

1/ Les indicateurs de pauvreté qui mesurent les objectifs du gouvernement en la matière

2/ La prise en compte des conditions de la croissance économique sur la définition du seuil de pauvreté

3/ Le niveau du seuil de niveau de vie médian retenu pour mesurer la pauvreté monétaire relative

4/ Le niveau de vie médian de la population retenu pour mesurer la pauvreté relative

5/ La capacité à accéder, comme le dit l'Union européenne, aux modes de vie minimaux acceptables en France.

100 **Quelle proposition est fausse ?**

1/ 20 % de la population est pauvre selon les critères des indicateurs de pauvreté monétaire et en condition de vie

2/ 12,2 % des ménages étaient pauvres en 2009, selon les critères retenus pour mesurer la pauvreté en condition de vie

3/ En 2008, le nombre de personnes en situation de pauvreté était 4 fois moins important avec un taux de pauvreté relative à 40 % qu'à 60 %

4/ 13 % de la population était en situation de pauvreté monétaire en 2008

5/ Le taux de pauvreté « ancré dans le temps » a baissé de 12,5 % à 9,7 % entre 2000 et 2005

SCORE BLANC
3. RAISONNEMENT LOGIQUE ET NUMERIQUE
NUMERO 5

101 On choisit au hasard un nombre N de 10 chiffres (0 compris). Quelle est la probabilité que le produit des chiffres de N soit divisible par 2 ?
Attention : ici, un nombre de 10 chiffres peut commencer par un ou plusieurs zéros.

1. $\frac{1}{2^{10}}$
2. $\frac{1}{10^{11}}$
3. $\frac{448}{449}$
4. $\frac{1\,023}{1\,024}$
5. $\frac{1}{5^{10}}$

102 Deux kilos de tomates et sept kilos de navets coûtent 7,95 euros. Deux kilos et demi de tomates et un kilo et demi de navets coûtent 3,92 euros. Combien coûte un kilo de tomates ?

1. 0,97
2. 1,02
3. 1,07
4. 1,16
5. 1,23

103 Quelle domino complète la figure ?

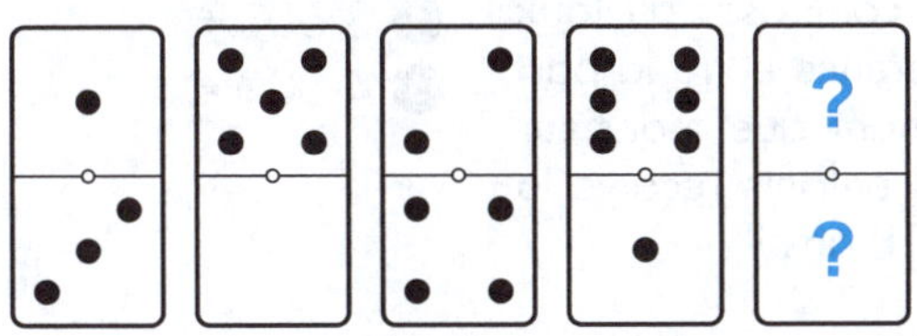

Domino A Domino B Domino C Domino D Domino E

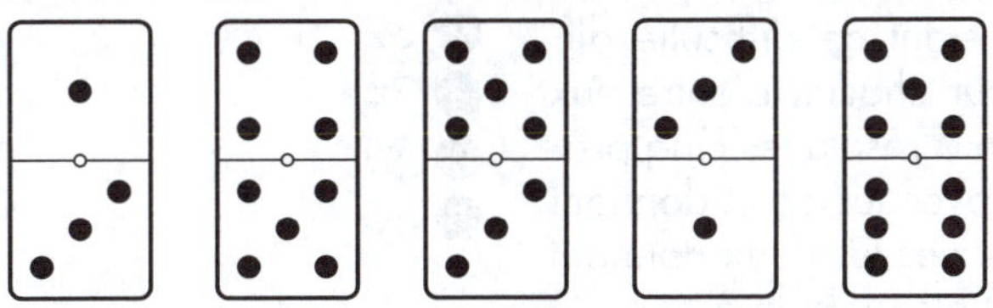

1. Domino A
2. Domino B
3. Domino C
4. Domino D
5. Domino E

104 On considère une baignoire dont les robinets d'eau chaude et froide ont respectivement un débit de 2 dm^3/s et 2,5 dm^3/s. Si l'on veut remplir la baignoire d'un mètre cube d'eau, et que l'on ouvre les robinets au maximum, en combien de temps la baignoire sera-t-elle remplie ?

1. 3 min 12 s
2. 3 min 22 s
3. 3 min 32 s
4. 3 min 42 s
5. 3 min 52 s

105 Dans un pays, la population consiste entièrement de mathématiciens et de vendeurs. Les mathématiciens disent toujours la vérité tandis que les vendeurs mentent toujours. Un jour, 3 personnes A, B et C se rencontrent. A murmure à B une des phrases suivantes : « je suis un mathématicien » ou « je suis vendeur ». B se tourne à C et lui dit que A prétend être un mathématicien. C, outragé, répond que A n'est pas un mathématicien et qu'il est un vendeur. Combien de mathématiciens y a-t-il ?

1. 0
2. 1
3. 2
4. 3
5. Information insuffisante.

106 En février d'une certaine année bissextile, il y a cinq dimanches. Quel jour tombe le 1er février ?

1. Lundi
2. Mardi
3. Mercredi
4. Samedi
5. Dimanche

107 Monsieur Roger dispose aujourd'hui de 44 000 € qu'il désire partager entre ses deux enfants, Jean et Jacques, âgés respectivement de 16 et 17 ans. Les deux parts sont placées à intérêts composés au taux annuel de 20 %. Quelle est la différence entre la part de Jacques et celle de Jean, sachant que monsieur Roger souhaite que chacun de ses enfants reçoive la même somme d'argent à l'âge de 18 ans ?

1. 2 600 €
2. 2 800 €
3. 3 200 €
4. 3 600 €
5. 4 000 €

108 Cinq problèmes sont proposés lors d'une compétition mathématique. Les problèmes étant de difficulté différente, les points accordés pour chacun d'entre eux sont des entiers différents. Alain a résolu les cinq problèmes ; il a obtenu 10 points avec les deux donnant le moins de points et 18 points avec les deux donnant le plus de points. Quelle est sa note globale ?

1. 30
2. 32
3. 34
4. 35
5. 40

109 Une moto consomme 12 litres aux 100 km quand elle roule à 100 km/h. La consommation est strictement proportionnelle à la vitesse. Quelle est la distance parcourue par cette moto sachant qu'elle a consommé 60 litres en roulant à la vitesse de 20 km/h ?

1. 500 km
2. 1 000 km
3. 1 500 km
4. 2 000 km
5. 2 500 km

110 Pierre, Halim et Chloé possèdent à eux trois 207 billes, chacun le même nombre. Ils s'affrontent. A la fin de la partie, Chloé possède le même nombre de billes qu'au début et Pierre a perdu les deux tiers de ses billes au profit d'Halim. Quelle est la proportion possédée par Halim en fin de partie par rapport au nombre de billes possédées par Pierre ?

1. 4 fois plus
2. 5 fois plus
3. 6 fois plus
4. 7 fois plus
5. 8 fois plus

111 Le périmètre d'un carré de vingt-quatre centimètres est découpé en deux rectangles. L'un des rectangles a alors pour périmètre vingt centimètres. Quel est le périmètre du second rectangle ?

1. 4
2. 9
3. 14
4. 16
5. 20

112 La somme de trois nombres entiers consécutifs est égale à la somme des deux nombres entiers consécutifs suivants. Que vaut le plus petit de ces cinq entiers ?

1. 4
2. 5
3. 6
4. 7
5. 8

113 On pèse cinq bébés deux par deux en essayant toutes les combinaisons. On note alors que les différentes mesures obtenues sont : 9 kg, 9,2 kg, 9,3 kg, 9,4 kg, 9,5 kg, 9,6 kg, 9,7 kg, 9,8 kg, 10 kg, et 10,1 kg. Quel est le poids total des cinq bébés ?

1. 23,9 kg
2. 23,1 kg
3. 47,5 kg
4. 22,6 kg
5. 95,6 kg

114 Benjamin joue à pile ou face avec Sabrina. Il gagne chaque fois que la pièce montre pile. Quelle est la probabilité que Benjamin ait gagné exactement deux fois après trois lancers ?

1. 1
2. 3/8
3. 2/3
4. 1/3
5. 0

115 Soit l'ensemble des entiers compris entre 1 et 21. Un échantillon statistique est formé par l'ensemble de ces entiers au carré : F = {1 ; 4 ; 9 ; 16 … 400 ; 441}. Quelle est la médiane de F ?

1. 11
2. 121
3. 21
4. 122
5. 221

116 Pour se rendre à son cours de danse, Shalom a le choix entre 5 chemins : A_1, A_2, A_3, A_4 et A_5. La probabilité qu'elle a de choisir A_1 (resp. A_2, A_3, A_4) est $\frac{1}{7}$ (resp. $\frac{6}{35}$, $\frac{1}{5}$, $\frac{2}{35}$). La probabilité d'arriver en retard en empruntant A_1 (resp. A_2, A_3, A_4) est $\frac{1}{30}$ (resp. $\frac{1}{6}$, $\frac{7}{30}$, $\frac{1}{5}$). En empruntant le chemin A_5, Shalom n'est jamais en retard.
Nous sommes le 27 juillet 2007 : Shalom est en retard. Quelle est la probabilité qu'elle ait emprunté le chemin A_4 ?

1. 0,125
2. 0,15
3. 0,175
4. 0,2
5. 0,25

117

			UHB	
			VGF	
QXP	JNI	NJM	?	PLO
			LER	
			BDC	

1. YFX
2. TDS
3. ZFV
4. TCW
5. BDC

118 Pierre rencontre Alain. Pierre ment le lundi, le mardi et le mercredi mais il dit la vérité les autres jours de la semaine. Pierre dit à Alain :
« Hier j'ai menti. » et « Je mentirai encore deux jours après demain. »
Quel jour sommes-nous ?

1. Mercredi
2. Lundi
3. Dimanche
4. Jeudi
5. Samedi

SCORE BLANC NUMERO 5 – ENONCES

119 Un certain nombre de deux chiffres ajouté au nombre de deux chiffres obtenu en échangeant ces chiffres donne un carré parfait. Combien y a-t-il de telles paires (non ordonnées) de nombres ?

1. 1
2. 2
3. 3
4. 4
5. 7

120 Dans la multiplication MN × ZP = 840, M, Z, N et P sont dans cet ordre des nombres consécutifs croissants. Que vaut Z ?

1. 2
2. 3
3. 4
4. 5
5. 6

SCORE BLANC

NUMERO 5

4. COMPREHENSION ET EXPRESSION ECRITE EN ANGLAIS

PREMIERE PARTIE : EXPRESSION (37 QUESTIONS)

Complete the following sentences by choosing the most appropriate answer. Remember that there is only one correct answer for each question so you should choose the answer that you think is the correct one and enter the number (1, 2, 3, 4 or 5) on your answer sheet.

121 You ... whisper. ... can hear us.

1/ Needn't / Nobody
2/ Mustn't / Nobody
3/ Needn't / Somebody
4/ Mustn't / Somebody
5/ Shouldn't / Anybody

122 We ... on the Italian car industry.

1/ Did some researches
2/ Made some research
3/ Made research
4/ Got the research
5/ Did some research

123 When I asked what was wrong, ...

1/ I was explained the problem
2/ He had explained the problem to me
3/ The problem was explained to me
4/ He has explained me the problem
5/ Somebody could explain the problem to me

124 Winning this award was just one of Paul's many ....

1/ Achievements
2/ Stories
3/ Infringements
4/ Entertainments
5/ All of the above

125 ... people trying to get into the football stadium.

1/ There were too much
2/ There was too many
3/ There were too many
4/ It was too many
5/ None of the above

126 I need to buy ....

1/ A loaf bread
2/ A loaf of bread
3/ Breads
4/ A bread
5/ Many bread

127 It's so boring here! Nothing ever happens in … place

1/ That
2/ These
3/ This
4/ Those
5/ All of the above

128 I've got a meeting … Thursday afternoon … Ben's office … 3 o'clock.

1/ At / In /At
2/ In / In / At
3/ On / At / On
4/ On / In / At
5/ At / In / On

129 … to do in Mexico … the Chrismas holiday?

1/ What there are / During
2/ What is there / During
3/ What there is / At
4/ What is there / At
5/ What is / On

130 He felt the mosquito … him.

1/ Bites
2/ To bite
3/ Is biting
4/ Bite
5/ Has bitten

131 This company … doing a lot of … in South America.

1/ Is / businesses
2/ Is being / business
3/ Are / businesses
4/ Are / business
5/ Is / business

132 I don't mind which movie you choose, it's … .

1/ All the same to me
2/ Not my care
3/ Making no difference for me
4/ About the same other story
5/ Not different

133 We haven't got … left.

1/ A butter
2/ Any butter
3/ Some butter
4/ The butter
5/ Such butter

134 … waiting to hear the results.

1/ Everyone was
2/ All was
3/ Everyone were
4/ All will have
5/ All the peoples have been

135 They lived a … lifestyle on the Mediterranean coast.

1/ Lavish
2/ Ravish
3/ Slavish
4/ Rakish
5/ Turkish

136 Do you know the date … we have to turn in the assignment?

1/ Which
2/ To which
3/ By which
4/ When
5/ So as to

137 The police came to the conclusion that there isn't enough evidence to … her. That's why they eventually released her.

1/ Prosecute
2/ Procure
3/ Protest
4/ Proceed
5/ Postpone

138 I drank some … coffee.

1/ Good very Venezuelan
2/ Venezuelan very good
3/ Very good Venezuelan
4/ Very Venezuelan good
5/ All of the above

139 When he saw Aurelia … the room, he pushed his way … the crowd of people to get to her.

1/ Over / Through
2/ Across / Across
3/ Over / Along
4/ Across / Through
5/ Along / Back

140 You returned the money, …?

1/ Hadn't you
2/ Shouldn't you
3/ Won't you
4/ Didn't you
5/ Have you?

141 The millionaire donated 63 … dollars to the earthquake relief fund.

1/ Millions of
2/ Millions
3/ Million
4/ Million of
5/ None of the above

142 Ten of us were taken ill … a party we were at in Moscow. I felt ill … a couple of days, but was fine after that.

1/ For / During
2/ For / For
3/ During / During
4/ During / For
5/ By / During

143 If … my passport, I'll be in trouble.

1/ I lose
2/ I'll lose
3/ I lost
4/ I would lose
5/ I came to lose

144 He finally succeeded … the exam and he now has the opportunity … an internship.

1/ In passing / To apply for
2/ Passing on / For apply to
3/ Passing / To applying for
4/ To pass / To apply
5/ With passing / To apply with

145 We'll leave for the movie theatre as soon as Rebecca … .

1/ Arrived
2/ Arrives
3/ Will arrive
4/ Have arrived
5/ Gets arrived

146 How long … in your current job?

1/ Do you work
2/ Are you working
3/ Did you work
4/ Will you get to work
5/ Have you been working

147 – What do you like doing in your free time?
– Well, I enjoy … to the cinema.

1/ Go
2/ To go
3/ Going
4/ Gone
5/ Be gone

148 … I've never been to South Africa, I have a very specific image in my head of what that country is like.

1/ Despite
2/ Although
3/ However
4/ Besides
5/ Albeit

149 Against his parents' wishes, he wants to be … .

1/ The architect
2/ A architect
3/ Architect
4/ An architect
5/ One architect

150 Having some understanding of the levers of power that are available to a President if he chooses to exercise them is … and disturbing.

1/ Scary
2/ Scare
3/ To scare
4/ Careful
5/ Carried

151 David will be … the meeting next Monday.

1/ Boarding
2/ Acting
3/ Chairing
4/ Seating
5/ Committing

152 She felt good … the prize.

1/ About win
2/ About winning
3/ To win
4/ With winning
5/ For winning

153 If you stopped smoking, you … healthier.

1/ Will feel
2/ Would feel
3/ Would be feeling
4/ Will be feeling
5/ Should have felt

154 I won't be able to meet you next week, since I … in Vienna for a few days.

1/ Will be staying
2/ Will stay
3/ Stay
4/ Will have stayed
5/ Would have been staying

155 Their turnover has risen significantly since the opening of the company's first Romanian … .

1/ Sublet
2/ Subordinate
3/ Substitute
4/ Subsidy
5/ Subsidiary

156 I haven't the slightest idea … work it out.

1/ How to
2/ About to
3/ So as to
4/ As to
5/ It is to

157 This new book was his best … .

1/ Ever
2/ Still
3/ Already
4/ Always
5/ Everytime

DEUXIEME PARTIE : COMPREHENSION DE TEXTES (13 QUESTIONS)

Texte

Read the article and answer the 13 questions that follow.

Raining on her parade, but still smiling

The Economist, Jan 1st 2011, 21:26 by H.J. | SÃO PAULO. Ipag 2011.

[1] The rain pelted down on Brasilia on the afternoon of January 1st as Dilma Rousseff's cavalcade drove along the Esplanade of the Ministries on her way to the National Congress.

But the spirits of Brazil's first female president seemed undampened, as she smiled broadly and waved through the window of the Rolls Royce that replaced the planned open-topped car at the sea of umbrellas on either side.

[2] Once in Congress, she paid tribute to her predecessor and mentor, Luis Inácio Lula da Silva, in particular for the progress made during his eight years in power in reducing extreme poverty. "Social mobility was impressive during Lula's two mandates," she told members of Congress and other luminaries. "But poverty still exists, disfiguring our country and stopping us from claiming to be a fully developed nation."

[3] To change that, she said, would require continued economic growth, job creation, price stability and a better return on public spending. The task of simplifying Brazil's byzantine tax code she described as "urgent". She promised reforms that would strengthen the country's "young" democracy, including increased transparency. And she thanked Brazilians for electing their first woman president. "I am not here to praise my own life," she avowed, "but to glorify the lives of all Brazilian women. My supreme promise is to honor women, protect the weakest and to govern for all."

[4] Ms Rousseff is stepping into the presidency at an extraordinary moment, both politically and economically. Lula's name appeared on the ballot paper in every presidential election since 1989 until in 2010, barred by the constitution from seeking a third term, he anointed

Ms Rousseff as his preferred successor. In his own campaigns he spoke almost exclusively of poverty—and to the poor.

[5] Now, Brazil's economy is booming and the growth of the middle class, which included the majority of Brazilians for the first time in 2009, is changing every facet of life. Little wonder that on the election trail both Lula and his protégée mentioned the middle classes at least as often as the poor, offering a potent policy combination of income transfers to the poorest and praise and support for the upwardly mobile.

[6] But Ms Rousseff must move quickly to tackle the problems of growth like high and rising inflation, an overvalued currency and a big increase in consumer credit. Then there are the tasks Lula left undone. These include a list of reforms that defeated even as consummate a politician as Ms Rousseff's predecessor. Brazil's labour code remains an anachronism; its payroll taxes are far too high; its bureaucrats are obstructionist and unsackable; and political corruption is still rife. It is a daunting to-do list, but since being elected on October 31st all the signs have been that Ms Rousseff knows what she needs to do, and has the guts to do it.

Questions

There is only one correct answer for each question so you should select only one response and enter the number (1-5) on your answer sheet.

Nota bene: some questions may include the options 'All of the above' or 'None of the above'. You should choose this option if you consider that all or none of the preceding responses correctly answer the question.

158 What does this passage mainly discuss?

1/ The yearly carnival that takes place in Rio de Janeiro
2/ The weather in Brazil
3/ The election of a new President
4/ The resignation of the President
5/ None of the above

159 Why was Mr Lula da Silva not voted into power again?

1/ The Brazilian population has lost faith in his party.
2/ His campaign was too dull.
3/ He was legally not allowed to run for a third term in office.
4/ Ms Rousseff was a more popular candidate.
5/ None of the above

160 What does Ms Rousseff believe is mainly hindering her country's progress?

1/ Rising inflation
2/ Paucity amongst the population
3/ Increasing debt
4/ Traditional bureaucrats
5/ None of the above

161 Why is Ms Rousseff's election to office historic?

1/ She is the youngest ever president
2/ She is the first female president
3/ She is introducing new changes
4/ She is married to Mr Lula da Silva, the outgoing president
5/ None of the above

162 In paragraph 2, what does 'disfigure' refer to in this context?

1/ Damaging
2/ Enhancing
3/ Publicizing
4/ Improving
5/ None of the above

163 What does the expression 'upwardly mobile' refer to?

1/ Ambitious people
2/ Poor people
3/ People who don't make any effort to improve themselves
4/ People who own their own homes
5/ People who aspire to move to a higher social class or position of power

164 Brazil's current labor laws are described as:

1/ Dynamic
2/ Outdated
3/ Modern
4/ Flexible
5/ Brilliant

165 The verb 'to tackle' in paragraph 6 is closest in meaning to:

1/ To take
2/ To prosper
3/ To deal with
4/ To ignore
5/ To solve

166 What does the author claim political corruption is?

1/ Widespread
2/ Unstoppable
3/ Unbearable
4/ A thing of the past
5/ Violent

167 How does the author describe Ms Rousel's character for the task in hand?

1/ Optimistic
2/ Unreliable
3/ Afraid
4/ Weak
5/ Bold

168 In paragraph 2, 'she paid tribute to' could best be replaced by:

1/ She accused
2/ She paid homage to
3/ She paid attention to
4/ She objected to
5/ She joined

169 In paragraph 4, 'barred' could best be replaced by:

1/ Defined
2/ Unlighted
3/ Put forward
4/ Banned
5/ Accepted

170 In paragraph 6, 'still rife' could best be replaced by:

1/ Everywhere
2/ Invasive
3/ Dangerous
4/ Annoying
5/ Predominant

SCORE BLANC NUMERO 5 : GRILLE DES REPONSES JUSTES

Question	Réponse (1 2 3 4 5)
1	2
2	3
3	5
4	4
5	4
6	1
7	5
8	3
9	4
10	1
11	1
12	5
13	3
14	1
15	4
16	2
17	5
18	3
19	1
20	5
21	2
22	5
23	2
24	1
25	1
26	3
27	1
28	4
29	3
30	1
31	5
32	2
33	5
34	4
35	5
36	2
37	4
38	2
39	5
40	4
41	2
42	1
43	2
44	5
45	4
46	1
47	1
48	2
49	5
50	4
51	5
52	2
53	4
54	3
55	5
56	3
57	2
58	2
59	3
60	4
61	2
62	2
63	3
64	2
65	1
66	5
67	1
68	3
69	2
70	4
71	3
72	2
73	3
74	1
75	4
76	5
77	4
78	2
79	2
80	3
81	1
82	2
83	2
84	3
85	4
86	2
87	4
88	2
89	4
90	2
91	3
92	5
93	2
94	2
95	4
96	5
97	2
98	2
99	3
100	1
101	4
102	3
103	3
104	4
105	3
106	5
107	5
108	4
109	5
110	2
111	4
112	1
113	1
114	2
115	2
116	1
117	1
118	2
119	4
120	2
121	1
122	5
123	3
124	1
125	3
126	2
127	3
128	4
129	2
130	4
131	5
132	1
133	2
134	1
135	1
136	3
137	1
138	3
139	4
140	4
141	3
142	4
143	1
144	1
145	2
146	5
147	3
148	2
149	4
150	1
151	3
152	2
153	2
154	1
155	5
156	1
157	1
158	3
159	3
160	2
161	2
162	1
163	5
164	2
165	3
166	1
167	5
168	2
169	4
170	5

1. Culture générale, économique et managériale

1 **Réponse : 2/** Président de la Catalogne. L'éditeur catalan Quim Torra, accusé par ses adversaires de nationalisme xénophobe, a été élu lundi président de la Catalogne. Il a promis de suivre les instructions de Carles Puigdemont, qui l'a chargé de continuer la lutte pour l'indépendance de cette région d'Espagne.

« Vive la Catalogne libre ! » a lancé après son élection par 66 voix contre 65 ce père de trois enfants, qui a promis de travailler « sans relâche » à la construction d'une République indépendante. Cet homme de 55 ans, sans autre expérience politique qu'un mandat de député régional depuis quelques mois, est un indépendantiste pur et dur, inconditionnel de l'ex-président en exil qu'il considère comme « le président légitime ».

Il a reconnu lui-même que son mandat n'était que « provisoire », jusqu'à l'éventuel retour de Carles Puigdemont, qui attend en Allemagne que la justice se prononce sur une demande d'extradition de Madrid.

2 **Réponse : 3/** Michel Audiard. *Les Tontons flingueurs* est une comédie franco-germano-italienne réalisée par Georges Lautner en 1963, sur un scénario d'Albert Simonin et des dialogues de Michel Audiard, avec comme acteurs principaux Lino Ventura, Bernard Blier, Jean Lefebvre et Francis Blanche.

3 **Réponse : 5/** A un système d'exploitation pour smartphones.

4 **Réponse : 4/** Patrick Pouyanné depuis décembre 2015.

5 **Réponse : 4/** Antonio Banderas.

6 **Réponse : 1/** Organisation de coopération et de développement économiques.

7 **Réponse : 5/** Yamoussoukro.

8 **Réponse : 3/** *Soudain l'été dernier.*

9 **Réponse : 4/** Les fennecs.

10 **Réponse : 1/** Tripoli.

11 **Réponse : 1/** 8.

12 **Réponse : 5/** Procter & Gamble.

13 **Réponse : 3/** A San Francisco.

14 **Réponse : 1/** 1986.

15 **Réponse : 4/** En Pennsylvanie.

16 **Réponse : 2/** Nirvana. Les Rolling Stones et The Police viennent de Londres ; Les Beatles de Liverpool ; Oasis de Manchester. Le groupe Nirvana vient d'Aberdeen dans l'état de Washington aux Etats-Unis.

17 **Réponse : 5/** La livraison de courrier.

18 **Réponse : 3/** La farine de maïs. La polenta est un plat traditionnel du Nord de l'Italie.

19 **Réponse : 1/** TEPCO.

20 **Réponse : 5/** Le diabète.

21 **Réponse : 2/** Les Gay Games sont un événement sportif et culturel ouverts à toutes et à tous bien qu'historiquement destinés aux athlètes, artistes et musiciens lesbiens, homosexuels, bisexuels et transgenres (LGBT). Ils ont été fondés par le médecin et décathlonien olympique américain Tom Waddell.

La première édition s'est déroulée en 1982 à San Francisco ; la 10e édition aura lieu à Paris du 4 au 12 août 2018.

22 **Réponse : 5/** *The dead don't die* est une comédie horrifique américaine écrite et réalisée par Jim Jarmusch, sortie en 2019. Acteurs principaux : Bill Murray, Adam Driver, Tilda Swinton et Chloë Sevigny.

23 **Réponse : 2/** Une baisse du PIB durant au moins deux trimestres consécutifs.

24 **Réponse : 1/** Grégorien. Le calendrier grégorien est un calendrier solaire conçu à la fin du XVIe siècle pour corriger la dérive séculaire du calendrier julien alors en usage. A la demande de Grégoire XIII, Christophorus Clavius prépara les bases d'un nouveau calendrier depuis 1579. Adopté par le pape Grégoire XIII, dans la bulle pontificale « Inter gravissimas » du 24 février 1582, il est mis en application dans les États catholiques le 15 octobre 1582. Son usage s'est ensuite progressivement répandu dans les pays protestants, et à l'ensemble du monde jusqu'au milieu du XXe siècle. Le calendrier grégorien s'est imposé dans la majeure partie du monde pour les usages civils ; de nombreux autres calendriers sont utilisés pour les usages religieux ou traditionnels. Ce calendrier porte le nom de son instigateur, le pape Grégoire XIII.

25 **Réponse : 1/** Scrutin uninominal majoritaire à deux tours.

26 **Réponse : 3/** La démission de Richard Nixon, alors président des Etats-Unis.

L'affaire aux multiples ramifications commence en 1972 avec l'arrestation, à l'intérieur de l'immeuble du Watergate, de cambrioleurs dans les locaux du Parti démocrate à Washington. Les investigations menées par des journalistes et une longue enquête du Sénat américain finiront par lever le voile sur des pratiques illégales de grande ampleur au sein même de l'administration présidentielle.

27 **Réponse : 1/** Au Qatar.

28 **Réponse : 4/** En Italie.

29 **Réponse : 3/** Twitter.

30 **Réponse : 1/** Bill de Blasio. Le maire démocrate de New York, Bill de Blasio, a été réélu haut la main mardi 7 novembre 2017 pour un nouveau mandat de 4 ans. Le maire, qui se pose en défenseur des New-Yorkais face à Donald Trump, l'a emporté facilement avec 64,7 % des voix contre 29,5 % à sa rivale républicaine Nicole Malliotakis, sur la base des résultats portant sur 83 % des bureaux de vote de la première ville américaine.

Même s'il a été réélu sans enthousiasme, la victoire de de Blasio, un Américain d'origine italienne de 56 ans, était attendue: New York est un fief démocrate et Malliotakis, malgré une campagne pugnace, était très peu connue.

L'une des principales mesures du premier mandat de de Blasio, un démocrate très à gauche, a été d'ouvrir les écoles publiques de la capitale financière américaine à tous les enfants dès trois ans, une mini-révolution aux Etats-Unis, où les enfants doivent généralement attendre cinq ans pour quitter les garderies privées. Il a aussi vivement attaqué Donald Trump sur ses mesures visant les immigrés, les musulmans et les clandestins. Nicole Malliotakis au contraire avait dénoncé son refus de coopérer avec les services fédéraux dans la traque des sans-papiers.

31 **Réponse : 5/** Dior.

32 **Réponse : 2/** La Bulgarie connaît un développement fulgurant depuis son adhésion au sein de l'Union européenne en 2007. Elle est même devenue le nouvel eldorado pour les entreprises françaises. Et pour cause : le salaire moyen y est fixé à 460 euros, contre 2 250 euros dans l'Hexagone.

Et le pays, qui a encore besoin de se moderniser, déroule le tapis rouge à ces entreprises : l'impôt sur les sociétés est de 10 %, l'impôt sur les revenus aussi. En une semaine, on peut créer une société, avec un minimum de capital de… 1 euro. On peut par ailleurs plus facilement embaucher, et plus facilement licencier qu'en France. Le tout au sein de l'Union européenne, c'est-à-dire sans aucun droit de douane pour l'exportation.

33 **Réponse : 5/** Kaboul.

34 **Réponse : 4/** Naruhito. L'empereur du Japon est le chef de l'Etat japonais *de facto*. Selon la Constitution promulguée en 1947 lors de l'occupation ayant suivi la Seconde Guerre mondiale, il a en réalité un rôle uniquement symbolique et détient sa fonction du peuple japonais. L'empereur actuel, Naruhito, est l'héritier d'une succession que la tradition présente comme ininterrompue et que la légende fait commencer en 660 av. J.-C. avec l'empereur Jinmu, qui descend de la déesse du Soleil Amaterasu, elle-même fille des dieux démiurges créateurs du monde terrestre (l'archipel japonais) : Izanagi et Izanami.

35 **Réponse : 5/** 33.

36 **Réponse : 5/** La longue période de lutte entre la France et l'Angleterre, qui est connue sous le nom de guerre de Cent Ans, ne fut pas exactement une guerre, et dura bien plus de cent ans (116 ans : de 1337 à 1453). Cinq rois de France et autant de souverains anglais se trouvèrent successivement engagés dans ce duel. Trois générations entières vécurent dans un perpétuel climat de troubles et de combats. La guerre de Cent Ans se décompose en une série de batailles, séparées par des périodes de paix relative, ou de trêves. Et quand cessaient les combats, les pillages, la famine ou la peste achevaient de ruiner villes et campagnes. Si l'Angleterre ne fut pas épargnée par cette guerre, la France, sur le sol de laquelle se déroulèrent les batailles, fut plus atteinte que sa rivale. Elle finit cependant par avoir le dessus. Mais les deux belligérants sortirent profondément changés de ce conflit séculaire.

37 **Réponse : 4/** 33e place. La première et dernière place étant attribuées respectivement à la Norvège et la Corée du Nord.

38 **Réponse : 2/** Un fichier stocké par le navigateur web sur le disque dur et qui sert à mémoriser des informations sur le visiteur.

39 **Réponse : 5/** Lu. En effet, en 2007, le groupe américain Kraft Foods rachète Lu au groupe Danone. Depuis 2012, à la suite d'une scission du groupe Kraft Foods, la marque Lu est la propriété de la multinationale américaine Mondēlez International.

40 **Réponse : 4/** Ariana Grande.

41 **Réponse : 2/** L'Union européenne.

42 **Réponse : 1/** Lybie. L'Algérie et la Lybie sont les deux seuls pays limitrophes de la Tunisie.

43 **Réponse : 2/** Ils sont suspectés d'être utilisés par des trafiquants pour transporter discrètement des montants importants.

44 **Réponse : 5/** Le 4 novembre 1984, avec l'appui de François Mitterrand, qui a la conviction que le paysage audiovisuel est « fermé », André Rousselet (1922-2016) fonde la chaîne Canal+.

La grande liberté de ton (« l'esprit Canal »), alliée au succès progressif de cette première chaîne à péage du paysage audiovisuel français agace rapidement le monde politique, et surtout la droite, dira-t-il. Michel Denisot déclare à son sujet : « C'était un visionnaire, un créateur d'entreprise qui avait une longue-vue et la création de Canal +, à l'époque, c'était avoir vingt ans d'avance, donc on lui doit beaucoup ».

45 **Réponse : 4/** La production industrielle.

46 **Réponse : 1/**Jean-Paul Agon. Le renouvellement pour quatre ans du mandat d'administrateur de Jean-Paul Agon, PDG de L'Oréal depuis 2011, a été approuvé à près de 92 % par les actionnaires lors de l'assemblée générale ordinaire du numéro un mondial des cosmétiques en avril 2018 à Paris. Toutes les résolutions à l'ordre du jour ont été approuvées, très souvent à une écrasante majorité.

Jean-Paul Agon est entré dans le groupe L'Oréal en 1978 et commence sa carrière en tant que représentant pour la marque L'Oréal Paris dans le Sud-Ouest de la France avant d'être nommé chef de produit marketing chez LaSCAD, à la Division Produits Grand Public du groupe.

47 **Réponse : 1/** Brésil. Les trois plus grands producteurs de café au monde sont : le Brésil, le Vietnam et la Colombie.

48 **Réponse : 2/** 1949. Philippe Starck, né le 18 janvier 1949 à Paris, est un créateur, designer et décorateur d'intérieur français. Connu aussi bien pour ses décorations intérieures que pour ses productions en série de biens de consommation courante et son design industriel, Philippe Starck connaît depuis les années 1980 un succès international. Il a conçu notamment la vasque et la flamme olympique des Jeux olympiques d'hiver de 1992 à Albertville.

49 **Réponse : 5/** Etats-Unis – Chine – Japon. En 2018, les Etats-Unis restent la première puissance économique mondiale. Pour la première fois de l'histoire, le PIB des USA en dollars courants dépasse même la barre symbolique des 20 000 milliards. A 20 200 milliards exactement, le produit intérieur brut des Etats-Unis augmente de 4 % par rapport à 2017. Le pays de l'Oncle Sam conserve son avance sur la Chine, deuxième du classement avec un PIB de 13 119 milliards de dollars (+ 10 %). Toutefois, sa marge avec l'Empire du Milieu se réduit : il n'est plus que de 7 081 milliards de dollars en 2018 contre 7 425 milliards un an plus tôt. La domination des Etats-Unis sur la Chine est également à relativiser. Par ailleurs, si l'on prend comme indicateur le PIB exprimé en parité de pouvoir d'achat (PPA), un outil qui mesure le pouvoir d'achat des monnaies par rapport à un panier de produits, la Chine domine les Etats-Unis, avec un PIB de 25 103 contre 20 200 milliards de dollars.

50 **Réponse : 4/** *La Bible*.

2. Compréhension et expression écrite en Français

51 **Réponse : 5/** Un chicot : reste qui subsiste d'un tronc d'arbre cassé. Reste d'une dent cassée.
Une bouffarde : grosse pipe.

52 **Réponse : 2/** A + D

53 **Réponse : 4/** Statue colonne : statue intégrée dans une colonne.
Callipyge : qui a de belles fesses, aux formes harmonieuses.

54 **Réponse : 3/** Epicène : nom bisexué qui peut être employé au masculin et au féminin. « Espèce » est un nom uniquement féminin.

55 **Réponse : 5/** Fallacieux : qui cherche à tromper, à nuire ; perfide ; trompeur. Exemple : des arguments fallacieux.

56 **Réponse : 3/** Que j'eusse coupé.

57 **Réponse : 2/** Paronymes.
Rappel : une liste de paronymes qui font l'objet de questions au Score IAE Message est à votre disposition dans le cours de Compréhension et d'expression écrite en français.

58 **Réponse : 2/** Les poissons frits qu'il avait pris nous ont suffi pour le dîner.

59 **Réponse : 3/** Un adverbe.

60 **Réponse : 4/** Plus-que-parfait de l'indicatif.

61 **Réponse : 2/** Exhubérant.

62 **Réponse : 2/** Une conjonction de subordination.

63 **Réponse : 3/** Nous émouvrions.

64 **Réponse : 2/** Quelque, quel que.

65 **Réponse : 1/** Il aurait cuit.

66 **Réponse : 5/** – « medium » est bien orthographié. C'est un mot d'origine latine. On peut donc l'écrire avec ou sans accent aigu sur le « e ».
– on écrit « cent ans » (faute #1). Vous mettez un « s » à « cents » lorsque vous écrivez par exemple « trois-cents ans ».
– faute #2 : « si vous **non plus** n'arrivez pas », et non : « si vous aussi n'arrivez pas ». Cette faute d'usage est fréquente. Soyez-y donc attentifs !
– faute #3 : **chevronné** avec 2 « n » !
– faute #4 : « je ne laisse aucune personne quitter » (remplacez « quitter » par « partir » pour vous en convaincre).
– faute #5 : « je **forme** pour vous mes vœux les plus sincères ». Là encore une faute d'usage à laquelle vous devez être attentifs (c'est la *présentation* des vœux qui se formule, oralement ou par écrit, mais les vœux eux-mêmes, on les forme.)

SCORE BLANC NUMERO 5 – CORRIGES

67 **Réponse : 1/** Idéalement, vous auriez aimé lire : « Votre déclaration selon laquelle il est urgent de vendre mon appartement m'inquiète ».

Vous retenez donc la réponse 1 – « selon quoi » – qui est la plus proche de la formulation idéale, et qui est surtout « la moins pire » des cinq solutions proposées !

68 **Réponse : 3/** **Cotisant**

Personne qui verse une cotisation. Synonymie : Adhérent, affilié, membre.

Militant

Qui lutte, combat pour une idée, une opinion, un parti. Synonymie : Batailleur. Antonymie : Leader. Lexicographie : Parti militant, littérature militante.

Partisan

Personne qui est attachée à une cause, à un parti, à une doctrine, etc., dont elle prend la défense. Antonymie : Adversaire, antagoniste, contradicteur. Lexicographie : Les partisans de la république, chaud partisan. Expression : « Etre partisan d'une politique ».

Sympathisant

Qui approuve les idées d'un parti ou d'une organisation mais sans en être membre.

69 **Réponse : 2/** **Jouer les Cassandre** : Faire des prédictions alarmistes ou dramatiques sans jamais être écouté / Oiseau de mauvaise augure.

70 **Réponse : 4/** Le **fumet** est la vapeur, agréable à l'odorat, qui s'exhale de certains vins ou de certaines viandes et ragoûts.

71 **Réponse : 3/** **La perfide Albion**

Expression française péjorative désignant l'Angleterre, et par extension la Grande-Bretagne et le Royaume-Uni. « Perfide » car ne respecte pas sa foi, « Albion » renverrait à la blancheur des falaises crayeuses de Douvres.

Citations : « Frémis, frémis Albion perfide » (Somin) / « La perfide Albion qui a brûlé Jeanne d'Arc sur le rocher de Sainte-Hélène. » (Christophe) / « Et la guerre ? Et les forfanteries de la perfide Albion tournant en eau de boudin ? Farce ! Farce ! » (Flaubert) / « La perfide Albion devient la chère et loyale Angleterre » (Crouzet).

Pays à la fleur de lys

La Fleur de lys est un meuble héraldique, emblème depuis le Moyen-âge de la royauté française. Le « Pays à la fleur de lys » représente donc bien la France. Les communautés francophones du Québec ont d'ailleurs choisi le lys comme symbole de leur nouveau drapeau en 1948 afin de témoigner de leur attachement à la francophonie.

Citation : « La France fut faite à coups d'épée. La fleur de lys, symbole d'unité nationale, n'est que l'image d'un javelot à trois lances » (C. de Gaulle)

72 **Réponse : 2/** **Circonlocution**

Périphrase que l'on utilise pour éviter de dire franchement, directement ce que l'on pense.

Ingénuité

Sincérité, simplicité excessive dans sa naïveté. Une ingénuité désarmante.

73 **Réponse : 3/** Les investisseurs **institutionnels** peuvent être les banques, les compagnies d'assurance, les fonds de pension, les fonds communs de placement (SICAV), les sociétés d'assurance ou encore les caisses de retraite.

74 **Réponse : 1/ Conjointement**

Ensemble et en même temps. Synonymie : De concert, en même temps, simultanément, ensemble. Antonymie : Isolément, séparément, à part. Lexicographie : Agir conjointement avec.

Nommément

En désignant quelqu'un ou quelque chose spécialement par son nom. Synonymie : En particulier, nominativement, spécialement. Lexicographie : Citer quelqu'un nommément, dénoncer nommément quelqu'un.

75 **Réponse : 4/ Dialectique**

Méthode de raisonnement qui consiste à analyser la réalité en mettant en évidence les contradictions de celle-ci et à chercher à les dépasser / Suite de raisonnements rigoureux destinés à emporter l'adhésion de l'interlocuteur. Synonymie : Argument, logique, raisonnement.

Lexicographie : Subtilité dialectique, dialectique implacable.

Prééminent

Qui occupe le premier rang. Synonymie : Premier, prépondérant. Antonymie : Inférieur. Lexicographie : Qualité prééminente.

Imminent

Qui est sur le point de se produire. Synonymie : Prochain, proche. Antonymie : Lointain, éloigné. Lexicographie : Départ imminent, péril imminent.

Citation : « La première expérience de la vie, c'est l'imminence de la mort » (S. Jacob).

Dialecte

Ensemble de parlers qui présentent des particularités communes et dont les traits caractéristiques dominants sont sensibles aux usagers. Synonymie : Patois.

Proéminent

Qui est nettement en relief par rapport à ce qui l'environne, qui forme une avancée. Synonymie : Renflé, gonflé. Antonymie : Creux, rentrant. Lexicographie : Ventre proéminent.

Préséance

Rang des autorités dans la hiérarchie officielle, tel qu'il se manifeste notamment lors des cérémonies publiques / Prérogative due à la condition sociale, au rang, à l'âge, etc. Synonymie : Priorité, protocole, prépondérance, prérogative. Lexicographie : Préséance de table d'hôtes.

76 **Réponse : 5/** – « Repaire » est bien orthographié !

– « **Exorbitant** » et non « exhorbitant »

– Des pneu**s**. En règle générale, les mots en -eu forment leur pluriel en -eux (feu ⇒ feux, jeu ⇒ jeux, vœu ⇒ vœux).
Quelques exceptions : pneu ⇒ pneus, lieu (poisson) ⇒ lieus, un bleu de travail ⇒ des bleus de travail.

– Il va avoir **affaire** à moi ! Ce soir, j'ai beaucoup à faire = j'ai beaucoup de travail.

– **Balade**. Se balader. Il ne faut pas confondre « balade » et « ballade ». Une « ballade » est une « chanson de danse » ou un « petit poème lyrique » (exemple : une ballade pour piano).

– Un repaire : lieu de refuge des bêtes sauvages, endroit qui sert de refuge à des malfaiteurs, à des individus dangereux.

77 **Réponse : 4/** La première expression signifie que « c'est tout juste moyen, à peine passable, pas terrible. » La seconde signifie « cela ne me fait ni chaud ni froid ». La troisième expression signifie qu'il ne faut pas prendre les autres pour des imbéciles. Enfin, « faire un canard » signifie « tremper un sucre dans un verre de cognac ou émettre un couac ». « Un canard boiteux » est une expression qui est usitée et qui symbolise quelqu'un qui se démarque de façon négative. Cependant, « Les canards boiteux ne vont pas par deux » est une expression qui n'existe pas et qui n'a donc aucune signification (même si nous savons que vous êtes tenté d'en trouver une !).

78 **Réponse : 2/** Des laissé-passez.

79 **Réponse : 2/** Elles s'étaient fait fort de gagner la finale.

80 **Réponse : 3/** Un **calligramme** est précisément un poème dont la disposition des vers forme un dessin généralement en rapport avec le sujet du texte, mais il arrive parfois que la forme apporte un sens qui s'oppose au texte. Cela permet d'allier l'imagination visuelle à celle portée par les mots.

81 **Réponse : 1/** B et D.

82 **Réponse : 2/** L'expression « une réponse de normand » veut dire qu'elle peut être à double sens ou que la réponse à une question posée reste très évasive. L'origine viendrait d'une ancienne loi normande donnant le droit à une personne ayant signé un marché de se dédire dans les vingt-quatre heures.

83 **Réponse : 2/** Eprouver une intense satisfaction d'amour propre.

84 **Réponse : 3/** Quelles que.

85 **Réponse : 4/** Se mettre au diapason : répondre sur le même ton que son interlocuteur, parler comme les autres, s'accorder, être en accord, dans le ton, compatible avec son environnement, se mettre au niveau de, être dans le même état d'esprit, se mettre en conformité avec son environnement. Les propositions B et D conviennent donc parfaitement.

86 **Réponse : 2/** Comme le précise le texte au 2e paragraphe : « Celle-ci (la pauvreté monétaire) mesure la part des ménages qui se situent en deçà d'un seuil équivalent à 60 % du niveau de vie médian de la population ».

87 **Réponse : 4/** L'auteur explique que le taux de pauvreté étant basé sur les écarts de revenus existants au sein de chaque pays, le taux de pauvreté est d'autant plus important que les inégalités de revenus sont relativement fortes. Dès lors, « il convient de mesurer conjointement le taux et le seuil de pauvreté » pour effectuer des comparaisons internationales. C'est ce qu'il démontre d'ailleurs en comparant la situation des Pays-Bas et de la Slovaquie.
Attention à la réponse n° 1. Elle ne peut être retenue. Elle est simplement mentionnée, en effet, pour illustrer les limites de ce seul indicateur.

88 **Réponse : 2/** L'Insee réalise une enquête annuelle sur les conditions de vie des ménages qui permet d'appréhender la mesure de la pauvreté en condition de vie. Le texte indique ainsi qu'elle produit « annuellement une série d'indicateurs qui recensent les contraintes budgétaires, les restrictions de consommation, les retards de paiement et les difficultés de logement des ménages ». L'évolution des prix à la consommation ne fait pas partie des séries d'indicateurs citées par le texte dans la partie consacrée à la mesure de la pauvreté en condition de vie.

89 **Réponse : 4/** L'indicateur de « bas revenus » est produit par la Caisse nationale des allocations familiales. Il fait partie des indicateurs d'alerte qui ont justement été mis au point pour rendre mieux compte des évolutions conjoncturelles de la pauvreté. Il est notamment plus réactif que l'indicateur de pauvreté monétaire qui n'est disponible, comme le précise le texte « qu'environ 18 mois après l'année de référence… ».

90 **Réponse : 2/** Le texte indique que : « En 2007, le gouvernement a annoncé un objectif de réduction de la pauvreté d'un tiers d'ici à 2012, en prenant 2006 comme année de référence ».

91 **Réponse : 3/** La signification du sigle ONPES est donnée à la fin du 1er paragraphe. Il s'agit de l'Observatoire national de la pauvreté et de l'exclusion sociale.

92 **Réponse : 5/** Il était inférieur à 1 600 euros par mois. Le texte précise, en effet, qu'en 2008, selon l'Insee, le niveau de vie médian de la population était de 19 000 euros par an ou 1 580 euros par mois.

93 **Réponse : 2/** Pour l'auteur, ce type d'indicateurs qui a l'avantage d'être simple, aurait aussi pour effet « de réserver le statut de pauvre à la frange la plus exclue de la population et pourraient laisser penser que les autres situations ne peuvent être assimilées à des situations d'exclusion ». En fait, à l'image des autres indicateurs dits « alternatifs », il ne permet plus de situer « la pauvreté dans un continuum d'inégalités ». Il est trop simple pour pouvoir rendre compte de la diversité des situations d'exclusion sociale rencontrées.

94 **Réponse : 2/** Dans le 1er paragraphe, l'auteur met en exergue le caractère conventionnel, relatif et multidimensionnel de la pauvreté tel qu'il résulte de la définition officielle qui en est donnée par l'Union européenne.

95 **Réponse : 4/** Le principal intérêt de l'indicateur de pauvreté relative est de « rendre compte des inégalités constatées dans la distribution des revenus ». Il traduit ainsi les inégalités constatées en répartissant la population par rapport au revenu de vie médian d'un pays.

96 **Réponse : 5/** L'indicateur de pauvreté « ancré dans le temps » est calculé en « partant du seuil de pauvreté monétaire relative fixé une année donnée », revalorisé chaque année du seul taux de l'inflation. Dès lors, en 2005, le seuil de pauvreté monétaire relative (qui correspond à 60 % du niveau de vie médian) pris en compte pour cet indicateur n'est plus égal à celui pris pour calculer le taux de pauvreté relative. Le premier a évolué en fonction de l'inflation sur la période 2000/2005 alors que le second est calculé en prenant en compte le seul revenu de niveau de vie médian de l'année 2005. On se retrouve donc avec deux valeurs de seuil différentes, la valeur du seuil pris en compte pour le taux de pauvreté « ancré dans le temps » étant sans doute plus faible que celle du taux de pauvreté relative, ce qui expliquerait que ce dernier n'ait baissé que de 3 % alors que le premier baissait de 22 %.

97 **Réponse : 2/** La conclusion du texte met bien en exergue la difficulté qu'il y a à mesurer la pauvreté. Elle ne peut être résumée par un seul « indicateur central figurant au centre du tableau de bord gouvernemental ». Comme l'écrit l'auteur de cet article : « c'est bien en combinant les regards que l'on pourra approcher au plus près la réalité de pauvreté qui reste un phénomène complexe » à analyser.

98 **Réponse : 2/** L'auteur indique que : « traditionnellement, on retient trois types d'indicateurs : la pauvreté monétaire, la pauvreté en condition de vie et la pauvreté mesurée par le nombre de bénéficiaires des minima sociaux ».

99 **Réponse : 3/** Il s'agit du niveau du seuil du revenu de vie médian retenu pour mesurer la pauvreté monétaire relative. Dans le 3ᵉ paragraphe, il est écrit : « le taux de pauvreté à 50 % ou à 40 % du niveau de vie médian a longtemps été privilégié en France. Mais le choix de l'un ou l'autre de ces critères modifie profondément la vision de la pauvreté ». En effet, plus le taux de niveau de vie médian (qui est constant) est faible, moins il y a de population qui se trouve en dessous de ce niveau. Ainsi, pour reprendre les éléments donnés par le texte, à 50 % le nombre de personnes en situation de pauvreté est divisé par 2 par rapport à un taux à 60 %. A 40 %, il est de nouveau divisé par deux par rapport au taux à 50 %.

100 **Réponse : 1/** Le texte précise que : « 5 % de la population est pauvre monétairement et en condition de vie » alors que « 20 % des ménages sont pauvres selon l'un ou l'autre de ces critères ».

3. Raisonnement logique et numérique

101 **Réponse :** ❹ La probabilité cherchée est $P = \dfrac{\text{nombre des cas favorables}}{\text{nombre des cas possibles}}$.

<u>Nombre de cas possibles</u> : il y a 10^{10} 10-listes de nombres de 10 chiffres qui s'écrivent avec les 10 chiffres contenus dans l'ensemble $E = \{0, 1, 2, 3, \ldots, 9\}$,

<u>Nombre de cas favorables</u> : le produit des chiffres d'un nombre est divisible par deux si et seulement si l'un (au moins) des chiffres du nombre est pair. Le contraire de cette affirmation est : tous les chiffres sont impairs. Comme il y a 5 chiffres impairs dans $E = \{0, 1, 2, 3, \ldots, 9\}$, cela nous donne 5^{10} 10-listes de nombres ne contenant que des chiffres impairs pris dans E.

En conclusion $P = 1 - \dfrac{5^{10}}{10^{10}} = 1 - \dfrac{1}{2^{10}} = 1 - \dfrac{1}{1\,024} = \dfrac{1\,023}{1\,024}$.

102 **Réponse :** ❸ Voici une question de calcul qui porte bien son nom dans le sens où nous allons être confrontés à un beau système d'équations avec de bien jolis nombres à virgule. Traduisons donc l'énoncé en notant N le prix du kilo de navets et T le prix du kilo de tomates :

$$2T + 7N = 7{,}95 \quad (1)$$
$$2{,}5T + 1{,}5N = 3{,}92 \quad (2)$$

$$(1) \times 5 : \quad 10T + 35N = 39{,}75$$
$$(2) \times 4 : \quad 10T + 6N = 15{,}68$$

$$(1) - (2) : \quad 29N = 24{,}07$$
$$N = 0{,}83$$

$$2T + 7 \times 0{,}83 = 7{,}95$$
$$T = \frac{7{,}95 - 5{,}81}{2} = \mathbf{1{,}07}$$

103 **Réponse :** ❸ +2 avec mouvement en zigzag.

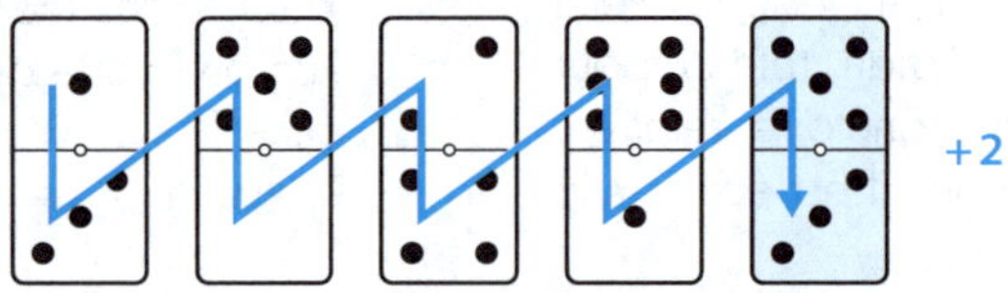

104 **Réponse :** ❹ La principale difficulté de cette question réside dans la conversion des données de l'énoncé. Nous vous conseillons de toujours travailler avec la plus petite unité proposée pour éviter les nombres à virgule. Ici par exemple, on voit que l'on va devoir travailler avec des m^3 et des dm^3. Et bien ce sont les décimètres cubes que l'on va choisir, tout comme l'on choisira toujours les secondes aux dépends des minutes.

Si l'on ouvre les deux robinets en même temps au maximum, alors le débit total D sera :
$D = 2 + 2{,}5 = 4{,}5\ dm^3/s$.

L'énoncé nous dit que l'on veut remplir une baignoire de 1 000 dm^3 d'eau (attention à la conversion, 1 m = 10 dm mais 1 m^2 = 100 dm^2 et 1 m^3 = 1 000 dm^3). Avec le débit obtenu, on trouve que le temps T recherché vaut :

$$T = \frac{1\,000}{4{,}5} = \frac{10\,000}{45} = \frac{2\,000}{9} = 222 \text{ secondes} = (3 \times 60 + 42) \text{ secondes} = 3 \text{ min } 42 \text{ s.}$$

105 **Réponse :** ❸ Partons de la phrase prononcée par A. Si A murmure à B : « je suis un vendeur », alors elle ment, et est un donc un mathématicien. Mais un mathématicien dit toujours la vérité. Cette hypothèse conduit donc à une contradiction : elle est écartée.

A murmure donc à B « je suis un mathématicien », ce que B répète à C. B dit donc la vérité à C et est un mathématicien.

Si A dit vrai alors A est un mathématicien également, et C en affirmant le contraire ment et est alors un vendeur (soit 2 mathématiciens et un vendeur).

Si A ment, A est alors un vendeur, et C dit la vérité et est alors un mathématicien (soit 2 mathématiciens et un vendeur au total). Il y a donc deux mathématiciens parmi A, B et C.

106 **Réponse :** ❺ Vous n'avez pas d'autre choix que d'avoir un dimanche pour 1er février – (ce qui est soit dit en passant un cas rare parce qu'il faut que le 1er février soit un dimanche **ET QUE** l'année soit bissextile !!). En fait, le raisonnement était simple à conduire ici. Il convenait de partir des solutions et de remarquer assez rapidement que l'on n'obtenait 5 dimanches dans le mois que dans le cas où **le dimanche était** **le premier jour du mois.**

On vous rappelle (ça peut toujours aider) **que dans une année bissextile, le mois de février est composé de 29 jours** (VS 28 quand l'année n'est pas bissextile).

107 **Réponse :** ❺ **Rappel :** la formule des intérêts composés s'écrit $\mathbf{X(1 + \mathit{r})^{\mathit{n}}}$. Par exemple, 100 euros placés à intérêts composés sur 2 ans à un taux de 10 % donnera donc : $100(1 + 10\ \%)^2 = 121$ euros.

Jean a 16 ans, il fera donc fructifier sa somme pendant 2 ans. Soit X la part initiale donnée à Jean et Y la part donnée à Jacques, on doit avoir l'équation :

$X(1 + 20\ \%)^2 = Y(1 + 20\ \%)$: Jacques a 17 ans, il ne fait fructifier sa somme que pendant un an.

On divise par (1 + 20 %) des deux côtés, et on trouve $1{,}2X = Y$, on sait aussi que $X + Y = 44\,000$.

On remplace Y dans la deuxième équation par sa valeur en fonction de X :

$2{,}2X = 44\,000$, on trouve $X = 20\,000$ et $Y = 24\,000$.

La différence entre la part de Jean et de Jacques est donc de 4 000 euros.

108 **Réponse :** ❹ Soit *a, b, c, d* et *e* les points accordés, dans l'ordre croissant aux 5 problèmes. On a :

$a < b < c < d < e$

$a + b = 10$

$d + e = 18$

Testons donc les réponses en commençant bien évidemment par la 3.

Si Alain a obtenu 34 points au total, c'est qu'il a gagné 34 – 10 – 18 = 6 points avec le troisième problème. Mais alors *b* vaut au maximum 5 et *a* au maximum 4 (les problèmes sont de difficulté différente) donc $a + b$ vaut au maximum 9, ce qui n'est pas possible. C'est donc que *c* doit être plus grand que 6 ($a + b$ étant insuffisant) et que le total doit alors être supérieur à 34. On élimine donc immédiatement les réponses 1, 2 et 3, toutes inférieures ou égales à 34.

Il ne nous reste plus qu'à tester la réponse 4 de la même façon : si Alain a obtenu 35 points au total, c'est qu'il a gagné 35 – 10 – 18 = 7 points avec le troisième problème. On pourrait alors avoir $b = 6$ et $a = 4$ (pour avoir $a + b = 10$), ainsi que $d = 8$ et $e = 10$ (pour avoir $d + e = 18$). Nous vous laissons le soin de vérifier que ces quatre valeurs pour *a, b, d* et *e* sont les seules possibles et que la bonne réponse est bien 35.

109 **Réponse :** ❺ Il s'agit là d'une question plutôt facile de proportionnalité multiple.

110 **Réponse :** ❷ Le nombre de billes détenu par chacun en début ou fin de partie importe peu, on ne vous demande qu'un rapport. En notant x le nombre de billes détenues par chacun en début de partie, représentons la situation par un tableau, la flèche rouge représentant le transfert de $2x/3$ de Pierre à Halim au cours de la partie :

	Pierre	Halim	Chloé
Début de partie	x	x	x
Fin de partie	$x - 2/3\,x$	$x + 2/3\,x$	x

On voit bien qu'en fin de partie il ne reste plus que $x - 2x/3$ = **$x/3$ billes à Pierre** et **$x + 2x/3 = 5x/3$ billes à Halim**, soit exactement **5 fois plus.**

111 **Réponse :** ❹ Pour cette question de géométrie, nous vous conseillons de dessiner la figure, tout sera beaucoup plus clair.

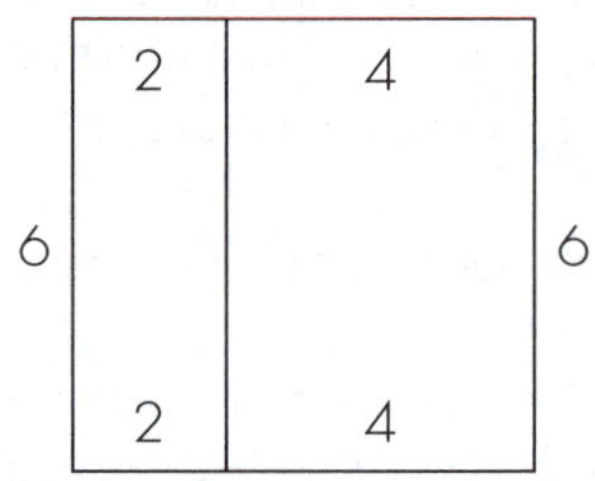

On sait tout d'abord que le périmètre du carré est de 24 cm, soit que chaque côté fait 6 cm. On découpe ce carré en 2 rectangles, dont la longueur est forcément de 6 cm également. On sait que l'un des deux rectangles a pour périmètre 20 cm. Ayant une longueur égale à 6 cm, on en déduit que sa largeur vaut 4 cm. Le côté du carré faisant toujours 6 cm, la largeur de l'autre rectangle est donc de $6 - 4 = 2$ cm, et son périmètre de $2 \times 6 + 2 \times 2 = 16$ cm.

112 **Réponse :** ❶ Aucune difficulté pour cette question où il suffit de traduire l'énoncé en notant x le nombre recherché : $x + (x + 1) + (x + 2) = (x + 3) + (x + 4)$.

Soit après calculs : $3x + 3 = 2x + 7$, soit encore : $x = 7 - 3 = 4$.

La technique du *backsolving* était également bienvenue pour résoudre cette question.

113 **Réponse :** ❶ En faisant la somme des 10 poids obtenus par les pesées 2 par 2, on trouve **95,6 kg.**

Seulement, étant donné que chaque bébé a été pesé quatre fois, nos 95,6 kg représentent en fait quatre fois la somme totale des poids des 5 bébés.

Il nous faut par conséquent diviser 95,6 kg par 4 pour obtenir le poids total des 5 bébés : 95,6/4 = **23,9 kg.**

114 **Réponse :** ❷ Benjamin a, à chaque lancer, autant de chances de faire pile que de faire face.

Pour que Benjamin trouve EXACTEMENT 2 piles en 3 lancers, il a 3 possibilités :

P-P-F ; P-F-P ; F-P-P

Aussi, la probabilité que Benjamin trouve 2 piles exactement en 3 lancers est :

$P = p(P\text{-}P\text{-}F) + p(P\text{-}F\text{-}P) + p(F\text{-}P\text{-}P)$

$P = p(P) \times p(P) \times p(F) + p(P) \times p(F) \times p(P) + p(F) \times p(P) \times p(P)$

$P = (1/2) \times (1/2) \times (1/2) + (1/2) \times (1/2) \times (1/2) + (1/2) \times (1/2) \times (1/2)$

$P = 3/8$

115 **Réponse :** ❷ La fonction « carré » étant strictement croissante, la médiane de l'échantillon F est donc également la médiane de l'ensemble {1 ; 2 ; 3 ; 4 … 20 ; 21}. La médiane de cet ensemble est 11 (il y a en effet autant de valeurs AVANT 11 qu'APRES 11) et pour F, la médiane est donc 11 au carré soit 121.

116 **Réponse :** ❶ Soit L l'événement « Shalom est en retard ». On a :

$P(L/A_1) = \frac{1}{30}$, $P(L/A_2) = \frac{1}{6}$, $P(L/A_3) = \frac{7}{30}$, $P(L/A_4) = \frac{1}{5}$, $P(L/A_5) = 0$.

Nous cherchons : $P(A_4/L)$.

Appliquons ici la Formule de Bayes (ce qui met la puce à l'oreille : le système complet d'événements de probabilités non nulles A_1, A_2, A_3, A_4 et A_5 ainsi que le fait que nous sommes en présence de probabilités conditionnelles.)

$$P(A_4/L) = \frac{P(A_4)P(L/A_4)}{P(A_1)P(L/A_1) + P(A_2)P(L/A_2) + P(A_3)P(L/A_3) + P(A_4)P(L/A_4) + P(A_5)P(L/A_5)}$$

L'énoncé nous fournit toutes les données sauf $P(A_5)$. Mais comme A_1, A_2, A_3, A_4 et A_5 forment un système complet d'événements, on peut écrire :

$$P(A_5) = 1 - P(A_1) - P(A_2) - P(A_3) - P(A_4) = 1 - \frac{1}{7} - \frac{6}{35} - \frac{1}{5} - \frac{2}{35} = \frac{35-5-6-7-2}{35} = \frac{15}{35} = \frac{3}{7}$$

En conclusion :

$$P(A_4/L) = \frac{P(A_4)P(L/A_4)}{P(A_1)P(L/A_1) + P(A_2)P(L/A_2) + P(A_3)P(L/A_3) + P(A_4)P(L/A_4) + P(A_5)P(L/A_5)}$$

$$= \frac{\frac{2}{35} \times \frac{1}{5}}{\frac{1}{7} \times \frac{1}{30} + \frac{6}{35} \times \frac{1}{6} + \frac{1}{5} \times \frac{7}{30} + \frac{2}{35} \times \frac{1}{5} + 0} = \frac{\frac{2}{5 \times 35}}{\frac{5 + 30 + 49 + 12}{5 \times 7 \times 30}}$$

$$= \frac{2 \times 5 \times 7 \times 30}{5 \times 35 \times 96} = \frac{12}{96} = \frac{1}{8} = 0{,}125.$$

Voila un calcul qui était bien fastidieux… Il est peu vraisemblable que ce type de question (avec autant de calculs !!) tombe au SCORE IAE MESSAGE. Ce QCM permet cependant de bien comprendre quand et comment appliquer la formule de Bayes (sans doute une des formules les plus « puissantes » en probabilités).

N'oubliez pas que vous n'avez pas le droit à la calculatrice le jour du test et que si vous voulez réussir ce test haut la main et intégrer ainsi les universités les plus prestigieuses, il faudra user de toutes vos ressources et être notamment très habile dans la conduite des divers calculs mentaux.

117 Réponse : ❶

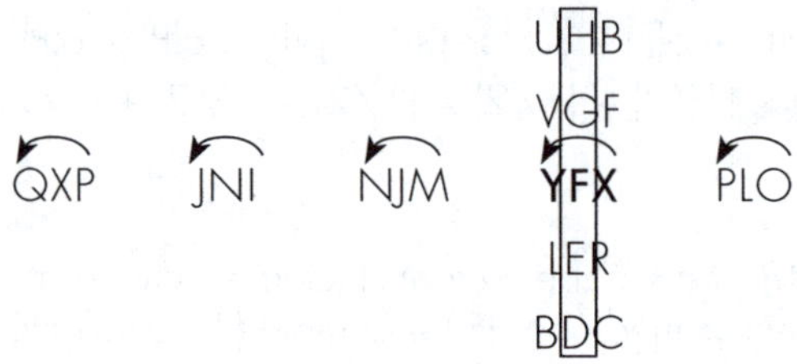

118 **Réponse :** ❷ Lorsque Pierre dit « Hier j'ai menti », on comprend qu'il va falloir détecter les **« Switch »** de type M-V ou V-M.

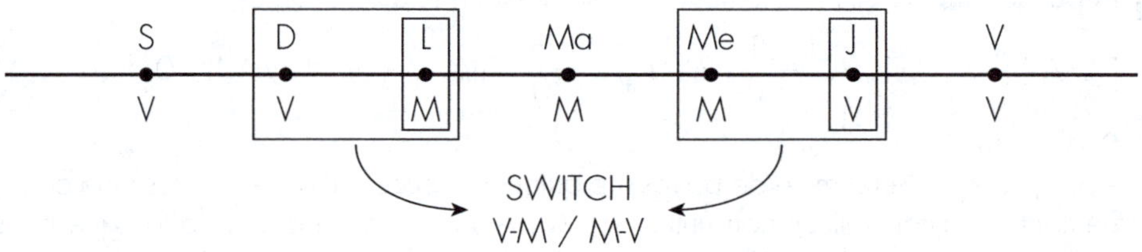

On sait grâce au schéma ci-dessus que nous sommes **ou un lundi ou un jeudi.**

Ensuite, il faut bien voir que « je mentirai encore deux jours après demain » **nous oblige à retenir lundi.** En effet, si cette phrase est prononcée un lundi, jour où je mens, il est normal que « deux jours après demain » soit un jour où je ne mens pas ! Ce qui est bien le cas ici puisque jeudi est un jour où je ne mens pas.

119 **Réponse :** ❹ Si le nombre en question s'écrit xy, alors il vaut : $10x + y$ (x est le chiffre des dizaines et y celui des unités) et son symétrique yx vaut $10y + x$. Leur somme vaut donc : $11x + 11y = 11(x + y)$.

$11(x + y)$ est un carré parfait si et seulement si $(x + y)$ est égal à 11. On obtient donc les 4 paires non ordonnées suivantes :

{29 ; 92}, {38 ; 83}, {47 ; 74}, {56 ; 65}.

120 **Réponse :** ❷ Attention ici à ne pas lire trop rapidement l'énoncé : ce sont M, **Z, N** et P dans cet ordre qui sont consécutifs (et non pas M, **N, Z** et P).

Après avoir noté cela, il ne reste plus qu'à utiliser la fameuse technique du dernier chiffre en remarquant que l'on souhaite que le produit N × P se termine par un 0, avec N et P consécutifs.

Détaillons les valeurs possibles du produit de chiffres consécutifs un tableau :

N	P	N × P
1	2	2
2	3	6
3	4	12
4	5	20
5	6	30
6	7	42
7	8	56
8	9	72

Vous aurez donc remarqué que les deux seules valeurs possibles pour N et P sont 4 et 5 ou 5 et 6. En utilisant le fait que M, Z, N et P sont consécutifs dans cet ordre, on en déduit que les deux seules possibilités pour M et Z sont 2 et 3 ou 3 et 4. Résumons cela dans un tableau :

M	Z	N	P	MN	ZP
2	3	4	5	24	35
3	4	5	6	35	46

Arrivés là, nous vous invitons à ne pas tester les deux produits, ce qui prendrait trop de temps, mais à simplement remarquer que $30 \times 40 = 1\,200 > 840$, sachant que $35 > 30$ et $46 > 40$!

4. Compréhension et expression écrite en Anglais

Expression

121 **Réponse : 1/ To whisper** : murmurer, chuchoter.
He lowered his voice and began to whisper : il a baissé la voix et commencé à chuchoter.

122 **Réponse : 5/**

123 **Réponse : 3/**

124 **Réponse : 1/ Achievement** : réalisation, concrétisation, réussite, succès, exploit.

125 **Réponse : 3/**

126 **Réponse : 2/ A loaf of bread** : une miche de pain.

127 **Réponse : 3/**

128 **Réponse : 4/**

129 **Réponse : 2/**

130 **Réponse : 4/ To bite / bit / bitten** : mordre, piquer.
The dog bit my leg : le chien m'a mordu la jambe.
A mosquito bit me last night : un moustique m'a piqué la nuit dernière.

131 Réponse : 5/

132 Réponse : 1/

133 Réponse : 2/

134 Réponse : 1/

135 Réponse : 1/ **Lavish** : opulent, somptueux, généreux, copieux, fastueux.
A lavish lifestyle : un train de vie opulent.

136 Réponse : 3/

137 Réponse : 1/ **To prosecute somebody** : juger quelqu'un, traduire quelqu'un en justice.
The victim prosecuted the robber for theft : la victime a traduit en justice l'auteur du vol.

138 Réponse : 3/

139 Réponse : 4/

140 Réponse : 4/

141 Réponse : 3/

142 Réponse : 4/

143 Réponse : 1/

144 Réponse : 1/ **To pass an exam** : réussir un examen.
To apply for an internship / for a job : postuler pour un stage / pour un emploi.

145 Réponse : 2/

146 Réponse : 5/

147 Réponse : 3/

148 Réponse : 2/ **Although** : bien que.
Despite : malgré.
Despite the bad traffic, the employee was not late : malgré la circulation, l'employé n'est pas arrivé en retard.
Attention, **albeit** signifie aussi **bien que / quoique** mais ne s'utilise qu'en seconde partie de phrase.
The guests finally arrived, albeit very late : les invités sont enfin arrivés, quoique très en retard / *I also accept the declaration, albeit reluctantly* : j'accepte également la déclaration, quoique avec réticence.

149 Réponse : 4/

150 Réponse : 1/ **Scary** : effrayant, angoissant.

151 Réponse : 3/ **To chair a meeting** : présider une réunion.
To board : embarquer, monter à bord.
To act : agir, se comporter, jouer la comédie.
To seat : faire asseoir, placer.
To commit : commettre, perpétrer.

152 Réponse : 2/

153 Réponse : 2/

154 Réponse : 1/

155 Réponse : 5/ **A subsidiary** : une filiale.
A subsidy : une subvention.
A sublet : une sous-location.
A substitute : un substitut, un ersatz, un succédané.

156 Réponse : 1/

157 Réponse : 1/

Compréhension de textes

158 Réponse : 3/

159 Réponse : 3/

160 Réponse : 2/

161 Réponse : 2/

162 Réponse : 1/

163 Réponse : 5/

164 Réponse : 2/

165 Réponse : 3/

166 Réponse : 1/

167 Réponse : 5/

168 Réponse : 2/

169 Réponse : 4/

170 Réponse : 5/

INSTAGRAM DE L'AUTEUR

Franck Attelan

(lives thématiques et conseils)

GROUPE FACEBOOK

Objectif IAE

(entraide, partages d'expériences, questions à l'auteur, tests d'entrainement)

SCORE BLANC NUMERO 6

Annale Officielle du Score IAE Message (session du 12 mars 2016)

Pour des raisons pédagogiques, quelques questions d'actualité ont été mises à jour.

Consignes

1. Ce Score blanc contient 170 questions pour lesquelles vous aurez toujours 5 propositions de réponses au choix. 1 seule de ces propositions est correcte.

2. Le temps total pour travailler sur ce Score est de 3 heures.

3. Barème : 2 points par réponse juste sauf pour la sous-épreuve numéro 3 pour laquelle 5 points seront attribués par réponse juste. Une réponse fausse ou pas de réponse ne modifie pas le score (0 point). Le Score est donc noté sur un total de 400 points.

4. L'usage de la calculatrice, dictionnaire, lexique ou grammaire est formellement interdit. Aucune pause/sortie n'est autorisée pendant l'épreuve, toute sortie étant considérée comme définitive.

5. Les 170 réponses sont à reporter au recto d'une grille unique sur laquelle le candidat noircit la case correspondant à la réponse choisie, en utilisant le crayon fourni par le centre d'écrit. Les corrections doivent impérativement être effectuées avec un blanc correcteur.

SCORE BLANC NUMERO 6 : GRILLE DES REPONSES

	1	2	3	4	5
1					
2					
3					
4					
5					
6					
7					
8					
9					
10					
11					
12					
13					
14					
15					
16					
17					
18					
19					
20					
21					
22					
23					
24					
25					
26					
27					
28					
29					
30					
31					
32					
33					
34					
35					
36					
37					
38					
39					
40					
41					
42					
43					
44					
45					
46					
47					
48					
49					
50					

	1	2	3	4	5
51					
52					
53					
54					
55					
56					
57					
58					
59					
60					
61					
62					
63					
64					
65					
66					
67					
68					
69					
70					
71					
72					
73					
74					
75					
76					
77					
78					
79					
80					
81					
82					
83					
84					
85					
86					
87					
88					
89					
90					
91					
92					
93					
94					
95					
96					
97					
98					
99					
100					

	1	2	3	4	5
101					
102					
103					
104					
105					
106					
107					
108					
109					
110					
111					
112					
113					
114					
115					
116					
117					
118					
119					
120					

	1	2	3	4	5
121					
122					
123					
124					
125					
126					
127					
128					
129					
130					
131					
132					
133					
134					
135					
136					
137					
138					
139					
140					
141					
142					
143					
144					
145					
146					
147					
148					
149					
150					
151					
152					
153					
154					
155					
156					
157					
158					
159					
160					
161					
162					
163					
164					
165					
166					
167					
168					
169					
170					

SCORE BLANC NUMERO 6

1. CULTURE GENERALE, ECONOMIQUE ET MANAGERIALE

1 **Lors des vœux 2015 à la presse, quels ont été les termes utilisés par Manuel Valls pour parler des banlieues ?**

1/ Un « Apartheid territorial, social et ethnique »

2/ Des zones à « nettoyer au Kärcher »

3/ Des « zones de non-droit »

4/ Des « ghettos oubliés laissés aux islamistes »

5/ Des « zones d'une richesse culturelle incomparable »

2 **En juin 2020, quel est approximativement la somme que vous recevez lorsque vous changez 100 EUROS en USD (dollars américains) ?**

1/ 113 USD

2/ 121 USD

3/ 105 USD

4/ 126 USD

5/ 136 USD

3 **Parmi les propositions suivantes, laquelle est correcte ?**

1/ *La Jeune Fille à la perle* de Vermeer porte sa perle au cou

2/ *La Jeune Fille à la perle* de Vermeer porte sa perle à l'annulaire droit

3/ *La Jeune Fille à la perle* de Vermeer porte sa perle à l'index gauche

4/ *La Jeune Fille à la perle* de Vermeer porte sa perle à l'oreille gauche

5/ *La Jeune Fille à la perle* de Vermeer porte sa perle à l'oreille droite

4 **Le 12 mai 2015, à New York, quelle peinture adjugée 179,3 millions de dollars est devenue la toile la plus chère vendue aux enchères ?**

1/ *Les Tournesols* de Vincent Van Gogh

2/ *Le Cri* d'Edvard Munch

3/ *Les Baigneuses* de Paul Gauguin

4/ *Les Femmes d'Alger* de Pablo Picasso

5/ *Le Baiser* de Gustav Klimt

5 **Quelle émission de télévision Pascal Brunner, décédé le 26 février 2015, a animée pendant plusieurs années ?**

1/ *Questions pour un champion*
2/ *Le Juste Prix*
3/ *Une famille en or*
4/ *Fa si la chanter*
5/ *N'oubliez pas les paroles*

6 **Barack Obama est le :**

1/ 39e président des Etats-Unis
2/ 44e président des Etats-Unis
3/ 47e président des Etats-Unis
4/ 51e président des Etats-Unis
5/ 55e président des Etats-Unis

7 **En juin 2020, qui est secrétaire d'État auprès de la ministre de la Transition écologique et solidaire, chargé des Transports ?**

1/ Françoise Nyssen
2/ Xavier Bertrand
3/ Nicole Belloubet
4/ Jean-Baptiste Djebbari
5/ Muriel Pénicaud

8 **Où peut-on admirer le Palais de la Seigneurie (le Palazzo Vecchio) ?**

1/ A Milan
2/ A Venise
3/ A Rome
4/ A Florence
5/ A Palerme

9 **Dans quelle ville est né le général de Gaulle ?**

1/ A Reims
2/ A Lille
3/ A Colombey-les-Deux-Eglises
4/ A Chartres
5/ A Pont-à-Mousson

10 **Au Brésil, en octobre 2014, quel candidat a remporté les élections présidentielles ?**

1/ Eduardo Jorge
2/ Mauro Iasi
3/ Dilma Rousseff
4/ Marina Silva
5/ Aécio Neves

11 **Parmi les planètes suivantes, laquelle n'appartient pas au système solaire ?**

1/ Saturne
2/ Vénus
3/ Jupiter
4/ Neptune
5/ Artémis

12 **En 2014, quel événement en Afrique du Sud a eu un retentissement international ?**

1/ La fin du procès des tenants de l'apartheid

2/ Le procès d'Oscar Pistorius

3/ La fin du procès pour corruption des leaders de l'ANC

4/ La condamnation de Nelson Mandela pour harcèlement moral sur une collaboratrice

5/ La condamnation de l'Etat au bénéfice de Nelson Mandela pour emprisonnement illégal

13 **Quel président des Etats-Unis d'Amérique est connu et célèbre pour son combat en faveur de l'abolition de l'esclavage ?**

1/ Théodore Roosevelt

2/ Thomas Jefferson

3/ James Monroe

4/ Thomas W. Wilson

5/ Abraham Lincoln

14 **A qui Jérôme Charbonnier, surnommé « Charb », avait-il succédé en 2009 en tant que directeur de la publication de *Charlie Hebdo* ?**

1/ Philippe Val

2/ Bernard Maris

3/ François Cavanna

4/ Georges Wolinski

5/ Bernard Verlhac dit « Tignous »

15 **Dans quelle ville l'Exposition universelle a-t-elle été ouverte le 1er mai 2015 ?**

1/ A Barcelone

2/ A Milan

3/ A Shanghai

4/ A Vancouver

5/ A Buenos Aires

16 **En France, quel est le nom de l'ancien directeur général de Sanofi, évincé de ses fonctions en octobre 2014 ?**

1/ Marc Lelandais

2/ Dany Bahar

3/ Dennis Hennequin

4/ Thierry Morin

5/ Christopher Viehbacher

17 **En mai 2020, quel entreprise pharmaceutique a provoqué une levée de boucliers internationale en évoquant l'idée de réserver aux États-Unis la primeur d'un éventuel vaccin contre le Covid-19 parce qu'ils collaborent à son développement ?**

1/ Sanofi

2/ Pfizer

3/ Biomérieux

4/ Roche

5/ Novartis

18 **Dans quelle ville française peut-on découvrir les traboules ?**

1/ Marseille

2/ Bordeaux

3/ Montpellier

4/ Lyon

5/ Clermont-Ferrand

19 De quelle ville le cardinal de Richelieu fut-il évêque ?

1/ Autun
2/ Luçon
3/ Sens
4/ Rouen
5/ Verdun

20 Qu'a obtenu le Front National en France à la suite des élections municipales de 2014 ?

1/ Une place au Conseil constitutionnel
2/ Deux présidents de conseil général
3/ Deux présidents de conseil régional
4/ Deux sièges à l'Assemblée nationale
5/ Deux sièges au Sénat

21 En quelle année les accords d'Evian ont-ils été signés ?

1/ En 1942
2/ En 1952
3/ En 1962
4/ En 1972
5/ En 1982

22 En quelle année le processus de transition démocratique en Espagne a-t-il démarré ?

1/ En 1936
2/ En 1945
3/ En 1968
4/ En 1975
5/ En 1989

23 Quelle est la capitale du Maroc ?

1/ Agadir
2/ Rabat
3/ Tanger
4/ Casablanca
5/ Marrakech

24 En quelle année la Grèce est-elle entrée dans l'Union européenne ?

1/ En 1971
2/ En 1981
3/ En 1991
4/ En 2001
5/ En 2011

25 Dans quelle région la forêt de Brocéliande, célèbre pour ses légendes sur Merlin l'Enchanteur, se situe-t-elle ?

1/ Dans les Alpes
2/ Dans les Landes
3/ En Alsace
4/ En Bretagne
5/ En Auvergne

26 Dans quel pays la ville d'Alexandrie se trouve-t-elle ?

1/ En Jordanie
2/ En Iran
3/ En Egypte
4/ En Syrie
5/ En Israël

27 **A Paris, quel a été le principal architecte du Centre Pompidou ?**

1/ Jean-Michel Wilmotte
2/ Le Corbusier
3/ Hector Guimard
4/ Renzo Piano
5/ Frank O. Gehry

28 **En Chine, à partir du 12 août 2015, les explosions de Tianjin ont eu lieu. Ce jour-là, quel type de bâtiment a explosé ?**

1/ Un barrage et une centrale électro hydraulique
2/ Une centrale nucléaire
3/ Un entrepôt chimique
4/ Un site de lancement de satellites
5/ Une usine de confection

29 **Eddie Redmayne, acteur britannique, remporte l'Oscar du meilleur acteur de l'année 2015 pour son rôle dans le Film *Une merveilleuse histoire du temps*. Quel scientifique célèbre interprète-t-il ?**

1/ Albert Einstein
2/ Alan Turing
3/ Stephen Hawking
4/ Galilée
5/ Isaac Newton

30 **Quel écrivain nord-américain a écrit les romans primés *Independence Day* et *Canada* ?**

1/ Richard Ford
2/ Cormac McCarthy
3/ Alice Munro
4/ Raymond Carver
5/ James Baldwin

31 **En matière de transports, la loi Macron, définitivement adoptée le 9 juillet 2015, prévoit :**

1/ La libéralisation du marché des transports intercités en autocar
2/ La libéralisation du marché aérien low cost
3/ L'interdiction sur le sol français du service UberPop
4/ La libéralisation du prix des transports aériens
5/ L'abandon de l'écotaxe pour les poids lourds

32 **Le 1er juillet 2015, quelles nations ont rétabli des relations diplomatiques officiellement rompues depuis 1961 ?**

1/ La Palestine et Israël
2/ La Chine et Taïwan
3/ L'Algérie et la France
4/ Les Etats-Unis et Cuba
5/ L'Argentine et l'Espagne

33 **Quel était le nom de Saint-Pétersbourg de 1924 à 1991 ?**

1/ Volgograd
2/ Stalingrad
3/ Leningrad
4/ Ekaterinbourg
5/ Novossibirsk

34 **Quel pays d'Europe a renoncé officiellement à son entrée dans l'Union européenne en mars 2015 ?**

1/ La Bosnie
2/ L'Islande
3/ La Suisse
4/ La Norvège
5/ La Biélorussie

35 **Quel était le surnom de Florence Arthaud, célèbre navigatrice française, décédée en mars 2015 ?**

1/ « La petite fiancée de l'Atlantique »
2/ « La fiancée des mers »
3/ « La dame de l'Atlantique »
4/ « La petite sirène des océans »
5/ « La fiancée du Pacifique »

36 **Lequel de ces pays ne se situe pas dans les Balkans ?**

1/ L'Albanie
2/ La Bosnie-Herzégovine
3/ La Bulgarie
4/ Le Monténégro
5/ La Lituanie

37 **L'Organisation de coopération économique de la mer Noire (OCEMN) fut fondée et établie à Istanbul le 25 juin 1992. Elle comprend douze pays membres. Parmi les pays suivants, lequel n'en fait pas partie ?**

1/ L'Ukraine
2/ La Turquie
3/ L'Azerbaïdjan
4/ La Libye
5/ La Russie

38 **Qui occupe depuis le 1er novembre 2019 la présidence de la Banque Centrale Européenne ?**

1/ Mario Draghi
2/ Bruno Lemaire
3/ Ignazio Visco
4/ Guido Carli
5/ Christine Lagarde

39 **Qui est Jérôme Fenoglio ?**

1/ Le nouveau président de France Télévisions depuis mars 2015
2/ Le nouveau président de la SNCF depuis avril 2015
3/ Le nouveau rédacteur en chef de *Charlie Hebdo* depuis janvier 2015
4/ Le nouveau directeur du journal *Le Monde* depuis juillet 2015
5/ Le nouveau chargé de communication de l'Elysée

40 **Selon l'ouvrage polémique publié par son ancienne compagne en septembre 2014, quels termes péjoratifs aurait utilisés François Hollande pour qualifier « les pauvres » ?**

1/ Les « sans-savon »
2/ Les « sans-lunettes »
3/ Les « sans-saveur »
4/ Les « sans-culottes »
5/ Les « sans-dents »

41 **De quel pays d'Europe le forint est-il la monnaie ?**

1/ Chypre
2/ L'Estonie
3/ La Hongrie
4/ La Slovénie
5/ La Bulgarie

42 **Quel homme politique français, ancien ministre de l'Intérieur, est décédé en juin 2015 ?**

1/ Jean Germain
2/ Charles Pasqua
3/ Philippe Séguin
4/ Raymond Marcellin
5/ Michel Crépeau

43 **Qui est depuis 2019 le président des Républicains ?**

1/ Laurent Wauquiez
2/ Christian Jacob
3/ Eric Woerth
4/ Rachida Dati
5/ Nicolas Sarkozy

44 **En Russie, le 28 février 2015, quel opposant à Vladimir Poutine a été assassiné en plein centre de Moscou ?**

1/ Lioudmila Chkrebneva
2/ Boris Nemtsov
3/ Dmitri Medvedev
4/ Mikhaïl Kassianov
5/ Nikolaï Patrouchev

45 **De quelle ville, le groupe de rap IAM est-il originaire ?**

1/ Marseille
2/ Toulouse
3/ Bordeaux
4/ Paris
5/ Perpignan

46 **Quel est le roi issu de la branche collatérale des Valois qui, en 1328, est devenu le premier roi de France depuis l'avènement d'Hugues Capet en 987 à ne pas descendre en ligne directe de la branche capétienne ?**

1/ Robert II
2/ Louis IX
3/ Jean II
4/ Charles V
5/ Philippe VI

47 En mars 2015, quel roi anglais, dont la dépouille a été retrouvée sous un parking en 2012, a bénéficié de funérailles de monarque cinq siècles après sa mort ?

1/ Guillaume II

2/ Henry VII

3/ Edouard V

4/ Jacques VI

5/ Richard III

48 Quelle société produit le système d'exploitation pour smartphones (tablettes, objets connectés) Android ?

1/ Google

2/ Apple

3/ Microsoft

4/ Amazon

5/ IBM

49 En septembre 2014, à l'issue de sa première journée d'introduction en bourse à Wall Street, quel était le cours de clôture, alors que le prix de mise sur le marché était de 68 dollars, de l'action du géant chinois de la distribution en ligne Alibaba ?

1/ 74 dollars

2/ 84 dollars

3/ 94 dollars

4/ 104 dollars

5/ 114 dollars

50 En juin 2015, quel scandale a été révélé par WikiLeaks ?

1/ Une affaire de fraude fiscale par un ministre français

2/ Une affaire d'adultère au sein de l'aristocratie britannique

3/ Les Etats-Unis espionnaient l'Europe à partir de bases installées sur les toits de ses ambassades

4/ Une affaire d'évasion fiscale par de grandes entreprises européennes

5/ Un détournement de fonds au sein d'une organisation écologique

SCORE BLANC NUMERO 6

2. COMPREHENSION ET EXPRESSION ECRITE EN FRANÇAIS

51 Parmi les propositions suivantes, laquelle est synonyme de la citation de Jean Racine : « C'est ce qui me le fait justement abhorrer ? »

1/ C'est ce qui me le fait exécrer
2/ C'est ce qui me le fait rencontrer
3/ C'est ce qui me le fait aimer
4/ C'est ce qui me le fait fuir
5/ C'est ce qui me le fait diffuser

52 Parmi les propositions suivantes, laquelle est incorrecte ?

1/ Nous avons vu beaucoup de crapauds près de cet étang
2/ Cette recette demande du lard, il faut en acheter
3/ Mon mari fait beaucoup de cauchemards, je m'inquiète pour lui
4/ Il est considéré comme un vieillard alors que son esprit est encore très jeune
5/ Ce raccord de peinture est trop visible, il faut recommencer

53 Parmi les propositions suivantes, laquelle est correcte ?

1/ Les chats ne miaulent que fort peux en général
2/ Le tigre peux ressembler à un gros chat parfois
3/ Hélas, cette année la récolte sera peu abondante, se désolait le fermier
4/ Nous regardons un peut les émissions de télé-réalité
5/ Cet enfant peu peu de choses

54 Parmi les propositions suivantes, laquelle est correcte ?

1/ Cet haéropage de chercheurs a fait de brillantes découvertes
2/ Cet aréopage de chercheurs a fait de brillantes découvertes
3/ Cet aeraupage de chercheurs a fait de brillantes découvertes
4/ Cet haeraupage de chercheurs a fait de brillantes découvertes
5/ Cet haréaupage de chercheurs a fait de brillantes découvertes

55 **Parmi les propositions suivantes, laquelle est correcte ?**

1/ Cet homme a beaucoup de courage, il est souvent en but aux critiques mais continue son combat

2/ Cet homme a beaucoup de courage, il est souvent en-but aux critiques mais continue son combat

3/ Cet homme a beaucoup de courage, il est souvent en bute aux critiques mais continue son combat

4/ Cet homme a beaucoup de courage, il est souvent en butte aux critiques mais continue son combat

5/ Cet homme a beaucoup de courage, il est souvent en buttes aux critiques mais continue son combat

56 **Parmi les propositions suivantes, laquelle est incorrecte ?**

1/ Ce fabricant de meuble est très doué avec le bois

2/ Durant notre croisière, le personnel naviguant était très sympathique

3/ En fabriquant tes meubles toi même, tu économiseras beaucoup d'argent

4/ En naviguant aussi vite, il y a un risque que le bateau chavire

5/ Cette fumée est suffocante, il faut que tu aères au plus vite

57 **Parmi les propositions suivantes, inspirées d'Ubu de Jarry, laquelle est correcte ?**

1/ Mer farouche et inhospitalière qui baigne le pays appellé Germanie

2/ Ainsi nommés parce ce que les habitants de ce pays sont tous cousins germains

4/ Ah ! Bien qu'il est beau ce pays ne vaut pas la Pologne

4/ S'il n'y aurait pas de Pologne, il n'y aurait pas de Polonais

5/ Demain, nous éblouirons nos compatriotes des récits de nos aventures

58 **Parmi les propositions suivantes, laquelle est correcte ?**

1/ Quand Jacques arrivait, la chambre devenait toute gaité, bruit et mouvement

2/ Jacques, partit, Paul se mettait à sa poésie

3/ Son travail ses rimes étaient moins pires de jour en jour

4/ Quelques fois, pourtant, je le rencontrais errant dans les rues

5/ Dès que je le vis coiffé ses cheveux, je compris où il allait

59 **Parmi les propositions suivantes, laquelle est correctement orthographiée ?**

1/ Différents du commun des mortels, ils possédaient des caractéristiques orijinalles

2/ Différents du commun des mortels, ils possédaient des caractéristiques orijinales

3/ Différents du commun des mortels, ils possédaient des caractéristiques originalles

4/ Différents du comun des mortels, ils possédaient des caractéristiques orijinales

5/ Différents du commun des mortels, ils possédaient des caractéristiques originales

60 **Parmi les propositions suivantes, laquelle est correctement orthographiée ?**

1/ Judith pendra sa crémayère dimanche

2/ Le métayer observait le ciel, inquiet

3/ Judith détestait allait chercher les œufs dans le poulayer

4/ Il faudrait que ces moineaux cessent de piayer

5/ Il admirait les balcons sayants de cet immeuble ancien

61 **Parmi les propositions suivantes, laquelle est correcte ?**

1/ Ils ont mis leurs chapeaux sur leurs têtes car il faisait froid

2/ Ils ont mis leur chapeau sur leur tête car il faisait froid

3/ Ils ont mis leurs chapeaux sur leur tête car il neigeait

4/ Ils ont mis leur chapeau sur leurs têtes car il neigeait

5/ Ils ont mis leurs chapeaux sur leures têtes car il neigeait

62 **Parmi les propositions suivantes, laquelle correspond à la 3e personne du singulier de l'imparfait du verbe « pouvoir » ?**

1/ Il pouvait

2/ Il pourra

3/ Il a pu

4/ Il avait pu

5/ Ils pouvaient

63 **Parmi les propositions suivantes, laquelle est superlative ?**

1/ La saison est plutôt belle

2/ Je vous en suis infiniment reconnaissant

3/ Je suis assez fatigué

4/ Elle arrive souvent en début d'après-midi

5/ Ils vous en sauront gré

64 **Parmi les propositions suivantes, laquelle correspond à la conjugaison du verbe « appeler » à la première personne du singulier de l'imparfait ?**

1/ J'appelais

2/ J'appellerai

3/ J'aurai appelé

4/ J'ai appelé

5/ J'avais appelé

65 **Parmi les propositions suivantes, laquelle est correcte ?**

1/ Versons de la poix bien chaude sur la tête de ces audacieux ennemis

2/ Tu ferais bien de surveiller ton pois avant les vacances

3/ Quelle odeur épouvantable ! Pois, va te laver !

4/ Quand il a vu son poix, il a poussé un cri

5/ Jack a planté son poix magique pour rejoindre les géants

66 **Parmi les propositions suivantes, laquelle est correcte ?**

1/ Les étudiants sont sensés connaître leurs cours avant l'examen

2/ Les étudiants sont censés connaître leurs cours avant l'examen

3/ Les étudiants sont sansés connaître leurs cours avant l'examen

4/ Les étudiants sont censsés connaître leurs cours avant l'examen

5/ Les étudiants sont senssés connaître leurs cours avant l'examen

67 **Parmi les phrases suivantes, laquelle est correctement rédigée ?**

1/ L'iniquité semble tolérable lorsqu'elle est assez incohérente pour paraître volontaire

2/ L'iniquité semble tolérable lors qu'elle est assez incohérente pour paraître volontaire

3/ L'iniquité semble tolérable lorsquelle est assez incohérente pour paraître volontaire

4/ L'iniquité semble tolérable lorsqu'il est assez incohérente pour paraître volontaire

5/ L'iniquité semble tolérable lors qu'il est assez incohérente pour paraître volontaire

68 **Parmi les propositions suivantes, inspirées de La Bruyère, laquelle est correcte ?**

1/ A la cour, l'on dit du bien de quelqu'un afin qu'il sut que nous disons du bien de lui

2/ A la cour, l'on dit du bien de quelqu'un afin qu'il en dise de nous

3/ Il ne faut rien exagérer, ni dire des cours le mal qui n'y ait point

4/ Il ne pense pas qu'à la cour l'on se souvint des mérites de chacun

5/ L'on est petit à la cour, quelque vanité que l'on aie

69 **Parmi les propositions suivantes, laquelle est correctement conjuguée au passé simple de l'indicatif ?**

1/ Vous reçutes ce courrier il y a trois jours

2/ Pourtant vous n'y répondîtes pas

3/ Le 12 mars vous acquérîtes une nouvelle maison

4/ Mais vous la perdirent, détruite par un dragon, quelques mois plus tard

5/ La mairie vous offra une nouvelle demeure

70 **Qu'est-ce qu'un « aréopage » ?**

1/ Un type d'avion sans moteur

2/ Une piste d'atterrissage d'un aéroport

3/ Une vision hallucinatoire

4/ Une assemblée de personnes particulièrement compétentes dans leur domaine

5/ La mise en place d'une commission destinée à la réflexion autour d'un projet d'utilité publique

71 **Parmi les propositions suivantes, laquelle est correcte ?**

1/ Le chef politique a surpris l'auditoire par son discours calme et posé

2/ Le chef politique a surpris l'auditoir par son discours calme et posé

3/ Le chef politique a surpris l'hoditoire par son discours calme et posé

4/ Le chef politique a surpris l'hauditoir par son discours calme et posé

5/ Le chef politique a surpris l'haudittoire par son discours calme et posé

72 **Parmi les propositions suivantes, laquelle est correcte ?**

1/ Les films qu'elle a vu étaient particulièrement violents, elle en fait beaucoup de cauchemars

2/ Les films qu'elle a vus était particulièrement violents, elle en faient beaucoup de cauchemars

3/ Les films qu'elle a vus étaient particulièrement violents, elle en fait beaucoup de cauchemars

4/ Les films qu'elle a vues étaient particulièrement violents, elle en fait beaucoup de cauchemars

5/ Les films qu'elle a vue étaient particulièrement violents, elle en fait beaucoup de cauchemars

73 **Parmi les propositions suivantes, laquelle est correcte ?**

1/ L'hémisphère droite du cerveau est endommagée

2/ Il a fait un tel esclandre qu'on l'a chassé

3/ C'est une belle insigne que tu as là

4/ Il y a une intervalle entre chaque note

5/ Les nazis ont fait une grande autodafé avec des livres anciens

74 **Parmi les propositions suivantes conjuguées à l'impératif, laquelle est incorrecte ?**

1/ As-tu vu le panneau ?

2/ Prends à gauche après l'intersection Ne bois pas tant de soda, c'est mauvais pour la santé

3/ Ne rentres pas trop tard, il fait noir de plus en plus tôt

4/ Prévois plus de temps pour finir ce devoir ou tu n'y arriveras pas

5/ Ne mords pas ton frère, tu lui fais mal

75 **Parmi les propositions suivantes, laquelle est correcte ?**

1/ Un coup de vent, tout à l'heure balaira les feuilles du platane

2/ Tu ficèleras le poulet pour le faire cuire

3/ Elle parcourera le trajet en voiture très rapidement

4/ Napoléon conquerra-t-il la Russie ? Se demandait Joséphine

5/ Vous cacheterez vos lettres avant de les déposer dans le coffre

76 **Parmi les propositions suivantes, laquelle est correcte ?**

1/ Pendant l'entracte, suffisamment longue, l'intermède chanté aux spectateurs paraissait divertissant

2/ Pendant l'entracte, suffisamment long, l'intermède chantée aux spectateurs paraissait divertissant

3/ Pendant l'entracte, suffisamment longue, l'intermède chantée aux spectateurs paraissait divertissante

4/ Pendant l'entracte, suffisamment long, l'intermède chanté aux spectateurs paraissait divertissant

5/ Pendant l'entracte, suffisamment long, l'intermède chanté aux spectateurs paraissait divertissante

77 **Parmi les propositions suivantes, laquelle est correctement orthographiée ?**

1/ Alceste n'était point philantrope, bien au contraire

2/ Alceste symbolise la misantropie poussée à son extrême

3/ Peut-on être misanthrope et philantrope dans le même temps

4/ Un mysanthrope ne saurait être phylantrope dans le même temps

5/ Philinte appréciait la compagnie d'Alceste, malgré la grande misanthropie de ce dernier

78 **Parmi les propositions suivantes, laquelle est incorrectement orthographiée ?**

1/ Au-dessous

2/ Par-devant

3/ En-dessous

4/ Par-derrière

5/ Par-dessous

79 **Parmi les propositions suivantes, laquelle est correcte ?**

1/ Dans mon cerveau, dans ma tête, je réussit à écrire des merveilles

2/ Dès que j'essaies de les noter, hélas, j'échoues misérablement

3/ L'action me fais alors horreur, c'est comme un frisson qui me saisit

4/ L'action me fait horreur, c'est comme un grand frisson qui me saisis

5/ Pourtant, dans mon cerveau, dans ma tête, je réussis à penser ces merveilles

80 **Que signifie l'adjectif « apocryphe » ?**

1/ Se rapporte à quelque chose qui n'est pas authentique, ou qui est faux

2/ Se rapporte à une chose découverte après la mort de quelqu'un

3/ Se rapporte à quelque chose qui peut apporter des allergies

4/ Se rapporte à des écrits rédigés par des saints

5/ Se rapporte à un écrit autobiographique

81 **Parmi les propositions suivantes, laquelle est incorrectement orthographiée ?**

1/ A Paris, les égoutiers meurent dix-sept ans plus jeunes que la moyenne nationale

2/ Alice perd régulièrement ses écout-teurs, elle en rachète tous les quinze jours

3/ Il est toujours pratique d'avoir un égouttoir chez soi

4/ Sophie aimait faire de la trottinette après l'école 5

5/ Si vous aimez les côtelettes, allez dans ce restaurant

82 **Parmi les propositions suivantes, laquelle est correcte ?**

1/ Un objet piriforme est un objet triangulaire

2/ Un objet piriforme est un objet en forme de pomme

3/ Un objet piriforme est un objet en forme de poire

4/ Un objet piriforme est un objet en forme de prune

5/ Un objet piriforme est un objet en forme de trapèze

83 **Parmi les propositions suivantes, laquelle est incorrecte ?**

1/ Un discours pompeux est un discours prononcé par le meneur des pompes funèbres

2/ Un ponton est une barge, généralement ancrée dans un port

3/ Un pontier est un conducteur de pont roulant

4/ Quelqu'un qui expose son savoir avec prétention pontie

5/ Un pontil est également une barre de fer

84 **Parmi les propositions suivantes, inspirées de Victor Hugo, laquelle est correcte ?**

1/ Le sort de ses nations est comme une mer profonde

2/ Il a ses écueils cachés et ses gouffres mouvants

3/ Aveugle qui ne voit rien dans ses destins du monde

4/ Aveugle qui ne voit que le combat des flots sous la lutte de ses vents

5/ Un souffle immense et fort domine ses tempêtes

85 **Par quel synonyme pourrait-on remplacer le mot « épître » ?**

1/ Paragraphe

2/ Préface

3/ Epitaphe

4/ Lettre

5/ Prologue

Texte

Les robots vont-ils tuer les emplois ?

Source : *Sciences humaines* sept.-oct. 2015, numéro spécial.

Quatre emplois sur dix, y compris dans les métiers qualifiés, risquent d'être automatisés dans les vingt ans à venir : cette prédiction alarmiste, largement relayée par la presse au printemps 2015, est-elle valide ?

Par Jean-François Dortier

Fin 2014, une étude largement relayée par les médias alerte sur les risques majeurs que la révolution digitale en cours fait peser sur les emplois le travail. En France, dans les dix années à venir, 42 % des métiers risquent d'être transformés par la numérisation. 3 millions d'emplois pourraient être détruits. La robotisation va ainsi contribuer, promet l'étude, à « déstabiliser en profondeur les classes moyennes françaises ».

Concrètement, l'étude menée par le cabinet de consultant Roland Berger explique qu'une nouvelle génération de robots et de machines va désormais s'attaquer à des secteurs jusque-là épargnés par l'automatisation des tâches : dans la santé, des logiciels de diagnostics médicaux et des robots distributeurs de médicaments pourraient se substituer aux agents de soin. Les voitures automatisées, déjà opérationnelles, risquent de remplacer les chauffeurs. Même le métier de journaliste n'est pas épargné : des logiciels comme Quill sont déjà capables de rédiger des articles financiers et des comptes de matchs sportifs…

Conclusion : l'automatisation des tâches qui a supprimé des emplois dans l'industrie s'attaque désormais aux secteurs des services et des emplois plus qualifiés. Après les classes populaires, ce sont les classes moyennes qui sont menacées.

Force est de l'admettre : le remplacement progressif des humains par les machines semble une loi implacable de l'histoire. C'est d'ailleurs la raison principale pour laquelle on fabrique des machines : pour alléger l'effort et augmenter les forces humaines. Donc, à terme, pour les remplacer. Durant les Trente Glorieuses, l'arrivée des tracteurs et machines agricoles a permis de décupler la puissance de travail des paysans : la production de céréales, légumes, viandes, lait augmentait à mesure que le nombre d'agriculteurs diminuait. Puis ce fut au tour des emplois d'ouvriers spécialisés (OS), ces ouvriers qui soudaient ou peignaient les automobiles sur des chaînes de montage, d'être supprimés par des robots industriels. Aujourd'hui, les assurances, la banque et les services en général semblent connaître le même sort que les agriculteurs et les ouvriers naguère.

Mais comment comprendre alors que durant les Trente Glorieuses, période de grands progrès techniques, le nombre d'emplois global n'a cessé d'augmenter ? Comment expliquer qu'aujourd'hui un pays comme l'Allemagne, qui a un taux d'équipement en robots deux fois supérieur à la France (par nombre de salariés), ait aussi un taux de chômage nettement inférieur ? Une réponse à cette énigme avait été apportée par l'économiste et démographe Alfred Sauvy dès les années 1980. Dans *La Machine et le Chômage*, il s'en prenait à l'illusion du « chômage technologique ». Si, à court terme, la machine diminue l'emploi dans un secteur (comme ce fut le cas dans l'agriculture), elle a aussi des effets positifs à long terme. La baisse des coûts des produits alimentaires entraîne en effet une augmentation du pouvoir d'achat des consommateurs, qui vont alors transférer leur consommation vers d'autres secteurs : les produits industriels ou la santé. C'est ce qu'il appelait la théorie du déversement. Voilà pourquoi les enfants des agriculteurs des Trente Glorieuses ont quitté « un à un le pays pour s'en aller gagner leur vie loin de la ferme où ils sont nés » (comme dit la chanson de Jean Ferrat), et gonflé les rangs des classes moyennes.

Depuis le livre d'A. Sauvy, bien d'autres études ont exploré les relations complexes entre emploi et chômage. L'une des plus célèbres a été menée par d'éminents économistes, Olivier Blanchard et Robert Solow, qui ont montré que sur le long terme, il n'existe aucune correspondance entre innovation et chômage. Une étude de 2011 a tenté de prendre en compte trois effets de l'automatisation :

1/ son effet sur la productivité du travail : elle est augmentée par l'automatisation ;

2/ ses conséquences à court terme : suppression d'emplois dans les secteurs concernés ;

3/ ses conséquences à long terme : transfert de revenus dans d'autres secteurs.

Résultat : les données empiriques confirment bien l'existence de trois effets, mais le bilan global en termes d'emploi s'avère finalement positif. Annoncer un nombre d'emplois détruits – des millions à l'horizon 2025 –, menacés par les innovations techniques en cours, en l'isolant de l'ensemble des relations macroéconomique, n'a donc aucun sens. D'autant que cette prévision repose sur une autre prévision : l'arrivée d'une nouvelle génération de programmes d'intelligence artificielle (IA) et de robots qui seraient en train de bouleverser l'économie. De quoi s'agit-il au juste ?

Tout le monde a entendu parler de big data ou du cloud ; tout le monde a vu des robots humanoïdes exhibés dans les salons d'innovation ; chacun sait que la voiture sans pilote est en train d'être mise au point par la plupart des grandes marques automobiles (même Google s'y est mis avec sa Google car). Erik Brynjolfsson et Andrew McAfee, deux professeurs du MIT, bien connus dans le domaine du business innovation parlent de « deuxième âge des machines » pour qualifier cette révolution en cours. Le supercalculateur Watson d'IBM est un exemple clé de cette nouvelle puissance des machines. Gagnant du jeu télévisé Jeopardy en 2011, ce programme vedette d'IBM s'attaque désormais au domaine médical où il met sa puissance au service du diagnostic du cancer.

Selon E. Brynjolfsson et A. McAfee, de nombreux programmes fondés sur les machines apprenantes vont se développer dans les prochaines années sous l'effet de la fameuse loi de Moore (qui veut que tous les 18 mois les ordinateurs doublent de puissance). Faut-il avoir foi en ce raisonnement ? L'exercice de prospective qui consiste à supposer des bouleversements technologiques à venir à partir d'avancées récentes se heurte à quelques sérieuses objections. Tout d'abord, l'histoire de l'IA a plusieurs fois démenti les prédictions optimistes. Lors d'un séminaire fondateur en 1956, Herbert Simon, créateur avec Allen Newell du GPS, prévoyait que dans les dix années à venir, les traducteurs automatiques auraient remplacé les interprètes : c'était il y a soixante ans ! De même, on prévoyait déjà que les systèmes experts (aide à la décision) pourraient se substituer aux médecins. Depuis, alors que les ordinateurs ont démultiplié leur puissance, l'IA a connu des développements très inégaux, alternant phases de crises et phases d'avancées partielles, qu'il s'agisse de la reconnaissance et synthèse vocale, de la traduction automatique ou de capacités d'apprentissage artificiel. Aujourd'hui, ce sont les machines apprenantes, fondées sur des modèles prédictifs (dits bayésiens), qui ont le vent en poupe. Mais elles ne vont pas forcément donner lieu à un bouleversement technologique majeur. En vérité, la prospective technologique est un art risqué. Et la traduction en termes d'emploi d'avancées technologiques hypothétiques l'est encore plus. A ce titre, les exemples évoqués dans l'étude de Roland Berger invitent pour le moins au scepticisme. L'exemple du secteur médical est édifiant. L'étude nous apprend que le logiciel Watson d'IBM est capable d'établir des diagnostics médicaux « fiables à 90 % pour les cancers du poumon ». Faut-il en conclure que les jours des médecins sont comptés ? Non, bien sûr, « le médecin ne disparaîtra pas », précise l'auteur de l'étude, avant de préciser que ce sont plutôt les emplois paramédicaux qui seront directement touchés, « notamment le personnel hospitalier *via* le développement des robots ». Mais ceux qui connaissent le travail véritable des infirmières ou des aides-soignants savent bien qu'un distributeur de médicaments (comme le TUG d'Athéon implanté à titre expérimental dans quelques hôpitaux de Californie) ne pourra remplacer leur travail. Dans un horizon proche, aucun robot n'est en lice pour faire les lits, un pansement, déplacer les patients, faire leur toilette, etc. C'est pourquoi les médecins, les infirmières et ASH et les agents d'entretien ne sont pas vraiment menacés dans un avenir proche. Certes, la robotique médicale existe et progresse même à grand pas dans des secteurs précis : la robotique chirurgicale de précision et la robotique de réhabilitation (prothèses). Mais c'est semer la confusion que d'imaginer les métiers de soin profondément transformés par l'irruption, au sein des structures de soin, de l'informatique avancée ou des machines apprenantes. Qu'en est-il du secteur du transport ? L'étude de R. Berger nous apprend que l'essor de la voiture autonome aura un « fort impact » sur l'emploi. Est-ce à dire que les chauffeurs (taxi et routiers) sont condamnés ? Là encore, l'hypothèse est plus que douteuse. Si les prototypes de voitures autonomes sont désormais fonctionnels, leur mise en commercialisation n'est pas prévue avant 2020. Et la mise en circulation d'une voiture automatique n'implique pas la disparition du chauffeur. Prenons l'exemple des avions : ils disposent depuis longtemps du pilotage automatique, mais cette technique n'a pas abouti à la suppression des pilotes. De plus, l'hypothèse d'un pilotage automatique complet de certains véhicules ne verra pas le jour avant 2030 ; ce qui ruine les hypothèses alarmistes d'un fort impact sur les transports français à l'horizon 2025.

A n'en pas douter, la troisième révolution industrielle est en marche. Elle a déjà plus de trente ans : l'arrivée des ordinateurs de bureau et de l'informatique domestique a bouleversé la vie quotidienne et le travail. Une grande partie du secteur tertiaire est bousculée : les administrations, la santé, le marketing, l'architecture, la presse. Cette révolution a déjà conduit à la suppression de nombreux emplois. Mais elle en a transformé d'autres, et en a créé de nouveaux aussi. Elle va continuer ainsi à travailler en profondeur le paysage de l'emploi. Mais on ne peut pas annoncer que 3 millions d'emplois sont menacés ni que 42 % des emplois seront fortement impactés par cette nouvelle génération de machines. Ce sont là des chiffres magiques, voire fantaisistes, qui ne correspondent à aucune prévision tangible. La vérité est que personne ne sait prévoir l'avenir technologique à l'horizon de dix ou vingt ans et encore moins mesurer son impact sur l'emploi. Même les machines apprenantes et les robots ne savent pas le faire…

Nao est un petit fleuron de la french tech. Ce petit robot humanoïde parle, marche, se relève tout seul, saisit des objets, repère les personnes autour de lui et les salue poliment au passage. Il fait partie de cette longue lignée de robots humanoïdes exhibés à chaque salon de l'innovation, mais qui ne servent à rien. Chaque saison, ils reviennent sur le devant de la scène, sont présentés comme le robot domestique de demain. Mais aucune occupation sérieuse n'est à leur portée, hormis celle de jouet ou d'hôtesse d'accueil. En matière domestique, les seuls robots en circulation sont les aspirateurs et les tondeuses à gazon qui viennent juste de pénétrer un marché limité… Un demi-siècle après leur naissance. Le petit robot Nao n'ayant trouvé ni usage ni rentabilité, son concepteur a finalement revendu en 2015 sa société Aldebaran à une société japonaise.

La fameuse « loi de Moore » n'est pas une loi à proprement parler, mais un constat empirique établi par Gordon Moore (ingénieur à Intel) en 1964. Son constat portait sur la complexité des semi-conducteurs qui doublait tous les 18 mois. Une seconde formulation a eu lieu en 1975, cette fois-ci sur la fréquence d'horloge et le nombre de transistors intégrés dans un microprocesseur.

La loi de Moore s'est ensuite répandue (abusivement) sur une forme générale : elle postule que la puissance, la mémoire, la vitesse, etc. doublent tous les 18 mois.

En fait, la première « loi de Moore » (fréquence des processus) n'est plus valide depuis 2004. Elle se heurte à des problèmes de « surchauffe ». Quant aux capacités d'intégration de microprocesseurs, elles se heurtent désormais à un « mur » (lié à des effets quantiques) que les ingénieurs ne savent pas encore surmonter. La version populaire de la loi de Moore fonctionne toujours puisqu'elle ne correspond à rien de précis ! Les prophètes de la technologique l'utilisent en laissant supposer (à tort) que les blocages techniques de la robotique et de l'IA peuvent être levés par la seule puissance de calcul.

On invoque souvent la machine comme responsable du chômage. Une machine dévore l'emploi en remplaçant les salariés. Ce raisonnement intuitif est cependant à courte vue. Pour mesurer l'impact des techniques sur l'emploi, il faut prendre en compte toutes les relations entre machine et emplois.

Ainsi, une innovation technique (un nouveau robot dans la fabrication automobile) va augmenter la productivité et supprimer des emplois (effet 1). Mais les gains de productivité et la baisse des coûts du travail peuvent aussi être répercutés sur le prix. La baisse de prix entraîne une hausse d'achat d'automobiles, et donc la hausse d'emplois (effet 2). La baisse des coûts peut entraîner un transfert vers d'autres produits (notion d'« effet de déversement ») d'Alfred Sauvy (effet 3).

Enfin, l'innovation technologique (la nouvelle gamme de robots) peut être aussi la base de nouveaux produits de consommation, de production. C'est l'effet Schumpeter : les innovations technologiques sont à la base de grandes poussées. En résumé, l'automobile a supprimé les emplois de cochers et de constructeurs de acres mais a créé une industrie nouvelle à la base de la révolution industrielle.

Questions

86 Parmi les propositions suivantes, laquelle est correcte ?

1/ Ce texte évoque une révolution « digitale », c'est-à-dire une révolution liée au terrorisme

2/ Ce texte évoque une révolution « digitale », c'est-à-dire une révolution liée à l'évolution démographique

3/ La révolution « digitale » est une expression pour évoquer les avancées technologiques et informatiques

4/ Jean-François Dortier a mené une étude sur l'automatisation des métiers en 2014

5/ De la révolution annoncée dans les dix ans à venir doivent émaner des classes sociales moyennes

87 Parmi les propositions suivantes, laquelle est correcte ?

1/ Jean-François Dortier pense que l'automatisation va faire disparaître de nombreux métiers dans les hôpitaux

2/ D'après l'étude des consultants de Berger, les robots distributeurs de médicaments sont déjà en service dans de nombreux hôpitaux

3/ D'après l'étude des consultants de Berger, les voitures automatisées ont toujours besoin que le chauffeur assure un service minimum

4/ Quill est un logiciel permettant de piloter les voitures automatiquement

5/ Déjà en 2015, certains articles journalistiques ne sont pas écrits par des personnes

88 **Parmi les propositions suivantes, laquelle est incorrecte ?**

1/ Jean-François Dortier utilise un champ lexical violent (« supprimé », « s'attaque », « menacées »...) pour repéter les résultats de l'étude des consultants de Berger

2/ La classe ouvrière a été touchée par la technologie avant la classe moyenne

3/ Pour Jean-François Dortier, le remplacement des hommes par des machines est un événement accidentel

4/ L'homme a depuis toujours conçu des machines pour rendre sa vie plus confortable

5/ Les machines et outils ont été conçus depuis longtemps pour rendre l'homme plus fort

89 **Parmi les propositions suivantes, laquelle est correcte ?**

1/ « Durant les Trente Glorieuses », l'auteur évoque une période historique débutant au milieu du XIXe siècle

2/ « Durant les Trente Glorieuses », l'auteur évoque une période historique débutant milieu du XXe siècle

3/ Les paysans ont cessé de travailler durant les Trente Glorieuses, laissant les machines faire leur travail

4/ Les paysans ont émigré vers les villes, provoquant une famine, durant les Trente Glorieuses

5/ C'est au XIXe siècle que les ouvriers ont été remplacés par les premières machines

90 **Parmi les propositions suivantes, laquelle est correcte ?**

1/ L'auteur remet en cause l'opinion largement répandue selon laquelle l'automatisation a pour conséquence une montée permanente du chômage

2/ L'Allemagne a ralenti son degré d'automatisation pour éviter d'augmenter son taux de chômage

3/ Les métiers de service sont aujourd'hui les seuls à ne pas être touchés par la numérisation

4/ Pour Alfred Sauvy, le progrès technologique réduit systématiquement et immédiatement le chômage

5/ La crainte répandue de voir les machines augmenter le taux de chômage est née avec la généralisation d'Internet

91 **Parmi les propositions suivantes, laquelle est correcte ?**

1/ La théorie du déversement est une théorie expliquant le taux d'émigration en Europe

2/ La théorie du déversement a trait à la surconsommation des produits pharmaceutiques

3/ D'après Alfred Sauvy, la théorie du déversement ne s'applique que dans le domaine industriel

4/ L'auteur déplore l'abandon des fermes par les enfants des agriculteurs, au cours des Trente Glorieuses

5/ Avec l'automatisation, les classes moyennes ont augmenté au cours des Trente Glorieuses

92 **Parmi les propositions suivantes, laquelle est incorrecte ?**

1/ L'auteur rappelle qu'il serait erroné d'analyser l'effet des avancées technologiques en ne tenant compte que du seul domaine industriel

2/ L'auteur rappelle qu'aucun emploi ne sera supprimé à cause des nouvelles technologies

3/ L'auteur rappelle que les prévisions alarmistes négligent souvent la dimension systémique du monde du travail

4/ Des « relations macroéconomiques » tiennent compte de la dimension systémique du monde du travail

5/ Le développement de l'intelligence artificielle provoque de nouvelles craintes quant à l'emploi

93 **Parmi les propositions suivantes, laquelle est incorrecte ?**

1/ L'intelligence artificielle touche le seul domaine automobile

2/ L'intelligence artificielle concerne également les bases de données massives

3/ L'intelligence artificielle concerne également les robots humanoïdes

4/ Le MIT est une célèbre université aux Etats-Unis

5/ La nouvelle génération de machines concerne davantage des métiers liés aux services

94 **Parmi les propositions suivantes, laquelle est correcte ?**

1/ Pour l'auteur, la loi Moore est une loi infaillible

2/ Le métier d'interprète a disparu, remplacé par les ordinateurs depuis une dizaine d'années

3/ La synthèse vocale est un exemple de développement de l'intelligence artificielle connaissant une avancée réduite

4/ Dans la phrase « Et la traduction en termes d'emploi d'avancées… », l'auteur évoque le succès de la traduction automatique

5/ L'auteur faisait partie du groupe de consultants Berger

95 **Parmi les propositions suivantes, laquelle est correcte ?**

1/ Les médecins spécialisés dans le cancer du poumon ne se fient pas au logiciel Watson

2/ En Californie, un robot a permis de ne plus avoir d'aide-soignants

3/ Actuellement, les robots ont commencé à remplacer les hommes pour effectuer les soins quotidiens dans les hôpitaux

4/ En évoquant la « robotique médicale », l'auteur évoque les robots humanoïdes

5/ La technologie médicale concerne plus les actes de précision que les actes de soin

96 **Parmi les propositions suivantes, laquelle est correcte ?**

1/ D'après l'auteur, les machines apprenantes, qui relèvent de l'intelligence artificielle, ne pourront transformer tous les métiers hospitaliers

2/ Les voitures sans chauffeur inonderont le marché dès 2018

3/ L'auteur a recours à une comparaison avion-voiture pour nous montrer que la disparition des chauffeurs est inévitable

4/ La troisième révolution industrielle a débuté au début des années 2000 avec l'Internet

5/ La presse est le seul domaine du tertiaire qui ne pourra voir ses métiers supprimés avec les machines apprenantes

97 **Parmi les propositions suivantes, laquelle est incorrecte ?**

1/ L'auteur nous annonce que 3 millions d'emplois dans le tertiaire seront supprimés d'ici à 2030

2/ La prévision concernant la suppression des emplois à venir n'est pas vérifiable, d'après l'auteur

3/ Plus que de suppressions, c'est de transformations et d'évolutions qu'il faut parler s'agissant des emplois dans les années à venir

4/ L'auteur affirme sa position anti alarmiste face aux progrès technologiques

5/ A l'heure actuelle, on ne peut pas mesurer de façon certaine les évolutions des métiers

98 **Parmi les propositions suivantes, laquelle est incorrecte ?**

1/ Le petit robot Nao a été conçu au Japon

2/ A l'heure actuelle, on n'a pas trouvé une utilité rentable pour les robots humanoïdes

3/ Les aspirateurs autonomes font partie des robots humanoïdes

4/ A l'heure actuelle, on compte peu de robots domestiques sur le marché

5/ Les robots humanoïdes sachant saluer séduisent ponctuellement

99 **Parmi les propositions suivantes, laquelle est correcte ?**

1/ L'auteur valide la loi Moore et regrette qu'elle ne soit plus valide depuis 2004

2/ D'après l'auteur, la loi Moore ne peut être valable que pour la mémoire des ordinateurs

3/ La loi de Moore s'accorde avec une vision populaire des avancées technologiques

4/ L'auteur évoque les « prophètes de la technologie » en référence aux grands scientifiques du Moyen Orient

5/ L'auteur évoque les « prophètes de la technologie » pour souligner le nouveau culte des technologies

100 **Parmi les propositions suivantes, laquelle est incorrecte ?**

1/ L'auteur donne un exemple des conséquences à long terme de l'irruption des machines dans le monde automobile

2/ Le monde technologique crée non seulement des emplois différents mais également de nouveaux produits à consommer, deux points positifs sur le plan économique

3/ L'auteur ne déplore pas la fin des cochers

4/ Considérer la machine uniquement comme une source de chômage est une perception courante mais non vérifiée

5/ L'auteur est en désaccord avec la notion d'effet de « déversement » expliquée par Alfred Sauvy

SCORE BLANC NUMERO 6

3. RAISONNEMENT LOGIQUE ET NUMERIQUE

101 Complétez cette suite : 1000, 1001, 1010, 1011, 1100, …

1. 1101
2. 1110
3. 1111
4. 1010
5. 1001

102 Calculez la covariance des variables x et y, correspondant à l'échantillon de points représenté sur le graphique ci-dessous :

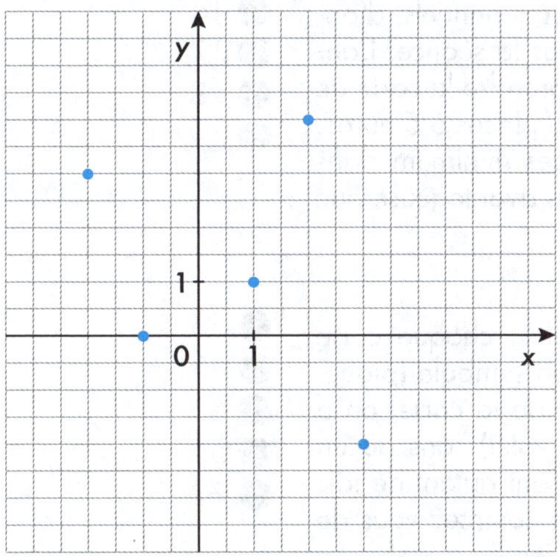

1. –1,32
2. –0,24
3. 0,12
4. 0,72
5. 3,48

103 Combien d'anagrammes différentes peut-on former avec les lettres « ABABAB » ?

1. 20
2. 60
3. 90
4. 120
5. 720

104 Soit X une variable suivant une loi binomiale B(10 ; 0,4)($n = 10$; $p = 0,4$). Que vaut P($X = 5$) ?

1. $P(X = 4) \times \frac{5}{4}$
2. $P(X = 4) \times \frac{3}{2}$
3. $P(X = 4) \times \frac{2}{3}$
4. $P(X = 4) \times \frac{4}{5}$
5. $P(X = 4) \times \frac{5}{7}$

105 Tom et Emma sont frère et sœur. Tom a deux fois plus de frères que de sœurs. Emma, quant à elle, a trois fois plus de frères que de sœurs. Combien d'enfants y a-t-il dans la famille ?

1. 4
2. 5
3. 7
4. 10
5. 13

106 Vous êtes actuellement en possession d'une carte de fidélité qui vous permet, pour 50 euros annuels, d'obtenir vos places de cinéma à 7 euros la séance. L'année prochaine, vous envisagez de prendre la carte de fidélité « PLUS » à 85 euros avec les places à 5 euros. Après l'achat de combien de places minimum dans l'année la carte PLUS sera-t-elle plus avantageuse que votre carte actuelle ?

1. 15
2. 16
3. 17
4. 18
5. 19

107 Dans un jeu classique de 32 cartes, chaque carte possède dans deux de ses coins son symbole (pique, cœur, carreau ou trèfle). Au centre de la carte, on a soit un personnage (dame, roi ou valet) sans aucun symbole, soit un symbole apparaissant autant de fois que la valeur de la carte. Combien comptez-vous de fois le symbole du trèfle dans un tel jeu ?

1. 35
2. 43
3. 51
4. 56
5. 72

108 De combien de manières peut-on se rendre du point A au point B, sachant que les seuls déplacements autorisés sont vers le haut ou vers la droite (en suivant les lignes du quadrillage) ?

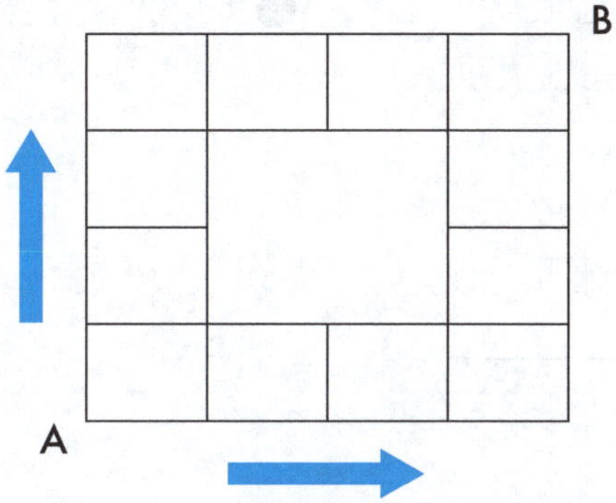

1. 26
2. 28
3. 30
4. 32
5. 34

109 Quelle peut être environ la croissance annuelle de cette quantité ?

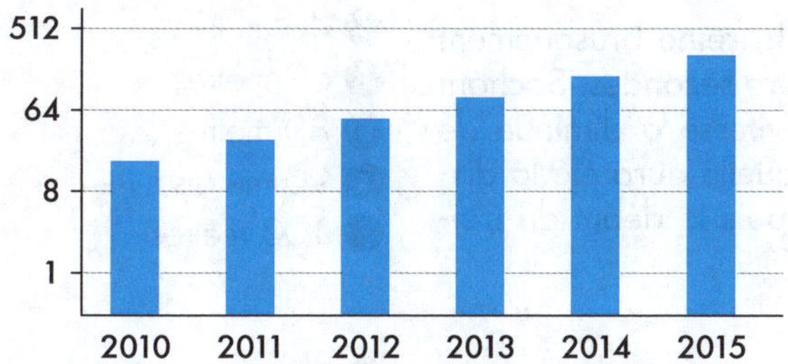

1. 5 %
2. 10 %
3. 20 %
4. 50 %
5. 100 %

110 Soit la fonction MOYENNE, calculant la moyenne des valeurs qui lui sont passées en paramètres. Quelle valeur de *X* permet de vérifier que MOYENNE(2 ; 3 ; *X*) = MOYENNE(3 ; 4 ; 5 ; *X*) ?

1. Aucune
2. –4
3. 4
4. 10
5. 16

111 Quel motif complète cette double série « aérienne » : NA, UV, AI, GO, … ?

1. EN
2. HN
3. FS
4. TU
5. BM

112 Soit $f(x)$ un polynôme du deuxième degré passant par les trois points représentés sur la figure ci-dessous. Quelle est la valeur de $f(0)$?

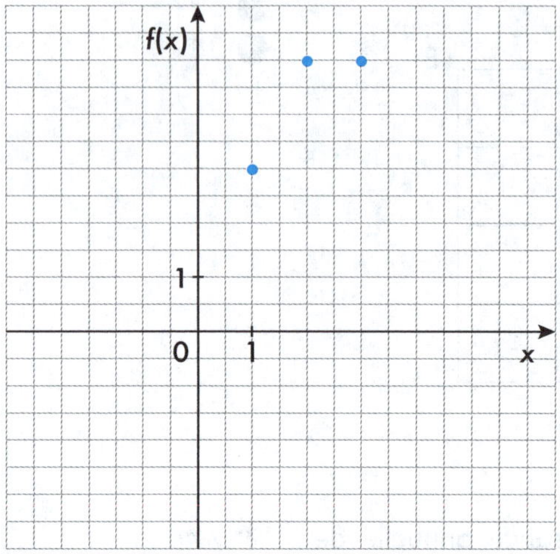

1. –5
2. –3
3. –1
4. 0
5. 1

113 Un véhicule roulant à 144 km/h freine brusquement jusqu'à s'arrêter au bout de quatre secondes. Sachant que durant tout le freinage la vitesse a diminué de manière continue et constante, quelle aura été la distance (en mètres) parcourue depuis le début du freinage jusqu'à l'arrêt complet ?

1. 40 mètres
2. 60 mètres
3. 80 mètres
4. 90 mètres
5. 100 mètres

114 Paul et son équipe jouent contre Romain et son équipe au basket-ball. Les deux équipes ont le même score à la mi-temps. Puis l'équipe de Romain marque 14 points consécutifs. Enfin, l'équipe de Paul réalise un sans-faute en marquant 66 points consécutifs jusqu'à la fin du match. Son équipe a alors le double de points de celle de Romain. Combien de points ont été marqués durant le match ?

1. 90
2. 104
3. 142
4. 156
5. 198

115 Dans le tableau ci-dessous, la ligne Résultat est une combinaison logique entre les lignes Valeur 1 et Valeur 2. Quelle valeur doit remplacer le point d'interrogation dans la dernière cellule du tableau ?

Valeur 1	367	1052	762	542
Valeur 2	513	5021	702	701
Valeur 3	15621	50102	4904	?

1. 3 502
2. 3 782
3. 12 043
4. 35 421
5. 35 543

116 Calculez ce produit de matrice :

$$\begin{bmatrix} 1 & 2 \\ 2 & 1 \end{bmatrix} \times \begin{bmatrix} 0 & 1 \\ 1 & 1 \end{bmatrix}$$

1. $\begin{bmatrix} 2 & 3 \\ 1 & 3 \end{bmatrix}$
2. $\begin{bmatrix} 3 & 3 \\ 1 & 1 \end{bmatrix}$
3. $\begin{bmatrix} 1 & 2 \\ 2 & 1 \end{bmatrix}$
4. $\begin{bmatrix} 2 & 1 \\ 2 & 1 \end{bmatrix}$
5. $\begin{bmatrix} 1 & 3 \\ 3 & 2 \end{bmatrix}$

117 Une entreprise compte 100 salariés. 99 employés ont un salaire mensuel moyen de 1 500 euros brut, tandis que le centième employé à 2 500 euros. Quel est le salaire moyen de cette entreprise ?

1. 1 510 euros
2. 1 550 euros
3. 1 580 euros
4. 2 000 euros
5. 2 100 euros

118 Parmi les 5 réponses qui sont proposées, quelle est celle qui complète logiquement la série de symboles ci-dessous ?

1. 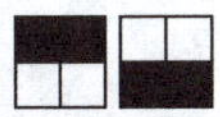
2. 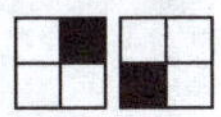
3. 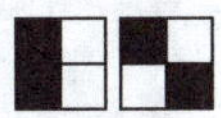
4. 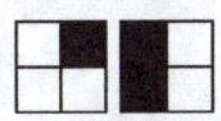
5. 

119 Dans la rue de l'Université resplendissante, on trouve trois maisons consécutives de couleurs différentes portant les numéros 33, 35 et 37. Ces maisons sont chacune occupées par trois étudiants de nationalité différente qui étudient dans 3 domaines distincts. L'étudiant en ressources humaines habite dans la maison mauve, située à côté de la rose mais pas à côté de la bleue. L'étudiant en marketing, qui n'est pas espagnol, habite à côté de l'étudiant français. L'étudiant belge habite au numéro 33 et sa maison n'est pas mauve. Parmi les affirmations suivantes, laquelle est vraie ?

1. La maison de l'étudiant belge est rose
2. La maison de l'étudiant en finance est située au numéro 33
3. L'étudiant en ressources humaines est français
4. La maison de l'étudiant en marketing est bleue
5. L'étudiant en ressources humaines est belge

120 Que vaut $\sqrt{e^{\ln(121)}}$?

1. $-\frac{1}{11}$
2. $\frac{1}{11}$
3. 11
4. 11^e
5. e^{11}

SCORE BLANC NUMERO 6

4. COMPREHENSION ET EXPRESSION ECRITE EN ANGLAIS

PREMIERE PARTIE : EXPRESSION (35 QUESTIONS)

Complete the following sentences by choosing the most appropriate answer. Remember that there is only one correct answer for each question so you should choose the answer that you think is the correct one and enter the number (1, 2, 3, 4 or 5) on your answer sheet.

121 … to an eyewitness there were three cars involved in the accident.

1/ Recording
2/ Accordance
3/ According
4/ Records
5/ Accordingly

122 Four days … he fulfilled his lifetime ambition to become CEO of the firm.

1/ Until
2/ To
3/ By
4/ After
5/ Ago

123 It … to reason for people not to spend more money than they earn, but many still end up in debt.

1/ Holds
2/ Seems
3/ Makes
4/ Stands
5/ Appears

124 The members of the crew were all keen to go … as the ship had last called into port over two weeks ago.

1/ Aboard
2/ Onboard
3/ Overboard
4/ Aoat
5/ Ashore

125 The arbitrator tried to set … an early meeting with both parties in order to establish the potential grounds for an agreement.

1/ Out
2/ Up
3/ Off
4/ Against
5/ Back

126 The members of the audience were reminded to switch off their mobile phones before the concert …

1/ Begin
2/ Beginning
3/ Is begun
4/ To begin
5/ Began

127 It was a major medical …

1/ Breakout
2/ Breakage
3/ Breakup
4/ Breakdown
5/ Breakthrough

128 The Energy Company plans to make money … taking … pipelines.

1/ To … apart
2/ From … to
3/ By … apart
4/ To … off
5/ By … up

129 … the right location for an outlet is often the key to success for new retail businesses.

1/ Choosing
2/ Choice
3/ Chose
4/ Choose
5/ Chosen

130 We undertake a relatively long interview procedure, with a short first interview followed by three more … sessions each lasting half a day.

1/ Deep
2/ Deepen
3/ Deeply
4/ In-depth
5/ Deepest

131 There were many chaotic events which led to his …

1/ Downturn
2/ Downsize
3/ Downfall
4/ Downmost
5/ Downside

132 Feedback from the stress management workshop shows that the participants found it … interesting and informative.

1/ Nor
2/ But
3/ Either
4/ Both
5/ Else

133 The trees, which have been in the company's grounds for sixty years, had been damaged in the recent storm and had to be …

1/ Fallen
2/ Felled
3/ Failed
4/ Fueled
5/ Filled

134 It's understood the item used to inflict pain … at the scene.

1/ Finds
2/ Will find
3/ Was found
4/ Was finding
5/ Had found

135 Of all the models available, the Nexia T60 is not only the … expensive but also the most versatile.

1/ Less
2/ Little
3/ Lesser
4/ Lest
5/ Least

136 The recent study has revealed that many … of our new range of computers are bought by the under thirties than used to be the case.

1/ Lesser
2/ Fewer
3/ Few
4/ Most
5/ Least

137 The debate was fiercely contested and by the end of the speeches neither side could be said to have gained an upper …

1/ Class
2/ Hand
3/ Ground
4/ Most
5/ Level

138 This actress is releasing a book of her own selfies because her existence is …

1/ Meatless
2/ Meaning
3/ Mind
4/ Meaningless
5/ Meeting

139 The story generated … attention for a period of time.

1/ Mastiff
2/ Master
3/ Massive
4/ Mast
5/ Mostly

140 Conference delegates had come both from neighbouring European states such as Spain and Italy as well as countries much further … such as South Africa and Mexico.

1/ Afield
2/ Adrift
3/ Awry
4/ Afar
5/ Off

141 This town has emerged as the unofficial capital … refugees.

1/ From
2/ For
3/ Back
4/ By
5/ On

142 After six months of searching for a new director of marketing, Sading Electronics has successfully … Jake Westernce from Dalbey Inc.

1/ Fetched
2/ Preached
3/ Submitted
4/ Poached
5/ Proved

143 After a series of delays, the Majestic Hotel's new spa and fitness center has now … been opened.

1/ Variably
2/ Officially
3/ Successively
4/ Steadily
5/ Readily

144 When the company got into difficulty, it handed out … notices to most of the staff with less than three years seniority in order to reduce numbers.

1/ Redaction
2/ Retraction
3/ Redecoration
4/ Redundancy
5/ Restitution

145 In his current campaign, the senator for Nebraska … on an environmental platform.

1/ Is running
2/ Running
3/ Should be run
4/ Has running
5/ Run

146 Michael Milhouse is one of this country's most talented entrepreneurs and, having taken over the failing Isix Industries, has turned it into a … concern in just six months.

1/ Succeeding
2/ Running
3/ Standing
4/ Going
5/ Sitting

147 The long working hours are taking their … on the staff and we are seeing increasing numbers of people phoning in sick.

1/ Toll
2/ Sprain
3/ Break
4/ Force
5/ Strength

148 The European space program which has been running for many years is still not really in competition with … the Americans.

1/ Those
2/ These
3/ This one
4/ That one
5/ That of

149 A Georgian manor, … own private jet and a chateau in Provence, this is the life of the CEO of the company.

1/ Them
2/ Those
3/ Him
4/ You
5/ Their

150 Stock market regulators have called … greater transparency in order to restore investor confidence.

1/ By
2/ At
3/ Out
4/ For
5/ To

151 Britain is becoming one of the … militant anti-smoking countries in the world.

1/ More
2/ Lesser
3/ By
4/ Most
5/ To

152 To resolve the dispute between staff and their employers, the official mediator has recommended that a meeting … as soon as possible.

1/ Be held
2/ Holds
3/ Holding
4/ Is being held
5/ To be held

153 Charlie Deng was very successful in his role as Financial Director before … by the incoming Executive Vice President.

1/ Ousting
2/ Oust
3/ Being oust
4/ Being ousted
5/ To be ousted

154 After the sudden death of the young director we were desperate to find somebody who could step … his shoes at short notice.

1/ In
2/ Into
3/ On
4/ Out
5/ With

155 Despite all the problems encountered on the project, the final report was completed … the initial deadline.

1/ Away
2/ Of
3/ Apart
4/ Among
5/ Within

DEUXIEME PARTIE : COMPREHENSION DE TEXTES (15 QUESTIONS)

Texte

Read the article and answer the 15 questions that follow.

Early bloomers spoil traditions

By David McNeil, *New Zeland Herald*, March 31, 2006.

Across Japan, the ancient cherry trees are blossoming – but for how much longer?

[1] It's a custom almost as old as Christmas. All over Japan, millions of people this weekend will stock up on beer and sake, grab plastic rain sheets and karaoke machines and get sozzled beneath showers of cherry blossoms.

[2] The Hanami party underneath Japan's beloved cherry tree is a calendar mainstay and has survived, claim some experts 1,600 years of natural disasters, war and urbanisation. Now it faces new problems: global warming and premature balding.

[3] The white and pink blossoms are associated in the Japanese psyche with the cycle of life and death and the sound of millions of beer caps being twisted open. The trees blossom with the movement of warmer weather across the Japanese Archipelago from south to north, signalling the arrival of spring and the start of a new academic and business year.

[4] About 1.5 million blossom worshippers make the pilgrimage every year to a single venue – Ueno Park in the centre of Tokyo – to view the 1,100 cherry trees, the majority in March and April. The trees are so revered it is illegal to snip off a single branch.

[5] In Tokyo, older Japanese remember early April as the beginning of the hanami season, but increasingly the blossoms are appearing before the end of March, a phenomenon many blame on the warmer weather and the urban heat effect. In some parts of the capital cherry trees bloomed 10 days early this year. "The weather has gone mad," says 72-year-old Tokyo resident Kyoko Ishii. "It use to be one thing we could depend on in the city."

[6] Accurately predicting when the blossoms will bloom is a science and is taken very seriously in Japan. The Meteorological Agency, which publishes the forecasts, was overwhelmed by calls from irate people last year after it missed the date by four days. It has since splurged on a new climate model, including an advanced meteorological supercomputer.

[7] Millions of Japanese eager for a break from corporate drudgery follow the forecasts closely in March when the agency begins to report the advance of the sakura zensen or cherry blossom front across the country. Because the trees bloom for just seven to ten days, a bad call can ruin the best-laid plans. The unpredictable weather has persuaded several insurance companies to sell weather derivatives hedging against losses caused by rain or blossom no shows to hotels, bars and restaurants. A private agency has begun offering competing predictions and has staked its reputation-mistakenly-on this being an average year.

[8] Tokyo and other Japanese cities have sweltered through some of the hottest summers on record since the 1990s and 2004 was offi-

cially the warmest year ever. Just to add to the climatic confusion, this year's winter defied agency predictions by being the coldest since the Second World War. In response, the agency has shortened its sample period from 50 to 30 years and pushed back its early warning signal – the date tree buds start developing – by 10 days.

[9] The changing weather is just one of the problems looming for the national tradition. Many of the cherry trees were planted after the war and are nearing the end of their lives only replacing the trees would keep the tradition alive. And the trees have been plagued by a mould called witches broom which can strip them of blossoms and even kill them off unless treated.

[10] The prospect of Japan's national emblem dying doesn't worry some hanami revellers. "If the cherry trees were to die out tomorrow people would find some other tree to drink under," says John Konno, a long-time Japan resident.

Questions

There is only one correct answer for each question so you should select only one response and enter the number (1-5) on your answer sheet.

Nota bene: some questions may include the options 'All of the above' or 'None of the above'. You should choose this option if you consider that all or none of the preceding responses correctly answer the question.

156 In the opening paragraph the author writes of "a custom almost as old as Christmas". What is a custom? Is it?

1/ A type of dress
2/ A local drink
3/ An old monument
4/ Something that is specific to a particular society, place or time
5/ An exotic plant

157 Where will millions of people in Japan find themselves "this weekend"?

1/ At the seaside
2/ Beneath cherry blossom trees
3/ At work
4/ Climbing a mountain
5/ Shopping

158 Having survived over a thousand years, the hanami party under the cherry blossom trees now faces what problems?

1/ Global warming and premature balding
2/ The trees being cut down
3/ Vandalism
4/ Too much rain
5/ Urbanisation

159 What are the white and pink blossoms of the cherry tree associated with in the Japanese psyche?

1/ Sunrise and sunset
2/ Good luck
3/ The cycle of life and death
4/ Bad weather
5/ A prosperous year

160 Because they are revered so much, what action concerning the cherry tree is deemed illegal in Japan?

1/ To collect falling blossoms
2/ To snip off a single branch
3/ To hug the tree
4/ To stand too close to the tree
5/ To dance around the tree

161 What phenomenon blamed on warmer weather and the urban heat effect is now occurring to the cherry trees?

1/ The blossoms have changed colour
2/ There are less blossoms on the trees
3/ There are no blossoms on the trees
4/ The blossoms are appearing earlier than normal
5/ The cherry trees are falling down

162 What adjective describes how some people felt when the Meteorological Agency inaccurately predicted the blooming date for the cherry blossoms?

1/ Happy
2/ Bored
3/ Relaxed
4/ Anxious
5/ Irate

163 Referring to paragraph [8] "Tokyo and other Japanese cities have sweltered through some of the hottest summers on record since the 1990s", what does the word "sweltered" mean? Is it?

1/ To melt
2/ To relax
3/ To suffer oppressive heat
4/ To keep cool
5/ To get drunk

164 What type of living organism has attacked the trees?

1/ Virus
2/ Mould
3/ Bacteria
4/ Birds
5/ Fungus

165 What has the cherry tree become for the Japanese?

1/ A national emblem
2/ A huge expense
3/ An embarrassment
4/ An invasive species
5/ A burden

166 Referring to paragraph 1, the word "sozzled" is commonly used to describe which of the following?

1/ To be sleepy
2/ To be hungry
3/ To be very drunk
4/ To be struck by an object
5/ To be badly burned

167 **Referring to paragraph [6] "It has since splurged on a new climate model…", what does the word "splurged" mean?**

1/ To make a big mess
2/ To take control of
3/ To invest in
4/ To borrow something
5/ To indulge in some luxury or pleasure

168 **Referring to paragraph [6], what skill is regarded as a science and taken very seriously by the Japanese?**

1/ Determining the height the cherry trees will grow to
2/ The accurate prediction of when the cherry blossoms will bloom
3/ Accurately predicting the number of people who will attend the hanami party each year
4/ Determining how much beer will be sold
5/ The accurate prediction of what time the party will finish

169 **Referring to paragraph [7] and "The unpredictable weather…", what does the word "unpredictable" mean?**

1/ Intense
2/ Balmy
3/ Mysterious
4/ Changeable
5/ Unlucky

170 **Referring to the final paragraph "The prospect of Japan's national emblem dying doesn't worry some hanami revellers", if someone is described as a reveller, which of the following are they?**

1/ Party animal
2/ Protester
3/ Academic
4/ Researcher
5/ Worker

SCORE BLANC NUMERO 6 : GRILLE DES REPONSES JUSTES

	1	2	3	4	5
1	■				
2	■				
3				■	
4				■	
5				■	
6		■			
7				■	
8				■	
9		■			
10			■		
11					■
12		■			
13					■
14	■				
15		■			
16					■
17	■				
18				■	
19		■			
20					■
21			■		
22				■	
23		■			
24		■			
25				■	
26			■		
27				■	
28			■		
29			■		
30	■				
31	■				
32				■	
33			■		
34		■			
35	■				
36					■
37				■	
38					■
39				■	
40					■
41			■		
42		■			
43		■			
44		■			
45	■				
46					■
47					■
48	■				
49			■		
50			■		
51	■				
52			■		
53			■		
54		■			
55				■	
56		■			
57					■
58	■				
59					■
60		■			
61		■			
62	■				
63		■			
64	■				
65	■				
66		■			
67	■				
68		■			
69		■			
70				■	
71	■				
72			■		
73		■			
74			■		
75				■	
76				■	
77					■
78			■		
79					■
80	■				
81		■			
82			■		
83		■			
84			■		
85				■	
86			■		
87					■
88			■		
89		■			
90	■				
91					■
92		■			
93	■				
94			■		
95					■
96	■				
97	■				
98	■				
99		■			
100		■			
101	■				
102	■				
103	■				
104				■	
105					■
106				■	
107			■		
108					■
109				■	
110					■
111	■				
112			■		
113			■		
114				■	
115	■				
116	■				
117	■				
118				■	
119				■	
120			■		
121			■		
122					■
123				■	
124					■
125		■			
126					■
127					■
128			■		
129	■				
130				■	
131			■		
132				■	
133		■			
134			■		
135					■
136		■			
137		■			
138				■	
139		■			
140	■				
141		■			
142				■	
143		■			
144				■	
145	■				
146				■	
147	■				
148					■
149					■
150				■	
151				■	
152	■				
153				■	
154		■			
155					■
156				■	
157		■			
158	■				
159			■		
160		■			
161				■	
162					■
163			■		
164		■			
165	■				
166			■		
167					■
168		■			
169				■	
170					■

1. Culture générale, économique et managériale

1 **Réponse : 1/** L'ancien Premier ministre français a également dit que « A cette "misère sociale", selon les mots du chef du gouvernement, s'additionnent les discriminations quotidiennes parce que l'on n'a pas le bon nom de famille, la bonne couleur de peau, ou bien parce que l'on est une femme ». Ce sont des paroles fortes venant du Premier ministre.

2 **Réponse : 1/** En juin 2020, vous recevez en effet environ 112-113 USD pour 100 EUROS.

3 **Réponse : 4/** La femme sur le tableau porte une perle sur son oreille gauche.

Johannes Vermeer est un peintre hollandais du mouvement baroque. Il est principalement connu pour ses tableaux suivants : *la Laitière*, *l'Astronome* et *la Jeune fille à la perle*.

4 **Réponse : 4/** Ce tableau fait partie d'une série de 15 tableaux. Peint en 1955, il se trouve aujourd'hui à Doha dans la collection privée de Hamad bin Jassim. Il fait partie du courant du cubisme propre à Pablo Picasso.

5 **Réponse : 4/** *Fa si la chanter* est un jeu télévisé musical adapté par Guy Lux, d'après le jeu télévisé américain original *Name That Tune*, et diffusé sur France 3.

Les candidats doivent reconnaître les titres de chansons célèbres.

6 **Réponse : 2/** Le premier président des Etats-Unis fut George Washington en 1789.

Donald Trump quant à lui est donc logiquement le 45e président des Etats-Unis.

7 **Réponse : 4/** Jean-Baptiste Djebbari, né le 26 février 1982 à Melun, est un homme politique français. Après avoir exercé différentes professions dans le secteur aéronautique, il rejoint La République en marche (LREM) et est élu député dans la deuxième circonscription de la Haute-Vienne lors des élections législatives de 2017. À l'Assemblée nationale, il est membre de la commission du Développement durable et de l'Aménagement du territoire, au sein de laquelle il officie jusqu'en 2019 comme coordinateur pour le groupe LREM. En 2018, il est rapporteur du projet de loi sur la réforme de la SNCF. En 2019, il est porte-parole du groupe LREM. Il est secrétaire d'État chargé des Transports depuis septembre 2019.

8 **Réponse : 4/** Palazzo Vecchio est l'hôtel de ville de Florence, chef-lieu de la Toscane en Italie. Ce palais-forteresse, en forme de parallélépipède situé sur la Piazza della Signoria, est l'un des plus beaux bâtiments de la ville.

9 **Réponse : 2/** Le général de Gaulle a été le premier président de la Ve République.

Il a aussi été sous-secrétaire d'Etat à la Guerre et à la Défense nationale pendant 10 jours avant de partir au Royaume-Uni et devenir Chef de la France libre. Il sera un grand ouvrier de la défense nationale française pendant la Seconde Guerre mondiale.

Il meurt en héros le 28 avril 1958 à Colombey-les-Deux-Eglises.

10 **Réponse : 3/** Dilma Rousseff est une économiste et femme d'Etat brésilienne, présidente de la République de 2011 à 2016. Elle a été élue une première fois en 2011 avant d'être réélue en 2014. Elle fait partie du parti des travailleurs.

11 **Réponse : 5/** Une question facile ! Les 4 autres propositions étant très connues, par élimination c'est bien sûr Artémis qui n'est pas une planète du système solaire, mais la déesse de la chasse et protectrice des animaux sauvages dans la mythologie grecque.

Voici la liste des planètes de notre système solaire, en partant de la plus proche du Soleil jusqu'à la plus éloignée : Mercure, Vénus, Terre, Mars, Jupiter, Saturne, Uranus, Neptune.

12 **Réponse : 2/** Né à Johannesburg, Oscar Pistorius est un athlète sud-africain né sans pérones et amputé sous les genoux à l'âge de 11 mois, spécialisé dans le sprint. Il est le premier athlète amputé à concourir dans un championnat du monde pour les valides, et le premier athlète handicapé médaillé parmi les valides. Le 14 février 2013, il est inculpé du meurtre de sa compagne, Reeva Steenkamp. Initialement acquitté, il est finalement reconnu coupable de meurtre par la Cour suprême d'appel en 2016 et condamné à six ans de prison ferme.

13 **Réponse : 5/** Abraham Lincoln est le seizième président des États-Unis d'Amérique (1861-1865). Son élection en novembre 1860 déclenche, en février 1861, la guerre de Sécession du fait de la rébellion des Etats esclavagistes du sud des États-Unis.

14 **Réponse : 1/** Philippe Val est un journaliste, chroniqueur, humoriste, écrivain, auteur-compositeur-interprète et chansonnier français. Il a été à la tête du journal *Charlie Hebdo* durant dix-sept ans, en tant que rédacteur en chef puis comme directeur de publication et a dirigé ensuite France Inter. Son successeur sera Jérôme Charbonnier.

15 **Réponse : 2/** Le thème qui a été proposé pour l'Exposition autour de la nourriture souhaitait couvrir tout ce qui touche à l'alimentation, au problème de la sous-alimentation dans certaines régions du monde et à celui de la nutrition, mais aussi au thème des OGM. Le budget total de l'événement est de 20 milliards d'euros.

La prochaine exposition universelle se déroulera à Dubaï en 2020.

16 **Réponse : 5/** Il a été président de Sanofi pendant 6 ans de 2008 à 2014. Il a obtenu le grade de chevalier de la légion d'honneur.

17 **Réponse : 1/** C'est bien le groupe pharmaceutique Sanofi, l'un des plus grands spécialistes des vaccins du monde qui a évoqué la perspective de réserver aux États-Unis la primeur d'un éventuel vaccin contre le Covid-19 parce qu'ils collaborent à son développement. Une déclaration qui a a provoqué une levée de boucliers dans le monde.

18 **Réponse : 4/** Les traboules sont des passages piétons à travers des cours d'immeuble qui permettent de se rendre d'une rue à une autre. Les plus connues sont à Lyon mais elles se trouvent aussi à Villefranche-sur-Saône, Mâcon, Chambéry, Saint-Etienne.

19 **Réponse : 2/** Luçon.

20 **Réponse : 5/** Les maires de Marseille (secteur 7), Stéphane Ravier et de Fréjus, David Rachline sont devenu les premiers sénateurs FN.

21 **Réponse : 3/** Les accords d'Evian sont le résultat de négociations entre les représentants du Gouvernement de la République française et du Gouvernement provisoire de la République algérienne pour mettre fin à la guerre d'Algérie.

22 **Réponse : 4/** La transition est le processus ayant permis la sortie du franquisme et la mise en place d'un régime démocratique en Espagne. D'un point de vue institutionnel, on peut considérer qu'elle s'étend de la mort du général Franco, en 1975, jusqu'à la première alternance politique, en 1982, avec l'arrivée au pouvoir du Parti socialiste ouvrier espagnol de Felipe González. Jean Charles 1er est aussi l'un des grands ouvriers de cette transition.

23 **Réponse : 2/** Après 1269, quand les Mérinides choisirent Fès comme capitale, **Rabat** entra dans une période de déclin. ... En 1912, Lyautey fit de Rabat le siège du résident général et la capitale du protectorat français au Maroc. En 1956, à l'indépendance du Maroc, la ville resta la capitale du pays.

24 **Réponse : 2/** La Grèce dépose sa candidature en 1975, mais elle doit rattraper son retard économique avant de devenir le 1er janvier 1981 le dixième membre des Communautés européennes.

25 **Réponse : 4/** Brocéliande est une forêt mythique citée dans plusieurs textes, liés pour la plupart à la légende arthurienne. Ces textes, datés du Moyen Age pour les plus anciens, y mettent en scène Merlin, les fées Morgane et Viviane, ainsi que certains chevaliers de la table ronde.

26 **Réponse : 3/** Alexandrie est une ville égyptienne de plus de 4 millions d'habitants. Elle est la deuxième ville la plus peuplée du pays. Elle tient son nom d'Alexandre le Grand, fondateur de la ville en −331 avant JC.

27 **Réponse : 4/** Renzo Piano est un architecte italien, sénateur à vie de la République italienne depuis le 30 août 2013. Il a principalement réalisé le Centre Pompidou à Paris et le Centre Paul Klee à Berne.

28 **Réponse : 3/** Les explosions de Tianjin en 2015 ont lieu à partir du 12 août 2015 vers 23 h 30 dans un entrepôt chimique du nouveau district de Binhai, une importante zone économique spéciale du port de Tianjin, en République populaire de Chine. Le bilan fait état de 173 morts et près de 797 blessés.

29 **Réponse : 3/** *Une merveilleuse histoire du temps* est un film biographique réalisé par James Marsh sorti en 2014. Il narre la vie de Stephen Hawking. Le titre en français fait référence à l'ouvrage phare de vulgarisation écrit par Hawking en 1988, *Une brève histoire du temps*.

30 **Réponse : 1/** Richard Ford est lauréat du prix Pulitzer en 1996 grâce à son livre *Indépendance*.

Il a aussi écrit *Un weekend dans le Michigan* ou *En toute franchise*.

31 **Réponse : 1/** Des compagnies privées vont pouvoir voir le jour et les prix devraient alors changer.

32 **Réponse : 4/** Les relations entre Cuba et les Etats-Unis sont marquées par l'embargo américain mis en place depuis le 7 février 1962. Celui-ci a prit fin en 2015 en majeur parti grâce à Obama. Des efforts qui ont depuis été détériorés par la politique de Donald Trump.

33 **Réponse : 3/** Saint-Pétersbourg a changé plusieurs fois d'appellation : elle a été rebaptisée Pétrograd de 1914 à 1924, puis Léningrad de 1924 à 1991, avant de retrouver son nom d'origine à la suite d'un référendum en 1991.

34 **Réponse : 2/** Lancé en 2009, le processus d'adhésion a été interrompu avec l'arrivée d'un gouvernement eurosceptique à la tête du pays en 2013.

Par exemple, l'Islande serait contrainte de réduire ses quotas de pêche, sa principale source de revenus.

35 **Réponse : 1/** Florence Arthaud est une navigatrice française, notamment seule femme victorieuse de la Route du Rhum, en 1990. Elle perd la vie le 9 mars 2015, dans un accident d'hélicoptère, près de Villa Castelli, dans la province de La Rioja, en Argentine, alors qu'elle participe au tournage de l'émission de téléréalité *Dropped* de TF1, en compagnie d'autres sportifs français.

36 **Réponse : 5/** Les pays qui se trouvent aux Balkans sont : l'Albanie, la Bosnie, la Bulgarie, la Grèce, le Kosovo, la Macédoine, le Monténégro, la Serbie, la Croatie, la Slovénie, la Roumanie et la Turquie.

37 **Réponse : 4/** Les pays qui font partie de cette organisation sont : Albanie, Arménie, Azerbaïdjan, Bulgarie, Géorgie, Grèce, Moldavie, Roumanie, Russie, Serbie, Turquie, Ukraine.

38 **Réponse : 5/** Mario Draghi est un économiste et banquier italien. Entre 2002 et 2005 il occupait le poste de vice-président pour l'Europe de Goldman Sachs. Il est président de la BCE depuis le 1er novembre 2011.

39 **Réponse : 4/** Jérôme Fenoglio est un journaliste français, directeur du quotidien *Le Monde* depuis le 30 juin 2015. Entré dans ce journal en 1991, il a occupé de nombreuses fonctions, notamment dans sa version numérique.

40 **Réponse : 5/** Valérie Trierweiler, ex-femme de François Hollande, a publié un livre appelé *Merci pour ce moment* en 2014 à l'origine de plusieurs polémiques.

41 **Réponse : 3/** Le forint (« florin ») hongrois est la devise nationale de la Hongrie depuis le 1er août 1946. En juin 2020, 1 euro s'échange environ 345 forint.

42 **Réponse : 2/** Charles Pasqua est un homme politique français. Sous François Mitterrand, il occupait le poste de ministre d'Etat, ministre de l'Intérieur et de l'Aménagement du territoire. Il a également été sénateur et député européen.

43 **Réponse : 2/** Christian Jacob, né le 4 décembre 1959 en Seine-et-Marne, est un homme politique français. Exploitant agricole de profession, il exerce de nombreuses responsabilités dans le syndicalisme agricole. Il commence sa carrière politique en étant élu député européen, député de Seine-et-Marne et maire de Provins. Il est ensuite ministre délégué à la Famille puis aux PME dans les gouvernements Jean-Pierre Raffarin (2002-2005) et ministre de la Fonction publique dans le gouvernement Dominique de Villepin (2005-2007). De 2010 à 2019, il préside le groupe UMP puis LR à l'Assemblée nationale. Il est président des Républicains depuis 2019.

44 **Réponse : 2/** Boris Nemtsov était un homme politique libéral russe. Il a toujours été un vif opposant à Vladimir Poutine. Il a auparavant été ministre de l'Energie (1997). Il a été assassiné en 2015 par un homme politique libéral russe.

45 **Réponse : 1/** IAM est un groupe de rap Marseillais. Akhenaton et Shurik'n sont les symboles et chanteurs de ce groupe. Ils ont sorti 7 albums. Le dernier s'appelle *Révolution* et est sorti en 2017.

46 **Réponse : 5/** Philippe VI a été roi entre 1328 et 1350. Il appartenait à la branche cadette des capétiens. Il eut deux compagnes : Jeanne de Bourgogne et Blanche de Navarre.

47 **Réponse : 5/** Richard III est le dernier roi d'Angleterre de la maison de York. Il a régné entre 1483 et 1485. Il était marié avec Anne Neuville.

48 **Réponse : 1/** C'est bien Google qui produit le système d'exploitation pour Smartphones Android.

Il équipe la majorité des téléphones portables du moment (smartphones). Android équipe également les tablettes tactiles et est réputé pour être plus libre et ouvert que iOS, le système qui équipe l'iPad d'Apple.

Nous ne saurons trop vous conseiller de retenir les deux fondateurs de Google : Larry Page et Sergey Brin.

49 **Réponse : 3/** Le groupe Alibaba a réalisé une entrée en bourse fracassante à Wall Street. La valeur des actions du groupe a bondi de 40 %. Une action Alibaba coûtait en moyenne 67 euros à l'ouverture. Le groupe est valorisé à 168 milliards d'euros.

50 **Réponse : 3/** La disposition d'antenne au-dessus de certaines ambassades américaines, la collecte de données personnelles de millions de citoyens, ainsi que des institutions et chefs d'Etats étrangers.

2. Compréhension et expression écrite en Français

51 **Réponse : 1/** Abhorrer est un verbe transitif, (il se construit systématiquement avec un complément). il signifie « avoir pour une personne ou une chose une antipathie ».

Synonyme : haïr, antonyme : admirer, niveau de langue : littéraire, soutenu.

52 **Réponse : 3/** Cauchemar est un substantif masculin, même si la dérivation cauchemardesque existe, lorsqu'il s'agit du nom commun le **d** disparaît.

53 **Réponse : 3/** Il faut différencier le verbe pouvoir conjugué au présent qui prend les terminaisons suivantes : je peu-x, tu peu-x, il peu-t, nous pouv-ons, vous pouv-ez, ils peuv-ent, de l'adverbe quantifieur qui s'écrit toujours « peu ».

54 **Réponse : 2/** Aréopage est un nom masculin. Dans l'antiquité, il s'agissait d'une colline consacrée au dieu Arès, à Athènes, située à l'ouest de l'Acropole, et choisie comme lieu de réunion de l'aréopage.

Par métonymie, on parle d'aréopage comme du tribunal d'Athènes qui siégeait sur cette colline. Par extension, il peut faire aussi référence à une assemblée plus ou moins solennelle de personnes rassemblées pour débattre.

55 **Réponse : 4/** Etre en butte à est une locution qui est toujours suivie d'un substantif. Il désigne une chose, un concept ou une personne.

Exemples :

Etre exposé à, être le sujet de.

Elle se croyait en butte à des ennemis/des tourments.

56 **Réponse : 2/** La notion qui est interrogée ici, est la différence entre l'adjectif verbal et le participe présent. Le participe présent ne prend pas de marque d'accord à la différence de l'adjectif verbal qui fonctionne comme un adjectif.

Rappel : L'adjectif verbal se différencie de son homologue participe présent, l'un marque un état, l'autre une action car il s'agit d'une forme verbale. Cette différence morphologique est attestée par la variation orthographique. Dans le cas présent, **le personnel naviguant** est mal orthographié car il est adjectif verbal, il désigne un état, une qualité. Par conséquent, il s'écrira **navigant**.

57 **Réponse : 5/** Il faut être attentif à la place du sujet, la question interroge votre capacité à respecter la syntaxe.

58 **Réponse : 1/** Il s'agit de respecter la formation de l'énumération. En effet, bruit et mouvement sont tous deux des substantifs. Ainsi, on ne peut pas choisir la forme adjectivée gaie mais gaîté qui accepte un déterminant tout comme bruit et mouvement.

59 **Réponse : 5/** L'orthographe est attestée dès le XIIe siècle. Signifie ce qui est au commencement.

60 **Réponse : 2/** Un métayer est un substantif, il désigne un exploitant agricole lié à un propriétaire foncier par un contrat.

61 **Réponse : 2/** Leur est ici adjectif possessif, il y a un rapport d'appartenance. Il est singulier car il ne peut pas recevoir de pluriel, nous avons chacun une seule tête pour un seul chapeau.

62 **Réponse : 1/** Pourra est à la 3e personne du singulier du futur, il a pu est au passé composé, il avait pu est au plus que parfait et ils pouvaient est à la 3e personne du pluriel de l'imparfait.

63 **Réponse : 2/** Le superlatif sert à marquer une intensité très élevée. Infiniment est un adverbe intensif, on peut le remplacer par extrêmement.

64 **Réponse : 1/** Attention au **l** géminé. Le **l** double en fonction de la prononciation lorsque vous prononcez le **e** ouvert alors le **l** se double tandis que lorsque le **e** est fermé il n'y aura qu'un « l ». Attention cependant cela ne vaut pas pour le substantif appel.

65 **Réponse : 1/** Poix est un substantif féminin. C'est une matière collante, visqueuse et inflammable à base de résines et de goudrons végétaux utilisée principalement pour assurer l'étanchéité de divers assemblages. Il ne faut pas la confondre avec ses homophones : poids et pois.

66 **Réponse : 2/** Attention aux homophones de censé et sensé. Censé est un adjectif qui signifie ce que l'on suppose tandis que sensé, vient du nom sens qui a été adjectivé et qui signifie qui est plein de sens ou qui est raisonnable.

67 **Réponse : 1/ Lorsque** est une conjonction de subordination qui peut être remplacée par **au moment où**, devant voyelle elle se contracte (on écrira lorsque nous irons marcher, mais lorsqu'il ira marcher).

68 **Réponse : 2/ Afin que** est toujours suivi du subjonctif. Le verbe **dire** est donc conjugué à la 3e personne du singulier au subjonctif présent. Rappel : que je dise, que tu dises, qu'il dise, que nous disions, que vous disiez, qu'ils disent.

69 **Réponse : 2/** Répondre est un verbe du 3e groupe il est transitif il se construit avec un COD ou un COI, il peut également se conjuguer à la forme pronominale. Au passé simple, le verbe répondre se conjugue de la manière suivante : je répondis, tu répondis, il répondit, nous répondîmes, vous répondîtes, ils répondirent.

70 **Réponse : 4/** Dans l'antiquité Il faisait référence à un Tribunal d'Athènes qui siégeait dans un lieu consacré à Mars.

71 **Réponse : 1/** Lieu dans lequel on plaide, et où on écoute les plaidoiries. Pour vous souvenir de l'orthographe aidez-vous des mots de la même famille étymologique par exemple : audition.

72 **Réponse : 3/** La difficulté repose sur votre connaissance de la règle des accords du participe passé avec l'auxiliaire avoir. Le participe passé s'accorde avec le COD lorsqu'il est antéposé au verbe. Dans le cas présent « vus » s'accorde avec films.

73 **Réponse : 2/** Certains noms sont régulièrement employés sans déterminant si bien qu'on en oublie s'ils sont masculins ou féminins. Esclandre est un nom masculin. Il se dit d'un comportement scandaleux.

74 **Réponse : 3/** L'impératif est un temps de l'injonction. Il se conjugue uniquement à la deuxième personne du singulier, à la première et à la seconde personne du pluriel. La marque de personne n'est apparente que sur la désinence. Attention, les verbes du premier groupe ne portent pas la désinence de personne à la deuxième personne du singulier. C'est pourquoi « rentres » est faux, il ne s'écrit pas avec le -s de la deuxième personne, toutefois on écrira bien **rentrez** et **rentrons.**

75 **Réponse : 4/** Cette question porte sur les verbes conjugués au futur. Seuls les verbes du premier groupe portent la trace du -e de l'infinitif dans leur morphologie. Conquérir est un verbe du 3e groupe transitif direct (il se construit avec un COD). Au futur il double son **r**.

76 **Réponse : 4/** Entracte est un substantif masculin tandis qu'intermède est féminin. Pensez donc à accorder le nom en conséquence avec l'adjectif. Un entracte est une pause au cours d'une représentation théâtrale. Intermède quant à lui est un divertissement dramatique, qui se joue entre les actes d'une pièce de théâtre.

77 **Réponse : 5/** Misanthrope peut être à la fois un substantif et un adjectif, selon le contexte. Dans le cas présent il est adjectif. Il se dit d'une personne qui déteste le genre humain. Misanthrope est un mot formé par composition savante, on distingue le préfixe grec mis- (haine) et anthropos (l'homme).

78 **Réponse : 3/** En dessous ne prend pas de trait d'union.

79 **Réponse : 5/** Il s'agit de connaître la conjugaison au présent du verbe du deuxième groupe réussir. **Rappel** : Je réussis, tu réussis, il réussit, nous réussissons, vous réussissez, ils réussissent.

80 **Réponse : 1/ Apocryphe** peut être selon le contexte soit un substantif soit un adjectif il se dit de ce qui n'est pas établi. Avant d'être employé par métonymie, il désignait un texte dont l'Eglise ne reconnaît pas l'origine divine.

81 **Réponse : 2/** Ecouteurs. Attention, il n'y a qu'un seul « t », tout comme le verbe « écouter ».

82 **Réponse : 3/** Dans piriforme on retrouve la construction morphologique de « pyramide » qui peut vous donner un indice sur la forme plus proche de la poire que de la pomme.

83 **Réponse : 2/** Un **ponton** est un pont flottant dans un port, il est fabriqué avec de vieux bateaux qui ne peuvent plus naviguer.

84 **Réponse : 3/** Aveugle est ici pris comme adjectif épithète auquel l'auxiliaire et le référent sont soustraits. Il s'agit donc de les restituer mentalement. Soit : est aveugle celui qui ne voit rien dans ses destins du monde. Ce procédé lapidaire est baptisé **aphorisme**.

85 **Réponse : 4/** L'épître est un substantif féminin. C'est un autre nom pour lettre, vous auriez pu vous aider de son dérivé plus contemporain épistolaire. L'amuïssement du « s » en ancien français devant consonne a lieu au XIe siècle et se vulgarise au XVIIe. Epistolaire garde lui son « s » car il est plus moderne par conséquent il n'a pas connu la loi d'amuïssement des « s » latins.

86 **Réponse : 3/**

87 **Réponse : 5/**

88 **Réponse : 3/**

89 **Réponse : 2/**

90 **Réponse : 1/**

91 **Réponse : 5/**

92 **Réponse : 2/**

93 **Réponse : 1/**

94 **Réponse : 3/**

95 **Réponse : 5/**

96 **Réponse : 1/**

97 **Réponse : 1/**

98 **Réponse : 1/**

99 **Réponse : 2/**

100 **Réponse : 2/**

3. Raisonnement logique et numérique

101 **Réponse : ❶** Les questions de logique ne sont pas les plus simples mais essayez de voir le problème sous différents angles, essayez différentes techniques, ne perdez pas une infinité de temps bloqué sur une même question de logique. Continuez et revenez dessus après.

Vous pouvez essayer de faire différentes opérations ou inverser les chiffres.

1000 est la transcription binaire de 8 ($1 \times 8 + 0 \times 4 + 0 \times 2 + 0 \times 1$)

1001 est l'écriture binaire de 9 ($1 \times 8 + 0 \times 4 + 0 \times 2 + 1 \times 1$), et ainsi de suite.

On construit la suite 8, 9, 10, 11, 12. Le prochain terme est 13, qui s'écrit 1101, soit la réponse 1.

Rappel écriture binaire en base 2 :

Le langage binaire est issu du terme bit qui signifie « binary digit », c'est-à-dire 0 ou 1.

Avec un bit il est ainsi possible d'obtenir deux états : soit 1, soit 0.

Grâce à 2 bits, il est possible d'obtenir quatre états différents (2×2).

Avec 3 bits, il est possible d'obtenir huit états différents ($2 \times 2 \times 2$).

Pour un groupe de n bits, il est donc possible de représenter 2^n valeurs.

102 **Réponse : ❶** La covariance est un calcul simple mais fastidieux qui demande beaucoup de concentration. Il est très facile de se tromper sur un signe ou sur un petit détail qui rendrait tout votre calcul faux. Il faut être très minutieux.

$$\mathrm{Cov}(X, Y) = \frac{1}{N}\sum_{i=1}^{N}(X_i - \overline{X})(Y_i - \overline{Y})$$

Calcul en 3 étapes :

– calculer les espérances ;

– calculer les variances ;

– calculer enfin la covariance.

Les coordonnées des points du graphique sont (–2 ; 3), (–1 ; 0), (1 ; 1), (2 ; 4) et (3 ; –2).

On sait que $\mathrm{Cov}(x, y) = E(xy) - E(x) \times E(y)$.

$E(x)$ est la moyenne des abscisses des points, soit $\frac{-2-1+1+2+3}{5} = 0{,}6$.

$E(y)$ est la moyenne des ordonnées des points, soit $\frac{3+0+1+4-2}{5} = 1{,}2$.

$E(xy)$ est la moyenne des produits des coordonnées des points.

$$E(xy) = \frac{-2 \times 3 - 1 \times 0 + 1 \times 1 + 2 \times 4 - 2 \times 3}{5} = \frac{-3}{5} = -0{,}6$$

La covariance vaut donc $-0{,}6 - 0{,}6 \times 1{,}2 = -1{,}32$.

103 **Réponse : ❶** Il est important d'avoir les connaissances de base sur le chapitre « factorielle ».

Il y a 6! combinaisons de 6 lettres. Mais comme il y a 3 fois le A et 3 fois le B, il faut diviser par $3! \times 3!$ soit $\frac{6 \times 5 \times 4 \times 3 \times 2 \times 1}{(3 \times 2 \times 1) \times (3 \times 2 \times 1)} = 5 \times 4 = 20$.

SCORE BLANC NUMERO 6 – CORRIGES

104 **Réponse :** ❹ Avant l'épreuve, il est nécessaire de bien connaître les lois de probabilités et de pouvoir jongler avec.

Vous allez devoir pour cette question utiliser l'expérience de Bernoulli.

Cette question est assez simple vous devez juste remplacer des inconnues par des valeurs qui vous seront données.

D'après la définition d'une loi binomiale, nous avons :

$P(X = k) = \binom{n}{k} p^k (1 - p)^{n-k}$

Ici, $p = 0{,}4$ et $1 - p$ est donc égale à 0,6. D'où $P(X = 5) = \binom{10}{5} 0{,}4^5 \times 0{,}6^{10-5}$

$$= \frac{10!}{5! \times (10-5)!} \times 0{,}4^5 \times 0{,}6^5 = \frac{10 \times 9 \times 8 \times 7 \times 6 \times 5 \times 4 \times 3 \times 2 \times 1}{(5 \times 4 \times 3 \times 2 \times 1) \times (5 \times 4 \times 3 \times 2 \times 1)} \times 0{,}4^5 \times 0{,}6^5$$

Et $P(X = 4) = \binom{10}{4} 0{,}4^4 \times 0{,}6^{10-4} = \frac{10!}{4! \times (10-4)!} \times 0{,}4^4 \times 0{,}6^6$

$$= \frac{10 \times 9 \times 8 \times 7 \times 6 \times 5 \times 4 \times 3 \times 2 \times 1}{(4 \times 3 \times 2 \times 1) \times (6 \times 5 \times 4 \times 3 \times 2 \times 1)} \times 0{,}4^4 \times 0{,}6^6$$

On en déduit alors, en simplifiant consciencieusement, que $\frac{P(X = 5)}{P(X = 4)} = \frac{6}{5} \times \frac{0{,}4}{0{,}6} = \frac{4}{5}$.

105 **Réponse :** ❺ Pour ce genre de question n'hésitez pas à lire plusieurs fois l'énoncé et à utiliser un brouillon. Les questions qui paraissent les plus simples sont souvent les plus piégeuses.

Soit G le nombre de garçons et F le nombre de filles.

D'après l'énoncé, on a $G - 1 = 2F$ et $G = 3(F - 1)$.

On soustrait la première relation à la deuxième, on obtient :

$1 = F - 3$, ce qui fait quatre filles dans la famille.

Comme $G - 1 = 2F$, on a $G = 9$, soit 9 garçons dans la famille. Il y a donc 13 enfants en tout.

106 **Réponse :** ❹ Pour cette question n'hésitez pas à poser vos calculs et prendre votre temps afin de ne pas commettre d'erreurs d'inattention.

Soit x le nombre de places annuelles. On a l'équation suivante à résoudre :

$50 + 7x > 85 + 5x$, soit $2x > 35$, soit $x > 17{,}5$

Donc 18 places minimum est la réponse.

107 **Réponse :** ❸ Plusieurs approches sont possibles pour cette question. Cependant, le jour de l'épreuve, il est essentiel de connaître la composition d'un jeu de cartes et s'entraîner avec des exercices de ce type.

Dans un jeu de 32 cartes, il y a 8 cartes trèfles, soit déjà 16 symboles trèfles situés dans les coins. On y ajoute 1 pour l'as, 7 pour le 7, 8, 9 et 10, les trois figures n'en comportant pas au milieu. Le total de symboles trèfles est donc :

$16 + 1 + 7 + 8 + 9 + 10 = 51$.

108 **Réponse :** ❺ Pour ce genre de questions n'hésitez pas à faire des schémas au brouillon afin de mieux visualiser le problème. Notre conseil est toutefois le suivant : ne passez pas trop de temps sur cette question si vous bloquez.

Sur ce schéma, nous avons reporté le nombre de chemins possibles vers chaque point de la figure. On trouve un total de 34 chemins.

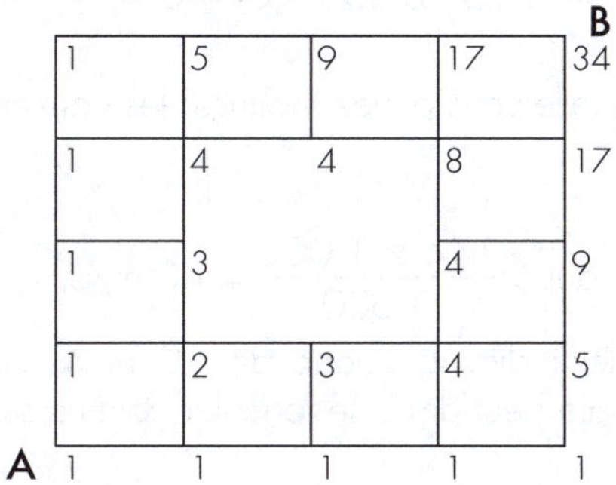

109 **Réponse :** ❹ Une échelle logarithmique est un système de graduation particulièrement adapté pour rendre compte des ordres de grandeur dans les applications.

L'échelle est logarithmique. Sur cinq ans, cette quantité a été multipliée par un peu plus d'un intervalle en hauteur, soit un facteur d'un peu plus de 8. C'est la réponse d'un facteur 50 % qui est la plus proche ; en effet, 50 % sur cinq ans donneraient environ ce taux. 20 % ne donneraient qu'un facteur 2,5, et 100 % donneraient un facteur de plus de 32 !

110 **Réponse :** ❺ C'est une question simple. Vous pouvez poser une équation à une inconnue ou remplacer X par les réponses proposées.

Si on pose les équations, il faut que $\dfrac{2+3+X}{3} = \dfrac{3+4+5+X}{4}$,

ce qui donne $20 + 4X = 36 + 3X$, soit $X = 16$.

111 **Réponse :** ❶ Avec les premières lettres de chacun des groupes de 2 lettres, on obtient le mot NUAG(E) et avec les secondes le mot AVIO(N), le dernier groupe de 2 lettres est donc EN.

<u>N</u>A, <u>U</u>V, <u>A</u>I, <u>G</u>O, <u>E</u>N

112 **Réponse :** ❸ D'après le graphique, on a les relations suivantes : $f(1) = 3$, $f(2) = 5$ et $f(3) = 5$.

Un polynôme du second degré s'écrit sous la forme $Ax^2 + Bx + C$.

Les trois points calculés nous donnent le système suivant :

$$\begin{cases} A \times 1^2 + B \times 1 + C = 3 \\ A \times 2^2 + B \times 2 + C = 5 \\ A \times 3^2 + B \times 3 + C = 5 \end{cases}$$

$$\begin{cases} A + B + C = 3 \\ 4A + 2B + C = 5 \\ 9A + 3B + C = 5 \end{cases}$$

On supprime d'abord les C, en soustrayant la première relation à la seconde et à la troisième :

$$\begin{cases} 3A + B = 2 \\ 8A + 2B = 2 \end{cases}$$

En soustrayant 2 fois la première relation à la seconde, on obtient $2A = -2$, soit $A = -1$. On en déduit alors facilement que $B = 5$, puis que $C = -1$. On a donc $f(0) = C = -1$.

113 **Réponse :** ❸ C'est une question difficile pour laquelle vous devez maîtriser les conversions temps/mètre.

1 km/h = 0,277778 m/s

Explication : la vitesse initiale de 144 km/h équivaut à $\dfrac{144 \times 1\,000}{3\,600} = 40$ m/s.

La vitesse diminuant de manière constante, celle-ci diminue donc de 10 m à chaque seconde. La distance parcourue sur la période totale peut donc se formuler comme suit :

$$\int_0^4 (40 - 10t)dT = \int_0^4 40t - 5t^2 + c$$

$= 40 \times 4 - 5 \times 42 + c - 40 \times 0 + 5 \times 02 - c = 160 - 80 = 80$ mètres. De manière plus intuitive, la vitesse ayant baissé de manière constante, la vitesse moyenne pendant le freinage est de $\dfrac{144}{2}$, soit 72 km/h. A cette vitesse, on parcourt 80 mètres en 4 secondes.

114 **Réponse :** ❹ C'est une question de difficulté moyenne. Pour cette question, n'hésitez pas à utiliser un brouillon.

Soit x le score des deux équipes à la mi-temps. En deuxième mi-temps, l'équipe de Paul a marqué 66 – 14 = 52 points de plus que celle de Romain. Comme l'équipe de Paul a le double de points de celle de Romain, 52 correspond donc au score de l'équipe de Romain. Le score final est donc de 52 à 52 + 52 = 104, soit 104 + 52 = 156 points marqués en tout.

115 **Réponse :** ❶ Pour ce genre de question il faut bien analyser le tableau. Faites des tests avec les colonnes, les lignes, etc.

Le résultat correspond au produit des chiffres de la première valeur par les chiffres de même rang de la deuxième valeur (par exemple, 367 et 513 donnent $3 \times 5 = 15$, $6 \times 1 = 6$ et $7 \times 3 = 21$, soit le nombre 15 621). La réponse est donc $5 \times 7 = 35$, $4 \times 0 = 0$ et $2 \times 1 = 2$, soit le nombre 3 502.

116 **Réponse :** ❶ Par définition :

$$\begin{bmatrix} a & b \\ c & d \end{bmatrix} \times \begin{bmatrix} e & f \\ h & i \end{bmatrix} = \begin{bmatrix} ae + bh & af + bi \\ ce + dh & df + di \end{bmatrix}$$

Le résultat est donc :

$$\begin{bmatrix} 2 & 3 \\ 1 & 3 \end{bmatrix}$$

Rappel :

Multiplication de matrices : le cas général

Soit m, n et p des entiers naturels non nuls. Soit A, une matrice $n \times m$ de terme général $a_{i,k}$ et B une matrice $m \times p$ de terme général $b_{k,j}$, alors le produit AB existe et on a une matrice C = AB de format $n \times p$ (n lignes de A, p colonnes de B) dont le terme général $c_{i,j}$ est le produit terme à terme de la $i^{ème}$ ligne de A par la $j^{ème}$ colonne de B.

NB : pour que le produit de 2 matrices existe, il faut donc que le nombre de colonnes de la matrice « de gauche » soit égal au nombre de lignes de la matrice « de droite ». Retenez CG = LD (Colonnes Gauche égales Lignes Droite)

Remarque : si dans un produit de matrices, l'une est nulle, alors le produit est nul. En revanche, le produit de deux matrices peut être nul sans que l'une ou l'autre soit nulle.

Retenez donc que si AB existe alors BA n'existe pas forcément !

Retenez également que si AB et BA existent alors en général AB n'est pas égal à BA.

Multiplication de matrices : le cas particulier des matrices carrées

Dans l'ensemble des matrices carrées d'ordre n, tout produit est possible et le résultat est une matrice carrée d'ordre n.

Soit A, B et C des matrices carrées d'ordre n.

Associativité du produit : A × (BC) = (AB) × C

Non commutativité du produit : AB n'est pas égal à BA en général

La matrice d'identité I_n est neutre pour le produit : $I_n \times A = A \times I_n$

La multiplication est distributive sur l'addition :

A × (B + C) = AB + AC ; (A + B) × C = AC + BC.

117 **Réponse :** ❶ Pour cette question nous devons juste utiliser la formule de la moyenne pondérée.

Le salaire moyen de cette entreprise est la moyenne des salaires moyens, soit

$$\frac{1\,500 \times 99 + 2\,500 \times 1}{100} = 1\,510 \text{ euros.}$$

118 **Réponse :** ❹ Notre astuce est ici de vraiment tourner et analyser les formes dans tous les sens.

On remarque que la proportion « noire » dans chaque groupe de 3 symboles est toujours la suivante :

1 demi – 1 quart – 1 demi. Pour respecter cet ordre, il faut donc retenir la proposition 4.

119 **Réponse :** ❹ Ici vous devez impérativement lire et relire le sujet. Cette question est là pour vous faire tourner la tête. Ne vous faites pas avoir et réalisez plutôt un schéma.

Nous allons retrouver la composition des maisons en fonction des 3 affirmations données par l'énoncé. L'affirmation 1 nous indique que la maison rose est entre les maisons mauve et bleue (donc elle a le numéro 35) et que l'étudiant en RH occupe la maison mauve. La troisième nous indique que la maison mauve est au numéro 37, donc la bleue a le numéro 33 – qui est habitée par l'étudiant belge. La deuxième nous indique que l'étudiant en marketing n'est ni espagnol ni français, il est donc belge et habite la maison bleue au numéro 33. L'étudiant français habite au 35 et l'espagnol au 37. Comme l'étudiant en ressources humaines habite au 37, celui en finance habite donc au 35. On a donc trouvé la composition suivante :

Numéro	33	35	37
Couleur	Bleue	Rose	Mauve
Nationalité	Belge	Française	Espagnol
Etude	Marketing	Finance	RH

120 **Réponse :** ❸ $e^{\ln(121)} = 121$ car les fonctions exponentielle et logarithme sont réciproques. Et $\sqrt{121} = 11$.

4. Compréhension et expression écrite en Anglais

Expression

121 **Réponse : 3/** *D'après un témoin oculaire, trois voitures étaient impliquées dans l'accident.*

• **According to** signifie **selon / d'après / conformément à**.

• **Recording** signifie **enregistrement**.

Ex. : The audio recording is of good quality. L'enregistrement audio est de bonne qualité (source : Linguee.fr)

• **Accordance** signifie **concordance / conformité**.

• **Records** signifie selon les cas : **disques, dossiers, documents, enregistrements, archives**.

• **Accordingly** signifie **en conséquence**.

Ex. : I agreed with the candidate's stance and voted accordingly / J'étais d'accord avec la position du candidat et j'ai voté en conséquence (source : Linguee.fr).

122 **Réponse : 5/** *Il y a quatre jours, il accomplit l'ambition de toute une vie de devenir le PDG de l'entreprise.*

• **Ago** se traduit généralement par **il y a** en français. Il permet de traiter du temps qui s'est écoulé depuis une action passée, comme dans **il y a quatre jours**.

Ex. : I got married two years **ago**.

• Pour construire une phrase avec **ago**, dites ce qu'il s'est passé **I got married** puis le temps qui s'est écoulé **two years** suivi de **ago**.

• **To fulfill** veut dire **remplir, accomplir**.

• **A lifetime** est un nom qui veut dire la durée de toute une vie. **Il peut aussi être employé comme adjectif.** C'est le cas ici **a lifetime ambition** signifie **l'ambition de toute une vie.**

• L'acronyme **CEO,** que l'on traduit par PDG, veut dire **Chief Executive Officer.**

123 **Réponse : 4/** *Il est logique que les gens ne dépensent pas plus d'argent qu'ils n'en gagnent, pourtant beaucoup finissent endettés.*

• **It stands to reason** est une expression figée. On la traduit en français par il est logique/tout à fait logique/parfaitement logique. On peut construire la phrase de différentes façons :

– **It stands to reason for sb to do sth/ not to do sth ;**

– **It stands to reason that sb does sth ;**

– **It stands to reason sb does sth.**

SCORE BLANC NUMERO 6 – CORRIGES

• La construction **but (...) still** permet d'insister sur le mais, sur l'opposition. On le traduit par **mais, pourtant, pour autant.**

• But et still peuvent aussi être pris séparément et signifier : mais (...) encore.

Ex. : He's really nice, but I still hate him.

124 **Réponse : 5/** *Les membres de l'équipage étaient tous enthousiastes à l'idée de descendre à terre du fait que le bateau avait fait escale pour la dernière fois il y avait plus de deux semaines.*

• Le premier sens de crew est équipage. Par extension, crew veut aussi dire équipe, groupe et notamment groupe d'amis aussi bien en anglais qu'en français : **moi et mon crew**.

• **To be keen to do sth** veut dire **être enthousiaste à l'idée de faire qqch**. A ne pas confondre avec To be keen on sth/doing sth : aimer qqch/faire qqch.

• **Ashore** est un adverbe qui signifie à terre. The shore est un nom qui signifie le rivage.

• **To call into port** veut dire faire escale, faire relâche.

• **Ago** est un adv qui se traduit généralement par **il y a** en français. Il permet de traiter du temps qui s'est écoulé depuis une action passée, comme dans **il y a quatre jours**. Pour construire une phrase avec **ago**, dites ce qu'il s'est passé puis le temps qui s'est écoulé suivi de **ago**.

Ex. : I got married two years **ago**.

125 **Réponse : 2/** *L'arbitre essaya d'organiser une réunion anticipée avec les deux partis afin de poser les potentiels motifs d'un accord.*

• **Set up** veut dire **mettre en place**. **Set-up** peut aussi être un nom qui veut dire **configuration, installation**.

• **Grounds** au pluriel seulement veut dire **raisons, motifs, fondements**. Attention ! Au singulier, **ground** veut dire **sol, terrain** !

126 **Réponse : 5/** *On a rappelé aux spectateurs d'éteindre leur téléphone portable avant que le concert ne commence.*

• **Were reminded to** est un passif au prétérit. Le verbe qui va avec doit lui aussi être conjugué à un temps du passé : cela ne peut pas être begin, beginning, to begin. <u>To begin au present perfect se conjugue avec le verbe avoir.</u> Ça ne peut pas être is begun !

Ex. : The concert has begun.

127 **Réponse : 5/** *Ce fut une découverte médicale majeure.*

• A **breakup** est une rupture, souvent amoureuse.

• A **breakdown** est une rupture. On le trouve dans les expressions **electric breakdown**, une coupure d'électricité ou **nervous breakdown** : une crise de nerfs.

• A **breakout** est une irruption.

• A **breakage** est une rupture d'un objet solide (**hair breakage, glass breakage**).

• A **breakthrough** est une percée, une découverte, une avancée.

<u>Tous les verbes anglais changent de sens en fonction de la particule qui va avec ! Remarquez tout de même que l'idée de rupture est constamment là.</u>

128 **Réponse : 3/** *L'entreprise du secteur de l'énergie prévoit de gagner de l'argent en démontant les pipelines.*

• **By + doing** signifie en faisant quelque chose, par le fait de, grâce à.

Ex. : Take care of yourself by eating well

• La particule **apart** signifie toujours l'idée de séparation.

Ex. : **To tear apart** veut dire déchirer.

To take apart signifie alors démonter, disloquer.

129 **Réponse : 1/** *Choisir le bon emplacement pour un magasin est souvent la clef du succès pour les nouveaux commerces de détail.*

130 **Réponse : 4/** *Nous recourons à une méthode d'interview relativement longue, avec une première interview courte suivie de 3 autres sessions plus approfondies qui durent chacune une demi-journée.*

• **To undertake** veut dire entreprendre, réaliser, mener.

• **In-depth** veut dire approfondie, littéralement "en profondeur".

Ex. : The audience for this document does not need an **in-depth** understanding of economics (source : linguee.fr).

• **Deep** est l'adjectif pour dire profond.

• **To deepen** est le verbe pour dire approfondir à l'infinitif.

• **Deeply** est l'adverbe pour dire profondément.

• **The deepest** est le superlatif de l'adjectif deep. Il veut dire le plus profond ou très profond.

131 **Réponse : 3/** *Il y eut beaucoup d'événements chaotiques qui conduisirent à sa chute.*

• **Downturn** veut dire ralentissement, baisse, récession.

• **Downsize** veut dire réduire, diminuer.

• **Downfall** veut dire la chute.

• **Downmost** veut dire tout en bas, tout au fond.

• **Downside** veut dire revers, inconvénient.

132 **Réponse : 4/** *Les retours sur l'atelier de management du stress montrent que les participants le trouvèrent à la fois intéressant et informatif.*

• **Neither (…) nor** veut dire ni (…) ni.

Ex. : I like neither apples nor grapes (source : Linguee.fr). Je n'aime ni les pommes ni le raisin.

• **But** veut dire mais. C'est une conjonction de coordination qui n'aurait pas pu être utilisée ici puisqu'on ne peut pas coordonner **it** et interesting.

• **Either (…) or** veut dire ou (…) ou. On ne peut pas dire Either (…) and.

Ex. : You can either do this or do that. Tu peux soit faire ceci, soit faire cela.

• **Both (…) and** veut dire à la fois (…) et.

• **Else** veut dire autre, encore, autrement.

Ex. : Nespresso, what **else** ? Nespresso, quoi d'autre ?

133 **Réponse : 2/** *Les arbres, qui ont été dans le domaine de l'entreprise pendant soixante ans, avaient été endommagés lors du récent orage et avaient dû être abattus.*

• On trouve le verbe **to fell**, quasi uniquement pour parler d'abattre des arbres.

• **Attention ! Il ne faut pas le confondre avec le prétérit du verbe to fall qui devient fell.**

• **To fail** veut dire échouer.

• **To fuel** veut dire alimenter, entretenir.

Ex. : The teachers gave us ideas to fuel the discussion (source : Linguee.fr).

• **To fill** veut dire remplir.

134 **Réponse : 3/** *Il est entendu que l'objet utilisé pour infliger la douleur a été découvert sur la scène du crime.*

135 **Réponse : 5/** *De tous les modèles disponibles, le Nexia T60 n'est pas seulement le moins cher mais aussi le plus polyvalent.*

Pour former le superlatif en anglais, on prend l'adj auquel on ajoute un article et la terminaison -est. On ajoute en plus un article, comme en français.

Ex. : **Small** donne **the smallest** et veut dire le plus petit.

Pour des soucis de prononciation, on double la dernière consonne de certains superlatifs.

Ex. : **big** devient **the biggest**. Autrement, le i de bigest se prononcerait [ai].

Dès que l'adjectif a plus de deux syllabes, le superlatif se forme the most.

Ex. : **expensive** devient **the most expensive**.

Certains superlatifs sont irréguliers comme less qui devient the least.

136 **Réponse : 2/** *L'enquête récente a révélé que beaucoup moins d'ordinateurs de notre nouvelle gamme sont achetés par les moins de trente ans.*

- **Many fewer** veut dire beaucoup moins.
- A **range** of products est une gamme de produits.
- **Attention ! Le comparatif de less est worse !** Lesser est un barbarisme.

137 **Réponse : 2/** • **Upper hand** signifie l'avantage.

- **Upper class** est la classe bourgeoise.
- **Uppermost** veut dire le plus haut, le plus élevé. Son contraire est **downmost**.
- **Upper level** veut dire le niveau d'au-dessus.

138 **Réponse : 4/** *Cette actrice sort un livre composé de ses propres selfies parce que son existence est insignifiante.*

- **Meaningless** veut dire dénué de **meaning**, donc dénué de sens. **Le suffixe privatif -less est fréquemment utilisé en anglais pour évoquer l'absence. Cela marche avec beaucoup de mots !**

Ex. : My grandmother went braless to the opera. Ma grand-mère est allée à l'opéra sans soutien-gorge.

139 **Réponse : 2/** • **Master en tant qu'adjectif veut dire principal.**

Ex. : The master bedroom has a large wardrobe. La chambre principale bénéficie d'un grand dressing. (source : Linguee.fr).

- **A mast** est un mât de navire.
- **Mostly** est un adverbe qui veut dire principalement, essentiellement.

Ex. : They are mostly from Afghanistan (source : Linguee.fr).

140 **Réponse : 1/** *Les délégués de la conférence étaient venus à la fois d'Etats Européens avoisinants comme l'Espagne et l'Italie et de pays nettement plus lointains comme l'Afrique du Sud et le Mexique.*

Afield, adrift, awry, afar et off sont des adverbes.

- **Adrift** veut dire à la dérive.
- **Awry** veut dire de travers.
- **Afar** se construit souvent avec from, from afar et veut dire de loin.
- **Further off** veut dire au loin.
- **Further afield** veut dire nettement plus lointain.

141 **Réponse : 2/** *Cette ville est devenue la capitale non-officielle des réfugiés.*

- **From** signifie le point de départ ou l'origine.
- **Back** exprime un retour au point de départ.
- **By** peut exprimer un moyen, une position et introduire un complément d'agent.

Ex. : I came by bus / I stand by the shore / I lost weight by eating well.

142 **Réponse : 4/** *Après avoir recherché un nouveau directeur marketing pendant six mois, Sading Electronics a débauché Jake Westernce de Dalbey Inc avec brio.*

- **To fetch** veut dire aller chercher. On l'emploie surtout pour parler à son chien : **Fetch !** est l'équivalent de **Va chercher !**
- **To preach** veut dire prêcher.
- **To submit** veut dire soumettre, envoyer, rendre.
- **To poach** veut dire pocher les œufs, braconner et en langage familier débaucher ou chiper.

143 **Réponse : 2/** *Après une série de reports, le nouveau spa et le centre de fitness sont à présent officiellement ouverts.*

- **Steadily** veut dire régulièrement. Or, l'ouverture du spa et du centre de fitness est ponctuelle !
- Readily est un faux ami ! Il veut dire facilement, aisément, rapidement.

144 **Réponse : 4/** *Quand l'entreprise rencontra des difficultés, elle distribua des avis de licenciement à la plupart du personnel de moins de 3 ans d'ancienneté afin d'en réduire le nombre.*

- Attention ! **Redundancy** veut aussi bien dire redondance que licenciement !
- **Retraction** veut dire rétractation.
- **Redecoration** signifie rénovation.
- **Restitution** veut aussi bien dire restitution que dédommagement !

145 **Réponse : 1/** L'utilisation du **current** indique que **l'action est en train de se passer, on peut donc utiliser la forme en be + ing au présent. Pour faire la forme en be + ing, on conjugue l'auxiliaire be au présent ou au preterit et on met le verbe à la forme -ing.**

146 **Réponse : 4/**

147 **Réponse : 1/** *Les longues heures de travail affectent le personnel et nous voyons des nombres grandissants de personnes qui appellent pour se déclarer malade.*

- **To take one's toll on sb** est une expression figée qui veut dire affecter qqn, avoir des effets négatifs sur qqn.
- **A sprain** est une entorse. L'expression take one's sprain on sb n'existe pas.
- To **take a break** veut dire prendre une pause. To take one's break on sb n'existe pas.
- To take one's force/strength on sb n'existe pas.

148 **Réponse : 5/** *Le programme spatial européen qui existe depuis de nombreuses années n'est toujours pas vraiment en compétition avec celui des Américains.*

Comme le sujet est **The European space program**, la reprise du sujet par un pronom possessif est obligatoirement au singulier. On ne peut pas utiliser **those** ou **these**. De plus, en anglais, sans l'apostrophe **'s**, on marque le possessif avec le **of**. On dit donc **that of** the Americans pour parler du programme spatial des Américains.

149 **Réponse : 5/** *Un manoir en Géorgie, leur propre jet privé et un château en Provence : voici la vie du PDG de l'entreprise.*

En anglais, les déterminants possessifs sont my, your, his/her/its, our, your, their.

150 **Réponse : 4/** *Les organes de régulation de la bourse ont exigé une plus* *grande transparence afin de restaurer la confiance des actionnaires.*

• **To call for** c'est demander avec une idée de nécessité.

Ex. : The conclusions therefore call for more research in the area. Les conjectures nécessitent donc plus de recherche dans le domaine.

• **To call by** name, c'est appeler qqn par son nom.

• **To call at** a port, c'est faire escale dans un port.

• **To call out**, c'est appeler au sens de s'écrier.

• **To call to** action, c'est appeler à l'action.

151 **Réponse : 4/** *La Grande-Bretagne devient l'un des pays qui luttent le plus contre la cigarette dans le monde.*

152 **Réponse : 1/** *Afin de résoudre le conflit entre les membres du personnel et leurs employeurs, le médiateur officiel a préconisé qu'une réunion ait lieu le plus tôt possible.*

Attention ! Le subjonctif est rare mais il existe en anglais !

Ex. : God bless the Queen ! (et non pas God blesses the Queen)

Avec des verbes tels que recommend, suggest ou insist notamment !

Ex. : I recommend/suggest/insist you leave. On aurait pu dire I suggest you should leave.

De la même manière, on aurait aussi pu dire **the official mediator has recommended that a meeting should be held as soon as possible** pour rendre la phrase moins châtiée.

153 **Réponse : 4/** *Charlie Deng excellait à son poste de directeur financier avant d'être évincé par le directeur général adjoint entrant.*

Le by introduit ici un complément d'agent. Par conséquent, le verbe qui précède est un passif. **Le passif en anglais se forme avec le verbe be au présent, au prétérit ou à la forme -ing et le participe passé en -ed.**

• **To oust** veut dire évincer. Son participe passé est **ousted**.

154 **Réponse : 2/** *Après la mort soudaine du jeune directeur, il était urgent que nous trouvions quelqu'un qui pouvait rapidement prendre sa place.*

• L'expression toute faite **to step into one's shoes** veut dire prendre la place de qqn.

• **At short notice** veut dire rapidement.

155 **Réponse : 5/** *Malgré tous les problèmes rencontrés pendant le projet, le rapport final a été terminé dans les temps.*

• Dans ce cas, **within** veut dire à l'intérieur de. Dans les limites de temps qui avaient été données initialement.

Ex. : A complaint must be made within two years of the date when you became aware of the facts on which your complaint is based.

• **Despite** veut dire malgré, tout comme In spite of.

• **To encounter** est une façon plus chic de dire to meet, rencontrer.

Compréhension de textes

156 **Réponse : 4/**

157 **Réponse : 2/**

158 **Réponse : 1/**

159 **Réponse : 3/**

160 Réponse : 2/

161 Réponse : 4/

162 Réponse : 5/

163 Réponse : 3/

164 Réponse : 2/

165 Réponse : 1/

166 Réponse : 3/

167 Réponse : 5/

168 Réponse : 2/

169 Réponse : 4/

170 Réponse : 5/

INSTAGRAM DE L'AUTEUR

Franck Attelan

(lives thématiques et conseils)

GROUPE FACEBOOK

Objectif IAE

(entraide, partages d'expériences, questions à l'auteur, tests d'entrainement)

SCORE BLANC NUMERO 7

Consignes

1. Ce Score blanc contient 170 questions pour lesquelles vous aurez toujours 5 propositions de réponses au choix. 1 seule de ces propositions est correcte.

2. Le temps total pour travailler sur ce Score est de 3 heures.

3. Barème : 2 points par réponse juste sauf pour la sous-épreuve numéro 3 pour laquelle 5 points seront attribués par réponse juste. Une réponse fausse ou pas de réponse ne modifie pas le score (0 point). Le Score est donc noté sur un total de 400 points.

4. L'usage de la calculatrice, dictionnaire, lexique ou grammaire est formellement interdit. Aucune pause/sortie n'est autorisée pendant l'épreuve, toute sortie étant considérée comme définitive.

5. Les 170 réponses sont à reporter au recto d'une grille unique sur laquelle le candidat noircit la case correspondant à la réponse choisie, en utilisant le crayon fourni par le centre d'écrit. Les corrections doivent impérativement être effectuées avec un blanc correcteur.

SCORE BLANC NUMERO 7 : GRILLE DES REPONSES

	1	2	3	4	5
1					
2					
3					
4					
5					
6					
7					
8					
9					
10					
11					
12					
13					
14					
15					
16					
17					
18					
19					
20					
21					
22					
23					
24					
25					
26					
27					
28					
29					
30					
31					
32					
33					
34					
35					
36					
37					
38					
39					
40					
41					
42					
43					
44					
45					
46					
47					
48					
49					
50					
	1	2	3	4	5

	1	2	3	4	5
51					
52					
53					
54					
55					
56					
57					
58					
59					
60					
61					
62					
63					
64					
65					
66					
67					
68					
69					
70					
71					
72					
73					
74					
75					
76					
77					
78					
79					
80					
81					
82					
83					
84					
85					
86					
87					
88					
89					
90					
91					
92					
93					
94					
95					
96					
97					
98					
99					
100					
	1	2	3	4	5

	1	2	3	4	5
101					
102					
103					
104					
105					
106					
107					
108					
109					
110					
111					
112					
113					
114					
115					
116					
117					
118					
119					
120					
	1	2	3	4	5

	1	2	3	4	5
121					
122					
123					
124					
125					
126					
127					
128					
129					
130					
131					
132					
133					
134					
135					
136					
137					
138					
139					
140					
141					
142					
143					
144					
145					
146					
147					
148					
149					
150					
151					
152					
153					
154					
155					
156					
157					
158					
159					
160					
161					
162					
163					
164					
165					
166					
167					
168					
169					
170					
	1	2	3	4	5

SCORE BLANC NUMERO 7

1. CULTURE GENERALE, ECONOMIQUE ET MANAGERIALE

1 En quelle année l'organisation non gouvernementale internationale à but humanitaire d'origine française Médecins sans frontières a-t-elle été créée ?

1/ 1952
2/ 1961
3/ 1971
4/ 1982
5/ 1983

2 Quelle date marque le début, en France, du Ramadan en 2020 ?

1/ 27 février 2020
2/ 2 avril 2020
3/ 23 avril 2020
4/ 3 juin 2020
5/ 12 juillet 2020

3 En quelle année, Nicolae Ceausescu et son épouse, ont-ils été déclarés coupables de génocide et exécutés ?

1/ En 1947
2/ En 1959
3/ En 1968
4/ En 1974
5/ En 1989

4 Quel pacte a réuni Benito Mussolini et Adolf Hitler en 1939 ?

1/ Le Pacte de la Rose
2/ Le Pacte de Charbon
3/ Le Pacte d'Acier
4/ Le Pacte du Colisée
5/ Le Pacte de Versailles

5 Suite à quel événement le ministre de l'Intérieur français a-t-il décidé de créer une instance de dialogue entre l'Etat et les représentants de l'Islam ?

1/ Les attentats du 11 janvier 2015 contre *Charlie Hebdo*
2/ Les émeutes de banlieue autour de Paris
3/ Le passage de la loi Macron par l'article 49-3
4/ Le naufrage de 700 migrants à Lampedusa
5/ Le référendum contre la construction de minarets en Suisse

6 Quel quotidien français a pour devise : « Sans la liberté de blâmer, il n'est point d'éloge flatteur » ?

1/ *Le Monde*
2/ *Les Echos*
3/ *Le Parisien*
4/ *Libération*
5/ *Le Figaro*

7 Laquelle de ces entités appartient au groupe eBay ?

1/ PayPal
2/ YouTube
3/ PriceMinister
4/ TechCrunch
5/ Amazon

8 Combien d'entreprises ont été créées en France en 2018 ?

1/ 291 000
2/ 391 000
3/ 491 000
4/ 591 000
5/ 691 000

9 Sous quel pont, Diana Spencer et Dodi Al-Fayed ont-ils eu un accident mortel en 1997 ?

1/ Le Pont Neuf
2/ Le Pont des Arts
3/ Le Pont Mirabeau
4/ Le Pont de l'Alma
5/ Le Pont Alexandre-III

10 A quelle chaîne de la grande distribution appartient la marque « Marque Repère » ?

1/ Carrefour
2/ Leclerc
3/ Auchan
4/ Intermarché
5/ Casino

11 Combien de personnes seraient concernées par le Traité Transatlantique entre l'Europe et les Etats-Unis ?

1/ 550 millions
2/ 670 millions
3/ 800 millions
4/ 1,1 milliard
5/ 1,3 milliard

12 En 2020, quel est le délai de prescription des crimes sexuels commis sur des mineurs ?

1/ 5 ans
2/ 10 ans
3/ 15 ans
4/ 20 ans
5/ 30 ans

13 En France, en août 2016, qui a été nommé ministre de l'Economie pour remplacer Emmanuel Macron démissionnaire de ses fonctions ?

1/ Mattias Fekl
2/ Michel Sapin
3/ Christian Eckert
4/ Pierre Moscovici
5/ Christian Sautter

14 **Quel acteur français joue le rôle principal dans le film de Stéphane Brizé *En Guerre* sorti en 2018 ?**

1/ Vincent Lindon
2/ Gérard Depardieu
3/ Mathieu Kassovitz
4/ Pierre Niney
5/ Vincent Cassel

15 **Quel écrivain français a réussi à faire un doublé avec *La jeune fille et la nuit* et *Un appartement à Paris* en arrivant en tête des ventes de livres au premier semestre 2018 ?**

1/ Marc Levy
2/ Michel Houellebecq
3/ Guillaume Musso
4/ Frédéric Beigbeder
5/ François Lelord

16 **Parmi les nouvelles et les romans suivants, lequel ou laquelle n'a pas été écrit(e) par Philip Roth ?**

1/ *La Contrevie*
2/ *Zuckerman enchaîné*
3/ *La Consolante*
4/ *Pastorale américaine*
5/ *Goodbye Colombus*

17 **Quel est le sujet de la série américaine *Mad Men*, plusieurs fois primée aux Emmy Awards ?**

1/ La vie quotidienne d'un asile psychiatrique
2/ La vie des publicitaires new-yorkais des années 1960
3/ La vie d'une escouade américaine envoyée au front en 1944
4/ La vie quotidienne des inventeurs d'Internet
5/ La vie d'un duo de commentateurs sportifs

18 **Quel homme politique est le fondateur du mouvement Génération.s ?**

1/ Benoît Hamon
2/ Manuel Valls
3/ Jean-Luc Mélenchon
4/ Laurent Wauquiez
5/ Nicolas Dupont-Aignan

19 **Quel âge a la Terre ?**

1/ 1,5 milliard d'années
2/ 2,5 milliards d'années
3/ 3,5 milliards d'années
4/ 4,5 milliards d'années
5/ 5,5 milliards d'années

20 **Dans quel pays se trouve la ville de Katmandou ?**

1/ Le Népal
2/ La Birmanie
3/ La Thaïlande
4/ Le Tadjikistan
5/ L'Indonésie

21 **Qui est l'actuel sénateur de Floride ?**

1/ Marco Rubio
2/ Tom Cotton
3/ Cory Booker
4/ Thom Tillis
5/ John Cornyn

22 **Quel peintre est à l'origine du *Déjeuner sur l'herbe* ?**

1/ Vincent Van Gogh
2/ Edouard Manet
3/ Claude Monet
4/ Edgar Degas
5/ Henri Matisse

23 **Quel pays est, au premier trimestre 2018, le plus grand producteur de pétrole au monde ?**

1/ L'Arabie Saoudite
2/ La Russie
3/ La Chine
4/ Les Etats-Unis
5/ Le Canada

24 **Quel artiste peintre s'est illustré par sa « période bleue » ?**

1/ Henri Matisse
2/ Pablo Picasso
3/ Amedeo Modigliani
4/ Yves Klein
5/ Paul Cézanne

25 **Qui est la première femme à avoir été dans l'espace ?**

1/ Valentina Terechkova
2/ Nadia Comaneci
3/ Irina Nemcova
4/ Ursula Didoskaia
5/ Heidi Klum

26 **Quelle équipe remporte la Ligue Europa 2018 ?**

1/ Arsenal
2/ OM
3/ CSKA Moscou
4/ Dortmund
5/ Atlético Madrid

27 **Quel roman n'a pas été écrit par Amélie Nothomb ?**

1/ *Hygiène de l'assassin*
2/ *Antéchrista*
3/ *Tuer le père*
4/ *L'égoïste romantique*
5/ *Barbe bleue*

28 A combien s'élève la dette extérieure brute des Etats-Unis en 2018 ?

1/ 13 522 milliards de dollars
2/ 12 507 milliards de dollars
3/ 21 120 milliards de dollars
4/ 587 milliards de dollars
5/ 540 milliards de dollars

29 Qui est Eric Ciotti ?

1/ Un homme politique
2/ Un homme d'affaires
3/ Un sportif de haut niveau
4/ Un chercheur en neurosciences
5/ Un chef pâtissier

30 Combien Singapour compte-t-elle de langues officielles ?

1/ Une
2/ Deux
3/ Trois
4/ Quatre
5/ Cinq

31 Qui est l'architecte du Palais de la Bourse à Paris ?

1/ Garnier
2/ Le Corbusier
3/ Le Nôtre
4/ Mansard
5/ Brogniard

32 En 2019, quel pays est le plus gros consommateur de vins au monde ?

1/ La Chine
2/ Les Etats-Unis
3/ L'Allemagne
4/ La France
5/ L'Italie

33 Dans quelle ville des États-Unis, George Floyd, victime de violences policières, est-il mort en mai 2020 ?

1/ New York
2/ Atlanta
3/ Houston
4/ Minneapolis
5/ Columbia

34 En juillet 2018, quel pays succède à l'Estonie à la présidence du conseil de l'Union européenne ?

1/ La Bulgarie
2/ Le Royaume-Uni
3/ L'Espagne
4/ La Slovaquie
5/ L'Autriche

35 Après Paris, quelle est la ville de France la plus peuplée ?

1/ Lyon
2/ Marseille
3/ Toulouse
4/ Nice
5/ Lille

36 En 2017, en invoquant le risque d'attentat terroriste, quel pays interdit aux usagers de transporter en cabine ordinateurs, tablettes et téléphones portables sur les vols de 9 compagnies aériennes en provenance de 10 aéroports internationaux de pays arabes et de Turquie ?

1/ La France
2/ La Russie
3/ Les Etats-Unis
4/ La Grande-Bretagne
5/ L'Arabie Saoudite

37 A combien s'élève, pour l'année 2019, le nombre de tués sur les routes de France ?

1/ 566
2/ 1 467
3/ 2 339
4/ 3 239
5/ 5 986

38 Qui est l'auteur du célèbre tableau *Chasse aux lions*, œuvre majeure de la collection permanente du musée d'Orsay à Paris ?

1/ Claude Monet
2/ Eugène Delacroix
3/ Pablo Picasso
4/ Henri Matisse
5/ Jules Breton

39 Quelle est la capitale du Bangladesh ?

1/ Castaniera
2/ Dhaka
3/ Caracas
4/ Tarapaca
5/ Sucre

40 Quel illustre architecte est à l'origine de l'Art nouveau catalan ?

1/ Camillo Guarino Guarini
2/ Ernesto Basile
3/ Antoni Gaudí
4/ Juan De Villanueva
5/ Carlo Maderno

41 Quel est le dernier pays à avoir rejoint l'Opep ?

1/ Le Venezuela
2/ L'Angola
3/ Le Nigéria
4/ L'Algérie
5/ La Guinée Equatoriale

42 Quel est le plus grand archipel du monde ?

1/ Les Grandes Antilles
2/ L'Indonésie
3/ Les Seychelles
4/ Le Japon
5/ Les Maldives

43 En mai 2018, quelle ancienne ministre assure l'intérim de la présidence d'Air France – KLM, en attendant que soit trouvé un successeur à Jean-Marc Janaillac, PDG démissionnaire du groupe en pleine tourmente sociale ?

1/ Françoise Hostalier
2/ Anne-Marie Couderc
3/ Corinne Lepage
4/ Christine Chauvet
5/ Françoise de Panafieu

44 D'après une étude du World Wide Fund for Nature (WWF) de décembre 2009, les technologies vertes pourraient devenir le troisième secteur industriel mondial d'ici 2021. Derrière quels deux secteurs se placeraient-elles alors ?

1/ Le textile et le secteur du jouet
2/ Les biotechnologies et la construction
3/ L'aérospatial et les industries de défense
4/ Les produits chimiques et l'industrie alimentaire
5/ L'automobile et l'électronique

45 En 2020, l'Organisation des Nations Unies compte :

1/ 51 pays membres
2/ 110 pays membres
3/ 126 pays membres
4/ 155 pays membres
5/ 193 pays membres

46 De quel événement le peuple allemand a-t-il fêté le 20e anniversaire le 3 octobre 2010 ?

1/ La chute du mur de Berlin
2/ La réunification
3/ La création de la Communauté économique européenne
4/ Le retrait soviétique de l'Allemagne de l'Est
5/ Le décollage de la première fusée allemande

47 Quel pays a effectué la première greffe d'un cœur artificiel le 18 décembre 2013 ?

1/ Les Etats-Unis
2/ L'Inde
3/ La Chine
4/ L'Italie
5/ La France

48 Lequel de ces pays n'a pas de frontière avec la Syrie ?

1/ La Turquie
2/ L'Irak
3/ Le Liban
4/ L'Arabie saoudite
5/ La Jordanie

49 **Selon le magazine *Forbes*, quelle femme est considérée comme la plus puissante du monde ?**

1/ Michelle Obama
2/ Christine Lagarde
3/ Angela Merkel
4/ Hillary Clinton
5/ Melinda Gates

50 **Que permet le « cloud computing » (informatique « en nuage ») ?**

1/ Une accélération des processeurs
2/ L'extension de la mémoire vive des ordinateurs
3/ L'accès, *via* Internet, à des programmes et des services non installés sur l'ordinateur client
4/ La traduction instantanée d'un fichier audio d'une langue vers une autre
5/ L'image tridimensionnelle, y compris sur des écrans « classiques » en deux dimensions

SCORE BLANC NUMERO 7

2. COMPREHENSION ET EXPRESSION ECRITE EN FRANÇAIS

51 Dans un contexte littéraire, que signifie le mot « dédicataire » ?

1/ La personne à qui un ouvrage est dédié
2/ Une personne qui fait dédicacer un ouvrage par l'auteur
3/ La liste des personnes remerciées par l'auteur pour l'aide à l'écriture de l'ouvrage
4/ Une partie d'un livre qui peut être ajoutée par l'auteur
5/ La partie qui précède le début d'un roman et qui apporte des explications au lecteur

52 Parmi ces mots lesquels appartiennent à l'aire sémantique de « l'arbre » ?

A) grume
B) liber
C) aubier
D) frondaison
E) cève

1/ A + C
2/ B + E
3/ Aucun
4/ B + C + D
5/ A + B + C + D

53 Quelles sont les propositions correctement écrites ?

A) Quatre-vingt-douze
B) Deux-cents-quarante-trois
C) Trois-mille-huit-cents
D) Huit-millions-neuf-cent-quatre-vingts
E) Trois cents

1/ B + E
2/ A + C + D + E
3/ A + C + E
4/ B
5/ C + D + E

54 Parmi ces propositions, lesquelles sont vraies pour « calamiteux » ?

A) A pour synonyme « pitoyable »
B) A pour antonyme « catastrophique »
C) Signifie « qui peut servir à l'écriture »
D) Signifie « qui annonce de grands malheurs »
E) A pour synonyme « instable »

1/ C
2/ A + D
3/ A + B + D
4/ Aucun
5/ A + B + E

55 Parmi ces phrases, lesquelles contiennent un COD ?

A) Tu vois le château
B) L'enfant a faim
C) Il la sent brûler
D) Elle en a peur
E) Elle aime son père

1/ C + D
2/ Aucun
3/ D + E
4/ A + B + C
5/ A + C + E

56 Quelles sont les propositions correctement écrites ?

A) Cette veste lui sied
B) Ce foulard lui a sié
C) Ce costume lui seyait
D) Il essait ces chaussettes
E) Ce pantalon lui sierra

1/ A + B + C + D
2/ A + C
3/ Aucun
4/ B + E
5/ C + D

57 Parmi ces significations, lesquelles signifient « poser un lapin » :

A) Rester sur place
B) S'engraisser dans l'oisiveté
C) Poser un collet en cynégétique
D) Installer un piège
E) Faire le pied de grue

1/ D
2/ E
3/ C + D
4/ A
5/ Aucun

58 Parmi ces propositions, lesquelles sont correctement écrites ?

A) Cette question est perverse
B) Cette question est surprenente
C) Cette question est sybilinne
D) Cette question est anodine
E) Cette question est énigmatique

1/ A + D
2/ A + E
3/ B + E
4/ C + D + E
5/ A + D + E

59 **Qu'est-ce qu'un « moulin » ?**

A) Une personne obséquieuse dans l'expression « moulin à prières »
B) Un moteur d'automobile
C) Un dispositif servant à moudre des grains de céréales
D) Une installation servant à la climatisation d'une pièce
E) Un petit appareil qui sert à broyer des aliments

1/ B + C + E
2/ A + E
3/ Aucun
4/ C
5/ D + E

60 **Quelles sont les formes écrites correctement ?**

A) A-t-elle toute sa raison ?
B) L'atèle est dans l'arbre
C) Atèle le cheval
D) Pour sa rééducation, elle porte une atèle
E) A t elle poser l'atèlle à ton doigt ?

1/ Aucun
2/ C + E
3/ E
4/ A + B
5/ A + C + D

61 **Quelles sont les affirmations exactes ?**

A) « Redire » (dans le sens de blâmer) ne s'emploie qu'à l'infinitif
B) « Pouvoir » n'a pas d'impératif
C) « Absoudre » ne connaît pas de passé simple
D) « Habituer » ne peut s'employer qu'à la forme pronominale
E) « Braire » est un verbe défectif

1/ A + B + D
2/ A + B + C + E
3/ Aucun
4/ B + C + D
5/ A + E

62 **Quels sont les substantifs de genre féminin ?**

A) Autoroute
B) Prytanée
C) Cation
D) Zombie
E) Aporie

1/ A
2/ A + B + C + E
3/ B + C
4/ A + E
5/ A + C + E

63 **Quelle proposition est correctement écrite ?**

1/ La robe que je me suis faite faire
2/ Les fleurs qu'il lui a apportées
3/ Il lui a données de nombreuses informations
4/ Les examinateurs leur ont attribués des points
5/ Ces potions, j'en ai déjà bues

64 **Une femme « accorte » est :**

1/ Insupportable
2/ Avenante
3/ Petite
4/ Sans charme
5/ Equilibrée

65 **Parmi les propositions suivantes, quelles sont celles correctement écrites ?**

A) Elles s'en sont voulu
B) Nous allons nous y promener
C) Ils se sont lavé les cheveux
D) Elles se sont coiffées
E) Elle lui a donné

1/ A + B
2/ A + C
3/ A + B + C + D + E
4/ Aucun
5/ B + C + D

66 **Choisissez la reformulation dont le sens se rapproche le plus du passage souligné.**

A l'issue de la réunion entre le patronat et les syndicats, les partenaires sociaux ont signé un document qui consigne les résolutions d'un accord sur la durée du travail hebdomadaire.

1/ un protocole
2/ un formulaire
3/ un contingent
4/ une procédure
5/ un traité

67 **Complétez en choisissant la solution optimale.**

(...) que son attirance pour le théâtre n'était (...) éphémère passion de jeunesse, (...) d'apprendre qu'il (...) de comédie et de mise en scène.

1/ Comme je pensais / qu'une / je n'ai pas été surpris / s'occupe aujourd'hui encore
2/ Comme je pensais / pas seulement une / je n'ai pas été surpris / ne s'occupe pas aujourd'hui
3/ Si j'avais pensé / qu'une / j'aurais été surpris / ne s'occupe pas aujourd'hui
4/ Comme je pensais / pas seulement une / j'ai été surpris / ne s'occupe pas aujourd'hui
5/ Ce que je pensais c'est / pas une sincère et / car j'ai été surpris / s'occupait

Questions 68 à 70 : choisissez la reformulation dont le sens se rapproche le plus du (des) passage(s) souligné(s).

68 **Derrière le stéréotype du « pays du sourire », les Philippines demeurent un pays complexe et souvent difficile d'accès pour les européens.**

1/ le pieux dicton
2/ le lieu convenu
3/ l'image d'Epinal
4/ la parfaite photographie
5/ le poncif débridé

SCORE BLANC NUMERO 7 – ENONCES

69 **Le plus souvent saisie par l'esprit à travers les trois partis « trotskistes » qui la représentent, l'extrême gauche en France s'analyse aussi comme une famille politique allant chercher dans des répertoires d'action et des histoires très différents.**

1/ appréhendée / puisant dans

2/ invoquée / pompant dans

3/ conceptualisée / siphonnant

4/ entrevue / empruntant

5/ perçue / plongeant dans

70 **Jonathan a toujours été un élève brillant : après avoir passé avec succès les concours de la haute fonction publique, il se dirige vers une carrière de personnalité politique. Cependant, il sait que la route est encore longue et semée d'embuches avant d'atteindre son objectif.**

1/ de politicien

2/ d'homme d'Etat

3/ de ministre

4/ d'homme politique

5/ de diplomate

71 **Quelle est la meilleure formulation ?**

1/ Avril 2011 : le gouvernement grec fixe au pays une nouvelle « feuille de route » de sortie de crise, durcissant et prorogeant la rigueur jusqu'en 2015. Il est question de réduire au maximum les dépenses et de prévoir à l'avance les différents projets d'avenir qui se dessinent pour le pays.

2/ Le gouvernement grec fixe en avril 2011 pour le pays une nouvelle stratégie de sortie de crise, durcissant et prolongeant la rigueur jusqu'en 2015. Au programme : réduction maximale des dépenses et prévision à l'avance des différents projets d'avenir qui se dessinent pour le pays.

3/ Avril 2011 : le gouvernement grec fixe les étapes d'un nouveau plan d'actions pour sortir le pays de la crise, durcissant et prorogeant la rigueur jusqu'en 2015. Il est question de réduire au minimum les dépenses et de prévoir les différents projets d'avenir qui se dessinent pour le pays.

4/ Avril 2011 : le gouvernement grec fixe au pays une nouvelle stratégie opérationnelle de sortie de crise, radicalisant et prorogeant jusqu'en 2015 la politique de rigueur. Il est question de réduire au minimum les dépenses et de prévoir autant que possible les différents projets d'avenir qui se dessinent pour le pays.

5/ Avril 2011 : nouveau plan d'actions pour sortir la Grèce de la crise. Le gouvernement prévoit un durcissement et une prorogation de la politique de rigueur jusqu'en 2015. Il est question de réduire au mieux les dépenses et de prévoir en amont les différents projets d'avenir qui se dessinent pour la Grèce.

Questions 72 à 74 : complétez en choisissant la solution optimale.

72 **La coutume lors des entretiens veut que le candidat se présente face au jury en costume avec une cravate. Pourtant, Olivier est arrivé avec le maillot de son équipe de foot préférée lors de son oral. (...) !**

1/ Quel paradoxe
2/ Quelle dérision
3/ Quel flegme
4/ Quel conformisme
5/ Quelle extravagance

73 **(...) efforts du gouvernement, la vie augmente, (...) hausses saisonnières, (...) affecter sérieusement l'indice des prix.**

1/ Contrairement aux / et au vu des / il faut
2/ En dépit des / du fait des / au point d'
3/ A l'inverse des / compte tenu des / cela ne peut qu'
4/ Peu importent les / à la suite des / de sorte qu'il est nécessaire d'
5/ Avec les / avec des / car il faut

74 **Les raisons pour lesquelles le whisky (...) en vente libre ne sont pas des raisons (...) car tout le monde sait que le whisky (...). Ce sont donc des raisons (...).**

1/ n'est pas permis / de sécurité publique / entraîne une accoutumance et de nombreux problèmes de santé / médicales qui ont pour but de minimiser les dégâts
2/ est permis / de sécurité / n'est pas dangereux / médicales qui ont pour but de minimiser les dégâts
3/ n'est pas permis / de sécurité / entraîne une accoutumance et de nombreux problèmes de santé / économiques et sociales qui ne prennent pas en compte le danger encouru
4/ est permis / médicales / entraîne une accoutumance accompagnée de nombreux problèmes de santé / économiques et sociales qui ne prennent pas en compte le danger encouru
5/ est tolérée / médicinales / provoque une accoutumance sévère / médicales qui ont pour but de limiter les dégâts

75 **Que signifie l'expression « la faim fait sortir le loup du bois » ?**

1/ Dans une situation difficile, on n'hésite pas à prendre les risques qui s'imposent.
2/ Il faut parfois agir contre ses propres convictions ou sa volonté.
3/ Se mettre inconsciemment dans une situation dangereuse.
4/ Avoir une sacrée fringale.
5/ Quand on a faim, on devient sans foi, ni loi !

76 **Combien de fautes d'orthographe et/ou de grammaire le passage suivant contient-il ?**

Nous avons passé une soirée cahotique. Un soit-disant fabriquant a réussi à nous convaincre d'acheter du tissu en lain noir de jais à un prix défiant toute concurrence.

1/ Une
2/ Deux
3/ Trois
4/ Quatre
5/ Cinq

77 **Parmi les cinq propositions suivantes, une seule est correctement orthographiée. Laquelle ?**

1/ Le président en exercice dispose de nombreux avantages pécuniaires.
2/ Ce soit-disant médecin conventionné est un authentique trafiquant.
3/ En l'occurence, rien ne t'interdit de porter plainte.
4/ Ce porte-avion est visible à des kilomètres.
5/ Quel horrible accident ! Les dégâts y afférant sont considérables.

78 **Lequel des mots suivants est féminin ?**

1/ Jade
2/ Topaze
3/ Lignite
4/ Rubis
5/ Radis

79 **Complétez correctement la phrase suivante : « Elles ont … les promesses qu'elles avaient … ».**

1/ Tenues, faites
2/ Tenu, faites
3/ Tenu, fait
4/ Tenues, fait
5/ Tenus, faites

80 **Quelle est la conjugaison du verbe « fuir » à la troisième personne du singulier de l'imparfait du subjonctif ?**

1/ Qu'il fuie
2/ Qu'il fuîe
3/ Qu'il fuit
4/ Qu'il fuît
5/ Qu'il fuisse

81 **Laquelle de ces phrases est correctement orthographiée ?**

1/ Il y a quelques huit cents mètres a parcourir
2/ Il y a quelques huit cent mètre à parcourir
3/ Il y a quelque huit cents mètres a parcourir
4/ Il y a quelque huit cent mètre à parcourir
5/ Il y a quelque huit cents mètres à parcourir

82 **Un camouflet désigne :**

1/ Un déguisement
2/ Un animal
3/ Un vêtement chaud
4/ Une vexation humiliante
5/ Un mauvais coup du sort

83 **Le genre de roman dont l'action se développe dans une correspondance échangée entre des personnages est le roman :**

1/ Epistolaire
2/ Eponyme
3/ Picaresque
4/ Réaliste
5/ Romantique

84 **Laquelle des phrases suivantes comprend un participe passé mal orthographié ?**

1/ La chose est plus sérieuse que nous ne l'avions d'abord pensé

2/ Tout le monde m'a offert ses services, mais personne ne m'en a rendu

3/ Autant d'ennemis il a attaqués, autant il en a vaincu.

4/ Quant aux belles villes, j'en ai tant visité.

5/ J'ai toujours aimé regarder la télévision.

85 **A quel fruit l'adjectif « uval » se rapporte-t-il ?**

1/ La pomme
2/ La poire
3/ Le raisin
4/ La fraise
5/ La figue

Texte

Pourquoi la mondialisation est réversible

Source : *Alternatives économiques* – juin 2011 – Mondialisation, le début de la fin

L'intégration de l'économie mondiale a beaucoup progressé depuis trente ans, même si elle est moindre qu'on ne le croit souvent. Si la crise n'a pas interrompu le processus, plusieurs facteurs pourraient à l'avenir changer la donne. Le plus sérieux est politique.

Par Sandra Moatti

La mondialisation est notre quotidien. Nos tee-shirts ont parcouru des milliers de kilomètres avant d'aboutir dans nos tiroirs, notre téléphone portable a traversé des dizaines de frontières et nous mangeons des pizzas couvertes de tomates chiliennes emballées au Maroc, achetées dans une chaîne de supermarchés française détenue par des actionnaires du monde entier…

Les chiffres révèlent à la fois l'ampleur et les limites du phénomène. Entre 1970 et 2007, les exportations mondiales ont progressé deux fois plus vite que la production, les entrées d'investissement direct étranger (IDE) environ cinq fois et les flux internationaux de capitaux[17] douze fois plus vite. Cette formidable accélération doit beaucoup aux changements intervenus dans les infrastructures de la mondialisation : L'avènement des porte-conteneurs géants a permis de quadrupler le nombre de tonnes transportées par voie maritime (près de 90 % du volume du commerce mondial) entre 1970 et 2008. Dans le même temps, le fret aérien a été multiplié par treize et achemine désormais près de 40 % du commerce mondial en valeur. Les nouvelles technologies de l'information ont fait exploser les possibilités de transfert de données, tout en réduisant drastiquement les coûts de communication.

Les grandes firmes globales ont tiré pleinement parti de ces nouveaux paramètres de l'échange. Elles sont devenues, depuis la fin des années 1980, les acteurs d'une nouvelle division internationale du travail, organisant la mise en réseau d'unités de production réparties dans le monde entier, à différentes étapes d'une chaîne de valeur de plus en plus complexe. Elles arbitrent ainsi en permanence entre les avantages comparatifs de chaque territoire, selon des critères de coûts mais aussi de qualité ou de délais, tout en bénéficiant des économies d'échelle liées à la mondialisation du marché. Si l'iPod d'Apple agrège des composants et des contenus produits en Chine, au Japon, à Singapour, en Corée du Sud, en Thaïlande et aux Etats-Unis, c'est le même iPod qui est vendu dans le monde entier.

La Terre n'est cependant pas aussi plate que l'affirmait l'éditorialiste du New York Times Thomas Friedman en 2006. Les frontières ont la vie dure, notamment celles de la langue et du droit. Les technologies n'abolissent pas les distances, souligne Pankaj Ghemawat, professeur de stratégie à Barcelone. Malgré la chute spectaculaire du coût des communications, les appels internationaux ne représentent que 2 % des appels téléphoniques. Et si près de 2 milliards de personnes ont désormais accès à Internet, seulement une connexion sur cinq ou six dépasse les frontières nationales. Sur le plan des migrations internationales, la mondialisation actuelle est bien plus timide que ne le fut celle du XIXe siècle.

La mondialisation économique elle-même a ses limites. Les investissements directs des firmes hors de leurs frontières ne représentent que 10 % environ des investissements. Et encore ce chiffre est-il probablement gonflé

17. La somme des entrées de capitaux telle que mesurée par la balance des paiements.

par les pratiques d'optimisation fiscale des firmes multinationales. Et si les exportations mondiales avoisinent les 30 % du produit intérieur brut (PIB), ce rapport est artificiellement gonflé par la nouvelle division internationale du travail : le même article produit dans des pays différents, à différents stades de son élaboration, est comptabilisé plusieurs fois dans les balances des paiements[18]. Un phénomène difficile à chiffrer, faute d'une comptabilité du commerce international en valeur ajoutée, mais qui explique en partie la forte croissance des échanges mondiaux depuis vingt-cinq ans.

La crise de 2008 a montré tout à la fois l'intensité et la vulnérabilité de la mondialisation. La rapidité avec laquelle la crise s'est diffusée à partir de l'automne 2008 a mis en évidence l'interdépendance des économies, tandis que les principaux indicateurs de la mondialisation s'effondraient avec une brutalité surprenante. Les exportations mondiales ont chuté de 40 % entre octobre 2008 et juin 2009, soit beaucoup plus qu'après 1929 ; Les flux d'investissements directs étrangers ont quasiment diminué de moitié entre 2007 et 2009.

Le spectre de la crise des années 1930 a alors ressurgi pour rappeler que le processus de mondialisation est réversible. Pourtant, le repli protectionniste redouté par certains n'a pas eu lieu. Dès 2010, les échanges commerciaux ont repris de plus belle, retrouvant leur niveau d'avant la crise. Les flux internationaux de capitaux repartent également, quoiqu'à un rythme moyen plus modeste.

Si la crise n'a pas détricoté la mondialisation, elle a contribué à déplacer son centre de gravité, au détriment des vieux pays industrialisés, notamment de l'Europe. Les exportations françaises ou allemandes n'avaient pas encore retrouvé fin 2010 leur niveau d'avant la crise. Représentant désormais 45 % des exportations mondiales, celles des pays émergents l'avaient allègrement dépassé, principalement du fait des échanges Sud-Sud. Même contraste du côté des investissements directs à l'étranger : ceux des multinationales étrangères sur le sol européen ont continué de chuter en 2010, pour la troisième année consécutive, et ceux des multinationales européennes ont stagné. En même temps, les pays émergents s'affirment non seulement comme terres d'accueil de ces investissements, dont ils reçoivent désormais la moitié des flux mondiaux, mais aussi comme investisseurs. En 2010, 28 % des sorties d'investissements viennent des pays émergents, selon la Cnuced, contre 10 % en 2003, et 70 % de ces flux se dirigent vers d'autres pays du Sud. Rien de tout cela n'accrédite la thèse d'une « démondialisation » en marche, mais plutôt celle d'une marginalisation de l'Europe dans le jeu mondial.

Trois paramètres pourraient cependant changer la donne. D'abord la hausse des coûts de transport. Selon une étude de 2008[19], un pétrole à 150 dollars le baril équivaudrait à une remontée des droits de douane à leur niveau moyen de 1970, faisant du transport la principale barrière à l'échange. La réalité est cependant plus complexe. Si le transport maritime représente en moyenne 4 % du prix final des biens manufacturés, cette proportion atteint 10 % à 20 % pour les matières premières agricoles, et jusqu'à 25 % ou 30 % pour les matières premières industrielles, rappelle Jane Korinek de l'OCDE. C'est sur ces produits que l'impact du transport est le plus fort, mais c'est aussi là qu'il est le plus difficile de trouver des substituts aux importations.

En outre, l'énergie n'est qu'une composante des coûts de transport. Ceux-ci réagissent avant tout aux fluctuations de la demande face à des capacités rigides. *« On ne construit pas un porte-conteneur ou un vraquier du jour*

18. Voir « Cycle de Doha : la négociation s'est enlisée », entretien avec Pascal Lamy, Alternatives Economiques, n° 302, mai 2011, disponible dans nos archives en ligne.

19. « Will Soaring Transport Costs Reverse Globalization ? », CIBC World Markets Inc, 27 mai 2008.

au lendemain » rappelle Jane Korinek. D'où l'alternance de périodes de sous-capacité où les coûts de transport s'envolent, comme entre 2003 et 2008, suivies de surcapacité où les prix s'effondrent, comme c'est le cas depuis 2008. L'expérience des années qui ont précédé la crise conduit à relativiser l'impact des coûts de transport : ils ont triplé en moyenne entre 2003 et 2008, sans empêcher le trafic maritime de doubler sur la même période.

Les coûts de transport ne constituent d'ailleurs qu'un des paramètres de l'arbitrage complexe auquel se livrent les firmes dans leurs choix de localisation. Les délais de livraison, les risques de retard, la nécessité de maintenir des stocks, l'insatisfaction quant à la qualité de la production livrée sont d'autres coûts de l'échange international qui peuvent conduire à relocaliser certaines activités. Les cas enregistrés récemment en France – celui du fabricant de ski Rossignol, de Geneviève Lethu dans le linge de maison ou encore de Meccano dans les jouets – restent relativement isolés.

Le phénomène serait plus significatif aux Etats-Unis, selon une étude récente du Boston Consulting Group (BCG). Après Caterpillar ou Ford, c'est maintenant General Motors qui investit sur le sol américain et prévoit d'y accroître ses effectifs. Selon le BCG, les avantages de la Chine en termes de coûts s'estompent rapidement : les salaires y auraient augmenté de près de 70 % entre 2005 et 2010, alors que les gains de productivité ralentissent et que la monnaie chinoise s'apprécie. A ce rythme, le coût du travail en Chine, qui représente aujourd'hui 31 % de celui des Etats-Unis, pourrait passer à 44 % en 2015, voire près de 70 % dans la région de Shanghai. Un écart qui rend le *made in America* plus compétitif.

Cette vision séduisante laisse toutefois sceptique. D'abord, parce que le monde a encore des réserves de travail bon marché, ne serait-ce qu'en Chine même, dans les provinces de l'intérieur, ou dans des pays voisins comme le Vietnam. En outre, pour les entreprises dont le critère principal de localisation n'est pas le coût du travail, mais la taille et le dynamisme du marché local, la progression du niveau de vie dans les grands pays émergents crée au contraire une incitation supplémentaire à délocaliser. Enfin, la faiblesse du coût du travail n'est déjà plus, dans de nombreux domaines, le principal avantage comparatif de ces pays. *« Le géant taïwanais de l'électronique Foxconn, qui travaille pour Apple, Sony, Nokia, Dell et bien d'autres, a réussi à remonter la chaîne de valeur, de la fabrication jusqu'au design et à la recherche-développement »* explique François Dousset, consultant en stratégie d'achat. L'entreprise s'est appropriée et a développé un savoir-faire productif que ses donneurs d'ordre ont perdu. Dans ce cas, la délocalisation est un aller sans retour.

Un dernier facteur pourrait s'avérer plus puissant que la hausse des coûts de transport ou le rééquilibrage des avantages comparatifs : la politique. En France, le « non » au référendum de 2005 exprimait déjà le refus d'une Europe perçue comme le cheval de Troie de la mondialisation. La vogue actuelle du thème de la démondialisation exprime la même demande de protection. La tendance est la même ailleurs en Europe, à en juger par le succès des partis populistes dans les élections récentes. Et les gouvernements ont de plus en plus de mal à se mettre d'accord sur les règles du jeu.

Les négociations commerciales s'en ressentent. Le cycle de Doha achoppe sur la question de la réduction des droits de douane industriels. Les pays du Nord veulent rééquilibrer la relation commerciale avec les grands émergents et leur demandent de s'ouvrir davantage : ils considèrent que les protections dont ils bénéficient en tant que pays en voie de développement ne sont plus justifiées.

Le désir de protection s'exprime également à l'égard des investissements. La Cnuced, qui scrute les politiques des Etats en matière d'investissements directs étrangers, enregistre depuis une dizaine d'années une montée régulière des mesures visant à *« protéger les industries stratégiques, les ressources naturelles et la sécurité nationale »*. Quant aux capitaux courts et volatils qui viennent chercher des rendements à court terme, ils ne sont plus les bienvenus au Sud, comme en témoigne, entre autres, la taxe de 6 % instaurée par le Brésil sur les investissements de portefeuille des étrangers.

Ces quelques signaux témoignent d'une évaluation plus équilibrée que par le passé des bénéfices de l'ouverture commerciale et financière. Et même si de nouvelles barrières devaient être érigées à l'avenir, il faut en relativiser les conséquences. *« Les politiques commerciales jouent un rôle relativement secondaire dans les déterminants de l'échange »,* souligne Jean-Marc Siroën, professeur à Paris-Dauphine. Il rappelle que la montée des tarifs douaniers sur les importations agricoles dans les années 1890 s'est plutôt accompagnée d'une expansion du commerce mondial. Et c'est moins la montée du protectionnisme dans les années 1930 qu'il faut rendre responsable de la contraction des échanges que l'effondrement des prix et de la demande.

Plus inquiétant est l'enlisement des négociations multilatérales sur tous les terrains, de la préservation du climat à la stabilité des monnaies, ou encore la perspective d'une compétition de plus en plus tendue pour l'accès aux ressources naturelles. Or, l'histoire rappelle combien il est difficile de maintenir un ordre économique stable en l'absence d'une puissance dominante. La Grande-Bretagne a joué ce rôle au XIXe siècle, les Etats-Unis dans le second XXe. Alors que l'hégémonie américaine décline, comment le système géopolitique va-t-il s'adapter à l'ascension de la Chine, de l'Inde et des autres géants du monde émergent ? L'avènement d'un monde multipolaire n'est pas synonyme de stabilité.

Questions

86 Le coût du travail en Chine pourrait représenter en 2015 :

1/ 70 % du coût du travail aux Etats-Unis
2/ 13 % de plus que le coût du travail actuel
3/ 44 % de plus que le coût du travail actuel
4/ Moins de 31 % du coût du travail aux Etats-Unis
5/ 44 % du coût du travail aux Etats-Unis

87 Quelle proposition est fausse ?

1/ Les coûts de communication ont chuté de manière spectaculaire ces dernières années
2/ Les pizzas que nous mangeons sont couvertes de tomates venant du Chili
3/ Les différences de droit et de langue ne favorisent pas les échanges transfrontaliers
4/ Près de 2 millions de personnes ont désormais accès à Internet
5/ Les investissements directs des firmes à l'étranger ne représentent que 10 % des investissements

88 **Cherchez l'intrus :**

1/ Thomas Friedman

2/ Jane Korinek

3/ Pankaj Ghemawat

4/ Jean-Marc Siroën

5/ Geneviève Lethu

89 **Quel est le paramètre qui n'entre pas dans les coûts de l'échange international ?**

1/ Les coûts de transport

2/ Les délais d'approvisionnement

3/ Les risques de retard

4/ La qualité des produits livrés

5/ Les délais de livraison

90 **Selon l'auteur, qu'est ce qui a triplé en moyenne entre 2003 et 2008 ?**

1/ La part du coût du fret maritime dans le prix final des biens

2/ Le coût du travail en Chine

3/ Le montant de la taxe instaurée par le Brésil sur les investissements de portefeuille des étrangers

4/ Les coûts de transport

5/ Le montant des exportations mondiales

91 **En 2010, la part des sorties d'investissements venant des pays émergents :**

1/ Représente 28 % de l'ensemble des investissements directs à l'étranger réalisés dans le monde

2/ Représente 10 % de l'ensemble des investissements directs à l'étranger réalisés dans le monde

3/ Représente 70 % des investissements directs à l'étranger réalisés par les pays du Sud

4/ A progressé de 18 % par rapport à l'année 2003

5/ Représente moins de 25 % des investissements directs à l'étranger réalisés dans le monde.

92 **Pourquoi selon l'auteur, l'enlisement des négociations internationales est inquiétant ?**

1/ Parce qu'il reflète le déclin de l'hégémonie américaine dans le commerce mondial

2/ Parce que cela signifie que l'ascension de la Chine devient inéluctable

3/ Parce que l'ascension des pays émergents menace les économies occidentales

4/ Parce que cela reflète l'absence d'un nouvel équilibre économique entre les nations

5/ Parce que cela menace la stabilité de l'ordre économique mondial

93 **Que démontre aujourd'hui, l'entreprise Foxconn ?**

1/ Que plusieurs grands donneurs d'ordre peuvent délocaliser leurs activités au profit d'une même entreprise

2/ Qu'une firme délocalisée travaillant en sous-traitance peut venir concurrencer ses donneurs d'ordre

3/ Qu'il est possible de devenir un géant de l'électronique en travaillant en sous-traitance de grands donneurs d'ordre

4/ Que le coût du travail peut ne plus être le seul facteur de délocalisation d'activités vers les pays émergents

5/ Qu'une activité délocalisée peut permettre à une société de devenir un géant de l'électronique

94 **Quelle proposition concernant les conséquences de la crise de 2008 est fausse ?**

1/ La place de l'Europe dans l'économie mondiale n'est plus la même après la crise

2/ Les exportations allemandes n'avaient pas retrouvé, fin 2010, leur niveau d'avant la crise

3/ Depuis la crise, les exportations des pays émergents représentent 45 % des exportations mondiales

4/ Depuis la crise, les exportations des pays émergents ont allègrement dépassé celles de la France et de l'Allemagne

5/ Les investissements directs à l'étranger des multinationales étrangères ont diminué sur le sol européen

95 **Pourquoi, selon l'auteur, le poids des exportations mondiales dans le produit intérieur brut est erroné ?**

1/ Parce qu'il n'existe pas de comptabilité du commerce international en valeur ajoutée

2/ Parce que les firmes pratiquent l'optimisation fiscale

3/ Parce que le même produit est comptabilisé plusieurs fois

4/ Parce que la nouvelle division internationale du travail fausse le prix des exportations

5/ Parce que les balances des paiements des pays sont fausses

96 **Laquelle de ces propositions est fausse ?**

1/ Du fait de la mondialisation, les entrées d'investissements directs étrangers ont progressé cinq fois plus vite que la production

2/ Du fait de la mondialisation, le fret aérien représente désormais 40 % du volume du commerce mondial

3/ Du fait de la mondialisation, le développement du fret aérien a été supérieur à celui du fret maritime

4/ Du fait de la mondialisation, les flux internationaux de capitaux ont progressé six fois plus vite que les exportations mondiales

5/ Du fait de la mondialisation, le nombre de tonnes de fret maritime a été multiplié par quatre

97 **En quoi la mondialisation a-t-elle profité aux grandes firmes internationales ?**

1/ Elle en a fait des acteurs économiques mondiaux

2/ Elle leur a permis d'optimiser leur processus de production

3/ Elle a permis de faire progresser les échanges économiques

4/ Elle leur a permis de s'affranchir des frontières nationales

5/ Elle leur a permis de vendre le même produit dans le monde entier

98 **Quel frein à la mondialisation économique est relativisé dans ce texte ?**

1/ Les politiques protectionnistes nationales

2/ La frontière de la langue et du droit entre les pays

3/ La faiblesse des investissements directs des entreprises hors de leurs frontières

4/ La relative faiblesse des flux migratoires

5/ La fluctuation des monnaies d'échange

99 **Les coûts de transport dépendent pour l'essentiel :**

1/ Du prix du pétrole qui pourrait avoisiner à l'avenir les 150 dollars le baril d'après une étude conduite en 2008

2/ Du niveau des droits de douanes qui sont une des principales barrières à l'entrée

3/ De la capacité des moyens de transport à répondre à l'évolution de la demande de fret

4/ De l'évolution des prix de l'énergie qui constituent l'essentiel des coûts du transport

5/ De la capacité du fret aérien à compléter l'offre de fret maritime

100 **Que signifie le sigle IDE :**

1/ Investissements en provenance de l'étranger

2/ Investissements destinés à l'étranger

3/ Indices des données économiques

4/ Investissements directs à l'étranger

5/ Investissements directs étrangers

SCORE BLANC

3. RAISONNEMENT LOGIQUE ET NUMERIQUE

NUMERO 7

101 Complétez la série suivante :

1 3 9 27 81 ?

1. 243
2. 116
3. 162
4. 346
5. 512

102 Une équipe de mineurs s'est engagée à creuser une tranchée. Si elle avait travaillé au complet, la tranchée aurait été creusée en 24 heures. Mais en fait, un seul mineur a commencé le travail. Au bout d'un certain temps un deuxième l'a rejoint ; au bout du même temps un troisième est arrivé, puis un quatrième et ainsi de suite jusqu'au dernier. Le calcul de la paie a montré que le premier mineur avait travaillé 11 fois plus de temps que le dernier. Combien de temps a travaillé le dernier mineur ?

1. 3 heures
2. 6 heures
3. 4 heures
4. 8 heures
5. 5 heures

103 Un cube a pour volume huit mètres cubes. On le découpe en petits cubes de deux décimètres de côté. On empile alors tous les petits cubes. Quelle est en mètres la hauteur de la pile obtenue ?

1. 20 mètres.
2. 100 mètres.
3. 400 mètres.
4. 200 mètres.
5. 1 000 mètres.

104 Dans un lycée, la moyenne obtenue à une session préparatoire à l'examen du baccalauréat par les 36 élèves d'une classe de terminale scientifique est de 14 sur 20. Les filles ont obtenu en moyenne la note de 15 sur 20 et les garçons ont eux obtenu en moyenne la note de 9 sur 20. Combien y a-t-il de filles dans cette classe de terminale scientifique ?

1. 16
2. 18
3. 24
4. 28
5. 30

105 Dans la multiplication MN × ZP = 1 568, N = 4M et Z = P – 1. Quelle est la valeur de P ?

1. 3
2. 4
3. 5
4. 6
5. 8

106 Un concessionnaire a liquidé ce mois-ci tous les modèles de voitures de sa concession. 60 % des voitures vendues étaient de modèle essence, deux septièmes de modèle diesel et 92 de modèle hybride. Combien de voitures ce concessionnaire a-t-il vendues ?

1. 790
2. 805
3. 812
4. 827
5. 843

107 Pour la série de nombres suivante {57, 34, 14, 19, 47, 24, 49, 2, 10, 23, 35, 55, 20, 37, 28, 11}, calculez les valeurs du premier quartile, de la médiane et du troisième quartile.

1. 14, 24, 35
2. 14, 24, 38
3. 14, 26, 35
4. 14, 28, 37
5. 14, 26, 37

108 Manon dit : « J'ai deux frères de moins que de sœurs ». Vera, la sœur de Pierre dit : « J'ai un frère de plus que de sœurs ». Pierre dit à Léo et Manon : « J'ai autant de frères et sœurs qu'il n'y a d'enfants chez vous ». Enfin, Léo, le frère de Manon, dit : « J'ai deux fois plus de sœurs que de frères ». Parmi les cinq propositions suivantes, laquelle est vraie ?

1. Il y a 6 garçons dans la famille de Manon et Léo.
2. Manon a 8 sœurs.
3. Il y a 13 enfants dans la famille de Pierre et Vera.
4. Pierre a 7 sœurs.
5. Manon a 4 frères.

109 La moyenne des âges des sœurs d'Alexandre est 18 ans. La sœur aînée a six ans de plus que sa cadette. Si la moyenne de l'âge d'Alexandre et de l'aînée de ses sœurs est de 21 ans, quel est alors l'âge d'Alexandre ?

1. 20
2. 21
3. 22
4. 23
5. 24

110

	416			
	309			
	864			
135	?	952	361	479
	981			

1. 636
2. 525
3. 946
4. 129
5. 749

111 Charles dispose d'une somme de 215 euros, composée de 30 billets de 5 et 10 euros. Combien de billets de 10 euros a-t-il ?

1. 11
2. 13
3. 14
4. 17
5. 21

112 Dans un pays, la TVA était au 1er janvier 2019 de 20 %. Au 1er janvier 2020, la TVA passera à 22,5 %. Quel sera le prix d'un produit au 1er janvier 2020 qui coûte 24 euros au 31 décembre 2019 ?

1. 30 euros
2. 32 euros
3. 25,5 euros
4. 26 euros
5. 24,5 euros

113 Un groupe d'élèves programme une sortie. Si chacun donnait 14 euros, il manquerait 4 euros. Mais si chacun donnait 16 euros, il y aurait un excédent de 6 euros. Combien y a-t-il d'élèves dans le groupe ?

1. 4
2. 5
3. 6
4. 8
5. On ne peut pas savoir.

114 Paul a rencontré Virginie durant les vacances. Ils habitent deux villes différentes distantes de 450 km. Ils décident de passer le week-end ensemble dans un petit village situé entre leurs deux villes. La voiture de Paul consomme 9 litres aux 100 et roule à 90 km/h. La voiture de Virginie consomme 6 litres aux 100 et roule à 90 km/h. A quelle distance de la ville de Paul se trouve le petit village sachant qu'en roulant à 90 km/h, ils consomment tous les deux la même quantité de carburant pour s'y rendre ?

1. 20 km
2. 210 km
3. 200 km
4. 190 km
5. 180 km

115 Dans une entreprise, il y a 150 femmes et 250 hommes. Un bonus est attribué à 80 % du personnel. Le nombre d'hommes ayant obtenu le bonus est de :

1. Exactement 180
2. Exactement 200
3. Compris entre 170 et 230
4. Compris entre 170 et 250
5. Aucune réponse ne convient.

116 En 2009, une petite ville comptait 16 920 habitants. Le nombre de boulangeries était égal à 47. En 2011, le nombre de boulangeries n'était plus que de 32 pour une population de 14 400 habitants. Le nombre moyen de boulangeries par habitant entre 2009 et 2011 :

1. a diminué de 20 %.
2. a diminué de 25 %.
3. a augmenté de 20 %.
4. a augmenté de 25 %.
5. n'a subi aucune modification.

117 Quelle est la forme factorisée de $A(n) = 16n^2 + 8n - 3$?

1. $(3n - 1)(8n + 3)$
2. $(8n + 1)(3n - 3)$
3. $(4n + 1)(4n - 3)$
4. $(4n - 1)(4n + 3)$
5. $(16n + 1)(n - 3)$

118 Complétez la suite logique suivante :
D – V – T – Q – C – ?

1. S
2. D
3. R
4. U
5. E

119 Une société de VPC (vente par correspondance) propose à ses plus fidèles clients d'acheter k volumes d'une encyclopédie (chaque semaine, un volume est envoyé aux clients). Le prix de chaque volume envoyé est 5 fois plus élevé que celui du volume précédent. On sait que le prix du premier volume est de $10n$ €.

Quel est, en euros, le prix du $k^{\text{ième}}$ volume ?

1. $(10n)^k$
2. $10n \times k^5$
3. $2n \times 5^k$
4. $\dfrac{5^{k-1} \times 10n}{n^k}$
5. $10k^n$

120 Soit un dé dont trois faces sont rouges, deux vertes et une bleue. On lance deux dés de ce type, quelle est la probabilité que les deux faces visibles soient de la même couleur ?

1. 1/3
2. 7/18
3. 13/36
4. 5/12
5. 4/9

SCORE BLANC NUMERO 7

4. COMPREHENSION ET EXPRESSION ECRITE EN ANGLAIS

PREMIERE PARTIE : EXPRESSION (35 QUESTIONS)

Complete the following sentences by choosing the most appropriate answer. Remember that there is only one correct answer for each question so you should choose the answer that you think is the correct one and enter the number (1, 2, 3, 4 or 5) on your answer sheet.

121 At Disponic Systems, we have always believed in cost saving and … we have never lost sight of the importance of maintaining quality.

1/ Although
2/ Yet
3/ Because
4/ Then
5/ Since

122 The team … with joy as they clinched the victory.

1/ Swept
2/ Wrapped
3/ Wept
4/ Wiped
5/ Slept

123 He supports … solution the sides agree to.

1/ Whichever
2/ Which
3/ What
4/ Whom
5/ Whose

124 Patients suffering from muscle sprain injuries should wear special braces for … long it takes them to recover.

1/ Whatever
2/ Whenever
3/ However
4/ Wherever
5/ Whoever

125 The news provoked a … of outrage online.

1/ Wind
2/ Weave
3/ Wave
4/ Waft
5/ Wove

126 Weather forecasters have issued storm warnings for Carlson City and residents have been advised to avoid driving … absolutely necessary.

1/ If
2/ Unless
3/ Despite
4/ Yet
5/ Without

127 The general … of his argument was to oppose change on the basis that most people were indifferent about the issue.

1/ Thrust
2/ Trust
3/ Tread
4/ Push
5/ Pull

128 Ms. Rinchana worked in sales … the 1990s but then moved into finance before becoming director of a start-up three years ago.

1/ For
2/ Throughout
3/ Forever
4/ On
5/ At

129 … is trying to introduce a policy of overtime but there is resistance from the unions.

1/ The directors
2/ The managers
3/ The management
4/ The managing
5/ The leaders

130 When starting your own retail business, the faster you move your inventory, … sooner your company will be profitable.

1/ A
2/ The
3/ More
4/ As
5/ That

131 I don't know when I've … and watched something like this before.

1/ Listen
2/ Listening
3/ To listen
4/ Listened
5/ Listens

132 Mitch was … lying to his parents.

1/ Caught
2/ Get catch
3/ Got catch
4/ Catch
5/ Catches

133 In … years the town has expanded into a large resort.

1/ Later
2/ Recent
3/ Resent
4/ Future
5/ Present

134 All our programmers work very hard and they require a great deal of … to stay productive during the long hours.

1/ Reliance
2/ Stamina
3/ Experiment
4/ Brevity
5/ Supply

135 The actor is best known for his comedy ….

1/ Rails
2/ Roles
3/ Reels
4/ Royals
5/ Rolls

136 During her presentation, the CEO did discuss the difficult market conditions but she made no ... of any plans to make staff redundant.

1/ Mention
2/ Reference
3/ Allusion
4/ Information
5/ Notice

137 Weather ..., this year's Flower Show will be held at Jardine Park on Saturday the 14th of August.

1/ Permitting
2/ Permission
3/ Permitted
4/ Permit
5/ Permits

138 I will be here to help until Friday and there will be someone to cover for you ... the weekend in case the system goes down suddenly.

1/ In
2/ Over
3/ To
4/ Away
5/ Along

139 Our message to the students who haven't started working is that time is working ... them.

1/ Against
2/ On
3/ At
4/ To
5/ By

140 When airbnb was founded in 2008, very few people realized the impact that the company was ... to have on the accommodation and hotel market.

1/ About
2/ Nearly
3/ Just
4/ Around
5/ Sooner

141 Little Jamie ... into tears when he realised his sister had eaten the last chocolate in the box.

1/ Banged
2/ Melted
3/ Exploded
4/ Burst
5/ Bust

142 You haven't yet responded to our offer and I will need to know soon whether ... you are going to accept.

1/ Or not
2/ If
3/ Though
4/ How
5/ If not

143 The Technical Director realised that ... the computer backup system available gave confidence to the maintenance team.

1/ Had
2/ Has
3/ Having
4/ Have
5/ To be having

144 All products and services … are based solely on editorial selection.

1/ Featured
2/ Feat
3/ To feature
4/ Features
5/ Has featured

145 Dave Masters was so tired, that for the first time ever, he … asleep in a meeting.

1/ Falls
2/ Falling
3/ Felt
4/ Fell
5/ Feels

146 After … the Arts committee for the past five years, Mario Rinucci has unfortunately decided that he will no longer be able to do so.

1/ Lacking
2/ Expecting
3/ Waiting
4/ Putting
5/ Chairing

147 There was insufficient information to properly structure the tests of the faulty machine so it was done by trial and … .

1/ Fault
2/ Error
3/ Failure
4/ Failing
5/ Futility

148 It took a long time for them to … liability.

1/ Submit
2/ Commit
3/ Remit
4/ Permit
5/ Admit

149 According to government officials, revenues from corporate taxation are significantly lower … they were for the same period last year.

1/ So
2/ But
3/ Than
4/ That
5/ If

150 Instalments could be reduced by increasing the … of time taken to repay the loan.

1/ Length
2/ Breadth
3/ Width
4/ Fullness
5/ Value

151 Several species of rhino are now on the … of extinction, and little can be done to save the few remaining wild rhinos.

1/ Brook
2/ Board
3/ Broad
4/ Blink
5/ Brink

152 All the drawings were lost in the fire and we will have to begin again from ... .

1/ Start
2/ Beginning
3/ New
4/ Again
5/ Scratch

153 Apparently, the publication date for Sandya Dayal's latest novel has been ... until early next year.

1/ Designed
2/ Backdated
3/ Postponed
4/ Withstood
5/ Reported

154 The incident had a huge ... on the area.

1/ Compact
2/ Attract
3/ Distract
4/ Impact
5/ Contact

155 A number of options for ways to improve the company's image are currently ... consideration.

1/ On
2/ At
3/ Under
4/ Over
5/ Along

DEUXIEME PARTIE : COMPREHENSION DE TEXTES (15 QUESTIONS)

Textes

Read the article and answer the 15 questions that follow.

Text 1

Indian outsourcing firms on a high growth path despite concerns.

Sun, November, the 23rd. Passerelle.

Bangalore, India (AFP) – With more than 50 major international companies relocating their call centres to India, Arleen Tony now makes a better living out of talking than she ever did from making music. A year ago Tony, 24, joined India's fast-growing business process outsourcing industry where global corporations forced to cut costs are shifting jobs to India where labour is cheaper.

The curly-haired psychology graduate, whose parents say she talked too much as a child, underwent an "accent neutralisation" course and now attends phone calls from foreign customers with credit and computer software problems. Tony left her previous jobs as a music teacher and personal assistant to join a call centre of ICICI Onesource Ltd in India's technology hub of Bangalore, doubling her monthly salary to 8,000 rupees (173 dollars). A year later, she is earning 17,000 rupees and is on an upward trajectory in the firm, which has 20 global clients.

Tony shrugs off a backlash in the US and Europe such job relocations. "I thought of it. Why here? I think firstly it is because of our efficiency and secondly we are serious about our jobs. It is not a touch-and-go kind of thing," she said. "For them (Americans and Europeans) it is a stop-gap arrangement. The dedication is here and so is the enthusiasm to work. I will make this my career."

Attracted by India's pool of talented English-speaking graduates, the largest after the United States, banks such as HSBC and Lloyds TSB, telecoms group BT, AT and T, insurers Aviva and Prudential and research firm Ernst and Young have outsourced jobs to India. To add to the list, information technology companies including Dell, IBM, Intel, Accenture and HP have outsourced bases to Bangalore while India's top software firms Infosys Technologies,Wipro and Satyam have joined the bandwagon.

British Airways moved its back office operations to India this year and Malaysian Airlines is mulling the same. A howl of protests erupted in Britian when HSBC and Lloyds TSB announced about 5,000 jobs would be outsourced to India. The US is, meanwhile, planning legislation to stem the outflow of jobs.

Most Indian call-centre employees are graduates with an average age of 23. They work for one-seventh the salary of their European counterparts and earn about eight times more than the average Indian per capita annual income of 450 dollars. In a country that has more than 20 million unemployed, graduates such as Tony and others from varying backgrounds are joining the booming industry. Most are given pseudonyms –overnight

Aksash Amin became Jason Berkley, Urmila Murthy calls herself Rachel Green while Avinash Kartik greets customers as Keith Blackwill.

India churns out more than two million graduates every year and about 200,000 of them have engineering degrees. The southern city of Hyderbad has become another hub for outsourcing, employing about 20,000 people in the sector. "People in the west are obviously not happy about losing their jobs but given the cost savings, does anyone have a choice?" asked Randeep Sudan, chief of APFIRST, an agency facilitating investments in technology. The National Association of Software and Services Companies, India's premier IT lobby, said in a recent report about 1.3 million US jobs will move offshore between 2003 and 2010.

The US, it added, would face a domestic labor shortfall of approximately 5.6 million workers by 2010 due to slow population growth and an aging population. "If the labor shortfall is not met, the US economy will lose out on growth opportunities resulting in an estimated cumulative loss of two trillion dollars by 2010.

Global sourcing in the form of immigration, temporary workers and offshoring can overcome this shortfall," it said.

Text 2

The road less travelled to profit, philanthropy

USA Today, December the 8th. Passerelle.

Paul Newman (news), the Hollywood legend with more than 50 films to his name, began his food business on a whim. His first project was filling empty wine bottles with his homemade salad dressing as gifts for friends during the holidays. He worked out of a converted horse barn in his backyard in Westport, Conn. In 1978, he and his pal A.E. "Hotch" Hotchner, an author, decided to sell their all-natural salad dressing to local stores.

The backyard project has grown into an empire with 77 products on the market, including spaghetti sauce, popcorn and Newman's Own Old Fashioned Roadside Virgin Lemonade. From this perch, he and Hotchner have gone a step further to become angels for the common good by directing all the profit to good deeds. To date, Newman's Own has donated $137 million to charities, including Newman's Hole in the Wall Gang Camps for young people with serious and terminal illnesses.

A book, *The road less travelled to profit, philanthropy*, has been written, which is a playful but useful recounting of Newman and Hotchner's entry into the food business and the wicked combination of luck, instinct and the offbeat that propelled Newman's Own to the forefront not only of the natural food business, but of philanthropy.

Those seeking to be guided by convention and business principles rooted at the University of Pennsylvania's Wharton School, for example, might be disappointed. When Hotchner and Newman produced the spaghetti sauce, they say they had "no marketing survey, no business plan, no budget and no organized strategy."

It is clear neither man takes himself too seriously. A sign in the pair's office says it all: "There are three rules for running a business; fortunately, we don't know any of them." There's a delicious irony peering over the shoulders of the fledgling entrepreneurs as they repeatedly prove naysayers wrong.

Against the current backdrop of corporate theft and malfeasance and a mind-numbing focus on the bottom line in other parts of Corporate America, Newman's Own has charted a course that dispels the notion that a business can't make a handsome profit and still accept moral accountability and responsibility to the wider community.

Of course, being Paul Newman has been of inestimable value in all his endeavors. It has helped that Newman can tap so-and-so to donate $500,000 or $1 million to projects or call on friends, such as actress and comedian Whoopi Goldberg (news), to be in a skit to introduce Newman's Own lemonade. But, in the end, what has counted most is that Newman products are of exceptional quality. That, and Newman believes strongly in using celebrity for something other than self-promotion.

The final chapters recount the downside – the series of mishaps, near-misses and other business problems. That helps balance the scales by making their story more realistic. As they note: "That bottle of salad dressing that we concocted as a prank in Newman's old stable 20-odd years ago has had a hell of a ride."

"Without realizing it, by being both stupid and stubborn, we stuck to our guns, insisted on all-natural, no-preservatives products and in some small way caused an industry to change its ways."

Questions

There is only one correct answer for each question so you should select only one response and enter the number (1-5) on your answer sheet.
Nota bene: some questions may include the options 'All of the above' or 'None of the above'. You should choose this option if you consider that all or none of the preceding responses correctly answer the question.

Questions Text 1

156 **Outsourcing business processes, especially call centers is:**

1/ A help for people to speak English
2/ A backlash in US and Europe job relocations
3/ Good for music teachers
4/ Done to reduce costs
5/ A great opportunity to create new jobs

157 **India is particularly suited for this activity because:**

1/ The pay is extremely good for that kind of work
2/ The average age of workers is 23
3/ There is plenty of room for growth
4/ Of their well-educated workforce who speak English
5/ None of the above

158 **Countries whose companies outsource processes to Indian firms:**

1/ Are poor
2/ Provide financial help to facilitate this activity
3/ Don't care one way or the other
4/ Are considering actions to reduce the trend
5/ None of the above

159 **Randeep Sudan thinks that, considering the job market and cost:**

1/ Companies must think carefully about their options before taking such action
2/ Cost savings are not enough to make it worthwhile
3/ It is a no win situation

4/ Companies can find their own solutions

5/ Companies must choose to outsource

160 **The article says that, in the future, the US labour force:**

1/ Will have 5.6 million unemployed

2/ Will not be sufficient for the job market

3/ Will be less skilled than now

4/ Will be able to meet the needs of the job market

5/ None of the above

161 **Why did Arleen Tony probably have an "accent neutralization course"?**

1/ As training for her new job

2/ For her school psychology academic requirements

3/ It helped her as a musician

4/ Because she "talked too much as a child"

5/ So that nobody could guess that she was born in India

162 **According to the article, a call centre employee's salary is:**

1/ Average for India

2/ Slightly less than that of a European

3/ Quite a bit higher than the Indian average

4/ About $ 250

5/ Less than $ 100

Questions Text 2

163 **What is the central idea in this article?**

1/ How to succeed in the food industry

2/ Paul Newman's unconventional approach to his business

3/ Immoral behavior in big business

4/ Paul Newman is a Hollywood legend

5/ You can succeed differently

164 **The expression "began his food business on a whim" means:**

1/ He was deeply convinced that he would succeed in the food business

2/ He had only a rudimentary business plan

3/ It was his life long dream to have a food business

4/ There was a storm the day he made his decision to go into business

5/ He made his decision on an impulse

165 **In Newman's company, all profits:**

1/ Are reinvested in the company

2/ Are shared among the stockholders

3/ Are spent on research for new products

4/ Go to charitable organizations

5/ None of the above

166 **In the text, "downside" could best be replaced by:**

1/ Positive factors

2/ Negative factors

3/ Events that happen recently

4/ Depressing results

5/ Deceitful results

167 **Why, in the text, has Newman decided to use his celebrity for something other than self-promotion?**

1/ Out of stubbornness

2/ To have a place in history

3/ Because he likes good food

4/ Because he knows that it could be very useful

5/ None of the above

168 **The company's business strategy and marketing plan was:**

1/ Based on the Wharton business school model

2/ Taken from his partner, Hotchner

3/ Non-existent

4/ Classic

5/ Quite ambitious

169 **Newman's first product:**

1/ Was locally produced wine

2/ Was not a success

3/ Was a personal enterprise

4/ Was not intended for sale

5/ None of the above

170 **In this text, 'dispels' could be best be replaced by:**

1/ Dissipates

2/ Enhances

3/ Distances

4/ Forwards

5/ Disapproves

SCORE BLANC NUMERO 7 : GRILLE DES REPONSES JUSTES

	1	2	3	4	5
1			■		
2			■		
3					■
4			■		
5	■				
6					■
7	■				
8					■
9				■	
10		■			
11			■		
12					■
13		■			
14	■				
15			■		
16			■		
17		■			
18	■				
19				■	
20	■				
21	■				
22		■			
23				■	
24		■			
25	■				
26					■
27				■	
28			■		
29	■				
30				■	
31					■
32		■			
33				■	
34					■
35		■			
36			■		
37				■	
38		■			
39		■			
40			■		
41					■
42		■			
43		■			
44					■
45					■
46		■			
47					■
48				■	
49			■		
50			■		
51	■				
52					■
53		■			
54		■			
55					■
56		■			
57					■
58					■
59	■				
60				■	
61		■			
62				■	
63		■			
64		■			
65			■		
66	■				
67				■	
68		■			
69	■				
70				■	
71			■		
72					■
73		■			
74				■	
75		■			
76				■	
77	■				
78		■			
79		■			
80				■	
81					■
82				■	
83	■				
84			■		
85			■		
86					■
87				■	
88					■
89		■			
90				■	
91	■				
92					■
93				■	
94				■	
95			■		
96		■			
97		■			
98	■				
99			■		
100					■
101	■				
102			■		
103				■	
104					■
105				■	
106		■			
107					■
108				■	
109		■			
110					■
111		■			
112					■
113		■			
114					■
115				■	
116	■				
117				■	
118	■				
119			■		
120		■			
121		■			
122			■		
123	■				
124			■		
125			■		
126		■			
127	■				
128		■			
129			■		
130		■			
131				■	
132	■				
133		■			
134		■			
135		■			
136	■				
137	■				
138		■			
139	■				
140	■				
141				■	
142	■				
143			■		
144	■				
145				■	
146					■
147		■			
148					■
149			■		
150	■				
151					■
152					■
153			■		
154				■	
155			■		
156				■	
157		■			
158		■			
159					■
160		■			
161	■				
162			■		
163		■			
164					■
165				■	
166		■			
167					■
168			■		
169				■	
170	■				

1. Culture générale, économique et managériale

1 **Réponse : 3/** 1971.

2 **Réponse : 3/** Le Ramadan a commencé dans la nuit du 23 au 24 avril 2020. Il s'est achevé dans la nuit du 23 au 24 mai avec l'Aïd el-Fitr, la « fête de la rupture du jeûne ».

3 **Réponse : 5/** Nicolae Ceausescu a dirigé la Roumanie de 1965 à 1989, alors pays satellite de l'URSS. Le président de la république socialiste de Roumanie et sa femme Helena ont été déclarés coupables de génocide et exécutés en 1989.

4 **Réponse : 3/** Le Pacte d'Acier.

5 **Réponse : 1/** Les attentats du 11 janvier 2015 contre *Charlie Hebdo*. L'instance de dialogue entre l'Etat et les représentants de l'Islam, créée par le ministre de l'intérieur Bernard Cazeneuve, fait suite aux attentats perpétrés le 11 janvier 2015 à Paris.
Cette instance s'est réunie pour la première fois en juin 2015. Cette réunion a pour objet officiel de discuter de questions en suspens depuis des années, telles que par exemple la construction de mosquées.

6 **Réponse : 5/** *Le Figaro*.

7 **Réponse : 1/** PayPal.

8 **Réponse : 5/** En 2018, les créations d'entreprises atteignent un nouveau record : 691 000 entreprises ont été créées en France, soit 17 % de plus qu'en 2017. Les immatriculations de micro-entrepreneurs sont particulièrement dynamiques (+ 28 %) comme les créations d'entreprises individuelles classiques (+ 20 %). Les créations de sociétés augmentent beaucoup plus modérément (+ 2 %). Le secteur des transports et de l'entreposage (+ 68 %) contribue le plus à la hausse globale. En particulier, les immatriculations dans les autres activités de poste et de courrier (qui incluent la livraison à domicile) s'envolent, essentiellement sous le régime du micro-entrepreneur.

9 **Réponse : 4/** Le Pont de l'Alma.

10 **Réponse : 2/** Leclerc.

11 **Réponse : 3/** 800 millions. Le Traité Transatlantique concerne l'Europe et les Etats-Unis, soit 500 millions de personnes en Europe et 300 millions aux Etats-Unis environ, soit, en tout, plus de 800 millions de personnes.
Les négociations autour de ce traité inquiètent l'Europe à cause de son aspect très libéral.

12 **Réponse : 5/** 30 ans. L'Assemblée nationale a voté en mai 2018 l'allongement à 30 ans du délai de prescription pour les crimes sexuels commis sur mineurs, « un pas extrêmement important », selon la secrétaire d'Etat à l'Egalité femmes-hommes Marlène Schiappa.
Les députés ont donné leur aval à main levée au premier article du projet de loi « contre les violences sexuelles et sexistes », examiné en première lecture. Relativement consensuel contrairement à d'autres dispositions du texte, il prévoit, comme s'y était engagé le candidat Emmanuel Macron, d'allonger à 30 ans après la majorité, contre 20 ans auparavant, la prescription des crimes sexuels.

13 **Réponse : 2/** Membre du Parti socialiste depuis 1975, Michel Sapin est sous la présidence de François Mitterrand, ministre délégué auprès du ministre de la Justice de mai 1991 à avril 1992, puis ministre de l'Economie et des Finances jusqu'à mars 1993. Lors de la troisième cohabitation, il est ministre de la Fonction publique et de la Réforme de l'Etat de mars 2000 à mai 2002. Sous la présidence de François Hollande, il est ministre du Travail, de l'Emploi, de la Formation professionnelle et du Dialogue social de mai 2012 à mars 2014. Le 2 avril 2014, il est nommé ministre des Finances et des Comptes publics puis le 30 août 2016, il est nommé ministre de l'Economie et des Finances à la suite de la démission d'Emmanuel Macron dont il reprend le portefeuille.

14 **Réponse : 1/** Vincent Lindon. C'est un film qui exprime une colère, un film de combat. *En Guerre* porte bien son titre. Le nouveau film de Stéphane Brizé, avec Vincent Lindon dans le rôle principal d'un leader syndicaliste entouré d'une joyeuse bande d'acteurs non professionnels, relate le long et difficile combat des 1 100 salariés d'une entreprise locale abandonnée par le groupe multinational qui l'a racheté avant d'en décider la fermeture totale et définitive.

15 **Réponse : 3/** Guillaume Musso. Une semaine après sa sortie, le nouveau roman de Guillaume Musso, *La jeune fille et la nuit*, s'est placé en tête des ventes de livres devant un autre de ses romans, *Un appartement à Paris*. C'est ce qu'indique le classement des meilleures ventes *Livres Hebdo*.

Tiré à 400 000 exemplaires, *La jeune fille et la nuit* est le premier roman de l'écrivain publié chez Calmann Lévy. Juste derrière, on trouve son précédent roman, *Un appartement à Paris* qui vient d'être publié en poche chez Pocket avec un tirage de 600 000 exemplaires.

Guillaume Musso fait partie du club très fermé des auteurs francophones de best-sellers avec plus de 28 millions de livres vendus à travers le monde. Ses romans ont été traduits en quarante langues. Depuis sept ans, l'écrivain, adulé en Corée du Sud, star en Allemagne et en Italie, est l'auteur français qui vend le plus de livres.

16 **Réponse : 3/** *La Consolante*. Le roman *La Consolante* a été écrit en 2008 par Anna Gavalda, auteur de nombreux best-sellers comme *Je l'aimais* ou *Ensemble c'est tout !*, adapté au cinéma par Claude Berri en 2007, avec comme têtes d'affiche Audrey Tautou et Guillaume Canet.

17 **Réponse : 2/** La vie des publicitaires new-yorkais des années 1960.

18 **Réponse : 1/** Benoît Hamon. Président du mouvement des Jeunes Socialistes de 1993 à 1995, il est député européen entre 2004 et 2009 pour la circonscription Est et porte-parole du Parti socialiste (PS) de 2008 à 2012. Elu député de la onzième circonscription des Yvelines en 2012, il est membre du gouvernement du 16 mai 2012 au 25 août 2014, en tant que ministre délégué à l'Economie sociale et solidaire et à la consommation puis ministre de l'Education nationale, de l'Enseignement supérieur et de la Recherche.

Benoît Hamon remporte la primaire citoyenne de 2017 devant Manuel Valls, devenant ainsi le candidat du PS à l'élection présidentielle de 2017. Il termine en cinquième position avec

6,36 % des voix. Il est ensuite battu aux législatives de juin.

Le 1er juillet 2017, il quitte le PS pour lancer son propre parti, qui prend en décembre 2017 le nom de Génération.s.

19 **Réponse : 4/** 4,5 milliards d'années.

20 **Réponse : 1/** Katmandou, la capitale du Népal, est située dans une vallée entourée par les montagnes de l'Himalaya.

21 **Réponse : 1/** Marco Antonio Rubio, né le 28 mai 1971 à Miami (Floride), est un homme politique américain, membre du Parti républicain. Il est président de la Chambre des représentants de la Floride entre 2006 et 2008. Rubio est élu sénateur de Floride lors de l'élection de novembre 2010. En 2015, il annonce sa candidature aux primaires présidentielles du Parti Républicain. Il échoue face à Donald Trump et décide de se représenter à son poste de sénateur de Floride. Il est réélu avec plus 51 % des suffrages exprimés.

Tom Cotton est le sénateur de l'Arkansas ; Cory Booker du New Jersey ; Thom Tillis de la Caroline du Nord et John Cornyn du Texas.

22 **Réponse : 2/** Edouard Manet. *Le Déjeuner sur l'herbe* est un tableau d'Edouard Manet datant de 1862-1863, d'abord intitulé *Le Bain*, puis *La Partie carrée*, qui a provoqué un scandale lorsqu'il a été proposé au Salon de Paris.

23 **Réponse : 4/** Les Etats-Unis. Grâce à l'exploitation intensive des hydrocarbures de schistes, les Etats-Unis sont devenus en ce début d'année les premiers producteurs de pétrole au monde, avec 11,64 millions de barils produits par jour.

24 **Réponse : 2/** Pablo Picasso. La période bleue correspond aux années 1901-1904 : ce nom vient du fait que le bleu est la teinte dominante de ses tableaux de cette époque, qui a débuté avec le suicide de son ami espagnol Carlos Casagemas, ce qui explique qu'elle soit marquée par les thèmes mélancoliques de la mort, de la vieillesse et de la pauvreté, mais ne l'empêche pas d'être satirique.

25 **Réponse : 1/** Valentina Terechkova. La Soviétique Valentina Terechkova, 26 ans, est la première femme à effectuer un vol spatial le 16 juin 1963. Deux ans plus tôt, son compatriote Youri Gagarine était le premier homme à quitter la Terre à bord d'une capsule Vostok. Après 48 révolutions autour de la Terre, 2 millions de kilomètres et 71 heures de vol, Valentina Terechkova atterrira le 19 juin à Karaganda, dans les steppes du Kazakhstan. En 1969, elle deviendra vice-présidente de la Fédération internationale démocratique des femmes.

26 **Réponse : 5/** Atlético Madrid. En finale contre l'OM, l'Atlético Madrid remporte le trophée à Marseille 3-0 avec un doublé de Griezmann et un but de Gabi.

27 **Réponse : 4/** *L'égoïste romantique*.

28 **Réponse : 3/** 21 120 milliards de dollars. Selon les données mises en ligne en avril 2018 sur le portail Internet du Trésor américain et pour la première fois de son histoire, la dette publique américaine vient de franchir à la hausse la barre des 21 100 milliards de dollars.

29 **Réponse : 1/** Eric Ciotti, né le 28 septembre 1965 à Nice, est un homme politique français. Il est député des Alpes-Maritimes depuis 2007, président du conseil départemental des Alpes-Maritimes de 2008 à 2017 et questeur de l'Assemblée nationale depuis 2018.

30 **Réponse : 4/** Quatre (anglais, mandarin, tamoul et malais).

31 **Réponse : 5/** Brongniard.

32 **Réponse : 2/** Les Etats-Unis. L'organisation internationale du vin et de la vigne publie les chiffres du vin dans le monde. Si la France figure sur le podium, elle n'est pas à la première place.

La consommation reste stable en France, avec 27 millions d'hectolitres, ce qui représente quasiment 52 litres de vin par habitant. Les Etats-Unis restent le premier pays consommateur de vins, avec plus de 31 millions d'hectolitres consommés l'année dernière.

33 **Réponse : 4/** Minneapolis.

34 **Réponse : 5/** L'Autriche.

35 **Réponse : 2/** Marseille, avec plus de 800 000 habitants.

36 **Réponse : 3/** Les Etats-Unis.

37 **Réponse : 4/** 3 239. Après une baisse spectaculaire en 2018, le nombre de morts sur les routes est stable en 2019.

38 **Réponse : 2/** Eugène Delacroix. En 1854, l'administration des Beaux-Arts charge Delacroix d'exécuter « un tableau dont vous devrez me soumettre le sujet et l'esquisse ». Il choisit de reprendre un thème auquel il pensait depuis 1847, lorsqu'il admirait les gravures d'après *Les Chasses* de Rubens. Cette Chasse aux lions constitue l'esquisse du grand tableau final livré en 1855, malheureusement mutilé lors d'un incendie en 1870 au musée de Bordeaux.

39 **Réponse : 2/** Dhaka.

40 **Réponse : 3/** Antoni Gaudí. Son travail a marqué de façon durable l'architecture de Barcelone et constitue une « contribution créative exceptionnelle [...] au développement de l'architecture et des techniques de construction ». A ce titre, sous le nom d'Œuvres de Gaudí, sept de ses œuvres ont été classées par l'Unesco Patrimoine mondial de l'Humanité (le parc Güell, le Palais Güell, la Casa Milà, la Casa Vicens, la façade de la Nativité et la crypte de la Sagrada Familia, la Casa Batlló et la Crypte de la Colonia Güell).

41 **Réponse : 5/** La Guinée Equatoriale. En mai 2017, les pays membres de l'organisation et la Russie se réunissent au siège à Vienne afin de reconduire leurs quotas de production de pétrole jusqu'en mars 2018. Le but de cette action est de réduire les stocks mondiaux et de pouvoir peser sur les prix.

Durant cette réunion, les membres signent l'intégration d'un autre pays : la Guinée équatoriale qui devient alors officiellement le 14e membre de l'Opep (le sixième pays africain).

42 **Réponse : 2/** L'Indonésie, en forme longue la République d'Indonésie est un pays transcontinental principalement situé en Asie du Sud-Est. Avec, comptabilisées à ce jour, 13 466 îles, dont 922 habitées, il s'agit du plus grand archipel au monde. Avec une population estimée à 265 millions de personnes, pour une superficie de 1 904 569 kilomètres carrés, c'est le quatrième pays le plus peuplé au monde et le premier pays à majorité musulmane pour le nombre de croyants.

43 **Réponse : 2/** Anne-Marie Couderc, née le 13 février 1950 à Aubusson (Creuse), est une femme politique et dirigeante d'entreprises française.

Avocate de formation, elle commence sa carrière au barreau de Paris, avant de rejoindre en 1982, en qualité d'adjointe au secrétaire général, le groupe Presse Hachette devenu Hachette Filipacchi Presse en 1993, groupe au sein duquel elle exerce différentes fonctions.

Conseillère de Paris puis adjointe au maire Jacques Chirac, députée de Paris élue dans le 13e arrondissement, elle est nommée en 1995 secrétaire d'Etat auprès du Premier ministre, chargée de l'Emploi, dans le premier gouvernement Juppé puis ministre déléguée auprès du ministre du Travail et des Affaires sociales (Jacques Barrot) dans son second gouvernement. Elle fait partie des « juppettes ».

Elle est également présidente de la société Presstalis de 2010 à 2017 et assure la présidence d'Air France – KLM par intérim depuis le 15 mai 2018.

44 **Réponse : 5/** L'automobile et l'électronique.

45 **Réponse : 5/** 193 pays membres. Chacun des 193 Etats Membres des Nations Unies est membre de l'Assemblée générale. L'admission d'un nouvel Etat dans l'Organisation se fait par décision de l'Assemblée générale, sur recommandation du Conseil de sécurité.

46 **Réponse : 2/** La réunification.

47 **Réponse : 5/** La France. Le patient a vécu 74 jours avec le cœur artificiel fabriqué par la société Carmat.

48 **Réponse : 4/** La Syrie est un Etat de 18 millions d'habitants s'étendant sur 185 180 kilomètres carrés. Son dirigeant est Bachar el-Assad. Le pays fait face à une guerre civile depuis 2011, qui a fait à ce jour près de 500 000 morts.

Géographiquement, c'est un pays d'Asie de l'Ouest situé sur la côte orientale de la mer Méditerranée, et frontalier avec la Turquie, l'Irak, la Jordanie, Israël et le Liban.

49 **Réponse : 3/** Angela Merkel.

50 **Réponse : 3/** L'accès, *via* Internet, à des programmes et des services non installés sur l'ordinateur client.

SCORE BLANC NUMERO 7 – CORRIGES

2. Compréhension et expression écrite en Français

51 **Réponse : 1/** Un dédicataire est une personne à qui est adressée une dédicace..

52 **Réponse : 5/** Grume : tronc d'arbre abattu et ébranché et encore recouvert ou non de son écorce.

Autre sens pour le mot grume : écorce laissée sur le bois coupé.

Liber : partie intérieure de l'écorce d'un arbre.

Aubier : partie de l'arbre juste sous l'écorce, généralement tendre et blanchâtre.

Frondaison : moment de l'année où les feuilles d'un arbre commencent à pousser.

Sève : liquide qui circule entre les différents organes des plantes pour transporter les éléments nutritifs nécessaires à leur croissance.

53 **Réponse : 2/** On retiendra que cent prend un « *s* » dans les cas deux cents, trois cents, quatre cents… mais pas dans les cas deux-cent-quarante-trois, six-cents-cinquante-deux…

Mille est toujours invariable.

Millions s'accorde : un million mais trois millions.

54 **Réponse : 2/** Calamiteux est utilisé pour décrire une chose ou une situation devenue funeste, sans issue, devant l'accumulation d'éléments venant bloquer toute possibilité d'imaginer une issue favorable. Cet adjectif peut également être associé à une personne. Synonymes : pitoyable, catastrophique, désastreux.

55 **Réponse : 5/** COD ou complément d'objet direct. Doit répondre à la question *qui* ou *quoi*.

56 **Réponse : 2/** Verbe seoir : aller bien (pour un vêtement), être convenable.

Pas de passé composé.

Futur : ce pantalon lui siéra.

57 **Réponse : 5/** Poser un lapin signifie *ne pas aller à un rendez-vous sans prévenir la personne qui attend.*

58 **Réponse : 5/** On écrit *surprenante.*

Sibylline : mystérieux, obscur, dont le sens est difficile à comprendre.

59 **Réponse : 1/**

60 **Réponse : 4/** Un atèle est un genre de singe.

Une attelle est utilisée pour la rééducation des membres du corps.

Atteler un animal : attacher l'animal pour qu'il tire un véhicule. Impératif : attelle !!

61 **Réponse : 2/** Verbe pronominal : verbe qui se construit avec un pronom complément de la même personne que le sujet, appelé pronom réfléchi. Exemple : je m'habitue. Mais on peut dire *j'habitue mon ami à…*

Verbe défectif : verbe dont la conjugaison est incomplète. Par exemple, un certain nombre de temps ou de modes ne sont pas utilisés.

62 **Réponse : 4/** Une aporie : difficulté, problème à résoudre.

Un prytanée : terme grec. Equivalent de l'hôtel de ville (la mairie). Lieu de pouvoir.

Un cation : ion qui a cédé un ou plusieurs électrons et qui porte alors plusieurs charges électriques positives.

63 **Réponse : 2/** Auxiliaire avoir : participe passé invariable. Sauf si le COD précède l'auxiliaire : dans ce cas accord en genre et en nombre.

Auxiliaire être : participe passé s'accorde avec le sujet.

64 **Réponse : 2/** Accorte : se dit d'une jeune fille, d'une femme gracieuse, aimable et vive ; avenante.

65 **Réponse : 3/**

66 **Réponse : 1/** Il s'agit ici d'une question de synonymie / définition. Autrement dit, on vous demande de retrouver le mot dont la définition la plus proche est : « un document qui consigne les résolutions d'un accord ».

Il s'agit d'un **protocole (réponse 1)**. En effet, même si « un document qui consigne les résolutions d'un accord » **n'est pas la définition exacte** du mot **protocole**, il n'en demeure pas moins que parmi les cinq réponses proposées, c'est celle qui convient le mieux et c'est cela qui est important au SCORE IAE MESSAGE : **trouver LA MEILLEURE** réponse. N'oubliez jamais cela !

Pour votre information :

– Le *Larousse* définit le **protocole** comme un procès-verbal relatant les résolutions d'une assemblée, d'une conférence ou encore ces résolutions elles-mêmes. Exemple : un protocole d'accord.

– Un **formulaire** est un imprimé sur lequel figure une série de questions administratives auxquelles l'intéressé doit répondre / Un questionnaire / Un modèle d'acte juridique n'allait pas ici.

– Un **contingent** est une quantité attribuée à quelqu'un ou qu'il fournit (ex. : une école qui n'a pas reçu son contingent habituel de fournitures.) / Une part qui incombe à une collectivité locale et qui fixe sa contribution au financement de certaines dépenses / Une troupe fournie par un Etat, un territoire / Un ensemble des jeunes qui, au cours d'une même année civile, sont appelés au service national actif ou à la journée d'appel de préparation à la défense (A.P.D.), dans le cadre de la réforme du service national.

– Une **procédure** est un ensemble de règles qui doivent être respectées pour la reconnaissance de certains droits ou le règlement de certaines situations juridiques (successions, partages, licitations, etc.). C'est aussi la marche à suivre, l'ensemble de formalités, de démarches à accomplir pour obtenir tel ou tel résultat. Ex. : Procédure à suivre pour obtenir un passeport.

– Enfin, un **traité** est un accord entre deux ou plusieurs sujets du droit international (Etats, organisations internationales), conclu par écrit et régi par le droit international.

67 **Réponse : 4/** La bonne réponse est la 4. En effet, la phrase s'écrit alors : « **Comme je pensais** que son attirance pour le théâtre **n'était pas seulement une** éphémère passion de jeunesse, **j'ai été surpris** d'apprendre **qu'il ne s'occupe pas aujourd'hui** de comédie et de mise en scène. »

Pour répondre juste à cette question, il faut faire montre d'une bonne maîtrise de la concordance des temps et surtout, il ne faut se laisser déstabiliser par les formules négatives (« n'était pas seulement » / « qu'il ne s'occupe pas aujourd'hui »).

Conseil !

Pour réussir à répondre juste à ce type de questions où quatre passages sont masqués, il ne faut pas hésiter à **reformuler dans votre tête et avec vos mots ce que dit le texte.**

Il pensait que sa passion n'était pas éphémère ⇒ il s'attend donc à ce qu'il s'occupe d'une façon ou d'une autre de théâtre. C'est donc normal qu'il soit surpris d'apprendre qu'il ne s'occupe pas aujourd'hui de comédie ou de mise en scène.

68 **Réponse : 2/ <u>Image d'Epinal</u>**

Estampe au sujet populaire et de couleurs vives. Vision emphatique, traditionnelle et naïve, qui ne montre que le bon côté des choses. Synonymie : Cliché.

<u>Stéréotype</u>

Expression ou opinion toute faite, sans aucune originalité, cliché / Caractérisation symbolique et schématique d'un groupe qui s'appuie sur des attentes et des jugements de routine. Synonymie : Banalité, cliché. Lexicographie : Stéréotype véhiculé par les médias, personnage stéréotypé.

<u>Poncif</u>

Formule rabâchée, qui a perdu toute originalité ; cliché. Synonymie : Banalité, cliché. Antonymie : Original, personnel. Lexicographie : expression poncive, style poncif, roman rempli de poncifs. Expression : « Déjouer les poncifs », « Etre chargé de poncifs »

<u>Débridé</u>

Déchaîné, délirant, déréglé, effréné, endiablé, exalté.

69 **Réponse : 1/ <u>Appréhender</u>**

Arrêter quelqu'un, craindre, redouter mais aussi saisir par l'esprit, comprendre.

La réponse 1 est la meilleure ici puisque l'on retrouve non seulement un synonyme parfait de *saisir par l'esprit* mais on a également une illustration très satisfaisante d'*aller chercher dans* (*puiser dans*) avec l'idée de remonter à la surface (comme lorsque l'on puise de l'eau dans un puits pour la ramener à la surface).

<u>Siphonner</u>

Transvaser un liquide à l'aide d'un siphon / Vider un réservoir de son contenu à l'aide d'un siphon. Lexicographie : Siphonner de l'essence.

70 **Réponse : 4/** La proposition 4 est ici la meilleure car elle traduit bien le caractère neutre de *personnalité politique*. En effet, *politicien* présente une connotation péjorative et doit être écarté. *Homme d'Etat* et *ministre* sur-interprètent *personnalité politique*. *Diplomate* est hors sujet.

71 **Réponse : 3/** La réponse 3 est la meilleure ici :

– « Les étapes d'un nouveau plan d'actions » peut raisonnablement être considéré ici comme un bon synonyme de « feuille de route ».

– La réponse 3 conserve « prorogeant » qui est le bon terme ici. « Proroger » signifie en effet « prolonger la validité d'une convention, d'un contrat, d'une loi, d'une feuille de route, etc. en reporter l'échéance. »

– Il faut dire « réduire au minimum » au lieu de « réduire au maximum ». « Réduire » a en effet le sens de « ramener au point le plus bas » et il faut donc dire « réduire les dépenses au minimum » et « augmenter les dépenses au maximum ».

– La réponse 3 améliore le style de la phrase initiale en gommant le pléonasme « à l'avance » dans « prévoir à l'avance ».

72 **Réponse : 5/ <u>Extravagant</u>**

Qui choque et surprend par son caractère singulier, déraisonnable.

<u>Flegme</u>

Attitude de quelqu'un qui garde son sang-froid, son calme dans toutes les situations. Synonymie : Calme, impassibilité, indifférence. Antonymie : Emportement, enthousiasme, exaltation. Lexicographie : Répondre avec flegme à des injures, flegme imperturbable.

Citation : « Ce qui sauve les Anglais, c'est le flegme avec lequel ils savent appréhender n'importe quelle situation » (F. Dard)

73 **Réponse : 2/**

74 **Réponse : 4/**

75 **Réponse : 2/**

76 **Réponse : 4/** Il y a quatre fautes : CAHOTIQUE ⇒ CHAOTIQUE, SOIT-DISANT ⇒ SOI-DISANT, FABRIQUANT ⇒ FABRICANT, LAIN ⇒ LIN.

– Il ne faut pas confondre « cahotique » et « chaotique ». L'adjectif « cahotique » n'existe pas. On parle en revanche de véhicules cahotants ou de chemins cahoteux, un cahot étant un saut que fait un véhicule roulant sur un sol inégal. Cahot est donc aussi synonyme de « secousse » et au sens figuré, ce mot signifie « malheurs » comme dans « il n'a pas été épargné par les cahots de la vie ».

– Il ne faut pas non plus confondre « soit-disant » et « soi-disant ». « Soit-disant » n'existe pas. « Soi-disant » signifie « qui se dit tel(le) », « qui se prétend » et ne peut donc, en toute logique, se rapporter **qu'à des personnes**. Pour des objets ou des notions abstraites, il conviendra de remplacer « soi-disant » par d'autres mots tels que « prétendu » ou « supposé » (exemple : une prétendue arnaque, une horloge prétendument Louis XIV, etc.)

– « Fabriquant » est le participe présent de « fabriquer » tandis qu'un « fabricant » est un nom commun. On dira « un fabricant de meubles » mais « c'est en fabriquant du tissu noir qu'il... ». Attention à « trafiquant » dont l'orthographe est la même pour le participe présente et le nom commun ! On dira ainsi « en trafiquant ses comptes... » et « un trafiquant de drogue ».

Voici une petite liste de couples qui présentent des différences orthographiques entre participes présents et noms communs :

Participe présent	Nom commun / adjectif verbal
Fabriquant	Fabricant
Adhérant	Adhérent (de fidèles adhérents)
Présidant	Président
Fatiguant	Fatigant (un enfant fatigant)
Négligeant	Négligent

Enfin, on écrit LIN et non LAIN. Le LIN est d'origine végétale tandis que la LAINE est d'origine animale.

77 **Réponse : 1/** (seule proposition correctement orthographiée).

– « Pécunier » et « pécunière » n'existent pas. « Pécuniaire » est de la famille de « pécune », une somme d'argent amassée grâce au travail ou des économies.

– « Soi-disant » et non « soit-disant ».

– Occurrence avec deux « r » !

– Un porte-avion**s** (logique ! Un porte-avions est construit pour accueillir plusieurs avions.)

– On écrira toujours « y afférents » et non « y afférant ».

78 **Réponse : 2/**

79 **Réponse : 2/**

80 **Réponse : 4/**

81 **Réponse : 5/**

82 **Réponse : 4/** Camouflet : affront, mortification, blessure d'amour-propre dus à une situation humiliante. Essuyer un camouflet.

83 **Réponse : 1/** Epistolaire : relatif à la correspondance par lettres.

84 **Réponse : 3/** Vaincus.

85 **Réponse : 3/** Uval : relatif au raisin.

86 **Réponse : 5/** Le coût du travail en Chine en 2015 pourrait représenter 44 % du coût du travail aux Etats-Unis. C'est ce qui est indiqué par l'auteur lorsqu'il écrit : « A ce rythme, le coût du travail en Chine qui représente aujourd'hui 31 % de celui des Etats-Unis, pourrait passer à 44 % en 2015... ».

87 **Réponse : 4/** C'est près de 2 milliards de personnes (et non 2 millions) qui ont désormais accès à Internet.

88 **Réponse : 5/** Geneviève Lethu est une marque de linge de maison alors que les autres noms et prénoms cités dans le texte par l'auteur sont ceux de journalistes, de professeurs ou d'experts.

89 **Réponse : 2/** Les délais d'approvisionnement ne sont pas cités par l'auteur comme entrant dans les coûts de l'échange international, à la différence des autres paramètres précisés dans le passage suivant : « les coûts de transport ne constituent d'ailleurs... les délais de livraison, les risques de retard, la nécessité de maintenir des stocks, l'insatisfaction quant à la qualité de la production livrée sont d'autres coûts de l'échange international qui peuvent conduire à relocaliser certaines activités ».

90 **Réponse : 4/** L'auteur explique, en effet, que les coûts de transport ont triplé en moyenne entre 2003 et 2008 du fait d'une sous-capacité des moyens de transport existants face à une forte demande de fret : « d'où l'alternance de périodes de sous-capacité où les coûts de transport s'envolent, comme entre 2003 et 2008... ils ont triplé en moyenne entre 2003 et 2008, sans empêcher le trafic maritime de doubler sur la même période ».

91 **Réponse : 1/** Ce pourcentage est cité dans le texte lorsqu'il est écrit : « En 2010, 28 % des sorties d'investissements viennent des pays émergents... contre 10 % en 2003... ».

92 **Réponse : 5/** Dans le paragraphe de conclusion, l'auteur écrit : « Or, l'histoire rappelle combien il est difficile de maintenir un ordre économique stable en l'absence d'une puissance dominante ». Pour l'auteur, l'enlisement des négociations multilatérales reflète à la fois, les désaccords entre les pays et la compétition qu'ils se livrent entre eux. Or sans accords multilatéraux ou sans une puissance économique à même de dicter et d'imposer les règles à tous, c'est la stabilité même de l'ordre économique mondial qui est menacée, ce qui ne peut être que néfaste à l'ensemble des pays.

93 **Réponse : 4/** En s'appuyant sur le cas de l'entreprise taiwanaise d'électronique Foxconn, l'auteur explique que le coût du travail n'est plus le seul facteur économique qui puisse expliquer les délocalisations d'activités vers les pays émergents. Cette société a, en effet, acquis un savoir-faire productif qui en fait désormais un partenaire à part entière et incontournable de ses donneurs d'ordre. Par suite, même si le coût du travail augmente, la relocalisation des activités qui lui étaient confiées ne peut plus s'envisager aussi facilement car il faudrait que ses donneurs d'ordre puissent retrouver « un savoir-faire productif qu'ils ont perdu ».

94 **Réponse : 4/** Les exportations des pays émergents ont allègrement dépassé fin 2010, leur niveau d'avant la crise. C'est ce que l'auteur précise lorsqu'il écrit : « les exportations françaises ou allemandes n'avaient pas encore retrouvé fin 2010 leur niveau d'avant la crise. Représentant désormais 45 % des exportations mondiales, celles des pays émergents l'avaient allègrement dépassé (le niveau d'avant la crise)… ».

95 **Réponse : 3/** Un même article produit dans différents pays, à différents stades de son élaboration, est en fait comptabilisé plusieurs fois dans les balances de paiements. En effet, comme l'explique l'auteur dans le passage « Et si les exportations mondiales… depuis vingt-cinq ans », chaque pays va comptabiliser dans sa balance des paiements, le produit à sa valeur d'entrée (importation) puis à sa valeur de sortie lors de son exportation. Par suite, le même produit, pour une valeur différente est comptabilisé plusieurs fois lorsqu'il est réexporté par chaque pays, ce qui gonfle artificiellement le volume des exportations mondiales. Il faudrait raisonner en valeur ajoutée, c'est-à-dire en ne comptabilisant en exportation pour un pays, que la différence entre la valeur de sortie et celle d'entrée du produit.

96 **Réponse : 2/** Le fret aérien représente désormais 40 % du commerce mondial en valeur et non en volume : « Dans le même temps, le fret aérien a été multiplié par treize et achemine désormais près de 40 % du commerce mondial en valeur ».

97 **Réponse : 2/** Du fait de la mondialisation, les grandes firmes ont pu, en effet, optimiser leur processus de production en « organisant la mise en réseau d'unités de production réparties dans le monde entier » et en arbitrant en permanence entre « les avantages comparatifs de chaque territoire, selon des critères de coûts mais aussi de qualité ou de délais… ».

Attention à la réponse n° 5. L'exemple de l'iPod donné dans le texte n'est pas généralisable.

98 **Réponse : 1/** Dans l'avant-dernier paragraphe, l'auteur explique que les politiques protectionnistes qui visent à ériger des barrières à l'entrée des pays pour rééquilibrer les conditions des échanges internationaux ont et auront un effet limité : « Et même si de nouvelles barrières… il faut en relativiser les conséquences ». Pour illustrer son propos, il s'appuie notamment sur les exemples des années 1890 et 1930 : « Il rappelle que la montée des tarifs douaniers… qu'il faut rendre responsable de la contraction des échanges que l'effondrement des prix et de la demande ».

99 **Réponse : 3/** Les coûts de transport dépendent pour l'essentiel de la capacité des moyens de fret à répondre aux variations de la demande de transport. Ainsi, comme l'explique l'auteur de cet article, les coûts de transport « réagissent avant tout aux fluctuations de la demande face à des capacités rigides » car « on ne construit pas un porte-conteneur ou un vraquier du jour au lendemain ».

100 **Réponse : 5/** La signification de ce sigle est donnée au début du 2e paragraphe : « … les entrées des investissements directs étrangers (IDE)… ».

3. Raisonnement logique et numérique

101 **Réponse :** ❶ On passe d'un nombre au suivant en le multipliant par 3. Ainsi 81 x 3 = 243.

102 **Réponse :** ❸ Admettons que le dernier mineur ait travaillé x heures. Le premier a alors travaillé $11x$ heures. Si y est le nombre des mineurs de l'équipe, le nombre total d'heures de travail sera la somme des y termes d'une progression arithmétique décroissante dont le premier terme est $11x$ et le dernier x, c'est-à-dire : $\frac{y(11x+x)}{2} = 6xy$. D'autre part, nous savons que les y mineurs travaillant ensemble aurait creusé la tranchée en 24 heures. Le nombre total d'heures de travail est donc aussi égal à $24y$. Par suite : $6xy = 24y$. Le nombre y étant différent de 0 ; $6x = 24$ et $x = 4$. Le dernier mineur a donc travaillé 4 heures.

103 **Réponse :** ❹

Méthode 1

Le grand cube ayant un volume de 8 mètres cubes, l'arête mesure donc 2 mètres, soit encore 20 dm. Dans chaque côté du grand cube, vous pouvez donc mettre 20/2 = 10 petits cubes. La réflexion se faisant en 3 dimensions, vous pouvez mettre 10 petits cubes en longueur, 10 petits cubes en hauteur et 10 petits cubes en largeur soit au total N = 10 × 10 × 10 = 1 000 petits cubes. On conclut alors que la hauteur h est égale à 1 000 × 2 dm = 2 000 dm = 200 m.

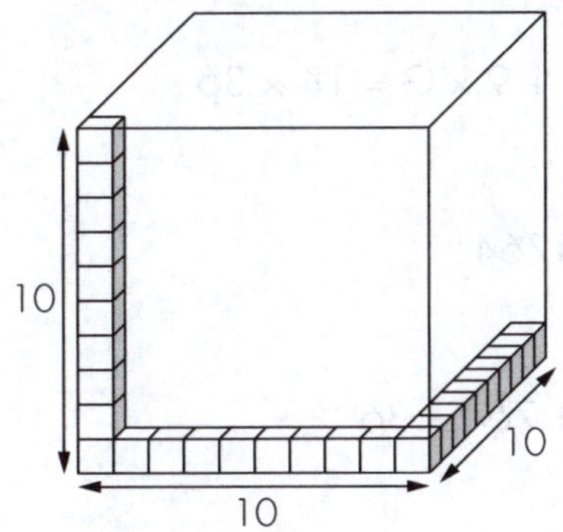

Méthode 2

1. De façon plus intuitive, on peut remarquer que le volume du grand cube est de 8 m^3, soit **8 000 dm^3.**

Nous vous rappelons les tableaux de conversion, chaque case étant destinée à recevoir un chiffre.

km	hm	dam	m	dm	cm	mm
			1	0		

km²		hm²		dam²		m²		dm²		cm²		mm²
						1	0	0				

km³			hm³			dam³			m³			dm³			cm³			mm³
									1	0	0	0						

On a par exemple :

1 m = 10 dm $\quad$ 1 m² = 100 dm² $\quad$ 1 m³ = 1 000 dm³

2. On sait en outre que le volume d'un petit cube est égal à 2^3 = **8 dm³**. On trouve alors immédiatement que l'on peut mettre 8 000/8 = 1 000 petits cubes dans le grand cube. On conclut là encore que la hauteur est égale à 1 000 × 2 dm = 2 000 dm = 200 m.

104 **Réponse :** ❺

<u>Méthode 1</u>

Notons F le nombre de filles et G le nombre de garçons. On a, d'après l'énoncé :

(1) $F + G = 36$

(2) $(15 \times F \times 9 \times G) / (F + G) = 14$

⇔

(1) $F = 36 - G$

(2) $\dfrac{15 \times (36 - G) + 9 \times G}{36} = 14$

⇔

(1) $F = 36 - G$

(2) $15 \times 36 - 15 \times G + 9 \times G = 14 \times 36$

⇔

(1) $F = 36 - G$

(2) $1\,800 - 6 \times G = 1764$

⇔

(1) $F = 36 - G$

(2) $6 \times G = 1\,800 - 1\,764 = 36$

⇔

(1) F = 30

(2) G = 6

Cependant, cette méthode reste longue, laborieuse et fort calculatoire. Essayons donc d'introduire une méthode plus rapide et bien plus efficace pour ce type de questions…

Méthode 2

On se retrouve ici face à une question de moyenne, qui va nous permettre de travailler sur la notion d'écart à la moyenne. Si on positionne le problème sur un axe représentant les notes de la classe on obtient :

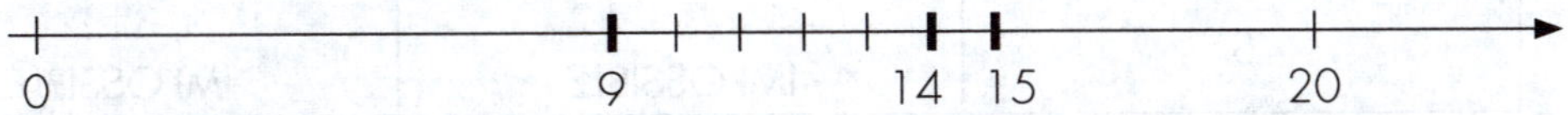

En se concentrant sur la partie de l'axe comprise entre 9 (moyenne des garçons) et 15 (moyenne des filles), on remarque que la moyenne générale de la classe penche bien plus du côté les filles que du côté des garçons. La question centrale va alors être : « combien de fois plus ? ».

En effet, intuitivement, nous sommes amenés à dire que s'il y avait autant de garçons que de filles dans cette classe, alors la moyenne générale serait exactement de 12 ((9 + 15)/2 soit l'exact milieu de 9 et 15). Du coup, on comprend que dans notre cas, il y a plus de filles que de garçons dans la classe car ces dernières « pèsent plus lourd » dans la moyenne générale. Et pour savoir précisément combien de fois plus, il suffit de calculer les écarts à la moyenne, qui sont de 5 (14 – 9) pour les garçons et de 1 (15 – 14) pour les filles. On peut donc affirmer que les filles pèsent 5 fois plus lourd que les garçons dans la classe, c'est-à-dire qu'il y a 5 fois plus de filles que de garçons dans cette classe.

Autrement dit, il faut 5 filles pour 1 garçon sur un total de 6 élèves. En multipliant ce rapport par 6 (le but étant de totaliser 36 élèves), on trouve que le rapport est de 30 filles pour 6 garçons, et nous voilà parvenus à la réponse 5 sans poser la moindre équation ! Efficace, non ?

105 **Réponse :** ❹ Ce type de questions d'arithmétique devient très vite simple si l'on procède de façon méthodique. L'avantage est en fait que le nombre de réponses est limité **sachant que les inconnues sont entières et que de nombreuses contraintes réduisent pas à pas l'ensemble des solutions.** Nous vous proposons deux méthodes, notre préférence allant à la seconde, moins calculatoire.

Commençons par une partie de la résolution commune aux deux méthodes : le décryptage de l'énoncé.

En effet, on peut se demander pourquoi il est écrit **MN × ZP** et pas **MNZP** ou **M × N × Z × P.** Et bien la question est légitime puisque cela signifie que M, N, Z, P sont tous des **chiffres** (compris entre 0 et 9) et donc que MN et ZP sont des **nombres à deux chiffres** (*i.e.* compris entre 10 et 99). Vous pourrez retrouver d'autres types d'écriture au SCORE IAE MESSAGE pour ce genre d'égalités, par exemple (M,N) × (Z,P) = 1 568 ou encore [MN] × [ZP] = 1 568.

Bref, sachant cela, vous aurez immédiatement compris que P peut uniquement prendre 10 valeurs, comprises entre 0 et 9, ce qui réduit considérablement le nombre de possibilités.

Intéressons-nous ensuite à la deuxième information : N = 4 × M. Un conseil : faites un tableau pour tester les différentes possibilités.

M	N	MN
1	$4 \times 1 = 4$	14
2	$4 \times 2 = 8$	28
3	$4 \times 3 = 12$ **IMPOSSIBLE**	312 **IMPOSSIBLE**

On découvre donc que l'on n'a que deux valeurs possibles pour MN : 14 et 28.

De plus, on sait que MN × ZP = 1 568, avec ZP < 100. Du coup, si MN vaut 14, alors on a : MN × ZP = 14 × ZP < 14 × 100 = 1 400 < 1 568, ce qui est donc impossible.

On en déduit finalement que **MN est nécessairement égal à 28.** Et c'est là que les méthodes divergent !

Méthode 1

Une bonne vieille division de 1 568 par 28 donne **ZP = 56. Et donc P = 6.**

Méthode 2

Etant consciencieux, vous aurez remarqué que dans une multiplication, le dernier chiffre du résultat est le même que le dernier chiffre du produit des derniers chiffres ! (Revoir le chapitre de cours relatif à la technique du dernier chiffre.)

Cela signifie que si A, B, C et D représentent quatre chiffres, alors dans la multiplication **AB × CD**, le dernier chiffre sera le même que celui de B × D.

On peut par exemple affirmer que dans la très simple multiplication 78 67**6** × 456 79**3**, le dernier chiffre du résultat sera le même que celui de **6** × **3** = 18, à savoir **8.**

Dans notre cas, nous traduisons cela en remarquant que MN × ZP se terminant par un 8, N × P doit également se terminer par un 8. Alors, sachant que N = 8, on doit avoir P × 8 qui se termine par un 8. La seule réponse possible est donc **P = 6** car toutes les autres réponses fournissent un résultat qui ne se termine pas par 8 mais par 0 (8 × 5 = 40), 2 (8 × 4 = 32) ou 4 (8 × 3 = 24 et 8 × 8 = 64).

Vous remarquerez que dans aucune des deux méthodes l'information Z = P − 1 n'a été prise en compte, ce qui confirme bien qu'en calcul, certaines informations peuvent n'avoir, *a priori*, aucune utilité dans la résolution de la question.

106 **Réponse :** ❷ Lorsque, comme ici, vous vous retrouvez face à une question avec des inconnues entières, demandez-vous s'il n'est pas possible de trouver plus rapidement la réponse en utilisant des critères de divisibilité, vos tables de multiplication ou votre connaissance parfaite des carrés et des cubes… **N'oubliez jamais qu'au SCORE IAE MESSAGE, votre but ultime est d'aller plus vite que les autres.**

Ici, on peut légitimement affirmer qu'il est difficile de vendre, par exemple, 2,7 ou 12,7777 voitures. Autrement dit, nos inconnues E (nombre de voitures Essence), D (nombre de voitures Diesel) et H (nombre de voitures Hybrides) seront des nombres entiers. Or on sait que le nombre de voitures Essence représente 60 %, soit 3/5 du nombre total de voitures. Conséquence : le nombre total de voitures **DOIT ETRE DIVISIBLE PAR 5, car si tel n'est pas le cas, le nombre de voitures Diesel ne peut être un nombre entier.**

De la même façon, le nombre de voitures Diesel, qui représente 2/7 du nombre total de voitures, implique que le nombre total de voitures **DOIT ETRE DIVISIBLE PAR 7.**

Au final, en se penchant sur les réponses, on supprime d'un coup de crayon heureux les réponses C, D et E qui ne sont guère divisibles par 5. Restent alors **790** et **805** dont on doit vérifier s'ils sont divisibles par 7. **Testons 790** : 790 = 700 + 70 + 20, soit 7 × 100 + 7 × 10 + 20 (qui n'est pas divisible par 7). Et comme 20 n'est pas divisible par 7 et bien 790 ne l'est pas non plus. En revanche, 805 vaut 700 + 70 + 35, soit 7 × 100 + 7 × 10 + 7 × 5 donc 805 est divisible par 7.

107 **Réponse :** ❺ Cette série contient 16 éléments qu'il faut d'abord classer par ordre croissant : {2, 10, 11, 14, 19, 20, 23, 24, 28, 34, 35, 38, 47, 49, 55, 57}.

Le 1er quartile est donc le 16/4, soit le 4e élément de la liste, autrement dit **14**. La médiane est comprise entre le 8e élément (24) et le 9e élément (28) soit **26**, le 3e quartile est le (16/4) × 3 = 12e élément soit **37**.

108 **Réponse :** ❹ Avec ce que dit Vera, on comprend que le nombre d'enfants dans sa famille est pair. En effet si S_v est le nombre de sœurs de Vera, alors il y a $S_v + 1$ filles et $S_v + 1$ garçons soit $2S_v + 2$ enfants. Ainsi, il ne peut y avoir 13 enfants dans la famille de Pierre et Vera et on élimine la réponse 3.

Soit S_m le nombre de sœurs de Manon et F_m le nombre de frères de Manon.

Alors : $F_m = S_m - 2$. On sait en outre que Léo a $S_m + 1$ sœurs et $F_m - 1$ frères.

Avec ce qu'il dit, on en déduit que $S_m + 1 = 2(F_m - 1)$. Après résolution de ce petit système d'équations soulignés de rien du tout, on trouve : $S_m = 7$ **et** $F_m = 5$.

On élimine les réponses 1 et 2.

109 **Réponse :** ❷ La bonne réponse est la 2. Il s'agit d'une question idéale pour tester le raisonnement par dichotomie, en testant les réponses, même si un bon vieux système d'équations est tout aussi efficace.

Testons les solutions et commençons par tester la réponse 3. Si Alexandre a 22 ans, c'est que l'aînée de ses sœurs en a 20, ce pour que la moyenne de leurs âges ((22 + 20)/2), soit égale à 21 ans. Alors la cadette aurait 20 – 6 = 14 ans. Mais la moyenne des âges des deux sœurs serait de (14 + 20)/2 = 17 ans, ce qui est trop jeune.

La question est alors de savoir si Alexandre doit être plus vieux ou plus jeune. S'il était plus vieux, alors la sœur aînée serait plus jeune (pour conserver la moyenne à 21 ans) et par conséquent sa cadette le serait aussi (elles ont toujours 6 ans d'écart), ce qui aurait pour conséquence de faire diminuer la moyenne de leurs âges, déjà trop basse ! Mécaniquement, on en déduit qu'Alexandre doit être plus jeune et on élimine les réponses C, D et E.

Il ne nous reste plus qu'à tester une des réponses A ou B. Prenons par exemple la B : si Alexandre a 21 ans, c'est que l'aînée de ses sœurs en a 21 pour que la moyenne de leurs âges soit égale à 21 ans. Alors la cadette aurait 21 – 6 = 15 ans et la moyenne des âges des deux sœurs serait de (15 + 21)/2= 18 ans, ce qui correspond bien à ce que dit l'énoncé.

110 Réponse : ❺

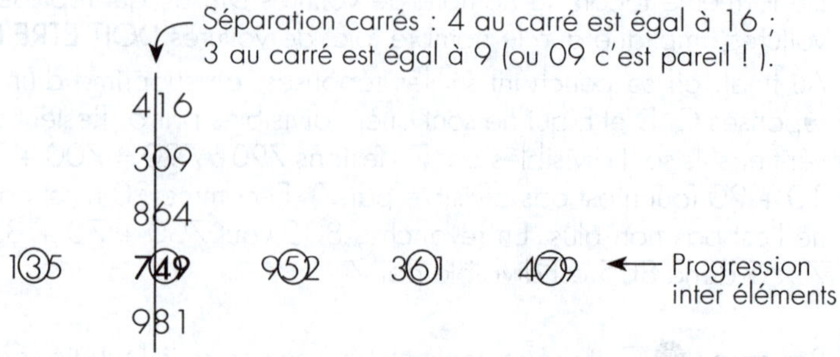

111 Réponse : ❷ Traduisons les données de l'énoncé en notant X le nombre de billets de 5 € et Y le nombre de billets de 10 € :

(1) $X + Y = 30$ (2) $5X + 10Y = 215$

En divisant les membres de la seconde équation par 5, on obtient :

(1) $X + Y = 30$ (2) $X + 2Y = 43$

Puis, en retranchant membre à membre la première équation à la seconde, on trouve : $X + 2Y - X - Y = 43 - 30$, soit $\mathbf{Y = 13}$.

Donc Charles possède 13 billets de 10 €.

Une autre méthode de résolution faisant appel au ***backsolving*** permettait d'arriver vite à la même réponse. En effet, en testant la C, on comprenait que Charles disposait d'une somme trop importante (220 €) et qu'il lui fallait alors moins d'argent. Pour ce faire, il devait échanger un billet de 10 € (le nombre de billets de 10 € passant alors de 14 à 13) au profit d'un billet de 5 € (le nombre de billets de 5 € passant alors de 16 à 17), perdant au passage 5 €… L'amenant par conséquent tout naturellement à détenir une somme totale de **215 €** et non plus de 220 €.

112 Réponse : ❺

Vous êtes ici face à une question d'augmentation de prix : en appliquant les équations du cours on s'en sort parfaitement. Nous vous rappelons celle qui lie le prix HT (hors taxe) au prix TTC (toutes taxes comprises, après application de la TVA) :

Prix TTC = Prix HT × (1 + TVA en % /100)

L'exercice suppose bien évidemment que le prix HT ne change pas. En notant P_{2019} le prix TTC en 2019, P_{2020} le prix TTC en 2020, TVA_{2019} et TVA_{2009} les pourcentages de TVA en 2019 et 2020 divisés par 100 on obtient ces deux équations :

(1) $P_{2019} = \text{Prix HT} \times (1 + TVA_{2019})$

(2) $P_{2020} = \text{Prix HT} \times (1 + TVA_{2020})$

Soit :

(1) $24 = \text{Prix HT} \times 1,2$
(2) $P_{2020} = \text{Prix HT} \times 1,225$

Après calcul et en remarquant que $24/1,2 = 20$, on obtient :

(1) Prix HT = 20
(2) $P_{2020} = 20 \times 1,225 = 2 \times 10 \times 1,225 = 2 \times 12,25 = 24,5$ €

Le prix du produit sera donc de 24,5 € en 2020.

113 **Réponse : ❷**

Méthode 1

En notant N le nombre d'élèves et S la somme requise, on a, d'après l'énoncé :

(1) $N \times 14 = S - 4$ (2) $N \times 16 = S + 6$

En retranchant membre à membre l'équation (1) à l'équation (2) on trouve :

$N \times 16 - N \times 14 = S + 6 - (S - 4)$

Soit après calcul : $2 \times N = 10$, soit $N = 5$.

Conclusion : il y a 5 élèves dans le groupe.

Méthode 2

Cette seconde méthode a le mérite de nous éviter de poser des calculs car tout est faisable de tête. L'énoncé nous dit en fait qu'en donnant 2 € de plus chacun (16 € au lieu de 14 €), les élèves récoltent 10 € en plus (avant il manquait 4 €, maintenant il y a 6 € en trop donc la différence est de $6 - (-4) = 10$ €). L'équation est à résoudre est donc : $2 \times N = 10$ soit $N = 5$.

114 **Réponse : ❺**

Méthode 1 : *Backsolving*

Comme préconisé dans la méthode, testons la réponse 3. S'ils se croisent à 200 km de la ville de Paul, alors c'est que ce point de rencontre se situe à 450 – 200 = 250 km de celle de Virginie.

On peut alors calculer leurs consommations d'essence respectives C_P et C_V :

$C_P = 9/100 \times 200 = 18$ L

$C_V = 6/100 \times 250 = 6 \times 2,5 = 15$ L

Leur consommation n'étant pas la même, la 3 n'est pas la bonne réponse. En revanche, vous aurez noté que l'on peut déterminer s'il faut que la distance de la ville de Paul soit plus ou moins importante : si elle l'était plus, alors Paul roulerait encore plus et Virginie moins, ce qui se répercuterait sur leurs consommations qui s'éloigneraient encore un peu plus. La réponse doit donc être supérieure à 200 km, et vous pouvez éliminer les réponses 1 et 2. En testant la 4, avec un calcul similaire on trouve :

$C_P = 9/100 \times 190 = 17,1$ L et $C_V = 6/100 \times 260 = 15,6$ L

On se rapproche, mais ce n'est toujours pas ça ! Nous vous laissons le soin de vérifier (ce que vous ne ferez pas le jour de l'épreuve) que la réponse 5 est la bonne !

Méthode 2 : un système d'équations

En notant P la distance séparant le village de Paul de la destination et V la distance séparant le village de Virginie de cette même destination, l'énoncé permet d'écrire les équations suivantes :

$P + V = 450$ car leurs villages sont distants de 450 km

$6/100 \times V = 9/100 \times P$ car ils consomment la même quantité d'essence pour s'y rendre.

Soit, après calculs :

$P + V = 450$

$V = 9/6 \times P = 3/2 \times P$

En remplaçant alors V par sa valeur en fonction de P dans l'équation (1) :

$3/2 \times P + 2/2 \times P = 450$, soit encore : $P = (2 \times 450)/5 = 2 \times 90 = 180$ km

Méthode 3 : le barycentre

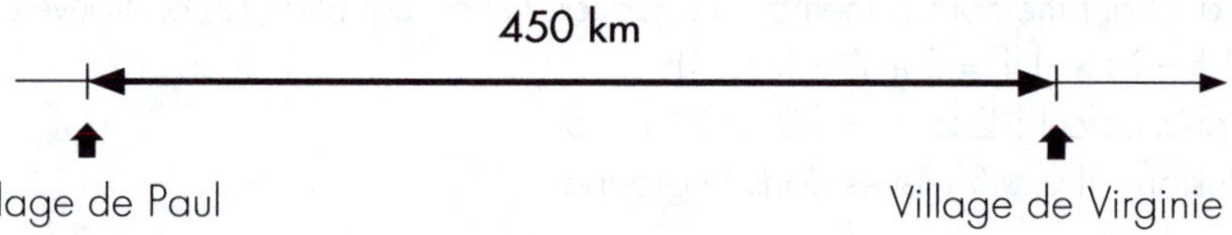

Sachant que la voiture de Paul est plus gourmande en essence que celle de Virginie et que chacun consomme la même quantité d'essence pour arriver au village, c'est donc naturellement que Virginie aura roulé plus que Paul et donc que le barycentre penchera davantage vers le village de Paul que vers celui de Virginie.

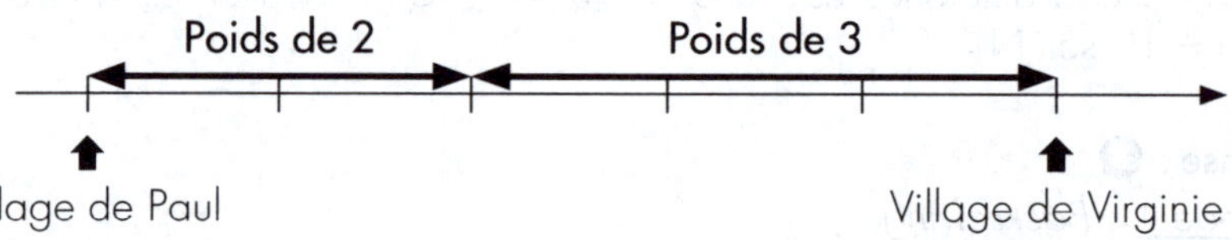

La voiture de Paul étant $9/6 = 3/2$ fois plus gourmande que celle de Virginie, on peut traduire cela en disant que sur un poids total de 5 (3 + 2), Paul pèse 3 et Virginie 2. Ainsi, en segmentant l'axe en 5 parties de 90 km, on trouve la position du barycentre qui se situe à 2 segments du village de Paul, soit $90 \times 2 = 180$ km.

115 **Réponse :** ❹ Il y a 400 salariés dans l'entreprise et 80 % d'entre eux, soit 320 salariés, ont reçu le bonus.

Envisageons les cas extrêmes selon qu'un maximum ou un minimum d'hommes aient obtenu le bonus, soit :

MIN : 150 femmes sur les 150 et 320 – 150 = **170 hommes** sur les 250.

MAX : **250 hommes** sur les 250 et 320 – 250 = 70 femmes sur les 150.

Le nombre d'hommes ayant obtenu le bonus est donc compris entre 170 et 250.

116 **Réponse :** ❶ Il vous faut lire lentement l'énoncé pour ne pas confondre « boulangeries par habitants » et « habitants par boulangeries ».

En 2009, on trouve 16 920/47 = 360 habitants par boulangerie. Autrement dit, nous avons **1/360** boulangerie par habitant en 2009.
En 2011, on trouve 14 400/32 = 450 habitants par boulangerie. Autrement dit, nous avons **1/450** boulangerie par habitant.
Calculons à présent la variation du nombre de boulangerie par habitant entre 2009 et 2011.

On trouve : $D_{2011/2009} = \frac{VF}{VI} = \frac{\frac{1}{450}}{\frac{1}{360}} = \frac{360}{450} = \frac{36}{45} = \frac{4}{5} = 80\ \%$. En conclusion, le nombre de boulangeries par habitant en 2011 représente 80 % du nombre de boulangeries par habitant en 2009. Le nombre de boulangeries par habitant a donc diminué de 20 % (100 % – 80 %) entre 2009 et 2011.

117 **Réponse :** ❹ Il suffit ici de développer les différentes solutions. On trouve alors rapidement que la réponse 4 une fois développée donne bien $A(n)$.

118 **Réponse :** ❶ On trouve ici les initiales de <u>D</u>ix, <u>V</u>ingt, <u>T</u>rente, <u>Q</u>uarante, <u>C</u>inquante… Et donc : <u>S</u>oixante.

119 **Réponse :** ❸ Le prix des volumes de l'encyclopédie suit une progression géométrique dont le premier terme est $0{,}5n$ et la raison 5. D'après la formule de la progression géométrique, le terme k sera : $10n \times 5^{k-1} = 2 \times 5 \times n \times 5^{k-1} = 2n \times 5^{k}$.

120 **Réponse :** ❷ La probabilité d'avoir deux faces rouges est PR = 3/6 × 3/6 = 1/4. Celle d'avoir deux faces vertes est : PV = 2/6 × 2/6 = 1/9. La probabilité d'avoir deux faces bleues est : PB = 1/6 × 1/6 = 1/36. La probabilité recherchée est donc donnée par : PR + PV + PB = 1/4 + 1/9 + 1/36 = 14/36 = 7/18.

4. Compréhension et expression écrite en Anglais

Expression

121 **Réponse : 2/**

- … and yet : … **et pourtant**
- Cost saving : **réduction des coûts, économie**

<u>Cost saving</u> was required to increase economic efficiency. <u>Une réduction des coûts</u> était nécessaire pour améliorer l'efficacité économique.

- To lose sight : **perdre de vue**

I do not want <u>to lose sight</u> of the fact that the chairmanship of the committee was such that it allowed us to work properly. Je ne veux pas que l'on <u>perde de vue</u> que la présidence du comité nous a permis de travailler convenablement.

- Since : **depuis, puisque**. Although : **bien que**

122 **Réponse : 3/**

• To weep / wept / wept : **pleurer**. To weep with joy : **pleurer de joie**

He had been a father to me and I had loved him with heart and soul and wept when I had to leave. Il avait été un père pour moi et je l'aimais de tout mon coeur, et je pleurai lorsque je dus partir.

• To wipe / wiped / wiped **: essuyer, effacer**

Right of factions to exist shows only that he has completely wiped out the line of demarcation between centrism and Marxism. L'existence, cela démontre seulement qu'il a complètement effacé la ligne de démarcation entre le centrisme et le marxisme.

• To clinch : **remporter (une victoire)**. To sweep / swept / swept : **balayer**. To wrap / wrapped / wrapped : **emballer, empaqueter**.

123 **Réponse : 1/**

• A side : **un côté, une partie**

The mediator managed to conciliate the two opposing sides. Le médiateur a réussi à concilier les deux parties adverses.

• Which **: qui (pour une chose)**

The letter which came today brings good news. La lettre qui est arrivée aujourd'hui apporte de bonnes nouvelles.

• Whom : **qui (pour une personne)**

The man with whom I was working is my colleague. L'homme avec qui je travaillais est mon collègue.

• Whose : **dont, à qui**

She is an artist whose work I admire. C'est une artiste dont j'admire l'œuvre.

• Whichever : **n'importe lequel / laquelle**

124 **Réponse : 3/**

• A sprain : **une foulure, entorse**

A sprain is a stretch or a tear of ligaments which are bands of tissue that hold bones together. Une entorse est un étirement ou une déchirure des ligaments, qui sont des bandes de tissus reliant les os entre eux.

• Braces : **attelles, bretelles, appareil dentaire**. To recover : **récupérer**. Whatever : **peu importe**. Whenever : **chaque fois que**. However : **cependant**. Wherever : **partout, où que ce soit**. Whoever : **quiconque, qui que ce soit**.

125 **Réponse : 3/**

• A wave : **une vague**

Therefore, one cannot count on a vaccine in dealing with the first wave of a pandemic. Voilà pourquoi on ne peut pas compter sur un vaccin pour faire face à la première vague d'une pandémie.

• To weave / wove / woven : **tisser**

The quality of the velvet owes to that of the fibre used to weave the carpet. Le velours se rapporte à la matière (fibre) employé pour tisser les tapis.

• To waft : **flotter**. Wind : **le vent**

126 **Réponse : 2/**

• Unless absolutely necessary : **sauf nécessité absolue**

• Forecasters : **des prévisionnistes**

Private sector forecasters expect continued solid growth for Canada. Les prévisionnistes du secteur privé anticipent une forte croissance à long terme pour le Canada.

• Yet : **encore, cependant**

I am working quickly but I have not finished yet. Je travaille vite mais je n'ai pas encore fini.

• Storm warnings : **des avertissements de tempête**. To avoid / avoided / avoided : éviter, échapper. Unless : **à moins que**. Despite, despite of : **malgré, en dépit de**.

127 **Réponse : 1/**

• The general thrust of his argument : **le sens général de son argumentation**

• To trust : **faire confiance**
My husband knows that he can trust me. Mon mari sait qu'il peut me faire confiance.
• To tread / trod / trodden : **marcher, fouler**
My dancing partner always treads on my foot. Mon partenaire de danse me marche toujours sur les pieds.
• To push / pushed / pushed : **pousser**. To pull / pulled / pulled: **tirer**.

128 **Réponse : 2/**
• Sales : **les ventes**
Our aim is to increase sales. Notre objectif est d'augmenter les ventes.
• Throughout : **tout au long, durant**
The jury must not speak to the media throughout the trial. Les jurés ne doivent pas parler aux médias durant le procès.
• To move : **bouger, se déplacer**. Forever : **pour toujours**.

129 **Réponse : 3/**
• The management : **la Direction**
• A policy : **une politique, une stratégie**
The government adopted new social policies. Le gouvernement a adopté de nouvelles politiques sociales.
• To work overtime : **faire des heures supplémentaires**
All employees were willing to work overtime. Tous les employés étaient disposés à faire des heures supplémentaires.

130 **Réponse : 2/**
• Own : **propre**
The entrepreneur runs his own company. L'entrepreneur dirige sa propre entreprise.
• To own / owned / owned : **posséder**
The couple wanted to own their own house. Le couple voulait posséder sa propre maison.
• Retail : **vente, vente de détail, commerce**.

131 **Réponse : 4/**
• To listen / listened / listened : **écouter**
I always listen to the radio in my car. J'écoute toujours la radio dans ma voiture.

132 **Réponse : 1/**
• To lie / lay / lain : **être couché, être allongé, être étendu**
Lying on the floor, chin down, knees bent, feet in the air, put your hands on your knees. Allongée sur le sol, menton rentré, genoux fléchis, pieds en l'air, posez les mains sur les genoux.
• To lie / lied / lied : **mentir**
He abused this privilege by wrongly accusing us of lying. Il a abusé de ce droit en nous accusant à tort de mentir.
• To lay / laid / laid : **étendre**
I laid my towel on the beach. J'ai étendu ma serviette sur la plage.
• To catch / caught / caught : **attraper**

133 **Réponse : 2/**
• To resent someone : **en vouloir à quelqu'un**
Mary resents her ex-husband. Mary en veut à son ex-mari.
• A resort :**un hôtel, un complexe touristique**.

134 **Réponse : 2/**
• A great deal of stamina : **beaucoup d'endurance**
• To require / required / required : **avoir besoin de, demander, nécessiter, requérir**
Driving at night requires vigilance. Conduire de nuit demande de la vigilance.
• Reliance : **dépendance**
The country has reduced its reliance on oil. Le pays a réduit sa dépendance au pétrole.
• Supply : **approvisionnement**

The city needs a steady water supply. La ville a besoin d'un approvisionnement permanent en eau.

135 **Réponse : 2/** Une question cadeau !

• A reel : **un moulinet**

She used a reel of black thread to sew her dress. Elle a utilisé une bobine de fil noir pour coudre sa robe.

• Rolls : **des rouleaux**.

136 **Réponse : 1/**

• To make staff redundant : **licencier du personnel**

10% of staff members had been made redundant / 10 % du personnel a été licencié.

137 **Réponse : 1/**

• To permit / permitted / permitted : **permettre**

The mother permitted her daughter to stay up late / La mère a permis à sa fille de veiller tard.

138 **Réponse : 2/**

• To cover/ covered/ covered : **couvrir, recouvrir, traiter, englober**

The cook covers the saucepan with a lid / Le cuisinier couvre la casserole avec un couvercle.

• Suddenly : **soudainement**

He suddenly unleashed his anger / Il a soudainement déchaîné sa colère.

139 **Réponse : 1/**

• Time is working against them : **le temps joue contre eux**

• Against : **contre**

My child is vaccinated against measles / Mon enfant est vacciné contre la rougeole.

140 **Réponse : 1/**

• The impact he was about to have : **l'impact qu'il était sur le point d'avoir**

• Few : **quelques**

Few words / Quelques mots.

• About : **sur, concernant, à propos de, au sujet de**

The teacher enlightened his students about the topic / Le professeur a éclairé ses élèves sur le sujet.

141 **Réponse : 4/**

• Tears : **des larmes**

The widow held back her tears / La veuve retenait ses larmes.

• To bang / banged / banged : **claquer, frapper violemment**

I can hear the door banging in the wind / Je peux entendre la porte claquer à cause du vent.

• To melt / melted / melted : **fondre**. To bust / busted / busted : **bousiller**.

142 **Réponse : 1/**

• Whether or not : **si oui ou non**

• Whether : **si**

I do not know whether I won or not / Je ne sais pas si j'ai gagné ou pas.

• Though : **cependant, pourtant**

I ate a lot; I was not very hungry, though / J'ai beaucoup mangé ; je n'avais pourtant pas très faim.

143 **Réponse : 3/**

• Available : **disponible**

I do not know whether I won or not. Je ne sais pas si j'ai gagné ou pas.

144 **Réponse : 1/**

• Solely : **uniquement, seulement**

The company sells products solely via the Internet. L'entreprise vend des produits uniquement par Internet.

145 **Réponse : 4/**

• To fall / fell / fallen : **tomber, chuter**

When prices are high, demand falls. Lorsque les prix sont élevés, la demande chute.

• Asleep : **endormi**. To fall asleep : **s'endormir**.

146 **Réponse : 5/**

• To chair / chaired / chaired : **présider**

I am pleased to chair the committee this year. Je suis heureux de présider le comité cette année.

• To lack / lacked / lacked : **manquer de**

147 **Réponse : 2/**

• A trial : **un procès, un essai**

He was a key witness at the trial. Il a été un témoin clé lors du procès.

• To fail / failed / failed : **échouer**

I studied hard so that I would not fail my exams. J'ai beaucoup étudié afin de ne pas échouer à mes examens.

148 **Réponse : 5/**

• To admit liability : **admettre sa responsabilité**

• To commit / committed / committed : **engager, commettre**

The contract commits each party to secrecy. Le contrat engage chacune des parties au secret.

• Liability : **responsabilité**. To be committed to doing something : **s'engager à faire quelque chose**.

149 **Réponse : 3/**

• Significantly : **considérablement**

150 **Réponse : 1/**

• Length : **longueur, durée, distance**

The length of the belt is adjustable. La longueur de la ceinture est réglable.

• Breadth : **ampleur, étendue**

The breadth of the scientist's knowledge is amazing. L'étendue des connaissances du scientifique est remarquable.

• Width : **largeur**. A loan : **un crédit, un prêt**.

151 **Réponse : 5/**

• On the brink of extinction : **au bord de l'extinction, sur le point de disparaître**

• Brink : **bord**

The economy is on the brink of collapse. L'économie est au bord de l'effondrement.

• A brook : **un ruisseau**

The small brook runs through the forest. Le petit ruisseau traverse la forêt.

• Broad : **large, vaste**. A blink : **un clignement**.

152 **Réponse : 5/**

• To begin from scratch : **repartir de zéro**

• To scratch / scratched / scratched : **gratter, rayer**

My dog scratches itself because it has fleas. Mon chien se gratte parce qu'il a des puces.

153 **Réponse : 3/**

• To postpone / postponed / postponed : **retarder, repousser**

The picnic was postponed due to the rain. Le pique-nique a été repoussé à cause de la pluie.

• Backdated : **rétroactif, antidaté**. To withstand something : **résister à quelque chose**.

154 **Réponse : 4/**

• A huge impact : **un impact considérable, énorme**

• To attract : **attirer, intéresser**

The prestigious university attracts many students each year. L'université prestigieuse intéresse de nombreux étudiants chaque année.

155 **Réponse : 3/**

• To be under consideration : **être à l'étude**

• Ways : **moyens, façons, manières**

This task can be completed in several ways. Différents moyens existent pour accomplir cette tâche.

Compréhension de textes

156 Réponse : 4/

157 Réponse : 2/

158 Réponse : 2/

159 Réponse : 5/

160 Réponse : 2/

161 Réponse : 1/

162 Réponse : 3/

163 Réponse : 2/

164 Réponse : 5/

165 Réponse : 4/

166 Réponse : 2/

167 Réponse : 5/

168 Réponse : 3/

169 Réponse : 4/

170 Réponse : 1/

SCORE BLANC NUMERO 8

Annale Officielle du Score IAE Message (session du 19 mars 2016)

Pour des raisons pédagogiques, quelques questions d'actualité ont été mises à jour.

Consignes

1. Ce Score blanc contient 170 questions pour lesquelles vous aurez toujours 5 propositions de réponses au choix. 1 seule de ces propositions est correcte.

2. Le temps total pour travailler sur ce Score est de 3 heures.

3. Barème : 2 points par réponse juste sauf pour la sous-épreuve numéro 3 pour laquelle 5 points seront attribués par réponse juste. Une réponse fausse ou pas de réponse ne modifie pas le score (0 point). Le Score est donc noté sur un total de 400 points.

4. L'usage de la calculatrice, dictionnaire, lexique ou grammaire est formellement interdit. Aucune pause/sortie n'est autorisée pendant l'épreuve, toute sortie étant considérée comme définitive.

5. Les 170 réponses sont à reporter au recto d'une grille unique sur laquelle le candidat noircit la case correspondant à la réponse choisie, en utilisant le crayon fourni par le centre d'écrit. Les corrections doivent impérativement être effectuées avec un blanc correcteur.

SCORE BLANC NUMERO 8 : GRILLE DES REPONSES

	1	2	3	4	5
1					
2					
3					
4					
5					
6					
7					
8					
9					
10					
11					
12					
13					
14					
15					
16					
17					
18					
19					
20					
21					
22					
23					
24					
25					
26					
27					
28					
29					
30					
31					
32					
33					
34					
35					
36					
37					
38					
39					
40					
41					
42					
43					
44					
45					
46					
47					
48					
49					
50					

1 2 3 4 5

	1	2	3	4	5
51					
52					
53					
54					
55					
56					
57					
58					
59					
60					
61					
62					
63					
64					
65					
66					
67					
68					
69					
70					
71					
72					
73					
74					
75					
76					
77					
78					
79					
80					
81					
82					
83					
84					
85					
86					
87					
88					
89					
90					
91					
92					
93					
94					
95					
96					
97					
98					
99					
100					

1 2 3 4 5

	1	2	3	4	5
101					
102					
103					
104					
105					
106					
107					
108					
109					
110					
111					
112					
113					
114					
115					
116					
117					
118					
119					
120					

1 2 3 4 5

	1	2	3	4	5
121					
122					
123					
124					
125					
126					
127					
128					
129					
130					
131					
132					
133					
134					
135					
136					
137					
138					
139					
140					
141					
142					
143					
144					
145					
146					
147					
148					
149					
150					
151					
152					
153					
154					
155					
156					
157					
158					
159					
160					
161					
162					
163					
164					
165					
166					
167					
168					
169					
170					

1 2 3 4 5

SCORE BLANC NUMERO 8

1. CULTURE GENERALE, ECONOMIQUE ET MANAGERIALE

1 **Parmi les maisons de luxe suivantes, laquelle n'appartient pas au groupe LVMH ?**

1/ Loewe
2/ Gucci
3/ Christian Dior
4/ Givenchy
5/ Berluti

2 **Dans quelle ville le plus haut gratte ciel du monde se trouve-t-il ?**

1/ Shanghai
2/ New York
3/ Dubaï
4/ Taipei
5/ Hong Kong

3 **Quel est le nom de l'otage français décapité en Algérie en septembre 2014 par une organisation proche de l'Etat Islamique ?**

1/ Nicolas Hénin
2/ Eduard Elias
3/ Pierre Torrès
4/ Serge Lazarevic
5/ Hervé Gourdel

4 **Quelle est la 3e ville française la plus peuplée ?**

1/ Marseille
2/ Toulouse
3/ Lyon
4/ Bordeaux
5/ Lille

5 **Quel est le nom de la mégapole en formation comprenant l'agglomération de Seattle aux Etats-Unis et celle de Vancouver au Canada ?**

1/ BosWash
2/ SanSan
3/ Nort-Western Belt
4/ Rain-Belt
5/ Pugetopolis

6 **En Algérie, quelle partie remporte en juin 2021 les élections législatives ?**

1/ Le MSP
2/ Le FLN
3/ Le HGD
4/ L'ANIE
5/ Le HGD

7 **En 2015, le Royaume-Uni a voté pour réélire le Premier ministre en poste David Cameron, du parti conservateur (Tory). Quel était le nom de son adversaire politique du parti travailliste (Labour) ?**

1/ Nick Clegg
2/ Ed Miliband
3/ Nigel Farage
4/ Natalie Bennett
5/ Nicola Sturgeon

8 **En 2010, dans quelle ville s'est tenue la dixième conférence mondiale sur la biodiversité ?**

1/ Toronto
2/ Oslo
3/ Mombasa
4/ Nagoya
5/ Rio de Janeiro

9 **Quel chanteur, compositeur et guitariste ayant influencé l'« American Blues » est décédé à l'âge de 90 ans en mai 2015 ?**

1/ Roy Brown
2/ Ray Charles
3/ B.B. King
4/ Miles Davis
5/ Louis Armstrong

10 **Qui a écrit le roman intitulé « L'Amant » ?**

1/ Colette
2/ Françoise Sagan
3/ Marguerite Duras
4/ Marguerite Yourcenar
5/ George Sand

11 **Qui est l'actuel Premier ministre du Danemark ?**

1/ Mette Frederiksen
2/ Helle Thorning-Schmidt
3/ Margot Wallström
4/ Margrethe Vestager
5/ Anders Fogh Rasmussen

12 **Quel est le plus long fleuve de France ?**

1/ La Garonne
2/ La Loire
3/ Le Rhône
4/ La Seine
5/ La Meuse

13 **Combien de décès compte-t-on en France en 2020 ?**

1/ Environ 669 000
2/ Environ 443 000
3/ Environ 1 105 000
4/ Environ 332 000
5/ Environ 887 000

14 **En 2014, pour quelle raison la Russie a-t-elle été exclue du G8 ?**

1/ L'annexion de la Crimée
2/ Une menace nucléaire
3/ La politique intérieure de la Russie
4/ Le soutien apporté à la Syrie
5/ Le comportement de V. Poutine vis-à-vis des autres présidents participants

15 **Parmi les pays suivants, lequel n'est pas un ancien pays d'URSS ayant obtenu son indépendance en 1991 ?**

1/ Le Kazakhstan
2/ L'Arménie
3/ L'Ouzbékistan
4/ Le Pakistan
5/ Le Kirghizistan

16 **Parmi les propositions suivantes, quel pays n'est pas lusophone et n'appartient pas à la Communauté des pays de langue portugaise créée le 17 juillet 1996 ?**

1/ Le Brésil
2/ L'Angola
3/ La Guinée-Bissau
4/ Le Mozambique
5/ La Namibie

17 **Que mesure le « classement de Shanghai » ?**

1/ Le classement des systèmes de santé des pays
2/ Le classement académique des universités mondiales
3/ Le classement des pays en fonction du nombre de millionnaires
4/ Le classement des pays en fonction de l'indice de Gini
5/ Le classement des pays en fonction du niveau de corruption

18 **Quel est le nom actuel du pays qui s'appelait auparavant « Dahomey » ?**

1/ Le Ghana
2/ Le Togo
3/ Le Nigeria
4/ Le Bénin
5/ Le Cameroun

19 **Quand fut signé le traité de Versailles, qui mit fin à la Première Guerre mondiale ?**

1/ Le 11 novembre 1918
2/ Le 3 janvier 1919
3/ Le 28 juin 1919
4/ Le 17 octobre 1919
5/ Le 23 décembre 1919

20 **Que s'est-il passé la nuit du 4 août 1789 ?**

1/ L'exécution de Louis XVI
2/ La prise de la Bastille
3/ L'exécution de Marie-Antoinette
4/ La nuit de la Saint-Barthélemy
5/ L'abolition des privilèges

21 **La cathédrale Saint-Lazare d'Autun présente une particularité remarquable, et rarement observée en France. Quelle est-elle ?**

1/ Son orientation est inhabituelle
2/ Il n'y a pas de clocher
3/ L'artiste de ses chapiteaux et de son tympan a laissé une signature
4/ La crypte est située sous les combles, au-dessus de la nef
5/ La cathédrale a été détruite puis entièrement reconstruite à l'identique

22 **Quel est l'autre nom de l'Anschluss ?**

1/ La Mitteleuropa
2/ La Weltkrieg
3/ La Wehrmacht
4/ La Blumenkrieg
5/ La Luftwaffe

23 **Quelle célèbre bataille s'est déroulée le 18 juin 1815 et a été reconstituée le 18 juin 2015 sur les lieux de son déroulement ?**

1/ La bataille d'Austerlitz
2/ La bataille de Stalingrad
3/ La bataille de Valmy
4/ La bataille de Trafalgar
5/ La bataille de Waterloo

24 **En avril 2015, dans quelle université du Kenya un massacre a-t-il été perpétré par le groupe terroriste Al-Shabbaab, affilié à Al-Qaïda, faisant 148 morts ?**

1/ L'université de Turkana
2/ L'université de Karamoja
3/ L'université de Nairobi
4/ L'université de Mombasa
5/ L'université de Garissa

25 **En 2015, au Népal, à partir de quel mois une série de séismes a-t-elle fait des dégâts considérables ?**

1/ A partir du mois de février
2/ A partir du mois de mars
3/ A partir du mois d'avril
4/ A partir du mois de juin
5/ A partir du mois de juillet

26 **Quelle est la capitale du Bangladesh ?**

1/ Katmandou
2/ Naypyidaw
3/ Dacca
4/ Kuala Lampur
5/ Vientiane

27 **En France, qui fut le dernier Premier ministre de François Mitterrand, président de la République entre 1981 et 1995 ?**

1/ Edith Cresson
2/ Edouard Balladur
3/ Michel Rocard
4/ Jacques Chirac
5/ Laurent Fabius

28 **En septembre 2014, en Ecosse, quel Premier ministre a annoncé sa démission suite à la défaite du « camp du Oui » lors du référendum sur l'indépendance ?**

1/ Alex Salmond
2/ Donald Dewar
3/ Henry McLeish
4/ Jack McConnell
5/ David Lindsay

29 **Hundertwasser était un architecte du :**

1/ XVIe siècle
2/ XVIIe siècle
3/ XVIIIe siècle
4/ XIXe siècle
5/ XXe siècle

30 **Sous quel nom était plus connu Vladimir Ilitch Oulianov ?**

1/ Staline
2/ Lénine
3/ Krouchtchev
4/ Gorbatchev
5/ Eltsine

31 **Parmi ces personnalités suivantes, laquelle ne repose pas au Panthéon ?**

1/ Sophie Berthelot
2/ Marie Curie
3/ Olympe de Gouges
4/ Geneviève de Gaulle-Anthonioz
5/ Germaine Tillion

32 **Sous quel nom était connu le fils de Cabu, décédé comme son père en janvier 2015 ?**

1/ Mano Solo
2/ Manu Katché
3/ Grégory Lemarchal
4/ Filip Nikolic
5/ Gaël Lopes

33 **En Bolivie, en octobre 2014, quel est le nom du président de la République réélu pour un troisième mandat avec 61 % des voix ?**

1/ Alfredo Palacio
2/ Juan Manuel Santos
3/ Sebastian Pinera
4/ Evo Morales
5/ Michelle Bachelet

34 **Quel pourcentage de la ressource mondiale en eau est constitué par de l'eau douce ?**

1/ Entre 11 % et 20 %
2/ Entre 6 % et 10 %
3/ Entre 2 % et 5 %
4/ Entre 1 % et 1,5 %
5/ Moins de 1 %

35 **En quelle année eut lieu la crise de Suez ?**

1/ En 1956
2/ En 1966
3/ En 1976
4/ En 1986
5/ En 1996

36 **Dans quel pays peut-on écouter du « fado » ?**

1/ Au Portugal
2/ En Espagne
3/ En Italie
4/ En Grèce
5/ A Malte

37 **En février 2015, dans quelle ville se sont réunis François Hollande, Angela Merkel, Vladimir Poutine et Petro Porochenko afin d'y signer un accord visant la fin du conflit en Ukraine ?**

1/ Moscou
2/ Kiev
3/ Minsk
4/ Donetsk
5/ Saint-Pétersbourg

38 Sous quel nom le Myanmar, pays d'Asie du Sud-Est, est-il plus connu ?

1/ Le Laos
2/ Le Bangladesh
3/ Le Bhoutan
4/ La Birmanie
5/ La Thaïlande

39 Quel est le nom arabe de l'organisation communément appelée « Etat islamique » ?

1/ Ikhwan
2/ Ittihad
3/ Nahda
4/ Daesh
5/ Kifaya

40 En France, en novembre 2014, quelle ville a annoncé son intention de supprimer les panneaux publicitaires ?

1/ Grenoble
2/ Bourges
3/ Limoges
4/ Cholet
5/ Saint-Etienne

41 En Grèce, en 2015, quel leader du parti Syriza a été nommé Premier ministre à l'issue des élections législatives anticipées ?

1/ Panos Kammenos
2/ Alexis Tsipras
3/ Nikos Kotzias
4/ Antonis Samaras
5/ Prokopis Pavlopoulos

42 En janvier 2014, le premier constructeur mondial d'hélicoptères civils a changé de nom. L'entreprise leader mondial du secteur s'appelle désormais :

1/ Boeing Rotorcraft Systems
2/ Bell Helicopter Textron
3/ China Aviation Industry Corporation
4/ Agusta Westland SpA
5/ Airbus Helicopters

43 Dans quelle ville le siège de l'Unesco se trouve-t-il ?

1/ A New York
2/ A Paris
3/ A Tokyo
4/ A Shanghai
5/ A Madrid

44 Où se situe le siège de l'ONU ?

1/ A New York
2/ A Paris
3/ A Tokyo
4/ A Londres
5/ A Boston

45 Dans quelle ville le siège de l'Organisation mondiale du commerce se trouve-t-il ?

1/ A Zurich
2/ A Lausanne
3/ A Berne
4/ A Genève
5/ A Bâle

46 En Grèce, au début de l'année 2015, les élections législatives ont été remportées par Syriza. Au moment de cette élection, la dette grecque, de l'ordre de 321 milliards d'euros, était évaluée à environ :

1/ 98 % du PIB
2/ 115 % du PIB
3/ 173 % du PIB
4/ 253 % du PIB
5/ 290 % du PIB

47 Quel économiste a décrit l'équilibre général de concurrence pure et parfaite et cherché à montrer que cet équilibre est optimal ?

1/ Adam Smith
2/ John Maynard Keynes
3/ Léon Walras
4/ Joseph Schumpeter
5/ Alfred Marshall

48 En février 2015, quel est le montant approximatif du contrat de vente d'armement que la France a conclu avec l'Egypte portant sur 24 chasseurs « Rafales » et une frégate ?

1/ 2,2 milliards d'euros
2/ 5,2 milliards d'euros
3/ 7,2 milliards d'euros
4/ 9,2 milliards d'euros
5/ 11,2 milliards d'euros

49 Parmi les films suivants, lequel met en scène l'acteur Omar Sharif pour lequel il a reçu un Golden Globe en 1963 ?

1/ *On ne vit que deux fois*
2/ *Un singe en hiver*
3/ *Lawrence d'Arabie*
4/ *Un homme et une femme*
5/ *Les Tontons flingueurs*

50 Parmi les propositions suivantes, laquelle n'est pas un titre de l'un des albums de la bande dessinée des Aventures de Tintin ?

1/ *Tintin et les Picaros*
2/ *Coke en stock*
3/ *Les Sept Boules de cristal*
4/ *Le Sceptre d'or*
5/ *L'Etoile mystérieuse*

SCORE BLANC NUMERO 8

2. COMPREHENSION ET EXPRESSION ECRITE EN FRANÇAIS

51 **Parmi les propositions suivantes, laquelle est incorrecte ?**

1/ O fils d'Odin, vous ne craignîtes ni la douleur ni la mort

2/ Nous ne craignîmes pas la colère de Zeus mais plutôt celle d'Héra

3/ Thor craignit de voir son monde sombrer dans les ténèbres

4/ Zeus et Thor craignirent de voir les hommes cesser de croire en eux

5/ Vous craintes d'avoir irrité les dieux, mais il n'en fut rien

52 **Parmi les propositions suivantes, inspirées de Molière, laquelle est incorrecte ?**

1/ Je lui disais, moi, qu'un froid écrit assommerait

2/ Il faut qu'un honnête homme écrivit sans grand empressement

3/ Le style figuré déplaisait à Alceste, qui prônait la simplicité

4/ Vous eûtes de la complaisance quand vous ne le deviez pas

5/ Quelque appui qu'on puisse avoir ailleurs, il importe de rester honnête

53 **Qu'est-ce qu'un « derviche tourneur » ?**

1/ Un ouvrier du bâtiment

2/ Une race de chien

3/ Un type de girouette

4/ Une personne qui tourne sur elle-même en dansant

5/ Une variété de tournesol

54 **Parmi les propositions suivantes, laquelle est correctement orthographiée ?**

1/ Camille redoublait de gaité quand elle voyait sa grande sœur

2/ Il était si petit qu'on le surnommait le gnome

3/ Le déploiment des troupes ne se fit pas sans difficulté

4/ Une mapemonde n'est point un globe terrestre

5/ Son homoplate était très endolorie

55 **Qu'est-ce qu'un « échalas » ?**

1/ Un poisson d'eau douce

2/ Une personne grande et maigre

3/ Un condiment

4/ Une échelle de façadier

5/ Un chapeau

56 Lequel de ces proverbes signifie « courir des risques pour le seul profit d'autrui » ?

1/ Faire mèche de tout bois
2/ Travailler pour le roi de Prusse
3/ Donner le denier à Dieu
4/ Tirer les marrons du feu
5/ Décocher la èche du Parthe à quelqu'un

57 Parmi les propositions suivantes, quel verbe n'est pas synonyme d'« admonester » ?

1/ Réprimander
2/ Blâmer
3/ Gourmander
4/ Sermonner
5/ Complimenter

58 Parmi les propositions suivantes, laquelle est correcte ?

1/ Catherine regardé un film lorsque son téléphone a sonné
2/ Elliot a appris à lire, il a décider d'acheter de nouveaux livres pour progresser
3/ Après de longues hésitations, Marie décida d'accepté le travail qu'on lui a proposé
4/ Sandrine aimait allait en Espagne pour y déguster les fameux jambons
5/ Après de nombreux efforts, Antoine a atteint la ligne d'arrivée et a remporté la première place du marathon

59 Parmi les propositions suivantes, laquelle est correcte ?

1/ L'exposition était un vrai succès : on n'avait jamais vu une telle foule
2/ On aime pas le poisson, se plaignaient les enfants
3/ On abîme pas les fleurs dans les jardins publics
4/ Personne a pris de pull, on croyait tous qu'il ferait beau
5/ On a aucun pouvoir sur le temps

60 Parmi les propositions suivantes, laquelle est incorrecte ?

1/ L'âne brait
2/ La chèvre béguète
3/ L'éléphant barrit
4/ Le chameau vagit
5/ Le cerf brame

61 Parmi les propositions suivantes, laquelle est correcte ?

1/ Au vue de son bilan, l'entreprise rencontre de graves difficultés financières
2/ Aux vus de son bilan, l'entreprise rencontre de graves difficultés financières
3/ Aux vues de son bilan, l'entreprise rencontre de graves difficultés financières
4/ O vu de son bilan, l'entreprise rencontre de graves difficultés financières
5/ Au vu de son bilan, l'entreprise rencontre de graves difficultés financières

62 **Parmi les propositions suivantes, laquelle correspond à la conjugaison du verbe « paraître » à la première personne du pluriel du futur simple ?**

1/ Nous paraissons
2/ Nous avons paru
3/ Nous paraîtrons
4/ Nous avions paru
5/ Nous parûmes

63 **Parmi les propositions suivantes, laquelle correspond à la première personne du pluriel du futur simple du verbe « abroger » ?**

1/ Nous avons abrogé
2/ Nous abrogeâmes
3/ Nous abrogions
4/ Nous abrogeons
5/ Nous abrogerons

64 **Parmi les propositions suivantes, laquelle est correctement orthographiée ?**

1/ Michelle aimait bien le poulet de l'hôpital qui était mou et grisatre
2/ Michelle aimait bien le poulet de l'hopital qui était mou et grisâtre
3/ Michelle aimait bien le poulet de l'hôpital qui était mou et grisâtre
4/ Michelle aimait bien le poulet de l'hôpital qui était mous et grisâtre
5/ Elle aimait bien ce poulet tout mou et trop cui

65 **Qu'est-ce que la « sylviculture » ?**

1/ La culture des céréales
2/ L'élevage des bovins
3/ L'élevage des poissons d'eau douce
4/ La culture des forêts
5/ La culture des plantes médicinales

66 **Parmi les propositions suivantes, laquelle est correctement orthographiée ?**

1/ Leurs différances de caractères se manifestent par leur façon d'organiser leur existence
2/ Leurs différensses de caractères se manifestent par leur façon d'organiser leur existence
3/ Leurs différences de caractères se manifestent par leur façon d'organiser leur existence
4/ Leurs différrences de caractères se manifestent par leur façon d'organiser leur existence
5/ Leurs différrensses de caractères se manifestent par leur façon d'organiser leur existence

67 **Parmi les propositions suivantes, laquelle est correctement orthographiée ?**

1/ Les ornitorynques sont des mammifères qui pondent des œufs
2/ Les ornithorynques sont des mammifères qui pondent des œufs
3/ Les ornithoryngues sont des mammifères qui pondent des œufs
4/ Les ornithorynxes sont des mammifères qui pondent des œufs
5/ Les ornitorincs sont des mammifères qui pondent des œufs

68 **Parmi les propositions suivantes, laquelle est correcte ?**

1/ Les enfants parleraient trop fort, le chef d'orchestre interromprait son spectacle, ce serait catastrophique

2/ La confrérie noire serez vite démasquée si nous unissions nos forces

3/ L'empereur de Thamariel assassinerais tous les enfants de sexe masculin, dit-on

4/ Les dragons voleraient au secours de ces pauvres victimes innocentes

5/ Les princesses des elfes des bois valeraient moins si elles n'étaient pas immortelles

69 **Parmi les propositions suivantes, laquelle est incorrectement orthographiée ?**

1/ Les conseils municipaux dissous ont été immédiatement rétablis

2/ Une fois la farine dissoute dans le lait, ajoutez trois œufs

3/ Les textures dissouses dans ce récipient seront analysées

4/ Le dictateur dissout le sénat aussitôt venu au pouvoir

5/ On récupère le composant dissous dans les canalisations

70 **Parmi les propositions suivantes, laquelle est correctement orthographiée ?**

1/ L'antique hypogriffe au vol jamais fourbu, m'a porté à la table des Dieux

2/ L'antique hypocampe au vol jamais fourbu, m'a porté à la table des Dieux

3/ L'antique hypogryphe au vol jamais fourbu, m'a porté à la table des Dieux

4/ L'antique hyppocampe au vol jamais fourbu, m'a porté à la table des Dieux

5/ L'antique hippogriffe au vol jamais fourbu, m'a porté à la table des Dieux

71 **Parmi les propositions suivantes, laquelle contient un complément d'agent ?**

1/ Il était venu par la route la plus longue car il voulait réfléchir

2/ La planche est vermoulue du fait de l'humidité

3/ Ils sont très facilement obéis de leurs enfants

4/ Ils sont tombés par accident sur de vieilles photographies

5/ Elles seront arrivées par le train ou l'avion, on ne sait

72 **Parmi les mots suivants, quel est l'intrus ?**

1/ Penser

2/ Croire

3/ Estimer

4/ Douter

5/ Présumer

73 **Parmi les propositions suivantes, laquelle est incorrectement orthographiée ?**

1/ Il a travaillé assidûment et a réussi tous ses examens

2/ Elle parle couramment espagnol

3/ Il part fréquamment aux Etats-Unis

4/ Il a parlé méchamment à sa sœur hier

5/ Il chante gaiement ce soir

74 **Parmi les propositions suivantes, laquelle est correcte ?**

1/ Autant que je me souviens, c'était un matin d'octobre

2/ Il est singulier que je n'ai jamais envisagé la question sous cet angle

3/ Il est indéniable que James n'est servi que dans de grandes maisons

4/ Il me convoqua dans son bureau et je vit tout de suite qu'il était contrarié

5/ Toute irritante que fût sa conduite, je ne pus que l'approuver

75 **Parmi les propositions suivantes, inspirées de *La Débâcle* de Zola, laquelle est correctement conjuguée à l'imparfait de l'indicatif ?**

1/ Les autres blessures, qu'il préférait laisser en observation, étaient simplement pansées

2/ Et il commencait à se sentir fatigué

3/ Pitoyable, en somme, Delaherche frémissaient de compassion

4/ Il aperçut un soldat qui ne bougeait plus, la face terreuse, les yeux ouverts

5/ J'ai cru que je faisais un rêve dans lequel je moudais du blé encore et encore

76 **Parmi les propositions suivantes, laquelle est incorrecte ?**

1/ On appelle « curée » certaines parties du chevreuil données aux chiens après une chasse

2/ On appelait « curée », l'épouse d'un curé de campagne

3/ On appelle « curée » la ruée avide pour s'emparer d'une place honorifique laissée vacante

4/ *La Curée* est le titre d'un roman d'Emile Zola

5/ On appelle « curée » certaines parties du sanglier données aux chiens après une chasse

77 **Parmi les propositions suivantes définissant l'expression « tenir la dragée haute », laquelle est correcte ?**

1/ Faire sentir à quelqu'un son pouvoir

2/ Faire faire le beau à son chien

3/ Faire un discours interminable

4/ Faire baptiser son enfant avec une cérémonie d'aspersion totale

5/ Faire rembourrer ses fauteuils

78 **Parmi les propositions suivantes, laquelle est incorrecte ?**

1/ Cosette portait un sceau bien trop lourd pour elle

2/ J'ai rompu avec lui, il était bien trop sot

3/ Richelieu mit son sceau sur cette importante missive

4/ Elle rêve de faire un saut en parachute depuis des années

5/ Mets la bouteille dans le seau à champagne

79 **Parmi les propositions suivantes, laquelle est correctement orthographiée ?**

1/ Les actions de cette personne sont tellement épouvantables qu'elles en deviennent inommables

2/ Une foule inombrable assistait aux pendaisons

3/ Il garde un souvenir inmémorable de son voyage à Bali

4/ Elle est imbattable au poker

5/ Un juge se doit d'être inpartial en toute circonstance

80 **Parmi les propositions suivantes, inspirées de Voltaire, laquelle est correcte ?**

1/ Melissa, ayant ainsi renoncée le matin aux hommes et aux excès de table, avait été avant la nuit trompé et volée par un beau prince

2/ Elle s'était enivré, avait jouée aux cartes

3/ Elle s'était fait crevé l'œil

4/ De retour à la cour, l'on s'était moquée d'elle

5/ Pétrifiée d'étonnement, désappointée face à ces échecs, elle entra au couvent

81 **Parmi les propositions suivantes, quel est l'intrus ?**

1/ Fleurir

2/ Finir

3/ Nourrir

4/ Flétrir

5/ Mourir

82 **Parmi les propositions suivantes, laquelle est correcte ?**

1/ Dans son discours, il a utilisé un ton cominatoire

2/ Dans son discours, il a utilisé un ton cominattoire

3/ Dans son discours, il a utilisé un ton comminatoir

4/ Dans son discours, il a utilisé un ton cominatoir

5/ Dans son discours, il a utilisé un ton comminatoire

83 **Parmi les propositions suivantes, laquelle ne peut être transformée à la voix passive ?**

1/ Les maçons ont construit ce mur en deux jours

2/ Les voleurs circulent la nuit en général

3/ Tigrou aime la soupe de poireaux

4/ Ces poissons, le mazout les a tués

5/ Il écoute ce disque très souvent

84 **Parmi les phrases suivantes, laquelle est correctement rédigée ?**

1/ Après être allée une heure à la dérive, le bateau aborda une plage étroite, fermée par des montagnes à pic

2/ Après être allé une heure à la dérive, le bateau abordat une plage étroite, fermée par des montagnes à pic

3/ Après être allé une heure à la dérive, le bateau abordas une plage étroite, fermée par des montagnes à pic

4/ Après être allée une heure à la dérive, le bateau abordat une plage étroite, fermée par des montagnes à pic

5/ Après être allé une heure à la dérive, le bateau aborda une plage étroite, fermée par des montagnes à pic

85 Parmi les propositions suivantes, laquelle est correcte ?

1/ Depuis deux ans, elle est devenue une toute autre jeune fille

2/ L'oiseau a dû voir quelque chose : il a les plumes tout hérissées

3/ Le discours du président les rend toutes hésitantes

4/ A tout autre ville, je préfère mon petit village

5/ Malheureusement, leurs préoccupations étaient tout autres

Texte

La naissance du mythe de l'inventeur maudit

Source : L'histoire des inventions, *Le Monde 2015*, hors-série.

Par Guillaume Carnino, ingénieur, historien des sciences et techniques, université de Compiègne

Le XIXe siècle est celui du progrès, duquel émergent les grandes transformations industrielles ouvrant l'ère des sociétés contemporaines : manufactures textiles britanniques et chimie de la soude et des colorants dès la fin du siècle précédent, chemin de fer dans les années 1830-1840, gaz puis chimie du pétrole, électricité après 1880, télégraphe puis téléphone… En même temps que ce déploiement technologique s'opère une concentration industrielle et capitaliste de grande ampleur qui recompose durablement le paysage productif.

En effet, l'« inventeur », personnage « collectif » au siècle précédent (puisque l'invention a longtemps été un processus de maturation au sein des corporations artisanales), en vient à s'individualiser : dès la Révolution française, le chevalier de Boufflers (1738-1815) œuvre afin que soit reconnu le fait que « *s'il existe une véritable propriété pour un homme, c'est sa pensée* », et il milite pour la mise en place d'un système de brevets. Les rangs des artisans-inventeurs grossissent alors. Ces derniers instituent leur commerce autour d'une invention initiale (bien souvent faite d'emprunts, d'analogies, de transferts et non pure création *ex nihilo*).

Un métier en pleine mutation

Au cours de la seconde moitié du XIXe siècle, une nouvelle profession va apparaître : afin de multiplier leurs brevets, les entrepreneurs d'invention – comme Clément Ader (1841-1925), l'un des pionniers de l'aviation – chapeautent des ouvriers travaillant à expérimenter en série. Parallèlement, l'université se recompose pour financer désormais des savants dont le cœur de métier, comme chez Louis Pasteur, consiste à résoudre des problèmes industriels grâce à leurs connaissances expérimentales.

A la fin du siècle, ces deux tendances vont progressivement être intégrées au sein de laboratoires industriels, et le modèle du bureau d'études (dont ceux d'Edison puis de Thomson sont parmi les premiers exemples outre-Atlantique), dominé par l'ingénieur en chef, va devenir monnaie courante. Le XXe siècle consacrera la fonction des cellules R&D (recherche et développement) au sein des plus importantes firmes mondiales. En l'espace d'un siècle, l'invention a donc quitté les ateliers artisanaux pour devenir propriété des plus grands conglomérats mondiaux.

La pédagogie des expositions universelles

A mesure que se multiplient les expositions universelles et internationales (Londres 1851, New York 1853, Paris 1855, etc.), on met en scène les merveilles de la science et de l'industrie : 51 millions de visiteurs contemplent les pavillons de l'exposition parisienne de 1900 ! Pourtant, cette pédagogie des machines et inventions (de nombreux prix sont remis lors des expositions) laisse certaines franges de la population sceptiques, notamment celles qui pâtissent de l'accélération des cadences et de la concentration manufacturière : d'où de nombreux phénomènes de bris de machines lors de la première moitié du XIXe siècle.

La légende noire de Jacquard

Une mythologie de l'inventeur solitaire et malchanceux se déploie alors, visant à désamorcer les réticences populaires face au développement industriel. L'apparition du mythe de Jacquard, inventeur du métier à tisser, coïncide avec la révolte des canuts (les soyeux lyonnais) et prend son essor à sa mort en 1834. La légende noire de l'inventeur, pourchassé puis jeté dans la Saône par des ouvriers qu'il aurait contribué à mettre au chômage, s'élabore entre 1830 et 1840. Lors de l'Exposition universelle de 1855, le nom de l'inventeur voisine avec celui de Newton à l'entrée du Palais de l'industrie. La IIIe République intègre Jacquard à son panthéon, l'érigeant en symbole éducatif.

Ces récits magnifiés de la vie du maître tisserand lyonnais sont caractéristiques de la seconde moitié du XIXe siècle. Alors que la technique industrielle fascine et bouleverse à la fois, le martyre de l'inventeur devient progressivement un leitmotiv littéraire et politique. Un véritable transfert de sacralité s'opère, qui octroie aux pionniers de l'ère industrielle la béatification jadis propre aux saints catholiques. Dans son *Dictionnaire des idées reçues*, Gustave Flaubert brocarde le *topos* de l'inventeur maudit : « *Inventeurs. Meurent tous à l'hôpital et un autre profite de leur découverte, ce n'est pas juste* » (*Bouvard et Pécuchet*, 1881).

Une idée positive du progrès technique

La canonisation de l'inventeur est instrumentalisée au service d'intérêts politiques et industriels cruciaux dans la seconde moitié du XIXe siècle. Yves Guyot, alors journaliste et économiste partisan du libre-échange, publie en 1867 un ouvrage de près de 500 pages sobrement intitulé *L'Inventeur*. L'ensemble du propos pourrait se résumer de la sorte : l'inventeur est un être à qui la société cause tous les torts possibles et imaginables, alors même qu'il n'hésite jamais à se sacrifier pour la cause commune. Ainsi, le parallèle avec la légende du char de Jaggernaut (anglicisme issu de « jagannath », l'une des appellations de Vishnou), sous les roues duquel les fidèles se jetaient volontairement pour être broyés, permet à Guyot une comparaison étonnante : « *L'inventeur se jette sous les roues d'un char, mais ce n'est pas dans le vain espoir d'une autre vie : s'il se fait broyer, c'est pour faire avancer la machine humaine.* »

Une tentative d'éducation des masses

Le martyre de l'inventeur au service du progrès est la légitimation terminale, la loi à laquelle nul n'échappe, celle qui justifie l'ordre industriel qui s'instaure. Le *hiatus* apparent entre la vitesse à laquelle l'innovation bouleverse le quotidien dans la seconde moitié du XIXe siècle et le martyre attribué à l'inventeur peut laisser perplexe. En réalité, les deux éléments sont comme l'avers et le revers d'une même médaille : la légende noire de l'inventeur, injustement sacrifié sur l'autel du progrès par un peuple ignorant, constitue peu à peu une tentative d'éducation morale et d'eschatologie industrialiste à destination des masses. En ce sens, l'acte de création *ex nihilo*, prérogative de la divinité chrétienne, se sédimente progressivement au cœur de la figure mythologique du scientifique-inventeur.

La maîtrise de l'innovation est la clé de notre avenir

par Pascal Griset, professeur d'histoire contemporaire à l'Université Paris-Sorbonne.

Le processus inventif a adopté au XXe siècle un rythme croissant. Stimulé par le développement des savoirs scientifiques, de l'activité économique puis de la « mondialisation », il implique aujourd'hui des acteurs plus nombreux et plus diversifiés. S'il suit des modalités qui approfondissent celles esquissées au XIXe siècle, il n'en subit pas moins des transformations profondes, visibles depuis 1914.

La place centrale de l'information

Le XXe siècle est marqué par le développement des technologies de l'information et de la communication. Il a engendré des inventions qui ont changé en profondeur modes de vie et systèmes de production. Le progrès de l'électronique des tubes à vide, grâce aux travaux de l'Américain Lee De Forest, ouvre dès les années 1910 une époque radicalement différente. La télégraphie sans fil, technologie très récente, bridée dans son évolution par les limites des dispositifs électriques, se déploie grâce à l'utilisation de l'électronique. La radiodiffusion, la télévision, le radar et les premiers ordinateurs en découleront tout au long de la seconde moitié du siècle. En 1947, l'invention du transistor marque une autre étape. Il rend possible le développement de l'informatique à grande échelle et du micro-ordinateur. Images, sons, données… toutes les informations sont stockées et transmises de manière uniforme. Le smartphone devient le symbole de cette « convergence ».

Mais l'information, c'est aussi la vie. La découverte de l'ADN bouleverse l'approche de la biologie puis de la médecine. L'informatique valorise ces découvertes. L'imagerie médicale numérisée permet d'explorer le cerveau et son fonctionnement. Grâce à des machines de très grande puissance, le décryptage du génome fait des biotechnologies le secteur le plus dynamique du début du siècle. Un nouveau cycle s'amorce sans doute. Porteuse d'utopies revivifiées, de rapports sociaux renouvelés et de manières d'être plus libres et créatives, l'invention n'en est pas moins au cœur de conflits et de rivalités qui marquent le XXe siècle. Les deux guerres mondiales mettent à cet égard en lumière le rôle croissant de la technologie dans les conflits armés. Technologies très jeunes, voire embryonnaires, l'automobile et l'aviation trouvent entre 1914 et 1918 les financements permettant de lancer la fabrication en grand nombre de machines jusqu'alors très peu utilisées. Si la Grande Guerre stimule l'adoption en masse des innovations sans pour autant « accélérer le progrès technique », la Seconde Guerre mondiale, en encourageant la mise en œuvre de très grands projets scientifiques, directement articulés à des applications militaires, favorise indéniablement l'éclosion de domaines inédits. La bombe atomique avec le projet Manhattan, l'informatique avec le Colossus britannique et l'Eniac américain, l'avion à réaction et les fusées avec les VI et V2 de Wernher von Braun… Ces dispositifs marquent des ruptures fortes et ouvrent des perspectives qui seront par la suite largement exploitées tant du point de vue militaire que civil. L'affrontement se poursuit en temps de paix lorsque les puissances s'opposent à travers leurs entreprises et la conquête de nouveaux marchés. L'avantage technologique devient décisif. Il permet à une puissance comme les Etats-Unis d'affirmer son leadership de manière pacifique. On parlera de « *soft power* ». Vaincu et détruit, le Japon retrouvera par la recherche et l'excellence de ses produits de haute technologie une place dans le concert des nations.

Les nouvelles trajectoires de l'innovation

Le XIXe siècle avait été marqué par les « héros ». L'innovateur semblait seul face aux doutes et aux sarcasmes, éclairant par son génie l'avenir de l'humanité. Cette figure du visionnaire, si elle n'a pas totalement disparu des imaginaires collectifs, a cédé progressivement la place, à partir de la fin du XIXe siècle, à une conception plus organisée et structurée de la recherche. Elle prend forme dans de grands laboratoires, peuplés d'ingénieurs et de savants, organisés de manière hiérarchique au sein de puissantes citadelles, créées par l'Etat ou détenues par des entreprises devenues « multinationales ». Ce modèle s'estompe à son tour dans le dernier quart du XXe siècle. Vient le temps de l'*open innovation*.

Avec les nouvelles technologies de l'information et de la communication, les exigences de transparence, la sophistication du marketing, l'innovation sera de plus en plus coconstruite par un nombre démultiplié d'acteurs. A la concurrence frontale, les entreprises préfèrent les partenariats organisant la concurrence de manière différente, dans le cadre de marchés libéralisés. En associant, par de multiples canaux, les usagers à la conception des produits, elles veulent innover en étant plus respectueuses des attentes des consommateurs, mais elles minimisent également les risques d'échec au moment de la commercialisation. Plus collective et plus ouverte, l'innovation n'en reste pas moins construite par des processus associant de manière complexe des individus exceptionnels, des organisations et des réseaux.

La troublante dualité de l'invention

Les deux conflits mondiaux, les problèmes environnementaux et l'émergence de perspectives nouvelles sur la qualité de vie et la consommation ont entraîné un regard plus circonspect sur le progrès glorifié au XIXe siècle. Le XXe siècle a amené les peuples à percevoir les sciences et les techniques de manière duale. Créatrices de prospérité et d'espoir, elles furent également la base des armes les plus terribles. L'industrie chimique allemande, référence dans le domaine avec ses nombreux prix Nobel, produisit le terrible gaz Zyklon B, utilisé dans les camps d'extermination. La physique nucléaire, source d'énergie, fut également à l'origine des tragédies d'Hiroshima, Nagasaki et, plus près de nous, de Fukushima. Le numérique, porteur d'émancipation, de créativité et d'échange, de savoirs accessibles à tous par-delà l'espace et les frontières, s'avère également un vecteur permettant au terrorisme de se déployer et fait peser la menace de dispositifs totalitaires susceptibles de surveiller chacun, à tout moment et en tout lieu. Avec le développement des systèmes de surveillance, des biotechnologies et du traitement massif des données, les questions éthiques prennent ainsi une place croissante dans la manière dont est pensée l'innovation. Clonage, OGM, homme augmenté… Les perspectives offertes par les innovations au croisement de l'information et de la vie interrogent sur le devenir de l'humanité. L'invention est bien un Janus du temps présent. Entre liberté et sécurité, environnement et prospérité, le contrôle de l'invention, sans nouveaux tabous ni fuite en avant, sera à bien des égards l'élément clé du devenir de nos sociétés du XXIe siècle.

Questions

86 Parmi les propositions suivantes, laquelle est correcte ?

1/ La représentation de l'inventeur, un être banni de la société, remonte au Moyen Age

2/ Guillaume Carnino est un ingénieur-inventeur maudit

3/ L'inventeur, un être rejeté de la société est une réalité du XIXe siècle

4/ Guillaume Carnino s'intéresse aux technologies d'un point de vue historique

5/ Ce texte est la transcription d'une émission radio faite par Guillaume Carnino

87 Parmi les propositions suivantes, laquelle est correcte ?

1/ La chimie des colorants a beaucoup progressé au milieu du XIXe siècle

2/ Le chemin de fer s'est développé au XIXe d'abord en Angleterre

3/ Le téléphone est né au début du XXe siècle

4/ Le pétrole a été traité dès la fin du XVIIIe siècle

5/ Le télégraphe a existé avant le téléphone

88 **Parmi les propositions suivantes, laquelle est incorrecte ?**

1/ Le XIXe marque la naissance des villes telles que nous les connaissons aujourd'hui

2/ Le paysage est devenu productif au XIXe siècle car on coupe massivement les arbres

3/ Le paysage du XIXe siècle est qualifié de productif car il est transformé par la naissance des industries

4/ Le XIXe siècle a modifié le paysage en même temps que les mentalités

5/ Le XIXe siècle marque l'essor des technologies et le développement d'une économie capitaliste

89 **Parmi les propositions suivantes, laquelle est correcte ?**

1/ En souhaitant que soit créé un brevet pour les inventions, le chevalier de Boufflers défend la corporation artisanale

2/ Le chevalier de Boufflers a défendu le droit à l'héritage comme propriété inaliénable

3/ Pour le chevalier de Boufflers, l'inventeur est un homme et non un groupe d'hommes

4/ Avant le XIXe siècle, l'inventeur était perçu comme un être isolé

5/ C'est lors de la Révolution française que le système de brevet a été mis en place

90 **Parmi les propositions suivantes, laquelle est correcte ?**

1/ Pour Guillaume Carnino, une invention naît rarement de rien

2/ C'est dans la seconde moitié du XXe siècle que l'expérimentation en série va se développer

3/ Dès la seconde moitié du XIXe siècle, Louis Pasteur fonde une université

4/ Les bureaux de recherche et développement, créés dès la fin du XIXe siècle, vont peu à peu disparaître au XXe siècle

5/ Les grandes firmes internationales du XXe siècle rejettent les ingénieurs-inventeurs

91 **Parmi les propositions suivantes, laquelle est correcte ?**

1/ Les expositions universelles avaient pour but de vendre des cours de sciences

2/ Les expositions universelles du XIXe siècle n'ont pas remporté un grand succès

3/ Au début du XIXe siècle, les ouvriers ont apprécié l'allègement de leurs tâches apporté par les nouvelles machines

4/ Les expositions universelles avaient pour objectif de convaincre la population des bienfaits des nouveautés technologiques

5/ Les expositions universelles ont cessé depuis 1900

92 **Parmi les propositions suivantes, laquelle est correcte ?**

1/ Le gouvernement de la IIIe République, en France, déplore qu'une légende naisse autour de l'inventeur du métier à tisser, Jacquard

2/ Les canuts sont des ouvriers lyonnais réputés pour leur douceur

3/ Le gouvernement de la IIIe République, en France, a enterré Jacquart au Panthéon

4/ Les techniques industrielles sont rejetées par la population dans la seconde moitié du XIXe siècle

5/ On assiste à la naissance d'une sorte d'admiration religieuse devant les techniques industrielles au XIXe siècle

93 **Parmi les propositions suivantes, laquelle est correcte ?**

1/ Flaubert se moque du mythe de l'inventeur maudit, qui s'est répandu au XIXe siècle

2/ Les industriels du XIXe siècle luttent contre la sacralisation de l'inventeur

3/ Guillaume Carnino adhère totalement au discours d'Yves Guyot sur l'inventeur

4/ Dans son ouvrage *L'Inventeur*, Yves Guyot compare l'inventeur à Vishnou

5/ Dans la seconde moitié du XIXe siècle, l'inventeur perd peu à peu sa dimension sacralisée

94 **Parmi les propositions suivantes, laquelle est correcte ?**

1/ Le texte « La maîtrise de l'innovation est la clé de notre avenir » traite uniquement des innovations françaises

2/ D'après Pascal Griset, la communication est au cœur des innovations du XXe siècle

3/ L'électronique s'est développée grâce aux progrès déjà effectués dans le domaine électrique

4/ Le développement de l'informatique a eu lieu grâce aux travaux de Lee De Forest

5/ En parlant de « convergence », Pascal Griset évoque le fonctionnement du smartphone

95 **Parmi les propositions suivantes, laquelle est incorrecte ?**

1/ L'informatique, appliquée au domaine médical, permet de mieux comprendre ce qu'est le cerveau

2/ L'information, élément fondamental au XXe siècle, se retrouve aussi bien dans l'histoire des chromosomes que dans le monde des communications

3/ Pascal Griset souligne le peu de lien entre inventions et relations sociales

4/ L'adoption, par un grand nombre, d'innovations technologiques n'est pas promesses de progrès techniques

5/ Si les guerres mondiales ont permis de financer des découvertes techniques, celles-ci seront ensuite également exploitées dans le monde civil

96 **Parmi les propositions suivantes, laquelle est correcte ?**

1/ Le « soft power » désigne la puissance des logiciels boursiers

2/ Le « soft power » désigne la puissance des mouvements pacifistes

3/ Le « soft power » désigne une innovation américaine dans le domaine atomique

4/ Le « soft power » désigne la puissance acquise par les pays maîtrisant les hautes technologies

5/ Le « soft power » désigne le Japon, devenu puissant grâce à sa maîtrise des hautes technologies

97 **Parmi les propositions suivantes, laquelle est correcte ?**

1/ Pascal Griset déplore qu'au XXe siècle, l'innovateur soit toujours perçu comme ce génie maudit

2/ Jusque vers les années 1980, les innovations étaient gérées par de grands laboratoires ou des structures publiques

3/ La recherche, permettant aux innovations de se développer, était le fait de savants isolés jusque vers les années 1980

4/ Les entreprises internationales n'encourageaient pas la recherche jusque dans les années 1980

5/ Les savants et ingénieurs étaient regroupés dans d'anciens châteaux-forts jusque vers les années 1980

98 **Parmi les propositions suivantes, laquelle est correcte ?**

1/ La fin du XXe siècle marque le retour des corporations artisanales pour soutenir les innovations

2/ L'individualisation de l'inventeur, née au XIXe siècle, tend à disparaître depuis la fin du XXe siècle au port de collaborations multiples

3/ Les entreprises ont recours à des acteurs pour tester les produits innovants

4/ La libéralisation des marchés innovants a ralenti la puissance créatrice des inventeurs

5/ L'innovation est devenue plus ouverte car elle se préoccupe du collectif et non plus des individus

99 **Parmi les propositions suivantes, laquelle est correcte ?**

1/ La tragédie d'Hiroshima est liée aux innovations sur le gaz

2/ Fukushima est plus près de nous car il s'agit d'une île méditerranéenne

3/ La tragédie de Nagasaki est liée aux innovations informatiques

4/ Depuis le XXe siècle, les technologies sont plébiscitées sans critique

5/ Le XXe siècle se caractérise par une représentation non manichéenne des innovations

100 **Parmi les propositions suivantes, laquelle est incorrecte ?**

1/ La responsabilité éthique intervient sur tous les domaines de l'innovation

2/ La responsabilité éthique est un questionnement qui ne peut être évité au XXIe siècle

3/ Janus était un dieu romain, représenté avec une double tête

4/ L'homme augmenté est un homme mesurant plus de deux mètres

5/ Les innovations à venir devront être contrôlées pour le bienfait de l'humanité

SCORE BLANC NUMERO 8

3. RAISONNEMENT LOGIQUE ET NUMERIQUE

101 Soit X une variable suivant une loi binomiale : B(12 ; 0,3)($n = 12$; $p = 0,3$). Que vaut $P(X = 5)$?

1. $P(X = 4) \times \frac{7}{5}$
2. $P(X = 4) \times \frac{35}{24}$
3. $P(X = 4) \times \frac{24}{35}$
4. $P(X = 4) \times \frac{5}{7}$
5. $P(X = 4) \times \frac{4}{7}$

102 Supposons que la Terre soit une sphère parfaite. On y dessine l'Equateur, le tropique du Cancer, celui du Capricorne (qui sont des parallèles de l'équateur), ainsi que les 24 méridiens correspondant aux fuseaux horaires théoriques. Combien de périmètres de cette sphère a-t-on alors tracés ?

1. 12
2. 13
3. 15
4. 25
5. 27

103 Complétez la série suivante :

E 2 H 4 M 1 O 1 Q 2 ?

1. T
2. 3
3. S
4. W
5. 1

104 Dans un secteur industriel, 15 des 16 entreprises ont réalisé chacune un chiffre d'affaires de 24 millions d'euros et la seizième a réalisé un chiffre d'affaires de 40 millions d'euros. Quel est le chiffre d'affaires moyen de ces 16 entreprises ?

1. 25 millions d'euros
2. 26 millions d'euros
3. 27 millions d'euros
4. 28 millions d'euros
5. 29 millions d'euros

105 La famille Entérite cherche la meilleure affaire parmi ces 5 publicités de papier toilette (tous de même marque, mais dans des enseignes différentes). Laquelle va-t-elle choisir (prix par rouleau le plus bas) ?
- Offre 1 : un lot de 12 rouleaux achetés à 4,80 euros, le second est offert.
- Offre 2 : pour deux lots de 6 rouleaux à 2,25 euros chacun, le troisième est gratuit.
- Offre 3 : moins 20 % en caisse sur le lot de 24 rouleaux à 6 euros.
- Offre 4 : pour un lot de 24 rouleaux à 4,80 euros, le second lot de 24 est à moitié prix.
- Offre 5 : lot de 36 rouleaux à 7,20 euros.

1. Offre 1
2. Offre 2
3. Offre 3
4. Offre 4
5. Offre 5

106 Que vaut $e^{\ln 5}$?

1. –5
2. –0,2
3. 0
4. 0,2
5. 5

107 Le domino est un jeu constitué de pièces rectangulaires sur lesquelles figurent, sur l'une de leurs faces, deux ensembles de points séparés par un trait. Sur la première moitié du domino, il y a un nombre de points compris entre 0 et 6, et sur l'autre moitié, un nombre de points compris entre 0 et le nombre de points de la première moitié. Combien de pièces comporte ce jeu ?

1. 21
2. 28
3. 36
4. 42
5. 49

108 Un groupe de 12 enfants dont la taille moyenne est de 100 cm se mélange à un groupe de 10 enfants dont la taille moyenne est de 122 cm. Quelle est la taille moyenne du nouveau groupe ainsi formé ?

1. 108 cm
2. 109 cm
3. 110 cm
4. 111 cm
5. 112 cm

109 Quel terme complète cette suite : BT, ER, HP, KN, … ?

1. OO
2. NL
3. NO
4. OL
5. NJ

110 Quel est l'intrus dans cette liste de mots : bonheur, félicité, fortune, tribulation, veine ?

1. Bonheur
2. Félicité
3. Fortune
4. Tribulation
5. Veine

111 Voici ci-dessous l'arbre des probabilités d'apparition des événements A, B et C : Calculez p(C).

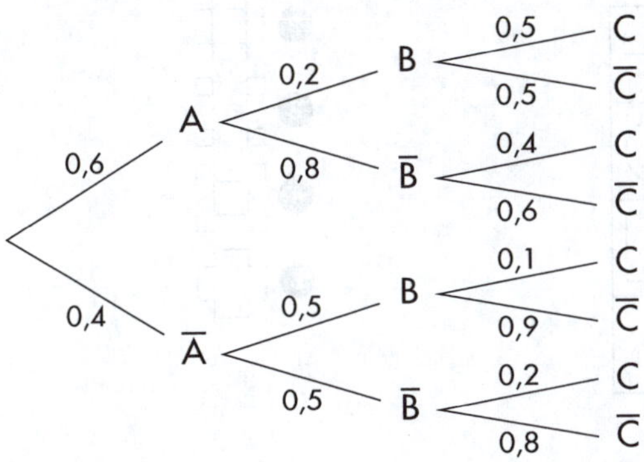

1. 0,3
2. 0,312
3. 0,333
4. 0,375
5. 0,4

112 Quelle est approximativement l'aire, en centimètres carrés, du cornet de glace représenté ci-dessous sur une feuille quadrillée (on suppose que chaque carré du quadrillage fait 1 cm²) ?

1. 80
2. 81,5
3. 83
4. 84,5
5. 86

113 On sait que la covariance des séries A et B (voir ci-dessous) est de –1. Quelle est la valeur manquante ?

A	1	3	4	4
B	4	2	1	?

1. 0
2. 1
3. 2
4. 3
5. 4

114 Quelle image, parmi celles proposées, peut compléter la table suivante ?

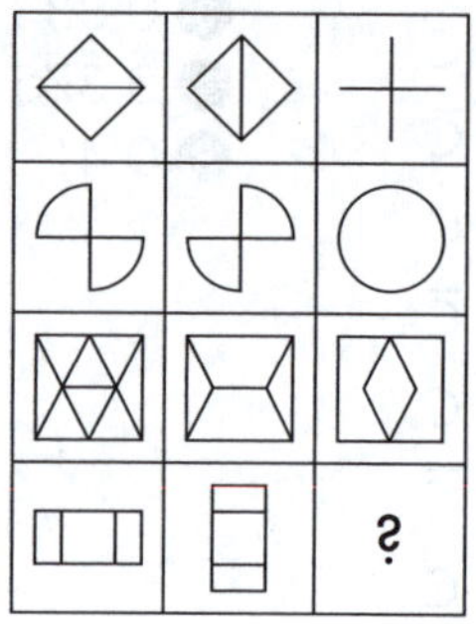

115 Complétez logiquement la suite de nombres suivante : 23, 26, 32, …, 38 ?

1. 33
2. 34
3. 35
4. 36
5. 37

116 La figure ci-dessous représente un empilement de 5 étages de cubes. Chaque étage est de forme carrée. Quel serait le nombre de cubes utilisés pour faire une pyramide similaire à celle de la figure, mais comportant 15 étages ?

1. 819
2. 1 014
3. 1 015
4. 1 016
5. 1 240

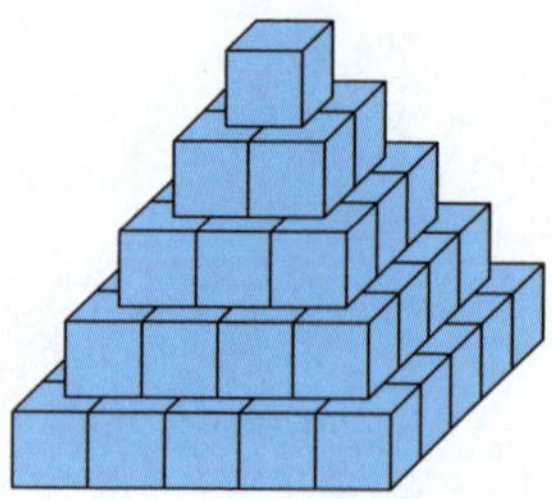

117 Il y a cinq ans, Catherine avait cinq fois l'âge de sa fille. Dans cinq ans, elle aura 8 ans de moins que trois fois l'âge de sa fille. Quel âge aura sa fille quand Catherine aura 50 ans ?

1. 26
2. 27
3. 28
4. 29
5. 30

118 Votre verre a une forme cylindrique de rayon $r = 3$ cm et de hauteur 10 cm. Parmi les formats standards proposés, quelle est la capacité de la plus grande canette dont le contenu pourra être totalement versé dans le verre ?

1. 12,5 cl
2. 20 cl
3. 25 cl
4. 33 cl
5. 50 cl

119 Marie-Charlotte fait le plein d'essence de sa voiture certains dimanches soir. La semaine, elle utilise un tiers du plein pour ses trajets professionnels. Le week-end, elle utilise un tiers de ce qui reste dans son réservoir pour ses trajets personnels. Presque 2 semaines après avoir fait son plein, le vendredi soir, il lui reste 12 litres dans son réservoir. Quelle est donc la contenance de celui-ci ?

1. 52
2. 54
3. 60
4. 108
5. 216

120 Une finale d'un championnat de basket se joue au meilleur des cinq matchs, c'est-à-dire que la première équipe qui gagne trois matchs gagne la finale. Il n'y a jamais de match nul : il y a toujours un vainqueur à chaque match. L'équipe A a gagné le premier match. En supposant que les deux équipes sont de force égale et ont la même probabilité de gagner un match, quelle est la probabilité pour que B gagne la finale ?

1. 25 %
2. 31,25 %
3. 50 %
4. 62,50 %
5. 68,75 %

SCORE BLANC NUMERO 8

4. COMPREHENSION ET EXPRESSION ECRITE EN ANGLAIS

PREMIERE PARTIE : EXPRESSION (35 QUESTIONS)

Complete the following sentences by choosing the most appropriate answer. Remember that there is only one correct answer for each question so you should choose the answer that you think is the correct one and enter the number (1, 2, 3, 4 or 5) on your answer sheet.

121 The … on the bridge will be finished before the end of autumn and certainly before the first snowfall.

1/ Work
2/ Works
3/ Working
4/ Worked
5/ Workings

122 When I was 16, I decided to change my first name, Eleanor, the name my parents … me.

1/ Gives
2/ Has given
3/ Will give
4/ Won't give
5/ Had given

123 Senator Bradley announced his decision to … from the presidential campaign after a local newspaper published a story about irregularities on his tax declaration.

1/ Eliminate
2/ Recall
3/ Detract
4/ Withdraw
5/ Refer

124 The new theory encompassed a … variety of practices.

1/ Wide
2/ Width
3/ Wild
4/ While
5/ Widely

125 … people spend more time on social media, advertisers are following them.

1/ As
2/ By
3/ With
4/ To
5/ On

126 The first few years in business had … a heavy toll.

1/ Taken
2/ Took
3/ Taking
4/ Takes
5/ Take

127 During his speech the finance director pointed … that revenue from Internet advertising had more than doubled compared to last year.

1/ On
2/ Off
3/ Out
4/ To
5/ At

128 After the accident, the police took a large amount of witness … a lot of which differed in the important details.

1/ Testament
2/ Dialogue
3/ Record
4/ Testimony
5/ Script

129 Facing accusations of insider trading, Mr. Yao decided to … his resignation in order to avoid bringing more embarrassment to the company.

1/ Tend
2/ Tempt
3/ Temper
4/ Tame
5/ Tender

130 Describing his first ten years as Managing Director, Jorge Espinoza surprised everyone by saying that, at first, he had … doubts about whether he had made the right choice in accepting the job.

1/ Been
2/ Seen
3/ Said
4/ Taken
5/ Had

131 … his track record of successfully managing hitech companies, Mr. Wells has so far been unable to return the Maztech corporation to profit.

1/ Although
2/ While
3/ Even
4/ So
5/ Despite

132 Ms. Walter's application for the position of network manager was rejected because she lacked the ... experience.

1/ Requisite
2/ Requirement
3/ Requiring
4/ Require
5/ Requisition

133 It did not ... any sense to sell the shares when the price was low, so Peter decided to bide his time.

1/ Hold
2/ Seem
3/ Appear
4/ Represent
5/ Make

134 He pleaded not guilty to the ...

1/ Discharges
2/ Changes
3/ Charges
4/ Recharges
5/ Discharging

135 It's 2014, and it's time ... a female superhero movie.

1/ To
2/ For
3/ From
4/ On
5/ at

136 By the time the storm had blown ... most of the buildings in the vicinity had suffered some structural damage.

1/ Out
2/ Away
3/ Over
4/ Off
5/ Down

137 He was set to ... legal action against his employers.

1/ Bring
2/ Provide
3/ Take
4/ Obtain
5/ Do

138 Our consultants will be ... us about the best ways to reduce our tax exposure.

1/ Advising
2/ Suggesting
3/ Proposing
4/ Indicating
5/ Recommending

139 During the press conference the CEO made ... reference to the problems the company is currently facing in the Eastern European markets.

1/ Not
2/ Nothing
3/ None
4/ Neither
5/ No

140 The director had a reputation for not … his words when results were less than expected.

1/ Eating
2/ Wasting
3/ Forgetting
4/ Mincing
5/ Losing

141 Businesses that operate in foreign countries have to … allowances for local market conditions and intercultural differences.

1/ Take
2/ Put
3/ Place
4/ Make
5/ Carry

142 One of the problems with ageing is finding you … fit.

1/ Long
2/ No long
3/ Longest
4/ Longs
5/ No longer

143 After a night of calm, have the police made things … again?

1/ Worst
2/ Best
3/ Most
4/ Less
5/ Worse

144 Passengers are asked to care when opening the overhead lockers … something falls out.

1/ In case
2/ Although
3/ Despite
4/ Instead
5/ Except

145 The Minister says there are two or three very small details … after all night negotiations.

1/ Remaining
2/ With remain
3/ To remain
4/ In remained
5/ Are remained

146 No official data has been released to explain the growth … the tourism industry.

1/ Within
2/ With
3/ To
4/ In
5/ By

147 Investment in social housing was described as completely …

1/ Inert
2/ Inadequate
3/ Imaginative
4/ Immoderate
5/ Inactive

148 All electronic components should be … with care while being packed for delivery.

1/ Handle
2/ Handling
3/ Handled
4/ Handler
5/ Handed

149 The former vice chairman of the Foundation will plead … next Monday to unlicensed money transmission.

1/ Guilt
2/ Guiling
3/ Guilt's
4/ Guile
5/ Guilty

150 After their heavy defeat, the players were forced to run the … through a crowd of angry supporters.

1/ Glove
2/ Gap
3/ Goblet
4/ Gauntlet
5/ Corridor

151 After stealing a large consignment of copper piping, the thieves … the scene in a stolen van.

1/ Fled
2/ Flood
3/ Felled
4/ Fuelled
5/ Felt

152 The expansion program of Tekon Processing Ltd is going ahead full … with the acquisition of Haft Aerospace next month.

1/ Way
2/ Steam
3/ Time
4/ Front
5/ Stop

153 After negotiating for more than two weeks, the two parties … agreed to a compromise.

1/ Hopefully
2/ Ever
3/ Formerly
4/ Eventually
5/ Considerably

154 Unfortunately the doctor has been called away on an emergency and it has been necessary to … all of his appointments for today.

1/ Postpone
2/ Report
3/ Return
4/ Dawdle
5/ Retake

155 MicroMax has announced that it will be bringing … a new version of its Swordmaster video game in the fall.

1/ Up
2/ Out
3/ Off
4/ Away
5/ Down

DEUXIEME PARTIE : COMPREHENSION DE TEXTES (15 QUESTIONS)

Texte

Read the article and answer the 15 questions that follow.

Women in Nicaragua combat country's macho culture

By Oliver Bach, *The Guardian*, December 30, 2014.

Unpaid and undervalued, female farmers are fighting back as Nicaragua attempts to dig up the seeds of the country's gender bias.

[1] The phone rings in Alicia Arrosteguis's wooden- framed house in La Perla, a village in west Nicaragua. "I thought you said you would just be an hour," she says to her husband on the other end of the line. "Come back this minute. And bring some lunch." Everyone laughs, recognizing the mock annoyance in her tone. But, with Nicaragua ranking 132nd out of 187 countries in the UN's 2014 Gender Inequality Index, there's a serious side to her newfound assertiveness, too.

[2] Arrosteguis is one of 78 participants in a project that seeks to recognise the unpaid work of women in Nicaragua's agriculture sector. "Women provide integral support to the farming process, whether it's preparing food at home, say, or helping directly with the harvest. But this work is always overlooked," says Juan Bravo, managing director of the Juan Francisco Paz Silva cooperative to which Arrosteguis belongs.

[3] In an effort to correct this, the cooperative approached its largest buyer – UK-based retailer The Body Shop – and requested that the value of women's traditional roles be formally included as a cost in the production process. As a result, the contract now factors in the work of women. To date, the deal has generated additional income for the cooperative of about $30,000 (£19,000). Bravo says the payment is not tokenistic. It is a fixed business cost that is accounted for alongside conventional labour expenses, raw materials and other inputs.

[4] The cooperative's female members have decided to use the extra income for vocational training in eight communities. Most include marginalised women from outside the cooperative. A proportion of the funding is used to provide seed capital for business ideas. Arrosteguis's group has invested in an eco-efficient oven to bake goods for sale locally. Other micro-enterprises include dairy products, handicrafts, natural medicines and beauty services.

[5] The initiative is indicative of a move within Nicaragua's cooperative movement to combat the country's pervasive macho culture. Among the pioneers is Soppexcca, a cooperative representing 650 coffee growers in the mountainous province of Jinotega. "We were the first cooperative to define and implement an explicit gender equality policy back in 2003," says Fátima Ismael, the cooperative's general manager. "With the help of FLO [Fairtrade International], 32 other cooperatives in Nicaragua adopted their own gender policies over the following three years."

[6] Principles enshrined in Soppexcca's constitution include equal representation for women and full participation in making decisions. The cooperative also runs workshops for its male and female members to raise aware-

ness about issues such as domestic violence as well as laws relating to women's rights.

[7] Such moves coincide with efforts by the national government to promote gender equality. All public departments now have targets to ensure a 50:50 ratio of male and female employees. The police service has a division focusing on domestic violence. "A couple of years ago, it would have been difficult to say the government had a clear policy of gender quality," says Estella Amador, regional director for Pro Mujer, a Central American NGO promoting gender equality. "Now, there is a much stronger emphasis on gender issues across society."

[8] Yet Ismael says most government programmes have yet to filter through to the rural areas where smallholder cooperatives like hers are based. "Nicaragua is still a very machista culture, so it's a whole process to unlearn this," she says. Even within Soppexcca, only 220 of its 650 members are women. In most cooperatives, the percentage of female involvement is lower.

[9] One notable exception is Femuprocan, Central America's sole federation of women-only smallholder cooperatives. Based outside the small town of Ciudad Darío in Matagalpa province, the federation has more than 2,000 female members. "Our vision is to empower women as rural producers, which we do through educating ourselves, getting better organised and sharing ideas among ourselves," says Femuprocan spokeswoman Julia Castellón.

[10] She doesn't underestimate the task ahead. Femuprocan is campaigning for reforms to the law governing cooperatives, which it maintains is biased towards men. It is also pushing the government to make good on its promise to provide credit to women to buy their own smallholding.

[11] In Blanca Molina's view, equipping women to become more economically independent is crucial in the battle for gender equality. As president of UCA San Ramón, a coffee-producing union of cooperatives in Matagalpa state, she helps coordinate startup loans for female coop members. "Our aim is that the women can earn their own income and have more choice in how they spend their money. That way they can start to break down the dependency [on men] that currently exists", she explains.

[12] She cites a group of 28 women in El Privilegio, one of UCA San Ramón's affiliate cooperatives, who have recently set up their own small roasting plant. They now sell their own ground coffee brand in the domestic market. The coffee will soon go on sale in a new cafe in downtown San Ramón that will be run by women from another local cooperative.

[13] In Achuapá, meanwhile, a town close to La Perla and where the Juan Francisco Paz Silva cooperative is headquartered, Juan Bravo has just overseen the organisation's latest annual meeting. With triumph in his voice, he counts the list of new members. For the second year running, women outnumber men.

Questions

There is only one correct answer for each question so you should select only one response and enter the number (1-5) on your answer sheet.
Nota bene: some questions may include the options 'All of the above' or 'None of the above'. You should choose this option if you consider that all or none of the preceding responses correctly answer the question.

156 **The phrase "Nicaragua attempts to dig up the seeds of the country's gender bias" is closest in meaning to:**

1/ They want to employ more women in the agricultural sector
2/ They want to raise women's salaries in the agricultural sector
3/ They want to tackle the country's gender inequality problem
4/ They think gender is a major issue
5/ They want the country's female farmers to feel more valued

157 **What does Alicia Arrosteguis's phone conversation with her husband indicate?**

1/ That everybody thinks her husband is funny
2/ That she despises her husband
3/ That she has a lot of power over her husband
4/ That her husband is always late and she is tired of it
5/ That she is not afraid of telling her husband what she thinks

158 **The contract with The Body Shop is unusual because:**

1/ It excludes traditional labour costs
2/ It pays for work that is normally unpaid
3/ Women can now work in their own factory
4/ It is more up to date than other contracts
5/ Women now have a fixed income

159 **What are the women using the extra income from The Body Shop for?**

1/ To train women in neighboring communities who suffer from drug abuse
2/ To invest in education and new businesses for women
3/ To open a bank
4/ To provide advice for women who want to start a new business
5/ To invest in ecological food production

160 **Why is the Soppexcca cooperative said to be a pioneer?**

1/ It was the first to have rules about women's rights
2/ It has a female general manager
3/ It was the first to represent coffee growers in a mountainous region
4/ It helped 32 other cooperatives to adopt gender policies
5/ It cooperates on an international level

161 **What is the objective of Soppexcca's workshops?**

1/ To get men and women to work better together
2/ To make women and men aware of each other
3/ To discuss farming methods
4/ To make its members more legally responsible
5/ To educate its members about certain aspects of women's lives

162 **Which of the following is NOT correct?**

1/ Femuprocan wants the government to promise credits to female farmers
2/ Femuprocan wants the law for cooperatives to be more favorable for women
3/ Femuprocan says the law for cooperatives is not gender equal
4/ Femuprocan works to improve the situation for its members
5/ Femuprocan wants the government to keep its promise about credits to female farmers

163 **In Blanca Molina's view:**

1/ Women need to have better equipment
2/ Women should be more economical
3/ The battle for gender equality is expensive
4/ Gender equality and disposable income are intrinsically linked
5/ Women will never attain equality if they work with men

164 **Which of the following is NOT correct about "El Privilegio"?**

1/ They have a coffee processing factory
2/ They run a cafe
3/ They cooperate with another cooperative
4/ They have created a brand
5/ They are associated with the UCA San Ramon union

165 **Which of the following best summarizes the article's portrayal of women in Nicaragua?**

1/ Not all Nicaraguan women have realized that they can improve their situation
2/ Lack of government legislation is at the heart of Nicaragua's gender inequality
3/ Women in farming communities have more equality than other Nicaraguan women
4/ Women's status in Nicaragua is in the process of improving but is still far from equal to men's
5/ European companies are the strongest driving force towards greater gender equality in Nicaragua

166 **The word "assertiveness" in paragraph [1] can best be replaced by:**

1/ Power
2/ Wit
3/ Confidence
4/ Contentment
5/ Sense of joy

167 The word "harvest" in paragraph [2] is closest in meaning to:

1/ Farm animals
2/ Gathering of crops
3/ Sowing
4/ Sewing
5/ Planting

168 The word "tokenistic" in paragraph [3] is closest in meaning to:

1/ Ridiculous
2/ Small
3/ Unfavorable
4/ Temporary
5/ Symbolic

169 The word "enshrined" in paragraph [6] can best be replaced by:

1/ Included
2/ Involved
3/ Important
4/ Imported
5/ Added

170 The word "yet", the first word in paragraph [8], is closest in meaning to:

1/ Soon
2/ Surprisingly
3/ Still
4/ Again
5/ Emphatically

SCORE BLANC NUMERO 8 : GRILLE DES REPONSES JUSTES

	1	2	3	4	5
1		X			
2			X		
3					X
4			X		
5					X
6		X			
7		X			
8				X	
9			X		
10			X		
11	X				
12		X			
13	X				
14	X				
15				X	
16					X
17		X			
18				X	
19			X		
20					X
21			X		
22				X	
23					X
24					X
25			X		
26			X		
27		X			
28	X				
29					X
30		X			
31			X		
32	X				
33				X	
34			X		
35	X				
36	X				
37			X		
38				X	
39				X	
40	X				
41		X			
42					X
43		X			
44	X				
45				X	
46			X		
47			X		
48		X			
49			X		
50				X	
51					X
52		X			
53				X	
54		X			
55		X			
56				X	
57					X
58					X
59	X				
60				X	
61					X
62			X		
63					X
64			X		
65				X	
66			X		
67		X			
68				X	
69			X		
70					X
71			X		
72				X	
73			X		
74					X
75	X			X	
76		X			
77	X				
78	X				
79				X	
80					X
81					X
82					X
83		X			
84					X
85					X
86		X			
87					X
88		X			
89			X		
90	X				
91				X	
92					X
93	X				
94		X			
95			X		
96				X	
97		X			
98		X			
99					X
100				X	
101			X		
102		X			
103	X				
104	X				
105				X	
106					X
107		X			
108			X		
109		X			
110				X	
111		X			
112				X	
113				X	
114					X
115		X			
116					X
117	X				
118			X		
119				X	
120		X			
121	X				
122					X
123				X	
124	X				
125	X				
126	X				
127			X		
128				X	
129					X
130					X
131					X
132	X				
133					X
134			X		
135		X			
136			X		
137			X		
138	X				
139					X
140				X	
141				X	
142					X
143					X
144	X				
145	X				
146	X				
147		X			
148			X		
149					X
150				X	
151	X				
152		X			
153				X	
154	X				
155		X			
156			X		
157					X
158		X			
159		X			
160	X				
161	X				
162				X	
163			X		
164				X	
165				X	
166			X		
167		X			
168					X
169	X				
170			X		

1. Culture générale, économique et managériale

1 **Réponse : 2/** Les maisons de luxe du département Mode & Maroquinerie du groupe LVMH sont : Berluti, Celine, Christian Dior, Emilio Pucci, FENDI, Givenchy, Kenzo, Loewe, Loro Piana, Louis Vuitton, Marc Jacobs, Moynat, Patou et RIMOWA

2 **Réponse : 3/** Le Burj Khalifa est la plus haute tour du monde. Il s'agit d'un gratte-ciel d'une hauteur de 829 mètres ayant été inauguré le 4 janvier 2010 à Dubaï.

3 **Réponse : 5/** Hervé Gourdel (1959-2014) est mort décapité par le groupe terroriste « Soldats du califat », un groupe djihadiste algérien né d'une scission d'AQMI et ayant prêté allégeance à l'Etat islamique.

4 **Réponse : 3/**

1. Paris : 2 187 526 habitants
2. Marseille : 863 310 habitants
3. Lyon : 516 092 habitants
4. Toulouse : 479 553 habitants
5. Nice : 340 017 habitants
6. Nantes : 309 346 habitants
7. Montpellier : 285 121 habitants
8. Strasbourg : 280 966 habitants
9. Bordeaux : 254 436 habitants
10. Lille : 232 787 habitants

5 **Réponse : 5/** Pugetopolis est le nom récent donné par des géographes à une mégalopole transnationale en formation, comprenant l'agglomération de Seattle aux Etats-Unis et celle de Vancouver au Canada. Elle tire son nom du Puget Sound, bras de mer de l'océan Pacifique situé à mi-chemin de Seattle et de Vancouver.

6 **Réponse : 2/** Le parti au pouvoir en Algérie, le Front de libération nationale (FLN), a remporté les élections législatives organisées le 12 juin 2021, dans un contexte de très forte abstention et de crise politique, a annoncé. La victoire du FLN constitue une surprise, car celui-ci était considéré comme moribond, en raison de sa compromission avec le président déchu Abdelaziz Bouteflika, poussé à la démission en 2019 par un mouvement de contestation inédit, même si le parti bénéficie d'une implantation ancienne et étendue.

7 **Réponse : 2/** Lors des élections législatives de 2015 au Royaume-Uni, le Parti conservateur de David Cameron remporte les élections avec 36,82 % des voix ce qui lui permet d'être réélu. Tandis que le Parti travailliste connaît sa pire défaite depuis 1987, David Cameron est alors réélu Premier ministre.

8 **Réponse : 4/** Nagoya est la troisième ville du Japon par sa superficie et la quatrième par la population.

La conférence de Nagoya a permis d'adopter le protocole de Nagoya qui a permis trois avancées : un meilleur accès aux ressources génétiques et un partage plus équitable ; un objectif de suppression en 2020 des subventions dommageables à la biodiversité ou la création d'un réseau d'espaces protégés couvrant au moins 17 % de la surface terrestre et 10 % des océans ; une mobilisation de ressources financières pour appliquer cette stratégie.

9 **Réponse : 3/** B.B. King (1925-2015) était un guitariste, compositeur et chanteur de blues américain. Il est considéré comme l'un des meilleurs musiciens de blues, et a eu une influence considérable sur de nombreux guitaristes.

Il est, avec Albert King et Freddie King, un des trois « kings » de la guitare blues. Il est un ancien membre des Really negues.

10 **Réponse : 3/** Marguerite Duras est une écrivaine, dramaturge, scénariste et réalisatrice française, née le 4 avril 1914 à Gia Định, alors en Indochine française et morte le 3 mars 1996 à Paris.

Ses romans les plus célèbres sont : *Un barrage contre le Pacifique* (1950) et *L'Amant* (1984).

11 **Réponse : 1/** Le Danemark est une monarchie constitutionnelle à régime parlementaire et dont l'organisation est décentralisée. Ce régime politique est marqué par un parlement fort, un gouvernement exerçant l'essentiel du pouvoir exécutif et un chef de l'Etat, le monarque, qui n'a presque pas de pouvoir.

Le système politique danois est historiquement marqué par un fort multipartisme et par la culture du gouvernement de coalition.

12 **Réponse : 2/** La Loire est le plus long fleuve de France avec une longueur totale de 1 012 km.

Le deuxième étant le Rhône avec 812 km de long et le troisième est la Seine avec 776 km.

13 **Réponse : 1/** En raison de l'épidémie de Covid-19, la mortalité a été exceptionnelle en 2020 avec près de 669 000 décès toutes causes confondues, soit 56 000 décès de plus qu'en 2019 (+ 9 %). Une telle hausse de la mortalité n'a pas été enregistrée en France depuis 70 ans. Cette hausse est notamment très supérieure à celle observée lors des épisodes grippaux et caniculaires sévères des années précédentes. La France est dans une position médiane au sein des pays européens. La hausse des décès a été un peu plus forte pour les hommes. Elle a surtout concerné les personnes âgées de plus de 70 ans (+ 11 %), de manière assez homogène au-delà de cet âge. Cette hausse a été très inégale selon les territoires : elle a été plus forte dans la moitié Est de la France métropolitaine, en incluant l'Île-de-France. Mayotte, l'Île-de-France et Auvergne-Rhône-Alpes sont au final les trois régions où les excédents de décès sont les plus forts sur l'année.

14 **Réponse : 1/** La crise ukrainienne a débuté le 21 novembre 2013 à la suite de la décision du gouvernement ukrainien de ne pas signer l'accord d'association avec l'Union européenne.

La Crimée proclame son indépendance et vote pour son rattachement à la Russie, rattachement reconnu par la Russie, provoquant une crise diplomatique internationale.

15 **Réponse : 4/** Fondé le 14 août 1947, au terme de la partition de l'Empire des Indes. Le Pakistan est une république fédérale multipartite. Le président est le chef de l'Etat, le Premier ministre chef du gouvernement. Le gouvernement exerce le pouvoir exécutif tandis que le pouvoir législatif est détenu par le Parlement et les assemblées provinciales. L'équilibre des institutions a été déterminé dans la Constitution de 1973.

16 **Réponse : 5/** La Namibie est un Etat indépendant depuis le 21 mars 1990. La langue officielle du pays est l'anglais. C'est une ancienne colonie allemande et sud-africaine.

17 **Réponse : 2/** Créé en 2003 par l'université Jiao Tong, le « classement académique des universités mondiales », publié chaque année, est une liste des 500 « meilleures » universités mondiales, comprenant un classement ordonné des cent plus performantes.

18 **Réponse : 4/** Le Bénin a accédé à l'indépendance complète le 1er août 1960, sous la dénomination de République du Dahomey. En 1975, le pays est rebaptisé République populaire du Bénin par l'officier dirigeant de l'époque, Mathieu Kérékou.

19 **Réponse : 3/** Le traité de Versailles est un traité de paix signé le 28 juin 1919 entre l'Allemagne et les Alliés à l'issue de la Première Guerre mondiale.

Elaboré au cours de la conférence de Paris, le traité fut signé le 28 juin 1919, dans la galerie des Glaces du château de Versailles et promulgué le 10 janvier 1920. Il annonça la création d'une Société des Nations (SDN) et détermina les sanctions prises à l'encontre de l'Allemagne et de ses alliés. Celle-ci, qui n'était pas représentée au cours de la conférence, fut privée de ses colonies et d'une partie de ses droits militaires, amputée de certains territoires et astreinte à de lourdes réparations économiques.

Ces lourdes sanctions provoquent un ressentiment au sein de la population allemande et faciliteront l'accès d'Hitler au pouvoir.

20 **Réponse : 5/** La nuit du 4 août 1789 est la séance de l'Assemblée nationale constituante au cours de laquelle fut votée la suppression des privilèges féodaux. C'est une étape fondamentale de la Révolution française.

21 **Réponse : 3/** Le sculpteur a en effet laissé comme signature « gislebertus hoc fecit » qui signifie (Gislebertus a fait cela) sous la mandorle entourant le Christ.

22 **Réponse : 4/** L'Anschluss est l'annexion de l'Autriche par l'Allemagne nazie le 12 mars 1938. Lors de leur entrée sur le territoire autrichien les troupes allemandes ne rencontrent aucune résistance de la part de l'armée autrichienne : elles sont accueillies par des acclamations, des Heil Hitler, des drapeaux nazis et des fleurs, ce qui explique que cette invasion soit parfois nommée *Blumenkrieg* (« la guerre des fleurs »).

23 **Réponse : 5/** La bataille de Waterloo s'est déroulée le 18 juin 1815, en Belgique. Elle opposa Napoléon Ier à l'armée des Alliés composée des Allemands, des Britanniques des Néerlandais et des Prussiens dirigée par le duc de Wellington.

24 **Réponse : 5/** Al-Shabbaab est un groupe terroriste islamiste somalien d'idéologie salafiste djihadiste créé en 2006 lors de l'invasion éthiopienne. Ses membres sont couramment appelés shebab ou chebab. Le groupe est issu de la fraction la plus dure de l'Union des tribunaux islamiques et a pour objectif l'instauration de la charia dans la région.

25 **Réponse : 3/** Une série de séismes a frappé le Népal à partir du 25 avril 2015. Il a provoqué au moins 8 000 morts. Le premier de ces tremblements de terre est d'une magnitude de 7,9. L'épicentre de ce tremblement de terre est situé à 77 kilomètres au nord-ouest de Katmandou au Népal et à 68 kilomètres de Pokhara. La secousse aurait été ressentie jusqu'à New Delhi ainsi que dans tout le nord de l'Inde. Le séisme a provoqué des avalanches sur le mont Everest qui ont recouvert deux camps d'alpinistes.

Il s'agit du plus puissant tremblement de terre au Népal depuis celui du 15 janvier 1934, dont la magnitude a été estimée à 8, et qui a fait 17 000 morts au Népal.

26 **Réponse : 3/** Dacca est la capitale du Bangladesh, en Asie du Sud. Située au bord de la Buriganga, cette ville est le centre du gouvernement, du commerce et de la culture du pays. La vieille ville, édifiée au XVIIe siècle, était la capitale moghole du Bengale, et de nombreux palais et mosquées de cette époque subsistent. Le complexe du Parlement du Bangladesh, conçu par l'architecte américain Louis Khan, est un exemple typique de l'expansion rapide que connaît cette immense métropole moderne.

27 **Réponse : 2/** Edouard Balladur (1929 –) est un homme d'Etat français. Il est nommé Premier ministre le 29 mars 1993. Candidat de droite, il cohabite avec Mitterrand de 1993 à 1995.

28 **Réponse : 1/** Le Parti national écossais est le principal parti indépendantiste écossais. Fondé en 1934, le parti retrouve de la popularité depuis les années 1970 et suit une ligne politique de centre gauche qualifiée par le parti lui-même de « social-démocrate ». Lors de l'établissement du Parlement écossais en 1999, le SNP devient le plus grand parti d'opposition.

Depuis sa victoire lors des élections parlementaires écossaises de 2007, le Parti national écossais dirigeait le gouvernement écossais.

29 **Réponse : 5/** Friedensreich Hundertwasser (1928-2000) est un artiste et architecte autrichien du XXe siècle.

30 **Réponse : 2/** Lénine (1870-1924) est un révolutionnaire, théoricien politique et homme d'Etat russe. En octobre 1917, s'appuyant sur les soviets infiltrés par les bolcheviks, Lénine s'empare du pouvoir. Il doit faire face à une opposition générale et met en place le communisme de guerre pour sauver la Révolution. La guerre civile s'achève en 1921 avec un pays au bord du chaos. Pour relancer l'économie, il lance la NEP (New Economic Policy ou NEP) qui redonne au secteur privé une partie des biens et propriétés confisqués à la bourgeoisie après octobre 1917. L'économie repart faisant cohabiter un Etat qui aspire au communisme et un système capitaliste. Le problème est de taille mais Lénine ne peut le résoudre car victime de plusieurs attaques cardiaques, il ne peut plus assumer sa fonction à partir de mai 1922. Il décède le 21 janvier 1924.

31 **Réponse : 3/** Marie Gouze, est née à Montauban le 7 mai 1748 et morte guillotinée à Paris le 3 novembre 1793, est une femme de lettres française, devenue femme politique. Elle est considérée comme une des pionnières du féminisme français.

Auteure de la Déclaration des droits de la femme et de la citoyenne, elle a laissé de nombreux écrits en faveur des droits civils et politiques des femmes et de l'abolition de l'esclavage des Noirs.

Elle est souvent prise pour emblème par les mouvements pour la libération des femmes.

32 **Réponse : 1/** Mano Solo (1963-2010) était un chanteur, guitariste, dessinateur et peintre français. Il meurt en janvier 2010 après plus de vingt ans de lutte contre le SIDA.

33 **Réponse : 4/** Evo Morales (1959 –) est un homme d'Etat bolivien et président de la Bolivie depuis 2006. Les politiques qu'il met en œuvre se concrétisent par une réduction significative de la pauvreté, de l'analphabétisme et des inégalités.

34 **Réponse : 3/** Sur Terre, 97,5 % de l'eau est salée et contenue dans les océans. Seuls 2,5 % sont de l'eau douce, soit environ 35,2 millions de milliards de mètres cubes.

Sur cette quantité d'eau : 68,7 % se trouvent dans les glaciers ; 30,1 % dans les nappes phréatiques ; 0,8 % dans le permafrost ; 0,4 % en surface et dans l'atmosphère.

35 **Réponse : 1/** En 1956, avec la complicité d'Israël, la France et la Grande-Bretagne agressent l'Egypte pour reprendre le contrôle du canal de Suez que Nasser venait de nationaliser. Israël attaque l'Egypte, ce qui donne aux Français et aux Britanniques un prétexte pour intervenir. Moscou et Washington, pour une fois d'accord demandent aux attaquants de se retirer. C'est une victoire pour Nasser.

36 **Réponse : 1/** Le fado est un genre musical portugais, constitué de chants populaires au thème mélancolique accompagné d'instruments à cordes pincées.

37 **Réponse : 3/** Lors d'un sommet à Minsk le 11 février 2015, les dirigeants de l'Ukraine, de la Russie, de la France et de l'Allemagne se sont mis d'accord sur des mesures concernant la crise ukrainienne. Les pourparlers ont été organisés par l'Organisation pour la sécurité et la coopération en Europe, à la suite de l'échec du Protocole de Minsk. Ce traité devrait faire respecter le cessez-le-feu du 5 septembre 2014.

38 **Réponse : 4/** L'anglais Burma et le français « Birmanie » viennent de « Bama », le nom de l'ethnie majoritaire birmane. Aujourd'hui, son nom officiel est Myanmar. Ce terme, dont la première trace remonte au roi Kyanzittha en 1102, fait référence aux « premiers habitants du monde ».

39 **Réponse : 4/** L'Etat islamique, abrégé en EI, est une organisation terroriste créée en 2006, militaire et politique, d'idéologie salafiste djihadiste, qui a proclamé le 29 juin 2014 l'instauration d'un califat sur les territoires qu'il contrôle. Depuis 2014, il est considéré comme un proto-Etat de type totalitaire. Son essor est notamment lié aux déstabilisations géopolitiques causées par les guerres en Irak puis en Syrie.

40 **Réponse : 1/** La ville n'a pas reconduit son contrat avec le groupe de mobilier urbain JCDecaux. Elle compte remplacer les 326 affichages en plantant de jeunes arbres.

41 **Réponse : 2/** La politique en Grèce s'inscrit dans un régime parlementaire et une démocratie représentative où le Premier ministre est le chef du gouvernement. La vie politique était dominée par le Mouvement socialiste panhellénique (PASOK) et la Nouvelle Démocratie (centre-droit) jusqu'à la crise grecque. Depuis le PASOK s'est effacé au profit de SYRIZA, parti auquel appartient Alexis Tsipras.

42 **Réponse : 5/** Airbus Helicopters est le premier fabricant d'hélicoptères civils au monde et l'un des principaux constructeurs d'hélicoptères militaires. Il fut créé sous le nom d'Eurocopter en 1992 à partir de la fusion des divisions hélicoptères de l'entreprise française Aérospatiale (SNIAS) et de l'entreprise allemande Deutsche Aerospace (DASA). Employant environ 22 000 personnes à travers le monde, Airbus Helicopters est le premier hélicoptériste mondial, avec un chiffre d'affaires de 6,3 milliards d'euros. Sa flotte compte actuellement 12 000 appareils opérés par plus de 3 000 clients dans environ 150 pays.

43 **Réponse : 2/** L'Organisation des Nations unies pour l'éducation, la science et la culture (UNESCO) est une institution créée en 1945 afin de « contribuer au maintien de la paix et de la sécurité en resserrant, par l'éducation, la science et la culture, la collaboration entre nations, afin d'assurer le respect universel de la justice, de la loi, des droits de l'Homme et des libertés fondamentales pour tous, sans distinction de race, de sexe, de langue ou de religion, que la Charte des Nations unies reconnaît à tous les peuples ».
En 2015, 195 Etats étaient membres de l'institution.

44 **Réponse : 1/** L'Organisation des Nations unies (ONU) est une organisation internationale étant constituée de 193 Etats membres. Elle a été créée en 1945 après la Seconde Guerre mondiale et succède à la Société Des Nations (SDN). Sa finalité est la paix dans le monde et de fournir une plateforme de dialogue. Elle contient plusieurs organisme annexes pour mener ses missions.

45 **Réponse : 4/** L'Organisation mondiale du commerce (OMC) est une organisation internationale qui s'occupe des règles régissant le commerce international entre les pays. L'OMC a pour but de favoriser le libre échange et de réduire les obstacles pour les importations et les exportations entre les pays.

46 **Réponse : 3/** La dette de la Grèce s'élevait à 177 % de son PIB en 2015. Son déficit budgétaire était de 13 %.

47 **Réponse : 3/** La « pureté » de la concurrence. Pour être « pure », la concurrence doit remplir la condition d'atomicité : le nombre d'acheteurs (côté demande) et de vendeurs (côté offre) est très grand et aucun des agents n'a un poids sur le marché suffisant pour pouvoir influencer le prix.

48 **Réponse : 2/** Evalué à 5,2 milliards d'euros, ce contrat comprend en réalité cinq contrats différents, dont trois majeurs : la vente de 24 Rafale pour Dassault Aviation ; celle d'une frégate multimission Fremm, fabriquée par DCNS ; et la vente de missiles air-air Mica et de croisière Scalp, produits par MBDA.

49 **Réponse : 3/** *Lawrence d'Arabie* est un film d'aventure historique britannique réalisé par David Lean, sorti en 1962. Il est inspiré de la vie de Thomas Edward Lawrence (1888-1935) qui fut un un officier et écrivain britannique pendant la Première Guerre mondiale.

50 **Réponse : 4/** Tintin est un personnage de fiction créé par le dessinateur belge Hergé, « R » « G », pseudonyme de Georges Remi (1907-1983). Tintin est devenu un personnage de bande dessinée majeur dans le monde. Il est presque autant connu que son homologue belge, *Astérix*.

2. Compréhension et expression écrite en Français

51 **Réponse : 5/** Le verbe craindre est un verbe du 3e groupe, il est transitif direct et peut également être employé comme un verbe intransitif c'est-à-dire sans complément. Il se conjugue avec l'auxiliaire avoir. Il est conjugué à la 2e personne du pluriel au passé simple et donne le modèle suivant : vous craignîtes. Tel qu'il est rédigé il fait référence au substantif **une crainte**.

Rappel : je craignis, tu craignis, il craignit, nous craignîmes, vous craignîtes, ils craignirent.

52 **Réponse : 2/** Le verbe écrire est du 3e groupe, il est transitif direct (il accepte un COD) mais également intransitif (il peut se construire sans complément). La réponse 2 est fausse car après « il faut que » le verbe qui suit est systématiquement au subjonctif. Ex. : il faut que j'aille à la boulangerie. Dans le cas présent le verbe doit être conjugué à l'imparfait du subjonctif donc de cette façon : qu'il écrivît.

Rappel : que j'écrivisse, que tu écrivisses, qu'il écrivît, que ne écrivissions, que vous écrivissiez, qu'ils écrivissent.

53 **Réponse : 4/** Un derviche tourneur est une méditation active d'origine soufi. C'est une danse coutumière effectuée au sein d'une cérémonie à travers laquelle les derviches visent à atteindre la source de toute perfection.

54 **Réponse : 2/** Gnome est un substantif masculin. Il se dit d'un génie nain et difforme. Au figuré se dit d'une personne de petite taille. 1) gaieté 3) déploiement 4) mappemonde 5) omoplate.

55 **Réponse : 2/** A l'origine un échalas est un piquet de bois qui sert à soutenir une plante. Par extension il est devenu adjectif et qualifie une personne maigre à l'allure d'un piquet de bois.

56 **Réponse : 4/** L'expression date du XVIIe siècle elle a été démocratisée par La Fontaine dans la fable *Le Singe et le rat*. A l'origine il signifiait : entreprendre quelque chose de risqué ou dangereux pour le profit de quelqu'un d'autre. Aujourd'hui le sens a évolué. L'expression signifie tirer avantage d'une situation.

57 **Réponse : 5/** Admonester est un verbe du 1er groupe transitif direct. Niveau de langue : soutenu, littéraire. Sens : faire à quelqu'un une réprimande sévère.

58 **Réponse : 5/** Cette question vous interroge sur la règle des participes passés. Atteint garde son **t** car on parle d'une atteinte, quant à **remporté** il suit l'auxiliaire avoir et le COD est placé après le verbe. Par conséquent il n'y a pas d'accord. En revanche, si la phrase avait été : **il l'a remportée** le COD **la première place** est suggérée alors antéposé donc il aurait fallu accorder.

59 **Réponse : 1/** La question vous interroge sur la négation complète suivi du pronom on. Attention, même si la négation se fait avec la liaison à l'oral pour qu'elle soit correcte il faut aussi mentionner le « n » ou « ne » explétif. Vous pouvez constater que même sans cette particule le sens reste le même.

60 **Réponse : 4/** Le verbe vagir est intransitif et fait parti du second groupe. Il s'agit du cri du nouveau né. Le chameau quant à lui blatère.

61 **Réponse : 5/ Au vu de** est un syntagme figé, il ne varie pas. Il peut être remplacé par étant donné. Il ne faut pas le confondre avec **en vue de** qui fait référence au nom féminin une vue.

62 **Réponse : 3/** Le verbe paraître est un verbe du 3e groupe, il est intransitif, il se conjugue avec l'auxiliaire avoir ou être selon le contexte. Pour construire un verbe au futur simple, il suffit de garder l'infinitif du verbe et d'ajouter la terminaison : -ai ; -as ; -a ; -ons ; -ez ; -ont. Paraissons est au présent, avons paru est au passé composé, avions paru est au plus que parfait de l'indicatif, pour finir, nous parûmes est au passé simple.

63 **Réponse : 5/** Abroger est un verbe du premier groupe il est transitif direct (il se construit avec un COD). Il vient du latin *abrogare* (supprimer). Il désigne l'action de supprimer radicalement à la manière d'un acte juridique. Synonyme : annuler, antonyme : confirmer.

64 **Réponse : 3/** Grisâtre est un adjectif formé par dérivation. On retrouve l'adjectif gris auquel on a joint le suffixe -âtre qui ajoute un sens péjoratif et approximatif à la base. Ainsi grisâtre se dit d'une couleur qui n'est pas tout à fait grise, on sous entend également que la couleur n'est pas à son goût. Dans la même formation vous trouverez aussi jaunâtre, verdâtre, le suffixe -âtre accompagne uniquement les adjectifs de couleur.

65 **Réponse : 4/** Sylviculture est un substantif féminin qui est construit par composition savante du latin *silva* (forêt) et de culture. A savoir : les dérivés comprenant la racine latine sylv- font tous référence à des termes de botanique. Ex. : Sylvestre est un adjectif désignant les plantes poussant naturellement dans la forêt.

66 **Réponse : 3/** Différence est un emprunt du latin *differentia* (caractère distinctif). Synonyme : distinction, opposition, antonyme : accord.

67 **Réponse : 2/** Ornithorynque est un nom formé d'**ornitho-** qui signifie oiseau en grec ancien et **rynque** transcription du grec ancien ***rhúnkhos*** le bec d'un oiseau.

68 **Réponse : 4/** Voler est un verbe du premier groupe il est transitif direct et intransitif (il se construit avec un COD mais il peut aussi se construire sans). Il est conjugué au conditionnel.

Rappel : je volerais, tu volerais, il volerait, nous volerions, vous voleriez, ils voleraient.

69 **Réponse : 3/** La réponse amalgame deux phénomènes : la transformation du verbe en participe passé et la transformation d'un participe en adjectif épithète. Le participe passé du verbe dissoudre est **dissous** or **les textures** étant un substantif féminin on aurait tendance à faire suivre logiquement le féminin sur le participe. Néanmoins, compris comme adjectif épithète la forme du féminin prend -te.

70 **Réponse : 5/** L'hippogriffe est un animal fabuleux moitié cheval moitié griffon (le griffon est un cheval à tête d'oiseau). L'étymologie grecque et latine pouvait vous mettre sur la voie. *Hippo* en grec désigne le cheval tandis que *gryphus* en latin désigne un animal fabuleux moitié aigle, moitié lion. Lors des transcriptions le y latin est devenu i ce qui explique la graphie actuelle d'hippogriffe.

71 **Réponse : 3/** Un complément d'agent, remplit la même fonction qu'un COD (complète le verbe) mais prend cette dénomination lorsque la phrase est passive.

Voix active : les enfants (sujet) obéissent très facilement à leurs parents (ils) (complément d'objet).

Voix passive : ils (les parents des enfants) sont obéis très facilement par **leurs enfants** (complément d'agent).

Il suffit de remettre la phrase à la voix active qui mettra le complément d'agent en relief puisqu'il apparaîtra logiquement à la place du sujet.

72 **Réponse : 4/** La question vous interroge sur la relation sémantique qui existe entre les verbes. Certes tous les verbes portent en eux le sème de la pensée, douter quant à lui est le seul qui porte une connotation péjorative.

73 **Réponse : 3/** La question vous interroge sur la règle de formation des adverbes. Les adverbes en –ment dérivent tous d'adjectifs (ou de participes passés) et sont formés à partir de ces derniers. Il y a trois cas de formation des adverbes.

1) Pour les adjectifs qui se terminent par une consonne au masculin, on forme l'adverbe en ajoutant -ment au féminin de l'adjectif. Exemple : capricieux – capricieuse – capricieusement. Mais il y a bien sûr exceptions pour certains adjectifs. Exemples : bref – brève, mais brièvement ; gentil – gentille, mais gentiment ; précis – précise, mais précisément.

2) Pour tous les autres adjectifs (finale en -e, en -é, en -i, en -u), on forme l'adverbe en ajoutant -ment à l'adjectif. Exemple : faible – faiblement.

3) Pour les adjectifs qui se terminent en -ant ou -ent au masculin, on forme l'adverbe en remplaçant -ant par -amment et -ent par -emment. Exemples : abondant – abondamment ; galant – galamment ; fréquent – fréquemment.

74 **Réponse : 5/** Tout peut être déterminant devant un nom, pronom (on peut le remplacer par un nom), adverbe, ou nom (ex. : le tout). Toutes ici est adverbe on peut le remplacer par un autre adverbe (si), ex : si irritante que fût sa conduite… Dans le cas présent tout est adverbe, en tant qu'adverbe il ne devrait pas s'accorder en genre, cependant la règle fait exception ! Il s'accorde lorsqu'il est devant un adjectif féminin commençant par une consonne ou par un H aspiré.

75 **Réponses : 1/ et 4/ Rappel :** l'imparfait de l'indicatif se conjugue selon le modèle suivant : -ais, -ais-, ait, -ions, -iez, -aient. Dans la réponse 2 la désinence est correcte mais il manque la cédille, la réponse 3 est conjuguée correctement mais à la mauvaise personne. **Erreur dans l'annale ?** La réponse 4 est juste, le verbe bouger est correctement conjugué. Pour finir la réponse 5 propose la mauvaise forme du verbe. (il se conjugue de la manière suivante : je moulais, tu moulais, il moulait, nous moulions, vous mouliez, ils moulaient) attention ! le verbe moudre et le verbe mouler à l'imparfait sont parfaitement identiques !

76 **Réponse : 2/** Dans la religion chrétienne, les curés font vœu de célibat et d'abstinence pour pouvoir se consacrer leur amour pour Dieu. Attention, dans la religion protestante, le pasteur est autorisé à se marier.

77 **Réponse : 1/** C'est une expression qui date du XVIIIe siècle, elle fait référence par analogie à un jeu d'enfant qui consistait à attraper une friandise suspendu à un fil. Celui qui tenait le fil le soulevait pour empêcher l'enfant d'attraper la friandise.

78 **Réponse : 1/** La question vous interroge sur les homonymes. En l'occurrence, sceau, sot, saut et seau. Lorsqu'il s'agit du contenant, on l'écrit seau qu'il faudra se garder de confondre avec sceau (le cachet du roi), l'adjectif sot, sotte, et le verbe sauter.

79 **Réponse : 4/** Attention aux paronymes, dans le cas présent, ils correspondent tous au contexte et il s'agit simplement de l'orthographe qui est fautive. Cependant il peut arriver qu'on vous interroge sur le sens des différents paronymes. Imbattable est formé du préfixe im- : qui est un préfixe privatif, d'une base verbale batt- et d'un suffixe -able qui indique la possibilité. Vous pouvez aussi vous aider du verbe battre qui s'écrit avec deux t.

80 **Réponse : 5/** Vous êtes interrogés sur les participes passés. La proposition 5 est la seule qui accorde correctement ses participes passés. Ce qui peut vous induire en erreur c'est la tournure de la phrase qui ne mentionne pas de façon explicite le lien d'attribution entre le sujet et ses participes.

81 **Réponse : 5/** L'intrus est mourir car c'est un verbe du 3e groupe. Pour savoir si un verbe en -ir est du second ou troisième groupe la technique est simple. Il suffit de connaître leur participe présent. Si ce dernier fait -issant alors le verbe appartiendra au second groupe. Dans le cas présent mourir donne mourant par conséquent il appartient au 3e groupe car mourissant n'existe pas.

82 **Réponse : 5/** Comminatoire est un adjectif qui vient du latin *comminari* (menacer), se dit d'un ton d'une parole menaçant. Synonyme : fulminant

83 **Réponse : 2/** La passivation consiste à changer le COD et le sujet de place l'exemple le plus courant pour illustrer le principe de la passivation est le suivant : le chat mange la souris (voix active), la souris est mangée par le chat (voix passive). La voix passive met au second plan le sujet. Dans les propositions suivantes nous avons : les maçons ont construit ce mur en deux jours, on peut le transformer à la voix passive : ce mur a été construit par les maçons en deux jours. Cette construction est possible si la phrase contient un sujet et un COD. Ainsi la proposition 2 n'est pas valable car elle n'a pas de COD mais un complément circonstanciel (la nuit).

84 **Réponse : 5/** Allé ne prend pas d'accord en genre et en nombre car le sujet est masculin singulier (bâteau), le verbe aborder est conjugué au passé simple, à la 3e personne du singulier, quant au participe passé fermée, il prend bien la marque du féminin singulier car le sujet est **plage**.

85 **Réponse : 5/ Tout** peut être déterminant devant un nom, pronom (on peut le remplacer par un nom), adverbe, ou nom (ex. : le tout). Dans la réponse 5 tout est adverbe, il est invariable, on peut le remplacer par un autre adverbe (ex. : totalement).

86 Réponse : 2/

87 Réponse : 5/

88 Réponse : 2/

89 Réponse : 3/

90 Réponse : 1/

91 Réponse : 4/

92 Réponse : 5/

93 Réponse : 1/

94 Réponse : 2/

95 Réponse : 3/

96 Réponse : 4/

97 Réponse : 2/

98 Réponse : 2/

99 Réponse : 5/

100 Réponse : 4/

3. Raisonnement logique et numérique

101 Réponse : ❸ Vous allez devoir pour cette question utilisez l'expérience de Bernoulli. Cette question est assez simple vous devez juste remplacer des inconnues par des valeurs qui vous seront données vous devez juste connaître la formule.

D'après la définition d'une loi binomiale, nous avons :

$$P(X = k) = \binom{n}{k} p^k (1 - p)^{n-k}$$

D'où $P(X = 5) = \binom{12}{5} 0{,}3^5 \times 0{,}7^5$

Et $P(X = 4) = \binom{12}{4} 0{,}3^4 \times 0{,}7^6$

On en déduit alors que $\frac{P(X = 5)}{P(X = 4)} = \frac{8}{5} \times \frac{0{,}3}{0{,}7} = \frac{24}{35}$ soit $P(X = 5) = \frac{24}{35} \times P(X = 4)$.

102 Réponse : ❷ Cette question a l'air simple aux premiers abords mais elle est piégeuse. Faîtes donc bien attention quand vous lisez l'énoncé.

L'équateur est un périmètre, pas les tropiques du Cancer et du Capricorne qui sont plus petits. Enfin, les 24 fuseaux horaires forment 12 périmètres supplémentaires, le total est donc de 13.

103 Réponse : ❶ Le chiffre entre 2 lettres indique le nombre de lettres qui séparent les 2 lettres correspondantes. Par exemple, E 2 H indique qu'il y a 2 lettres qui séparent E et H.

Donc la lettre manquante de cette série doit être séparée de Q par 2 lettres consécutives, soit la lettre T.

104 **Réponse :** ❶ Pour cette question, il vous suffit d'effectuer une moyenne pondérée, c'est-à-dire avec des coefficients.

Le chiffre d'affaires moyen des 16 entreprises est $m = \frac{15 \times 24 + 1 \times 40}{16} = 25$ millions d'euros.

105 **Réponse :** ❹ L'offre 4 est la meilleure car le rouleau revient à :

$$\frac{4,80 + 2,40}{24 + 24} = \frac{7,20}{48} = 0,15 \text{ euros.}$$

106 **Réponse :** ❺ L'exponentielle de ln de 5 est bien sûr égale à 5.

107 **Réponse :** ❷ Si on calcule le nombre de doublons différents que l'on peut faire avec 7 valeurs, on obtient :

$$\frac{7 \times 8}{2} = 28.$$

Nous pouvons aussi faire $(1 \times 6 + 1 \times 5 + 1 \times 4 + 1 \times 3 + 1 \times 2 + 1 \times 1) + 7$. Le 7 représente les doublons.

108 **Réponse :** ❸ Pour cette question, il vous suffit d'effectuer une moyenne pondérée, c'est-à-dire avec des coefficients.

Calculons la moyenne :

$$\frac{12 \times 100 + 10 \times 122}{22} = \frac{2\,420}{22} = 110 \text{ cm}$$

109 **Réponse :** ❷ Ceci est une question récurrente qui peut paraître difficile mais devient simple avec de l'entraînement. Pour ce genre de question, ne pas hésiter à essayer plusieurs approches comme par exemple, compter le nombre de voyelles, de consonnes ou de lettres dans un mot ou sinon bien connaître l'ordre et la valeur de chaque lettre dans l'alphabet.

La première lettre avance de 3 rangs dans l'alphabet pendant que la seconde recule de 2 rangs, ainsi le prochain mot est K + 3, N – 2 = NL.

110 **Réponse :** ❹ Lorsque vous devez trouver un intrus veillez à procéder par élimination, ce sera plus simple.

C'est le mot tribulation, qui est un mot de sens contraire aux autres, avec un sens négatif.

111 **Réponse :** ❷ Avant l'épreuve, il est nécessaire de bien connaître les lois de probabilités et de pouvoir jongler avec.

L'événement C dépend des événements A et B. Cela n'empêche pas de calculer sa probabilité globale d'apparition, *via* la relation :

$p(C) = p(A) \times p_A(B) \times p_{AB}(C) + p_A(\overline{B}) \times p_{A\overline{B}}(C) + p(\overline{A}) \times p_{\overline{A}}(B) \times p_{\overline{A}B}(C) + p(\overline{A}) \times p_{\overline{A}}(\overline{B}) \times p_{\overline{AB}}(C)$ (probabilité conditionnelle appliquée à trois événements).

On a donc :

$$p(C) = 0{,}6 \times 0{,}2 \times 0{,}5 + 0{,}6 \times 0{,}8 \times 0{,}4 + 0{,}4 \times 0{,}5 \times 0{,}1 + 0{,}4 \times 0{,}5 \times 0{,}2$$
$$= 0{,}06 + 0{,}192 + 0{,}02 + 0{,}04 = 0{,}312$$

112 **Réponse :** ❹ Avant l'examen, il nécessaire de connaître les formules géométriques de base comme la circonférence et l'aire d'un cercle.

Périmètre du cercle = $2\pi r$

Aire du cercle = $\pi \times r \times r = \pi r^2$

On divise d'abord la formule initiale en 5 formes dont l'aire est assez facile à calculer.

On a :

$$A = B = \frac{8 \times 3}{2} = 12$$

et $C = 6 \times 3 = 18$

L'aire D est la même que celle de E et les trois quarts de l'aire d'un disque de rayon 3 :

$$D = E = \frac{3}{4} \times \pi \times 3^2 = \frac{27 \times \pi}{4}$$

L'aire du cornet vaut donc :

$$2 \times 12 + 18 + \frac{2 \times (27 \times \pi)}{4} = 42 + \frac{27 \times \pi}{2} \approx 84{,}5$$

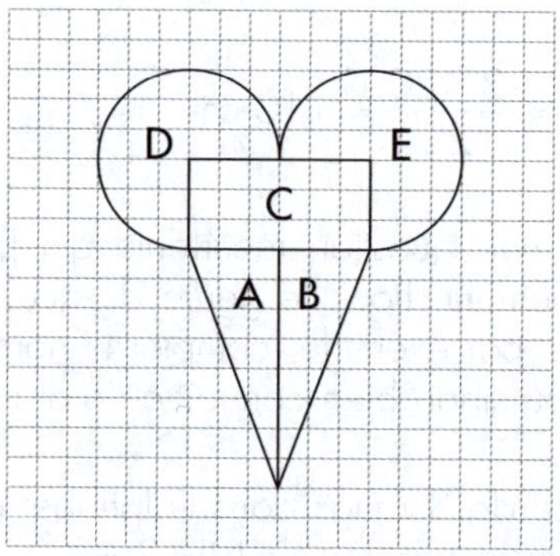

113 **Réponse :** ❹ La covariance est un calcul simple mais fastidieux qui demande beaucoup de concentration. Il est très facile de se tromper sur un signe ou sur un petit détail qui rendrait tout ton calcul faux. Il faut être très minutieux.

Calculez séparément l'espérance, la variance puis la covariance.

Voici la formule de la covariance.

$$\text{Cov}(X,\ Y) = \frac{1}{N}\sum_{i=1}^{N}(X_i - \overline{X})(Y_i - \overline{Y})$$

On sait que Cov (A, B) = E(AB) – E(A) × E(B)

Soit x la valeur manquante, on a :

$$\frac{1 \times 4 + 3 \times 2 + 4 \times x}{4} - \frac{1 + 3 + 4 + 4}{4} \times \frac{4 + 2 + 1 + x}{4}$$

$$\leftrightarrow -1 = \frac{14 + 4x}{4} - \frac{12}{4} \times \frac{7 + x}{4} \leftrightarrow -4 = 14 + 4x - 3x(7 + x) \leftrightarrow -4 = -7 + x \leftrightarrow x = 3$$

114 **Réponse :** ❺ Il est important de bien analyser le problème ligne par ligne ainsi que colonne par colonne.

En lisant ligne par ligne, on remarque qu'à chaque fois la troisième image est construite à partir des deux autres.

Pour cela, on superpose les deux images, sachant que deux lignes confondues s'annulent. En suivant ce raisonnement, la réponse est la croix (figure 5).

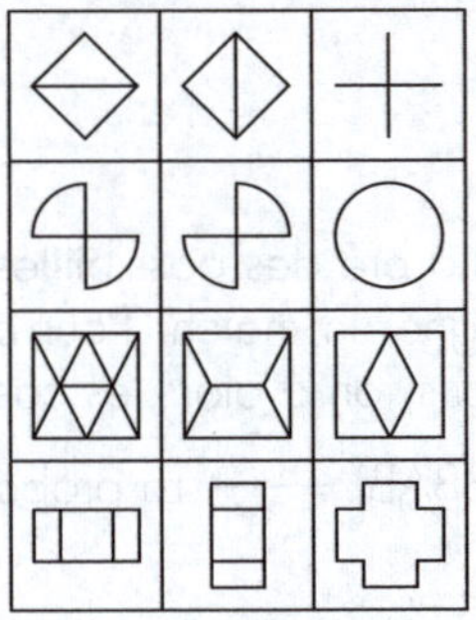

115 **Réponse :** ❷ La suite est composée ainsi :

23 + 3 = 26,

26 + 6 = 32.

On ajoute à chaque fois le dernier chiffre du nombre précédent. Le prochain élément sera donc :

32 + 2 = 34.

C'est confirmé par le dernier calcul : 34 + 4 = 38.

116 **Réponse :** ❺ On peut calculer le nombre de cubes utilisés pour les premiers niveaux et poursuivre jusqu'au niveau 15. Pour niveau, on a 1 cube, pour 2 niveaux, on a 4 cubes (2^2) – soit 5 en tout –, pour 3 niveaux, on a 9 cubes (3^2) – soit 14 en tout –, et ainsi de suite jusqu'au niveau 15, où on a 225 cubes (15^2) – soit 1 240 en tout. On aurait aussi pu remarquer que, si n est le nombre d'étages, alors le nombre de cubes de la pyramide est égal à $\frac{n(n + 1)(2n + 1)}{6}$. En remplaçant n par 15, on aura tout de suite 1 240 cubes.

N'hésitez pas à poser le calcul sur un brouillon afin de vous faciliter la tâche.

117 **Réponse :** ❶ Soit x l'âge de la fille il y a 5 ans. On sait donc qu'il y a 5 ans, Catherine avait $5 \times x$. Dans 5 ans, elle aura 8 ans de moins que 3 fois l'âge de sa fille, elle aura donc $5x + 10 + 8 = 3(x + 10)$ soit $2x = 12$, ou encore $x = 6$. Donc Catherine a aujourd'hui $5 \times 6 + 5$, soit 35 ans, et sa fille 11 ans (5 + 6). Dans 15 ans, sa fille aura 26 ans.

118 **Réponse :** ❸ Périmètre du cercle = $2\pi r$

Aire du cercle = $\pi \times r \times r = \pi r^2$

Le verre étant cylindrique, son volume est $\pi \times h \times r^2 = 3{,}14 \times 10 \times 3^2 = 282{,}6\ cm^3$, soit 28,26 cl. Donc ce verre ne peut pas contenir toute la boisson d'une canette de 33 cl, mais celle d'une canette de 25 cl.

119 **Réponse :** ❹ Soit V le volume du réservoir. A la fin de la première semaine, il reste donc $\frac{2}{3}V$. A la fin du premier week-end, il reste $\frac{2}{3} \times \frac{2}{3} \times V$, soit $\frac{4}{9}V$. La seconde semaine, elle utilise aussi $\frac{1}{3}V$, il reste donc $\left(\frac{4}{9} - \frac{1}{3}\right)V$ le vendredi soir, soit $\frac{1}{9}V$. Et on sait de plus que $\frac{1}{9}V = 12$ donc $V = 12 \times 9$, soit 108 litres.

120 **Réponse :** ❷ Nous pouvons résoudre cette question en faisant l'arbre des possibilités : on note A l'événement A gagne un match, et B l'événement B gagne un match. Pour que B gagne la finale, il faut que l'on ait trois B. Pour les derniers matchs, on a alors les cas possibles suivants : $P(BBB) = \frac{1}{8}$; $P(ABBB) = \frac{1}{16}$; $P(BABB) = \frac{1}{16}$; $P(BBAB) = \frac{1}{16}$. La probabilité que l'équipe B gagne est donc de $\frac{1}{8} + \frac{3}{16}$, soit $\frac{5}{16}$, soit 31,25 %.

4. Compréhension et expression écrite en Anglais

Expression

121 **Réponse :** **1/** *Le travail engagé sur le pont sera terminé avant la fin de l'automne ; certainement avant la première chute de neige.*

122 **Réponse :** **5/** *Quand j'avais 16 ans, j'ai décidé de changer mon prénom, Eleanor, que mes parents m'avaient donné.*

- My parents demande une troisième personne du pluriel. Ce n'est donc ni **gives**, ni **has given** qui sont des troisième personne du singulier.
- **I was** et **I decided** sont des preterit. La phrase est écrite avec les temps du passé, le verbe **to give** ne peut donc pas être au futur.
- Ainsi, il s'agit de **had given**, le past perfect du verbe **to give.**
- **Le past perfect se forme avec les auxiliaires to have ou to be au preterit et le participe passé du verbe.**

123 **Réponse :** **4/** *Le sénateur Bradley a annoncé sa décision de se retirer de la campagne présidentielle après qu'un journal local a publié un article sur les anomalies de sa déclaration d'impôt.*

- **To recall** veut dire se rappeler.
- **To detract** veut dire détourner.
- **To refer** et to eliminate sont transparents.
- **To withdraw from sth** veut dire se retirer de.

124 **Réponse : 1/** *La nouvelle théorie comprenait une large variété de pratiques.*

• **To encompass** veut dire comprendre, contenir, recouvrir.

Entre un article, **a**, et un nom **variety**, il ne peut y avoir qu'un adjectif !

• **Wide** est un adjectif qui veut dire large. C'est donc la bonne réponse.

• **Width** est le nom qui veut dire largeur.

• **Wild** veut dire sauvage.

• **While** est l'adverbe qui veut dire pendant.

• **Widely** est l'adverbe qui veut dire largement.

125 **Réponse : 1/** *Comme les gens passent plus de temps sur les réseaux sociaux, les annonceurs les suivent.*

• **As** est une conjonction qui permet d'introduire une proposition subordonnée. Dans ce cas, on la traduit par **comme** ou **alors que**.

Ex. : **As** he was climbing the ladder, his hammer slipped from his belt. Alors qu'il grimpait à l'échelle, son marteau glissa de sa ceinture (source : Wordreference.com).

• **By**, **with**, **to** et **on** ne permettent pas d'introduire une proposition.

126 **Réponse : 1/** *Les premières années dans le business l'avaient lourdement affecté.*

• **Le past perfect se forme avec les auxiliaires to have ou to be au preterit et le participe passé du verbe.**

• Ainsi, il faut que l'auxiliaire **to have** au prétérit **had** soit suivi d'un participe passé. Dans ce cas, **taken**.

• **Took** est le prétérit du verbe **to take**.

• **Taking** est la forme **-ing**.

• **Takes** est la troisième personne au présent.

• **Take** est un infinitif entre autres.

127 **Réponse : 3/** *Pendant son discours, le directeur financier remarqua que les recettes de la publicité sur Internet avaient plus que doublé par rapport à l'année dernière.*

• **To point out** veut dire faire la remarque, montrer.

• **To point to** veut dire souligner, attirer l'attention sur.

• **To point at** veut dire pointer du doigt vers qqch.

• **Off** et **on** ne se construisent pas avec **to point**.

128 **Réponse : 4/** *Après l'accident, la police récolta une grande quantité de témoignages dont beaucoup variaient sur les détails importants.*

Le **dont** français se traduit par :

– **whose** pour parler d'une personne (him/her) ;

Ex. : I talked to my grandmother, whose cat is dead.

– **of (…) which** pour parler d'un objet (it)

Ex. : I talked to a cat, the owner of which is dead.

De plus en plus, à l'écrit comme à l'oral, on utilise indistinctement whose.

• **Testimony** veut dire témoignage, preuve.

• **Dialogue, testament** et **script** sont transparents.

• **Record** veut dire enregistrement, dossier, rapport.

129 **Réponse : 5/** *Aux prises avec des accusations de délit d'initié, Mr Yao a décidé de remettre sa démission évitant ainsi d'apporter plus d'embarras à l'entreprise.*

• **Insider trading** veut dire délit d'initié. Le délit d'initié est un délit commis par une personne qui dispose d'informations exploitables en bourse, sur une société, qui pourrait l'avantager lors de transactions financières. Il y a délit lorsque ces informations sont utilisées pour son propre compte, alors que les autres acteurs du marché n'en sont pas encore informés.

- **To tender one's resignation** est une expression toute faite qui veut dire remettre sa démission. Les autres verbes ne fonctionnent pas !

130 **Réponse : 5/** *En décrivant ses dix premières années en tant que Directeur exécutif, Jorge Espinoza surprit tout le monde en disant qu'il n'était pas certain d'avoir fait au début le bon choix en acceptant le poste.*

- **Whether** a le sens de si.

Ex. : I am not sure whether it will rain (source : Wordreference.com).

I don't know whether to accept or not (source : Wordreference.com).

- To **have** doubts est transparent. On choisit donc la réponse **had**, sachant que le **had** de l'énoncé est l'auxiliaire **have** au prétérit nécessaire à la formation du past perfect.

- **Le past perfect se forme avec les auxiliaires to have ou to be au preterit et le participe passé du verbe.**

131 **Réponse : 5/** *Malgré sa réputation gagnée pour avoir managé des entreprises hi-tech, Mr Wells a été jusqu'à présent incapable de rendre la société Maztech rentable à nouveau.*

- **Although veut dire bien que : il est suivi d'une proposition avec verbe conjugué.**

Ex. : Although it rains, I am quite happy.

- **While veut dire pendant que, alors que : il est suivi d'une proposition avec verbe conjugué.**

Ex. : I was having a blast in my room while it was raining outside.

- **Even veut dire même. Tout seul, il n'introduit pas de proposition.**

Ex. : I can't even tell her.

- **Dans le cas où il introduit une proposition, so veut dire donc : il est suivi d'une proposition avec verbe conjugué.**

Ex. : So Jason broke up with me, and I just cried my eyes out.

- **Despite** veut dire **malgré** : il introduit une proposition sans verbe conjugué.

Ex. : Despite having broke up with Jason, I still have feelings for him.

- **Track record** veut dire antécédents.

132 **Réponse : 1/** *La candidature de Mademoiselle Walter pour le post de gestionnaire de réseau a été rejetée parce qu'elle n'avait pas l'expérience requise.*

- **To apply for, an application** veut dire candidater, une candidature.
- **Requisite** est transparent.
- **Requirement** veut dire condition, prérequis, exigence.
- **To require** veut dire exiger.
- **Requisition** est transparent (demande, réquisition).

133 **Réponse : 5/** *Vendre les parts lorsque le prix était bas n'avait aucun sens, Peter décida donc de patienter.*

- **To make sense** est une expression figée qui veut dire avoir du sens. On entend parfois l'anglicisme faire sens ou faire du sens. Attention, c'est complètement faux !

134 **Réponse : 3/**

- **Discharge** est une décharge, souvent électrique.
- **Recharge** et **changes** sont transparents.

• **Discharge** et **recharge** sont aussi bien noms que verbes (to recharge, to discharge).

135 **Réponse : 2/** *On est en 2014, il est temps qu'on ait un film de superhéro avec une femme.*

• Pour dire **pour**, **to** est utilisé avant un verbe et **for** devant un nom !

Ex. : It's time to party, guys !

Ex. : It's time for a big party, guys !

136 **Réponse : 3/** *Quand l'orage s'était calmé, la plupart des bâtiments dans le voisinage avaient subi des dommages structurels.*

• **To blow over** veut dire se résorber.

• **To blow out** veut dire éclater, sauter.

• **To blow away** veut dire souffler au loin.

Ex. : My house was blown away by the wind.

• **To blow off** veut dire faire sauter.

• **To blow down** veut dire renverser, faire tomber.

137 **Réponse : 3/** *Il était prêt à intenter une action en justice contre ses employeurs.*

To take legal action est une expression toute faite qui veut dire intenter des poursuites, une action en justice.

138 **Réponse : 1/** *Nos consultants vont nous informer quant aux meilleures façons de réduire nos impôts.*

• **To advise** veut dire conseiller.

• **To suggest, to propose, to indicate, to recommend** sont transparents.

• Ça n'aurait pas pu être **to recommend** : on ne peut pas dire to recommend to do.

139 **Réponse : 5/** *Pendant la conférence de presse, le PDG n'a aucunement mentionné les problèmes que l'entreprise rencontre actuellement dans les marchés d'Europe de l'Est.*

• **<u>Au prétérit, la négation du verbe to make donne did not make.</u>**

• **Nothing** veut dire rien.

• **None** veut dire aucun. C'est un pronom et non pas un adjectif, on ne peut pas dire made none reference.

• **Neither** veut dire ni.

• **No** peut être employé comme adjectif.

Ex. : I have no books.

• **<u>Attention ! On ne peut pas dire I don't have no books</u>**, c'est une double-négation. Le no en tant qu'adjectif marche uniquement lorsque la phrase est affirmative.

140 **Réponse : 4/** *Le directeur avait la réputation de ne pas mâcher ses mots lorsque les résultats n'étaient pas à la hauteur des attentes.*

• L'expression to mince one's words a son exact équivalent en français : mâcher ses mots.

• **To mince** veut dire hacher.

141 **Réponse : 4/** *Les entreprises qui travaillent dans les pays étrangers doivent prendre en compte les conditions du marché local et les différences interculturelles.*

• L'expression toute faite **to make allowance** veut dire prendre en compte, tenir compte de.

142 **Réponse : 5/** *L'un des problèmes de l'âge est de ne plus se trouver en forme.*

• **No longer** dans une phrase affirmative veut dire ne (...) plus.

Ex. : I no longer like you. Je ne t'aime plus.

• **Not anymore** dans une phrase négative est un équivalent.

Ex. : I don't like you anymore.

• **To long for sth** est un verbe qui veut dire désirer ardemment qqch.

• **Long** est aussi un adjectif, qui a le même sens qu'en français.

143 **Réponse : 5/** *Après une nuit de calme, la police a-t-elle une nouvelle fois aggravé les choses ?*

• **Pour former le comparatif, on prend l'adjectif auquel on ajoute la terminaison -er.**
Ex. : small donne smaller.

• **Pour des raisons de prononciation, on peut doubler la consonne finale pour certains adjectifs. Sinon, le [i] de biger se prononcerait [ai].**
Ex. : big donne bigger.

• **Lorsque l'adjectif a plus de deux syllabes, on utilise le mot more.**
Ex. : expensive donne more expensive.

• Le comparatif de less est worse, less est irrégulier !

144 **Réponse : 1/** *On demande aux passagers de faire attention lors de l'ouverture des coffres à bagages au cas où quelque chose tombe.*

• **In case** veut dire au cas où.

• **Although** veut dire bien que.

• **Despite** veut dire malgré.

• **Instead** veut dire au cas où. Il se construit avec **of** ou seul en fin de phrase.
Ex. : I will eat chocolate instead of pizza.
Ex. : Pizza ? No, I will eat chocolate instead.

• **Except** veut dire sauf. Il peut être suivi d'un nom ou, dans tous les autres cas, suivi d'un petit mot : except for, except when (…).
Ex. : I love everyone except you.
Ex. : I love eating except when I'm sick.

145 **Réponse : 1/** *Le ministre dit qu'il reste deux ou trois tout petits détails après toute une nuit de négociations.*

• Le verbe **to remain** veut dire rester. Le verbe principal est says au présent. Il n'y a pas de deuxième proposition. On ne peut donc pas mettre un deuxième verbe.

• **Remaining** veut dire qui reste, restant.

• **Are remained**, **in remained** et **with remain** sont des barbarismes !

146 **Réponse : 1/** *Aucune donnée officielle n'a été transmise pour expliquer la croissance au sein de l'industrie du tourisme.*

• **Within**, en tant que préposition, veut dire dans, au sein de, à l'intérieur de.

• To **release** veut aussi bien dire délivrer que publier ou transmettre.
Ex. : The prisoners were released !
Ex. : She released a book about her stupid life.

147 **Réponse : 2/** *Le fait d'investir dans les logements sociaux avait été qualifié de complètement inadéquat.*

• **Inadequate**, **imaginative**, **immoderate** et **inactive** sont transparents.

• **Inert** veut dire inerte mais aussi neutre.

• **Beaucoup de mots anglais viennent de mots français. Ceux-ci sont souvent utilisés dans des écrits formels au langage châtié.**

148 **Réponse : 3/** *Tous les composants électroniques doivent être maniés avec soin lorsqu'ils sont emballés en vue d'être livrés.*

• **Comme en français doit/devrait être est suivi d'un participe passé ! Ainsi on dit should be handled !**

Ex. : It should be noted that what is proposed here already exists (source : Linguee.fr).

- **To handle** veut dire manier.
- **A handler** est un manutentionnaire.
- **Handed** est le participe passé de **to hand**, qui veut dire donner, passer.

149 **Réponse : 5/** *L'ancien vice-président de la Fondation plaidera coupable lundi prochain pour transfert d'argent non règlementé.*

- Comme en Français avec plaider coupable, **to plead guilty** est une expression toute faite !
- **Guilt** veut dire culpabilité.
- **Guile** veut dire malice, ruse, fourberie.
- **Guilt's** est le possessif de guilt.
- **Guiling** est un barbarisme !

150 **Réponse : 4/** *Après leur défaite cuisante, les joueurs avaient été forcés de braver une foule de supporters en colère en la traversant.*

- L'expression **to run the gauntlet** fait référence à une pratique militaire. C'est un châtiment corporel : une personne doit traverser deux files de soldats qui s'attaquent.
- **A gauntlet** est un gantelet, un gant en fer qui fait partie de l'armure du chevalier.
- **A glove** est un gant.
- **A gap** est un espace entre deux choses.
- **A goblet** est un gobelet.
- **A corridor** est un couloir

151 **Réponse : 1/** *Après avoir volé un stock important de conduits en cuivre, les voleurs fuirent les lieux dans un van volé.*

- **To flee sth** est un verbe irrégulier, il signifie fuir et donne **fled** au prétérit et **fled** au participe passé.
- **A flood** est une inondation.
- **Felled** est le prétérit du verbe **to fell**, qui signifie abattre (un arbre).
- **Fuelled** est le prétérit de **to fuel** qui veut dire alimenter.
- **Felt** est le prétérit du verbe **to feel**.

152 **Réponse : 2/** *Le programme de développement de Tekon Processing Ltd bat son plein grâce à l'acquisition de Haft Aerospace le mois prochain.*

- **To go ahead full steam** est une expression toute faite qui veut dire battre son plein, fonctionner à plein régime.
- **A full stop** est un point (dans une phrase).
- **Full time** veut dire à temps complet.

153 **Réponse : 4/** *Après avoir négocié pendant plus de deux semaines, les deux parties trouvèrent finalement un compromis.*

- **<u>Attention ! Eventually est un faux ami !</u> Il ne veut pas dire éventuellement mais finalement.**
- **Hopefully** veut dire avec espoir, avec un peu de chance.
- **Formerly** veut dire anciennement.
- **Considerably** est transparent.
- **Ever** est un adverbe qui veut dire jamais.

Ex. : I've hardly ever talked to him. Je ne lui ai presque jamais parlé.

154 **Réponse : 1/** *Malheureusement, le docteur a été appelé pour une urgence et il a dû reporter tous ses rendez-vous d'aujourd'hui.*

- To be called away (from sth) est difficile à traduire en français. C'est l'idée qu'on a interrompu ce qu'il faisait en l'appelant pour lui donner une mission.

Ex. : Tom the fireman was called away from dinner because of a forest fire.

• **Attention ! To report est un faux ami !** Il veut dire faire un rapport, signaler, déclarer. Pour dire reporter on utilise le verbe **to postpone**.

• **To dawdle** est un mot familier qui veut dire lambiner.

155 **Réponse : 2/** *Micromax a annoncé qu'il sortira une nouvelle version de son jeu vidéo Swordmaster à l'automne.*

• **To bring out** veut dire sortir.

Ex. : My sister brought out the cake and cut it (source : Linguee.fr).

• **To bring up** peut vouloir dire éduquer (**an upbringing** veut dire une éducation) mais aussi amener (comme dans amener un sujet dans une conversation).

Ex. : Why do you keep bringing up this nasty story ?

• **To bring off** veut dire mener à bien, complètement, effectuer.

• **To bring away** veut dire ramener.

• **To bring sb down** veut dire baisser et au sens figuré démoraliser.

Compréhension de textes

156 **Réponse : 3/**

157 **Réponse : 5/**

158 **Réponse : 2/**

159 **Réponse : 2/**

160 **Réponse : 1/**

161 **Réponse : 1/**

162 **Réponse : 4/**

163 **Réponse : 3/**

164 **Réponse : 4/**

165 **Réponse : 4/**

166 **Réponse : 3/**

167 **Réponse : 2/**

168 **Réponse : 5/**

169 **Réponse : 1/**

170 **Réponse : 3/**

INSTAGRAM DE L'AUTEUR

Franck Attelan

(lives thématiques et conseils)

GROUPE FACEBOOK

Objectif IAE

(entraide, partages d'expériences, questions à l'auteur, tests d'entrainement)

34/38, rue Camille-Pelletan – 92309 Levallois-Perret Cedex
Imprimerie La Sepec – 01960 Péronnas – 10807210501
Imprimé en France – 2e trimestre 2021

Service éditorial : Benjamin Dias Pereira, Deborah Lopez
Conception graphique : Dominique Papon

Dépôt légal à parution
ISBN 978-2-7590-4710-9